DICTIONNAIRE ENCYCLOPÉDIQUE DES SCIENCES DE L'INFORMATION ET DE LA COMMUNICATION

Sous la direction de

Bernard LAMIZET
Professeur à l'Université d'Avignon

Ahmed SILEM
Professeur à l'Université Jean Moulin, Lyon III

ellipses

Auteurs

ACHILLE Yves
BOUQUILLON Philippe
BOURE Robert
BOUZIDI Laïd
BOUZON Arlette
CAILLER Bruno
CARLUER Claudine
CHANTEGAY Vanessa
CHASKIEL Patrick
COOPER-RICHET Diana
COSSALTER Elisabeth
COUZINET Viviane
DAMIAN Béatrice
DAVOINE Évelyne
GERIJ Florence
GOUTTE Cyril
GUILAIN Yann
GUYOT Brigitte
HERZAFT Lise
HETZEL Patrick
LACHAUD Gérald
LAMIZET Bernard
LARDELLIER Pascal
LE MEN Hervé
LENAS Manuel
MAUROUARD Emmanuel
MAUROUARD Myriam
METZGER Jean-Paul
MIÈGE Bernard
MORISET Claire
OLIVIER David
PERMEZEL Béatrice
PRADIER Christian
QUONIAM Luc
RASSE Paul
RÉGIMBEAU Gérard
RENZETTI Françoise
REY Jacqueline
ROUISSI Jalel
SAILLY Noelle
SEGUY Françoise
SESTIER Pierre-Louis
SHATZMILLER Joseph
TAROZZI Sylvie
SILEM Ahmed
SILEM Achour
SKRZYPCZAK Jean-François
SOCHACKI Liliane
SURAUD Marie-Gabrielle
TETU Jean-François
TREMBLAY Gaetan
VAN CUYCK Alain
WUILLEME Bernard

ISBN 2-7298-4766-9

32 rue Bargue, Paris (15e).

Avant-propos

Le dictionnaire encyclopédique des sciences de l'information et de la communication est avant tout un instrument pédagogique qui présente les concepts et les auteurs fondamentaux en sciences de l'information et de la communication, d'une part, et, d'autre part, les techniques et instruments professionnels essentiels .

L'ouvrage comporte deux types d'articles classés par ordre alphabétique : d'une part, des articles brefs qui sont généralement des définitions techniques et, d'autre part, des articles d'analyse qui approfondissent une notion ou l'œuvre d'un auteur important qui a contribué au champ des sciences de l'information et de la communication ou dont les réalisations techniques d'objets de ce champ sont remarquables.

Les conventions adoptées pour le texte d'un article sont :

– le mot en caractères **gras** dans le texte est défini dans l'article où il apparaît ;

– le mot en caractères ***gras et en italiques*** dans le texte de l'article renvoie à une entrée spécifique qui comporte un article de définition ou d'approfondissement de la notion ou de l'auteur cité ;

– une ***entrée*** en caractères ***gras et en italiques*** correspond à un mot ou à une expression exprimée dans une autre langue que le français (locution latine, mot anglais, etc.) ;

– les mots *en italiques et en caractères maigres* dans le texte de l'article sont soit des citations, soit des références à un titre de livre ou à un titre de revue, soit enfin des expressions en d'autres langues que le français ;

– à la fin de certains articles, des ***corrélats*** sont proposés pour compléter éventuellement ceux mis en ***gras et en italique*** dans le corps même de l'article.

Le présent ouvrage est le fruit d'un travail d'équipe mené par le comité scientifique réunissant :

Robert BOURE, professeur à l'Université de Toulouse, Le Mirail
Bernard LAMIZET, professeur à l'Université d'Avignon
Jean-Paul METZGER, professeur à l'Université Jean Moulin, Lyon III
Bernard MIÈGE, professeur à l'Université Stendhal, Grenoble III
Ahmed SILEM, professeur à l'Université Jean Moulin, Lyon III
Jean-François TETU, professeur à l'Université Lumière, Lyon II

A

Abaque

Graphique donnant la valeur approximative recherchée pour résoudre un problème numérique.

Abonnement

Convention entre un fournisseur et un client en vue d'une livraison régulière d'un produit ou d'une prestation régulière d'un service pour une période déterminée et à un prix global fixé.

Du point de vue économique, l'abonnement assure une trésorerie appréciable au fournisseur, qui de ce fait réduit sensiblement ses appels aux actionnaires et ses recours aux marchés financiers et monétaires. En outre l'abonnement, pour une période donnée, assure des recettes non aléatoires, contrairement aux recettes de la vente au numéro, pour la presse, et aux recettes de ***publicité*** des médias gratuits qui dépendent de la seule ***audience*** (lecteurs, auditeurs, téléspectateurs). Mais la lutte à laquelle se livrent les firmes pour avoir des abonnés conduit à élever les coûts par des promotions ayant pour effet de réduire l'avantage de l'apport en trésorerie que constitue l'abonnement. Malgré une législation qui interdit d'offrir un cadeau dont la valeur serait supérieure à la valeur de l'abonnement, plusieurs infractions à ce principe ont été constatées. Le produit informationnel est dévalorisé, puisque le public est intéressé par le cadeau et moins par le contenu du support.

Pour la ***presse***, si l'abonnement permet d'adapter le ***tirage*** à la ***diffusion,*** en réduisant les coûts du retour des invendus, les frais de ***distribution*** qui sont loin d'être négligeables doivent cependant être pris en ligne de compte pour établir un bilan des avantages et inconvénients du système. C'est la raison pour laquelle, l'***aide à la presse*** est dans certains cas d'abord une aide à la distribution par un tarif de transport avantageux.

Pour la ***télévision*** cryptée (quel que soit le mode de distribution), l'abonnement est le moyen indispensable pour les chaînes thématiques, dont les programmes destinés à un public restreint, qui ne peuvent pas accéder aux marchés de la publicité davantage intéressé par les fortes audiences des chaînes généralistes.

Pour le ***cinéma***, l'abonnement est le moyen de pratiquer une baisse du prix pour faire face à la concurrence des autres loisirs.

Above the line **(investissement au-dessus de la ligne, coût média)**

Investissements dans les ***médias de masse*** : ***télévision, presse, affichage, radio*** et ***cinéma.*** Les investissements dans les autres moyens sont dits au-dessous de la ligne (*below the line*). La Délégation Générale à la Langue Française (arrêté du 10 octobre 1985), propose la traduction « **coût média** » pour *above the line.* Le coût média est défini comme « la part du budget publicitaire consacrée à l'achat d'espace ». Tandis que ***below the line*** correspond à **coût promotion** qui désigne la part du budget publicitaire consacrée à la promotion. L'opposition ***média*** et ***promotion*** recouvre en fait l'opposition médias de masse et autres moyens de communication.

Abrégé (*abstract*)

Bref ***résumé*** documentaire d'un texte.

Accès

Du point de vue informatique, l'accès est l'opération qui permet de récupérer l'information contenu en mémoire. Il peut être direct, lorsque l'emplacement du fichier de stockage de l'information est connu, ou séquentiel, par défilement de la mémoire jusqu'à ce que l'information apparaisse.

Access prime time

Expression anglaise de ***programmation*** à la télévision désignant la période précédant celle de la grande écoute. Elle correspond en France à la période 19 h-20 h. La stratégie du responsable de la programmation est de proposer des émissions susceptibles de retenir l'intérêt de tous les membres de la famille, sans demander une attention telle qu'elle conduit à sacrifier les travaux domestiques : les jeux, les ***sitcom,*** les émissions de plateau (***talk show***) sur l'actualité culturelle, les informations de proximité (décrochage des chaînes locales) sont les principaux programmes proposés dans cette période de la journée.

Accord

Traduction de *tuning* (arrêté ministériel du 10 octobre 1985) : Réglage destiné à produire ou à capter des signaux électriques ou acoustiques de fréquences déterminées.

Accords de Roaming

Voir ***Techniques mobiles de communication (Analyse économique des -)***.

Accroc

Traduction de *scratch* (arrêté du 10 octobre 1985) : détérioration localisée d'un support d'enregistrement qui se traduit par une perte de l'information ou l'apparition d'un signal parasite.

Accroche

1. Dans la presse, début d'article mis en évidence par une typographie spécifique.
2. Terme publicitaire désignant la phrase, le ***slogan***, qui dans un processus d'argumentation commerciale doit résumer l'essentiel du message de la campagne, et être persuasive pour le consommateur. L'accroche a souvent recours à des techniques rhétoriques qu'elle tend d'ailleurs à réactualiser. Un des atouts de l'accroche est qu'elle puisse se décliner en musique. Les plus efficaces ont une longue durée de vie comme par exemple : « le fourreur qui fait fureur », « y a bon Banania », « dubo, dubon, Dubonnet », « Kiri, le fromage pour les gastronomes en culottes courtes », « vous l'avez rêvé, Sony l'a fait », « du pain, du vin, du Boursin ». En anglais, accroche se traduit par l'expression *catch-phrase*.

Achat de droit

Contrat passé entre un producteur d'un produit culturel et un distributeur et/ou diffuseur portant sur le droit d'exploiter l'œuvre pour une période et pour un zone commerciale et selon des moyens de diffusion donnés.

Autrefois, pour une exploitation de l'œuvre à la télévision, la commande pouvait atteindre 100 % du budget de la production, et le producteur privé devenait alors ***producteur délégué*** de la chaîne, ses droits de diffusion étant intégralement cédés à la chaîne de programme. Actuellement, les commandes sont de l'ordre de 65 % du budget. Le contrat stipule l'exclusivité (ou non) et les éventuelles limitations (à un ou plusieurs pays et/ou périodes) de la cession de droit.

Achat d'espace

Réservation, par une ***agence de publicité*** ou ***agence conseil en communication*** pour le compte d'un ***annonceur*** ou directement par l'annonceur lui-même, d'une surface publicitaire, dans la presse et dans l'affichage, et/ou d'un temps et d'un horaire de passage pour des messages publicitaires à la radio, au cinéma et à la télévision. Les achats d'espace peuvent être négociés soit cas par cas, à l'initiative d'opérateurs individuels, soit par des ***centrales d'achats d'espace*** qui arrivent, pour de grands quantités, à négocier des prix inférieurs à ceux du marché.

Synonyme : ***media-planning***. Voir ***Loi Sapin***.

Acronyme

Sigle abréviatif dont la particularité est de pouvoir être lu comme un mot, et non épelé, décomposé. Cela favorise la mémorisation et la personnalisation de l'entreprise ou de l'institution qui y a recours. SMIC (pour Salaire Minimum Interprofessionnel de Croissance), LASER (pour *Light Amplification by Stimulated Emission of Radiation*), Transistor (pour transfert resistor), LOVE (langage orienté vers l'enseignement), ***UNESCO*** sont des acronymes ; ANPE, DEA, IUT et DESS sont par contre des sigles.

Actant

1. Celui qui fait des actes.
2. Dans la problématique de l'analyse du récit, l'actant est la représentation d'une fonction ou d'un ensemble de fonctions sous la forme d'un personnage (c'est le cas le plus fréquent) ou sous la forme d'un élément quelconque du récit.

   a) Actant et organisation

   Les actants ne sont pas structurés ni analysés individuellement : ils font partie d'une organisation d'ensemble, que l'on nomme **structure actantielle,** dans la mesure où les fonctions qu'ils exercent sont complémentaires les unes des autres dans la structure du récit.

   b) Actant et communication

   Les actants étant définis et structurés dans le champ d'une structure actantielle, ils sont indissociables de la situation de communication même que représente le récit ou l'ensemble de récits qui les met en œuvre, et au cours duquel, par ailleurs, ils sont, le plus souvent, investis de fonctions de communication avec les autres actants.

Acte

Intervention d'une personne dans le réel (voir ***action***), pour obtenir un résultat, ou pour avoir une conséquence sur la situation.

L'acte se distingue, fondamentalement, de la communication, en ce qu'il porte sur le réel et a des effets dans le réel, tandis que la ***communication*** porte sur le symbolique et sur le langage et produit du sens, pour les sujets qui en sont partenaires. Par ailleurs, tandis que la communication suppose au moins deux partenaires, l'acte peut ne relever que d'un personnage, appelé ***acteur***.

Toutefois, une certaine approche du langage et de la communication décrit la communication en termes d'***actes de langage***. Il s'agit d'une approche de la communication qui en cherche les effets dans le réel et dans les situations. On appelle ***performatif*** une forme – en général un verbe – qui, à la fois, désigne un acte et le met en œuvre. Ainsi, le président d'une assemblée qui prononce la formule « La séance est ouverte » énonce-t-il un performatif, puisque ces mots à la fois signifient, symboliquement, l'ouverture de la séance, et, en même temps, y procèdent dans le réel.

Acte de langage

Approche ***pragmatique*** consistant à considérer des propos comme une façon de réaliser quelque chose. Cette conception est bien résumée par le titre de l'ouvrage de J. L. ***Austin*** « *Quand dire c'est faire* » (1962). Un acte de langage a une valeur ***illocutoire,*** c'est-à-dire qu'il établit un type de relation de dialogue (jurer, questionner, ordonner, etc.) ; il peut avoir des effets ***perlocutoires,*** c'est-à-dire des conséquences pratiques (convaincre, intimider, etc.). Il y a des actes indirects (constater « il est tard » pour demander de partir).

Actes de colloques scientifiques

Voir ***Communication scientifique***.

Acteur

Personne qui accomplit un acte dans le réel, et qui se fait reconnaître pour cette raison par les autres personnes de l'espace social.

1. Acteur et communication

La différence essentielle entre la notion d'acteur et la problématique de la communication est que, si les sujets de la communication se structurent et se définissent les uns par rapport aux autres dans des logique d'identification, les acteurs se définissent et se structurent par référence aux actes qu'ils mettent en œuvre. Les acteurs interviennent dans la ***communication médiatée*** dans la mesure où ils représentent, par la médiation de leurs pratiques sociales, les institutions mêmes dont ils se soutiennent. Les journalistes et les lecteurs sont les acteurs majeurs de la situation de communication instaurée par la presse d'information.

2. Acteur et personne

La différence entre acteur et personne est une différence de point de vue. Tandis que le concept d'acteur appartient au champ de la mise en œuvre des actes et des pratiques, le concept de personne appartient au champ de la morale : la personne est l'acteur conscient des implications de ses actes dans l'espace public : l'acteur qui se situe dans une logique de droit. En termes de communication, cela signifie que l'acteur inscrit ses actes dans une logique dont il peut rendre compte au cours d'un récit. Le propre de la ***communication médiatée*** est d'ignorer la dimension personnelle des acteurs de la communication (la diffusion dans l'espace public neutralise la dimension personnelle de la communication) : c'est essentiellement dans deux formes de ***communication médiatée*** que l'acteur neutralise la personne – au théâtre, parce que la personne qui joue n'est pas la même que la personne représentée, et dans la communication téléphonique, parce que la personne est, de fait, absente du lieu de la communication.

3. Acteur et pragmatique

C'est la ***pragmatique*** – approche de la communication articulée sur le réel d'un faire ou d'une situation – qui rend raison de l'implication des acteurs dans une situation de communication. Il existe deux types d'acteurs dans les formes de la communication : les acteurs institutionnels et les acteurs réels. Les acteurs institutionnels, qui ne sont pas nécessairement incarnés par des personnes, sont les institutions, les organes, les structures, qui interviennent dans le déroulement réel d'une stratégie de communication ; les acteurs réels sont les acteurs qui sont incarnés par des personnes, et qui, sans nécessairement exercer de fonction (ils peuvent être neutres, inutiles ou, simplement, exercer des actions sans conséquence), manifestent leur présence par des actes. La pragmatique de la communication rend compte des effets de l'implication des acteurs sur la situation de communication.

Action et communication

Une action est une intervention sur le réel pratiquée par un acteur, de nature à avoir des effets réels perceptibles sur les autres, sur une situation, ou sur un objet.

L'action n'est pas du ressort de la communication, car ce n'est pas le sens qui permet de la valider ou de la reconnaître, mais le fait qu'elle ait été, ou non, menée à bien. Dans ces conditions, l'action menée à bien constitue un critère dans la signification de la vie sociale. C'est pourquoi elle sert vite de critère de jugement ou d'appréciation sur les acteurs de la société, ou de critère de choix quant à nos décisions dans la vie sociale.

1. Action et communication : différences et spécificité
Il importe de bien distinguer le domaine de l'action, domaine de l'autonomie des acteurs, qui interviennent sur des objets réels sans nécessairement se situer ou dépendre des autres, et le domaine de la communication, domaine du sens et de la relation des sujets de communication aux autres, consistant en une activité de type symbolique. Par rapport à la communication, l'action se caractérise par trois spécificités :
– D'une part, elle a une finalité : l'action est un ensemble d'interventions d'acteurs qui concourent à un but déterminé à l'avance, but qui leur donnent une cohérence et les inscrivent dans une logique.
– D'autre part, l'action est évaluable : on peut parler d'un succès ou d'un échec de l'action, conditionné par l'issue de l'ensemble d'interventions concourant à l'action.
– Enfin, le *temps* de l'action est conditionné par son déroulement et par son issue, tandis que le temps de la communication est conditionné par la représentation que s'en font les partenaires de l'échange.
2. L'action dans la communication
Ces trois particularités de l'action l'inscrivent hors de la communication. Mais il n'en demeure pas moins que l'action a trois formes de présence effective dans la communication.
• Le **performatif**
On appelle *performatifs* les formes verbales qui, en même temps, énoncent un discours et exercent une action. C'est le cas de formes comme *La séance est ouverte*, qui constitue à la fois une parole et un acte juridique effectif (à partir duquel se mesure le temps de la vie institutionnelle). Les performatifs sont en général des formes en usage dans des contextes et dans des situations dans lesquels le symbolique a une grande importance dans le réel. Ils ont été analysés par les **philosophes du langage** de l'école d'Oxford (***Austin*** et Searle, notamment). On peut assimiler au performatif le thème du miracle dans les mythologies religieuses, et, d'une manière générale, les rites, les promesses et les sacrements (le serment (*Je jure de...*) engagent leur énonciateur dans le réel aussitôt qu'ils sont prononcés dans le symbolique).
• Le **projet**
Le projet est une forme d'action anticipée : une projection par le sujet de sa propre personne en train d'agir dans un réel supposé à venir. Le projet, dans sa dimension anticipée, relève de l'action, car le sujet du discours s'y investit comme acteur (il est impliqué dans la mise en œuvre du projet et dans sa formulation), et que le projet donne à l'action anticipée une dimension symbolique particulière dans l'espace de l'interlocution.
• Le **jeu**
Le jeu est une activité ludique ou rituelle, qui consiste moins en une représentation de l'action qu'en une action de nature à produire du sens auprès de ses participants et de son éventuelle assistance, et à exercer une fonction de médiation de communication et d'appartenance auprès des partenaires du jeu. Le jeu devient une action de communication, dans la mesure où il se fonde sur l'observation de règles et de normes strictes qui en conditionnent le déroulement et l'inscrivent dans une logique de forme.
3. La représentation de l'action dans la communication : récit et image
En revanche, l'action fait l'objet d'une représentation dans les formes et les processus de la communication. Quand cette représentation se fait par le langage, il s'agit d'un récit ; quand elle se fait par le spectacle ou par l'image, il s'agit d'une mise en scène. Le plan de la représentation est le premier plan dans lequel se rencontrent l'action et la communication : il s'agit de faire passer l'action du plan d'une réalité individuelle, singulièrement exercée et assumée par celui qui la met en œuvre, au plan d'une représentation de cette action, de nature à faire l'objet d'un échange symbolique. Quand j'agis, je suis seul ; quand je raconte mon action, je suis en situation de communication.
Le **récit** est l'une des formes de discours les plus anciennes et les plus archétypales : il obéit à des processus, à des rites, à des structures, qui ont été abondamment étudiés par les formalistes russes (cf. V. Propp, *Morphologie du conte*, éd. du Seuil, coll. « Points ») et par les sémioticiens (cf. *L'analyse structurale du récit*, éd. du Seuil, coll. « Points »). Cette dimension très originaire du récit tient, précisément, au fait que c'est dans le rapport à l'action que la communication fonde sa spécificité. La crédibilité du récit se fonde, d'une part, comme tout discours, sur l'énonciateur et le crédit qui lui est accordé par ailleurs, d'autre

part sur la façon dont est décrite l'action, sur les détails qui sont apportés, et, éventuellement, sur la comparaison avec d'autres récits de la même action.

La **mise en scène** est de l'ordre de l'image ou de l'ordre du spectacle (théâtre ou cinéma). La crédibilité de la représentation tient essentiellement au décor et à la représentation de l'espace dans lequel se déroule l'action représentée, dans la mesure où l'action est montrée immédiatement, dans son déroulement effectif. La mise en scène fait passer l'action du champ de son déroulement réel au champ de l'image ; en ce sens, il s'agit d'une forme de changement d'échelle et d'enjeu : l'action ainsi représentée n'a pas d'objets réels : elle devient un objet pour la perception du public. La fonction traditionnelle, originaire, du spectacle est de faire de l'action une représentation de nature à la faire partager par tous et de nature, par conséquent, à l'inscrire, en tant que médiation, dans la culture de tous ceux qui appartiennent à la communauté.

4. Évaluation et appréciation de l'action dans la vie institutionnelle, politique et sociale

L'action fait l'objet d'une évaluation – sur deux plans : d'une part, sur le plan de son issue et des résultats qu'elle a permis d'obtenir ; d'autre part, sur le plan de son déroulement, de ses acteurs, et des différentes étapes par lesquelles elle passe.

• Le premier plan de l'évaluation d'une action consiste en un bilan, dont le rapport essentiel est le rapport ente la quantité d'efforts et de travail fournis au cours de l'action et les résultats qu'elle a permis d'obtenir. L'évaluation de l'action se fait en termes quantitatifs sous la forme d'une mesure de l'**efficacité**.

• Le second plan de l'évaluation de l'action est plus qualitatif : il s'agit d'évaluer les procédures et les opérations qui ont été mises en œuvre, du point de vue de leur **validité**. L'évaluation qualitative de l'action se fait du point de vue de l'acteur qui l'a menée à bien.

Le plan de l'évaluation est le second plan dans lequel se rencontrent l'action et la communication. L'évaluation, la mesure, d'une action, en effet, ne sauraient être du seul ressort de celui qui agit : il s'agit d'une autre dimension, puisque cette évaluation va se faire par comparaison entre l'action considérée et d'autres actions du même type (il va donc y avoir, comme dans toute situation de communication et d'échange symbolique, recherche d'un point commun, d'un tiers élément, commun, de comparaison). Par ailleurs, l'évaluation d'une action se fait dans un certain but, dans une certaine logique, et d'un certain point de vue. On évalue une action par rapport aux investissements qu'elle a nécessités, ou par rapport à son degré de complexité, ou par rapport à d'autres actions comparables qui l'ont précédée (il s'agit, alors, d'histoire) : dans tous ces cas, l'évaluation s'inscrit dans une logique de communication et d'échange avec d'autres, qui apportent leurs propres références.

C'est, d'ailleurs, cette évaluation de l'action en termes de rapports sociaux avec les autres et en termes de communication et de représentation qui marque l'émergence du politique, puisque, dans le champ politique, il faut choisir, en fonction de critères si possible librement définis, entre deux acteurs, ou entre deux actions, ou entre deux programmes d'action, et que ce choix même implique que l'on donne du sens aux actions en présence, et qu'elles soient inscrites dans une logique de comparaison, de choix, et, donc, dans une logique symbolique. Le politique articule l'action et la communication, car il donne à cette dernière une dimension collective et sociale : il fait de l'action une ***médiation***.

5. Action, sujet et personne : comment assumer son action ?

Assumer une action c'est reconnaître devant les autres que l'on a été l'acteur, ou, à tout le moins, l'instigateur. Il s'agit donc, de nouveau, d'une forme de prolongement symbolique de l'action, d'une forme de développement symbolique de l'action. En effet, assumer ou reconnaître son action est, de deux manières, un processus symbolique et un processus de représentation. D'une part, cette reconnaissance, pour avoir du poids et une logique, e fait dans l'espace public, devant les autres, et, d'autre part, elle n'a d'autre moyen pour avoir lieu que le langage et la représentation de l'action dont il s'agit. le théâtre a, traditionnellement, une vertu purificatrice (*catharsis*), car il nous fait reconnaître en public, au cours du spectacle et en en faisant l'objet même de la représentation, les fautes et les crimes qui, selon nous, entachent notre existence sociale, ou, au contraire, les fautes originelles qui, selon nous, fondent notre appartenance commune.

En fait, si, dans l'Antiquité, la représentation spectaculaire est la médiation de reconnaissance de l'action par ses acteurs et par ses témoins, c'est, à l'époque moderne, le rôle de la *morale*, d'assurer ainsi la médiation entre les actions singulières et ce qu'elles représentent collectivement pour la communauté. De même qu'il existe deux dimensions de la communication, la dimension intersubjective et la dimension sociale et ***médiatée***, il existe deux dimensions de la morale : l'évaluation singulière des actions que nous exerçons seuls ou à notre propre initiative relève de ce que l'on appelle la morale personnelle : elle fait de nous des personnes, comptables de nos actions devant notre propre conscience, c'est-à-dire devant l'image que nous nous faisons de notre appartenance et des devoirs qu'elle implique pour nous. En revanche, l'évaluation collective et institutionnelle des actions que nous exerçons en tant qu'acteurs sociaux, ou à l'initiative d'un parti ou d'une force politique à laquelle nous appartenons, relève de ce que l'on peut appeler la morale politique : elle fait de nous des sujets, dont la citoyenneté est interrogée du point de vue de notre engagement : de la représentation en acte de notre citoyenneté.

6. Communication et responsabilité

La responsabilité est l'ensemble des formes et des processus par lesquels nous reconnaissons nos actions : par lesquels nous inscrivons nos actions dans notre mémoire et dans notre conscience. La responsabilité est la représentation à nos propres yeux de nos actions ; elle est, en quelque sorte, le miroir devant lequel nous assumons nos actions. C'est pourquoi on peut définir la responsabilité comme le pendant actif de l'identité. C'est pourquoi le thème de la responsabilité occupe une si grande place dans l'histoire de notre conscience.

La responsabilité pose, par ailleurs, le problème de la dimension morale de l'action et de l'implication du sujet dans son action. Assumer la responsabilité d'une action revient, pour le sujet, à reconnaître dans l'espace social avoir exercé cette action : il s'agit, par conséquent, d'un moment de communication, puisqu'il est nécessaire de passer par une médiation de communication pour qu'ait lieu une telle reconnaissance.

La responsabilité s'inscrit dans les deux dimensions de la communication. Comme forme intersubjective de communication, la responsabilité est une responsabilité singulièrement assumée pour une action individuelle ; comme forme sociale ***médiatée*** de communication, la responsabilité est une responsabilité collectivement assumée pour une action engagée par un ensemble d'acteurs ou par toute une communauté.

Actualité

Ensemble de nouvelles concernant un fait, un événement, un personnage du moment, ou encore, ce qui existe sous la forme d'actes effectifs dont l'ensemble constitue, dans le présent, le réel de la vie sociale.

1. Événement et actualité

L'**événement** est, en quelque sorte, la matière constitutive de l'actualité. L'actualité est faite des événements qui surviennent dans l'espace social, et qui imposent leur réalité aux acteurs qui appartiennent à cet espace de la sociabilité. L'actualité est un ensemble d'événements. Elle n'a donc pas de logique préétablie : ce sont les informations, dans les médias, qui ordonnent le discours sur l'actualité, de façon à faire apparaître une logique et des liens de causalité ou d'explication entre les événements. L'actualité est discontinue ; ce sont les médias qui y introduisent une continuité.

L'actualité, si elle est prévisible grâce à la mise en œuvre de procédures d'observation, de prévision et d'analyse, ne saurait s'inscrire dans des scénarios et dans des représentations anticipés : le caractère réel de l'actualité en fait un ensemble de faits et de données qui s'imposent et qui ne peuvent se réduire à des discours et à des représentations.

2. L'actualité dans les médias

L'actualité constitue la référence du discours des médias dans leur fonction informative. Dans ces conditions, les médias font de l'actualité et du discours qu'ils tiennent sur elle les repères par rapport auxquels ils instaurent le lien social et en renforcent la continuité symbolique, sociale et politique.

Les médias font de l'actualité le support et la référence du discours politique et de l'ensemble des représentations idéologiques dont ils se soutiennent dans leur activité sociale et institutionnelle. En ce sens, ils inscrivent l'actualité dans des structures et des fonctions de médiation : dès lors que les médias inscrivent l'actualité dans des formes de nature à faire l'objet de diffusion, de circulation et d'échanges dans l'espace social de la communication.

Les médias sont une forme de représentation, de mise en scène de l'actualité : ils la donnent à voir et en font un enjeu de communication sociale et de diffusion dans l'espace politique, et en font l'objet d'une appropriation par les sujets de la communication qui, par cette appropriation, se constituent une citoyenneté.

3. Actualité et récit

La forme dominante du discours des médias sur l'actualité est le récit : c'est sur le mode de la narrativité que s'énonce le discours spécifique des médias dans leur mise en scène et leur représentation de l'actualité. Il importe d'analyser, dans ces conditions, les formes particulières de ce que l'on peut nommer le récit d'actualité. On peut, en particulier, structurer le récit d'actualité en quatre instances.

a) La dramatisation de l'actualité

On nomme dramatisation de l'actualité la formulation d'une représentation amplifiée de l'actualité dans le but de séduire, de convaincre ou d'émouvoir ses destinataires. La généralisation des médias audiovisuels, qui deviennent la forme dominante de la ***communication médiatée*** – au point d'en devenir pratiquement une forme hégémonique, accentue le phénomène de dramatisation car les médias audiovisuels accentuent la dimension spectaculaire de l'actualité, mise en scène et représentée comme un spectacle – et, d'ailleurs, parfois, au gré des programmes, entre deux spectacles.

b) L'énonciateur

Le récit d'actualité a un énonciateur spécifique, doté d'un certain nombre de particularités. D'une part, il est généralement considéré comme un relais institutionnel d'information : ce ne sont ni sa personnalité, ni sa subjectivité qui sont considérées comme les instances majeures de son activité. Par ailleurs, l'énonciateur du récit d'actualité est reconnu comme un acteur institutionnel : il s'inscrit dans une structure de ***communication médiatée***, par rapport à un destinateur qui lui donne sa crédibilité et sa légitimité. Enfin, l'énonciateur du discours sur l'actualité est un acteur idéologique : il n'y a pas de forme neutre du discours sur l'actualité : l'énonciateur de ce discours inscrit le récit dans une logique qui lui donne du sens.

c) Les circonstances du récit

Les circonstances du récit d'actualité sont les formes sociales et historiques dans lesquelles a lieu l'événement : les circonstances du récit définissent des repères historiques qui fournissent, en quelque sorte, la référence de l'actualité – par rapport à laquelle elle va prendre son sens et devenir interprétable. L'importance, dans la presse en particulier, des circonstances du récit d'actualité est double : d'une part, il s'agit de préciser les données historiques de l'événement ; d'autre part, il s'agit de donner à l'événement les références qui permettent de l'inscrire dans notre mémoire.

d) Modalités du récit d'actualité

Il y a trois types de modalités qui précisent la signification et la portée du récit d'actualité.

• La modalité d'évaluation : il s'agit, en particulier dans les médias, de commenter le récit sur l'actualité, et de l'accompagner d'une évaluation – en général en conclusion, ou, dans la tradition anglo-saxonne, censée être séparée de l'information même sur l'actualité. L'évaluation fait du récit sur l'actualité une part essentielle du discours politique du média.

• La modalité d'anticipation : il s'agit des récits d'actualité qui sont intégrés à une problématique de l'anticipation ; il s'agit des récits dont on se sert pour légitimer et crédibiliser une prévision sociale ou politique.

• La modalité de mémoire : il s'agit des récits d'actualité articulés par le discours des médias à une continuité historique passée, censée les mettre en perspective. Le récit d'actualité, dans ces conditions, s'inscrit dans une histoire, qui fait apparaître à la fois la spécificité de l'événement et les caractères communs qu'il présente avec d'autres événements comparables dans l'histoire. Cette modalité accroît la portée de l'actualité en lui donnant la dimension de l'histoire.

4. Actualité et discours politique

L'actualité suscite une représentation de l'événement qui, comme toutes les représentations, dans l'espace social, s'inscrit dans un **discours politique** : la représentation de l'actualité lui donne un sens qui en permet l'appropriation par les destinataires de la communication, c'est-à-dire les sujets de la sociabilité. Il faut que la représentation de l'actualité puisse avoir un sens pour que les destinataires de la communication puissent pleinement la comprendre, se situer par rapport à elle. Sans discours politique, au moins implicite, pour l'orienter, pour lui donner du sens, la représentation de l'actualité ne serait qu'une fonction neutre, que les sujets de la communication ne pourraient situer à aucune place dans leur pratique de la citoyenneté et de l'espace politique.

C'est le rôle des médias, par leur engagement, de donner ainsi du sens à l'actualité. Le discours politique des médias et de l'information, par rapport à l'actualité, se présente sous trois formes.

D'une part, la « mise en scène de l'actualité » (B. Miège) ne saurait être neutre. Le journal télévisé va privilégier un cadrage particulier mettant en valeur un personnage plutôt qu'un autre ; le quotidien de presse écrite va ordonner la représentation de l'actualité selon une mise en page et une organisation des titres et des accroches, de nature à souligner le point de vue sous lequel est présentée l'actualité. À partir du moment où l'actualité fait l'objet d'une information qui est, en même temps, une mise en scène, qui est, en même temps, donnée à voir, donnée en spectacle, auprès des destinataires de la communication, le point de vue et le regard qui forment cette mise en scène produisent aussi du sens. Le choix d'un portrait ou d'une photo de groupe dans un paysage pour illustrer une information sur un accident de chemin de fer ou un tremblement de terre produisent du sens, car ils signifient que l'accident dont il est question n'est pas interprété de la même façon.

D'autre part, l'actualité est perçue à travers des médiations, qui sont des façons d'orienter les regards sur elle. L'actualité fait l'objet, comme tout le réel, d'une perception de la part du sujet, qui l'observe, qui assiste aux événements, qui a son propre rapport à l'information, dont se soutient la singularité de son opinion. Les médias rendent possible une mise en commun de l'information, grâce à laquelle l'actualité, singulièrement perçue, fera l'objet d'une analyse, d'un discours, d'une interprétation, communs à tous les destinataires du média, ainsi constitués ensemble en opinion. L'opinion est la représentation, dans la communication sociale, des formes et des points de vue de la communication et de la diffusion de l'information. C'est cette logique de l'information qui fait que l'information sur l'élection d'un président de la République n'est pas seulement une information nominative ou factuelle, mais est aussi un des points de repère par rapport auxquels se construit l'opinion.

Enfin, l'actualité fait l'objet d'un choix, qui, en soi, est déjà une façon de la penser, de la représenter en termes politiques. L'actualité, c'est le réel : l'actualité c'est ce qui, radicalement et fondamentalement extérieur au discours des médias et indépendant de lui, fait l'objet d'une représentation. Mais cette représentation ne saurait être totale. Les médias ne peuvent tout dire sur tout. Il se produit toutes sortes de sélections, toutes sortes de tris, toutes sortes de choix, qui permettent aux médias de ne pas dépasser les normes quantitatives auxquelles ils sont astreints lors de leur édition et de leur diffusion. Ce choix est, en soi, constitutif d'un sens, car il s'agit, pour le discours sur l'actualité, de rendre raison non de l'actualité dans sa totalité, ce qui serait impossible, mais des dynamiques et des logiques de l'actualité qui s'inscrivent dans la logique de la médiation exercée par le média. Le choix dans l'actualité est fonction de l'orientation du média, bien sûr, mais, plus loin et plus profondément, il est fonction des logiques et des repères qui permettent de comprendre le média. Quand le journal télévisé, par exemple, choisit les événements qui feront son sommaire, il le fait en fonction de la logique spectaculaire qui est la sienne. Quand un journal d'opinion choisit les siens, il le fait en fonction de la représentation du monde qu'il entend donner à partir de son discours sur l'actualité.

5. Actualité et communication

L'actualité n'existe, pour notre conscience, pour notre vie sociale, pour les ***représentations*** dont nous sommes porteurs, que parce qu'elle fait l'objet d'une information élaborée et diffusée dans l'espace social de la communication. L'actualité finit, d'ailleurs, par ne désigner que ce qui fait l'objet d'une information ***médiatée***.

L'actualité a une triple présence dans la communication.

• Dans l'espace social de la ***communication médiatée***. Pour faire l'objet d'une communication, encore faut-il que l'actualité fasse l'objet d'une diffusion dans l'espace social, et d'une appropriation de la part des acteurs qui le peuplent. La diffusion de l'actualité est la fonction des médias d'information. D'une part, cette diffusion de l'actualité contribue à l'unification des ***représentations*** dont sont porteurs ceux qui appartiennent à l'espace social ; l'actualité, en ce sens, fait partie de la culture de la modernité. D'autre part, cette diffusion contribue à la formation de l'***opinion publique***, car elle s'accompagne d'une mise en perspective politique.

• Dans les formes et les codes des médias et de la ***communication médiatée***. C'est dans les codes et dans les formes reconnues de la communication et des médias que l'actualité fait l'objet d'une diffusion dans l'espace social. Il y a quatre formes de l'actualité dans le discours des médias. L'actualité au jour le jour prend la forme d'un récit, dont la spécificité en termes de communication est de retenir l'attention en suscitant une forme d'attente, de suspens ; il s'agit essentiellement du reportage. La deuxième forme d'information sur l'actualité est la brève ; il s'agit d'une forme de reportage plus fréquente que le reportage, puisqu'elle peut être diffusée heure par heure, et même plus souvent, dans la mesure où le rythme de sa diffusion dépend précisément de l'évolution de l'actualité dont elle rend compte. L'analyse est une distanciation du temps des médias par rapport au temps de l'actualité : il s'agit de rendre raison de l'actualité en en faisant apparaître les principales structures, les principales logiques ; il s'agit essentiellement du documentaire, de l'enquête, du magazine. L'actualité est enfin présente dans la ***communication médiatée*** sous une forme informelle : la ***rumeur***. Il s'agit d'une forme de diffusion de l'information sur l'actualité dans l'espace public, qui se caractérise par l'absence d'auteur (*On raconte que..., on dit que...*) et par le manque de crédibilité, lié à cette absence d'auteur explicite.

• Dans la culture des acteurs de la communication. Il y a une forme de savoir commun, de culture commune, des acteurs de la communication médiate, à quoi se reconnaît leur appartenance à l'ensemble des acteurs des médias. Cette culture commune est faite de la représentation de l'actualité dont ils sont porteurs, et qui définit leur place dans l'espace de la sociabilité. C'est en fonction de cette représentation de l'actualité que les acteurs de la ***communication médiatée*** reconnaissent et revendiquent leur place dans la communication et, au-delà, dans l'espace social : cette culture commune, ce savoir commun, dont l'actualité est la matière, la densité, est, en quelque sorte, une condition minimale pour appartenir à l'ensemble des formes de la communication médiatée. C'est aussi de ce point de vue que se met en œuvre l'**évaluation des médias**, quant à leur qualité, leur pertinence et la qualité de leur information.

A.C.T.V. (*Advanced Compatible Television)*

Projet américain de norme de ***télévision haute définition***, avec une résolution d'image de 1 050 lignes, envisagé pour concurrencer le procédé « ***Muse*** » des Japonais, et le ***D2-Mac Paquet*** des Européens.

ADA

Langage informatique conçu par le Français Ichbiah en 1979 et utilisé par le département de la Défense américain. Il porte le prénom de la fille de lord Byron – Ada Lovelace –, collaboratrice du mathématicien britannique Charles **Babbage** (1792-1871), concepteur d'une machine à calculer à cartes perforées.

Adaptateur, adaptatrice

Personne chargée de rédiger, à partir d'une œuvre littéraire donnée, un texte destiné à être exploité par le cinéma, le théâtre, la radio ou la télévision.

Dans le domaine publicitaire on parle d'adaptateur rédacteur publicitaire et d'adaptatrice rédactrice publicitaire. Il s'agit d'une personne conceptrice et/ou rédactrice chargée d'adapter les messages publicitaires originaux à des environnements culturels, linguistiques et sociaux différents (arrêté du 10 octobre 1985).

Adaptation

Conception d'un film, d'un jeu télévisé, d'une émission de radio, d'un livre, ou d'une pièce de théâtre à partir d'une œuvre déjà conçue. Les nouvelles versions (***remake***) d'un film, d'une pièce de théâtre, d'une œuvre littéraire peuvent être des adaptations qui ne gardent qu'un lien ténu avec l'œuvre originelle. Ainsi les films « Carmen » de Carlos Saura et « Prénom Carmen » de Jean-Luc Godard sont deux adaptations différentes de l'œuvre de Bizet.

Voir ***Droits d'auteur***.

Adhésion

Acte par lequel l'***opinion***, qui est de l'ordre symbolique, passe vers la dimension des actes. L'adhésion est, en quelque sorte, une opinion devenue un acte et constituant son porteur en acteur de l'espace public. C'est pourquoi on entre dans une logique politique quand s'instaure une logique d'adhésion. Mais, à la différence de l'***information***, la ***rhétorique*** de l'adhésion s'adresse individuellement, singulièrement, à une personne : l'acteur à qui elle est destinée.

1. Communication et rhétorique d'adhésion

La ***rhétorique*** des médias a pour fonction de susciter l'adhésion de leurs usagers ou de ceux qui les écoutent aux projets ou aux idées de ceux qui les produisent. Les médias ont deux modes de pratique : l'information et la rhétorique. L'information, à la différence de la rhétorique, structure des identités culturelles de référence : elle donne sa consistance à l'appartenance. La communication de l'information est collective, alors que la communication d'adhésion suppose une individualisation de l'information. En effet, la communication de l'information s'inscrit dans une logique d'unification des idées, des représentations, des cultures, tandis que la communication d'adhésion poursuit une finalité qui s'inscrit dans une logique individuelle de comportement, de choix ou de pratique.

2. Adhésion, persuasion, séduction

La dimension individuelle de l'adhésion engage la communication dans une logique parfois plus proche de la séduction et de la ***persuasion*** que de la discussion, du débat, de l'argumentation. En effet, la communication d'adhésion se situe dans une relation entre deux sujets, qui sont, par ailleurs, deux partenaires d'une relation socialement instituée (relation de transaction commerciale ou recherche d'un choix, d'une décision de la part du destinataire), et non, comme les autres formes de la ***communication médiatée***, entre un énonciateur et un destinateur, d'une part, et une certaine quantité de destinataires indistincts, d'autre part.

La persuasion et la séduction sont les deux modalités de la communication qui s'exerce à l'intention d'un destinataire socialement et institutionnellement déterminé : il s'agit des deux logiques de communication dans lesquelles peuvent s'inscrire les relations entre les énonciateurs et les destinateurs institutionnellement déterminés et le public dans lequel ils diffusent leurs formes et leurs stratégies de communication.

3. Adhésion politique et adhésion commerciale
Il convient de distinguer deux types d'adhésion, qui s'inscrivent dans deux formes distinctes de l'espace public, et qui, par conséquent, se situent par rapport à des enjeux et à des références différentes. L'**adhésion politique** est une des formes de la citoyenneté, tandis que l'**adhésion commerciale** est une des formes de l'activité économique. Tandis que l'adhésion politique définit des acteurs politiques de la cité, l'adhésion commerciale définit les acteurs économiques de la production et des échanges. Il y a l'adhésion de la place publique et l'adhésion du marché – les deux facettes, finalement, de l'ancienne ***agora***. Ces deux formes d'adhésion correspondent à des formes différentes de ***stratégies de communication*** et de représentation. Elles correspondent à des positions institutionnelles distinctes de l'énonciateur, du destinateur et du destinataire.
La nécessité d'une adhésion dans la logique des institutions caractérise les régimes démocratiques. L'adhésion politique est, en effet, le mode d'expression de la participation à la vie politique des sujets appartenant à la cité : l'adhésion est, en quelque sorte, une forme de **médiation participative** des citoyens. L'adhésion commerciale est une adhésion d'un autre ordre : elle est la médiation par laquelle la notion de ***marché*** acquiert une consistance effective. À partir de là, est né le concept de *marketing* (ou ***mercatique***), qui désigne l'ensemble des activités et des procédures destinées à rechercher ou à faciliter l'adhésion des consommateurs et des destinataires de la communication. Ces deux logiques d'adhésion, politique et commerciale, celle de la démocratie et celle du marché, sont les formes d'intervention de la communication dans la constitution des logiques effectives de la sociabilité.

4. Adhésion et communication politique
La **communication politique** a pour but d'entraîner ses destinataires à adhérer aux choix politiques qui leur sont proposés par les discours, les formes et les stratégies des partis, des acteurs et des structures de la vie politique et institutionnelle. La dimension politique de l'adhésion implique des choix et des pratiques qui portent sur l'implication du destinataire dans la vie de la cité, dans la vie institutionnelle, dans la vie politique et les institutions publiques. Les processus et les structures de la communication politique impliquent la citoyenneté du destinataire.
Les structures rhétoriques de la communication politique sont les suivantes.
a) Faire connaître les idées et les enjeux des choix politiques
La communication politique a pour première fonction de faire connaître les idées en présence, pour que les citoyens fassent leur choix en toute connaissance de cause. C'est à la fois un devoir d'information (qui inscrit la communication politique parmi les autres formes de la ***communication médiatée***) et un devoir politique (qui fait de la communication politique une des armes ou une des structures de la vie politique). Le développement de la communication politique, qui devient, par ailleurs, de plus en plus complexe et de plus en plus onéreuse, correspond à la complexité croissante des enjeux des choix politiques proposés aux citoyens.
b) Faire connaître les acteurs et les personnes qui représentent ces choix
Les choix politiques sont personnifiés par des acteurs qui les représentent. Le développement de la ***médiatisation*** de la communication politique s'accompagne du développement de la personnification des choix politiques par des personnalités – voire par des acteurs – qui inscrivent la communication politique dans des structures proches du spectacle. Dans ces conditions, l'adhésion politique recherchée se trouve bien souvent proche de la séduction. La personnification des choix politiques est à la fois salutaire (elle permet sans doute une

meilleure implication du destinataire et une adhésion plus vive de sa part) et dangereuse (pour la démocratie et pour la rationalité politique toute entière).

c) Donner une représentation de la citoyenneté
L'adhésion politique est une affaire qui concerne les citoyens dans l'exercice de leur droit de citoyenneté et de leurs libertés politiques. La **communication politique** consiste par conséquent à donner une image de la citoyenneté – à construire une représentation de l'appartenance et des droits qui en découlent. Les stratégies et les médias qui organisent la communication politique reposent, par conséquent, sur une certaine image de la citoyenneté.

d) Faire apparaître la portée et le déroulement des choix à envisager
La communication politique fait apparaître aux destinataires de ses stratégies et de ses produits les arguments, les critères et les enjeux des choix politiques, à l'occasion d'élections, de référendums ou d'autres manifestations de la vie démocratique. Pas de communication politique, en effet, sans que, d'abord soient clarifiés et explicités les choix politiques devant lesquels se trouvent les citoyens.

5. Adhésion commerciale et ***publicité***
Les structures rhétoriques de la **communication commerciale** sont les suivantes :

a) Faire connaître les idées et les enjeux des choix de pratique et de consommation
Il y a une forme d'obligation d'information qui porte, d'abord, sur les pratiques de consommation elles-mêmes. À cet égard, le développement du mouvement consumériste, né dans les pays anglo-saxons dans les années cinquante, a donné lieu au développement d'un important mouvement de ce type en France (cf. Union fédérale des Consommateurs, avec sa revue *Que choisir ?*, par exemple). Ce mouvement est lié au développement des services de vente par correspondance et au développement des formes de communication des entreprises à destination de leur clientèle particulière. Par ailleurs, en période de crise ou d'incertitude économique, les consommateurs élaborent de véritables stratégies de rationalisation et d'optimisation de leurs pratiques de consommation, pour améliorer l'efficacité de leur pouvoir d'achat.

b) Faire connaître les objets, les acteurs et les personnes qui représentent ces choix
Il y a là quelque chose qui s'apparente au choix des candidats dans le champ de la communication politique ; il s'agit de la dimension nominative de la ***publicité*** : de la dimension de la publicité selon laquelle elle contribue à la diffusion de noms de marques ou de noms d'acteurs. La rhétorique de la nomination comporte une part importante de ses procédures au choix d'un nom ou d'une désignation – le nom ou la désignation occupant une place non négligeable dans le processus de l'adhésion. C'est en ce point que les ***stratégies de communication*** engagées comportent une part importante dévolue au ***marketing***.

c) Donner une représentation idéale de la quotidienneté
C'est dans la quotidienneté que le destinataire de la communication commerciale se définit pleinement comme un sujet : c'est dans la quotidienneté que le consommateur acquiert à la fois un statut dans l'espace social de la ***communication médiatée*** et une identité dans l'organisation des dynamiques d'échange et d'activité commerciale : dans le marché. C'est pourquoi les rhétoriques de la communication commerciale renvoient à leurs destinataires des représentations idéalisées de la quotidienneté : des portraits d'amateurs dégustant du café soluble ou des scènes de vie familiale plongées dans des jeux sportifs ou dans des séances collectives de télévision.

d) Faire apparaître la portée et le déroulement des choix à envisager
La communication commerciale ou la ***publicité*** rendent aussi visibles les choix des consommateurs. La rhétorique commerciale insiste sur l'importance de leur responsabilité en amplifiant l'importance de leur décision, comme pour mieux souligner leur propre importance en tant qu'acteurs du marché ou en tant que destinataires de la communication.

Affichage, Affiche

Annoncer, informer par voie d'affiche, au moyen d'un panneau, du mobilier urbain, de l'arrière d'un bus, d'un écran cathodique, d'un avion en vol, etc.

En informatique, l'affichage (*display*) est la représentation des données sur l'écran. Par extension, pour la vidéo, l'affichage désigne aussi l'incrustation d'informations dans l'image d'un écran de télévision (ex. : programmation choisie pour le magnétoscope).

L'affiche est, quant à elle, une feuille souvent imprimée, susceptible de comporter un texte et/ou une illustration pour communiquer un avis officiel, un message publicitaire. William Caxton passe pour avoir imprimé la première affiche en 1477. La première affiche illustrée en France – le grand Pardon de Notre-Dame-de-Reims – date de 1482. L'affiche possède une dimension artistique et les plus anciennes, réalisées par des artistes prestigieux (Toulouse-Lautrec, Savignac, Malevitch, Folon, etc.), sont activement recherchées par des collectionneurs.

D'un point de vue économique, une campagne de publicité par affichage sur panneaux muraux comporte les frais de location et de collage des affiches, le coût de réalisation de l'affiche. La coût de location de l'emplacement dépend de la période, de la durée, du lieu et du nombre de panneaux retenus. Le ***coût pour mille*** de l'affichage est élevé. Aussi, le choix de l'affichage doit être réfléchi en tenant compte des aspects qualitatifs liés au format et à la qualité des emplacements. Néanmoins, en France, il reste le troisième média ***au-dessus de la ligne***, après la télévision et la presse.

L'affichage est une activité réglementée. En France cette réglementation relève de la loi du 29 septembre 1979. Celle-ci a notamment pour souci d'éviter la dégradation du cadre de vie par des panneaux qui ne respecteraient pas par leur dimension et leur emplacement un site classé.

Affimétrie

Mesure de l'audience de l'affichage dans les villes de plus de 10 000 habitants.

Voir ***Audience***.

Affichiste

Si l'affiche peut être considérée comme l'un des tout premiers médias (son existence remonte à Rome, Athènes et même antérieurement), l'affichiste s'inscrit lui aussi dans une longue tradition historique. Il apparaît avec la presse de Gutenberg à la fin du XIVe siècle. Les affichistes joueront un rôle politique primordial pendant les Guerres de Religion en France au XVIe siècle en France. Au XVIIIe siècle, ils auront même une corporation officielle. Il ne faut cependant pas confondre l'affichiste proprement dit, qui conçoit l'affiche (son travail est du ressort de la composition typographique et des arts graphiques), et « le poseur de placards », qui colle véritablement le produit fini. Au XIXe siècle, de nouvelles techniques d'imprimerie (dont la lithographie) émanciperont les techniques de l'affiche, jusqu'à l'élever au rang d'art. D'ailleurs, de grands noms de la peinture se distingueront comme des affichistes célèbres : Toulouse-Lautrec, Mucha, Chéret, entre autres. Tous, d'ailleurs, illustreront des campagnes publicitaires, contribuant à écrire les lettres de noblesse de celle-ci. Au XXe siècle, l'affiche garde ses prérogatives artistiques. Cassandre dans les années 30, et plus récemment Savignac se sont distingués, par des styles graphiques particuliers. L'affiche publicitaire moderne a assimilé avec bonheur toutes les techniques (dont la photo), qui l'ont enrichie, et ont contribué à accroître son efficacité. Elle est souvent dite « 4 par 3 » (car elle fait 4 mètres sur 3), perpétue en tant que « poésie des villes » la tradition séculaire de l'affichiste. Précisons que les affiches contemporaines sont pour le publicitaire un exercice de style redoutable : pour être efficaces, leur temps de lecture et de compréhension ne doit pas excéder 4 secondes. Elles sont en effet lues par des automobilistes en déplacement.

Affinité

Rapport de l'***audience utile*** sur l'audience totale d'un support.

La proximité entre le support et la cible sera d'autant plus forte que ce taux sera élevé.

Ex. : Si l'écran de 18 h 45 sur une chaîne le lundi a :
– une audience « ensemble + de 15 ans » de 1 760 000 téléspectateurs ;
– une audience « - de 50 ans » de 800 000 ;
alors le cœfficient d'affinité de l'écran sur les - de 50 ans est de :

$$\frac{800\,000 \times 100}{1\,760\,000} = 45{,}5\ \%$$

Synonyme : **cœfficient de spécificité**.
Antonyme : **taux de déperdition**. La déperdition consistant en l'audience hors cible du support.

AFNIL (Agence Francophone de Numérotation Internationale du Livre)

Voir ***ISBN***.

AFNOR (Association Française de Normalisation)

Voir ***Normalisation***.

A.F.P. (Agence France Presse)

Voir ***Agence de presse***.

Agence (Théorie de l'-, Relation d'-)

Théorie économique analysant le phénomène de l'**asymétrie de l'information** susceptible de caractériser la relation entre le mandant (dit principal en anglais) et le mandataire (dit agent). Le principal, par exemple le propriétaire d'une entreprise, prend un ***risque moral,*** hasard moral ou encore d'aléa moral, en confiant ses intérêts à un directeur salarié. L'objectif d'un actionnaire-propriétaire est de réaliser des gains les plus élevés (soit en termes de dividende, soit en termes de plus-value), mais le directeur, c'est-à-dire l'agent, peut avoir comme objectif la survie de l'entreprise qui lui permet de garder son emploi. Or il n'est pas certain que les deux objectifs soient compatibles, et le directeur peut masquer certaines informations afin de faire croire au propriétaire que tout est fait pour lui donner satisfaction.

Agence conseil en communication

Entreprise de services remplissant la fonction d'intermédiaire entre l'annonceur et le support.

Appellation qui s'est substituée à agence de publicité, en raison du développement des communications hors médias et de l'intervention des agences dans l'audit de la communication interne dans les organisations.

S'agissant de la communication externe, l'agence conseil en communication :

– conçoit et réalise les messages publicitaires ;

– identifie les médias les plus pertinents ;

– s'occupe de retenir les espaces (voir ***achat d'espace***).

La conception et la réalisation des messages implique plusieurs services (études, documentation, conception, production dramatique, fabrication, etc.) et des personnels de différentes qualifications : rédacteurs, graphistes, spécialistes de l'image, musiciens, ingénieurs du son, dialoguistes, acteurs, metteurs en scène, maquettistes, monteurs, etc.

Le mode de rémunération de l'agence conseil en communication est fonction de la nature du service rendu. Pour une activité de sous-traitance ou travail à façon (toute la conception est faite par l'annonceur, l'agence ne faisant que des études, des tests, ou une reproduction et diffusion), ainsi que pour les activités d'audit interne, l'agence est rémunérée sur facture d'honoraires. Pour les activités de publicité, la rémunération peut être une commission sur l'achat d'espace, ou bien une commission calculée sur la totalité des factures des fournisseurs, ou encore une rémunération mixte associant la commission pour certains services et des honoraires pour d'autres (études de marché par exemple).

La première agence de publicité a été fondée par Volney B. Palmer en 1841 aux États-Unis. En France, la première fut Publicis, fondée par Marcel Bleustein-Blanchet en 1926.

Agence de photographie

Entreprise faisant commerce de photographies cédées contre paiement de droits définis en fonction des utilisations envisagées (publicité, illustration de livres, presse, télévision etc.).

Agence de presse

Entreprise qui diffuse auprès de ses clients – médias (presse, radio, télévision) et hors médias (entreprises, administration, banques) – toutes formes d'informations en provenance de leurs correspondants : dépêches, reportages, photographies...

Toute agence de presse doit être agréée par une « Commission Paritaire des Publications et Agences de Presse ».

Les informations diffusées par les agences de presse proviennent des multiples correspondants reliés à un bureau local, qui est lui-même relié au siège de l'agence. Les dépêches sont communiquées par satellite, par téléscripteur, par des réseaux informatiques, après avoir été initialement par ***télégraphe***. Les informations proposées sont aussi bien des présentations – avec ou sans photographie – et descriptions rapides des événements (dépêche, flash) de l'actualité la plus immédiate, que des synthèses (*round up*), des analyses et études, des commentaires, des entretiens (interviews) qui peuvent ne pas avoir de lien ou qui n'ont qu'un lien ténu avec l'actualité.

Les cinq principales agences internationales sont :

– **Associated Press** (A.P.), agence américaine sous statut d'association sans but lucratif. Elle fut fondée en 1848 par l'association de six quotidiens de New York. Elle s'est associée, en 1967, avec la Société Dow Jones pour la diffusion de l'information boursière. A.P. est la plus importante agence de presse internationale dans le monde par le nombre de ses bureaux (**desk**) à l'étranger (62), et par son chiffre d'affaires.

– **United Press International** (U.P.I.), résultat de la fusion en 1958 aux États-Unis de United Press (agence fondée en 1907) et de International News Service (agence fondée en 1909). UPI après plusieurs années de difficultés a été rachetée par Middle East Broadcasting Center (chaîne de télévision saoudienne, arabophone, basée à Londres).

– **Reuter** est une agence britannique fondée par un ancien collaborateur de l'agence Havas en 1851. Son statut adopté en 1926 est celui d'une coopérative. Elle adopté le régime des sociétés de commerce dans les années 1980 avec émission d'actions cotées en bourse. Reuter est la première agence de presse dans le monde pour l'information financière en temps réel, dont les principaux clients sont hors médias.

– **A.F.P.**, Agence France-Presse est historiquement la première agence de presse via l'Agence Havas fondée en 1835 par le Français Charles Havas. L'A.F.P. est une entreprise a statut spécial. Elle a connu de grandes difficultés face à la concurrence des agences anglo-saxonnes engagées plus tôt qu'elle dans la modernisation et la diversification des services. La fonction de l'A.F.P. est de rechercher en France ou à l'étranger les éléments d'une information complète et objective. Elle a donc l'obligation d'être objective et indépendante, elle ne peut donc être contrôlée par un groupement économique et politique. Le respect de ses obligations est assuré par un conseil supérieur de 8 membres qui peut s'autosaisir ou être saisi par la clientèle. Il peut adresser des observations et même des injonctions, il peut également révoquer le PDG en cas de faute grave après avis du conseil d'administration.

– **T.A.S.S.** (Telegrafnoie Agenstvo Sovitskavo Soyusa) est une agence russe fondée en 1925. Tass est une entreprise publique, diffusant l'information officielle.

– **Novostni** est une agence russe fondée en 1961 diffusant à l'étranger des textes, des livres, des photos, des émissions de radio et de télévision.

En plus des agences internationales, il existe des agences de presse nationales (Algérie Presse-Service, ANSA pour l'Italie, Chine Nouvelle, etc.) et des agences de presse locales ou régionales (par exemple, dans les années 1970, le Dauphiné Libéré et le Progrès de Lyon avait constitué une agence commune : Aigles).

Quelle que soit leur zone d'intervention, les agences peuvent être soit généralistes soit spécialisées dans un secteur, ou disposer de plusieurs services : un **service général** minimum et des services spécialisés qui donnent des informations plus fines sur des thèmes ou des produits particuliers (économie, finances, sport, sciences, art...). La **tarification de l'abonnement à une agence de presse** est généralement fonction de la nature du service demandé et du nombre de lecteurs ou auditeurs du média. Pour les clients hors médias (administrations, les entreprises, les particuliers) la tarification est généralement celle qui est utilisée dans la consultation des ***bases de données en ligne*** : tarification au temps d'interrogation. Voir ***Technologies d'information et de communication et niveau de développement économique***.

Agence de publicité

Voir ***Agence conseil en communication.***

Agence d'information audiovisuelle

Voir ***Technologies d'information et de communication et niveau de développement économique.***

Agence panafricaine d'informations (PANA)

Voir ***Technologies d'information et de communication et niveau de développement économique.***

Agenda (Fonction -)

Expression issue du jargon journalistique. Définit le fait que le journaliste a toujours, en dernière analyse, le choix de diffuser ou de ne pas diffuser une information. Cette sélection relève nombre de critères concomitants : problèmes de place dans le journal, problèmes de conscience pour le journaliste, ligne éditoriale, critères commerciaux, politiques, juridiques, voire relevant du simple intérêt de l'information.

Agent

Mandataire, intermédiaire ou représentant. Dans l'industrie du spectacle, l'agent est le représentant d'un comédien auprès des producteurs et des réalisateurs ; il est chargé de le présenter dans les distributions (« ***castings*** ») et de négocier ses contrats. Dans ce cas, agent de comédien est synonyme d'***impresario***. Il existe dans le même esprit, des agents de mannequins, des **agents d'artistes** (les artistes pouvant être acteurs, illustrateurs, etc.). L'agent est rémunéré par une commission sur les cachets, ou sur les ventes du produit auquel a participé la personne qu'il représente. Voir ***Agence (Théorie de l'-).***

Agit-prop

Abréviation d'Agitation et Propagande, terme forgé par Lénine, désignant les campagnes et les moyens mis en œuvre pour inféoder les arts et médias, en les plaçant au service exclusif de la propagande soviétique. Les actions de l'Agit-prop relevaient autant de l'art proprement dit que de la déstabilisation, de la ***propagande***, du discrédit. L'Agit-prop utilisait indifféremment le cinéma, le théâtre, la littérature, la radio, les réunions (*meetings*) de propagande.

Agora

Place publique, centre de la vie politique, religieuse, économique de la Cité dans l'Antiquité Grecque. Voir ***Communication dans les cités grecques (Lieux de l'-).***

Aguichage, aguiche

Technique de communication publicitaire sous forme d'***accroche*** qui, dans une première phase, délivre une énigme sous la forme d'un slogan sans donner la marque et/ou sans préciser la nature du produit, ces éléments apparaissant en accompagnement du slogan lors d'une deuxième étape. L'objectif de l'aguiche est d'intriguer le public, d'attirer son attention et d'obtenir ainsi une meilleure mémorisation de la marque qui sera connue à la fin de la campagne. Anglais : *teasing, teaser.*

AIDA (Modèle -)

Modèle normatif de la ***communication commerciale*** indiquant les différents objectifs progressifs de la communication : attirer l'Attention, susciter l'Intérêt, faire naître le Désir, pour déboucher sur l'acte d'Achat.

Aide à la presse

Dans les sociétés démocratiques, le souci du maintien du pluralisme des organes d'information et d'expression des opinions a conduit les pouvoirs publics, en plus des lois adoptées visant à limiter les concentrations excessives, à prendre des mesures d'aide directe à la presse. Des ***tarifs*** postaux privilégiés, des subventions compensatrices de la chute des recettes publicitaires pour l'ensemble de la presse en 1993, l'aide systématique aux journaux d'opinion pour insuffisance de recettes publicitaires (voir ***Quotidiens nationaux à faibles ressources publicitaires***), le régime fiscal favorable aux réinvestissement des bénéfices (article 39 bis du Code Général des Impôts) sont quelques unes des mesures spécifiques d'aide publique à la presse en France.

Aide à l'industrie cinématographique

Le cinéma est une industrie culturelle. Il relève principalement de l'économie de marché (industrie) ; mais par sa dimension culturelle, le cinéma est une activité tutélaire conduisant l'État, en France via le **Centre National de la Cinématographie**, à intervenir pour corriger les mécanismes du marché.

Différentes aides sont proposées :

– aide à la réalisation d'œuvres de télévision destinées à être coproduites par une chaîne de télévision publique ;

– aide à l'écriture d'un projet pouvant intéresser une télévision ;

– aide à la production de réalisations voulant s'adresser à des sociétés de télévision étrangères.

L'essentiel de l'aide porte sur la production : il s'agit, pour les films de fiction, d'une aide partiellement automatique (sur un compte alimenté par une taxe additionnelle, lors de la diffusion des films en salle, augmentée d'une contribution des télévisions) et partiellement sélective (sous forme d'avances sur recettes) ; depuis juillet 1985, il faut ajouter les participations des **Sofica** (sociétés de financement des industries cinématographiques et audiovisuelles qui récoltent leurs fonds grâce à des dégrèvements fiscaux) et les crédits bancaires accordés sur l'intervention de l'**IFCIC** (Institut de financement du cinéma et des industries culturelles). Le schéma de l'aide est simple : toute entreprise qui a déjà produit un long métrage a le droit, si elle entreprend la production d'un nouveau film, de recevoir une subvention qui lui est versée par le « Fonds de soutien à l'industrie cinématographique ». L'aide qui lui est attribuée doit être réinvestie dans la production du film. Son montant dépend du volume des recettes qui ont été encaissées lors de la commercialisation du film précédent.

L'aide automatique peut donc être analysée comme un mécanisme d'épargne forcée, assorti d'une incitation au réinvestissement : le producteur qui ne veut pas perdre le bénéfice de l'aide doit se lancer dans la réalisation d'un nouveau film.

L'aide automatique est d'autre part un mécanisme qui favorise les producteurs français et qui peut, de ce fait, être qualifié de protectionniste. Les recettes du Fonds de soutien proviennent de la taxe versée par tous les spectateurs, que les films soient français ou étrangers. Mais les sommes ainsi recueillies sont réservées aux producteurs nationaux.

Aux aides à la production, s'ajoutent les aides à la distribution qui, de manière indirecte, contribuent, elles aussi, au soutien à la création ; elles comprennent, d'une part, une subvention automatique aux distributeurs qui ont participé au financement de la production, par des avances remboursables à hauteur d'au moins 10 % de son coût total ; ensuite, une subvention sélective aux films français et étrangers de qualité dont la distribution offre des difficultés particulières ; une subvention aux distributeurs qui font un effort en faveur des films art et essai, et enfin une subvention à la diffusion de films français à l'étranger.

La décision d'accorder l'avance est prise par le ministre de la Culture, sur proposition de la commission. Celle-ci comprend aujourd'hui deux sous-commissions, appelées « collèges ». Le premier de ceux-ci examine les films ou les projets de films présentés par un metteur en scène qui n'a réalisé auparavant aucun film de long métrage, ou un film seulement. Le deuxième collège statue sur les œuvres présentées par les autres metteurs en scène.

Les exploitants bénéficient eux aussi d'aides pour la modernisation de leurs salles et pour la diffusion des films classés « art et essai ». En 1983, le ministère de la Culture a lancé un programme tendant à créer de nouvelles salles de cinéma dans les zones qui en étaient dépourvues : banlieues, petites villes et communes rurales.

Outre les aides directement liées à la réalisation d'un film cinématographique, l'État a également pris des mesures concernant la protection des salles de cinéma contre la concurrence exercée par la télévision et la vidéo. Si pendant la période qui suit le lancement des nouveaux films, le public, stimulé par la publicité, avait la possibilité de les voir à la télévision, la concurrence serait féroce, et aurait pour effet de réduire considérablement la fréquentation des salles. Ainsi, après la sortie du film en salle, celui-ci ne peut immédiatement être diffusé par les trois sociétés publiques de télévision, ni être vendu au public sous forme de vidéocassettes. Les délais sont d'un an pour l'édition en cassettes vidéo, deux ans pour la diffusion du film par Canal Plus, trois ans pour les chaînes de télévision non payante, ramenés à deux ans si la chaîne est coproductrice.

En outre, les cahiers des charges des sociétés publiques de télévision limitent de façon stricte le nombre de films que chacune d'elles peut diffuser chaque année. La présentation de ces films est interdite aux heures où elle pourrait concurrencer dangereusement les salles de cinéma (par exemple le samedi soir).

Aigu

Partie haute du spectre des fréquences audibles. Les aigus sont l'ensemble des fréquences au-delà de 2 000 hertz. En anglais = *treble* (arrêté du 10 octobre 1985).

Album

Dans le langage commun, désigne un ouvrage illustré. À l'origine, à Rome, l'album était un mur enduit de chaux (du latin *alba*, blanc) sur lequel on apposait les avis officiels mais aussi commerciaux. En ce sens, l'album est en fait l'ancêtre de l'affiche.

Aléa, Aléatoire

Événement non prévisible. Une variable aléatoire est un ensemble de valeurs susceptibles d'être prises par cette variable, c'est-à-dire à chacune desquelles est attachée une probabilité obéissant à la loi des grands nombres.

Aléa moral

Synonyme de ***risque moral***.

Algol

Acronyme anglais de *alg(orythme) o(riented) l(ange)*. Langage de programmation informatique, conçu en 1958 et normalisé par l'AFNOR en 1967 -NF Z65-010- utilisés pour les problèmes scientifiques ou techniques.

Algorithme

Mot d'origine arabe (al khurezmi, surnom d'un mathématicien arabe) désignant une suite finie d'opérations élémentaires ou de règles précises indiquant un procédé de raisonnement, un cheminement qui donnent la solution d'un problème ou le résultat d'un calcul. En informatique, l'algorithme est une écriture non compressible des étapes d'un programme.

La méthode algorithmique est une technique de résolution des problèmes mathématiques et logiques systématique et itérative qui assure qu'une solution sera trouvée en un nombre fini de pas. Cette méthode est très utilisée pour construire des programmes informatiques. Elle s'oppose à la **méthode heuristique** qui tient compte à chaque pas des résultats précédents (succès ou échec) et en déduit la stratégie à adopter par la suite. Les jeux d'échecs électroniques sont une application des techniques heuristiques.

Aliénation

Perte de liberté, de spontanéité, d'imagination, de pouvoir, ou état d'asservissement conduisant à une attitude passive plutôt qu'active ou critique des individus sous influence. Voir ***Propagande***.

Allégorie

Mot dont l'origine grecque signifie « raconter autrement ». L'allégorie est une figure de ***rhétorique*** consistant à raconter une histoire littérale, en filigrane de laquelle c'est une autre trame, une autre morale, d'autres personnages qu'il convient en fait de deviner. Les paraboles bibliques sont des allégories, tout comme les grands discours socratiques.

Allocutaire

Personne à qui s'adresse le locuteur. Synonyme de destinataire ou récepteur dans le ***schéma de la communication***.

Allocution

Discours officiel bref prononcé par une personnalité, dans une circonstance particulière.

Almanach

Mot d'origine arabe, signifiant calendrier. Un almanach est le plus souvent un calendrier illustré donnant diverses autres informations dans les domaines météorologiques, astronomiques, agricoles, culinaires, sanitaires, etc. Voir ***Histoire de la communication écrite***.

Alphanumérique (Fichier -)

Fichier comportant des données exprimées à la fois par des lettres alphabétiques et des chiffres.

Alphabet

Terme construit à partir des deux premières lettres de l'alphabet – grec (alpha et bêta) ou, à cause de l'article « al » de alpha, plus sûrement hébreu ou arabe – désignant un système de signes graphiques (lettres) servant à la transcription des sons (consonnes, voyelles) d'une langue et rangés selon un ordre conventionnel. L'alphabet phonétique est un système de signes conventionnels servant à noter d'une manière uniforme les phonèmes des diverses langues.

« Alphapage »

Marque commerciale de France-Télécom pour désigner un mini-récepteur de poche permettant de recevoir des messages en toutes lettres, 24 h sur 24. Le message, jusqu'à 80 caractères, s'expédie à partir d'un Minitel ou d'un téléphone. Un appel sonore ou lumineux prévient le destinataire. Voir ***Techniques mobiles de communication.***

A.M. (Modulation d'amplitude)

Voir ***Modulation.***

Âme d'un câble

Fil, toron, cordage axial ou noyau métallique conduisant le courant au centre d'un câble conducteur.

Ameslan (*American Sign Language*)

Langage gestuel d'usage courant chez les sourds-muets.

Amorce (En -)

Expression employée pour désigner les personnages ou les objets entrant partiellement et en très gros plan dans le cadre d'une image.

Ampex

Firme américaine en Californie à l'origine de la fabrication du premier magnétoscope en 1953, bien que le premier enregistrement vidéo (en noir et blanc) ait été effectué en 1951 par la firme Mincom, filiale de 3M/Scotch. L'originalité d'Ampex est l'adoption d'un système d'enregistrement et de lecture à quatre têtes vidéo montées sur un tambour tournant à grande vitesse. Ce procédé, qui économise la bande magnétique, est à la base de tous les magnétoscopes modernes. Le mot Ampex désigne par extension, dans les firmes de ***télédiffusion,*** la salle des magnétoscopes sur les lesquels sont enregistrés les reportages à diffuser.

Amplificateur de sonorisation *(public address amplifier)*

Amplificateur de puissance destiné à la sonorisation d'un local ou d'un espace important. En anglais : *public address amplifier* (arrêté du 24 janvier 1983).

Amplification

Voir ***Transmission hertzienne.***

Amplification de l'événement ; amplification rhétorique, sémiotique

Voir ***Événement.***

Ampli-syntoniseur *(ampli-tuner)*

Élément de chaîne électroacoustique intégrant simultanément la fonction de syntoniseur et celle d'amplificateur audiofréquence. Terme qui se substitue à l'anglicisme de *ampli-tuner.* (arrêté du 24 janvier 1983).

Amplitude

Valeur positive ou négative maximale atteinte par une onde à chaque période. Voir ***Transmission hertzienne.***

Analogie

– Système mécanique de production du son et d'images, utilisant les changements de tension électrique (voir ***Analogique***).

– Ressemblance constatée, ou établie par l'imagination, qui permet soit d'inférer une ressemblance plus profonde, soit d'établir un lien associatif. Du point de vue méthodologique, l'analogie est une forme particulière de l'approche inductive : il s'agit d'une démarche heuristique qui consiste à ramener l'inconnu (= le nouveau) au connu (= l'ancien).

Analogique/Numérique-*Digital*

1. Du point de vue technologique, un système ou un signal est analogique lorsqu'il représente, traite, ou transmet des données sous la forme de variations continues d'une grandeur physique.

   Un signal analogique prend ainsi la forme de ce qu'il représente. Par exemple le sillon tracé dans le disque en cire permet une reproduction des sons – qui sont des vibrations de l'air – par vibration mécanique de l'aiguille de lecture d'un phonographe. Ces vibrations peuvent être amplifiées pour devenir des vibrations électriques, mais le schéma général des vibrations reste le même : les proportions sont respectées dans le passage des vibrations de l'air aux vibrations mécaniques et aux vibrations électriques.

   Tel n'est pas le cas avec le signal numérique (ou *digital* en anglais). Un signal numérique est une suite de **bits**, c'est-à-dire d'éléments binaires. Ainsi une suite de 0 et de 1 n'a plus aucune ressemblance avec des vibrations de l'air ou d'une aiguille lisant un sillon d'un disque. Mais les vibrations et le signal analogique peuvent être représentés par un signal numérique. Le processus dans ce cas est la **numérisation** ou, en anglais, *digitalisation.*

2. L'opposition « analogique-digital » a un usage métaphorique dans la théorie de la communication de l'***école de Palo Alto***.
G. Bateson et P. Watzlawick proposent de distinguer ainsi deux grands types de communication, qui sont aussi deux façons de faire signe : l'analogie opère dans l'élément de la ressemblance ou d'une certaine continuité mimétique, l'ordre *digital* procède par oppositions binaires et selon une logique du tout ou rien. Par exemple, on peut désigner un homme par sa photo – processus analogique, puisque la photo lui ressemble –, ou par son nom propre ou son n° d'identification nationale – processus *digital*.

Analyse

Décomposition d'un ensemble, d'un corps, d'une substance, d'un texte, d'une phrase, etc. en ses éléments constitutifs.

L'analyse peut être quantitative (exemples : fréquence de tel mot dans le discours d'un homme politique) ou qualitative (exemple : **analyse grammaticale** qui consiste en l'étude de la nature et des fonctions des mots dans une proposition).

En ***informatique***, l'analyse consiste à trouver la meilleure façon de décomposer un problème en une suite d'opérations logiques qui devront être exécutées dans l'ordre, établi par l'**analyste**, pour aboutir au résultat recherché. L'analyse informatique est par conséquent l'ensemble des travaux comprenant l'étude détaillée d'un problème, la conception d'une méthode destinée à résoudre le problème et la définition précise du traitement qu'il convient d'appliquer sur ordinateur. Cependant l'écriture du programme et des sous-programmes est une tâche d'exécution dite de programmation faite par un **programmeur** situé en aval de l'analyste.

Analyse de contenu et analyse du contenu

Ensemble de méthodes très diverses tendant à analyser un message – écrit, sonore, ou visuel – pour en identifier la constitution sémantique qui dépend de la relation de communication entre le producteur du message et le récepteur.

Cependant, du point de vue de l'analyse sociologique, on distingue, d'une part, « l'analyse objective, systématique et quantitative du contenu manifeste » préconisée par Bernard Berelson qui néglige la relation entre l'émetteur et le récepteur et, d'autre part, l'analyse de contenu qui complète l'analyse du contenu par la mise en évidence inférentielle du contenu latent.

La perspective berelsonnienne cherche à éliminer toute dimension subjective du chercheur. Cette conception est conforme à la définition que donne Roger Mucchielli : « Analyser le contenu d'un document ou d'une communication, c'est, par des méthodes sûres, rechercher les informations qui s'y trouvent, dégager le sens ou les sens de ce qui y est présenté, formuler et classer tout ce que « contient » ce document ou cette documentation ». (*Analyse de contenu,* ESF, 1972). Elle correspond, en fait lorsqu'elle débouche sur une **information secondaire** plus brève, à l'**analyse du contenu documentaire,** dite simplement soit analyse du contenu, soit **analyse documentaire**. L'objectif de ce travail d'analyse documentaire est de pouvoir retrouver, par l'information secondaire, le document porteur de l'**information primaire**, le plus rapidement et le plus sûrement possible.

En pratique, même pour l'analyse documentaire du contenu, il est difficile d'éliminer le point de vue du chercheur ou du documentaliste. Déjà, dans ce seul domaine technique, il n'existe pas une seule grille d'analyse d'un document, et le choix d'une grille dépendra des objectifs définis pour le centre de documentation et pour sa base de données.

Du point de vue sociologique, il est encore plus évident que le critère de l'objectivité ne se réduit ni au seul contenu manifeste ni à la seule analyse quantitative. S'en tenir à ces critères c'est produire une comptabilité des mots employés, des co-occurences des mots et toute autre mesure qui relèverait de la **lexicographie**. L'**analyse de fond** va au-delà de cette comptabilité en cherchant à déterminer le thème de réflexion de l'article ou de l'émission, son contenu manifeste, certes, mais également le style de l'auteur, les intentions de celui-ci, sa stratégie argumentative, les raisonnements déployés, les formes rhétoriques, etc. Voir ***Contenu (Analyse du et de -), Analyse du discours***.

Analyse de la valeur

Étude des produits existants (*value analysis*) ou à concevoir (*value engineering*) en termes de fonctions à remplir, prenant en compte les besoins et les pratiques ou usages des clients ou utilisateurs, pour un coût minimal. Selon la définition de l'AFNOR, l'analyse de la valeur est une « méthode de compétitivité organisée et créative, visant à la satisfaction du besoin de l'utilisateur, par une démarche spécifique de conception à la fois fonctionnelle, économique et pluridisciplinaire ».

Cette démarche de gestion, dont le précurseur est Lawrence D. Miles au sein de la société américaine General Electric, s'inscrit dans un état d'esprit visant à améliorer les performances, la qualité des produits fabriqués ou des services proposés et à réduire leurs ***coûts***.
Elle peut déboucher sur de nouveaux produits ou de nouveaux services, la modification des techniques de production, le changement des matériaux, etc.
Dans son principe, l'analyse de la valeur commence par identifier le produit ou le service, puis à le décomposer en ses fonctions élémentaires. Dans cette phase, on distingue les fonctions principales qui justifient l'existence du produit ou du service (par exemple, pour une ***bibliothèque***, mettre des livres à la disposition du public) et secondaires (pour la bibliothèque, il s'agit d'accueillir des personnes qui n'ont pas la possibilité de travailler ou de lire chez elles). Le produit peut exister sans sa fonction secondaire : ainsi une bibliothèque peut être réduite à un bibliobus qui n'est pas en mesure d'offrir un espace de lecture. La fonction secondaire peut être une fonction induite : par exemple la bibliothèque peut offrir les moyens d'écouter un enregistrement sonore, ou visionner une bande vidéo.
Une fois les fonctions identifiées, l'analyse de la valeur se transforme en analyse des coûts aussi bien directs (les **coûts directs** peuvent être : achats de livres par la bibliothèques, les salaires du personnel chargé de recevoir le public, les amortissements des immobilisations dédiés aux opérations de stockage des livres et réception du public, etc.) qu'indirects (exemples de **coûts indirects** : frais administratifs, frais de structure, électricité, chauffage et entretien, etc.)
La phase qui suit l'analyse des coûts consiste à établir la valeur qui est définie par le rapport « fonctions/coûts » ou bien, lorsque la qualité est mesurable, par le rapport « qualité/coût ».
La dernière phase est celle des propositions d'innovations éventuelles par les différents participants à l'analyse de la valeur.

Analyse de l'information documentaire

Voir ***Documentaliste, Analyse du contenu, Contenu (Analyse de et du -)***.

Analyse de similitude

Selon son concepteur, Claude Flament, l'analyse de similitude est une technique pour révéler les ***représentations sociales*** données dans des verbalisations transcrites ou dans un texte ou dans des réponses écrites à un questionnaire *ad hoc*.
Qu'il s'agisse de recherches expérimentales ou de recherches de terrain, le chercheur tente d'extraire des données qu'il recueille une structure significative de la représentation étudiée.
L'intérêt d'utiliser une telle méthode réside dans le fait que ses bases mathématiques respectent le caractère qualitatif des données et permet des types de questionnaires révélant la nature des représentations sociales.
Si d'autres courants optent par exemple pour la représentation géométrique des données en utilisant l'analyse des correspondances (Benzécri 1973) ou pour les méthodes classificatoires à partir des théories de Tajfel (1972), Claude Flament esquisse en 1962 une première formalisation des structures cognitives à partir de l'algèbre de Boole avant de travailler – notamment avec A. Degenne et P. Vergès – à partir des relations en jeu qu'il définit comme des relations de similitude : il existe une relation symétrique non transitive. Cette relation peut être valuée pour signifier que deux notions ou items sont liés entre eux de manière plus ou moins forte.
Méthode plus combinatoire que numérique, l'analyse de similitude utilise notamment le langage des graphes. Il s'agit pour l'analyste de traiter un système de données dont on mesure les similitudes deux à deux. Les variables qui correspondent aux lignes et colonnes des tableaux à traiter sont les sommets du graphe. Les relations en constituent les arêtes. L'arbre maximum correspond à une simplification de l'ensemble des similitudes en ne retenant que les arêtes localement les plus fortes.
Les similitudes peuvent être données par des indices statistiques différents et de degré de complexité variable. La notion de distance est une notion forte dans ce type d'analyse et peut par exemple être repérée par des co-occurences entre termes choisis.
Soulignons que l'analyse de similitude traite uniquement l'ordre des indices de ressemblance entre individus du même groupe en les prenant deux à deux.

Analyse du discours

D'un point de vue contemporain, l'analyse du discours réfère systématiquement à une pratique scientifique largement diffusée dans les sciences humaines, et consistant à recueillir de manière objective les propos d'une personne.

1. Des discours et des analyses du discours

Néanmoins, avant de se formaliser dans une technique, il est à souligner que plus largement, la perception du discours révèle de façon évidente de la faculté humaine d'une compréhension d'autrui dans une situation de communication langagière. Si bien que l'objet même qui est entendu sous le terme de « discours » peut se comprendre comme un ensemble d'objets hétérogènes relatifs au lieu et au temps dans lesquels ils s'accomplissent. Aussi, principalement l'explosion des moyens de communication se trouve à l'origine des variétés de formes des discours, rendant surannée l'image, quelque peu traditionnelle d'une parole diffusée dans l'enceinte d'un public, et plaçant le discours tant dans des espaces audiovisuels (par les mass médias) que dans des espaces interactifs (par la ***micro-informatique***).

Mais les formes du discours ne suffisent pas à rendre compte de la diversité de ses types d'analyse puisque comme le souligne Maingueneau (« Les analyses du discours en France » *Langages*, Mars 1995), ces analyses reflètent avant tout la multiplicité des sciences qui en ont fait leur objet. De la sociologie à la psychologie et naturellement à la linguistique, on peut tenter de dresser un large panorama de ces différentes approches.

D'un point de vue donc des pratiques scientifiques, l'analyse du discours semble s'être élaborée et formalisée, au cœur d'une réflexion sur la nature même du discours et plus avant, sur le statut du langage. En effet, ce dernier peut être considéré soit comme un simple moyen de communication (Aristote), d'une façon beaucoup plus déterminante comme une véritable formulation de la réalité, pourrait-on dire, digne de sens (***Saussure***), jusque d'un point de vue plus phénoménologique, le considérant fondamentalement comme le lien privilégié qu'entretiennent la pensée et l'action de l'homme (***Peirce***).

Dès lors, il semble pertinent de présenter les principaux genres d'analyse en fonction des divers regards qui peuvent se poser sur le discours.

2. Les effets du discours

Tout d'abord, le discours se considère comme un moyen de communication avant tout, permettant de produire des réactions chez des interlocuteurs, et plus particulièrement des actions consécutives de leur part, désirées par l'auteur du discours. Cette considération du discours remonte au IVe siècle avant J.-C., lorsque Aristote fonde la ***Rhétorique*** qui est un type d'analyse privilégiant la signification du discours du point de vue de son auteur et de ses volontés. Elle se présente dans une démarche en trois temps. La « logique des arguments » met en évidence la démonstration du discours. Les « passions » évoquent chacune, des procédés utilisés pour impressionner l'auditoire. Enfin, « l'ethos » profile l'image que l'orateur construit de lui-même au travers de son intervention.

La rhétorique d'Aristote peut s'illustrer dans les procès qui s'étaient déroulés depuis le Ve siècle en Grèce. En effet, les citoyens, après l'invasion des tyrans siciliens avaient décidé de réclamer leurs biens volés au cours de procès, dans lesquels il s'agissait de plaider au mieux sa cause. Une activité très rentable se développe à cette occasion, consistant à préparer les discours des plaidants. Si l'analyse principalement, des arguments se prête bien au discours juridique qui possède certaines **nomenclatures**, cette illustration n'est sûrement pas étrangère au fait que de nos jours, la synonymie entre discours et rhétorique puisse s'opérer facilement, lorsque sa raison d'être s'associe implicitement à celle d'une volonté d'affirmer quelque chose (son idée, son image).

De même, les nombreuses études des discours politiques, largement investis par la sociologie ou la linguistique, reflètent l'aisance acquise de ce type d'approche.

3. Le sens du discours

Néanmoins cette logique que perçoit Aristote, au cœur du discours met sur la voie, d'une technique d'analyse qui se développe dès le Moyen Âge dans l'**école de Port Royal**. Celle-ci tente de formaliser l'explication du discours au travers d'une **logique intentionnelle** et d'une **logique extentionnelle** de ses termes : la première décrit les propriétés d'un terme alors que la seconde met en évidence sa valeur référentielle.

Apparaît sous-jacent à ce type d'analyse, une considération du discours recherchant la cohérence et l'univocité de celui-ci, auxquelles renvoie aussi la linguistique moderne.

En effet, la possibilité de créer un univers ou une réalité place le discours en marge du concept de Langue formulé par ***Saussure*** (1916) dans la sémiologie qu'il propose afin d'étudier la vie des signes. La ***Langue*** est en effet distinguée de la notion de ***langage***, se rapportant à la parole. Elle devient le concept d'un univers autonome, possédant ses propres règles et dominant de plus, le vaste ensemble des signes autres que linguistiques.

Dans cette optique, l'analyse des discours s'opère en dernier ressort à partir des formes écrites au travers desquelles il s'agit de mettre en évidence la structure thématique et certaines relations entre ses termes utilisés. ***Barthes*** (1964), dans la continuité de Saussure dégage la notion de ***connotation*** qui permet d'approfondir l'explicitation du discours en renvoyant un terme à un autre correspondant à un élargissement du sens du premier terme, conformément à une certaine logique de la Langue. L'approche plus récente de A.J. Greimas (*Sémantique Structurale,* P.U.F., 1986) fait tendre à son apogée cette considération du discours. Au travers de sa méthode du ***carré sémiotique***, il structure à chacun de ses sommets, une représentation globale du sens du texte pouvant se résumer en terme de contradictions et d'antinomies.

Il peut être intéressant d'évoquer à ce propos ce que Barthes nomme le « degré zéro de l'écriture » et qui globalement peut être compris comme le fait qu'une absence d'un mot (ou un silence dira-t-on pour le discours) puisse être significatif, c'est-à-dire que l'on puisse en déduire une connotation.

Néanmoins, l'analyse du discours dans le champ de la linguistique ne prend véritablement en compte les aspects verbaux et événementiels du discours que dans le courant récent de la **linguistique pragmatique**, pour lequel O. Ducrot (1980) a entre autre œuvré, dans laquelle on fait place à la dimension contextuelle (ou l'implicite) dans l'enchaînement d'une argumentation. Aussi l'approche plus cognitive de F. Rastier (*Sémantique interprétative*, Paris, P.U.F., 1987), développe la notion d'un « horizon d'attente », profilant ainsi une analyse relative à certaines intentions préétablies qui vont orienter le sens du discours.

4. Les interprétations du discours

Une dernière approche du discours, le percevant davantage dans sa pluralité de sens plutôt que dans son univocité peut se rattacher à des courants phénoménologiques (***Peirce***, C.S. : *À la recherche d'une méthode.* Présenté par Deledalle, G., Presse Universitaire de Perpignan, 1993) et ethnométhodologiques en privilégiant les modalités d'interprétation du discours par ses interlocuteurs. Le discours est dès lors le lieu d'une double prise en compte : d'une part de certaines représentations, ou plus globalement, de schémas mentaux et d'autre part, de certains comportements, que se soit d'ailleurs du point de vue de l'intervenant que de l'interlocuteur.

Les représentations apparaissent comme des « filtres mentaux » à partir desquels l'on va, par exemple déchiffrer un discours. Et elles se construisent à partir d'une somme de comportements relatifs à des expériences (la plus influente étant généralement celle de toute éducation). Par exemple, les ***représentations sociales*** se rattachent à certaines logiques de comportements sociaux. En 1949, le sociologue Merton met en évidence deux types de logiques de comportements qui s'expliquent dans un processus d'identification soit par rapport à un groupe d'appartenance, soit à un groupe de référence auquel le sujet aspire à devenir membre. Le discours peut donc s'analyser en fonction de certaines valeurs sociales. Ainsi peut-on opérer l'analyse d'un discours en faisant référence à ses représentations que l'on peut retrouver dans celui-ci, ou encore du point de vue de l'interlocuteur, en établissant différentes interprétations du discours, à partir d'une grille de valeurs symbolisées dans une représentation sociale.

Mais, d'autre part, le concept de représentation dans le champ des ***sciences cognitives***, pose plus explicitement le rapport de celle-ci avec une pratique. C'est dans cette optique que les recherches en Sciences de l'information et de la communication s'investissent vers l'élaboration d'une méthode dite d'extraction des connaissances. Il s'agit dans ce cas de pouvoir, à partir du discours des personnes possédant un savoir-faire, mettre en évidence l'ensemble de leurs connaissances et leur organisation, afin de tenter une informatisation de celles-ci. La conception de ***systèmes experts*** principalement dans le milieu médical en est une application : par procédé informatique ils permettent la délivrance d'un certain diagnostic en fonction des symptômes préalablement définis.

Enfin, la classification des signes de Peirce ouvre-t-elle la voie à une analyse du discours en fonction des modalités de la pensée de l'homme déterminant ses capacités d'action. Une telle logique permettrait, entre autre, de décrire les modalités d'interaction d'un discours avec ses divers interlocuteurs par la prise en compte de ses diverses interprétations.

5. Perspectives

Ainsi ce vaste panorama témoigne-t-il de la diversité des approches du langage et plus particulièrement du discours, tant que ses diverses possibilités d'analyse. Cependant, et sûrement de par leur caractère scientifique, il semble que derrière cette diversité une volonté de rendre au discours son degré d'objectivité existe, que se soit du point de vue de l'orateur, dans la recherche d'une harmonisation du langage avec le concept de la Langue, ou enfin dans la recherche d'une adéquation à une réalité socioculturelle. On pourrait adjoindre à ces tendances l'intérêt de l'historien pour une possibilité de conserver les traits du discours dans le temps.

Néanmoins, il semble appartenir au champ des Sciences de l'Information et de la Communication (SIC) de puiser de cette diversité d'approches, un point de vue global permettant de rendre compte du discours dans la conception d'une situation de communication langagière.

Analyse de système, analyse systémique

Méthode de modalisation d'un processus complexe caractérisé par l'interdépendance généralisée d'un grand nombre de phénomènes. Dans l'analyse de système ou ***systémique***, chacune des variables pertinentes est repérée par son niveau et son taux de variation, puis les interactions entre elles sont étudiées et formalisées séparément, en les prenant par couple. Voir ***Structuralisme, Systémique (Analyse -), Wiener Norbert***.

Analyse distributionnelle

Méthode linguistique ayant pour objet la description d'une langue donnée par la mise en évidence des structures qui gouvernent celle-ci. Elle procède par l'étude des distributions, c'est-à-dire des positions relatives occupées, des éléments linguistiques dans l'énoncé ou le texte.

Analyse documentaire

Voir ***Contenu (Analyse de et du -), Analyse de et du contenu***.

Analyse dynamique, diachronique

Voir ***Dynamique (Analyse -)***.

Analyse sémiotique

Voir ***Sémiotique et mercatique***.

Analyse statique, synchronique

Voir ***Dynamique (Analyse -)***.

Analyse systémique

Voir ***Analyse de système, Systémique (Analyse -)***.

Analyse Transactionnelle (AT)

Branche de la psychologie qui traite des fonctions, fonctionnements et dysfonctionnements du rapport à autrui.

Cette discipline pourrait de prime abord entretenir des points communs avec la ***PNL***, de par leur apparition concomitante, leur origine américaine, leur empirisme et leur pragmatisme. On doit l'essentiel des propositions théoriques transactionnelles à un homme à la personnalité riche et sympathique, **Éric Berne** (1910-1970), médecin psychanalyste.

Par-delà ses visées théoriques, l'AT est un outil exploratoire, qui analyse les échanges, mais aussi l'intériorité psychologique de chacun, afin de libérer des potentialités, de découvrir une boucle communicationnelle authentique, débarrassé des blocages et des préjugés hérités de l'éducation. Ce qu'elle entend, c'est amener chacun à une maturité relationnelle, à un épanouissement dégagé des aliénations, de soi à soi, et de soi à autrui.

C'est en ce sens que les postulats essentiels de l'AT ne sont pas reniés par nombre de théories à la mode, allant du « *self-developement* » au *management*, et jusqu'aux « philosophies » du *New Age*.

L'AT part du terrain, des réalités individuelles et collectives afin d'en dresser des radioscopies, des modèles représentatifs. La production, ici sémantique et discursive, qui entérine les sciences de la communication, est l'un de ses réquisits. Et ce qu'elle prend aussi en compte au plus haut point, c'est le principe de transaction. Ici, cependant, les échanges sont humains ; la relation à autrui se quantifie, les mots et les signes s'évaluent. Enfin l'AT a une dimension normative ; elle est interventionniste, affichant la volonté de transformer les réalités humaines. On peut cependant déplorer l'abus de quantification dans l'AT, surtout quand cet emploi est systématique. La quantification outrancière de laquelle procède l'AT est précise, mais édulcorante des réalités humaines. Cela n'a fait que donner prise à ses détracteurs, qui font constater que le volume humain est difficilement réductible de la sorte.

Si l'AT est une psychologie, elle a su s'émanciper du sérail théorique et institutionnel freudien, jusqu'à se constituer en système, et principe thérapeutique autonome, à l'originalité justement revendiquée.

Berne a eu nombre d'intuitions pertinentes. La plus fondamentale cependant, celle qui fonde sa discipline, est le concept des « états du Moi ». Dans une tradition très fonctionnaliste, l'AT affirme à la base que tout individu voit sa personnalité divisée en trois États qui dans un idéal de fonctionnement cohabitent et s'expriment à tour de rôle. Ces trois composantes de l'individualité psychologique sont l'Enfant, le Parent et l'Adulte. Ceux-ci prennent d'ailleurs toujours des majuscules dans leur acception théorique, tout comme les États. L'AT ne renie pas la théâtralisation de la vie, de la personnalité et des rapports interpersonnels sociaux, professionnels et intimes. Elle revendique même cette théâtralisation ludique à vaste

échelle. Ces États sont de véritables rôles joués par alternance sur la scène sociale.
L'AT part donc psychologiquement des trois États, qui sont des schémas de comportement latents, des dynamiques sous-jacentes s'exprimant en nous à notre insu, nous mobilisant et nous immobilisant tour à tour.
À deux niveaux, l'AT croise ici les postulats freudiens ; d'abord, sur le rôle fondamental joué par l'éducation et la petite enfance, qui modèlent inconsciemment ces États, « moules de personnalité » polarisant largement les chemins de vie que suivront ensuite les individus. Ensuite, la paternité freudienne se retrouve sur l'importance du langage, voie d'accès royale à ces États, qu'il exprime véritablement, et de la conscience, qui dans les thérapies transactionnelles permet aussi de triompher des angoisses, du désir et du délire. C'est par le langage que l'on repère les nœuds inconscients pour les dénouer, ou les trancher.
Chacun de ces trois États du Moi se trouve être le siège d'une certaine facette de la personnalité, à la fois indépendants et complémentaire des autres.
La composante Enfant, la première à apparaître historiquement, est le centre des sensations, des pulsions, des émotions et de l'affectif. C'est là que trouvent leur origine colère, chagrin, joie et tristesse. À l'intérieur de chaque État, on peut assister à des subdivisions de second ordre, schizant la composante en abîme.
Ainsi, l'Enfant pourra être selon les circonstances soumis, rebelle et spontané. L'Enfant soumis, dans un contexte professionnel, dont l'AT fait d'ailleurs grand cas, s'exprimera, par exemple, dans l'attitude apeurée du subalterne passif face à un supérieur dictatorial. L'Enfant rebelle quant à lui sera la personne contestant et critiquant délibérément, trépignant, s'opposant coûte que coûte jusqu'à faire preuve d'une mauvaise foi revendiquée. Une personne s'énervant jusqu'à perdre le sens de la mesure face à une contravention pourtant méritée exemplifie idéalement cette facette de l'Enfant. L'Enfant spontané, enfin est la composante espiègle de chaque adulte qui ne censure pas ses émotions, riant ou pleurant sans retenue. C'est ce fond de personnalité qui fournit le ban et l'arrière-ban des auteurs comiques, des poètes dont le parangon restera Charlie Chaplin. Retenons de cette composante Enfant qu'elle contient tout le ressenti et les sentiments.
Vient ensuite la composante Parent. Celle-ci se forme par mimétisme lorsque l'enfant se met à imiter ses parents. Il s'agit donc du domaine de l'appris, de l'intériorisation des normes et des valeurs parentales et des normes sociales. cette facette s'exprime essentiellement en édictant et critiquant ; elle est affirmative, déclarative et autoritaire. Ce second État se subdivise lui aussi en un Parent critique, qui sera accusateur, critique, vindicatif, et tyrannisant son entourage, et un Parent nourricier qui au contraire endossera l'instinct maternel de protection jusqu'à l'excès en aidant, soutenant, accaparant, prenant « sous son aile protectrice ».
La composante Adulte, enfin, qui se développe à partir de douze ans (âge de la pensée abstraite) exprime la vocation de chacun à l'objectivité, à la raison logique, loin des états d'âme de l'enfant et des préceptes normatifs du Parent. On l'appelle parfois, à bon escient, l'Ordinateur. C'est cette composante qui saisit les données, qui déduit et qui prend les décisions (encore faut-il que celles-ci ne soient pas induites par l'affectif et l'irrationnel). Cet État est souvent laissé en jachère ; seuls quelques métiers l'exploitent systématiquement, les professions pour lesquelles rationalité et méthode sont les qualités requises : gestionnaire, chercheur, scientifique... En effet, la plupart des individus, même adultes d'âge sont menés par l'émotion, les préjugés, les normes à fondement moral ou affectif, inculquées dès l'enfance. Nous passons en fait notre vie à décider « rationnellement » de manière irrationnelle et affective. Les publicitaires, dans les campagnes qu'ils élaborent, en savent quelque chose.
Très prolifique, Berne a adjoint nombre d'autres concepts à ce socle théorique d'une « personnalité-gigogne » des États du Moi. Ainsi en va-t-il des transactions. Les configurations psychologiques des États communiquent, par un échange permanent de signes. Cet échange, cet aller-retour sémantique (le célèbre ***feed-back*** de tout modèle théorique) est une **transaction**. Celle-ci se pose comme unité de base de rapport à autrui. Unité quantitative, elle peut avoir des formes qualitatives diverses : sous la dénomination générique de **« stroke »**, Berne subsume une large catégorie de signes, allant des mots à la caresse, du reproche au coup porté. Ces transactions sont donc échanges de signes entre deux États. Et en vertu d'une véritable règle de trois, selon l'État activé, tout dialogue peut donner lieu à neuf possibilités de transactions différentes. C'est ici que l'AT se fait fort de proposer une

théâtralisation du rapport à autrui, oscillant entre fiction et fonctions. De manière didactique souvent puérile, les ouvrages de vulgarisation d'AT recensent de multiples tableautins mettant en scène un nombre pléthorique de situations illustrant ces transactions. Sont ainsi mis en exergue les États activés, qui s'expriment concrètement par le biais du langage.
La première transaction, la plus simple est dite complémentaire : deux États fonctionnent là sur le même registre, de manière parallèle.
Ainsi, le Parent s'adressera au Parent, et la réponse se fera sur ce registre ; mais de même, l'Adulte peut parler à l'Enfant, et voir celui-ci lui répondre. La spécularité de l'échange est maintenue. Précisons ici que cette contextualisation et cette extériorité ne doit pas masquer l'entreprise réelle poursuivie par Berne : une exploration des strates des personnalités et des êtres, des formes et des fonds de la communication. Ceci ouvre aussi sur un aspect sous-jacent, démasquant les enjeux profonds du dialogue envisagé depuis l'intériorité de chacun en termes d'autorité, de domination, de plaisir, de symbiose, d'affectivité et de séduction.
Viennent ensuite les transactions croisées. Là, la communication est en quelque sorte biaisée, car l'un des interlocuteurs répond sur un registre autre que celui sur lequel on s'adresse à lui. Il s'agira par exemple de la réponse non Adulte, mais Enfant, à une question pourtant Adulte. Le mode affectif ou rebelle prend alors le pas sur le caractère objectif et rationnel de la question. Ces transactions se font jour lorsque l'un des interlocuteurs est par exemple exaspéré.
Les transactions doubles, plus subtiles, voient s'instaurer un dialogue à double fond dans lequel un niveau social apparent cache en fait une strate discursive psychologique sous-jacente. Les stratégies de la séduction se situent souvent dans cette catégorie, puisque toute parole peut prendre plusieurs sens, selon le décodage que l'on en fait. Le seul moyen de désenclaver la transaction de ce double niveau, pour peu que l'un des interlocuteurs le veuille, est de faire de l'énoncé-même le centre du propos : « voulez-vous dire que... », « est-ce que vous sous-entendez... » Ceci correspondrait au niveau ***métadiscursif*** des fonctions de ***Jakobson***.
Dans les transactions angulaires, une personne s'adresse machiavéliquement à deux États à la fois, essayant de la sorte de manipuler son interlocuteur. Ainsi en va-t-il des vendeurs qui simulant de s'adresser à l'Adulte, cherche en fait à mobiliser l'affectif et le sentiment, donc l'Enfant de leur chaland.
Les transactions tangentes, enfin, mettent en scène un véritable nœud communicationnel, l'une des personnes sortant délibérément du cadre des possibilités de réponses. Ces transactions fournissent le pourcentage fort des disputes conjugales ou politiques qui voient le fondement-même de l'énoncé de l'antagoniste attaqué.
En filigrane de cette économie transactionnelle, d'autres concepts affleurent.
L'**égogramme**, d'abord : il s'agit d'un diagramme permettant de visualiser le pourcentage d'énergie mentale investie par une personne dans un contexte donné dans chacun de ses États du Moi. Ainsi, le professeur donnant un cours sera pour l'essentiel Adulte, s'efforçant de faire comprendre, d'être rationnel et pédagogique. Mais il pourra de même, au détour d'un jeu de mots, être Enfant spontané, pour devenir ensuite Parent critique face au chahut ou à l'attitude fondeuse d'un élève Enfant rebelle. Enfin, il sera Parent nourricier en soutenant sa classe dans ses efforts.
Un autre point théorique d'importance développé par Berne est celui des **strokes**, ou caresses. En anglais, le mot signifie « contact physique », mais il peut s'échelonner de la caresse, précisément, au coup porté violemment. Si l'on considère que ces *strokes* sont aussi des signes de reconnaissance, pour celui qui les reçoit, il faut préciser que l'homme est prédisposé à les solliciter, quand il ne les obtient pas spontanément. Ce phénomène trouverait son origine dans la petite enfance, le nourrisson a été caressé, massé, et selon la quantité et la qualité de ses contacts, une satisfaction ou des frustrations ont été induites.
Lorsque l'individu développe ses autres états, l'origine physique direct des *strokes* évolue, le transfert se fait du physique au symbolique et au social.
Les strokes seront dès lors l'ensemble des gratifications sociales que chacun reçoit au cours de sa vie personnelle et professionnelle : diplômes, cadeaux, compliments, participation à des rites... À certains égards, le concept de « *stroke* » tel qu'énoncé par Berne recoupe la célèbre **pyramide des besoins de Maslow**, et plus précisément les besoins d'ordre supérieur, de reconnaissance. Le fait est que l'individu, qui veut être considéré à tout prix, préférera des contacts et des strokes négatifs à l'indifférence de son entourage. Cette gradation va du

besoin d'être reconnu en existant par le biais de disputes jusqu'à l'accession à la « gloire médiatique » recherchée par les délinquants que l'éducation a brimés, humiliés.
Tout un jeu, induit et amorcé dès la petite enfance se met alors en place, engendrant, au cours de la vie d'adulte servilité, oblativité, solitude, convivialité... Les pathologies issues d'une carence en reconnaissance (en *strokes*, précisément) peuvent aller jusqu'à la perte de socialité voire la schizophrénie et l'autisme. Dès lors, Éric Berne a développé et théorisé cette économie des *strokes*. Ce qui est certain, c'est que chaque personne a besoin de ces signes de reconnaissance. Il les cherchera, coûte que coûte, en même temps qu'il les donnera, s'il en a l'aptitude, selon l'éducation reçue. Certains ont été élevés dans la pudeur et l'économie des sentiments, d'autres dans leur expression exubérante, et donc, personne n'est égal face à autrui. Et cela amène à délivrer, à notre insu, cadeaux ou punitions, frustrations ou gratifications, selon l'éducation, les habitudes, le mode de fonctionnement affectif.
Pour Berne, la vie est un jeu, chaque destin est un rôle. Sur la scène sociale, ces rôles se distribuent, se complètent et s'autorégulent, autour de justes milieux satisfaisant chacun autant que les convenances. Trois grands types de caractères se retrouvent cependant souvent au gré de situations et d'imbroglios que la commedia dell'arte n'aurait pas reniés : persécuteur, victime, sauveur. Mais les rapports étant par nature organisés autour d'un juste milieu, se mettent en place des phénomènes de régulation et d'équilibration tels que la symbiose. Il s'agit d'un arrangement latent entre deux personnes afin que chacun ne fonctionne que sur l'un de ses États, à l'exclusion des autres. Ainsi en ira-t-il des couples dans lesquels l'un et Parent, critique ou nourricier, et l'autre toujours Enfant, donc dépendant. Le rapport restera ainsi toujours complémentaire et symbiotique, la relation étant fondée sur des « pactes de non-agression ». Dans un registre plus névrotique, la grandiosité caractérise les situations de communication dans lesquelles se font jour des exagérations de la réalité, afin de préserver la relation de dépendance et de justifier un rapport de passivité ou de domination.
Mais l'intériorité des pathologies est aussi envisagée par Berne. Ces accumulations de sentiments que l'on thésaurise pour les voir ensuite être sujets à inflation, dévaluation... peuvent déboucher sur des symptômes tels que les sentiments « rackets ou élastiques ». Le **racket** est un sentiment que la personne ne se donne pas le droit d'exprimer, de ressentir, et qu'elle hypostasie et transfère sous d'autres aspects. Ainsi, la colère pourra systématiquement exprimer la détresse, ou la culpabilité faire place au plaisir. Plus qu'un échappatoire, ces sentiments inauthentiques sont des modes d'expression pathogènes, l'expression viciée d'un mal-être.
Le **sentiment élastique**, quant à lui, est un « sous-marin affectif » qui reste en l'individu et qui se manifeste de loin en loin, avec intensité, par réémergence émotionnelle. Il se trouvera réactivé par un déclic sensoriel, avec la puissance qu'il a connue des années auparavant. Il va sans dire que cela procède d'une aliénation, et d'un traumatisme par rapport à une expérience non assumée, non dépassée. C'est au cours de la thérapie, en pleine conscience que l'on pourra exprimer, revivre puis dépasser ces blocages de soi à soi, et aux autres.
Ensuite, Berne, dans sa volonté affichée de système complet a émis des propositions plus « hétérogènes », concernant par exemple la structuration du temps. La soif de contacts humains, après la « perte maternelle » pousse l'homme à gérer son temps et sa vie selon six activités principales, qui vont se compléter, satisfaisant tour à tour les besoins d'intimité, de reconnaissance, de contacts, et chacun, selon sa profession et son caractère trouvera dans ces moments qui lui sont propres ce qu'il attend profondément. On ne choisit en effet ni un métier ni un partenaire de vie inconsidérément ; il y a toujours des attentes non pas altruistes, mais narcissiques voire égoïstes. Berne compartimente le temps en six activités, qui sont : le retrait (intimité personnelle), le rituel (espace-temps social), le passe-temps, l'activité (professionnelle), les jeux (plus interpersonnels en termes de stratégies, que proprement ludiques), l'intimité, enfin, partage rare avec quelqu'un d'un état symbiotique présocial (amour).
Les positions de vie, mécanistes et fonctionnalistes à outrance sont, selon Berne, de véritables polarités qui définissent le rapport du sujet à soi et au monde. Dès l'âge de 6 ans, l'individu opterait pour des attitudes mentales et des comportements qui le prédestineraient à ressentir et agir d'une certaine manière, inévitablement. L'AT part d'une double polarité positive et négative (- +) qui détermine donc le rapport à soi et aux autres. Les individus peuvent ainsi être « + + », à la fois ouverts et

positifs sur eux et les autres. Mais de même peut-on trouver des polarités « - + », « + - » ; voire « - - ». Ce dernier cas illustre les catastrophes éducatives qui débouchent sur des personnes se détestant autant qu'elle détestent les autres, cyniques, désabusées, suicidaires. Le postulat peut avoir une certaine cohérence, il touche cependant les limites de son mécanisme. Un destin humain est à la confluence de trop de paramètres, de causalités pour se trouver de la sorte enfermé dans ce manichéisme relationnel figé.

Que l'AT intéresse la communication et appartienne à ses sciences est une évidence. Elle prend, comme la ***PNL*** et la ***proxémique*** le rapport à autrui comme champ d'observation, de compréhension et de formalisation théorique, ce rapport étant appréhendé à travers le prisme d'une culture et d'une éducation. Sur la scène sociale, dans les rôles que chacun joue, et par-delà les causalités souvent inconscientes et héritées qui mobilisent les êtres, c'est bien au primat du langage que renvoie l'AT, puisque c'est par ce biais que s'expriment les États du Moi, et que se dévoilent les stratagèmes de communication. Il est louable que l'AT se donne pour mission de soigner les individus, d'améliorer la fluidité des relations interpersonnelles, d'y introduire de la compréhension, et sans doute du respect.

Toutefois, cette démarche prête le flanc à nombre de critiques. Loin de la cohérence et de la rigueur théoriques d'autres techniques, l'AT ressemble à certains égards à une juxtaposition d'éléments empiriques hétérogènes. De plus, l'AT qui se voudrait une discipline scientifique disposant d'une théorie, interprète rarement, se contentant de décrire une situation, d'assigner des rôles. À partir des États du Moi, concept-clé, la « nébuleuse théorique » de Berne nuit souvent à une saisie logique du propos. Enfin, contrairement à la proxémique et à la PNL, l'AT n'est pas construite sur des réalités stables et homogènes, mais fait appel à des paramètres parfois nébuleux, rayonnant dans des directions semblant sortir des cadres d'analyse. On passe des états aux scénarios de vie, de la structuration du temps aux jeux psychologiques, du rapport interpersonnel aux concepts organisationnels d'entreprise sans lien stable. Ceci est souvent dommageable à une intelligence claire des postulats descriptifs et explicatifs dont on a du mal à saisir la trame problématique.

Mais ce qui dessert le plus l'AT est le fait qu'elle se soit positionnée entre « marketing et bricolage psychologique ». Sa volonté de démocratisation et de vulgarisation d'un langage et d'un savoir, afin de rendre cela accessible et de responsabiliser ses patients ont conduit à des édulcorations et des amalgames attentant forcément au sérieux de la discipline. De plus, ses dehors ludiques, théâtraux et joviaux vont à l'encontre des respectabilité et reconnaissance universitaires auxquelles elle aspire encore.

Le vocable qu'elle s'est forgée, enfin, phraséologie procédant d'une adultération entre la néo-psychologie et le management, tout comme le filigrane de « rêve américain » invoqué par Berne, comme l'engagement délibéré au service des « philosophies d'entreprise » font que l'AT a du mal à se poser comme discipline autonome et indépendante.

Anamorphose

Mot d'origine grecque signifiant transformation. Il désigne :

– une image déformée d'un objet obtenue à l'aide de systèmes optiques particuliers (lentilles ou miroirs concaves ou convexes dits miroirs déformants) ;

– une représentation, peinte ou dessinée, volontairement déformée d'un objet.

Animateur, animatrice

Personne chargée soit du développement des relations dans un groupe ou d'assurer une prestation de formation, soit de conduire une émission de radio ou de télévision. Dans ce dernier cas, son rôle est d'annoncer et de commenter les prestations des artistes, d'interroger des invités, de jouer avec le public et les téléspectateurs, etc. Un **animateur des ventes** est une personne chargée de la fonction commerciale consistant à faire connaître le produit, par sa présentation sur le lieu de vente, en expliquant son fonctionnement. L'animateur des ventes cherche à obtenir le meilleur emplacement dans les rayons et gondoles des centres de distribution du produit. Il se charge éventuellement des approvisionnements.

Animation

1. Procédé qui permet de filmer des dessins ou des photographies image par image et de rendre l'impression de mouvement en les projetant à la vitesse de 24 images par seconde.
2. Action de stimuler – on parle par exemple de l'animation des ventes –, ou de développer des relations entre des personnes dans un groupe – on parle par exemple d'animation socioculturelle, animation d'une session de formation...

Annales

Publication selon une périodicité annuelle. Voir ***Communication scientifique***.

Annonce

1. Texte bref lu à la télévision sans être accompagné d'un reportage filmé.
2. Communication unilatérale d'une information à un public récepteur, sans autre rôle actif que celui d'enregistrer le message transmis, et d'agir en fonction du contenu du dit-message.
   La nature de l'annonce peut être une déclaration (ex. : annonce d'une candidature aux élections), une proclamation (ex. : annonce des résultats aux élections), une information de service (ex : liste des pharmacies ouvertes pendant les fêtes), une information économique et juridique (ex : publication des résultats d'activité d'une entreprise, annonce légale, ***petites annonces*** d'offres et de demandes d'emplois), une information sociale (ex : carnet mondain, annonce d'un décès).
   Les médias de l'annonce sont eux-mêmes de toute nature : annonce orale faite dans une assemblée, affichage, lettre personnelle, presse, radio, cinéma, télévision, réseau informatique.
3. L'annonce en théorie est une pure information, mais il arrive que l'annonce ne soit qu'une forme atténuée de la ***publicité :*** l'annonce d'une vente à l'encan, l'annonce d'une réunion organisée par un candidat aux élections sont deux exemples d'une publicité faite par des annonces.

Annonces classées

Voir ***Petites annonces***.

Annonceur

Personne ou société qui achète un espace de publicité dans un média pour y faire passer des messages destinés à promouvoir un produit, un service, une marque ou une idée. L'annonceur est un troisième acteur qui doit être pris en compte pour compléter le schéma classique de la communication mettant en relation l'émetteur et le récepteur. Il se peut cependant que le bénéficiaire ne soit qu'une catégorie analytique, susceptible dans les faits de se confondre avec l'émetteur, avec le récepteur ou de concerner les deux pôles d'émission et de réception dans la communication.

Schéma fondamental de la communication.

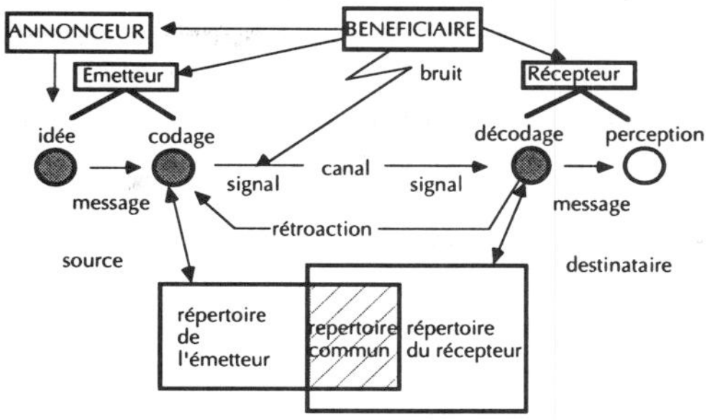

Anomie

Étymologiquement contraire à la loi, contraire à l'ordre. L'anomie, largement développé par le fondateur de la sociologie moderne le Français **Émile Durkheim** (1858-1917), est un état de désorganisation, de destruction, d'un groupe, d'une société dû à la disparition partielle ou totale des normes et valeurs communes à ses membres. Un tel désordre peut être qualifié d'entropie, conduisant à une quasi synonymie de « anomie » avec « ***entropie*** ». Voir ***Rite, Identité***.

Antenne

Conducteur électrique aérien qui émet et reçoit les ondes hertziennes. Il peut être en forme d'arbre, pour les émissions hertziennes terrestres, ou en forme de parabole pour celles envoyées par satellite.

L'expression « être à l'antenne » désigne le passage en direct à la radio ou à la télévision. Le temps d'antenne est la durée de celui-ci.

Anthologie

Terme littéraire désignant un ouvrage qui rassemble les textes essentiels, ou ceux considérés comme les plus beaux d'un auteur ou sur un sujet.

Antimétabole

Figure de ***rhétorique***, qui à l'instar du **chiasme**, présente une construction croisée, qui reprend les mêmes éléments phrastiques en les inversant. La publicité en fait grand usage. Ex. « Tunisie, la Méditerranée du cœur, le cœur de la Méditerranée ».

Antiope

Abréviation pour Acquisition Numérique et Télévisualisation d'Images Organisées en Page d'Écriture et qui est le service de ***télétexte*** français. Ce procédé, proposé par TDF depuis 1978, permet de visualiser sur l'écran de télévision des pages alphanumériques et graphiques d'informations (actualités, météo). Il propose également un service de sous-titrage. La réception des messages est effectuée à l'aide d'un décodeur.

Antiripage

Procédé destiné à compenser la tendance d'un bras de lecture phonographique non tangentiel à se rapprocher du centre du disque. Synonyme : compensation de force centripète (arrêté du 10 octobre 1985).

Aphérèse

Mot d'origine grecque signifiant enlèvement. L'aphérèse correspond à la suppression d'un ou de plusieurs phonèmes au début d'un mot. C'est une pratique plus rare que l'***apocope***, dans laquelle on coupe le ou les dernier phonèmes. Exemples : « autocar » donne par aphérèse « car », « autobus » donne « bus », « point phone » (marque commerciale France Télécom) correspond au point « téléphone », le « Net » pour « ***Internet*** ».

A.P.L. (*A Programming Language*)

Langage de programmation informatique conçu en 1955 et principalement utilisé pour le contrôle machines-outils.

Apocope

Abréviation consistant à couper la fin du mot, pour n'en garder que le préfixe. Vélo pour vélocipède, pull pour pull-over, et *a fortiori* ciné pour cinéma ou cinématographe sont des apocopes, répondant au principe d'économie régissant toute activité humaine. L'apocope s'oppose à l'**aphérèse**, dans laquelle on coupe le début du mot. Cette pratique est toutefois beaucoup plus rare.

Après texte

Publicité placée à la fin d'un article, pour éviter d'être noyée dans l'ensemble des autres publicités regroupées en une suite appelée **tunnel**. L'après texte a un coût plus élevé que l'emplacement dans le tunnel.

Arborescence, arbre

Un arbre est une représentation hiérarchisée d'une structure logique. Ainsi l'**arbre de décision** est une représentation graphique d'une suite d'actions alternatives et des conséquences qu'elles suscitent qui, à leur tour, permettent d'envisager de poursuivre la définition de nouvelles actions alternatives.

L'arborescence est une structure qui a la forme d'un arbre. Elle est à la fois un mode de représentation et une des techniques possibles d'accès à l'information dans les systèmes ***algorithmiques***.

Cette technique est à la base des systèmes ***vidéotex***. L'utilisateur accède par choix successifs selon des étapes chronologiquement imposées à l'information qu'il recherche. Il va procéder par élimination en répondant à des questions de plus en plus fines. Ce type d'***architecture*** suppose que l'ensemble des informations disponibles ait été classé, hiérarchisé de telle sorte que les éléments les plus importants (ou les plus recherchés) restent dans les niveaux supérieurs de l'arborescence et que les enchaînements répondent à un ordre logique de taxinomie inhérent à l'information diffusée. L'enfouissement des données fondamentales aux derniers niveaux de l'architecture risque toujours de lasser ou de décourager l'utilisateur, c'est pourquoi l'arborescence est souvent associée à un autre mode d'accès plus sélectif mais plus rapide, le multi-critères.

Arborescence.

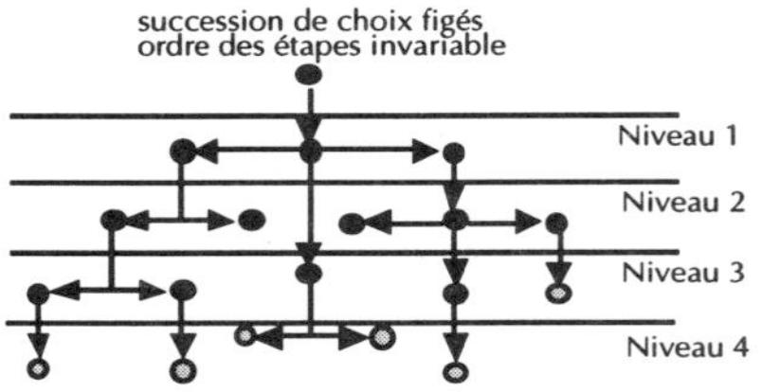

A chaque choix, l'utilisateur descend dans l'arborescence, le nombre de niveaux détermine le nombre de choix à effectuer avant de trouver l'information recherchée.

Architecture

Synonyme de ***structure***, organisation, agencement. L'**architecture des ordinateurs** indique le mode de traitement de données employé. L'architecture est séquentielle lorsque les données sont traitées au fur et à mesure de leur entrée. Elle est dite **parallèle** lorsque les données sont traitées en même temps.

Voir ***Architecture de produits, Calcul parallèle et vectoriel***.

Architecture de produit

L'architecture d'un produit fait référence à la logique ou aux logiques qui président à l'organisation de l'ensemble des unités d'information contenues dans le produit interactif. Ce terme d'architecture de produit a surtout été employé au début des années 1980 à la naissance des services ***vidéotex***, premiers produits se réclamant de l'***interactivité***, le terme de structure semble s'y substituer aujourd'hui, pour les ***hypertextes*** principalement. Quant aux principales logiques, elles proviennent principalement de l'informatique documentaire et des bases de données qui les utilisaient déjà dans les années 1970. La majorité des produits s'articulent à ce jour sur une combinaison ou une juxtaposition de ces logiques qui, à l'état pur, restent au nombre de quatre :

– l'**arborescence** ;
– le **multi-critères** ;
– le **multimédia** ;
– l'**hypertexte**.

Architecture scalaire
Voir ***Calcul parallèle et vectoriel***.

Architecture vectorielle et parallèle
Voir ***Calcul parallèle et vectoriel***.

Architecture Von Neumann
Voir ***Calcul parallèle et vectoriel, informatique***.

Archivage, archives, archivistique
L'archivage est à la fois le processus et le résultat de l'activité de recueil, de classement et conservation des documents en un lieu en vue d'y retrouver une référence à un acte du passé. Les archives sont à la fois ces documents et le lieu de leur archivage. Et l'archivistique est la science des archives, souvent considérée comme une science auxiliaire de l'histoire.
Les documents conservés sont majoritairement des documents écrits. Avec l'apparition du son enregistré, du cinéma et de la vidéo, les archives comportent des documents sonores et audiovisuels.
L'archivistique aborde les problèmes de l'élimination ou du choix des matériaux à conserver, celui de la conservation et de la restauration. Les problèmes de conservation sont notamment de nature physico-chimiques tel que le problème des altérations endogènes et exogènes du papier, du cuir, du parchemin, des négatifs, des pellicules de cinéma, des bandes magnétiques etc. Elle apporte des réponses dans ces domaines et des méthodes de conservation en précisant : les conditions climatiques et d'éclairage, les méthodes de rangement, les méthodes de consultation et d'utilisation.

Archive (Image d'-)
Collection d'images anciennes (sur films, bandes...) conservées principalement par l'I.N.A., la Cinémathèque et le service audiovisuel des Armées. Ces images peuvent servir de documents dans une émission d'information ou un magazine.

Argumentaire
Outil d'aide à la vente se présentant, sous la forme d'une liste, des arguments en faveur de l'achat du produit ou du service. Voir ***Publicité***.

Argumentation
Voir ***Influence, Logique, Rhétorique***.

Argus de la presse
Entreprise commerciale de droit français proposant de suivre la presse sur des sujets particuliers pour le compte d'abonnés qui recevront les coupures de presse relatives à ces sujets. L'argus de la presse assure donc une fonction de veille pour le compte de tiers. Voir ***Veille stratégique***.

ARPANET
Voir ***Internet***.

Arrachement
Distorsion de l'image due à une mauvaise synchronisation des lignes.

Arrêt sur image
Pendant la lecture d'une bande enregistrée, fonction permettant d'immobiliser celle-ci sur une image ; elle peut être utilisée pour l'analyse ou le montage.

Artefact
Étymologiquement : un effet de l'art, c'est-à-dire phénomène construit par l'homme et rencontré au cours d'une observation ou d'une expérience. Dans ce cas, c'est donc un mot savant pour dire artifice. Un artefact peut aussi désigner un phénomène accidentel qui modifie les résultats attendus au cours d'une observation ou d'une expérience.

Articulation (Double -)
Principe d'économie propre à l'ordre de la langue : les phrases sont une articulation de mots et les mots sont une articulation des séquences de ***phonèmes*** (qui dans chaque langue n'excèdent pas une trentaine d'unités distinctives).

Articulation (Indice d'-)
Rapport entre le nombre de phonèmes correctement perçus et le nombre de phonèmes correctement émis. C'est donc un indice de la qualité phonétique d'un canal transmettant le discours parlé.

ASA (*American Standard Association*)
Mesure de sensibilité d'une pellicule photographique. Une pellicule de 100 à 200 ASA correspond aux usages courants pour une lumière de jour normal. Pour une lumière faible, la pellicule doit être de 400 ASA ou plus.

ASCII (*American Standard Code for Information Interchange*)
Code normalisé des caractères alphanumériques pour permettre l'échange d'informations entre ordinateurs ou entre les ordinateurs et leurs utilisateurs. Dans le code ASCII (se prononce aski), le caractère saisi sur le clavier est transformé suivant une table de correspondance qui comporte 256 valeurs possibles d'un ***octet***.
L'ASCII est un code développé par ***l'ANSI***, l'organisation américaine de ***normalisation***.

Depuis 1988, cet alphabet codé a été adopté par l'***ISO*** comme *International Reference Version,* c'est-à-dire comme base de tous les alphabets codés normalisés par l'ISO.

Aspects affectif, cognitif et comportemental des moyens de communication de masse

Différents effets potentiels et/ou effectifs des médias de masse portant sur le comportement (affectif), le système de connaissance et la nature de l'action des lecteurs, des auditeurs ou des téléspectateurs. Ce thème fait l'objet d'analyse depuis de nombreuses années dans le cadre de la ***sociologie des médias***.

Assembleur

1. Langage de programmation informatique – dit encore langage d'assemblage – utilisant des instructions directement exécutables par l'ordinateur.
2. Programme traduisant en langage machine (en données binaires) un programme écrit en langage d'assemblage.

Asservissement

Processus ***cybernétique*** de régulation qui tend à annuler l'écart entre une variable commandée et une variable de commande. Un asservissement en vidéo peut être la régularisation du passage de la bande magnétique devant les têtes de lecture vidéo.

Assistant à la production de télévision

Personne chargée de tâches de liaison dans un service de programme d'information ou de relations extérieures : visionnage et écoute d'émissions, projection de diapositives,...

Assistant à la réalisation radio

Collaborateur artistique du réalisateur radio ou d'un journaliste, chargé de la coordination, de la continuité et de l'enchaînement des opérations d'une production y compris à l'antenne dans le cas d'émissions en direct. Il réalise le montage et assure la recherche d'éléments et de documents sonores.

Assistant cadreur vidéo

Personne chargée d'effectuer, sur les indications du cadreur vidéo, les mouvements de la caméra, en direct ou en enregistrement.

Assistant d'édition

Personne chargée de veiller, sous l'autorité du responsable de l'émission d'information, à la coordination des éléments nécessaires au passage à l'antenne. Il s'occupe de la confection et du suivi du conducteur.

Assistant de réalisation

La principale fonction du premier assistant est de décharger au maximum le réalisateur d'un film des contraintes matérielles. Il joue souvent le rôle d'intermédiaire entre le producteur et le réalisateur. En général, le premier assistant s'attache en priorité au travail du jour sur le plateau, et le second assistant règle les problèmes de détails, prépare les journées de tournage à venir.

Assistant réalisateur de télévision

Assistant chargé de la prévision, pour un devis, et de la mise en œuvre des moyens artistiques et matériels d'une production (dépouillement, conception du plan de travail, repérage, documentation,...).

Associated Press (A.P.)

Voir ***Agence de presse***.

Association

1. Juridiquement : groupement de personnes physiques ou morales réunies en vue d'objectifs communs non lucratifs. En France l'association sans buts lucratifs est instituée par la loi de 1901.
2. Méthodologiquement : tout processus par lequel la réponse physique, mentale ou linguistique à un stimulus est liée à une autre réponse ou à un autre stimulus soit par contiguïté, soit par analogie. Ainsi la méthode du **remue-méninge *(brainstorming)*** a tendance à fonctionner dans les faits selon le principe de l'association d'idées. En psychanalyse, l'association libre est une méthode d'expression des idées par le sujet analysé sans aucune discrimination ou censure.

Association pour la Communication Publicitaire Audiovisuelle (A.C.P.A.)

Association loi 1901 chargée de donner son avis sur tous les messages publicitaires diffusés à l'antenne.

Assonance

Répétition du même son dans la même phrase.

Astra

Satellites de moyenne puissance, couvrant l'ensemble des différents pays européens, gérés par la Société Européenne des Satellites, et proposant des programmes de télévisions en clairs ou cryptés et des programmes de radio sur ses nombreux canaux.

Atlas 400

Service de messagerie publique destiné à la communication d'entreprise et exploité par Transpac. Accessible par ***télétexte***, par ***vidéotex*** (Minitel), par ***télex*** et par ***ordinateurs*** reliés comportant un ***modem***.

Le calcul du coût prend en compte le temps de connexion, le stockage des informations (coût qui est fonction de l'importance et de la durée), la nature du destinataire (individuel, réseaux ou services privés) et le type d'accès (Transpac, téléphone ou télex)...

L'intérêt de ce service est de mettre en communication des terminaux de types différents aux technologies jusqu'ici incompatibles.

ATM (Réseaux -)

Sigle de *Asynchronus transfer mode*, qui se traduit par mode de transfert asynchrone. L'ATM est une technologie basée sur la commutation rapide par ***paquet*** destinée à équiper les réseaux à large bande en fibre optique des ***inforoutes*** ou ***autoroutes de l'information***. La spécificité de la commutation ATM est de permettre à tout utilisateur d'entrer sans délai avec n'importe quel service disponible en ligne (bases de données, bibliothèques, programmes et chaînes de télévision, ***téléservices*** en tout genre – télémédecine, téléenseignement...) et d'interconnecter tous les réseaux existants. À terme, la technologie ATM complétera la technologie de transmission « Hiérarchie Numérique Synchronisée » (*Synchronus Digital Hiierarchy* SDH) en fournissant aux utilisateurs finaux des services commutés à haute fréquence numérique (binaire). Comme l'indique le livre vert de la Commission des Communautés Européennes (janvier 1995), cette combinaison technologique peut être considérée comme la base du futur réseau large bande ***RNIS (Réseau Numérique à Intégration de Services)***. Le développement de la technologie large bande avec l'ATM comme pivot, complétée par la technologie de la compression numérique des données permettront aux réseaux de télécommunication de traiter la télévision en temps réel qui ouvre de larges possibilités d'innovation qui exploiteront cette ***convergence des trois technologies*** (transmission, compression numérique, vidéo).

Atomisme logique

Voir ***Philosophie analytique***.

Attaché de presse

Personne chargée d'assurer les relations avec les médias, dans une organisation (administration, entreprise...).

L'attaché de presse dans une entreprise de communication, comme par exemple une chaîne de télévision, assure la publicité et la promotion d'une émission : elle facilite les rencontres entre le metteur en scène et les comédiens, d'une part, et les journalistes, d'autre part, et organise les projections réservées à la presse. Elle assure le suivi d'une émission en cours de diffusion et constitue une revue de presse.

Audience (Mesure de l'-)

Les médias, Presse, Affichage, Télévision et Radio, ainsi que, à une moindre mesure, le Cinéma, constituent sont les principaux vecteurs (ou supports) de la ***publicité***. À eux cinq ils forment les médias ***au-dessus de la ligne***. Mesurer l'audience de l'un de ces médias, c'est connaître le nombre de personnes qui ont été amenées à recevoir d'une façon ou d'une autre une parcelle de cette information. L'audience est en particulier cruciale dans le domaine de la publicité, qui fait vivre à un degré plus ou moins important la majorité des journaux, stations et chaînes. La **tarification de la publicité** est en effet fonction de l'audience, c'est l'importance attachée à la mesure rigoureuse et fiable de l'audience.

Il existe bien entendu de nombreuses différences entre les médias.

L'accès au support peut être payant, comme pour le cinéma ou pour la presse pour ses principaux titres (**les gratuits** sont peu nombreux) : l'accès à l'information ne peut se faire que si l'utilisateur a acquitté un droit d'entrée/prix d'achat (sauf dans le cas d'exemplaires prêtés). Au contraire, l'affichage est un média entièrement gratuit, ainsi que la radio et la télévision par voie hertzienne non cryptée, une fois le matériel acheté et la redevance réglée.

Si le public est globalement le même, il ne se répartit pas de façon équivalente. La télévision ou l'affichage ont une audience relativement large. Au contraire, la presse et, dans une moindre mesure, le cinéma permettent un ciblage plus particulier.

La télévision ou la radio délivrent une information éphémère qui change en permanence. La presse est un média périodique : la même publicité peut être lue pendant toute la période de parution, et même après la parution de numéros plus récents. L'affichage est lui aussi périodique puisque les placards de publicité qu'il porte ne sont changés que périodiquement.

Enfin, la télévision est un média très homogène. Toute l'information qu'elle déverse passe nécessairement par une poignée de chaînes. Au contraire, l'affichage est un média morcelé : des milliers de panneaux contiennent chacun une parcelle infime de l'information totale.

1. Pourquoi et comment mesurer l'audience ?

La mesure de l'audience peut paraître une tâche aisée *a priori*. Pour les médias payants, par exemple, il suffit de consulter les chiffres de fréquentation des salles de cinéma ou bien les volumes de diffusion des titres de la presse. Cependant, on ne cherche pas tant à mesurer COMBIEN de personnes ont *fréquenté* un média, qu'à savoir QUI sont ces individus et COMMENT ils ont été en contact avec le ou les support(s).

On n'entrera cependant pas ici dans le détail des phénomènes liés à l'audience comme la duplication ou l'accumulation. Le but de cet article est uniquement de passer en revue les techniques utilisées pour procéder à une mesure de l'audience.

Ces mesures entrent dans trois catégories principales :

– les **décomptes** de la fréquentation, en particulier lorsque l'accès est payant ;

– les **sondages** lorsque l'on interroge des individus pris au hasard ;

– les **panels** lorsque l'on suit un ensemble de personnes sur lesquelles on mesure la fréquentation d'un média.

Les sondages peuvent être de plusieurs types :

– les **sondages face à face** dans lesquels l'enquêteur est physiquement en contact avec l'interviewé, soit dans la rue soit à son domicile. Ils sont les seuls à permettre l'utilisation de support visuels comme des images de films ou des photos d'affiches ;

– les sondages réalisés par téléphone sont à cet égard plus limité. Ils sont en revanche plus rapides à réaliser et meilleur marché ;

– les **questionnaires auto-administrés** se présentent sous la forme de carnets qui sont remplis spontanément par les individus eux-mêmes. Ils sont de ce fait encore meilleur marché mais leur fiabilité s'en ressent.

Dans les panels, contrairement aux sondages, les individus ne sont pas pris au hasard. Ils sont cependant renouvelés « naturellement », soit par sortie volontaire du panel, soit à cause d'une évolution du foyer le plaçant hors ***quota***. Cela peut être le cas pour des raisons d'âge, ou bien lorsque la structure du foyer change (naissance, mariage, etc.). On parle de **panel constant** lorsque l'on s'intéresse au sous-ensemble des individus présents sur l'ensemble de la période considérée. La mesure est dite passive lorsque les membres du panel n'interviennent pas et sont en quelque sorte « observés » par le système de mesure, et active lorsqu'ils doivent effectuer un acte volontaire pour être mesurés (ils se « confient » à ce système).

La mesure de l'audience réalisée à partir de sondages (interviews), de **panels actifs** et de **panels passifs** soulève plusieurs types de problèmes :

– fiabilité des chiffres présentés. La notion de marge d'erreur est inhérente à celle de sondage ;

– standardisation des audiences entre pays. On ne mesure pas la presse de la même manière en Allemagne et en France. Uniquement en Europe, il existe 5 méthodes pour mesurer l'audience de la télévision (interviews face-à-face, interviews par téléphone, journal d'écoute, audimétrie foyer, bouton-poussoir) ;

– homogénéité entre médias. À chaque média correspond une méthode de mesure (cf. ci-dessous). Pour comparer les médias, on se sert du ***Bêta***.

2. Mesure d'audience, média par média

a) Cinéma

Il y a principalement deux sources pour mesurer l'audience de ce média. D'une part le nombre d'entrées fourni par le ***CNC***. Nous avons déjà évoqué le fait que ce seul chiffre brut n'est pas entièrement satisfaisant car il ne porte aucune information sur la structure de l'audience.

Des éléments plus détaillés (habitudes, description socio-démographique) peuvent être trouvés dans l'enquête Presse-Cinéma réalisée par le ***CESP*** (cf. plus bas).

b) Presse

L'étude CESP mentionnée ci-dessus est réalisée par sondage face à face. Elle étudie les habitudes et les provenances de lecture des plus gros titres de la presse magazine et quotidienne. Cette étude est publiée tous les semestres, et porte sur la population de plus de 15 ans. Il y a 5 vagues de sondages par an, portant chacune sur 3 000 personnes environ.

L'**enquête SIMM**, réalisée par l'institut ***SECODIP***, procède au croisement des audiences et des habitudes de consommation. Grâce aux questions portant sur l'audience, elle peut être fusionnée avec d'autres enquêtes et apporte des informations uniques sur les liens entre l'exposition aux médias et la consommation. Cette enquête est réalisée grâce à un questionnaire auto-administré sur un panel de 10 000 personnes.

L'**enquête IPSOS Cadres Actifs** est réalisée une fois par an. La population étudiée est ici celle des cadres actifs à hauts revenus : décideurs financiers, cadres informatiques, etc. Cette étude est réalisée par enquête téléphonique sur le lieu de travail. Elle recouvre des mesures portant sur une quarantaine de titres et y ajoute les habitudes de consommation de produits haut de gamme.

c) Affichage

La référence en matière de mesure de l'audience ***affichage*** est l'**affimétrie**. Cette enquête effectuée par l'institut BVA concerne les agglomérations de plus de 100 000 habitants. Le nombre de personnes interrogées dépend de l'agglomération. L'affimétrie recueille les déplacements effectués la veille, puis procède au comptage de l'audience (nombre de panneaux vus) grâce à la cartographie de l'agglomération et de l'implantation des supports fournie par les afficheurs. Cela permet de discerner non seulement l'audience par personne, mais aussi l'audience par panneau.

Ce système est très imparfait et pose en fait beaucoup de problèmes. Il doit sans doute son succès à l'absence d'alternatives valides. Il existe cependant des études mettant en jeu des systèmes de haute technologie pour tenter de fournir un système de mesure plus performant.

d) Radio

L'enquête dite « 75 000 » doit son nom à la taille de l'échantillon qu'elle utilise. Il s'agit en effet de 75 000 interviews réalisées par téléphone par l'institut Médiamétrie, et représentatives de la population française de plus de 15 ans. Les interviews ne sont cependant pas réalisées en une seule vague, mais en plusieurs, réparties pendant l'année. Cette enquête contient des informations sur l'**audience veille** (c'est-à-dire les stations effectivement écoutées la veille par l'individu) ainsi que sur les habitudes d'écoute (ce que l'individu écoute en général). De plus, des informations relatives aux ***radios*** locales sont rattachées à cette enquête par département et par agglomération.

Le panel radio du CESP consiste en un relevé des écoutes radio et des activités réalisées en parallèle. Cette étude fournit des mesures issues d'un panel, dans lequel les individus doivent détailler leur audience dans un carnet d'écoute.

e) Télévision

La référence en matière d'audience de la ***télévision*** est le panel Médiamétrie. Chaque foyer du panel est équipé d'un système de **boutons-poussoir** par l'intermédiaire desquels chaque élément du foyer signale sa présence devant la télévision. On conserve par ailleurs la chaîne regardée, et le rapprochement de ces deux données permet d'avoir non seulement une idée de l'audience globale, mais aussi la structure de cette audience. Cette audimétrie, bien que moins contraignante que dans le cas du panel radio, par exemple, n'en est pas moins active. En effet, chaque personne doit appuyer sur son bouton pour signaler sa présence. L'information étant recueillie seconde par seconde, elle est d'une grande richesse, mais représente aussi un volume de donnée énorme. Les résultats correspondent généralement soit à des calculs effectués sur cette base, soit à des agrégations sur des périodes plus grandes.

3. Quelle mesure pour quelle audience ?

Nous avons parlé jusqu'ici d'audience sans préciser ce que ce terme recouvre. Or il existe de nombreuses façon de définir cette audience, et donc de nombreuses mesures d'« audiences » différentes. Ainsi, on conçoit qu'il y ait beaucoup plus de personnes amenées à lire un magazine donné de temps en temps (chez le dentiste, dans le train, etc.) qu'il n'y a de lecteurs réguliers de ce même magazine.

Les notions évoquées ci-dessous ne sont pas toujours valables pour l'ensemble des médias. Certaines sont spécifiques, où bien ont des définitions changeantes, sous la même appellation, selon le média auquel elles s'appliquent. Pour cette raison, elles seront présentées par média plutôt que par appellation.

a) Cinéma

Le ***cinéma***, comme les autres média, utilise la notion d'**audience générale**. Il s'agit de l'ensemble des individus qui sont allés au moins une fois au cinéma au cours des 12 derniers mois.

De façon plus spécifique, on discerne trois catégories selon la fréquence des visites au cinéma. Les assidus y vont au moins une fois par semaine, les réguliers de 1 à 3 fois par mois, et les occasionnels de 1 à 6 fois par an. Ils constituent ainsi respectivement l'**audience assidue**, l'**audience régulière** et l'**audience occasionnelle**. La somme de ces trois audiences est évidemment égale à l'audience générale.

Les assidus ne représentent typiquement que 4 % de l'audience générale.

b) Presse

L'**audience générale** d'un titre est l'ensemble des individus qui ont été amenés à en avoir un numéro en main au cours des 12 derniers mois, quelle que soit la provenance du numéro en question. Il s'agit donc d'une notion assez large.

La **lecture dernière période,** aussi appelée **LDP** correspond à l'ensemble des personnes qui ont lu un numéro de ce titre, même ancien, au cours de la dernière période de parution (7 jours pour les hebdos, 30 pour les mensuels, etc.). Pour la presse quotidienne, on utilise aussi la notion d'**audience d'un numéro moyen**. Il s'agit de la moyenne des nombres de lecteurs par numéro calculée sur les 6 derniers numéros, c'est-à-dire sur une semaine (les quotidiens ne paraissant pas le dimanche).

De même que pour le cinéma, on définit des niveaux d'audience. L'**audience régulière** correspond à une lecture tous les jours pour un quotidien ou toutes les semaines pour un hebdomadaire. L'**audience régulière ou presque** correspond, pour un hebdomadaire, à une lecture 2 à 3 fois par mois (au moins).

Enfin, on est amené dans le cas de la presse à distinguer les audiences selon leur provenance, c'est-à-dire la provenance du numéro lu. Ainsi, l'**audience primaire** correspond aux personnes qui ont lu un titre acheté par un membre du foyer (y compris la personne elle-même). On parle d'**audience secondaire** si l'exemplaire à été prêté ou donné. Enfin, l'**audience tertiaire** concerne les lectures d'exemplaires trouvés.

c) Radio et télévision

On regroupe ces deux médias car ils utilisent des notions identiques, à ceci près qu'il s'agit dans un cas de regarder le média, et dans l'autre de l'écouter.

La **durée d'écoute par individu (DEI)** est le temps moyen passé devant la télévision ou à l'écoute de la radio par individu et par jour. La **durée d'écoute par auditeur (DEA)** est le temps moyen quotidien passé devant la télévision ou à l'écoute de la radio par les seuls individus ayant effectivement regardé la télévision ou écouté la radio. Donc la DEI est le produit du **taux de l'audience cumulée** par la DEA, sachant que le taux d'audience cumulée (TAC) est le pourcentage d'individus ayant regardé la télévision ou écouté la radio au moins une fois dans la journée. L'**audience cumulée** correspond à l'ensemble des personnes qui ont été en contact avec le média au cours d'un période horaire donnée. Si l'on parle d'audience cumulée sans préciser cette période horaire, il s'agit de la journée.

DEI = TAC x DEA.

L'**audience générale** correspond à l'ensemble des personnes qui sont susceptibles d'être en contact avec le média. Du point de vue des sondages réalisés, cela correspond aux personnes qui répondent autre chose que « Jamais » lorsqu'on leur demande si elles regardent/écoutent la chaîne ou la station.

Cette notion très large mérite d'être précisée par deux autres mesures d'audiences (en plus de l'audience cumulée présentée ci-dessus).

L'audience du 1/4 d'heure appelée également **audience instantanée** et, l'**audience « quart-d'heure moyen »** correspond au nombre moyen de personnes ayant fréquenté le média pendant 1/4 d'heure. Il s'agit en fait de la moyenne des audiences de chacun des quart-d'heure de la période considérée.

Voir ***Audience utile, Audimat, Audimétrie, GRP, Couverture mémorisée, Mediamat, Loi du souvenir, Média-planning***.

Audience cumulée

Nombre ou pourcentage de personnes différentes ayant écouté la radio ou regardé la télévision au cours d'une période, quelle que soit la durée d'écoute.

Audience instantanée

Nombre de personnes différentes à l'écoute de la radio ou de la télévision pendant une tranche horaire donnée. Voir ***Audience (Mesure de l'-)***.

Audience moyenne

Moyenne des audiences de chaque quart d'heure d'une période donnée.

Audience nette

Nombre de personnes différentes touchées par un plan média.

Audience utile

Partie de l'audience d'un support faisant partie de la cible.

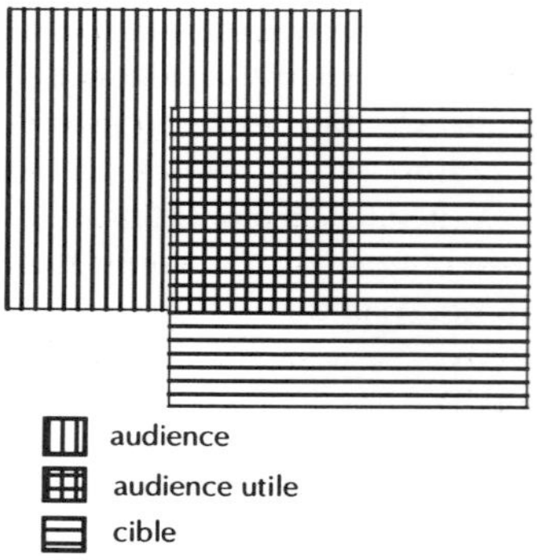

Audimat

Marque déposée de la société Médiamétrie pour l'appareil électronique de mesure passive de la diffusion des programmes des télévisions en France. L'appareil est branché sur le téléviseur. Il enregistre chaque jour, à la seconde près, la chaîne regardée et les changements dans un échantillon témoin représentatif des foyers d'un espace de diffusion donné.

Le taux d'audimat est le pourcentage de téléviseurs branchés à un moment donné (minimum 2 secondes – maximum : ensemble de la journée – habituellement : pour un écran publicitaire ou une émission) sur une chaîne donnée. Si la mesure passive est d'une grande fidélité, puisque le téléspectateur n'a pas à intervenir sur un bouton ad hoc d'enregistrement du programme regardé, l'audimat présente l'inconvénient de négliger le public, car il ne prend en compte que le branchement de la télévision sur une chaîne donnée de programme. Un annonceur potentiel ne peut donc pas savoir quel type de public est devant tel écran en vue d'adapter son message ou tout simplement en vue d'envisager d'acheter ou non l'espace pour une communication publicitaire. C'est la raison pour laquelle, l'audimat ne mesure pas l'audience mais seulement la diffusion. Synonyme : **taux foyer**. Voir ***Audience***.

Audimètre, audimétrie

Terme générique de différents appareils destinés à mesurer l'***audience*** des médias radio et télévision. L'audimètre, dont la première forme en France est l'***audimat***, est fixé sur un récepteur de radio ou de télévision. Il permet de repérer les stations choisies par les auditeurs ainsi que le temps d'écoute. Des perfectionnements, comme le « bouton poussoir » par téléspectateur dans le foyer, ont permis de prendre en compte le nombre de personnes qui regardent le même programme de télévision : chaque membre de la famille sondée est invité, pour respecter le protocole du sondage, à presser une touche lorsqu'il s'installe devant la TV. Depuis peu, Motivaction a installé un dispositif de balayage à reconnaissance de formes qui permet d'enregistrer le comportement des sondés face à la TV, mais la fiabilité de ce type de système n'est pas encore clairement définie.

Audio

Du latin « audio » qui signifie « j'entends », ce terme (souvent utilisé comme préfixe) désigne tout le domaine de l'enregistrement et de la transmission des sons.

Audioconférence

Système de conférence à distance par téléphone qui permet de relier plusieurs studios situés dans différents lieux.

Audio-oral

Méthode d'enseignement des langues par l'audition et la phonation.

Audiotex, Audiotel

Service vocal télématique.

En France, le service audiotex proposé par France Télécom a pour nom commercial « Audiotel ». Les services vocaux sont des services accessibles par les numéros de téléphone à huit chiffres commençant par 36. Il diffusent des informations préenregistrées, que l'on peut sélectionner à l'aide des touches du téléphone. Pour la gestion technique et commerciale, le territoire a été divisé en 9 zones régionales appelées « plaques audiotel » à Bordeaux, Lille, Lyon, Marseille, Nancy, Nantes, Rouen, Toulouse et Paris. On distingue les appels au forfait (3665 et 3666) et les appels à la durée (3664, 3667, 3668, 3670).

En mai 1992, France Télécom a ouvert le kiosque Audiotel, selon le même principe que le kiosque Télétel, sous la pression des fournisseurs de services. Le marché de l'audiotex représente en effet un potentiel important car il y a plus de 30 millions de lignes téléphoniques contre environ 7 millions de Minitel.

Il n'y a pas de concurrence directe entre les deux médias mais plutôt une complémentarité. Les plus gros utilisateurs de Télétel sont également ceux qui se servent le plus des applications Audiotel.

En 1993, il y a eu 13,9 millions d'heures de connexion et 485 millions d'appels. Les services les plus connus et les plus consultés sont la météo (respectivement 87 % et 32 %) et les services relatifs à la banque et l'assurance (69 % et 33 %).

En France l'audiotex est encore un marché nouveau et en pleine expansion (même si les premiers services ont été développés il y a plusieurs années déjà) alors que cette technique était déjà utilisée aux États-Unis depuis les années 1970. En Europe, le lancement des services audiotex en 1986 et 1987 en Grande-Bretagne et aux Pays-Bas a été couronné de succès (plus de 100 % de croissance durant les trois premières années soit près de 10 millions d'heures en 1991 pour le Royaume-Uni et 4,7 millions pour les Pays-Bas). L'Allemagne, la Suède et le Danemark ont un trafic audiotex nettement moindre car le système est plus récent mais il est presque équivalent au trafic du vidéotex qui a été lancé bien antérieurement.

Audiovidéographie

Prolongement du ***vidéotex***, et dont le principe est d'associer la présentation d'images vidéographiques à des séquences sonores pour créer des programmes audiovisuels interactifs.

Audiovisuel

Combinaison du son et de l'image. Pourrait par conséquent s'appliquer aussi bien à un montage de diapositives accompagné d'un commentaire enregistré sur une bande magnétique, qu'au cinéma parlant et à la télévision.

Initialement audiovisuel désigne la reproduction simultanée de sons (enregistrés sur bande magnétique) et d'images fixes (diapositives). Avec l'arrivée des techniques vidéo, permettant l'enregistrement du son et de l'image mobile sur un même support, la notion d'audiovisuel se rapporte à toutes les techniques, qui permettent d'enregistrer le son et/ou l'image et de les reproduire (bande son, vidéo, film). Par extension, on entend par audiovisuel tous les moyens et techniques permettant la production de programmes radiophoniques, télévisuels et vidéo.

La communication audiovisuelle concerne le secteur de la télécommunication, qui met à la disposition du public ou de catégories de public, par un procédé de télécommunication (ondes hertziennes, câble, fibre), des programmes radio, télévisuels et vidéo : à ne pas confondre avec la télécommunication à caractère privé (téléphonie, télégraphie, etc.) et le secteur télématique (télétex, vidéotex), qui n'ont en commun avec la communication audiovisuelle que les techniques de transmission (câble, fibre) et parfois les appareils de réception (téléviseur).

Audit

Procédure de contrôle, d'évaluation et de diagnostic appliquée à une entreprise dans un domaine particulier (comptable, social, communications internes et externes, etc.) par un personne interne (audit interne) ou externe (audit externe) à cette organisation.

Par exemple l'audit de la communication interne recense toutes les actions entreprises et tous les moyens de communications utilisés par la firme, identifie les différents publics et fait le bilan après une enquête auprès des salariés pour évaluer les outils et les actions menées. L'audit de communication externe opère selon les mêmes règles, mais en tenant compte de la concurrence, ce qui suppose une approche comparative. Il s'agit par exemple de comparer la notoriété d'une marque par rapport à la concurrence.

Auditeur

1. Personne qui écoute une émission de radio. Les enquêtes et sondages auprès des auditeurs (***audience***, habitudes d'écoute, catégories d'auditeurs, etc.) ne tiennent compte que des personnes écoutant la radio au moins une fois par jour, et ayant plus de 15 ans. En général, les femmes écoutent plus la radio que les hommes, et les jeunes entre 15 et 24 ans représentent la catégorie la plus assidue.
2. Personne chargée de ***l'audit***. Synonyme de contrôleur.
3. Fonctionnaire contrôleur débutant à la Cour des Comptes en France.

Auditorium

Salle spécialement aménagé pour l'audition publique de pièces musicales et/ou théâtrales et qui peut également servir éventuellement aux enregistrements sonores de ces pièces et à l'enregistrement des doublages et des mixages de produits audiovisuels.

Austin John L. (1912-1960)

1. L'homme

John Langshaw Austin, théoricien et philosophe anglais du langage, a révolutionné la linguistique moderne, en mettant au jour la distinction jusque là latente séparant **les énoncés constatifs des énoncés performatifs**. Dans la continuité de sa découverte, c'est toute la mouvance théorique des ***actes de langage*** qui allait prendre un essor pleinement vivace aujourd'hui encore. C'est à plus vaste échelle la ***pragmatique*** et les théories des *speech-acts* qui sont redevables à Austin de leur assise épistémologique.

J.L. Austin a connu une carrière aussi courte que brillante. Professeur de philosophie morale à Oxford, c'est de là qu'il fit connaître ses thèses. Il se déplaça toutefois fréquemment aux États-Unis, pour y donner des cycles de conférences et y dispenser ses enseignements et sa pensée. Il se situait dans la lignée intellectuelle des grands logiciens de la première moitié du siècle que les sciences du langage passionnèrent, tels que Wittgenstein et Russell. De la tradition logique, d'ailleurs, il assumait la rigueur, l'objectivité et le simple bon sens, hautement revendiqué face aux objets étudiés (dans son cas, les faits de langage). Mais il se réclama aussi de la méthodologie phénoménologique que Husserl avait mise au point. Austin œuvra une grande partie de sa courte vie a promouvoir sa découverte linguistique, sans cependant prendre le temps d'en éditer l'essentiel. C'est après sa mort, survenue alors qu'il n'était âgé que de quarante-huit ans, que ses élèves rassemblèrent ses notes pour publier en 1961 « Quand dire, c'est faire », titre programmatique et drolatique distillant autant la quintessence de la découverte du fait performatif que la personnalité espiègle de son auteur. En ce sens, son destin éditorial, qui se résume en fait à un legs unique et posthume, est similaire à celui d'un autre « théoricien copernicien en linguistique », Ferdinand de Saussure. On se souvient en effet que les notes d'enseignement du père de la linguistique moderne ne furent rassemblés et publiés en 1916 par ses disciples qu'après sa mort, sous le titre plus commun, de « Cours de linguistique générale ».

2. L'œuvre

À la base de l'ouverture linguistique féconde que constitue la distinction « constatif-performatif », une découverte d'Austin, à la mesure en quelque sorte de celle du Monsieur Jourdain de Molière : sans nous en rendre compte, nous produisons en permanence en parlant des énoncés dont la nature est fondamentalement hybride, selon qu'ils prennent acte du réel, le constatent et le décrivent, ou qu'ils transforment au contraire les réalités en même temps qu'ils les disent. Ainsi se trouvait entérinée la dichotomie entre les dires constatifs et performatifs (de l'anglais *to perform*, réaliser, produire).

Les énoncés reconnus comme étant performatifs ne sont pas seulement des mots, ils possèdent la capacité de transformer les réalités, en accomplissant des choses à l'instant-même de leur prononciation. Promettre et jurer, prononcer un verdict, dire oui quand cela va entériner l'union du mariage, autant de contextes d'énonciations dans lesquels le simple fait de dire accélère la situation et officialise un nouvel état des choses. Comme le dit avec pertinence Daniel Bougnoux à propos de cette opposition constatif/performatif, « dans un cas, nos mots enregistrent un état du monde, dans l'autre, ils ajoutent au monde un état ; dans l'un, la pensée court *world to word*, dans l'autre, *word to world*. » (« Textes essentiels de sciences de l'information et de la communication » p. 209).

Il faut cependant relativiser l'illusoire toute-puissance des énonciations performatives. Le contexte joue un rôle fondamental pour la validation de ce qui est dit. Ainsi, sans les circonstances rituelles exceptionnelles, en termes d'espace-temps, d'un procès ou d'un mariage, la prononciation du verdict ou du oui scellant l'union n'a presque plus de sens, et un poids excessivement moindre. Et c'est Camus, dans « l'étranger », qui aide à prendre conscience de la pleine puissance d'un énoncé performatif, en décrivant les sensations de son héros, précisément après la lecture du verdict le condamnant à mort :

« car enfin, il y avait une disproportion ridicule entre le jugement qui l'avait fondé et son déroulement imperturbable à partir du moment où ce jugement avait été prononcé... Pourtant, j'étais obligé de reconnaître que dès la seconde où elle avait été prise (la décision), ses effets devenaient aussi certains, aussi sérieux, que la présence de ce mur tout le long duquel j'écrasais mon corps. »

Pour prolonger et étayer le pertinent bagage méthodologique constatif/performatif, Austin a repris et développé un autre outil linguistique, qui permet de classifier et de graduer les énonciations ; il s'agit de l'affirmation selon laquelle les actes de langage sont à la fois locutoires, illocutoires et perlocutoires.

• Le stade **locutoire** concerne ce qu'on articule et combine de sons, pour produire un sens acceptable grammaticalement et sémantiquement.

• Le stade **illocutoire** met en exergue la force et la valeur de l'énoncé, en ce que la phrase transforme de la réalité. C'est cette dimension qui se rapprocherait du performatif proprement dit.

• L'acte **perlocutoire**, enfin, concerne les effets psychologiques, mentaux et moraux que voudrait endosser l'énoncé, en termes d'argumentation par exemple.

Le point de départ d'Austin n'avait pourtant donc rien de spéculatif. Ce qu'il a voulu se borner à faire, de son propre aveu (et encore fallait-il parvenir à le faire exhaustivement, ce à quoi il s'est efforcé), c'est à répertorier les types d'énonciations possibles, et plus précisément les classes de verbes, pour rendre des nomenclatures précises de leurs degrés constatifs ou performatifs. Si Austin ne s'est jamais départi d'un humour voire d'un sens de l'autodérision corrosif, ce que ses textes rendent bien, il n'a de même jamais voulu non plus quitter un empirisme candide et forcené, volontairement « terre-à-terre ». Il ne se méfiait de rien tant que des linguistes et philosophes spéculatifs, ostensiblement conceptuels ; à ce titre, il n'a pas hésité à se railler à demi-mot des théoriciens continentaux de l'inconscient, de l'Être, et de leurs hypothétiques postulats sur le langage. Pour lui, il importait d'étudier le réel, « ce qui est ». Et la voie d'accès privilégiée à ce réel, c'est précisément le langage, qui le restitue de manière subtile et jamais incidente. La multiplicité des expériences personnelles et culturelles, pour Austin, est rendu à l'homme par ce crible et ce prisme qu'est tout à la fois le langage. C'est en ce sens qu'il qualifiait sa recherche de « **phénoménologie linguistique** ». Il se situe d'ailleurs à ce titre à l'opposé d'un Lacan, par exemple, qui entendait lui accéder aux vérités de l'expérience humaine via le langage de l'inconscient, et l'inconscient du langage.

Les incidences de la phénoménologie austinienne, qui se voulait *a priori* simplement descriptive et classificatrice, sont cependant considérables. Et toutes sont contenues dans ce caractère hybride d'un langage qui constate ou réalise. Implications d'abord linguistiques, bien sûr, en ce sens qu'Austin a concouru à affiner les grilles de compréhension et de taxinomie du langage. Linguistiques, aussi, car l'arbitraire du signe saussurien et la célèbre **coupure sémiotique**, séparant strictement les mots des choses qu'ils désignent, est réduite, voire dépassée par la dynamique du performatif. Mais conséquences philosophiques et morales, ensuite, car la distinction manichéenne vrai/faux, qui fonde une grande partie du discours philosophique est en quelque sorte invalidée, atténuée par le caractère révolutionnaire de l'énoncé performatif.

Ces actes de discours réalisent des choses, bouleversent les réalités ; le langage déborde la philosophie, en s'émancipant de sa fonction purement dialectique, utilitaire. Au lieu de dire la vérité, les mots font intrusion dans le réel et le modifient. Conséquences éthiques, de même, car si « dire, c'est faire », en promettant par exemple, on s'engage moralement soi-même en même temps, que l'on dit quelque chose. Afin de démontrer cela, Austin emprunte une sentence au poète antique Hippolyte, « ma langue prêta serment, mais non pas mon cœur » (« *Quand dire, c'est faire* » p. 44). Les mots ne sont pas incidents et sans conséquences ; au contraire, ils transforment soudain le rapport entre les êtres malgré leur propre volonté, en précipitant les situations, scellant des pactes voulus ou non, enchaînant parfois contre son propre gré (c'est le cas d'Hippolyte) celui qui les prononce, par le simple fait de les prononcer.

On l'aura compris sans pousser plus avant la démonstration : dans la vaste sphère des sciences humaines, c'est une véritable bombe théorique qu'a posé Austin, en linguiste phénoménologue candide et scrupuleux.

Un héritage donc vivace et fécond, puisque les douze conférences contenues dans « *How to do things with words* » ont donné lieu à une inflation théorique extraordinaire, de la pragmatique aux théories des actes de langage. Et l'ensemble de ces théories dont la découverte revient à Austin se trouve résumé par Oswald Ducrot en un lumineux aphorisme : « le langage est un instrument d'action avant d'être un instrument d'information. »

Auteur

Celui qui est la source du message oral, écrit, dessiné, imprimé. L'auteur, qui est à l'origine d'une œuvre signée, matérialisable ou identifiable, est un producteur d'idées susceptibles de donner lieu à des versements de revenus dits ***droits d'auteur*** en cas d'exploitation commerciale de ces idées ou œuvres par une tierce personne.

Autisme

Perte pathologique des contacts avec le monde extérieur.

Autocommutateur

Appareil de connexion automatique des lignes du réseau téléphonique et qui comptabilise les appels, avec indication des numéros, de la durée et des horaires.

Autographe

Écrit de la main même de l'***auteur***.

Automate

Dispositif assurant un enchaînement continu sans intervention humaine d'opérations arithmétiques et logiques. Un robot, un distributeur automatique sont des automates. Un automate fini est une machine ou dispositif dont les éléments ne peuvent constituer qu'un nombre fini de configurations ou d'états.

Automation, automatisation

1. Synonyme de automatique qui désigne la science des automates.
2. Terme anglo-saxon pour automatisation qui désigne toute technique permettant de faire réaliser par une machine physique les mêmes opérations qu'un être humain.

Autopoïèse

Dans la suite des travaux de Claude Bernard sur l'homéostasie, et inspirée notamment par les théoriciens de la seconde cybernétique (comme Heinz von Fœster ou Ross Ashby), l'école chilienne de biologie, autour d'Humberto Maturana, élabora au cours des années 1970-1980 une théorie du vivant fondée sur la notion d'autopoïèse (du grec autos : soi et poiein : produire). Cette approche définit les systèmes vivants comme des unités autopoïétiques, c'est-à-dire homéostatiques, auto-organisées, auto-productrices et, néanmoins, couplées avec leur environnement. De plus, elle a été le fondement sur lequel Francisco

Varela et Humberto Maturana ont développé une conception de la ***cognition*** qui rompt, à la fois, avec le solipsisme et avec le représentationnisme. À ce titre, la théorie de l'autopoïèse intéresse tout particulièrement les sciences de l'information et de la communication.

1. Stabilité des systèmes autopoïétiques
Un système vivant ou autopoïétique est une unité homéostatique. Du seul point de vue de l'observateur – mais ceci est une restriction importante – cette unité est comparable à un système cybernétique. Elle a une limite et un environnement avec lequel elle entretient une relation stable grâce à des processus de rétroaction négative. Les fluctuations de l'environnement sont compensées par des boucles de régulation rétroactives qui corrigent les états du système en fonction de sa relation, normalisée, avec l'environnement, ou qui corrigent les normes de régulation pour tenir compte de circonstances nouvelles et éviter des oscillations internes trop amples. L'ajustement se fait en fonction d'un point d'équilibre déterminé par un ensemble de nécessités.
2. Clôture opérationnelle, autoréférence, autoproduction et autonomie
Alors que les cybernéticiens – du moins les tenants de la première cybernétique – considéraient des systèmes adaptatifs mus de l'extérieur, Varela et Maturana affirment que, pour qu'un système soit vivant ou autopoïétique, il faut que la cause des variations de son fonctionnement et la cause des régulations émergent du fonctionnement du système pris dans sa totalité. La caractéristique importante est qu'il définit lui-même les seuils et la nature des fluctuations qu'il peut supporter en fonction de sa structuration interne qui, cependant, est évolutive. Le système constitue une organisation qui se calcule elle-même. Varela appelle ce phénomène « la clôture opérationnelle du système », ce qu'il définit ainsi :
« Nous dirons d'un système autonome qu'il est opérationnellement clos si son organisation est caractérisée par des processus
a) dépendant récursivement les uns des autres pour la génération et la réalisation des processus eux mêmes,
b) constituant le système comme une unité reconnaissable dans l'espace (le domaine) où les processus existent. » (F. Varela : *Autonomie et connaissance : essai sur le vivant*, Seuil, 1989).
Ce fonctionnement en boucle, à la fois, génère une limite, produit le système, constitue son autonomie et spécifie le domaine avec lequel il va interagir sans perdre ni sa clôture ni son identité.
3. Couplage structurel
Toutefois, cette invariance repose sur une stabilité dynamique. Elle est le résultat d'un équilibre dont les points d'appui sont des processus qui peuvent se modifier dans la limite structurelle du système. Dès lors, l'identité du système n'est pas absolue mais ontogénétique. Le système est le produit et la production de l'histoire des transformations compensatoires et viables, des complexifications additionnelles produites afin de maintenir, dans sa relation à l'environnement, l'invariance de son fonctionnement autoréférentiel, de son autopoïèse. Il y a détermination mutuelle de l'environnement et du système. Varela appelle cette coproduction récursive le « couplage structurel ».
4. Autopoïèse, cognition et autonomie
Selon Varela les **systèmes cognitifs** sont des systèmes autopoïétiques. Ils ne se représentent ni ne reconstituent leur environnement, mais le construisent selon une logique qui leur est inhérente et qui est cohérente avec leur définition d'eux mêmes. En cela, ils sont autonomes. Ils se distinguent des systèmes hétéronomes, même complexes qui, eux, sont activables par des mécanismes extérieurs de contrôle parce qu'ils sont susceptibles de recevoir des instructions sous forme de représentations. La clôture opérationnelle engendre une clôture informationnelle au sens où l'information serait une représentation univoque d'un objet, au sens aussi où elle déterminerait directement un sujet.
On retrouve chez d'autres auteurs ou dans d'autres disciplines des sciences humaines la notion de clôture informationnelle et celle d'affirmation ou de confirmation identitaire par la ***cognition***. L'intérêt particulier de la notion d'autopoïèse, appliquée à l'étude de la cognition, est d'affirmer, en même temps, l'autoréférence des systèmes cognitifs et leur coproduction par l'environnement. La connaissance du monde est produite, mais cette production se fait dans l'action des sujets et selon des modalités façonnées par leurs actions précédentes. Or, l'action se déploie dans un environnement et selon les contraintes de cet environnement. Si le sujet définit lui-même un domaine d'interactions dans lequel il peut agir, il s'agit toutefois, pour lui, de travailler avec pertinence au maintien de lui-même. Selon cette conception, le découpage conceptuel du monde n'est pas arbitraire, parce qu'il est coproduit et sanctionné. Par exemple, remarque Terry Winograd

(*L'intelligence artificielle en question*, P.U.F, 1989) :
« Les esquimaux ont un grand nombre de mots pour décrire la neige, non pas parce qu'ils voient beaucoup de neige mais parce qu'ils ont des activités périodiques avec des échecs potentiels pour lesquels ces distinctions sont pertinentes ».
De la même manière, la sanction sociale, la règle, fait émerger sinon notre identité, du moins notre capacité à nous orienter dans des contextes sociaux. Les interactions sociales sont des sources de perturbations récurrentes qui sélectionnent des comportements chez un individu, lequel, cependant, en amont, ponctue ces contextes sociaux.

5. Hiérarchie autopoiétique et limites de l'application du modèle aux sciences de l'information-communication
Si l'on considère le couplage structurel de deux systèmes autopoiétiques, on observe une intrication de comportements compensatoires, sources d'informations réciproques pour les deux systèmes. Si les deux organismes couplés sont capables d'un comportement plastique qui entraîne une modification permanente de leur structure respective, leurs séries correspondantes de transformations constitueront deux ontogenèses historiquement couplées. Cette évolution, cette dérive co-ontogénétique soumise à la pression sélective du couplage engendrera un domaine consensuel d'interactions communicatives où les organismes couplés se guident l'un l'autre, à l'aide de comportements dont la détermination est double : interne aux organismes et spécifiée par le couplage de leurs ontogenèses. De cette coordination peut surgir un système composé de niveau supérieur, si les trajectoires respectives des systèmes de niveau inférieur constituent des sources réciproques de perturbations qu'ils peuvent compenser. Ce système composé devient un système autopoiétique de niveau supérieur quand il se définit comme un système relationnel de composants engendrés par ce système et qui l'engendrent en retour.
Cette hiérarchie autopoiétique apparaît comme un univers communicationnel idéal, au sens où elle émerge, sur le plan vertical, d'une détermination mutuelle des niveaux, et sur le plan horizontal, de comportements communicatifs et compensatoires. Double articulation idéale car elle repose sur des comportements individuels, autoréférentiels et autonomes. De plus, une hiérarchie autopoiétique peut se complexifier en un emboîtement de méta-systèmes, parce qu'à chaque niveau les unités s'engagent dans des dérives structurelles avec leur environnement.
Ce modèle décrit le fonctionnement des cellules et de l'organisme, et, dans une moindre mesure, celui des insectes sociaux et des écosystèmes. Sa limite pour rendre compte des phénomènes sociaux humains tient, notamment, à l'incommensurabilité de la force des déterminismes qui produisent les phénomènes « bio-logiques » et « socio-logiques », ces derniers étant toujours le produit et la production d'intérêts et de conflits. Dès lors, la référence à la biologie dans le cadre des sciences humaines peut apparaître comme la fondation en raison d'un ordre établi ou à venir. Du reste, Varela lui-même met en garde contre l'utilisation de son modèle pour expliquer le social, même si, avec Maturana, il en explore les possibilités dans leur ouvrage commun de 1992 (*L'arbre de la connaissance : racines biologiques de la compréhension humaine*, Addison-Wesley).
Pourtant, la théorie de l'autopoïèse ne peut laisser indifférent les chercheurs en sciences de l'information-communication.
D'abord, parce que les concepts de clôture organisationnelle et de couplage structurel, par exemple, rendent les phénomènes communicationnels à la fois problématiques – du fait de l'autoréférence –, et possibles, relatifs à un partage, à une co-évolution.
Ensuite, à la lumière de cette théorie, la communication reposerait moins sur du ***sens commun*** – entendu comme sens pour tous, entité problématique s'il en est – que sur des comportements emboîtés, sur la construction historique de relations et de perturbations réciproques, sur la détermination récursive des individus et des entités collectives qu'ils sont capables de faire émerger.
Enfin, parce qu'elle met l'accent sur la production de limites par autoréférence, la théorie de l'autopoïèse, comme mode d'interrogation et non pas d'affirmation de la réalité, est un point d'entrée pour étudier les niveaux multiples sur lesquels des systèmes et des systèmes de systèmes se referment, c'est-à-dire privilégient leurs relations internes par rapport à leurs relations externes, fabriquent leur intérieur à partir de leur extérieur et leur extérieur à partir de leur intérieur.

Autorisation
Voie par laquelle l'administration peut permettre à des particuliers d'installer, d'utiliser des fréquences, des réseaux...

En 1923, le Ministre des PTT accorde des « autorisations précaires et révocables » à des stations de radio privées. Selon la Loi de 1982, l'État autorise ou établit les moyens de diffusion par voie hertzienne ainsi que les infrastructures et les installations de communication audiovisuelle. La Haute Autorité accorde les autorisations d'exploitation des services locaux : radios, télévisions hertziennes et réseaux câblés. Dans la loi de 1986, la CNCL est compétente pour autoriser l'établissement et l'utilisation de toutes les liaisons et installations de télécommunication autres que celle de l'État, l'exploitation des installations des réseaux câblés établis par les communes ou groupements de communes, l'usage des bandes de fréquences ou des fréquences dont l'attribution lui a été confiée, c'est-à-dire destinées aux radios et télévisions privées : le 25 février 1987, elle procède pour la première fois à l'attribution de réseaux de télévision hertzienne (à la cinquième chaîne).

Autoroutes de l'information

On appelle autoroutes de l'information, ou autoroutes électroniques ou encore **inforoutes**, des dispositifs destinés à acheminer d'un point à un autre d'un territoire de hauts débits d'information (100 mégabits/seconde) inscrite dans plusieurs supports complémentaires, mais différents. L'expression, abusivement attribuée au vice-président américain Al Gore était déjà évoquée lors du lancement du projet **DIANE** (*Direct Information Access Network in Europe*) dont l'objectif est d'arriver à un couplage avec le réseau de lignes à haut débit Euronet, présenté comme une autoroute électronique (cf. B. Dyan et G. Charles, *Guide des technologies de l'information*, éd. Autrement, 1984, p. 445).

1. La logique des autoroutes de l'information

Les autoroutes de l'information diffusent des produits et des programmes de toute nature selon une double logique : d'une part, il s'agit d'intégrer la dimension du transport aux stratégies de gestion de l'information ; d'autre part, il s'agit de donner à la gestion de l'information une dimension nouvelle correspondant aux volumes d'activité, parfois considérables, de la vie économique contemporaine.

La logique des autoroutes de l'information, par ailleurs, intègre à la logique de la communication la dimension transnationale – voire planétaire – des échanges et de la circulation de l'information. L'internationalisation des services d'information, la mondialisation de la production de l'information et de ses marchés, sont à l'origine de la perspective des « autoroutes de l'information », qui ont fait l'objet d'une réunion et de discussions au sein du G7 (groupe des 7 pays les plus industrialisés du monde).

Enfin, il s'agit d'une affaire de concurrence industrielle et financière. Le développement et l'amélioration des réseaux et des structures de transport et de circulation de l'information constituent, aujourd'hui, des priorités du développement économique et des critères de la concurrence entre les pays. Les grands pays du monde (États-Unis, Japon, Canada, Grande-Bretagne, France, Allemagne) sont engagés dans une compétition dont l'issue est l'accès et le maintien à des positions dominantes dans la grande dynamique mondiale de la circulation de l'information, mais aussi, indirectement, de la production et du contrôle de l'information.

2. Structures et fonctionnement

Les autoroutes sont des réseaux de télécommunications en fibre optique, permettant l'accès de leurs usagers à de multiples services de production et de traitement de l'information et à des services dont le fonctionnement repose sur la gestion de l'information : presse électronique, télétravail, télémédecine, visiophone. L'équipement du réseau en câbles de fibre optique permet la circulation de l'information dans les deux sens (c'est pourquoi le réseau téléphonique interurbain, en France, est équipé en fibre optique). C'est ainsi que les autoroutes de l'information permettent une réelle interactivité entre l'usager et l'émetteur du service.

Les autoroutes supposent un recours massif à l'informatique et à des logiciels puissants, car les signaux porteurs d'information qu'ils transportent sont « traduits » en langage numérique, grâce à trois technologies complémentaires : la compression numérique de l'image, grâce à des algorithmes complexes et à des composants électroniques ; ***l'ATM (Asynchronous Transfer Mode)***, qui permet de gérer simultanément des flux numériques de toute nature (voix, images, sons, données) et d'organiser un flux continu ; la fibre optique.

3. Usages et fonctions des autoroutes

Les usages des autoroutes de l'information sont à la fois dans le domaine des usages professionnels de la communication et dans le domaine des usages particuliers des médias et de l'information. L'hypothèse des experts en ce domaine, pour la France, est le raccordement des foyers (donc des particuliers) et des entreprises à des autoroutes de l'information pour 2015. Les autoroutes de l'information sont appelées à réaliser l'interconnexion des réseaux existants de transport de l'information, professionnels et grand public : le réseau du téléphone, les réseaux câblés, le réseau du radiotéléphone, le réseau hertzien, les aires de réception des satellites (le satellite ne donnant, lui, pas accès à des services interactifs). Il s'agit de faciliter à la fois l'accès des usagers à ces réseaux, l'interconnexion de ces réseaux, et, par conséquent, la possibilité de passage des usagers d'un réseau à l'autre par simple commutation, et, enfin, le déplacement de quantités considérables d'information, en renforçant et en soulageant, dans le même temps, les réseaux existants dont les « autoroutes » augmenteront les potentialités.

4. Les autoroutes dans l'économie de l'information

   Les « autoroutes de l'information » ont une triple fonction dans l'***économie de l'information***. D'une part, elles permettent l'amélioration et l'extension de la diffusion de l'information. Les autoroutes permettront la prise en compte systématique de la dimension communicationnelle et informationnelle des processus de production dans les entreprises et dans les structures de décision et d'évaluation. En ce sens, elles font partie du processus de modernisation de l'économie. D'autre part, elles permettent d'envisager des investissements et des améliorations technologiques de grande ampleur. Il s'agit là de la dimension proprement industrielle des autoroutes de l'information. Il s'agit, en effet, d'avoir de ce problème une vision ouverte et large. Les autoroutes de l'information donneront à l'appareil productif français la dimension d'information qui le met en mesure de faire face aux exigences des échanges modernes. Enfin, les autoroutes sont appelées à renforcer la dimension industrielle du secteur de l'information et de la communication : le rapport Théry (1994) parle de 300 000 emplois créés grâce à leur développement.

5. Les autoroutes de l'information et l'espace social de la communication

   Il convient de prendre la mesure des évolutions sociales qui accompagneront l'instauration des autoroutes de l'information. On peut en dégager, en particulier, quatre notables.

   La modification des conditions de travail, par l'émergence de logiques nouvelles d'entreprise liées au développement du ***télétravail***. La multiplication des services offerts par les autoroutes de l'information permet d'envisager sérieusement l'intensification et le développement de services permettant aux acteurs des entreprises de remplir leurs fonctions de n'importe quel endroit raccordé au réseau. De nouveaux rapports sociaux s'instaureront sans doute, mais il convient d'être prudent à ce sujet, en raison des risques de déstabilisation sociale et de dispersion des liens sociaux qui peuvent être entraînés par le développement du télétravail.

   L'accès des usagers des médias et des télécommunications à de nouvelles formes et de nouvelles sources de savoir et d'information ; il s'agit là d'un effet non institutionnel, mais personnel, de la logique des autoroutes qui peuvent contribuer au développement personnel des personnes qui en font usage. De nouvelles potentialités peuvent désormais s'ouvrir aux usagers et aux acteurs de la communication, à la fois sur le plan personnel (enrichissement du savoir et de la culture) et sur le plan institutionnel (les acteurs ayant ainsi accès à l'information pourront remplir leurs fonctions plus efficacement).

   L'introduction d'une dimension ***médiatée*** à la communication avec les autres partenaires de la société ; les autoroutes de l'information engagent dans une logique de médiation et de ***communication médiatée*** des acteurs de la société qui en seraient demeurés aux relations traditionnelles d'échanges et de dépendance économique. Les autoroutes de l'information accentuent la spécificité de la dimension communicationnelle de la production et des échanges. Les autoroutes de l'information doublent, en quelque sorte, l'activité économique d'une activité symbolique intense de communication et d'information.

   De nouvelles exigences des usagers quant aux médias et aux formes de communication et d'information se développent. Désormais usagers de moyens importants de diffusion de l'information, les usagers de la communication et des médias se montreront à la fois plus exigeants et plus critiques devant les performances des médias, à la fois sur le plan de la quantité et du volume d'informations diffusées, et sur le plan de la qualité et de la nature de ces informations. C'est toute une culture de communication qui se construit.

6. Autoroutes et déréglementation des télécommunications

   Le développement des autoroutes de l'information est contemporain de la tendance de beaucoup de pays à envisager une déréglementation de leur secteur de communication de pointe, pour permettre le développement d'un capitalisme communicationnel comme on a connu, au XIXe siècle, un capitalisme d'entreprise. L'ampleur des volumes d'information transportés justifie une remise à plat du système de régulation des échanges et de la circulation de communication, et, en particulier, une approche de la notion de monopole et une interrogation sur sa pertinence. Par ailleurs, compte tenu de l'ampleur des travaux et des investissements à envisager, le rôle de l'État est à redéfinir et à repenser, mais aussi le rôle des banques et des réseaux traditionnels de financement de l'industrie.

Voir aussi ***Convergences des technologies de l'information***.

Axe

Direction de la caméra par rapport au sujet filmé. Voir ***Angle***.

Changer d'axe revient à déplacer la caméra pour obtenir un autre point de vue sur une scène. Être dans l'axe de la caméra signifie être vu par celle-ci.

B

Babbage Charles (1792-1871)

Mathématicien anglais, concepteur, en 1834, de la « machine analytique », dont le principe est considéré comme annonciateur des ***ordinateurs*** modernes. La complexité de la machine (plusieurs milliers d'engrenages auraient été nécessaires) n'a pas permis de la réaliser. Voir ***ADA***.

Baffle

Traduction : *enceinte acoustique*. Celle-ci est un coffret qui renferme un ou plusieurs haut-parleurs montés sur un écran acoustique (arrêté du 10 octobre 1985).

Baird, John Logie (1888-1946)

Ingénieur écossais inventeur, en janvier 1926, de la ***télévision*** en noir et blanc et, en 1928, de la télévision en couleur. Mais c'est le système de télévision mis point au point par EMI et Marconi qui sera retenu par la BBC.

Baladeur

1. Nom retenu par le Haut Commissariat à la Langue Française pour le lecteur de cassettes audioportatif, muni d'écouteurs, initialement connu sous le nom de marque ***Walkman*** de la firme japonaise Sony. Ainsi, le mot baladeur n'est qu'une traduction littérale du nom de cette marque. Les innovations pour écouter la radio ou des disques laser à la place des bandes magnétiques ont conduit aux expressions composées ci-dessous : baladeur-laser, baladeur-radio.
2. Baladeur-laser (ou Baladeur-disque-compact) est une platine laser portable et de petite dimension qui permet à l'utilisateur d'écouter des disques compacts en se déplaçant. Il permet à l'utilisateur, équipé d'un casque léger, une écoute individuelle sans gêner son environnement.
3. Baladeur-radio est un récepteur radio portatif de petite dimension, dont l'écoute s'effectue au moyen d'un casque léger d'une bonne qualité sonore. Il permet une écoute individuelle tout en se déplaçant. Se distingue de la radio de poche, par le fait que les émissions d'un baladeur-radio s'écoutent en stéréo.
4. Micro-baladeur : microphone muni d'un long fil qui permet de se déplacer.

Balance

Dispositif pour le son permettant d'égaliser ou équilibrer les niveaux acoustiques de sortie de deux voies différentes d'une chaîne stéréophonique.

Balancelle

Support de panneau monté sur ressort pour faire de la ***publicité sur le lieu de vente (PLV)***.

Balayage (*Scanning*)

1. Exploration d'un espace, d'une surface, d'un champ par une voie linéaire.
   En vidéo et en télévision, le balayage est le déplacement du point sur l'écran, ligne après ligne et de haut en bas, pour former l'image. La vitesse de ce mouvement dépend des normes de télévision. Sur les systèmes de télévision en couleur ***PAL*** (allemand) et ***SECAM*** (français), le balayage de l'écran est de 50 fois par seconde pour une ***définition*** en 625 lignes. Sur le système américain ***NTSC***, il est de 60 fois par seconde pour une définition en 525 lignes. Ces différences correspondent aux fréquences différentes du courant électrique alternatif : 50 Hz en Europe, 60 Hz en Amérique et au Japon qui a adopté le système NTSC.
2. En informatique, exploration du contenu d'une mémoire du début à la fin.
   Voir ***Hertz (Hz)***.

Ballon

Voir ***Bande dessinée***.

Banc de reproduction

Appareil photographique utilisé en ***photogravure*** pour la reproduction d'originaux opaques.

Banc-titre

Table surmontée d'une caméra qui permet de filmer image par image des documents fixes.
Atelier où s'effectue le titrage des émissions, la fabrication des génériques, de sous-titrages, etc.

Bande annonce

Montage de courtes séquences destiné à présenter et à promouvoir un film ou une émission avant sa projection intégrale.

Bandeau

1. Titre ou texte placé au-dessus de la ***manchette*** d'un journal, en vue de susciter l'intérêt du chaland (ou client potentiel).
2. Petit texte (ou petite illustration) placé en tête d'un chapitre ou d'un article.

Bande dessinée

Récit par images dessinées. Système de communication réduisant les difficultés de la communication par l'écrit grâce à la représentation d'images plus faciles à décoder par le lecteur, du fait de sa nature analogique évidente.

Si la bande dessinée comporte quelquefois une partie textuelle, celle-ci reste le plus souvent très sommaire. L'histoire, racontée par une suite de dessins, comporte en effet quelquefois des paroles ou des bruits qui sont généralement inscrits dans des **bulles** ou **ballons**.

La bande dessinée est sans doute le moyen de conservation de l'information narrative le plus ancien, si l'on veut bien voir dans les **peintures rupestres** (dessins sur les parois des rochers), réalisées il y a plus de 15 000 ans, une des premières illustrations de ce système de communication. De même, si l'on admet que l'alphabet actuel descend de l'**écriture pictographique** (représentation graphique simplifiée des objets), la communication par la bande dessinée plonge ses racines loin dans l'histoire de l'humanité. Des images d'Épinal, à l'album de *La femme Piège* de Enki Bilal (1990), en passant par *La famille Fenouillard* de Christophe (1889), *Tintin* de Hergé (1929 pour le premier album), *Tarzan* de Harold Foster (1929), *Lucky Luke* de Maurice de Bevere dit Morris (1946), *Peanuts* de Charles Schultz (1950), *Astérix* de Goscinny et Uderzo (1959), *Barbarella* de J.C. Forest (1962), la bande dessinée moderne n'a cessé d'évoluer tant par son esthétique que par son contenu et donc son public.

Dans une première phase, dans la première moitié du vingtième siècle, la bande dessinée était un substitut primitif à la littérature académique peu accessible aux masses. Elle était publiée planche par planche dans la presse de grand public. Son succès suscite, d'abord, le développement de petites revues conçues de manière artisanale par des amateurs (phénomène des **fanzines** = magazines pour les fans), puis le lancement à grande échelle de magazines spécialisés dans la publication des histoires en bande dessinées, et enfin des éditions d'albums réunissant les différentes planches de la même histoire. Depuis 1973, la ville d'Angoulême lui consacre un festival annuel. Le cinéma, le théâtre, la publicité ont à leur tour récupéré et profité du succès de la bande dessinée. Il y a eu ainsi, par exemple, des films sur Tarzan, sur Barbarella, sur Tintin, etc.

Bande dessinée (Histoire de la -)

Lorsque la bande dessinée devait encore faire la preuve de sa respectabilité, ses admirateurs n'hésitaient pas à rechercher les preuves de son existence dans la nuit des temps. On peut ainsi dire qu'elle remonte à l'Âge des cavernes (peintures murales de Lascaux), aux Égyptiens (hiéroglyphes), au Moyen-Âge (tapisserie de Bayeux puis fresques peintes des églises) ou au XVIIIe siècle (imagerie d'Épinal). Mais si l'on s'en tient à ses traits caractéristiques et spécifiques (une histoire découpée en images sous forme de bande, des héros qui s'expriment dans des bulles), force est de constater que c'est aux USA, à la fin du XIXe siècle, qu'elle apparaît.

En 1896, le premier protagoniste de BD (*Yellow Kid*) qui s'exprime par bulles est inventé par Richard Felton Outcault dans les pages du *New-York World*. Très vite les personnages issus du monde de l'enfance tels que *Buster Brown* par Outcault en 1902 ou *Little Nemo* de McKay en 1905 se multiplient. On comptera plus de 150 séries entre 1900 et 1909. Dès le début, les ingrédients du succès sont réunis : un héros sympathique, la périodicité des rendez-vous et la puissance d'un grand média. Car incontestablement, la BD aux USA est avant tout un phénomène de presse. Publiées initialement dans les pages « comics » des suppléments du dimanche, les séries vont paraître ensuite très vite tous les jours sous forme de « **strip** » (une bande de trois à quatre images qui se suivent horizontalement sur la même page). Les patrons de presse se livrent un combat acharné pour accueillir les auteurs, les dessinateurs ou les héros qui pourront augmenter le nombre de lecteurs. Au cours des années 1910, les structures de la BD américaine prennent alors forme. De puissants organismes (King Feature Syndicate ou United Feature), la plupart du temps contrôlés par des groupes de presse, assurent la diffusion des séries et des héros dont ils possèdent les droits. Les auteurs ne sont que de simples employés interchangeables qui n'ont aucun contrôle sur les héros qu'ils ont créés.

En Europe la préhistoire de la BD débute au XVIIIe siècle pour l'Angleterre, où les caricatures comportent des phrases qui s'échappent des personnages. À partir de 1824 l'imagerie d'Épinal popularise le récit en images. Fin XIXe-début XXe siècle, les histoires illustrées se multiplient dans la presse (la *Famille Fenouillard* de Christophe est publiée en 1889 dans *le Petit Journal*). D'autres titres destinés plus spécifiquement à la jeunesse sont créés par de nouveaux éditeurs ou par ceux déjà installés. Très tôt, la presse catholique va suivre le mouvement. D'où une distinction entre les héros sages pour fils de bonne famille (*Bécassine* naît en 1905 dans *La Semaine de Susette*) et les personnages plus turbulents destinés à un public plus populaire (*Les Pieds Nickelés* de Forton font leur apparition en 1908 dans l'*Épatant*). Mais il faut souligner que tous les journaux de cette époque publient des histoires illustrées où la BD est encore rare.

Au milieu des années 20 la production américaine, qui visait surtout un public familial, multiplie les genres et les héros. Des personnages comme *Buck Rogers* de Nowlan et Calkins, *Dick Tracy* de Chester Gould, *Flash Gordon* d'Alex Raymond, *Tarzan* d'Harold Foster ou *Mandrake* de Falk et Davis naissent à cette époque. Dans les années 30, tous ces héros de papier journal sont rassemblés dans des magazines dédiés à la BD (*Comic Book*). En 1937, l'éditeur National Periodical Publications lance *Detective Comics* et fixe les caractéristiques du *Comic Book* : utilisation de la couleur, récits thématiques, prix modique et format réduit. Ces magazines marquent l'apparition de nouveaux éditeurs, de nouveaux héros et une certaine spécialisation des genres : science-fiction, western, Moyen-Âge avec *Prince Vaillant* par Foster, et surtout vague des super-héros (*Superman* de Slegel et Shuster apparaît en 1938). À la veille de la guerre, la BD américaine s'inspire du cinéma, innove et invente un véritable langage spécifique : utilisation de la contre plongée, gros plan, insert, onomatopées et signes graphiques exprimant les émotions...

Toutes ces nouveautés mettront du temps pour franchir l'Atlantique et s'imposer en France.

Au lendemain du premier conflit mondial, des titres disparaissent et d'autres évoluent (*Bayard, Cœurs-Vaillants*). Mais surtout le matériel américain arrive progressivement. C'est ainsi que le supplément de *l'Excelsior* publie l'adaptation de *Winnie Winckle* dont les personnages s'expriment par phylactères. Un jeune auteur (Alain St Ogan) fait de même et publie, en 1925, les aventures de *Zig et Puce*, premiers héros français à « parler bulles ». Hergé reprendra l'idée en 1929 pour son célèbre petit reporter. Surtout, de nouveaux journaux avec un style et une présentation inconnus jusque là sont créés. En 1934 un journaliste français, fort d'un contrat d'exclusivité avec Disney Compagnie et le King Features Syndicat lance le *Journal de Mickey*, provoquant un afflux de jeunes lecteurs vers ce titre en couleur, de grand format et au ton neuf. Mais le contenu du *Journal de Mickey* en France est bien différent de celui de son homologue américain. À côté des héros de dessin animé on trouve aussi les séries comme *Popeye, Bick Bradford, Jim la Jungle*. Le succès est immédiat avec plus de 500 000 exemplaires. Tandis que les titres créés au début du siècle s'enlisent dans des histoires illustrées doucereuses et gentilles, tous les nouveaux magazines (qui se nomment alors *Robinson, Hop-là* ou *Le Journal de Toto*) publient les aventures plus passionnantes ou fantastiques de *Tarzan, Mandrake, Flash Gordon, Prince Vaillant, Dick Tracy*... Dans cette BD française qui découvre l'Amérique, seul René Pellos avec sa série *Futuropolis*, lancée en 1937, poussera les recherches graphiques (cadrage et mise en page) à un niveau digne de celui des dessinateurs américains.

La Seconde Guerre mondiale se traduit par un engagement de certains auteurs, et d'une manière générale par la mobilisation de la BD dans l'effort de guerre ou la propagande, phénomène initié par l'Italie de Mussolini. Au-delà de leur décision politique, les auteurs et les éditeurs français vont se convertir aux bulles, s'inspirer largement des thèmes des séries américaines et publier des fascicules bon marché qui préfigurent les formats de poche des années d'après-guerre.

Au lendemain de la Libération, la BD française vit une mutation profonde. Les éditeurs présents avant-guerre relancent d'anciens titres : comme *Cœurs-Vaillants* par les Éditions Fleurus qui créent par ailleurs *Fripounet et Marisette*. De nouveaux éditeurs lancent des titres où les meilleurs dessinateurs d'après-guerre sont présents : *Coq Hardi, Vaillant* (appartenant au Parti communiste français) avec *Bob Mollard* créé par Bourless et Bourdères. De 1946 à 1950 de nombreux titres voient le jour, dont certains atteignent les 200 000 exemplaires. Mais le retour à la liberté se traduit aussi par des excès. Presse communiste et catholique s'allient pour réglementer la BD. Le décret de 1949 la définit comme un produit exclusivement réservé aux enfants, qui doivent être protégés de toutes formes de vice ou de violence. Ce décret provoque la fin de certains titres et la refonte d'autres. D'où une création moindre au cours des années 1950. Certains éditeurs vont se spécialiser dans une BD bon marché, majoritairement inspirée des comics américains, à destination d'un public populaire avec des formats de poche, des couvertures couleurs et des pages noir et blanc. Lyon deviendra la capitale de ce type éditorial. Le renouveau vient en fait de Belgique où, dès l'après-guerre, de jeunes auteurs qui ont pour nom Franquin, Peyo, Morris créent des héros et un univers beaucoup plus ludique. Le *Journal de Spirou* s'implante en France en 1946 et dépasse les 150 000 exemplaires dans les années 1950. En 1948, Georges Dargaud décide d'éditer le *Journal de Tintin,* lancé deux ans auparavant en Belgique sous la responsabilité d'Hergé, qui a su s'entourer de jeunes talents : Jacobs avec *Blake et Mortimer,* Jacques Martin avec *Alix* et *Bob De Moor,* Willy Wandersteen et *Bob et Bobette.* Les ventes des journaux traditionnels s'en ressentent, malgré des tirages aux environs de 150 000 exemplaires. Seul l'inamovible *Journal de Mickey* publié de nouveau en 1952 côtoie le demi-million d'exemplaires.

Aux États-Unis d'Amérique, après la guerre les séries d'aventure s'essoufflent progressivement. En une décennie, la violence des scénarios et des images va s'accroître, favorisée par l'apparition d'un nouveau genre : l'horreur. Le législateur s'émeut et vote, en 1954, le *Comic Code* réglementant sévèrement la BD américaine qui, dès lors, tombe dans un long sommeil.

Deux phénomènes contribueront à la réveiller. Premièrement, la naissance de la BD *underground* et contestataire, héritière de la revue *Mad* créée en 1952. Désignée sous le terme de « Comix », cette BD se met délibérément hors-la-loi. Les jeunes auteurs qui s'en réclament n'hésitent pas à traiter de sujets politique ou d'actualité. Née dans la confidentialité et l'illégalité, elle connaîtra son apogée dans les années 70 et dans la mouvance de la « contre-culture ». Ce qui n'empêchera pas la consécration de certains de ces représentants comme le montre le succès d'Art Spiegelman avec *Maus.* Ensuite, la BD traditionnelle contourne peu à peu le *Comic Code.* Sous l'impulsion du fantasque Stan Lee, de nouveaux auteurs révisent et rafraîchissent les supers-héros d'avant-guerre ou en inventent d'autres. Les éditeurs lancent alors des magazines plus spécifiquement destinés aux adultes dont les personnages ont pour nom *Docteur Strange* ou *Spiderman* de Lee et Ditko, *Hulk* ou *Fantastic Four* par Lee et Kirby... Ce renouveau de la BD traditionnelle s'amplifie au cours des années 70, de nouvelles maisons apparaissent. Les auteurs tentent d'échapper aux contraintes des studios traditionnels qui sont alors obligés de s'adapter. Il s'en suit une prolifération des titres et des séries, allant même jusqu'aux héros jetables abandonnés volontairement après quelques numéros.

En France, l'essoufflement de la presse BD traditionnelle se terminera par l'arrêt des titres anciens au cours des années 60 (*La semaine de Suzette, Coq Hardi, Hurrah*) et notamment des titres destinés aux jeunes filles. C'est dans ce contexte morose que trois auteurs venus de *Tintin* et de *Spirou* (Gosciny, Uderzo, Charlier) lancent en 1959 l'hebdomadaire *Pilote.* D'abord classique, ce titre devient après son rachat par Dargaud et sa reprise en main par Gosciny une véritable pépinière. Aux côtés de leurs illustres aînés, Gosciny et Uderzo créateurs d'Astérix en 1959, de jeunes talents comme Cabu, Gotlib, Christin, Fred, Mandryka vont progressivement faire de *Pilote* un magazine où politique et actualité ont leur place. Alors que les concurrents s'essoufflent, le titre gagne des lecteurs et marque la naissance des magazines de BD pour adulte, jusque là confiné dans la quasi confidentialité des fanzines. Ce qui n'excluait pas le talent et l'audace comme le montre la brève apparition de *Barbarella* créée par Forest en 1962.

L'apogée de cette BD a lieu dans les années 1970, mais *Pilote* n'en profite pas. En effet, son élan est brutalement stoppé par l'après-mai 1968. En 1972 trois dissidents (Claire Brétécher, Gotlib et Mandrika) fondent *l'Écho des Savanes* qui dépassera vite les 100 000 exemplaires. Ce succès, confirme celui d'*Hara Kiri* puis de *Charlie Hebdo* lancés quelques années auparavant. Plusieurs auteurs vont alors créer différents titres à la pérennité plus ou moins assurée : Dionnet, Druillet et Moebius créent *Métal Hurlant* en 1975, la même année Gotlib et Diamant lancent *Fluide Glacial.* Des éditeurs comme Glénat ou Castermann suivent le mouvement et éditent leur propre magasine pour adultes (*Circus* et *À Suivre*). Les années 70 marquent aussi l'internationalisation de la BD avec l'apparition de nouvelles « écoles » comme celle d'Amérique du Sud avec Quino, ou la confirmation d'autres comme celle d'Italie avec pour emblème Hugo Pratt.

La presse magazine BD va cependant s'effondrer au cours des années 80 lorsque la publication d'album se généralise, offrant ainsi aux lecteurs les héros et les histoires proposés auparavant dans les journaux. Même si parallèlement on note un renouveau des magazines pour enfants, avec une conception toute différente (Éditions de Milan et Bayard Presse avec *Mikado, Okapi* et autres *Je Bouquine*). Le phénomène de l'album BD est d'ailleurs très récent puisque ce support restait dans la plupart des cas réservé aux séries vedettes. Dargaud, Castermann, Glénat, Albin Michel, Futuropolis, les Humanoïdes Associés vont inonder le marché provoquant une petite révolution dans l'univers BD : l'album n'est plus la consécration d'un auteur reconnu, n'importe quel débutant a la possibilité de publier ses premières œuvres. D'où une fragilisation de certaines maisons d'édition au cours des années 1980, puisque seuls quelques titres dépassent le point d'équilibre, les autres étant souvent vendus à perte.

À l'aube du troisième millénaire, la BD se porte plutôt bien même si les conséquences de la crise de la presse sont visibles partout : suppression ou réduction à la portion congrue. L'audiovisuel est également un concurrent sérieux. Et le mariage actuel entre BD, cinéma ou jeux vidéo, s'il permet des retombées financières appréciables peut, à terme, détourner nombre de talents et d'énergies vers une industrie du loisir beaucoup plus rémunératrice et valorisante.

Bande de fréquences

Suite de fréquences radioélectriques comprise entre deux valeurs. La fréquence d'une onde radio, mesurée en ***hertz***, est d'autant plus élevée que la longueur de l'onde est faible, sachant que la longueur de l'onde est celle de son cycle complet (d'un sommet à un autre).

Ondes longues : longueur comprise entre 1 000 et 2 000 m.

Ondes moyennes : longueur comprise entre 187 et 577 m.

Ondes courtes : longueur comprise entre 10 et 100 m.

Très hautes fréquences : longueur d'ondes 1 à 10 m.

Voir ***Bande passante, Fréquence, Modulation de fréquence***.

Bande étroite, bande large

Voir ***Bande passante***.

Bande image

En vidéo, piste de la bande magnétique contenant des enregistrement d'images.

Bande magnétique

Ruban de matière plastique recouvert d'une couche d'une substance ferromagnétique, sur laquelle il est possible, d'une part, d'enregistrer du son, des images, des données informatiques transformés en signaux électriques et, d'autre part, de relire ces informations inscrites magnétiquement. La bande magnétique est un instrument de conservation de l'information susceptible de se dégrader.

Bande-mère

Bande magnétique qui résulte du montage de plusieurs éléments épars et qui permet de faire des copies ou servir à la diffusion. La bande-mère peut être une bande-son uniquement ou une bande vidéo sur laquelle le son et l'image ont été synchronisés. Synonymes : **copie zéro,** « ***master*** ».

Bande passante

Intervalle des fréquences dans lequel le signal est transmis par un filtre sans distorsion significative. La quantité et la qualité de l'information transmise est liée à la largeur de la bande. Au-dessous de 3 100 ***hertz*** de largeur, la bande est étroite, elle correspond aux besoins de la transmission du son. Pour la transmission d'images, il faut des réseaux à large bande, c'est-à-dire une largeur des fréquences supérieure aux 3 100 hertz nécessaires au téléphone.

Système de communication	Bande passante	Largeur
Oreille humaine	15 à 15 000 hertz	14 985 hertz
Téléphone	300 à 3 400 hertz	3 100 hertz
Son radio	300 à 7 800 hertz	7 500 hertz
Chaîne hi-fi	20 à 20 000 hertz	19 880 hertz
Émission de télévision	4 à 8 millions de hertz	4 millions de hertz

Bande rythmographique (dite bande rythmo)

Bande dépolie utilisée en postsynchronisation et en doublage. Support des répliques, elle défile de droite à gauche au 1/8e de la vitesse de la bande image.

Bande son

1. Bande sonore.
2. Partie de la pellicule d'un film, ou de la bande magnétique en vidéo, destinée à l'enregistrement sonore (dialogues, bruitage). Pour le montage, la bande son et la bande image sont manipulées séparément.

Voir ***Montage sonore, Montage audiovisuel, Enregistrement***.

Bande vidéo
Support magnétique sur lequel peuvent être enregistrés des images et des sons. En anglais la bande vidéo se dit : « *Video-tape* ».

Bande vidéo promotionnelle
Court programme réalisé à l'aide de moyens techniques perfectionnés pour mettre en valeur un sujet donné. L'expression est la traduction proposée pour l'anglicisme : ***Vidéo-clip*** (arrêté du 24 janvier 1983).

Bandothèque
Lieu de conservation des bandes magnétiques contenant les programmes informatiques.

Banque de données
Ensemble de données relatif à un domaine défini des connaissances et organisé pour être offert aux consultations des utilisateurs (arrêté du 22 décembre 1981).

1. Les différents types de banque de données et leurs finalités

Le besoin de connaissances inhérent à la vie d'un être humain et plus particulièrement d'un étudiant recèle aussi en fait, un besoin d'informations. Celles-ci se multiplient dans tous les domaines et sous des formes diverses : paroles, images, écrit..., transmis dans des cours magistraux, des émissions radio ou télédiffusées ou, tout simplement, dans des périodiques ou des livres. Le nombre de ceux-ci croît de façon considérable. Ne compte-t-on pas, en effet, près de 30 000 nouveaux titres au ***Dépôt Légal***, chaque année, tandis que plus de 300 000 titres de périodiques sont reçus dans les bibliothèques et centres de documentation français ?

Mais comment retrouver justement les informations précises et pertinentes parmi les milliards qui circulent ou ont circulé ? Et comment y accéder puisqu'elles sont conservées dans des lieux très disparates du monde entier : bibliothèques et centres de documentation publics ou privés, nationaux ou internationaux, organismes publics, gouvernements, greffes de tribunaux, sièges d'associations, salles de rédaction de journaux, photothèques, discothèques... ?

Après avoir été faites manuellement pendant des siècles ces recherches d'information sont réalisées plus vite et de façon plus complète grâce à l'informatique qui représente une amélioration notable : les ***mémoires*** de plus en plus puissantes des ordinateurs permettent d'emmagasiner non seulement le repérage de l'information (c'est-à-dire la description de son contenant : livre, article de périodique, émission...) mais aussi le contenu lui-même, le texte intégral.

Puis les ***télécommunications*** ont permis de transmettre sur les ***réseaux*** du monde entier, interconnectés, les informations mémorisées dans un ordinateur particulier.

Ces ensembles d'informations contenus en mémoire d'ordinateurs, de façon logique et structurée, constituent ce que l'on appelle les banques de données. Une **donnée**, selon la définition de l'AFNOR (Association Française de Normalisation) est un fait, une notion, une instruction représentée sous une forme conventionnelle convenant à un traitement soit par l'homme, soit par des moyens automatiques.

Produites par des organismes très divers, des ***centres de documentation*** et des ***bibliothèques*** essentiellement à l'origine, puis par tout organisme directement producteur d'information : agences de presse, journaux, associations scientifiques, greffes de tribunaux, laboratoires de recherche, ministères... ces informations peuvent être structurées de quatre façons différentes :

a) elles peuvent n'être que le premier maillon de la chaîne qui aboutira à l'information précise en indiquant où celle-ci se trouve : on parle ici de **base de références bibliographiques** (qui le plus souvent correspond à une bibliographie sur papier : ouvrage ou périodique qui recense et décrit des documents correspondants à des critères prédéfinis. Par exemple tous les ouvrages d'économie politique parus en France depuis 1945 ou tous les articles et livres publiés dans le monde entier, en chimie, chaque semaine...). Ces informations comprendront alors, pour un périodique le nom de l'auteur et le titre de son article, le titre de la revue, son numéro et sa date de parution, les pages sur lesquelles est écrit l'article, quelques mots (que l'on appelle descripteurs) qui vont représenter le contenu de ce travail (par exemple, flexibilité, emploi, fonctionnaire, France) et parfois un résumé dont la longueur varie d'une à une vingtaine de lignes. Pour un livre, en plus de son titre et du nom de son auteur, le nom de l'éditeur, l'année de publication, le nom de la collection dont il fait partie et son numéro, on trouvera aussi des descripteurs et parfois des résumés. Il faut ensuite se procurer ce livre ou cette revue, le feuilleter et enfin trouver l'information ;

b) la banque de données est une amélioration mais il reste encore beaucoup de travail pour le chercheur. Aussi les ordinateurs devenant de plus en plus puissants, les **banques de données de texte intégral** se multiplient-elles de façon exponentielle ; elles répondent immédiatement à la question que l'utilisateur se pose, soit en donnant le texte complet (article de périodique, texte de loi, dépêche d'agence...) où apparaît cette information, (on parle de banque de données textuelle dans ce cas) ;

c) soit en donnant des listes de nombres, (statistiques, constantes physiques, cotations... selon la discipline concernée ; on parle alors de **banques de données numériques**) ;

d) soit enfin en fournissant, tel un répertoire ou un catalogue, des adresses ou des caractéristiques d'entreprises, de services ou des biographies (il s'agit de **banques-répertoires**).

2. Le nombre et contenu des banques de données
Un chercheur américain a recensé 8 700 banques de données accessibles au public dans le monde en 1994, mais cette estimation déjà importante ne tient que partiellement compte de tous les services offerts par le ***Minitel*** français (20 000 en 1995). L'Observatoire du marché de l'information (OMI) créé par la Commission des Communautés européennes estime qu'en 1993 encore l'Europe crée et dépense deux fois moins que les États-Unis pour ses banques de données. Les principales causes décelées sont les barrières linguistiques, et l'organisation nationale qui engendre la fragmentation des infrastructures ou des réglementations entre les divers pays. Ces banques ont une existence plus ou moins longue, de quelques mois à vingt-six ans ; la revue *Bases* en propose mensuellement un « carnet » qui mentionne leurs naissances, mariages, divorces et décès !
Toutes les disciplines possèdent leurs banques de données mais les plus nombreuses concernent les domaines boursier, financier, et économique (le marketing, les fichiers et les informations sur les entreprises), puis les industries avec une mention particulière pour la chimie et les brevets, l'agriculture, la construction, enfin la presse. Certaines banques sont multidisciplinaires (*Francis* en sciences humaines, sociales, économiques ; *Pascal* en sciences de la nature, en sciences biomédicales...) d'autres au contraire sont très pointues, ne s'intéressant qu'à une denrée (café) ou une partie d'une discipline (gestion des entreprises, droit bancaire). Certaines contiennent des millions de références, d'autres, quelques milliers seulement, certaines sont mises à jour en continu (dans les domaines économique et financier), d'autres, une fois par an seulement (en littérature) mais la moyenne des mises à jour est hebdomadaire. Les premières banques sont américaines, en 1965. En France il faut attendre dix ans de plus et la production actuelle est encore en majorité américaine. Pour trouver plus facilement la ou les meilleures banques de données sur le sujet qui intéresse un chercheur, il existe des aides : ce sont des répertoires, généraux ou thématiques, soit sur support papier soit sur support électronique.

3. Comment les informations sont-elles stockées dans les banques de données ?
Les informations sont codées, stockées, transmises. Elles sont codées selon des normes internationales soit en ***ASCII*** (*American Standard Code for Information Interchange*) soit en ***videotex*** (codage plus étendu). Chaque caractère alphabétique ou numérique correspond à un **octet** (huit bits, suites de 0 ou de 1, matière première de l'informatique) et sa transcription se fait directement par le clavier de l'ordinateur. Elles sont stockées sur deux types de support électronique : les supports magnétiques et les supports optiques. Les premiers, les plus anciens et les plus nombreux, sont des disques magnétiques. Ils se divisent en banques de données accessibles en mode ASCII ou, en particulier pour la France, en banques de données vidéotex (40 colonnes de largeur d'écran et affichage page à page, vitesse de transmission différente à l'envoi ou à la réception des données). Il existe aussi des banques disponibles sur des disquettes de micro-ordinateurs pour différents ***systèmes d'exploitation***. Les supports optiques se développent depuis les années 1980. La différence avec les supports précédents réside dans le fait que l'écriture et la lecture se font par un faisceau laser. Les différents produits sont les ***cédérom*** ou ***DON*** (disques optiques numériques), les ***CD-I*** (*compact disc-interactive*), les **CD-R** (*compact disc-recordable*) et les vidéodisques. Leur multiplication comme support de banque de données est due à l'absence de coût de télécommunication et au fait que l'utilisateur est guidé dans sa quête par des questions que lui pose le système ou des choix qui lui sont proposés. En revanche, la mise à jour est moins fréquente.

4. Accès et interrogation des banques de données
Les banques de données en ligne sont hébergées chez un **serveur** (société commerciale le plus souvent) qui les rend accessibles environ vingt-deux heures sur vingt-quatre et sept jours sur sept. Il existe près de sept cents serveurs à

l'heure actuelle dans le monde. Certains n'offrent qu'une banque, le plus important (*DIALOG*) en propose près de quatre cents. Le serveur fournit à qui en fait la demande, un contrat d'utilisation (le plus souvent payant) avec un numéro personnel d'utilisateur protégé par un mot de passe, un manuel comprenant toutes les commandes (***logiciel*** d'interrogation) et la description du contenu des diverses bases proposées.

On peut interroger les banques de données soit par Minitel (un appareil bi-standard est alors nécessaire) soit par un micro-ordinateur équipé d'une carte et d'un logiciel de communication, qui lui permettent de se relier au monde entier par les réseaux de télécommunication spécialisés, nationaux (par exemple ***TRANSPAC***, en France) puis internationaux (Tymnet ou Sprintnet entre autres) ou par ***Internet***. Une imprimante est souvent utile pour conserver la trace écrite des informations retenues.

Une interrogation est une sorte de conversation entre l'interrogateur et l'ordinateur. Il faut préparer la question que l'on veut poser. Il faut repérer les mots représentant le sens de la question, ces mots seront recherchés dans la mémoire de l'ordinateur. S'ils n'y sont pas, il faudra trouver des synonymes ou des termes au sens plus large qui permettront de retrouver des références ; s'ils y sont en trop grand nombre, on aura trop de références et le travail de tri de l'information sera très lourd. Ce sont les **descripteurs** qui vont aider à faire une recherche plus pertinente. Parfois, ils sont seulement classés alphabétiquement dans des **lexiques**, parfois ils sont regroupés, organisés hiérarchiquement en une construction que l'on appelle ***thésaurus,*** qui permet donc une recherche plus efficace. Lexique ou thesaurus sont disponibles soit dans la mémoire de l'ordinateur, « ***en ligne*** », soit sous la forme de livres vendus par le producteur. Ces mots retenus pourront être combinés entre eux, croisés, associés ou éliminés pour préciser ce que l'on cherche. Les banques de texte intégral ne permettent qu'une recherche sur le texte simple et demandent donc une préparation sémantique plus poussée. L'ordinateur confronte la question posée avec les mots qu'il a en mémoire et répond qu'il contient un certain nombre de réponses. Il faut alors vérifier que les réponses conviennent bien au chercheur en lisant les titres, les descripteurs, les résumés ; il faut éliminer certaines références qui ne traitent que partiellement le sujet. Puis selon que l'on utilise un micro-ordinateur ou un Minitel, on enregistre (on dit aussi « **télédécharge** », l'enregistrement est alors un ***télédéchargement***), ou on imprime les résultats.

Pour l'instant les « interrogateurs » sont les documentalistes, les personnels des bibliothèques universitaires pour les étudiants, enseignants et chercheurs, les personnels des **ARIST** (Agences Régionales pour l'Information Scientifique et Technique) pour les **PME** (petites et moyennes entreprises) ou ceux des **CCI** (Chambres de Commerce et d'Industrie) pour les commerçants et artisans. Quelques « consultants en information » effectuent les recherches pour des organismes privés.

Les **coûts de l'interrogation** varient selon les services interrogés ou les supports. Ils tiennent compte, le plus souvent, pour une interrogation en ligne, du temps passé à interroger la banque et à utiliser le réseau de transmission, du nombre de références ou de lignes vues. Pour une banque sur support optique, c'est la quantité des données, la fréquence de la mise à jour qui pèseront sur les prix.

5. Le droit et les banques de données

Ce n'est qu'au milieu des années 1980 que l'on se préoccupe de la protection légale des banques de données, car elles n'étaient pas très nombreuses auparavant. Mais que protéger ? En s'appuyant sur la législation sur les ***droits d'auteurs***, ce sera l'originalité de l'information et de sa mise en forme. Le 29 Janvier 1992, une proposition de directive a été adoptée par la Commission Européenne, qui protège pour dix ans le contenu des banques et envisage la création de licences de ré-exploitation commerciale pour lutter contre le **piratage**.

6. Évolution

Représentant un marché économique considérable d'une dizaine de milliards de dollars, les banques de données n'ont cependant pas atteint l'objectif que l'on prévoyait, d'accès constant et obligatoire à l'information pour le grand public. Pour mieux répondre aux besoins, pour permettre un accès direct à l'information, les banques de texte intégral et les banques numériques se multiplient, les banques d'images et de sons apparaissent ; les producteurs privés commencent à remplacer les institutions ou organismes aidés par l'État, ce qui donne plus de souplesse à l'évolution de l'offre. La réalisation des réseaux locaux, régionaux, nationaux constituant l'***INTERNET*** (***interconnected networks***) permet aux serveurs commerciaux d'apparaître et d'être interrogés par ce biais. De nombreux services de documentation ou des bibliothèques y offrent l'accès à leur catalogue informatisé ; ainsi, leur fonds est accessible dans le monde entier.

Par ailleurs, la recherche en **informatique documentaire** porte sur l'accès aisé du grand public à l'information ; ceci se traduit par une plus grande aide sur les écrans d'interrogation, l'introduction d'images-symboles, la généralisation d'outils attrayants faciles à manier (souris, écrans tactiles...) et par la compréhension par les machines du langage naturel ; ceci suppose une énorme organisation du domaine des connaissances et un travail considérable en linguistique, sur les aspects sémantiques mais aussi grammaticaux.

Banque d'images

Collection d'images, ou banque de données iconographiques. Par extension, la banque d'images peut être toute collection d'informations audiovisuelles. Une diapothèque, un vidéodisque sont des formes de banque d'images. Le vidéotex permet également d'accéder à des banques d'images.

Bardeau

Réserve des caractères typographiques (barres métalliques de différentes tailles et épaisseurs) destinée à l'impression des filets.

Barrières à l'entrée

Obstacles que doivent affronter les concurrents potentiels pour s'implanter dans une industrie ou un secteur d'activité. Le niveau de ces barrières dépend de la caractéristique du secteur. Les éléments déterminants sont les **économies d'échelle** (baisse du coût moyen du fait de l'augmentation de la taille de l'entreprise et du volume de la production) réalisées par les firmes en place, l'effet d'expérience, la notoriété des firmes les plus anciennes, les rapports déjà établis avec les fournisseurs et les clients. Le budget ***publicité*** est un élément important de ces barrières : plus le budget des firmes en place est élevé, moins il sera facile à des concurrents potentiels de trouver les moyens de se faire connaître tout en ayant d'importants besoins pour le financement des investissements infrastructurels et les coûts d'exploitation.

Dans le domaine des ***serveurs de base de données***, la notoriété joue un rôle important, mais les barrières sont relativement faibles en général, si la firme propose le plus grand nombre possible de bases. Dans le domaine de la radio, le développement de la bande FM démontre que les barrières à l'entrée sont faibles, mais la disparition d'un grand nombre de radios montre que la survie est liée à la capacité à piéger la publicité, ce qui suppose au départ des moyens financiers suffisants pour se procurer les programmes attractifs pour l'audience. Il en est de même pour la télévision. Dans le domaine de la presse, en revanche les barrières à l'entrée sont élevées : coût élevé de l'imprimerie, sauf en sous-traitance, attachement du public au titre en place.

Bartering

Synonyme de troc. Ce procédé s'est fortement développé à la télévision avec les émissions produite par les annonceurs. L'avantage pour un annonceur est l'obtention d'un volume d'espace publicitaire de même importance que celui qu'aurait concédé la régie de la chaîne pour un investissement identique. Pour la chaîne, l'avantage est plus évident encore, puisqu'il n'y a aucun frais d'imagination ni de production.

Barthes, Roland (1915-1980)

Polygraphe brillant, exégète extensif, pionnier et maître en sémiologie, R. Barthes a suscité l'admiration autant que l'exaspération. Tour à tour romancier, théoricien-sémiologue, critique, essayiste, Roland Barthes a embrassé nombre de domaines avec talent.

L'exemplaire carrière de Roland Barthes a bénéficié d'un contexte particulièrement favorable, la conjonction exceptionnelle de ce tourbillon épistémologique constitué par l'émergence et l'essor des ***structuralismes***, la rencontre et la collaboration synergique de personnalités intellectuelles et littéraires fortes et puissantes, ainsi que l'aventure des revues « *Communications* » et « *Tel Quel* », qui allaient, dans des registres différents, amener nombre de leurs collaborateurs à la notoriété.

À terme, ces facteurs concomitants imposèrent Barthes comme l'un des quatre maîtres à penser du structuralisme français. Mais il semble le seul à n'avoir laissé aucune œuvre « lourde », homogène ; ce que Barthes a légué est fragmentaire, atomisé. Et il est vrai que ses considérations monographiques, quel que soit le titre auquel on réfère, ne sont pas, quantitativement comparables aux « Mythologiques » de Lévi-Strauss, aux « Écrits » ou au « Séminaire » de Lacan, à « l'Histoire de la Folie » de Foucault.

Roland Barthes a été la « chambre d'écho » (selon ses propres dires) de nombre de théories particulièrement novatrices. En exergue à sa biographie, il faut réaffirmer qu'il est l'un des Français à avoir mis la communication à l'ordre du jour, en tant qu'objet d'étude spécifique. Il lui a octroyé, épistémologiquement, ses lettres de noblesse. On doit à ce pionnier de « l'aventure sémiologique » de la revue « *Communications* » de l'École Pratique des Hautes Études, d'avoir exhumé le formalisme russe, à toutes fins personnelles utiles (l'analyse structurale des récits) ; il a de même traduit Roman ***Jakobson***, et essayé avec brio son « instinct d'analyste » sur des champs allant de la mythologie sociale à la littérature, de la mode à l'image publicitaire, d'une théorie du texte à l'histoire de la rhétorique. Autant de domaines qui appartiennent de facto aux champs de la communication de nos jours ; ceci n'était pas évident il y a trente ans. Nous reviendrons sur ce rôle de précurseur.

1. L'homme

Né en 1915, Roland Barthes fut très tôt orphelin de père. Cela favorisa naturellement le rapprochement avec une mère qu'il ne quitta jamais, près de qui il passa toute sa vie ; elle était « la seule femme qu'il ait jamais aimée ».
Après une enfance heureuse, bien que morne, à Bayonne, dont il garda de fortes images, Roland « monte » à Paris à 10 ans, y suivant des études secondaires au lycée Louis-le-Grand. Il opta ensuite pour une Licence de Lettres Classiques à la Sorbonne. C'est sans doute là que se trouve l'origine de son goût des étymologies et de son don particulier pour les néologismes gréco-latins. Ses études s'arrêtèrent toutefois à ce diplôme. Il souffrit secrètement toute sa carrière professorale de n'être ni Docteur ni agrégé. Après avoir enseigné quelques temps en collège, Roland Barthes, fit, victime de la tuberculose, de longs séjours en sanatoriums, notamment en Suisse. Il mit ces années d'oisiveté forcée à profit pour parfaire sa culture générale et commencer à publier quelques articles critiques. De 1948 à 1950, Roland Barthes fut lecteur à l'étranger, successivement aux Universités de Bucarest puis d'Alexandrie. Revenu en France, il entra au CNRS, travaillant en sociologie et lexicologie, tout en étant parallèlement conseiller littéraire.
Les années 50 furent déterminantes pour lui, puisque trois ouvrages publiés durant cette décennie (dont le célèbre « *Mythologies* ») lui offrirent la notoriété, celle d'un auteur néanmoins inclassable, tantôt essayiste, romancier, théoricien, critique.
Il entra en 1960 comme chef de travaux à la 4e section de l'École Pratique des Hautes Études, y goûtant le plaisir rare « de la conjonction d'un métier et d'une passion ». Sa vie est dès lors entièrement consacrée à sa carrière de professeur, d'abord. Son Séminaire, comme d'autres à l'époque, devint le point de rencontre, d'inspiration et d'ostentation de ses disciples, mais aussi d'une intelligentsia qui l'exaspéra souvent. Il ne négligea jamais son œuvre, riche, dense et cependant constellée, faite d'un nombre pléthorique de textes « commandés », écrit à la demande (colloques, contributions...).
Les amis tinrent de même un rôle primordial dans la vie de Roland Barthes : François Wahl, Julia Kristeva, Philippe Sollers, Violette Morin, et nombre d'autres noms du structuralisme français et du Nouveau Roman, ainsi que son « phalanstère du séminaire ». Ils eurent, sur sa vie autant que sur sa production, une influence considérable. Et rappelons aussi l'importance énorme que tint la mère de Roland Barthes dans la vie de ce dernier ; l'auteur lui vouait un culte et noua avec elle une relation symbiotique, fusionnelle. C'est à son bras qu'il entra en janvier 1977 au Collège de France pour y prononcer sa Leçon inaugurale, y occupant la chaire de sémiologie littéraire, créée pour lui sur proposition de Michel Foucault.
Roland Barthes mourut en Mars 1980, à l'hôpital, un mois après avoir été renversé par une camionnette à la sortie de ce Collège de France qu'il administra un temps.

2. L'œuvre

En termes épistémologiques, Roland Barthes est d'abord redevable à quelques disciplines qui ont été pour lui de véritables sésames méthodologiques : la psychosociologie, dont il fit un usage très personnel, la linguistique, principalement saussurienne, la rhétorique, une vaste syntagmatique des mythes, aussi.
Barthes a fondé ses analyses sur l'hypothèse d'une science générale des mythes. Comme nombre d'anthropologues, d'ethnologues et de psychosociologues, il postulait que le ***mythe*** est un quasi-langage, possédant sa syntaxe, des structures sous-jacentes. Une lecture archéologique de ces mythes pouvait autoriser une intelligence partielle des dynamiques latentes à la société, au langage et à l'histoire. L'intuition de la ***structure profonde*** était d'ailleurs emprunté au linguiste Noam ***Chomsky***. On l'aura compris, Roland Barthes fut un remarquable adaptateur. L'ensemble de ce viatique, enfin, se trouva renforcé de pétitions de principe structuralistes, et ce aussi idéologiquement.
Barthes a longtemps fait du *matérialisme dialectique* une méthode d'analyse plus qu'un principe d'action, cultivant ces tendances plus par esthétique intellectuelle, caution morale,

solidarité voire amitié (nombre de maoïstes) qu'au prix d'un engagement de conscience politique profond.
Cela l'a servi dans son œuvre : par-delà l'air du temps d'une époque résolument engagée à gauche, contre quoi d'autre que contre la bourgeoisie « réactionnaire et poujadiste » aurait-il pu sinon construire, c'est-à-dire opposer et apposer « *Mythologies* » ?
Doué d'un sens de l'adaptation au sujet étudié et de l'analyse prononcée, Roland Barthes a ainsi pu ouvrir des voies culturelles et herméneutiques, mettre en place des réseaux de connaissances s'imbriquant. Interrogeant l'histoire, le langage, la société, les institutions avec des clés d'or méthodologiques qui semblaient ouvrir toutes les portes (exemples, le couple ***métaphore-métonymie*** ou le mythe), il a fait du ***signe*** dans l'acception saussurienne, fondamentalement hybride, et de la ***connotation*** les deux thèmes transversaux de sa production.
Partant de cette dichotomie originelle, on peut retenir trois axes sur lesquels Roland Barthes a décliné son œuvre. Ses thèmes majeurs se répondent, se répercutent, s'imbriquant, ne serait-ce que par la fédération de cette nébuleuse de l'évocation connotative.
D'abord, les romans ou essais, dans lesquels le plaisir, le désir et la jouissance du texte et de l'écriture de l'auteur s'effacent à peine, sont perceptibles en filigrane des archéologies pénétrantes des strates symboliques du social (« *Mythologies* »), ou d'introspections esthétisantes, suite de considérations fragmentaires comme les « *Fragments d'un Discours amoureux* », justement, « *le Plaisir du texte* » ou « *la Chambre claire* ». Cette tradition du fragment s'enracine en Grèce, aux sources-mêmes de la philosophie occidentale, dans *le Poème* de Parménide. Dans la plupart de ses ouvrages, le parti-pris délibéré de Roland Barthes est celui d'une écriture-mosaïque, courte, faite de juxtapositions impressionnistes voire pointillistes de quelques mots, quelques lignes, au maximum de tableautins de quelques pages. Le souci que l'on peut penser entretenu est celui de la discontinuité, de la déstructuration narrative et analytique (Un comble pour un structuraliste !).
Pour « *Fragments d'un Discours amoureux* », par exemple, Barthes s'amusait à déclasser, superposer, mélanger ses fiches et ses notes, réellement incertain de l'ordre dans lequel il les remettrait à l'éditeur.
On trouve en second lieu des essais critiques, tels que « *le Degré zéro de l'écriture* », qui inaugura sa carrière éditoriale, les « *Essais critiques* », justement, « *sur Racine* », à la base de la controverse très médiatisée qui l'opposa au professeur Picard de la Sorbonne, quant à l'usage et aux limites d'une critique et d'une exégèse littéraires que la « Vieille Garde » jugeait révolutionnaire. « *S/Z* » compte de même parmi ces essais critiques, ainsi qu'une pléthore de textes de colloques, de contributions éparses...
Enfin, il serait injuste de rendre Roland Barthes justiciable d'une absence ou d'une carence théorique. Il a su parfois faire taire son « instinct d'écrivain », en payant de superbes tributs à la rigueur et à la synthèse structuralistes, et ce dans ces « *Éléments de sémiologie* », son « *Système de la mode* » où nombre de textes parus dans la revue « *Communications* » sur la rhétorique, son système et son histoire, l'analyse structurale des récits, la sémiologie publicitaire, autant de contributions denses et synthétiques qui font encore références.
Et ce que l'on retient de cette œuvre, par-delà ses quelques chevaux de Troie méthodologiques, voire idéologiques et ses champs de prédilection, c'est surtout son style, cette expression qui étonne et détonne. Roland Barthes avait le sens de la formule, de l'aphorisme lapidaire et fulgurant, le goût de l'*incipit* incisif. Il était de plus servi par un vocabulaire d'une richesse terminologique exceptionnelle. Roland Barthes s'est parfois laissé aller à la facilité, par des formules malheureuses, maladroites. Les célèbres « le langage est fasciste », ou « le mythe est à droite » entachés de partis-pris hâtifs, l'ont desservi, et n'ont fait qu'alimenter ses détracteurs.
Si pour Barthes-le-théoricien, tout métalangage théorique est réifiant, pour Barthes-l'auteur par contre, l'écriture doit être en premier et dernière instance le lieu du désir, de la jouissance. Sur ce plan, il s'est toujours posé au centre de son étude, aux risques et périls de l'effet d'artefact et des distorsions qu'il engendre. Toute sa vie, Barthes a trouvé dans le texte, à lire ou à écrire de solitaires plaisirs qu'il revendiqua hautement et parfois lourdement. Cet auteur s'exprima toujours de manière synesthésique, faisant sentir et ressentir l'oralité des mots, s'attachant autant à la sensualité, dont procède aussi la connotation, qu'au sens « stricto sensu ». C'est délibérément que Roland Barthes a érotisé le langage et le

sens. Par ***métonymie***, il a sexualisé la langue et cette bouche qui chez l'homme, « parle et embrasse ». Barthes a ostensiblement joué et joui du langage autant que du dialogue. Cet échange, lieu des « inter-dits » fondamentaux, (« dire entre ») face au silence originel est un espace de transgression, lieu donc, de désir et de plaisir.

3. Les thèmes

Après ce style, à l'oralité séminale, et à un niveau moins « texte à texte », plus platonicien, ce sont quelques récurrences que l'on peut retenir du discours de Barthes. Des repoussoirs, d'abord ; la bourgeoisie, son opinion tautologique, cette *Doxa* triomphante d'une bêtise qui n'a que l'omnipotence de l'ignorance aveugle. Mais crainte de même de l'hystérie, et de l'analogie, d'une Nature qui se donnerait soudain en l'état, sans aucune aspérité sémantique permettant des velléités d'interprétation. Car là a été le réquisit de toute l'œuvre de Barthes, cette question des Grecs anciens : « qu'est-ce que ça veut dire ? »

Il semble que cette archéologie du sens ait même été pour lui vitale, obsessionnelle. Le signe et le sens ont exercé sur Roland Barthes une véritable fascination, leurs apories autant que leur apodicticité. Du théâtre aux aruspices, du corps aux mythes, tout ce qui pouvait engendrer du sens et donc prêter à interprétation et distanciation a aimanté l'attention de Barthes.

Mais Roland Barthes s'est de même fait le chantre d'un hédonisme toujours revendiqué. Du sens au sensoriel et à sa sensualité, le pas a été souvent franchi : les voix, les odeurs, les sons, les corps surtout ont offert à cet épicurien pas seulement intellectuel un champ de sensations, de contemplations et d'interprétations infini, à l'aune de ses désirs. Les plaisirs, et ce désir omnipotent, omniprésent ont joué dans la vie de Roland Barthes un rôle prédominant. Il en investissait toutes ses rencontres, intellectuelles et personnelles. Il convient d'affirmer d'ailleurs que c'est lui-même que Barthes a placé comme point nodal à son œuvre théorique et littéraire. C'est à ce titre que sa démarche procède d'un humanisme : il s'est pris, spéculairement et circulairement comme centre, sujet et objet d'étude. C'est d'abord ce qu'il ressentait, ce qu'il désirait autant que ce qui le fascinait, (son célèbre « punctum ») qu'il a cherché à expliquer, coûte que coûte. Son œuvre est donc largement autoréférentielle, narcissique. Ses écrits sur la jouissance et les plaisirs, dont les textes ne sont que des prétextes, sont symptomatiques de ce *palimpseste* que constitue sa production. Sa démarche est en définitive constitutive d'un chercheur qui d'abord, se chercha, aussi par anxiété, et peur de s'ennuyer. La quête sémiologique de Barthes, ses écrits sur le langage, autant que toutes ses considérations régressives, traquant le souvenir, ont été des introspections dans lesquelles on a du mal à ne pas discerner des échos proustiens. Et là encore, la distanciation critique, celle des mots, d'une analyse permirent de voiler la subjectivité de pudeur, de distancier l'hystérie, d'accepter l'obscénité, la sienne propre, et les perversions.

4. L'héritage

L'héritage de Roland Barthes, par-delà sa quantitative production, s'impose donc comme un patrimoine moral : la réaffirmation du postulat emprunté à Hegel de l'interaction entre le réel et le rationnel, la certitude surtout, qu'il n'est de réel qu'intelligible, que tout ce qui est explicable, traduisible, faisant sens en première et dernière analyse. Le mot « insignifiant », donc n'existe pas pour l'homme.

La feinte évidence de ces énoncés ne les ravalent pas aux rangs de lieux communs, loin s'en faut. Il convient de retenir de Barthes que tout patent qui se montre est induit par un latent dynamique qui reste à inférer. Là est son point commun d'avec les autres structuralistes. Barthes a été un passeur, entre des théories successives parfois antithétiques.

À ce niveau, ses relectures du formalisme russe, de la linguistique saussurienne, de Hjelmslev, de Chomsky autant que ses essais de psychanalyse sociale ont été fondamentaux. Roland Barthes a beaucoup publié ; son dilettantisme ou sa curiosité l'ont peut-être fait se disperser, l'ont vu disséminer son œuvre. Ses pairs l'ont cependant reconnu de son vivant même ; cela devrait faire cesser les vaines et mesquines critiques.

Cet auteur a jeté des ponts et ouvert des voies, du sens à sa sensualité, au sein de l'infinie nébuleuse de la connotation. À son insu sans doute, mais à son honneur en tout cas, il reste l'un des pères des sciences de la communication. Du langage au regard, du désir à la rencontre, de la société aux médias, rien de ce qui intéresse ces modernes sciences de la communication n'a échappé à l'acuité analytique, à l'élégance dilettante et cependant fondatrice de Roland Barthes.

Bas de casse

En imprimerie et dans les métiers de l'édition de l'imprimé, lettres minuscules qui se trouvent dans la boîte (**casse**) du bas, placée sous la casse qui est réservée aux lettres capitales.

Base de campagne

Ensemble de réflexions qui permet de passer à la réalisation d'une campagne publicitaire. En anglais : *copy platform* (arrêté du 24 janvier 1983).

Base de connaissances

Partie d'un ***système expert*** contenant l'ensemble de règles, d'hypothèses, d'opinions, de convictions et de faits qui constituent le domaine de compétence du système. Voir ***Intelligence artificielle***.

Base de données

Ensemble de données évolutives, organisé ou structuré pour en faciliter l'utilisation via un programme spécialisé d'accès aux données de la base. La notion de programme d'exploitation ne préjuge pas de la technologie employée. La base de données peut être exploitée manuellement (par exemple : un fichier manuel sur carton, dans une bibliothèque) ou par un logiciel de documentation automatique. Dans ce dernier cas, les informations peuvent être organisées de différentes manières, mais le modèle d'organisation hiérarchique (en arborescence) et le modèle relationnel (tableau de lignes – chaque ligne est un enregistrement de la base – et de colonnes – chaque colonne est un champ) sont les formes les plus courantes. L'intérêt d'un logiciel informatique est de faciliter l'accès à l'information recherchée, de réaliser des tris selon différents critères, de combiner les mots clés pour éviter les ***silences*** (pas d'information alors le document est présent dans la base) et les ***bruits*** (des documents non pertinents sont retenus).

L'expression **bases de données réparties** désigne les bases de données qui peuvent être stockées et manipulées sur des systèmes informatiques distincts.

On distingue les bases de données bibliographiques, dites encore **référothèques**, et les bases de données factuelles, dites quelquefois ***banques de données***. Ces dernières peuvent être aussi bien des fichiers des lois et décrets, que les fichiers des salariés d'une entreprise, ou encore les séries économiques d'un pays. Cependant l'expression banque de données semble plutôt réservée à la désignation de l'ensemble réunissant la base de données et son système de gestion comportant un système de recherche d'information.

Le schéma ci-dessous présente les différents acteurs, technologies et produits du marché des banques et bases de données.

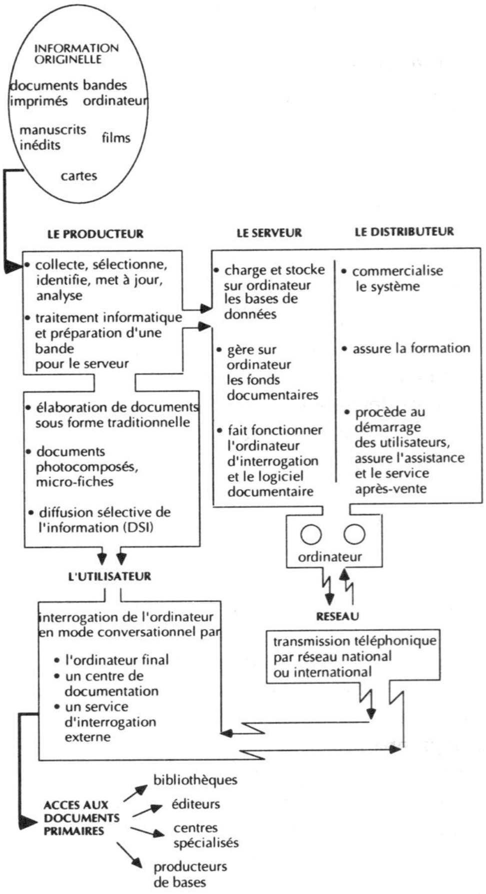

Source : « Groupement français des producteurs de bases et banques de données. »

Basic

Langage de programmation en informatique. ***Acronyme*** de *Beginer's All Purpose Symbolic Instruction Code.* Comme son nom l'indique, le langage Basic, conçu en 1965, est destiné aux débutants en raison de sa simplicité. Il faut cependant préciser qu'il y a eu un grand nombre de versions du Basic.

Bass

Traduction : **grave**, c'est-à-dire la partie basse du spectre des fréquences (ensemble des fréquences situées au-dessus de 2 000 hertz).

B.A.T.

Abréviation de **bon à tirer**. Document contractuel entre l'imprimeur et le publicitaire, désignant que les travaux, au stade de la photogravure, ne nécessitent plus de retouches, et peuvent passer à l'impression. Ce document entérine la fin des préparatifs matériels du document-papier, et annonce leur tirage imminent.

Batch processing

Traduction : traitement par lots. Celui-ci est un mode traitement des données suivant lequel les programmes à exécuter ou les données à traiter sont groupés en lots. (arrêté du 22 décembre 1981).

Baud

Unité de mesure de la vitesse de ***modulation*** en ***télégraphie***, en ***téléphonie*** et en ***téléinformatique***. Sa valeur est une impulsion par seconde. Son symbole est Bd. Pour une imprimante l'écriture d'un caractère par seconde correspond à une vitesse de 10 Bd.

Le terme Baud est retenu en hommage à Émile Baudot (1845-1903), ingénieur français inventeur du télégraphe multiple imprimeur (1874) et d'un appareil de transmission automatique (1894).

Le Baud est inapproprié pour mesurer de la vitesse de transmission pour des données non analogiques. C'est la raison pour laquelle il a été remplacé par le **bps** : ***bit*** par seconde. Le bps mesure en fait le ***débit d'information*** plutôt que la vitesse.

B.B.C. (*British Broadcasting Corporation*)

Service public de radio et de télévision britannique créé en 1922.

Bélinographe

Appareil mis au point par Édouard Belin entre 1907 et 1912 qui permet de transmettre à distance et de recevoir des photographies, des textes ou des dessins sur un circuit téléphonique.

Bell, Alexander Graham (1847-1922)

Américain, professeur de physiologie vocale pour les sourds, inventeur du téléphone (brevet en 1876).

Belle page

Page de droite, celle que le lecteur voit en premier dans le système d'écriture occidentale. Elle est toujours numérotée en page impaire. Le tarif publicitaire pour la belle page dans la presse indique un prix généralement plus élevé que pour la page paire. Synonyme : ***recto***.

Below the line

Traduction : coût promotion, voir ***Above de line***.

Bénéfice publicitaire

Mesure de la contribution de la publicité aux modifications possibles de l'image (l'opinion qu'ont les individus à propos) d'une société ou d'un produit auprès de ses différents publics. En anglais : *Brand benefit acceptance*. (arrêté du 10 octobre 1985)

Bénéficiaire de la communication

Voir ***Annonceur***.

Berliner, Émile (1851-1929)

Américain, participe à la mise au point du téléphone, inventeur du disque de gramophone plat (1888), remplaçant le cylindre de Edison.

Berne, Éric (1910-1970)

Voir ***Analyse transactionnelle***.

Bêta (Coefficient ou taux -)

Rapport des individus ayant mémorisé un message publicitaire après une exposition sur l'ensemble des individus en ***contact*** avec le support véhiculant ce message : le Bêta dépend du média et du format du message. Taux ou coefficient de mémorisation, le Bêta est le seul paramètre intervenant dans la ***loi du souvenir***, définie par Armand Morgenzstern.

Betacam

Caméra de reportage comportant un magnétoscope intégré, autorisant des équipes de tournage réduites.

Betamax

Format de cassette vidéo grand public de 1/2 pouce mis au point et lancé en 1975 par la firme japonaise Sony. Introduit en 1978, il a eu peu de succès en raison de la mise sur le marché peu de temps après du standard ***VHS*** par la firme concurrente japonaise JVC.

Bêtisier

Pratique en principe télévisuelle, consistant à réaliser un montage à finalité comique avec des chutes d'émissions cocasses (lapsus, chutes, grimaces...), et que leur caractère burlesque, impromptu ne destinait en rien à la diffusion. La plupart des chaînes diffusent au moins annuellement leur bêtisier.

BIBLID

Code dont l'objet est de faciliter l'identification des articles dans les périodiques et les contributions dans des ouvrages écrits en collaboration par différents auteurs : il commence toujours par le code ***ISSN***, s'il s'agit d'un périodique, le code ***ISBN*** dans le cas d'une monographie ; ensuite suit l'année de publication en chiffres arabes et entre parenthèses, suivie de la désignation du fascicule (pour un périodique) et de la pagination inclusive.

Bibliobus

Bibliothèque itinérante, aussi bien en ville que dans les campagnes, installée dans un véhicule automobile. Celui-ci peut également remplir les fonctions d'un musibus, mettant à la disposition des amateurs abonnés des disques, des cassettes enregistrées et quelquefois des cassettes vidéo.

Bibliographie

Le terme bibliographie désigne à la fois la science du livre, une méthode de recherche documentaire et le produit des deux premières, un répertoire sur support écrit ou électronique.

Le mot « bibliographie » a longtemps désigné la science du livre, ce que l'on désigne aussi sous le terme de « bibliographie matérielle », science qui permet de faire la lumière sur les origines matérielles des textes et sur leur transmission ; c'est ce sens que les anglo-saxons ont conservé dans le mot « *Bibliography* ».

La recherche des documents, leur lecture, leur sélection, leur analyse, leur critique, leur préparation en vue de leur stockage et de leur exploitation dans une mémoire d'ordinateur, font aujourd'hui partie intégrante du travail du bibliographe. Les informations structurées et ordonnées dans les mémoires d'ordinateur constituent des ***banques et bases de données***. Aussi, le mot « bibliographie » fait-il progressivement place, lorsque l'on se réfère à la méthode de travail, à l'expression plus moderne de « ***recherche documentaire*** » qui traduit mieux la démarche de recherche d'information dans tous les types de documents et quels que soient leurs supports.

1. Les répertoires bibliographiques

   La bibliographie témoigne de l'activité de l'écrit et surtout de l'imprimerie depuis ses débuts. Dans des recueils dénommés « bibliographies » ou « **répertoires bibliographiques** », ou encore « ouvrages de référence », la bibliographie signale les documents imprimés ou non de toutes les époques et de tous les pays, dans des notices rangées dans un ordre déterminé. La terminologie employée pour désigner les répertoires bibliographiques a beaucoup varié et n'est même pas au point en ce qui concerne les non-livres.

   Les documents signalés sont liés en effet généralement entre eux par des caractères intellectuels divers et les répertoires sont utilisés essentiellement pour identifier des textes ou informer sur des sujets divers. Les informations ne sont pas présentées de façon aléatoire, mais classées et organisées, généralement soit dans une séquence alphabétique, soit dans un classement systématique, moins fréquemment selon un classement géographique ou chronologique. À l'intérieur des rubriques systématiques, on note de plus en plus un sous-classement numérique, dans l'ordre numérique d'entrée dans l'ordinateur.

   La bibliographie témoigne aussi de l'activité des textes qui ne sont pas des écrits, comme le sous-tend D.F. McKenzie (*La bibliographie et la sociologie des textes*, Cercle de la Librairie, 1991). Il étend le concept de textes aux images, aux cartes, aux partitions musicales et à tous les documents nouveaux comme les enregistrements sonores, les photographies, les films, les programmes de télévision, les vidéogrammes et les données informatisées.

2. Qualificatifs des répertoires bibliographiques

   – Selon le lieu de publication, on parle de bibliographies internationales, nationales, régionales et locales.

   – Selon le caractère encyclopédique ou spécialisé, on distingue les **bibliographies générales** qui recensent des documents sur tous les sujets et les **bibliographies spécialisées** qui ne recensent que les documents traitant d'un sujet précis.

   – Selon la période de publication, on distingue les **bibliographies courantes** qui paraissent à intervalles réguliers, au fur et à mesure de la production, et les **bibliographies rétrospectives** qui recensent des documents publiés dans une période plus ou moins étendue.

   – Selon la méthode de collecte, on distinguera les **bibliographies exhaustives** qui rassemblent l'ensemble des documents, ou les **bibliographies sélectives** lorsqu'on a fait un choix, parmi la masse des documents, selon des critères qualitatifs ou chronologiques, ou selon le type de documents.

   – Selon les éléments de signalement, on distingue les **répertoires signalétiques** lorsque les notices ne comprennent que les éléments de description matérielle, **répertoires analytiques**, lorsque les notices sont accompagnées d'une analyse plus ou moins détaillée, et les **répertoires critiques** lorsque l'analyse comporte un jugement de valeur sur les documents recensés.

3. Le **contrôle bibliographique universel** (CBU)

   La notion de bibliographie universelle a été défendue dès 1895 par deux bibliographes belges Philippe Otlet et Henri La Fontaine qui ont fondé à Bruxelles l'Institut international de bibliographie, en vue de réunir un fichier central des imprimés de tous les pays depuis le XVe siècle. Tâche démesurée qui a été abandonnée dans les années 30, au profit d'une organisation bibliothéconomique mondiale, organisée au plan national. C'est en 1973 qu'a été défini le concept de « contrôle bibliographique universel », sous les auspices de l'Unesco et de l'IFLA. Il s'agit de rendre universellement disponibles, grâce à une collaboration internationale sur les règles de description, les données bibliographiques relatives à toutes les publications de chaque pays, reposant sur l'existence d'une législation sur le dépôt légal, et sur la création d'agences bibliographiques nationales responsables de la fabrication de la bibliographie officielle nationale. Le CBU a engendré la nécessité d'un second programme universel permettant l'accès aux documents recensés : l'**UAP** (***Universal Availability to Publications***), qui ne peut exister que si le CBU est mis en œuvre.

4. Exemples de produits bibliographiques
L'exemple le plus général de produit bibliographique destiné à l'identification des documents est la base bibliographique d'une Bibliothèque nationale, unique pour chaque pays, comme la *Bibliographie nationale française*, produite par la Bibliothèque nationale de France. Quant aux bases documentaires, permettant de s'informer sur les sujets les plus divers, l'exemple le plus général pourrait être la base de données pluridisciplinaire *FRANCIS* de l'INIST, qui contient les références bibliographiques de milliers d'articles de périodiques.

Bibliologie

Ensemble des disciplines scientifiques ayant le livre et le lecteur comme objets d'étude : histoire du livre, psychologie et sociologie de la lecture, bibliothéconomie. Dans un usage vieilli, bibliologie est synonyme de bibliographie.

Bibliométrie

Exploitation statistique des publications. Le terme bibliométrie, attribué selon les auteurs P. Otlet ou A. Pritchard, apparaît dans les années 60, associé au concept de statistiques bibliographiques. La bibliométrie a été définie en 1969 par A. Pritchard comme « l'application des mathématiques et des méthodes statistiques aux livres, articles et autres moyens de communication » (A. Pritchard, *Journal of Documentation,* 1969). La terminaison « mètrie », désignant la « mesure », suggère des sciences qui proposeraient des mesures, ce qui dans le contexte scientifique prend une signification métrologique. Or la métrique s'applique à un ensemble pour lequel on accepte une convention permettant de définir des « distances » entre les éléments, ce qui conduit à les classer par ressemblance ou dissemblance. « Il convient, plus prudemment, de prendre les résultats scientométriques pour des indices et non des preuves... La bibliométrie, principal outil de la scientométrie, regroupe plutôt des méthodes d'évaluation et non des méthodes de mesure » (C. Duteuil, *Revue Française de Bibliométrie,* 1989). Faut-il préciser que les résultats sont relatifs et ne valent que par leur interprétation.

Depuis ces dernières années les milieux industriels et publics s'intéressent à la bibliométrie et la scientométrie. Tous deux voient dans l'exploitation de ces nouvelles sciences des outils adaptés pour l'élaboration de stratégie ou l'aide à la décision. J. Bertin explique cette situation en précisant que : « Les données ne fournissent pas l'information nécessaire à la décision. Ce qu'il est nécessaire de voir, ce sont les relations que l'ensemble des données construit. L'information utile n'est pas un accroissement de la quantité d'information mais tout au contraire une réduction de cette quantité par des regroupements pertinents » (J. Bertin, Flammarion, 1977).

La bibliométrie est un des maillons de la chaîne de traitement de l'information partant de sources documentaires multiples, pour aboutir à l'***information stratégique*** qui va nourrir un processus décisionnel.

En outre par l'outil bibliométrique qu'elle utilise, la scientométrie se définit par rapport à son domaine d'application. C'est ainsi qu'elle se distingue de la bibliométrie par sa spécialisation aux domaines de l'information scientifique et technique (IST). En 1969 le terme *scientometry* est introduit par G.M. Gabov pour exprimer la mesure de l'information scientifique et les processus de sa communication. À partir des documents scientifiques et techniques publiés, mais aussi des citations revues par ces documents, la scientométrie a pour objet une gestion et une évaluation de l'activité de recherche scientifique à des fins souvent prospectives. La scientométrie se rattache au courant économétrique de « mesure » de l'activité scientifique et technique.

Bibliothéconomie

Néologisme qui date de la fin du XIXe siècle. qui désigne la science de l'administration, de l'organisation et de la gestion des ***bibliothèques***.

Plus analytiquement, la bibliothéconomie est l'ensemble des processus, règles, moyens humains et financiers à mettre en œuvre pour offrir les meilleurs produits et/ou services, au moindre coût, en tenant compte des besoins des consommateurs (clients ou usagers du service de la bibliothèque).

Elle exige plus que par le passé un savoir technique polyvalent, car le papier (traduction de la racine biblio) se trouve en concurrence avec de nouveaux supports numérisés. La dimension économique prend ainsi plus d'importance, car les investissements pour s'équiper et pour suivre les productions informationnelles exigent de faire des choix. La facilité d'accès à l'information n'est pas gratuite, ni sa mise à disposition auprès du public, client de la bibliothèque ou du centre d'information et de documentation.

Bibliothèque

Étymologiquement, coffre ou armoire de livres. Cette étymologie se retrouve strictement dans la désignation du meuble à tablettes où sont rangés les livres. Par extension, une bibliothèque est la pièce ou l'établissement public ou privé où sont rangées et gérées les collections de livres, d'imprimés, de manuscrits, d'affiches, de disques, etc.

1. Histoire

L'histoire des bibliothèques est étroitement liée à l'histoire de l'écriture, du livre et des supports d'information. Le mot bibliothèque est apparu en Grèce. C'est le coffret (*thêkê*) à livres (*biblion*) et par extension le bâtiment où l'on range une collection de livres. Avant l'Antiquité grecque, il y avait en Mésopotamie et en Égypte de véritables bibliothèques renfermant des tablettes d'argile et des rouleaux de papyrus. La bibliothèque du palais de Ninive (VIIe siècle av. J.-C.) contenait des tablettes d'argile gravées de caractères cunéiformes. La bibliothèque d'Alexandrie à laquelle est attachée le nom du poète Callimaque est la plus prestigieuse du monde grec. Elle réunissait au moment de son incendie (en 47 av. J.-C.) des milliers de rouleaux de ***papyrus***. C'est aux bibliothèques monastiques de l'Occident médiéval que l'on doit la sauvegarde de la culture occidentale et la transmission de l'héritage intellectuel des mondes grec et romain. À partir du XIIIe siècle, se développèrent les bibliothèques dans les universités, en particulier en Angleterre (Cambridge et Oxford), en Allemagne et en France (la Sorbonne). C'est le XVIIe siècle qui a vu naître la bibliothéconomie dont le premier grand nom est Gabriel Naudé, bibliothécaire de Mazarin, auteur d'un *Advis pour dresser une bibliothèque* (1627). Au XVIIIe siècle, dans tous les pays d'Europe se constituent des bibliothèques savantes à l'initiative de monarques, de notables ou d'ecclésiastiques, qui formeront les noyaux des futures bibliothèques nationales ou publiques, telle la British Library à Londres.

À la Révolution française, les bibliothèques ecclésiastiques françaises furent déclarées propriétés nationales. À cette vague de confiscations, vinrent s'ajouter les confiscations de bibliothèques d'émigrés, puis celles des universités et des académies. La plupart des fonds anciens des bibliothèques municipales françaises ou des grandes bibliothèques spécialisées de Paris sont issus directement de ces confiscations révolutionnaires.

C'est au cours du XIXe siècle que se développèrent les bibliothèques publiques en libre accès dans les pays anglo-saxons, et que la création d'écoles de bibliothécaires favorisa l'avancement de la ***bibliothéconomie*** moderne : libre accès aux collections, classement à l'aide de classifications décimales, catalogues par matières, etc. Le modèle anglo-saxon fit école dès le début du XXe siècle.

Aujourd'hui les bibliothèques sont les lieux de rencontre des médias, d'où la floraison des néologismes pour désigner tout ou partie de leurs collections : ***médiathèques, discothèques, vidéothèques, filmothèques, phonothèques***, **artothèques, logithèques et didacthèques**.

2. Classification internationale des bibliothèques et typologie des bibliothèques

Pour normaliser les données fournies par les différents pays pour l'établissement des statistiques des bibliothèques, l'UNESCO a adopté une série de définitions. C'est ainsi qu'est considérée comme bibliothèque, quelle que soit sa dénomination « *toute collection organisée de livres et de périodiques imprimés ou de tous autres documents ainsi que les services du personnel chargés de faciliter l'utilisation de ces documents par les usagers à des fins d'information, de recherche, d'éducation ou de récréation* » (*Annuaire statistique de l'**UNESCO***). Cette définition implique une organisation, du personnel et des choix dans la masse des documents selon les objectifs fixés. Les bibliothèques sont classées par l'UNESCO à partir de leurs fonctions dans les 6 catégories suivantes : bibliothèques nationales, bibliothèques d'établissements d'enseignement supérieur, bibliothèques de caractère savant, bibliothèques scolaires, bibliothèques spécialisées, bibliothèques publiques (ou populaires).

En France, ces 6 catégories de bibliothèques se répartissent dans deux ensembles, les bibliothèques publiques d'une part, et les bibliothèques d'étude et de recherche d'autre part. Le rattachement administratif aux ministères de l'Éducation nationale, de l'Enseignement supérieur et de la Culture ne recouvre pas complètement cette distinction. La notion de bibliothèque publique n'est pas simple à définir en effet. On parle de **bibliothèques publiques** lorsque les collections visent à satisfaire des besoins généraux de loisirs et de culture (bibliothèques de lecture publique), et de bibliothèques d'études et de recherche lorsque les collections servent essentiellement à l'étude et à la recherche. On parle aussi de bibliothèques publiques, sur le plan administratif, lorsque les sources de financement proviennent des collectivités publiques et que les établissements sont placés dans la dépendance d'autorités administratives.

Selon les sources statistiques de l'Unesco, le poids économique des bibliothèques publiques ou semi-publiques se situerait autour de 20 milliards de dollars par an, dont 5 milliards pour les États-Unis et 5 milliards pour l'Europe de l'Ouest ; elles contribuent au chiffre d'affaires annuel de l'édition et emploient autour d'un million de personnes. Le coût des deux grands projets européens de bibliothèques nationales qui doivent ouvrir leurs portes vers 1996 est colossal : 4 milliards de francs pour la Bibliothèque britannique de Saint Pancras, 7 milliards pour la Bibliothèque nationale de France de Tolbiac.

Par l'importance des collections de livres et de périodiques, et donc sans tenir compte des autres types de supports, la première place du palmarès des bibliothèques serait occupée par la Bibliothèque Lénine de Moscou, avec 30 millions de volumes (monographies et publications en série). Puis viendraient des bibliothèques anglo-saxonnes et la Bibliothèque nationale française : la Bibliothèque du Congrès à Washington, avec 22 millions de volumes, la Bibliothèque britannique à Londres, 18 millions de volumes, la Bibliothèque nationale de France, 12 millions de volumes, la Bibliothèque de l'Université de Harvard (Cambridge, Mass.), 10 millions et enfin la Bibliothèque municipale de New York, 9 millions.

Le record du monde des bibliothèques en matière de lecture publique serait détenu par la Finlande où la moyenne de la contribution municipale au fonctionnement d'une bibliothèque est de plus de 300 francs par habitant (en France la moyenne de la contribution municipale se situe autour de 80 francs), où la moitié de la population est inscrite dans une bibliothèque et où les 4,9 millions d'habitants empruntent presque autant de livres que l'ensemble des 58 millions de Français.

3. Les bibliothèques publiques en France

Relèvent de collectivités territoriales locales, les **bibliothèques municipales** (qui portent parfois le nom de ***médiathèques***) et les **bibliothèques départementales de prêt** (ou médiathèques départementales de prêt) ; la **Bibliothèque publique d'information** (BPI) placée sous la tutelle du ministère de la Culture et la Médiathèque de la Villette, placée sous la tutelle du ministère de la Recherche peuvent être rangées dans la catégorie de bibliothèques publiques, sans relever de collectivités territoriales. Les autres bibliothèques de lecture publique ont un statut privé : il s'agit de bibliothèques de comités d'entreprise, des établissements de soins, d'établissements pénitentiaires ou dépendant d'associations diverses.

a) Les bibliothèques municipales françaises (B.M.)

Les B.M. s'inscrivent dans le cadre de la commune et sont en régie municipale. Toutes les communes dont la population est supérieure à 50 000 habitants en sont dotées. On en dénombre environ 1 800, dont 54 ont le statut de bibliothèques municipales classées. Leurs fonds trouvent leur origine dans les confiscations révolutionnaires, ce qui les a orientées au début plus vers la conservation des fonds anciens et l'érudition que vers la lecture populaire. Il faut attendre la création de la Direction des Bibliothèques et de la lecture publique (DLL), en 1945 et surtout la mise en œuvre de programmes d'aides incitatives accordées depuis 1970 par l'État aux municipalités, pour voir se développer sur tout le territoire français des bibliothèques de lecture publique modernes, ouvertes à tous les médias, avec des sections réservées aux enfants.

La mission primordiale de la bibliothèque municipale est le partage de la culture au bénéfice de l'ensemble de la population d'une ville ou d'une agglomération urbaine ; elle se doit d'offrir la documentation de base du citoyen, l'information dans tous les domaines, la conservation du patrimoine local et l'incitation à la lecture. Les bibliothèques municipales les plus importantes jouent un rôle régional de plus en plus important dans l'interconnexion des bibliothèques d'une même région, grâce à leur insertion dans des réseaux documentaires nationaux et internationaux.

b) Les bibliothèques départementales de prêt

Instituées en 1945, sous le nom de **bibliothèques centrales de prêt** (BCP), ce sont des bibliothèques initialement destinées à desservir les communes rurales de moins de 15 000 habitants, une par département. Services extérieurs de l'État jusqu'aux lois de décentralisation, elles ont été transférées aux conseils généraux des départements à compter du 1er janvier 1986, d'où leur nouvelle appellation de bibliothèques départementales de prêt (BDP). L'activité fondamentale de la BCP, devenue BDP, est d'assurer un service de prêt de documents quels que soient leurs supports, par dépôt renouvelé dans des lieux très divers, essentiellement les mairies et les écoles, ou par dépôt permanent dans des bibliothèques relais ou par prêt direct dans des bibliobus. À leur mission première de prêt de documents, s'ajoutent des missions d'information, d'animation et de conseils en direction des petites bibliothèques municipales qu'elles ont souvent contribué à créer.

c) La Bibliothèque de l'heure joyeuse (Paris)

La **Bibliothèque de l'heure joyeuse** est un exemple de l'influence du modèle anglo-saxon en matière de ***bibliothéconomie***. Créée en 1924 à l'initiative du Comité américain des régions dévastées, cette bibliothèque enfantine est le premier équipement spécifique fondé en France pour les enfants avec un fonds d'ouvrages en accès libre, un fonds ancien de livres pour la jeunesse édités entre le XVIIIe siècle et 1945, et un fonds de phonogrammes et de diapositives pour les enfants.

d) La Bibliothèque Publique d'Information (BPI)

La BPI est un autre exemple de l'influence du modèle anglo-saxon de la « *Public library* », bien qu'elle ne pratique pas le prêt. Ouverte en février 1977, en même temps que le Centre Georges-Pompidou, dont elle est un organisme associé, la BPI, sous tutelle du ministère de la Culture, a été conçue pour être le lieu privilégié de la formation individuelle permanente, ouverte à tous les publics et offrant à la consultation sur place une collection multimédia de documents d'information générale et d'actualité. Ce serait la bibliothèque publique la plus fréquentée du monde, selon le Président du Conseil supérieur des Bibliothèques (Rapport du Président pour l'année 1994). Son service de documentation « Public Info » vient compléter le fonds de documents en dépouillant la presse française. Un espace langue accueille des centaines de personnes qui viennent s'initier ou se perfectionner dans la pratique des langues.

e) La Médiathèque de la Cité des sciences et de l'industrie

La Médiathèque de La Villette est intégrée à la Cité des sciences et de l'industrie de La Villette, à Paris et a été inaugurée en 1986. Son but est de diffuser de la façon la plus large et la plus attrayante l'information scientifique, technique et industrielle. Pour remplir cet objectif, elle rassemble de la documentation scientifique et technique de vulgarisation, à l'intention du grand public, de la documentation spécialisée en histoire des sciences et en muséologie scientifique et technique, en direction des chercheurs et a un espace dédié aux enfants auxquels elle propose tout un éventail d'activités. Un espace, la salle Louis-Braille, est réservé aux personnes déficientes visuelles. Sa didacthèque, composée de près de 200 logiciels, est un outil d'apprentissage et de perfectionnement pour adultes et enfants. L'audiovisuel y est partout, programmé sur des consoles individuelles réparties à l'intérieur de la médiathèque : son fonds audiovisuel de vulgarisation scientifique permet de suivre l'évolution du cinéma, de la chronocinématographie du Dr Commandon à l'image de synthèse, avec le vidéodisque comme support essentiel. On peut ainsi la considérer comme la plus grande bibliothèque publique scientifique, technique et industrielle de France.

4. Les bibliothèques d'études et de recherche

a) La Bibliothèque Nationale de France (BNF)

La tradition fait remonter l'origine du fonds de la **Bibliothèque Nationale de France (BNF)** à la collection du roi Charles V qui se composait d'un millier de manuscrits installé dans une tour du Louvre. Une autre tradition fait remonter sa fondation à François 1er qui en 1537, par l'ordonnance de Montpellier, a institué le dépôt légal. Aux collections de manuscrits et de livres, se sont progressivement ajoutées des estampes, des monnaies et des partitions musicales, qui sont aujourd'hui prises en charge par des départements et des services distincts.

La BNF a un statut d'établissement public national à caractère administratif, doté de la personnalité civile et de l'autonomie financière. Créée par décret du 3 janvier 1994, la BNF résulte de la fusion de la Bibliothèque Nationale, située rue de Richelieu à Paris et de l'Établissement public chargé de la construction de la Bibliothèque de France, sur le site de Tolbiac. Elle est Agence bibliographique nationale, responsable de l'acquisition, de la conservation, de la description et de la diffusion de l'information bibliographique des documents qu'elle reçoit en vertu de la législation sur le dépôt légal. Elle rédige la *Bibliographie nationale française*. Ses domaines d'excellence sont les sciences humaines et sociales et la littérature des pays francophones. La BNF est également au cœur d'un réseau d'échange et de partage avec les principales bibliothèques françaises, municipales et universitaires, autour de collections fortes et spécialisées (notamment celles des CADIST) et avec des organismes de recherche et de documentation comme l'INIST : échange de notices et politique de partage des acquisitions. Elle entretient des relations étroites avec les autres bibliothèques nationales telles que la Bibliothèque du Congrès, la Bibliothèque britannique et la Bibliothèque nationale d'Allemagne.

b) Les bibliothèques universitaires (BU)

Dans toutes les villes universitaires, il existe des **bibliothèques universitaires** dont les fonds sont d'importance variable, en fonction de leur ancienneté. D'après une étude récente, elles réunissent 43 % du patrimoine documentaire public en France.

Les BU sont chargées de fournir aux étudiants, aux enseignants et chercheurs la documentation nécessaire à l'étude et à la recherche dans toutes les disciplines enseignées dans les universités, et d'assurer une mission d'orientation et d'enseignement bibliographique et documentaire. Une bibliothèque universitaire forme une unité administrative unique qui doit se situer dans un ensemble plus large, le **Service Commun de la Documentation (SCD),** institué par la loi sur l'enseignement supérieur de 1984. L'idée fondamentale de la loi de 1984 et des décrets d'application de 1985 est que la politique documentaire des universités doit se fonder sur une coopération organique entre toutes les unités documentaires de l'université, qui peuvent participer au service commun, soit en s'y intégrant, soit en s'y associant. Ce réseau documentaire s'intègre dans un réseau national informatisé, articulé autour de centres documentaires spécialisés et ayant une vocation nationale dans des secteurs disciplinaires déterminés : les **Centres d'Acquisitions et de Diffusion de l'Information Scientifique et Technique (CADIST).** Les CADIST bénéficient de dotations spécifiques pour développer leurs collections dans une discipline donnée avec un objectif à atteindre, l'exhaustivité et l'obligation d'acquérir des documents de niveau recherche.

c) Les bibliothèques des grands établissements littéraires et scientifiques

Il y a 6 bibliothèques de ce type en France, toutes situées à Paris. Elles sont sous la tutelle de la Direction de l'Information scientifique et technique au ministère de l'Éducation nationale et peuvent être rangées dans la catégorie de bibliothèques à caractère savant, selon la typologie de l'Unesco.

Chaque grand établissement, Collège de France, Muséum national d'histoire naturelle, Observatoire, Institut de France, Académie nationale de médecine, Musée de l'Homme a été doté d'une bibliothèque dès sa création. Certaines, comme celle du Muséum, remontent au XVIIe siècle, d'autres, telle la bibliothèque du Musée de l'Homme, sont plus récentes. Elles ont pour mission de servir la recherche et l'enseignement dans la spécialité de leur établissement. Leurs fonds sont particulièrement riches et représentent un point de référence pour les disciplines qu'elles couvrent.

d) Les bibliothèques spécialisées et centres de documentation

Les **bibliothèques spécialisées** s'adressent à un public homogène, celle de la communauté des chercheurs et couvrent tous les domaines du savoir. Ce sont des bibliothèques de proximité, aux statuts multiples, qui gèrent et conservent des fonds spécialisés sur une discipline ou un domaine. Elles comportent souvent une activité de documentation et d'information et portent le nom de **centres de documentation.** La plupart sont de création récente, après 1959, bien que certaines datent du XVIIe ou du XVIIIe siècle, comme celles de la Compagnie Saint-Gobain, fondée en 1665 ou celle de l'Académie d'agriculture de France, fondée en 1761. Certaines ont été constituées à l'origine, comme les bibliothèques municipales, à partir de prélèvements dans les dépôts littéraires, issus des confiscations révolutionnaires, d'autres à partir de legs de mécènes. C'est ainsi que la Bibliothèque Forney (Paris) a été créée grâce au legs fait à la ville de Paris par Aimé-Samuel Forney en 1886 pour l'acquisition de documents relatifs aux arts décoratifs et aux métiers d'art, que la Bibliothèque d'art et d'archéologie (Paris), a été réunie par le couturier Jacques Doucet et donnée en 1919 à l'Université de Paris ou que la Bibliothèque Marguerite Durand (Paris), du nom de sa fondatrice, spécialisée sur le féminisme, a été offerte en 1931 à la ville de Paris.

5. L'Institut National de l'Information Scientifique et Technique (INIST)
   L'INIST est un centre intégré du traitement de l'information du CNRS, implanté à Nancy.
   Le fonds documentaire de l'INIST couvre l'essentiel de la production scientifique et technique européenne et internationale. Ce fonds est destiné à approvisionner en documents primaires les services de production des ***bases de données***, *FRANCIS* et *PASCAL* et le service de fourniture de copies de documents, notamment des articles de périodiques. Un système de numérisation des titres de périodiques les plus demandés permet d'accélérer les délais de traitement et de fourniture. À terme est envisagée la mise à disposition directe en temps réel du texte intégral des documents.
   D'importantes institutions françaises apportent à l'INIST leur participation à la constitution des bases de données *FRANCIS* et *PASCAL*.
   FRANCIS est un ensemble de 19 fichiers bibliographiques multidisciplinaires et multilingues en sciences humaines, économiques et sociales ; *PASCAL* est une base de données bibliographiques, multidisciplinaire et multilingue couvrant l'essentiel de la littérature mondiale en science, technologie et sciences de la vie.
6. Les bibliothèques scolaires et les Centres de Documentation et d'Information (CDI)
   Les premières bibliothèques scolaires sont apparues au XIXe siècle, mais c'est en 1958 que l'on fait remonter la création en France des premiers services de documentation dans les établissements scolaires et c'est en 1973, que ces services ont reçu l'appellation de **Centre de Documentation et d'Information (CDI)**. Leurs collections doivent servir d'appui aux études et à la récréation, des collégiens et des lycéens.

Bibliothèques (Approche du patrimoine des -)

La notion du patrimoine des bibliothèques est relativement récente par rapport aux autres formes du patrimoine (monumental, mobilier, ethnologique...). Pourtant, la vocation patrimoniale a accompagné l'apparition des premières bibliothèques conçues en tant que dépôts de livres et temples gardiens du savoir. D'autre part, le patrimoine des bibliothèques fut longtemps limité aux fonds anciens (manuscrits et livres antérieurs au XIXe siècle). Ce n'est qu'à partir des années 80 (1980 a été proclamée année du patrimoine) que la notion du patrimoine connut une extension pour englober tous les documents (et non plus les livres) anciens, rares et précieux. Ainsi, le concept a pu, d'une part, intégrer les autres supports documentaires (sonores, visuels, iconographiques, cartographiques, magnétiques), et d'autre part, acquérir une dimension dynamique et cumulative en ce sens que chaque génération héritière du patrimoine de ses prédécesseurs le transmettra à ses successeurs, enrichi de sa propre production. C'est ainsi que des documents récents joindront continuellement les collections patrimoniales pour témoigner de la participation des générations actuelles (et futures) à l'œuvre universelle de l'esprit humain à travers l'histoire.

Les **collections patrimoniales** détenues par les bibliothèques ne cessent de gagner en intérêt et valeur. Les raisons qui président à ce phénomène peuvent être résumées dans les points suivants :

– Un intérêt culturel : lié à la valeur identitaire que recèle l'héritage, transmis à une communauté donnée par ses générations successives. Cet héritage constitue en effet, une sorte de mémoire collective riche en témoignages sur le passé culturel, intellectuel, social, politique, économique etc. de la dite communauté.

– Un intérêt scientifique et de savoir : les collections patrimoniales sont très utiles pour les travaux de recherche dans les différents domaines du savoir. Dans ce cadre, le patrimoine écrit et graphique présente la particularité d'être doublement intéressant par les contenus qu'il véhicule, et par ses supports qui constituent une source précieuse pour les chercheurs en histoire de textes, en paléographie, ou en histoire de l'édition et de l'imprimerie.

– Un intérêt émotionnel : lié à la consommation esthétique (manuscrits de peinture, reliure d'art etc.) ou affective (effets de prestige et de nostalgie) des œuvres.

– Un intérêt économique : qui ne cesse de se confirmer en relation avec les politiques de valorisation des collections et des défis technologiques qui les contraignent à s'aligner sur les techniques de transfert des supports, de la numérisation et de l'insertion dans des réseaux, en bouleversant ainsi les idées reçues sur l'authenticité des documents et l'originalité des supports.

Les caractéristiques de rareté, préciosité, ancienneté et fragilité des supports (mais aussi des contenus pour certaines de ces caractéristiques) confèrent à ce patrimoine des valeurs économiques indéniables. D'autre part, ces valeurs économiques se trouvent d'autant plus confirmées qu'elles se fondent en grande partie sur les différents points d'intérêt évoqués plus haut.

Bidonnage

En argot journalistique action de trucage d'une information visant à produire un document qui n'est pas authentique. Le détournement d'une photographie par une légende inventée, la simulation d'un reportage à la radio pour faire croire aux auditeurs que l'enregistrement a été fait sur le terrain de l'action et non en studio, le découpage d'une conférence enregistrée en vidéo pour insérer *a posteriori* des questions, sont quelques formes de bidonnage.

Bien culturel

Au sens étroit, un bien culturel est un bien économique qui se caractérise par son unicité : l'œuvre d'art, comme par exemple un tableau de maître, tient sa valeur de son unicité. Mais en tant que bien économique, un bien culturel est objet de marchandisation qui suscite son industrialisation pour le mettre à la portée du plus grand nombre, lui faisant perdre cette unicité fondamentale, aboutissant dans certains cas à la perversion dénoncée par l'***École de Francfort*** sous l'expression d'« industrie culturelle » dont la logique de rentabilité conduit à une esthétique frelatée, à la dégradation du goût par la massification. Et « il y a industrie culturelle lorsque la représentation d'une œuvre est transmise ou reproduite par les techniques industrielles », selon la définition proposée par Augustin Girard (« Les industries Culturelles », *Futuribles,* n° 17, 1978, p. 605). Le rôle de l'industrie est donc de reproduire, ou bien, comme l'écrivent Huet et *alii,* « de transformer une valeur d'usage unique et aléatoire en valeur d'échange multiple et effective » (*Capitalisme, et industries culturelles,* PUG, 1978).

Au sens large, un bien culturel est tout bien économique à finalité esthétique qu'il soit unique ou reproduit. Un tableau de maître ou sa reproduction, un spectacle vivant d'art lyrique ou le même spectacle retransmis par la télévision à des millions de téléspectateurs et enregistré sur cassettes vidéo par certains pour le revoir une nouvelle fois, un manuscrit d'un grand roman et le livre édité à plusieurs milliers d'exemplaires à partir de celui-ci, ainsi que le grand film qui en fera l'adaptation pour être projeté en salle de cinéma, puis en programme de télécinéma, sont tous des biens culturels ou **marchandises culturelles**, tout comme le disque d'un chanteur punk, la presse magazine, le service qu'offre le musée, le théâtre... La marchandisation peut se faire selon deux logiques fondamentales, susceptibles d'être combinées pour définir une troisième :

– la logique éditoriale dont les produits (livres, place de cinéma, disques, cassettes vidéo, vidéodisque, etc.), sont conformes à la définition de l'industrialisation – les biens sont reproduits et vendus à l'unité. Dans ce cas il existe un marché de biens culturels où l'offre peut rencontrer l'acheteur-consommateur final. Le marché peut établir le prix du livre, le prix du disque, etc. Le prix est d'autant plus élevé à un instant donné que la demande excède l'offre, et inversement, dans le cadre d'une économie de marché pur ;

– la logique de flot qui est à l'intersection de la culture et de l'information, comme le fait remarquer P. Flichy (*Les industries de l'imaginaire, pour une analyse économique des médias*, PUG, INA, 1980, p. 38) et dont le produit est un flux continu d'images et/ou de sons indivisibles et à consommation collective (voir ***Bien indivisible***). Ici, le marché ne met pas en relation directe le diffuseur d'émissions ou de programmes et le consommateur d'émissions de télévision ou de radio, mais le diffuseur qui vend son audience et les annonceurs qui achètent de l'audience. Le prix qui s'établit est le prix d'un téléspectateur, le prix d'un auditeur, bien que le plus souvent les annonceurs préfèrent raisonner pour mille unités (voir ***Coût pour mille*** ou ***Coût au mille***) ;

– la logique intermédiaire qui conduit tel auteur de livres à succès à vendre à des annonceurs la possibilité pour le héros de consommer les produits aux marques de ces annonceurs et pour lesquels le livre devient un support de publicité qui est aussi vendu à l'unité. C'est le phénomène du **double marché** pour les biens culturels. Le film est l'illustration la plus évidente de ce phénomène : consommation payante en salle d'exploitation et consommation non payante à la télévision, alors que le diffuseur a payé le droit de la diffusion sur la base de son potentiel commercial, en termes de recettes publicitaires. Voir ***Modèles économiques des industries de l'information et de la communication***.

Bien indivisible et collectif

Bien économique qui ne peut se consommer qu'à l'unité et pour lequel le nombre de consommateur est indifférent pour le niveau de satisfaction de chacun d'eux. L'***information*** est un exemple de ce type de bien. Ainsi, l'expression « le livre le plus important n'est pas encore écrit » est une information qui a un sens lorsqu'elle est énoncée dans ce schéma minimal. En outre elle peut être énoncée une seule fois devant un groupe de personnes sans que chacune ne soit pénalisée pour la compréhension en raison du nombre de personnes dans le groupe : c'est en cela que l'information est un bien collectif. Mais si on envisage de ne donner qu'une partie comme « le livre » ou « core », on ne retrouve pas le sens minimal : c'est en cela que l'information est un bien indivisible, exceptions faites de l'apocope et de l'aphérèse pour les mots. Au contraire un morceau de pain est un bien divisible et non collectif, une chemise est bien indivisible (un morceau de tissu n'est pas une chemise) et non collectif. Voir ***Bien culturel***.

Bifteak

En imprimerie de presse, résidu de papier du début et de la fin de la bobine.

Bilan mémoriel

Moyenne des couvertures mémorisées au cours d'un semestre ou d'une année et calculées par période d'une semaine.

Ce bilan permet d'apporter une réponse à la question primordiale : « Comment répartir dans le temps les messages publicitaires ? En 1, 2, 3 vagues d'actions ou plus ? Chacune des vagues sur une période équivalente de 2, 4, 6 semaines ou plus ? Ou bien avec des vagues d'intensité décroissante ? ».

Globalement le calcul du bilan mémoriel hiérarchise les stratégies de répartition dans le temps de la façon suivante :

– en premier lieu, les campagnes monovagues et très étalées dans le temps (avec toutefois un seuil plancher de dilution. L'homéopathie publicitaire est à éviter). C'est la stratégie par excellence des lessiviers. Et, il est vrai que dans beaucoup de domaines, la meilleure façon d'apprendre consiste en un effort moyen mais surtout constant et répété. Les expériences de Pavlov vont également dans ce sens ;

– en deuxième lieu, les campagnes multivagues. C'est la stratégie la plus utilisée que nous pourrions appeler la plupart du temps « stratégie de compromis ». Compromis entre des contraintes liées à la saisonnalisation des ventes, à la différenciation des cibles (consommateurs, prescripteurs, relais professionnels) ainsi qu'à la création, à l'achat d'espace, etc. ;

– en dernier lieu, les campagnes monovagues et très concentrées dans le temps. C'est une stratégie souvent obligée du fait d'un budget très réduit ou d'un produit aux ventes hyper-saisonnalisées. Dans les autres cas, nous qualifierons cela de « stratégie coup de gueule », le danger étant bien entendu « mon produit aboie et la concurrence passe ».

Bilboquets

Travaux à faible valeur ajoutée réalisés en **imprimerie de labeur** (qu'on distingue de l'**imprimerie de presse**) : cartes de visite, faire-part etc.

Billet

Bref article périodique de presse, commentant sur un ton humoristique l'actualité. Parmi les billettistes célèbres de ces dernières années en France : Robert Escarpit (journal *Le Monde*), André Froissard (*Le Figaro*).

Bimensuel

Qui paraît deux fois par mois.

Bimestriel

Qui paraît tous les deux mois.

Binaire (Numération -)

Représentation des nombres avec une combinaison de deux chiffres : 0 et 1. Ce système fut inventé par Gottfried Wilhelm Leibniz (1646-1716) qui déclarait : « Un suffit à tirer l'Univers du Néant ».

Le chiffre 0 indique qu'il n'y a rien dans la collection, le chiffre 1 signifie qu'il y a un élément dans la collection. Lorsqu'il y a plus d'un élément, les signes 1 et 0 servent de numération de position. Ainsi, les 11 premiers nombres du système décimal s'écrivent en système binaire :

système décimal	système binaire
0	0
1	1
2	10
3	11
4	100
5	101
6	110
7	111
8	1 000
9	1 001
10	1 010

Une classe pleine d'éléments, comme c'est la cas avec le nombre décimal 2 se traduit en numération binaire par 10. La valeur 3 en système décimal est égale à : 2 + 1. Soit par conséquent en binaire : 10 + 1. Ce qui donne donc 11, etc. On peut associer des valeurs numériques spécifiques aux lettres alphabétiques, aux signes de ponctuation, aux parenthèses, etc. et coder ensuite ces valeurs numériques en numération binaire.

L'information stockée dans la ***mémoire*** d'un ordinateur ou dans des ***mémoires de masse*** est codées en binaire. Voir ***Bit***.

Biro, Ladislao (1900-)
Journaliste hongrois, installé en Argentine, inventeur du stylo à bille. Le brevet déposé en 1938 est vendu, après la Seconde Guerre mondiale, à l'entreprise française Bic.

Bit
Contraction de l'expression américaine « *Binary Digit* ». C'est le signal élémentaire utilisé en représentation numérique binaire de l'information. Il peut prendre la valeur 0 ou 1. Couramment utilisé pour indiquer les vitesses de transmission : l'unité est le Bit par seconde soit, en abréviation, **bps**. Le bit désigne aussi une unité de capacité de stockage d'information.

Blanc
En direct, ou sur une bande enregistrée, silence dû à l'hésitation d'un interviewé ou à un retard dans le démarrage d'un magnétophone ou d'un tourne-disque.

Blanchet
En imprimerie ***offset***, pièce de caoutchouc toilé, enroulé sur le cylindre qui se dit blanchet, qui permet le transfert de l'encre de la plaque imprimante sur le papier.

B.L.I.C. (Bureau de Liaison des Industries Cinématographiques)
Organisme professionnel fondé en 1976 qui représente les différentes industries du cinéma (exploitation, distribution et production) et les syndicats professionnels. Il a pour mission d'harmoniser les relations du cinéma français, en particulier avec les diffuseurs.

Blimp
Caisson insonore rendant inaudible le ronronnement de la caméra pendant son fonctionnement.

Blockbuster
Terme américain ayant deux sens différents :
– film à grand spectacle ;
– long spot publicitaire (durée de 90 à 120 secondes, au lieu de la durée habituelle de 30 secondes).

Bobineau
Terme journalistique désignant une bobine de film, une bande magnétique.

BODACC (Bulletin Officiel des Annonces Civiles et Commerciales)
Voir ***Information financière***.

Bogue
Défaut de conception ou de réalisation se manifestant par des anomalies de fonctionnement. En anglais : ***bug*** (= insecte).

Bon à tirer
Voir ***B.A.T.***

Book
Livre professionnel présentant les travaux d'un photographe, d'un mannequin, regroupant les écrits les plus significatifs d'un rédacteur. « Présenter son book ».

Boole, George (1815-1864)
Mathématicien britannique, fondateur de la logique mathématique moderne. L'algèbre de Boole ou algèbre de la logique est une structure algébrique appliquée à l'étude de relations logiques et dans laquelle les opérations de réunion, d'intersection et de complémentation expriment respectivement la disjonction, conjonction et la négation logique.

Booléen(ne) ou boolien(ne)
Élément ou variable susceptible de prendre deux valeurs s'excluant mutuellement.

Bouche à oreille
Mode de communication orale qui consiste précisément à colporter une nouvelle de « la bouche à l'oreille ». La rumeur, « plus vieux média du monde » selon Jean-Noël Kapferer, transite essentiellement par ce canal informel.

Boucle
1. En ***informatique***, ensemble d'instructions dont l'exécution est répétée jusqu'à l'obtention du résultat attendu. Les instructions fondamentales correspondent à : « faire » et « tant que ».
2. En ***cybernétique***, effet de rétroaction dans une suite d'effets : le dernier effet réagit sur le premier.
3. En audiovisuel (montage diapo, vidéo, télévision, cinéma), programme diffusé plusieurs fois dans une même journée. Voir ***Télévision en circuit fermé***.

Boucler un journal, boucler une édition
Terminer la composition, ou mettre un terme à la dernière forme d'une édition après laquelle aucune modification ne pourra survenir.

Bouillon
Dans la presse, exemplaires non distribués et devant être détruits.

Boumeur
Synonyme de haut-parleur de graves. En anglais : *boomer, woofer.*

Bourrer
Terme journalistique traduisant le fait d'accélérer la lecture d'un texte pour en restituer le minutage.

Bouton
Un des outils de ***navigation*** présent dans les produits ***interactifs***, il signale la présence d'une commande à disposition de l'utilisateur. Il est le résultat de 3 éléments cumulés puisqu'il est composé d'abord d'une zone d'écran sensible qui sera donc une zone active sous les

doigts ou la souris de l'utilisateur, un ***lien*** sera ensuite accroché à cette zone afin qu'elle produise la commande attendue lorsqu'on l'active, enfin, un marqueur rendra lisible la commande effectuée.

On définit ainsi trois types de boutons : les boutons iconiques (le marqueur est un d'ordre graphique), les boutons sémantiques (le marqueur est textuel) et les boutons transparents (la zone sensible est active, la fonction est présente mais le marqueur est absent).

Bouton poussoir

Voir ***Audimat***.

Bradford (Loi de -)

Voir ***Intelligence économique ou compétitive***.

Braille, Louis (1809-1852)

Enseignant français aveugle, inventeur en 1829 de l'alphabet Braille pour aveugles en adaptant le système de signes en relief mis au point en 1819 par le capitaine français Charles Barbier en vue de faciliter la lecture de nuit sur les champs de bataille.

Branly, Édouard (1844-1940)

Physicien français à l'origine d'un grand nombre de découvertes dont le radioconducteur – premier détecteur d'ondes hertziennes –, le principe des antennes reliées à l'émetteur, etc.

Brève

Information courte donnée par le journaliste au cours d'un journal radio ou télévisé.

Broadcasting

Terme anglais pour Radiodiffusion. Il est utilisé également pour désigner la stratégie de **diffusion de programmes généralistes** pour un public large en radio et en télévision, stratégie qui se distingue de celle des programmes thématiques pour un public particulier limité, stratégie identifiée par le néologisme de ***narrowcasting***. En général, la stratégie de diffusion large repose sur un financement par les annonceurs, alors que les stratégie du *narrowcasting* implique souvent pour une entreprise privée un paiement soit à la consommation soit un abonnement.

Voir ***Diffusion***.

Broker

Traduction : courtier. Il s'agit d'un intermédiaire entre serveurs et utilisateurs, assistant ces derniers pour le choix et la consultations des ***banques de données***. (arrêté du 30 décembre 1983).

Brouillage

Perturbation dans la réception d'ondes de radar, de radio ou de télévision : elle peut être involontaire (effet de parasite) ou volontaire (brouillage en temps de guerre par exemple).

Bruit

1. Définitions

Le concept de bruit s'emploie dans un très grand nombre de domaines allant de la physique aux sciences humaines de telle sorte qu'il semble, dans un premier temps, que l'on ne puisse en percevoir l'unité. Qu'y a-t-il en effet de commun entre le bruit tel qu'il est défini en physique quantique, en électronique, en électricité, en télécommunication, en cybernétique, en informatique, en médecine, en phonologie, en communication, en psychologie etc. ? Cependant, sans nier la diversité des définitions et les conséquences parfois positives que certains en tirent, il est possible de trouver une unité dans la connotation essentiellement négative qu'elles font toutes apparaître.

a) Les physiciens distinguent soigneusement le bruit du **signal,** la médecine écoute le bruit des organes comme **signe** de pathologie, les sciences du traitement de l'information et de la communication qualifient de bruit, à la suite des travaux de N. Wiener, J. Von Neumann, H. Von Foerster, C.E. Shannon, les phénomènes parasites aléatoires pouvant surgir au cours d'une communication quelconque et la perturber. Le bruit désigne donc tout ce qui n'est pas voulu dans la transmission du message, mais qui s'impose dans la communication : son que l'on ne veut pas entendre, image que l'on ne veut pas voir, les coquilles dans un texte de presse, document non pertinent signalé comme pertinent dans une interrogation d'une ***base de données***, etc. Le bruit peut aussi résulter d'un brouillage voulu. La conséquence extrême du bruit peut être un message non décodable à la réception.

On désigne plus généralement par **bruit de fond** tout signal non désirable – non nécessairement auditif –, du point de vue du récepteur, qui se superpose au signal utile porteur d'information. Le bruit de fond sonore se mesure en décibels, et le système « Dolby » est l'un des moyens de le réduire pour les enregistrements sonores.

Fondamentalement on distingue le **bruit de voies** et le **bruit sémantique**. Le premier désigne toute interférence ou perturbation qui nuit à la fidélité de la transmission d'un message, comme c'est par exemple le cas des coquilles dans un texte, ou de l'électricité statique à la radio. Le second correspond à une mauvaise compréhension du message, malgré une fidélité de la transmission, due aux connotations, aux représentations du récepteur. Le bruit d'une base de données est généralement sémantique.

b) De même, dans son usage courant, le bruit devient synonyme de rumeur, de potin, de ragot. Dans ce cas l'expression consacrée est **bruit de couloir**. Dans les organisations, des bruits de couloir se développent lorsque des informations émanant de la direction à destination de l'ensemble du personnel d'une entreprise font défaut. Les bruits de couloir (c'est-à-dire la rumeur) naissent dans des lieux se situant en dehors de tout contrôle hiérarchique (cantine, couloirs, photocopieuse, machine à café...), et correspondent le plus souvent à des nouvelles tragiques et très pessimistes sur l'entreprise (licenciements...).

c) Le bruit apparaît donc comme un phénomène qui résiste à la volonté de mesure intégrale ou de communication transparente en brouillant le message qui est concerné au cours d'un processus déterminé. Il peut même aller jusqu'à détruire l'information elle-même devenant alors identique au **silence**, comme on peut le voir non seulement dans l'assourdissement produit par un signal dont l'intensité serait maximale, mais également dans l'insignifiance atteinte par certains médias dans la production de leurs messages devenus de simples bruits.

2. Analyses du bruit

a) Le bruit comme ignorance momentanée ou comme structure de l'être même ?

On comprend dès lors que la science dans l'ensemble de ses branches tente de résorber le plus possible ce qu'elle considère comme échappant à sa prise rationnelle. On pourrait ainsi dire qu'elle essaie de réduire au minimum le bruit au profit de l'ordre, de la mesure et du sens. Faut-il alors considérer le bruit, pour paraphraser Spinoza, comme « un asile (provisoire) de notre ignorance » et, au nom d'une raison qui ne devrait rien laisser à l'extérieur d'elle-même, faire en sorte que le bruit disparaisse au profit du message et du sens. Faut-il ainsi crier avec le mathématicien René Thom, au nom d'un rationalisme traditionnel, « halte au hasard, silence au bruit » ? Doit-on, à l'opposé, reconnaître, à l'intérieur même de l'espace de la rationalité, un bruit incompressible, non expurgeable, une sorte de désordre minant de l'intérieur un ordre ou même, pour certains, créateur d'ordre (voir l'œuvre de Prigogine sur « l'ordre par fluctuations » ou l'article du biologiste Henri Atlan intitulé, à la suite des travaux de H. Von Foerster, « Du bruit comme principe d'auto-organisation qui montre que l'introduction du bruit dans un système augmente sa variété ») ? Il en va ici de la conception de la science, de la rationalité, et de l'homme dans son rapport au monde. Car le bruit semble renvoyer au désordre, au chaotique, à l'aléatoire, au non calculable, à l'imprévisible, bref, à l'irrationnel, à ce qui ne se laisse pas soumettre entièrement à l'ordre de la raison. Il semble s'opposer à une totale rationalité et transparence du monde et de la communication. Il se trouve ainsi placé au cœur du débat portant sur la raison occidentale depuis sa naissance grecque jusqu'à nos jours et il réactualise le dialogue entre Einstein, partisan d'une conception strictement déterministe du monde dans lequel « Dieu ne joue pas aux dés » et Bohr, développant dans la physique quantique (physique à l'échelle atomique) une conception selon laquelle le hasard et une certaine indétermination résistent à toute tentative de les résorber puisqu'ils constituent l'être même du monde.

L'exemple de l'optique, domaine de la physique dans lequel on parvient à effectuer des mesures très précises des phénomènes, peut nous permettre de mieux saisir ce caractère irréductible du bruit. On y constate que, dans les mesures effectuées grâce aux lasers émettant une lumière stable, on parvient à réduire presque totalement les bruits, c'est-à-dire les fluctuations de l'onde électromagnétique, d'origine mécanique et électrique. Cependant, quoi que l'on fasse, un bruit de nature quantique demeure non éliminable. Nous retrouvons ici la **relation d'incertitude d'Heisenberg** qui affirme qu'on ne peut pas à la fois préciser la vitesse et la position d'une particule ; mettre l'accent sur l'un des deux revient à modifier les mesures sur l'autre. De même en optique, l'intensité et la phase d'une onde étant conjuguées, mettre l'accent sur l'une revient à produire des fluctuations sur la mesure de l'autre. Cette imprécision, ce bruit quantique, nommé bruit de grenaille, peut être réduit (ce que les scientifiques essaient de faire), mais ne peut pas être annulé en raison même du caractère quantique de la lumière. Il n'y a donc pas de possibilité d'éliminer de façon radicale ce bruit ; l'aléatoire et l'indétermination sont inscrits au cœur des mesures de l'optique, plus précisément, des phénomènes de la physique quantique. Il n'y a pas, contrairement à ce que pensait Einstein, nostalgique d'une conception déterministe stricte des phénomènes physiques, de variables cachées. Il faut donc concevoir une rationalité qui, loin de rejeter le bruit comme son Autre, essaierait de le penser d'une façon plus ouverte, non absolue, de la raison : le bruit n'est pas ce qui est hors de toute raison (la physique quantique est rationnelle) mais ce qui oblige la raison à se penser et à se constituer autrement.

b) Du bruit électronique au bruit de l'incompréhension

Il nous reste cependant encore à explorer les différentes acceptions que le concept de bruit peut revêtir, parfois, à l'intérieur même d'un domaine considéré. Et il n'y a peut-être pas de meilleur exemple contemporain pour les saisir que celui constitué par la découverte effectuée accidentellement en 1964 par les radioastronomes Penzias et Wilson. Le but de leur travail était de mesurer le rayonnement de notre galaxie en utilisant une antenne, à très faible bruit de fond, construite pour assurer la communication avec les satellites. Or ils enregistrent un rayonnement, présent dans toutes les directions de l'espace, d'origine inconnue, d'une longueur d'onde d'environ 7 cm qui correspond à des photons de très faible énergie. Pour eux, il s'agit d'un bruit, au premier sens du terme, à savoir, un bruit électronique qui perturbe leur propre antenne. Ils élaborent toutes sortes d'hypothèses sur l'origine de ce bruit, allant jusqu'à sacrifier sur l'autel du savoir scientifique un couple de pigeons logeant dans l'antenne. Mais ils doivent se rendre à l'évidence : ce bruit, loin d'être un parasite, constitue un signal, aux fluctuations minimes, aux caractéristiques physiques indiquées plus haut. Cependant, ce bruit devenu signal reste un bruit en un autre sens de ce concept, car ils ne savent pas quelle signification accorder à ce qui est désormais reconnu comme un signal : de quoi celui-ci est-il le signe ? Il constitue encore pour eux un bruit par rapport à leur conception cosmologique. Ce n'est qu'en prenant connaissance des nouvelles hypothèses sur l'histoire de l'Univers qu'ils sont en mesure de transformer leur signal en signe prouvant qu'il est le reliquat d'un stade de lumière intense à « l'origine » de l'Univers : le bruit premier qu'ils cherchaient à évacuer est devenu la plus grande découverte cosmologique de l'humanité !

On voit donc qu'il ne faut pas placer sur le même plan ce qui, pour des raisons diverses que nous devrons préciser, peut être amené à recevoir le qualificatif de bruit. Le bruit quantique dû aux fluctuations aléatoires, les signaux physiques aux caractéristiques non fluctuantes, les signes ou symboles, n'ont pas le même statut. Ceci nous amène à penser que l'on ne peut pas définir le bruit en lui-même et par lui-même mais que sa qualification dépend, à la fois du niveau auquel on se place (physique atomique ou macrophysique, psychique, social, etc.) et de la visée intentionnelle qui lui donne du sens ou du non-sens. Pour illustrer ce dernier point, on pourrait donner l'exemple de la médecine que développe Michel Foucault dans un article intitulé, « Message ou bruit » (« *Dits et écrits* », T1, p. 558 *sq.*), dans lequel il montre que, pour se constituer en tant que science, la médecine doit partir du « bruit primordial » représenté par le « non-silence des organes ». Mais la nature ne donne que cela et il faut donc que les hommes mettent en place des codes permettant de séparer, à l'intérieur du bruit, les traits pertinents de ceux qui sont insignifiants. La médecine peut alors progresser soit en parvenant à individualiser des éléments du message par une meilleure observation soit en parvenant à trouver un message là où l'on ne voyait auparavant que du bruit : la psychanalyse de Freud, en donnant un sens aux paroles du malade considérées auparavant comme un pur bruit, produit une telle mutation intentionnelle (on pourrait dire la même chose dans les recherches contemporaines sur le chaos qui, en-deçà des fluctuations apparemment désordonnées parviennent, malgré tout, à trouver un ordre). Cependant, et nous retrouvons le débat esquissé sur les modèles de la rationalité, Foucault ne pense pas qu'un seul code soit en mesure d'informer tout le bruit : « ce gain sur le bruit n'a pas encore pu être assuré par un code unique et, peut-être, ne le sera-t-il jamais ». Ceci nous oblige donc à nous interroger sur les conditions qui rendent possibles les codes permettant soit de parler de bruit, soit de le transformer en message porteur de sens. Puisque ce code, comme le rappelle Foucault, n'est pas dans la nature elle-même qui émet seulement du bruit, c'est vers l'homme ou les hommes que nous devons nous tourner pour esquisser une anthropologie du bruit.

c) Le bruit des barbares et la parole des cultivés

On pourrait penser, dans une première approche, qu'il suffirait de placer le bruit du côté de la nature (on parle du bruit d'un volcan ou de la mer) et le non-bruit du côté de la culture. Et il est vrai que le cri animal est qualifié de bruit parce qu'il n'est pas constitué de sons sélectionnés capables d'être reconnus au sein d'une culture. Certes, comme le remarque Aristote dans sa *Poétique*, les bêtes sont capables d'émettre des sons indivisibles, mais ceux-ci ne constituent pas ce que l'on nomme aujourd'hui des phonèmes dans la mesure où ils n'ont pas été choisis par une culture donnée. Les cris sont inarticulés, car articuler signifie à la fois diviser et faire un choix parmi les phonèmes sélectionnés par une culture donnée. Le propre de l'homme est de présenter dans la production de sa parole des sons articulés qui sont le fruit d'un choix effectué parmi tous les bruits possibles. La même remarque pourrait être effectuée à propos de la musique qui choisit, parmi l'éventail de tous les bruits possibles, un certain nombre de sons aux fréquences déterminées, devenant des notes. La difficulté de réception de la musique contemporaine ne viendrait-elle pas du fait qu'elle redéfinit, si elle fait appel à des instruments non classiques, presque à chaque production de chaque compositeur, les frontières entre bruit et musique ?

Cependant même l'animal est capable de constituer à l'intérieur de son monde naturel une distinction entre ce qui est bruit totalement insignifiant et ce qui est signal : le cri peut donc prendre dans la nature elle-même la valeur de signal (défense, agression, amour etc.). De plus, on s'aperçoit que la distinction entre bruit et non-bruit ne passe pas tant par l'opposition nature-culture que par des oppositions intra et infraculturelles. C'est pourquoi les grecs, qui rejetaient hors de la culture les hommes qui n'appartenaient pas à la leur, qualifiaient de barbares tous ceux qui n'articulaient pas leur langue : ils n'entendaient de leur bouche que du bruit et non pas des sons, d'où le nom de barbare, mot fabriqué à partir des bruits, br. br., sensés être entendus par eux. L'ethnocentrisme a pour caractéristique de rejeter les autres cultures dans l'animalité, dans une nature animale. Lévi-Strauss rappelle ainsi qu'un grand nombre de groupes dits primitifs se désignent d'un nom qui signifie « les hommes », excluant du même coup les autres groupes de l'appartenance à l'humanité.

d) Le partage du sens et du non sens à partir du bruit

Mais ce qui est vrai des relations entre cultures l'est encore plus des rapports à l'intérieur d'une culture donnée. Et l'on pourrait montrer que ce qui est bruit pour une société à un moment donné ne l'est plus à un autre ; et il en est de même selon les âges, les groupes sociaux, les individus mêmes selon leur activité etc. Une anthropologie du bruit, dans l'esprit du travail de Norbert Elias sur la « *Civilisation des mœurs* » (Livre de poche) reste à faire qui montrerait le travail de différenciation, de distinction des sociétés, des groupes, des individus rejetant à l'extérieur d'eux-mêmes ce qu'ils nomment bruit pour mieux pouvoir assurer et fonder ce qui leur semble signifiant. C'est ce geste qu'a voulu saisir Michel Foucault comme condition de possibilité d'apparition de la folie : « la perception que l'homme occidental a de son temps et de son espace laisse apparaître une structure de refus, à partir de laquelle on dénonce une parole comme n'étant pas langage, un geste comme n'étant pas œuvre, une figure comme n'ayant pas droit à prendre place dans l'histoire. Cette structure est constitutive de ce qui est sens et non-sens... ». Il ne faudrait donc pas dire que la folie est bruit, non-sens, mais qu'elle surgit au cours d'un mouvement de distinction, d'articulation contingente, car variable selon les cultures, qui, à partir du bruit premier distingue ce qui sera folie et ce qui sera non-sens.

e) La fin du bruit ?

C'est pourquoi dans la polémique fameuse entre Jacques Derrida et Michel Foucault concernant l'exclusion ou non par Descartes de la folie, même s'il est vrai que Derrida reste plus proche de ce qu'écrit réellement Descartes, Michel Foucault a raison de mettre en évidence que la démarche cartésienne est faite d'exclusion de tout ce qui pourrait être l'écho d'un bruit quelconque à l'intérieur de la raison. Descartes, au cours de ses « Méditations métaphysiques », n'atteint dans le cogito la certitude absolue recherchée qu'en ayant auparavant exclu deux sources de bruit possible : une source externe représentée par la jeunesse, les passions, autrui (il s'isole volontairement à un âge mûr pour pouvoir penser d'une façon radicale) et une source interne constituée par les sens, le corps, les idées qui ne sont pas totalement claires et distinctes. Plus rien ne venant parasiter la raison elle-même, il semble que le cogito soit enfin la manifestation du sens dans une transparence totale sans aucun résidu.

Mais dans le cogito de Descartes qui se présente comme étant l'archétype du sens le plus transparent, d'une raison se saisissant dans une harmonie sans bruit, il demeure, comme l'énonce Nietzsche, un impensé qui est celui de la langue elle-même : que signifie « je », « penser », « être » ? De même que Pierre Aubenque a pu dire que, pour la philosophie occidentale, l'être constituait le « bruit de fond des langues indo-européennes », les signifiants de la langue fonctionnent comme bruit interdisant le surgissement d'une pensée qui ne serait que pure pensée, pure présence à soi, pur sens, sans la rémanence d'un bruit. Nous retrouvons, sous la forme du bruit du langage de la pensée, au cœur même de la raison philosophique, l'équivalent du bruit quantique : raison scientifique et raison philosophique, par des voies différentes, aboutissent à la même rencontre, à la même insistance d'un bruit qu'elles ne voudraient plus entendre.

f) Le bruit comme contingence du temps et de la mort

La notion de bruit nous a conduit progressivement à celle de sens dans les quatre sens de ce terme (sensibilité, ordre, direction, signification) : qu'est-ce qui peut faire sens, en entendant par là, qu'est-ce qui peut être reçu, accepté par une sensibilité (individuelle et collective) de telle sorte qu'il soit ordonné, dirigé vers un but, un telos, qui lui donne une signification. L'idéal rationaliste de l'occident a été et demeure de vouloir faire parler le bruit, de lui faire rendre raison, de lui donner un sens. Et même ceux, comme Nietzsche, Marx, Freud, que l'on soupçonne parfois de vouloir mettre à bas la raison participent du même geste. Freud, en constituant en paroles articulées, ce qui n'était que bruit, étend le pouvoir de la raison et du sens. Cependant, la séparation se fait sur l'idéal que l'on se donne : pour les uns, la raison triomphante doit être en mesure d'éliminer tout bruit alors que, pour les autres, il faut penser que raison et bruit forment une dyade indissociable, la première déplaçant avec elle son bruit, à la façon d'un faisceau lumineux mobile qui déplace l'ombre en même temps que sa propre lumière. Cherchant la raison du bruit, l'homme a trouvé non seulement le bruit dans la raison, mais aussi le bruit de la raison.

C'est peut-être le principe d'exclusion tel que Marcel Conche l'explicite qui pourrait nous faire mieux comprendre cette dialectique indépassable du bruit et du sens. Dans « *L'aléatoire* » (p. 127 *sq.*) et « *Orientation philosophique* » (p. 208 *sq.*), cet auteur pose qu'on ne peut voir certaines choses d'une façon qu'en ne les voyant pas d'une autre : « on ne peut voir les fleurs en abeille qu'en ne les voyant pas en mouche, libellule, etc., en horticulteur qu'en ne les voyant pas en peintre, etc. ». Tout ce qui peut être rassemblé d'un seul point de vue clos adopté constitue un monde. Ne pourrait-on pas dire que le bruit est tout ce qui ne peut pas être réuni dans un monde donné ? Cette sonate de Bach est du bruit pour le monde du chat et même pour le monde de celui qui l'écoutait auparavant par plaisir esthétique mais qui veut désormais communiquer avec quelqu'un. Le propre de l'homme étant d'être conscient qu'il existe une infinité de mondes différents de celui du sien, peut-on penser un monde sans bruit c'est-à-dire qui réunirait tous les mondes possibles et pensables au sein d'un même univers ? La raison humaine, tout en multipliant les mondes, n'est-elle pas contrainte de laisser échapper hors de sa prise l'ensemble de tous les mondes, ce que l'on nomme un univers (du latin versus, tourné vers, unus, un) ? Plus l'homme parle, plus il pense, plus il s'ouvre à une pluralité de mondes différents, plus le bruit rémanent s'amplifie. Plus il déploie du sens, plus il ouvre la place au bruit et au non-sens par impossibilité de faire tenir tous les êtres dans un même monde. Il n'y a pas de regard capable de regarder dans toutes les directions à la fois ; le bruit vient du caractère fini de toute prise et de tout regard alors que le travail des sciences est de chercher à minimiser les bruits en essayant de traduire et de faire communiquer les langages et les mondes différents entre eux.

Il n'est peut-être pas totalement insignifiant de lire, dans l'un des premiers mythes écrits bien avant la Bible en Mésopotamie, que la première caractéristique de l'homme est d'être un animal bruyant à tel point que le dieu du ciel, Enlil, décide, en le dotant de la mortalité, de réduire le nombre de ces êtres qui l'empêchent de dormir en faisant trop de bruit. La condition humaine se révèle donc ici être, en raison de son bruit originaire, ontologiquement liée au temps, à l'histoire, à l'entropie et à la mort. Et le bruit n'est peut-être rien d'autre que cet aléa du temps et de la mort qui travaille, de l'intérieur, tout ce que fait et comprend l'homme.

Voir ***Déconstruction, Entropie***.

Bruitage

Accompagnement d'une action par des effets sonores. Élément important dans les films, les pièces radiophoniques, etc.

Bruiteur

Personne chargée d'imiter, à l'aide de sa voix et de divers accessoires, des bruits qui n'ont pu être enregistrés en direct.

Budget

État prévisionnel des recettes et des dépenses pour une unité économique (ménage, entreprise, administration, État...) ou pour une opération économique en projet. Toutefois, l'usage populaire et professionnel – dans les expressions du type budget d'un film, budget publicitaire – réduit la notion de budget aux seules dépenses ou charges prévisionnelles de l'opération projetée.

Budget de communication

Montant des dépenses prévues dans les différentes opérations de communication d'une organisation. C'est pour une entreprise commerciale un budget plus global que le ***budget publicitaire***. Il comprend, en plus de ce dernier, les dépenses pour la promotion des ventes, la publicité directe par téléphone et par télématique, les dépenses en relations publiques, les dépenses pour les salons et expositions, les dépenses pour mécénat et parrainage, les honoraires d'études, de conception, de réalisation et de suivi. Une analyse complète des coûts doit aussi intégrer les frais de fonctionnement du service de communication (salaires, téléphone, etc.).

Budget d'une entreprise de presse (Les postes du -)

Le budget d'une entreprise de presse comprend :

– des recettes prévisionnelles qui peuvent être constituées par des abonnements, des ventes au numéro, des subventions, des recettes publicitaires, les recettes des petites annonces, les recettes accessoires (ventes de vieux papiers pour les journaux invendus, travaux d'imprimerie en sous-traitance, location des locaux, produits financiers, consultations, etc.) ;

– des dépenses prévisionnelles dont les principaux postes sont :

- les coûts de rédaction comprenant les salaires, les vacations, les frais de déplacement, les coûts du centre de documentation, le coût d'abonnement aux agences de presse, les frais de fonctionnement de la rédaction (téléphone, timbres, électricité...), le loyer ou l'amortissement des locaux, etc. ;
- les coûts de l'impression dont le coût du papier, de l'encre, l'amortissement du matériel, les salaires de la main-d'œuvre ;
- les frais de l'administration générale (gestion, commercialisation, ventes de l'espace publicitaire, promotion, etc.) ;
- les coûts de distribution (affranchissement, remise aux messageries et aux marchands, inspection des ventes) ;
- les frais financiers ;
- les impôts et taxes.

Voir ***Coût***.

Budget d'un film (Les postes du -)

L'économie du film conduit à distinguer du côté des dépenses dans les quatre phases de la chaîne de valeur : la préparation ou pré-production (recherche des interprètes, repérages des lieux.), la production ou tournage (salaires et cachets des interprètes ; des membres de l'équipe technique ; coûts du matériel, du studio, des décors, des costumes, de la pellicule, du développement et des tirages...), la post-production (salaires ou cachet du monteur, de l'ingénieur du son ; location de la salle de montage...) et la promotion. Voir ***Coût***.

Budget publicitaire

Pour un annonceur, montant des investissements publicitaires prévus pour une période qui est généralement annuelle ou pour une campagne soit de lancement d'un produit nouveau soit de promotion pour un produit ou service particulier.

Pour une agence, le budget publicitaire est associé à un client : il correspond l'investissement que doit gérer l'agence pour le client qui en supporte la dépense.

Le budget publicitaire pour l'annonceur comprend les coûts prévisionnels suivants :

– achat d'espace (affichage, cinéma, presse, radio, TV) ;

– coûts de réalisation technique du message (enregistrement sonore, réalisation cinématographique, photographie, photocomposition, etc.) ;

– coûts de la publicité directe.

Bug

Terme anglais de l'informatique qui désigne les erreurs dans un programme qui empêchent celui-ci de fonctionner normalement. Au temps de l'informatique de première génération fonctionnant avec des lampes, les pannes pouvaient résulter des mouches et moucherons qui se posaient sur ces lampes. Le mot *bug* qui signifie insecte est ainsi étendu aux erreurs de programmation. Le nettoyage des erreurs d'un tel programme revient à le débuger. Francisation proposée pour *bug* : ***bogue***.

Bulle

1. Sceau métallique attaché à un document en papier pour authentifier le contenu de l'acte.
2. Lettre apostolique d'intérêt général rédigée par le pape.
3. Graphisme d'une ligne fermée qui sort de la bouche de personnages et qui renferme leur leurs paroles dans les ***bandes dessinées***. Synonymes : Phylactère, ballon.

4. En informatique, petit domaine magnétisé (bulle magnétique) qui permet de concevoir des mémoires de grandes capacité (mémoire à bulles).
5. Papier bulle : papier grossier et jaunâtre.

Bulletin

1. Dépêche d'agence de 30 à 35 mots, donc plus développée que la dépêche sous forme de flash.
2. Information de caractère institutionnel, répétitive (bulletin de santé du président de la république, bulletin météorologique).
3. Article thématique à parution régulière faisant le point de l'actualité : bulletin de conjoncture économique, bulletin de bourse, bulletin de l'étranger, etc.
4. Revue institutionnelle : bulletin d'information pour les cadres dans certaines entreprises, bulletin de l'association des anciens élèves, etc.

Bureau

Délégation décentralisée d'une agence de presse, d'un journal ou d'un organisme de radio-diffusion-télévision.

Terme anglais : *Desk.*

Bureaucratie

Nom générique donné à l'ensemble des formes du pouvoir de l'information. La bureaucratie est une déviation des formes institutionnelles de pouvoir, qui consiste en un surdimensionnement des fonctions de traitement et de circulation de l'information dans l'espace politique, et qui organise la coïncidence, ou même la confusion, entre information, communication et pouvoir.

1. L'émergence des logiques bureaucratiques

La bureaucratie est déjà une réalité ancienne (le *Petit Robert* date l'apparition du terme de 1759, et des travaux de l'économiste industrialiste et fermier général Vincent de Gournay). Elle correspond, dans notre histoire, à la montée d'un double phénomène : d'une part, la complexité croissante des conditions d'exercice du pouvoir, d'autre part, la croissance de la taille des pays modernes et l'extension de la sphère d'influence de l'État. Dans ces conditions, le dix-huitième siècle, qui est le siècle de la Révolution, est aussi le siècle où l'État commence à assumer son pouvoir et à l'étendre sur un espace de plus en plus vaste. C'est cette double exigence de l'époque qui fait prendre conscience de la nécessité de se doter d'une administration importante, et de la nécessité de contrôler la mise en œuvre de la politique de l'État, d'autant plus difficile à mettre en œuvre et à suivre que les pays sont étendus. Ce sont d'ailleurs des logiques comparables qui ont entraîné, bien plus tôt, la Chine à se doter d'une administration extrêmement puissante et rationalisée.

Mais, en même temps, l'administration s'affirme comme une activité de communication et de circulation de l'information. D'abord, parce que l'administration est le fait d'acteurs sociaux dont la compétence se fonde sur du savoir et sur la maîtrise de l'information. Ensuite, parce que l'exercice de sa fonction institutionnelle par l'administration passe par la mise en œuvre de moyens puissants consistant essentiellement en moyens de production et de circulation de l'information. C'est ainsi, par exemple, que l'administration produit des règlements, de nature à être observé par tous dans les mêmes conditions, et que la garantie que ces règlements soient identiques pour tous les citoyens ou les sujets de l'État est qu'il s'agisse de règlements écrits. Enfin, parce que l'administration se définit comme la mise en œuvre dans le réel de volontés et de décisions politiques prises par d'autres. L'administration se caractérise, au moins au début de son histoire, par la dissociation du pouvoir politique (incarné par les pouvoirs législatif, exécutif et judiciaire) et de l'autorité administrative (soumise à l'exécutif) : la montée en puissance de l'administration est contemporaine de la théorie de la séparation des pouvoirs (Montesquieu, *L'Esprit des Lois*, 1748), et elle procède de la même représentation de l'État.

La bureaucratie naît donc du développement de l'administration, et elle va réellement faire son apparition au moment où l'administration se développe assez pour acquérir une forme d'autonomie. La tendance de tout organisme, de toute institution, est de chercher à développer son autonomie, et, à partir d'elle, de chercher à accroître son pouvoir. La bureaucratie est la tendance de l'administration, en acquérant de plus en plus de pouvoir, à donner à la fonction administrative de contrôle et de régulation la dimension politique de l'exercice d'un pouvoir. C'est de cette manière que la bureaucratie va inscrire la communication au cœur de ses structures. La communication va, en effet, servir de mode majeur d'intégration politique pour les États, qui voient dans cette activité un atout essentiel de l'acquisition d'une identité et d'un système de représentations communs par tous les citoyens qui appartiennent à la communauté.

2. Le rôle de l'information dans l'espace politique
Le développement de la puissance des États fait apparaître quatre rôles majeurs de l'information dans l'espace politique.
a) L'information donne un savoir minimum commun à ceux qui appartiennent au même espace politique
C'est la première fonction de l'information. Grâce à ses processus de recueil de données, de faits et d'arguments, et grâce aux dynamiques de diffusion qu'elle met en œuvre partout dans l'espace public, elle constitue une mémoire commune, un savoir commun, de nature à donner sa consistance à un sentiment de commune appartenance et de lien social et politique. La bureaucratie est une logique politique qui impose une norme commune dans l'élaboration de ces savoirs et de ces représentations, et qui fonde cette norme non sur une légitimité politique reconnue par tous, mais sur les nécessités de la rationalisation et du bon fonctionnement de l'administration.
b) L'information permet de formuler en public les choix politiques et les orientations de l'État
Les choix politiques et institutionnels qui engagent l'État font l'objet, dans une société démocratique, de la diffusion et de l'information nécessaires aux choix et aux processus d'adhésion des citoyens et de ceux qui appartiennent à la communauté. Dans une logique bureaucratique, le traitement de l'information est, au contraire, une politique de restriction et de limitation de l'accès à l'information – et, donc, aux processus démocratiques de choix et de décision. Par des procédés de limitation de l'accès à l'information (complexité des informations communiquées), restrictions des destinataires de l'information, élévation des pré requis culturels nécessaires pour avoir accès à l'information), la bureaucratie parvient à une forme de perversion de la fonction de l'information.
c) L'information s'inscrit dans les processus de décision
Les processus de décision impliquent, dans leur chronologie, l'intervention d'acteurs institutionnels, de critères et de références, qui, ensemble et les uns par rapport aux autres, organisent la décision, en fixant les points de vue et les références dont elle se soutient. La bureaucratie consiste dans une forme de confiscation de l'information au profit de quelques acteurs institutionnels en charge des décisions, et qui les prennent en fonction de l'information dont ils disposent et dont ils privent les autres acteurs de l'espace public – ainsi privés de l'accès aux décisions. C'est ainsi que, dans la plupart des pays, il existe un certain nombre de forces de pression techniquement informées en mesure de prendre seules des décisions et de faire seules des choix de nature à engager la communauté toute entière.
d) L'information assure la mémoire et l'histoire de l'État
Pas de continuité de l'État sans une mémoire et une histoire. C'est, de nouveau, le rôle de l'information, à la fois dans sa dimension de collecte et dans sa dimension de mise en forme, qui peut assurer l'émergence d'une mémoire de nature à permettre l'élaboration et l'acquisition d'une conscience commune d'appartenance. La bureaucratie consiste en deux excès par rapport à l'histoire et à la mémoire.
Le premier consiste à les méconnaître : à en dénier l'importance et la signification. C'est la tendance de la bureaucratie à la déformation de la communication dans une logique d'administration. En effet, la logique administrative a tendance, fondamentalement, à dénier le poids du politique sous les contraintes de l'économique ou sous celles du fonctionnement et de l'administration. La circulation de l'information et la conservation de la mémoire sont sacrifiées dans ces conditions au souci d'une représentation immédiate de l'efficacité.
Le second consiste à les confisquer, à se les approprier, afin qu'ils ne servent plus que les intérêts de la bureaucratie en charge du pouvoir. C'est la tendance de la bureaucratie à la déformation de la communication par excès de pouvoir. On se trouve ici devant une authentique situation de censure du passé. La bureaucratie, dans ce type de situation, confisque la mémoire et le passé au profit du maintien et du développement des formes en vigueur d'exercice du pouvoir. C'est ainsi que la caractéristique de la bureaucratie consiste à ne pas diffuser l'information – ou à en restreindre sévèrement la diffusion – pour mieux en faire un instrument de pérennisation de sa situation dominante : la bureaucratie, en effet, se caractérise souvent par le fait qu'elle survit aux changements de régime et aux alternances politiques.

3. La communication comme mode de régulation des rapports institutionnels
Les rapports entre acteurs de l'espace public sont régulés par les dynamiques institutionnelles et sociales de communication qui, à la fois, produisent des informations et des repré-

sentations communes à tous les acteurs qui appartiennent au même espace social et assurent la pérennité et la continuité des rapports sociaux et organiques entre les acteurs.

Les représentations communes forgées par les logiques de communication construisent la ***culture*** d'un pays, d'un peuple, ou d'une communauté ; il s'agit de logiques d'appartenance et de reconnaissance des mêmes formes et des mêmes structures. Ce n'est pas une question de pouvoir, mais davantage de régulation symbolique de l'appartenance.

En revanche, la bureaucratie constitue, elle, un ensemble de dynamiques institutionnelles par lesquelles sont diffusées les représentations sociales considérées comme conformes à la norme, et par lesquelles ces représentations font l'objet d'une appropriation par les acteurs et les sujets qui appartiennent à l'espace social.

C'est par les dynamiques de communication qu'elle met en œuvre, que la bureaucratie régule les rapports sociaux et symboliques qui font de l'espace social un espace de communication et de médiation. En fait, on peut relever plusieurs dynamiques de communication propres à la bureaucratie qui les met en œuvre dans ses processus de domination et de régulation.

4. Normalisation des représentations et des relations de communication
   L'instauration d'un pouvoir de type bureaucratique dans l'espace politique commence par des processus d'homogénéisation des représentations culturelles qui y circulent, et par des formes de normalisation des relations de communication. La bureaucratie se substitue aux relations normales de communication à partir du moment où s'instaure une normalisation des relations de communication. C'est ainsi que les états bureaucratiques substituent aux échanges informels de communication dans l'espace public des formes codées et normalisées de relations même entre les particuliers. Cf., par exemple, le personnage de Big Brother (du livre *1984* de G. Orwell), ou, dans la réalité politique et sociale, le contrôle bureaucratique des échanges et des relations avec l'étranger qui a pu s'exercer dans les pays d'Europe de l'Est à l'époque du stalinisme.
5. Usage des formes de la communication dans les dynamiques de pouvoir
   Le propre de la bureaucratie est de confisquer les formes codées de communication au profit de sa propre existence ou de son propre développement. C'est ainsi que, dans les régimes autoritaires, s'instaure, dans les médias, toute une bureaucratie chargée de produire et de diffuser des informations à la gloire du régime ou, en tous les cas, scrupuleusement conformes à ses attentes en matière de relations avec les médias.
6. Instauration d'une censure dans la communication
   Mais cette normalisation de la communication et de l'information peut aussi être négative, et ne prendre la forme que de la limitation et de l'interdiction. La ***censure*** est, en général, le fait de la bureaucratie, car il ne s'agit, le plus souvent, que de la mainmise de l'administration sur les informations et leur diffusion, sans que cette mainmise parvienne à faire l'objet d'une intériorisation de nature à modifier même les modes de pensée et les opinions des sujets qui appartiennent à l'espace social. La censure bureaucratique, la plus fréquente, est, en général, moins efficace dans le long terme que la césure culturelle effectivement assumée et intériorisée par ceux qui expriment leur appartenance en observant les principes de cette censure, laquelle, très vite, devient une autocensure, à la différence de la censure bureaucratique.
7. Mise en place d'instances autoritaires de contrôle et de régulation de la communication dans l'espace public
   La bureaucratie commence par quadriller l'espace public de censeurs, de contrôleurs, d'agents du pouvoir, qui, sous des formes variées, en manifestent la présence dans tous les lieux publics de la communication. Ces instances de contrôle et de régulation de la communication vont de l'espionnage des citoyens, sous couvert de protection de l'État, jusqu'aux censeurs des journaux et des médias qui, installés parfois à demeure dans les médias, y exercent leur vigilance à la source.
8. Existence sociale et institutionnelle du pouvoir et du contrôle de l'information
   La complexité et l'importance croissantes des fonctions de production, de traitement et de diffusion de l'information dans les institutions et dans les organisations entraînent l'émergence et le développement d'un véritable pouvoir autonome de l'information.
   La bureaucratie ne désigne pas seulement l'activité de production, de traitement et de diffusion de l'information : elle désigne surtout le contrôle de l'information et de sa diffusion, en vertu de la détention d'un pouvoir institutionnel. Mais la bureaucratie désigne surtout l'émergence d'une classe d'acteurs

spécialement chargés du contrôle de l'information. La bureaucratie commence à exister à partir du moment où la dimension institutionnelle du contrôle se double d'une dimension sociale (l'existence d'acteurs spécifiques) et d'une dimension politique (l'exercice d'un pouvoir autonome, non soumis à la reconnaissance, à la régulation et au contrôle d'autres pouvoirs).

La bureaucratie, enfin, se caractérise par le fait que le traitement et la diffusion de l'information, faisant l'objet de fonctions sociales autonomes, font l'objet de formations et de fonctions institutionnellement et socialement déterminées dans un espace social et institutionnel organiquement et hiérarchiquement structuré.

À partir du moment où l'information, son traitement et sa diffusion, deviennent des faits sociaux et politiques rendus autonomes par leur complexité même, la bureaucratie se développe comme un fait institutionnel autonome : le pouvoir et le contrôle de l'information deviennent des faits politiques autonomes ; ils font l'objet de l'exercice autonome d'un pouvoir parmi l'ensemble des différents pouvoirs qui s'exercent et se déploient tout au long de la chaîne d'interdépendance institutionnelle des pouvoirs et des organes de l'État ou de l'organisme considéré. C'est ainsi que se développent des structures comme l'École Nationale d'Administration (E.N.A.) en France, ou que se développait le mandarinat dans la Chine ancienne.

9. Le « quatrième pouvoir » existe-t-il ?

Il faut ici distinguer entre le droit et le fait, qui ont tendance à s'écarter l'un de l'autre, au fur et à mesure que se développent les États et les régimes politiques. L'expression de « **quatrième pouvoir** » est dérivée de la théorie dite des « trois pouvoirs », formulée par Montesquieu dans l'*Esprit des Lois*, selon laquelle il convient de distinguer trois pouvoirs dans l'organisation institutionnelle de l'État : le pouvoir législatif, le pouvoir exécutif et le pouvoir judiciaire.

Le « quatrième pouvoir » désigne le pouvoir d'informer, devenu un véritable pouvoir à la fois suite au développement des médias et de l'information, suite à la montée de leur influence sur le politique et suite à l'importance croissante du rôle des médias dans la constitution de l'opinion publique, elle-même déterminante, aujourd'hui, dans le devenir des États et des régimes. Mais cette autonomie du pouvoir d'informer devrait s'accompagner, si l'on voulait parler d'un effectif « quatrième pouvoir » de la responsabilité encourue par les pouvoirs vis-à-vis du peuple.

L'autonomie sans la responsabilité : c'est peut-être ainsi que se caractérise la bureaucratie dans l'émergence d'un pouvoir de l'information.

Bureau des dépêches (ou salle des dépêches)

Salle des téléscripteurs, du classement des dépêches et parfois de la documentation.

Terme anglais : *Desk*.

Bureau de Vérification de la Publicité

Voir ***BVP***.

Bureautique

Ensemble des techniques et des moyens tendant à automatiser les activités de bureau et principalement le traitement et la communication de la parole, de l'écrit et de l'image. (arrêté du 22 décembre 1981).

Bus

Dispositif non bouclé destiné à assurer simultanément les transferts d'information entre différents sous-ensembles d'un système informatique selon des spécifications physiques et logiques communes (arrêté du 30 mars 1987).

Bus-mailing

Expression anglaise désignant le publipostage pour plusieurs marques. Cette forme de publicité directe est couramment utilisée par les magazines qui exploitent le fichier des adresses de leurs abonnés.

Business to business (B to B)

Expression anglaise pour désigner la communication publicitaire d'une entreprise destinée à un public cible constitué par d'autres entreprises.

BVP (Bureau de Vérification de la Publicité)

Association sans but lucratif apparue en France en 1953 à l'initiative de publicitaires pour se constituer en organisme paritaire composé d'annonceurs, d'agences de communication, de supports et d'organisations professionnelles ayant pour rôle de veiller au respect des pratiques conventionnelles en matière de publicité selon le code établi par la chambre de commerce internationale. Le BVP ne dispose pas de pouvoir propre, il ne peut donner que des conseils. Par ailleurs, le BVP ne délivre pas de visa ou de label. Des organismes équivalents existent dans d'autres pays.

B.V.U. (*Broadcast Vidéo U-Matic*)

Standard vidéo professionnel. Il utilise une bande de 3/4 de pouce.

Byte

Mot américain qui désigne un mot de plusieurs ***bits***. L'équivalent français est l'**octet**.

C

Câble, câblodistribution, câblovision

Structure, constituée soit par deux conducteurs séparés par un isolant (un fil de cuivre inséré dans une gaine tressée en fil de cuivre également : **câble coaxial**), soit en silice de verre (***fibre optique***), destinée à la transmission de signaux de toute nature (son, texte, données numériques, images fixes, images animées).

Au lieu d'être transposées sur une onde électromagnétique, les variations électriques de l'image et du son sont injectées dans un câble et transportées vers les récepteurs. Ainsi, la diffusion câblée est la diffusion par l'usage d'un réseau de câbles reliant une source d'émission, que l'on nomme **tête de réseau**, à chacune des installations de réception dont disposent les usagers de la télévision câblée.

Les possibilités offertes aux abonnés d'un réseau de câbles dépendent de son « architecture ». Seuls les **réseaux en étoile** permettent à chaque abonné d'être en situation de parfaite ***interactivité*** avec tous les autres abonnés. À l'opposé les **réseaux en arbre** permettent la seule télédistribution des programmes ou des services auprès des abonnés.

La câblodistribution est l'activité du **câblodistributeur** qui assure la distribution par câble en décidant du programme, des approvisionnements et éventuellement de la production. La **câblovision** désigne spécifiquement la télévision par câble.

Mais avant d'être une technologie d'acheminement des images de télévision, le câble a d'abord été un moyen de communication du son. La pose du premier câble sous-marin en travers de la Manche date ainsi de 1850. La liaison, temporaire, entre l'Europe et l'Amérique remonte à 1858, elle est permanente depuis 1866.

1. Économie générale du câble

Les liaisons câblées peuvent relever de trois technologies différentes : la paire de fils torsadés pour les communications à faible débit (réseau téléphonique traditionnel), le câble coaxial et la fibre optique pour les réseaux à débit plus élevé.

Le câble coaxial comprend un conducteur central en cuivre, un isolant en polyéthylène et un conducteur extérieur concentrique, en cuivre ou en aluminium. Il forme ainsi un guide d'ondes qui transmet un signal électrique. Des réseaux urbains, suburbains, ou à grandes distances ont ainsi été créés, reliant les abonnés aux centraux d'une ville, eux-mêmes reliés aux têtes de lignes venant d'autres villes, etc.

La troisième technologie, plus récente, est avant tout utilisée pour la transmission à large ***bande passante***, à longue distance et à débit élevé. Elle est ainsi plus particulièrement adaptée aux ***réseaux numériques à intégration de services*** (***RNIS***). La fibre optique est constituée d'un fil de verre, ou de plastique très fin, dans lequel on fait passer des signaux lumineux émis par un laser et reçus par une cellule photoélectrique. Les fibres sont placées dans des joncs ou des tubes qui sont réunis en câble de six à soixante-dix fibres. Les abonnés sont reliés au central par une ligne à deux fils dont ils ont l'usage exclusif.

Étant donné son poids, son encombrement et son diamètre (5 à 80 microns) réduits, la fibre optique a l'avantage de transmettre plus d'informations que le câble coaxial. Associée à une structure en étoile, elle permet l'interactivité (questions-réponses), la connexion à des médiathèques, et l'utilisation des services de télématique. Avec le câble coaxial, l'abonné doit disposer d'autant de sélecteurs que de programmes, alors qu'avec la fibre optique, il peut bénéficier de tous les canaux reçus par le centre.

Néanmoins un inconvénient majeur incombe à la fibre optique : son coût élevé. En 1992, l'installation d'un prise pour la fibre optique nécessitait la somme de 12 000 francs contre 2 500 francs pour un câble coaxial.

Par rapport à la voie hertzienne, le câble présente l'avantage de surmonter les obstacles naturels qui empêchent la bonne réception des émissions radiodiffusées. De plus le câble n'est pratiquement pas sujet aux interférences parasitaires et assure de ce fait une meilleure qualité de l'image et du son. Le câble met également fin au problème du nombre limité de ***fréquences hertziennes*** disponibles : il peut distribuer, selon la technologie, jusqu'à 30 chaînes de télévision et un nombre considérable de stations radio. Enfin certaines villes tiennent également compte de l'avantage esthétique du câble qui remplace les forêts d'antennes et de paraboles pour recevoir le émissions transmises par satellite. L'intérêt supplémentaire du câble est son adaptabilité en termes de programmes : il transporte aussi bien du très localisé (au niveau de la commune) que du « transfrontière » en devenant le relais terrestre des satellites.

Le pays le plus câblé du monde est de loin les États-Unis. Près de 60 millions d'Américains, soit près des 2/3 des foyers équipés de télévision, sont abonnés au câble. En 1984, l'industrie du câble a été déréglementée et ses tarifs libérés par l'administration Reagan. En octobre 92, le Congrès américain a voté le « *Cable Television Consumer Protection and Competition Act 1992* ». Regroupant les 60 chaînes câblées et les câblo-opérateurs, National Cable Association s'oppose à cette réforme qui risque de ralentir l'essor de son secteur d'activité et de freiner les investissements nécessaires au développement des programmes et des nouvelles technologies. Parmi celles-ci, la ***vidéo-compression***, qui permettra de recevoir 150 chaînes, au lieu d'une trentaine. L'industrie du câble, qui n'employait que 24 000 personnes en 1978, est un secteur qui occupe plus de 110 000 salariés en 1996. Il a plus que doublé ses dépenses en production de programmes.

Au Canada, l'évolution de la câblodistribution s'est faite au même rythme qu'aux États-Unis.

En Europe, la câblodistribution est fortement développée dans certains pays, comme la Belgique, les Pays-Bas. En général, les pays de l'Europe du sud se sont moins engagés dans ce moyen de diffusion. En France, le câble a connu un démarrage tardif et difficile. La réception par ***satellite*** devient un concurrent sérieux qui peut freiner la commercialisation des abonnements au câble.

2. Le câble : une nouvelle logique de diffusion des médias

La télévision câblée a été découverte en Amérique du Nord, pour résoudre la difficulté des distances, et pour améliorer la réception des émissions de télévision, perturbée par toutes sortes d'accidents naturels et rendue difficile par l'étendue des territoires à couvrir.

Le câblage connaît dans les années 80 une nouvelle importance dans l'actualité de la communication, à la fois compte tenu de la qualité de transmission qu'il permet, et compte tenu des possibilités qu'il offre en matière de **télévision de proximité**. En effet, si l'on se place dans la logique européenne et non dans la logique nord-américaine, les contraintes spatiales n'étant pas les mêmes, le développement de la télévision câblée ne suit pas les mêmes objectifs. Si, dans la logique nord-américaine, l'objectif de la câblodistribution était l'amélioration technique de la qualité de la diffusion des émissions de télévision, sans que soit remise en cause la conception même de cette diffusion, en revanche, dans la situation européenne, c'est la logique du réseau qui caractérise la télévision câblée, et cette logique du réseau instaure d'une part le principe d'une télévision de proximité, d'autre part, le principe de l'***abonnement***, et, par conséquent, d'une télévision laissant une grande place aux choix et à l'initiative de l'usager.

En fait, à la logique de l'émission et de l'usager-spectateur (ou **logique de l'offre**), la câblodistribution tend à substituer la logique du service et du client (ou **logique de la demande**). Dans ces conditions, la relation entre le public et la télévision est beaucoup plus individualisée.

Enfin, la câblodistribution inscrit la diffusion de la télévision dans la même logique que les télécommunications, en particulier en France. En effet, d'une part, pour des raisons tenant à l'histoire, le développement de la câblodistribution date de la même époque que la modernisation du réseau des télécommunications et des lois sur la décentralisation (lois Deferre 1982) ; d'autre part, l'organisation des réseaux de câblodistribution est unifiée avec celle des réseaux de télécommunications, ce qui ouvre ces réseaux à la polyvalence entre produits de communication télévisuelle (programmes et émissions) et services de télécommunications (télésurveillance, messageries, etc.).

Il existe, deux logiques de distribution dans le domaine de la télévision câblée : la distribution à sens unique, de la station émettrice vers le destinataire ; la distribution dans les deux sens, qui permet la mise en œuvre de l'***interactivité***.

La distribution à sens unique est le mode de distribution le plus ancien de la télévision câblée. Il s'agit à la fois d'une individualisation des produits et des émissions de la télévision traditionnelle (films, émissions spécialisées), grâce à la mise en place d'un réseau de destinataires, et d'une spécialisation des types de produits et d'émissions en fonction des choix des destinataires et des abonnés. Il s'agit, fondamentalement, d'un changement radical de logique dans le principe de la télévision, puisqu'à la logique de service qui a longtemps été celle des organismes publics ou privés de télévision, se substitue une logique commerciale, fondée sur l'abonnement, c'est-à-dire sur la vente et l'achat de programmes de télévision.

La distribution dans les deux sens, qui permet la mise en œuvre de l'***interactivité***, est une forme plus récente de câblodistribution. Elle a donné lieu à l'élaboration à la fois de produits nouveaux de communication télévisuelle et de services nouveaux de communication, allant au-delà des fonctions traditionnelles de la télévision. Dans la mesure où la télévision interactive permet aux abonnés d'intervenir de façon active sur les produits, les programmes et les services de télévision qui leur sont destinés, la distribution dans les deux sens permet le retour à la logique de service : à cette logique de service, s'ajoutent, grâce à la logique de réseau, la dimension d'un service local de proximité, et, par conséquent, une logique de communication locale.

Deux points de vue différents distinguent ces deux formes de télévision câblée : le premier est celui de l'instauration d'une **télévision commerciale par abonnements**. Il s'agit de substituer une télévision dont les usagers paient leur abonnement ou leur consommation à la télévision gratuite, traditionnelle en France, financée par la publicité (entreprise privée) et/ou par des budgets publics (le budget de l'État ou les budgets des collectivités territoriales). Le second point de vue qui distingue la télévision câblée des autres formes de télévision est l'évolution de la télévision vers un statut de service, qui prend sa place, dans l'économie du foyer (appelée, par ailleurs, **domotique**), au côté du micro-ordinateur, de la télématique, et des autres produits de communication utilisés dans la vie quotidienne.

Mais il faut bien, aujourd'hui, nuancer cette opposition radicale entre deux types de télévision. En France, en particulier, dans un très grand nombre de cas, la télévision câblée est organisée sur la base de la complémentarité des deux logiques de câblodistribution, en particulier pour des raisons de coût. C'est ainsi que le choix du « tout fibre optique », qui avait été le choix des débuts du ***Plan Câble*** de 1982, en particulier sous l'influence de la puissante administration publique des Télécommunications (expériences de Vélizy, dans la région parisienne), et qui avait donné lieu à de très originales expérimentations sociales en vraie grandeur, a été remis en cause dans beaucoup de réseaux locaux, qui lui ont préféré un câblage non interactif de simple diffusion « à la carte ».

3. Télévision câblée et réseau

   Quelle que soit la forme du câblage (fibre optique ou coaxial), la diffusion de la télévision câblée se fait dans le cadre d'un ***réseau*** : il ne s'agit pas d'un territoire structuré abstraitement en fonction de la couverture de l'espace par les émissions ou par la diffusion d'un journal papier, mais d'un territoire effectivement traversé et maillé par un ensemble de câbles installés dans le sous-sol, comme les réseaux de distribution de gaz ou les réseaux de distribution d'eau.

   La télévision câblée donne à l'espace de la communication la matérialité effective d'une installation technique. Les médias, à partir de cette logique, participent à la construction matérielle d'un espace social, au même titre et dans le même statut que n'importe quelle organisation de distribution d'énergie ou que n'importe quelle organisation de transport ou de circulation.

   Il existe trois types de réseaux de télévision câblée, qui se distinguent par leur organisation à partir de la tête de réseau. Les premiers sont les **réseaux en étoile**, qui sont organisés par répartition des points de réception à travers tout l'espace ; les seconds sont les **réseaux en arbre,** qui fonctionnent par points de diffusion et de répartition successifs ; enfin, il y a des **réseaux en ligne,** dans lesquels le câblage suit un parcours linéaire d'un point de réception à un autre.

4. Télévision câblée et télévision locale

   Le plus souvent, la télévision câblée et la **télévision locale** se confondent, car le câblage d'une commune ou d'un agglomération a été décidé, le plus souvent, dans le but de créer une télévision de proximité et d'ouvrir une possibilité d'information et d'expression locales. De fait, en France, historiquement, le câblage des communes a coïncidé avec le temps de la décentralisation (le plan câble et la législation sur la décentralisation datent, l'un et l'autre, de 1982). La télévision câblée représente, en effet, sur le plan de l'information et de la communication, la même tendance à la diminution de la pression du pouvoir central et à l'émergence de pouvoirs locaux décentralisés.

Mais cette aspiration légitime à l'autonomie des pouvoirs locaux et de l'expression locale peut faire courir le risque de l'apparition de petits pouvoirs et de petits notables locaux qui pourraient donner une orientation conservatrice à ces modes locaux d'expression et de communication.

C'est sur ce plan que la télévision locale peut trouver ses limites – et, en même temps, elle peut être une chance pour qu'émerge une vie politique locale effective, avec des acteurs locaux, exerçant leurs pouvoirs en toute autonomie et en toute responsabilité. La télévision locale peut devenir, grâce au câble, une sorte d'école locale de la citoyenneté et du politique. Enfin, la télévision câblée permet – du moins était-ce dans les projets du commencement – de donner à la télévision et aux médias une dimension participative, associant les usagers à la conception et au suivi de leur média, qui devient, ainsi, un moyen d'expression qu'ils s'approprient effectivement dans des pratiques réelles de sociabilité et d'appartenance.

5. Câble et satellite

Il s'agit de l'autre dimension des potentialités du câble. Grâce à l'amélioration qu'il offre des conditions de réception des émissions de télévision, et à sa possibilité de programmation « à la carte », selon le choix de l'usager, le câble peut être associé à des **satellites de réception,** grâce aux installations de réception dont peuvent disposer les têtes de réseau.

Le câble est donc, dans ces conditions, un relais individualisé de réception de programmes de télévision émis dans tous les pays. C'est pourquoi le câble ne permet pas seulement l'émergence d'une télévision locale, mais permet aussi une forme de mondialisation de la réception des programmes – et donc permet une mondialisation parallèle du marché de la télévision.

La télévision câblée, instrument d'expression de la citoyenneté locale, devient aussi, dans ces conditions, l'instrument d'une ouverture considérable à toutes les télévisions et à toutes les cultures. En particulier, c'est une telle association qui permet aux populations migrantes de vivre dans de meilleures conditions ce que l'on peut appeler leur double appartenance, en leur permettant de conserver un lien culturel fort avec l'identité de leur appartenance originaire. Néanmoins, le câble demeure concurrencé par le satellite pour les émissions généralistes en provenance de différents pays du monde. Le coût d'une parabole de réception et du décodeur ne représente souvent que le coût d'un abonnement annuel au câble. Voir ***Autoroute de l'information.***

Câblier

Personne ou entreprise qui fabrique le câble.

Câbliste

Personne chargée de la manipulation des câbles des caméras lors de leurs déplacements au cours d'une prise de vue.

Câblodistributeur

Personne physique ou morale, qui décide de la distribution par ***câble*** et en détermine la programme et la production.

Câblovision

Terme générique pour désigner la télévision par ***câble***. Voir ***Télédistribution***.

Cachet

Rétribution forfaitaire d'un artiste (comédien, chanteur, metteur en scène...) pour une prestation. L'expression populaire « courir le cachet », qui signifie vivre difficilement de son métier, s'applique généralement aux artistes et aux professeurs recherchant à donner des leçons particulières.

Cadeau publicitaire

Produit relevant de l'action promotionnelle dite de vente à prime. La législation prévoit que le produit qui permet d'identifier le promoteur (par exemple le nom commercial de l'entreprise) ne doit pas dépasser une certaine valeur qui est fonction de la valeur de l'achat. Dans les primes proposées par la presse magazine, la valeur du cadeau (stylo, radio, gadgets...) ne doit pas être supérieure au prix de l'abonnement au tarif normal.

CADIST (Centre d'Acquisition et de Diffusion de l'Information Scientifique et Technique)

Voir ***Bibliothèque***.

Cadrage, Cadrer

Cadrer c'est répartir les différents éléments d'une image en fonction de leur importance, de leur couleur, de leur forme... Le cadrage est alors le choix du champ, du contenu et de l'équilibre de l'image que le cadreur désire obtenir.

Cadre

1. Motif décoratif entourant une page.
2. Délimitation de l'espace filmé par la caméra. Synonyme de ***champ***. « Bord cadre » se dit d'un personnage ou d'un objet placé à la limite du champ de la caméra. « Hors cadre » signifie qui n'appartient pas au cadre. On dit aussi hors champ.

3. Statut socioprofessionnel dans une entreprise.

Cadreur

Terme français pour *cameraman*. Personne responsable de la composition de l'image et de la manipulation de la caméra sous la direction du réalisateur.

Cahier

En imprimerie, feuille pliée en 4, 8, 12, 16 ou 32 pages.

Cahier de continuité

Document rédigé par la ***scripte***, détaillant les différents aspects matériels et artistiques propres au tournage d'un plan.

Cahier des charges

Document écrit qui, dans le cadre de contrat entre l'administration et une prestataire de service, détermine les obligations réciproques des deux cocontractants. Dans le cadre des concessions d'exploitation des chaîne de télévision pour la diffusion de programmes, le cahier des charges établit les obligations légales de chaque chaîne aussi bien publique que privée. Après avis des conseils d'administration de chaque chaîne et du CSA, le gouvernement fixe les charges des chaînes. Il précise la durée minimum des programmes, les émissions spécifiques, le temps de la publicité et sa répartition dans la programmation (coupure de films autorisée pour les chaînes privées, interdite pour les chaînes publiques, etc.), le délais de diffusion pour les films de cinéma, le respect des quotas d'œuvres européennes et d'œuvres d'expression francophone, etc. S'agissant des émissions spécifiques, les chaînes publiques, par exemple, ont pour devoir d'exprimer la parole du gouvernement, des partis politiques ou des syndicats (cf. diffusion par France 3 des questions écrites au gouvernement en direct de l'Assemblée Nationale), mais aussi des émissions religieuses (cf. émissions religieuses le dimanche matin sur France 2). Les obligations trop peu souvent respectées, aussi bien par les chaînes publiques que les chaînes privées, concernent le taux de diffusion d'œuvres françaises, le nombre de coupures publicitaires, les différents partenariats, etc.

Calculateur

Machine de traitement automatique de l'information aussi bien numérique, logique, qu'analogique. Synonyme de ***ordinateur***. Voir ***Informatique***.

Calculatrice

Machine qui effectue des opérations numériques.

Calculette

Calculatrice numérique de poche dont le premier modèle a été mis au point et commercialisé par la firme américaine Texas Instrument en 1971.

Calcul parallèle et vectoriel

Les performances des ***ordinateurs*** ont connu depuis de nombreuses années une augmentation exponentielle ininterrompue. La preuve en est la **loi dite 2222**, règle empirique qui stipule que sur une période de deux ans, les performances moyennes de ces machines doublent, l'encombrement et le prix diminuant de moitié. Cette impressionnante progression est due en grande partie aux progrès de l'électronique et de la miniaturisation des microprocesseurs, et est donc intrinsèquement limitée par les règles du domaine. Pour faire face à ces limitations, la voie la plus prometteuse consiste à faire travailler en même temps plusieurs éléments de calcul, afin de réaliser dans le même temps un nombre plus important d'opérations. Ce principe est à la base des ordinateurs dits vectoriels ou parallèles. Chacune de ces deux architectures présente des avantages et des inconvénients, tout en permettant un gain de performances élevé par rapport à l'architecture classique, ou scalaire.

1. Architecture scalaire

a) Principes

Il s'agit de la plus classique des architectures en usage actuellement. Les ordinateurs de type P.C. ou Macintosh sont des exemples courants de ce type d'approche, qui est historiquement la première à être apparue. On y trouve aussi la plupart des stations de travail de type VAX, SUN, etc. Le principe de base en est extrêmement simple : le ***microprocesseur*** qui est au cœur de la machine réalise à chaque instant une tâche et une seule. Il dispose pour cela d'un petit nombre de cases mémoires, les registres, dans lesquels il peut ranger temporairement les valeurs sur lesquelles s'effectuent les traitements. Un certain nombre d'opérations peuvent être effectuées sur ces registres : les classiques opérations arithmétiques comme l'addition, des opérations de chargement/déchargement des registres aux emplacements adéquats de la mémoire centrale, des tests, etc.

Exemple : Supposons que l'on souhaite effectuer une addition de deux quantités A et B, et ranger le résultat dans C. Chacune des trois variables A, B et C correspond à un endroit en mémoire de l'ordinateur. Il s'agit donc pour le microprocesseur de réaliser successivement les étapes suivantes :

– Lecture de la valeur de A et mise dans un registre.
– Lecture de la valeur de B et mise dans un second registre.
– Ajout de la valeur de B à celle de A.
– Rangement du résultat à l'endroit correspondant à la variable C.
Remarquons cependant que si l'on souhaite réaliser non plus une mais 5 de ces additions, il faut répéter la totalité des étapes 5 fois, ce qui prendra naturellement 5 fois plus de temps.
Le cœur du système, le microprocesseur, peut donc exécuter des opérations très simples, que le programmeur (ou le langage de programmation) arrange en combinaisons complexes permettant de réaliser des opérations plus compliquées. Sachant que les opérations de base sont des circuits électroniques, pourquoi ne pas réaliser certaines de ces combinaisons au niveau du microprocesseur ? Ceci revient en fait à introduire des instructions câblées électroniquement : instructions plus complexes et donc plus longues à exécuter, mais permettant de disposer d'un jeu d'instructions plus étendu. On parle alors d'**architecture CISC** (pour *Complex Instruction Set*).
L'approche inverse, longtemps délaissée en ce qui concerne les processeurs « grand public » a connu un regain d'intérêt ces dernières années. Il s'agit de simplifier au maximum le jeu d'instructions du processeur, afin de disposer d'opérations de base rapides et puissantes. La programmation système prend alors un aspect plus délicat, mais les performances s'en trouvent grandement accrues. Ce type de **processeur** porte le nom de RISC (pour *Reduced Instruction Set*). Les exemples les plus courants sont les processeurs Sparc de Sun, Alpha de DEC, ou encore PowerPC conçu par IBM et Apple.
b) Les limites de l'architecture scalaire
D'un point de vue électronique, la rapidité avec laquelle un processeur peut exécuter une instruction est liée à la vitesse de déplacement des électrons dans les puces de silicium. En simplifiant à l'extrême, sans tenir compte de phénomènes comme les déperditions calorifiques, par exemple, on peut présenter les choses de la façon suivantes : plus le circuit électronique est fortement intégré et miniaturisé, moins la distance à parcourir d'un élément à l'autre est faible, et plus cette distance pourra être parcourue rapidement. L'intégration des circuits, et des processeurs en particulier a donc fortement augmenté, a tel point que l'on aborde désormais le domaine de la physique quantique. En effet, cette miniaturisation ne peut se poursuivre à l'infini, et il est des limites intrinsèques, au niveau atomique et moléculaire dont le franchissement est difficile à imaginer aujourd'hui. Les architectures présentées par la suite proposent, chacune indépendamment ou de façon combinée, un moyen d'accroître les performances de l'outil informatique bien au-delà des limites actuelles de l'électronique.

2. L'architecture vectorielle

Ainsi que l'exemple employé plus haut l'illustre bien, les architectures classiques manipulent des nombres isolés, par l'intermédiaire de registres qui permettent de stocker un seul élément ou scalaire, afin de réaliser des opérations plus ou moins complexes. Au contraire, un **processeur vectoriel** dispose de registres vecteurs, et permettent ainsi de réaliser la même opération sur un grand nombre d'éléments. Un processeur manipulant des registres à 64 éléments pourra ainsi réaliser en une seule étape la même opération sur 64 données à la fois, provoquant ainsi un gain de temps très important. Dans la pratique, ceci est réalisé grâce aux concepts de segmentation et de chaînage.
• La segmentation d'une opération consiste à la diviser en un certain nombre d'opérations élémentaires, variable selon la complexité de l'opération. Ces opérations sont organisées sous forme de pipeline (ou tuyau) et peuvent être exécutées par le processeur de façon simultanée. Ainsi, un élément entre dans l'étape 1 du pipeline dès que le précédent la quitte pour commencer l'étape 2, et ainsi de suite.
• Le chaînage permet à un élément de passer directement d'une opération vectorielle à une autre, de telle sorte qu'une instruction comportant plusieurs opérations puisse s'exécuter comme une seule longue opération vectorisée (c'est-à-dire dans un seul pipeline). Ce concept est intimement lié au précédent.
Cette présentation simplifiée doit cependant être amendée de quelques remarques.
a) Influence des opérations vectorielles
D'une part la mise en place d'un pipeline réclame un certain temps, d'autre part les opérations vectorielles elles-mêmes sont plus longues que les opérations scalaires. Si l'on considère à nouveau l'exemple de l'addition présenté plus haut, le temps nécessaire pour traverser le pipeline sera supérieur au temps nécessaire à la réalisation de la même opération sur des registres scalaires. Le gain en

vitesse sera donc plus faible que ne le laisserait penser l'estimation simpliste ci-dessus.

b) Influence des tailles des registres et du pipeline

Notons à l'inverse que le gain en vitesse croît avec la taille des registres vecteurs. Remarquons aussi que le gain est d'autant plus important que le pipeline est long.

c) Dépendance entre variables

Pour notre exemple, nous avons considéré que les additions à calculer étaient indépendantes. Que se passe-t-il cependant lorsque l'une des opérations à pour opérande le résultat d'une autre ? Il est alors impossible de faire pénétrer dans le pipeline une quantité que l'on ne connaît pas encore. On dit qu'il y a dépendance entre deux variables. Ce facteur est très limitatif puisqu'il empêche la vectorisation d'un ensemble d'instructions. Il est de plus relativement courant en calcul scientifique, mais il existe heureusement de nombreuses méthodes pour résoudre la plupart des dépendances.

d) Loi d'Ahmdal appliquée à la vectorisation

Les considérations précédentes se rapportent à une opération particulière. Cependant, il ne faut pas perdre de vue le fait qu'un programme est un assemblage complexe de nombreuses instructions, dont toutes ne sont pas totalement vectorisables. La **loi d'Ahmdal** bien que datant de 1967, a le mérite de donner une idée simple des performances que l'on peut attendre d'un programme vectorisé. Ainsi, il faut vectoriser 95 % du programme (ce qui est considérable) afin d'espérer obtenir la moitié du gain théorique en vitesse. Cette estimation n'est certes pas extrêmement fidèle, et a été critiquée comme étant parfois pessimiste. Elle n'en donne pas moins une approximation valide des performances que l'on peut attendre d'un système, et permet surtout d'insister sur la nécessité de s'assurer de la pertinence d'un algorithme donné lorsque l'on cherche à optimiser les performances d'un programme.

3. Parallélisme : classification

Le **parallélisme**, de façon générale, consiste à exécuter des tâches de façon simultanées, afin d'obtenir un gain de performance appréciable. L'on conçoit aisément que le calcul vectoriel, présenté ci-dessus, est un cas particulier de parallélisme dans lequel des tâches identiques sont exécutées simultanément. Confronté à la diversité et à la complexité des machines parallèles, il est intéressant de procéder à une classification des différents types de parallélisme grâce à une taxonomie adaptée. Il est alors possible de discerner les points communs et différences fondamentales entre deux systèmes. L'une des premières tentatives en la matière, toujours utilisée de nos jours, est due à M.J. Flynn et date de la fin des années 60. Elle est basée sur la multiplicité des données et des instructions et distingue ainsi 4 classes :

a) SISD (*Single Instruction Single Data*) : Système dans lequel une instruction agit sur une seule donnée. Il s'agit des architectures scalaires traditionnelles, de type Von Neuman monoprocesseurs, présentées au premier paragraphe.

b) SIMD (*Single Instruction Multiple Data*) : Dans le flot d'instructions, chaque élément opère sur plusieurs données. Les machines vectorielles font partie de cette catégorie. On y inclut aussi les réseaux cellulaires et systoliques.

c) MISD (*Multiple Instruction Single Data*) : Système dans lequel plusieurs instructions agissent sur la même donnée. Flynn lui-même propose un exemple d'architecture de ce type, mais il semble qu'un tel système n'ait jamais été réalisé.

d) MIMD (*Multiple Instruction Multiple Data*) : Plusieurs instructions potentiellement différentes opèrent sur des données indépendantes. La majorité des machines parallèles (Transputers, CM...) fait partie de cette dernière catégorie.

Il existe évidemment d'autres classifications plus récentes, s'appuyant sur des distinctions moins faciles à appréhender, par exemple sur les moyens de communication entre les unités de traitement élémentaires, ou sur le contrôle de ces traitements.

4. Parallélisme : architecture

Il est difficile de présenter de façon définitive l'architecture d'une machine parallèle, car il en existe de nombreuses. Du PC de quelques milliers de francs disposant de cartes Transputer à la Connection Machine aux 65 000 unités de traitement connectés pour plusieurs millions de dollars, en passant par exemple par des stations de travail connectées en réseau, il existe toute une panoplie de solutions différentes pour se livrer à cette activité étrange qu'est le parallélisme. L'idée de base reste pourtant toujours identique : il s'agit d'utiliser de façon simultanée des unités de traitement connectées entre elles. Ainsi nos 5 additions indépendantes présentées plus haut seront réalisées dans le même temps qu'une seule si nous disposons de 5 processeurs permettant de chacun traiter une opération.

Remarquons ici que le calcul vectoriel est un cas particulier « facile » de parallélisme. Plus simple à mettre en place, il limite cependant la simultanéité à l'exécution d'instructions identiques. Par conséquent, certaines remarques formulées dans le paragraphe consacré à la vectorisation s'appliquent ici encore. Tout comme la mise en place d'un pipeline prend du temps, la gestion des interactions entre les différentes unités de traitement ne se fait pas d'elle-même. Les dépendances entre variables sont d'autant plus cruciales que les données peuvent être distribuées selon plusieurs processeurs. D'une manière générale, tous les problèmes soulevés par le calcul vectoriel se posent ici avec encore plus d'acuité et d'autres encore apparaissent. Le parallélisme nécessite par exemple une représentation adaptée. La simple énumération des tâches à réaliser ne permet en effet pas de rendre compte des possibles simultanéités entre deux tâches, et des relations de précédance. Par exemple lorsqu'il y a dépendance entre variables, l'une des opérations devra être réalisée après l'autre.

Évoquons tout d'abord les réseaux de Pétri, qui proposent une modélisation adaptée et très utilisée de ces phénomènes. On représente ainsi des événements et des conditions, qui décrivent l'état du système. Les pré-conditions doivent être satisfaites pour que l'événement puisse s'accomplir, ce qui génère des post conditions, etc. Un système de jetons indique si une condition est réalisée, et les événements prennent la forme de transition des pré-conditions au post conditions.

La notion de graphe des tâches est plus aisée à appréhender. Pour un programme constitué de N tâches distinctes, on représente sous forme de graphe orienté les relations de dépendances entre les tâches. Si la tâche t3 (par exemple la 3e addition) dépend du résultat de la tâche t1 (la première addition), on fera ainsi apparaître une arête orientée de t1 vers t3.

On utilise ces graphes pour trouver le temps d'exécution optimal du programme et le nombre de processeurs nécessaires, ou bien le temps moyen en fonction du nombre de processeurs disponibles. Leur utilisation peut se faire de plusieurs manières. Un graphe de tâches peut par exemple être étudié sous l'angle des modèles **PERT** (*Problem Evaluation Review Technique*). Si l'on s'affranchit des problèmes de mémoire (ce qui reste donc très théorique), une alternative consiste à transformer le graphe en ***chaîne de Markov***, dont la résolution peut être effectuée par de nombreuses méthodes numériques. Il peut aussi être pratique d'utiliser une classe particulière de graphes, les graphes série-parallèle. Du fait de leurs propriétés intrinsèques, leur étude est plus aisée que celle des graphes arbitraires. La présentation détaillée de ces méthodes est de toute façon bien au-delà du cadre de cet ouvrage.

Voir ***Informatique***.

Caler

– Immobiliser une bande à un point précis devant une tête de lecture ou d'enregistrement. Ex. : Caler un son en synchronisation avec l'image.

– En ***typographie***, fixer solidement une forme sur une presse.

– En ***héliogravure***, mise en place des cylindres d'impression sur les rotatives.

– Etc.

Calibrer

Évaluer le nombre de signes d'une page, en tenant compte de la justification (marge à gauche et à droite, marge en haut et en bas de page), de la force de corps (ou hauteur) des caractères.

Calligramme

Mot conçu par Guillaume Apollinaire à partir de **calligraphie** (art de la belle écriture) et de ***idéogramme***. Désigne un texte dont la disposition typographique évoque ou représente le thème.

Caméra

Appareil de prise de vue pour le cinéma ou la télévision. Technologiquement les deux types de caméra (**caméra-film** et **caméra-vidéo**) sont différents.

1. Caméra-film

Caméra qui utilise un support physique : la pellicule. Elle se définit par les différents formats de celle-ci :

– pellicule de 70 mm ou plus souvent de 35 mm : caméra utilisée dans l'industrie cinématographique, qui permet d'obtenir une définition très fine de l'image ;

– 16 mm : caméra la plus employée en télévision. Plus petite et plus légère que la précédente, elle offre plus de maniabilité dans les reportages ;

– 8 mm : caméra d'usage domestique, largement diffusée dans le grand public, mais fortement concurrencée depuis le milieu des années 1980 par la caméra-vidéo dite ***camescope***.

2. Caméra-Vidéo
Caméra électronique dans laquelle les signaux lumineux sont transformés en signaux électriques qui sont à leur tour analysés par le tube cathodique. On distingue, en fonction de l'encombrement et de la mobilité de la caméra-vidéo : la caméra fixe (ou lourde) utilisée sur les plateaux de télévision ; la caméra mobile reliée par câbles au camion régie ; la caméra légère employée en reportage ; la caméra à magnétoscope incorporé dite ***camescope***, dont le standard professionnel ***Betacam***.

Cameraman

Terme anglais dont la traduction française est **opérateur de prise de vues** ou **cadreur**.

Camescope

Caméra vidéo au format 8 mm avec un magnétoscope incorporé, inventée en 1983 par la firme japonaise Sanyo. Cependant la firme concurrente Sony présente la « betamovie » au salon de Tokyo fin octobre 1982 : cette caméra vidéo à magnétoscope intégré utilise le standard et les cassettes ***Betamax***. Le camescope grand public Betamovie n'est pas à confondre avec la **Betacam** qui est un camescope professionnel, apparu en 1982, construit conjointement par Sony et Thomson et qui fonctionne avec les cassettes de type Betamax.

Campagne de presse

Série d'articles polémiques recherchant une réaction de l'opinion publique et/ou des pouvoirs publics.

Campagne publicitaire

Période déterminée pendant laquelle une publicité est diffusée sur une station radio, une station de télévision, dans la presse, en affichage ou encore au cinéma.

Entreprendre une campagne publicitaire suppose une réflexion stratégique et tactique préalable. Il faut élaborer le meilleur message possible en fonction du produit à promouvoir et de la cible visée. Ensuite, c'est-à-dire une fois la cible connue, il faut choisir le ***média*** (télévision, radio, presse...) en fonction de son audience appréciée généralement par les indicateurs du type ***ODV*** ou ***ODE***. La ***stratégie média*** ayant permis de définir le média le plus pertinent, il convient ensuite de définir le ***support*** (telle chaîne de télévision, tels titres de la presse magazine...) le plus efficace, avec indication de la dimension (durée de passage à la télévision, surface de la page du magazine...) du nombre de diffusions du message, du jour et de l'heure de passage (télévision) ou du numéro de la page (presse), etc.

Canal

1. ***Bande de fréquences*** affectée à une ***chaîne de télévision*** pour la diffusion de ses émissions. Le canal occupe une largeur de bande de 6 à 8 MHz environ. Le canal de télévision comporte, de manière décalées les unes par rapport aux autres pour éviter les interférences, trois parties ou types de fréquence : une partie son (fréquence audio), une partie image (fréquence vidéo) et une partie chrominance (fréquence pour les informations destinées à colorier les images).
Désigne également la partie du spectre des fréquences entre deux limites spécifiées, utilisées pour une émission de ***radio*** appelée canal de fréquences ou canal radioélectrique.
2. Ce qui permet de transporter le message entre l'***émetteur*** et le ***récepteur***, dans le schéma fondamental de la communication. Synonymes et quasi synonyme : ***voie, média,*** moyen de communication. Voir ***Communication***.

Canal de distribution

Circuit, plus ou moins long, suivi par un produit entre le producteur et le client final. Les deux principaux intermédiaires dans cette chaîne ou circuit sont : le grossiste et le détaillant.

Canal Mosaïque

Canal offert sur les réseaux câblés, permettant de découvrir simultanément sur un même écran, sous forme de grille, l'ensemble des programmes diffusables. Une sélection peut alors être faite par l'usager.

Canard

1. Originellement feuille volante traitant de faits divers. Puis synonyme plutôt péjoratif de journal.
2. Fausse nouvelle.

CAO (Conception Assistée par Ordinateur)

La CAO sert à concevoir, à l'aide de l'informatique, un nouveau produit industriel (circuit intégré, automobile, navire, avion ou engin spatial, verrerie, chaussure, ***maquette*** d'une ***publication***), ou une structure complexe (raffinerie de pétrole, centrale nucléaire). À partir d'un clavier de fonctions, l'ingénieur ou le projecteur font apparaître sur l'écran de leur poste de travail CAO des éléments géométriques élémentaires (points, droites, courbes) qu'ils assemblent ensuite pour figurer l'objet final. Après avoir conçu et dessiné un produit, le concepteur va lui donner l'aspect de la réalité grâce à la figuration des surfaces, du volume et de la couleur. Puis il va tester sur son écran les réactions de ce produit soumis à diverses forces (vibrations, torsions, usure, chaleur, courant électrique...). Lorsque tout apparaît satisfaisant, il peut passer à l'étape industrielle, en programmant des machines-outils et des robots en fonction du produit qui vient d'être conçu et en suivant le processus de la fabrication sur un écran. La CAO devient dans ce cas de la CFAO : conception et fabrication assistée par ordinateur.

La CAO offre ainsi les possibilités d'élaborer le dessin des produits en tenant compte des caractéristiques techniques, de représenter des surfaces, des volumes, des couleurs, de programmer les machines ou les robots qui interviendront dans la production. Voir ***PAO (Publication Assistée par Ordinateur), DAO, Infographie***.

Capacité d'une ligne

Quantité de messages qu'elle peut transmettre convenablement.

Capacités linguistiques des grands singes anthropoïdes non humains

L'être humain est un mammifère de l'ordre des *primates*, groupe comprenant principalement les singes. Parmi ceux-ci, les sept espèces de singes *anthropoïdes* (= « comme l'homme ») se distinguent par leur absence de queue, et au sein de ce groupe, l'être humain, le chimpanzé commun, le chimpanzé nain, le gorille et l'orang-outan représentent les cinq *grands* singes anthropoïdes. Ces quatre dernières espèces représentent nos cousins les plus proches, avec qui nous partageons les ancêtres communs les plus récents : de sept millions d'années pour les chimpanzés à quinze pour les orangs-outans – à rapprocher des cinq millions d'années qui nous sépareraient des premiers hominidés.

Au vu de la proche parenté et de la grande ressemblance entre nous-mêmes et ces autres anthropoïdes, il était naturel de se demander si un de leurs petits, élevé comme un bébé humain, n'acquerrait pas certaines des caractéristiques considérées comme spécifiquement nôtres, et en particulier le langage. En 1916 une tentative fut faite d'apprendre à parler à un jeune orang-outan. On parvint à grand peine à ce qu'il sache dire *papa* et *cup*. Le résultat fut presque aussi décevant quand au début des années cinquante le chimpanzé Vicki réussit à apprendre... quatre mots. (Eugene Linden, *Ces Singes qui parlent* 28, 268).

Ce n'est qu'au cours des années soixante que l'on pensa que la limitation pouvait être d'ordre physique : ces animaux ne possèdent pas comme nous des organes vocaux adaptés à la parole. Les psychologues Allen et Beatrice Gardner eurent alors l'idée d'apprendre à un chimpanzé un langage gestuel d'usage courant chez les sourds-muets, l'ameslan (« American Sign Language »). En 1966, ils prirent chez eux Washoe, bébé chimpanzé femelle de huit mois. Ils s'astreignirent à ne parler en sa présence qu'en ameslan. Washoe devint alors le premier non humain à apprendre une langue humaine.

À l'âge de cinq ans, lorsqu'elle fut transférée à l'Université de l'Oklahoma pour la poursuite de l'expérience sous la conduite des psychologues Deborah et Roger Fouts, Washoe connaissait 160 mots et s'en servait séparément ou en diverses combinaisons (Eugene Linden, *Ces Singes qui parlent* 19). On put constater à cette occasion l'importance qu'elle accordait elle-même à la possession du langage. Rencontrant pour la première fois d'autres chimpanzés, sa première réaction ne fut pas de considérer ces êtres incapables de dialoguer avec elle comme ses égaux. Elle les insulta en les traitant de « chats noirs », de « bestioles noires » et de « sales singes ».

Washoe ne resta cependant pas le seul animal parlant. Plusieurs autres chimpanzés reçurent avec succès un apprentissage semblable. En 1979, les Fouts entreprirent d'observer la transmission linguistique entre Washoe et son fils adoptif, Loulis, âgé alors de dix mois. Celui-ci se mit rapidement à acquérir des mots d'ameslan. Les Fouts observèrent Washoe utilisant en particulier la technique de l'« effacement progressif » (*fading*) : pour enseigner le signe *venir*, « elle se tournait vers Loulis, puis faisait le signe *venir*, puis s'approchait de lui, puis le prenait. [...] elle cessa plus tard de le prendre, puis de s'approcher ; il lui suffisait alors de se tourner vers lui et de faire le signe. » (P. Cavalieri et P. Singer (ss la dir. de), *The Great Ape Project*). Dans une autre occasion Washoe prit la main de Loulis pour lui faire énoncer correctement « nourriture ». À l'âge de quinze mois, Loulis commença à émettre des combinaisons de deux signes. Il se mit également à se servir de l'ameslan dans ses jeux avec d'autres jeunes chimpanzés qui eux aussi l'avaient appris.

Si le langage enseigné à Washoe par les Gardner a la spontanéité de la parole, celui que David et Ann James Premack inventèrent et enseignèrent à partir de 1967 à Sarah, un autre chimpanzé femelle, se rapproche plutôt de l'écriture. Les mots sont cette fois des jetons en plastique de couleurs et de formes diverses, munis d'un aimant. Les phrases sont composées en alignant ces jetons sur un tableau magnétique. Ce langage, dont les mots ne s'envolent pas, permettait plus de réflexion de la part de Sarah et un enregistrement plus systématique de la part des Premack ; il fut utilisé pour étudier l'apprentissage de la négation, de la relation *si-alors*, de l'interrogation et d'autres formes linguistiques (E. Linden, *Ces Singes qui parlent* 199). Sarah sut comprendre par exemple les relations de similitude et de différence, choisissant le mot « identique » quand on lui présentait un couple d'objets semblables et le mot « différent » quand il s'agissait d'objets différents ; et ceci y compris quand il s'agissait d'objets nouveaux pour elle (David et Ann James Premack, *L'Esprit de Sarah* 61). Sarah comprit aussi les proportions, associant par exemple un quart de pomme à un verre au quart plein (v. aussi *L'Esprit de Sarah* 152).

On nota au cours de ces expériences des variations individuelles significatives. Washoe avait beaucoup tardé à apprendre la négation et l'interrogation, à tel point qu'il fut un moment affirmé que ces aptitudes demeuraient spécifiquement humaines ; par contre Lucy et Ally, deux autres chimpanzés initiés à l'ameslan, se mirent rapidement à utiliser des phrases négatives et à poser des questions. Et Gussie, qui suivit le même apprentissage que Sarah, n'apprit pas un seul mot !

En 1972, Francine Patterson commença une étude sur un gorille femelle nommé Koko. Aujourd'hui, après vingt ans dans un environnement communicatif basé sur l'ameslan et sur l'anglais parlé, Koko connaît de façon courante 500 mots d'ameslan dont elle fait des phrases de trois à six signes en moyenne. Le vocabulaire amelsan qu'elle a utilisé correctement à un moment ou un autre dépasse les mille signes ; et elle comprend plusieurs milliers de mots d'anglais parlé *(The Great Ape Project* 59). Elle utilise également l'ameslan pour communiquer avec un autre gorille, Michael.

Les orangs-outans, moins proches de nous dans l'évolution que les chimpanzés et les gorilles, nous ressemblent plus que ces derniers à plusieurs points de vue physiques et psychologiques. Les chimpanzés et les gorilles auraient subi un processus de spécialisation que n'auraient connu ni la branche humaine ni celle des orangs-outans. Ces derniers ont souvent frappé les observateurs par leur caractère pondéré, réfléchi ; des études cognitives ont révélé chez eux une intelligence au moins égale à celle des chimpanzés et des gorilles, caractérisée par une capacité d'attention prolongée. L'asymétrie cérébrale des orangs-outans rappelle celle des humains, en particulier dans les zones spécialisées dans le langage. Au cours des années soixante-dix, H. Lyn White Miles, une chercheuse américaine, réussit à apprendre plus de 150 mots d'Ameslan à l'orang-outan Chantek.

Au cours de ces expériences, la compétence en ameslan se double souvent d'une compréhension spontanément acquise de l'anglais parlé, avec capacité de transfert intermodal (Chantek savait par exemple répéter avec les mains les mots anglais qu'on prononçait devant lui *(The Great Ape Project* 48)). Koko comprend également un peu d'anglais écrit.

De quoi ces animaux parlent-ils ? Les sujets de conversation sont souvent concrets et relatifs à la situation immédiate, mais peuvent aussi porter sur des émotions, ou sur des objets ou des personnes absentes. L'échange suivant dans lequel l'instructeur humain demande au gorille Koko de *définir* des mots témoigne de sa capacité d'abstraction :

« *Qu'est-ce qu'une insulte ? (What's an insult ?)*

— Penser diable sale (*think devil dirty*)

— *Qu'est-ce qu'une cuisinière ? (What's a stove ?)*

— Cuisiner avec (*cook with*)

En une autre occasion la question était posée de vive voix :

— *Qu'est-ce qu'une blessure ? (What's an injury ?)*

— Là mordre (*there bite*) *(désignant une coupure sur sa main)* »

Dans une étude portant sur 5 200 phrases échangées de chimpanzé à chimpanzé, Deborah et Roger Fouts ont classé 88 % des émissions dans les catégories « jeu », « interaction sociale » et « action de rassurer ». Les 12 % restants correspondaient à la « nourriture » (5 %), à l'« épouillage », aux « signes adressés à soi-même », au « nettoyage » et à la « discipline ».

Les grands anthropoïdes utilisent fréquemment l'ameslan pour se parler à eux-mêmes, comme nous-mêmes le faisons quand nous pensons à haute voix. L'équipe de Fouts a trouvé que les chimpanzés se parlent à eux-mêmes en moyenne six fois par heure quand ils sont seuls. 13 % des occurrences se référaient à des objets non présents *(The Great Ape Project* 35). L'animal se parle aussi à lui-même à propos de ses émotions. On vit Lucy, regardant tristement par la fenêtre partir sa mère adoptive, se dire à elle-même : « pleurer moi ; moi pleurer » *(Ces Singes qui parlent* 130). Chantek connaissait le mot *bad* (« mal ») et l'adressait tant à autrui quand il désapprouvait son comportement, qu'à lui-même en privé, manifestant ainsi comme les jeunes enfants une certaine forme de jugement moral.

Le langage peut également servir aux singes à plaisanter, comme en témoigne l'échange suivant entre Koko et une instructrice qui lui montrait l'image d'un oiseau :

« Ça moi *(désignant l'oiseau)*

— *Est-ce vraiment toi ?*

— Koko bon oiseau

— *Je croyais que tu étais un gorille.*

— Koko oiseau

...

— *Peux-tu voler ?*

— bien

— *Montre-moi.*

— faux oiseau... clown *(Koko rit)*

— *Tu te moques de moi (Koko rit) Qu'es-tu en fait ?*

Koko rit encore, puis une minute plus tard :

— Gorille Koko »

Les langages que l'on a enseignés aux chimpanzés, gorilles et orangs-outans ont beaucoup de caractéristiques des langages parlés humains. Les signes gestuels de l'ameslan ou les morceaux de plastique colorés du langage enseigné à Sarah ont un rapport arbitraire avec les objets qu'ils symbolisent. Ainsi le jeton « pomme » dans le langage de Sarah est-il un triangle bleu. Sarah est capable de percevoir le rapport entre le mot et la chose (un des mots qu'elle connaît signifie « nom de »). Mise en présence d'une pomme réelle, elle la décrivit comme ronde, rouge, et munie d'une queue ; on lui présenta ultérieurement non une pomme, mais le triangle bleu, qu'elle décrivit également... comme rond, rouge et muni d'une queue *(Ces Singes qui parlent* 194, *L'Esprit de Sarah* 48). Elle ne décrivait donc pas l'objet lui-même, mais bien ce que cet objet désignait dans un rapport arbitraire. La faculté de *déplacement* (de rendre virtuellement présent ce qui est physiquement absent) ainsi mise en évidence a été observée couramment chez les grands anthropoïdes ; ainsi Chantek demandait-il qu'on le conduisît en ville en faisant les signes « voiture aller » (*car ride*) et « crème glacée » (*ice cream*). En témoigne aussi l'échange ci-dessus où on demandait à Koko de définir des mots abstraits ou relatifs à des objets absents. En 1984, le chaton préféré de Koko fut tué par une voiture ; trois jours plus tard, on lui en parla *(The Great Ape Project* 67) :

« *Veux-tu parler de ton chaton ?*

— Pleurer (*cry*)

— *Qu'est-ce qui est arrivé à ton chaton ?*

— Dormir chat (*sleep cat*) »

Cinq ans plus tard, Koko exprima encore sa tristesse (*that bad frown sorry... unattention*) en tombant sur une photo d'elle-même avec son chaton. Il est toujours *théoriquement* possible d'expliquer le comportement de n'importe quel être, humain ou autre, par un schéma stimulus-réponse ; il semble pourtant plus simple d'admettre, face à ces comportements qui ressemblent aux nôtres chez un être qui ressemble à nous, que celui-ci comme nous éprouve des émotions, évoque des événements passés et des objets absents, et se sert du langage pour exprimer ses pensées et ses sentiments.

Les phrases que Washoe émet et comprend en ameslan sont, tout comme celles du langage parlé humain, formées de mots combinés selon des règles grammaticales signifiantes (« toi chatouiller moi » n'étant pas synonyme de « moi chatouiller toi »). Les mots de l'ameslan sont des gestes eux-mêmes décomposables en mouvements élémentaires (*chérèmes (Ces Singes qui parlent* 170)), tout comme sont décomposables en phonèmes les mots du langage parlé humain. Cette double articulation permet en principe la production d'un nombre illimité de mots et de phrases ; en pratique, le vocabulaire d'un humain adulte cultivé peut être de dix ou vingt mille mots, voire plus. Nous avons vu que le nombre de mots utilisés par les chimpanzés, gorilles ou orangs-outans se chiffre en centaines, ou en milliers si l'on compte les mots parlés que Koko reconnaît, mais ne peut utiliser. De même, dès lors que l'individu est capable de différencier le signe de la chose, apparaissent des possibilités de récursion et d'imbrication théoriquement infinies (par exemple la chose, le nom de la chose, le nom du nom de la chose...), bien que forcément limitées dans la pratique.

Washoe peut utiliser le même mot dans un sens propre et dans un sens métaphorique, comme lorsqu'elle détourna le geste dont le sens... propre est « excrément » ou « sale », pour en faire une insulte. La production de mots nouveaux peut se faire à l'aide de mots déjà connus ; Lucy combina pour nommer les radis les signes « pleurer » et « faire mal » (*cry-hurt*). Le nouveau signe peut aussi être directement iconique : la même Lucy choisit de désigner sa laisse par un geste imitant le mouvement que l'on fait pour la lui mettre *(Ces Singes qui parlent* 129). Même iconique, le signe garde le même caractère arbitraire que les onomatopées des langues humaines (le son

que font les oiseaux est *cui cui* selon les Français mais *tcheurp tcheurp* selon les Anglais...).
Les grands anthropoïdes non humains utilisent aussi leur langage pour *mentir*, ce qui implique de voir les choses du point de vue de l'autre. Chantek vola une gomme, fit mine de l'avaler et ouvrit la bouche pour signifier qu'elle était vide, en disant « nourriture manger » avec les mains. La gomme fut retrouvée plus tard dans sa chambre.
Les humains sont clairement plus doués pour la parole que ne le sont les autres anthropoïdes. Les capacités linguistiques acquises à l'âge adulte par Washoe et ses semblables avoisinent celles d'un humain de trois ans environ. Les grands anthropoïdes non humains paraissent à âge équivalent moins motivés que les humains pour apprendre à parler ; la période privilégiée de frénésie linguistique que constitue la petite enfance humaine semble manquer, et inversement, les capacités d'apprentissage linguistique restent présentes à un âge plus avancé. Sarah avait déjà cinq ans au début de son apprentissage *(L'Esprit de Sarah* 27). Certains linguistes, psychologues et éthologues ont nié, depuis que les expériences des Gardner et d'autres ont commencé à être connues, qu'il puisse s'agir de langages authentiques. De fait, il n'existe pas de définition universellement admise de ce que l'on doit appeler langage. Les conditions qui furent mises en avant dans le but de préserver la spécificité du langage humain avaient tendance à changer au fur et à mesure que les capacités des singes devenaient mieux connues. Ainsi fut-il affirmé que ce qui distingue les humains des autres anthropoïdes, c'est que ces derniers ne prennent jamais l'initiative des échanges ; or on sait maintenant qu'ils se parlent couramment entre eux. Quelle que soit la meilleure définition du langage d'un point de vue scientifique, il est aujourd'hui établi que tous les grands anthropoïdes savent verbalement insulter, plaisanter, mentir, interroger, utiliser la négation, exprimer leur affection et d'autres émotions et parler de leur passé ; ils inventent des mots nouveaux par plusieurs procédés et transmettent activement leurs compétences verbales à d'autres. L'hostilité parfois manifestée envers ces résultats semble avoir souvent été plus due à une volonté de sauvetage de l'*a priori* philosophique traditionnel exprimé par l'aphorisme d'Alain – « Plus le singe imite l'homme, plus la différence se montre » *(Petit Robert*, article « singe ») – qu'à une évaluation objective de la réalité, évaluation dans laquelle la quête de « la » différence entre *eux* et *nous* – différence absolue, obligatoire, ontologique et insaisissable – serait remplacée par l'étude *des* différences, d'un ensemble de différences réelles, mais de ce fait le plus souvent relatives.
La critique la plus pertinente à l'encontre des expériences linguistiques sur les anthropoïdes non humains est peut-être celle du linguiste ***Noam Chomsky***. Selon celui-ci, l'apprentissage linguistique chez les humains met en œuvre non la simple intelligence, mais aussi des mécanismes spécifiques génétiquement « programmés », qui expliqueraient par exemple l'existence d'éléments syntactiques communs dans toutes les langues parlées du monde. Pourquoi des non-humains qui ne parlent pas naturellement posséderaient-ils les mêmes mécanismes ? Il n'y a rien cependant d'absurde à supposer qu'une grande partie des mécanismes héréditaires qui nous servent à apprendre à parler existent aussi à un degré ou un autre chez nos voisins évolutifs, leur servant à d'autres fonctions plus ou moins proches. Ainsi, l'aptitude à classer en semblable et en différent, et donc à établir des catégories, semble nécessaire au langage mais aussi à bien d'autres activités. Les humains partagent avec de nombreux autres primates la tendance à imiter ses semblables (à *singer*), tendance directement utile à l'apprentissage du langage. Imiter implique par ailleurs que l'on possède une image mentale de soi-même vu de l'extérieur et/ou de l'autre vu de l'intérieur ; cette « conscience de soi » et cette « psychologie d'autrui » sont nécessaires tant pour le langage que pour les interactions complexes qu'entretiennent entre eux les anthropoïdes sauvages. La fonction effective d'un organe, ou comme ici d'une aptitude, change souvent au cours de l'évolution beaucoup plus vite que l'organe ou l'aptitude eux-mêmes ; l'évolution, a-t-on dit, est l'art d'accommoder les restes. Les faits semblent montrer en tout cas que les différences génétiques auxquelles on doit l'apparition chez les humains du fait culturel *collectif* que constitue le langage articulé, et la sélection des formes de ce langage, n'interdisent pas que des *individus* d'autres espèces puissent acquérir, modifier et transmettre une part non négligeable des mêmes capacités.
On en sait moins sur les moyens de communication des grands anthropoïdes dans leur habitat naturel. L'éthologue spécialiste des chimpanzés Jane Goodall a trouvé chez les chim-

panzés sauvages au moins trente cris différents dont ils se servent pour exprimer des émotions comme la peur, la confusion, l'excitation sexuelle, la joie, l'inquiétude, etc. Elle a aussi établi l'existence de diverses formes de communication gestuelle. Le fait de tendre la main avec la paume vers le haut signifie, chez les chimpanzés comme chez les humains, « donne ! » *(L'Esprit de Sarah* 36). Les chimpanzés comprennent également le geste de désigner du doigt, et il semble qu'ils fassent de même, mais main fermée, dans la nature. L'emploi intensif de mimiques faciales est un moyen majeur de communication que nous partageons avec bon nombre de primates, dont bien sûr les grands anthropoïdes. Les expressions ont souvent le même sens chez ceux-ci que chez les humains. La direction du regard, la position et la tension des lèvres et des joues, l'ouverture de la bouche, la position des sourcils, la posture générale du corps et la tonalité de la voix sont autant de paramètres extra-linguistiques formant par leur combinaison et leur évolution dans le temps une riche palette communicative. Les mimiques faciales sont semi-volontaires chez les humains comme chez les autres grands anthropoïdes. Dans *La Politique du chimpanzé*, l'éthologue Frans de Waal décrit les efforts de Luit pour maîtriser son expression faciale afin de bluffer un adversaire (Frans de Waal, *La Politique du chimpanzé* 125) :

[Luit] était assis au pied de l'arbre, tournant le dos au provocateur. Lorsqu'il entendit que les vocalisations de défi reprenaient, il découvrit les dents *(signe de peur chez les chimpanzés)* mais leva immédiatement la main vers sa bouche, pressant les lèvres l'une contre l'autre. [...] Je vis la grimace nerveuse réapparaître sur son visage et, de nouveau, il utilisa les doigts pour serrer ses lèvres. La troisième fois, Luit réussit enfin à effacer cette grimace de son visage, et alors seulement il se retourna.

Les chimpanzés sauvages possèdent une culture, au sens de mœurs acquises et transmises de génération en génération. Adriaan Kortlandt et F.X. Plooij ont trouvé indépendamment l'un de l'autre l'existence de « dialectes » locaux dans les gestes communicatifs utilisés par les chimpanzés *(The Great Ape Project* 31). La culture peut être transmise intentionnellement. Il en est ainsi de la technique, assez délicate, que les chimpanzés utilisent en Côte d'Ivoire pour casser les noix avec une pierre. On a vu une femelle prendre la pierre des mains de sa fille qui s'escrimait en vain, puis avec lenteur orienter la pierre dans la position correcte et casser quelques noix. La fille poursuivit ses essais en tenant l'outil comme l'avait fait sa mère. (Jacques Vauclair, *L'Intelligence de l'animal* 141 ; Revue *Sciences Humaines* 21). Ici la mère s'est servie d'un comportement donné non dans sa fonction habituelle, alimentaire, mais pour *communiquer* au sujet du comportement lui-même, tout comme les techniques employées par Washoe pour apprendre l'ameslan à Loulis constituent une communication au sujet de la communication.

Caractère (informatique)

Unité qui sert à transmettre certains ordres à la machine. Ainsi un caractère de commande provoque la mise en marche de la machine, l'arrêt, ou la modification du fonctionnement d'un programme.

Caractère (typographique)

Signe typographique qui peut être l'une des 26 lettres de l'alphabet, un chiffre, une ponctuation, un accent, une parenthèse, des guillemets, etc. L'ensemble des caractères, ou **police de caractères** ou encore **fonte**, représente 126 signes. Il existe une diversité de polices de caractères qui se distingue par l'épaisseur ou gras (maigre, demi-gras, gras, extra-gras), la largeur (condensé, étroit, allongé) et la hauteur. Les caractères les plus couramment utilisés sont présentés dans le document ci-dessous. Pour toute police, le caractère peut être écrit en romain, en *italique,* en relief, en ombré.

TIMES : Les caractères les plus couramment utilisés sont présentés dans ce document.

HELVETICA : Les caractères les plus couramment utilisés sont présentés dans ce document.

COURIER : Les caractères les plus couramment utilisés sont présentés dans ce document.

PALATINO : Les caractères les plus couramment utilisés sont présentés dans ce document.

NEW YORK : Les caractères les plus couramment utilisés sont présentés dans ce document.

AVANT GARDE : Les caractères les plus couramment utilisés sont présentés dans ce document.

CHICAGO : Les caractères les plus couramment utilisés sont présentés dans ce document.

LONDON : Les caracteres les plus couramment utilises sont presentes dans ce document.

BOOKMAN : Les caractères les plus couramment utilisés sont présentés dans ce document.

Car de reportage ou car-régie

Véhicule constituant une unité mobile de régie vidéo, assurant la prise de vue et la prise de son, utilisé pour les tournages en extérieur. Il est également équipé de tout le matériel nécessaire à la transmission par faisceau hertzien.

Carignon (Loi -)

Voir ***Politique culturelle française, Cumul multimédias***.

Carnap, Rudolf (1881-1970)

Logicien et épistémologue américain d'origine allemande qui a cherché à formaliser tout langage en se fondant sur l'approche syntaxique des langages du mathématicien David Hilbert.

On trouve dans l'œuvre de Rudolf Carnap les caractéristiques du ***Cercle de Vienne*** dont il fait partie, à savoir, l'**empirisme** qui exige de passer par l'expérience, le **positivisme** qui rejette toute considération métaphysique et, aspect qui intéresse plus particulièrement la communication, une analyse des différents types d'énoncés et du langage aussi bien dans sa dimension syntaxique que sémantique : quels sont les énoncés susceptibles d'avoir un sens ? C'est d'ailleurs par une attaque extrêmement virulente du mode d'expression de Martin Heidegger dans sa conférence « *Qu'est-ce que la métaphysique* » que Carnap manifeste le mieux sa volonté de dépassement des problèmes et des modes d'expression de la philosophie traditionnelle. Soumettant en effet les énoncés de la métaphysique à la grille critique que donne la logique moderne, il montre que les « *soi-disant énoncés dans ce domaine* [plus que stériles ou faux] *sont totalement dépourvus de sens* » ; ils constituent des « *simili-énoncés* » (*Scheinsätze*) dans la mesure où ils ne répondent à aucune condition, définie par lui logiquement, pour être capable de générer un sens quelconque.

En effet, soit les concepts employés comme « absolu », « inconditionné », « principe », « néant », etc. sont dénués de sens par absence de toute relation possible avec un quelconque élément empirique, soit les propositions qui emploient des concepts dotés de signification sont grammaticalement correctes mais incorrectes quant à la syntaxe logique ; elles sont du type : « César est un nombre premier ». Alors que les récits chimériques ou les fables, tout en étant faux, sont pleins de sens, les énoncés de la métaphysique sont au-delà ou en deçà du sens car ils sont « *dépourvus de sens* ». Ils n'ont aucune valeur cognitive, référentielle et présentent, tout au plus, une valeur émotionnelle, expressive.

Ainsi, dans sa première conception, Carnap n'admet comme valide que deux types de propositions. Il y a, d'abord, celles qui, dans le domaine de la logique ou des mathématiques, présentent une vérité formelle tautologique (du grec *tauto legein* qui signifie dire la même chose) ou analytique au sens kantien ; elles ne disent rien sur le réel et n'apportent rien de plus que ce qui est énoncé en elles. Leur vérité est *a priori* (indépendante de l'expérience), nécessaire et elle est du genre, « il neige ou il ne neige pas » ou « tous les oiseaux sont des animaux ». Il y a, ensuite, les propositions qui peuvent être vérifiées empiriquement ou déduites d'énoncés empiriques comme c'est le cas dans la physique. Leur vérité ne peut être que synthétique (elles apportent du nouveau) et *a posteriori* (venant après l'expérience).

Comment établir la vérité de ce deuxième type de propositions ? Il faut être en mesure de les ramener, par réduction successive, à des énoncés premiers, fondés, que Carnap nomme « *énoncés protocolaires* » qui, en dernier instance, sont des énoncés empiriques ou énoncés d'expérience (*Erfahrungssätze*). Le critère de vérifiabilité est ainsi énoncé par lui : « *le sens d'un énoncé est la méthode de sa vérification. Un énoncé ne dit que ce qui est en lui vérifiable. C'est la raison pour laquelle il ne peut affirmer, s'il affirme vraiment quelque chose, qu'un fait empirique* ». Mais Carnap est amené à assouplir ses critères de vérifiabilité car on se heurte, dans les sciences autres que les mathématiques, à l'impossibilité de vérifier absolument l'universalité des lois. S'ils sont simplement confirmables ou testables, sans être complètement vérifiés, les lois naturelles ou certains énoncés de probabilité peuvent être ainsi considérés comme doués de sens. De plus, en s'intéressant à la sémantique, il accepte les entités abstraites comme les classes, les relations et s'éloigne du pur nominalisme et empirisme du Cercle de Vienne.

En conclusion, l'œuvre de Carnap est intéressante dans la mesure où il s'attache à dégager par l'analyse logique, syntaxique et sémantique, les conditions qui rendent possibles des énoncés ayant un sens. Mais ce travail d'analyse logique et rigoureuse ne se limite pas au seul domaine de la science car il n'est pas, chez lui, dissociable d'un projet plus large

visant à une meilleure communication et entente entre les hommes.
Voir ***Langage, Philosophie analytique, Sciences cognitives, Signification, Wittgenstein.***

Carré sémiotique

Modèle proposé par Greimas et grâce auquel les sémioticiens peuvent se représenter les conditions minimales de la production du sens. C'est par ailleurs un outil précieux pour les études dites « qualitatives » dans la mesure où il répond à la triple exigence scientifique de non-contradiction, d'exhaustivité et de simplicité.

Le carré sémiotique représente l'aboutissement actuel de la réflexion sur les différentes différences qui produisent le sens. Son enjeu est de passer d'une saisie intuitive des différences à la formulation rigoureuse des relations.

Sa construction s'organise autour de deux acquis du ***structuralisme*** :

a) la reconnaissance de deux types fondamentaux de relations binaires :
– la relation privative : absence ou présence d'un même trait distinctif ;
– la relation qualitative : présence d'un même trait sous deux formes différentes.

b) la mise en évidence par Claude Lévi-Strauss de la structure mythique qui est constituée de deux couples oppositionnels en corrélation et du rôle capital joué par les termes complexes qui font cœxister les contraires ; il existe d'autres types de rationalité que celle de la logique traditionnelle.

Le carré sémiotique trouve entre autre des applications dans l'analyse des discours et comme aide à la décision en marketing. Voir ***Sémiotique et mercatique.***

Carrousel

Dispositif circulaire de rangement de 80 diapositives en vue de leur projection en continue, avec éventuellement un avancement automatique et synchronisé avec une bande son.

Carte à mémoire

« Carte à puce ». Carte généralement en plastique comportant une puce (***microprocesseur***) dans son épaisseur. Elle est capable de stocker une plus grande quantité d'informations que les cartes à bandes magnétiques utilisées pour les paiements et les retraits d'argent liquide dans les guichets automatiques (DAB : distributeur automatique de billets).

Carte d'identité de journaliste professionnel

Carte professionnelle délivrée par la commission paritaire aux personnes qui le demandent et qui satisfont à l'ensemble des critères légaux d'exercice de la profession de journaliste. Elle est destinée à faciliter l'exercice de la profession et, en France selon l'article 6 de la convention collective, elle est indispensable pour être employé plus de trois mois dans une entreprise de presse.

Carte perforée

Voir ***Mémoire***.

Carte T

Carte-réponse, utilisée notamment dans le ***marketing-direct*** par ***publipostage***, dont l'affranchissement est payé par le destinataire.

Cartouche

1. Au masculin, emplacement réservé à la légende, ou au titre dans un dessin, un graphique, une carte de géographie.
2. Au féminin,
   – recharge d'encre, de gaz, etc. dont la forme évoque une cartouche de fusil ;
   – magasin contenant un film ou une bande magnétique qui se déroule dans un seul sens.

Cassandre

Acronyme d'un langage informatique, faiblement diffusé, mis au point en 1967 : *Conception aidée et simulation des systèmes, leur analyse, description et réalisation.*

Casse

En imprimerie, grande boîte contenant un seul corps de la même série de caractères. Les compartiments de la casse ou **cassetins**, dans la casse parisienne, étaient organisés en fonction du volume du caractère et de la fréquence de son utilisation : le haut de casse contenait les majuscules et les lettres accentuées, le « **bas de casse** » correspondait aux minuscules, mais le bas contenait aussi les signes de ponctuation, les chiffres et les blancs.

Cassette

Boîte à bande magnétique incorporée pour enregistrements de sons (cassette audio) ou de sons et d'images (cassette vidéo ou ***vidéocassette***).

Casting

Mot anglais se traduisant par choix des comédiens ou par distribution des rôles (sur photographies et auditions) en vue d'une émission de radio, de télévision ou la réalisation d'un film.

Catalogue

Liste énumérative (inventaire) et livre, brochure, répertoire ou fichier contenant cette liste. Le catalogue peut être consulté sur support papier, sur support vidéo, ou encore sur support informatique, comme c'est le cas pour les catalogues de bibliothèques en ligne baptisés par l'acronyme anglais « **OPAC** » : *on line public access catalog*.

L'information donnée par le catalogue indique les éléments essentiels d'identification des objets du catalogage. Pour le catalogue des revues, on indiquera le titre, le sous-titre, le lieu de publication, la société éditrice, la périodicité, le nombre de pages.

Catalogue vidéographique

Catalogues en images fixes ou animées diffusé sur les réseaux câblés. La commande peut être enregistrée grâce à un serveur vidéodisque placé en tête de réseau et couplé à un serveur vidéotex indiquant les informations fluctuantes (disponibilité, délai de livraison, prix...).

Catégorie socioprofessionnelle (CSP)

Classe de personnes constituée sur la base de la profession, du secteur d'activité, du statut (salarié ou non) et du niveau de diplôme. En France l'INSEE propose depuis 1982, à partir d'une nomenclature détaillée de 489 postes élémentaires, la nomenclature agrégée suivante, dite des **PCS (Professions et Catégories Socioprofessionnelles)**, qui remplace celle des CSP élaborée en 1954 :

1 Agriculteurs exploitant
2 Artisans, commerçants et chefs d'entreprise
3 Cadres, professions intellectuelles supérieures
4 Professions intermédiaires
5 Employés (y compris personnel de service)
6 Ouvriers (y compris agricoles)
7 Retraités et inactifs

Catharsis

Forme de langage sans signification (et, par conséquent, sans expression). Issue du grec *katharsis*, de *kathairein*, purifier, le concept de *catharsis* désigne une forme de suspension du rapport au réel. Le langage cathartique ne s'inscrit pas dans une logique de la représentation du réel, mais il constitue, en soi, une dimension réelle du langage. La *catharsis*, dans ces conditions, s'apparente à la tradition poétique du langage.

Il existe deux grandes traditions de la *catharsis :* la tradition du théâtre antique (rapport en quelque sorte fusionnel de l'acteur et de son personnage) et celle de la religion (rapport à la transe et à certaines formes hystériques de ritualité).

Dans toutes ces traditions, la *catharsis* représente toujours l'expression singulière, par un sujet individuel, de son appartenance à la culture ou à la sociabilité dont le rituel ou le spectacle est la représentation. En ce sens, la *catharsis* – c'est pourquoi elle renvoie à l'idée de pureté et de purification – représente toujours une forme de plénitude, de degré optimal de l'appartenance.

1. La *catharsis* et la tradition théâtrale

   Dans le théâtre grec antique, la *catharsis* désigne le moment où l'acteur oublie sa propre personnalité et son identité, pour se confondre pleinement avec l'identité et la personnalité du personnage qu'il est censé incarner. On peut dire, pour généraliser cette situation à d'autres cultures que la culture grecque, qu'il s'agit d'une logique anthropologique dans laquelle les sujets perdent leur identité dans une forme de tradition qui traverse les époques de l'histoire.

   Dans la logique de la représentation théâtrale, la *catharsis* est le moment où, par la médiation du personnage qu'il incarne, l'acteur se fait porteur de l'identité et de la mémoire du peuple ou de la société auquel il appartient. Le moment cathartique de la représentation est le moment de la médiation : le moment où la sociabilité se retrouve. En ce sens, il s'agit d'un moment essentiel de la communication sociale. Elle constitue, originairement, l'un des modes d'expression de l'appartenance par les formes de la communication.

2. La *catharsis* et la tradition religieuse

   La tradition religieuse inscrit la *catharsis* comme l'un des moyens d'expression et de communication de la foi religieuse ou de la participation aux rituels collectifs. La *catharsis*, sur le plan religieux, est donc une forme de médiation. Elle ne représente pas l'appartenance sur le plan politique ou sur le plan social, mais sur le plan du rapport des hommes à leurs croyances et à leurs représentations du sacré.

   En termes de communication, la *catharsis* représente l'oubli de soi dans la représentation du sacré ; il s'agit d'un fait qui renvoie au mysticisme, c'est-à-dire à une situation de communication dans laquelle une personne se donne la place d'une médiation. La tradition religieuse fait de la *catharsis* une représentation intense de l'appartenance de la personne à la communauté, et, en ce sens, la *catharsis* est une représentation religieuse de l'appartenance sociale et politique : elle est une forme d'articulation entre ces deux liens sociaux. Par la médiation de la *catharsis*, la tradition religieuse inscrit le sacré dans une dimension politique et anthropologique.

3. *Catharsis* et performativité

   La *catharsis* est une forme de performativité, car elle se situe à la limite entre le symbolique et la communication et le geste ou l'acte par lequel la personne s'impose comme acteur dans l'espace de la sociabilité. Par la *catharsis*, la personne devient un acteur majeur aux yeux des autres acteurs qui appartiennent à l'espace social.

La médiation ne s'exerce pas, dans le cas de la *catharsis*, par la mise en œuvre du discours et du symbolique, mais par un acte dont la dimension est reconnue par ceux en présence de qui il est mis en œuvre. La *catharsis* consiste dans un acte mis en œuvre en public par une personne reconnue par tous comme représentant la commune appartenance qui fonde le lien social : le lien social n'est pas représenté par du langage, mais par un acte reconnu comme un rite. Les transes cathartiques de la Pythie étaient un rite de démonstration de l'appartenance à la cité.

4. La limite de la communication

La *catharsis* est, en quelque sorte, le moment où la communication sociale et institutionnelle atteint son apogée ; le moment où la communication sociale représente le mieux la réalité du lien social pour ceux qui en sont porteurs.

La *catharsis* représente une limite de la communication, en ce qu'elle ne met pas en œuvre les codes et les systèmes symboliques de la communication, mais, au contraire, se fonde sur des pratiques, des usages et des rituels qui relèvent de l'action et non de l'échange : la *catharsis* est une expression de la personne non en situation de communication et d'échange symbolique avec les autres, mais en situation de distance ou de différence avec l'espace social.

Caviardage

Acte de ***censure*** qui consistait, originellement dans la Russie tsariste, à recouvrir d'encre les passages ou les articles fautifs.

CB

Sigle pour *Citizen Band*, bande de fréquence ouverte aux communications audio entre particuliers, autour des 27 MHz.

CBU (Contrôle Bibliographique Universel)

Le CBU a pour but de rendre universellement disponibles par l'échange, sous forme internationalement acceptée, les données bibliographiques relatives à toutes les publications.

C.C.A.

Abréviation de « Centre des Communications Avancées », bureau d'études et de recherches en sociologie de la consommation, fondé par Bernard Cathelat au début des années 70. La grande notoriété de ce laboratoire auprès de médias et des agences de conseil est liée à la mise au point de la cartographie sociale particulière que constitue les « ***socio-styles*** » (marque déposée qui désigne la représentation cartographique des styles de vie ou genres de vie avec une catégorisation imagée). La représentation des « socio-styles » donne l'impression d'une analyse de correspondances, qui dégage les axes factoriels de la détermination des comportements, des opinions, etc. Ces cartes présentent en effet la répartition des individus dans un espace social donné (par exemple la France), à un moment donné (par exemple l'année 1997) selon leurs modes consommatoires, leurs mentalités, leurs attitudes et leurs comportements.

C.C.D. (Charged Coupled Device)

Composant électronique, équivalent à un circuit intégré, faisant fonction de dispositif analyseur de l'image, remplaçant le tube de prise de vues dans une caméra vidéo, ce qui allège celle-ci et permet d'avoir une meilleure qualité de l'image. Chaque cellule élémentaire correspond à un point de l'image et produit une charge électrique proportionnelle à l'intensité lumineuse de celui-ci. Transférées point par point et ligne par ligne, ces charges constituent le signal vidéo.

C.C.F. (Common Communication Format)

Format commun de communication utilisé dans les signalements bibliographiques des grandes centrales d'information scientifique. C'est le format de l'***UNESCO/UNISIST***. L'Unesco étudie actuellement une harmonisation avec le format développé par l'IFLA, le format ***UNIMARC***.

C.C.I.R. (Comité Consultatif International de Radiocommunications)

Organisme consultatif de l'***U.I.T.***, chargé d'établir les normes dans le domaine des radio-télécommunications. Il fixe notamment les normes des appareils audio et vidéo.

C.C.T. (Comité de Coordination des Télécommunications)

Organisme regroupant les principaux ministères et organismes utilisateurs de radio-communications, chargé de coordonner l'utilisation du ***spectre des fréquences***.

CD

Abréviation pour disque compact ou *compact disc*, dans les expressions et sigles suivants : ***CD-DA, Photo CD, Video CD, CD-Video, CD-I, CD-Rom, CD-S...***

CD-A, CD-Audio, CD-DA, CD-S

Compact Disc Audio, Compact Disc Digital Audio, Compact Disc Simple : ce sont tous des **disques compacts audio**. CD-A ou CD-Audio sont les termes génériques, tandis que les deux autres sont des appellations qui précisent la dimension. Le CD-S est un disque de 8 cm, alors que le CD-DA est un disque de 12 centimètres de diamètre. Le CD-DA peut stocker 74 minutes de son numérique stéréo non compressé ou 148 minutes en mono, tandis que le CD-S ne peut contenir que 20 minutes de son numérisé en stéréo, et 40 minutes en mono.

Le CD-A a été inventé par Philips et Sony et commercialisé en 1982. Il peut être lu sur des lecteurs de CD-Audio, et sur les nouveaux lecteurs de photo CD et de CD-I.

C.D.D. (Classification décimale Dewey)

Cette classification porte le nom de son auteur, Melvil Dewey (1851-1931). C'est une classification décimale qui comporte dix classes principales, numérotées de 000 à 900. Chaque classe comporte dix divisions qui, à leur tour, comportent dix subdivisions. On compte vingt éditions entre 1876 et 1989. Melvil Dewey en a élaboré douze éditions, et aujourd'hui, c'est la Bibliothèque du Congrès à Washington qui en assure la mise à jour.

C.D.I. (Centre de Documentation et d'Information)

Voir ***Bibliothèque***.

CD-I (*Compact Disc Interactive*)

Disque de 12 cm de diamètre qui peut contenir, comme pour les disques compacts de 12 cm, 650 Mo (méga ***octets*** : millions d'octets) de données, soit 250 000 pages de format A4, 5 500 images fixes, ou 72 minutes de film. Son lecteur inventé par Philips a été commercialisé en 1988. Il se branche sur un téléviseur. Il peut être relié à une chaîne hi-fi, peut lire des disques compacts audio, des disques compacts photo et des films en rajoutant une cartouche *Digital Video*. Le *CD-I Ready* dit encore *CD-I Music* contient, en plus du programme interactif, des plages de CD-Audio lisibles par un lecteur de CD-Audio traditionnel. Le CD-I est incompatible avec un lecteur Rom.

C.D.P.G. (Constat de la Distribution des Périodiques Gratuits)

Organisme de contrôle de la diffusion des journaux gratuits en France.

CD-Photo ou **Photo CD**

Compact Disc Photo de 12 cm de diamètre dont le lecteur a été lancé par Kodak en 1992. Il stocke des photographies, se branche sur le téléviseur, peut se connecter sur un micro-ordinateur, et peut lire des CD-Audio. Le photo CD peut stocker de 100 à 6 000 photos, suivant la qualité désirée. Il peut comporter un programme interactif qui permet à l'utilisateur de contrôler le déroulement de la présentation. Cette option correspond au Photo CD Portfolio.

CD-Rom (*Compact Disc Read Only Memory*) ou Cédérom

Disque compact dont la mémoire ne peut qu'être lue. C'est un disque laser de 12 cm de diamètre qui peut contenir du texte, du son, des images et de la vidéo. Il ne peut être lu que par un ordinateur ayant un équipement adapté (un lecteur interne ou un lecteur externe brancher sur l'ordinateur). Il permet de stocker, comme pour les disques compacts de 12 cm, 650 Mo (méga ***octets*** : millions d'octets) de données, soit 250 000 pages de format A4, 5 500 images fixes, ou 72 minutes de film. La commercialisation du cédérom par Philips et Sony date de 1984.

L'académie française préconise l'écriture **cédérom** à la place de CD-Rom.

CDU (Classification Décimale Universelle)

Classification destinée à représenter l'ensemble des connaissances et l'intégralité des publications. Issue de la ***CDD*** (Classification décimale de Dewey), elle a été largement adoptée dans le monde. Sa notation normalisée, indépendante de toute langue, contribue à diminuer les difficultés d'ordre linguistique dans les communications internationales.

La CDU est la propriété intellectuelle de la FID (Fédération internationale de documentation) qui en assure péniblement la maintenance et les développements. La première édition complète date de 1905 ; la première édition moyenne française date de 1967 ; depuis 1985, le Centre de lecture publique de la Communauté française de Belgique a repris la direction de l'édition moyenne ainsi que la responsabilité des éditions de langue française de la CDU. La deuxième édition moyenne a vu le jour à Liège en 1990 et est commercialisée sous la référence « *FID 692 - Classification décimale universelle. Édition moyenne internationale* ».

CD-V *(Compact Disc Video)*

Vidéo disque compact numérique inventé en 1986. Il ne faut pas confondre le CD-V avec le *Video CD*.

• Il existe en trois formats CD-V : *le clip*, 12 centimètres de diamètre pour 6 minutes d'images et 20 minutes de son, a été rebaptisé Laser Disc : le *20*, 20 centimètres de diamètre, deux fois 20 minutes d'images et de son ; le *30*, 30 centimètres de diamètre, deux fois une heure d'images et de son. Dans le CD-V, l'image est stockée de manière numérique. Le

CD-V peut être lu par lecteur Rom ou Interactif (voir ***CD-I***).

• Le « **Video CD** » est un disque de 12 cm de diamètre, qui donne la possibilité de 72 minutes de vidéo numérique plein écran, de qualité supérieure au ***VHS***. Le Video CD est une application de la technologie de compression vidéo MPEG. Autres noms du Video CD : ***Digital Video Disc (DVD)***, MPEG, Vidéo plein écran, *Full Motion*.

Cedex

Acronyme pour « courrier d'entreprise à distribution exceptionnelle ».

Cellulaire (Réseau -, Téléphone -)

Voir ***Techniques mobiles de communication***.

Censure

Ensemble des actions exercées par un pouvoir ou une institution afin de contrôler, de restreindre ou d'orienter les libertés d'expression. Elle ne peut cependant être appréhendée exhaustivement que sur plusieurs axes de déclinaison qui se complètent et s'imbriquent au demeurant. Elle se pose en effet à la fois comme principe politique, pratiques et moyens d'action, et institution.

• Elle est d'abord un principe politique, car elle émane toujours d'une volonté, celle de limiter voire de réduire à néant ce qui peut être dit. Le parti-pris de la censure est de faire taire, au nom d'une volonté supérieure et d'un principe souverain qu'elle détient et défend. Dans l'absolu, on ne pourrait parler de la censure que par défaut : son aboutissement ne serait-il pas de passer sous silence et « sous conscience », d'annihiler tout discours critique ? On ne parlerait donc que de l'infime partie connue, qu'elle a laissé sourdre à ses dépens, au détriment de tout ce qu'elle a réussi à faire taire.

• Ensuite, la censure est un ensemble de pratiques et de moyens, car elle s'exerce concrètement par des activités de contrôle, d'autorisations préalables, d'interdictions. Elle peut employer la violence, c'est en ce sens qu'elle est arbitraire : la Raison d'État invoquée par les censeurs prime toujours sur les opinions individuelles et collectives en butte à celles du pouvoir et de ses détenteurs.

• C'est une institution, enfin, car son activité n'est pas nécessairement secrète, subreptice aux discours, mais elle est s'exerce par des ministères, des organes de contrôle, des agents officiels de l'État. On peut citer ici le corps des censeurs royaux créé en 1742 par Louis XIV. C'est avec autant de réalisme que de cynisme que la censure place délibérément la légitimité dans son camp. Quand celle-ci ne suffit pas, c'est à la légalité que l'on en appellera, en plaçant les pensées et les discours incriminés hors-la-loi.

La censure a mauvaise presse. Comme la ***propagande***, dans un registre autre, elle est entachée d'une image négative. On la juge réactionnaire et arbitraire, se posant comme œil et bras armé de l'obscurantisme et de la dictature, en s'attaquant aux libres penseurs et aux artistes garants quant à eux du pluralisme et de la liberté d'expression. Ce déficit d'image est en partie dû aux images d'Épinal colportées à son propos ; et comment l'évoquer en effet sans voir défiler les ***Index***, les pilons, les autodafés et les bûchers ?

Parmi ses victimes les plus célèbres, on compte Aristophane, Ovide, Socrate, puis Rabelais, Goya, Babeuf ainsi que des milliers de journalistes révolutionnaires, Victor Hugo et de nos jours Soljenitsine et Salman Rushdie.

Et autant d'esprits éclairés sont partis en guerre, avec leurs moyens, contre la censure. Pour la seule période des Lumières, Chamfort, Beaumarchais, Mirabeau, Voltaire se sont élevés, avec leurs plumes et tout leur talent contre la censure royale, qu'elle concernât leurs œuvres ou non.

De même qu'il est difficile de donner une définition de la censure autre que plurielle, il est délicat d'être exhaustif quant aux champs d'expression qu'elle tend à contrôler et restreindre.

On a souvent tendance à ne retenir de la censure que celle s'exerçant sur la presse et la littérature. Et il est vrai que c'est dans ces domaines qu'elle s'est donnée le plus de moyens. La mise en place, avec l'apparition de l'imprimerie, des privilèges royaux (autorisation à publier consentie par le pouvoir) ainsi que les nombreux contrôles pratiqués par les pouvoirs sur la production littéraire tendent à prouver que c'est de l'écrit dont se méfient le plus les censeurs. C'est donc dans ces registres que les pouvoirs politiques et religieux se sont attachés à édicter, contrôler, « surveiller et punir » le plus systématiquement. L'exemple historique le plus célèbre de cette action de contrôle et de censure est l'Index Librorum, autorisant les autorités religieuses à proscrire la lecture d'ouvrages attentant au dogme et à la morale.

De même, le dépôt légal, institué sous François Ier, subsiste encore, il s'agit d'un contrôle *a priori* sur tout ce qui est édité. Aucun pays, aucun régime ne peut se targuer, de nos jours

encore, de laisser à l'activité éditoriale une liberté totale. La France en connut une seule expérience, très brève, entre 1789 et 1792.
Mais par-delà cette presse et cette littérature, enfants maudits des censeurs, c'est de manière générale l'ensemble de la production intellectuelle et artistique qui des origines à nos jours, a été objet d'attention et d'irritation de la part des censeurs. S'attaquant à la liberté d'expression et à ses multiples déclinaisons, c'est en première et dernière instance à la liberté de pensée de laquelle se soutient cette expression pluraliste que la censure s'attaque. Ensuite, ce sont les canaux techniques et artistiques médiatisant l'expression critique que la censure tente de juguler. Et tous les médias, tous les arts ont effectivement été mis sous le joug et l'éteignoir à un moment ou un autre. La littérature a été évoqué, et Rabelais reste le parangon des grands auteurs censurés. Concernant la presse, la France a compté avec Richelieu et Napoléon deux censeurs de première importance. Le « Moniteur » de l'Empereur fut à une époque le seul journal officiel, incomparable vecteur de ***propagande***.
De nos jours, ce sont les journaux satiriques qui sont assez régulièrement retirés de la vente et astreints à de fortes amendes pour avoir porté atteinte à l'autorité morale et politique de l'État et des institutions. Et pour toute la partie non-démocratique de la planète, on saisit l'essence politique de la censure quand on a compris la leçon de l'aphorisme de Camus, selon lequel « un pays vaut souvent ce que vaut sa presse. » Quel meilleur baromètre démocratique, en effet, que le degré de liberté de la presse ? Et là encore, la censure se trouve en porte-à-faux, garante dans l'opinion de l'arbitraire et de la répression mentale légitimée.
Mais la censure peut s'en prendre aussi à l'affiche : de l'affaire des Placards de 1534, qui marqua un durcissement des guerres de Religion aux lois draconiennes de Louis XIV réglementant ce mode d'expression, on n'a jamais « placardé » impunément au cours de l'histoire.
Le cinéma a de même donné prise aux censeurs, dès ses origines. Le célèbre « Cuirassé Potemkine » d'Eisenstein fut longtemps interdit par la plupart des démocraties occidentales, en tant que vecteur de propagande soviétique.
Concernant la télévision, en 1970 encore, Georges Pompidou déclarait que celle-ci était « la voix de la France ». Cela laisse sans illusion sur les moyens de rendre cette voix non discordante. Mai 68, de même, fut censuré en textes et en images. La version officielle était distillée par des ***communiqués*** laconiques du Ministère de l'intérieur. À l'occasion des événements, d'ailleurs, 400 journalistes français se virent contraints de démissionner par le pouvoir, et ce à cause d'écrits trop engagés. De nos jours, c'est une censure commerciale qui est apparue sur le petit écran. Les journalistes ne parlent pas inconsidérément de ceux – entreprises ou institutions – qui subventionnent leurs chaînes.
Enfin, l'image, de manière générale, n'a pas été épargné par les censeurs. L'art non académique, innovant et révolutionnaire a souvent été victime de la rage des gardiens du dogme esthétique, politique ou religieux. On se souvient de la querelle des Iconoclastes et des proportions sanglantes qu'elle prit à Byzance, dès le Ve siècle. Dans un registre plus badin, le recouvrement pudibond au XVIIe siècle de toutes les « parties honteuses », c'est-à-dire dénudées des personnages du plafond de la Chapelle Sixtine de Michel-Ange se situe en ligne directe d'une entreprise de censure morale, et moralisatrice. Récemment, enfin, les nazis ont mis à l'***Index*** et au ***pilon*** nombre d'œuvres de la peinture avant-gardiste allemande considérée comme décadente.
Les censeurs s'aiment triomphants ; ils leur faut des institutions. Le contrôle et la répression éventuelle s'exerce dès lors légalement. Les pouvoirs politiques et religieux ont une propension à ériger leurs activités en ministères garants des « vérités ». Les politiques se réclament alors de la Raison d'État, et les religieux du dogme. Dans le seul domaine de l'édition, allusion a déjà été faite aux privilèges et dépôt légal, contrôles *a priori* et *a posteriori*. Le Vatican a disposé pour sa part durant des siècles de l'*Imprimatur* et du *nihil obstat* (« rien n'empêche » la parution), qui autorisaient la publication d'ouvrages, seulement après vérification du contenu. Et n'oublions pas que le KGB, pendant des décennies, s'est livré à une immense entreprise de bâillonnement et d'étouffement de l'intelligentsia contestataire, par tous les moyens de pression possibles. « Une journée d'Ivan Denissovitch », de Soljenitsine raconte le sort réservé à ceux qui s'opposaient, par la pensée et les mots, au régime soviétique. En première et en dernière instance, c'est encore de censure dont il est question. Et là, on allait à des fins de normalisation bien plus loin que seulement superviser les mots et autoriser la publication. Ce sont des

hommes que le goulag brisait, pour leur seul délit d'opinion.

À quoi attentent donc de sacré et de tabou les censeurs, est-on ici en droit de se demander. Sur quoi des formes d'expression aussi disparates que la littérature, la philosophie, la théologie, l'histoire de l'art, et de nos jours le cinéma et la publicité fondent-elles un discours dont la teneur semble contenir les critères d'interdiction ? Deux dialectiques, soutenues par les rhétoriques qui les servent ont de tout temps été la cible des censeurs. D'abord, les discours émettant des critiques, des doutes et des soupçons – fondés ou non – sur ce que font ou sont les institutions politiques en place, ou les tournant en dérision. Il n'est pas incident que tout écrit séditieux et libertaire attaquant les fondements-mêmes du principe démocratique soit interdit en préambule de la libérale loi française sur la Liberté de la Presse de 1881. Cette souveraineté démocratique n'hésite pas le cas échéant à se faire impérieusement arbitraire quand c'est l'essence politique et morale de l'État qui se trouve attaquée par des expressions politiques discordantes et délétères. Cependant, l'honneur de chaque citoyen se trouve aussi protégé par les notions juridiques de diffamation et d'injure.

Ensuite, la censure principalement religieuse se fait fort de contrôler tout ce qui touche aux domaines de la morale. Tous les écrits à caractère licencieux, obscène et pornographique ont toujours été étroitement surveillés et punis par l'Église et ses « vertugadins ». Sade, Restif de la Bretonne mais aussi Rabelais ont été censuré sur cette base dite pornographique de leurs œuvres. Ce à quoi veillent donc les censeurs, c'est à l'intégrité morale de la production. Il faut éviter à tout prix que des œuvres ne corrompent la jeunesse et les bonnes mœurs sociales en général. Mais par-delà la licence et l'obscénité, les censeurs s'attaquent plus sévèrement encore à ce qui touche le dogme religieux et philosophique : Aristophane vit, en son temps, ses écrits brûlés car il remettait en cause l'existence des dieux. Au XIIe siècle, le théologien Abélard connut la même déconvenue pour avoir proposé une exégèse non conforme de la Trinité. Et très récemment, c'est Salman Rushdie qui a essuyé les foudres de l'intégrisme musulman pour ses hérétiques « Versets sataniques ».

La censure a beau être considérée comme réactionnaire et arbitraire par ses victimes et ses contempteurs, elle est encore vivace et elle le sera d'ailleurs d'autant plus à l'avenir que les médias vont se démultiplier et faire varier les tribunes d'expression et les formes de discours. Ce qu'il lui faut, c'est seulement que le pouvoir garde un droit de regard et de contrôle ; or, lequel s'en dessaisirait ?

À son corps défendant, on doit reconnaître à la censure, quand elle est pratiquée avec mesure, un indéniable rôle de structuration vis-à-vis de la démocratie dont elle est l'un des vaccins, introduisant « un mal pour un bien ». La question qu'elle pose à la morale est celle de l'étendue de son pouvoir d'ingérence et de sa force de répression, tant il est vrai que dans l'idéal, les censeurs se voudraient « panoptiques » et omnipotents. Jusqu'à quel point les productions intellectuelles et artistiques peuvent-elles tomber sans préavis sous la main et la férule de l'État ? La problématique fondamentale que la censure porte en son sein concerne l'hypothèse de sa nature d'essence anti-démocratique. En effet, n'est-ce pas le débat, le dialogue, ici politique, fondement de toute démocratie qu'elle tend souvent à bafouer, du moins limiter ? La censure ne peut donc s'appréhender objectivement qu'à l'aune du degré de démocratie dans laquelle elle devient un rouage institutionnel garant par défaut d'une liberté d'expression qui, incontrôlée et infinie, ouvrirait sans doute sur des abus précisément anti-démocratiques. Le problème qui interpelle les Droits de l'Homme et son article XI, c'est que les variations de la censure sont laissées à la discrétion de chaque régime. Chacun pose ses propres règles de contrôle, de même qu'il autorise ou non la liberté de pensée et d'expression. Ce serait toutefois fausser les perspectives d'appréhension du sujet que de faire une collusion hâtive entre les cadres juridiques stables des démocraties et la censure des dictatures, qui utilise, sans vergogne et sans scrupules, la pression mentale et la violence psychique.

La seule antidote que l'on puisse trouver à la censure est en définitive la satire, l'espièglerie humoristique. Ainsi, dans l'ex-URSS, on sait le rôle qu'a joué le magazine satirique *Krokodil*, véritable soupape de sécurité, seule expression officielle d'un contre-pouvoir posée comme un impossible pont entre les informations et directives officielles de la « Vérité » (Pravda) et les journaux clandestins (les **Samizdat**). L'ennemi qu'elle se reconnaît et qu'elle redoute, c'est la puissance de la connotation, qui bruit de toutes les rumeurs, de tous les dits et non-dits de l'opposition. Lui sied le communiqué que rien ne vient contrarier, dont le sens, les interprétations et les injonctions sont unilatéraux. Dans la littérature tchécoslovaque officielle des années 50, les points de suspension et d'exclamation n'étaient-ils pas interdits à cause de leur trop grand potentiel connotatif, porte ouverte aux dires interdits ?

La censure, principe, pratique et institution existera tant que des hommes auront des avis divergents à exprimer, et qu'un groupe se réclamera légalement et légitimement d'un pouvoir politique. Elle a donc partie liée au dire et à l'agir politique. Loin d'une hypothétique assertivité démocratique dont la symétrie et la fluidité n'auraient d'égales que le fondement éthique, ce à quoi tend la censure, c'est à l'efficacité. Son seul but : édicter et contrôler ce qui peut être dit, ce qui doit être dit, de ce qui ne peut ni ne doit l'être. Reprécisons que les points de perspective sont toujours « à géométrie variable ».

Seule l'histoire retient ensuite la part de l'arbitraire et de la vérité historique. Et l'histoire, justement, est-elle écrite par les censeurs ou les censurés ? Autre question à la réponse transparente, qui renvoie circulairement au fondement de la problématique.

En définitive, les deux souhaits de tout censeur résident probablement en ceci : d'abord, se faire oublier de l'histoire, précisément, afin que celle-ci ne sache ni ne raconte ce qui subrepticement se disait contre les pouvoirs « officiels ». L'ignorance des mots et des faits censurés est sa meilleure alliée. L'annihilation de toute opinion divergente n'est-elle pas son point d'idéal et d'aporie ? Et surtout, ce à quoi rêvent les censeurs, c'est sans doute de voir advenir, miracle et catastrophe pour eux, le règne de l'autocensure. Celle-ci dirait à chacun, en chacun avant-même l'énonciation, l'officiel du perfide, « le bon du mauvais ». Dans ces prisons intérieures mentales et morales, l'individu deviendrait à la fois son prisonnier et son gardien, à la manière du héros du « désert des Tartares ». Mais issue rêvée et fatale, ne verrait-on pas alors aussi le politique dégénérer et disparaître, victime d'un arbitraire ayant enflé et étant devenu omnipotent, jusqu'à éliminer un libre-arbitre et un débat sur lesquels la démocratie se fonde et se soutient. Car c'est essentiellement en s'opposant qu'on s'accomplit, et la spécularité, fut-elle conflictuelle, est aussi constitutive de cette démocratie.

Centrale d'achat d'espace

Intermédiaire qui achète en gros de l'espace aux médias et le revend au détail aux annonceurs et aux agences de publicité.

Voir ***Achat d'espace***.

Centre d'Acquisition et de Diffusion de l'Information Scientifique et Technique (CADIST)

Voir ***Bibliothèque***.

Centre de distribution

Dans un réseau local de vidéocommunications, centre assurant les fonctions décentralisées du centre d'exploitation. Il peut gérer jusqu'à 1 000 prises de raccordement et assure la démodulation TV/hi-fi et la sélection des canaux demandés par les usagers.

Centre de documentation

Lieu physique de traitement, de stockage et éventuellement de consultation des collections de documents mis à la disposition des utilisateurs. Les documents traités sont préalablement l'objet d'une recherche par le personnel chargé d'assurer le fonctionnement du centre. Il constitue un centre critique, c'est-à-dire essentiel, aussi bien pour le journaliste qui réécrit une dépêche et vérifie les informations, l'enseignant qui prépare son cours, l'élève qui cherche à réaliser un dossier sur un thème particulier, que pour les responsables d'entreprises soucieux d'***intelligence économique*** autrement dit de ***veille stratégique***.

Centre de Documentation et d'Information (CDI)

Voir ***Bibliothèque***.

Centre d'étude des supports de publicité

Voir ***CESP***.

Centre d'exploitation technique

Cœur du réseau de vidéocommunication qui reçoit les informations de la ***tête de réseau*** et les traite avant de les envoyer sur le réseau de transport.

Centre National de la Cinématographie

Voir ***CNC***.

Centre serveur

Système informatique permettant à un demandeur la consultation et l'utilisation directe d'une ou plusieurs banques de données. On dit plus simplement **serveur**, bien que cette dernière notion désigne aussi l'organisme exploitant le centre serveur. Cet organisme est une structure interne à l'industrie de l'information, entre le producteur et les utilisateurs, dont la fonction est de stocker dans les mémoires de gros ordinateurs les fichiers documentaires constitutifs des bases et banques de données pour les rendre accessibles aux utilisateurs potentiels.

Voir ***Banque de données, Base de données, Marché de l'information en ligne (Acteurs du -).***

Cercle de Vienne

Le Cercle de Vienne concerne la communication dans la mesure où, comme l'ensemble de la philosophie analytique à laquelle on le rattache, il affirme que l'analyse logique du langage est fondamentale dans la position et la résolution des problèmes. On peut même aller jusqu'à dire que, pour ce groupe, ce n'est que dans le cadre logico-linguistique que se déploient son épistémologie et sa philosophie qui doit, selon Carnap, « *éradiquer les mots dépourvus de signification, les simili-énoncés dépourvus de sens* ».

On désigne par *Cercle de Vienne,* un groupe privé, héritier du cercle de **Ernst Mach** auteur de *Remarques antimétaphysiques,* constitué dans les années 20, notamment autour du philosophe **Moritz Schlick** et fréquenté diversement par les mathématiciens **Kurt Gödel**, **Hahn**, le philosophe et logicien **Otto Neurath**, les logiciens **Alfred Tarsky** (fondateur de la sémantique logique), **Willard Quine**, le philosophe ***Rudolph Carnap***, l'historien **Victor Kraft**. Il décrit ses intentions fondamentales dans son manifeste *La conception scientifique du monde,* publié en 1929 par Hahn, Neurath et Carnap, texte dans lequel est clairement revendiqué son attachement à la raison du siècle des *Lumières* et des encyclopédistes dont il se veut être un prolongement. Cette extension de la raison pousse ce groupe à une critique des énoncés de la métaphysique, de la théologie et plus généralement de la philosophie tout au moins dans sa forme traditionnelle, dans la mesure où, pour lui, ils ne permettent pas une discussion véritablement rationnelle de ce qu'elles énoncent au nom de « profondeurs » insondables et invérifiables. Ne peuvent être acceptés comme savoir scientifique que deux types d'énoncés, ceux, synthétiques, qui relèvent de l'expérience et ceux, analytiques, qui relèvent de la **logique** c'est-à-dire de ce que Schlick appelle « *la mise en forme tautologique de la pensée* » : d'où sa qualification d'empirisme logique.

Aussi, le *Cercle de Vienne* qui se donne pour objectif de mettre en place une théorie unitaire et rigoureuse de la connaissance des sciences exactes, se caractérise à la fois comme étant un **positivisme** ou néopositivisme, un empirisme, que l'on nomme **empirisme logique**, et, sous l'influence des travaux de Wittgenstein, une analyse du **langage** et de ses énoncés. Il est un positivisme, dans la lignée d'Auguste Comte dont il se réclame, dans la mesure où il essaie de s'en tenir strictement aux seules données de l'expérience en rejetant toute spéculation de nature métaphysique avançant des propositions qui dépassent le cadre de toute expérience possible. Il est, dans la lignée de Hume et Berkeley mais cette fois contrairement à Comte, un **empirisme** (conception de la connaissance selon laquelle nos connaissances viennent et n'ont de sens qu'en rapport avec l'expérience), dans la mesure où il s'efforce de ramener toutes les questions au jugement de l'expérience : il y a donc un rejet des jugements synthétiques *a priori* de Kant puisque la vérification doit passer nécessairement par l'expérience et ne peut être *a priori.* On comprend dès lors pourquoi toutes les propositions de nature métaphysique ne sont pas considérées comme fausses mais comme dénuées de sens. Un énoncé n'est doté d'une signification empirique que s'il est susceptible de recevoir une vérification complète par l'expérience. Enfin, il met en place, au cœur de sa démarche, une analyse du langage qui déplace les interrogations habituelles : « *lorsque quelqu'un affirme : "Il y a un Dieu"* [...] *nous ne lui disons pas : "ce que tu dis est faux", mais nous lui demandons : "qu'est-ce que tu signifies avec tes énoncés ?"* » À cela s'ajoute une méfiance à l'égard de la rhétorique et des langues habituelles ou naturelles impures au profit d'un symbolisme formel et éloigné de toute ambiguïté. Ainsi le mot d'ordre premier de destruction de la philosophie fait place peu à peu à une nouvelle finalité : ne plus parler de philosophie mais parler philosophiquement de façon claire et simple.

Voir ***Austin, Carnap, Philosophie analytique, Rhétorique***.

Césars

Haute récompense du cinéma français. Ils ont été créés en 1976, et ont introduit de nouveaux paramètres dans le système cinéma. Pour les producteurs cinématographiques, les Césars sont devenus la façon la plus éclatante d'obtenir une reconnaissance officielle, car à l'inverse du Festival de Cannes, le vote est établi non pas par un jury, mais par l'ensemble de la profession.

C.E.S.P.

Centre d'étude des supports de publicité. Association (loi de 1901) créée en 1956 par les trois grands acteurs de la publicité : les annonceurs, les supports et les agences. Les ***centrales d'achat d'espace*** ont fait leur entrée au CESP en 1988. Son rôle est d'évaluer par ***sondage,*** pour le compte de ses adhérents, les ***audiences*** de tous les grands médias.

• Cinéma : audience des 7 derniers jours et habitudes de fréquentation.

• Radio : audience des stations de Radio-France, des radios périphériques, ainsi que de celles des radios locales privées.

• Cinéma : audience des 7 derniers jours et habitudes de fréquentation.

• Télévision : audience de toutes les chaînes de télévision.

Pour ces deux médias : équipement audiovisuel détaillé du foyer, habitudes d'écoute, audience quart d'heure par quart d'heure et par tranche horaire, durée d'écoute et description de l'emploi du temps des personnes interrogées.

• Presse quotidienne nationale et régionale : date de dernière lecture, habitudes de lecture, nombre de numéros lus sur les 6 dernières parutions et provenance du dernier numéro lu. À partir de 1989, des questions supplémentaires sur la lecture de la veille permettent de connaître le nombre de premiers lecteurs, la durée de lecture, la quantité de lecture, le nombre de reprises en mains, l'identification des moments et lieux de lecture.

• Presse magazine grand public : titres ayant un minimum de 500 000 lecteurs en audience dernière période, habitudes de lecture, date de dernière lecture et provenance du dernier numéro lu.

• Affichage : un programme d'études a permis, grâce aux enquêtes réalisées sur un échantillon de 9 agglomérations, de construire un nouveau modèle permettant d'évaluer pour toutes les agglomérations les performances des campagnes d'affichage.

• En plus de ces études permanentes, le CESP est amené, à la demande d'un ou de plusieurs de ses adhérents, à contrôler des études extérieures. Il agit alors sous l'autorité de son comité scientifique, comme arbitre technique de la profession.

Signalons que le CESP a une classification de la population interviewée différente et plus fine que celle issue de la nomenclature ***CSP*** ou ***PCS*** de l'INSEE, en recourant à une analyse basée sur 12 critères socio-économiques. Ces critères qui s'appliquent à l'interviewé sont : statut personnel, statut matrimonial, âge, profession du chef de famille, profession de l'interviewé, niveau d'instruction, habitat, région, effectif du foyer, nombre d'enfants au foyer, type de ménage, nombre de personnes exerçant une profession.

Chaîne

1. Synonyme de lien de dépendance.
2. Ensemble de personnes associées dans une opération. Ex. : le travail à la chaîne.
3. Successions de séries traduisant l'industrialisation de l'activité. Ex. : les films dans les studios à Hollywood sont fabriqués à la chaîne.
4. Ensemble d'éléments combinés permettant la reproduction du son. La chaîne hi-fi comporte une source – un tuner, un tourne-disque ou platine tourne-disque, un magnétophone ou lecteur de cassettes enregistrées –, un amplificateur et des éléments reproducteurs – enceintes acoustiques ou baffles.
5. Ensemble des journaux appartenant au même groupe de presse.
6. Synonyme de canal et de réseau. Une chaîne de télévision est ainsi le canal réservé à la transmission de programmes de télévision. Le terme chaîne désigne également la société de production, de programme et de diffusion qui dispose d'un canal de fréquences pour ses émissions.
7. En ***cybernétique***, la chaîne d'*asservissement* est ce qui permet d'assurer l'émission, la transmission et la réception de signaux pour assurer la régulation. On parle aussi de chaîne de régulation.

Chaîne cryptée

Voir ***Cryptage, Canal plus***.

Chaîne de journaux

Voir ***Chaîne***.

Chaîne de télévision

Voir ***Chaîne***.

Chaîne documentaire

Ensemble des opérations successives du travail technique (hors aspects managériaux) du documentaliste. Ces opérations sont dans l'ordre :

– Des opérations d'entrée (*input*) qui correspondent à la collecte des documents, l'enregistrement du document, son signalement, son analyse, sa mise en mémoire et son stockage.

– Des opérations de sortie (*output*) qui consistent en la recherche (question), récupération et diffusion du document demandé par sa mise à disposition auprès de l'utilisateur.

Le stockage des informations est en partie résolu grâce aux outils d'archivage électronique de plus en plus performants, mais les problèmes d'accès à l'information et de son repérage, sont toujours aussi difficiles à résoudre.

Les théories traditionnelles de la représentation des documents se sont concentrées sur deux types de descriptions : contexte et sujet.

– L'information contextuelle (auteur, titre, série, éditeur) peut être utilisée pour représenter des documents dans une base de données ; c'est le cas des ***bases de données*** bibliographiques.

– La description par sujet est une autre façon de représenter l'information. Elle est l'une des étapes les plus importantes dans l'analyse de contenu des documents puisque c'est celle au cours de laquelle les concepts contenus dans les documents doivent être exprimés et exploités pour que la recherche ultérieure des documents contenant les notions exprimées soit efficace. Les langages documentaires sont quelques uns des moyens utilisés dans les systèmes documentaires, pour représenter, sous une forme standardisée, les informations contenues dans les documents : ils sont des intermédiaires entre les auteurs et les utilisateurs.

Deux principes régissent les **systèmes d'informations documentaires** : les données sont traitées, soit par une analyse manuelle, soit, et ceci devient de plus en plus répandu, par une analyse automatique ; l'information apportée par le document est traitée globalement selon le principe qu'un texte, ou une partie de texte, est repérée par un ou plusieurs mots, censés représenter l'essentiel de son sens.

Le tableau ci-dessous résume les différentes opérations documentaires avec leurs outils et leurs produits.

La chaîne documentaire : outils et produits.

Type	opérations	outils-instruments	produits
entrée	COLLECTE : identification évaluation acquisition	guides catalogues bulletins	fonds collections
	TRAITEMENT MATERIEL : vérification enregistrement cotation classement		cote
	TRAITEMENT INTELLECTUEL : *identification* *description* : signalement analyse du contenu indexation réduction	*normes* : grille d'analyse liste des descripteurs	notice analytique
	MISE EN MÉMOIRE	*logiciel documentaire* (gestion de fichiers)	fichier catalogue
sortie	RECHERCHE	*fichier catalogue*	
	DIFFUSION	diffusion sélective de l'information (DSI) circulation	index bibliographie

Chaîne graphique

Succession d'étapes pour un imprimé allant de sa conception jusqu'à sa réalisation. Les principales étapes sont : la maquette, la composition des caractères (au plomb dans le passé, puis photocomposition et PAO de nos jours), montage des documents d'exécution, photogravure, impression et façonnage.

Chaîne hi-fi

Voir ***Chaîne***.

Chambre noire

1. Local réservé au développement des photos.
2. Boîtier de l'appareil de prise de vue.

Chambrier

Journaliste accrédité à la chambre des députés.

Champ

Portion d'espace balayée par une caméra, ou apparaissant dans l'objectif d'un appareil photographique. Être **dans le champ** signifie figurer dans le ***cadre*** et, par conséquent, un objet ou un acteur est **hors-champ** lorsqu'il n'est pas dans le cadre.

La profondeur du champ est la zone de netteté donnée par un objectif. Elle est fonction de l'ouverture du diaphragme et de la vitesse d'obturation.

Voir ***Contre-champ***.

Chandelle

Colonne rédigée sans interruption de haut en bas d'une page d'un journal ou d'un magazine.

Chapeau ou chapô

Courte introduction, informative (résumé) ou incitative (accroche) à un article de presse écrite, à une émission de radio ou de télévision ou à un épisode de feuilleton.

Chargé de production

Personne habilitée par l'employeur, vis-à-vis du réalisateur ou du journaliste, à gérer et organiser les productions qui lui sont confiées. Il est chargé d'établir les devis et les bilans, de tenir le dossier des productions et d'en assurer la gestion administrative, juridique et financière. Il met en œuvre et dirige les moyens techniques et en personnel. Il représente l'entreprise auprès des clients et des tiers.

Chariot de travelling

Plate-forme mobile supportant la caméra, le cadreur et son assistant. Se déplaçant sur des rails, le long ou autour du plateau, elle permet de réaliser des prises de vue avec déplacement de caméra.

Charivari

Premier journal de la presse quotidienne illustré de caricatures. Il a été publié entre 1832 et 1893.

Charte des devoirs du journaliste

Code déontologique non officiel, et non impératif, proposé en juillet 1918 par le syndicat national des journalistes.

Charte graphique

Ensemble des éléments qui forment l'identité visuelle d'une organisation et que doivent respecter ses membres dans leur communication avec des tiers. Ces éléments – logotype, caractères typographiques, couleurs – sont réunis dans un ouvrage (**livret ou cahier des normes graphiques**) qui définit toutes les applications de la charte graphique : papier pour le courrier, emballages commerciaux, décoration des véhicules, aménagement des locaux, annonces publicitaires, etc.

Chasse

En imprimerie, largeur du caractère.

Chasser

En imprimerie, répartir les blancs sur une ligne pour obtenir une justification correcte.

Chef d'édition

Journaliste chargé, sous l'autorité d'un supérieur, de mettre en œuvre et de coordonner le travail des équipes techniques et rédactionnelles lors de la préparation d'une émission et d'assurer son bon déroulement pendant sa diffusion.

Chef de fabrication

Dans une agence de communication, personne qui est responsable de la réalisation des imprimés et des annonces jusqu'à leur parution.

Chef de file

Personne chargée du recrutement des figurants : sur le tournage, il s'assure de leur présence, s'occupe de leurs transferts et de leurs repas, distribue les rôles en accord avec le réalisateur et organise leur paiement.

Chef de plateau

Personne chargée de mettre en place les moyens nécessaires à la réalisation d'une émission, en fonction du plan de travail.

Chef de production

Personne chargée de gérer les productions qui lui sont confiées. Il établit les devis et bilans, tient le dossier des productions et en assure la gestion administrative, juridique et financière. Il représente l'entreprise auprès des clients et des tiers.

Chef de publicité

1. Personne qui, au sein de l'agence de publicité et sous l'autorité du directeur de clientèle dit encore chef de groupe, conçoit la stratégie de communication qu'il soumet à l'approbation du client annonceur.
2. Personne qui, du côté de l'annonceur, assure le suivi des actions recommandées par le chef de publicité de l'agence
3. Personne qui, pour un support, est chargée de vendre de l'espace publicitaire aux agences et aux annonceurs.

Chef opérateur

Terme ancien pour ***directeur photo***.

Chemin de fer

Représentation ordonnée des pages d'un livre, d'un magazine ou d'un journal qui permet de visualiser l'état d'avancement de la réalisation (rédaction, illustration, espace publicitaire, etc.) du produit.

Cheminée

1. En distribution commerciale, présentoir vertical.
2. En typographie, espace blanc irrégulier apparaissant sur plusieurs lignes.

Chicago (École de -)

Voir ***Interaction sociale***.

Chiens écrasés (Rubrique des -)

Dans le journalisme, expression pour désigner les faits divers ordinaires et dont la couverture rédactionnelle est confiée à un journaliste débutant.

Chiffre

Code secret. Voir ***Cryptage***.

Chiffre d'affaires

Montant des ventes au cours d'une période donnée pour un espace géographique donné. Il est généralement établi pour l'ensemble des produits de l'entreprise, mais il est possible d'établir un chiffre d'affaires analytique par produit et par client pour une période donnée. Dans ce cas, le chiffre d'affaires pour un produit est la recette moyenne (prix de vente) multipliée par la quantité vendue. Mais comme une entreprise peut faire une discrimination en pratiquant des prix différents pour différents clients, le prix de vente n'est plus une donnée, il est plutôt le résultat de la division du chiffre d'affaires par les quantités vendues.

Le chiffre d'affaires critique est le chiffre d'affaires pour lequel le bénéfice est nul. Il s'agit du seuil de rentabilité, dit encore point mort. Il correspond au chiffre d'affaires pour lequel la marge sur coût variable (MCV) est égale aux charges fixes, sachant que la MCV est égale au chiffre d'affaires moins les charges variables.

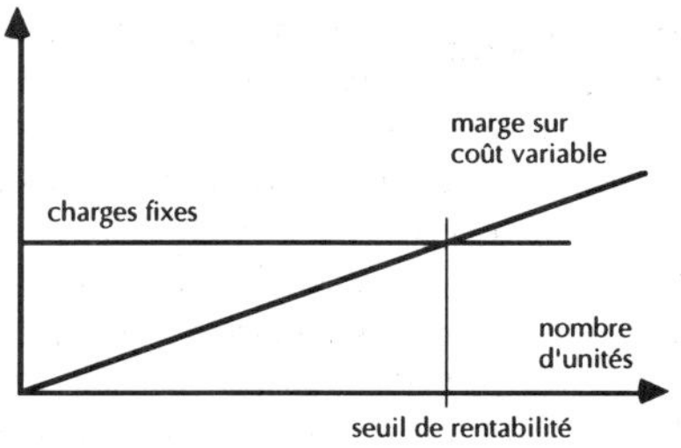

Chine nouvelle

Agence de presse officielle de la République populaire de Chine. Elle a été fondée en 1937. En chinois : *Xinhua*.

Chomsky, Noam-Avram (1928-)

Noam Chomsky, né à Philadelphie en 1928 peut être considéré comme l'un des linguistes les plus influents de notre siècle ; il est en tout cas l'un des plus novateurs, par ce que ses concepts (la **grammaire générative**, la dichotomie **compétence/performance...**) ont ouvert de voies, et d'orientations de recherches nouvelles. Cet élève prodige de **Jakobson** et de Harris, le maître du ***distributionnalisme***, a contribué dès 1957 à réévaluer les postulats grammaticaux jusque là en vigueur. Pour cela, il n'appréhende plus seulement la grammaire comme un code et une nomenclature de la langue, bien qu'il lui garde ses caractéristiques de système formel. Il la considère aussi au regard des compétences subtiles qu'elle requiert du sujet parlant.

Ce que Chomsky s'est attaché à faire affleurer puis à formaliser, c'est la manière dont cette compétence est acquise, puis fonctionne. Les critères théoriques fondant cette aptitude au langage et en validant la systèmaticité constituent le fondement de la grammaire générative. Cette quête n'obère en rien la dimension sociale et contractuelle du langage.

1. L'opposition fondamentale « compétence/performance »

L'intuition de départ de Chomsky se fonde sur la différence stricte entre **compétence** et **performance linguistiques**. S'intéresser à la performance (ce que faisaient les distributionnalistes), c'est étudier le produit fini d'une parole énoncée. En cet inventaire phénoménologique, elle est donc déjà réifiée pour et par le chercheur. Il s'agit toujours, en première et dernière analyse, d'une étude de corpus. Remonter à la compétence, par contre, est une démarche sémiogénétique s'attachant à saisir la faculté intuitive, non laborieuse, qu'a l'homme de pouvoir construire justement un ensemble infini d'énoncés, à partir d'un ensemble fini de ***morphèmes*** et de ***phonèmes*** combinables. Car il advient un moment dans l'apprentissage de la parole, où « l'inné » semble spontanément prendre le relais de l'acquis, sans aucun tâtonnement heuristique. Cette innéité émancipe et décuple alors la capacité d'un sujet parlant, qui muni de règles intériorisées, peut intuitivement comprendre et produire des énoncés, de manière simultanée, sans peine et à l'infini. La grammaire chomskienne va naître de cet axiome avéré, selon lequel l'homme est apte par l'intermédiaire d'une vaste combinatoire qui lui est inhérente à générer du discours sans autres limites, par-delà-même la cohérence des faits énoncés, que celles posées par l'obéissance aux normes grammaticales. Les processus présidant à la parole sont éminemment dynamiques ; celle-ci se définit donc par son caractère à la fois homogène et autogène.

2. Les « universaux grammaticaux »

L'ambition théorique de Chomsky est de parvenir à saisir les « **universaux grammaticaux »** sous-tendant la compétence linguistique. La difficulté initiale du projet résidait dans le fait que son programme de recherches entendait faire coïncider deux axes asymptotiques. Il souhaitait en effet voir se rejoindre cette intuition linguistique et grammaticale guidant les modes d'expression humains, avec une formalisation de tradition logico-mathématique, rendant théoriquement compte de manière satisfaisante des structures réticulaires profondes de cette compétence. Mener cette œuvre à bien permettait surtout à Chomsky de transcender des approches grammaticales jusque là descriptives, pour arriver à expliquer véritablement les dynamiques subreptices au langage.

L'une des intuitions les plus fécondes de Chomsky, par-delà cette dichotomie compétence/performance, est le principe de la double structure d'expression et de compréhension. Le linguiste postule que tout processus énonciatif (**structure superficielle**) sous-entend la prise en compte – intuitive – d'une **structure profonde**. Celle-ci valide l'énoncé, du double point de vue de la cohérence grammaticale et de l'entendement : « Une personne qui connaît une langue spécifique possède alors une grammaire qui génère (c'est-à-dire caractérise) l'ensemble infini de structures profondes potentielles, en dresse la carte sur le fond des structures superficielles associées, et détermine les interprétations sémantiques et phonétiques de ces objets abstraits... » (*Le langage et la pensée*, p. 52).

La structure de surface, donc, opère au niveau des transformations (ex : « à le » est concaténé en « au »), d'où la dénomination de **grammaire générative et transformationnelle** ; quant à la structure sous-jacente, elle induit les règles de réécriture. Ce qui importe théoriquement, c'est d'abord de parvenir à représenter des chaînes comprenant des éléments non-terminaux (les symboles métalinguistiques décrivant des catégories grammaticales. Ex : phrase = P, verbe = V,...) ; ceux-ci combinent ensuite des éléments terminaux (les mots du langage). La représentation graphique des structures se sert d'arborescences distribuant ces chaînes d'éléments.

3. Le langage à l'épreuve de la formalisation

Cependant, même une méthodologie logico-mathématique stricte, servie par ces arbres marquant les correspondances, les inclusions, ne parvient pas à rendre compte exhaustivement de la « chose grammaticale », en présentant un schéma théorique unique. La grammaire est certes un système formel qui se caractérise par son intrinsèque synergie. Mais il se trouve dépassé par les effets qu'il engendre, et ceux-ci l'acculent à l'***aporie***. Une formalisation grammaticale et linguistique unique est d'abord obérée par l'écueil sémantique et structurel des énoncés ambigus. Noam Chomsky n'élude pas le problème, et fait même grand cas dans ses analyses des phrases à enchâssements longs et des tournures elliptiques qui contrent par leur subtilité une théorisation unilatérale. (Ex : « Qui crois-tu que Jean pense que Marie aime ? »). Dès lors, afin d'enserrer et de résoudre la difficulté, il faut faire appel à des analyses de structures en abîme, qui permettent de dissoudre les ambiguïtés, en épuisant les béances polysémiques.

L'ampleur de la démarche méthodologique mise en place pour résoudre les difficultés liées aux énoncés ambigus, le recours constant à la logique, tout cela ne fait que renvoyer au « génie linguistique » (*ingenio*) d'un locuteur maîtrisant sa langue, puisqu'il s'accommode intuitivement et spontanément des énoncés émis et reçus, sans difficulté apparente.

4. La théorie linguistique de Chomsky

Dans sa volonté de généralisation, Chomsky s'est aussi attelé à l'énonciation d'une « théorie linguistique ». Il s'agit, en aval des schémas génératifs, de la synthèse de plusieurs grammaires, qui se trouvent apparentées en fonction de critères d'identités de structures internes et de complexité. La « théorie linguistique » est donc un moule représentant les principaux types de grammaires. De ces tentatives de coalescences théoriques, réaffirmons qu'il ne ressort pas pour autant une « matrice équationnelle » qui rendrait compte de la compétence linguistique de manière unique et définitive. La complexité du fait grammatical déborde toute velléité de saisie synoptique. De plus, les langues sont en évolution permanente, comme ceux qui les parlent. Prendre une photographie ne revient pas pour autant à filmer ; de l'un à l'autre, il y a le pas séparant la diachronie de la synchronie. Quelle que soit la complétude d'un modèle descriptif et explicatif, il se heurte toujours aux limites de son mécanisme théorique. À ce niveau, Chomsky a eu l'humilité d'émettre les plus grandes réserves, en disant clairement que le foisonnement linguistique rend souvent caduques les généralisations hâtives. Tout au plus, et tout au mieux, des rapprochements peuvent être tentés quant aux structures profondes. Là est le but de la « théorie linguistique ».

5. Le bilan

Noam Chomsky a révolutionné l'approche grammaticale classique par ses postulats génératifs, par sa volonté délibérée de saisir et de rendre compte théoriquement des processus, autant que par celle de les expliquer.

Ce qui lui importe, c'est en dernière instance d'appréhender les fondements de la pensée humaine. Dans une certaine tradition biologiste, Chomsky postule que la scrutation minutieuse des faits de langage peut ouvrir sur les arcanes latentes et dynamiques du réseau cognitif. Ce langage est la voie d'accès privilégié à l'esprit humain. À ce niveau, on pourrait reprendre et inverser le célèbre aphorisme lacanien, pour dire que « la conscience et la pensée sont structurées comme un langage ».

On se surprend à trouver en définitive un filigrane humaniste aux investigations chomskiennes. Étonnement à vrai dire, car rien dans les sphères austères de la linguistique structurale ne prédispose ni n'incline à rejoindre une quelconque dimension « morale » : « *je voudrais dans ces conférences attirer l'attention sur la question suivante : quelle peut être la contribution de l'étude du langage à notre compréhension de la nature humaine* ? » (*op. cit.* p. 11). Ceci est tout à l'honneur d'un homme qui est aussi connu pour ses écrits et ses engagements politiques. Parallèlement à sa très brillante carrière universitaire, au MIT, Chomsky s'est illustré par des prises de position se situant dans la lignée de la tradition socialiste libertaire. Le linguiste s'est notamment attaché à critiquer systématiquement, et avec une virulence extrême l'(ex)action américaine au Viêt-nam.

L'apport de Chomsky, du vivant-même du personnage, est d'ores et déjà immense. Ses concepts ont essaimé et ont des développements théoriques en Europe, en Asie et en Afrique, autant que des prolongements dans des domaines comme ceux des sciences cognitives, de l'informatique et de l'intelligence artificielle. Ses apports aux sciences du langage interpellent aussi la biologie, la psycholinguistique et la philosophie. Témoin son intérêt pour les « linguistes » français de Port-Royal, dont il a exhumé les postulats. Son exégèse patiente et éclairée de Descartes, de même, a contribué à actualiser les méditations du philosophe du Cogito concernant la prérogative langagière de l'homme, et les réquisits mentaux comme les implications morales liés à ce privilège (*La linguistique cartésienne*). Pour Wittgenstein, « toute une nuée de philosophie se condense en une gouttelette de théorie du langage ». À ce titre, Chomsky distille une certaine philosophie de la linguistique, à tout le moins une profonde épistémologie. Et celle-ci a l'homme-parlant pour corpus et problématique, cet homme en qui le langage est constitué, et pour qui la parole est constituante.

Chrominance (Signal de -)

Signal contenant les informations de couleur à la télévision. Dans une télévision en couleurs, trois signaux de chrominance définissent l'image à partir des signaux primaires de couleur (rouge, vert, bleu).

Chronique

1. Rubrique de presse traitant régulièrement d'un fait d'actualité, dans un domaine particulier. Elle est généralement confiée à une grande signature extérieure au journal (une importante personnalité, un journaliste connu travaillant sur un autre média...).
2. En statistique, suite de valeurs qu'une variable prend à différentes dates successives. On parle également de série chronologique. Ex. : les différents chiffres d'affaires journaliers, au cours d'une année donnée, d'un groupe de presse quotidien constituent une chronique.

Chroniqueur

Personne chargée d'une chronique (économique, juridique, politique, sportive...) à la radio, à la télévision ou dans la presse.

Chronogramme

Représentation graphique des valeurs d'un caractère statistique en fonction du temps. La représentation graphique de l'évolution du tirage de la presse quotidienne nationale en France (en ordonnées) depuis 1945 (les années en abscisses) est un exemple de chronogramme.

Chronophotographie

Procédé d'analyse du mouvement par des photographies successive. Le chronophotographie constitue une étape essentielle dans le mouvement de découverte de la cinématographie.

Chute

1. Restes de pellicule inutilisés pendant le tournage ou le montage.
2. Dernière phrase d'un article.

Cible

Partie de la population que la ***campagne de publicité*** ou le plan ***media*** doit toucher.

Une même campagne de publicité peut concerner plusieurs cibles : les acheteurs ou utilisateurs potentiels, les prescripteurs ou ***leaders d'opinion***, l'ensemble de la population susceptible d'être intéressée par le produit ou le service. Aussi distingue-t-on le ***cœur de la cible*** et l'environnement de la cible dit encore cible générale. Le cœur de la cible est formé par les prospects, c'est-à-dire les clients potentiels du produit ou du service. Voir ***Mercatique***.

Cicéro

Mesure de la hauteur pour un caractère en imprimerie. Un cicéro équivaut à 12 ***points***. Il a été utilisé pour la première fois en 1558 pour imprimer le livre de Cicéron : *Epistolae ad familiares*.

CILECT (Centre International de Liaison des Écoles de Cinéma et de Télévision)

Association internationale, dont le siège est à Bruxelles, regroupant les écoles de cinéma et de télévision qui jouissent, dans leurs pays respectifs, du statut d'enseignement supérieur ainsi que les instituts de recherche du cinéma et/ou de la télévision officiellement reconnus.

Fondé à Cannes en 1955, le CILECT est reconnu par l'***Unesco*** au titre d'organisation non gouvernementale (ONG). Son but est d'encourager la coopération entre les instituts d'enseignement supérieur et de recherche, ainsi qu'entre les membres du corps enseignant et les étudiants de ces institutions, et de contribuer à la formation des personnels aux métiers du cinéma et de la télévision.

Cinéma, Cinématographe

Représentation du mouvement dans l'espace et dans le temps. C'est aussi une activité artistique – on parle du septième art – et industrielle dont les produits sont consommés en salles dites de théâtre cinématographique, à domicile avec la télévision (chaînes hertziennes, chaînes du câble, chaînes diffusées par satellite) et avec les lecteurs de cassettes vidéo et ceux des vidéo disques.

1. Histoire technologique

Les principales étapes de la découverte du cinéma sont :

– l'invention du thaumatrope en 1826 par l'Anglais le docteur Paris en exploitant le phénomène de la persistance rétinienne ;

– les travaux photographiques de l'Américain Eadweard Muybridge dans les années 1860-1870 sur la décomposition des mouvements d'un cheval au trot, et la projection sur un écran des images ainsi obtenues en 1879 au moyen du « zoopraxicope » (lanterne munie d'une lampe oxydrique) ;

– en 1882, le Français Étienne-Jules Marey, connaissant le travail de Muybridge, met au point le fusil photographique, ou **chronophotographe**, qui permet d'enregistrer 12 images par seconde sur une seule plaque sensible afin d'étudier les mouvements et plus particulièrement le vol des oiseaux, la vie des insectes etc.

– en 1887, Marey se libère des contraintes de la plaque sensible et invente le rouleau de papier sensible. En 1889 George Eastman, qui a inventé un an plutôt l'appareil de prise de vue Kodak qui utilise les rouleaux de papier sensible, remplace ce dernier par un film de celluloïd transparent qui permet la projection des images sur un grand écran.

En 1890 Marey construit la première caméra à rouleau de 40 images avec un temps d'exposition de 1/1 000 de seconde ;

– en 1891, Thomas Edison améliore le zoopraxicope de Muybridge en inventant le kinétoscope qu'il ne fait breveter qu'aux États-Unis. L'appareil est une visionneuse (et non pas un projecteur) de film de celluloïd de 35 mm à perforations latérales ;

– en 1894, les frères ***Lumière*** réalisent leur premier film à Lyon et en 1895 ils déposent le brevet pour le cinématographe à projection ;

– en 1896, Edison sonorise sa visionneuse qui devient le kinétophone ;

– en 1900 à l'exposition universelle de Parsi, des films sonores sont projetés. Mais le premier film sonore (le film allemand L'incendiaire) ne sera réalisé qu'en 1922. Le véritable début commercial du cinéma parlant correspond à la sortie de *Chanteur de Jazz* en 1927 ;

– en 1909, le film en couleur apparaît, mais le premier long métrage en couleur n'apparaîtra qu'en 1921 en Technicolor bichrome (*Le vagabond du désert*) et 1935 en Technicolor trichrome (*Becky Sharp*) ;

– en 1952, utilisation du procédé du cinémascope qui permet de projeter les films sur un écran panoramique ;

2. La filière cinématographique

La **filière cinématographique**, au sens étroit et d'une manière extensive, regroupe l'ensemble des activités complémentaires et à caractère commercial suivantes : la production, la réalisation, la distribution, la programmation et l'exploitation de films.

a) Dans la **production cinématographique**, difficile à séparer de la réalisation dans la mesure où la société de production est définie comme la personne morale qui prend la responsabilité de la réalisation de l'œuvre, les sociétés peuvent être nombreuses. Les ***barrières à l'entrée*** dans la branche tiennent au risque inhérent au métier lui-même – il n'y a pas de recette pour faire une œuvre rentable.

b) Dans la **distribution cinématographique,** le risque est également difficile à éviter. En principe, le distributeur est lié au producteur par un contrat de mandat, assorti de redevances proportionnelles aux recettes de l'exploitation. Mais souvent le lien juridique entre le producteur et le distributeur est celui de la cession des droits qui réduit les obligations du distributeur à l'égard du producteur en soumettant la cession de l'œuvre, pour une durée et un territoire déterminés, à une contrepartie préalable d'une garantie de recettes (**minimum garanti**) ou d'un « à valoir », alors que le distributeur prend totalement à sa charge la promotion commerciale du film. Par ces contraintes, il est alors peu surprenant que la distribution, le grossiste dans cette filière dont les détaillants sont les exploitants, soit fortement concentrée, malgré un grand nombre déclaré de sociétés dans la branche – sachant que le degré de concentration se mesure ici par le pourcentage de films distribués au cours d'une année. La logique économique de la distribution cinématographique est une parfaite illustration du **modèle éditorial** (Voir ***Modèles économiques des médias***).

c) L'**exploitation cinématographique** désigne l'activité qui consiste à présenter, dans un théâtre cinématographique agréé par le ***CNC***, un film devant un public ayant acquitté le droit de visionner celui-ci. Juridiquement, il y a autant d'exploitations que d'écrans autorisés. Ainsi un complexe multisalles comporte autant d'exploitations que de salles de spectacle cinématographiques.

Il est possible de faire une typologie des salles d'exploitation en fonction d'un grand nombre de critères (forme juridique, taille de la commune d'implantation...), mais les plus pertinents d'un point de vue technique sont le format de projection et la contribution à la diffusion d'œuvres d'art et de recherche.

• Le format de projection permet de distinguer les salles de cinéma standard (projetant des films de 35 mm), les salles substandard (films de 16 mm). Le cinéma dit de tournées ambulant utilise généralement le format de 16 mm.

• Le critère de la qualité de l'œuvre conduit à distinguer les salles commerciales, les salles « Art et Essai » qui bénéficient de certains avantages fiscaux, et les salles autorisées à projeter des films pornographiques, qui au contraire sont pénalisées fiscalement.

Les salles d'exploitation ont connu un important développement jusqu'en 1947 aux États-Unis et 1957 en France, développement mesuré par le nombre annuel d'entrées payantes. La concurrence de la télévision et d'autres formes de loisirs s'est traduite par la diminution de la fréquentation dans la plupart des pays industrialisés. Ainsi, après avoir atteint, en 1957 en France, 411 millions, le nombre d'entrées payantes n'a cessé de baisser pour atteindre des niveaux variant entre 110 et 130 millions dans les années 1990. Toutefois, l'industrie cinématographique reste dynamique puisqu'elle est pour la télévision une pourvoyeuse essentielle en programmes attractifs, la salle de cinéma servant de vitrine pour les films qui seront programmés un jour sur une ou plusieurs chaîne de télévision.

d) La **programmation cinématographique** est en principe une activité interne à l'exploitation lorsqu'elle consiste à retenir auprès d'un distributeur, pour une date prévue, une œuvre pour la passer dans la salle. La chute des fréquentations des salles, et le faible nombre d'œuvres à fort potentiel commercial, ont conduit certains exploitants à déléguer cette fonction de programmation à des groupes ou à des ententes susceptibles, par le marché qu'ils représentent, de négocier en termes plus favorables avec les distributeurs en vue d'obtenir les œuvres les plus convoitées.

3. Le cinéma : une industrie de prototype

La conception d'un film résulte d'une collaboration entre des artistes, le metteur en scène, les acteurs, des techniciens, des professionnels de la finance, et correspond à une extraordinaire segmentation des tâches. Pour Pierre-Jean Benghozi (*Le cinéma : Entre l'art et l'argent*, Paris, L'Harmattan, 1989), le cinéma s'est ainsi organisé sur le modèle des corporations du Moyen-Âge. Le film se présente donc avant tout comme un travail collectif, et pourtant il apparaît chaque fois comme une œuvre bien individualisée.

La loi du 11 mars 1957 sur la propriété littéraire et artistique, reprise par le C.N.C., définit les coauteurs présumés d'une œuvre cinématographique réalisée en collaboration. Il s'agit de l'auteur du scénario, de l'adaptation, du texte parlé, des compositions musicales réalisées spécialement, et du réalisateur. Dans le premier cas, le film est perçu en tant qu'objet commercial, et s'appréhendera par la filière production, distribution, exploitation. Dans le second cas, le film est un objet industriel, intégrant un savoir-faire, des compétences, une organisation du travail spécifique.

Lorsque des films sont réalisés à partir d'un même et unique scénario, les produits résultants sont différents les uns des autres, et chaque film apparaît comme une œuvre en soi, si l'on peut dire, comme une pièce unique. Il en est exactement de même avec le principe des « remakes », qui ne se confondent nullement avec les originaux.

L'économie du cinéma est donc une économie de la singularité : elle réunit des concours uniques, assemble des matériaux spécifiques pour élaborer des prototypes, c'est-à-dire un unique produit à la fois. Et on ne peut ni estimer, ni anticiper la demande de cinéma. De plus, le prix des places est identique pour tous les films de même durée de projection, dans la même salle, et ne dépend donc pas du coût de fabrication du film. Contrairement au monde industriel classique, où on a l'égalité entre le coût de production, augmenté du taux de marge souhaité, et le prix de vente multiplié par la quantité anticipée, les producteurs de films ne peuvent ajuster le budget total du film aux recettes espérées.

La valeur marchande d'un film, tout comme celle d'un téléfilm ou d'une émission de télévision est donc indépendante de ses coûts de production et leur destin commercial n'est pas prévisible.

4. Cinéma et communication commerciale
Le cinéma fait partie des média de masse. Il est à ce titre utilisé comme moyen de communication publicitaire et institutionnelle. Cette communication peut se faire :
– soit avec le film lui-même dont le scénario intègre les messages à diffuser (ex. : le héros commande telle marque de boisson, ou l'action exige de servir d'un véhicule dont le spectateur peut aisément identifier la marque, ou encore l'action se déroule dans telle ville ou région en vue de valoriser ces lieux) ;
– soit par la projection de messages publicitaires spécifiques avant celle du film (généralement dans les grandes agglomérations) ou un rideau de publicités peintes (généralement dans les petites agglomérations).
Le cinéma est un moyen de communication commerciale fort onéreux. En particulier, la publicité projetée avant le grand film comporte les coûts de réalisation, les coûts de reproduction en autant de copies que de salles d'exploitation où le message doit passer, le coût du passage qui est fonction de la durée et du nombre de projections. Il ne faut oublier que si la mémorisation du message publicitaire au cinéma est la plus forte de tous les grands médias (75 %, contre 15 % pour la télévision, 10 % pour la presse, 7 % pour la radio et 3 % pour l'affichage – selon les travaux de A. Morgensztern), le public dans une salle est beaucoup plus limité, ce qui exige de multiplier les passages (les séances de projections) et les salles.
Dans la ***stratégie media***, le ***media planneur*** doit intégrer le fait que le cinéma est un loisir saisonnier. Dans certaines régions, il est fréquenté en automne et hiver, et dans d'autres en été comme c'est le cas des villes de villégiature.
Voir ***Stratégie Media, Campagne de publicité, Cinéma américain, Cinéma et télévision, Modèles économiques.***

Cinéma américain (Marché et statut du film du -)

1. L'économie du cinéma américain
Les produits audiovisuels américains dominent aujourd'hui, comme jadis, le marché mondial. Depuis les années cinquante, les « ***Major Companies*** » ont toujours entretenu un lourd dispositif de commercialisation de leurs produits. Initialement consacrée à la distribution des films en salles aussi bien nationales qu'étrangères, cette organisation s'est peu à peu étendue à la vente de ces mêmes produits aux chaînes de télévision et aux éditeurs de vidéo.

En matière d'exploitation cinématographique, les films américains totalisent 50 à 85 % de la recette selon des pays. Dans le secteur de la vidéo, ce pourcentage peut atteindre 80 à 90 % du chiffre d'affaires. Enfin, les œuvres venues d'outre-Atlantique occupent rarement moins de 30 à 40 % de la programmation de fiction des chaînes étrangères.
Néanmoins, aussi bien les films que l'industrie qui les fabrique sont à présent fort différents de ce qu'ils étaient encore au début des années soixante. La différence la plus fondamentale entre l'ancien et le nouveau Hollywood, c'est peut-être que les fabricants de films ne produisent plus d'œuvres destinées au traditionnel public familial. Ils préfèrent désormais se concentrer sur la jeunesse. Une étude de la Motion Picture Association of America montre que 54 % des cinéphiles ont moins de 25 ans, et 31 % entre 25 et 39 ans. 15 % seulement du public fréquentant les salles de cinéma sont âgés de 40 ans ou plus.
Cette nouvelle structure du public a des conséquences directes sur la nature même du film. Étant donné que la jeunesse, cliente principale des salles de cinéma, dispose d'un flot incessant d'images fourni par la télévision, un film cinématographique doit de plus en plus se distinguer par rapport aux feuilletons diffusés par les *networks*. Dans un tel contexte, le fabriquant l'emporte sur l'interprète toujours remplaçable, et si les interprètes avaient le monopole du vedettariat durant le grand règne des « *Majors Companies* », le metteur en scène leur a peu à peu ravi la vedette. Désormais, la star du film est le film lui-même.
En 1993, le marché de l'exploitation américain et canadien a totalisé un chiffre d'affaires de cinq milliards de dollars (le meilleur résultat précédent était de 5,03 milliards en 1989). Ce résultat tient surtout à l'augmentation du coût moyen du billet, qui atteint 5,09 dollars l'unité, et non à une hausse notable du nombre de spectateurs, qui n'est pas comptabilisé par les Américains, mais qu'on peut donc estimer à environ un milliard.
Un critère de taille assombrit néanmoins la situation : l'augmentation du chiffre d'affaires correspond à la sortie d'un nombre supérieur de titres dont les coûts de production demeurent orientés à la hausse, ce qui correspond en fait à une moindre rentabilité par film.
Les coûts de production des films américains sont élevés pour les raisons suivantes : une grande division du travail, des contraintes syndicales très lourdes, le caractère spéculatif du

marché (coût des vedettes tant interprètes que scénaristes et metteurs en scène), nécessité d'élaborer des films à forte valeur ajoutée pour attirer le public dans les salles (effets spéciaux, durée des tournages, renouvellement des décors...). Ce sont principalement les studios Disney et Warner qui ont le plus contribué à cette inflation de titres, et bien évidemment Universal qui avec « *Jurassic Park* » détient le record absolu (335 millions de dollars de recettes au box office aux États-Unis, auxquels s'ajoutent plus de 500 millions à l'étranger).

Le cinéma américain a de plus subi deux défaites successives. La première concerne l'exclusion de l'audiovisuel des accords du ***GATT*** négociés en 1994 et qui ont débouché sur l'institution de l'Organisation mondiale du commerce (traité de Marrakech, avril 1994), mais sur ce point les ***majors*** pensent pouvoir obtenir sur le terrain économique et industriel ce qu'elles n'ont pas eu dans le domaine réglementaire et politique. La deuxième semble plus lourde de conséquences, et entache la puissance même des studios, puisqu'elle correspond à l'autorisation donnée aux réseaux télévisés de produire leurs propres programmes.

2. Statut du film aux États-Unis

Le film, comme toute œuvre d'art aux États-Unis, est avant tout considéré comme un produit, soumis à la loi du payeur et à la règle du profit. La première loi concernant les auteurs remonte à 1790. Elle a été révisée en 1831,1870,1909 et 1976. Si les États-Unis ont signé l'« *Universal Copyright Convention* » en 1955, ils n'adhèrent pas à la convention de Berne sur les droits d'auteur. Entrée en vigueur en 1978, le *Copyright Act* de 1976 fait porter le droit d'auteur intellectuel ou artistique exclusivement sur le rapport qui fixe le résultat de la création (livre, logiciel, musique de film, scénario,...).

Les auteurs cèdent pour une durée allant de dix à quarante ans leurs droits au producteur qui devient titulaire du copyright. À ce titre, il fait usage libre des scénarios et détient le « *final cut* » (droit de montage final) qui lui permet de présenter l'œuvre audiovisuelle sous la forme qu'il souhaite.

Cinéma et Télévision

Le cinéma et la télévision sont à la fois concurrents et partenaires dans l'industrie des programmes et des loisirs. Les intérêts qui lient les œuvres cinématographiques à la télévision se sont paradoxalement renforcés ces dernières années avec la multiplication des écrans et le rôle croissant joué par la publicité comme mode de financement des chaînes. La programmation d'un film fait en effet toujours plus d'audience que n'importe quelle émission (ex. : « *Sissi face à son destin* » = 10 millions de téléspectateurs en décembre 1988).

On a beaucoup parlé de la crise du cinéma, on sait aujourd'hui qu'il s'agit davantage d'une crise de la fréquentation des salles (-70 millions d'entrées en 4 ans en France). Sont également mis en cause, le confort et la proximité des salles (200 salles fermées en 1987 en France). Pourtant grâce aux mesures de soutien prises depuis quelques années, environ 130 films sont produits chaque année.

Il n'y a pas crise du produit Cinéma, en ce sens que la demande de consommation de films à domicile est toujours de plus en plus importante, face à une production qui elle semble marquer le pas. Du côté de la diffusion, la multiplication des chaînes de télévision ouvre de larges débouchés. Pour la télévision le film est un piège à publicité, car il réalise généralement un bon score d'audience. Mais les coupures publicitaires, destinées à vendre cette audience acquise à des prix élevés (certains films coûtent plus de 10 millions de francs en première diffusion) rencontrent quelquefois l'hostilité de certains réalisateurs, qui considèrent leur œuvre dénaturée par cette pratique. En France, une coupure par œuvre est autorisée sur les chaînes privées diffusant en clair.

Au-delà de l'obligation de contribuer au Fonds de Soutien du Cinéma, le besoin des chaînes en films les conduit à participer au financement de leur production. Elles ont créé à cet effet des filiales de production. Mais l'essentiel des investissements consistent en pré-achat.

La télévision reste cependant un moyen de promotion de cinéma, même si de nombreuses émissions spécialisées (Séquence du spectateur, Monsieur Cinéma, Étoiles et Toiles, Acteur studio...) ont disparu de la programmation des chaînes. La télévision couvre aussi toutes les grandes manifestations professionnelles comme les festivals de Cannes, de Deauville..., la cérémonie de remise des Césars et la distribution des Oscars aux États-Unis. Elle est aussi une sorte de musée vivant du cinéma, en présentant des œuvres anciennes (Ciné-Club, Dernière Séance,...). Mais on peut se demander, à la suite du rapport Prost (Ministère de la culture, 1969), si le cinéma à la télévision, c'est toujours du cinéma et si les films réalisés depuis quelques années ne sont pas d'abord conçus pour la télévision, la recette en salle étant accessoire, la salle servant seulement de vitrine pour un passage futur à la télévision ?

La longue crise des salles d'exploitation et celle plus récente de la production audiovisuelle européenne incite les pouvoirs publics à prendre des mesures de protection et d'incitation à l'investissement pour préserver la création nationale. Une protection qui se concrétise par le décret paru au Journal Officiel du 24-26 novembre 1988 qui fixe un nombre maximal annuel de diffusions et de rediffusions cinématographiques : pour les sociétés autres que nationales, en clair, par satellite ou hertziennes, 192 œuvres de longue durée, dont 144 entre 20 h 30 et 22 h 30 maximum, pour les sociétés nationales, 192 heures également, dont 104 maximum entre 20 h 30 et 22 h 30.

• L'obligation de consacrer 60 % de ces diffusions à des œuvres européennes et 50 % d'œuvres originales d'expression française pour les chaînes non cryptées et non rémunérées sur abonnement. Voir ***GATT, Télévision sans frontières (Directive européenne de la -)***.

• La définition d'une grille horaire de programmation précise : aucune œuvre cinématographique le mercredi soir et le vendredi jusqu'à 22 h 30, le samedi toute la journée et le dimanche jusqu'à 20 h 30.

• Aucune diffusion d'œuvre cinématographique moins de trois ans après l'émission du visa d'exploitation, sauf pour les coproductions, où le délai est réduit à 2 ans, et pour Canal +. Selon les résultats de l'exploitation en salle, des dérogations peuvent être obtenues auprès du ministère de la Culture et de la Communication et du ***C.N.C.***

Cinéma-vérité

Genre cinématographique de nature ***documentaire***.

Circulation

1. Nombre de personnes passant devant un panneau d'***affichage*** publicitaire.
2. Lectorat moyen de la presse. Voir ***Circulation (Taux de -)***.

Circulation (Taux de -)

Rapport entre l'***audience*** d'un titre de presse et la ***diffusion*** de ce titre. Par conséquent le taux de circulation est une notion spécifique au media presse. Le taux de circulation provient du fait qu'un support de presse, quel qu'il soit, est toujours lu ou feuilleté par plusieurs personnes. En d'autres termes le nombre de lecteurs peut être largement supérieur au nombre d'acheteurs, pour la presse payante, ou d'exemplaires mis à la disposition des lecteurs, dans la presse gratuite. Il illustre donc la circulation de la diffusion du support presse à travers la population, aboutissant à une audience calculable uniquement par sondage, puisque les indications de ventes sont partielles. Ce fait est important : le calcul du taux de circulation s'effectue par le rapport de l'audience (d'après sondage du type ***CESP***) sur la diffusion (le plus souvent contrôlée par l'***OJD***).

Il dépend donc de la valeur de l'audience, elle-même dépendante de la définition qu'en donnent les instituts de sondage. De ce fait, il est déconseillé de rapprocher les taux de circulation de pays ayant recours à des méthodes de sondages différentes. Un taux de circulation élevé peut justement servir d'indicateur pour la fiabilité du sondage. Tel titre, présentant une audience de 2 500 000 lecteurs avec seulement 100 000 exemplaires (taux de circulation = 25 personnes par numéro), a dû sans doute être valorisé par le sondage, ce qui oblige le *media planner* à des études complémentaires et d'éventuelles corrections. Un taux de circulation ne peut cependant être en soi un argument de vente pour un support presse : si ce taux est élevé, le support sera considéré comme un titre de feuilletage en salle d'attente, et au contraire, si ce taux est faible, le support sera accusé d'être peu valorisé par ses propres lecteurs primaires.

En général, les quotidiens d'information générales ont un taux de circulation faible (de 2 à 5), tandis que les journaux spécialisés, les magazines et les revues ont un taux élevé (plus de 8).

Voir ***Cœfficient d'efficacité d'un support, Audience***.

CIRTEF (Conseil International des Radios Télévisions d'Expression Française)

Conseil réunissant 46 organismes nationaux de radio-télévision et qui s'occupe de la coopération multilatérale entre les organismes de radiodiffusion de langue française ainsi que d'échanges et coproductions de programmes radiophoniques et télévisuels.

Claim

Terme anglais dont l'équivalent français est ***Slogan***.

Clair (en)

Se dit d'un signal ou d'un message qui n'a été ni codé ni brouillé (ou crypté) et qui peut être reçu par quiconque.

Clap

Mot anglais traduit par claquette en français, désignant une pièce de bois constituée de deux parties pouvant claquer l'une contre l'autre. Sur la partie supérieure sont écrits le titre du film ou de l'émission et le nom du réalisateur ; à chaque prise, le « **clap-man** » y indique à la craie, le n° de celle-ci et le n° du plan et le présente à la caméra. L'enregistrement de ces informations permet au monteur de repérer l'ordre des plans et celui du claquement facilite les opérations de synchronisation de l'image et du son. Le « **clap-man** » est la personne chargée de faire enregistrer le son et l'image du clap à chacune des prises, pendant un tournage.

Classification

Opérer une classification dans une collection d'objets, c'est reconnaître des apparentements, mettre en évidence des différences, c'est aussi effectuer une mise en ordre, une structuration des objets donnés et qui peuvent être divers (réponses à une enquête, symptômes cliniques provoqués par une intoxication, fragments d'amphores, chroniques des tremblements de terre). Selon Kampé de Fériet cette possibilité d'ordonner une classe quelconque de propositions paraît être la racine profonde de toute théorie de la mesure de l'information. Une théorie de la classification et de la mise en ordre aussi bien que le choix rationnel d'une décision avant d'entreprendre une action à l'issue d'une suite d'événements ne peuvent être élaborés sans une mesure préalable du degré de cohérence, donc de l'information. Voir ***Langage documentaire***.

Classification Décimale Dewey (CDD)

Voir ***CDD***.

Classification Décimale Universelle (CDU)

Voir ***CDU***.

Classifications documentaires internationales

Voir ***CDD (Classification Décimale Dewey), CDU (Classification Décimale Universelle), ISIC (International Standard Industrial Classification)***.

Cliché

Le négatif d'une photographie. En typographie, le cliché est la plaque (en métal ou en plastique photopolymérisable) portant en relief l'empreinte de ce qu'il faut reproduire. Dans le cas de l'impression ***offset***, on parle de ***films*** ou de ***typons***.

Clip

Court-métrage cinématographique ou vidéo destiné à la promotion d'un produit. Voir ***Vidéo-clip***.

CMYK

Lettres des quatre couleurs de base utilisées en imprimerie : les couleurs primaires sont représentées par leur première lettre (le bleu cyan, le rouge magenta, le jaune par sa première lettre en anglais – *yellow* – et le noir par sa dernière lettre en anglais – *black*).

CNC (Centre National de la Cinématographie)

Établissement public administratif français fondé en 1946, en remplacement de l'Office professionnel du cinéma, rattaché au ministère des Affaires culturelles en 1959 et actuellement placé sous l'autorité du ministre de la Culture et de la Communication. Il gère les crédits de ce ministère qui lui sont confiés pour le cinéma et l'audiovisuel ainsi que le compte de soutien financier de l'État à l'industrie cinématographique et à l'industrie des programmes audiovisuels.

Le CNC publie : Informations CNC (bimestriel) et les textes réglementaires du cinéma et de l'audiovisuel.

C.N.C.A. (Conseil National de la Communication Audiovisuelle)

Organisme public français institué par la Loi du 29 juillet 1982, destiné à exercer un pouvoir consultatif auprès de la ***Haute Autorité*** et du gouvernement. Sorte de parlement de 56 membres nommés pour trois ans, représentant les associations familiales et de consommateurs, la presse écrite, les organisations professionnelles, etc. Il disparaît dans la loi du 30 septembre 1986.

CNCL (Commission Nationale de la Communication et des Libertés)

Instituée par la Loi du 30 septembre 1986 en remplacement de la ***Haute Autorité***. Chargée des mêmes missions, elle se voit en plus dotée d'un pouvoir contraignant dans le domaine de la police des fréquences (relevant auparavant de la responsabilité de TDF). La CNCL a été chargée d'étudier les dossiers des postulants pour le rachat de TF1 en vue de sa privatisation. Elle fut remplacée en 1988 par le ***CSA***.

C.N.D.P. (Centre National de Documentation Pédagogique)

Établissement public continuateur du Musée pédagogique créé en 1879 sous la tutelle du ministère de l'Éducation nationale. Il est réparti dans toute la France en 111 centres : 28 régionaux (C.R.D.P.), 80 départementaux (C.D.D.P.) et 3 locaux (C.L.D.P.). Il propose des fonds documentaires très divers : documents pédagogiques, administratifs... ainsi que de nombreux supports audiovisuels (diapositives, films...) qui font l'objet de prêt au personnel enseignant. En outre, il est chargé d'émissions scolaires de radio (sur Radio-France et R.F.I.) et de télévision.

Co-auteurs

Sont présumés co-auteurs, selon la loi du 11 mars 1957 sur le ***droit d'auteur*** : le scénariste, le dialoguiste, l'adaptateur, l'auteur des compositions musicales, le réalisateur, les auteurs de l'œuvre préexistante s'il s'agit d'une adaptation.

Ces personnes voient leur œuvre protégée par la législation sur le droit d'auteur de 1957 et du 3 juillet 1985.

Coaxial

Se dit d'un ***câble*** constitué de deux conducteurs : un fil de cuivre central entouré d'une gaine en fil de cuivre tressé et isolé de celle-ci par du polyéthylène. Pouvant transmettre plus de 30 canaux de télévision différents, le câble coaxial a souvent été préféré, en France, à la fibre optique compte tenu de son moindre coût après la révision du ***Plan Câble***.

Les pays les plus anciennement câblés (États-Unis, Canada, Pays-Bas, Belgique) sont en câble coaxial dans leur grande majorité.

Codage

Application d'un ***code***, puisé dans un répertoire conventionnel, à un message en vue de sa transmission ou de son traitement. Toute communication comporte un code, et le langage naturel est lui-même un code compris du plus grand nombre pour une langue donnée. C'est donc un abus de langage de parler de langue naturelle, puisque toute langue est un code construit – un élément de la culture – bien qu'il n'y ait pas intention de coder. L'application voulu d'un code secret à un message a pour but de limiter la diffusion.

Codage (Théorie mathématique du -)

La théorie des codes est née du besoin de protection du message contre les erreurs de brouillage (volontaires ou non) ou contre les indiscrétions et c'est la théorie de l'information qui prévoit la ***capacité d'une ligne*** c'est-à-dire la quantité de messages qu'elle peut transmettre convenablement. De nombreuses solutions sont proposées pour résoudre le problème du codage à débit élevé et une haute protection peut être obtenue par la technique du codage en blocs qui consiste à transmettre des paquets de symboles résistant bien aux atteintes des nuisances. En fait le support mathématique des codes correcteurs d'erreur fait appel à des notions d'algèbre abstraite et de combinatoire. Comme ces notions étaient connues dans leurs grandes lignes mais que des propriétés fines n'étaient pas recensées, la théorie du codage et du décodage a fait appel à des travaux en théorie des graphes.

Codage couleur

Opération qui consiste à transcrire les signaux R.V.B. (rouge, vert, bleu) en une suite de caractères (alphabet du code) pour en faciliter l'exploitation. Différents systèmes de codage ont été mis au point : ***Secam, Pal*** et ***NTSC***.

Code

1. Ensemble des lois et règlements qui s'imposent aux personnes dans un domaine particulier et recueil de cet ensemble (code civil, code du commerce, code du travail, code général des impôts, code de la route...). Par extension ensemble des préceptes qui font autorité dans un domaine (code déontologique des journalistes – voir ***charte des devoirs*** –, code du bon goût...).
2. Système de représentation de l'information en vue de son traitement, de son émission, de sa transmission par un canal donné et de son interprétation à la réception. Dans le processus de communication, le code est conventionnel. Voir ***Communication destinée***.

Code-barres

Système d'identification sous la forme d'une vignette composée de barres noires de différentes largeurs et inégalement espacées. Il est imprimé sur l'emballage des produits, ce qui facilite l'actualisation des prix, la gestion des stocks et l'étude du comportement des acheteurs. Il est aussi imprimé en face de chaque émission dans les magazines de télévision. La lecture de ce code par un crayon optique permet de transmettre directement au magnétoscope la chaîne, l'heure et la durée de l'émission.

Codée

Se dit d'une communication cryptée. Les messages ne sont accessibles qu'aux initiés ou aux personnes qui ont acquitté un droit pour disposer d'un décodeur. Voir ***Communication destinée, Cryptage***.

Code temporel

Système d'indication du temps sur la bande magnétique d'un montage vidéo en vue de faciliter le repérage.

CODEN

Code de six caractères alphabétiques attribué aux titres de périodiques scientifiques et techniques géré par *Chemical Abstracts Service*, aux U.S.A. Il est d'un emploi généralisé en Amérique du Nord et permet d'identifier les titres de périodiques.

Cœfficient d'efficacité d'un support

Rapport entre la part du marché couverte par un support (relativement à un produit donné) et sa pénétration. Cette expression est utilisée plus particulièrement dans les études media produit.

Cœfficient d'élasticité

Voir ***Élasticité (Coefficient).***

Cœfficient de mémorisation

Voir ***Bêta (Coefficient).***

Collecticiel

Hypertexte, doté des deux modes de lecture et d'écriture, permettant des ***liens*** et des ***nœuds*** communs ou privatifs. Un collecticiel permet un travail collectif, coopératif et à distance afin de rassembler ainsi des groupes de chercheurs éloignés sur un projet commun. C'est à la fois, un instrument de dialogue, de mise en commun et une mémoire collective totalement souple en structure et en taille, toujours susceptible d'être remaniée.

Collections patrimoniales détenues par les bibliothèques

Voir ***Bibliothèques (Approche du patrimoine des -).***

Colonne Morris

Colonnes parisiennes de l'imprimeur d'affiches Morris, autorisées depuis 1868, pour affichage des spectacles.

Colophon

Mention indiquant le nom du copiste et la date de fin de rédaction, et qui se trouvait à l'époque des manuscrits à l'extrême-fin de l'ouvrage. En termes d'imprimerie, il s'agissait de même de ces mentions, en principe inscrites en forme de triangle inversé à la fin du livre. Ce colophon subsiste encore de nos jours, puisque tous les ouvrages ont un « achevé d'imprimer » sur leur dernière page.

Colorimétrie

Analyse des couleurs définies selon trois critères principaux : luminance, tonalité et saturation.

Combi

Nom donné au lecteur pouvant déchiffrer le compact disque ordinaire et le compact disque vidéo.

Comédien

Artiste qui interprète un rôle dans un spectacle vivant (théâtre) ou pour la télévision ou la radio ou le cinéma. Il est rémunéré en salaire (ex. : sociétaire de la Comédie Française), ou à la représentation par un ***cachet.***

Comics

Terme américain qui désigne les premières ***bandes dessinées.*** On les trouvait à l'origine dans la presse quotidienne populaire américaine, à la fin du siècle dernier. Ces historiettes figuratives s'adressaient aux nouveaux immigrants qui ne maîtrisaient pas la langue écrite. Les comics en feuilletons sont une tradition de presse encore vivace de nos jours, notamment outre-Manche et outre-Atlantique. « Félix le Chat » fut le premier personnage de comics à accéder à la célébrité, dans les années 20 aux États-Unis.

Comité des utilisations pacifiques de l'espace extra-atmosphérique

Bureau de l'O.N.U. chargé des problèmes internationaux que pose l'utilisation de la télévision directe par satellite. La souveraineté des États dans l'espace, qui soulève de nombreuses difficultés, n'a pas encore donné lieu à un véritable accord. L'***U.I.T.*** est chargé de résoudre les problèmes techniques qui s'y rattachent.

Commanditaire

Bailleur de fonds qui peut être :

– Un associé dans une société commerciale dite société en commandite simple (pour une société de personnes) ou société en commandite par action (pour une société de capitaux) et dont la responsabilité est limitée aux apports qu'il a effectué.

– Un ***annonceur*** qui participe au financement d'une manifestation sportive ou culturelle. Synonyme de ***parrainage,*** traduction de *sponsor.*

Commandite

1. Société commerciale comprenant des commandités tenus personnellement, solidairement et indéfiniment responsables des dettes sociales de l'entreprise, et des commanditaires responsables dans les limites de leurs apports.
2. Équipe d'ouvriers typographes travaillant pour un salaire aux pièces collectif.

Commentaire

Ensemble d'observations, remarques, explications, interprétations et extrapolations faites dans les médias sur un événement. Cependant à la télévision et au cinéma, le commentaire se limite souvent à l'explication des images montrées dans un reportage ou un documentaire.

Commentateur

Journaliste de radio ou de télévision qui, par ses explications donne un sens aux images présentées sur l'écran. Le commentaire peut être fait en direct sur les images, d'une cabine son, ou être préalablement enregistré au mixage.

Commission d'agence

Une des formes de rémunération des ***agences de publicité*** et des ***agences-conseil en communication,*** s'élevant à environ 15 % du montant de l'***achat d'espace.*** Elle a été remplacée, depuis la ***loi Sapin*** du 29 janvier 1993, par la remise professionnelle sur le prix de l'espace accordée à l'***annonceur*** qui la reverse à l'agence.

Commission des communautés européennes

Organisation travaillant à créer un espace européen de la radiodiffusion notamment par câble et par satellite. Son rapport est paru en janvier 1984, sous le titre de « ***Télévisions sans frontières*** » ou « Livre vert ». Il envisage la mise en œuvre des dispositions du Traité de Rome (libre prestation des services de la radiodiffusion sonore et télévisuelle) et la coordination des législations des États membres sur la publicité à la télévision, les droits d'auteur, la protection des enfants...

Commission Nationale Informatique et Liberté (CNIL)

Cette loi pose 4 grands principes :

– l'informatique est au service des citoyens, elle ne peut porter atteinte à leur identité, droits, libertés et vie privée ;

– aucune décision de justice ne peut avoir pour fondement un traitement informatisé de l'information ;

– à moins d'avoir l'accord de l'intéressé, il est interdit de conserver des informations nominatives faisant état d'opinions politiques, philosophiques, religieuses ou syndicales ;

– tout individu doit avoir accès aux informations le concernant et devra obtenir rectification en cas de mentions non autorisées ou inexactes.

La loi distingue les fichiers publics des fichiers privés. Concernant les fichiers de l'administration la CNIL donne sur leur création un avis motivé et, si celui ci est défavorable, le gouvernement devra pour mettre en route son fichier obtenir l'avis conforme du Conseil d'État. La création d'un fichier privé nécessite une simple déclaration préalable à la CNIL.

La CNIL est une autorité administrative indépendante comprenant 17 membres nommés pour 5 ans. Elle a deux missions, une mission d'information se traduisant par la communication une fois par an d'un rapport au gouvernement et au parlement et une mission de contrôle pour laquelle elle dispose d'un pouvoir d'enquête et de décision.

Commission paritaire

Commission réunissant les différentes parties représentées à égalité. Dans la presse, la commission paritaire, réunissant les représentants de l'administration et des syndicats patronaux, délivre un numéro de commission à une publication d'intérêt général, paraissant régulièrement et dont les pages de publicité représentent moins de deux tiers de la pagination totale. Ce **numéro de commission paritaire** ouvre droit à divers avantages fiscaux, dont le moindre n'est pas la faible tarification de transport pour le service des abonnements.

Communauté des télévisions francophones – Communauté radiophonique des programmes de langue française

Organisation dont la mission est de favoriser la production et les échanges de programmes francophones entre les pays appartenant à ces communautés.

Communication

1. Action d'établir une relation avec quelqu'un, ou de mettre quelque chose en commun avec une autre personne ou un groupe de personnes, et résultat de cette action. Étymologiquement, communiquer c'est rendre commun.
2. La chose que l'on communique. Voir ***Annonce, Avis, Dépêche, Message, Note, Nouvelle, Information, Renseignement.***
3. Moyen technique par lequel des personnes communiquent. Voir ***Transmission.***
4. Pour Abraham Moles (*Théorie structurale de la communication et société*, éditions Masson, Paris, 2e édition, 1988) la communication est l'« action *de faire participer un organisme ou un système situé en un point donné R aux stimuli et aux expériences de l'environnement d'un autre individu ou système situé en un autre lieu et à un autre époque E, en utilisant les éléments de connaissance qu'ils ont en commun* ».
5. Sperber et Wilson font observer que « d'Aristote aux sémioticiens modernes, toutes les théories de la communication ont été fondées sur un seul et même modèle, que nous appellerons **modèle du code**. Selon ce modèle, communiquer, c'est coder et décoder des messages » (*La Pertinence, Communication et cognition,* Paris, éditions de Minuit, 1989).
6. En gestion des entreprises et des organisations, la communication désigne l'ensemble des actions entreprises en vue de donner la meilleure image de cette entreprise ou de cette organisation, d'accéder à une certaine notoriété, faire connaître les produits et les activités de l'organisation pour développer éventuellement (pour la ***communication commerciale*** des entreprises) les parts de marché, de motiver et mobiliser les hommes de l'organisation. Ces actions reposent sur différentes techniques dites de communication : relations publiques internes et externes, relations presse, publicité, publicité directe (courrier, téléphone...), logo de l'entreprise, emballage des produits, charte graphique, parrainage, mécénat, ***communica-***

tion événementielle... C'est l'utilisation de tous ces moyens de manière cohérente et concertée, tant en ***communication interne*** (dans l'entreprise) qu'***externe*** (pour un public non membre de l'entreprise), en communication institutionnelle que commerciale, qui constitue, selon certains, la ***communication globale***. Celle-ci suppose une ***charte*** que doit respecter toute personne de l'organisation dans ses relations avec les publics de l'organisation. Cette idée sert de justification à la constitution d'une direction générale de la communication (***DirCom***) dans les grandes entreprises.

7. Dans la ***théorie de l'information***, la communication est l'échange finalisé ou intentionnel, dans un cadre donné, de messages entre deux pôles au moyen d'un ***canal***.

a) Les pôles fondamentaux dans le schéma de la communication

Les pôles dans le **schéma** ou **modèle canonique de la communication** sont l'**émetteur** et le **récepteur**. L'émetteur est le ***destinateur*** dans la théorie de R. Jakobson, le récepteur est le destinataire. Mais dans certaines communications réelles (cf. par exemple, le modèle mécaniste des télécommunications conçu par Claude Shannon), il est possible de distinguer trois catégories, de part et d'autre de la voie de transmission : d'une part la source, le codeur et l'émetteur et, d'autre part, le récepteur, le décodeur et le destinataire. Le canal est alors l'ensemble compris entre la source et le destinataire, la voie ou média désigne uniquement ce qui relie l'émetteur au récepteur. Pour simplifier, on supposera que la source, l'émetteur et le codeur sont confondus, de même que le décodeur, le récepteur et le destinataire.

Sous cette simplification, l'émetteur assure le ***codage*** (ou encodage) du message en fonction de la nature du canal, de son propre **répertoire** de signes et de notions, et des capacités de décodage – sans déformation – du récepteur. Dans la **communication bidirectionnelle**, contrairement à la communication unidirectionnelle ou univectorielle, le récepteur peut devenir émetteur et réciproquement. Il se produit alors un ***effet de rétroaction*** (*feed-back*), qui permet au premier émetteur d'adapter son répertoire pour que l'échange puisse se produire sans trop de distorsions. La communication effective ne peut avoir lieu que par l'utilisation des éléments communs aux deux répertoires. Mais un message peut être reçu sans que la signification décodée soit celle programmée à l'émission. Le phénomène de la connotation et la diversité des acceptions pour les notions conduisent en effet à des **bruits sémantiques**. L'isomorphisme des répertoires obtenu par l'établissement par convention d'un code commun ignorant les polysémies devra mettre fin aux bruits sémantiques. Cependant cette communication théoriquement possible peut subir des distorsions d'origine exogène. Il s'agit dans ce cas de **bruits de voies** ou parasites qui peuvent être dus au canal ou à l'environnement général de la communication.

Signalons que le Québecquois Jean Cloutier parle d'**émérec** par contraction de émetteur et récepteur et pour signifier cette double caractéristique de l'acteur social (*La communication audio-scripto-visuelle à l'heure des self-media*, Presse de l'Université de Montréal, 1973). Pour les théoriciens de l'école dite de Palo Alto, c'est-à-dire influencés par ***Bateson,*** on ne peut pas ne pas communiquer et la communication n'est pas un envoi d'information par un émetteur vers un récepteur, mais une circulation permanente de messages. La communication est, d'une autre manière, un ensemble d'**interactions**, c'est-à-dire un ensemble de rétroactions permanentes, de sorte qu'il est difficile de trouver un début et une fin au processus de communication du fait de sa circularité. Lorsqu'il est dit, plus haut, qu'on ne peut pas ne pas communiquer, c'est à la diversité des modes et formes d'expression qu'il est fait référence : la parole, l'écrit, mais aussi le regard, les gestes, les actions sont des moyens de communication (voir ci-dessous ***canal***). Rester silencieux, pour un élève, à la suite de la question de son professeur, c'est peut-être communiquer que le travail attendu n'a pas été fait, ou, pour un prisonnier de guerre sous la torture, c'est communiquer son refus de communiquer. Dans cette optique de l'école de Palo Alto, si tout comportement est communication, en revanche toute communication n'est pas nécessairement consciente. Par conséquent l'échange finalisé ne peut être envisagé que pour la communication voulue ou intentionnelle. En principe pour Paul Watzlawick (*Une logique de la communication*, Seuil, 1972), membre de cette école, un coup de pied dans un caillou, n'est pas une communication alors que frapper un chien en est une.

Un message ou un énoncé dans la communication est à la fois un contenu et une indication sur la nature de la relation qui existe entre l'émetteur et le récepteur. La communication n'est satisfaisante que si les tous les acteurs de la communication sont d'accord sur la nature de la relation (voir ***Analyse transactionnelle***).

b) La notion de canal

Le **canal** peut être physiologique directement ou indirectement par le passage par un canal technique. Le canal physiologique peut être à son tour : tactile, auditif, visuel. Le canal technique peut être : sonore (téléphone, radiodiffusion, magnétophone et sa bande enregistrée, tourne-disque et le disque enregistré, etc.), visuel (photographie, livre, journaux, panneau d'affichage, tableau, etc.), audiovisuel (télévision, cinéma, vidéodisque, etc.).

Pour les théoriciens de la communication de l'école de Palo Alto, tous les comportements sont potentiellement communicatifs. Yves Winkin (*La nouvelle communication,* Seuil, 1981, p. 147) propose de les classer en six grandes catégories :

« *(I) Le comportement verbal*

(a) linguistique

(b) paralinguistique

(II) Le comportement kinésique

(a) mouvements corporels y compris l'"expression" faciale

(b) éléments provenant du système neuro-végétatif comprenant la coloration de la peau, la dilatation de la pupille (...)

(c) la posture

(d) les bruits corporels

(III) Le comportement tactile

(IV) Le comportement territorial ou proxémique

(V) D'autres comportements communicatifs (peu étudiés), par exemple, l'émission d'odeurs

(VI) Le comportent vestimentaire, cosmétique, ornemental, etc. »

c) Le cadre ou contexte de la communication

Le cadre peut être la famille, l'école, l'entreprise ou toute autre situation sociale, comme une réunion entre amis, échange de renseignements dans la rue, etc.

d) Les finalités de la communication

L'intention ou la finalité peut être d'augmenter les connaissances, avertir, renseigner, exprimer des émotions, etc., donner un signe, modifier les comportements, influencer, etc. Les six fonctions du langage schématisées par Roman ***Jakobson*** peuvent être reprises ici pour préciser la fonction de la communication par la prise en compte de l'intention :

– Exprimer des émotions c'est la **fonction expressive** centrée sur l'émetteur. Tel est, en particulier, la fonction des messages personnels non destinés originellement à un récepteur différent de l'émetteur comme par exemple le journal intime.

– Influencer ou chercher à modifier le comportement c'est la ***fonction conative*** centrée sur le récepteur. La publicité, la propagande, l'éducation sont des types de messages à fonction conative.

– Décrire la réalité dont il est question c'est la **fonction référentielle**.

– Faire un signe pour s'assurer que le contact est établi entre l'émetteur et le récepteur relève de la **fonction phatique**. Ainsi, le *allô* traditionnel au téléphone, les trois coups au théâtre avant le lever du rideau, sont quelques exemples de communication phatique.

– Décrire le code linguistique dont on se sert est l'expression de la **fonction métalinguistique**. Il s'agit ici de faire un discours sur le discours, de parler de sa grammaire.

– Jouer sur les sons, sur les rapprochements des mots et des sens, sur le rythme d'une phrase, etc. c'est faire appel à la **fonction poétique** du langage. Dans ce cas le message s'organise sur sa propre forme de message.

Schéma fondamental de la communication.

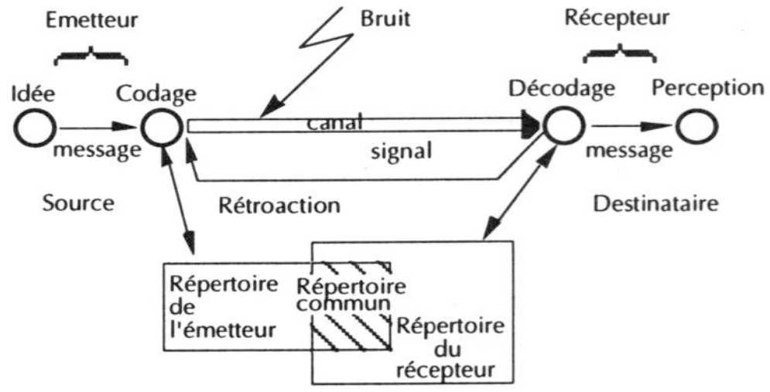

8. Les trois approches de la communication selon Charles W. Morris

Le philosophe et sémioticien américain **Charles W. Morris** (né en 1901), représentant du néopositivisme et coéditeur avec Carnap et Neurath de l'*International Encyclopedia of Unified Science*, identifie trois grandes problématiques susceptibles de guider les recherches en communication, problématiques qui constituent de fait des disciplines spécifiques et complémentaires. Ce sont l'approche sémantique, l'approche syntaxique et l'approche pragmatique.

- La dimension sémantique est celle qui pose le problème de la signification du message.
- La dimension syntaxique est celle qui analyse la cohérence logique, de l'enchaînement logique et dans le temps les uns aux autres des messages successifs ou des signes successifs.
- La dimension pragmatique est celle des effets recherchés par l'émetteur.

9. D'un point de vue social, en fonction de la nature et du nombre des acteurs impliqués dans le processus, la communication est une relation d'information ou de représentation entre des sujets qui se reconnaissent mutuellement comme appartenant à un même système social ou à un même système symbolique. La communication consiste en un processus à deux dimensions : la ***communication intersubjective*** ou ***interpersonnelle*** et la ***communication de masse*** ou ***communication médiatée***, qui représentent des enjeux, des processus et des situations différents, impliquant des acteurs et des sujets de nature différente.
Les deux logiques de la communication n'engagent pas le même rapport à l'information : tandis que, dans le champ de la communication intersubjective, l'information porte sur les sujets en présence et sur la vérité dans laquelle ils se reconnaissent, dans le champ de la ***communication médiatée***, l'information porte sur les rapports institutionnels et sur les relations de pouvoir qui organisent l'espace social.
L'information, dans ces deux logiques, donne à la communication une consistance effective. C'est l'information qui, faisant l'objet d'une appropriation par les partenaires de l'échange de communication, débouche sur une logique stratégique : sur des initiatives, des comportements, des pratiques, de la part des partenaires de la communication. L'information fait des sujets et des acteurs de la communication les sujets et les acteurs d'une intersubjectivité et d'une sociabilité réelles.
L'information va donc avoir les deux dimensions de la communication : ou elle va porter sur l'intersubjectivité et l'identification ou elle va porter sur l'espace de la sociabilité et du lien social.
Quand l'information porte sur l'intersubjectivité, elle renvoie à la personnalité du sujet et à ce qu'il a de plus propre en lui : le désir, comme consistance réelle des dynamiques de sa personnalité. Quand elle porte sur le lien social, elle renvoie au réel de la sociabilité, c'est-à-dire à ce qui forme le lien social : la citoyenneté, l'affiliation, la morale, et les autres dimensions de l'implication sociale du sujet de la communication. L'information donne au sujet la consistance au nom de laquelle il va pouvoir engager et soutenir des relations de communication avec les autres.

10. La théorie de la communication de Lucien SFEZ
Pour Lucien Sfez (*Critique de la communication*, Seuil, 1988), la communication a deux fonctions : une fonction de représentation et une fonction d'expression.
• La ***représentation*** est la description la plus objective possible d'une partie de la réalité extérieure clairement identifiable. Le schéma proposé, isomorphe avec le schéma canonique de la théorie de la communication, est alors :
Monde objectif -> représentant -> médiateur -> représenté.
• L'**expression**, dans un sens différent de celui de la fonction expressive de Jakobson (voir ci-dessus), c'est le fait de considérer que les médias déterminent la façon de percevoir la réalité qui n'est plus une donnée extérieure objectivable. L'émetteur ne se contente pas de décrire, il exprime son point de vue, sa philosophie, son opinion, ses positions, sa vision de la chose et sa vision du monde.
La confusion entre la représentation et l'expression constitue le **tautisme**, selon le mot forgé par L. Sfez par la combinaison des mots autisme (incapacité à communiquer avec les autres), tautologie (répétition de la même idée avec des formules différentes) et totalitarisme.

Communication analogique et communication digitale
Voir ***Bateson***.

Communication animale
Voir ***Communication non humaine, Capacité linguistique des singes***.

Communication audiovisuelle
Voir ***Audiovisuel***.

Communication chaude, froide
Voir ***McLuhan***.

Communication commerciale
Voir ***Publicité***.

Communication dans les cités grecques (Lieux de -)
Dans la Grèce antique, la cité démocratique avait deux lieux complémentaires de communication sociale : le théâtre et l'***agora***. Ces deux lieux participent de façon essentielle à la démocratie. Ils sont indissociables du débat d'idées désigné par le mot agôn qui peut signifier le concours athlétique, le procès ou encore une partie de la représentation théâtrale où deux thèses s'affrontent.

1. Le théâtre : le lieu où l'on regarde, où l'on est spectateur
L'expression théâtrale avait atteint un haut degré de perfection dans la Grèce antique. Le spectacle avait le caractère d'une manifesta-

tion à la fois religieuse et nationale. Les auteurs écrivaient en s'adressant à des citoyens pour les amener à réfléchir sur les problèmes de l'homme et de la cité. Ainsi sont présentés tous les grands problèmes nationaux de la guerre et de la paix, de la justice et du civisme, et les problèmes plus généraux de la condition humaine.

2. L'agora : le lieu où l'on parle

L'**agora** est donc le centre de la vie politique. C'est sur cette place qu'ont lieu les assemblées populaires, les débats, tout ce qui fait l'essence d'une cité démocratique. C'est en plus une promenade où l'on vient flâner, s'entretenir avec ses amis, traiter des affaires. Véritable centre économique, avec des banques, des boutiques, c'est également un centre religieux où sont dressés des temples et des statues des dieux.

Communication de crise

Voir ***Stratégie de communication***.

Communication de diffusion

Voir ***Communication de masse, Communication médiatée, Diffusion***.

Communication de masse

Communication de diffusion, c'est-à-dire communication dans laquelle un seul émetteur s'adresse par radio, presse, télévision, affichage public, cinéma, à un public large, hétérogène et anonyme. La communication de masse utilise donc les médias de masse. Synonyme de ***communication médiatée***. Certains considèrent la communication de masse comme la traduction de l'anglicisme mass media ; elle correspondrait alors à « l'ensemble des moyens et techniques permettant la diffusion de messages écrits ou audiovisuels auprès d'une audience plus ou moins vaste et hétérogène » (dictionnaire *Larousse*). Voir ***Diffusion***.

Communication des plantes

Voir ***Communication non humaine***.

Communication destinée

Communication dotée d'un destinataire désigné, qui engage une relation spécifique de communication, dans un moment donné et dans un lieu donné, avec un enjeu particulier. La **correspondance**, par exemple, est une forme destinée de communication.

1. Le destinataire dans la communication

Le destinataire est l'acteur à qui s'adresse une forme, un produit ou un discours de communication dans une situation particulière. Dans la communication destinée, le destinataire fait partie des traits de définition et de spécification de la situation de communication considérée. Le destinataire est un sujet, représenté par une personne (c'est, d'ailleurs, le cas de la communication intersubjective, qui repose sur le principe de l'***identification*** symbolique) ou par un acteur social ou institutionnel (c'est le cas de certaines formes de communication médiatée, qui reposent sur le principe de l'***indistinction***).

2. Communication destinée et communication non destinée

Tandis que la communication non destinée repose sur un principe d'indistinction, et se fonde sur la recherche de destinataires individuellement non spécifiés, la communication destinée se donne explicitement un destinataire à qui s'adressent les formes de communication produites.

3. Différentes formes de communication destinée

En dehors de la communication intersubjective, il existe trois formes de ***communication médiatée*** destinée : la communication personnellement destinée (les diverses formes de communication intersubjective passant par les médias comme le téléphone), les rhétoriques de destination (les médias comme certaines publicités s'adressant à des destinataires personnellement désignés), et la communication institutionnelle destinée (relations entre une personne et une institution).

a) La communication personnellement destinée

L'exemple le plus courant de média de communication destinée est le téléphone ; en effet, il y a communication destinée (on s'adresse à un destinataire pour un échange de communication qui, de plus, présente des caractéristiques de communication intersubjective), mais cette communication passe par la médiation d'une institution (l'administration du téléphone et les codes qui sont imposés par l'usage du téléphone et la situation de communication spécifique qu'il instaure) et d'un instrument (le téléphone lui-même).

b) Les rhétoriques de destination

Le développement des techniques de bureautique assistées par ordinateur permet l'établissement de toute une rhétorique résultant de la possibilité offerte de personnaliser les produits de communication. On peut, par ces techniques, enregistrer des modèles de documents préétablis, et en spécifier l'usage, situation par situation, destinataire par destinataire. La rhétorique de destination est censée avoir un effet d'adhésion plus grand de la part de son destinataire.

c) La communication institutionnelle destinée
Il s'agit des formes et des situations de communication dans le cas desquelles le destinataire se voit assigner une place particulière par l'institution et ses modes de régulation et de fonctionnement. Par exemple, dans une école, certaines formes rhétoriques s'adressent aux élèves ou aux étudiants, et d'autres aux enseignants. Dans un hôpital, certains discours s'adressent aux patients et d'autres aux soignants. La mise en œuvre des formes destinées de ***communication institutionnelle*** a pour conséquence de figer les répartitions institutionnelle des acteurs de l'espace social de communication : les rôles sont non seulement fixés par le fonctionnement et l'***organigramme*** de l'institution, mais de plus surdéterminés par le recours à des codes spécifiques, qui accentuent les relations hiérarchiques, et les logiques d'appartenance (voire d'exclusion).

4. Contraintes et logiques particulières de la communication destinée
La communication destinée repose sur l'identification d'un destinataire, supposée être porteur de la médiation. Elle se déroule donc selon un processus en trois étapes : l'identification du destinataire, la définition d'un code et d'un langage spécifiques à la situation de communication ainsi définie, la difficulté d'un langage à la fois ***médiaté*** (donc institutionnellement et culturellement supposé être indistinct) et destiné (s'adressant, par conséquent, à une personne particulière).

a) L'identification du destinataire
L'identification du destinataire consiste dans la définition d'une compétence supposée du destinataire : il s'agit de définir un profil de destinataire potentiel d'une stratégie de communication. Il ne s'agit pas de destinataire effectif, puisqu'il s'agit de médias, donc de communication indistincte, mais de profil attendu de destinataire potentiel.
Il existe deux types d'identification du destinataire : d'une part, l'identification d'une personne (qui engage une forme de communication intersubjective, puisqu'elle réduit la communication à un échange entre deux personnes) ; d'autre part, l'identification d'un type de destinataire, socialement déterminé (c'est ce que les publicitaires appellent la ***cible***). Ce second type d'identification peut être social, politique ou culturel.

b) Destination sociale
C'est la publicité qui met en œuvre le plus souvent des processus de destination sociale, en définissant des types sociaux de destinataires. À cet égard, les « ***socio-styles*** » (élaborés par B. Cathelat) sont sans doute des réductions et des simplifications excessives de ce type de destination, mais on peut déterminer à l'avance, dans l'élaboration d'une stratégie de communication des types de destinataire (on peut s'adresser à une population urbaine ou à une population rurale, à des personnes âgées ou à des enfants, etc.)

c) Destination politique
Il s'agit de définir des destinataires suivant des critères politiques ou institutionnels : l'appartenance à une institution ou à une opinion peut caractériser des destinataires de stratégies de communication. On peut remarquer que les journaux d'opinion, ou les discours politiques s'adressent à des destinataires en général censés être porteurs d'une opinion définie. Le discours politique, quand il est rhétorique, quand il cherche à convaincre, a déjà choisi un certain type de destinataire, et l'efficacité de sa rhétorique suppose que ce choix n'est pas ouvert, mais déterminé.

d) Destination culturelle
Il s'agit d'appartenances culturelles, donc d'appartenance plus large que les appartenances politiques ou sociales. Les monuments, les œuvres d'art, la littérature peuvent être des formes destinées de communication quand il s'agit de réalisations particulièrement étudiées pour un public donné. C'est le cas de certains monuments commémoratifs qui ne sont compréhensibles que pour ceux qui appartiennent à une certaine communauté. C'est le cas des monuments religieux dont une signification esthétique peut être, sans doute, trouvée par n'importe qui, mais dont le caractère sacré n'est perceptible que par certains destinataires déterminés, qui se reconnaissent dans une religion ou dans une culture.

e) La définition d'un code et d'un langage spécifiques
La communication destinée suppose, une fois déterminé un type de destinataire, l'élaboration d'un langage : d'un système de représentation opératoire pour ce destinataire. Une telle définition donne lieu à l'élaboration d'un ***code*** particulier, qui ne sera compréhensible que pour ce destinataire. Il s'agit de définir non seulement une compétence sociale ou culturelle, mais aussi une compétence sémiotique : non seulement un profil de destinataire, mais aussi une compétence de communication particulière.
C'est ainsi que les injonctions, pour être comprises, doivent être formulées dans la langue

du destinataire supposé : dans les régions frontalières, la communication se fait en général dans les langues des deux pays voisins. Mais il ne s'agit pas que de langues : les symboles maçonniques que l'on peut lire dans la *Flûte enchantée* de Mozart, par exemple, produisent une dualité de lectures possibles : pour le grand public, il s'agit d'une certaine histoire, d'une certaine mise en scène, d'un certain nombre de formes de représentation esthétiques ; pour les initiés au langage des francs-maçons, qui constituent un destinataire particulier, et sans doute déterminé par Mozart, il s'agit d'une autre histoire, d'une autre mise en scène, qu'ils sont sans doute les seuls à entendre.

f) Un langage à la fois ***médiaté*** et destiné

Toute la difficulté de la communication destinée est dans cette forme de paradoxe. Il s'agit de médias, donc de formes de communication appelées à circuler dans le public de l'indistinction, dans le grand public de l'espace social, et, en même temps, il s'agit de formes de communication qui ne sont accessibles qu'à un certain public, qu'à un certain nombre ou à un certain type de destinataires. Cette difficulté ne peut se résoudre que dans la recherche de certaines formes rhétoriques. C'est même sans doute le rôle de la ***rhétorique*** de définir des formes de ***communication médiatée*** applicables à un certain type de destinataires sur lesquels elles sont censés avoir un effet en termes de choix, de décision ou de pratiques.

Communication d'identité et de marque

Message de valorisation des qualités objectives et subjectives d'une signature.

Voir ***Mercatique et spectacle vivant, Communication institutionnelle, Publicité***.

Communication du gouvernement

Le droit de communication du gouvernement est codifié depuis 1964. Celui-ci peut, à tout moment, programmer et diffuser une déclaration dont il détermine la forme, le contenu et la durée. À l'initiative du gouvernement et à destination du public, la communication doit être exceptionnelle et être annoncée comme émanant du gouvernement.

Communication écrite (Histoire de la -)

Voir ***Histoire de la communication écrite***.

Communication en deux étapes (Théorie de la -)

Théorie sociologique de l'école empirique américaine mettant en évidence le rôle des leaders d'opinion dans la **communication politique**. Elle est également désignée par le titre de théorie des flux en deux étapes (*Two steps flow*). Elle a été développée dans deux grandes études de Paul Lazarsfeld, Bernard Berelson et Hasel, pour la première, et de Elihu Katz et Paul Lazarsfeld, pour la seconde.

1. Les auteurs de l'école empirique américaine

Paul Lazarsfeld a initié de nombreuses enquêtes sur le comportement des individus face aux médias. De formation mathématicienne, il a crée un Institut de Recherche Sociale Appliquée à l'Université de Columbia où il y enseignait la sociologie.

Il est important de rappeler le contexte dans lequel Lazarsfeld a commencé ses recherches : ce qui domine dans la recherche américaine sur les médias, des années 30 aux années 60, c'est la croyance en la toute puissance des médias et l'idée que les médias bien utilisés peuvent manipuler n'importe qui et n'importe quelle ***opinion*** collective. La période de la Seconde Guerre mondiale puis celle de la guerre froide amènent les gouvernements à vouloir comprendre les mécanismes de manipulation des esprits chez l'adversaire.

C'est en 1936 que Lazarsfeld élabore un programme de recherche à propos de l'influence de la radio sur la société américaine (*Radio Research Program*) avec la participation d'Adorno, qui pourtant est le représentant de l'école de Francfort connue pour son théoricisme aux antipodes de l'empirisme de Lazarsfeld, et l'aide financière de la Fondation Rockfeller.

En 1940, il entreprend une étude, intitulée *« The people's Choice »*, concernant l'influence de la radio lors de la campagne présidentielle entre Roosevelt et Wilkie dans le comté d'Ohio. Dix ans après, il complète cette étude avec Elihu Katz pour donner naissance à **la théorie du flux de la communication à deux étages**. Cette étude est consacrée aux leaders d'opinion. Né en 1927, Katz est professeur à l'Université de Jérusalem. Il étudie, entre autres, l'effet mondial du feuilleton Dallas et l'importance des facteurs socio-culturels.

2. Les deux études sur l'influence des médias

a) *The people's choice*

Lazarsfeld a mené une étude sur le processus de formation des décisions au cours de la campagne électorale de 1940. Il a utilisé la technique du panel qui offrait l'avantage de pouvoir localiser les changements presque au fur et à mesure qu'ils se produisaient et de les lier ensuite aux influences qu'ils exerçaient sur les décisions des personnes.

L'étude a permis de dégager trois types de résultats :

– le vote est une expérience de groupe : il y a des chances pour que les gens qui vivent et qui travaillent ensemble votent pour le même candidat. Cela veut dire que l'influence du groupe auquel on appartient est primordial et plus efficace que les mass-médias sur le choix du vote ;
– plus le moment de voter approche et plus les groupes sont homogènes, en ce sens qu'ils comportent moins d'indécis et de dissidents ;
– dans tous les groupes on trouve des individus dont l'influence est plus importante que d'autres. Cette notion de **leader d'opinion** n'avait pas été prévu au départ.
b) La théorie du flux de communication à deux stades
10 ans après la première étude, Katz et Lazarsfeld ont consacré leur recherche aux leaders d'opinion et ont donné naissance à **la théorie du flux de la communication à deux étapes** :
– les messages des médias atteignent dans un premier temps un certain nombre de personnes plus exposées que d'autres aux médias de part leur intérêt et leur profession. En effet ils sont plus intéressés par les médias et l'élection que les autres. Ils sont souvent désignés comme des amis, des collaborateurs ou des membres de la famille. Ils existent à tous les niveaux de la société et ils ressemblent probablement beaucoup aux personnes qu'ils influencent ;
– ces leaders transmettent l'information aux membres du groupe auquel ils appartiennent.
L'influence que les leaders d'opinion exercent s'avère donc plus importante que l'influence des médias eux-mêmes et se révèle donc moins puissante, qu'on ne l'avait supposée, et indirecte.
La notion d'un flux de communication à deux étages implique au contraire des réseaux d'individus liés les uns aux autres qui servent de canaux de communication de masse. Derrière l'idée de leader d'opinion, on trouve l'idée d'une compétence reconnue.

3. Les limites de la théorie
La partie de l'étude concernant les contacts entre les personnes se révèle insuffisante dans la mesure où ils ont utilisés un échantillon au hasard d'individus dissociés dans leur environnement social. Ainsi les leaders d'opinion ont dû être localisés selon leur désignation personnelle. Ils demandaient aux répondants de dire s'ils étaient ou non des leaders d'opinion. Se pose donc un problème de validité évident. De plus, cette méthode ne permettait pas de comparer les leaders et ceux qu'ils influencent. En d'autres termes, les données ont été constituées à partir de deux groupes : les personnes ayant répondu donner des conseils (les leaders) et celles ayant répondu ne pas en donner (les non leaders). C'est donc de la constatation que les leaders d'opinion sont plus exposés aux mass-médias que les non leaders, qu'est née la notion du flux de la communication à deux étages.

Communication engagée
Voir ***Destinateur***.

Communications en Occident médiéval
Comme dans toute autre époque de l'histoire, les communications dans l'Occident médiéval entre 1200 et 1450 se sont déroulées à travers trois canaux principaux : il y avait d'abord la **communication muette** qui dépendait des symboles compris par les personnes concernées. Ensuite il y avait la **communication écrite** faite parfois pour être lue aux illettrés. Enfin, il existait la **communication orale** prononcée à haute voix ou à voix basse (la ***rumeur***). Ce qui est particulier à l'époque qui nous préoccupe est la faiblesse des structures des communications mises en place par l'autorité publique – surtout manque de services postaux – et la lenteur de transmission des nouvelles, lenteur qui devient évidente si on la compare avec les services des postes de l'Empire mongol à cette période.

1. Pourtant il ne faut pas traiter avec dédain les réalisations des médiévaux d'Occident. Ainsi, pour se tourner vers la première voie, la « muette », on constate que les grands porches des cathédrales ou les fresques que l'on y peint parfois exposent aux fidèles non seulement l'histoire sainte ou la vie des saints, mais aussi des avertissements aux méchants de ce qui les attend dans le monde de l'au-delà. D'autres fresques dont le sujet est plutôt civil, pour ne pas dire profane, comme la série décrivant le « bon gouvernement » à l'hôtel de ville de Sienne, avaient pour but l'éducation politique des citoyens. D'autres encore, comme celle de Jacques Ier le Conquérant, devaient laisser pour l'éternité la mémoire des victoires militaires des Aragonais du milieu du XIIIe siècle. Dans un autre ordre d'idées, il faut considérer le costume et l'argent dans ce contexte : les costumes des différents groupes sociaux – juif, clerc, prostituée – étaient effectivement des « uniformes » permettant de les identifier dans la foule. L'argent facilite lui aussi les communications, n'étant finalement qu'un symbole muet. À l'encontre de l'Antiquité tardive, finalement, les Européens n'avaient presque pas

recours à des moyens optiques tel le feu ou la fumée. Par contre, des signaux acoustiques, surtout les cloches des églises, servaient eux aussi comme moyens de communication.

2. La voie de communication par écrit est la mieux connue par les historiens d'aujourd'hui, bien que l'échange de lettres se fît alors de manière privée. Ainsi les commerçants juifs du Caire ont conservé dans leurs archives – connues sous leur nom hébreu de *gueniza* – des milliers de lettres du XIIe et du XIIIe siècle, couvrant des continents entiers, depuis l'Inde, la mer Rouge, le Moyen-Orient, le Maghreb, l'Espagne, la Sicile même. Aux siècles suivants des marchands italiens ont laissé de semblables collections documentaires, témoignant des rapports d'affaires entre Prato ou Venise avec l'Aragon ou même l'Angleterre. Italiens ou juifs, ils mêlaient dans leurs lettres les informations d'ordre économique avec des rapports relevant, d'une part, de l'intimité familiale, d'autre part, des grandes affaires publiques, le déroulement des guerres par exemple.

L'ampleur de cette vie de commerce et son rythme est étonnant. Parfois on arrive à la chiffrer (David Abulafia 131-135; 168 : *A Mediterranean Emporium : The Catalan Kingdom of Majorca*, Cambridge, 1994). Ainsi le port de Majorque voyait partir en plein hiver de 1324 jusqu'à deux bateaux par jour. Pour la même époque, et quelques années plus tard, nous possédons des chiffres pour l'arrivée des bateaux à ce même port, chiffres étonnants d'ailleurs : 871 arrivées en 1321-1322, 957 en 1324-1325, 745 en 1332-1333 et 1 094 en 1340-1341. Le volume d'affaires est devenu tellement important vers cette époque qu'en 1357 dix-sept compagnies florentines se mettent d'accord pour assurer un service postal permanent et fiable, la fameuse *scarsella dei mercati fiorentini* (Philippe Contamine, p. 27 : Introduction au colloque *La circulation des nouvelles au Moyen Âge*, XXIVe congrès de la société des historiens médiévistes de l'enseignement supérieur, Avignon, juin 1993, Rome–Paris, 1994), qui assurait une liaison hebdomadaire d'abord entre Florence et Avignon, et ensuite, mais d'importance moindre, entre Florence, Barcelone et Montpellier. Il est arrivé parfois que ces marchands obtinssent des informations d'ordre politique et militaire avant que l'autorité publique elle-même n'en prît connaissance.

Car, parallèlement au développement économique et commercial, un appareil d'État était mis en place : il employait des juristes et des notaires, des scribes et des messagers. Ces derniers avaient comme tâche d'assurer la communication entre la métropole et la province. En Angleterre, dans la première moitié du XIVe siècle, leur nombre atteindra presque une centaine (Sophia Menaché, p. 152 : *The Vox Dei : Communication in the Middle Ages*, Oxford, 1990). Les scribes, en ce qui les concerne, étaient très occupés eux aussi, si on considère ce qui nous reste aujourd'hui dans certaines archives. Ainsi pour les trente-sept années du règne de Jacques II d'Aragon (1291-1328), les archives de la Couronne à Barcelone contiennent quelques 300 000 pièces. Son héritier Alphonse, qui n'a gouverné que neuf ans, nous a laissé 120 000 pièces (Michael McVaugh, p. 37 : *Medicine before the Plague : Practitioners and their Patients in the Crown of Aragon 1285-1345*, Cambridge, 1993). Leur contemporain, le pape Jean XXII d'Avignon (1316-1334), aurait signé ou dicté, selon un calcul minimal, huit à dix lettres par jour durant les dix-huit ans de son pontificat.

Sur un plan politique un peu moins important, les registres du clavier de Provence, lequel avait son siège à Aix, dévoilent la façon dont l'administration centrale du comté avait maintenu les contacts avec ses agents comtaux dans le territoire, ainsi qu'avec des seigneurs locaux. Pour la courte période qui s'étale entre les mois de février à avril de l'année 1326, ces registres contiennent des informations sur des dizaines de missions confiées à des messagers par le sénéchal de Provence. En voici les chiffres : pour le mois de février, 26 missions, pour mars, 28, et pour la première moitié d'avril, 17 (Archives des Bouches-du-Rhône, B1372, fol. 149-153). Le plus souvent un messager était chargé d'une série de missions ; son payement dépendait des dimensions du circuit qu'il devait effectuer. Ils étaient envoyés partout en Provence, depuis Nice dans l'est jusqu'à Sisteron au nord ou à Tarascon sur les bords du Rhône. Assez souvent un groupe de messagers étaient envoyés le même jour à des destinations différentes : ainsi le 26 février 1326, en plein hiver, ils ne sont pas moins de neuf à se voir chargés de mission.

La durée ou la vitesse d'un voyage occupait déjà l'esprit des gens de l'époque. Vers le milieu du XIVe siècle un Florentin, Giovanni Antonio da Uzzano, composa un manuel appelé *Termini di corrieri di andare di luogo a luogo*, où il estima le nombre de jours nécessaires pour franchir la distance entre, Paris et

Gênes, Avignon et Paris, Barcelone et Paris ou Florence et Paris. Pour le premier trajet, il estima sa durée de 18 à 22 jours, pour les autres, successivement, de 15 à 16, 19 à 20, 20 à 22 jours. Certains chercheurs modernes estiment qu'en moyenne un messager pouvait couvrir une distance de 50 à 80 km par jour, s'il disposait d'un cheval (Contamine, p. 15). D'autres sont plus réservés : 20 à 25 km pour un piéton, 30 à 35 km pour un messager monté sur un cheval (Norbert Ohler, p. 97-102 : *The Medieval Traveller*, trad. Caroline Hillier, Londres, 1989 ; titre original : *Reisen im Mittelalter*, 1986). La première possibilité, cependant, ne doit pas être prise pour une exagération : une lettre papale envoyée à l'empereur le 8 décembre 1075 mit 23 jours pour franchir une distance de 1 700 à 1 800 km, soit en moyenne 70 à 75 km par jour (Contamine, p. 15).

Les messagers d'État ne sont pas les seuls à apparaître dans notre documentation. D'autres, appelés « nonces » *(nuncii)*, ont pratiqué une activité semblable au service des tribunaux municipaux, et peut-être aussi des cours ecclésiastiques. Leur rôle consistait, dans la plus grande partie des cas, à inviter des témoins à apparaître devant le juge pour témoigner, ou les diverses parties pour écouter la sentence. Comme leurs collègues au service de l'État, ils porteront parfois un message écrit *(cedula)*, qui pouvait être une lettre scellée (« close ») ou ouverte (« patente »). Souvent leur message était prononcé oralement. Ceci d'ailleurs non seulement dans les rapports entre État et particulier, mais aussi dans des rapports que l'on qualifierait aujourd'hui d'« étatiques ». Car il existait déjà à l'époque l'office d'ambassadeur (même des villes envoyaient de tels messagers), homme de confiance, chargé de mission d'importance. Souvent la lettre d'accréditation qu'il présentait indiquait que le message qu'il devait transmettre le serait oralement.

3. Nous sommes ainsi introduits dans la troisième possibilité de communication, que nous appellerions volontiers « orale ». Dans ce cas aussi, une distinction s'impose entre des messages prononcés par l'autorité publique et les communications entre particuliers. Les autorités religieuses, par exemple, avaient la possibilité de communiquer avec les fidèles à l'église, à l'occasion de la messe, ou sur les places publiques durant une prédication. Les autorités laïques pouvaient, elles aussi, employer l'oralité pour contacter le grand public. Dans les villes de Provence existait la fonction de *preco*, lequel, à la demande du bailli de la localité, prononçait des criées *(preconizationes)* dans des endroits bien définis de la ville. Aux archives départementales des Bouches-du-Rhône, il existe un registre (56H890) nous donnant la teneur de 210 *preconizationes* prononcées dans la ville de Manosque entre 1334 et 1341. Ce texte précieux, déchiffré par le professeur Michel Hébert de l'université de Québec à Montréal, attend toujours sa publication. L'enregistrement qui y est fait pêle-mêle, sans respecter l'ordre chronologique, atteste une moyenne de deux criées par mois prononcées dans la ville pendant ces sept années.

Les sujets de ces criées varient considérablement. Souvent il s'agit de l'interdiction de porter des armes dans la ville. On réglemente la chasse et on montre des soucis d'hygiène, demandant aux citoyens de se débarrasser des ordures devant leur maison. Le marché de la viande et des poissons est surveillé de très près et les tavernes de la ville ne peuvent fonctionner que jusqu'à la tombée de la nuit. Souvent des citoyens sont appelés à faire leur réclamation contre des gens qui ont disparu ou qui ont fait faillite. Pour cette dernière tâche il y avait dans la ville un autre fonctionnaire : l'« incantator ». Chargé originellement de vendre des objets à l'encan, l'*incantator* reçoit souvent l'ordre du tribunal de sortir en ville « selon la coutume avec sa trompe » *(cum tuba)*, et d'avertir les habitants qu'ils devaient faire leurs réclamations dans un délai de dix jours. Il rappelle aussi aux débiteurs, comme le fait le *preco*, de récupérer les gages confiés aux prêteurs d'argent avant qu'ils soient mis aux enchères publiques.

Enfin, il faut imaginer qu'une grande partie des nouvelles étaient communiquées entre des particuliers, des pèlerins par exemple, de bouche à oreille. Il est très difficile de découvrir des communications de ce genre : il faut attendre qu'une personne apparaisse au tribunal et répète ce qu'elle a entendu ou prononcé dans une telle occasion. Ceci relève aussi de la question de la rumeur, sa genèse, sa diffusion et ses conséquences parfois dangereuses et dramatiques. Les tribunaux, intéressés à s'accaparer autant que possible des jugements des litiges, se fondent sur la rumeur *(fama publica)* pour entamer une enquête *(inquisitio)* sans que ce soit demandé par aucune des parties concernées. Les juifs, les lépreux, les templiers en ont été victimes.

4. Les historiens d'aujourd'hui, pour lesquels la naissance de l'État moderne est liée entre autres au renforcement des structures de communication, n'ont pas tort : c'est à la fin de notre époque, et surtout à la Renaissance, que l'autorité publique commencera à comprendre l'importance des services postaux et à investir des moyens importants pour assurer leur fonctionnement. Regardant l'**histoire des communications** de ce point de vue, il faut admettre que la période discutée dans cet article appartient encore bel et bien au Moyen Âge.

Communication événementielle, communication par l'événement

Opération de relation publique qui prend l'opportunité d'un événement pour susciter un intérêt de la presse ou du public en général à l'égard de l'organisation. Ces événements peuvent être de différentes natures : journée portes ouvertes, inauguration d'un nouveau site, acquisition d'un important équipement moderne, lancement d'une innovation sociale importante concernant les salariés ou l'insertion et la formation des jeunes à la recherche d'un emploi, signature d'un important contrat à l'exportation, lancement d'un nouveau produit, opération de ***mécénat,*** etc.

Communication externe

Ensemble des actions de ***communications institutionnelles*** et commerciales entreprises par une organisation (firme, administration publique, association) pour améliorer sa notoriété à l'extérieur auprès de ses différents publics : clients potentiels et effectifs, fournisseurs, financiers, actionnaires potentiels et effectifs, pouvoirs publics, citoyens, hommes politiques, syndicats... Les moyens en sont : les ***relations publiques***, les opérations de ***mécénat,*** les opérations de ***parrainage***, la ***réclame***, la ***publicité,*** le ***marketing direct***, etc.

Communication faciale

Communication non verbale, soit voulue soit non voulue, par la modification de l'expression du visage. Le visage exprime aussi bien des émotions (la souffrance, la joie, la peine, la honte, la haine, la peur, le dégoût, la colère...) que des intentions et des ordres précis. Il semble, selon des enquêtes de Paul Ekman utilisant des photos de visages exprimant des émotions, que la communication faciale soit décodable par une très grande majorité d'individus des deux sexes, de toute ethnie, de tout niveau scolaire et de tout âge. La seule confusion porte sur les expressions de la peur et de la surprise. Cette dimension universelle de la communication faciale, comme d'ailleurs pour la ***communication gestuelle et posturale*** – autre forme de communication non verbale –, a conduit à des recherches pour déterminer si les signaux de l'expression faciale sont innés ou acquis.

Voir ***Programmation neuro-linguistique***.

Communication financière

Communication institutionnelle obligatoire pour des entreprises qui font appel public à l'épargne. Ainsi, lors d'une offre publique d'achat ou d'échange, lors de la constitution d'une entreprise par appel à souscription des actions, lors du lancement d'un emprunt, etc. la société qui est à l'origine de ce type d'opération doit publier dans les journaux économiques ou ayant une importante rubrique économique et financière une note d'information présentant toutes les informations financières qui permettront au public d'apprécier la valeur des actifs de l'entreprise. Elle doit donner ces informations à toute personne qui en ferait la demande.

Au-delà de l'obligation légale, la communication financière s'inscrit souvent dans la stratégie de ***communication globale*** de l'entreprise, avec pour cible spécifique : les analystes financiers, les établissements de crédits, les journalistes économiques, les actionnaires, etc. Ses outils sont : l'avis financier, le rapport d'activité, le ***communiqué de presse***, l'intervention du directeur général ou du directeur financier dans les mass media. Toutefois, les supports de l'information financière varient suivant le but recherché par l'émetteur : répondre à une obligation légale (voir ***Information financière***), à un besoin d'information de ses partenaires ou encore promouvoir son image dans un but publicitaire.

Communication gestuelle et posturale

Communication non verbale qui se sert du ***langage gestuel***, de la position et de l'orientation du corps. Certains gestes, comme ouvrir les bras pour montrer sa satisfaction pour accueillir quelqu'un, peuvent être spontanés ; d'autres, comme mettre son index au niveau de la tempe et lui donner un léger mouvement tournant pour signifier la folie, relèvent de codes sociaux construits.

Communication globale

1. Communication qui contrôle l'ensemble des moyens de diffusion de l'image de l'organisation, afin d'éviter les distorsions. Voir ***Communication*** (6e définition).
2. Communication unifiée au niveau international destinée à des produits de large diffusion dans le monde.

La clé du succès pour l'exploitation de marchés mondiaux réside dans le lancement de produits globaux : produits identiques diffusés à l'aide de moyens publicitaires et de mercatique standardisés. (Ex. Coca-Cola, Marlboro, Kodak, Esso, Mac Donald's...). Sa paternité revient à Theodore Levitt, et son succès publicitaire revient à Saatchi.

Communication institutionnelle

Discours des organisations sur elles-mêmes, par opposition à la **communication commerciale,** l'autre nom de la ***publicité***, qui porte sur les produits.

Pour une entreprise, il s'agit de faire connaître l'organisation, d'identifier ses activités et de donner une bonne image d'elle-même à ses publics tant externes (élus, clients potentiels, fournisseurs, banques, futurs actionnaires, etc.) qu'internes (salariés, actionnaires, représentants syndicaux), d'exprimer, de la sorte, sa légitimité économique et sociale.

Pour une administration publique ou privée, la communication institutionnelle est la transmission de messages d'ordre politique ou social. La **communication politique** peut être une communication ayant pour objet d'informer les citoyens sur les actions entreprises en vue d'obtenir leur adhésion ; elle peut être une communication entre États par la voie de la diplomatie. La communication institutionnelle d'ordre social peut être comportementale, informative, ou encore promotionnelle. Les messages destinés à la prévention de certaines maladies (SIDA, tabagisme, alcoolisme, etc.) sont ainsi destinés à modifier des comportements. La ***communiqué*** lu à la suite du conseil des ministres est généralement une communication informative, mais les messages en faveurs de la souscription d'un emprunt public relèvent d'une communication institutionnelle de nature promotionnelle.

Communication interne

Communication dans les organisations destinée à obtenir l'adhésion des membres aux objectifs de celles-ci. Elle s'inscrit donc dans une logique de mobilisation et de motivation du personnel.

La communication interne s'inscrit aussi dans le cadre de la stratégie de communication globale, susceptible d'essuyer des critiques. En mettant en œuvre des politiques de communication interne, les dirigeants cherchent en fait à faire de chaque salarié un support de communication externe. Ne dit-on pas, en effet, que le personnel est le premier vecteur de communication de l'entreprise ? Lorsque ce raisonnement est poussé à l'extrême, la communication d'entreprise n'est autre qu'un « moyen d'auto-exploitation des salariés ». La communication interne vise à « tenir » le personnel, tout en lui donnant l'illusion qu'il est un acteur de l'entreprise. La communication revêt là une image diabolique. En filigrane transparaissent les notions de manipulation, de séduction, de mystification dont sont accablés depuis des décennies le patronat et les services chargés de la communication interne.

Les outils de la communication interne sont le livret d'accueil, l'affichage, le journal d'entreprise (pour l'ensemble du personnel complété éventuellement par une revue ou flash spécifique à chaque catégorie de personnel), la lettre au personnel, les réunions, les entretiens individuels, la télévision d'entreprise, le film d'entreprise, les messages sur un répondeur téléphonique ou dans une messagerie ***vidéotex*** (*Minitel*) ou d'Internet, les journées porte ouverte, etc.

Sur un plan plus managérial, la communication d'entreprise ne se réduit pas seulement aux techniques et moyens de communication développés par les services de communication. En effet ceux-ci, dans certaines organisations, s'inscrivent et servent un système et une méthode de travail beaucoup plus global : le **management participatif**. La communication devient stratégique en qu'elle est l'ingrédient nécessaire à la possibilité du management participatif, à l'adhésion à la culture d'entreprise, à la cohésion du groupe.

Voir ***Stratégie de communication, Communication interne et relations industrielles***.

Communication interne et relations industrielles

Les relations industrielles ou professionnelles sont les rapports qui s'établissent entre les organisations de salariés et les employeurs dans le cadre du travail. Les organisations syndicales sont à la fois les porte-parole des salariés et donc l'un des interlocuteurs des Directions. L'action syndicale a certes pour objet la défense des intérêts des salariés. Mais elle est aussi destinée à informer le personnel et à préserver les relations et le dialogue entre employés et employeurs. L'action syndicale représente ainsi l'un des quatre canaux principaux qui maillent l'entreprise. Au côté des canaux hiérarchiques, media et informel, cœxiste en effet le canal des institutions représentatives du personnel. Il véhicule l'information légale à destination des délégués du personnel, du comité d'entreprise (C.E.), du Comité d'Hygiène et de Sécurité sur les

Conditions de Travail (le CHSCT) et des représentants syndicaux. Vecteurs d'information, interlocuteurs de la Direction, les syndicats entrevoient ainsi davantage que l'ensemble du personnel la communication d'entreprise.

Cette fréquentation quotidienne avec des supports et des moyens de communication qui échappent pour la plupart aux salariés, permet aux syndicalistes de cerner assez précisément la communication d'entreprise.

1. 1968, la reconnaissance de la section syndicale d'entreprise

Même si avant 1968, les syndicats étaient déjà les principaux vecteurs de l'information dans l'entreprise, c'est avec la reconnaissance de la section syndicale d'entreprise en 1968 qu'ils en deviennent les véritables protagonistes. 1968 marque également pour les syndicalistes, l'expression du désir d'information et de communication chez les salariés. Il s'inscrit dans la mouvance de toutes les autres revendications formulées par la nouvelle génération d'individus qui arrivent sur le marché du travail : rejet d'un système trop autoritaire, rigide et hiérarchisé ; aspiration à une plus grande association des salariés à la gestion de l'entreprise ; besoin d'expression et d'accomplissement personnel ; réactions hostiles à la puissance déshumanisante des organisations.

Le rejet du taylorisme et du matérialisme se concrétise par les projets de « réformes de l'entreprise ». L'autogestion et le modèle yougoslave incarnent ce nouveau concept de l'entreprise. Une alternative à la forme traditionnelle des organisations est esquissée, suscitant l'enthousiasme des chantres de l'avènement d'une société nouvelle. La C.G.C. (Confédération Générale des Cadres) revendique déjà davantage de **concertation dans l'entreprise**, notamment en insistant sur la place que le cadre doit y occuper. Le cadre étant l'élément-pivot de la structure hiérarchique de l'entreprise, on doit lui octroyer un droit particulier à l'information et à la communication.

Mais symétriquement, 1968 marque aussi le développement de la **communication d'entreprise** d'origine patronale. Les dirigeants prennent conscience de l'aspiration chez les salariés à comprendre et à être informés sur ce qui se passe dans l'entreprise. Le discours du patronat sur la communication se fait moins dogmatique, plus de pragmatique. On commence à parler de « **politique de communication interne** ».

Avec les années 80, la communication d'entreprise devient un enjeu que les syndicalistes se disputent avec la direction. L'entreprise est réhabilitée et la communication commence à être considérée comme un outil managérial au service de sa stratégie. C'est que parallèlement, les relations sociales se délitent. La présence humaine dans les services et dans les unités de production se raréfie. Les relations interpersonnelles sont moins profondes, moins conviviales, parce que les valeurs véhiculées par l'individualisme s'affirment. Simultanément on observe le cloisonnement des services, la dispersion des effectifs sur des sites de productions différents et une constante restructuration des entreprises.

Autant de réalités qui affectent la qualité de la communication dans les organisations et qui participent à la remise en cause de la pratique du syndicalisme.

Sur un plan plus sociologique, la physionomie du salariat a beaucoup évolué ces trente dernières années. La disparition presque totale de la « conscience de classe », et la montée de l'individualisme éloignent l'entreprise de « cette communauté de travail » que prône la CFTC (Confédération Française des Travailleurs Chrétiens). Le syndicalisme s'est construit dans un climat de solidarité entre les salariés, dans un contexte de cohésion ouvrière. Dès lors que cette communauté de salariés se fragmente, l'action syndicale s'exerce moins efficacement. Ainsi, aujourd'hui le « chacun pour soi » a pris le pas sur les idéaux collectifs. Et la communication interne épouse cette nouvelle réalité sociale en multipliant les supports destinés aux différents « segments » qui composent le personnel des entreprises. Cette réalité nouvelle a permis depuis une vingtaine d'années au patronat de reprendre l'initiative de la communication dans l'entreprise.

2. Les lois Auroux

Les **lois Auroux** constituent une deuxième rupture dans l'approche syndicale de la communication dans l'entreprise. On est passé du besoin de savoir (dans les années 60) au besoin de dire (dans les années 80). Pourtant, de l'avis des syndicalistes, ces lois ont eu peu d'incidences sur la communication. Elles n'ont pas réussi à redonner un second souffle à la démocratisation dans l'entreprise. Certes ils perçoivent une amélioration sensible du droit d'expression et d'information des instances syndicales et des salariés. Mais les lois Auroux ont été un rendez-vous manqué. Elles n'ont pas provoqué les changements radicaux escomptés en termes de communication, ni amélioré le vrai dialogue social et encore moins débouché sur une réelle participation des salariés à la gestion et à la vie de l'entreprise.

3. Le point de vue syndical sur la communication d'entreprise

Pour les syndicalistes la communication interne n'est crédible que si elle consiste en un dialogue entre la direction et les partenaires sociaux. La communication doit donc s'inscrire dans une véritable logique de concertation. Sans cet esprit, la communication est futile. Pour surmonter les blocages (rétention de l'information, cloisonnement, dégradation du dialogue), les partenaires sociaux estiment qu'il est nécessaire que les entreprises se donnent les moyens de bien communiquer, par exemple en nommant de vrais spécialistes au sein des services de communication.

Le dialogue avec les partenaires sociaux signifie bien évidemment une meilleure considération des organisations syndicales. Dans la relation employeur-syndicats, la communication doit éclaircir les règles du jeu social. Une communication plus transparente, constante et volontariste est souhaitée parce qu'elle conduit à plus de participation et fait progresser la contractualisation. Une direction qui dit ouvertement ce qu'elle veut faire est un interlocuteur apprécié par les syndicats.

La communication doit aussi renforcer l'expression des opinions des salariés et faciliter le dialogue social. Mais les syndicalistes n'attendent pas de la communication qu'elle rééquilibre les pouvoirs entre les deux parties. Dialogue oui. Collusion non. Ils ont toujours défendu âprement leur indépendance et ne veulent surtout pas donner l'impression aux salariés qu'ils se compromettent avec le patronat.

Le **journal d'entreprise** est ainsi particulièrement exposé aux critiques syndicales. Présenté comme un parangon d'objectivité et de transparence par les directions, les syndicalistes constatent qu'il a un fort pouvoir, sinon de persuasion, du moins d'influence. Il tempère les réactions et les jugements des salariés.

Globalement cependant, les syndicats se félicitent du développement de la communication d'entreprise. Ils considèrent même que son développement est indispensable et doit être durable. Plusieurs raisons expliquent cet accueil favorable.

• La communication répond à un besoin des salariés. Face à l'effritement de la syndicalisation, à la montée de l'abstention aux élections paritaires et à la crise de confiance que connaissent les syndicats, les organisations syndicales cherchent de plus en plus à s'assurer le soutien de la base. Il faut être à l'écoute des aspirations d'un salariat qui a changé de physionomie, et intégrer aux discours revendicatifs ces nouvelles préoccupations. Aussi, dès lors que le manque d'information et de communication est ressenti par les salariés, les syndicats ne peuvent faire autrement que d'encourager le développement de la communication.

• La communication tend à réduire la rétention d'information. Dans la mesure où les partenaires sociaux se sont toujours insurgés devant la rétention de l'information et la déresponsabilisation des salariés, ils ne peuvent qu'approuver le principe de la communication selon lequel l'information doit être transmise, partagée et enrichie en vue d'une meilleure efficacité collective.

• La communication introduit davantage de concertation. Elle suppose un élargissement du dialogue social entre syndicats et employeurs. Dans cette optique, elle prétend bannir le monopole de l'information patronale. Elle développe la liberté d'expression et la pluralité des sources d'information reconnues dans l'entreprise, en impliquant davantage les partenaires sociaux dans le dialogue social.

• La communication contraint l'employeur à s'exposer. Communiquer oblige l'employeur à s'engager publiquement. En publiant dans la presse d'entreprise et dans les diverses publications les positions et les objectifs de la direction, l'employeur s'expose officiellement aux velléités contestataires des partenaires sociaux. En somme, les syndicats sont ouverts à la communication parce que, précisant les projets de la direction, elle conduit à tenir compte du changement social dans l'évolution de l'entreprise.

Les partenaires sociaux reconnaissent donc l'utilité de la communication d'entreprise. Dans son principe la communication est un gage de responsabilisation et de démocratisation.

Mais parallèlement, parce que recherchant le consensus interne, reprenant pour le compte du patronat la fierté d'appartenance et la reconnaissance individuelle, la communication interne altère l'efficacité de l'action syndicale. Elle donne à l'employeur la capacité d'instaurer une communication de proximité avec son personnel. En améliorant la qualité et en intensifiant les moyens de communication interne, l'employeur parvient à marginaliser la communication syndicale, à limiter, voire à réduire son impact auprès de la base.

Communication interpersonnelle, interindividuelle ou intersubjective

Communication de personne à personne. Les moyens ou les formes en sont : la conversation, le courrier, la communication téléphonique. On la distingue de la communication de diffusion ou de masse ou encore médiatée pour laquelle l'émetteur s'adresse à une multitude de récepteurs.

On peut représenter la communication intersubjective par le schéma suivant :

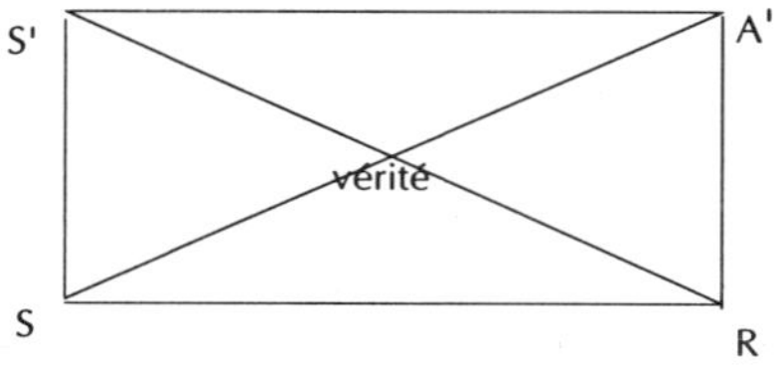

Dans ce schéma, S représente le sujet, S' l'autre sujet, A le signifiant dans lequel ils s'expriment et R la référence : ce dont ils parlent ou ce qui légitime leur discours en le fondant.

La communication intersubjective consiste d'abord en une reconnaissance, que l'on appelle ***identification symbolique***, au cours de laquelle les sujets de la communication existent l'un pour l'autre, et, par conséquent, assument leur identité, au cours de ce que Freud appelle le *stade du miroir*.

L'expérience du miroir a lieu par la médiation de la production d'un **signifiant,** soit : d'un ensemble de formes reconnaissables comme porteuses de sens (formes acoustiques, visuelles, essentiellement). La production du signifiant se fait ou à l'initiative du sujet ou à l'initiative de l'autre.

La reconnaissance et l'interprétation du signifiant consiste dans son renvoi analogique à un réel nommé **référence,** auquel il se rapporte ou dont il est censé tenir lieu dans la communication.

La communication intersubjective a pour centre la vérité : c'est en vertu de la vérité dont ils sont porteurs que les sujets de la communication se reconnaissent mutuellement et, par conséquent, fondent la parole dont ils se soutiennent et la communication dans laquelle ils s'inscrivent.

Voir ***Diffusion, Communication*** *(§ 8a).*

Communication médiatée

Expression quasi-synonyme de ***communication de masse***, et de **communication de diffusion**. Elle se distingue de la ***communication interpersonnelle*** dans la mesure où la transmission du message est assurée par un moyen de communication (média) de masse (presse, radio, télévision, affiche, cinéma). Ce n'est pas tout-à-fait une communication de masse car la communication téléphonique, qui est intersubjective, a toutes les caractéristiques de la communication médiatée :

– la distance géographique et la disparition du lieu de l'intersubjectivité ;

– l'existence d'un destinateur institutionnel qui peut être l'administration des Télécommunications ou une entreprise privée ;

– la nécessité d'une médiation instrumentale et technologique pour la transmission des messages.

Mais la communication médiatée n'est pas une communication intersubjective contrairement à la communication téléphonique, hors répondeur vocal (pour la complexité du téléphone, voir ***Distribution d'information***). La communication médiatée se déroule non dans l'espace intersubjectif des relations entre personnes singulières, mais dans l'espace social des relations institutionnelles et des logiques de représentation. La communication médiatée désigne l'ensemble des faits de communication qui se déroulent entre des acteurs qui ne sont pas des sujets parce qu'ils ne sont pas dotés d'identité propre, mais qui représentent des acteurs sociaux, politiques ou institutionnels. On peut représenter la communication médiatée de la façon suivante.

On peut représenter la communication par le schéma suivant :

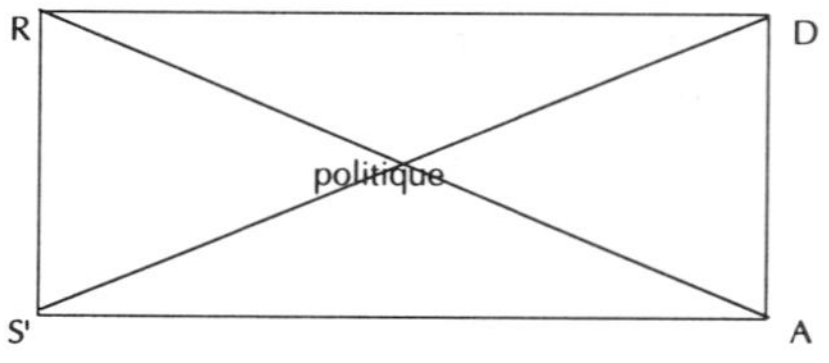

Dans ce schéma, le sujet d'énonciation S' et le signifiant A sont communs aux deux dimensions de la communication : l'énonciation, dans la communication, est un fait de langage présent aussi bien dans les relations intersubjectives que dans les relations de communication sociale. En revanche, il apparaît une fonction nouvelle : D représente le **destinateur**, c'est-à-dire l'institution ou l'acteur public au nom de qui a lieu la communication ou l'énonciation, et la référence R de la communication prend une dimension nouvelle : la communication ne porte pas sur les mêmes objets et elle n'a pas les mêmes enjeux.

La communication médiatée a pour centre le politique : c'est dans le champ du politique, c'est-à-dire des rapports institutionnels d'appartenance sociale et de pouvoir, que les acteurs de la communication se reconnaissent mutuellement et, par conséquent, fondent le discours dont ils se soutiennent et la communication dans laquelle ils s'inscrivent.

Voir ***Communication** (§ 8b)*, ***Acteur, Actualité, Adhésion, Autoroute de l'information, Communication destinée, Design, Destinateur, Diffusion, Distribution de l'information, Espace public, Événement, Fait divers, Indistinction, Influence, Norme, Opinion, Publicité, Représentation, Secret, Télétravail.***

Communication multimédiale ou multimédias

Voir ***Multimédiale (Communication -).***

Communication nomade

Voir ***Distribution.***

Communication non humaine

Les humains sont des animaux. Nous savons que les humains communiquent. Mais sont-ils les seuls à le faire ? La faculté de communiquer est-elle apparue au cours de l'évolution dans une branche du vivant dont le seul descendant actuel est *Homo sapiens sapiens,* ou est-ce au contraire une aptitude que nous partageons avec d'autres êtres de notre planète ?

Pour répondre à cette question, il est nécessaire de clarifier quelque peu la notion de communication. On ne peut donner de ce terme une définition purement opératoire, indépendante des processus internes des organismes : car la communication implique fondamentalement une transmission d'*information*, et l'information est dans son essence un fait psychologique. Il ne suffit pas qu'il y ait simple relation de cause à effet ; taper sur un clou avec un marteau peut modifier le clou, mais ne *l'informe* pas.

1. La communication et le fait psychologique

Le principe de parcimonie (« critère d'Occam ») impose, lorsque plusieurs explications sont possibles, de préférer la plus simple d'entre elles ; or, disent les béhavioristes, postuler une psychologie chez un individu complique inutilement l'explication de son comportement. Chacun sait pourtant, par une expérience intime qui supporte difficilement la négation, l'existence de sa propre psychologie, et sait que les processus cognitifs conscients jouent souvent un rôle déterminant dans l'explication de son propre comportement. Tenter d'expliquer chez d'autres un comportement semblable au nôtre par un mécanisme tout à fait différent de celui qui explique le nôtre représente moins une simplification qu'une complication théorique souvent inutile.

À quels autres organismes que soi-même est-il ainsi justifié d'attribuer une psychologie ? Bien qu'une position sceptique reste toujours possible *en théorie*, il semble ne pas y avoir pour chacun de nous de doute *pratique* de ce que les autres humains possèdent une vie intérieure. Lorsque l'on envisage à l'inverse le cas d'êtres qui nous ressemblent très peu au plan comportemental et physiologique, la présence d'une psychologie sera invraisemblable. Ce sera le cas par exemple pour les plantes et les organismes unicellulaires (absence de comportement complexe, absence de tissu nerveux). Entre ces deux extrêmes, il faudra tenter d'établir un jugement, forcément parfois incertain, sur la base de la plus ou moins grande vraisemblance physiologique et force explicative de l'hypothèse de la présence chez l'organisme d'une perception consciente de son environnement.

L'existence d'une psychologie est de ce point de vue une condition essentielle, mais non suffisante, pour qu'une interaction puisse être qualifiée de communication. On peut exiger les deux points suivants supplémentaires :

(1) L'information doit être perçue en tant que telle par le ou les récepteurs, c'est-à-dire doit modifier leur comportement par l'intermédiaire d'une modification de leurs croyances relatives au monde.

(2) La communication doit être le fait intentionnel de l'émetteur.

Ces deux conditions ont un caractère minimal. (1) est nécessaire pour que l'on puisse parler d'information ; (2) exclut que l'on parle de communication au sens propre quand par exemple un prédateur apprend à éviter les guêpes en se basant sur leur marquage corporel involontaire. Ces conditions n'exigent pas en revanche la « connivence » souvent présente dans les interactions humaines. Ainsi permettent-elles encore de parler de communication quand, par exemple, Anne laisse traîner un tournevis pour que Jean sache qu'elle a fait du bricolage, même si Jean ne se rend pas compte de l'intention d'Anne.

Nous allons examiner rapidement la communication chez plusieurs catégories d'êtres vivants, en commençant par les plus proches de nous. Chez les plus éloignés, il ne s'agira que de communication en un sens métaphorique, résultant non d'intentions communicatives mais des processus non intentionnels de l'évolution biologique. Nous n'en donnerons pas moins quelques exemples variés.

2. La « communication » en un sens métaphorique chez les plantes et ailleurs

Le monde vivant est traditionnellement partagé en règne animal et règne végétal ; dans les classifications plus modernes cependant, le règne animal n'est plus qu'un des cinq règnes vivants. Les protozoaires, ou « animaux » unicellulaires, sont aujourd'hui classés dans un règne à part. Les animaux proprement dits sont ainsi tous des êtres pluricellulaires organisés en tissus différenciés. Les autres règnes sont les plantes *stricto sensu*, qu'on a séparées des champignons d'une part et des procaryotes (bactéries et algues bleues) d'autre part.

Ainsi conçu, le règne animal est le seul où se constate la présence d'un tissu nerveux ; on n'en trouve ni chez les plantes, ni chez les champignons, ni bien sûr chez les unicellulaires (protozoaires et procaryotes).

Pourquoi le tissu nerveux serait-il nécessaire à la communication ? Il n'y a pas aujourd'hui de réponse nette à cette question ; on peut cependant noter que quelle que soit leur complexité, les phénomènes régulateurs que l'on constate dans le monde vivant, lorsqu'ils ne dépendent pas de la présence d'un système nerveux complexe, se passent en l'absence de toute perception consciente des causes et des effets, et ne peuvent donc pas relever de la communication proprement dite si l'on réserve ce terme aux phénomènes d'échange intentionnel d'information. Ainsi un être humain en coma dépassé est-il dit « cliniquement mort » (et aussi, en France, légalement décédé), bien qu'il soit vivant au sens où sont vivantes les plantes. L'homéostasie, c'est-à-dire le maintien de la constance des paramètres chimiques et physiques du milieu intérieur, reste assuré à travers un ensemble de boucles de rétroaction, et ceci sans aucune conscience, tant dans le cerveau, endommagé, que dans les organes concernés. En l'ensemble de fonctionnement complexe du système nerveux, ce n'est que métaphoriquement que l'on dira par exemple que tel organe « communique » des « ordres » à un autre organe au moyen de ces « messagers » chimiques que sont les hormones.

De même chez les plantes la lumière du soleil peut-elle inhiber la croissance de la tige du côté qui y est directement exposé ; le résultat sera alors que la plante s'inclinera vers le soleil. Face à un tel enchaînement d'une cause et d'un effet, on ne dira pas que le soleil a communiqué sa position à la plante, ni à proprement parler que la plante a perçu la position du soleil, même si le résultat net est une augmentation de la probabilité de survie de la plante.

La tentation cependant est parfois grande de parler de « communication ». Ainsi a-t-on récemment beaucoup utilisé ce terme dans le cas de certains acacias sud-africains qui réagissent en émettant de l'éthylène dans l'air lorsqu'ils sont broutés par un animal. Ce gaz provoque chez les acacias voisins un changement de composition chimique qui rend leurs feuilles indigestes pour les herbivores. Ici encore, on comprend que le résultat net sera une augmentation de probabilité de survie et de reproduction de la plante. La tentation de parler dans ce cas de communication est la même que la tentation d'interpréter en termes intentionnels, en termes de <u>buts</u> (de téléologie) les phénomènes d'évolution naturelle, que la théorie darwinienne explique en termes de <u>causes</u>, par les différences dans les taux de reproduction moyens qui résultent des différences dans les caractéristiques héritables des individus. Le darwinisme propose un cadre explicatif causal là où on est tenté d'attribuer une intentionnalité à la nature ; ainsi dit-on couramment que les longues pattes du lièvre sont faites « pour » lui permettre d'échapper à ses prédateurs, alors que l'interprétation darwinienne est simplement que ce furent les lièvres qui, en raison de leur génotype, possédaient les plus longues pattes qui, ont le plus souvent survécu, et se sont le plus reproduits.

On classera de même dans les phénomènes de « communication » au sens métaphorique les couleurs et marquages souvent éclatants que l'on retrouve souvent chez les plantes et chez de nombreux animaux. Les fleurs que l'on trouve chez le marchand sont celles des plantes (dites entomophiles) qui dépendent pour leur pollinisation de l'action d'insectes ; les couleurs vives des pétales indiquent à ces derniers la présence du nectar et du pollen dont ils se nourrissent. D'autres fleurs possèdent des systèmes attracteurs qui peuvent nous sembler moins enchanteurs : certaines dégagent par exemple une odeur de chair décomposée.

La coloration vive des guêpes dissuade les candidats prédateurs en les informant du danger de piqûre ; mais la coloration résulte non de la volonté de l'animal mais des processus non intentionnels de l'évolution. Chez d'autres animaux l'évolution « ment » : le syrphe, diptère sans défense, possède comme la guêpe l'abdomen rayé de jaune et de noir ; les prédateurs qui évitent les guêpes éviteront aussi les syrphes. Les colorations vives se retrouvent de même chez certains serpents venimeux et chez d'autres qui le sont moins.

Le caractère génétiquement déterminé d'une coloration n'implique cependant pas toujours que son emploi ne corresponde pas à un authentique processus de communication ; ainsi le paon mâle se sert-il sans doute intentionnellement des couleurs vives de son plumage et du rituel de parade génétiquement déterminé.

3. La communication et la croyance

La communication implique un échange d'information entre deux entités ; on peut relier la notion d'information à celle de *croyance* : si je suis informé de ce qu'il est seize heures, c'est que je *crois* qu'il est seize heures. Dans cette perspective, l'information est inséparable d'un état mental, celui de croyance, et ne peut avoir de sens que métaphorique chez des êtres sans états mentaux, tels les ordinateurs. Ce n'est alors que par métaphore que l'on parle de « communication homme-machine » ; si je « demande » à la machine d'enregistrer mon fichier, elle ne *sait* pas que je veux enregistrer le fichier ; elle ne fait que fournir une certaine réponse à un certain stimulus (pression sur les touches du clavier).

Il est paradoxal dans cette perspective que le paradigme explicatif stimulus/réponse ait pris naissance non dans le domaine de l'informatique, mais dans celui de l'éthologie, ou science du comportement des êtres vivants. Une bonne partie de la psychologie animale de ce siècle nie chez les animaux toute possibilité de communiquer.

L'origine de ce paradoxe doit sans doute beaucoup à la théorie des animaux-machines de Descartes : face à l'expansion progressive des sciences mécaniques en tant que puissances explicatives et à la correspondante réduction de la place de Dieu dans notre vision du monde, développements auquel la religion ne pouvait plus résister, le cartésianisme a consisté, moins à affirmer la place de la science, qu'à faire la part du feu : abandonner d'un coup tout ce qui n'est pas humain à la mécanique, qui relève des lois de la physique dans lesquelles la main de Dieu n'intervient plus ; maintenir aux humains, par contre, un statut surnaturel, un statut d'être qui, s'il a comme les non-humains un corps matériel, a aussi un esprit immatériel (nous serions « des animaux, mais pas seulement »). L'esprit est, dans le schéma cartésien, identifié à l'âme, entité qui échappe au déterminisme physique et relève directement de la sphère du divin.

Nous supposons admis que communication de x de A vers B suppose échange de l'information x de A vers B, et, en interprétant l'information comme liée à une croyance, nous avons éliminé du champ de la communication les êtres non conscients, comme les machines. Ce choix, comme toute définition, est forcément arbitraire ; il présuppose de plus l'existence d'une différence repérable entre êtres conscients, comme les humains ou les chiens, et êtres non conscients, comme les ordinateurs ; peu importe ici qu'on accorde à cette différence un statut de différence réelle ou de simple distinction instrumentale.

• L'échange doit être <u>intentionnel</u> de la part de A, c'est-à-dire que A doit intentionnellement causer le fait que B sache *x*. Contre-exemple : si je sais que mon collègue a eu un accident parce que je le vois boiter, cela ne résulte pas d'un acte de communication.

• La communication doit être patente : l'effet de la communication doit être non seulement que B sache *x*, mais aussi qu'il sache que A lui a communiqué (intentionnellement) cet *x* ; et que A sache que B sait cela ; et ainsi de suite. Ainsi le fait que les deux intervenants sachent qu'il y a communication est une condition pour qu'il y ait communication. Contre-exemple : si je passe intentionnellement devant un collègue en boitant, pour qu'il sache que j'ai eu un accident, cela n'est pas un acte de communication, car il ne sait pas que je fais exprès ; ou, s'il le devine, je ne sais pas qu'il l'a deviné ; ou, si je devine qu'il l'a deviné, il ne sait pas que je l'ai deviné ; etc.

Cette définition de la communication n'englobe pas forcément tous les aspects de l'usage courant ; ainsi est reléguée au statut de ***métaphore*** l'usage du mot dans le cas des ordinateurs. Un autre cas est celui de la publicité : l'objet de cette sorte de « communication » peut être justement d'implanter dans l'esprit du public des croyances sans qu'ils en saisissent consciemment l'origine (quand on se souvient de l'origine d'une croyance, c'est souvent qu'on a un doute sur sa véracité). Il convient d'envisager l'élimination aussi de nos communications « inconscientes » (mimiques faciales) et des communications biologiques (ADN, hormones).

Communication non verbale

Communication entre individus réalisée par tout moyen, autre que la langue parlée ou écrite. Elle comprend : la **communication faciale** (expression du visage, mouvement des yeux...), la **communication gestuelle**, la communication gustative, la communication olfactive, communication posturale (attitudes), la communication proximale, la communication tactile. Synonyme : **langage du silence**.

Voir ***Programmation neuro-linguistique, Proxémique***.

Communication paradoxale

Voir ***Interaction sociale***.

Communication par l'objet

Publicité qui se fait par des objets offerts en cadeaux (stylo, boîte d'allumettes, sac, valise, poste de radio, poste récepteur de télévision, etc.). Il semble que la première publicité sous cette forme soit un calendrier imprimé en 1845 par un courtier en assurance dans l'État de New York aux États-Unis.

Communication poétique

Qu'est-ce qui fait qu'un énoncé linguistique est poétique ? À l'émission, de l'émotion, à la réception, de l'émotion. La poésie n'est pas une suite de signifiants et de signifiés saussuriens. Elle n'est pas qu'une suite d'agencements formels, de structures symétriques de sonorités qui se font écho. Nous associons aux mots des connotations c'est-à-dire les marques de notre vécu le plus individuel. Le poète par son art va ressusciter ce vécu, réveiller ce qui dort en nous, transmettre de l'indicible, s'adresser à un homme dans sa totalité. Le poète pour les chinois est considéré comme le maître des mots : il maîtrise leur sens, leur sonorité, leur dimension affective, et leur dimension esthétique dans la calligraphie. Il est celui qui peut donner et atteindre « l'immortalité ». Le poème est fait pour durer.

Voir ***Mémoire***.

Communication politique

Voir ***Actualité, Adhésion, Communication stratégique, Communication en deux étapes (Théorie de la -), Communication institutionnelle, Destinateur, Négociation, Propagande, Représentation, Signe***.

Communication « produit »

Transmission d'informations qui caractérisent les qualités d'un produit. Il s'agit à la fois d'informations objectives que subjectives.

• Informations objectives : informations technologiques, fonctionnelles, économiques, commerciales...

• Informations subjectives : prestige du produit, modernité du produit...

Communication proxémique

Voir ***Proxémique***.

Communication publicitaire

Synonyme de communication commerciale, c'est-à-dire qui concerne un produit ou un service identifié, pour la distinguer de la ***communication institutionnelle*** qui porte sur l'institution (entreprise, ses activités, etc.). Voir ***Publicité, Message, Communication par l'objet, Média***.

Communication scientifique

Cette expression désigne à la fois :

a) la transmission, entre chercheurs, des connaissances et des informations produites au cours des activités de recherche. Ces productions doivent être formulées de telle sorte qu'elles puissent être vérifiées et débattues ;

b) l'activité que déploie chaque chercheur pour mettre en forme ses travaux, les faire connaître à ses pairs, se tenir au courant des recherches d'autrui. Afin d'informer et de s'informer, il utilise des **systèmes d'information primaires** (les différents produits de l'édition scientifique, par exemple) et des **systèmes d'information secondaires**, c'est-à-dire ceux qui sont voués à la collecte, au traitement et à la diffusion des outils primaires, ainsi que ses réseaux de relations, quand ce n'est pas le simple contact avec ses collègues. En effet, les contacts personnels sont un outil précieux de communication en raison des représentations qui y sont attachées : rapidité, sélectivité et fiabilité de la source, ***rétroaction*** *feed-back*... Des enquêtes ont montré que les chercheurs qui ont une activité de publication intense sont aussi ceux qui s'informent le plus ;

c) le débat scientifique, autrement dit les positions concurrentes défendues par les chercheurs dans un champ scientifique au sein duquel les intérêts scientifiques (l'accumulation des connaissances, le dévoilement du réel, la circulation des idées...) se mêlent à des enjeux sociaux tels la conquête de l'autorité et de la légitimité scientifiques dans une discipline ou un domaine particulier du savoir. Le débat scientifique est donc aussi un lieu et un enjeu de pouvoir(s). Dans le champ scientifique, chercheurs et institutions sont dans une situation de concurrence. D'abord au niveau de la production des faits scientifiques et des théories, ensuite à celui des gratifications symboliques et matérielles. De sorte que l'expression « communauté scientifique » est une production de l'idéologie du milieu. S'il y a bien, d'une certaine façon, reconnaissance mutuelle – chacun admet chacun et tous se reconnaissent dans un même groupe – et mise en commun des résultats, il existe aussi de nombreuses divisions, à commencer par celle des disciplines, mais aussi celle du travail ou celles qui aboutissent à la multiplication des corporations, groupes de pression, coteries...

1. Communication scientifique et vulgarisation
La communication scientifique ne doit pas être confondue avec ce que certains appellent « la communication scientifique publique » ou « **vulgarisation** », laquelle tire son nom de la nécessité, apparue au XVIIIe siècle – les savants exposaient alors eux mêmes leurs découvertes dans les Salons –, de diffuser la science à la « *vulgare plebis* ». Elle s'en différencie au niveau :
– du public cible : elle concerne quasi exclusivement, les scientifiques, et non le « grand public » ou le « public cultivé » ;
– des contenus et des finalités : il ne s'agit pas de rendre compte de la science déjà faite mais d'une science « à chaud », en action ;
– des langages utilisés : tandis que la vulgarisation utilise volontiers le langage commun moins précis, plus métaphorique, plus propice à la narration et davantage compréhensible du plus grand nombre, les chercheurs communiquent entre eux à travers des énoncés descriptifs et explicatifs faisant appel à des langages spécifiques (et quelquefois des jargons) dont la compréhension relève essentiellement de spécialistes appartenant à la même discipline, voire à la même sous-discipline. Loin d'être ésotériques – le ***secret*** est en principe étranger à la science –, ils nécessitent la maîtrise de codes propres et de connaissances spécialisées. L'impression d'ésotérisme ressentie, et déplorée, par le profane est liée à sa méconnaissance des exigences scientifiques ;
– de la médiation : alors que la vulgarisation fait toujours intervenir un « tiers », professionnel de la communication ou de la conception de produits éducatifs, la communication scientifique recrute ses indispensables médiateurs en son sein. Ainsi, la fonction de directeur de revue ou de responsable de collection scientifique est-elle souvent occupée par un chercheur reconnu ;
– de la façon de présenter les produits à leurs publics respectifs, de les mettre en scène, de les valoriser. Par exemple, la jaquette d'un ouvrage scientifique omettra des éléments essentiels pour la seule raison que le lecteur est censé les connaître. Le **contrat de lecture** proposé au grand public, voire au public cultivé, est d'un contenu bien différent.
Cela étant, la distinction communication scientifique – vulgarisation n'a pas une valeur absolue, ne serait-ce que parce que certains chercheurs estiment qu'il est de leur devoir de participer à la constitution de la culture scientifique et technique ou que la migration des concepts d'un champ de recherche vers un autre emprunte parfois le chemin de la vulgarisation. Enfin, l'entrée de la recherche dans l'« ère de la communication » a pour conséquence de faire pénétrer les médias de masse dans un univers qui, jusqu'alors, avait su relativement s'en protéger.

2. Sciences et pratiques communicationnelles
La science peut, à certains égards, s'analyser comme un **système de communication**. En effet, la communication scientifique est inhérente au fonctionnement interne des sciences et partie intégrante de leurs enjeux sociaux. La distinction traditionnelle entre logique d'investigation et logique d'exposition, sans doute attrayante pour le chercheur, est artificielle car :
– un travail de recherche n'existe pas en dehors de sa communication. C'est sa ***publication***, surtout dans une ***revue***, qui lui donne une existence officielle et permet son entrée dans la controverse scientifique. Publier, c'est rendre des résultats publics, ce qui a pour conséquences de les verser dans le débat mais aussi de permettre à d'autres de les utiliser. Par ailleurs, celui qui ne publie pas est condamné, à terme, à disparaître en tant que chercheur (« publier ou périr » dit l'adage). La communication des résultats, des théories et des avancées méthodologiques fait donc partie du processus par lequel se construisent les sciences... ainsi que les carrières et la notoriété des chercheurs, mais aussi la légitimité des lieux de production car seule la visibilité garantit leurs conditions symboliques et matérielles d'existence ;
– de nombreuses approches issues des sciences sociales et humaines ou de la philosophie présentent la science et la recherche sous des angles inédits. Ainsi, un courant de la linguistique moderne nous apprend que « *dire c'est faire* » (pour reprendre le titre de ouvrage fondateur d'***Austin***) et donc que les mots, les constructions « littéraires », les argumentations autour des démonstrations scientifiques sont

fabriqués, placés pour influencer. Le discours scientifique se situe aussi du côté de la performativité (*to perform*, « faire accomplir »), au même titre, même si c'est à un degré moindre, que les discours profanes. Il relève donc de l'art de la persuasion.

Par ailleurs, si l'on souscrit aux thèses de Régis Debray (*Cours de médiologie générale*, 1991 ; *Manifestes médiologiques*, 1994), il faut convenir que les idées scientifiques deviennent forces matérielles leur permettant de s'imposer dans la « communauté scientifique », non seulement en raison de leur contenu, mais aussi de médiations multiples, c'est-à-dire de moyens véhiculant du symbolique (publications, communications, et d'une façon plus générale, tout ce qui constitue un lieu et un enjeu de diffusion et de sociabilité : paillasse de laboratoire, salle de documentation...).

De nombreux travaux relevant de la sociologie ou de l'ethnologie des sciences (Bruno Latour et Steve Woolgar, *La vie de laboratoire*, Michel Callon, dir., *La science et ses réseaux*, 1989...) confirment, à partir d'approches différentes, que contenu des travaux et contexte social sont indissociables et que la **valorisation** est partie intégrante de l'activité de recherche. Cette tâche n'incombe d'ailleurs pas au seul chercheur. Elle fait intervenir son institution de rattachement (Université, CNRS...), mais aussi d'autres acteurs individuels ou collectifs (responsable de laboratoire, bailleur de fonds...).

Ainsi, la vie scientifique est régie par des règles et est traversée par des pratiques somme toutes assez voisines de celles qui règnent dans la société et les organisations. Il est alors tentant de s'interroger sur les conséquences de la montée en puissance de la communication dans les sociétés postindustrielles sur les conditions d'exercice de la recherche.

Si le monde de la recherche n'est pas encore ce « *village global* » cher à ***McLuhan***, irrigué et fertilisé par des réseaux transformés en ***autoroutes du savoir***, au sein duquel chacun est connecté à tout et à tous, force est de constater l'irruption des **nouvelles technologies d'information et de communication** (**NTIC** = équipement informatique plus ou moins sophistiqué, télécopie, réseaux spécialisés type ***INTERNET***, banques de données et d'images, messageries, édition électronique...). Ces technologies et leurs applications tendent, malgré de multiples résistances, à devenir une composante incontournable de la vie scientifique, car elles se greffent sur des tendances propres aux sciences (accélération des innovations scientifiques, universalisation, hyperspécialisation...). Elles ne sont pas sans incidences sur les conditions de travail et de vie des chercheurs, sur leurs pratiques et leurs modes de pensée. Parfois au milieu de contradictions difficiles à gérer : ainsi, si la micro-informatique est un outil pratique et peu coûteux pour relier le chercheur à d'autres scientifiques ou à des centres de ressources gérant des masses énormes de données informatisées, elle est aussi un facteur d'isolement pouvant accentuer les tendances « naturelles » au travail solitaire, particulièrement dans certaines disciplines des sciences sociales et humaines.

La pénétration de la communication dans des institutions scientifiques, peu habituées à manier les techniques des ***relations publiques*** et de la ***mercatique*** mais désireuses de se mettre en visibilité par rapport à leurs concurrentes et d'attirer sur elles le regard des bailleurs de fonds publics et privés, a des conséquences immédiates sur leur fonctionnement ainsi que sur les pratiques des chercheurs. On évoquera pour mémoire :

– la médiatisation de certains colloques et congrès, y compris d'intérêt régional. Depuis que les Régions sont liées par contrat aux Universités, il est utile de se rappeler à leur souvenir en manifestant régulièrement son existence dans les médias de masse ;

– l'annonce spectaculaire de découvertes – réelles ou supposées : vaccin du SIDA, mémoire de l'eau [...] – à la grande presse avant leur communication aux scientifiques et donc indépendamment sinon du débat, du moins d'un débat conduit dans les formes habituelles. La controverse se déplace alors en partie dans l'espace médiatique, espace profane s'il en est, où il prend des formes incongrues ;

– la mise en place de services de communication dans les grands centres de recherche et l'utilisation de techniques de communication par les laboratoires plus petits. Ainsi, la *Lettre du laboratoire*, organe d'information traditionnel à usage interne ou destiné au réseau de proximité scientifique, est-elle détournée de ces objectifs grâce à une diffusion massive et ciblée.

3. Les moyens de la communication scientifique

L'écrit, lit-on fréquemment, est non seulement le moyen le plus ancien mais aussi le plus performant pour assurer la circulation de l'information scientifique dans les conditions propres à satisfaire les exigences de l'évaluation, de la controverse et de la validation. En fait, il existe plusieurs types d'écrits dont la légitimité n'est pas identique. Par ailleurs, on ne saurait ignorer les moyens oraux qui occupent toujours une place importante ainsi que les possibilités offertes par les ***NTIC*** (cf. *supra*).

a) Les moyens oraux

Il faut d'abord citer les ***conférences*** et, plus particulièrement, celles qui sont données par les chercheurs confirmés invités par les laboratoires ou par les Écoles Doctorales des universités. Elles se révèlent souvent très utiles pour les chercheurs débutants qui ont l'occasion d'écouter et d'interroger un scientifique dont ils sont ou seront amenés à utiliser les travaux.

Mais c'est surtout les ***colloques*** qui jouent un rôle important, tant au niveau de la transmission de la recherche à chaud (*communications* et *posters* – textes affichés – sur des travaux récents ou en cours) et de la controverse qu'à celui des contacts entre chercheurs. Il est fréquent d'entendre, surtout de la part des « habitués », que les discussions dans les couloirs et les restaurants constituent l'intérêt essentiel de ces manifestations (sur les aspects « croustillants » des rencontres, lire avec délectation le roman de David Lodge, *Un tout petit monde* et le pamphlet de Bernard Maris, *Les sept péchés capitaux des universitaires*).

C'est à partir de la deuxième moitié du XIXe siècle que les colloques sont devenus des lieux majeurs de l'activité scientifique et intellectuelle. Les historiens des sciences ont pu mettre en évidence le rôle qu'ils ont joué dans la construction scientifique et institutionnelle des disciplines, dans les jeux de pouvoir ainsi que dans la constitution des pratiques et des sociabilités. La multiplication de ces manifestations, à partir des années 1980, correspond à l'évolution des sciences (explosion des connaissances, spécialisation, interdisciplinarité, nécessité d'une mise en visibilité...) et de la société (enjeux économiques et sociaux de la recherche...).

Généralement, les réunions scientifiques donnent naissance à des **Actes de colloque** qui rassemblent les communications sélectionnées par le Comité scientifique dans un ouvrage ou un numéro de revue.

b) Les supports écrits

Si on laisse de côté la *correspondance*, qui a joué dans le passé le rôle actuellement rempli par les périodiques, on peut évoquer :

– la **littérature grise** : on rassemble sous cette expression, en apparence péjorative, les documents, souvent de qualité médiocre au niveau du support ou de la mise en page, qui ont pour caractéristique commune de ne pouvoir, en l'état, devenir un ouvrage (*mémoires de 3e cycle, thèses, rapports* liés à des contrats de recherche...) ou une revue (note de recherche ou de travail – *working papers* –, articles rendant compte de recherches inachevées...), mais qui présentent un intérêt certain en raison des informations nouvelles qu'ils contiennent et qui peuvent, sous réserve de modifications, devenir un livre, un article ou une communication. Difficiles à repérer car les recensements sont rares et à indexer en raison de leurs formes diverses, ces documents sont très recherchés ;

– le ***livre*** : s'il est largement utilisé pour les besoins de l'enseignement (manuels, traités, mémentos...), de la vulgarisation ou de l'essayisme, activités « littéraires » très prisées des chercheurs, le livre est rarement employé à des fins de transmission de connaissances nouvelles. On lui préfère un support mieux adapté aux exigences du débat, la revue. Par contre, on l'utilise volontiers pour publier des synthèses dans un domaine particulier du savoir. Paradoxalement, la publication (ou la direction) d'un ouvrage, surtout s'il fait autorité, est source de prestige pour les chercheurs. Il en va de même pour la direction d'une collection, voire de la simple appartenance à son comité de lecture ;

– entre le livre et la revue, publication périodique, se situent les **annales,** produits éditoriaux en principe annuels réunissant des contributions rarement organisées autour d'un même thème. Elles émanent souvent d'institutions qui, ne disposant pas de revues, veulent valoriser leur production scientifique. Certaines **collections** qui rassemblent, sous un titre générique, des livres à parution plus ou moins périodique dont le contenu se ramène à une série d'articles écrits par des auteurs différents, ressemblent par certains côtés à des revues, à tel point qu'il est fréquent que les libraires les placent dans le rayon réservé aux périodiques. Elles sont surtout créées par des laboratoires qui ne désirent pas être soumis aux contraintes d'une revue (périodicité rigoureuse, sélection des articles à travers une procédure complexe, gestion des abonnements...), tout en disposant d'un outil remplissant des fonctions voisines ;

– les ***revues scientifiques*** : on aurait tort de croire que les textes scientifiques et de vulgarisation sont les seuls écrits produits par les chercheurs. Ces derniers, et plus particulièrement ceux qui exercent des responsabilités, rédigent régulièrement des notes, des rapports administratifs, des demandes de financement... qui nécessitent une grande dépense de temps et d'énergie mais qui ne présentent guère d'utilité pour leur carrière. Leur analyse se révèle souvent intéressante, car révélatrice de phénomènes cachés ou tus.

Communication sédentaire

Voir ***Distribution***.

Communication spectaculaire

Voir ***Sociabilité***.

Communication stratégique

Communication destinée qui s'inscrit dans une logique d'action et de résultats. La communication stratégique s'ordonne autour de trois modalités, qui caractérisent chacune un certaine approche de la communication par les acteurs qui la mettent en œuvre.

1. Modalité symbolique : stratégies de communication appelant une réponse de la part du destinataire, en termes symboliques.

   Les stratégies de communication engagent des processus symboliques à partir du moment où elles supposent, de la part de leur destinataire, une réponse ou, en tous les cas, la production d'une stratégie de communication correspondant à la première.

   On peut citer les **rites** comme exemples de telles stratégies de communication : il s'agit de stratégies de communication destinées à faire apparaître l'appartenance de tous à une même communauté, et ces stratégies de communication, porteuses de représentations symboliques de l'appartenance, mettent en scène la participation de tous aux formes de communication sociale. L'importance des symboles dans la mise en scène des diverses formes de rite traduit l'importance, dans la mise en place des stratégies de communication, de ce qui permet aux destinataires de retrouver, grâce à la mémoire, les structures fondatrices de leur tradition et, par conséquent, les formes élémentaires de leur appartenance.

   On peut aussi citer l'exemple des procédures et des formes ou usages figés par les institutions. La communication, quand elle passe par la médiation d'une modalité symbolique, sert à mettre à distance. Elle constitue, en quelque sorte, une protection de la personne, car l'expression de son appartenance lui permet d'assumer plus facilement sa situation de personne – ne serait-ce que parce qu'elle lui permet de comprendre que d'autres qu'elles sont dans une situation comparable, face aux mêmes impératifs et aux mêmes obligations.

   On peut citer un autre exemple de stratégie symbolique : les stratégies de communication dont l'enjeu est l'acquisition de savoir. La **communication didactique**, la diffusion d'information, reposent sur des stratégies symboliques de communication : sur des stratégies de communication qui appellent de la part de leur destinataire une activité symbolique : une activité d'apprentissage, ou une activité de commentaire, ou la mise en œuvre de leur mémoire. Dans ces conditions, toute information ou toute communication didactique représentent des médiations, car elles sont toujours à la fois porteuses du savoir qui sera acquis par leur destinataire et de la représentation de l'appartenance qui confère à celui-ci son identité sociale.

2. Modalité réelle : injonction, appelant de la part du destinataire un passage à l'acte ou une prise de position dans le réel d'une situation.

   Il s'agit de stratégies de communication impliquant une réponse du destinataire sous la forme d'un comportement, d'une action ou d'une implication réelle. Les stratégies réelles de communication sont des injonctions, qui donnent un double statut à celui qui les exerce : il est à la fois un acteur, qui prend position, dans le réel, de la situation de communication et de la situation institutionnelle, et un sujet de communication qui s'inscrit dans une relation d'échange symbolique avec son destinataire.

   Les demandes et ordres sont des ***stratégies de communication*** qui relèvent de la modalité réelle, car elles entendent avoir pour conséquence une action ou comportement réel de la part de leur destinataire. L'impératif attend du destinataire ou une obéissance (dans ce cas, il agit conformément à ce qui lui est demandé) ou une réaction (dans ce cas, c'est son comportement qui répond à l'impératif).

   C'est, d'ailleurs, cette modalité réelle qui explique que, dans les langues indo-européennes, l'impératif ne soit qu'un mode et ne dispose pas de variation temporelle (il n'y a qu'un présent ou un achevé ; il n'y a ni prétérit ni futur).

   La **communication politique** fait partie de ces stratégies de communication réelle : l'***adhésion*** attendue de la part du destinataire est un moment l'impliquant réellement dans l'espace politique de sa société d'appartenance : par cette adhésion réelle, il exerce sa citoyenneté. La communication politique fait partie des stratégies réelles de communication, en ce qu'elle implique le destinataire dans des pratiques sociales et institutionnelles réelles dont les enjeux (choix de société, décisions politiques, choix de candidats dans des processus électoraux) représentent bien pour lui des enjeux réels, puisqu'ils auront des incidences sur son statut social, sur sa vie, sur le réel de son existence.

3. Modalité imaginaire : séduction, appelant de la part du destinataire un investissement imaginaire sur l'énonciateur ou sur ce qu'il représente.

   Les ***stratégies de communication imaginaire*** séduisent. Elles reposent sur l'imaginaire du destinataire suscité par l'imaginaire de l'énonciateur. Ainsi aux deux lieux de l'échange fondateur de la communication, il y a des structures imaginaires. Les stratégies de séduction font apparaître un plan de relation – la plan des productions imaginaires – radicalement différent.

   On peut trouver comme exemple de stratégies de communication imaginaire, les stratégies destinées à susciter un désir de la part du destinataire. Le désir, tel qu'il est engagé ou suscité par ce type de stratégies de communication, est un désir qui relève davantage du fantasme : de la dimension imaginaire de la personne plutôt que de sa dimension réelle. Ce dernier type de stratégies de communication vise à susciter auprès de leurs destinataires une implication personnelle dans un désir imaginaire.

   La publicité repose sur l'éveil du désir : la modalité imaginaire des stratégies de communication produit des objets et des représentations de nature à susciter le désir des destinataires, par des représentations de paysage, par l'idéalisation de comportements et de pratiques.

   L'investissement imaginaire produit par ces stratégies de communication fait apparaître des personnes ayant un statut de modèles idéalisés : la publicité produit, de la sorte, une forme d'identification imaginaire des destinataires des stratégies de communication aux modèles qui leur sont ainsi proposés.

   La narrativité, dans la littérature ou dans les spectacles (contes de fées, récits merveilleux), définit une forme d'esthétique de l'imaginaire, qui donne aux stratégies de communication imaginaire un statut particulier. En effet, ces stratégies de communication ont une double fonction : d'une part, elles assurent la médiation d'appartenance entre leur destinataire et sa culture (c'est pourquoi les contes populaires ont tant d'importance dans la définition des stratégies de communication répandues dans le grand public), d'autre part, ces stratégies de communication inscrivent les formes de la communication dans une forme de dépersonnalisation, qui rend les consignes ou les définitions de la stratégie de communication valables ou opératoires pour tous ceux qui sont susceptibles de les lire ou d'en prendre connaissance.

   L'esthétique de l'imaginaire ne saurait se réduire à un discours ou à un ensemble de formes destinées au hasard à n'importe quel destinataire : il s'agit de pratiques symboliques dont les destinataires font l'objet d'une reconnaissance par leur auteur.

Communication (Théories de la -)

Il existe quatre grands types de théories de la communication.

1. Les théories du sujet

   Les **théories du sujet** sont les théories selon lesquelles la communication met en œuvre l'identité du sujet dans la relation à l'autre. Le langage est au cœur de ces théories de la communication, en ce qu'il est censé donner une consistance matérielle à l'inscription du sujet dans l'espace de la communication.

2. Les théories de l'interaction

   La communication est conçue par ce type de théorie comme la mise en œuvre d'un processus dynamique de nature à modifier le destinataire, dans son comportement ou dans sa structure. On distingue les **théories** strictement **interactionnistes**, essentiellement descriptives, et les théories liées à une approche « gestaltiste » ou comportementaliste, à visée fondamentalement thérapeutique.

3. Les modèles cybernétiques

   Issus du premier modèle de Shannon et Weaver, les **modèles cybernétiques** décrivent la communication comme une dynamique instrumentale mettant en œuvre des flux quantifiables d'information et structurée autour de jeux dynamiques de force.

4. Les théories sociologiques

   Les théories sociologiques de la communication rendent raison de la dimension institutionnelle de la communication, en en faisant une manifestation majeure du **lien social**. La communication, en tant que forme du lien social, y est pensée comme une logique de régulation (approche politique), comme une logique de représentation (approche anthropologique) ou comme une logique de pouvoir (théories de l'influence).

Communion

Il n'y a apparemment pas de différence fondamentale entre la communication et la communion dans la mesure où ces deux concepts renvoient à une dimension transindividuelle de mise en relation avec. Cependant, la communication qui est de nature plus intellectuelle, passe, pour se réaliser, par des médiations qui sont essentiellement, extérieures aux sujets qui s'expriment ; de plus la communication laisse toujours subsister une certaine hétérogénéité des sujets qui communiquent. Alors que dans la communion, tout en maintenant un rapport à l'autre, la relation s'effectue avec un minimum d'extériorisation pouvant aller jusqu'à la fusion. C'est ainsi que l'on ne parle pas de communication mystique mais de communion pour bien marquer que la rencontre de deux êtres se produit dans une unité, une intimité et une proximité fortes ; le but de toute communion est bien l'unité qui peut aller jusqu'à une transsubstantiation dans le cas de la communion de nature religieuse ou mystique. Elle est en quelque sorte un langage silencieux qui permet l'unité dans le recueillement de deux ou plusieurs personnes gardant leur singularité mais rassemblées dans un même sentiment, une même idée ou une même foi. Enfin, dans la communication, la circulation d'information dans un sens ou dans l'autre est indispensable alors que dans la communion, le fait d'être ensemble peut suffire.

Communiqué

Avis, annonce ou message qu'un service compétent diffuse auprès du public pour le tenir informé sur des sujets particuliers : état de santé d'une personnalité, décision du conseil des ministres, etc.

Communiqué de presse

Texte synthétique et court adressé par un organisme privé ou officiel à un ou plusieurs médias pour être transmis dans son intégralité. Le communiqué de presse est généralement rédigé par l'***attaché de presse*** sur les indications de la direction générale.

Commutation, commutateur

Mise en communication de deux circuits, ou ensemble des opérations nécessaires pour mettre en communication deux abonnés du téléphone. Le commutateur désigne soit l'appareil qui sert à substituer une portion du circuit à une autre ou à modifier successivement les connexions de plusieurs circuits, soit le dispositif qui permet d'établir la communication entre deux abonnés du téléphone et coupe le circuit lorsque l'un des abonnés raccroche. La commutation par ***paquets*** est une technique utilisée sur des ***réseaux*** établissant des liaisons entre ordinateurs. Ainsi ***Transpac*** est un réseau numérique français de transmission par paquets pour la communication entre ordinateurs.

Il faut cependant distinguer le réseau téléphonique commuté en analogie et le ***RNIS (Réseau Numérique à Intégration de Services)***. Ce dernier réseau numérique couplé avec le commutateur ***ATM (Mode de transfert Asynchrone)*** et la fibre optique permet le transport simultané, en plus grande quantité et à une vitesse dix fois supérieure que le réseau téléphonique ***analogique*** commuté, de la voix de l'image, de l'écrit et des données informatiques.

Comparative (Publicité -)

Voir ***Publicité comparative***.

Compatibilité

Qualité de deux appareils pouvant s'accorder : par ex. deux magnétoscopes sont compatibles si une cassette enregistrée sur l'un d'eux peut être lue sur l'autre, et réciproquement. De même, deux micro-ordinateurs sont compatibles lorsqu'une disquette enregistrée sur l'un des ordinateurs peut être acceptée et lue par l'autre ordinateur. L'adoption d'une norme commune aux différents fabricants assure cette compatibilité. Mais il arrive que les produits destinés au même usage sont de conceptions tellement différentes, que la contrainte de compatibilité conduit à l'adoption d'un standard et à la disparition pure et simple des autres produits. C'est ainsi que le standard ***VHS*** (*video home system*) du Japonais JVC en magnétoscope et en cassette de magnétoscope s'est imposé entre 1976 et 1980 face au ***Bétamax*** du Japonais Sony et au ***V2000*** (*video 2000*) des Européens Philips et Grundig.

Ce problème de compatibilité s'est surtout posé de manière conséquente, du point de vue des enjeux économiques d'une toute autre ampleur semble-t-il, dans le domaine des ordinateurs qui ont des systèmes d'exploitation différents. L'incompatibilité, c'est-à-dire la spécificité du produit, assure, pour une firme de faible pouvoir économique, un débouché au début du cycle de vie du produit face aux produits de même type proposé par des entreprises disposant de plus de ressources. L'incompatibilité est une différenciation effective et non artificielle. En phase de maturité, l'incompatibilité devient un handicap, lorsqu'il existe un standard de fait. La diffusion du système anomal est plus réduite, car l'entretien d'un matériel peu diffusé est plus difficile, les échanges entre consommateurs ou utilisateurs sont plus limités.

Compendium
Terme latin peu employé est signifiant résumé, abrégé.

Compétence linguistique
Voir ***Chomsky***.

Compilateur
En informatique, programme écrit en un langage particulier de compilation (assembleur, interpréteur) qui traduit en langage machine un programme écrit en un langage évolué.

Compilation
1. Traduction en langage machine (suite de 0 et de 1) d'un langage évolué.
2. Établissement d'un fichier homogène à partir de plusieurs autres fichiers de sources diverses. Le fichier des prospects peut être réalisé à partir des adresses des clients effectifs, des adresses des abonnés à tel magazine, etc. La compilation des meilleures œuvres (en anglais *Best of*) d'un artiste est le recueil des morceaux choisis dans les différents travaux de l'artistes.

Complexité
État ou situation qui contient ou réunit plusieurs éléments différents. La complexité est mesurable en théorie par la ***formule de Shannon :*** si le nombre de types ou catégories d'éléments fondamentaux est n, et si la probabilité d'occurrence de chacun de ces éléments est p_i, alors la complexité d'un phénomène composé de N éléments fondamentaux assemblés, qui appartiennent à ces n types sera :

$$C = - N \sum p_i, \log_2 p_i,$$

Voir ***Entropie***.

Complot
Forme de communication qui se caractérise par trois éléments majeurs : il a pour but la réalisation d'un acte collectif ; il est dirigé contre quelqu'un ; les acteurs qui participent au complot sont unis par un lien social qui repose sur le silence à l'égard de l'espace social. Un complot pose, par ailleurs, deux types de problèmes de communication : la communication interne au complot, et la communication qui se diffuse à son sujet dans l'espace social.
1. Sémiotique du complot et de la conspiration
Le complot a une triple signification, qui permet de prendre toute la mesure de cette notion dans le champ de l'information et de la communication sociales et politiques. La sémiotique du complot est, en effet, toute entière inscrite dans le champ du politique.
a) Une signification politique
La naissance d'un complot est révélatrice d'une forme de décomposition des structures politiques de l'État ou, plus généralement, de la communauté ou de l'ordre social dans lequel il apparaît. Les complots apparaissent quand la dimension politique du lien social ne suffit plus à exprimer l'identité de la société.
b) Une signification pragmatique
Le complot fait apparaître la façon dont ses acteurs conçoivent leur rapport à l'action. Sans identité politique de référence, les acteurs du complot se situent par rapport à un projet d'action à entreprendre. Ils se caractérisent par leur statut et leur fonction dans cette action.
Une telle définition des acteurs du complot peut aller jusqu'à les dispenser de nom, comme c'est le cas dans le film de Quentin Tarantino, *Reservoir Dogs*, qui raconte l'histoire d'un cambriolage au cours duquel les complices se désignent mutuellement par des noms de couleur (Mr Pink, Mr Blue, etc.).
c) Une signification sociale
Un complot comporte une certaine représentation du lien social et de la communication qui le rend visible aux yeux de ceux qui le partagent. Les participants à un complot se trouvent à la fois en marge des réseaux dominants de la sociabilité et unis entre eux par un lien d'autant plus fort et d'autant plus solide, qu'il repose sur une marginalisation par rapport aux structures institutionnelles.
Balzac, dans *Splendeurs et Misères des Courtisanes*, se livre à une étude approfondie des formes sociales qui unissent les voleurs (argot, règles de vie commune, codes de sociabilité).
Le complot – d'où l'importance des structures de communication interne qu'il présente – est une organisation sociale, fondée sur le projet et sur l'action, dont la rigueur et la solidité sont d'autant plus fortes que ses acteurs font de leur projet commun une forme de lien et ont, entre eux, des échanges de communication liés aux actions dans lesquelles ils sont impliqués.
Cette triple signification du complot en fait un moment essentiel de la communication sociale et politique. Il s'agit d'une forme de lien social fondée sur une action commune plus que sur un système commun de représentation. Les participants au complot se retrouvent ensemble par leur adhésion à un projet commun, et cette adhésion, par conséquent, est appelée à ne durer que le temps de la réalisation de ce projet. En ce sens, un complot est un lien social temporaire.
2. La communication interne au complot et le secret
La communication interne aux acteurs du complot est dominée par la logique du ***secret***, forme d'exclusion de la communication de

ceux qui ne partagent pas le projet qui sert de lien social.

Le secret, qui unit les acteurs du complot contre ceux qui, à l'extérieur, ne partagent pas ces informations, organise la circulation et l'échange de la communication sur la base de la reconnaissance de l'appartenance, condition requise pour être admis au cercle de la communication.

Le secret, dans le cas du complot, est un **secret pragmatique** : il porte soit sur les acteurs soit sur les actes à accomplir. D'une part, le ***secret*** est censé préserver les chance du complot en évitant que ces actes ne soient découverts, et ne soient, par conséquent, entravés ; d'autre part, le secret définit, par opposition, le caractère répréhensible des actes qu'il protège.

La base du complot, enfin, en termes de communication interne à ses acteurs, est la limitation, par le secret, du cercle des destinataires de l'information. Le complot, en ce sens, n'existe, sur le plan institutionnel, que par cette limitation même des détenteurs de cette information.

3. La communication à l'extérieur du complot : l'information et la médiatisation

Quand est diffusée dans l'***espace public*** l'information relative au complot, celui-ci devient une information ouverte qui, cessant de faire l'objet d'une appropriation par un nombre fini d'acteurs réunis par le partage de cette information commune, fait l'objet d'une médiatisation. C'est ainsi que les complots sont éventés (Cf. *Cinna* de Corneille), à partir du moment où il est mis fin au secret sur lequel ils reposent.

En fait, l'information à l'extérieur du complot signifie, en quelque sorte, la fin du complot lui-même. Dès lors qu'il se produit une communication à l'extérieur du complot, le complot lui-même cesse d'exercer sa force institutionnelle dans l'espace social. Le complot n'a de force contre les institutions, ou par rapport à elles, qu'en l'absence de communication externe.

4. Le déroulement du complot et le suspens

À la fois le déroulement des actes du complot et les ***stratégies de communication*** dont il est l'objet ont une temporalité : ce qui caractérise cette temporalité est le suspens, l'attente des événements dans leur succession. C'est l'attente qui crée une temporalité propre au complot en situant les actes et les interventions des acteurs du complot les uns par rapport aux autres.

C'est le suspens, l'attente, qui caractérisent la façon dont les acteurs du complot et leurs témoins se représentent le déroulement du temps du complot.

C'est pourquoi le récit du complot est lui-même fondé sur une forme de dramatisation par l'effet du suspens sur ses lecteurs ou ses auditeurs. L'intensité de la dramatisation du complot, la force que représente le complot pour les partenaires de la communication dépendent, en fait, de l'intensité du suspens.

5. Le complot et l'histoire de la communication sociale

Il y a une histoire du complot : le complot s'inscrit dans l'histoire – particulièrement dans les moments d'incertitude ou de trouble politique et institutionnel.

On peut citer l'exemple de la période du seizième siècle, en France ou dans la future Italie, qui correspond à la lente et difficile émergence de pays modernes dans ces régions ; cette maturation de la modernité politique est un cadre favorable au développement d'une logique de complots (conjuration d'Amboise, assassinat d'Henri IV, complots dont un Shakespeare a pu se faire l'écho).

On peut aussi citer l'exemple des périodes autour des tensions guerrières, comme peuvent en témoigner l'attentat de Sarajevo, en pleine tension précédant la guerre de 1914, ou le putsch des généraux d'Alger en 1961.

Dans l'histoire de la communication sociale, l'apparition d'une logique de complot correspond à des périodes au cours desquelles la communication est peu présente, peu diffusée, peu contestataire, et au cours desquelles les institutions et les structures de la médiation sont affaiblies par une situation politique incertaine.

6. Complot et médiation

Le complot est assurément une suspension de médiation. Comme la guerre, ou le conflit, il représente un moment de suspension de la médiation, car il s'agit d'un moment de rupture entre les acteurs du complot et le régime ou les institutions contre lesquels il est dirigé. Le complot équivaut ou à une suspension des relations d'échange et de communication avec les personnes contre qui il est dirigé, ou à une suspension de la reconnaissance dont ces derniers sont l'objet de la part des acteurs du complot lui-même. Dans ces conditions, le complot met fin aux médiations qui organisent l'espace social, en y opérant une forme d'intrusion violente et concertée.

Comportement

Ensemble des actes, des processus, des gestes, par lesquels l'acteur se donne à percevoir aux autres acteurs de l'espace dans lequel il se trouve. Le comportement est un ensemble de faits qui échappent au symbolique et à la communication, car il engage la personne de façon autonome, et non dans son rapport à l'autre. C'est pourquoi le comportement ne s'analyse pas en termes de sens, mais en termes d'**effectuation :** de passage au réel.

L'importance du comportement dans la compréhension et l'analyse des faits de communication tient à un fait historique et à un fait méthodologique. Sur le plan méthodologique, la rationalisation du sujet en termes de communication, la découverte et la théorisation des nombreuses interrelations entre les formes de la communication et celles de la subjectivité, conduisent à l'attribution d'une importance très grande, dans l'histoire des sciences de l'information et de la communication, aux faits, aux structures et aux dynamiques de la psychologie – éventuellement formulables en termes de comportement (cf. notamment les travaux de ***Abraham Moles***).

La spécificité des faits de comportement dans le champ des sciences de l'information et de la communication réside d'une part dans la disjonction opérée avec la question du sens, d'autre part dans le caractère individualisé de l'analyse du comportement qui, même quand elle relève d'analyses sociales ou d'analyses de faits collectifs, passe par l'analyse des formes individuelles prises par les comportements collectifs : la problématique du comportement présuppose l'autonomie organique de l'individu.

Après avoir été considérablement dominée par le ***béhaviorisme*** dans la période de l'immédiat après-guerre, la réflexion sur le comportement a dérivé vers la problématisation du concept d'***acte***, d'une part, dans le champ linguistique (***pragmatique***, actes de parole, théorie des performatifs) et, d'autre part, dans le champ des technologies de communication (modélisation de la relation entre l'homme et la machine, réflexion sur les faits d'interactivité, ergonomie).

Enfin, il convient de signaler certaines thérapies qui se fondent sur l'hypothèse comportementale de rationalité des faits de communication et de socialisation. Ces thérapies – dites « thérapies comportementales » – reposent sur la prise en compte, dans le projet thérapeutique, des données liées à la dimension active de la personnalité, et non à sa dimension symbolique et inconsciente.

Composant électronique

Constituant élémentaire d'un circuit électronique. Certains sont des composants actifs, au sens où ils ont besoin d'énergie pour fonctionner (diode, ***transistor***, circuit intégré) ; d'autres sont des composants passifs (résistance, ***condensateur***...).

Composantes

Signaux Rouge, Vert, Bleu (ou tout ensemble de combinaisons de ces trois signaux) dans une télévision en couleur.

Composition

En imprimerie, ensemble des opérations nécessaires et résultat de ces opérations entreprises après le calibrage du texte par le maquettiste pour reproduire ce texte en utilisant soit des caractères en plomb (**composition manuelle, composition mécanique « à chaud »**), des textes sur des films photographiques (**photocomposition,** ou **composition à froid**), soit encore des textes obtenus sur un ordinateur disposant d'un logiciel de ***publication assistée par ordinateur (PAO)***.

La composition manuelle permet de lever de 1 000 à 1 200 signes typographiques à l'heure. La composition mécanique réalisée avec la première Linotype à New York en 1886 permet de composer et fondre directement des lignes-blocs à une vitesse six fois supérieure (6 000 à 7 000 signes à l'heure). La monotype de l'Américain Tolbert Lanston en 1896 assure la fonte et l'assemblage de caractères séparés, autorisant des corrections plus faciles que la ligne-bloc de la Linotype. Les composeuses-fondeuses ultra-rapides en 1955, à la veille de l'introduction de l'informatique et donc de la **composition programmée** dite **composition au kilomètre**, atteignent la vitesse de 18 000 à 24 000 signes à l'heure. La composition au kilomètre est une composition continue (au kilomètre) non justifiée, alignée à gauche, sans coupure de mot. Elle débouche sur une bande perforée portant les indications nécessaires de ponctuation, d'alinéas, etc. Elle peut être complétée d'une seconde bande de corrections. Ces deux bandes sont ensuite traitées par l'ordinateur qui fait la mise en page, donne les indications sur le genre et le corps des caractères, effectue la justification et délivre une bande perforée destinée à une composeuse-fondeuse ultra-rapide.

L'arrivée de la photocomposition et de la micro-informatique ont conduit à abandonner ces systèmes à chaud. Cela ne s'est pas fait brutalement. La modernisation progressive a suivi lentement – heureusement d'ailleurs – les multiples transformations des techniques. Il y a eu ainsi quatre générations de photocomposeuses depuis la mise au point de la Lumitype (1944-1951). La première génération (années 1950), pilotée par un calculateur électromécanique, a une vitesse de 15 000 signes à l'heure. La deuxième génération (années 1960), avec un calculateur électronique, a une vitesse de 28 000 à 400 000 signes à l'heure. La troisième génération (années 1970) abandonne le système de tambour ou de disque supportant des signes gravés en clair sur fond opaque, au profit de la numérisation des caractères qui sont restitués sur un tube cathodique. La vitesse est de 1,5 à 10 millions de signes à l'heure. La quatrième génération (fin des années 1970) est celle de la photocomposeuse à laser.

Voir ***Chaîne graphique***.

Composition de l'audience d'un support

Répartition de l'audience du support, sur chaque critère étudié. Par exemple on peut chercher à connaître la structure d'audience de tel magazine en ***CSP (catégorie socioprofessionnelle)*** du chef de foyer.

Compte de soutien financier de l'État à l'industrie cinématographique et à l'industrie des programmes audiovisuels

Compte créé par la loi de 1985, alimenté par une taxe de 4 % prélevée sur l'ensemble des recettes des chaînes de télévision et géré par le ***Centre National de la Cinématographie***. Une aide est attribuée automatiquement aux producteurs d'une œuvre de fiction ou d'animation diffusée par une télévision publique ou privée. Après consultation d'une commission spécialisée, une subvention peut être offerte pour aider au financement de premières productions (ne recevant pas d'aide automatique).

Compte-fils

Loupe qui servait à compter les fils dans une trame de textile, et qui sert à vérifier la qualité des points d'une trame de la photogravure, la netteté d'une image...

Conative (Fonction -)

Une des six fonctions du langage dans le modèle de Roman ***Jakobson***. La fonction conative (du latin *conari* : s'efforcer de) correspond au message destiné influencer le récepteur.

Concentration économique, concentration industrielle, concentration d'entreprises

Processus économique de regroupement des entreprises en vue de donner plus de pouvoir économique à l'entité qui résulte de ce mouvement. La modalité juridique peut-être la fusion (A et B disparaissent dans une nouvelle entreprise C), l'absorption (A achète partiellement ou totalement l'entreprise B), la création d'une entreprise conjointe ou filiale commune par apport partiel d'actifs, etc. La modalité financière peut être une offre publique d'achat (OPA), une offre publique d'échange (OPE), une offre publique de vente (OPV).

La concentration peut être une opération purement financière limitée à une **prise de participation** dans le capital social (détention de moins de 50 %) et s'inscrire dans une perspective de diversification des activités, sources de revenu, en vue de limiter les risques de fluctuations des revenus associés à une spécialisation sectorielle. En général ce dernier comportement correspond à la stratégie du **holding**, qui est un groupe financier, ou société de portefeuille. Mais lorsque la diversification va au-delà de la seule prise de participation, pour atteindre le stade de la définition de la politique générale des entreprises regroupées, il est alors question de **conglomérat**. La recherche d'un plus grand pouvoir économique dans le même secteur par regroupement d'entreprises produisant le même type de bien à un même niveau dans le processus productif constitue une **concentration horizontale**. Lorsque les productions correspondent à des niveaux différents dans le processus productif du même secteur industriel, il s'agit alors d'**intégration** ou **concentration verticale**.

La concentration horizontale obtient directement la diminution du nombre de producteurs pour un marché donné. Il en résulte une plus grande part de marché pour l'entreprise issue de la concentration. Il est alors possible de réaliser des économies d'échelle, dont peuvent profiter les clients par une baisse des prix, les actionnaires par l'augmentation des dividendes, les salariés par l'augmentation des rémunérations, l'entreprise par la modernisation permise par l'autofinancement. La baisse du prix pour la clientèle porte en elle le germe du monopole, susceptible de se retourner contre les premiers bénéficiaires. C'est la raison pour laquelle, la plupart des pays disposent d'une législation des concentrations comportant des sanctions pour abus de position dominante. Dans le domaine des médias, le danger du monopole n'est pas seulement économique. Le monopole, par un **groupe de presse** par exemple, peut signifier la fin du **pluralisme** des moyens et des sources d'information, c'est-à-dire la fin de la diversité des courants idéologiques, philosophiques, politiques, cultuels et culturels. Cependant, les philosophes de l'***École de Francfort,*** comme Theodor Adorno, signalent que le pluralisme dans la société bourgeoise ne garantit pas la diversité des analyses et la diversité des programmes. Pour Adorno, la logique de la concurrence conduit à l'uniformisation, par conséquent on ne peut plus dire : *Plus de médias = plus d'expression et de démocratie.*

La concentration verticale en amont (achat du fournisseur par son client) et en aval (achat du client par son fournisseur), en réduisant le nombre d'intermédiaires, peut engendrer une réduction des coûts dont les effets sur la structure du marché peuvent être finalement de réduire le nombre de concurrents. Pour la firme, la concentration verticale présente cependant des avantages spécifiques : en aval c'est la garantie d'avoir des débouchés, en amont c'est la garantie d'être livrée à temps avec des produits d'une qualité contrôlée. Plus généralement l'intégration réduit les **coûts de transaction** : coûts des contrats, coûts d'information, coût d'expertise, les risques de comportement opportuniste par les fournisseurs ou par les clients. Dans le domaines des médias, une ***agence de presse*** qui est constituée ou achetée par différents quotidiens est ainsi une opération de concentration verticale. Il en est de même d'une **régie de presse**, c'est-à-dire une régie de publicité d'une publication ou d'un groupe de publication, lorsqu'elle est intégrée à l'entreprise éditrice de la publication. Ces dernières années, on assiste de plus en plus fréquemment à des opération d'intégration dans le domaines des médias : les sociétés de télévision qui achètent des entreprises de production de programmes – en particulier cinématographiques –, et aussi à des opérations inverses de désengagement pour une nouvelle spécialisation, de sorte que les entreprises préfèrent se fournir sur le marché ; elles font de plus en plus appel à des pigistes, à des indépendants. En effet, dans certains cas, la concentration verticale alourdit la gestion de la firme et empêche l'adaptation rapide à l'évolution de l'audience. En ce sens, il est plus facile pour une société de diffusion de programmes de télévision d'arrêter d'une émission achetée sur le marché que de licencier une partie de son personnel pour embaucher ceux que réclame le public.

Concession de service public

Depuis la loi du 29 juillet 1982, système d'agrément qui permet aux personnes privées d'accéder aux services de télévision hertzienne autres que locaux. En application de la loi du 13 décembre 1985, deux réseaux hertziens sont concédés, l'un à la société France 5, l'autre à TV 6. Le régime de concession disparaît avec la loi du 30 septembre 1986.

Condensateur

Composant électronique couramment utilisé dans le filtrage des transmissions pour éliminer les parasites ou stocker des données. Le condensateur est en fait un réservoir d'électricité, donc d'électrons. On caractérise ces composants par leur capacité (*i.e.* leur contenance) à stocker l'électricité, que l'on exprime en Farads (F).

Conducteur

Feuille sur laquelle est détaillé le déroulement d'une émission avec les indications du minutage des divers composants de l'émission (écrans publicitaires, chansons, interviews, jeux, etc.)

Conductivité

Voir ***Transistor.***

Conférence administrative mondiale de radiocommunication

Conférence des pays membres de l'UIT, en 1977, qui aboutit à un accord sur la distribution des fréquences dans le cadre des communications par satellite dans la bande des 12 GHz. Il est spécifié que les fréquences seront attribuées de manière à placer tous les États demandeurs à égalité.

Conférence de presse

Réunion pendant laquelle une personnalité (du domaine politique, artistique, sportif...) s'adresse à un ensemble de journalistes et répond à leurs questions.

Conférence de rédaction

Réunion préparatoire au journal d'information, au cours de laquelle chaque chef de service propose ses sujets. Après discussion, le chef d'édition note les différents thèmes retenus pour chaque rubrique du journal et leur durée : un préconducteur peut alors être établi.

Conférence électronique

Système de **téléconférence textuelle** répartie par « réplications » successives selon un mode différé.

« **Usenet** » (« ***Users Network*** ») est le réseau informel de sites qui s'échangent des « conférences électroniques ». Ce réseau est constitué d'un ensemble de machines qui échangent des articles regroupés sous un « label » appelé

« newsgroup » ou « group ». Chaque site Usenet exécute une copie du logiciel de gestion des « nouvelles », et participe à la propagation de proche en proche de ces contributions pour l'ensemble de la communauté ; chaque site conserve une copie pour ses besoins propres. L'application « news » permet par ailleurs de gérer des téléconférences privées locales ou restreintes à un groupe de sites.

À l'origine, le réseau Usenet est un système d'affichage d'annonces et de nouvelles, il devient très vite groupe de discussions ; l'expression de « nouvelles » persiste, bien qu'il ne se trouve que fort peu de nouvelles au sens propre du terme. Les « articles » ou « postings » sont les contributions présentées à l'intérieur de chacun des groupes. Poster un article, c'est soumettre un article au groupe. Pour lire les articles de « Usenet », l'usager appelle le groupe qu'il désire et les articles lui sont présentés un par un. À n'importe quel moment, l'usager peut ajouter un groupe à sa liste personnelle, ou rompre un abonnement. Il n'y a en cela aucun processus formel, il en est de même lors de la création d'un nouveau groupe : les groupes sont créés lorsque s'en fait ressentir le besoin par vote public via la messagerie électronique. Afin que l'ensemble des articles publiés restent centrés sur leur objectif primitif, certains groupes sont diffusés par l'intermédiaire du « modérateur ». Certains groupes modérés s'orientent vers une parution régulière et deviennent des **revues électroniques**.

Confidence, confidentiel, confidentialité

Une confidence est une déclaration faite en ***secret*** à quelqu'un. Cette déclaration constitue alors information confidentielle. Un confident est la personne à laquelle on livre ses plus profonds secrets. La confidentialité caractérise une information qui ne peut être donnée qu'à des personnes de confiance. Ce type d'information doit alors être protégé, d'où la constitution de barrières à l'accès de ce type d'information par le biais de mots de passe ou de codes particuliers. Voir ***Stratégie de communication, Complot***.

Configuration

Description détaillée des caractéristiques d'un système. Par exemple, pour un ordinateur, sa configuration informe sur sa puissance, la taille de sa mémoire, le nombre et le standard de ses entrées-sorties, le type d'imprimante, etc.

Connaissance

Voir ***Information***.

Connexionnisme

Discipline issue de l'étude des ***réseaux de neurones***. Il ne se limite cependant pas à ce cadre, et contient d'autres types de modèles dans lesquels on retrouve la même idée de connexion entre éléments très simples afin d'effectuer une tâche complexe.

De nombreux domaines ont été abordés avec succès par les techniques connexionnistes. Il s'agit souvent d'applications pour lesquelles les techniques classiques permettent d'obtenir des résultats, mais auxquelles les réseaux apportent une capacité de traitement supérieure, à la limite du traitement symbolique et des méthodes numériques.

Ainsi, le système NETTALK apprend à prononcer un texte écrit en anglais. Il est intéressant de noter que lors de la phase d'apprentissage, les prononciations obtenues se rapprochent de façon saisissante de celles qu'on constate chez les enfants qui apprennent à parler.

De nombreuses applications ont été réalisées dans le domaine de la reconnaissance de caractères. La firme ATT, aux États-Unis, dispose d'un **système neuronal** qui traite de façon automatisé les codes postaux. Certains produits de traitement de l'écriture manuscrite – par exemple sur les palettes graphiques ou les portables de type Newton – sont à base de techniques connexionnistes. Considérant la quantité d'ouvrages écrits susceptibles d'être informatisés pour des besoins d'archivage ou dans de simples bibliothèques, il est aisé de deviner les enjeux de ce type de recherches.

Le traitement de la parole est un autre domaine pour lequel les techniques connexionnistes ont montré des aptitudes intéressantes. À partir du signal sonore, il s'agit de reconnaître les ***phonèmes*** ou même la parole continue. Il peut aussi être intéressant d'identifier non la parole elle-même, mais le locuteur, à des fins d'identification par exemple.

L'intérêt de ces techniques pour le traitement de l'information n'a pas échappé aux personnes qui traitent des données de grande taille, comme en télédétection par exemple. Il est ainsi possible à partir de données satellitaires d'estimer les caractéristiques des vents avec une précision nettement meilleure qu'avec les techniques classiques. En traitement d'image, quelques recherches ont été effectuées en compression de données. Il existe de plus de nombreuses applications en imagerie médicale.

En reconnaissance des formes, de nombreuses applications ont été mises en place ces dernières années. Qu'il s'agisse du traitement de carcasses dans un abattoir, de jugement de la qualité d'un matériau, ou d'identification de visages, les modèles connexionnistes ont souvent montré un apport très net par rapport aux techniques classiques.

La prédiction de séries, comme les séries financières par exemple, ont offert aux réseaux connexionnistes un nouveau terrain d'application il y a quelques années. Qu'il s'agisse de la consommation d'eau pour optimiser le fonctionnement d'une centrale d'alimentation ou d'un indice boursier pour générer des profits financiers, les enjeux sont là aussi susceptibles de prendre des proportions intéressantes.

Le domaine de l'automatique fait lui aussi l'objet d'une attention toute particulière depuis quelques années. Bien que les applications réelles commencent simplement à apparaître, des résultats prometteurs ont été obtenus, et laissent entrevoir l'implantation prochaine de contrôleurs neuronaux dans les domaines les plus divers de l'industrie, que ce soit pour la régulation du débit d'une simple pompe ou pour l'optimisation de la combustion dans les tuyères d'un réacteur. Les recherches les plus récentes portent sur la conduite automatisée de véhicules, une application pour laquelle les capacités de traitement de l'information de ces modèles ont permis d'obtenir des résultats encourageants. Voir ***Réseaux neuronaux***, ***Informatique***.

Connotation

Ensemble des significations secondes (ou implicites) prises par un mot, une notion, ou suscitées par une image, une affiche, une annonce publicitaire en plus de sa signification première (ou explicite) dite **dénotation**.

Conseil constitutionnel

Institution juridique française qui contrôle, avant leur promulgation ou leur mise en application, la conformité des lois organiques et des règlements des assemblées parlementaires ; il veille à la régularité des élections présidentielles, il statue en cas de contestation de la régularité des élections législatives et sénatoriales et il garantit la liberté, le pluralisme et la transparence audiovisuelle et de la presse écrite.

Conseil de l'Europe

Organisme pan-européen fondé en 1949, ouvert à tout pays européen qui en accepte et respecte les principes. Le but du Conseil de l'Europe est de réaliser une union plus étroite entre les membres pour sauvegarder et promouvoir idéaux et principes qui sont leur patrimoine commun et favoriser leur progrès économique et social. Son organisation comporte un comité des ministres qui se réunit deux fois par an au niveau des ministres des affaires étrangères des pays membres, une assemblée parlementaire où chaque pays est représenté par un nombre de députés qui est fonction du volume de sa population (2 à 18 députés). Le Conseil de l'Europe est à l'origine de textes importants (accords, recommandations, conventions) dans le domaine de la communication parmi lesquels on retiendra :

– la convention européenne de sauvegarde des droits de l'homme et des libertés fondamentales dans laquelle est énoncé le principe de la libre circulation de l'information et des idées ;

– l'arrangement européen pour la protection des émissions de télévision. En 1984, deux recommandations ont été adoptées par la totalité des 21 pays membres : sur les principes relatifs à la publicité et sur l'utilisation des capacités de satellite pour la télévision et la radiodiffusion sonore ;

– la création en 1988, du fonds européen **Eurimages** destiné au développement de la coproduction et de la diffusion des œuvres cinématographiques et audiovisuelles.

Conseil de presse

Institution présente dans certains pays, à l'initiative des professionnels de la presse, composée de journalistes et de représentants du public, et dont le rôle est, selon le modèle britannique, « *de préserver la liberté de la presse ; assurer le respect, par la presse..., des normes professionnelles et commerciales les plus élevées ; ... surveiller tout ce qui pourrait conduire à une plus grande* ***concentration*** *ou à la constitution de monopoles ; recevoir des plaintes au sujet du comportement de la presse, ou de toute personne et organisation à l'égard de la presse, les traiter... et publier les résultats de l'action* ».

Conseil de la Radiodiffusion et des Télécommunications du Canada (CRTC)

Organisme fédéral canadien de régulation du secteur de la radiodiffusion et des télécommunications. Ses missions sont donc plus larges que celles du ***CSA*** en France, dans la mesure où les télécommunications, les problèmes juridiques et institutionnels de la ***convergence des technologies*** de l'audiovisuel, de l'informatique et des télécommunications sont de son ressort. Ses missions sont proches du ***FCC*** américain. Voir ***Déréglementation***.

Conseil en publicité

Voir ***Agence conseil en communication***.

Conseil Supérieur de l'Audiovisuel (CSA)
Voir ***CSA***.

Conserve
Synonyme de stock, ***mémoire***, ***archive*** et désigne le produit de la conservation. Ainsi, en France, le responsable d'une bibliothèque, d'un musée, de l'inscription et de la publication des hypothèques est un conservateur. ***Abraham Moles*** et Claude Zeltmann (*La communication,* CEPL, 1971) proposent une typologie des conserves culturelles sur la base de plusieurs critères dont on retiendra le premier, le plus évident, qui est celui de la nature physique du message. Ils distinguent ainsi les conserves de l'écrit (les ***bibliothèques***), les conserves du son (**discothèques, phonothèques, sonothèques**), les conserves des images fixes (**iconothèques, diapothèques**), les conserves des images animées (**filmothèques, cinémathèques**).

Console
En informatique, terminal d'un ordinateur comportant un écran et un clavier.

Consommation, consommateur
La consommation est l'utilisation d'un bien ou d'un service en vue soit de sa transformation dans la production (consommation intermédiaire), soit de la satisfaction d'un besoin final (consommation finale). Le ***marketing industriel*** s'intéresse à ce qui est désigné ici par consommation intermédiaire, et le ***marketing de grande consommation*** a pour terrain la consommation finale.
Le terme consommateur désigne généralement la personne qui acquiert un bien considéré comme potentiel de satisfaction de ses besoins et désirs. Voir ***Mercatique***.

Consommatique
Ensemble des études et recherches en matière de consommation.

Consommatisme
Traduction de *consumerism*, mouvement social de défense des intérêts des consommateurs. Il se manifeste notamment par l'action des associations de consommateurs en vue de faire prendre leurs points de vue en considération par les pouvoirs publics et par les professionnels.

Constructivisme
1. Courant artistique, d'origine russe (premier quart du XXe siècle avec Tatline, Gabo, Pevsner, Malevitch) qui privilégie une construction géométrique des formes. Voir ***Design***.
2. Courant épistémologique principalement en sciences de l'information, en sciences de gestion et en informatique, qui s'intéresse au processus à travers lequel nous construisons la réalité individuelle, familiale, politique, sociale, idéologique.

Les travaux de J. Piaget en épistémologie génétique, l'approche systémique de ***G. Bateson*** pour la thérapie des problèmes de communication sont souvent cités pour être considérés comme les travaux fondateurs de cette nouvelle conception de la méthode scientifique, qui relativise l'hégémonie du positivisme logique, qui peut être pertinent en sciences de la nature, en sciences de la vie, et éventuellement en science économique, mais qui ne l'est pas nécessairement en gestion ou en sciences de l'information.
L'**approche systémique** de G. Bateson a été reprise depuis plusieurs années par P. Watzlawick qui travaille sur l'**invention de la réalité**, ou constructivisme. Il cherche à expliquer comment l'individu se forge sa propre réalité du monde qui l'entoure.
Ainsi, une communication entre individus peut engendrer une divergence d'appréciation de la situation par une simple ponctuation différente des séquences de communication, qui correspond à la manière dont chaque interactant découpe subjectivement la chaîne des échanges en séquences causales de type stimulus/réaction. Le désaccord sur la manière de ponctuer la séquence des faits est à l'origine d'innombrables conflits que l'auteur illustre par l'exemple d'un couple confronté à des problèmes conjugaux. Le mari adopte une attitude de repli pour échapper aux revendications violentes de son épouse, alors que celle-ci, par son comportement, ne cherche qu'à faire sortir son mari de sa passivité. Les acteurs ne retiennent de leur relation conjugale que des instants différents, l'un occulte ses phases de passivité et l'autre celles durant lesquelles se manifeste son agressivité.
Le constructivisme étant parfois associé au solipsisme, « rien n'existe en dehors de la pensée, tout ce qui est perçu est une sorte de rêve », P. Watzlawick, qui ne nie pas l'existence d'une réalité, juge le choix de ce terme malheureux.
« *Malheureux d'abord parce que le mot a une signification établie, mais un peu différente en philosophie classique ; ensuite parce qu'il fait référence à un mouvement artistique de courte durée, et qui fleurit en particulier dans l'architecture soviétique des années vingt ; enfin parce qu'il est affreux. Si ce nom ne s'attachait déjà à notre production intellectuelle, on préférerait l'expression plus prosaïque de*

recherche de la réalité. » (Paul WATZLAWICK. *L'invention de la réalité. Contribution au constructivisme,* Seuil, Paris, 1992).

Consumerism

Voir ***Consommatisme***.

Contact

En publicité, personne exposée à un message publicitaire. Le contact est l'espérance de l'impact.

1. Le nombre total de contacts

Une agence de publicité vend du souvenir (= notoriété) si possible sympathique (= image) : c'est l'**impact**. Pour sa part, un *media-planner* vend de l'espérance de souvenir, c'est-à-dire des contacts. Le rapport entre l'impact et le contact permet d'obtenir le cœfficient ***bêta***.

Le rapport entre contact et audience est subtil. Une ***audience*** est constituée de personnes physiques différentes, alors que le **nombre total de contacts** comptabilise toutes les ***occasions de voir (ODV)*** ou ***d'entendre (ODE)*** le message du ***plan médias***. Le nombre total de contacts d'un plan médias se calcule en additionnant les audiences de chaque insertion, tout comme le budget total du plan se calcule en additionnant les tarifs de chaque insertion.

Ex. : Tel magazine a 11 770 000 lecteurs. En achetant 10 parutions, le plan délivrera 11 770 000 x 10 = 117 700 000 contacts.

2. Le nombre moyen de contacts

Le **nombre moyen de contacts** est le rapport du nombre total de contacts sur l'audience nette du plan médias.

Exemple : si le plan médias délivre 100 millions de contacts sur 20 millions de personnes (= audience nette), le nombre moyen de contacts est donc de 100/20 = 5.

Chaque personne touchée par le plan médias a reçu en moyenne 5 contacts. Il n'y a pas de nombre moyen de contacts idéal dans l'absolu, cela dépend du media et du format du message.

Synonymes : fréquence moyenne, répétition moyenne, ODV (occasion de voir) – pour tous les médias hors radio –, ODE (occasion d'entendre) – pour la radio.

3. Contacts utiles

Le nombre de contacts utiles est le nombre de contacts délivrés sur la population utile (***cible***).

Contenu (Analyse de et du -)

Le contenu, message ou objet de la communication ou ce qui est conservé et transporté ou transmis par le contenant, document ou support, peut être sujet soit d'une analyse sociologique soit d'une analyse documentaire. Dans le premier cas, il s'agit de l'***analyse de contenu*** qui s'intéresse au message et aux conditions de son émission et de sa réception. Dans le second cas, il est question d'analyse du contenu qui est limitée au document.

L'objet de l'analyse de contenu est plus global que l'analyse du contenu, en ce sens qu'elle va au-delà la description objective du contenu du message en inférant des connaissances relatives aux conditions de production et de réception du message, comme l'indique Laurence Bardin (*L'analyse de contenu,* P.U.F., 1977).

L'***analyse du contenu***, ou **analyse documentaire** consiste donc à extraire uniquement les informations d'un document en les réduisant à l'essentiel par une reformulation dans les termes d'un langage approprié qui permet de retrouver le document avec son information primaire aussi rapidement et sûrement que possible (d'après Jean Meyriat : « De l'écrit à l'information », *Congrès SIC,* Compiègne, 21 avril 1978).

La distinction « analyse de et analyse du contenu » reste néanmoins récente. Ainsi, le dictionnaire *La communication* (Coll. « Les dictionnaires du savoir moderne », La bibliothèque du CEPL, Paris, 1971), réalisé sous la direction de Abraham Moles et Claude Zeltmann, traitait, de l'analyse de contenu sous le titre analyse du contenu (p. 163-165).

Contexte

Environnement global, conditions générales d'expression d'un discours qui donne un sens aux éléments linguistiques isolés. Comme le signale l'éthologue français Jacques Cosnier, lors d'une de ses conférences démonstratives, « Que les cuisses de grenouille lèvent la main » est un ordre difficile à comprendre et à respecter pour un auditoire venu assister à une conférence sur le langage et qui reçoit cette injonction dès l'arrivée du conférencier. En revanche, pour des clients d'un restaurant français, l'interprétation est immédiate dans ce contexte, pour cette phrase prononcée par le maître d'hôtel qui revient avec les commandes de plats. Le contexte joue un rôle essentiel pour la ***connotation***. Ainsi, dans le célèbre article de ***R. Barthes*** « Rhétorique de l'image » (revue *Communication* n° 4, 1964), ce n'est pas tellement les couleurs vert-blanc-rouge qui font penser à l'Italie, puisque ces couleurs peuvent être aussi celles de nombreux autres pays comme l'Algérie ou la Hongrie d'avant et d'après le communisme, que le contexte avec un nom de marque à consonance italienne (Panzani), la nature du produit (les pâtes alimentaires) etc., contexte dans lequel les couleurs ne constituent qu'un des éléments structurant ce contexte. Voir ***Structuralisme***.

Contrat de lecture

Voir ***Communication scientifique, Sémiologie ou Sémiotique***.

Contrechamp

Partie de l'espace qui n'est pas filmée par la caméra. Voir ***Champ***.

Contrepèterie

Exercice rhétorique consistant à trouver des mots différents à l'intérieur d'un énoncé, tout en gardant les mêmes sons, mais en jouant sur des inversions de lettres ou de syllabes. Exemples : « border de mou » pour « dormez debout », « trompez sonnette » pour « sonnez trompettes ».

Contre-plongée

Prise de vue par une caméra, placée au-dessous du sujet à filmer ou du décor, produisant ainsi un effet de déformation ou d'agrandissement, et cela afin de le grandir, le rehausser voire le magnifier. Cf. les contre-plongées de Sergei Eisenstein dans le célèbre « *Cuirassé Potemkine* », et qui justement grandissaient, physiquement et héroïquement, les ouvriers mutins.

Contre-texte

Espace pour une annonce accolé, dans la même page, à un article d'information non publicitaire (rédactionnel).

Contre-type

1. Reproduction d'une photographie par contact ou agrandissement.
2. Copie positive d'un film.

Contrôle Bibliographique Universel (CBU)

Voir ***Bibliographie***.

Contrôle de la diffusion (Organismes de -)

Voir ***Audience (Mesure de l'-), Diffusion (Organismes de contrôle de la -)***.

Convention

1. Accord officiel entre des individus, des groupes sociaux, des États. Écrit qui porte trace de cet accord.
2. Règle sociale qui résulte d'une commun accord, tacite ou explicite. Dans le cadre des relations industrielles, dites encore relations professionnelles, on parle explicitement de conventions collectives pour désigner l'accord signé par les organisations respectives des travailleurs et des employeurs portant sur les conditions de travail, les droits et les obligations réciproques dans une profession donnée et pour un espace économique donné.
3. Synonyme de congrès, assemblée destiné à modifier, réviser, adopter un texte fondamental ou, aux États-Unis, à désigner un candidat officiel aux élections présidentielles.

Convention d'écriture

Convention prévoyant la prise en charge du financement de l'adaptation d'une œuvre littéraire pour la télévision par la chaîne intéressée par le projet.

Convention internationale des télécommunications

Convention chargée de la réglementation du spectre des fréquences en matière de radiocommunication, sur terre, sur mer et dans l'espace. Voir ***UIT (Union Internationale des Télécommunications)***.

Conventions internationales portant sur la protection des droits d'auteur

La protection des droits d'auteur au niveau international a fait l'objet de nombreuses conventions, notamment pour tenir compte des évolutions technologiques. Les principales conventions sont :

– Convention de Berne : protection des œuvres littéraires et artistiques.

– Convention universelle sur le droit d'auteur.

– Convention internationale pour la protection des artistes, interprètes ou exécutants, des producteurs de phonogrammes et des organisations de radiodiffusion (Convention de Rome).

– Convention concernant la distribution de signaux porteurs de programmes transmis par satellite (Convention de Bruxelles).

Convergence des techniques de communication

La convergence des techniques de communication décrit le processus d'intégration de l'informatique, des télécommunications et de la radiodiffusion, rendu possible par la numérisation des signaux qui permet de transmettre sur un même support voix, données et images *(produits multimédias)*. Sa réalisation ne résulte cependant pas du seul potentiel technologique. Elle dépend de facteurs politiques et économiques qui peuvent la faciliter ou l'entraver.

1. Le phénomène technique

Le vice-président américain, Al Gore, a popularisé l'expression *electronic highways* (***autoroutes de l'information***) en lançant son vaste programme d'infrastructure nationale de l'information *(National information infrastructure)*. Elle s'est rapidement imposée comme la dernière métaphore à la mode pour évoquer les espoirs que laisse entrevoir la convergence des techniques de communication. Ce n'est pas d'hier, en effet, qu'on en rêve. Déjà, dans les années 70, les médias nous entretenaient régulièrement des possibilités de transformer le récepteur télévisuel en véritable centrale des communications, intégrant la télévision conventionnelle, les jeux vidéos, l'informatique, les services de messageries, de téléalarme et d'achat à domicile. L'évolution des marchés s'est plutôt orientée, dans les faits, vers une spécialisation des appareils, le petit écran conventionnel s'avérant, par exemple, peu adapté aux utilisations informatiques. Un peu plus tard, au début des années 80, les projets de télématique ont servi de véhicule aux mêmes ambitions.

La nouveauté, cette fois, réside dans les progrès de la numérisation qui permettent d'envisager la transmission de tous types de messages – voix, données, images – sur les mêmes supports. Les développements techniques en matière de fibre optique, de vidéocompression, de diffusion directe par satellite, de télévision à haute définition, de téléphonie sans fil, rendent possible la construction de réseaux intégrant les différents types de services actuellement offerts par les filières distinctes de la radiodiffusion, de l'informatique et des télécommunications.

2. Un construit social complexe

Mais contrairement à ce que voudraient faire croire les promoteurs de la convergence, la possibilité technique ne se transformera pas automatiquement et inéluctablement en réalité. Le déterminisme technique présente une vision simplifiée et tronquée du phénomène. La convergence des techniques de communication relève plutôt d'un processus de construction sociale complexe où l'on voit s'affronter des logiques socio-économiques différentes et des stratégies d'acteurs aux intérêts divergents. Les politiques de l'État, la législation et le régime réglementaire en vigueur, les caractéristiques de la structure industrielle dans chaque pays, les jeux d'alliance et de compétition des entreprises, l'incertitude des usages, constituent autant de facteurs qui influeront sur le degré de réalisation et les formes de la convergence.

3. Les enjeux de la convergence

En pratique, la convergence pourrait conduire à une situation où les câblodistributeurs ou les compagnies de téléphone et les opérateurs de satellite seraient tous autorisés à offrir sur leurs réseaux des services de télécommunications, de télévision payante, de télé-achat, de téléavertissement ainsi que des services de téléphonie. Mais pour que la convergence puisse passer de l'état de projet à celui de réalité, il faut tout d'abord que la législation et la réglementation l'autorisent. Jusqu'à présent, dans la plupart des pays industrialisés, les trois filières de la radiodiffusion, de l'informatique et des télécommunications ont été soigneusement séparées. Les télécommunicateurs ont été tenus au rôle de transporteurs *(commun carriers)* de signaux, ne devant en aucune façon intervenir sur les contenus. Les radiodiffuseurs, quant à eux, ont été cantonnés dans des fonctions de production et de programmation d'émissions. Au Canada, par exemple, la loi interdit formellement aux compagnies de téléphone, de posséder ou de contrôler une entreprise de télévision ou de câblodistribution. Mais la situation est en train de changer. Le ***Conseil de la Radiodiffusion et des Télécommunications du Canada (CRTC)*** ayant autorisé les câblodistributeurs à œuvrer dans le secteur des télécommunications en acceptant la requête d'Unitel (dont Rogers Cable, le premier câblodistributeur canadien possède environ le tiers des actions), les entreprises de télécommunications font pression sur l'organisme canadien de réglementation pour qu'il leur permette, à leur tour, de concurrencer les entreprises de câblodistribution sur leur propre terrain. En Grande-Bretagne, les changements à la réglementation survenus au cours des années 80, favorisent au contraire la collaboration entre les câblodistributeurs et les télécommunicateurs. C'est ainsi que Bell Canada Entreprises et Vidéotron (le second câblodistributeur au Canada) ont pu joindre leurs efforts et offrir des services intégrés sur des réseaux communs. Aux États-Unis, les récentes décisions de la ***FCC (Federal Communication Commission)*** et des tribunaux vont de plus en plus dans le sens d'autoriser les télécommunicateurs à transporter des signaux audiovisuels. Les progrès de la convergence exigeront donc, comme ces exemples le laissent entendre, des changements législatifs et réglementaires d'importance.

L'intégration des réseaux nécessitera également des investissements considérables. La modernisation des réseaux de câblodistribution comme de téléphonie commandera des milliards de francs et la convergence des services exigera une diversification de l'expertise des entreprises. C'est pourquoi l'on assiste à une prolifération des projets de fusion ou d'alliances entre les entreprises des trois filières de la radiodiffusion, de l'informatique et des télécommunications. La déréglementation, ou plus précisément la re-réglementation, dont il a été question précédemment favorisera également l'internationalisation des marchés et la constitution de grands conglomérats multinationaux qui se concurrenceront dans les différents marchés nationaux. La convergence se conjugue donc avec la déréglementation et la mondialisation des marchés.

Finalement, les progrès et les succès de la convergence dépendront du processus de formation des usages sociaux. Comme dans tous les cas d'innovation technologique dans le domaine des communications, les usages ne sont pas évidents et la mise au point de la technologie s'accompagne d'un processus de prospection des utilisations potentielles où le discours prescriptif des promoteurs et les campagnes de marketing jouent un rôle clé. Il n'en reste pas moins, qu'en bout de ligne, malgré les efforts déployés, les usages réels ne correspondent pas toujours aux attentes. L'histoire est jalonnée – on a trop souvent tendance à l'oublier – d'échecs tout autant que de succès d'innovation technologique.

4. Les types de convergence

On l'aura compris, la convergence n'est pas qu'un phénomène technique. Il convient même de distinguer plusieurs types de convergence. Tout d'abord, la convergence purement technique résulte de la possibilité de transmettre, grâce à la numérisation, tous les types de signaux, voix, données et images, sur un même support. La convergence économique, quant à elle, fait référence à deux phénomènes distincts. Le premier type d'intégration se traduit par la concentration des entreprises, selon un jeu complexe de fusions, de rachats ou d'alliances, qui conduit à la constitution de grands conglomérats pouvant œuvrer dans les trois filières de la radiodiffusion, de l'informatique et des télécommunications. La deuxième forme de convergence économique touche l'intégration des services offerts aux usagers. Il s'agit, cette fois, de la poursuite d'une offre intégrée, par une ou plusieurs entreprises, empruntant un ou plusieurs réseaux, de l'ensemble des services de radiodiffusion, d'échanges de données et de télécommunications. Enfin, la convergence est également un phénomène politique. L'État peut, en dernier ressort, adopter des politiques, des lois et des réglementations qui favorisent ou entravent les progrès de la convergence. Jusqu'à présent, son rôle à cet égard s'est avéré pour le moins ambivalent. Par la publication et la diffusion de multiples rapports d'experts, il a préparé les esprits à l'avènement de la convergence. Par ailleurs, il a souvent, dans ses désirs de protéger ou de stimuler tel ou tel secteur de son industrie nationale, adopté une attitude de réserve face à la déréglementation et à l'ouverture des marchés nationaux.

5. Les perspectives

On parle beaucoup de convergence et d'autoroutes électroniques actuellement. Les gouvernements et les entreprises s'y préparent activement. Mais, dans les faits, elles restent encore plus un projet qu'une réalité. Il ne faut pas s'y tromper : son évocation joue aussi et peut-être surtout, un rôle idéologique. La convergence prend les couleurs d'un projet de société, aux dimensions politiques, économiques et sociales, pivoté par le développement des techniques de communication. On en attend tout à la fois une démocratie électronique, une restructuration économique et une nouvelle convivialité. C'est probablement beaucoup investir, et un peu naïvement, dans les possibilités d'une innovation technique.

Conversade

Nom reconnu par le commissariat général à la langue française pour l'anglicisme « *Talk show* ».

Convertisseur de normes

Dispositif qui permet la compatibilité des standards ou des systèmes d'exploitation, tant en télévision, qu'en micro-informatique.

Coopération dans la communication (Principe de -)

Contrat tacite sur lequel repose la conversation. Chaque locuteur est censé apporter au débat une contribution conforme au but recherché, c'est-à-dire fournir une information suffisante, sincère, pertinente et bien formulée. Les entorses à cette règle permettent de faire entendre un message implicite.

Copie

Reproduction directe ou indirecte (copie de copie) d'un produit original fini. C'est aussi le document de base préparé pour la composition.

La reproduction de l'original devient un phénomène inquiétant économiquement lorsqu'elle consiste en un **piratage**. En effet, exception faite des **copies privées,** qui dérogent « légalement » au droit patrimonial d'auteur parce qu'elles sont strictement réservées à l'usage privé de celui qui en fait la copie, reproduire une œuvre sans payer les droits de reproduction à l'auteur, à l'éditeur ou plus généralement au détenteur des droits de propriété commerciale peut conduire à la disparition de l'activité dont les produits sont piratés. En informatique, certains logiciels sont conçus avec limitation du nombre de copies, mais la protection ne résiste pas aux pirates maîtrisant la programmation informatique. Les acteurs de la chaîne d'édition des ouvrages scolaires et universitaires (auteurs, éditeurs, distributeurs, libraires) sont les plus importantes victimes des progrès de la **photocopie** dénoncée par l'expression **photocopillage**.

Copie antenne

Copie d'un enregistrement sur un film ou une bande magnétique spécifiquement destinée à la diffusion.

Copie-stratégie

Dans le domaine de la conception d'une communication publicitaire, document de base résultant de la phase initiale dit du plan de travail créatif et qui va servir à l'élaboration du message publicitaire.

Copie (de) travail

Tirage positif de la pellicule originale, utilisé pour le montage. Cette copie ne comporte pas de piste sonore. Le montage et le mixage terminés, l'original est monté à son tour conformément à la copie de travail.

Copie zéro

Synonyme de ***bande-mère***.

Coproduction d'œuvres cinématographiques et télévisuelles

La coproduction, qu'elle soit de cinéma ou de télévision, est le regroupement de plusieurs partenaires autour d'un projet commun de production d'une œuvre audiovisuelle. Le **producteur** n'y supporte plus à lui seul les frais d'écriture et de production, mais se voit épaulé par des partenaires financiers, et parfois artistiques. Au cinéma, traditionnellement, le rôle de coproducteur était dévolu au ***distributeur***, qui, par un apport financier remboursable (**À valoir distributeur**), s'impliquait dans l'élaboration d'une œuvre. Or, la montée en puissance de la télévision et des groupes de communication, et donc la multiplication des acteurs dans le secteur des productions cinématographiques et audiovisuelles ont modifié le principe de fonctionnement du montage financier d'une coproduction, son cadre législatif et socioprofessionnel, et même la dimension culturelle de l'œuvre de coproduction. Il en découle une multiplication des définitions possibles de la coproduction.

1. Coproduction intersectorielle, coproduction internationale

Essayer d'appréhender aujourd'hui la coproduction, ce serait donc prendre en compte la dimension historique, en insistant sur l'évolution du média Cinéma vers une crise grave de la fréquentation des salles, et sur la concurrence du média Télévision. Ce dernier est devenu en une dizaine d'années, avec l'arrivée de la chaîne de télévision française à péage Canal plus et avec les obligations de financement de la production audiovisuelle pour les chaînes en clair, le principal « financeur » du cinéma. En effet le décret modifié n° 90-67 du 17 janvier 1990 fait obligation aux chaînes de télévision nationales et autorisées diffusant leurs programmes en clair de consacrer chaque année au moins 3 % du chiffre d'affaires annuel net de l'année précédente à des dépenses contribuant au développement de la production d'œuvres cinématographiques d'expression originale française (sommes investies par les filiales cinématographiques ou sommes consacrées à l'achat de droits de diffusion).

Le décret n° 90-67 modifié le 27 mars 1992 (n° 92-281) – Titre III – Art. 9 propose deux options aux sociétés de diffusion hertzienne en clair :

– soit de consacrer chaque année au moins 15 % du chiffre d'affaires net de l'exercice précédent à la commande d'œuvres originales françaises et de diffuser un volume horaire annuel minimum de 120 heures d'œuvres audiovisuelles européennes ou d'expression originale française dont la diffusion est exclusive sur le réseau en clair et débute entre 20 et 21 h ;

– soit de consacrer chaque année au moins 20 % du chiffre d'affaires annuel net de l'exercice précédent à la commande d'œuvres européennes et au moins 15 % de ce même chiffre d'affaires à la commande d'œuvres audiovisuelles d'expresion originale française.

« L'introduction des œuvres communautaires permet d'inciter les diffuseurs français à coproduire des œuvres avec des partenaires européens et ainsi d'élargir le marché de ces programmes pour accélérer leur rentabilité économique. »

Ces montants comportent les achats, avant la période réelle de prise de vue, de droits de diffusion exclusifs sur le territoire français et sur des territoires étrangers pour des diffusions en langue française d'œuvres audiovisuelles et, le cas échéant, les parts de producteur. Les chaînes doivent informer le ***Conseil supérieur de l'audiovisuel,*** trois mois au moins avant le début de chaque exercice, de l'option qu'ils entendent choisir. L'acquisition des droits correspondant à la première diffusion de l'œuvre sur la chaîne peut être assimilée à une commande retenue pour l'application du décret, dans la limite de 2 % du chiffre d'affaires annuel net de l'exercice précédent.

À titre d'informations factuelles, on peut faire observer que la part du financement des chaînes de télévision (préachat et coproduction) dans l'évolution du financement des films d'initiative française n'a fait qu'augmenter entre 1986 et 1995, passant de 11,7 % en 1986 à environ 20 % l'année suivante et ce jusqu'en 1991, pour s'envoler jusqu'à 30 % en 1992, et atteindre en 1995, 36,7 %.

On peut déjà noter, à partir de ces chiffres, que les diffuseurs peuvent recourir à deux formes d'intervention financière au niveau de la production des films de cinéma : le **préachat** de droits de diffusion et la coproduction. L'usage de ces deux formes d'intervention fait l'objet d'une restreinte législative ; la part de coproduction ne pouvant être, dans la plupart des cas, supérieure au préachat. Le but est d'éviter l'asphyxie du producteur, qui pourrait avoir tendance à vendre tous ces droits commerciaux et de propriété sur le négatif, au risque d'abandonner toutes chances de faire des bénéfices. Cette limitation est primordiale car elle délimite des types de négociations, de contrats et de partage des droits, et détermine des contreparties en termes de remboursement des investissements et de partage des bénéfices.

À partir de ces observations, on peut distinguer deux sortes de coproduction :

a) La **coproduction intersectorielle** est le fruit d'un financement qui fait appel, non seulement aux financements des diffuseurs, mais également à l'intervention des **financeurs institutionnels** (SOFIRAD, SOFICA...), et surtout à l'État.

L'importance du film de cinéma comme premier produit d'appel explique en partie, outre les obligations législatives, l'implication des diffuseurs dans la production cinématographique. On différencie cette tendance récente du financement du cinéma du schéma classique qui, jusqu'au milieu des années 80, a vu le producteur supporter presque seul le poids du montage financier avec des À-valoir du distributeur, plus rarement de certains gros ***exploitants de salles.*** Cet À-valoir distributeur n'a fait que diminuer au cours des années de crise de la fréquentation. Encore de 18,8 % du devis en 1986, il n'est plus en 1995 que de 4 %, et ce en dépit du caractère rassurant de l'avance sur recettes. Face à la diminution et à la restructuration du parc de salles, mais aussi avec l'augmentation des coûts de production, il a fallu souvent par voies législatives « pousser » les nouveaux acteurs d'une filière cinématographique décloisonnée, les diffuseurs, à investir à la place des distributeurs afin de soutenir une production originale française. De plus, dans le cadre d'une industrie audiovisuelle largement subventionnée, les aides au cinéma, et consécutivement à la télévision se sont multipliées.

Le ***centre national du cinéma*** (CNC) gère les aides affectées au cinéma et à la vidéo à partir de la première section du compte de soutien de l'État, et celles qui concernent les programmes audiovisuels par l'intermédiaire de sa seconde section, celle du **compte de soutien aux industries de programme** (le COSIP) créé en 1984. Ces **aides** sont de deux natures, **automatiques ou sélectives** :

– Les **aides automatiques**, elles vont aux producteurs de films, et sont décernées au prorata des recettes d'exploitation de leurs précédents films sur les marchés cinématographiques et télévisuels. Des **avances sur droits** peuvent être, par ailleurs, consenties, dans le cadre du COSIP, aux entreprises ayant épuisé leur compte automatique, mais elles entament ainsi leurs droits à venir. Cette attribution fait l'objet d'un sélection.

– Parmi les **aides sélectives** destinées au cinéma (aide à la réécriture, aide à la musique de film, aide au développement de projet, aide à la distribution...), l'**avance sur recettes** est la plus connue. Celle-ci est un prêt sans intérêt, remboursable sur les résultats d'exploitation. Elle est instituée par le décret n° 59-733 du 16 juin 1959. Une commission d'avance sur recettes siège au Centre national de la Cinématographie. Trois collèges composés de professionnels de l'audiovisuel (producteurs, distributeurs...) et d'artistes (comédiens, écrivains...) sont nommés par le ministère de la culture pour une durée d'un an. Le premier collège accorde une aide aux premiers films, le deuxième collège aux deuxièmes, troisièmes films et plus, le troisième collège attribue une avance après réalisation. « Le nombre de films produits avec l'avance évolue peu sur une longue période, puisqu'il se situe, depuis une dizaine années, entre 41 et 58, soit environ un film sur deux. [...] L'avance représente en moyenne 11,6 % du devis. » (Bilan 1995, *CNC Info*, n° 261, mai 1996, p. 11).

Les comptes de soutien à l'industrie cinématographique et aux industries de programme représentent des partenaires de poids dans la production tant cinématographique qu'audiovisuelle. Ils sont mêmes devenus de véritables catalyseurs pour un **montage financier** de plus en plus classique.

Pour le cinéma, « (l)'octroi d'une avance sur recettes joue le rôle d'un catalyseur lors du montage financier des films, notamment vis-à-vis des chaînes de télévision. » (Bilan 1994, *CNC Infos,* n° 256, mai 1995, p. 11). Les coproducteurs étrangers bouclent souvent le budget prévisionnel.

Les diffuseurs entrent en moyenne pour environ 30 % à 40 % du financement d'une œuvre cinématographique depuis 1991.

Quant aux productions télévisuelles, la majorité d'entre elles se compose de commandes passées par des chaînes de télévision auprès de producteurs, ou des propositions de producteurs que ces dernières acceptent de financer, car elles conviennent à leur grille de programmation. Le financement consenti par ces chaînes varie d'un pays européen à l'autre. Là où un diffuseur anglais couvre 100 % du budget, et commissionne le producteur à hauteur de 10 %, son collègue allemand propose « un supplément de 7 % pour les coûts de structure du producteur et de 6,5 % pour son bénéfice ». En France, on assiste au contraire depuis les années quatre-vingt au désengagement des diffuseurs du fait de la réglementation et des aides publiques. « C'est une attitude presque naturelle des diffuseurs de considérer que la subvention obtenue ou espérée par le producteur auprès du Compte de soutien fait, d'une certaine manière, partie de leur apport. », écrivait Jean-Pierre Jézéquel en 1993, « De plus, la réglementation propre au Compte de soutien, s'appuyant sur l'idée que les programmes produits doivent être regardés comme des investissements de la part des producteurs, exige de ces derniers un apport propre égal au moins à 15 % du coût de la production, ou de 15 % de la partie française du financement dans le cas d'une coproduction internationale. » (Jean-Pierre Jézéquel (sous la direction de), *La production de fiction en Europe,* La documentation française, Paris, 1993, p. 32-33). Un tel apport paraît très lourd à la plupart des producteurs de télévision, car il existe, pour eux, peu de possibilités, dans l'état actuel du marché (absence d'un second marché, inadéquation des produits français en termes de format et de contenu à l'exportation) de rentabiliser leurs produits. Si cette tendance reste globalement vraie, elle a été cependant légèrement atténuée, en 1995, par le décret du 2 février 1995, par lequel l'apport minimum d'un ou de deux producteurs passe de 15 % à 5 %, tandis que l'apport du ou de plusieurs diffuseurs est porté de 15 % à 25 %.

Selon le CNC, et pour la fiction de télévision, « les diffuseurs apportent désormais 55 % du montant total des devis contre 47 % en 1994 et 43 % en 1993. [...] La part des apports producteurs dans le devis baisse fortement : 17 % contre 28 % en 1994. C'est la conséquence directe de la réforme du COSIP, puisque l'apport minimal du producteur imposé par la réglementation n'est plus fixé à 15 % mais à 5 % du montant du devis. Les apports étrangers en coproductions et en préachats sont en légère hausse : ils représentent 12 % des devis contre 10 % en 1994. » (Bilan 1995, *CNC Infos*, n° 261, mai 1996, p. 18).

Toutefois, la structure de financement en 1995 des œuvres audiovisuelles recouvre des situations bien différentes selon les genres produits. Chaque genre renvoie à une forme de montage financier particulière :

– prépondérance des diffuseurs (54,86 %) dans la fiction ;

– plus forte intervention des SOFICA et des producteurs dans le documentaire (respectivement 11,8 % et 23,67 % en 1995) ;

– fort apport étranger (45,19 % en 1995) dans l'animation.

Le COSIP, dont l'intervention est à hauteur de 14,30 % en fiction, de 15,97 % en documentaire, et de 12,23 % en animation, tient une place importante dans la consolidation des financements.

L'introduction de ces nouveaux acteurs, en particulier des diffuseurs souvent soutenus par des groupes de communication puissants, investissant dans l'audiovisuel tous azimuths, pose de nouveaux problèmes : les productions cinématographiques, mais également de télévision ne vont-elles pas être soumises à de nouvelles stratégies (conquête de nouvelles parts de marché, rentabilité, marketing, écurie de réalisateurs connotés...) au détriment d'anciens impératifs ou savoir-faire (qualité de service public, expressivité des auteurs, artisanat de certains métiers...), au risque de transformer la production indépendante audiovisuelle en simple prestataire de services, et d'entraîner une uniformisation de la production audiovisuelle ? Si des produits hybrides entre film de cinéma et téléfilm existent déjà (comme le Fernsehenspiel en Allemagne) une série de téléfilms comme « Tous les garçons et les filles de leur âge », produite par la chaîne de télévision franco-allemande Arte, et « gonflée pour le cinéma », ne pose-t-elle pas plusieurs questions : celle des passerelles entre supports, du rapprochement des méthodes de travail, et celle de l'évolution, voire de l'éventuelle mort de certains types de fiction ou de genres au cinéma ?

b) Les **coproductions internationales**

Les coproductions réalisées par plusieurs partenaires de nationalités différentes ont notamment pour buts de toucher un plus large public et de réunir plus facilement les moyens de financement de l'œuvre. Elles font entrer dans le montage financier des œuvres audiovisuelles les **coproducteurs étrangers** (11 % en moyenne du financement des films de cinéma d'initiative française entre 1993 et 1995), et les À valoir des distributeurs étrangers (1,3 % en 1993, 1994 et 1995). Elles représentent, au cinéma et en 1994, 54 films sur 115 agréés par le Centre national du cinéma (CNC), et en 1995, 78 films sur 141 films agréés, soit environ 55 % de la production française. Il convient toutefois de distinguer les coproductions financières qui se développent et les coproductions classiques dont le nombre diminue. Une **coproduction financière** consiste uniquement en une prise de risque financier, sans investissement artistique, ce qui la différencie de la coproduction classique où le coproducteur suit le projet à toutes les étapes de sa conception, de sa fabrication, et de sa commercialisation.

2. Les accords bilatéraux et les financements publics européens

Les accords bilatéraux passés entre l'État français avec différents partenaires européens, ou francophones (africains et canadien en particulier) ont depuis longtemps officialisé des rapports transfrontaliers (Italie, Suisse-Romande, Belgique...) ou de proximité culturelle (Afrique, Maghreb...). Ils ont ainsi associé une démarche de rapprochement, voire d'impérialisme culturel à un montage financier original, cependant que les télévisions publiques européennes, dans la continuité de cette politique culturelle, passaient des accords de coproduction et de coopération (Eurovision...). Plus près de nous, les *europudding* ont personnifié les tentatives, souvent vouées à l'échec, de la communauté européenne de contrecarrer les productions américaines, et ont prolongé ces initiatives publiques. Ces « **Europudding** » sont des coproductions regroupant plusieurs partenaires européens autour d'un projet à thème. Chaque partenaire peut être sollicité pour la fabrication d'un exemplaire de la série, à moins que les moyens soient regroupés sous la tutelle d'un producteur exécutif. Cette formule tire son nom des compromis artistiques qui multiplient les intervenants de nationalités différentes. : acteurs, techniciens... au détriment souvent de la qualité finale.

Principal maître d'œuvre d'accords promotionnels avec des cinématographies étrangères, l'État français fournit des aides à la coproduction. Il existe dans certains des fonds dédiés comme par exemple le **Fonds d'aide à la production cinématographique des pays en voie de développement** (Fonds Sud) et le **Fonds d'aide aux coproductions d'œuvres cinématographiques avec les pays d'Europe centrale et orientale** (Fonds ECO).

Viennent se rajouter à ces aides françaises la possibilité pour les producteurs d'être soutenus dans le montage de **coproduction européenne**. Les programmes européens ***Média*** (Mesures pour encourager le développement de l'industrie audiovisuelle) et **Eurimages** peuvent répondre à leur demande. Ces programmes s'appliquent autant aux œuvres cinématographiques qu'aux œuvres de télévision. En effet, dans le vocabulaire européen, le terme audiovisuel recouvre sans distinction le cinéma et la télévision, là où en France nous avons encore tendance à séparer les secteurs d'activité.

Différentes actions spécialisées menées dans le cadre du **programme Média**, mis en place par la Communauté européenne, vont dans ce sens. Prêts à l'écriture (*European Script Fund*), prêts pour soutenir les frais généraux des producteurs des « petits pays » européens (SCALE), prêts remboursables à la distribution (*European Film Distribution Office*) sont autant d'aides disponibles pour les coproductions européennes. Des services, dont la « Média-base producteurs » de Euro Aim, destinés à développer la promotion de la production indépendante, et à favoriser les contacts entre coproducteurs européens complètent EAVE (Les Entrepreneurs de l'AudioVisuel Européen) et Media Business School, deux actions de formation des producteurs aux évolutions de leur métier, et en particulier à la coproduction. Toutes ces institutions doivent préparer les producteurs indépendants à l'arrivée des coproductions intersectorielles au niveau international, que les alliances stratégiques entre les grands groupes de communication ne pourront que renforcer... Ces actions ont été reconduites dans le programme Média II, entré en vigueur le 1er janvier 1996, à travers Média II-Développement, Média II-Développement/Distribution, Média II-Promotion et Média II-Formation.

Eurimages reste cependant le fonds paneuropéen de soutien idéal à la coproduction internationale, et plus spécifiquement européenne. Créé à la fin de 1988 sur la base d'un Accord Partiel du Conseil de l'Europe, il a pour programme de soutenir financièrement la coproduction de longs métrages de fiction et de documentaires de création. Il doit également faciliter la distribution en Europe des films des États membres du Conseil Européen ne bénéficiant pas de l'action EFDO du programme Média (Bulgarie, Chypre, Tchékie, Slovaquie, Pologne, Suisse, et Turquie), et soutenir un réseau de salles programmant au moins 50 % de films européens dans les États membres du Conseil européen ne bénéficiant pas de l'action Média salles du programme Média.

L'originalité du soutien d'Eurimages à la coproduction réside dans sa règle de base qui impose qu'au moins trois producteurs indépendants originaires d'États membres participent au même projet ; le but étant de favoriser un redéploiement des activités de production cinématographique au niveau européen. Particulièrement, prisée par les petits producteurs indépendants et par la production de films d'auteurs, Eurimages a connu une montée en puissance importante depuis sa création. De 14 films soutenus en 1989, elle a progressivement atteint, en 1994, 89 films. La production française y a très souvent recours.

Afin d'harmoniser les règles entre pays européens et de répondre aux problèmes que posait la prolifération des coproductions financières européennes, une Convention européenne sur les coproductions cinématographiques a été adoptée par les États membres du Conseil de l'Europe le 26 juin 1992. Il s'agissait en particulier de lutter contre le déséquilibre des échanges financiers entre coproductions majoritaires et coproductions minoritaires, et d'établir la **réciprocité** des investissements comme principe de fonctionnement entre les États membres.

Le phénomène de la coproduction, au cinéma comme à la télévision, est ancien et multiple.

• Ancien, car les studios de l'époque du cinéma classique (1927-1945) tournaient différentes versions d'une même œuvre pour les marchés linguistiques du moment (anglophone, germanophone, francophone), tant à Hollywood, qu'à Paris ou Berlin. L'initiative privée a donc régulièrement mis en place de complexes collaborations financières et culturelles entre sociétés d'un même pays ou de pays différents.

• Multiple, car les différents acteurs de la coproduction n'ont pas toujours tenu les mêmes rôles, ni poursuivi les mêmes objectifs. L'éclatement des coproductions : coproduction intersectorielle, coproduction internationale, coproduction européenne, coproduction financière en est la preuve.

Les politiques publiques ont, les premières, commencés à « institutionnaliser » les coproductions, souvent pour prolonger une politique de rayonnement culturelle. Progressivement, avec le renforcement des initiatives privées de ces quinze dernières années, elles ont été souvent réduites à répercuter, après coup, par des lois les évolutions de l'industrialisation du cinéma et de l'audiovisuel (souplesse économique, obligation d'assouplir les rigidités nationales et culturelles pour les contrats de coproduction internationale...), et ce en dépit parfois d'une réelle concertation comme en France. En effet, la défense de la culture et surtout de l'industrie cinématographique (française ou autre), et la préservation d'un service public télévisuel moribond ne vont pas toujours de pair avec le développement des coproductions. Au prise avec la convergence actuelle des deux secteurs du cinéma et de la télévision, et à la mondialisation des marchés cinématographiques et télévisuels, l'État-Nation se voit relayer par des instances législatives internationales, et surtout par les initiatives des grands groupes de communication. Tout laisse penser alors que les coproductions cinématographiques et télévisuelles, porteuses à la fois d'une logique d'accord au coup par coup et d'une logique de partenariat bien dans l'air du temps, ont un brillant avenir devant elles.

Copyright

Voir ***Droit d'auteur***.

Coquille

Erreur typographique, le plus souvent par inversion de lettres ou de chiffres.

Corps de l'annonce

Texte de l'annonce.

Corps d'une lettre

Hauteur en points d'un caractère typographique. Les livres sont généralement imprimés dans un corps allant de 9 à 12 ; les corps supérieurs à 12 servent aux titres, aux ***chapeau*** d'appel dans les journaux.

Correspondance
Voir ***Communication destinée***.

Correspondant
Journaliste envoyé en mission (en province ou à l'étranger) par le journal, l'agence de presse, la station de radio ou la chaîne de télévision dont il dépend. Il est chargé de leur faire parvenir régulièrement des informations.
Le **correspondant permanent** est un salarié envoyé par la rédaction, tandis que le **correspondant particulier** et le **correspondant local** sont le plus souvent des pigistes recrutés sur place. Le premier est un journaliste qui travaille pour un autre journal du lieu, le second, en revanche n'est pas journaliste de profession.
Le correspondant de guerre est un journaliste accrédité auprès d'une armée en temps de guerre.

Couché (Papier -)
Papier pourvu d'une fine pellicule, en fin de fabrication, pour améliorer son aspect de surface.

Couillard ou **couyard**
Filet maigre ondulé servant à séparer deux nouvelles, ou deux informations de même nature.

Couleur
Impression que fait sur l'œil la lumière émise par certaines sources ou diffusée par certains corps. Le spectre de la lumière blanche comporte schématiquement 8 raies : ultraviolet, violet, bleu, vert, jaune, orange, rouge et infrarouge. L'arc-en-ciel est une analyse de la lumière en 7 couleurs : violet, indigo, bleu, jaune, vert, orangé et rouge.
En télévision en couleur, la lumière est obtenue par addition du vert, du rouge et du bleu. Ce sont les **couleurs de base de la télévision**.
Dans la presse et l'édition, les couleurs de base sont au nombre de quatre et identifiées par l'acronyme anglais : ***CMYK*** (Cyan, Magenta, Yellow, black).
Dans le domaine de la communication commerciale, la couleur est l'une des cinq composantes de l'identité visuelle d'une marque avec le nom, le logotype, le symbole et la typographie. Voir ***Charte graphique***.

Couleurs (Symbolisme des -)
Les couleurs ont un sens symbolique qui est variable selon les cultures. C'est un aspect qui rend particulièrement difficile la communication publicitaire à forme unique à un niveau mondial. Ainsi, si en Occident, le blanc est la couleur de la pureté et de la propriété, en Orient, c'est le plus souvent la couleur du deuil. Le tableau ci-dessous donne quelques associations symboliques des couleurs faites en Occident.

Blanc	pureté, propreté
Bleu	fraîcheur, jeunesse, rêverie
Gris	intelligence
Jaune	chaleur, bien-être
Noir	deuil, mystère
Orange	énergie, adaptation
Rose	affection, bonheur
Rouge	passion,
Vert	jeunesse, renouveau
Violet	apaisement

Couplage publicitaire
Annonce passée dans plusieurs supports appartenant soit à des groupes différents soit à un même groupe de presse et dont l'objet pour l'annonceur est de bénéficier de tarifs avantageux pour une large diffusion, et pour les groupes de rentabiliser les différents supports, dans la mesure où le tarif unique pour plusieurs titres est plus élevé que celui appliqué par chaque titre isolément. Cette technique est très courante dans la ***presse quotidienne régionale***.

Couponnage
Technique de promotion des ventes utilisant les procédés du **coupon-réponse** (à mettre sous-enveloppe affranchie par l'expéditeur, contrairement à la carte-réponse et à la carte T), du **coupon de réduction** découpé soit sur l'emballage, soit dans la presse, soit sur un document distribué dans les boîtes à lettre ou dans la rue.

Coupures publicitaires
Elles sont autorisées en France, dans un film, depuis la loi de 1986 sur dérogation de la CNCL (depuis 1988 du CSA), et limitées à une seule par film. Le message doit être clairement identifiable, le sous-titrage publicitaire ainsi que la publicité subliminale y sont interdits. Les interruptions pour des pages publicitaires sont également interdites dans le cadre des ciné-clubs, dans les programmes des chaînes de service public et des sociétés diffusant par abonnement. L'auteur du film est libre de refuser la coupure de son film, mais il s'expose alors à sa non-diffusion sur les chaînes privées, tributaires de leurs annonceurs qui ont acheté l'espace publicitaire.

Courbe de charge
Illustration graphique de l'accumulation d'***audience***. La courbe de charge visualise le nombre de personnes différentes touchées par un même support, à 1, 2, 3, 4... x insertions. La courbe de charge peut être réalisée en

télévision et en radio mais surtout en presse magazine. Cette courbe permet de repérer le nombre d'insertions où on considère avoir fait le plein en personnes différentes, des insertions supplémentaires ne jouant plus que sur la fréquence (ou répétition) moyenne. Un support magazine type programme télé, composé d'un lectorat très régulier, a une courbe de charge qui grimpe très vite, le plein d'audience nette étant rapidement atteint. Au contraire, un support magazine de type *news* avec un lectorat irrégulier et mouvant, achetant à l'impulsion ou selon l'attrait d'une couverture, présente une courbe de charge à la pente plus douce et nécessite plus d'insertions pour atteindre le plein d'audience.

Courbe d'Estoup-Zipf

Illustration graphique de la ***loi de Zipf***, correspondant à la distribution établie par le sténographe français Estoup. Selon cette loi, si les mots dans un texte sont classés par ordre (rang r) de fréquence (f), et que l'ensemble des mots ainsi recueillis constitue un échantillon convenable du répertoire, alors le produit du rang(r) par la fréquence (f) est une constante (c)

$c = fr$.

Par exemple si le premier mot a une fréquence de 10 000, le 1 000e mot aura une fréquence de 10.

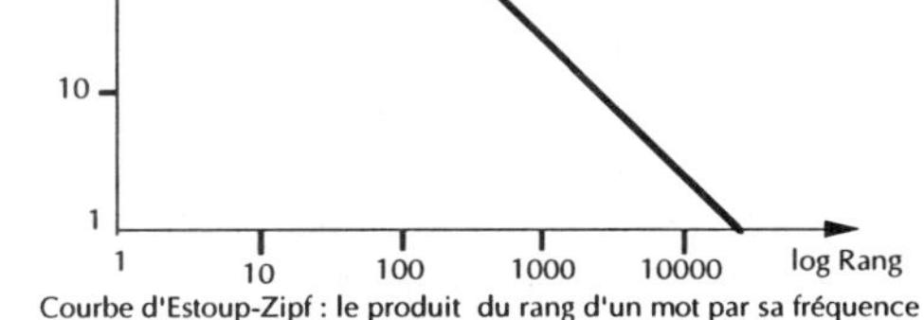

Courbe d'Estoup-Zipf : le produit du rang d'un mot par sa fréquence est une constante (hors aplatissement entre 1 et 10 sans signification importante).

Source : P. GUIRAUD : « Structure des répertoires et répartition fréquentielle des mots : la statistique du vocabulaire écrit », in A. MOLES et B. VALLANCIEN, Communications et langages, Gauthier-Villars, 1963.

Courrier

Ensemble de communications interpersonnelles par écrit.

Originellement, le courrier est celui qui court en précédant les voitures de postes pour préparer le relais. Puis c'est le porteur de dépêches, le messager. Dans la presse, c'est devenu ensuite le titre de certains journaux, la rubrique pour des chroniques particulières dans la presse (courrier du parlement, courrier de la bourse, courrier mondain...) et une rubrique alimentée par les écrits des lecteurs.

Courrier électronique (@ Mail ou E-Mail)

Service de correspondance électronique entre individus permettant d'échanger du texte mais aussi des objets complexes (documents codés, sons, images...).

La messagerie électronique fonctionne en temps réel pour l'envoi, mais en mode différé pour la lecture. Grâce à des machines **passerelles** *(Gateway)*, le système de messagerie permet d'atteindre des utilisateurs connectés à un autre réseau. Ce service permet également la diffusion d'un courrier à un ensemble de destinataires.

Courtier en information

Voir ***Marché de l'information en ligne (Acteurs du -)***.

Coût

Montant de la dépense ou du sacrifice qu'exige l'obtention, par la production ou par l'achat, d'un bien ou d'un service. Du point de vue comptable et analytique, un coût est une somme de charges réelles ou supplétives (ex. : l'aide non rémunérée par un membre de la famille) ou abonnées concernant un moyen d'exploitation ou un produit ou un stade d'élaboration du produit. Un coût en comptabilité analytique est défini au moyen de trois caractéristiques indépendantes les unes des autres : le moment de son calcul (ex-post : coûts constatés ou coûts historiques, coûts réels ; ex-ante : coûts préétablis, coûts budgétés, coûts prévisionnels, etc.), son contenu (coût complet, coût partiel, coût marginal, charge fixe, charge variable, coût d'opportunité, coût caché...) et son champ d'application (coût par fonction, centre de responsabilité, région, atelier, usine, service...).

Précisons certaines des notions utilisées, sachant qu'en ***publicité*** le terme coût est souvent remplacé, lorsqu'il se rapporte au support, par celui d'***économie*** :

Le **coût complet** est une méthode de calcul des coûts qui, à chaque stade de l'activité analysée, prend en compte la totalité des charges le concernant. Par exemple le coût complet d'acquisition est la somme de l'ensemble des charges concernant la fonction approvisionnement.

Le **coût caché** désigne des surdépenses dues à des dysfonctionnements d'origines diverses. Par exemple les mauvaises ***communications internes*** dans l'entreprise peuvent susciter des

gaspillages, des tensions sociales avec arrêt de travail, un absentéisme qui oblige à faire appel à des pigistes, à de la main d'œuvre intérimaire.
Le **coût d'opportunité** est le gain auquel on renonce en choisissant une autre option de placement ou d'investissement. Le coût d'option et le coût de substitution en sont les deux principaux synonymes.
Le **coût de revient,** expression qui, dans le plan comptable de 1982, remplace celle prix de revient, représente tout ce qu'a coûté un produit ou une commande au stade final, distribution comprise.
Du point de vue de l'analyse économique, le critère le plus important de classification des coûts est celui de la variabilité. On distingue le **coût fixe**, qui est indépendant des quantités produites pour une échelle donnée de la production, et le **coût variable** qui est fonction des quantités produites. En général, le coût fixe est un **coût structurel**, il correspond aux immobilisations. Le changement de la dimension (taille, échelle de production) de l'entreprise entraîne un saut pour le coût fixe. On dira alors que le coût fixe varie de manière discrète (variation à long terme par paliers).
Ainsi pour une entreprise de presse disposant de sa propre imprimerie, le coût de la rotative est fixe, de même que le loyer de l'immeuble. Les salaires du directeur, des cadres et plus généralement de l'ensemble du personnel sont indépendants du tirage, mais, attention, cela ne s'applique pas à une activité de ramassage de produits agricoles ou de fabrication de certains produits industriels, activités dans lesquelles le volume produit dépend du volume de la main-d'œuvre. En revanche, dans la presse, le papier, l'encre, l'énergie électrique et, dans une moindre mesure, les frais de transport seront variables avec le tirage et le nombre de pages par numéro. Le prix de l'abonnement à une agence de presse est fonction des ventes, dont le volume peut être différent sensiblement du tirage.
La somme du coût fixe et du coût variable constitue un coût synthétique. L'analyse de ces différents coûts par unité produite et en variation du coût due à la variation des quantités produites permet de définir les **coûts moyens** et le coût marginal, sachant que le coût (fixe, variable, synthétique) est total lorsqu'il concerne la somme des unités produites.
Le coût fixe moyen (coût fixe total divisé par les quantités) est constamment décroissant pour une échelle donnée de production. Aussi, lorsque le coût fixe total est très élevé, ce qui est le cas dans la presse généraliste, il est nécessaire d'envisager de gros tirages, pour une pagination donnée, afin de réduire le coût synthétique fortement déterminé par le coût fixe.
Le coût variable moyen (coût variable total divisé par les quantités) correspond à une courbe en U : le coût décroît dans une première phase, se stabilise dans une deuxième phase plus ou moins sensible, et augmente dans une troisième phase. Le coût moyen synthétique qui est la somme des deux précédents évolue comme le coût variable moyen mais en ayant une forme en U plus ouverte, à cause de la prise en compte du coût fixe moyen qui ne cesse de baisser.
Le **coût marginal** est la variation du coût variable total rapportée à la variation des quantités. Autrement dit, le coût marginal est mathématiquement la dérivée du coût variable total ou du coût synthétique total (car le coût fixe total étant constant, lorsque les quantités varient, son coût marginal est nul). L'évolution du coût marginal explique celle des coûts variables moyen et total. La première phase de la courbe en U du coût marginal est celle des rendements croissants qui peuvent s'expliquer par l'effet d'expérience, les avantages accordés par les fournisseurs, l'utilisation plus rationnelle des matières consommables (par exemple : l'encre nécessaire pour un tirage de 50 000 exemplaires d'un journal de 32 pages oblige à acheter des cartouches qui pourraient permettre un tirage de 60 000 exemplaires). Ces effets s'épuisent, et c'est la phase des rendements constants (le creux de la courbe en U). Puis l'augmentation des quantités suscitent des inconvénients : problèmes de stockage, problèmes administratifs d'une gestion de plus en plus lourde, pannes plus fréquentes du matériel, etc. C'est alors la phase des rendements décroissants. Dans la figure ci-dessous, cette phase correspond à la partie du coût marginal croissant (en gras). Celle-ci constitue la courbe d'offre de l'entreprise, à la condition que le prix de vente correspondant à la demande soit supérieur au coût moyen synthétique.

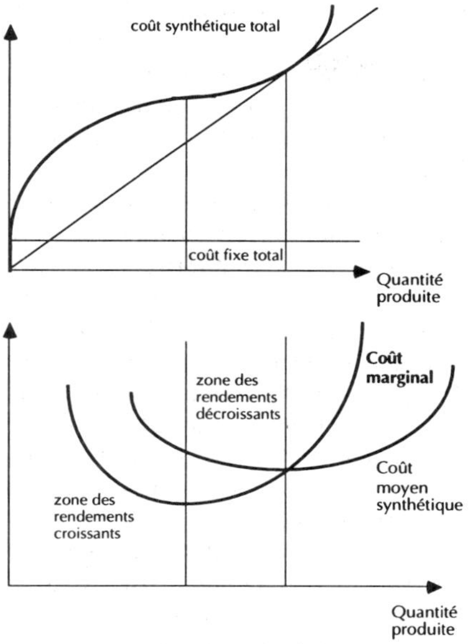

Exception faite de l'activité des médias, des bibliothèques, des bases et banques de données, dans les autres domaines de l'information et de la communication les coûts sont souvent délicats à évaluer, car une part non négligeable de l'information peut être acquise hors de la structure professionnelle. Ainsi, telle décision peut être prise à la suite d'une information entendue à la radio dans la voiture, lors d'une promenade. Par ailleurs, l'information est souvent un bien fatal, c'est-à-dire inséparable du produit : en voyant un nouveau modèle de voiture la concurrence en déduit toutes les caractéristiques, sans qu'il soit nécessaire d'accéder à des textes, à des brevets, à des dessins dont les acquisitions sont onéreuses. De même en communication, dans le passé on disait qu'« à bon vin, point d'enseigne », et même encore actuellement on croit quelquefois que la meilleure publicité est la publicité gratuite du bouche à oreille qui s'applique aux produits de bonne qualité pour un prix donné, négligeant le fait que la notoriété par le bouche à oreille est lente et que cette lenteur se traduit par des coûts d'immobilisation et donc des coûts financiers dus à ces immobilisations acquises depuis longtemps mais non encore exploitées à un rythme économique convenable. Voir ***Analyse de la valeur, Budget d'une entreprise de presse, Budget d'un film, Budget publicitaire***.

Coût au 1 %

Division du tarif de l'insertion par la ***puissance du support***, exprimée en pourcentages. Quel que soit le media, cette puissance s'appelle **taux de pénétration**. L'avantage du coût au 1 % sur le coût aux 1 000 est de « gommer » l'influence de l'effectif de la ***cible***, et donc, de pouvoir comparer l'***économie*** (ou coût) d'un même support sur plusieurs cibles différentes.

Exemple : le prix d'une page quadri dans le support donné est de 150 000 F. Ce support a une pénétration de 20 % sur la cible A et de 15 % sur la cible B.

Coût au 1 % du support pour la cible A : 150 000 F/0,2 = 7 500 F.

Coût au 1 % du support pour la cible B : 150 000 F/0,15 = 10 000 F.

Conclusion : Le support étudié est plus efficace sur A que sur B.

Par ailleurs, le coût au 1 % permet d'estimer un budget d'espace suivant le volume publicitaire souhaité.

Exemple : les 5 supports retenus ont un coût au 1 % moyen de 9 000 F. Si l'on cherche à obtenir un volume publicitaire de 300 ***GRP*** avec les 5 supports, il faut leur affecter un budget de : 300 GRP x 9 000 F = 2 700 000 F.

Coût aux mille contacts (ou coût pour mille contacts)

Rapport du budget espace du ***plan média*** sur le nombre total de contacts délivrés par le plan et exprimé en milliers. Le coût aux 1 000 contacts (sous-entendus utiles) permet de comparer l'***économie*** (ou coût) de plusieurs plans portant sur la même cible dans le même media et avec les mêmes formats d'insertion mais ne possédant pas le même budget d'espace.

Exemple : un plan de 5 000 000 F en télévision délivre 25 millions de contacts. Son coût aux 1 000 contacts est de 5 000 000 : 25 000 = 200 F les 1 000 contacts utiles.

Coût aux mille exemplaires (ou coût pour mille exemplaires)

Rapport du tarif de l'insertion sur le nombre d'exemplaires (contrôlés ou déclarés) du support presse.

Ce rapport permet de comparer une série de supports candidats, pour un format d'insertion et un nombre d'exemplaires identique. En cas d'absence de données sur audience du support, le coût aux mille exemplaires est la seule manière d'apprécier le coût d'un support.

Coût aux mille personnes touchées (ou coût pour mille personnes touchées)

Rapport du tarif de l'insertion par la ***puissance*** exprimée en milliers. En presse, cette puissance s'appelle ***audience (ou lecture) dernière période***, en télévision **audience de l'écran,** en

radio **audience quart d'heure**. Dans la plupart des cas, le coût aux mille est calculé sur une ***cible***. De ce fait, la valeur de ce coût ne sera que relative, permettant de hiérarchiser un ensemble de supports sur cette même cible mais ne permettant pas d'affirmer que ce support est cher ou bon marché dans l'absolu.
Ex. : le tarif d'une page quadrichromie dans un support donné est de 150 000 F. Ce support a 150 000 lecteurs utiles sur une cible A et 750 000 lecteurs utiles sur une cible B.
Coût aux mille lecteurs utiles pour la cible A :
150 000/150 = 1 000 F
Avec ce support, le coût est de 1 000 F pour toucher 1 000 individus cible A.
Coût aux mille lecteurs utiles de la cible B :
150 000/750 = 200 F
Le coût du support est de 200 F pour toucher 1 000 individus cible B. Mais cela ne permet pas dire que ce support analysé est moins cher sur B que sur A. La taille (l'effectif) des cibles conditionne la valeur du coût aux mille.

Coût de l'information

Le processus de la production et de la distribution de l'information est coûteux au sens où il consomme des facteurs rares. Jacob Marschak a identifié cinq activités engendrant des coûts dans le processus de communication qu'il représente par la figure suivante :

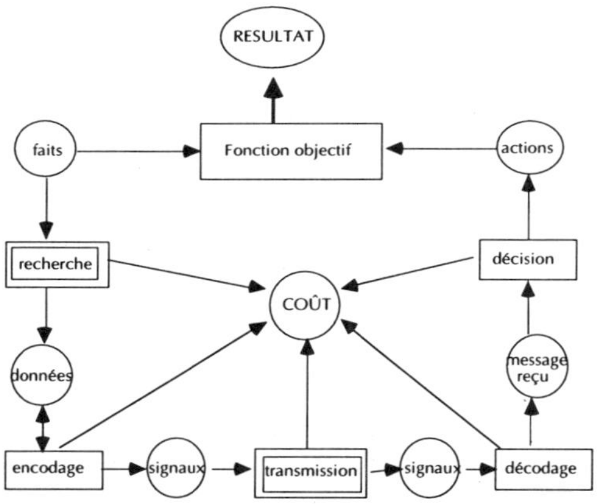

Dans cette figure, les cercles désignent des variables généralement aléatoires, les rectangles (boîtes) les transformateurs, en d'autres termes les activités sources de coûts. Un double rectangle indique les risques de ***bruits*** dont la présence est d'augmenter le coût de l'opération (source : J. Marschak : « Economics of Inquiring, Communicating, Deciding », *AER*, vol. 58, n° 2, 1968, repris dans *Economics of information and Knowlœdge* – éd. D. M. Lamberton – Penguin, 1971).

Coût du GRP

Rapport du budget du ***plan média*** par le volume publicitaire (le ***GRP***).
Ex. un plan de 5 000 000 F en télévision délivre 500 GRP, son coût est de :
5 000 000 F/500 = 10 000 F le GRP.

Coût d'une émission de télévision

Une émission de télévision comporte des coûts qui dépendent du type de programme, du mode de diffusion (hertzien ordinaire, satellite, câble), du mode retenu pour la promotion de la chaîne et du programme. À ces coûts, il convient d'ajouter les coûts de fonctionnement en personnels et les coûts d'infrastructures (amortissement des immobilisations). L'élément stratégique demeure le type de programme : on distingue les productions originales, les achats de programmes tout faits, les rediffusions, les autorediffusions (par exemple, les ralentis d'un match) et les programmes en boucle. Le programme original est bien sûr le plus coûteux pour une chaîne de télévision ; au contraire, certains produits, déjà amortis dans leur pays d'origine peuvent être achetés à des coûts relativement bas. De plus certains programmes sont destinés à n'être diffusés qu'une seule fois (journal télévisé, jeux...), d'autres à être stockés (feuilletons produits, magazines...).

Coût par commande

Rapport entre le coût d'une opération de mercatique directe ou de couponnage et le nombre de commandes enregistrées.

Coûts de transaction

Ressources utilisées pour effectuer le transfert des droits de propriété qui incluent la recherche de l'information, la négociation des contrats, la certification de la qualité, les honoraires des conseils juridiques et des experts impliqués dans la transaction, la fiscalité appliquée à ces transactions. L'importance de ces coûts de transaction conduit, selon Ronald Coase (« La nature de la firme » : 1937) à abandonner le recours au marché (le faire-faire) pour intégrer l'activité dans l'entreprise (le faire). Mais si les coûts internes sont trop élevés, les entreprises préfèrent l'**impartition** (la sous-traitance). Ainsi, les entreprises de diffusion de programmes de télévision, ont quelquefois tendance à confier les émissions de variété à des producteurs indépendants. Voir ***Concentration***.

Couverture

1. Papier épais protégeant les cahiers reliés ou brochés d'un livre ou ceux d'une revue. Pour un livre la première de couverture indique les nom et prénom de l'auteur, le titre de l'œuvre, le nom de l'éditeur. La quatrième de couverture présente quelquefois un bref résumé biographique de l'auteur et la thématique de l'ouvrage. Pour un magazine, la première de couverture sert de vitrine, c'est-à-dire que sa fonction est d'attirer le chaland. Elle est rarement vendue en espace publicitaire. En revanche la quatrième de couverture l'est presque systématiquement, de même que les deuxième et troisième de couverture, à des tarifs plus faibles que la quatrième.
2. Événement et espace géographique qui donnent lieu à des reportages par un journaliste de la presse écrite, parlée ou télévisée. Pour la presse locale, la couverture géographique est généralement isomorphe avec la zone de diffusion, les informations concernant d'autres espaces sont alors obtenues auprès des agences de presse, car un correspondant permanent coûte cher, sauf s'il est multicarte, c'est-à-dire travaillant pour plusieurs supports différents (presse écrite et télévision, ou radio et télévision...). Cependant lorsqu'un événement majeur se produit hors de la zone de chalandise, une couverture spécifique peut être assurée par un **envoyé spécial,** qui est un journaliste non résident dans cette zone.
   Voir ***Zone de couverture***.

Couverture cumulée à 1 contact et plus

Surface publicitaire d'un ***plan média*** exprimé en pourcentages de ***cible***. C'est le rapport de l'***audience nette*** (nombre de personnes différentes touchées par le plan) sur l'effectif cible.

Ex. : sur une cible de 10 000 000 d'individus le plan en a toujours 7 500 000 (audience nette). La couverture cumulée à 1 contact et plus est de 7 500 000 (100)/10^6 = 75 %

Couverture mémorisée

Évaluation à partir de la ***loi du souvenir*** du pourcentage de la ***cible*** ayant mémorisé le message. La couverture mémorisée est fonction du ***bêta*** (valeur liée au média et au format du message), de la fréquence (ou répétition moyenne) et de la ***couverture cumulée***.

Le calcul de la couverture mémorisée par semaine permet d'obtenir une courbe de réponse en 3 phases :

– Phase de mémorisation : montée en charge de la couverture mémorisée jusqu'à son point culminant situé en fin de campagne.

– Phase de démémorisation : chute de la couverture mémorisée dès la fin de la campagne.

– Phase de remémorisation : remontée en charge de la couverture mémorisée dès la reprise de la campagne. C'est la résultante de la mémorisation sur 3 populations bien distinctes :

- ceux qui ont appris et n'ont pas oublié ;
- ceux qui ont appris mais ont oublié ;
- ceux qui n'ont pas encore appris.

Ces différentes phases sont calculables par les formules de la **loi du souvenir** définie par Armand Morgensztern. Certes, cette loi dépend d'un seul paramètre : le bêta (ß).

Un autre acteur moins connu de la loi du souvenir est le θ (thêta) qui permet de calculer la mémorisation sur la population de ceux qui ont appris mais ont oublié. À densité égale, le thêta est supérieur au bêta. Il est bien sûr plus facile de réapprendre après une période d'oubli que d'apprendre la première fois.

La méthode consistant à multiplier les ***GRP*** d'un plan par le correspondant au message et au média est trop imprécise mais elle constitue une bonne approche.

Ex. : Il s'agira par exemple de comparer – à budget égal – un plan radio et un plan TV, tous deux de 15 secondes. En termes de GRP, le plan radio en délivre 2 000 et le plan TV 500 seulement. Cependant, 1 GRP radio « pèse » moins lourd qu'un GRP TV, c'est-à-dire que l'effet de la radio est moins puissant que celui de la télévision. En définissant le GRP comme le volume dégagé par un plan média, le bêta indique la puissance associée au volume.

GRP « mémorisé » radio : 2 000 x 3 % = 60 (3 % étant le bêta d'un 15" radio).

GRP « mémorisé » TV : 500 x 10 % = 50 (10 % étant le bêta d'un 15" TV).

Voilà les deux plans dans des proportions plus comparables et, semble-t-il, à l'avantage de la radio. A. Morgensztern a lui-même donné une formule (assez) simplifiée permettant de calculer la couverture mémorisée en fin de vague. Cette formule ne tient pas compte des phénomènes de démémorisation, mais c'est une approche beaucoup plus fine que les GRP « mémorisés ».

Couverture mémorisée (C.B.) :

$$\frac{\text{Couverture cumulée} \times (R \times \text{bêta})}{(R \times \text{bêta}) + 1 - \text{bêta}}$$

Dans cette formule R = répétition (ou fréquence) moyenne du plan.

En partant des performances suivantes pour les deux exemples de plans radio et TV :

couverture cumulée radio = 65 %, R (radio) = 30,8.

couverture cumulée TV = 80 %, R (TV) = 6,3.

On peut calculer la couverture mémorisée de ces deux plans :

C.M. (radio) : $\dfrac{65 \times (30{,}8 \times 0{,}03)}{(30{,}8 \times 0{,}03)+ 1 - 0{,}03}$ = 32 %

C.M. (TV) : $\dfrac{80 \times (6{,}3 \times 0{,}10}{(6{,}3 \times 0{,}10) + 1 - 10}$ = 33 %

Finalement, dans ce cas précis, la TV apparaît légèrement plus performante avec 33 % de mémorisation contre 32 % en radio.

CP/M

Système d'exploitation des ordinateurs mis au point par Digital Research pour micro-ordinateurs 8 bits.

CPS

Sigle de « caractères par seconde », désignant l'unité de mesure de la rapidité d'une imprimante. Voir ***Baud***.

CPU

Sigle de *central processing unit.* C'est donc l'unité centrale de l'ordinateur qui contient le microprocesseur, la mémoire et dont les fonctions sont de recevoir les instructions et d'exécuter les programmes.

Créatif, Créativité

Un créatif ou une créative est une personne chargée de concevoir, de développer et de suivre l'exécution des idées en publicité dans une agence-conseil en communication. L'innovation est le résultat de la créativité. Celle-ci peut être la qualité du créatif ou d'un groupe réuni spécialement pour déboucher sur des idées nouvelles. Ce groupe de créativité fonctionne selon des méthodes de la dynamique des groupes, dont la plus traditionnelle est le **remue-méninge** (« ***brainstorming*** »).

La créativité, dans une conception structuraliste, est l'aptitude à réorganiser les éléments existants d'une façon originale et susceptible de donner lieu à de nouvelles formes, de nouvelles apparences, de nouveaux débouchés en touchant une nouvelle clientèle, et à des produits nouveaux. La créativité n'est donc pas de la création qui se définit comme une production ex-nihilo ; elle est plutôt l'art de la récupération de l'existant pour le mettre au goût du jour ou au goût et/ou à la portée de nouveaux clients.

Création à la télévision (Œuvre de -)

Œuvre originale pour la télévision. C'est généralement une production coûteuse est dont l'audience est incertaine. Les entreprises de diffusion de programme télévisés ont tendance à réduire spontanément la part de la création dans la grille des programmes. C'est la raison pour laquelle, le ***cahier des charges*** des sociétés nationales de programme oblige ces sociétés à contribuer à la création originale d'œuvres spécifiquement télévisuelles. 60 % des émissions de fiction doivent être d'origine française ou à participation financière française majoritaire. Différents soutiens ont été mis en place : Fonds de soutien aux industries de programme, Fonds de création audiovisuelle (F.C.A.), Compte de soutien à l'industrie des programmes audiovisuels.

Crédit-photo

Indication des ayants droits (auteur, agence de photographie de presse) pour les photos reproduites dans un livre, un journal, un magazine.

Créneau

1. Place disponible sur un marché. Segment de marché où peut être exploité avantageusement un type particulier de produit ou de service.
2. Temps d'antenne alloué par une société nationale de programme aux partis, formations politiques et organisations syndicales.

Cristaux liquides (Affichage en -)

Traduction de *Liquid Cristal Display* (*LCD*). Le cristal liquide est un liquide mésomorphique utilisé notamment pour l'affichage sur les écrans de calculatrices de poche et de micro-ordinateurs portatifs. Il présente les avantages de consommer moins d'énergie que les ***diodes*** électroluminescentes, et de réduire la dimension et l'épaisseur des écrans. Certains mini-téléviseurs sont également équipés d'écrans à cristaux liquides.

Cromalin

Marque de la société américaine Dupont de Nemours, devenue nom commun et désignant, en ***photogravure***, un tirage d'essai en quadrichromie.

CRPLF (Communauté des Radios Publiques de Langue Française)

Association qui organise et retransmet de multiples productions, coproductions et manifestations tous publics ainsi que des échanges d'informations et de professionnels de la radio.

Cryptage

Opération qui cherche à cacher ou à tenir ***secret*** un message en utilisant un langage codé qui n'est compréhensible qu'à ceux qui disposent du code. Le **cryptogramme** est un message écrit d'un système chiffré ou codé. Les signaux radioélectriques peuvent faire l'objet d'un cryptage. Dans le domaine commercial, cela correspond au brouillage des signaux des émissions de radio-télévision afin que seuls les récepteurs équipés d'un décodeur et possédant la clé du code de brouillage, en contrepartie d'un ***paiement à la consommation***

(pay per view) ou d'un ***abonnement***, puissent recevoir le programme en clair.

CSA (Conseil Supérieur de l'Audiovisuel)

Instance française de régulation de l'audiovisuel (télévision hertzienne terrestre, télévision hertzienne par satellite, télévision câblée, radio) créée le 17 janvier 1989, en remplacement de ***CNCL***. Composée de 9 membres irrévocables désignés pour 6 ans (non renouvelables) par les présidents de la République, de l'Assemblée Nationale, du Sénat. Le Président du CSA est nommé par le Président de la République. Le CSA nomme et révoque les présidents des chaînes publiques et surveille le respect du cahier des charges des chaînes. Il attribue également les fréquences aux chaînes privées. Le CSA a un pouvoir de sanction pour non-respect du ***cahier des charges***.

Le Conseil Supérieur de l'Audiovisuel a été institué par la loi du 17 janvier 1989 qui modifie la loi du 30 septembre 1986 (dite **loi Léotard**, du nom du ministre de la culture à l'origine du projet gouvernemental soumis au parlement).

1. Compétences

Le gouvernement prend la responsabilité de définir les règles générales applicables aux entreprises publiques et privées ; à l'instance de régulation revient le soin de négocier et de conclure avec chaque opérateur privé un certain nombre d'obligations particulières et les sanctions qui en assureront le respect.

Le gouvernement qui fixait déjà les règles générales dans les domaines de la publicité, du parrainage pour le secteur privé, et de la diffusion des œuvres cinématographiques et audiovisuelles, fixe désormais, également les règles du parrainage pour le secteur public, et celles relatives à la production, notamment la séparation des activités de diffusion et de production, qui relevaient précédemment de la CNCL.

Le CSA délivre les autorisations d'usage de fréquence, mais celles-ci sont subordonnées à la conclusion d'une convention passée entre le Conseil et la personne désireuse d'obtenir l'autorisation.

La véritable novation réside dans la définition par la convention des prérogatives et notamment des pénalités contractuelles dont dispose le CSA pour assurer le respect des obligations conventionnelles.

En ce qui concerne le ou les points sur lesquels doit porter la régulation, la loi du 1989 élargit la liste de la loi de 1986. Il s'agit de :

a) la durée et les caractéristiques générales du programme propre ;

b) le temps consacré à la diffusion d'œuvres audiovisuelles d'expression originale française en première diffusion en France, la part du chiffre d'affaires consacré à l'acquisition des droits de diffusion de ces œuvres ainsi que la grille horaire de leur programmation ;

c) la diffusion au moins deux fois par semaine, à des heures de grande écoute d'émissions d'expression originale française ou originaires de l'Union européenne ;

d) la part de chiffre d'affaires consacrée à l'acquisition des droits de diffusion d'œuvres cinématographiques d'expression originale française ;

e) la diffusion de programmes éducatifs et culturels ainsi que d'émissions destinées à faire connaître les différentes formes d'expression artistique ;

f) les dispositions propres à assurer l'indépendance des producteurs à l'égard des diffuseurs ;

g) la contribution à des actions culturelles, éducatives et de défense des consommateurs ;

h) la contribution à la diffusion d'émissions de radiodiffusion sonore ou de télévision dans les DOM-TOM, à la connaissance en métropole, de ces mêmes DOM-TOM et à la diffusion des programmes culturels de ces collectivités ;

i) la contribution à la diffusion à l'étranger d'émissions de radiodiffusion sonore ou de télévision ;

j) le temps maximum consacré à la publicité, aux « émissions » parrainées, ainsi que les modalités de leur insertion dans les programmes (une seule coupure autorisée, sauf dérogation spéciale accordée par le CSA) ;

k) le concours complémentaire au soutien financier de l'industrie cinématographique et de l'industrie de programmes audiovisuels, dans les conditions d'affectation fixées par la loi.

Deux dispositions nouvelles sont instaurées :

– tout membre du CSA peut être entendu par les commissions compétentes de l'Assemblée et du Sénat ;

– l'instance peut être saisie par le gouvernement, le président de l'Assemblée ou du Sénat ou encore par les commissions compétentes du Parlement, de demandes d'avis ou d'études pour l'ensemble des activités relevant de sa compétence.

Dans le domaine des télécommunications, le CSA a les mêmes compétences que la CNCL. C'est le CSA qui donne l'autorisation d'établissement et d'utilisation des installations de télécommunications autres que celles de l'État (pour l'usage privé des demandeurs : réseaux d'entreprises, CB, radioamateurs, etc.). Dans le domaine de l'audiovisuel, ses compétences se sont élargies pour contrôler le respect par Canal + de sa convention de concession et du cahier des charges qui lui est annexé, bien que Canal + ne relève pas du CSA en ce qui concerne le prononcé d'éventuelles sanctions. Le CSA ne peut que constater les manquements.

En matière de négociations internationales, le CSA a pour mission de favoriser la coordination des positions des sociétés publiques et privées de l'audiovisuel dans les instances ou organismes internationaux, mais ce n'est pas au CSA de mener des négociations internationales.

En matière de concurrence, le CSA ne dispose d'aucun pouvoir dans ce domaine. C'est au Conseil de la Concurrence de veiller au respect de la liberté de la concurrence dans ce secteur.

2. Pouvoirs d'action

Les pouvoirs d'action du CSA sont plus évidents que ceux des instances passées, parce qu'il bénéficie d'un allégement des tâches administratives pour consacrer plus de moyens aux opérations d'observation et d'analyse, et parce qu'il dispose de pouvoirs de sanction renforcés. En effet, en cas de non-respect, par le titulaire d'une autorisation, des obligations imposées par les textes législatifs et réglementaires et par les principes définis à l'article 1er de la loi, le CSA peut :

– suspendre, après mise en demeure, l'autorisation pour un mois au plus ;

– retirer l'autorisation ;

– saisir le Président de la section du contentieux du Conseil d'État qui statue en référé ;

– déposer plainte auprès du Procureur de la République pour toute infraction sanctionnée pénalement ;

– de prononcer des sanctions pécuniaires lorsque le manquement n'est pas constitutif d'une infraction pénale. Le montant de la sanction doit être fonction de la gravité des manquements commis et mis en relation avec les avantages tirés au manquement par le service autorisé. Il ne peut excéder 3 % du chiffres d'affaires hors taxe, ce maximum étant porté à 5 % en cas de nouvelle violation de la même obligation. L'argent des amendes profite au compte de soutien à la production cinématographique et audiovisuelle.

Culture

Ensemble des structures sociales et des manifestations artistiques, religieuses, intellectuelles métabolisées par les individus et qui définissent leur appartenance à une société identifiée par ces traits mêmes qui la distingue d'une autre. C'est ce phénomène de métabolisation qui semble le plus important dans les formules célèbres de **Margaret Mead** (1901-1978) et de Édouard Herriot (1872-1957). Pour l'anthropologue américaine « la culture c'est tout ce que l'homme ne pourra plus oublier ». Et pour l'homme politique français, professeur de littérature, « la culture, c'est ce qui reste lorsqu'on a tout oublié ».

Le deuxième élément commun à l'ensemble des définitions est de considérer la culture comme une production sociale, qui se fait par un lent et long processus de sédimentation dans la mémoire collective des actes et des messages qui ont marqué la vie sociale. En cela, elle s'oppose à la nature qui est un déjà là. La culture, produit social, est à son tour un producteur ou un facteur de production de la société, car elle structure les comportements des individus et détermine ainsi l'évolution de la société. Ce facteur est une ***structure*** qui, en tant que tel, semble résister au temps. C'est là le sens des formules précédentes, mais la relation entre culture et société est de nature dialectique : la culture évolue sur la longue durée.

Culture d'entreprise

Ensemble des valeurs, de signes, symboles partagé par les membres d'une entreprise et marquant leurs comportements ou leurs attitudes. Elle est influencée par des variables culturelles externes et par des particularités propres à chaque organisation. Les variables culturelles externes sont composées de la culture nationale, celle du pays dans lequel est implantée l'entreprise et de ce qu'il est convenu d'appeler, sans connotation péjorative, les sous-cultures, c'est-à-dire les cultures propres à chaque groupe composant l'entreprise : origines régionales, sociales, ethniques du personnel, corps de métiers exercés dans l'entreprise...

La culture d'entreprise est devenu un concept à la mode, en 1981, après la publication d'ouvrages américains portant, entre autres, sur le management japonais, puis sur l'excellence de la gestion de certaines compagnies américaines.

Comparant le fonctionnement de diverses entreprises, ces ouvrages faisaient de cette *corporate culture* un des principaux facteurs de performance.

Le succès rencontré par cette approche peut s'expliquer par le fait qu'essentiellement qualitative, elle s'opposait alors au courant de pensée dominant basé exclusivement sur l'utilisation d'outils rationnels (structures, contrôles, ratios...), et associait les performances obtenues à l'adhésion, l'implication, et l'engagement du personnel.

Jusqu'en 1985, deux approches vont cœxister :

– La culture conçue comme un élément de l'ensemble entreprise : l'entreprise a une culture.

Elle permet aux individus de s'adapter à la structure globale, et l'entreprise à son environnement. Les auteurs d'ouvrages portant sur l'excellence et la *corporate culture* ont adopté cette démarche. Ils proposent de promouvoir la culture comme un moyen de canaliser, et de maîtriser, les valeurs et les comportements dans l'entreprise.

– La seconde considère l'entreprise comme étant une culture, système de connaissances que chacun de ses membres peut interpréter par le biais de mécanismes mentaux. L'entreprise est une culture.

Jugée aujourd'hui plus satisfaisante, cette deuxième conception offre des pistes à l'audit de culture d'entreprise.

L'étude de l'histoire, des métiers, des valeurs, des signes et des symboles permet d'appréhender les grands traits culturels de l'entreprise. L'audit de culture d'entreprise débute par l'étude des fondateurs, qui constituent une source très riche d'informations, une entreprise ne se créant pas spontanément ou accidentellement. Il s'intéresse ensuite à l'appartenance de la firme à un, ou à des métiers, qui se distingue par la fierté de corps et par des cultures propres, plus ou moins valorisées selon la culture nationale. L'appartenance à un métier engendre un sentiment de compétence et de dévouement, mais peut être aussi facteur de clivage et d'immobilisme. Les oppositions, fréquentes en France, entre les activités de production et activités commerciales, en sont un exemple. Il analyse enfin le système de valeurs et identifie les signes et symboles utilisés dans l'entreprise.

Le système de valeurs correspond à un mode de pensée, à un ensemble de croyances et d'attitudes que le personnel partage et qui guide ses comportements. Elles concernent deux types d'énoncés, l'énoncé moral transposant au plan de l'entreprise des valeurs morales individuelles, comme l'honnêteté, le respect, la justice, et l'énoncé fonctionnel qui donne à chaque fonction, ou domaine de l'entreprise, une considération particulière.

Les signes et symboles sont les expressions concertées de la culture qui servent à résumer et à diffuser les valeurs de l'entreprise. Les signes comprennent le style vestimentaire, la gestion du temps, les arrangements physiques, les signes distinctifs de statuts. Les symboles comportent les légendes et histoire(s) et les ***logotypes***.

L'histoire de l'entreprise est généralement considérée dans l'audit de culture d'entreprise mais fait parfois l'objet d'une étude spécifique.

Mais à côté de ces publications qui envisagent la culture comme un outil de gestion, d'autres écrits dénoncent l'emploi abusif de cette notion hors de l'anthropologie, son contexte d'origine, l'esprit manipulateur dont il relève et sa visée exclusivement instrumentale. Dans la majorité des ouvrages qui y font référence, seule la capacité opératoire est en effet retenue. Ainsi, le succès rencontré auprès des milieux dirigeants par la culture d'entreprise s'explique en partie par l'apparente facilité de pouvoir plaquer une culture gagnante à l'entreprise en lui faisant revêtir un véritable prêt-à-porter symbolique. Il incombe alors au dirigeant, et à lui-seul, de définir la culture de l'entreprise.

Cependant cet intérêt pour la culture, qui est intervenu dans une société de plus en plus médiatisée, et dans laquelle la représentation prend souvent le pas sur la réalité, s'est quelque peu estompé.

En effet, la culture est la résultante d'un jeu complexe d'interactions entre différents acteurs et une situation et non le produit d'un acteur unique. Et certains auteurs et observateurs, comme Bruno Lussato, attirent l'attention sur ses effets plutôt divers en écrivant :

« Nous connaissons bien des groupes où règnent la plus chaude solidarité, l'amitié la plus intense, la motivation la plus forte, la volonté de vaincre ou de réussir. On les trouve aussi bien dans les cercles sportifs ou dans les institutions militantes que dans les entreprises dotées d'une "forte culture" et de ce que l'on appelle "l'esprit maison". Jusqu'ici, cet esprit de corps était considéré comme un gage à peu près certain de réussite, et tout était mis en œuvre pour le renforcer et l'exalter.

Aujourd'hui, on se rend compte que cet atout comporte des revers dangereux.

En effet, *la culture maison* est génératrice de stéréotypes, d'attitudes et de valeurs d'autant plus figées que le succès et le leadership ont forgé plus solidement le consensus. » (Bruno Lussato, *Le défi culturel*, Nathan, Paris 1989.)

Cumul multimédias (Limitation de -)

Dans un grand nombre de pays démocratiques, la législation prévoit de limiter les concentrations dans le secteur des médias afin de sauvegarder le pluralisme des sources d'information, indispensable à cette démocratie. Tant aux États-Unis qu'en France ou dans d'autres pays, les règles ont évolué ces dernières années, du fait de la dérégulation et de la déréglementation dans les années 1980 et début des années 1990. Ainsi, en France, avant la très libérale **loi Carignon** de 1994, à l'échelle nationale, un groupe peut apparaître dans les quatre médias assortis de seuils : télévision par voie hertzienne (4 millions d'habitants desservis), réseaux câblés (6 millions d'habitants), radio (30 millions d'habitants), presse (20 % de la diffusion des quotidiens d'information politique et générale). Le groupe peut dépasser les seuils, au plus, dans deux de ces quatre médias. À l'échelle régionale, un groupe peut figurer dans deux des quatre médias suivants : télévision par voie hertzienne, réseau câblé, radio (si le cumul des autorisations permet de servir plus des deux tiers des habitants de la zone concernée), un ou plusieurs quotidiens.

« Cut »

Terme anglais synonyme de « coupe franche ». Le montage « cut » est l'opération qui consiste à mettre bout à bout deux images sans aucun effet de transition.

« Cutting »

Terme anglais qui désigne l'opération matérielle du montage : coupure, collage.

Cybernétique

Du grec « Kubernetes », le pilote. Étude des régulations des organismes vivants et des systèmes mécaniques, par une boucle circulaire d'information permettant des rétroactions positives (amplifiant les tendances) et négatives (les limitant). Pour Abraham Moles, la cybernétique en tant que science inaugurée par les travaux de N. ***Wiener*** est l'autre façon de parler de la ***systémique***.

Cyberspace

Néologisme qui désigne les réseaux de communication de type ***Internet***.

Cycle

1. Série de films diffusés à intervalles réguliers et présentant un point commun : sujet, comédien, metteur en scène...
2. Périodicité d'un mouvement. Le hertz, l'unité de mesure des fréquences électriques, signifie ainsi un cycle par seconde. Un cycle économique désigne des fluctuations de l'activité économique. Il peut être spécifique à un produit, à une entreprise, ou général et global ; il peut être aussi journalier, hebdomadaire, mensuel, saisonnier, annuel, ou pluriannuel.

Cycle de vie d'un produit

Théorie économique selon laquelle un produit passe par quatre phases lisibles sur sa courbe de chiffre d'affaires et celle des bénéfices : lancement, développement, maturité et déclin ou sénescence. Les coûts sont élevés dans les deux premières phases (investissements de recherche, investissement de production, publicité). Aussi les bénéfices sont-ils logiquement négatifs puis légèrement positifs. Avec la maturité, les investissements sont arrêtés, les dépenses de publicité sont nettement plus faibles, les bénéfices sont importants. Le déclin correspond à la saturation du marché ou à l'arrivée de nouveaux produits des concurrents. Les bénéfices diminuent et risquent même d'être négatifs. Aussi est-il nécessaire de lancer un nouveau produit, pour un nouveau cycle avant la phase de déclin des ventes et des bénéfices. Un rajeunissement du produit avec une campagne de publicité plus importante peut relancer pour un temps les ventes.

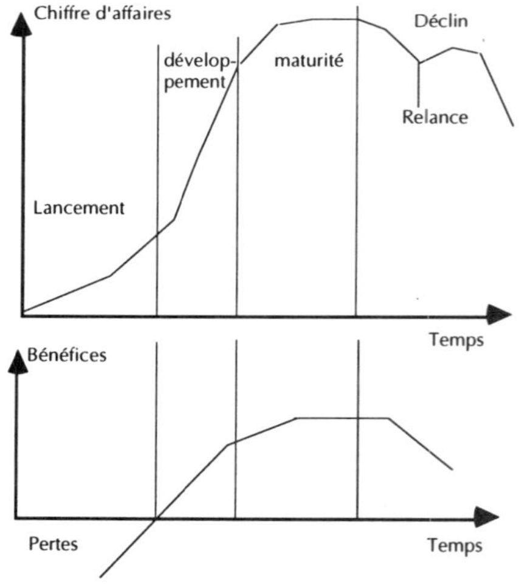

Cette théorie, testée sur certains produits et services, n'est cependant pas prédictive. La durée du cycle est imprévisible. La boisson de la marque de Coca-Cola, le « blue-jean » en général, le n° 5 de Channel semblent ainsi défier cette théorie.

Cyclorama

Abréviation « cyclo ». Fond de décor incurvé, permanent ou temporaire, qui sert à différents effets ou trucages à la télévision.

Cylindre

Procédé d'enregistrement et de restitution du son, inventé par Charles Cros (brevet déposé en 1877). Sa fabrication en fut poursuivie jusqu'en 1918, mais il fut remplacé par le phonographe.

D

3 D

En infographie, image de synthèse réalisée en trois dimensions.

D2-Mac Paquet

Variante de la norme **Mac** (Multiplexage Analogique des Composants) de diffusion de signaux de télévision. Dans cette norme, qui améliore sensiblement l'image, les composantes de l'image et du son sont diffusées par satellite et sont transmises par les émetteurs hertziens terrestres (système D2). La transmission d'informations se fait par codage analogique simultané (Mac) de la ***chrominance*** (couleur) et de la **luminance** (lumière). Toutes ces informations sont transmises par « paquets ». Le système D2-Mac Paquet, qui est compatible avec les standards ***PAL*** et ***SECAM***, a été présenté comme une étape aux avantages indéniables vers la TVHD (***Télévision Haute Définition***), puisqu'il peut fonctionner avec le parc de téléviseurs domestiques, sans obliger tous les ménages à un changement immédiat et onéreux. Cet argument a d'abord pesé dans la décision européenne de 1986 de retenir cette norme face à la concurrence japonaise d'une TVHD tout numérique, mais au début des années 1990, à la suite du ralliement de la firme française Canal + au tout numérique avec d'autres firmes européennes de télédiffusion, le système D2-Mac a fini par être écarté comme norme européenne en raison de la lenteur qu'il introduit pour arriver à la TVHD numérique.

DAB (Digital Audio Broadcasting)

Radiodiffusion sonore numérique (attention : le sigle DAB signifie aussi en français distributeur automatique de billets). Le DAB est un algorithme cryptographique qui permet de compresser les données très rapidement.

Cette nouvelle technologie de radiodiffusion assure une diffusion de qualité égale à celle du disque audionumérique dans des conditions correctes de réception, y compris dans un véhicule en déplacement. Elle permet, de plus, d'offrir une gamme étendue de nouveaux services. En effet, la grande capacité de transport des informations numériques offerte par le DAB ouvre des perspectives étendues dont quelques unes sont déjà connues :

– programmes radiodiffusés de qualité CD ;
– consommation de programmes payants avec une carte à puce personnelle ;
– radio-messagerie (envoi d'un message) ;
– radio-texte permettant l'affichage du titre du morceau, du nom de l'interprète, d'informations météo ou routières, etc.

Dactylographie

Technique d'écriture utilisant la machine à écrire dont les caractères (en grec *tupos*) sont frappés par les doigts (en grec : *daktulos*). Si la machine à écrire, qui standardise et normalise l'écriture, fut inventée en 1714 par l'Anglais Henry Mill, il a fallu attendre 1873 pour qu'elle soit utilisée aux États-Unis.

Daguerréotype

Invention de Louis Daguerre en 1838 consistant en un procédé de photographie qui fixe l'image réalisée sur une plaque métallique (étain, cuivre argenté) exposée en chambre noire. Par métonymie, un daguerréotype est à la fois l'image obtenue par ce procédé et l'appareil qui permet d'obtenir cette image.

DAO

Sigle ayant deux significations : Dessin Assisté par Ordinateur et Dessin Animé par Ordinateur. Dans ce dernier cas, il s'agit de l'extension de la première technique pour l'appliquer aussi bien pour le cinéma que pour la vidéo.

Le rôle de l'ordinateur en DAO est de calculer les mouvements des dessins entre plusieurs images fixes réalisées par les graphistes. Toutefois les logiciels récents de DAO mettent à la disposition des graphistes une bibliothèque de dessins, d'images simples ou en ***3 D***, de couleurs, etc. qui offre de nouvelles possibilités aux concepteurs de DAO. Voir ***PAO (Publication Assistée par Ordinateur), DAO, Infographie***.

Date de parution
Jour de mise en vente en kiosque (ou d'envoi pour les abonnés) d'une publication.

« Day After Recall » (DAR)
Test destiné à mesurer la mémorisation et l'impact d'un message publicitaire. Il est administré par entretien téléphonique le lendemain du premier passage du message à la télévision.

« Day-Time »
Terme publicitaire désignant les tranches horaires de la journée.

Dazibao
« Mur des dénonciations ». Pendant la Révolution Culturelle chinoise, les dazibaos étaient des panneaux sur lesquels tout un chacun pouvait venir écrire les reproches adressés publiquement aux opposants de la Révolution qu'il connaissait ou suspectait. On y dénonçait aussi toute personne hostile au processus révolutionnaire. Ce « pilori dialectique » théâtralisait le zèle révolutionnaire, et permettait d'instaurer un climat de suspicion et une logique de surveillance et de dénonciation.

D.B.S. (Direct Broadcasting System)
Voir ***Satellite de radiodiffusion, Satellite de diffusion directe***.

DCC (*Digital Compact Cassette)*
Cassette compact numérique. Procédé lancé en 1992 par la firme hollandaise Philips.

D.E.A. (Durée d'Écoute par Auditeur)
Durée moyenne d'écoute mesurée sur les interviewés ayant regardé la télévision ou écouté la radio au moins 1/4 d'heure. Voir ***Audience, Audience cumulée.***

Débats télévisés
Émission de plateau, généralement en direct, abordant aussi bien des questions de société, que culturelles, scientifiques, médicales, économiques et politiques. C'est évidemment par celui-ci que les plus grandes émissions de débats ont acquis leur notoriété. Ainsi, aux États-Unis le face-à-face télévisé entre John F. Kennedy et Richard Nixon pour les élections à la présidence en 1960 est resté historique. En France, c'est le débat entre Valéry Giscard d'Estaing et François Mitterrand pour l'élection à la présidence en 1974 qui a acquis ce statut d'émission historique, avec la sentence de V. Giscard d'Estaing « vous n'avez pas le monopole du cœur ».
Ce genre télévisé, apparu en France en 1954 avec l'émission « Face à l'opinion », suivie par de nombreuses autres aux titres plus ou moins éphémères à l'exception de « L'heure de vérité » qui a duré les deux septennats à la présidence de la république de F. Mitterrand, a perdu beaucoup de son audience depuis le début des années 1990, les affrontements idéologiques du passé semblent moins crédibles depuis l'effondrement du système communiste dans les pays de l'Europe Centrale et Orientale.

Débit
1. Dette, et partie du compte où sont portées les sommes dues, l'autre partie étant le crédit du compte. L'origine du mot est ici latine (*debittum* : dette).
2. Volume et vitesse des informations d'un canal. Il est généralement calculé en termes de volume d'informations par seconde. Débit, dans ce dernier sens, vient du scandinave *bitte* qui veut dire billot, c'est-à-dire un tronc de bois sur lequel on découpe la viande. La mesure du débit d'information d'un canal est le ***bps*** (bit par seconde, mais ici le mot ***bit*** n'a rien à voir avec l'origine scandinave de débit, il correspond à l'unité de mesure informatique, contraction de l'anglais « *binary digit* »)
Les débits d'informations des principaux moyens communication comportent deux catégories : bas débits et hauts débits.
Les bas débits se mesurent en milliers de bits par seconde (kbps). Ils concernent le ***vidéotex*** français (de 1,2 kbps à 9,6 kbps, suivant la technologie du ***Minitel***), le ***radiotéléphone mobile*** GSM avec compression de la voix (13 kbps), le téléphone classique analogique (28,8 kps : ce qui est donc le débit maximal d'une transmission numérique sur ce système), le téléphone classique numérisé (64 kbps : à cette vitesse, avec un téléphone numérique du type ***Numéris*** de France-Télécom, il est possible de transmettre en 10 secondes une image fixe de la qualité de la télévision), le visiophone numérique de base (128 kbps en utilisant deux canaux du téléphone numérique du type *Numéris* de France-Télécom).
Les hauts débits se mesurent en millions ou méga de bps (Mbps). Les canaux les plus représentatifs pour cette puissance sont (d'après le rapport Théry : *Les autoroutes de l'information,* La documentation française, 1994) :
– à 1,4 Mbps : le ***disque compact*** pour un son hi-fi stéréo (sans compression numérique), le visiophone avec une image de qualité, la consultation ***multimédia*** ou jeux vidéo avec une image animée sur un terminal dérivé d'un micro-ordinateur ;
– de 4 à 5 Mbps : l'image de télévision en norme **SECAM** en utilisant la compression numérique ;

– de 20 à 30 Mbps : l'image de ***télévision haute définition*** en utilisant la compression numérique ;
– à 216 Mbps : l'image de télévision de qualité habituelle, numérisée sans compression numérique ;
– 155, 622 et 2 488 Mbps sont les débits des nouveaux systèmes de transmissions numériques pour les liaisons à haut débit sur ***fibre optique*** entre centraux ;
– enfin à 8 000 Mbps, on atteint la capacité maximale d'un ***commutateur ATM*** (*Asynchronous Transfer Mode*).

Déboucher
En photogravure, enlever certains points de trame pour éclaircir une sélection de couleurs.

Décalcomanie
Procédé de transfert d'images ou de lettres d'un support vers un autre par frottement est un décalcomanie.

Décibel
Dixième du **bel**. Unité de mesure de l'intensité sonore.

Décisionnaire
En ***mercatique,*** personne qui prend la décision d'achat. Il n'est pas nécessairement l'acheteur ou l'utilisateur.

Déclaration préalable
Démarche administrative auprès du Procureur de la République et du ***CSA*** que doit entreprendre toute personne qui envisage de développer un service de communication audiovisuelle avec le public en général, ou des catégories de public, y compris un service télématique interactif qui ne relèverait pas de la correspondance privée, et un service de communication audiovisuelle distribué sur un réseau câblé en circuit fermé.

Décodeur
1. Appareil qui, à la réception, permet de traduire en clair des signaux codés à l'émission.
2. Personne qui reçoit un message codé transmis par un émetteur par l'intermédiaire d'un canal de communication. Voir ***Communication, Code***.

Déconstruction
On associe désormais l'idée (peut-on parler de concept ?) de déconstruction à l'œuvre de **Jacques Derrida** même si un fort courant américain la met en pratique d'une façon originale. Elle y désigne le processus de démontage d'une structure pour en faire apparaître non seulement les éléments qu'elle contient (ce que ferait une simple analyse) mais aussi la façon dont ils tiennent ensemble (ce que ne pourrait pas faire une simple destruction). Cependant, et c'est en quoi elle ne peut pas se réduire à être une simple méthode (Derrida parle d'ailleurs aujourd'hui des déconstructions), elle essaie, en remontant aux principes générateurs, de sortir de l'espace oppositif et différentiel qu'elle dévoile, pour mettre au jour le mouvement même qui a produit ces différences.
Mise en œuvre, à ses débuts, dans une lecture dense et serrée de la conception du signe chez Husserl (*La voix et le phénomène*), la déconstruction dévoile l'espace dans lequel s'est constituée la métaphysique occidentale, et plus généralement la pensée, mais elle peut s'appliquer à l'ensemble des productions humaines en allant de la communication (Derrida discute ce concept ainsi que la conception du performatif d'Austin dans *Marges*) jusqu'à l'appréhension de la littérature en passant par la linguistique, l'économie, l'ethnologie, la politique, les structures institutionnelles. Elle tente en effet de dépasser les catégories habituelles qui séparent aussi bien les domaines (littérature, philosophie) que les modes d'écriture traditionnels, tout en affirmant ne pas se limiter au seul domaine discursif ou théorique en étant aussi « une affaire practico-politique » (*La carte postale*, p. 536).

1. La déconstruction de la métaphysique
On peut dire que, d'une certaine façon, l'œuvre de Martin Heidegger a pour objectif de déconstruire la métaphysique traditionnelle. Ce projet apparaît à la suite d'un sentiment d'achèvement, d'épuisement, de fin, de clôture, (c'est selon), de la pensée métaphysique occidentale, qui oblige à se demander si l'on peut sortir de cette métaphysique ? Et, en un sens, la déconstruction se présente d'abord chez Derrida comme une entreprise de subversion de celle-ci telle que Nietzsche l'avait déjà entreprise en faisant essentiellement de l'activité philosophique un travail d'interprétation et d'évaluation. Le travail généalogique de Nietzsche permet de mettre au jour les dualismes qui animent la naissance de la raison occidentale, notamment dans son expression métaphysique. Ainsi, Socrate, selon lui, fait de la vie une chose qui doit être jugée, mesurée, niée, au nom de valeurs dites supérieures comme le Bien, le Vrai, le Beau, etc. On aboutit ainsi, notamment chez Platon, à la mise en place de deux mondes opposés, celui de l'essence, du vrai, de l'intelligible et celui de l'apparence, du faux, du sensible. Mais la méthode nietzschéenne va encore plus loin car elle remet en cause, à partir d'une lecture de

philologue et de rhétoricien mettant l'accent sur le **signifiant**, l'idée de vérité qui est au cœur de la philosophie : le **signifié** vérité n'est que le simple produit des glissements sur les signifiants :
« *qu'est-ce que la vérité ? Une nuée mobile (bewegliches) de métaphores, de métonymies (Métonymien), d'anthropomorphismes, bref une somme de relations humaines que la poésie et la rhétorique ont rehaussées, transposées, embellies et qui, après un long usage, paraissent à peu près établies, canoniques et contraignantes : les vérités sont des illusions dont on a oublié qu'elles le sont, des métaphores élimées et sans pouvoir sensible, une monnaie dont l'effigie s'est effacée et qui n'a plus d'intérêt que comme métal* » (*Livre du philosophe*).
Ce faisant, Nietzsche subvertit d'une façon radicale l'idée de vérité et la possibilité de constituer une ontologie. Telle est l'interprétation que fait Derrida de la pensée de Nietzsche et, du coup, son point de séparation d'avec la déconstruction de Heidegger sur lequel il reconnaît s'appuyer mais à qui il reproche de reconduire les problématiques de la métaphysique. Heidegger reste nostalgique de ce que l'on nomme l'onto-théo-logie traditionnelle c'est-à-dire de la philosophie qui cherche un fondement, un sens, une vérité ultime en l'être (ontos signifie être) ou en Dieu.

2. Déconstruire l'idée de présence et de représentation
En effet, la déconstruction de Heidegger laisse subsister sans les penser vraiment le mot Être et surtout la catégorie de présence, donc de **sens**, que va découvrir la déconstruction de Derrida à travers l'ensemble des productions occidentales de Platon (*La dissémination*) à Freud (*L'écriture et la différence*) en passant par Rousseau (*De la grammatologie*) et Hegel (*Glas*) sans oublier la littérature et la linguistique. La pensée occidentale est animée par une volonté de maîtrise de l'ensemble de tout ce qui est pour le rendre présent à soi sans aucune obscurité et extériorité. Or, la raison pour laquelle l'œuvre de Derrida commence par une analyse du langage, du signe, vient du fait que, la plupart des penseurs (linguistes compris) présupposent que le sujet qui s'exprime n'est entièrement présent aux signes que dans la parole : d'où le phonocentrisme (accent mis sur la parole) qui s'articule sur le logocentrisme (logos voulant dire tout à la fois, discours, parole, raison, fondement). La lecture que Derrida effectue du ***mythe de Teuth*** de Platon (in *La dissémination*) peut être considérée comme exemplaire du travail de déconstruction mettant au jour la plupart des catégories de pensée de l'occident qui, de Platon à De Saussure en passant par Freud, valorisent la parole au détriment de l'écriture. À Teuth qui présente une nouvelle technique qui est l'écriture, sensée mettre une fin définitive à l'**oubli** et faciliter le ressouvenir, le roi oppose un rejet qui est celui de la culture occidentale : l'écriture ne donne pas une science mais n'en est que l'apparence, elle crée l'oubli car elle ne fait plus travailler la ***mémoire***, elle rend irresponsable son géniteur-père qui est désormais absent, mort, elle s'inscrit dans la matière. Alors que la parole est valorisée comme étant intérieure à l'âme du sujet, immatérielle (elle n'est qu'un souffle instantané), source de mémoire, de responsabilité immédiate chez celui qui s'exprime, identique au sujet vivant, bref, exigeant la présence d'un sujet c'est-à-dire la conscience d'un père qui ne s'éloigne pas de lui-même et qui est plein de lui-même. Loin d'être un remède (pharmakon) contre l'oubli, l'écriture, qui n'est que la copie de la copie puisqu'elle copie la parole qui elle-même copie l'âme, est une drogue (autre sens de pharmakon) qui produit de l'oubli.
La lecture déconstructive fait ainsi apparaître les ambivalences, les apories (ici celle du pharmakon), les **dualismes** constitutifs de la pensée occidentale qui travaillent encore inconsciemment ses jugements en valorisant le premier élément de chaque dualisme : l'être-l'apparence ; la vérité-l'illusion ; l'esprit-la matière ; l'âme-le corps ; l'intérieur-l'extérieur ; le propre-l'étranger ; l'autonome-l'hétéronome ; l'original-la copie ; le naturel-l'artificiel ; le père-le fils ; la science-la technique ; la parole-l'écriture ; le signifié-le signifiant, l'intelligible-le sensible, etc.

3. Des différences à la différance
On pourrait penser que la pensée de Derrida consiste alors à renverser la métaphysique traditionnelle : il suffirait pour cela de mettre l'accent sur l'écriture, le signifiant, le corps, l'étranger etc. pour dépasser les problématiques traditionnelles qui valorisent le signifié ouvrant sur l'intelligible. Mais ce serait, même négativement, rester prisonnier de l'espace de pensée traditionnel en substituant un principe à un autre. La déconstruction se veut donc plus subtile, et, par là même, plus difficile à suivre dans la mesure où elle tente d'échapper aux déterminations constitutives de notre façon de

penser habituelle. Elle ne veut pas être une simple critique qui suppose jugement, décision volontaire (c'est sur ce point essentiel que la déconstruction se sépare de l'***École de Francfort*** qui ne peut critiquer qu'en restant à l'intérieur des pratiques discursives données). Elle veut non pas sortir au dehors brutalement ou dépasser les oppositions mais essayer d'éclairer ce qui les a produites. Derrida forge pour cela le non-concept ou anticoncept de **différance** (et non pas de différence) pour renvoyer au processus originaire qui permet l'apparition des différenciations et des différences ; la différance, qu'il qualifie « d'innommable » (*Marges, De la philosophie*), est ce qui, à l'opposé de la présence recherchée par la métaphysique occidentale, espace, sépare, détourne et temporise d'une façon originaire. Elle fait résonner les deux directions de sens du mot latin *differre*, à savoir, être autre et temporiser dans une action. Elle est ce qui produit originairement l'espace et le temps et les différences dans l'espacement en retardant indéfiniment toute totalisation. Mais elle n'est surtout pas ce qui fonde tout le reste, ce que les philosophes nomment un signifié transcendantal qui a pris souvent la figure de Dieu.

Ainsi, dans la mesure où l'on congédie tous les catégorèmes traditionnels qui permettaient de parler de sujet, de conscience, de présence, d'être, d'essence, de principe, de réalité, de vérité, d'intérieur, d'extérieur, de sens, etc., il ne peut rester qu'une parole ou qu'une écriture sans origine, qui se pose (sur quoi ?), qui avance (vers quoi, vers quel *telos* ?), sans assurance, sur une trace qui n'existe que le temps et l'espace de leur propre apparition. Chez Heidegger, il y avait des chemins qui ne menaient nulle part (*Holzwege*), on pourrait dire qu'avec Derrida, il n'y a plus de chemin, ce qui ne veut pas dire qu'il n'y a pas de parcours possible.

Décor

Espace ou scène dans lequel se déroule l'action d'une pièce de théâtre, d'un film de cinéma ou l'enregistrement d'une émission de télévision. Le décor peut être naturel en extérieur ou artificiel. Dans ce cas les **décors** sont un ensemble des toiles peintes, de l'agencement et des accessoires fixes figurant sur la scène de théâtre, sur un plateau de télévision ou de cinéma sur lequel a lieu le tournage. Le **décor projeté** est la projection sur un écran translucide, d'une image fixe ou mobile, qui sert de décor.

Définition

1. Énonciation des caractères essentiels spécifiques, des qualités propres d'un être, d'un objet, d'une chose.
2. Degré de finesse d'une image. La définition, en télévision, correspond au nombre de lignes et de points balayés par le faisceau d'électrons du téléviseur. Il faut préciser que le nombre de points sur une ligne est la **définition horizontale** (pour un bon téléviseur, le nombre de points par ligne est de 400, alors qu'il n'est que de 250 pour un magnétoscope grand public), et le nombre de lignes d'une image est la **définition verticale**. Ces deux définitions déterminent la finesse et la précision de l'image.
   En France, la définition verticale avec le système SECAM est de 625 lignes. Aux États-Unis, avec le NTSC, la définition de l'image donne 525 lignes. Voir ***Télévision Haute-Définition (TVHD)***.

D.E.I. (Durée d'Écoute par Individu)

Temps moyen passé devant la télévision ou à l'écoute de la radio par individu et par jour. Cette notion est à distinguer de la **durée d'écoute par auditeur (DEA)** qui est le temps moyen quotidien passé devant la télévision ou à l'écoute de la radio par les seuls individus ayant effectivement regardé la télévision ou écouté la radio. Voir ***Audience***.

Délais de programmation

Voir ***Cinéma, Soutien à l'industrie cinématographique, Dérogation***.

Deleatur

Signe conventionnel de correction en typographie pour indiquer une lettre ou un signe à supprimer dans une épreuve.

Demande

Intention d'achat. À un moment donné, dans un espace donné de chalandise, pour un groupe social donné, la demande est fonction du prix du bien ou du service, des prix des autres biens et services concurrents, substituables ou non, des prix des biens complémentaires, du revenu des prospects, de la publicité pour ce bien, de la publicité pour les autres biens, etc. L'objet de l'**étude de marché** est de tenter de mesurer la demande effective en identifiant tous les paramètres qui en déterminent le niveau. La sensibilité de la demande pour un bien à la variation de ces différentes variables se mesure par le coefficient d'élasticité. On peut ainsi calculer le coefficient d'élasticité de la demande par rapport au prix qui est alors le rapport entre le % de variation de la quantité demandée pour un bien donné et le % de variation du prix de ce bien, ou encore le coefficient d'élasticité de la demande par rapport aux dépenses de communication consacrées à un bien donné.

Démarchage téléphonique (ou téléprospection)
Mode de vente qui s'est développé avec la généralisation du raccordement téléphonique. Il est notamment utilisé pour les relances d'abonnements aux magazines et journaux, pour attirer des clients potentiels de meubles, par la participation à une loterie, pour inviter des clients importants à une réunion de présentation de produits dans un environnement choisi, pour la relance des donateurs à des associations d'actions humanitaires, etc. En d'autres termes, il semble efficace aussi bien pour les produits et services de grande consommation, que pour les transactions industrielles (*business to business* ou ***marketing industriel)***. Traduction de : « ***marketing*** » **téléphonique.**

Démarque
Pratique promotionnelle de réduction du prix de vente en changeant ou en supprimant la marque initiale permettant ainsi de solder la marchandise.

Démarque inconnue
Différence d'inventaire (entre le stock théorique ou comptable et le stock réel ou constaté) due principalement à des vols (dans la distribution commerciale), de la casse, des erreurs d'enregistrements comptables.

Démarquer
Reprendre une information diffusée par un concurrent ou une ***agence de presse***.

Demi-format
Format ***tabloïd*** dans la presse (29 x 42 cm) par opposition au grand format.

Demi-page
Espace destiné à la publicité qui prend le nom de **verticale** ou de ***chandelle***, lorsque cet espace est étiré en hauteur, et de ***bandeau*** horizontal lorsqu'il est en largeur.

Démodulateur
Appareil qui reconstitue le signal d'une onde porteuse.

Dénationalisation
Mouvement de transformation des entreprises publiques nationales soit, le plus souvent, en entreprises privées – on parle alors positivement de privatisation, mais ce terme s'applique pour des entreprises publiques en générale non spécifiquement nationales et dans ce dernier cas qui n'ont pas été des entreprises privées nationalisées –, et plus rarement, en entreprises publiques régionales ou municipales, par la vente des titres représentatifs de la propriété du capital juridique de ces entreprises. Les années 80 ont été marquées par un mouvement de dénationalisation de grande ampleur dans plusieurs pays à économie de marché et touchant divers secteurs dont les télécommunications en Europe (l'exemple a été donné par British Telecom), la radiodiffusion et télédiffusion (comme par exemple TF1 en France), en mettant fin dans ce secteur au principe du ***monopole public*** dans le domaine de la radio et de la télévision. Voir ***Déréglementation***.

Dénégriffier
Réécrire correctement une dépêche.

Dénotation
En linguistique, ensemble des éléments fondamentaux, objectifs et permanents du sens d'un mot. En publicité, la dénotation désigne tout ce qui est explicite sans aucune interprétation subjective : Ainsi dans l'exemple célèbre analysé par Roland ***Barthes*** (« Rhétorique de l'Image », *Communication*, n° 4, 1964) – la publicité des pâtes Panzani – la dénotation concerne la représentation de la tomate rouge, le poivron vert, les pâtes faites avec de la farine blanche. La dénotation se distingue de la ***connotation*** en ce que celle-ci comporte une dimension interprétative et subjective qui va au-delà du contenu manifeste. Ainsi c'est par connotation que le nom de la marque de pâtes alimentaires française « Panzani » et les couleurs vert-blanc-rouge (couleurs du drapeau italien, mais également de la Hongrie, de l'Algérie, etc.) de la publicité évoquent l'Italie qui n'apparaît pas dans l'affiche.

Déontologie
Ensemble des règles et des devoirs qui régissent une profession, la conduite de ceux qui l'exercent, les rapports de ceux-ci avec leurs clients et le public. La déontologie relève plus souvent de conventions non écrites que d'un code officiel ou explicite. Voir ***Charte des devoirs des journalistes***.

Dépêche
1. Information brève destinée aux organes de presse et provenant directement d'une ***agence de presse***, délivrée sans traitement, ni commentaire. Elle se distingue, d'une part, de l'article qui est plus long et déjà conçu pour une publication en l'état et, d'autre part de la synthèse (*round up*) qui fait le point de plusieurs dépêches consacrées au même sujet dans la journée.

2. Correspondance officielle dans l'administration publique.

Dépenses publicitaires

Dans un régime de concurrence, investissement des firmes en vue de défendre, voire de conquérir, des parts de marché et de constituer des ***barrières à l'entrée*** pour des nouveaux concurrents potentiels.

En termes comparatifs, le ratio le plus utile est la dépense par unité de produit. Ainsi dans la presse magazine, la publicité et la promotion représentent généralement un coût supérieur à la recette directe (l'abonnement) que procure un abonné. Dans l'automobile, la publicité des constructeurs en France dans les années 1990 représente une dépense s'élevant à 5 % environ du prix moyen de la voiture particulière. Les dépenses promotionnelles pour la sortie d'un **film événement** (grosse production, généralement américaine) peuvent représenter la moitié du budget total du film.

Depuis plusieurs décennies, les premières firmes pour les dépenses publicitaires au niveau mondial sont les producteurs de lessives Procter & Gamble et Unilever. En France, les investissements les plus importants sont effectués par les entreprises de la distribution (Carrefour, Mulliez – marque Auchan –, etc.), les constructeurs d'automobiles (Renault, Peugeot SA), les entreprises du secteur des industries agro-alimentaires (Danone) et du secteur des cosmétiques et parfums (l'Oréal).

Au niveau macroéconomique, les ratios le plus utilisés sont la dépense publicitaire par tête d'habitant et la part des dépenses de publicité dans le PIB (Produit intérieur brut) du pays. Ces deux ratios sont sensiblement corrélés de manière positive avec le niveau de vie (ou revenu par habitant).

Voir ***Technologies d'information et de communication et niveau de développement économique, Au-dessus de la ligne, Investissements publicitaires des entreprises (Les effets des -).***

Déperdition

Voir ***Affinité***.

Dépliant

Imprimé dont on prend connaissance, soit lorsqu'on le déplie, soit lorsque le document se déplie lui-même à l'ouverture (on parle de ***pop up***).

Déport

Opération qui consiste à capter une émission hertzienne, notamment étrangère, dans une zone frontalière et à la distribuer sur les réseaux câblés du territoire national.

Dépositaire

Commerçant indépendant ou salarié d'une chaîne de distribution et de diffusion qui reçoit en dépôt des publications en vue de l'exposition et de la vente. Le dépositaire-commerçant est généralement rémunéré par une commission qui varie de 15 à 30 % du prix de la publication.

Dépôt légal

Remise obligatoire à l'administration – en France : la Bibliothèque Nationale et le Ministère de l'intérieur – d'exemplaires de tout document (photographies, imprimés – livres, journaux, affiches –, enregistrements sonores, cinématographiques et vidéographiques). Le dépôt légal est à la fois un moyen de conservation du patrimoine et un moyen de contrôle de l'information (voir censure). C'est le producteur du document qui fait les démarches du dépôt légal. Pour l'écrit, le dépôt peut être fait soit par l'imprimeur soit par l'éditeur. En droit français, le dépôt légal est complété par le dépôt administratif et le dépôt judiciaire. La loi du 29 juillet 1881 précise, pour le **dépôt administratif**, l'obligation de remettre au ministère de l'intérieur ou à ses correspondants (préfecture, sous-préfecture, mairie de la ville d'édition) 10 exemplaires de chaque numéro de la publication et, pour le **dépôt judiciaire**, l'obligation de remettre 2 exemplaires au Procureur de la République ou à la mairie de la ville d'édition.

Déréglementation

Mouvement général de désengagement de la puissance publique dans le domaine économique depuis la fin des années 1970, avec le thatcherisme au Royaume-Uni (gouvernement de Margareth Thatcher), et le début des années 1980 avec le reaganisme aux États-Unis (présidence de Ronald Reagan). Ce mouvement s'est fait de manière plus brutale dans le secteur de l'audiovisuel avec la fin des ***monopoles publics de radiodiffusion et de télédiffusion***.

Il est bien évident que la déréglementation (*derugulation* en anglais), ne signifie pas la fin de la régulation : il ne faut donc pas faire une mauvaise traduction de l'anglais, car le système de communication n'est pas totalement libre, et des organismes *ad hoc* anciens, comme le **Conseil de la radiodiffusion et des télécommunications du Canada (CRTC)** et le ***FCC*** aux États-Unis ou nouveau, comme le ***CSA*** en France, etc., continuent à assurer la régulation du secteur. Ces organisme peuvent prendre des ***sanctions*** contre ceux qui ne respectent pas un certain nombre de règles à commencer par celles qui interdisent le monopole privé et l'abus d'une position dominante, le non respect du délai de diffusion pour un film, la diffusion de propos racistes, des émissions au caractère licencieux aux heures de grande audience, etc. (voir ***Dérogation de délais...***). Pour les pays en voie de développement. Voir ***Technologies d'information et de communication et niveau de développement économique***.

Dérogation de délais pour la diffusion d'un film à la télévision

Possibilité dans des cas exceptionnels, comme de mauvais résultats d'exploitation en salle, d'obtenir le droit de diffuser un film à la télévision avant le délai légal. La dérogation est délivrée sur demande par le Ministère de la Communication, après avis favorable du ***Centre National de la Cinématographie (CNC)***.

Déroulant

Procédé d'incrustation qui permet le défilement du générique à la fin d'une émission.

Derrida Jacques

Voir ***Déconstruction***.

Descriptions (Théorie des -)

Voir ***Philosophie analytique***.

Design

Système de production de formes et d'objets appelés à être diffusés dans l'espace de la communication, comportant une certaine valeur symbolique liée à la fonction sociale qu'ils exercent. Le design représente une médiation entre l'usage individuel des objets et des formes qu'il produit et la norme sociale qui leur donne leur statut et leur signification.

1. Le design et la communication

La communication, dans l'espace de la sociabilité, ne s'exerce pas seulement par la médiation des discours, des images, des arts ou des représentations : elle s'exerce aussi par la médiation de certaines formes et de certains objets porteurs de signification ou se voyant reconnaître des fonctions de représentation ou de socialisation. Le design est l'application de l'**esthétique** à des formes et des objets industriellement produits, et faisant par conséquent, l'objet d'une grande diffusion dans l'espace public.

Le design correspond, historiquement, à l'émergence de la culture industrielle et de la diffusion dans une grande extension de l'espace public des objets ainsi créés. L'émergence du design correspond à celle de la logique industrielle de la culture et de la représentation : c'est dans cette forme de pensée que s'inscrit, par exemple, l'ouverture du C.C.I. (Centre de Création Industrielle), dans le cadre du Centre National d'Art et de Culture Georges Pompidou, à Paris (1977).

L'articulation du design et de la logique de la communication se fait dans la problématique de la diffusion, qui, à la fois, confère aux formes et aux objets ainsi créés une ampleur et une visibilité sociales qui font d'eux des supports de médiation culturelle, et inscrit l'art et la culture dans une perspective de la diffusion indistincte de masse. Il s'agit, en fait, de fonder une esthétique de la ***communication médiatée***. Cette esthétique se fonde sur trois principes majeurs : le principe de diffusion, le principe de reproduction et le principe de fonctionnalité.

a) Le principe de diffusion

Le design appartient à la ***communication médiatée*** ; dans ces conditions, il appartient à une logique de diffusion dans l'espace de la sociabilité. Plus : comme les médias, il participe à la construction symbolique de l'espace de la sociabilité. C'est la diffusion qui fonde le design comme forme de culture en l'inscrivant dans une esthétique de la communication, et non dans une esthétique de la création singulière de propriété.

b) Le principe de reproduction

L'esthétique du design, qui correspond à l'esthétique industrielle, est une esthétique de la reproduction. C'est, en effet, la logique de la reproduction qui inscrit définitivement une forme ou un objet dans une logique de la diffusion. En effet, c'est par la reproduction que les créations du design font l'objet d'une appropriation par des destinataires indistincts, au lieu de l'être par des destinataires individualisés, connus, déterminés.

c) Le principe de fonctionnalité

Les formes et les objets du design appartiennent à une approche organique et fonctionnelle de la vie sociale, dont la valeur des objets et des formes est autant une valeur d'usage qu'une valeur symbolique – plus exactement dont la valeur d'usage et la valeur symbolique se confondent dans une même logique de la valeur. Le principe de fonctionnalité correspond à cette confusion dans la même valeur de l'échelle des usages et de l'échelle des valeurs de représentations symboliques. Le design s'inscrit dans une problématique sociale de l'économie générale des échanges symboliques.

2. Les formes et les objets de la communication
La diffusion des formes et des objets dans l'espace social de la communication s'accompagne de la mise en œuvre d'une logique sémiotique : ils font l'objet d'une interprétation de la part des acteurs de l'espace public, et, de ce fait, relèvent d'une logique de sens. Quand les objets sociaux appartiennent à l'espace social du marché et des échanges économiques, ils se définissent par un mode de production et par un mode d'usage : ils ont une fonction, un mode d'usage et une valeur. Ils font partie d'un ensemble d'objets définis pour leurs usagers et, d'une manière plus générale, pour les acteurs de l'espace public, par des fonctions et par des modes d'usage qui font de ces objets des représentations matérielles de l'appartenance sociale. C'est à ce moment que les objets de la sociabilité acquièrent leur dimension proprement symbolique et s'inscrivent dans une logique de sens et de communication.
C'est ainsi que Jean Baudrillard a pu écrire *Le système des objets*, dans lequel il décrit les grandes structures d'une civilisation et d'une culture de l'objet. Le design produit des formes et des objets auxquels sont reconnus un statut social et une signification qui leur donnent une signification, au-delà de leur existence matérielle et instrumentale, mais cette dimension médiatée et symbolique des objets correspond à une dynamique culturelle très ancienne dont on peut trouver un écho dans la poésie romantique (*Objets inanimés, avez-vous donc une âme, Qui s'attache à notre âme et nous les fait aimer ?*). La différence entre le regard romantique sur les objets et le regard que peut leur porter notre culture du design est la différence entre une signification et un attachement individuel à l'objet, en fonction du désir et en fonction d'une certaine représentation de soi et une dimension collective et sociale de la signification, qui, comme le design, s'inscrit dans une logique de la médiation.
La signification reconnue aux formes et aux objets dans la communication peut être de trois ordres : une signification anthropologique, une signification d'évocation, une signification esthétique.
a) Une signification anthropologique
Les formes et les objets de la communication sont des médiations de reconnaissance à la fois pour celui qui les regarde et pour celui à qui ils sont attribués : par la médiation de ces formes et de ces objets, on peut à la fois se situer dans l'espace de la sociabilité quand on les regarde ou quand on les utilise, et situer celui qui en est porteur : qu'il s'agisse de celui qui en est porteur ou de celui qui les regarde, les formes et les objets de la communication sont des médiations représentatives de l'appartenance sociale.
b) Une signification d'évocation
Les formes et les objets de la communication sont des médiations symboliques. Il s'agit de médiations qui permettent aux sujets singuliers de la communication et de l'espace social d'exprimer leurs sentiments, leurs souvenirs, leurs désirs : leur mode affectif singulier d'appréhension et de reconnaissance de la sociabilité. La dimension évocatoire des formes et des objets de la communication est une médiation qui articule la sociabilité et la dimension personnelle des acteurs de la sociabilité.
c) Une signification esthétique
Les formes et les objets sont, enfin, porteurs d'une dimension esthétique de leur médiation. Cette dimension esthétique de la médiation produit un sens en se référant non à du réel ou à une logique de représentation, mais à une forme d'idéal, que l'on peut appeler le beau ou que l'on peut appeler le goût. La signification esthétique du design est la signification que nous donnons à ses formes et à ses objets, en référence non à du réel dont ils tiendraient lieu ou qu'ils représenteraient, mais en référence à ce que nous reconnaissons en eux comme idéal de vie, comme idéal de fonctionnalité ou comme idéal d'évocation. Les objets du design prennent du sens pour nous à partir du moment où nous leur reconnaissons une dimension idéale : à partir du moment où nous estimons qu'ils sont, au moins en partie, représentatifs de l'image que nous avons de nous-mêmes.

3. Conception des formes
L'industrialisation de l'esthétique, qui est à l'origine du design, porte aussi sur les modes de conception des formes en usage dans la production des objets et des formes de la communication. La conception des formes et des objets du design appartient à une logique de la communication : elle intègre dans ses processus et dans ses opérations les processus et les opérations par lesquels s'engage et se soutient la communication.
a) Il s'agit d'abord de modes standardisés et reproductibles de conception des formes et des objets. La conception des formes et des objets du design est, elle-même, un processus qui appartient à la communication sociale : elle met en œuvre des logiques de conception qui,

comme toutes les logiques de la communication et de la diffusion des médias, font appel à l'informatique et au traitement de l'information (***CAO*** : ***conception assistée par ordinateur***) ou à des études et des enquêtes ergonomiques destinées à faire apparaître les usages sociaux et les modes de fonctionnement des formes et des objets ainsi produits dans l'espace de la sociabilité.

b) Il s'agit ensuite d'une esthétique de la diffusion et de la circulation : la conception des formes intègre la logique de la diffusion en prévoyant des formes qui peuvent faire l'objet d'une large diffusion. Cette exigence de diffusion des formes et des objets rend nécessaire la conception de formes reconnues et agréées par tous ceux qui font partie de l'espace social de communication – qui est aussi l'espace social d'usage et de mise en œuvre de ces formes et de ces objets. Cela implique d'une part l'observation de ***normes*** de conception, d'autre part la continuité entre les lieux de conception et les réseaux et les lieux de la diffusion de ces formes et de ces objets (cf. par exemple, les réseaux de diffusion comme les grandes surfaces d'ameublement ou de design qui incluent la conception et la distribution comme des processus continus).

c) Il s'agit, enfin, d'une esthétique qui observe des codes renvoyant, comme tout code symbolique, à une logique d'appartenance. Les formes et les objets du design sont marqués, codés, comme faisant partie d'une culture ou à un système social d'appartenance. Le design n'est pas seulement un procédé de conception de formes et d'objets de la sociabilité : il s'agit aussi d'une forme de code d'appartenance – comme, finalement, peut l'être tout style. C'est ainsi que, par le design, la modernité finit par devenir une sorte de code d'appartenance à un milieu social ou à un milieu idéologique particulier. On exprime son appartenance aussi par la possession ou par l'usage de certains objets et de certaines formes reconnaissables dans la logique du design.

Ces trois dimensions de l'esthétique du design permettent de mieux comprendre la place qu'il occupe et les fonctions qu'il exerce dans espace public.

4. Fonctions du design, de ses formes et de ses objets

Il y a une fonction sociale et culturelle du design, dans la mesure même où il assure la représentation de l'appartenance sociale de ceux qui le mettent en œuvre dans leurs pratiques et dans leurs habitudes. Le design est une médiation, car il exprime, pour ceux qui le mettent en œuvre, la relation entre la personne singulière du consommateur ou de l'usager et la dimension collective de sa culture d'appartenance – de la culture que représentent les formes et les objets du design ainsi mis en œuvre dans l'espace public.

Par ailleurs, il y a une fonction artistique et symbolique du design : il donne une forme et une expression à un style à ceux qui en sont porteurs : il donne une visibilité, une apparence aux acteurs de la vie sociale (consommateurs, acteurs de la communication et des échanges symboliques, acteurs de la représentation et de l'information) : le design donne au lien social la visibilité des objets et des formes de la représentation et de la quotidienneté.

Enfin, le design fixe la mode et donne une dimension artistique et esthétique aux normes et aux règles de l'appartenance sociale. Le design exprime un projet social – de vie, d'usage et de relations sociales, et l'identité sociale de ses usagers et de ses consommateurs.

5. Design et culture

Comme toute forme dotée d'un sens et d'une fonction de représentation, le design est constitutif d'une culture. Les formes et les objets du design construisent la culture industrielle, qui se définit comme la culture de la diffusion, de la fonctionnalité et de la communication de masse. Le design donne à la culture dont nous sommes aujourd'hui porteurs les formes et les structures des objets de notre vie courante : il a pour logique de diminuer, de neutraliser l'écart et la distance entre, d'une part, nos usages et notre quotidienneté et, d'autre part, nos valeurs esthétiques et symboliques de représentation. Ainsi, le design est une médiation entre la culture et la quotidienneté.

Désinformation

Forme sournoise de ***propagande*** par émission d'informations partielles ou mensongères. Le nouveau Code pénal réprime la désinformation qui consiste à influencer les décisions de l'État en fournissant des informations fausses ou erronées. Des conditions cumulatives sont exigées par le texte pour éviter de porter atteinte à la ***liberté d'expression***. Il faut avoir tout d'abord l'intention de tromper les centres décisionnels de l'État, ensuite avoir agi pour servir les intérêts d'une puissance étrangère et enfin que ce soit de nature à nuire aux intérêts fondamentaux de la Nation.

Desk

Terme anglais dont la traduction est ***bureau*** et qui désigne, dans la presse écrite et l'audiovisuel, la délégation décentralisée d'une agence de presse, d'un journal ou d'un organisme de radiodiffusion-télévision (arrêté du 10 octobre 1985).

Dans une rédaction, pièce dans laquelle parviennent toutes les dépêches d'agence.

Dessin animé

Suite de dessins qui, en recomposant l'apparence du mouvement à la vitesse de 24 images par seconde, donnent l'illusion de la vie aux personnages ainsi représentés. Ils ont été d'abord conçus pour le cinéma consommé en salle en famille. « Le théâtre optique » en 1893 de Émile Reynaud est généralement considéré comme le précurseur du dessin animé. Mais ce sont John Stuart Blackton et Émile Courtet (dit Émile Cohl) qui ont réalisé, en 1908, le premier dessin animé sur film. Le premier dessin animé de Walt Disney, *Mickey Mouse* qui deviendra le personnage emblématique de la firme Disney, est réalisé en 1928. De nos jours le principal débouché des dessins animés est la télévision, pour un public le plus souvent réduit aux enfants. Et à la conception manuelle, minutieuse et lente des dessins du passé destinés à la projection dans des salles de cinéma, comme « Blanche neige et les sept nains » des studios Walt Disney, a succédé la conception et le dessin assisté par ordinateur, simplifié et rapide dont le produit, d'origine japonaise dans la majorité des cas, est uniquement destiné à la télédiffusion.

L'utilisation de procédés d'animation graphique informatiques a révolutionné les méthodes de production ces dernières années, mais nécessite d'importants et coûteux investissements. L'intervention des fabricants de jouets est de plus en plus fréquente, en intégrant le dessin animé dans leur politique de ***mercatique*** : soit ces fabricant réalisent des panoplies et des personnages à partir des dessins animés, soit ils font réaliser des feuilletons mettant en scène leurs produits.

Destinateur

Dans tous les systèmes sociaux régulés et structurés par des institutions, il existe deux types d'acteurs : d'une part, les acteurs effectifs du système, qui remplissent des tâches, assurent des fonctions, se placent à un point ou à un autre dans une hiérarchie ; on pourrait désigner ces acteurs par le terme d'**acteurs personnels,** dans la mesure où il s'agit d'acteurs correspondant à des personnes effectives. D'autre part, il existe des acteurs, que l'on pourrait appeler **acteurs institutionnels,** dans la mesure où ces acteurs, qui correspondent à ce que l'on appelle, en droit, des personnes morales, ont des fonctions dans l'institution, mais ne sont pas incarnés nécessairement par des personnes physiques effectives. Plusieurs personnes physiques effectives peuvent, ensemble, exercer, dans la réalité institutionnelle, les fonctions d'un même acteur institutionnel.

Le destinateur est un de ces acteurs institutionnels. La fonction du destinateur est essentiellement de représenter l'institution dans la ***communication médiatée***. Au-delà, le destinateur est en charge d'une forme de **maîtrise d'ouvrage de communication**. Un tel concept, qui n'existe pas dans la tradition des sciences de l'information et de la communication, est nécessaire pour mieux comprendre les relations institutionnelles, les relations de pouvoir et les relations hiérarchiques qui peuvent exister entre le destinateur et l'***énonciateur***, et pour mieux penser les concepts d'initiative et de responsabilité qui structurent la communication médiatée.

Pas de ***communication médiatée***, en effet, pas de communication dans l'***espace public***, sans qu'elle soit assumée, et, par là, légitimée, par la reconnaissance d'une institution, au nom de laquelle s'expriment les acteurs effectivement chargés de la communication. En effet, on comprendra que, dans une logique de communication qui met en présence des acteurs institutionnels et non des personnes comme dans le cas de la ***communication intersubjective***, les acteurs effectifs de la communication ne s'expriment pas en leur nom propre, mais s'expriment au nom de ces acteurs institutionnels.

La question, dans le champ de la ***communication médiatée***, n'est pas « *Qui es-tu ?* », mais « *Au nom de qui parles-tu ?* ». Le destinateur désigne, précisément, l'institution au nom de qui s'expriment les acteurs de la communication ; il désigne la cause, le principe, la croyance même ou l'institution d'une manière plus générale, qui légitime, qui autorise l'énonciateur à produire le discours ou les formes de communication qu'il diffuse dans l'espace public.

C'est en ce point que se différencient radicalement la communication intersubjective et la ***communication médiatée*** : comme elle est faite par des institutions, la communication médiatée intervient à la fois sur le plan de la relation et de l'information, et sur le plan du lien social et de la cohésion culturelle. C'est pourquoi on peut parler d'une institutionnalisation de l'information et de la communication.

1. La médiation et la dimension institutionnelle de la communication
La **médiation** introduit une dimension institutionnelle dans la communication. Il s'agit de mettre en œuvre une logique de communication qui repose non sur les rapports d'identité entre un sujet et l'autre, ou entre un sujet et ce dont il parle, mais sur les rapports d'appartenance. Le destinateur est l'institution qui légitime la communication mise en œuvre, qui en fixe les buts et les règles, qui en assume la responsabilité. Le destinateur donne sa personnalité sociale à la communication : c'est par le destinateur que l'on peut la reconnaître et qu'elle acquiert une visibilité dans l'espace social.
En introduisant une dimension institutionnelle dans la communication, la médiation donne au destinateur la fonction de mettre en œuvre cette logique institutionnelle. D'abord, le destinateur n'est pas une personne : il ne s'agit donc plus de communication entre des personnes ou entre des sujets, mais d'une communication entre des institutions, relayée en quelque sorte, par des personnes dans la réalité de l'espace public. Le destinateur est ou le commanditaire d'une ***stratégie de communication***, ou l'institution ou la collectivité dans l'intérêt de laquelle la communication est mise en œuvre. Ensuite, le destinateur engage un rapport non individualisé au destinataire de la communication. Représentant une institution, et non une personne, le destinateur donne à la situation de communication une dimension non personnelle, mais collective et institutionnelle : il ne s'agit pas d'un échange de signifiants entre des sujets personnels, individualisés, mais de la ***diffusion*** de ces signifiants, authentifiés par le destinateur, auprès d'un public indistinct.
2. Les formes du destinateur
La fonction du destinateur peut revêtir plusieurs formes, selon les situations de communication envisagées. On peut relever quatre grands types de situation et quatre grandes formes de destinateur. D'une part, la situation de conflit, qui met en scène un destinateur ayant choisi son camp ; d'autre part, la situation institutionnelle, qui met en scène un destinateur assumant un pouvoir ; par ailleurs, la situation mythologique ou la situation des contes populaires, qui donne au pouvoir du destinateur et à sa fonction une dimension mythique ou collective, représentative, en tous les cas du lien social ; enfin, la situation courante de la ***communication médiatée*** – l'***information*** ou la ***rhétorique*** – donne au destinateur la fonction d'institutionnaliser et de stabiliser la communication mise en œuvre ; à partir du moment où le discours est énoncé au nom du destinateur, il acquiert une dimension politique : on n'énonce pas le discours à des fins d'exercice du pouvoir.
Mais il existe des situations dans lesquelles le destinateur prend la forme de la continuité d'une appartenance à la communauté. C'est le cas de la **parole engagée,** ou du **discours engagé**. C'est même, sans doute, ce qui définit la **communication politique**, la communication philosophique ou la **communication engagée** d'une manière générale, dont les acteurs ne sont pas nécessairement réductibles à des personnes ou à des acteurs identifiables, mais correspondent davantage à des repérages de la pensée ou de la parole de l'énonciateur. Le destinateur, dans de telles situations, n'est pas un acteur de la communication, en ce qu'il n'est pas réductible à une situation de communication : il s'agit plutôt d'une forme d'abstraction, d'une représentation théorique ; le destinateur est un élément de savoir de nature à mieux faire comprendre l'engagement d'un des partenaires effectifs de la communication. Dans une situation de communication politique, le destinateur est souvent l'opinion ou l'idéologie dont se soutient le discours, sans qu'elle soit nécessairement explicitée dans le discours. Dans le *Contrat Social*, le destinateur est une fonction discursive qui représente l'ensemble des idées politiques de Jean-Jacques Rousseau sur l'État et sur les relations entre l'État et les citoyens.
3. Destinateur et responsabilité
Le destinateur assume la responsabilité de l'information diffusée dans les médias produits sous sa direction. Cette responsabilité est à la fois éditoriale, politique et morale.
Portant à la fois sur la qualité esthétique et stylistique et sur la qualité de l'information diffusée (savoir communiqué), la responsabilité éditoriale de l'information est une responsabilité vis-à-vis du lecteur ou du destinataire, que le destinateur assure de la qualité de l'information. La responsabilité éditoriale est aussi exercée par le destinateur vis-à-vis de l'énonciateur, dont il attend une homogénéité et une continuité qui permettent au lecteur à la fois

d'identifier l'origine du discours, d'en repérer, grâce au style ou à la langue, l'auteur ou le destinateur, et d'en authentifier les significations.

La responsabilité politique du destinateur porte sur la dimension institutionnelle de la communication : le destinateur assume à la fois un pouvoir et une appartenance. Le pouvoir du destinateur est le pouvoir de décider d'engager une stratégie de communication ou de contrôler la diffusion d'une information. Chef d'entreprise, le destinateur est l'acteur qui commande une stratégie de communication, en passant commande d'un espace publicitaire à un vendeur d'espaces et d'une publicité à une agence. Propriétaire d'un journal, le destinateur est l'acteur qui détermine les orientations et les choix de la politique rédactionnelle de ce journal. L'appartenance du destinateur permet l'identification politique du média dont il est responsable. C'est ainsi que les médias font apparaître, dans leur discours même, des orientations idéologiques, culturelles, politiques qui déterminent leur appartenance. On peut citer l'exemple de ce titre d'un quotidien régional du sud-est de la France : *Fusillade rue Thubaneau : deux maghrébins et trois passants blessés.* Rien n'est explicité dans ce titre : seule une lecture attentive permet d'en déceler l'idéologie, c'est-à-dire la forme rédactionnelle qui caractérise son appartenance.

La responsabilité morale du destinateur s'exerce à l'égard des actes ou des décisions qui ont pu être inspirés à la lecture ou à l'usage du média. Le droit de la presse et de la communication doit prévoir une responsabilité morale des médias dans certaines situations d'incitation à la haine ou à la violence. Il a même pu arriver que des médias soient mis en cause dans des affaires de meurtres dans lesquelles il a été considéré qu'ils avaient pu jouer un rôle d'incitation. La responsabilité morale désigne aussi la dimension culturelle et morale des médias : non seulement l'appartenance politique qui définit leur orientation, mais aussi les références morales qui les légitiment et qui définissent leur place dans l'ensemble de l'activité de médiation et de communication. Le destinateur d'un média est l'appartenance morale dont se soutient son activité. Cette appartenance peut prendre deux formes majeures dans la vie sociale et institutionnelle :

– la référence religieuse qui définit un rapport à la foi et à la divinité ;

– la référence éthique qui définit un rapport au comportement et aux pratiques sociales considérés comme légitimes.

4. La décision en communication

La décision est le fait institutionnel majeur qui caractérise la communication médiatée. Elle désigne le fait par lequel une institution ou un acteur politique ou institutionnel décide d'engager une ***stratégie de communication***. Il s'agit donc d'un moment qui s'inscrit dans une procédure. Cette procédure marque la responsabilité du destinateur, puisqu'elle fait apparaître son pouvoir de mettre en œuvre ou non la stratégie de communication sur laquelle elle porte.

La décision en communication se déroule en quatre moments.

• Le premier moment est celui de l'analyse et de l'appropriation de la situation de communication par le destinateur. Il s'agit d'apprécier une situation, de l'évaluer, et d'en faire apparaître les dynamiques majeures. Il s'agit du moment au cours duquel le destinateur procède à un examen critique de la situation, à l'issue duquel il acquiert une connaissance de la situation qui le met en mesure d'assumer sa dimension institutionnelle. En fait, ce premier moment est le moment où le destinateur s'inscrit pleinement dans l'exercice de son rôle dans la communication : c'est parce qu'a lieu cette appropriation de la situation de communication par le destinateur, que la stratégie de communication devient effective.

• Le deuxième moment de la décision est celui de l'évaluation anticipée de la stratégie envisagée et de ses conséquences sur les acteurs sociaux en présence et sur leurs comportements. Il n'y a pas de pouvoir sans l'aptitude à l'anticipation, qui caractérise toute forme de pouvoir. L'anticipation prend, dans le champ de la communication, la forme de l'anticipation des conséquences de la stratégie de communication, à la fois en matière de décision de ses partenaires et de ses destinataires (notion d'**influence de la communication**) et en matière d'impact réel sur la situation (notion de **performativité de la *communication médiatée*** qui, en situation politique, peut avoir des effets). Les stratégies publicitaires, en particulier, mettent en œuvre des procédures d'anticipation.

• Le troisième moment de la décision est celui de la représentation : le destinateur choisit un énonciateur qui le représente, et qui mettra en œuvre la stratégie de communication envisagée. Ce choix peut être personnel (le choix d'un porte-parole ou d'un mandataire : *Tu es Pierre, et sur cette pierre, je bâtirai mon Église*) ou institutionnel (le choix d'un journal comme support d'une campagne publicitaire). La représentation est le moment de l'émergence de la médiation proprement dite, puisque c'est à ce moment que la stratégie de communication s'inscrit dans la logique de l'indistinction et de l'espace public – le choix du représentant se faisant, *a priori* indistinctement, parmi tous les acteurs de l'espace social.

• Le quatrième moment de la décision est la décision proprement dite : le moment, en quelque sorte atemporel, où le destinateur engage, à proprement parler, la stratégie de communication envisagée. C'est ce moment ultime de la décision qui fait passer la communication du stade d'un projet envisagé dans le symbolique à une communication effectivement mise en œuvre en situation réelle. Désormais, la stratégie de communication n'est plus un projet, elle n'est plus une représentation que se fait le destinateur : elle appartient à l'espace de la communication, et, par conséquent, à l'interprétation qu'en donnera l'autre.

5. Communication et représentation

La communication médiatée engage le destinateur dans une logique de ***représentation*** : il ne s'agit, en effet, plus seulement pour cet acteur d'être présent dans la communication comme sujet de l'interlocution, mais de s'y inscrire comme acteur institutionnel appelé à faire l'objet d'une représentation assurée par l'énonciateur. La communication médiatée repose, en effet, sur le fait que les acteurs institutionnels, comme l'est le destinateur, n'y sont pas présents immédiatement, mais par la médiation d'une représentation. Ainsi, l'agence de publicité qui produit dans les médias un énoncé publicitaire pour un destinateur le représente dans la négociation avec ce média et, auprès des usagers de ce média, dans la stratégie de communication qu'elle met en œuvre.

Détourage

Procédé qui consiste à éliminer les parties non souhaitées dans une photo.

Développement économique (Information et niveau de -)

Voir ***Technologies d'information et de communication et niveau de développement économique.***

Dewey (Classification Décimale -)

Voir ***CDD.***

Diagramme

1. Représentation graphique (sous forme de courbes, de bâtons, de rectangles, etc., avec des coordonnées cartésiennes, polaires, triangulaires, etc.) de données statistiques diachroniques ou synchroniques, mais de nature comparative, en vue d'en faciliter la lecture et l'analyse. Le diagramme est en fait, déjà, une analyse des données.
2. En mathématiques, le diagramme d'Euler-Wenn est une représentation graphique des opérations réalisées sur les ensembles (union, intersection).

Histogramme (graphique structurel) et stéréogramme (en trois dimensions).

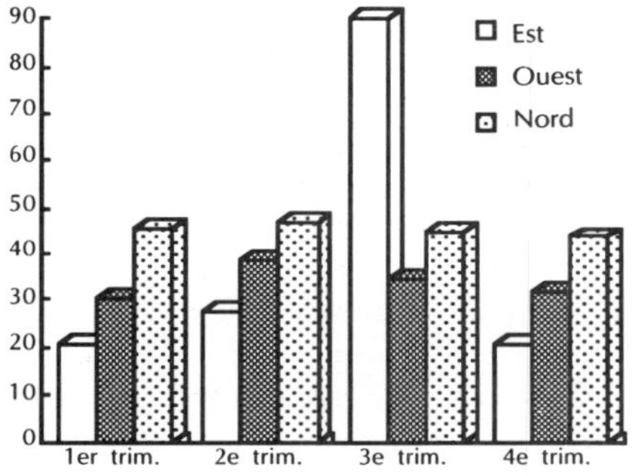

Diagramme en secteurs.

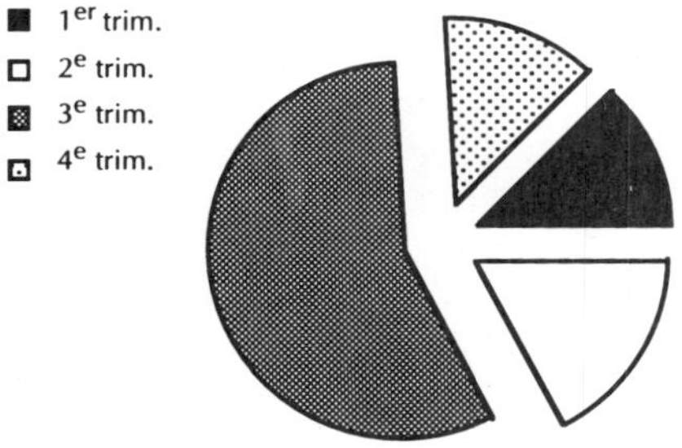

Diagrammes en bâtons.

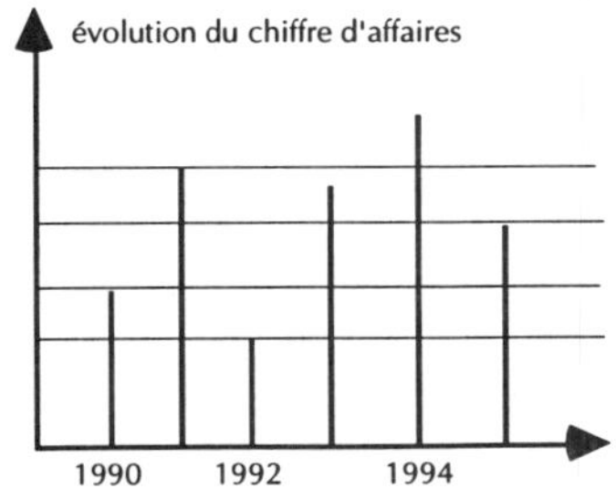

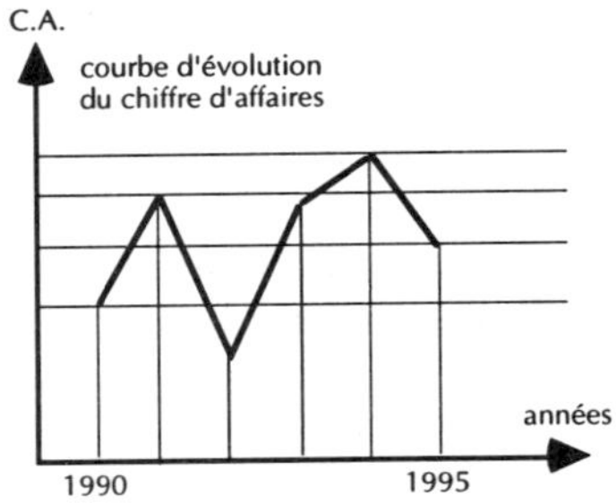

Diagramme en tuyaux d'orgue.

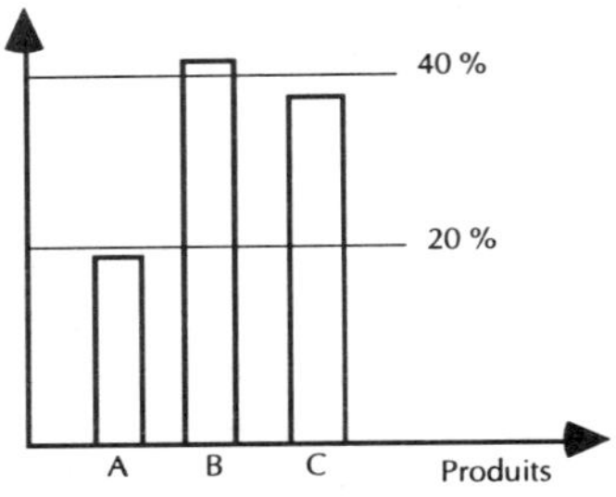

Diagramme triangulaire.

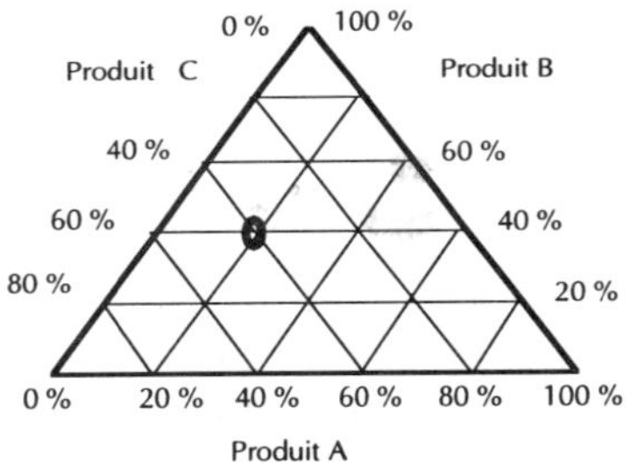

Diagramme Euler-Wenn.

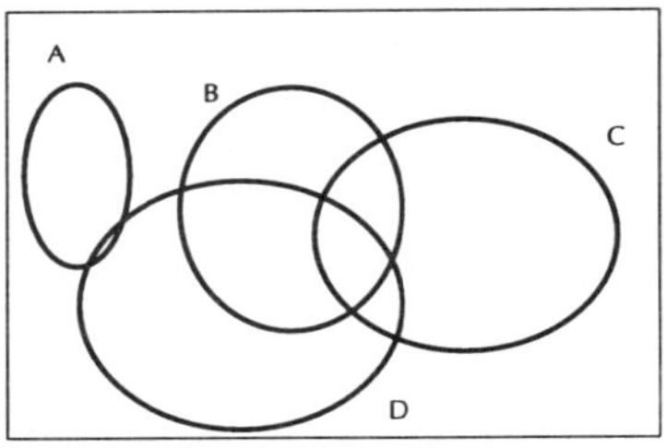

Voir ***Graphique***.

Dialectique

1. Procédé d'argumentation, dans une discussion, consistant en une suite de raisonnements rigoureux, logiques, en vue de démontrer, de réfuter, de convaincre, d'emporter la conviction. Dans les dialogues de Socrate rapportés par Platon, la dialectique est l'art de la discussion par question et réponses et qui débouche sur une adhésion à l'idée, ou à une conviction partagée en suivant le principe didactique de la **maïeutique** (art d'accoucher les esprits des pensées qu'ils contiennent sans le savoir).
2. Méthode de raisonnement, développée à partir de la philosophie de Hegel, qui analyse la réalité en mettant en évidence les contradictions (thèse et antithèse) de celle-ci, pour ensuite chercher à les dépasser (synthèse).

Dialogisme

Théorie selon laquelle l'expression n'est pas le fait d'un individu isolé mais s'inscrit dans la perspective de questions et de réponses. Le dialogisme insère les actes de communication dans le flux complexe de l'histoire et le soustrait à l'illusion individualiste. L'énonciation est produite bilatéralement par le locuteur et l'allocutaire, tous les deux producteurs et interprètes.

Dialogue

Partie parlée d'un film ou d'une œuvre de télévision. Les dialogues peuvent être une adaptation d'une œuvre littéraire, ou être originaux (conçus par un dialoguiste ou le réalisateur). Les dialogues en langue étrangère sont généralement sous-titrés ou doublés dans la langue nationale.

Voir ***Doublage, Sous-titrage***.

Dialoguiste

Professionnel qui écrit les dialogues d'un film, d'un téléfilm ou d'une série.

DIANE

Acronyme de Direct Information Acess Network in Europe. Réseau européen des **banques de données**. Voir ***Autoroutes de l'information.***

Diaporama

Montage sonorisé de diapositives.

Diapositive

Image fixe photographique en couleur projetée par transparence sur un écran.

Diazocopie, Diazolid

Procédé de reproduction sur papier d'un document transparent. Voir ***Ozalid***.

Dictionnaire

Recueil de mots rangés dans un ordre convenu (alphabétique, conceptuel) et suivis de leur définition ou de leur traduction en une autre langue. Lorsqu'un tel recueil de mots définis est complété par des renseignements sur les choses, les idées, les personnes, leur histoire, etc. il devient un dictionnaire encyclopédique.

Didacticiel

Logiciel spécialement conçu pour l'***enseignement assisté par ordinateur (EAO)***.

Didot

Famille d'imprimeurs, graveurs, papetiers, libraires français. Les membres les plus célèbres sont :

– François-Ambroise (1730-1804) est l'inventeur du caractère Didot, de la mesure typographique – le **point didot** qui mesure 0,3759 mm (voir ***Typomètre***) –, de la presse à bras « à un coup ». Il fut à l'origine de la fabrication du papier vélin.

– Firmin (1761-1836) est l'inventeur de la stéréotypie.

Diffamation

Selon l'article 29 de la ***loi du 29 juillet 1881***, une diffamation est une allégation ou une imputation d'un fait qui est de nature à porter à l'honneur et à la considération de quelqu'un ou d'un corps constitué auquel le fait est imputé.

La diffamation suppose que l'allégation soit publique, peu importe sa forme (affirmative, interrogative, dubitative), et ses moyens de diffusion (tract, article dans un journal, livre, affiche, émission de radio ou de télévision, réunion publique). La reproduction publique d'une diffamation, que la source soit citée ou non, est elle-même une diffamation. Toute allégation qui porte atteinte à la vie privée est une diffamation, quelle que soit la réalité du fait. Il en est de même pour tout rappel de faits prescrits ou amnistiés. La méconnaissance de ces principes, ou l'absence de précautions suffisantes, conduisent certains journaux à payer de très lourdes pénalités qui mettent en danger leur fragile équilibre, qui peut d'ailleurs expliquer ces dérives en vue d'augmenter l'audience, le lectorat.

Différé

Émission enregistrée avec les moyens du direct et diffusée avec un léger décalage horaire, soit que la retransmission ait lieu à partir d'un pays situé dans un autre fuseau, soit qu'il y ait une incompatibilité avec la grille des programmes.

Diffuseur

Personne morale ou physique titulaire d'une autorisation d'usage de fréquence délivrée par une autorité administrative (en France c'est le ***CSA***), pour un service national ou régional de ***radiodiffusion***, ou de ***télévision hertzienne***. L'équivalent du diffuseur en ***câblodistribution*** est le **distributeur**.

Diffusion

Appropriation massive d'informations, de données, de formes ou d'objets de communication par un nombre indistinct de destinataires au cours d'un processus social de communication qui se déroule dans l'espace public. La diffusion se distingue de la ***distribution***, qui suppose des destinataires individualisés. Par exemple, la diffusion dans le domaine audiovisuel (***broadcasting*** en anglais) s'applique généralement à la radiodiffusion et télévision hertzienne, tandis que la distribution est une notion plutôt réservée à la télévision par câble (**câblodistribution**).

1. Diffusion et espace social

C'est la diffusion qui constitue la spécificité de la ***communication médiatée***, en répandant les formes et les structures dans l'espace social de l'indistinction – à la différence de la ***communication intersubjective*** qui se déroule dans un espace propre à deux sujets.

L'espace de l'indistinction désigne l'espace dans lequel les origines et les identités des acteurs sont indifférentes, et dans lequel c'est, au contraire, l'égalité qui fonde les rapports sociaux. C'est en cela que la communication médiatée se distingue de la communication intersubjective ; comme elle ne met pas en présence des sujets qui se définiraient l'un par rapport à l'autre, elle s'inscrit, au contraire, dans un espace dans lequel ce qui caractérise les acteurs de la communication est davantage leur appartenance que leur identité.

C'est ce qui explique l'importance de la diffusion de l'information dans la structuration du champ social : elle a à la fois une importance politique et une importance en matière de communication. En matière politique, c'est la diffusion de l'information qui forme la citoyenneté et qui lui donne sa consistance : elle fait prendre conscience aux citoyens de leur commune appartenance à la communauté dont ils sont citoyens. En matière de communication, la diffusion de l'information rend possible l'unification de l'espace social de la communication autour d'un certain nombre de représentations communes : c'est ce qui permet l'appropriation de la culture par ceux qui s'en réclament.

La diffusion, enfin, est constitutive d'un marché : c'est la diffusion qui inscrit la communication dans l'espace social dans une logique de marché, d'échanges et de circulation. En particulier, la diffusion est constitutive de la *valeur* en matière de communication : valeur politique (forte diffusion d'idées ou de représentations politiques ou sociales), valeur culturelle (forte diffusion de pratiques culturelles ou symboliques), valeur marchande (forte diffusion de biens de consommation).

2. Différents types de diffusion

On peut distinguer quatre types de diffusion : la diffusion matérielle (presse, messageries, routes, etc.) dans l'espace, la diffusion immatérielle (ondes et satellites de radio et de télévision), la diffusion idéologique (***propagande***) et la diffusion de consommation (marché).

a) La diffusion matérielle

• Pour la presse écrite et l'affichage, ce qui caractérise la diffusion matérielle des médias est l'existence de points de diffusion (kiosques et dépôts de presse ; panneaux d'affichage), qui constituent des lieux de diffusion et d'appropriation, et, en même temps, des lieux de transaction. La diffusion matérielle est une transaction – économique (achat, vente d'espaces) ou institutionnelle (appropriation d'information).

• L'assistance à un spectacle constitue une forme de diffusion matérielle de communication.

• La diffusion est un mode de **transmission par voie hertzienne** de messages sonores et audiovisuels : les programmes diffusés sont captés par des antennes individuelles (diffusion terrestre) ou collectives (diffusion par satellite). Pour ce mode, la diffusion peut être en direct ou en différé.

Une **diffusion en direct** est une transmission d'un événement généralement de grande importance (finales sportives, élections, etc.) à l'heure même où il se passe. Le nombre d'émissions en direct a considérablement augmenté depuis l'arrivée du satellite de diffusion qui permet la transmission intercontinentale.

Une **diffusion en différé** désigne une émission enregistrée pendant la transmission en direct et rediffusée à une heure plus propice pour le public ou pour la station.

b) La diffusion immatérielle

La communication audiovisuelle inaugure l'ère de la diffusion immatérielle ; on parle aussi, à propos de la diffusion de l'audiovisuel, d'***audience***. Rien ne manifeste concrètement, matériellement, l'appropriation de l'information par ses destinataires, qui n'a pas lieu dans des points particuliers de l'espace, mais qui, au contraire, correspond davantage à des pratiques ou à des rituels sociaux.

c) La diffusion idéologique

C'est la diffusion idéologique qui représente l'appropriation de la ***propagande*** par les acteurs de l'espace politique. Le terme *propagande* vient de l'expression latine *propaganda fides*, qui désigne la diffusion de la foi dans l'espace culturel et social de la catholicité. La *Congregatio de propaganda fide* est l'institution chargée de la propagande depuis l'Église catholique de la Renaissance et de la Contre-Réforme. Par extension, la propagande désigne le processus par lequel des idées, des représentations, des concepts font l'objet d'une diffusion dans l'espace public et s'inscrivent effectivement dans la conscience des personnes qui composent cet espace public en tant que citoyens ou, de façon plus générale, en tant qu'acteurs politiques. C'est la diffusion idéologique qui assure l'existence effective des idées et des représentations.

d) La diffusion de consommation

Il ne s'agit pas de la diffusion de formes de communication, mais de la diffusion d'objets faisant l'objet d'une commercialisation en vue d'un usage social de la part de leurs destinataires. La diffusion de consommation prend toujours la forme d'une transaction. La maîtrise rationnelle de la diffusion de consommation est l'objet du *marketing*, ou ***mercatique***. C'est cette forme de diffusion qui donne à des objets de consommation le statut d'objets et de formes de communication sociale. Les objets de la diffusion de consommation peuvent être :

– des produits de communication (mais entendus du point de vue de leur valeur marchande) qui peuvent être des journaux, des livres, des disques, des films ;

– des produits de toute nature faisant l'objet d'un usage social. il peut s'agir aussi bien de vêtements à la mode, sachant que la mode est une forme de diffusion de communication, que de produits gastronomiques et d'articles divers.

3. Contrôle, mesure et suivi de la diffusion

Le contrôle de la diffusion des médias est une affaire économique et financière (rentabilité et profit des médias), une affaire politique (la diffusion de la communication permet un pouvoir sur un espace social) et une affaire de communication (analyse et suivi des structures et des parcours de la diffusion).

a) Sur le plan économique et financier, le contrôle de la diffusion fait l'objet de nombreuses mesures (***mesure de l'audience*** par des dispositifs comme l'***Audimat***, contrôle de la diffusion des journaux par l'***OJD – Office de la Justification de la Diffusion***), dans la mesure où c'est la diffusion des médias qui permet d'évaluer la portée des messages publicitaires dont ils sont porteurs. Voir ***Diffusion (Organismes de contrôle de la -)***.

b) Sur le plan politique, le contrôle de la diffusion permet de mesurer l'impact de telle ou telle idéologie ou de telle ou telle campagne dans l'opinion. Si l'on va un peu plus loin, le concept d'***opinion publique*** se définit, justement, comme le champ des destinataires de la diffusion politique : c'est l'ensemble des destinataires de la diffusion politique de communication.

c) Sur le plan de la communication, la diffusion constitue le champ et le processus par lesquels la communication devient effective. C'est la diffusion qui donne sa consistance réelle à la ***communication médiatée***, dans la mesure où c'est la diffusion qui fait exister réellement les destinataires de la communication.

Diffusion (Organismes de contrôle de la -)

Le contrôle de la diffusion est un problème spécifique à la presse, aussi bien quotidienne que magazine ou gratuite.

Il y a une trentaine d'années, le ***média planner*** se contentait des chiffres de diffusion pour établir ses choix. Parfois même le tirage seul était disponible. On a la relation :

tirage = diffusion + bouillon.

Le **bouillon** constituant les exemplaires non distribués et devant être détruits. Les études d'audience ont depuis affiné la connaissance des supports presse, mais la diffusion reste une valeur de référence, permettant de calculer le ***taux de circulation***.

Le principal organisme est l'***OJD (Organisme de Justification de la Diffusion)***. La revue « *Tarif Media* » publie depuis 1967 les chiffres OJD des supports presse. Le coût d'adhésion à l'OJD est peu élevé et constitue pour un support une base de référence. Ainsi les chiffres de diffusion communiqués par l'éditeur (et non contrôlés) sont très souvent à prendre avec une extrême réserve.

Dans un premier temps, l'éditeur établit une déclaration de diffusion à l'OJD :

– diffusion totale déclarée à l'OJD pour l'année civile 19... ;
– diffusion payée ;
– diffusion non payée.

Ces valeurs peuvent être communiquées par la revue « *Tarif Media* ». Bien sûr la référence reste le contrôle établi par l'OJD. La revue *Tarif Media* les indique comme ceci :

– diffusion totale contrôlée OJD ;
– diffusion payée ;
– diffusion non payée.

L'OJD peut apporter d'autres renseignements :

– abonnements ;
– répartition géographique ;
– répartition mensuelle ;
– diffusion à l'étranger.

Certains professionnels ne prennent en compte que la diffusion France payée.

L'OJD a créé d'autres labels :

C.A.S.T. (Contrôle des Supports Audiovisuels et Télématiques) : cet organisme a pour but de contrôler les vidéomagazines, les télévisions à péage et les services télématiques.

C.H.C.P. (Contrôle de la Diffusion Hors Commission Paritaire) : comme son sigle l'indique, ce service contrôle les publications qui ne sont pas agréées par la Commission Paritaire.

C.D.P.G. (Constat de la Distribution des Périodiques Gratuits) : ce service résulte d'un protocole d'accord (1983) entre l'Association nationale d'étude et de contrôle des supports de publicité gratuite (le CSPG) et l'OJD. Le CDPG constitue une bonne assurance dans un secteur de presse encore mal défini.

L'OJD patronne également avec le CESP les opérations qui ont pour but :

a) de déterminer par département, par arrondissement, par canton et éventuellement par unité urbaine ou agglomération de + de 5 000 habitants, la diffusion (abonnement, vente au n° et service régulier permanent) du support presse étudié ;

b) d'établir, au niveau de chaque unité considérée, le rapport pour 100 foyers du nombre d'exemplaires diffusés, ce qui donne une évaluation satisfaisante de la pénétration. Des cartes cantonales illustrent ces statistiques de pénétration.

L'**O.C.S.D. (Office de Contrôle des Supports Divers)** est plus marginal. Il concerne surtout la presse professionnelle et spécialisée.

Diffusion restreinte

Programme destiné à un public limité, et proposé soit par une station de radio soit par une chaîne de télévision thématique. Traduction de l'anglicisme néologique : ***narrowcasting*** qui a été opposé à la stratégie du ***broadcasting***.

« Digital », « digitalisation », « digitaliser »

Anglicismes de ***numérique, numérisation, numériser***.

DIN (*Deutsche Industrie Normen*)

Organisme allemand de ***normalisation***. DIN est membre de l'***ISO***.

Diode

Semi-conducteur qui permet au courant de ne passer que dans un seul sens.

Dircom

Voir ***Directeur de la communication***.

Direct (Diffusion en -, Émission en -)

Émission dont le déroulement et la diffusion se font simultanément.

Directeur d'antenne
Responsable administratif, technique et financier des moyens nécessaires à la diffusion.

Directeur de la communication
Personne ayant la responsabilité des communications externes dans une organisation économique. Il supervise la communication institutionnelle, la publicité et la promotion des ventes, les relations publiques et les relations presse. Certains professionnels parlent de « dircom ».

Directeur de la photo
Responsable technique auprès du réalisateur de la qualité et du traitement de l'image. Expression qui remplace celle ancienne de ***Chef opérateur***.

Directeur de la programmation
Responsable de la politique des programmes dans une chaîne de télévision ou dans une station de radio. Compte tenu des conséquences de la programmation sur l'audience et par conséquent sur les recettes publicitaires, le directeur de la programmation est l'acteur clé dans ce ***modèle économique de flot***.

Directeur de la publication
Personne physique qui assume en droit la responsabilité d'une publication. Selon la ***loi du 29 juillet 1881*** modifiée par la loi du 1er août 1986, cette personne peut être soit le propriétaire ou le locataire-gérant de l'entreprise éditrice ou, dans le cas d'une société, le représentant légal de celle-ci.

Directeur de l'information
Responsable dans une chaîne de télévision ou dans une station de radio de l'ensemble des programmes d'information.

Directeur de production
Personne choisie par le ***producteur*** pour surveiller et permettre la coordination de toutes les opérations aboutissant à la réalisation d'une œuvre.
Dans la production cinématographique, le directeur de production a pour fonction la gestion pratique du film (établissement de devis, préparation des contrats, obtention des autorisations administratives, suivi des dépenses...). Il peut être assisté dans son travail par un régisseur général et un administrateur général, chargé des problèmes administratifs. Voir ***Chargé de production***.

Directif (Entretien, Interview, Enquête -)
Investigation par entretien, ou par questionnaire écrit à remplir par le répondant, prenant appui sur des questions fermées ou à choix multiples.

Directive européenne de la télévision sans frontière
Voir ***Télévision sans frontières (Directive européenne de la -), Cinéma et télévision***.

Discours
1. Exposé oratoire, en public, sur un sujet donné. On parle ainsi du discours d'ouverture et du discours de clôture d'une réunion. Lorsque le discours est officiel et court, on parle d'**allocution**.
2. Énoncé écrit ou oral, considéré du point de vue de l'analyse linguistique. L'analyse du discours de presse, dans cette perspective peut ainsi révéler plusieurs genres : les nouvelles, les commentaires, l'information service, les histoires, la vulgarisation scientifique, etc.
3. Ensemble des expressions, sous toutes leurs formes (écrites, orales), significatives d'une idéologie, d'une croyance ou des représentations sociales à une époque donnée et concernant un domaine ou un sujet donné. On parle ainsi du discours identitaire, du discours sécuritaire.

Discours (Analyse de -)
Voir ***Analyse de discours***.

Disque
Plaque circulaire sur laquelle sont enregistrés des sons sous forme de sillons (disque de 78 tours/mn lu avec des pointes d'acier) ou de **microsillons** (disques de 33 tours 1/3 /mn de 25 ou 30 cm et disque de 45 tours/mn de 17 cm) lus avec des pointes en saphir ou en diamant), ou de signaux numériques (**disque compact** ou **disque audionumérique**).
L'histoire de la technique de l'enregistrement sonore commence en 1807 avec l'Anglais Thomas Young qui présente un cylindre animé d'un mouvement rotatif et enduit de noir de fumée qui inscrit les vibrations d'un corps sonore. Puis, en 1857, le Français Édouard Scott de Martinville invente le phonautographe qui enregistre sur du noir de fumée, les vibrations sonores. Vingt ans plus tard, simultanément, d'une part, l'Américain Thomas Edison invente un système qui enregistre et reproduit les sons et, d'autre part, le Français Charles Cros donne la description du paléophone à cylindre et à disque (Académie des sciences, 16 avril 1877), qui prend le nom de **phonogramme** sur proposition de l'abbé Lenoir (octobre 1877, brevet de Charles Cros 19 février 1878). En décembre 1877, l'Allemand Werner von Siemens se voit attribuer le brevet du haut-parleur électronique. De nombreuses innovations, améliorations des procédés se sont succédées ensuite. La plus significative est

le brevet du graphophone à cylindre de cire, gravure par outils tranchants, conduits acoustiques de lecture et pavillon de Graham et Chichester Bell (4 mai 1886). Le disque proprement dit apparaît en 1887 : l'Allemand Émile Berliner invente le disque 78 tours par minute ayant un diamètre de 30 cm. De nombreux perfectionnements apparaissent, jusqu'à l'apparition du microsillon en 1946 (firme Columbia) et du disque de 45 tours/mn en 1949.

Le microsillon sur support vinyle qui a remplacé le 78 tours (production abandonnée en 1957) a bien résisté au développement des cassettes enregistrées lues sur des magnétophones (le premier, en 1963, est E1 3 300 de Philips) en raison de certains avantages du disque. Celui-ci permet notamment d'accéder plus facilement aux informations que la **bande magnétique** qui exige un déroulement. Mais depuis 1993, la production du microsillon a été arrêtée en raison de la concurrence du **disque compact**. Celui-ci, dit encore disque audionumérique, est un disque sur lequel le signal audiofréquence est enregistré sous forme de signaux numériques. La lecture se faisant par rayon laser, le disque compact a l'avantage d'être inusable et d'avoir une meilleure qualité sonore que le microsillon lu par un saphir. Le ***vidéodisque*** qui stocke des images et du son sous forme analogique, et le **disque optique numérique (DON)** qui, comme son nom l'indique, stocke des images numériques, sont également à lecture laser.

Dans le domaine informatique, le disque magnétique ou disquette pour les micro-ordinateurs a, de la même manière que pour le disque audio, été préféré à la bande magnétique, comme moyen de stockage ou de **conserve de l'information**.

En termes d'analyse économique, l'économie du disque et de l'enregistrement sonore relève du **modèle éditorial** présenté pour le livre (voir ***Modèles économiques de l'industrie de l'information***) : système de production en grande série sur la base d'une matrice, système des droits d'auteur, mode distribution, etc. La puissance du modèle d'analyse est telle qu'il peut encore être appliqué pour comprendre le problème de la reproduction pénalisant les producteurs et auteurs originels : la duplication hors commerce légal des disques, des cassettes a les mêmes conséquences que la ***photocopie***. Le mode de promotion est en revanche différent par rapport au livre, dans la mesure où le vecteur de la promotion est en même temps celui qui par ailleurs peut être facilement enregistré et qui empêche la diffusion du disque : il s'agit de la radio, média pour lequel le disque est le programme de base.

Voir ***Enregistrement, Historiques (Repères -)***.

Disque dur

En informatique, ***disque magnétique*** ayant pour objet de stocker de manière permanente les données et les programmes. Son unité de mesure est l'***octet***. Il se caractérise à la fois par un accès rapide et par une capacité de stockage élevée : certains disques durs peuvent stocker plusieurs Go (Giga octets = milliards de mots de 8 caractères), contrairement aux disques souples ou disquettes, dont la plus forte capacité est de 1,4 Mo (million d'octets).

Disque magnétique

En informatique, disque recouvert d'une surface magnétisable permettant d'enregistrer des informations numériques (sous forme binaire) sur des pistes concentriques. On appelle disque, le disque dur de grande capacité, et disquettes, les disques souples.

Disque Optique Numérique (DON)

Disque à lecture laser de grande capacité permettant le stockage en données binaires d'images ou de textes (25 000 pages de texte dactylographié environ).

Disquette

Disque magnétique souple de petit format (par opposition au ***disque dur***) et de faible épaisseur qui permet de stocker des données et des programmes informatiques. Il y a eu plusieurs standards dans ce domaine et qui correspondent à diverses capacités, mesurées en milliers (Kilo = K), en millions (Méga =M) ou milliards (Giga = G) d'***octets*** (o = mot de 8 bits ou caractères) : 320 Ko, 360 Ko, 720 Ko, 1,2 ou 1,4 Mo.

Dissonance cognitive

Gêne ressentie par le destinataire d'un message dont le contenu diffère avec l'expérience, les croyances ou le comportement habituel et acceptable de cette personne. La théorie de la dissonance cognitive, présentée par l'Américain Festinger, indique en effet qu'il existe un décalage entre ce que l'individu croit et ce que le message lui indique de faire. L'une des fonctions attribuées à la communication interne est de réduire ce décalage pour le salarié, tandis que la publicité a pour rôle de conforter l'acheteur dans son choix.

Distorsion

Déformation que subit le signal au cours de la transmission ou de son traitement. Elle peut avoir plusieurs causes : la mauvaise qualité ou la surcharge du circuit, les interférences, la trop longue distance parcourue.

Distributeur de films cinématographiques

Intermédiaire entre le producteur et l'exploitant de salles de cinéma pour la commercialisation du film. Il doit dans un premier temps acquérir les droits d'exploitation des films sur son territoire, en se souciant constamment du renouvellement de son stock. Il obtient les informations sur les nouvelles productions, ou sur les rééditions possibles, par des correspondants à l'étranger, en se déplaçant lui-même dans les pays producteurs, ou en fréquentant les festivals.

Pour s'assurer la diffusion des films qu'il considère comme les plus rentables, le distributeur peut accepter de participer à leur production en garantissant un à-valoir. Il s'engage ainsi sur le montant des recettes futures destinées au producteur, même si le film a des résultats financiers inférieurs au minimum garanti. Cette participation, qui lui permet de bénéficier pour un film agrée du **Compte de soutien**, si elle atteint au moins 10 %, peut intervenir sous la forme d'un versement direct ou d'une garantie bancaire qui octroie au producteur des prêts supplémentaires. Le distributeur se rembourse sur les recettes lors de la sortie du film.

Devant l'aspect de plus en plus aléatoire du succès d'un film, les distributeurs se sont fortement désengagés de la production, puisque l'à-valoir représente actuellement environ un vingtième du financement d'un film contre plus d'un cinquième au début des années quatre-vingt.

Lorsque son choix est arrêté sur un ou plusieurs films, le distributeur commence à négocier avec le producteur. Les rapports qu'il va entretenir avec celui-ci se matérialisent par un contrat, indiquant très précisément les bénéficiaires des droits relatifs à un film.

On distingue généralement deux types de contrats entre producteur et distributeur : le contrat de mandat, prévoyant une rémunération au pourcentage sur les recettes à provenir des salles de cinéma, et le contrat de cession qui engage le distributeur à verser une somme forfaitaire au producteur, quelles que soient les recettes d'exploitation.

Ces contrats ont une importance capitale au sein de la profession cinématographique, car ce sont eux qui déterminent les conditions financières et l'ampleur des droits transférés au distributeur : territoires, durée et modes d'exploitation, à l'intérieur desquels on distinguera l'exploitation dite commerciale (projection en salles au moyen de copies, vidéocassettes ou vidéodisques), l'exploitation dite non commerciale (ciné-clubs, foyers militaires, prisons...), les droits pour la télévision, pour la diffusion par vidéocassettes ou vidéodisques (vente ou location en vidéoclubs ou grandes surfaces).

Lorsque le distributeur a traité des droits d'exploitation du film, il lui reste à le sortir en salles dans les meilleures conditions. Pour cela, il doit être capable d'évaluer le potentiel « spectateurs » du film, afin d'éditer le juste nombre des copies. En général, le contrat passé avec l'exploitant, prévoit le maintien du film en salle sous réserve qu'il atteigne, dans la semaine, un palier, c'est-à-dire un nombre minimum de spectateurs. Dans le cas contraire, le film disparaîtra dès la fin de la première semaine d'exclusivité.

Il reste à convaincre les salles de projeter le film, et de surcroît à la meilleure date. Cette responsabilité incombe au programmateur, dont la fonction consiste justement à programmer le film à Paris et en province, en assurant la bonne rotation des copies, et en acheminant au mieux le matériel publicitaire.

Tout en s'inquiétant de l'édition des copies, le distributeur a également pour fonction de s'occuper de la promotion du film.

Il évaluera au plus juste le potentiel de spectateurs que drainera le film, et négociera la date de sortie du film et la location de la copie au près de l'exploitant. Le programmateur devra alors veiller à la bonne rotation des copies et du matériel publicitaire entre Paris et la province.

Tout en s'inquiétant de l'édition des copies, le distributeur a également pour fonction de s'occuper de la promotion du film (publicité traditionnelle, affiches, bandes annonces et photos d'exploitation en salle, incitation des médias, lancement parallèle de disques, livres, concours ou jeux, organisation de premières ou de galas...). Afin d'être soulagé dans sa mission, le distributeur est souvent assisté d'un attaché de presse. Celui-ci interviendra dès la phase de production et s'emploiera à présenter le film comme un véritable événement. La durée d'exploitation d'un film s'écourtant de plus en plus (environ deux ans dans les années 1970, contre à peine un mois pour les films commerciaux à l'heure actuelle), l'aspect promotionnel du produit revêt de plus en plus d'importance et prend la forme d'une véritable politique marketing.

Le distributeur, bien qu'intermédiaire de la filière, détient un rôle clef qui est celui du partage de la recette : l'exploitant, une fois rémunéré – environ 50 % des recettes salles –, verse au distributeur le reliquat qu'il redistribuera aux divers intervenants, terminant par le producteur.

Le marché de la distribution se caractérise par une forte concentration des entreprises, les principaux groupements nationaux étant Édeline et Indépendants, Gaumont associés et Cie, UGC diffusion. On peut considérer que cette existence de grands groupes facilite les négociations, limitant le nombre d'interlocuteurs, mais constitue également une réelle entrave à la concurrence, ne laissant que très peu de place aux indépendants.

La France est divisée en huit régions cinématographiques : Paris et la banlieue, la grande région parisienne s'étendant du Finistère aux Ardennes en passant par l'Orléanais et la Normandie, Lyon, Marseille, Bordeaux, Strasbourg, Lille, Nancy. À cette caractéristique géographique, s'ajoutent des différences de statuts. Certains distributeurs comme Gaumont sont à la fois producteurs et propriétaires de circuits de salles ; d'autres propriétaires de circuits (UGC, Pathé), outre leur activité première de distribution.

Distribution

1. En statistique : ensemble des données d'une série statistique associées à un ou plusieurs caractères. On parle par exemple de la distribution des lecteurs de magazines par CSP et par âge.
2. En économie : activité de service qui consiste à répartir les produits et les services dans l'espace géographique en vue de les rendre accessibles aux acquéreurs potentiels. Dans le cinéma, la distribution est plus spécifiquement la branche qui place les films auprès des exploitants de salles. Plus généralement, la distribution est l'action de conduire et de transporter des flux en divers lieux. Dans le domaine de la communication, on distingue la distribution qui s'applique au câble ou qui suppose des destinataires individualisés, de la ***diffusion*** qui s'applique à la communication vers un public indifférencié, comme par exemple la télévision hertzienne.
3. En philosophie morale ou du point de vue de la doctrine sociale : opération qui donne à chacun ce qui lui est dû. L'économie distributive, qui applique la justice distributive, se distingue en ce sens de l'économie de marché, qui relève de la justice commutative.

Distribution artistique

Répartition des rôles entre les acteurs pour un film.

Distribution de contacts

La base des performances d'un plan média est constituée par la connaissance du volume publicitaire (le nombre total de contacts ou le ***GRP***) et de la surface publicitaire (le nombre d'individus-cible touchés au moins une fois).

Le rapport entre volume et surface donne le **nombre moyen de contacts** (ou fréquence moyenne) par individu touché. La réalité est cependant plus complexe.

De par le jeu des cumulations d'audience pour un support donné et des duplications, des triplications, etc. d'audience entre supports, on obtient un « dégradé » du nombre de contacts par personne touchée. Ainsi, certaines personnes n'auront été touchées qu'une seule fois par le plan (1 seul contact) alors que d'autres, spécialement concernées par les supports retenus, auront été touchées par toutes les parutions, insertions ou passages du plan. La connaissance, par le biais de modèles mathématiques du nombre d'individus cible ayant été touchés 1 fois, 2 fois, 3 fois, etc. par le plan s'appelle la distribution de contacts.

L'intérêt de la distribution de contacts est de permettre à l'intérieur d'un média donné de prendre en compte le format de création. Il est possible, par exemple, de comparer une campagne de presse en double page et en simple page en prenant comme valeur étalon pour la 1re campagne (en double page) la couverture à 4 contacts et pour la 2e campagne (en simple page) la couverture à 6 contacts (les valeurs de 4 à 6 contacts sont purement indicatives). La principale difficulté de cette approche est d'ailleurs de définir avec précision le seuil du nombre de contacts suffisants selon les formats.

Distribution de l'information

Acheminement d'informations, de données, de formes, de services ou d'objets de communication auprès d'un certain nombre de destinataires individualisables au cours d'un processus social de communication qui se déroule dans l'espace public. La distribution se distingue de la **diffusion**, qui suppose une diffusion massive auprès de destinataires indistincts. C'est pourquoi, à la différence de la diffusion, la distribution suppose, de la part de ses destinataires ou de ses usagers, une forme d'adhésion, marquée par un ***abonnement,*** par un droit d'adhésion, par une participation à un certain nombre de manifestations significatives. En matière d'information et de communication, la distribution définit un ensemble social limité, en général structuré par des logiques et par des dynamiques institutionnelles.

1. La notion de distribution dans le champ de la communication

La distribution correspond au mode de diffusion dit, en anglais, à propos de la ***télévision câblée,*** « *point to point* », par opposition à la **diffusion en étoile** ou à la **diffusion de masse**, telle que peuvent l'organiser les logiques hertziennes de ***diffusion de radio ou de télévision***. Le recours à un tel concept dans le champ de la communication marque le fait que celle-ci change de statut : on passe d'une logique de diffusion proprement dite de l'information à une logique de service. C'est, d'ailleurs, pourquoi la plupart des réseaux câblés offrent à leurs abonnés l'accès à des services comme des services de télé-achat ou des services de vidéo-surveillance, etc. Ces types de service constituent, d'ailleurs, à la fois, des arguments de vente pour les chargés de mercatique et de prospection des réseaux câblés et des facteurs de fidélisation des abonnés et des usagers.

En effet, le concept de distribution, en supposant un destinataire déterminé, suppose, dans le même temps, une relation entre le ***destinateur*** et un ***récepteur*** : il y a relation de contrat entre ces deux acteurs, qui sont, en fait, deux partenaires, de la communication.

Cette relation contractuelle définit la particularité de la distribution, qui consiste à construire un **espace social de communication,** comprenant le destinateur (ou le producteur) de l'information ou de la communication et ses destinataires, qui deviennent, ainsi, des acteurs spécifiques de la ***communication médiatée***. Cet espace social est structuré par trois relations : une relation marchande (entre le destinateur et les usagers qui sont ses clients) ; une relation symbolique (la reconnaissance de la pertinence ou de la légitimité du destinateur par les usagers de ses services qui sont les destinataires de la communication) ; une relation institutionnelle entre les usagers des services, les destinataires de la communication, qui, ensemble, constituent un ***réseau*** – organisé ou non sur le plan technologique.

2. Différents types de distribution

On peut distinguer, globalement trois types de distribution : la distribution par déplacement, la distribution par réseau, et la distribution par acquisition/appropriation.

a) Distribution par déplacement

Il s'agit du mode traditionnel de distribution de l'information : la tradition orale (au sens propre de *tradition*, transmission). **Hermès**, avec ses souliers ailés, est l'archétype du distributeur de l'information, inscrivant ce processus dans une forme de démultiplication de la communication intersubjective. Il s'agit d'une individualisation de la distribution d'information et de l'espace de la communication. La fonction de médiation est portée par la relation même entre l'énonciateur et le destinataire : c'est ainsi que le personnage du messager, ou du héraut, personnage essentiel de la tragédie classique, est, lui, le porteur de la médiation constitutive de l'appartenance sociale.

Au-delà d'Hermès, la figure du messager est une figure constante de toutes les cultures, qui représente la dimension originaire de la communication, antérieurement à la sédentarisation. La distribution de l'information par déplacement représente, en quelque sorte, ce que l'on pourrait appeler la **communication nomade,** par opposition à ce que l'on pourrait appeler la **communication sédentaire**. La communication nomade prend plusieurs formes dans l'histoire de notre culture : le personnage du messager revenant, seul, de la guerre, le personnage du vagabond porteur des desseins divins ou d'une inspiration poétique qui le met en relation avec des logiques plus ou moins surnaturelles, les mages aussi, porteurs d'un savoir sur l'avenir, tous ces personnages de pèlerins ou de voyageurs, qui fondent la légitimité de leur parole sur le fait qu'il se déplacent, et s'approprient, ainsi un espace dont leur errance même fait un espace symbolique.

Mais la distribution par déplacement concerne aussi d'autres situations de communication. C'est ainsi que la ***publicité,*** qui appartient au champ de la diffusion, peut intervenir dans le champ de la distribution, sous la forme de la distribution d'objets publicitaires ou promotionnels, ou sous la forme de stratégies individualisées de communication par déplacement, des anciens colporteurs à nos modernes V.R.P. (voyageurs, représentant, placiers), qui constituent bien des acteurs de la communication. C'est également ainsi, par déplacement, que se déroulent les formes et les procédures de communication engagées par les formes modernes de vente par correspondance, de télé-achat, qui appartiennent, en fait, au champ de la ***communication médiatée*** (il y a un destinateur : l'entreprise de distribution, et un média :

la presse, ou le catalogue, ou la publicité radiodiffusée ou télévisée, voire, aujourd'hui, la télématique), et qui constituent des activités de distribution dans lesquelles l'information distribuée est très immédiatement liée à l'objet matériel d'une transaction commerciale.

La sédentarisation – liée, en particulier, au développement de l'agriculture, puis au développement urbain –, a sans doute porté un coup fatal, à partir des XVIIe-XVIIIe siècles, à la communication par déplacement. Il semble, toutefois, qu'aujourd'hui, comme on l'a vu, en particulier dans le domaine commercial, s'inventent de nouvelles formes de communication par déplacement.

b) Distribution par réseau

Un ***réseau*** est un ensemble d'usagers de communication reliés par des voies de circulation ou de transport de l'information. Un réseau est donc, originairement, lié à un développement technologique. Il existe plusieurs types de réseaux, selon le type de produit ou d'information acheminé, ou selon le type de service rendu par le réseau : les réseaux ont été des réseaux routiers ou des réseaux de voies de transport (réseaux aériens, réseaux de canaux, etc.), des réseaux de distribution d'énergie (réseaux de gaz, d'eau, d'électricité).

En ce qui concerne l'information et la communication proprement dite, le concept de réseau est lié à la logique de distribution, car l'appartenance au réseau est personnelle et nominative. Il est devenu un concept d'usage majeur à partir du développement des **réseaux câblés de télévision**. En effet, la **télévision câblée** repose sur deux logiques qui la font appartenir à la logique de la distribution plutôt qu'à celle de la diffusion : la diffusion par câble, et non par ***ondes hertziennes***, qui suppose la construction matérielle de câbles reliant la tête de réseaux aux destinataires ; l'abonnement, qui suppose une adhésion nominative individuelle des destinataires.

Mais, après le développement de la télévision câblée, se sont instaurées d'autres formes de communication en réseau. On peut, ici, en relever sommairement quatre :

– les réseaux locaux de production et de distribution de l'information locale (en particulier dans les espaces ruraux) ;

– les réseaux professionnels de socialisation et de production/distribution de l'information ;

– les réseaux qui organisent une forme de solidarité sociale autour de la distribution de l'information – parfois dans des conditions illégales ou répréhensibles (cf. les groupes comme la Mafia) ;

– enfin, les structures d'individualisation en réseau de distribution de l'information liées à la formation initiale ou à la formation continue – en général dans les structures de formation professionnelle. D'ailleurs, la formation professionnelle est un des domaines dans lesquels se sont investis les réseaux de télévision câblée. Les réseaux de distribution de la formation sont, de fait des réseaux de distribution, car il est attendu un investissement particulier des destinataires de la formation, ainsi qu'un réinvestissement de la formation acquise dans leurs pratiques culturelles ou dans leurs pratiques professionnelles.

C'est, d'ailleurs, ce retour du destinataire qui caractérise la logique de distribution en réseau par rapport à d'autres formes de distribution de l'information, dans la mesure où la figure du réseau est supposée être – au mieux : interactive ; au minimum : requérir une intervention active du destinataire, qui marque, ainsi, son appartenance, par son intervention propre dans la situation sociale et institutionnelle créée par la distribution d'information ou de communication.

c) Distribution par acquisition/appropriation

La distribution d'information ou de communication peut, enfin, prendre la forme d'une stricte transaction à l'issue de laquelle le destinataire acquiert, ou s'approprie l'information qui circule au cours du processus de distribution. On retiendra trois exemples de ce type de distribution : les ***agences de presse***, les ***bases et banques de données*** et les autres sources d'information accessibles par abonnements, sous forme de services ; les transactions de services utilisant des supports d'information pour mettre en œuvre des relations commerciales (cf. les services de réservation, les distributeurs d'argent, etc.) C'est l'informatisation qui est à l'origine du développement considérable de ce type d'activité, qui articule étroitement information et service ; enfin, les services qui mettent en œuvre des opérations et des procédures personnalisées et individualisées de production d'information, comme les services ***télématiques*** du type « ***kiosque*** », les services de documentation ouverts librement au public, etc. En fait, la différence considérable qui distingue la distribution par acquisition/appropriation des autres formes de distribution est que, dans ce dernier cas, il n'y a pas réinvestissement de l'information dans les structures et les formes de la communication de masse. L'appropriation de l'information par les usagers ou les destinataires du service la fait sortir, en quelque sorte, du circuit de la distribution, l'immobilise dans la seule fonction que lui donne l'usage qu'en fait le destinataire. Une place de train réservée par ***Minitel,*** une information résultant d'une transaction, font, désormais, l'objet de l'usage particulier de la personne qui les a acquises, et, par conséquent, ne sont plus disponibles dans le marché de la communication et de l'information. Il se produit une transition d'une logique de l'échange à une logique de l'usage.

3. Contrôle, rémunération, mesure et suivi de la distribution

La question du contrôle, de la mesure et du suivi de la distribution représente une question essentielle pour comprendre la portée et le fonctionnement de cette notion de distribution dans le champ de l'information et de la communication. C'est parce qu'il y régulation, mesure et suivi que la distribution constitue une part du champ des sciences de l'information et de la communication.

Les instruments et les méthodes de suivi de la distribution comportent deux volets : la régulation de la programmation et la régulation de la distribution effective.

a) La régulation de la programmation

La **régulation de la programmation** consiste dans l'organisation de la programmation des services offerts aux usagers dans le cadre des réseaux et des structures de distribution de l'information et de la communication. Il existe deux logiques de programmation : la programmation qui est à l'initiative du producteur ou du destinateur – dans ce cas, on est encore près d'une logique de média ; la programmation qui est à l'initiative de l'usager ou du destinataire – dans ce cas, on est plus près d'une logique de service. En fait, la question de la programmation est, elle-même, double. D'une part, il y a la question que l'on pourrait désigner comme celle du choix : quelle instance, et selon quels critères, va-t-elle choisir les programmes, les produits, les services offerts dans le cadre de l'entreprise de distribution ? D'autre part, il y a la question de la prévision et de la planification de l'organisme de distribution de communication : peut-on planifier, à une échéance de plusieurs années, le développement d'un organisme de distribution de l'information ? Peut-on prévoir l'évolution des usages sociaux de l'information, et, par conséquent, l'évolution de la demande en matière d'information et de communication ?

b) La régulation de la distribution effective

Il y a trois problèmes différents touchant à la régulation de la distribution effective en matière d'information et de communication.

D'une part, le problème de la régulation proprement dite, qui peut prendre la forme d'une réglementation, voire d'une ***censure***. Dans la logique de la distribution, il n'y a pas de censure à proprement parler puisqu'on est dans une logique d'individualisation de l'information et de la communication. En revanche, il existe une forme de régulation dans la réglementation de l'accès au réseau (on peut se le voir refuser) et dans la détermination d'une qualité minimale de l'information distribuée (un certain nombre de critères peuvent ainsi être retenus dans le cadre de cette régulation). Au nom de tels critères, mais aussi au nom de critères plus institutionnels, pour ne pas dire plus politiques, un certain nombre de produits peuvent être amenés à disparaître ou à être introduits dans la programmation de la distribution de communication. C'est ainsi que la collectivité publique (par exemple une municipalité) intervient parfois dans la programmation de la télévision câblée.

D'autre part, le problème de la rémunération ou de la ***tarification*** du service ainsi mis en place. Il est clair que, dans une logique de marché et de distribution, la régulation et la tarification sont très liées – celle-là pouvant précisément prendre la forme de celle-ci. Il existe deux grands types de rémunération et deux grands types de tarification.

Les deux grands types de rémunération sont, comme toujours dans l'économie de biens et de services, la rémunération commerciale (avec régie, s'il s'agit d'une logique d'économie mixte, ou de façon strictement commerciale, par l'organisation d'une société), ou la rémunération de type public – soit sous la forme d'une subvention de la collectivité publique, qui intervient, ainsi, indirectement dans le processus de production et de distribution de la communication, soit sous la forme d'une participation de la collectivité publique qui, de cette manière, peut exercer un contrôle beaucoup plus étroit.

Les deux grands types de **tarification de la distribution d'information et de communication** sont la **tarification « à l'acte »** (ce que les américains appellent, à propos de la télévision câblée, le système du *pay per view*) et la **tarification à l'abonnement** (qui est la norme dans la plupart des réseaux câblés en France). La différence entre ces deux types de tarification de la distribution renvoie, en fait, à une différence de statut beaucoup plus profonde – entre une logique de marché (la logique qui prédomine dans le cas de la tarification à l'acte) et une logique institutionnelle (la logique qui prédomine dans le cas de la tarification à l'abonnement), qui est, elle, de nature à prolonger sur le plan institutionnel et par l'introduction d'une logique d'appartenance la dimension proprement technologique et industrielle du réseau.

Enfin, le problème de l'observation du fonctionnement du service – aussi bien dans le but d'en assurer le meilleur fonctionnement possible, que dans le but d'en tirer le plus grand nombre de leçons possible en matière de recherche ou en matière de prospective. Il s'agit, ici, de donner à la distribution, en matière de communication et d'information, une prospective, de l'inscrire dans une logique de prévision et de planification. La régulation de la distribution passe, sur ce point, par une logique d'observation, par une logique d'étude et par une logique de choix et de décision. C'est par ce dernier point (la décision) que la distribution de la communication relève du politique.

4. Distribution, information et communication

Dans le champ de l'information et de la communication, la distribution ne concerne pas seulement des médias qui, d'ailleurs, dans une logique de distribution, et non de ***diffusion***, changent de statut, et cessent de relever de ce que l'on est convenu de nommer « médias ». La distribution concerne aussi des produits et des services, dont on peut repérer quatre types.

a) Les services de consommation

Il s'agit essentiellement des services liés à la vente par correspondance et au télé-achat, des services de nature financière ou des services tels que les réservations, qui supposent des transactions entre l'usager et le dispositif de communication. Le développement de tels services, qui atteint, aujourd'hui, un degré assez considérable, est lié, sans doute, à deux types de facteurs : d'une part, l'extension de plus en plus grande des centres urbains et l'accroissement des distances à parcourir, évolutions de nature à rechercher des logiques de médiation dans les opérations commerciales ; d'autre part, le développement et l'amélioration des télécommunications, et de la télématique, qui permettent, aujourd'hui, la mise en place d'entreprises et de transactions de plus en plus performantes dans le domaine des relations entre partenaires au sein de l'espace public.

b) Les services d'information

L'information qui circule dans les réseaux et les structures de distribution est essentiellement une information de type stratégique, à la différence de l'information de type documentaire, qui domine dans le champ de la diffusion. En d'autres termes, l'information distribuée est essentiellement une information d'aide à la décision ou d'aide au choix. En effet, dans la mesure où la distribution de l'information se caractérise par la singularité de ses destinataires, l'information elle-même prend son sens en fonction des logiques et des stratégies de ses destinataires, qui la mettent en usage dans leurs propres pratiques sociales. Les services d'information distribuée se sont considérablement développés, avec le développement de la télématique, mais aussi avec le développement de toute une presse du type « lettres confidentielles », qui est parfois, mais pas toujours, une sorte d'annexe, ou d'excroissance de la presse de diffusion. On peut aussi noter, parmi les services d'information distribuée, les services d'information assurés par les organismes professionnels ou par les organismes syndicaux, ou encore par les mutuelles et les mouvements de type associatif, auprès de leurs adhérents.

c) La distribution de services d'usage de communication

L'appartenance à un **réseau de communication distribuée**, marquée par le paiement d'un abonnement, peut donner lieu à toutes sortes de services. On peut citer, en particulier, le téléphone, qui appartient à la ***communication médiatée*** plus qu'à la ***communication intersubjective***, en raison de l'absence de fait de l'interlocuteur dans le lieu de la communication.

Le ***téléphone*** présente un intérêt considérable pour l'analyse de la communication, car il s'agit d'un fait complexe – à la fois destiné à la ***communication intersubjective*** et inscrit dans la logique de la communication médiatée. Le téléphone présente les trois caractéristiques majeures qui font de lui un élément de ***communication médiatée*** :

– la distance géographique et la disparition du lieu de l'intersubjectivité ;
– l'existence d'un destinateur institutionnel qui peut être l'administration des Télécommunications ou une entreprise privée ;
– la nécessité d'une médiation instrumentale et technologique pour la distribution proprement dite.

Il convient, d'ailleurs, de faire deux remarques à propos du téléphone : d'une part, le téléphone requiert l'usage d'un certain code rhétorique imposé (*Allô*, mais aussi les formules consacrées et une certaine syntaxe spécifique du téléphone), et, par ailleurs, sert de point de départ à toute une industrialisation induite, de la télématique à la télécopie en passant par les répondeurs-enregistreurs ; une telle activité industrielle et technologique, y compris sur le plan de la recherche, signifie bien que la distribution de services de cette nature constitue bien une forme de communication médiatée.

d) La distribution de spectacles

En matière d'information et de communication distribuées, la distribution de spectacles correspond, essentiellement, à la distribution de films dans les réseaux câblés. Le cinéma a trouvé, dans les services de télévision câblée, une considérable extension de son marché – tout en engageant une forme de contradiction, ou de concurrence, entre les deux modes de distribution du cinéma : la diffusion dans les salles de cinéma, dans les formes traditionnelles de la médiation du spectacle, et la distribution auprès des particuliers (télévision câblée et vidéo).

L'émergence de cette forme distribuée de communication est, peut-être, de nature à modifier en profondeur le statut de la médiation spectaculaire dans la communication médiatée. En effet, l'appartenance sociale ne s'exprime pas dans les mêmes termes, puisqu'il n'y a pas, comme au spectacle, la conscience d'appartenir au public et de s'identifier socialement à lui. Les spectacles changent de fonction : ils n'exercent plus leur fonction d'appartenance par la participation du public à la représentation, mais par la médiation d'un savoir, individuellement acquis par la médiation de la communication distribuée.

5. Distribution et interactivité

L'***interactivité*** est la forme qui introduit dans la communication la participation active du destinataire, et, par conséquent, elle suppose une individualisation, une singularisation, du destinataire dans le processus de la communication. L'interactivité n'est pas à seulement entendre ici comme une technologie, comme un ensemble de techniques : il faut l'entendre comme une façon de concevoir les stratégies de production et de distribution de l'information. Plutôt que de s'inscrire dans une logique d'offre et de demande indifférenciée, l'interactivité repose sur une spécification de la demande, sur la recherche de stratégies de spécification de la demande du destinataire. Les stratégies interactives produisent des formes de communication qui mettent en œuvre des logiques d'usage initiées par les destinataires considérés comme des usagers de ces stratégies de communication.

L'interactivité consiste dans l'élaboration et la production de programmes d'information informatisés faisant une place dans l'usage et le déroulement du programme à l'intervention de l'usager, par des logiques de choix multiples, ou par des logiques de questions appelant des réponses de sa part, etc. L'ensemble des produits interactifs repose sur une stratégie de communication visant à intégrer le destinataire comme l'un des acteurs de la médiation engagée, et non seulement, comme dans les autres produits de la communication médiatée, comme un simple destinataire, comme un simple consommateur, ou un simple client. Les stratégies d'usage du destinataire, dans la communication interactive, sont constitutives de la médiation, au même titre que les autres structures institutionnelles qui servent de médiation aux autres produits et aux autres outils de communication.

Distributionnalisme

Voir ***Analyse distributionnelle***.

Docudrama

Genre de fiction à mi-chemin entre le documentaire et la dramatique, très en vogue dans les années 70.

Document

Support d'informations enregistrées à titre permanent et susceptible d'être classé et consulté (arrêté du 27 avril 1982) et éventuellement reproduit. Un document est ce qui enseigne, renseigne, permet de démontrer et qui donc fait office de preuve ou de titre.

Un document peut être sonore (bande magnétique, disque...), graphique (texte manuscrit, imprimé, tapuscrit, compuscrit, image fixe...), audiovisuel (vidéo, cinéma...), tactile (écriture Braille pour aveugles...).

On peut élaborer diverses typologies. Le support peut constituer une base pour une typologie très fine, mais dans le métier de la documentation, l'une des typologies les plus efficaces a pour fondement la distinction des documents selon leur nature et leur fonction. De cela, il résulte les catégories de **document primaire**, ou original, et de **document secondaire** qui indique où trouver l'information recherchée portée par le document primaire ou bien signale l'outil de récupération de cette information. La bibliographie, le catalogue d'une bibliothèque, l'index, les banques de données bibliographiques constituent quelques exemples de documents secondaires.

Les fonctions du document sont :

– la conservation de l'information. Le document est une prothèse destinée à suppléer ou à remplacer la mémoire de l'individu, lorsqu'il est nécessaire de fournir une preuve ;

– la diffusion du savoir, lorsque le document est culturel, scientifique, technique, ou artistique. Par ce type de contenu et par cette fonction de diffusion, le document peut devenir un instrument de découverte qui peut susciter de nouvelles connaissances et donc de nouvelles informations qui donneront lieu à de nouveaux documents.

Documentaire

Reportage photographique, cinématographique (cinéma-vérité, dit encore cinéma direct ou cinéma spontané) ou vidéographique dont l'objet est de rendre compte de la vie réelle, sans autre artifice que les observations retenues avec les moyens matériels utilisés. En cela, le documentaire s'oppose à la fiction qui se sert d'acteurs ou de comédiens. Les films animaliers, du type *l'ours* de Jean-Jacques Annaud, ne sont pas des documentaires.

À la télévision, le documentaire est un genre de format de 26 ou 52 mn. Ce genre télévisé, d'abord diffusé à des horaires tardifs, car peu conformes à la recherche de grandes audiences nécessaires pour la rentabilité de la chaîne commerciale, suscite un certain intérêt avec des émissions de type « Ushuaïa », « faut pas rêver », sans pour autant en faire un programme d'heure de grande écoute. C'est pourquoi apparaissent sur le câble des **chaînes thématiques**, dites **chaînes documentaires** ne diffusant que du documentaire.

Documentaire (Chaîne -)

Voir ***Chaîne documentaire***.

Documentaliste

Toute personne ayant à charge l'organisation et la gestion d'un centre de documentation. Il est un intermédiaire entre l'offre et la demande d'information.

D'un côté donc, il y a l'offre croissante d'information ; les activités techniques, économiques et scientifiques entraînent la production d'une telle masse de documents (brevets, ouvrages, périodiques, rapports) que l'on a pu parler d'explosion documentaire : l'extraordinaire développement de la recherche, pour ne citer que ce secteur, fait que des millions d'articles, de monographies, de thèses sont écrits et publiés (ou non publiés) tous les ans. Le taux de redondance est difficile à connaître mais on peut penser qu'il est élevé.

D'un autre côté, il y a les demandeurs qui veulent maîtriser le flot de la communication scientifique, technique et économique pour intégrer les informations dans leurs travaux ou leurs préoccupations. Leurs besoins peuvent être précis : retrouver de l'information sur des éléments d'information aux caractéristiques connues, ou approfondir certains aspects d'un sujet bien connu ; leurs besoins peuvent aussi être imprécis, explorer par exemple de nouveaux concepts sur des sujets non connus. Il appartient aux demandeurs d'information de décider quelles données constituent les informations qu'ils cherchent.

Entre les deux, des intermédiaires professionnels (analystes, bibliothécaires, documentalistes) ont pour rôle de rapprocher l'offre de la demande, l'auteur (le producteur) de l'utilisateur et font l'analyse de l'information « pertinente » afin de représenter le contenu intellectuel des documents pour faciliter leur repérage ultérieur. Leur tâche essentielle est d'analyser l'information et de la représenter.

Par **analyse de l'information**, on entend généralement toutes les opérations visant à représenter les concepts essentiels contenus dans des documents, aussi bien un résumé ou un « *abstract* » qu'une représentation symbolique à l'aide d'un langage documentaire, ce qui implique une transformation des éléments informatifs contenus dans les documents, sous une forme différente de leur forme originelle, pour faciliter leur mise en mémoire et leur recherche ultérieure.

La plupart des systèmes d'information documentaire sont élaborés à partir de demandes prévisibles. Or, elles ne le sont pas toutes. Les intermédiaires doivent donc anticiper les questions des utilisateurs mais aussi organiser l'information pour répondre aussi aux demandes imprévisibles.

Documentariste

Personne dont la profession est de réaliser des films documentaires.

Documentation

À la fois :

– processus de sélection, de classement, d'utilisation ou de diffusion des documents ;

– ensemble des documents relatifs à un sujet, un problème, à une question ;

– ensemble des moyens techniques qui permettent d'arriver à de tels résultats de collecte, de stockage et de diffusion des documents et de leur contenu (information).

La documentation peut désigner l'activité des **documentalistes**. Dans ce cas elle comprend quatre aspects :
– la collecte et la sélection des documents ;
– l'analyse et la mise en mémoire (conservation, archivage) de l'information ;
– la recherche de l'information ;
– la diffusion de l'information.
Voir ***Chaîne documentaire, Bibliothéconomie***.

Document normatif
Voir ***Normalisation***.

« Dolby »
Marque déposée pour un procédé de réduction du bruit de fond des enregistrements sonores, et pour tout dispositif utilisant ce procédé.

« Dolly »
Chariot mobile transportant la caméra et l'opérateur, qui bouge selon les besoins de la prise de vue.

Domotique
Ensemble des techniques et des études destinées à intégrer dans l'habitat (domicile) tous les automatismes dans les domaines de la sécurité, de la gestion de l'énergie, de l'information et de la communication.

D.O.N.
Voir ***Disque optique numérique***.

Donnée
Une donnée, selon la définition de l'AFNOR (Association Française de Normalisation) est un fait, une notion, une instruction représentée sous une forme conventionnelle convenant à un traitement soit par l'homme, soit par des moyens automatiques. Voir ***Banque de données, Base de données, Statistique***.

« Dope-sheet »
Conducteur. Liste et description des prises de vues effectuées par l'opérateur.

DOS (Disk Operating System)
Système d'exploitation pour micro-ordinateur. Voir ***MS DOS, Système d'exploitation***.

Dossier de presse
1. Ensemble de documents concernant un événement réunis par un ***attaché de presse*** et destiné à l'information des journalistes.
2. Ensemble des coupures de presse consacrées à un sujet donné.

Doublage
Système sonore permettant de remplacer les voix et les dialogues d'un film par une version traduite en une autre langue. Le texte traduit doit respecter le plus possible le nombre de syllabes, les inflexions et les caractéristiques phonétiques (mouvements des lèvres des personnages) du texte original.
Voir ***Bande Rythmo***.

Double bind
Voir ***Double contrainte***.

Double contrainte
Traduction de *double bind,* expression introduite par ***G. Bateson*** pour qualifier une situation apparemment contradictoire et inévitable. Par exemple, la répétition de messages paradoxaux entre parents et enfants (en position de victimes), interprétés selon les règles de la culture, les uns comme haine, les autres comme amour et qui seraient à l'origine des psychoses (schizophrénie). Les énoncés comportant le phénomène de doubles contraintes sont nombreux. En voici deux exemples classiques :
– Soyez spontané !
– Ne lisez pas ce que vous venez de lire et qui vous donne l'injonction de ne pas lire.

Douze
Voir ***Typométrie***.

Dramatique
Pièce de théâtre ou fiction montée pour la radio ou pour la télévision (en 52 ou 90 mn environ), constituant soit une œuvre isolée, soit une série.

Droit
1. Ensemble des principes qui régissent les hommes vivant en société et qui servent à établir des règles juridiques. Par extension, le droit est, d'une part, l'ensemble des règles juridiques (écrites et coutumières) en vigueur dans une société et, d'autre part, la science des règles juridiques.
Les différentes règles juridiques relèvent soit du droit privé qui est relatif aux rapports des particuliers entre eux, soit du droit public qui concerne les rapports entre la puissance publique (État, les administrations publiques nationales et celles des collectivités territoriales) et les particuliers. Chacune de ces grandes catégories comporte des branches particulières. Ainsi le droit privé comporte le droit civil (droit des personnes et des biens), le droit commercial (relatif aux actes de commerce, constitution et liquidation des entreprises...), le droit du travail, etc. Le droit public comprend notamment le droit constitutionnel, le droit administratif. Les problèmes de l'information et de la communication relèvent pour certains aspects du droit privé (par exemple l'infraction à la protection de la vie privée relève de tribunaux civils) et pour d'autres du droit public comme par exemple le ***droit à l'antenne***. Le droit de l'information est de ce fait un droit mixte.
2. Faculté d'accomplir ou non quelque chose, d'exiger quelque chose d'autrui, en vertu de

règles reconnues, individuelles ou collective. Pour les chaînes de télévision, les principaux droits exprimant les obligations auxquelles ces chaînes sont soumises sont :

– le **droit à l'audience** qui est la garantie d'expression accordée aux différents courants politiques, syndicaux ou religieux ;

– droit de communication du gouvernement qui correspond à la possibilité pour le gouvernement de s'exprimer sur une question précise. C'est un élément du ***droit à l'antenne*** ;

– le **droit de réplique** qui donne la possibilité pour les partis politiques d'opposition de répondre à une communication politique gouvernementale ;

– le **droit d'expression** qui est le droit accordé sur les chaînes publiques à tous les partis politiques et syndicats pour faire connaître leur position et leur action. (Dans le cadre de l'entreprise et des rapports sociaux voir : ***Lois Auroux***) ;

– le ***droit de réponse*** qui correspond à la possibilité donnée à toute personne qui se sent atteinte dans son honneur. La demande doit être formulée huit jours après la diffusion de l'émission en question. La réponse ne peut faire plus de 30 lignes dactylographiées. Cette réponse doit être diffusée dans un délai d'un mois.

3. Le droit est aussi une somme exigible en vertu d'un règlement, d'un accord, d'un principe. Dans ce sens, on parle de droits de douanes, de droits d'auteur, d'**achat de droit** (acte par lequel une chaîne de télévision, par exemple, se libère du droit de propriété du concepteur du produit en vue de diffuser une œuvre qu'elle a réalisée).

   On parle dans le même sens de **droits dérivés** pour désigner la redevance ou rente accordée à une chaîne de TV par une société commerciale pour l'utilisation d'un nom, d'un personnage, etc.

   Voir ***Diffamation, Droit à l'information, Droit de l'information, Vie privée, Informatique et Liberté***.

Droit à l'antenne

Droit défini par les articles 16 et 54 de la loi du 30 septembre 1986 et la décision du 19 décembre 1988 de la ***CNCL***. Ce droit précise et organise l'accès aux grands moyens de communication audiovisuels pour la puissance publique et les organisations de masse (organisations syndicales et professionnelles, organisations religieuses) et groupes politiques, en garantissant le pluralisme d'expression. Les émissions peuvent donner suite à un droit de réplique, dont les modalités sont décidées par le ***CSA***. Il incombe aussi aux sociétés nationales de retransmettre les débats parlementaires. L'accès aux ondes des divers cultes pratiqués en France est une des obligations de service revenant à France 2. Les émissions sont réalisées sous la responsabilité des représentants de ces religions et peuvent revêtir des formes diverses : débats, commentaires, retransmissions de cérémonies.

Le coût de ces prestations est intégré au cahier des charges des organismes de radio-télévision nationale.

Droit à l'information

Doctrine, idéologie et revendication pour une information complète, rigoureuse, précise, honnête, objective, compréhensible, explicative, etc. destinée à l'ensemble du public. Le droit à l'information est l'expression de ceux qui mettent l'accent sur la responsabilité sociale des médias (Rapport de la commission Hutchins aux États-Unis en 1947). Pour le Pape Jean XXIII, le droit à l'information objective est un droit de tout être humain (*Pacem in terris*).

La doctrine du droit à l'information, compte tenu du coût nécessairement élevé de son application éventuelle, implique qu'une partie du financement des moyens d'information soit d'origine publique.

Droit de la personnalité et des biens et respect de la vie privée

Droit qui prévoit la nécessité d'obtenir le consentement des personnes filmées, enregistrées, dans un lieu privé pour la prise de vue et l'exploitation de l'œuvre audiovisuelle. Le consentement du propriétaire d'un bien est également nécessaire si l'objet filmé est le sujet de l'œuvre (loi du 17 juillet 1970 relative à la protection de la vie privée, art. 9 du Code civil).

Selon l'article 9 du Code civil « chacun a droit au respect de sa vie privée ». La notion de vie privée s'apprécie selon la jurisprudence en fonction des faits incriminés et de la personnalité de la victime.

Lorsque la vie privée est touchée par les médias, sont le plus souvent en cause, le corps, l'image, le geste et la parole mais aussi la vie familiale, sentimentale et l'avoir.

Il n'existe pas de texte en France fixant les devoirs des journalistes d'une façon légale, mais il existe des chartes déontologiques qui donnent pour mission essentielle le respect de la vérité sous toutes ses formes.

Mais la vie privée en elle-même fait l'objet d'une protection légale. Le Code civil pose le principe général du respect de la vie privée alors que le Code pénal sanctionne spécialement les atteintes à la vie privée résultant de l'emploi des techniques audio-visuelles.

Les éléments de la vie privée sont le nom, la santé, la vie familiale et sentimentale et la fortune.

Autrement dit, l'utilisation d'un nom patronymique dans une œuvre de fiction peut donner lieu à indemnisation si cela a causé un préjudice aux intéressés ; les personnes peuvent s'opposer à la diffusion par les médias de toute information relative à leur santé, à leur vie familiale et sentimentale. En revanche, la Cour de cassation admet que la publication de la fortune personnelle ne porte pas atteinte à la vie privée.

Le nouveau Code pénal réprime quatre infractions relatives aux atteintes à la vie privée. La tentative de ces infractions est également réprimée. La responsabilité des personnes morales est encourue.

a) La captation des paroles ou de l'image d'une personne sans son consentement (article 226-7)

Le nouveau Code pénal réprime le fait de capter, fixer, enregistrer ou transmettre les paroles ou l'image d'une personne sans son consentement, sauf lorsque ces actes ont été accomplis au vu et au su des intéressés sans qu'ils s'y soient opposés alors qu'ils étaient en mesure de le faire. Dans ce cas leur consentement est présumé. S'agissant des paroles, l'infraction est constituée même si elles ont été prononcées dans un lieu public, dès lors qu'elles ont été prononcées à titre confidentiel ou privé.

b) La conservation, diffusion ou utilisation d'un enregistrement ou un document provenant d'une atteinte à la vie privée (article 226-2)

Le nouveau Code pénal sanctionne le fait de conserver, porter ou laisser porter à la connaissance de toute personne ou d'utiliser un enregistrement ou un document provenant d'un acte visé au paragraphe (a) ci-dessus.

c) La détention ou le commerce de certains appareils permettant l'enregistrement de conversations à distance ou de communications téléphoniques (article 226-3)

Ces actes, en l'absence d'autorisation, et la publicité réalisée en faveur de ces appareils sont réprimés.

d) La violation de domicile (article 226-4)

Cet article réprime la violation du domicile d'autrui mais également l'occupation du domicile d'autrui suite à une introduction par violence ou manœuvres dans le domicile.

Voir ***Droit sur l'image et sur la voix, Diffamation, Secret (Atteintes au -).***

Droit de l'information

Ensemble des règles juridiques applicables aux activités de l'information et aux personnes qui s'y adonnent. Et par extension, la science des règles juridiques en matières d'information et de communication.

Les principales règles dans ce domaine concernent, comme l'indique le *lexique de la presse* (Dalloz) :

– le statut des entreprises et des activités d'information (presse, agences, télévision, cinéma, radio, messagerie...) ;

– le statut professionnel (en particulier le statut des journalistes) ;

– le régime de responsabilité civile et pénale ou statut du contenu (droit de réponse, diffamation, etc.) ;

– le régime de la propriété littéraire et artistique (droit d'auteur) ;

– le droit comparé dans le domaine de l'information (quelles sont les règles appliquées dans les autres pays ?) ;

– le droit international de l'information (le rôle de l'UIT, etc.).

Droit de réponse

On distingue sous cette expression le **droit de rectification de l'administration** et le droit de réponse des particuliers.

1. Le droit de rectification de l'administration

   Si un acte d'un dépositaire de l'autorité publique, concernant sa fonction, a été inexactement rapporté par un journal ou écrit périodique, le directeur de la publication est tenu d'insérer gratuitement, en tête du prochain numéro, les rectifications adressées par ce dépositaire. Cette rectification ne peut excéder le double de la longueur du texte incriminé.

2. Le droit de réponse des particuliers

   a) En matière de presse écrite

   L'article 13 de la loi de 1881 permet à « toute personne nommée ou désignée dans le journal ou écrit périodique » de faire une réponse qui doit être publiée à la même place que l'article en cause. Les caractères utilisés doivent être les mêmes, sa longueur ne peut dépasser celle de l'article qui l'a provoqué avec cependant une limitation à 200 lignes. Elle peut être de 50 lignes si l'article était plus court. La réponse ne doit subir aucune modification.

   Le délai de publication, s'agissant d'un quotidien, est de trois jours et, s'agissant d'un périodique, la réponse doit être publiée dans le numéro suivant, le surlendemain de sa réception.

La réponse ne doit évidemment pas être diffamatoire ni contraire à l'ordre public, aux lois et aux bonnes mœurs et ne doit pas porter atteinte à l'intérêt d'un tiers désigné. Le sujet de la réponse doit être le même que celui de l'article.

b) En matière de communication audiovisuelle

Le droit de réponse est prévu par la loi du 3 juillet 1972. Il est accordé à toute personne s'estimant mise en cause dans une émission de radio ou de télévision. Pour que ce droit existe il faut qu'il y ait des « imputations susceptibles de porter atteinte à l'honneur ou à la considération ». La définition du droit de réponse est réitérée par la loi du 30 septembre 1986 complétée par un décret du 6 avril 1987.

La réponse doit être envoyée par lettre recommandée avec accusé de réception au directeur de la publication dans les 8 jours de la diffusion de l'émission. La réponse est diffusée dans les trente jours qui suivent la date de diffusion de l'émission incriminée. Sa durée ne peut dépasser 30 lignes dactylographiées pour une durée de 2 minutes.

Les émissions sont conservées pendant une durée minimale de 15 jours après la date de leur diffusion afin de permettre ce droit de réplique.

Droit sur l'image et sur la voix et l'atteinte à la représentation de la personne

1. Le droit sur l'image

   Tout individu est titulaire d'un droit exclusif sur son image et sur la reproduction de celle-ci, spécialement par photographie. Ce droit est de nature variable.

   Le droit sur l'image peut être patrimonial, c'est-à-dire que l'individu peut tirer profit de la publication et obtenir la réparation du préjudice matériel que cause une publication non autorisée.

   Le droit sur l'image est le plus souvent extrapatrimonial, c'est-à-dire qu'il est apprécié sur un plan moral, ce qui permet d'interdire de porter atteinte à la personnalité de l'individu en publiant son image sans son consentement.

   En conséquence la publication d'une image nécessite l'autorisation ou un consentement présumé de l'intéressé, sauf lorsque ou quand, la photo prise dans un lieu public a un objet plus large que la personne de l'intéressé.
2. Le droit sur la voix

   L'intéressé peut user de sa voix et en tirer profit, il peut défendre sa voix contre la diffusion non autorisée ou un consentement présumé d'un enregistrement et contre l'imitation de sa voix à des fins commerciales.
3. L'atteinte à la représentation de la personne

   L'article 226-8 prévoit le délit de publication d'un montage des paroles ou de l'image d'une personne sans son consentement, s'il n'apparaît pas de façon évidente qu'il s'agit d'un montage ou s'il n'en est pas expressément fait mention. Les personnes morales peuvent être déclarées pénalement responsables.
4. L'exploitation de l'image d'un mineur

   L'article 227-23 réprime le fait de fixer, d'enregistrer ou de transmettre l'image d'un mineur lorsque cette image présente un caractère pornographique, en vue de diffuser ces images.
5. Les atteintes aux droits de la personne résultant des fichiers et des traitements informatiques (articles 226-16 à 226-25 du nouveau Code pénal)

   Le nouveau Code pénal a regroupé les infractions prévues par les articles 41 à 43 de la loi du 6 janvier 1978 relative à l'informatique, aux fichiers et aux libertés (voir ***Informatique et liberté***). Sont sanctionnés les faits suivants :

   – procéder ou faire procéder à des traitements automatisés d'informations nominatives sans avoir respecté les formalités prévues par la loi ou sans prendre les précautions nécessaires pour en garantir la sécurité ;

   – collecter des données par un moyen frauduleux, déloyal ou illicite ou malgré l'opposition de la personne physique concernée ;

   – mettre ou conserver en mémoire informatisée des données nominatives faisant apparaître directement ou non les origines raciales, les opinions politiques, philosophiques ou religieuses ou les appartenances syndicales d'une personne sans son accord exprès, ou de mettre en mémoire des données relatives à des infractions, des condamnations ou des mesures de sûreté, ou aux mœurs d'une personne ;

   – conserver au-delà de la durée autorisée des informations nominatives ;

   – détourner des informations nominatives de leur finalité ;

   – divulguer à une personne non autorisée des informations nominatives portant atteinte à la considération de la personne ou à l'intimité de la vie privée ;

   – utiliser le Répertoire national d'identification des personnes physiques sans les autorisations prévues par la loi ;

   – entraver l'action de la Commission nationale de l'informatique et des libertés.

   Les personnes morales peuvent être déclarées pénalement responsables.

Droits d'auteur

Ensemble de droits comportant en France : un droit moral, un droit patrimonial ou de propriété comprenant un droit de représentation et un droit de reproduction, un droit d'exploitation. Ces différents droits sont régis par la loi du 11 mars 1957 sur la propriété littéraire et artistique, modifiée par la loi du 3 juillet 1985 relative aux droits d'auteur et aux **droits dits voisins** des artistes interprètes, des producteurs de vidéogrammes et des entreprises de communication audiovisuelle. Toutes les œuvres de l'esprit, originales, artistiques ou documentaires (depuis le 1er janvier 1986) sont protégées par ce droit. Sont aussi protégées les traductions, adaptations, transformations et arrangements de l'œuvre préexistante, ainsi que son titre.

Pour étendre cette protection au domaine international, il faut faire figurer le sigle de *copyright* ©, un code international, accompagné du nom du titulaire du droit et l'année de première publication. Il n'y a pas en droit français, de formalité de dépôt ou d'enregistrement. L'auteur jouit d'un droit de propriété, exclusif et opposable à tous (art. 1, loi du 11 mars 1957). Il jouit d'un **droit moral,** qui inclut le respect de son nom, de sa qualité, de son œuvre ; il ne peut pas y avoir modification sans son accord préalable : il est seul à décider de la publication de son œuvre ou de son retrait ; il peut donc refuser sa diffusion, mais à charge de dédommager la partie subissant un préjudice dans le cadre d'un contrat.

Son droit patrimonial lui permet d'exploiter son œuvre et d'en tirer profit pécuniaire. Ce droit comprend le droit de représentation et le droit de reproduction.

Le droit d'exploitation dure 50 ans après la mort de l'auteur, au bénéfice de ses ayant-droits. À l'expiration de cette date, l'œuvre tombe dans le domaine public.

Une autorisation préalable de l'auteur est nécessaire pour toute représentation publique, sauf pour une réunion privée et gratuite. Ce consentement est encore requis pour les copies et reproductions, à l'exception de celles destinées à l'usage privé du copiste, même dans le cas d'une reproduction partielle. La rémunération doit être proportionnelle aux recettes d'exploitation de l'œuvre. Dans certains cas, cependant, elle peut être forfaitaire. Voir ***Reproduction, Photocopie***.

Droits de l'Homme

Voir ***Liberté d'opinion, liberté d'expression, liberté d'échange de l'information***.

Droits dérivés

Droits de reproduction ou d'exploitation d'un personnage (par exemple : les personnages de dessins animés de Walt Disney, l'image ou le nom d'un acteur de cinéma, etc.), d'un film (par exemple *Jurassic park*), d'un programme de télévision (par exemple la série *X file*), d'une marque, d'un événement (par exemple les jeux olympiques), cédés sous forme de contrat de licence et se traduisant par des rentrées monétaires désignées par le terme polysémique de ***redevance*** (mais monosémique en anglais : *royalty*).

Droits voisins

La législation sur les droits de propriété littéraire et artistique de 1957 a été étendu par la loi du 3 juillet 1985 aux artistes-interprètes, producteurs de phonogrammes, de vidéogrammes et aux entreprises de communication audiovisuelle, sur toute communication publique, reproduction, mise à disposition du public par la vente, le louage et l'échange de ces œuvres. Toutefois le **droit moral** (pour cette notion, voir ***Droit d'auteur***) est limité aux seuls artistes-interprètes. Ils persistent pendant 50 ans à partir de la première diffusion.

Duplex

Système qui permet à deux personnes géographiquement éloignées l'une de l'autre de participer à une conversation pendant la même émission. Il permet également l'émission d'événements qui ont lieu en même temps dans deux lieux différents. Si l'émission envoie simultanément des images venant de plusieurs endroits, il s'agit d'un multiplex.

Duplication d'audience (ou de lecture)

Part d'audience commune entre deux horaires radio, deux écrans TV quelles que soient les stations ou les chaînes.

Par exemple : l'écran de 13 h de la chaîne de télévision Z est regardé par 9 millions d'individus et celui de 20 h 30 par 20 millions d'individus, dont 6 millions ayant vu le 13 h.

La duplication entre ces deux écrans est de 6 millions. Ainsi, un passage dans chacun de ces écrans apporte 9 + 20 - 6 = 23 millions d'individus différents pour 29 millions de contacts. Nous pouvons déjà établir une distribution de contacts. Sur ces 23 millions d'individus, 6 millions ont regardé les deux écrans et ont donc eu 2 contacts. Ce qui veut dire que 23-6 = 17 millions ont eu un seul contact dont 9-6 = 3 millions avec le 13 h et 20-6 = 14 millions avec le 20 h 30.

L'***audience nette*** est constituée des exclusifs du 13 h = 3 millions, celle des exclusifs du

20 h30 = 14 millions et des duplicants = 6 millions.

Distribution de contacts à 1 contact = 17 millions d'individus (l'ensemble des exclusifs du 13 h et du 20 h 30) à deux contacts = 6 millions d'individus.

Par cet exemple simple on constate que la connaissance du phénomène « duplication » est essentielle pour déterminer les performances media. Un cas particulier : la duplication dans le temps d'un support avec lui-même a pour nom « cumulation d'audience » ou (accumulation d'audience). Elle permet de construire la courbe de charge du support afin d'établir le nombre optimal de passages, d'insertions ou de parutions, selon l'objectif média retenu.

Durée moyenne d'écoute

Le concept de durée d'écoute est relativement récent en ***média planning*** parce qu'il ne concerne que les médias audiovisuels et surtout la télévision. Également parce que les outils d'analyse sont apparus depuis peu sur le marché des études d'audience (1982 pour l'audimétrie et fin 1988 pour le bouton-poussoir).

La durée moyenne d'écoute est cependant capitale pour apprécier les parts de marché respectives des stations et chaînes. On distingue 3 durées d'écoute moyenne :

1. **Durée d'Écoute par Foyer (DEF)** : moyenne du temps passé à l'écoute de la télévision par l'ensemble des foyers composant la population ou la sous-population étudiée. Elle peut être calculée pour une émission, une tranche horaire ou l'ensemble de la journée.
2. **Durée d'Écoute Moyenne par Auditeur (DE MA)** : moyenne du temps passé à l'écoute par les auditeurs ou téléspectateurs d'une émission, d'une tranche horaire ou de l'ensemble de la journée. Son défaut est de ne pas tenir compte de la puissance réelle de la station ou chaîne et de raisonner seulement sur l'ensemble de l'auditoire. Ainsi, telle émission peut se flatter d'avoir une durée d'écoute par auditeur de 70 mn mais sur combien d'auditeurs ?
3. **Durée d'Écoute Moyenne par Individu (DEMI) :** moyenne du temps passé à l'écoute de la radio ou de la télévision par l'ensemble des individus composant la population ou la sous-population étudiée ; elle peut être calculée pour une émission, une tranche horaire ou l'ensemble de la journée. Elle est exprimée en heures et minutes.

   Le DEMI se calcule de deux manières : durée du programme x audience moyenne. Ex. : un programme dure 100 mn. Son audience moyenne est de 30 %. DEMI = 100 mn x 30 % = 30 mn. L'ensemble des Français a regardé le programme en moyenne 30 minutes. DEMI = DEMA x audience cumulée.

   Sur le même exemple, ce programme de 100 mn a été suivi (pour au moins 2 secondes) par 40 % des Français (audience cumulée = 40 %). Ces 40 % forment l'ensemble des auditeurs pour lesquels on recense une DEMA de 75 mn. Chaque auditeur a suivi en moyenne 75 mn des 100 mn de l'émission. Bien sûr, certains l'ont regardée intégralement, d'autres ne furent que des zappeurs (puisque l'on tient compte de tout auditeur au-delà de 2" d'écoute). DEMI = 75 mn x 40 % = 30 mn, donnant donc le même résultat.

Durkheim, Émile (1858-1917)

Voir ***Anomie, Rite***.

DVD (*Digital Video Disc*)

Disque vidéo numérique qui dispose de 4,7 gigaoctets d'espace d'enregistrement, soit huit fois plus qu'un ***Cédérom***. Il peut servir de support de films et de musique. Autres noms du DVD : ***Video CD***, MPEG, Vidéo plein écran, *Full Motion*. Il ne faut pas confondre le DVD avec le ***CD-V***.

DVI (*Digital Video Interactive*)

Traduction : Vidéo numérique interactive. Voir ***Convergence des technologies, Autoroutes de l'information, Interactivité***.

Dynamique (Analyse -)

Analyse des phénomène dans leur évolution, c'est-à-dire qui prend en compte le temps, par opposition à l'**analyse statique** qui est faite avec le temps arrêté. Dans les sciences sociales, et plus spécifiquement en linguistique, on utilise plutôt le terme de **diachronie** ou l'expression analyse diachronique pour caractériser une analyse des phénomènes dans le temps, et le terme **synchronie** ou l'expression analyse synchronique pour les analyses des phénomènes à un moment donné.

Dynamique de groupes

Ensemble des lois qui régissent le comportement d'un groupe social défini (une classe d'élèves, une réunion de travail dans une entreprise, etc.), fondées sur un système d'interdépendance entre les membres du groupe. Elle est aussi une branche de la psychologie sociale qui étudie ces lois et le rôle qu'elles jouent dans la ***communication***, la décision, et la ***créativité*** au sein du groupe social défini.

E

EAN (Code -)

European Article Numbering : Code barre pour lecture automatique et identification des produits. Le code *EAN* est composé de treize chiffres et peut être imprimé sur le produit sous forme de numéro et de symboles : le code à barres. Il autorise alors la lecture automatique.

EAN a été créé en 1977 à l'initiative de fournisseurs et de distributeurs européens. Son siège est à Bruxelles. EAN a établi un accord de collaboration avec l'**UCC** (*Uniform Code Council*) qui développe le même type d'activité en Amérique du Nord.

EAO et enseignement multimédia

L'Enseignement Assisté par Ordinateur (EAO) repose un ensemble de matériels informatiques et de ***didacticiels*** (logiciel programmé sur un ou plusieurs thèmes) présentant des écrans ***interactifs*** avec, éventuellement, le son et contenant un enseignement déterminé. L'expression outils multimédias d'enseignement ou de formation désigne l'utilisation simultanée ou successive de l'EAO, de la vidéo, du papier, du tableau mural de la classe, de la rétroprojection, etc.

1. L'EAO

L'EAO a favorisé toute une série de modifications dans les méthodes pédagogiques. Il a apporté une nouvelle dimension au vécu de l'apprenant et a changé le rôle du formateur. Média individualisant, l'EAO a fait évoluer l'appropriation du savoir chez l'apprenant vers un travail personnel dans lequel le rythme d'apprentissage passe par une liberté dans le mode de fonctionnement. Avec l'EAO, l'apprenant devient le maître de son activité et évolue selon son propre rythme. Il contrôle d'une certaine manière le processus de la formation.

L'éventail d'exercices et de situations de simulation des didacticiels favorise, d'une part, une interactivité (les réponses de l'apprenant) et, de l'autre, une acquisition plus rapide (renforcement par les exercices). Une phase d'autocontrôle après chaque exercice renforce la motivation du sujet. L'accès à des banques de connaissances, d'exercices ou de stimulations facilite l'acquisition active des connaissances.

Le formateur, quant à lui, est obligé de créer continuellement un cadre dans lequel l'apport du groupe complète le travail individuel.

Le travail sur l'EAO engendre la création d'un univers fermé entre l'apprenant et la machine d'où la nécessité de coupures à l'aide de séquences plus traditionnelles et un retour aux exercices « papier-crayon ».

Deux apprenants par machine (un travail en binôme), 2 à 5 machines, un ou deux formateurs par groupe constituent l'organisation du travail sur l'EAO. Très souvent la durée est limitée et dans la plupart des cas, quelques séquences d'EAO sont choisies. Son utilisation se fait à l'intérieur d'un programme établi en fonction d'un objectif choisi, et avec l'accompagnement d'autres outils.

Cette évolution provoque par ailleurs des modifications dans les méthodes d'enseignement au sein des entreprises. Ainsi les réflexions ne sont plus seulement orientées vers le contenu des formations, mais aussi vers une organisation autour des différents outils et de leurs utilisations.

2. L'enseignement par multimédia

L'objectif principal de l'utilisation de plusieurs outils, lors d'une formation, est avant tout d'augmenter les chances que le message passe encore mieux.

Ainsi, les différents outils ne visent pas les mêmes objectifs. Ils jouent chacun un rôle précis et différent. Pour que cette utilisation se passe dans de bonnes conditions, il faut prendre en considération l'interaction entre un certain nombre d'éléments : les media, le message, l'apprenant, le formateur.

L'utilisation d'un ensemble ***multimédia*** en formation nécessite la prise en compte de toute une série de précautions pédagogiques par le formateur. Lors d'une formation, le passage d'un outil à un autre nécessite une construction pédagogique avec des transitions souples,

cohérentes et logiques. Il s'agit de construire une complémentarité entre les outils.
L'adaptation de l'utilisation des outils au message, d'une part, et aux capacités de l'apprenant et à celles du formateur, de l'autre, est un élément primordial. Cette utilisation entraîne chez l'apprenant la découverte de l'autonomie et l'importance donnée à son propre rythme d'apprentissage.
Le formateur quant à lui se voit changer de fonction, son rôle est ainsi plus axé sur l'accompagnement et l'aide. Il devient un lien entre les outils et l'apprenant. L'interaction entre l'audiovisuel, l'EAO et le texte écrit est ainsi complétée par la médiation du formateur.

E.B.U. (*European Broadcasting Union*)

Voir ***U.E.R.***

Écart-type

Paramètre de dispersion d'une distribution statistique. Il permet de mesurer l'écart des valeurs par rapport à la moyenne : il correspond à la racine carrée de la variance, c'est-à-dire à la racine carrée de la moyenne des carrés des écarts par rapport à la moyenne arithmétique. La notion d'écart-type permet ainsi de relativiser la portée de la moyenne. Ainsi avec une moyenne identique, les deux distributions de revenus ci-dessous, dans deux pays imaginaires de 2 habitants chacun, ont une signification statistique et sociale différente : dans l'un les inégalités sont fortes (écart absolu de 180 unités monétaires UM, avec un écart-type un peu plus faible de 127,3 environ), dans l'autre elles sont faibles (écart absolu de 2 unités monétaires UM, avec un écart-type un peu plus faible également de 1,4 environ).

Pays A	Pays B
1 individu gagne 10 UM par an	1 individu gagne 99 UM par an
1 individu gagne 190 UM par an	1 individu gagne 101 F par an
Revenu moyen 100, écart absolu : 180, écart-type = 127,279	Revenu moyen 100, écart absolu 2, écart-type = 1,414

Si x_i est la valeur de la i^e classe, $\overline{X}$ est la moyenne arithmétique de la distribution, Σ est le symbole de la somme (ici de 1 à n), alors l'écart-type correspond à :

$$\sigma = \sqrt{(\Sigma (x_i - \overline{X})^2 / n)}$$

Pour une illustration du mode de calcul voir ***Statistiques***.

Échantillon

En ***statistique***, sous-ensemble d'une population-mère, constitué par **sondage**. L'enquête par sondage, qui se distingue de l'étude de la totalité des unités constitutives de la population, est une méthode économique d'information par ***induction statistique***, à condition que l'échantillon soit représentatif. Sa taille et sa structure doivent prendre en compte d'une part la complexité des caractéristiques de l'univers à étudier et, d'autre part, les conditions d'erreur acceptée que l'on se fixe selon les calculs de probabilité.
Les méthodes utilisées et souvent combinées sont :
– la méthode aléatoire : tirage au sort sur une seule ou l'ensemble des caractéristiques retenues (par ex. : une adresse sur x des listes électorales) ;
– la méthode des quotas : on définit un échantillon dont la structure est identique selon certaines caractéristiques (âge, sexe, etc.) à celle de la population étudiée (par ex. : la densité de population en habitants au km^2 sur une aire géographique).
On utilise la méthode des **échantillons appariés** ou **échantillons jumeaux** pour permettre de comparer les résultats d'échantillons de même structure.
Dans le cas d'un sondage sur l'ensemble de la population, la base de la structure de l'échantillon provient du dernier recensement général de la population. Un bon échantillon doit avoir une bonne dispersion spatiale et temporelle, ainsi qu'une taille satisfaisante pour un intervalle de confiance correct. La taille de l'échantillon dépendra de celle de la population souche. Un échantillon de 1 000 unités statistiques peut être inutilement trop élevé, et donc trop coûteux, pour une population de 10 000 personnes, ou trop faible pour une population de 100 millions de personnes. Il est cependant d'usage de définir une taille minimum de 30 unités pour bénéficier de l'application de la loi des grands nombre.
L'interrogation de l'échantillon s'effectue à l'aide d'un questionnaire standardisé et structuré (***interviews***) ou par observation systématique (***panels***).

Échelle de hiérarchie des supports

Mode d'évaluation des supports de communication publicitaire.
Le ***média planning*** est constitué de deux étapes :
– la stratégie média permettant de définir le ou les médias retenus ainsi que la répartition budgétaire et temporelle ;
– le support planning permettant de construire le meilleur plan média.

Le premier travail du support planning est de choisir parmi l'ensemble des supports possibles les candidats à la construction des plans. La procédure utilisée est de hiérarchiser les supports selon différents paramètres, créant ainsi les échelles de hiérarchie.

Un support possède deux dimensions :

– sa **puissance** qui illustre son efficacité par rapport à la cible ;

– son **économie** qui est le rapport tarif/puissance, sorte de « prix au titre ».

À l'aide de ces deux dimensions, il est donc possible de créer trois échelles de hiérarchie.

1. **Échelle de puissance** : les supports les mieux placés sont ceux possédant la meilleure audience ou pénétration sur la cible. Cette échelle ne prend pas en compte le tarif publicitaire et, de ce fait, est rarement utilisée.
2. **Échelle d'économie** : les supports les mieux placés sont ceux possédant le meilleur ***coût aux 1 000*** ou le meilleur coût au 1 % sur cible. Cette échelle inclut donc le tarif et la puissance et semble, *a priori*, satisfaisante, mais elle aboutit souvent à privilégier des supports marginaux (peu puissants et pas chers). Par exemple, raisonner en échelle d'économie en télévision amène à ne retenir que des écrans des heures creuses dites de faible audience de la journée ou de la nuit (en anglais : *day-time* et *night-time*). Il en résulte trois inconvénients :
   – les supports peu puissants sont les moins faibles statistiquement ;
   – un tel plan ne peut aboutir à une pression homogène de la cible ;
   – un tel plan est très difficile à vendre.
3. **Échelle de puissance-économie** : cette échelle peut être réalisée de manière graphique ou par le calcul d'un indice, rapport de puissance/économie pour chaque support. Les supports les mieux placés sont ceux possédant le meilleur rapport puissance sur économie. Une telle échelle amène à retenir à la fois des supports puissants et relativement économiques, ainsi que des supports peu puissants mais très économiques.
   Par exemple, soit 3 supports A, B, C définis ainsi :
   A = puissance = 30 %, économie = 6 000 F le 1 % ;
   B = puissance = 20 %, économie = 4 000 F le 1 % ;
   C = puissance = 10 %, économie = 2 000 F le 1 %.
   Ces trois supports possèdent le même indice P/E soit 0,005 et sont donc équivalents en échelle croisée puissance-économie.
   On peut également inclure l'affinité et réaliser des échelles croisées puissance-économie-affinité.

Écho

1. Répétition d'un son : l'onde acoustique est réfléchie par un obstacle. Avec les instruments électronique, l'effet d'écho peut être recherché et obtenu en reprenant ou en prolongeant volontairement un son.
2. Sur un écran de télévision, un « écho » est une image légèrement décalée par rapport à l'image normale.
3. Réponse à une sollicitation ou à une proposition (« *ce produit a trouvé un écho dans le public* »).
4. Petite nouvelle : les échos de la presse. Terme souvent utilisé comme titre de journal.

École de Chicago

Voir ***Interaction Sociale***.

École de Francfort

Voir ***Francfort (École de -)***.

École de Palo Alto

Voir ***Bateson***.

École de Vienne

Voir ***Cercle de Vienne***.

Économie

1. Étymologiquement administration de la maison. Dans ce sens, discipline scientifique – désignée par d'autres appellations : économie politique, science économique, économique – et pratique sociale – plus souvent appelée gestion, management, administration. L'analyse économique peut être entreprise sous différentes perspectives : analyse de comportements individuels de choix et de décision en microéconomie, analyse macroéconomique des problèmes associés aux agrégats (PIB, chômage, inflation, etc.) ou aux résultats collectifs des choix et des décisions individuelles, analyse mésoéconomique des différents comportements et des résultats au niveau de la branche ou d'un secteur réunissant une ou plusieurs entreprises. L'analyse peut être descriptive, théorique ou empirique (positive), explicative ou normative, statique ou dynamique. Mais fondamentalement la problèmatique économique est celle de l'efficacité : les hommes vivant en société sont confrontés au problème de la rareté des ressources pour satisfaire leurs besoins sociaux. Face à ce problème, l'économie descriptive analyse les comportements et les solutions techniques et organisationnelles que les hommes dans une société (période, pays) donnée ont apportées, tandis que l'économie normative présente les différentes solutions possibles et indique celle qui sera la moins onéreuse, ou bien indique le meilleur usage pour les moyens disponibles. L'économicité ou efficacité revient donc à

deux types de problèmes : minimiser les coûts pour atteindre un objectif donné, ou maximiser les résultats pour des moyens donnés.

On retrouve ces deux démarches dans l'***économie des médias*** et l'***économie de l'information*** qui relèvent de la mésoéconomie et de la micro-économie, pour certains aspects théoriques de l'économie de l'information, comme la définition et la justification du prix de l'information. L'économie des médias est en revanche plus empirique que l'économie de l'information, sans être pour autant moins normative ou plus descriptive. L'économie des médias est une expression restrictive dans la mesure où l'objet d'étude est, certes, le média (analyse de son coût de production, de son système de distribution, de son prix, de son public), mais aussi, sinon surtout, les structures du secteur des médias, les stratégies et les performances des entreprises de presse, de télévision, de cinéma, de radio, et de publicité, d'affichage, les stratégies de groupes multimédias, l'analyse des origines économiques et financières des entreprises présentes dans le secteur, etc.

2. Moindre dépense, parcimonie, épargne, efficacité, utilisation rationnelle des moyens ou des ressources. Dans le sens d'efficacité voir l'***économie d'un support***.
3. Ensemble des activités de production, de répartition, de distribution et de consommation des richesses matérielles et immatérielles d'une collectivité humaine. On parle ainsi de l'économie française, l'économie canadienne. Synonymes : régime économique, formation sociale.
4. Organisation générale, structure d'un ensemble, mode de répartition des parties d'un ensemble structuré. On parle dans ce sens de l'économie d'un projet.

Économie de la publicité

Voir ***Publicité***.

Économie de l'information

1. Branche de la microéconomie – économie qui étudie le comportement individuel de choix et de la décision – qui s'est développée par la rejet de l'hypothèse irréaliste de la transparence des marchés, de la parfaite information des acteurs économiques (toute l'information est contenue dans les prix qui sont connus de tous en concurrence pure et parfaite) et de la réalisation systématique des anticipations. Pour la nouvelle économie de l'information, l'information disponible est incomplète, imparfaite et distribuée de manière asymétrique. L'homme étant un animal social, son comportement est déterminé par des conventions et les comportements des autres. Certains peuvent transmettre des informations fausses, partielles. Il existe des comportements opportunistes, visant à exploiter la sous-information des autres. Des procédures d'incitations peuvent être envisagées pour obtenir des informations fiables et complètes. Voir ***Aléa moral, Théorie des jeux***.
2. Branche de l'économie qui étudie les problèmes de production, de répartition, de distribution et de consommation des biens de la branche d'activité regroupant les entreprises ou les établissements qui produisent et diffusent de l'information. L'économie, au sens de gestion, des bibliothèques ou ***bibliothéconomie***, l'économie des services d'information en ligne et des systèmes d'information, l'analyse de la stratégie d'information des acteurs (notamment les stratégies de ***veille technologique***, ou d'***intelligence économique*** dans les entreprises agricoles, industrielles, et de services) sont quelques uns des thèmes importants du domaine. Voir ***Information, Marché***.
3. Expression désignant le régime économique caractérisant une société globale dont le niveau de développement ou stade de développement est postindustriel, correspondant à une part de plus de 40 % des activités d'information (spécifiques, ou intégrées dans les activités agricoles, industrielles et de services, suivant en cela la méthodologie de Marc Uri Porat) dans la valeur ajoutée brute du pays. Synonyme : ***société de l'information***.

Économie des médias

Branche d'économie appliquée qui étudie les problèmes de production, de répartition, de distribution et de consommation des médias. L'économie des médias de masse (cinéma, presse, livres, radio, télévision) reprend la problèmatique générale et les méthodes de l'économie industrielle, en particulier l'analyse est souvent effectuée en suivant le paradigme SCP (structure du marché des médias, comportement ou stratégie des acteurs, et performances des firmes). L'analyse de la structure des marchés porte notamment sur le degré de concentration des entreprises dans le secteur, la nature des barrières à l'entrée (budget de publicité, notoriété des firmes en place, faiblesse des coûts due à l'expérience et aux relations privilégiées avec les fournisseurs et les banquiers, etc.), etc. L'analyse de la stratégie ou comportement s'intéresse notamment au prix, aux relations entre les entreprises (entente), etc. L'analyse de la performance peut se faire en termes de croissance du chiffre d'affaires, de part de marché, de l'audience, etc.

Voir ***Économie, Modèles économiques de l'industrie de la communication, Marché***.

Économie d'un support

Un des concepts de base (avec la ***puissance***) permettant d'apprécier la valeur d'un support par rapport à la cible. L'économie d'un support est le ratio tarif/puissance.

Si la puissance est calculée en milliers (= ***audience utile***), l'économie d'un support s'appelle ***coût aux mille***. Si la puissance est calculée en pourcentage (pénétration = part de l'effectif cible obtenue par la chaîne) l'économie du support s'appelle ***coût au 1 %***, ou de manière impropre, ***coût du GRP***.

Le coût aux mille étant dépendant de la taille de la cible, il est donc évident que des coûts aux mille portant sur des cibles différentes ne sont pas comparables de manière pertinente.

Économies externes

Voir ***Jeux (Théorie des -)***.

Écoute

1. Action de prêter l'oreille. Voir ***Audience***.
2. Être attentif aux autres. On dit souvent que le comportement d'écoute facilite la communication dans les organisations, notamment entre la hiérarchie et les autres membres de l'organisation. L'intérêt de l'écoute est d'identifier le vocabulaire, les préoccupations : la réponse ou ***rétroaction*** est l'indication que la communication a été établie. En d'autres termes, il ne sert à rien d'être à l'écoute, si on n'entend pas, c'est-à-dire si on n'est pas sur la même longueur d'onde, ce qui signifie qu'on ne se soucie pas des préoccupations de l'autre. Voir ***Analyse transactionnelle, Programmation neurolinguistique***.

Écran

Toute surface sur laquelle se reproduit l'image d'un objet.

Depuis le « mythe de la caverne » de Platon (exposé dans *La république*) jusqu'à la « camera obscura », ce principe technique existe depuis bien longtemps. Pourtant, la notion d'écran connaît aujourd'hui un succès sans précédent : 99 % des ménages en France sont équipés en télévision, plusieurs dizaines de millions d'ordinateurs sont en usage dans le monde. Ainsi, l'écran est devenu un bien de consommation stratégique. L'écran est en outre désigné par les médias comme le symbole même de notre « ère communicationnelle ».

En fait, la confusion entre les réalités couvertes par une telle notion peut expliquer la fréquence et le succès de ce terme : en effet, l'écran est à la fois un *contenant*, un objet dont la diffusion est croissante, un *contenu*, un média d'images de toutes sortes, et enfin une *pratique*, hétérogène selon que l'on parle de la télévision ou de l'ordinateur par exemple. Ces trois dimensions définissent, selon Chambat et Erhenberg (« De la télévision à la culture de l'écran », *Le Débat*, 1988), une « situation historique de rencontre » exemplaire entre : l'écran (le support), l'image (le contenu), le spectacle (la pratique).

1. Le support

Une « archéologie » de l'audiovisuel telle que l'ont menée Jacques Perriault (*« Mémoires de l'ombre et du son »*, 1981) et Laurent Mannoni (*« Le grand art de la lumière et de l'ombre »*, 1994) montre qu'il y a toujours eu des tentatives pour capturer le visible sur un support bidimensionnel : les ombres dans la caverne de Platon, mais aussi le vitrail, la célèbre « lanterne magique » ou encore l'appareil photo sont autant d'illustrations de ces expériences. Dans tous ces cas, l'écran était soit une surface translucide, soit une surface perforable, soit une surface de projection.

Aujourd'hui, l'écran est principalement associé à la télévision, au cinéma et à l'ordinateur. Pour ce dernier, l'écran n'est pas apparu dès le début : en effet, les premières machines étaient destinées à la mécanisation du calcul pour l'armée américaine, et il est significatif de constater que l'écran est apparu au milieu des années cinquante lorsque l'idée de communiquer avec les ordinateurs à travers des « langages » s'impose solidement. Ces « écrans système » liés à l'unité centrale, servent au dialogue entre l'usager et la machine.

Enfin, on assiste récemment à la diversification des supports, comme en témoigne l'apparition des écrans tactiles des bornes interactives, et les casques de visualisation d'images numériques.

D'un point de vue technique, les formes d'écran les plus anciennes et les plus simples appartiennent à la tradition cinématographique, caractérisée par la *projection d'images* sur une surface d'étoffe par exemple. Aujourd'hui, les écrans de cinéma sont en métal, en caoutchouc, en plastique ou même en verre dépoli si le projecteur se trouve derrière l'écran, l'image étant reçue par transparence. Certains écrans sont percés de trous invisibles sur leur surface pour permettre une bonne diffusion du son (si la source est placée tout contre). La luminosité de l'écran est essentielle, d'où l'idée de recouvrir sa surface de minus-

cules billes de verre pour augmenter son pouvoir réfléchissant : c'est « l'écran perlé ».
Si l'écran de cinéma est le plus traditionnel, les écrans télévisuels et informatiques à tube cathodique sont les plus répandus : à la différence de l'image filmique, l'image électronique n'est pas constituée de photogrammes projetés : c'est le balayage d'un spot sur une surface « sensible » qui constitue l'image. En effet, la cathode chauffée émet un faisceau d'électrons. Une dose suffisante de balayage électronique déclenche un point lumineux (le luminophore) sur la dalle de l'écran. Il y a environ 1 400 000 de ces points sur la dalle et l'excitation de 500 000 de ces points suffit pour donner une image acceptable. Ce point lumineux a trois caractéristiques : il a une position précise sur la dalle – ses coordonnées –, il a une lumière déterminée – sa couleur –, et il se déclenche à un moment particulier en fonction du balayage – introduction du temps. Du point de vue de la couleur, ce point est désigné par le terme « luminophore » : c'est une source ponctuelle d'éclairage d'intensité lumineuse variable de 0,65 mm de haut sur 0,2 mm de large. Les luminophores sont distribués par triplets rouges, verts et bleus sur la dalle de l'écran. Avec l'introduction du temps, les points en mouvement constituent le résultat visible de la synthèse des luminophores. Ce sont les « pixels », c'est-à-dire les éléments minimaux de l'image électronique.
Enfin, les **écrans tactiles** des bornes interactives sont particuliers : le contact du doigt sur la dalle située *devant* l'écran modifie sa charge de capacité à l'endroit touché. Les coordonnées de cet endroit sont envoyées à l'ordinateur qui les interprète selon les ordres donnés par l'application.
Les dernières avancées techniques concernant l'écran annoncent la disparition du tube cathodique traditionnel. Bien que les écrans à tube cathodique, moins chers et de meilleure qualité, restent majoritaires, de nouveaux écrans, moins volumineux, à cristaux liquide ou au plasma apparaissent sur le marché. Les « **écrans plats** » à cristaux liquides ont l'avantage d'avoir un encombrement, un poids et une consommation d'électricité réduits mais leur angle de vision est restreint et leur luminosité est faible. De même, l'intensité des écrans au plasma n'est pas contrôlable. Le principe de ces deux innovations est que l'image n'est plus fabriquée par un balayage continu en zigzag, mais point par point, au niveau de l'écran. Renoncer au principe du balayage, qui nécessite une distance suffisante pour dévier le faisceau, permet ainsi de concevoir des écrans peu profonds.
Enfin, le succès médiatique des écrans vient également des casques de visualisation qui en modifient radicalement la forme. Il est même possible de percevoir les images par projection directe sur la rétine, ce qui transforme le principe de l'écran : l'œil lui-même joue alors le rôle de surface de projection. Moins neuf techniquement mais aussi spectaculaire, des écrans permettent la visualisation d'images en relief. Toutes ces techniques, encore peu répandues, n'en sont souvent qu'au stade expérimental.
Aujourd'hui, la ***convergence*** technique des télécommunications, de l'informatique et de l'audiovisuel tend à unifier les différents écrans en un seul, d'où le succès de la notion de « ***multimédia*** ».
Du « petit » au « grand écran », leurs tailles connaissent des évolutions notables : si 6 % des ménages équipés possédaient un écran de téléviseur aux dimensions inférieures à 42 centimètres en 1978, ils étaient 34 % en 1989 *(Source INA/CSA, 1990)*. La majorité des écrans en 1989 mesuraient cependant plus de 43 centimètres (pour 66 % des ménages équipés). Le cinéma a connu également des évolutions : le format standard de 4/3 est passé à un rapport de 1,85 avec le Grand Format Panavision et même à un rapport de 2,35 pour le CinémaScope. Ces évolutions sont significatives car elles influencent la nature du contenu des écrans : en effet, le point de vue sur le réel n'est pas le même selon la taille de la fenêtre à travers laquelle on regarde. Cette influence du *contenant* sur le *contenu* nous amène à l'écran comme médium d'images.

2. Le contenu
   L'écran est aussi un contenu particulier : il transmet des images. Que l'on parle de texte sur ordinateur, du journal télévisé ou d'un film de cinéma, on a affaire à des images, c'est-à-dire, de façon globale, à des **éléments visuels**. Il a fallu du temps pour maîtriser ce langage de l'écran. Le centenaire du cinéma en 1995 nous rappelle les progrès effectués dans ce domaine. En ce qui concerne la télévision, maîtriser toutes les ressources de la couleur électronique a nécessité environ dix ans (la décennie soixante-dix), selon Dominique Aviron (*Le scintillant*, 1994). On ne comprend les spécificités de l'image électronique qu'au milieu des années quatre-vingt : ainsi, on passe d'un traitement en profondeur à un traitement en

surface de l'image ; les *jingles* remplacent les *speakerines* et une réelle *ciné-graphie* se développe. Enfin, dans le domaine informatique, le succès mondial de la firme Apple repose également sur la maîtrise, à partir de 1984, de l'interface utilisateur.

À la maîtrise du langage de l'écran s'est jointe la nécessité de l'analyser. Sans retracer ici le parcours de la sémiologie des contenus sur écran (les travaux pionniers de Christian Metz dont « l'analyse des images », revue *Communications*, n° 15, 1970) mentionnons que de rares études prennent en compte l'apport spécifique du support écran comme objet dans la construction du message. Car « dans *image* il y a *magie* » fait justement remarquer le cinéaste Jean-Luc Godard. L'écran fait illusion, c'est un spectacle, il fascine de manière instinctive. Ainsi, dans son approche esthétique de la télévision, Dominique Avron qualifie cette spécificité par le terme de scintillant : l'écran à tube cathodique est un système techniquement « lumino-actif » qui crée un phénomène insaisissable pour l'œil, le scintillant. Dans l'effort de perception de ce phénomène insaisissable, l'usager se trouve ainsi « capturé ». En effet, trois régimes lumineux simultanés sont soumis au téléspectateur : le scintillement de ligne (palpitation rapide à l'échelle de la milliseconde), le papillotement de trames (pompage régulier à l'échelle du dixième de seconde) et le contraste de plages dû aux changements de plans, mouvements des acteurs ou encore à une incrustation. « Le piège perceptif naît d'un débordement de la conscience sensorielle provoqué à la fois par son impuissance à discerner les différents motifs entremêlés, et par son appétence à le faire » (D. Avron, 1994).

L'analyse de cette fascination pose la question de notre rapport à la réalité : la fascination de l'individu devant l'écran est une des modalités concrètes de notre lien au réel. Or l'écran présente un certain point de vue sur la réalité, qui n'existe pas en soi. Dès lors, les questions d'ordre esthétique sur l'image rejoignent des réflexions plus globales sur notre construction sociale de la réalité.

En effet, la multiplication des messages à base d'images pose aujourd'hui des questions d'ordre culturel sur le remplacement progressif des contenus écrits par des contenus sur écran : depuis les essais de McLuhan (*La galaxie Gutenberg,* 1977) jusqu'à ceux de Régis Debray qui oppose la « vidéosphère » à la « graphosphère » *(Vie et mort de l'image,* 1992*)* et de Paul Virilio *(L'art du moteur,* 1993, *La machine de vision,* 1988), de véritables manifestes de résistance de « l'écrit contre l'écran » apparaissent. Dans cette perspective, notons ainsi l'usage d'une notion telle que « culture de l'écran » employée par Pierre Chambat et Alain Erhenberg (1988) : « la multiplication des supports-écran est telle que leur distribution est susceptible de former un continuum comparable à ce qu'est l'imprimé depuis deux siècles. Avec l'universalisation de ce nouveau support, se profile la mise en place progressive d'une culture de l'écran, qui est autre chose qu'une culture de l'imprimé, qui n'est pas une civilisation de l'écrit ». La suprématie de l'écran se matérialiserait par exemple dans son influence sur le contenu de la presse écrite privilégiant les éléments visuels.

3. La pratique

Les pratiques de l'écran recouvrent plusieurs champs. Tout d'abord, la pratique de l'écran pose la question de l'étude des conditions de travail dans ses données rationnelles, psychologiques, et physiologiques, c'est-à-dire de l'ergonomie. L'apport principal de cette démarche est la mise en évidence des nuisances occasionnées par un usage abusif de terminaux à écran. On détecte ainsi des troubles visuels qui ne correspondent pas à une atteinte du cristallin ou de la rétine, mais à une fatigue des muscles externes et internes de l'œil.

Il serait vain de synthétiser ici les pratiques des différents types d'écran, étant donné leur variété extrême. Soulignons simplement l'apport des recherches sur la réception des ***médias de masse*** : les travaux pionniers ici sont de Wilbur Schramm, de Elihu Katz, de Michel de Certeau. Le critère de l'âge mérite cependant d'être mentionné car il structure les pratiques de différents objets à écran : on retrouve ainsi l'opposition entre la « génération du livre » et la « culture de l'écran » des plus jeunes.

Les pratiques sont aussi des représentations sociales très différentes selon les écrans : elles séparent la magie du « grand écran » de la dimension péjorative du « petit écran », l'activité et la passivité, ou encore le loisir et le travail. Nous pouvons cependant repérer un fonds commun de représentations empruntées aux NTIC mais aussi à l'imaginaire de *l'image* et même de la *lumière* en général. L'écran a en effet toujours été mêlé à une source de lumière interférent avec un objet. Ces représentations sont basées sur les idées de « fascination », de « magie », ainsi que sur l'imaginaire du

« pouvoir » de l'écran (*1984* de G. Orwell) et sa potentialité à tout montrer : le pouvoir de « voir ses rêves », dans le film de Wim Wenders *Jusqu'au bout du monde* (1991), la disparition de la censure au cinéma et à la télévision, et la possibilité de connaître des données informatiques privées par des méthodes de piratage, témoignent de la *disparition des limites du visible*. Cette représentation est associée aujourd'hui à *l'unification des contenus* sur un seul support (mythe déterministe du *multimédia* lié à la *convergence*), et donne naissance à un imaginaire fondé sur l'idée du *Tout Image* qui remettrait en cause l'exercice de notre esprit critique.

Écran de contrôle

Récepteur permettant de surveiller la qualité technique d'une image télévisée. Synonyme : récepteur de contrôle.

Écran mosaïque

Écran de consultation distribué sur un réseau câblé. Il montre l'ensemble des chaînes et les programmes qu'elles sont en train d'émettre sur les différents canaux du câble. L'abonné peut ainsi choisir rapidement le canal qui l'intéresse ou régler les boutons de commande du téléviseur sur chaque chaîne.

Écran publicitaire

Voir ***Espace publicitaire***.

Écran tactile

Écran sur lequel s'affichent des informations dont le choix peut se faire par le contact des doigts.

Écran translucide

Écran utilisé pour regarder une image projetée du côté opposé au projecteur.

Écriture

Production d'une information par le tracé de formes, conventionnellement affectées à des signes et destinées à être lues, sur un support qui peut faire l'objet d'une diffusion, d'une circulation, d'un ensemble d'échanges et de relations de communication.

1. Écriture et parole

L'écriture se distingue fondamentalement de la parole en ce qu'elle suppose que l'énonciateur assume, dans la communication, la tension et le risque de différence entre sa personne, ses sentiments, son existence réelle, et son identité symbolique : la façon dont il se perçoit lui-même et dont il est reconnu par les autres comme sujet de communication. En effet, dans la mesure où l'écriture est matérialisée sous la forme d'un objet, elle est mise à distance de l'énonciateur, qui la perçoit comme n'importe quel objet – éventuellement comme un objet extérieur à lui. Tandis que la parole ne peut être articulée que par un sujet qui refoule cette distanciation, qui l'ignore, pour mieux adhérer à sa parole, l'écriture, en revanche, se fonde sur la reconnaissance de cette distance. Je ne peux écrire que si je suis conscient de la distance qui peut exister entre mon existence réelle et mon activité symbolique, et si cette distance ne m'empêche pas de mettre en œuvre mon langage (Cf. Montaigne : *Le maire et Montaigne ont toujours été deux, d'une séparation bien claire*, ou Rimbaud : *Je est un autre*).

2. L'écriture dans la communication

Dans la communication, l'écriture présente trois caractéristiques.

a) Le destinataire éventuel de la communication est absent du lieu de l'énonciation. Il ne s'agit donc pas d'un interlocuteur, ni d'un espace réel de communication. C'est pourquoi on parle à propos de l'écriture d'un ordre *géométral* de la communication (par opposition à l'ordre de la parole, qui en est l'ordre *interlocutoire*. L'ordre géométral de la communication est celui dont l'espace ne peut faire l'objet que d'une représentation (*géométral*), et non d'une perception réelle. Le lieu de la communication entre les deux partenaires de l'échange symbolique ne saurait être qu'un *espace représenté*. La communication écrite, dans ces conditions, ne saurait être, elle-même, qu'une forme représentée et distanciée de communication.

b) L'écriture peut être lue plusieurs fois : la matérialité du signifiant demeure dans le lieu de la communication au-delà du temps de la lecture. La dimension de représentation de l'espace de la communication porte aussi sur le temps : le temps de la communication écrite n'est pas un temps unique comme l'est celui de l'interlocution, mais il est un temps dédoublé : un temps dont on ne peut avoir qu'une approche rationnelle et symbolique, car le temps de la lecture ne saurait se confondre avec celui de l'écriture. Le scripteur ne peut que se représenter le temps de la lecture, et le lecteur ne peut que se représenter le temps de l'écriture.

c) L'écriture est une logique de communication qui distingue la relation effective à l'autre de la perception et de l'interprétation du signe par le sujet. À la limite, l'existence même de l'énonciateur n'est pas assurée dans la communication écrite, lors de la lecture. L'écriture distingue l'existence du signe de celle de l'énonciateur. Tandis que l'existence du signe fait l'objet d'une perception et d'un constat qui est de l'ordre du réel, celle de l'énonciateur n'est qu'attestée par le signe qui en porte témoignage. Cette distinction entre les partenaires de la communication et les signes qu'ils produisent est à l'origine de l'arbitraire du signe : c'est cette distinction, refoulée dans le cas de la parole, qui est à l'origine de la disjonction entre l'ordre du signe et l'ordre du réel.

3. Écriture et esthétique

La spécificité de l'écriture dans la communication, le rôle qu'y joue la perception visuelle, et la dimension d'objet que revêt l'écrit, ont entraîné une très importante activité esthétique dans l'écriture. Cette activité esthétique s'exerce dans deux dimensions.

a) Le travail des formes visuelles

Il s'agit du **graphisme** dans l'écriture. L'écriture peut faire l'objet d'une recherche esthétique dans les formes offertes au regard sur le support présenté au destinataire ou au lecteur. La calligraphie a, en particulier, été importante dans les pays de culture musulmane, car elle était liée à l'impossibilité de représenter des êtres vivants.

Il existe deux formes de travail sur le graphisme : l'art des formes graphiques sans référence à la signification dans des activités de communication ; l'art des formes graphiques construites sur la référence de leur signification et de l'interprétation dont elles peuvent faire l'objet dans des activités de communication. Ces deux formes de travail sur le graphisme se distinguent par le statut qu'elles donnent au sens qui fait, ou non, partie de l'esthétique du document produit, selon les cas et selon les cultures. En général, les calligrammes associent le sens du discours énoncé et celui de la forme donnée au tracé des lettres qui le composent (cf. la tradition calligraphique arabe, ou des poèmes comme les *Calligrammes* de G. Apollinaire).

b) Le travail de la langue écrite

Il s'agit de la poétique de l'écriture. La poétique de l'écriture est indépendante des formes matérielles de son graphisme, et elle repose sur l'usage poétique du code de la langue dans l'écriture. La spécificité de l'esthétique de l'écriture repose donc moins sur la matérialité du signe écrit que sur la particularité de la communication écrite de se tenir en l'absence de son destinataire. La poétique de l'écriture repose, par conséquent, sur des formes dont on ne perçoit pas immédiatement l'interprétation qu'en donne le lecteur : dont l'énonciateur (on dit aussi le scripteur) ne peut, par conséquent, que prévoir l'interprétation qui en sera donnée lors de la lecture.

La poétique de l'écriture est un travail du signifiant qui repose sur quatre principes :

– l'indépendance de la signification et de la communication (les formes poétiques, pour avoir du sens, n'ont pas nécessairement, pour cela, une fonction de communication) ;

– le caractère statique de l'écriture, qui, une fois mise en œuvre, ne fait pas l'objet d'un changement ou d'une évolution de la part du lecteur (c'est ce caractère de l'écriture qui explique la propriété de l'écriture pour celui qui l'a écrite, en particulier dans le domaine du droit (l'écriture peut être utilisée comme preuve en ce qui concerne le scripteur) ou dans le domaine littéraire (notion de propriété littéraire et de protection des droits des écrivains sur leurs œuvres) ;

– la permanence du signifiant écrit quel qu'en soit le lecteur, et quelles que soient les circonstances de la lecture (c'est pourquoi la lecture est dissociée de l'écriture, ne serait-ce que dans le temps) ;

– enfin, le caractère particulier de la norme et du code de l'écriture, qui ne dépendent pas du rapport au lecteur, absent, mais de la permanence du code.

4. Écriture et lecture

La différence entre la **lecture** et l'écriture est une différence d'attitude devant le texte – de *cogito*, aurait dit Descartes. Tandis que le lecteur s'approprie le texte de l'autre, en l'interprétant et en lui donnant du sens, le scripteur se distancie de son propre texte, au point qu'une fois qu'il l'a écrit, il lui est extérieur et qu'il peut le lire à son tour.

La lecture est une appropriation du texte par son destinataire. Le lecteur, de cette manière, s'inscrit dans un espace de communication censé être commun aux deux partenaires de la communication.

L'écriture, en revanche, est une mise du texte à distance : cette distanciation est double. D'une part, le scripteur écrit avec une langue dont les structures, les règles, les formes même, lui échappent et ne dépendent pas de lui ; d'autre part, l'écriture est une entreprise qui consiste, pour le scripteur, à engager une communication avec un partenaire absent : le lecteur à venir.

5. Les formes de l'écriture dans la communication sociale

On peut distinguer différentes formes de l'écriture dans la communication sociale.

a) L'écriture esthétique : la littérature

La littérature échappe à la logique de l'information : il s'agit d'une forme d'écriture qui vise d'une part le plaisir, éprouvé par le lecteur, de l'expérience du texte (le *plaisir du texte*, dont parle ***R. Barthes***), d'autre part la référence, dans le langage écrit, à un idéal social, culturel, politique, commun à tous ceux qui lisent.

b) L'écriture normative : la loi et le droit écrits

L'écriture normative produit des règles et des normes. La différence entre les lois écrites et les lois d'usage ou les lois coutumières réside dans le fait que les lois écrites sont plus distanciées par rapport à ceux qui sont censés les appliquer que les lois orales et que, si elles ne sont pas plus durables (les lois orales sont souvent les plus fortes et les plus pérennes), en tout cas elles correspondent à un type d'institution considéré comme plus intangible (cf. la mythologie des Tables de la Loi).

c) L'écriture fonctionnelle : l'information écrite

L'écriture est ici considérée comme un mode de diffusion de l'information. Elle présente deux caractéristiques : d'une part, elle permet la diffusion d'une illustration dans la continuité du document ; d'autre part, elle représente une information diffusée dans les mêmes formes et les mêmes termes auprès de tous ses destinataires : l'écriture est une garantie d'uniformité de l'information.

d) L'écriture documentaire : l'***archive*** et la ***mémoire***

L'écriture a une forme de permanence, dans la mesure où sa conservation ne dépend pas de la mémoire, mais relève d'institutions dotées de moyens et de matériels adéquats pour assurer dans la durée la conservation du patrimoine écrit.

Écriture par l'image

Mode réalisation de documentaires ou de séries dramatiques de télévision, en France, qui manifeste le souci des réalisateurs d'exprimer les problèmes de la société contemporaine en adoptant un style vériste. On parle également de **Docudrama** ou **télévision vérité**.

EDI (*Electronic Data Interchange* = Échange de Données Informatiques)

La transmission de données électroniques ou EDI, renvoie à un ensemble de ***normes*** pour la communication d'ordinateur à ordinateur de messages électroniques normalisés par l'intermédiaire d'un réseau de télécommunication. L'EDI en Europe repose sur 2 normes essentielles : « EDIFACT »et « X-400 ».

Le besoin de compatibilité dans le domaine de l'informatique est tel, que certains utilisateurs se sont engagés dans des réseaux d'EDI, comme par exemple ODETTE (automobile), ESTEREL (tourisme), SWIFT (*Society for World-wide Interbank Financial Telecommunications/* Société pour les télécommunications financières interbancaires internationales).

En France, le pôle de compétence est EDIFRANCE qui a débuté en 1990. EDIFRANCE est placé sous l'égide de ***l'AFNOR***, il rassemble les acteurs privés et publics de tous les secteurs de l'économie française impliqués dans la mise en place de l'EDI et commercialise les outils normatifs EDIFACT, l'EDI appliqué à l'administration, au commerce et au transport et mis au point par la Commission économique pour l'Europe des Nations-Unies.

La syntaxe et le vocabulaire de base de ce langage unique normalisé, condition préalable au développement mondial de l'EDI, ont été reconnus par l'***ISO*** et par le ***CEN***. La norme EDIFACT devrait vraisemblablement devenir la norme unique pour les échanges internationaux, grâce au soutien des administrations douanières, des organisations internationales de transport, du réseau bancaire (SWIFT) et des groupements professionnels pan-européens.

Édition

Dans un premier sens, le moins usité, le terme édition désigne la totalité des exemplaires d'un livre ou d'un périodique publiés en une seule fois (édition spéciale, édition originale...).

Mais il renvoie surtout à l'action d'éditer, c'est-à-dire de publier (sélection, conception, réalisation) et de proposer à la vente une œuvre intellectuelle, individuelle ou collective, dans les domaines de l'écrit imprimé, du film, de la vidéo, du disque, des banques de données... Toutefois, pour les films et les banques de données, on emploie aujourd'hui plus volontiers le terme de production. Ainsi, le ***producteur*** d'une ***banque de données*** est-il le responsable de la mise à disposition du contenu, le ***serveur*** assurant les traitements informatiques indispensables à l'exploitation.

L'éditeur assure ou assume également la ***diffusion***, autrement dit les opérations promotionnelles et commerciales accompagnant l'œuvre vers les différents points de vente spécialisés (librairies, disquaires, vidéothèques...) ou non (grandes surfaces, grands magasins...), ainsi que la ***distribution***, c'est-à-dire l'ensemble des opérations matérielles destinées à acheminer le produit et à le facturer. Il est aussi en charge de l'exportation sur les marchés étrangers. Voir ***Livre, Histoire de la communication écrite.***

Édition électronique

Voir ***PAO (Publication Assistée par Ordinateur), CAO, DAO, Infographie, Publication.***

Édition scientifique

Branche de l'édition spécialisée dans la publication et la commercialisation des écrits scientifiques proprement dits (voir communication scientifique) et des textes écrits par des chercheurs à destination de publics plus larges : étudiants (manuels, mémentos, dictionnaires et lexiques spécialisés...), professionnels (traités et revues à usage pratique), public cultivé (œuvres de vulgarisation, essais, livres d'érudition).

Pour le seul domaine des sciences sociales et humaines et en ne retenant que le cas de la France, en schématisant à l'extrême, et donc en réduisant la réalité observée – ne serait-ce qu'en raison des différences observables entre les disciplines ou les politiques éditoriales –, on peut conclure à la présence de deux catégories de produits et, peut-être, à un risque d'économie duale :

– les premiers, résultats d'un travail scientifique, quelquefois de haut niveau, ont de faibles tirages (généralement entre 200 et 1 000 tant pour les ouvrages que pour les numéros de revues – voir revue scientifique) car le public est limité aux chercheurs stricto sensu, et sont très souvent publiés par des éditeurs universitaires (Presses Universitaires de Grenoble, de Nancy, de Vincennes, du Mirail – Toulouse –, de Lyon...) ou péri-universitaires (Presses du CNRS, de la Fondation Nationale des Sciences Politiques...), c'est-à-dire par des maisons à capitaux publics, directement issues des lieux d'enseignement et de recherche, et qui bénéficient de plusieurs types d'aides directes (subventions, achats institutionnels...) et indirectes (mise à disposition de locaux, de personnels...). Il convient également de citer La Documentation Française qui édite de nombreux rapports officiels ainsi que des études dont la confection est souvent confiée à des universitaires.

De nombreux ouvrages et articles ont pour origine des travaux universitaires (thèses, mémoires de 3e cycle, habilitations à diriger les recherches) ou des documents réalisés dans le cadre d'une activité de recherche individuelle ou collective (rapports rédigés dans le cadre de contrats de recherche, *working papers* – voir communication scientifique). Il faut aussi noter le poids des traductions, avec cependant des variations sensibles d'une discipline à l'autre.

En principe, le choix des textes à publier procède d'une sélection rigoureuse et anonyme, toujours réalisée par des pairs, destinée à évaluer la forme et le fond (pour les revues scientifiques, voir sous ce terme).

– les seconds font l'objet de tirages plus importants – entre 1 000 et 10 000 exemplaires, 3 000 en moyenne – néanmoins très éloignés des tirages des œuvres de fiction, et sont plutôt publiés par des maisons privées spécialisées dans l'édition universitaire (L'Harmattan, Dalloz, P.U.F.,...), certaines d'entre elles pouvant par ailleurs être également engagées dans la publication d'autres catégories d'ouvrages et de revues (Seuil, Armand Colin, Privat, Larousse, La Découverte...). Il existe également des éditeurs occasionnels (Albin Michel, Hachette...) dont les motivations sont variables : volonté d'être présent dans tous les secteurs, de se donner une image « respectable », de poursuivre une tradition...

Bien entendu, les enseignements dispensés dans les universités constituent une source inépuisable pour ce type de publications, qu'il s'agisse de manuels, de traités ou d'essais. Les traductions d'essais, surtout écrits par des auteurs prestigieux, les biographies et les rééditions de textes classiques ou de référence (par exemple, pour la sociologie, les principaux livres de Max Weber, Émile Durkheim, Marcel Mauss, Raymond Aron, voire de Michel Crozier ou Pierre Bourdieu) représentent également une part importante des ouvrages publiés. Les textes savants édités, car il y en a tout de même un certain nombre, s'efforcent de ne pas être académiques, au sens péjoratif du terme, afin de toucher un public plus large, souvent à partir d'un travail de réécriture portant sur la lisibilité (la fameuse « qualité littéraire », à propos de laquelle il y aurait beaucoup à dire) et la taille. Toutefois, là aussi, il existe des exceptions notables : ainsi, les Éditions de Minuit publient-elles régulièrement les travaux de Bourdieu, chercheur réputé pour pourfendre le style facile, les mots ordinaires et les métaphores abusives au profit d'une écriture rigoureuse utilisant des termes techniques empruntés aux langages spécialisés (*Choses dites*, Minuit, 1987)...

Malgré ces différences entre éditeurs, il existe un certain nombre d'éléments communs conférant une certaine unité au secteur :

– 80 % des auteurs sont des enseignants-chercheurs et des chercheurs, et ce pour deux raisons principales : c'est essentiellement à travers des écrits scientifiques et, plus accessoirement, des textes destinés aux étudiants, aux érudits et au public cultivé que ces derniers construisent leur carrière et établissent leur notoriété ; par ailleurs, les droits d'auteur étant nuls (cas de la plupart des revues) ou faibles (10 % maximum) et les espoirs de vente limités, rares sont les auteurs de métier pouvant espérer vivre de leurs œuvres. Restent les universitaires qui disposent à la fois de revenus suffisants et du temps nécessaire pour écrire, puis pour retravailler les manuscrits. Car le temps de recherche et d'exposition est incomparablement plus long que celui qui est nécessaire à la production des œuvres de fiction : par exemple, il faut entre trois et cinq ans pour écrire une thèse et six bons mois pour la retravailler en vue d'une publication.

– Qu'elles soient ou non spécialisées dans l'édition de textes savants, de nombreuses maisons disposent de différentes collections afin d'être présentes sur plusieurs segments du marché. Cette pratique est d'autant plus généralisée que la crise de la lecture frappe toutes les catégories de lecteurs, y compris celle des « forts lecteurs » dans laquelle les universitaires et les étudiants occupent une place de choix, réduisant ainsi la taille du public « naturel » (en fait, ce phénomène est en partie compensé par l'augmentation sensible des effectifs). Par ailleurs, même les éditeurs les plus éloignés de la publication des recherches de haut niveau sont obligés de tenir compte de l'offre de manuscrits : quel éditeur spécialisé en sociologie refusera un texte de Bourdieu ?

– Sur le plan économique, les préoccupations de la majorité des éditeurs sont de nature voisine : bénéfices aléatoires sur la plupart des produits (cependant, à travers le jeu du catalogue, le succès de quelques livres couvre les pertes engendrées par la publication d'ouvrages plus difficiles à vendre), nécessité de recourir aux différents circuits de l'aide publique (pour l'édition, la traduction, la diffusion...) mais aussi de continuer à bénéficier en amont d'aides indirectes cachées (les auteurs sont en fait payés par l'État pour faire de la recherche), problèmes au niveau de la diffusion et de la promotion, difficulté d'accès aux marchés extérieurs – entre autre à cause du problème de la langue...

C'est probablement pour ces raisons que le secteur de l'édition scientifique est caractérisé par la présence d'un très grand nombre d'éditeurs (plus de 500) de petite taille, très souvent indépendants des grands groupes tels Hachette ou Les Presses de la Cité. Globalement, il a été peu affecté par les phénomènes de concentration et de restructuration qui ont touché l'édition depuis une vingtaine d'années. Il constitue sans doute le maillon le plus faible de ce secteur économique et cette situation est aggravée par les difficultés que connaissent les librairies de petite taille et de taille moyenne spécialisées dans la vente des livres et des périodiques scientifiques, autrefois en situation de monopole et désormais concurrencées par des réseaux de diffusion d'un type nouveau (FNAC, voire grandes surfaces ou grands magasins pour les produits les plus facilement commercialisables).

Néanmoins, la plupart des analystes qui se sont penchés sur sa situation économique ne sombrent pas dans le pessimisme car il existe aussi des indices positifs : augmentation régulière du nombre de livres édités, diminution des coûts de fabrication, et en particulier des frais fixes, due au progrès technologique, nombre insignifiant des cessations d'activité, professionnalisation accrue des petits éditeurs... De toutes façons, l'avenir de l'édition scientifique est étroitement lié à celui de la chose écrite dans le champ de la communication scientifique et ce dernier est loin d'être bouché, malgré sa fin maintes fois annoncée.

Édito

Abréviation familière de « éditorial ».

Éditorial

Article de fond dans la presse par un journaliste ou par le directeur de la publication (le directeur de l'entreprise pour un journal interne dans une organisation économique), commentaire engagé à la radio ou à la télévision, exprimé par un journaliste ou par le rédacteur en chef, sur un événement politique, un fait de société... Selon la fonction de la personne qui le signe, l'éditorial engage soit le journaliste, soit l'ensemble de la rédaction.

Éditorial (Modèle -)

Voir ***Modèle économique***.

Éducation et technologies de l'information

Voir ***Technologies d'information et de communication et niveau de développement économique, EAO***.

Effet

1. Le résultat d'une action ; ce qui est produit par quelque chose. Le phénomène lorsqu'il est particulier et qu'il ait fait l'objet d'une observation d'un point de vue scientifique (en physique, en biologie, en économie, en sociologie...) peut être qualifié par le nom de la

personne qui l'a identifié. Ainsi, à titre d'exemples, on parle de :
– l'**effet Larsen** pour le sifflement de sortie lorsqu'un haut-parleur est placé trop près du microphone, de ;
– l'**effet Merton** lorsque c'est l'information qui fait l'événement, et non l'inverse, par le jeu des anticipations autoréalisatrices dites encore prophéties autoréalisatrices. Il suffit de dire, par exemple, que le prix du sucre s'enflamme pour voir les ménages stocker du sucre, suscitant sa raréfaction sur les marchés, entraînant de la sorte la hausse du prix annoncée sans fondement.

2. Emploi de techniques spécifiques en vue d'obtenir un meilleur résultat visuel ou sonore : effet d'éclairage, effet de son. On dit jouer l'effet pour un comédien qui cherche systématiquement à faire réagir le public par rapport à son interprétation personnelle. Mais faire des effets de voix c'est jouer habilement de sa voix et cela peut s'appliquer à un enseignant, à un avocat et à toute personne qui cherche à convaincre son interlocuteur ou son auditoire.
3. Un effet de commerce ou simplement effet, est un titre de créance transmissible par endossement (signature au dos du titre). Les principaux effets de commerce sont : le chèque, la lettre de change ou traite (document sur lequel le créancier donne l'ordre à son débiteur de payer à une date déterminée la somme qu'il lui doit, à l'ordre de lui-même ou d'un tiers), le billet à ordre (forme simplifié de la lettre de change : le débiteur s'engage à payer à une date donnée une somme au créancier ou à la personne désignée par lui), le warrant (forme de billet à ordre gagé sur des marchandises dont la nature est définie par le prêteur en dernier ressort, c'est-à-dire la banque centrale du pays).

Effets des médias

Voir ***Identité culturelle, Influence***.

Effets spéciaux

Nom donné à l'ensemble des procédés de trucage en film ou en vidéo : ralenti, trompe l'œil, animation dans l'espace...

Depuis un siècle, les techniques utilisées pour les effets spéciaux ne cessent d'évoluer, mais la plus révolutionnaire est sans doute la numérisation. L'ordinateur permet la création d'images artificielles ou la manipulation des prises de vues réelles impossibles à envisager avec des techniques traditionnelles. Les images filmées sont numérisées, puis manipulées sous la forme de fichiers numériques, et sont ensuite restituées sur support film sans perte de définition.

Le développement de cette technologie a permis les « Matte-painting » (peintures cache) numériques : des éléments de décor sont dessinés avec une palette graphique et incrustés numériquement dans l'image (exemple : les châteaux vus au loin dans les « Les visiteurs »).

Cette technique permet aussi l'usage de la rotoscopie : la palette graphique permet de gommer tous les éléments qui « encombrent » une image (câbles, supports, rayures...). Les effets lumineux ont été réalisés grâce à la rotoscopie numérique.

La manipulation d'image la plus en vogue actuellement est le « **Morphing** » : en numérisant deux éléments filmés distincts, par exemple deux personnages, il est possible d'obtenir la transformation à vue de l'un en l'autre, grâce à un logiciel spécial qui peut calculer seul toutes les positions intermédiaires. Xavier Gelin a ainsi pu se transformer en Daniel Gelin dans « *Coup de jeune* ».

Les images de synthèse figurent probablement parmi les tours de magie les plus spectaculaires du numérique. Créées de toutes pièces en deux ou trois dimensions, elles se substituent peu à peu aux objets, aux décors, voire aux personnages. Il est possible d'incruster les images de synthèse dans des prises de vues réelles ou, à l'inverse, des éléments réels dans des décors synthétiques. Les dinosaures vus en plans larges dans « *Jurassic Park* » sont des images de synthèse.

Il existe bien d'autres techniques permettant la réalisation d'effets spéciaux. On peut citer notamment :
– l'animation image par image : simulation de mouvement de figurines articulées par déplacements et prises de vues successifs (les squelettes guerriers de « *L'armée des ombres* ») ;
– les effets en aquarium : reconstitution d'éléments climatiques dans l'eau (les nuages menaçants de « *La gloire de mon père* » ;
– les maquettes : reconstitution à échelle réduite d'appareils ou de décors (la mine inondée de « *Germinal* ») ;
– les maquillages spéciaux : transformation cosmétique des comédiens (Robin Williams changé en femme dans « *Miss Doubtfire* ») ;
– la projection frontale : arrière-plan projeté de face sur un écran réfléchissant (Harrison Ford poursuivi par une locomotive dans « *Le fugitif* ») ;

– la pyrotechnie : reconstitution des incendies et des explosions (les immeubles en feu de « *Backdraft* ») ;
– la transparence : arrière-plan projeté derrière un écran translucide (les scènes de fiacre dans « *Le colonel Chabert* ») ;
– le *travelling matte* : incrustation d'un sujet filmé sur fond bleu dans un autre fond (la chute dans le vide d'une femme au début de « *Cliffhanger* »).

Efficacité de l'interrogation d'un système documentaire (Critères d'évaluation de l'-)

Les principaux critères d'évaluation de l'efficacité de l'interrogation des systèmes d'information documentaires sont le taux de rappel, le taux de précision, le taux de bruit, le taux de silence, le taux de chute et le facteur de généralité.

Dans tous les systèmes d'information, on mesure l'efficacité de l'interrogation, depuis le test dit de « Cranfield », à l'aide du taux de rappel et du taux de précision qui varient en sens inverse. Le **test de Cranfield** est le résultat d'une expérience conduite pendant plusieurs années par Cyril W. Cleverdon au Cranfield Institute of Technology, au Royaume-Uni et dont l'objectif fut, lors de la première étape, de tester la capacité de 4 systèmes d'indexation à répondre à des recherches d'information dans une collection de documents, puis, lors de la deuxième étape, de déterminer les facteurs qui font varier la performance des langages d'indexation. De cette expérience, menée entre 1957 et 1966, ont surgi les notions de rappel et de précision comme mesures de l'efficacité de l'interrogation et de la qualité d'un système d'information.

Le **taux de rappel** est le rapport entre le nombre de documents pertinents retrouvés sur le nombre de documents pertinents contenus dans le fonds documentaire ou la base de données.

Le **taux de précision ou taux de pertinence** est le rapport du nombre de documents pertinents retrouvés sur le nombre total de documents retrouvés.

L'ensemble des documents non pertinents retrouvés constitue le **bruit** du système. Le **taux de bruit ou d'imprécision** est donc l'inverse du taux précision.

L'ensemble des documents pertinents non retrouvés constitue le **silence** du système. Le **taux de silence** est le rapport entre le nombre de documents pertinents non trouvés et l'ensemble des documents pertinents (trouvés et non trouvés). Bruit et silence sont des perturbations qui diminuent la performance des systèmes d'information. Plus le bruit est important, moins le système est performant.

Le **taux de chute** est le rapport entre le nombre de documents non pertinents extraits et le nombre de documents non pertinents existants.

Le **facteur de généralité** est le rapport entre le nombre de documents existants et le nombre total de documents.

Si l'on désigne par « a » le nombre de documents pertinents retrouvés, par « b » le nombre de documents pertinents non retrouvés, par « c » le nombre de documents non pertinents retrouvés et par « d » le nombre de documents non pertinents non retrouvés :

le taux de rappel est exprimée par l'équation suivante : a/(a+b)

le taux de pertinence ou de précision par l'équation : a/(a + c)

le taux de bruit ou d'imprécision par l'équation : c/(a + c)

le taux de silence par l'équation : b/(a + b)

enfin, le taux de chute est représenté par : c/(c + d)

et le facteur de généralité par : a + b/(a + b + c + d)

Les utilisateurs des systèmes d'information demandent une précision élevée et un faible taux de rappel. Ils ne sont pas toujours satisfaits des résultats ; aussi a-t-on cherché à analyser et à remédier aux insuffisances des systèmes. Si l'informatique permet d'accéder rapidement au contenu informatif des documents, elle ne résout pas tous les problèmes et l'on s'interroge sur la construction des modèles de représentation et d'extraction du contenu des documents textuels qui garantirait la cohérence et la pertinence de l'indexation, c'est-à-dire l'adéquation des réponses du système aux questions posées par les utilisateurs.

Efficacité publicitaire

La stratégie média s'occupe de choisir au mieux les véhicules de la création publicitaire, dans le but de « vendre » un produit ou une marque, de modifier un comportement ou une attitude (vendre au sens large : par exemple une campagne anti-tabac « vend » le « non-achat » de cigarettes). La publicité agit sur l'intention et l'efficacité publicitaire se mesure à l'aune du souvenir, et il existe différents types de souvenirs.

1. Souvenir lié à un produit ou une marque

C'est le résultat complexe de nombreuses années de communication, baromètre utile au stratège média pour déterminer les rapports concurrentiels du marché. On détermine ainsi le « top of mind » (une marque citée spontanément pour un marché donné) ainsi que des scores de **notoriété spontanée** ou de **notoriété assistée**. On définit aussi l'image du produit ou de la marque avec son cortège de représentations affectives ou rationnelles. Les concepts d'***audience*** ou de « lecture dernière période » concernent les supports. Les lecteurs d'un magazine donné ne lisent pas celui-ci à la loupe, de la 1re à la dernière page. Certains le feuillettent et auront plus de chance de tomber sur une double page quadrichromie que sur 1/16 de page noir. Cependant, une insertion en double page quadrichromie ou en timbre-poste procurera le même volume en **GRP**. La **loi du souvenir d'Armand Morgensztern,** sans prendre en compte la qualité créative du message, indiquera ainsi : sur l'ensemble des lecteurs de ce magazine, avec la double page quadrichromie, il y aura 40 % et, avec le timbre-poste, seulement 15 %. C'est la première étape qui mesure l'espérance de la rencontre entre le message et les individus fréquentant un support, ce **taux d'attention** s'appelle **alpha (α)**. En élevant alpha au carré, on obtient **bêta (β)**, qui mesure l'espérance de la mémorisation du message.

Ainsi pour un α de 40 % le β est $(40\ \%)^2$ soit 16 %.

Sur 100 individus fréquentant le magazine, la double page quadrichromie captera l'attention de 40 d'entre eux et sera mémorisée par 16 d'entre eux. Ces valeurs ne sont que des espérances mais constituent un pré-test pratique permettant de comparer différentes stratégies média mélangeant des formats et des calendriers d'action différents.

Le *media-planner*, toujours soucieux de cerner les problèmes, essaie de gommer l'effet création du message et de ne garder que l'effet exposition de celui-ci.

Le **cœfficient de mémorisation**, intitulé bêta (β), est lui, directement lié à l'exposition et ne dépend ni de la valeur créative du message (puisqu'il est calculé à partir d'une moyenne de score d'impact) ni de la catégorie des produits. Le bêta gère l'espace temps de l'exposition du message. En TV : 8 secondes ou 60 secondes. En presse : 1/16 page noire ou double page quadrichromie. En affichage : vitrine ou 16 m^2. Étant entendu qu'une création « géniale » de 3" n'aura jamais que 3" et donc ne pourra pas être exposée à l'ensemble des individus fréquentant l'écran publicitaire.

En conclusion, le meilleur indicateur actuel de l'efficacité publicitaire reste le taux de mémorisation, indépendant du type de produits et de la création, mais gérant complètement l'espace-temps de l'exposition du message. Le *media-planner*, en bon esprit scientifique, préfère isoler les problèmes et va mesurer ce qui est du ressort seul d'une campagne.

2. Souvenir lié à une campagne spécifique
   Il existe de nombreuses mesures du souvenir d'une campagne publicitaire : score prouvé, assisté, spontané, brut, spécifique, d'attribution.

Egogramme

Voir ***Analyse transactionnelle.***

Eidophor(e)

Récepteur spécial, qui permet de projeter des émissions ou des films de télévision dans une salle publique sur grand écran.

Élasticité (Coefficient d'-)

Mesure la sensibilité d'une variable déterminée à la variation d'une variable déterminante. On peut ainsi calculer le coefficient d'élasticité du nombre de lecteurs d'un journal par rapport au prix de ce journal (élasticité-prix simple) ou par rapport au prix de l'abonnement au câble (élasticité croisée avec un bien ou service substituable), ou par rapport au prix d'une paire de lunette (élasticité croisée avec un bien complémentaire : il faut, pour certaines personnes, une paire de lunettes afin de pouvoir lire le journal). De même on peut calculer l'élasticité du chiffre d'affaires d'une entreprise par rapport à ses dépenses en relations publiques et en publicité pour ses différents produits, ou encore l'élasticité des dépenses culturelles des Français par rapport au revenu, etc. Dans tous ces cas, le coefficient d'élasticité correspond au rapport entre la variation relative de la variable déterminée Y (% de variation du nombre de lecteurs, % de variation du chiffre d'affaires, % de variation des dépenses culturelles des Français, etc.) et la variation relative de la variable déterminante X (% de la variation du prix du journal, % de la variation du prix de l'abonnement au média concurrent, % de la variation du prix du bien complémentaire, % de la variation des investissements en publicité et relations publiques, % de la variation du revenu national par habitant en France, etc.). Donc, si $Yt = f(Xt)$, alors le coefficient d'élasticité est, sachant que t est une date donnée et t_{-1}, la période précédente :

$$e_{y/x} = \frac{Yt - Yt_{-1}}{Yt_{-1}} \Big/ \frac{Xt - Xt_{-1}}{Xt_{-1}}$$

Élastique (Sentiment -)

Voir ***Analyse transactionnelle.***

Électromagnétique (Onde -)

Dans le domaine de la ***radiodiffusion,*** se dit des ondes permettant la transmission d'images et de sons. Synonymes : **onde radio électrique, *onde hertzienne*.**

Éllul Jacques (1912-1994)

Voir ***Propagande***.

Émission, Émetteur

En tant qu'adjectif, émetteur signifie qui produit des ondes, des radiations, des signaux, des messages... Cette production d'ondes, de signaux, de messages constitue une émission. Mais celle-ci s'applique également à l'activité de transmission de son et d'images par les ondes ***électromagnétiques*** et au programme d'une station de radio ou d'une chaîne télévision.

Comme nom, le mot émetteur désigne la personne, l'organisme, qui sont à l'origine de ces productions, mais aussi le poste qui permet de transmettre les signaux électromagnétiques porteurs de messages (son, écrit, images), et la jonction semi-conductrice, généralement reliée à la masse, qui avec la base et le collecteur forme le ***transistor***.

Voir ***Communication***.

Émission cryptée

Émission de radio ou de télévision accessible seulement au public qui dispose d'un décodeur spécifique. Ce procédé démontre que l'***information*** n'est pas un **bien collectif pur**, puisqu'il est possible d'appliquer le **principe d'exclusion par le prix** : ceux qui ne paient pas l'émission à la consommation ou ceux qui n'acquittent pas un abonnement sont exclus de la consommation, sauf s'ils jouent les **passagers clandestins** soit en consommant chez ceux qui ont payé pour consommer l'émission, soit en utilisant des enregistrements d'émissions réalisés par ceux qui ont acquitté les droits pour le décryptage.

Émission d'expression directe

Émission consacrée à l'expression, hors campagnes électorales, des formations politiques (représentées dans l'une des deux assemblées) et des organisations syndicales et professionnelles représentatives à l'échelon national. Ces émissions sont programmées sur les sociétés nationales de programmes : Radio France, France 2 et France 3. Temps d'antenne alloué aux formations politiques : 5 h 30 à la télévision (réparti entre les deux chaînes), 1 h 30 à la radio. Temps d'antenne annuel alloué aux organisations syndicales et professionnelles : 6 h 45 à la télévision, 1 h 40 à la radio. Dans le cas où le bénéficiaire de l'émission l'a réalisé, l'enregistrement doit être adressé à la société nationale de programme au moins 48 h avant la date prévue de diffusion.

Émission publicitaire à caractère politique

Introduit dans la loi de 1986, ce type d'émission ne peut être diffusé qu'en dehors des périodes de campagnes électorales.

« Emmy Award »

Récompense annuelle décernée par « *l'Academy of Television, Arts and Science* » (A.T.A.S.) depuis 1949 aux États-Unis.

Émotion

Articulation du désir et de l'image de soi : éprouver une émotion, c'est faire l'expérience de la rencontre en un moment donné d'un désir et d'une représentation que l'on a de soi-même en ce moment. L'émotion établit une correspondance entre eux : en effet, l'émotion est la conséquence, sur le comportement ou le mode d'existence du sujet : Quand j'éprouve une émotion, je me conduis à la fois en fonction de ce que j'éprouve et en fonction de ce que je crois, et l'émotion va dépendre de cet accord entre les sentiments éprouvés et les idées ou les pensées de la personne.

L'émotion n'appartient pas à l'ordre du symbolique : elle appartient au réel de la personnalité, au réel de ce qu'elle éprouve, et non au symbolique de ce qu'elle représenterait. Toutefois, l'émotion fait l'objet de formes d'expression, de communication et de représentation. On peut construire une *théorie des émotions* à partir des sciences de l'information et de la communication. Elle comporte trois parties : les modes de représentation de l'émotion dans la communication ; la rhétorique spécifique de l'émotion ; le lien entre communication, émotion et subjectivité.

1. Le discours sur l'émotion : dire l'émotion

Une approche communicationnelle de l'émotion consiste à faire correspondre des formes aux émotions, de manière à l'inscrire dans des échanges de communication. La question est, par conséquent : comment l'émotion trouve-t-elle son expression dans les formes de la communication ?

a) Les formes d'expression des émotions

L'expression des émotions concerne ou l'expression de ses propres émotions par le sujet de la communication, ou la description, dans les romans, au théâtre, ou dans d'autres formes de discours, des émotions dont les autres sont affectés. Ces deux grands types de représentation des émotions mettent en œuvre des mots et du langage, des gestes et des attitudes, des comportements, qui, les uns et les autres, représentent des formes de communication de l'émotion.

Des mots et du langage : Il existe tout un vocabulaire de l'émotion, et toute une interpénétration entre le langage et l'émotion. Ces formes de langage appartiennent à ce que nous avons de plus personnel dans notre rapport à la langue.

Des gestes et des attitudes : Le geste et l'attitude sont porteurs de sens – surtout quand il s'agit d'émotions, c'est-à-dire d'articulations entre le langage et le réel de ce que l'on éprouve. Tout un code social rend intelligibles nos attitudes et nos gestes quand ils sont porteurs d'émotions.

Des comportements : Les comportements du sujet, le type de relations qu'il établit avec les autres, le type d'attitude qu'il adopte quand il s'adresse à eux et quand il entretient avec eux des relations de communication – tout ce type d'usages, quand ils se réfèrent à des émotions, prennent du sens.

b) Le discours sur l'émotion

Il s'agit du discours qui cherche à rendre raison de l'émotion – à en construire une représentation scientifique ou théorique. Il existe une tradition des discours sur l'émotion – dominé, successivement, par le discours de la morale, puis par le discours de la psychologie – et, enfin, par le discours de la psychanalyse, sur les signes et sur le langage.

Le discours moral consiste à donner des émotions une approche fondée sur le rapport entre elles et les pratiques sociales considérées comme bonnes ou comme conformes à la loi. C'est ainsi que la *Critique de la raison pratique*, de Kant, fait apparaître les conflits, ou les contradictions, qu'elle juge nécessaires entre les émotions (ce que Kant appelle les *penchants*, par exemple) et la conscience de la loi morale pour le sujet de la raison.

Le discours de la psychologie fait apparaître une positivité des émotions comme objet de rationalité pourvu d'une forme de naturalité, et relevant, par là, d'une histoire naturelle, d'une science naturelle. Ces hypothèses sur les émotions sont dominées par deux tendances : d'une part, la tendance à une biologie des émotions, à une approche d'ordre biologique, en particulier d'ordre neurologique ; d'autre part, la tendance à une approche comportementale des émotions, dominée par l'observation des pratiques, des comportements et des réactions du sujet dues aux émotions qu'il éprouve. Ces deux tendances sont dominées par la recherche d'une information positive sur les émotions : d'une information sur les émotions qui ne fasse pas l'objet d'une appropriation par un destinataire particulier.

Le discours de la psychanalyse, sur les signes et sur le langage, est apparu, dans le domaine des émotions, en deux temps. D'une part, il s'est agi d'un discours dominé par la psychanalyse, à partir de Freud, qui a instauré l'idée d'un partage entre l'inconscient et la conscience et qui a construit tout un langage permettant de penser l'inconscient et de le comprendre ; d'autre part, il s'est agi d'une poétique des émotions : d'une interrogation sur la mise en œuvre des émotions dans le langage poétique – qu'il s'agit de poésie proprement dite ou de roman. Tous ces discours recherchent une signification des émotions : ils cherchent à rendre les émotions interprétables, en les renvoyant à des dynamiques inconscientes, à des modèles culturels ou à des formes esthétiques de nature à rendre exprimables les émotions dont sont porteurs les sujets du langage et de l'ordre symbolique. C'est, en particulier, le théâtre et le roman qui, dans le champ de la littérature, sont le siège de la poétique des émotions.

2. Émotion et communication

Le langage et la communication, qui s'établissent entre le sujet et l'autre, dans la logique de l'interlocution, constituent des formes de régulation des émotions dont le sujet individuel est le siège, dans sa dimension autonome, et non dans ses relations avec les autres. En situant le sujet dans l'espace social de l'interlocution, le langage et la communication représentent des formes de limitation à l'emprise des émotions.

Ils régulent les émotions de deux manières.

• D'une part, ils lui donnent une formulation, une expression, et, par là, ils l'inscrivent dans les formes du langage en la soumettant, de ce fait aux contraintes et aux impératifs du langage. C'est ainsi qu'une fois formulées en langage, les émotions, soumises au regard de l'autre et à l'échange symbolique avec lui, sont inscrites dans des stratégies de communication et de représentation qui les amènent à être partagées, confrontées, avec ce que peuvent en dire les autres au cours des échanges de communication qui ont lieu à partir d'elles ou à leur propos. En inscrivant les émotions dans des codes, le langage et la communication les soumet, par là même, à des normes qui les structurent, et, en même temps, les uniformisent.

• D'autre part, quand nous exprimons nos émotions en en faisant part à un tiers, nous en faisons objets de langage – soumis, par conséquent, à la régulation des rapports sociaux, à la limitation des normes de convenance et de convention, aux contraintes et aux exigences des usages de la vie collective et sociale. Les émotions sont soumises aux régulations des échanges sociaux, car ceux-ci les inscrivent dans les nécessités de ne pas choquer, de ne pas susciter chez l'autre de sentiments de nature à mettre en cause la poursuite des échanges de communication. Les émotions sont régulées par l'application des normes de la vie sociale et collective : elles sont soumises à la régulation que représente l'exigence des médiations dans la vie sociale.

3. Rhétorique de l'émotion

La rhétorique de l'émotion, comme toute rhétorique, a des objectifs, qui sont au nombre de deux : le premier est de faire partager l'émotion, de la susciter chez ceux à qui l'on s'adresse ; le second est de séduire, ou de convaincre, en montrant les propres émotions que l'on éprouve : en se montrant comme porteur d'émotions.

La première forme de rhétorique de l'émotion est mise en œuvre, en particulier, au théâtre, au cinéma ou dans la littérature. L'art, en général, repose en grande partie sur sa potentialité à susciter l'émotion. La rhétorique artistique de l'émotion repose surtout sur des formes littéraires ou sur des formes plastiques de représentation.

La deuxième forme de rhétorique de l'émotion est liée à des situations particulières de communication : quand il faut séduire ou quand il faut montrer ses propres émotions à l'autre, pour l'amener, par exemple, à de l'indulgence, ou, d'une manière plus générale, à se montrer bienveillant ou bien disposé à son égard.

Les procédés et les formes particuliers de la rhétorique de l'émotion sont au nombre de quatre : l'amplification, la description d'ordre clinique, la description d'ordre sentimental, et la litote (ou l'atténuation).

a) L'amplification

On peut donner de l'ampleur aux émotions que l'on éprouve ou que l'on fait éprouver au personnage que l'on représente. Cette forme d'hyperbole des émotions entend, en général, les rendre plus visibles, plus sensibles, plus claires, et, ainsi, plus accessibles.

b) La description d'ordre clinique

C'est la découverte du XIXe siècle : les émotions font désormais partie de ce qu'il est convenu d'appeler la description des personnages. Si elle atteint le degré de précision d'une description clinique, c'est pour rendre plus crédible le récit ou la fiction par ailleurs mis en œuvre dans le texte.

c) La description d'ordre sentimental

Il s'agit de faire des émotions les formes symboliques qui réunissent les personnages du récit ou du roman, à la fois pour séduire les lecteurs et pour souligner, encore davantage, le caractère personnel des émotions. Tandis que la description clinique des émotions repose sur un savoir d'ordre psychologique ou psychanalytique, leur description sentimentale ne requiert que la culture qui permet de s'inscrire dans une histoire de la représentation de l'émotion.

d) La litote (ou l'atténuation)

La langue dispose d'une grande quantité de formes destinées à atténuer les émotions dont on est porteur, pour des raisons de convenances ou pour ne pas donner prise sur soi à son interlocuteur. Un cas connu de **litote** des émotions nous est fourni par Pierre Corneille, dans le *Cid*, quand Chimène dit à Rodrigue : *Va, je ne te hais point.* C'est l'un des cas les plus connus de litote portant sur l'expression d'une émotion.

4. Formes de communication et formes d'émotion

L'émotion est, d'abord, à la limite des formes du langage, à la limite des potentialités d'expression du langage : on peut même, sans doute, définir l'émotion comme la part de vérité du sujet qui n'est pas communicable. L'émotion représente la part de l'expérience du sujet qu'il ne saurait traduire ou exprimer en mots – ou seulement de façon approchée : *Je dis toujours la vérité*, écrit Lacan, *mais pas toute ; les mots y manquent. C'est même par là que le langage tient au réel.* Il ne faut pas réduire les émotions aux manifestations de la vie affective ou sentimentale : les émotions constituent un champ qui recouvre tout ce qui, dans l'expérience du sujet, échappe au langage : tout ce qui est extérieur à la relation d'échange avec l'autre.

Il y a, cependant, un rapport très étroit entre les formes de communication et les formes d'émotion. Il s'agit à la fois d'un rapport de savoir (la communication permettant de mieux connaître et de mieux comprendre ses émotions) et d'un rapport d'expression ou de représentation (la communication permettant de représenter les émotions : de les rendre accessibles aux autres, au public en particulier, dans les œuvres esthétiques ou littéraires). Ce rapport entre communication et émotion est à l'origine de tout un lexique de l'émotion dans la langue et dans les systèmes symboliques.

• La rationalisation et le savoir sur l'émotion
Ce n'est pas le champ des sciences de l'information et de la communication, c'est celui de la psychologie, qui assure la rationalisation des émotions. C'est ce qui explique la domination d'un vocabulaire naturaliste et positif de l'émotion dans ce type de discours, qui est plus de l'ordre de la description que de l'ordre de la communication : il s'agit de nommer, plus que de mettre en œuvre une situation de communication. La représentation didactique de l'émotion repose sur une forme de dépersonnalisation ; les émotions sont représentées comme si elles n'étaient éprouvées par personne : comme si elles faisaient l'objet d'une généralité concernant tous les sujets et aucun sujet en particulier.

• La représentation de l'émotion dans les œuvres esthétiques
L'esthétique de l'émotion dans les œuvres destinées à la communication (qu'il s'agisse d'œuvres plastiques, d'œuvres musicales ou d'œuvres littéraires) est dominée par la recherche à la fois d'un plaisir esthétique et d'une représentation idéale de l'émotion. Dans ces conditions, l'émotion est représentée sur la base de l'identification au lecteur ou au spectateur de l'œuvre : au contraire de la représentation didactique de l'émotion, sa représentation esthétique est même fondée sur l'appropriation de l'émotion par le destinataire de l'émotion, condition de son admiration esthétique pour l'œuvre. La dimension esthétique de *Phèdre* tient à ce que nous partageons les émotions de Phèdre quand elle dit à Oenone : *Je le vis, je rougis, je pâlis à sa vue ; Un trouble s'éleva dans mon âme éperdue ; Mes yeux ne voyaient plus, je ne pouvais parler ; Je sentis tout mon corps et transir et brûler*, et quand elle dit à Hippolyte : *Et Phèdre, au labyrinthe avec vous descendue, Se serait, avec vous, retrouvée ou perdue*.

5. Communication, émotion et subjectivité
L'émotion est la trace d'une reconnaissance de soi par le sujet fondée sur le désir, et non, comme au cours de l'expérience du langage et de la communication, sur le savoir. Quand le sujet s'exprime, quand il parle, il prend conscience de sa propre existence, en fondant cette reconnaissance, cette prise de conscience sur du savoir (c'est ce que le psychanalyste Jacques Lacan désigne comme le *sujet supposé savoir*). En revanche, dans l'expérience de l'émotion, le sujet fonde cette prise de conscience de soi sur le désir qui l'anime, et qui lui fait prendre la mesure réelle de sa propre subjectivité.
Le relatif antagonisme entre émotion et communication tient à ce que l'émotion renvoie à la subjectivité – dans sa dimension d'expérience et non dans sa dimension d'identité. L'émotion qu'il éprouve met le sujet en présence de la dimension réelle de sa propre subjectivité. L'émotion est, pour le sujet, une expérience réelle à laquelle il est confronté, et non une mise en cause de son identité dans le cours d'une situation de communication et d'échange avec l'autre. C'est en ce sens que l'émotion se trouve, en quelque sorte, à la marge de la communication.
L'émotion est trop étroitement liée à la subjectivité propre de la personne pour s'inscrire dans le champ d'une communication diffusable : à la fois trop d'interdits de convenance et trop d'engagement personnel du sujet confèrent son poids à l'émotion pour qu'elle puisse faire l'objet d'une représentation et d'un échange entre le sujet et ses partenaires de la communication dans l'espace de l'interlocution ou dans l'espace de la sociabilité.
L'émotion échappe, en quelque sorte, au miroir fondateur de la communication.

Empathie

Terme propre à la psychologie et à toute approche morale de la communication en tant que relation interpersonnelle. Il s'agit d'une aptitude de l'individu qui écoute jusqu'à suspendre ses préjugés, ses *a priori*, ses jugements de valeur et aussi ses réactions impulsives et affectives pour se « porter en l'autre », et comprendre ses angoisses, ses souffrances et ses doutes. Le psychanalyste en situation, tout comme le prêtre-confesseur et l'ami confident dans d'autres registres doivent dans un idéal d'écoute pratiquer l'empathie. Celle-ci leur confère alors objectivité et compassion, en rehaussant le dialogue et l'écoute à un niveau éthique, puisque c'est l'autre dans sa complétude qui est pris en compte et compris.

Empirisme logique ou néopositivisme

Voir ***Cercle de Vienne***.

En ligne

Traduction de *on line* et qui désigne la communication informatique par téléphone et ***modem*** entre un ordinateur d'un usager donné et un autre ordinateur remplissant une fonction de bases de données. Le développement des ***bases de données*** **portables** sur **CD-Rom** (ou cédérom), à la fin des années 1980 et début des années 1990, a freiné la croissance exponentielle des interrogations en ligne, sans toutefois l'arrêter : le coût de la connexion et des informations en ligne est compensé par la qualité de celles-ci, alors que si le cédérom est moins onéreux, les informations ne sont pas toujours très récentes, l'actualisation pour le cédérom étant moins fréquente que pour l'information en ligne. Il est évident que, l'information en ligne, dans la salle des marchés d'une institution financière, ne peut pas avoir de substitut pour les cours en bourse sur les différentes places financières internationales, lorsqu'il faut prendre une décision dès que les seuils de vente ou d'achat sont atteints.

Énonciation, Énoncé

Acte par lequel un **locuteur**, ou **énonciateur**, réalise un énoncé : celui-ci est le contenu de l'énonciation qui est la façon de délivrer l'énoncé. Le discours porte diverses marques de la présence du locuteur et de la situation de parole (autoréférence) et permet d'établir des degrés variables d'adhésion ou de distance par rapport aux propos proférés. L'énonciation est donc un phénomène complexe qui distingue la communication d'une simple transmission de signaux codés. Voir ***Sémiologie ou Sémiotique***.

Enquête

Technique permettant le recueil d'informations impliquant un contact avec le public étudié. Le contact peut être établi par interrogatoire dans la rue ou à domicile, par téléphone, par des réseaux de type ***Internet***, ***Minitel***, etc. Voir ***Audience (Mesure de l'-), Échantillon, Sondage, Statistique.***

Enquête IPSOS Cadres Actifs

Voir ***Audience (Mesure de l'-).***

Enquête SIMM de SECODIP

Voir ***Audience (Mesure de l'-).***

Enregistrement

Procédure de fixation du son et /ou des ***images*** sur des supports donnés : ***disque, film, bande magnétique***. L'**enregistrement sonore**, plus particulièrement, consiste à fixer des vibrations acoustiques sur un support disque ou bande magnétique. L'enregistrement peut être mécanique, magnétique ou numérique.

1. Enregistrement mécanique

   Dans le procédé d'**enregistrement mécanique,** les vibrations acoustiques sont fixées par gravure des variations du son sur un support dur.

   Ce procédé fut ensuite remplacé par l'**enregistrement électromécanique** par gravure sur disque : les sons transformés par un ***microphone*** en signaux électriques, vont créer des vibrations mécaniques dans un graveur. En fonction de ces vibrations, le graveur se déplace latéralement dans une spirale prétracée dans le disque et y grave des oscillations plus ou moins larges, selon l'intensité des sons originaux.

2. Enregistrement magnétique

   Dans l'**enregistrement magnétique**, les signaux acoustiques, transformés en variations électriques par un microphone, sont fixés sur une bande couverte de fines particules de fer qui sont magnétisées par la tête d'enregistrement en fonction des variations acoustiques.

   Quant à l'enregistrement d'images, seule l'analyse de l'image diffère, s'effectuant au moyen d'un balayage (analyse électronique), transformant les variations d'intensité et de couleurs en variations électriques. L'enregistrement s'effectue enfin selon le même procédé que celui du son, sur une bande vidéo.

3. Enregistrement numérique

   Le procédé de l'**enregistrement numérique** analyse un son sous forme de valeurs binaires (**échantillonnage**) et transpose ces valeurs sur un support disque. D'abord une matrice est produite : sa surface photosensible reçoit des signaux optiques, qui forment des microperforations de profondeurs variables, correspondant aux variations acoustiques initiales. Une sous-matrice par inversion de la matrice initiale (« négatif ») qui servira au pressage des disques. La lecture se fera au moyen d'un lecteur laser, qui parcourt la surface du disque et « lit » les microperforations gravées dans le disque, les transformant en variations électriques. Les haut-parleurs reconstituent enfin le son initial à partir de ces variations. Quant à l'enregistrement numérique d'images, le procédé est le même, l'échantillonnage s'appliquant alors également aux variations d'intensité et de couleurs. Ces variations sont transformées en valeurs binaires et enregistrées sur vidéodisque.

   Quel que soit le procédé, l'enregistrement magnétique et l'enregistrement numérique du son peuvent donner lieu à un **enregistrement fractionné**. Celui-ci est un procédé qui consiste à enregistrer les différentes parties d'une bande son, séparément, sur des pistes distinctes.

Enseignement assisté par ordinateur

Voir ***EAO et Enseignement multimédia.***

Enseignement multimédia

Voir ***EAO.***

Enthymème

Voir ***Logique d'Arisote.***

Entrefilet

Article bref encadré entre deux filets. Synonyme : **brève**.

Entreprise

Entité économique de production de biens et de services, et de rémunération des facteurs ou des fournisseurs de ces facteurs qui ont contribué par leur combinaison à cette production.

Au concept d'entreprise correspondent des réalités très diverses selon les dimensions, les structures et les statuts observés. Il désigne aussi bien la libre entreprise de type capitaliste que l'entreprise socialiste, l'entreprise privée que l'entreprise publique, la petite unité de production autonome dont l'entrepreneur est en même temps le seul travailleur que le grand groupe multinational de plusieurs centaines de milliers de salariés.

1. L'entreprise et son évolution

Née au Moyen Âge italien du Xe et XVe siècles, l'entreprise marchande est apparue dans la langue française en 1699 pour caractériser une opération de commerce, avant d'évoluer à la fin du XVIIIe siècle pour désigner une entreprise de production de biens et/ou de services à caractère commercial, supplantant des modes d'organisation industrielle plus archaïques (artisanat local, corporations fermées, ateliers royaux...).

Aujourd'hui, l'entreprise n'est plus seulement considérée comme une cellule économique, mais également en tant que réalité humaine et sociale, largement ouverte vers l'extérieur, et coordonnant les comportements de ceux qui y travaillent.

Si, l'entreprise est un groupe humain orienté vers la production dont le devenir dépend essentiellement de la vente du produit de son activité, elle est aussi un carrefour d'intérêts divers, souvent antagonistes entre l'entrepreneur, les actionnaires, les salariés, les clients, les associations, que la législation, par le droit du travail et le droit des sociétés notamment, tente de réguler. Il n'y a, d'ailleurs, pas de définition de l'entreprise dans le droit français, qui ne connaît que des sociétés commerciales, de personnes ou de capitaux en tant qu'objets de droit, c'est-à-dire éléments de patrimoine. Ainsi, la notion d'entreprise renvoie-t-elle au concept de l'entrepreneur, et se définit à partir de lui seul.

Depuis la dernière guerre, la représentation de l'entreprise a beaucoup évolué avec l'environnement économique et social. Objet de consensus pendant les années de forte croissance, baptisées les trente glorieuses, elle enregistra ultérieurement une crise de confiance. Les entreprises sont alors contestées et doivent affronter des réactions de nature politique, syndicale, consumériste, écologiste... dans un contexte économique de crise (chocs pétroliers) coïncidant avec l'arrivée d'une concurrence exacerbée en provenance en particulier des pays du sud-est asiatique. Au sein même des entreprises, l'autorité traditionnelle de l'encadrement est mise en cause, face à des salariés présentant des revendications nouvelles (droit à l'expression, cogestion...).

Au cours des années quatre-vingts, son image s'améliore, dans un climat général favorable au libéralisme économique.

2. L'entreprise et la recherche sur les organisations

La recherche sur les **organisations** est née au début du siècle des efforts déployés par certains ingénieurs, dont F.W. Taylor (1856-1915) et H. Fayol (1841-1925), pour dégager des principes d'administration et de direction du travail.

Elle s'est développée, dans les années trente, avec l'enquête effectuée à l'usine de la Western Electric, à Hawthorne, sous la direction d'Elton Mayo (1880-1949), qui a montré l'importance du climat psychologique et des modalités de commandement sur le comportement du personnel au travail.

Elle s'est alors constituée en discipline scientifique autonome, regroupant des chercheurs des diverses branches des sciences humaines et sociales : psychologues, psychosociologues, sociologues, économistes, juristes, spécialistes du management. En considérant avec un certain recul l'évolution de ces travaux, il apparaît que tous s'inscrivent, explicitement ou non, dans une problématique de changement, visant l'amélioration du fonctionnement des organisations.

À l'heure actuelle, la recherche sur les organisations a pour objet de rassembler, dans un corps de doctrine unique, les connaissances acquises sur le fonctionnement des organisations, sur la manière dont il convient de les diriger, sur le comportement des différents membres qui les composent, sur leurs motivations, sur les processus qui régissent la communication entre eux, et la manière dont ils prennent leurs décisions.

L'entreprise est considérée comme une forme d'organisation, c'est-à-dire un groupe humain ayant des objectifs explicites et fonctionnant selon un agencement spécifique. Ce groupe se caractérise par un certain degré d'interactions entre les participants, une répartition de rôles et une identification des membres à un chef, une idée, un idéal ou des objectifs partagés en commun, induisant un sentiment d'appartenance à une unité collective.

Il pourra même être question de culture, ou sous-culture, particulière au groupe, dans la mesure où l'intensité des interactions va susciter un ensemble de manières de faire, de sentir, et de penser qui seront caractéristiques du groupe à un moment donné.

La recherche sur les organisations bénéficie aujourd'hui d'une pluralité d'apports disciplinaires avec un effort particulier réalisé en matière de synthèse et de systématisation par la sociologie.

3. De la sociologie du travail à la sociologie de l'entreprise

Les sociologues ont, tout d'abord, considéré l'entreprise comme un lieu d'exercice du travail et d'activité humaine fondamentale. L'objet principal et pratiquement unique de leurs recherches était l'ouvrier de la grande industrie, celui-ci ayant subit de nombreuses mutations depuis le début de la révolution industrielle. La rationalisation du travail, introduite par F.W. Taylor, a entraîné un processus de déqualification pour les ouvriers dotés d'un savoir-faire notamment, et a généralisé le travail en miettes.

L'étude de la résistance des hommes aux efforts de rationalisation taylorienne par freinage, sabotage ou absentéisme, a conduit à une série de découvertes théoriques, montrant que l'analyse de l'organisation de la production devait être associée à celle des rapports sociaux, débordant très largement le seul niveau de l'entreprise.

Certains travaux ont proposé ensuite l'idée d'une rationalité limitée de l'organisation, développée par la suite dans la théorie de l'analyse stratégique, où l'individu, devenu acteur, met en œuvre une rationalité limitée et contingente.

Ainsi chacun voit l'organisation sous l'angle de ses objectifs, défend son domaine et est conditionné par sa pratique quotidienne. Le rôle de l'acteur est envisagé, non sous son aspect contraignant, mais en fonction d'une liberté d'interprétation, qui peut aller jusqu'à la transformation de sa définition initiale.

L'entreprise devient ainsi un lieu de pouvoir, fondé sur la maîtrise inégale des incertitudes (travaux de Crozier et Friedberg, cf. notamment leur livre : *L'acteur et le système*, éd. Seuil, 1977).

À partir des années quatre-vingts, la sociologie du travail a commencé à marquer le pas, en même temps que s'affaiblissait l'image d'un rapport de classe enraciné dans l'entreprise. Une véritable sociologie de l'entreprise est alors enfin apparue s'intéressant autant à l'influence de l'entreprise sur la société que sur le salarié, cette création tardive s'expliquant par certaines orientations données jusqu'à cette époque aux études sociologiques. Hier, l'entreprise était une organisation à l'intérieur de laquelle se jouait un conflit de classes ; aujourd'hui, c'est une organisation qui tend à se constituer elle-même en acteur social.

Voir ***Histoire d'entreprise***.

Entretien

Conversation et mode de recueil de l'information par cette conversation de nature dialogique. Il se distingue de l'**interview** qui se fait sur un mode interrogatoire. Le journaliste, le responsable hiérarchique pour l'évaluation individuelle périodique du salarié, l'enquêteur pour une étude socio-économique (étude de marché, enquête pour connaître les opinions et représentations sociales d'un public particulier...) sont quelques professionnels qui ont recours à cette technique.

Toutefois, dans le domaine des enquêtes socio-économiques, entretien et interview ne sont pas différenciés, mais en revanche, on distingue les entretiens directifs basés sur des **questions fermées** à trois types de réponses (oui, non, ne se prononce pas) ou au nombre limité d'autres modalités (par exemple : cocher la bonne réponse parmi celles fournies), des entretiens semi-directifs combinant des questions fermées et des **questions ouvertes** (les différentes réponses ne sont pas prévues par l'enquêteur), des entretiens non directifs qui ne comportent aucun questionnaire préétabli. Les deux premières formes correspondraient à des interviews, et seule la troisième constituerait l'entretien.

Entropie

Notion, empruntée à la physique où elle exprime la mesure de la dégradation de l'énergie d'un système (la chaleur non utilisée en raison, notamment, de frottements inévitables) ou son degré de désordre ; utilisée et vulgarisée par Claude Shannon dans sa « théorie mathématique de l'information » en 1948 pour évaluer, dans ce contexte précis, le degré d'incertitude ou d'imprévisibilité du message (pour le récepteur) lié à une source émettrice de l'information, sans prendre en compte la signification du message.

L'entropie mesure donc avec une unité binaire, le ***bit*** (*binary unit)*, la quantité d'information potentielle d'une source. L'information est alors la valeur mathématique donnée par la formule suivante dite **formule fondamentale de Shannon :**

$$H_{bit} = - N \sum_{i=1}^{n} p_i \log_2 p_i$$

Cette formule signifie, en reprenant les mots de Henri Atlan (*Entre le cristal et la fumée, essai sur l'organisation du vivant*, Seuil, 1979, p. 45) que la quantité d'information d'un système, composé de parties ou éléments en nombre N, se définit à partir des probabilités que l'on peut affecter à chaque sorte de ses composants, sur un ensemble de systèmes supposés statistiquement homogènes les uns aux autres. La quantité d'information est ainsi une fonction directe du nombre d'éléments différents (N) du système. C'est en cela que la formule ci-dessus qui mesure la quantité d'information constitue également une mesure de la ***complexité*** d'un système : « Plus un système est composé d'un grand nombre d'éléments différents, plus sa quantité d'information est grande car plus grande est l'improbabilité de le constituer *tel qu'il est* en assemblant au hasard ses constituants. » (H. Atlan).

On pourrait considérer le concept d'entropie comme l'un des fondements épistémologiques et historiques de la théorie de l'information et de la communication. Quand Shannon emprunta cette entropie à la thermodynamique, il répondait à une exigence cruciale : celle de mesurer une information et surtout son degré d'incertitude afin d'améliorer coûte que coûte la mise en forme de ce message jusqu'à l'optimiser. Il est entendu que l'ambition ultime à laquelle aspirait cet ingénieur des télécommunications eût été la constitution d'un message « idéal », sans ***redondance*** ni scorie sémantique pouvant induire un doute, une erreur d'interprétation. En termes de débit (n'oublions pas que Shannon était chercheur en communication, et que lui avait été confié l'amélioration du débit des communications transatlantiques), un message débarrassé de son inhérente entropie transporterait une information maximale en un minimum de temps. Très pragmatiquement, cette logique est celle du télégramme : économie et efficacité de mise en forme/rapidité de débit.

Et il est vrai que cette notion d'entropie renvoie dans l'absolu à un idéal, à un point de perfection, celui de l'efficience maximale, et de la non-perte, surtout. En information, il s'agirait d'une transparence, d'une compression et d'une efficacité absolues du message, sans perte due à la redondance ni déperdition sémantique aucune. En physique, nous sommes face à l'aporie, à la possibilité seulement onirique du « mouvement perpétuel », déjà rêvé par Aristote. Il caractériserait la réversibilité d'un système qui produirait de l'énergie de manière autogène et permanente, sans perte édulcorante.

Dans le domaine du social enfin, l'entropie a été appliquée *mutatis mutandis* par la sociologie sous le nom d'**anomie**. Elle fut notamment utilisée largement par Durkheim dès la fin du siècle dernier dans « *le suicide* » et « *la division du travail social* ». Et là encore, si l'on prend acte des problèmes en les théorisant, c'est sans doute pour mieux rêver des modèles et des systèmes idéaux, donc caractérisés par l'éviction, la disparition de leur entropie intrinsèque.

Le concept d'entropie fut employé une première fois par le physicien Carnot, oncle du futur Président de la République dès 1824. Ce savant travailla sur l'interaction entre source chaude et source froide dans un système thermique ; il énonça quelques principes fondateurs. En 1876 puis 1877, successivement Clausius puis Boltzmann allaient affiner l'application du modèle d'entropie à la physique et à la thermodynamique. Il s'agissait pour ces deux chercheurs de théoriser et calculer le désordre grandissant, et la déperdition d'énergie croissante de tout système thermique.

Cette courbe de déperdition interdit donc l'utopique « mouvement perpétuel » ; l'intervention, par contre d'une source extérieure, régulatrice, compensatrice et complémentaire, permet de perpétuer la production d'énergie. Dans cette logique des chaînages d'interactions et d'itérations, nous ne sommes pas loin, toutes choses égales par ailleurs, du célèbre postulat de Lavoisier « rien ne se perd, rien ne se crée, tout se transforme. »

C'est sur la base de ce principe de déperdition, d'érosion que les grands sociologues de la fin du siècle dernier ont emprunté cette notion d'entropie pour l'appliquer à leur discipline. Elle s'y définit, toutes proportions gardées, comme étant l'anomie. Cette anomie est donc une entropie sociale, un désordre caractérisé par une perte des repères. L'anomie est liée au désordre introduit dans la société par une dilution des institutions dues aux grands changements politiques, sociaux voire techniques, aux révolutions, à une dissolution, aussi, des aspirations individuelles et collectives. Cette anomie a des incidences sur la mobilité sociale, les taux de mortalité, de mariage, de fécondité, voire de moralité, si tant est que celui-ci soit mesurable. C'est dans le cas d'implantations et d'intégrations de colonies de travailleurs dans un pays étranger que l'anomie trouve une pertinence d'application remarquable, car paradigmatique.

Émile Durkheim, qui utilisa beaucoup le concept livra, dans un registre parallèle, un incomparable outil d'analyse à l'ergonomie dans « *la division du travail social* », notamment. Par extension, c'est même au taylorisme que le concept peut être appliqué. L'intensification de la division du travail entraîne selon Durkheim un isolement, un esseulement et non une augmentation de la solidarité comme on pourrait le présumer. Pour pallier cette individualisation délétère au rendement, on se souvient de l'expérience de Elton Mayo, jouant simplement sur le degré d'éclairage des lieux de travail, ou la célèbre *pyramide des besoins* de Maslow. Tout serait en dernière analyse affaire de reconnaissance, de gratification.

L'éviction de l'entropie peut être considérée comme le point d'idéal de toute institution garante du pouvoir politique. Une société sans entropie serait débarrassée des espiègleries aléatoires du Devenir, c'est-à-dire des aléas de l'histoire. Depuis « *la République* » de Platon, toutes les utopies sociales et politiques proposent en tout cas des modèles dont serait évincé le désordre, fondés sur l'harmonie, l'équilibre entre les êtres et les communautés, en un mot, l'ordre. Ceci n'est pas incident, quant à cette éviction de la déperdition entropique.

Dans cette évolution transdisciplinaire et transhistorique, l'adaptation la plus récente est donc celle opérée par Shannon en 1948, afin de résoudre des problèmes de débit et de rendement des lignes téléphoniques. Il avait été en partie précédé par Hartley dès 1928.

En définitive, donc, l'entropie doit son succès autant à sa grande capacité d'adaptation épistémologique qu'à sa pertinence *sui generis*. De la ***théorie des jeux*** à l'explication potentielle de la naissance de l'univers (le *Big Bang* a partir d'un noyau originel serait une fantastique entreprise néguentropique d'expansion et d'adaptation de la matière à son milieu), de la théorie mathématique de l'information en passant par la sociologie, de la thermodynamique à la physique et jusqu'à la ***systémique***, on comprend que le concept d'entropie est largement extensif. Ses limites tiennent toutefois à cette extensivité même. Mais il est mécaniste, quantitatif et non qualitatif. Il explique et montre, toutes proportions gardées, sans véritablement démontrer. Ce qui dans certains champs disciplinaires, reste prégnant peut subir des distorsions voire être parcellaire et restrictif dans d'autres. Et déjà dans la théorie mathématique de Shannon, cette limite est posée par la caractère binaire du mode de calcul de l'entropie, donc du degré d'incertitude lié à la source. Ce manichéisme procède, malgré sa pertinence, d'un réductionnisme fondamental.

Ce qui est seulement lacunaire peut par contre, si on l'applique aveuglément et par transposition du mécanique au vivant, du vivant à l'humain et de l'humain au social devenir fallacieux, sans de stricts garde-fous « qualitatifs », moraux. L'homme et la société ne sont pas réductibles à des équations, quel que soit le degré d'exactitude, de véracité (et non de vérité...) de celles-ci. Voir ***Complexité***, ***Wiener Norbert***.

Épistolaire

Qui caractérise la correspondance par lettres. Le genre épistolaire est un style littéraire mettant en situation des protagonistes communiquant par le biais de courriers, par la procuration de lettres.

Épreuve

1. Dans l'édition et la presse, feuille imprimée destinée à recevoir les corrections (épreuve en première) ou à vérifier que les corrections ont été bien portées sur l'original (épreuve en seconde).
2. En imprimerie, on parle d'épreuve d'essai (ou tout simplement **essai**) pour l'épreuve destinée à vérifier les couleurs. Pour la monochromie, l'épreuve s'appelle l'***Ozalid***. En quadrichromie l'épreuve d'essai porte le nom de la marque déposée du film ou ***typons*** : ***Cromalin*** (firme Dupont de Nemours), **Colorart** (firme Fuji), **Matchprint** (firme 3 M), **Gevaproof** (firme Agfa-Geavert). Toutefois la marque cromalin tend à devenir un nom générique.
3. Dans la réalisation cinématographique, premiers tirages après développement de la pellicule. Synonyme l'anglicisme : *rush*.
4. En photographie, tirage sur papier.

Espace public

Étymologiquement, l'espace public est l'espace du peuple (*public* vient de *publicus*, qui, lui-même, vient de *populus*, le peuple, en latin). Dans ce sens, l'espace public est l'espace de tout le monde – en d'autres termes : l'espace de l'***indistinction***. Il est l'espace consacré à la vie sociale et non à la vie privée (individuelle ou familiale).

La problématique de l'espace public a été ouverte par Jurgen **Habermas** et son *L'Espace public : Archéologie de la publicité*. Il convient d'analyser ce concept d'espace public en en faisant un lieu théorique d'intersection entre trois champs de rationalité distincts : le champ de la spatialité – et, en particulier, de la spatialité urbaine ; le champ de la ***communication médiatée*** – et, en particulier, des médias inscrits dans l'espace dans une forme de géographie de la lisibilité ; enfin, le champ des médiations et des représentations symboliques de l'appartenance sociale ; dans cette dernière acception, on rejoint l'hypothèse de Habermas, selon laquelle l'espace public est l'espace irrigué par les formes et les structures de la représentation et de la culture.

1. Géographie de l'espace public

L'espace public est un espace qui n'est pas un espace de propriété, ni un espace dans lequel on réside (ce serait une forme d'appropriation), mais un espace de circulation. Historiquement, l'espace public apparaît au moment où deviennent nécessaires les espaces de circulation, de rencontre et de négociation ou de communication. C'est dire que l'espace public est contemporain de l'émergence d'une civilisation de la ville.

La géographie de l'espace public se caractérise par deux traits majeurs : d'une part, il s'agit de lieux urbains qui sont des lieux de passage et de circulation ; d'autre part, il s'agit de lieux dans lesquels se trouvent des édifices publics – soit qu'il s'agisse de monuments, soit qu'il s'agisse de bâtiments consacrés à des institutions.

La géographie de l'espace public est connue de tous ceux qui appartiennent à la communauté ou au système social : tous peuvent s'y reconnaître et tous peuvent reconnaître un tel espace comme un espace commun : c'est le sens de l'*agora*, dans la cité grecque, à la fois place de marché, place publique et place du Gouvernement – puisque c'est sur l'***agora*** que se tenait l'*Ecclésia*, l'assemblée du peuple.

L'espace public, espace de rencontres, est un espace de rues pour la circulation, de places pour les rassemblements, de ports et de gares pour les départs et les arrivées : c'est un espace dont la géographie est liée aux déplacements, aux voyages : il s'agit, en fait, de la très ancienne opposition latine entre *fores*, l'extérieur (de la même racine que le grec *thura*, la porte), qui est de la même famille lexicale que *forum*, et l'intérieur, la *domus*, qui désigne le lieu du foyer (grec *hestia*, ou latin *Vesta*).

2. Sémiotique de l'espace public

Dans ces conditions, la sémiotique de l'espace public est orientée autour de deux pôles dominants : le rapport à l'extérieur, aux autres, à la rencontre, et le rapport à la sociabilité, au lien social, et à l'histoire. C'est une sémiotique de la rencontre et une sémiotique du monument. Ces deux dimensions de ce que représente l'espace public pour la population de la cité correspondent, finalement, aux deux dimensions de ce que représente l'appartenance pour le sujet : d'une part, une façon de réguler et de socialiser ses relations avec les autres ; d'autre part, une façon d'être fidèle à cette appartenance d'être porteur de son histoire pour mieux se l'approprier – pour mieux en être porteur devant les autres et dans le cours de ses pratiques sociales.

a) Sémiotique de la rencontre

Il y a toute une sémiotique de la rencontre qui est organisée dans la façon dont est géographiquement structuré l'espace public.

D'une part, l'espace public est jalonné de repérages, de balises, de signes d'orientation, qui sont autant de marques permettant aux passants de retrouver leur chemin et qui, en même temps, sont autant de marques d'appropriation publique de l'espace. C'est le sens, en particulier, des plaques qui portent des noms de rue, des noms de commerces, des noms d'édifices publics.

D'autre part, l'espace public est un espace propre à la rencontre avec les autres. En ce sens, les lieux publics dont il est fait sont des lieux qui, comme les cafés, les lieux de spectacle, les lieux commerciaux, sont des lieux dans lesquels peut se faire la rencontre des autres dans des activités supposées communes.

b) Sémiotique du monument

La dimension monumentale de l'espace public est aux confins de la mémoire et de l'esthétique. En ce sens, les espaces publics sont des lieux chargés de signification à la fois dans le domaine de la mémoire et dans le domaine de la relation à un idéal commun qui fait l'objet d'une médiation : d'une appropriation par tous ceux qui appartiennent au « populus ».

La monumentalité de l'espace public est le siège à la fois de la mémoire et de l'esthétique, car elle met en œuvre une double signification. En termes de mémoire, la référence du monument est l'acteur ou l'événement dont le souvenir, inscrit dans la mémoire collective, fait partie du patrimoine constitutif de l'identité commune. En termes d'esthétique, la monumentalité est l'occasion d'inscrire dans les paysages – notamment urbain – les tendances et les styles constitutifs de la culture commune. C'est le sens de l'importance accordée à la monumentalité par les régimes politiques.

3. La médiation de l'espace public

L'espace public définit la modalité de la médiation dans les lieux. Il s'agit d'imprimer dans les lieux l'existence d'une médiation institutionnelle : d'une représentation de l'appartenance sociale dont nous sommes porteurs.

L'espace public exerce quatre instances de la médiation dans l'espace.

a) Le lieu de la diffusion de l'information

C'est dans l'espace public que se diffusent les informations constitutives de la culture sociale et politique commune à tous ceux qui appartiennent à la même communauté. Mais il faut aller plus loin : l'espace public est l'espace dans lequel les informations qui circulent dans la diffusion ne sauraient porter sur des personnes privées ou sur des individualités, mais, dans l'espace public, les informations portent sur l'indistinction constitutive de l'appartenance. L'information, dans l'espace public, est portée par les médias et a, dès lors, des références et des enjeux concernant les sujets appartenant à l'espace social. À partir du moment où une information circule dans l'espace public, c'est qu'elle ne concerne pas une personne privée, mais qu'elle concerne l'identité indistincte de sa sociabilité d'appartenance.

b) Le lieu des représentations publiques

L'espace public est l'espace dans lequel ont lieu les représentations publiques, qu'il s'agisse des représentations de spectacles (en particulier des représentations théâtrales ou des jeux du cirque) ou des expositions qui donnent à voir au public des réalisations artistiques. Les représentations publiques ne font pas l'objet d'une identification de la part de ceux qui y assistent ou les regardent, comme ce serait le cas dans des situations intersubjectives de communication : les représentations publiques se situent par rapport à la dimension idéale de la représentation et du savoir : il s'agit de formes de communication et de représentation qui prennent sens pour leurs destinataires à partir du moment où ceux-ci ne les associent pas à leur expérience personnelle mais à leurs idéaux de vie sociale, collective et politique.

c) Le lieu des fonctions et des pouvoirs institutionnels

C'est dans l'espace public qu'ont lieu les actes, les procédures et les réalisations qui font partie de l'exercice des pouvoirs institutionnels. Le pouvoir ne s'exerce pas dans l'espace privé : l'espace privé, qui se définit comme l'espace de la filiation, n'est pas un espace dans lequel s'exerce la dimension politique de la cité (le pouvoir des institutions qui régulent et organisent l'appartenance). C'est l'espace public qui représente l'espace de l'appartenance, dans lequel s'exercent les pouvoirs et les dynamiques des institutions censées réguler les liens d'appartenance sociale et les représenter pour les acteurs de l'espace social qui en sont porteurs.

d) Le lieu de l'expression du discours politique

Le discours politique est le discours qui représente les formes et les modalités de l'appartenance de ceux qui le tiennent. Dans ces conditions, il se tient dans le seul espace de nature à figurer l'appartenance : l'espace public. Le discours politique ne définit pas ceux qui le tiennent comme des énonciateurs individuels, mais comme des acteurs sociaux qui fondent leur identité sur la reconnaissance dont ils sont l'objet de la part de ceux qui appartiennent au même espace social qu'eux.

Espace publicitaire

À la radio et à la télévision, temps d'antenne réservé à la publicité. Le coût d'un espace publicitaire suivant les supports, varie principalement en fonction de l'audience.

Espéranto

Langue mise au point au milieu du XIXe siècle par le hongrois Zamenhof, et qui se voulait à l'origine un dialecte universel, œuvrant à une meilleure communication entre les êtres et les communautés. Le projet espérantiste est teinté d'idéalisme. Fondé sur seize règles de constructions et d'accords simples, cet idiome se veut simple à apprendre, à utiliser et à comprendre. Même si cette langue n'a pas connu le succès dont rêvait son père-fondateur (être parler partout dans le monde comme deuxième langue), il subsiste et il existe, presque cent ans après sa création, une culture espérantiste : enseignements, traductions, colloques, émissions radio, publications et périodiques... Dans un registre similaire, existe aussi le volapük.

Espionnage, Espionnage économique ou industriel

Recherche d'informations, de renseignements par des procédés délictueux. L'espionnage cherche à percer des secrets pour en tirer profits. Lorsque ces secrets concernent les procédés de fabrication et les stratégies des firmes concurrentes, on parle alors d'espionnage industriel ou économique. La violation des secrets de fabrique est un délit prévu par le Code du travail et par le Code de la propriété intellectuelle. Ce qui est incriminé c'est la violation par un employé, directeur ou salarié, d'une entreprise, sans distinguer si la violation est faite ou non au profit d'un pays étranger ou d'une entreprise concurrente.

Par ailleurs, en plus du Code du travail et du Code de la propriété intellectuelle, le nouveau Code pénal réprime les activités de recherche et de livraison de renseignements au profit d'une puissance étrangère, une entreprise ou une organisation étrangère ou sous contrôle étranger ou à leurs agents. Est réprimé non seulement la recherche d'informations secrètes, mais également l'espionnage « ouvert » consistant à réunir des informations qui isolément ne présentent pas de caractère secret mais qui additionnées sont susceptibles de porter atteinte aux intérêts fondamentaux de la nation. Voir ***Intelligence économique, Secret défense, Droit des personnes et des biens***.

Esthétique de la communication

L'esthétique de la communication organise les échanges entre partenaires et la circulation de l'information autour de la relation des sujets de la communication à l'idéal de la représentation et au plaisir de la perception des formes.

1. Représentation et communication

Les pratiques sociales de communication comportent, par définition, une base de représentation, car elles mettent en œuvre des codes et des systèmes de signification censés représenter le réel. Le réel, en effet, ne peut faire l'objet que de perception ou d'observation, et non d'interprétation comme les formes de la communication.

La **représentation** est l'ensemble des règles et des processus par lesquels le réel s'inscrit dans un système de formes dans les codes et les pratiques des échanges de communication. La représentation est une forme de réduction du réel à un code : de *réduction sémiotique du réel*, qui consiste à inscrire le réel dans les codes et dans les conventions qui organisent la communication sociale. La réduction sémiotique représente le réel pour le rendre interprétable : c'est ainsi que procède l'information dans les médias : elle le représente, sous la forme d'images ou de récits, pour le rendre interprétable : pour lui donner un certain sens dans une certaine idéologie ou dans une certaine opinion. C'est aussi ce qui se produit dans le domaine artistique : la représentation romantique de la nature, par exemple consiste à en donner une image qui valorise le personnage romantique dans sa sensibilité : dans sa perception de la nature. Toutes les fois que l'art procède par représentation du réel, c'est d'une véritable médiation qu'il s'agit, puisqu'il s'agit pour l'œuvre d'art de donner une dimension culturelle (donc non personnelle) à la perception singulière du réel par un certain sujet. C'est cette contradiction qui explique sans doute la difficulté des sciences de l'information et de la communication à intégrer une perspective esthétique à leur champ de méthodes et de problématiques.

2. Les formes dans la communication

Le rôle des formes dans la communication est triple : d'une part, elles donnent sa matérialité au processus de la communication, en le dotant d'une dimension perceptible ; d'autre part, elles permettent la reconnaissance du processus de la communication par ses partenaires ; enfin, les formes impliquent les partenaires de la communication dans le processus de l'échange symbolique.

a) Matérialité du processus de la communication

La communication n'est perceptible, elle n'a d'existence matérielle effective, qu'à partir du moment où elle fait l'objet d'une matérialisation par ses formes. Sans les formes qu'elle revêt dans le processus effectif de l'échange de communication ou dans celui de la diffusion, la communication n'existe qu'à l'état de représentation idéale : elle n'est que virtuelle.

b) Reconnaissance de la communication

C'est, par conséquent, aussi à partir du moment où elle fait l'objet d'une mise en formes, que la communication peut faire l'objet d'une reconnaissance, et, par conséquent, d'une réception et d'une interprétation possible de la part des partenaires de l'échange. En effet, les partenaires de la communication ne peuvent recevoir les formes qu'à partir du moment où ils les ont reconnues comme telles et où ils les ont, par conséquent, associées à des références auxquelles elles renvoient.

c) Implication des partenaires de la communication dans le processus de l'échange symbolique

C'est ce moment de la reconnaissance et de l'association analogique avec le réel qui représente le moment de l'implication des partenaires dans le processus de la communication : le moment où les partenaires de l'échange symbolique et de la communication donnent du sens à la communication, et, ainsi, sont amenés à faire des choix qui les impliquent.

3. Place de l'esthétique dans le champ de l'information et de la communication
L'esthétique est, dans le champ de l'information et de la communication, le domaine de l'activité perceptive personnelle du sujet : elle assure une double médiation, qui articule le réel (la perception et le rapport du sujet aux formes et aux choses) et le symbolique (le rapport du sujet aux autres sujets et à la culture), et la personne dans sa singularité à sa culture dans sa dimension institutionnelle et collective.
a) Articulation du réel et du symbolique
L'esthétique des formes de la communication articule la dimension matérielle et perceptible de la communication à sa dimension formelle, d'objet et de matérialité. Le moment esthétique de la médiation est le moment où je passe d'une logique de la perception à une logique de la reconnaissance. À ce moment, se produit une forme d'oubli des formes dans l'émergence de leur signification : les formes ne sont plus perçues dans la matérialité réelle de leur situation d'existence, mais inscrites par le sujet dans la dimension symbolique de l'analogie. Elles cessent d'être perçues – situées dans le réel de la situation – pour être interprétées – situées par rapport à un univers absent de la scène réelle de la communication (celui de la référence).
b) Articulation de la personne et de la culture
C'est en ce sens que s'accomplit la dimension esthétique de la médiation du signe et du langage : par la reconnaissance des formes qu'il met en œuvre dans son langage, le sujet articule en une médiation effective la singularité autonome de sa perception et le rapport aux autres et à la sociabilité qu'implique son interprétation. Pour que se produise le rapport analogique à la référence absente, il faut, semblablement, que se produise une forme d'oubli de soi par le sujet de la communication, qui ne se perçoit pas dans la situation réelle dans laquelle il se trouve, mais assume l'identité culturelle qui lui est conférée par la culture et la mémoire dont il est porteur.

4. Art et communication sociale
L'art introduit dans la communication une double relation à la norme et à la création : c'est la mode qui engage la communication dans la dimension de la norme et de la valeur (Cf. Emmanuel Kant, *Critique de la Faculté de Juger* (1790), en particulier la partie consacrée au *Jugement esthétique*) et l'activité de production du sujet qui l'engage dans la dimension de la création.
La mode s'exprime dans des activités de communication sociale qui font l'objet de régulations et d'organisations relevant d'institutions diverses : expositions, salons, défilés de mode vestimentaire, etc. Ces activités de communication, dont il est rendu compte dans les médias, forment les éléments constitutifs d'une culture de la modernité, dans la mesure où ce sont ces activités qui permettent à tout un public d'avoir accès aux mêmes formes, aux mêmes codes et aux mêmes choix.
L'esthétique, par ailleurs, engage la communication dans la dimension de la création : elle fonde le sujet dans une logique créative, qui se définit en quatre termes. D'abord, l'esthétique ouvre la communication sur le champ de l'imaginaire : le rapport du sujet à l'esthétique s'exprime par une dimension imaginaire. D'autre part, la création donne à la communication une dimension gestuelle ; elle développe en effet, l'activité symbolique du sujet dans le sens d'une activité corporelle. Par ailleurs, la logique esthétique de la communication fait de la création un domaine technique de l'activité du sujet, qui pose le problème du rapport à l'instrument et au savoir-faire. Enfin, l'esthétique engage le sujet dans un rapport à l'idéal de soi, comme fondateur de sa propre identité : au lieu de se poser comme identité par rapport à l'autre, le sujet, dans sa dimension esthétique, se pose en relation avec l'idéal de soi, c'est-à-dire en relation avec une projection de soi dans le langage et la culture mis en œuvre dans l'activité esthétique.

5. Esthétique et lien social
L'esthétique fonde le lien social sur une expérience personnelle du signe et de la communication (perception et réception) plutôt que sur sa culture et son identité sociale. C'est par les formes et les objets de la représentation que le sujet commence par découvrir l'espace social auquel il appartient : il découvre et s'approprie la mémoire sociale de la communauté en en découvrant les monuments, il en reconnaît la langue en lisant et en écoutant les œuvres littéraires et poétiques, il en reconnaît les formes en regardant ou en écoutant les œuvres d'art. *L'art,* écrit Paul Klee, *ne reproduit pas le visible, il rend visible*. Cette phrase de *La pensée créatrice* illustre la fonction sociale de l'esthétique, qui consiste non pas tant à reproduire le réel qu'à faire apparaître des formes dans

l'espace de la perception pour le faire devenir un espace social.

L'esthétique donne au lien social la consistance d'un système de formes : au lieu de consister dans des rites ou dans des institutions, le lien social consiste, dans sa dimension esthétique, dans la formation d'un goût commun et dans la reconnaissance d'un certain nombre de formes communes. Il s'agit des expériences par lesquelles les sujets qui appartiennent à l'espace social articulent leur expérience propre de la perception au lien social dont ils sont porteurs.

Estoup-Zipf (Courbe d'-)

Voir ***Courbe d'Estoup-Zipf***.

Ethnométhodologie

Discipline nouvelle, pour certains, nouvelle méthode sociologique, pour d'autres, le terme ethnométhodologie construit par l'américain Harold Garfinkel (*Studies in Ethnomethodology*, 1957) est composé à partir de la racine ethno et de la notion méthode :

– « *Ethno suggérait d'une manière ou d'une autre qu'un membre dispose du savoir de sens commun de sa société en tant que savoir de quoi que ce soit* » (selon H. Garfinkel, cité par Alain Coulon : *L'éthnométhodologie*, PUF).

– Le terme méthode, quant à lui, se réfère à ce qu'il appelle : « *une logique de sens commun.* » Cette méthodologie est considérée comme un thème d'études. Ni spécialisée, ni empruntée on ne sait où, la méthode est incarnée dans un groupe social particulier ; elle est intrinsèque au groupe, c'est-à-dire « en lui », et non pas projection.

L'ethnométhodologie repose donc sur des principes fondamentalement différents de ceux de la sociologie traditionnelle. D'abord, parce que la relation entre acteur et situation n'est plus le fait de contenus culturels ou même d'acquis sociaux mais découle directement de processus d'interprétation. Les faits sociaux deviennent donc accomplissements pratiques. Ensuite, parce que, comme l'écrit Alain Coulon : « *La sociologie cherche à savoir comment les gens agissent dans des situations déjà définies en dehors d'eux (préexistantes) alors que l'ethnométhodologie essaie de comprendre comment les gens voient, décrivent et proposent ensemble une définition à la situation* ».

1. Sociologie et ethnométhodologie

La sociologie a pour objet d'étude, la société considérée comme un tout au-delà des individus qui la composent ; l'ethnométhodologie quant à elle, a pour objet d'étude les modèles culturels. Dans la première, il y manque donc le point de vue des individus, que tente de prendre en compte l'ethnométhodologie.

Prenons l'exemple d'un match de football, événement révélateur pour le sociologue. L'étude de ce spécialiste portera certes sur le phénomène social. Mais jamais elle ne considérera le point de vue du spectateur. Et pourtant quelle diversité dans ces points de vue ! Imaginons le spectateur situé dans le grand virage. C'est là que se concentrent les supporters les plus enthousiastes. C'est là que drapeaux, trompettes, visages peinturlurés deviennent signes de reconnaissance. Il est évident que le regard du « fan » en question sera différent de celui du spectateur assis confortablement dans la tribune d'honneur. Et que dire alors du téléspectateur !

Ainsi l'ethnométhodologie accepte que l'individu puisse porter un regard scientifique sur sa méthode. Il n'est plus, selon la formule de Garfinkel, un « *idiot culturel* » ! Or, si l'acteur social n'est plus « *l'idiot culturel* » qu'il était, il peut donc étudier, analyser, comprendre et commenter les phénomènes sociaux produits par le groupe auquel il appartient. Le scientifique perd sa raison d'être : nous sommes tous « *des sociologues à l'état pratique* ».

Pour illustrer sa théorie Garkinkel prend l'exemple des jurés. Sans connaissance juridique particulière, ils vont pourtant être capables d'utiliser des méthodes spécifiques, méthodes qui vont leur permettre de vivre ensemble, de tenir un objectif commun (rendre un jugement) et de régir des rapports sociaux. De par leur rôle, ils étudient un phénomène social (un crime ou une tentative d'assassinat), tentent de l'expliquer (circonstances atténuantes ou non) et ce, sans être spécialisés.

Ainsi, pour l'ethnométhodologie, l'authentique connaissance sociologique est affaire d'expérience immédiate, pas d'appareillage scientifique sophistiqué. Elle balaie questionnaires, interviews, échelles d'attitude, calculs, tables statistiques. Pour elle, ces subterfuges créent de la distance, éloigne le chercheur du monde social qu'il veut étudier.

2. L'ethnométhodologie appliquée au terrain

Les ethnométhodologues n'ont pas de techniques d'investigation propres. Aussi les empruntent-ils à l'ethnographie. On peut en distinguer trois sortes.

• L'ethnographie constitutive de Hugh Mehan. Cette méthodologie abandonne les fameuses hypothèses de recherche, idées préconçues que le chercheur se fait avant d'aller sur le

terrain. L'ethnographie constitutive se base sur une observation de terrain, une observation des acteurs en situation. Elle se fonde sur quatre principes :
– la disponibilité des données ;
– l'exhaustivité du traitement des données ;
– la convergence de point de vue entre l'observateur et l'observé ;
– l'analyse interactionnelle.
Enfin, le chercheur doit tenir compte du contexte dans lequel s'inscrit le fait étudié.
• L'ethnographie **réflexive** de Steppe Woolgar et Bruno Latour. Elle se propose de rendre compte simultanément de l'objet de la recherche et de la démarche employée pendant la recherche. En effet, la connaissance de l'un permet de mieux appréhender l'autre.
Ces deux pratiques requierent la description. L'ethnométhodologie se donne pour but de montrer les moyens utilisés par les membres pour organiser leur vie sociale communautaire ; la recherche ethnométhodologique consiste donc à décrire ce que les membres font, tout en prenant en compte un certain localisme.
• Le **tracking** de Don H. Zimmerman. L'auteur prend ici le terme tracking dans le sens : marcher sur les traces de quelqu'un, se mettre à la place de, acquérir le langage de l'autre afin d'éviter les erreurs d'interprétation.

Étoile

Voir ***Réseau***.

ETSI (*European Telecommunication Standard Institute*)

Organisme chargé d'établir des ***normes*** de télécommunications européennes applicables et acceptées dans toute l'Europe. Voir : ***Techniques mobiles de télécommunication (Analyse économique des -)***

Étude de marché

Voir ***Mercatique, Enquête, Entretien, Sondage, Statistique***.

Eurêka audiovisuel

Projet lancé en juin 1988 par le Conseil européen à l'initiative de la France. Il est destiné à faire face à la domination des programmes américains, en incitant les professionnels de l'audiovisuel à fabriquer des programmes qui correspondent à la culture et aux attentes des publics européens. Un fonds, **Eurimage,** destiné à soutenir la production, la coproduction et la diffusion des œuvres cinématographiques et audiovisuelles européennes a été mis en place dans le cadre de la politique incitative.

Euronet

Acronyme de *European network* qui désigne le réseau européen de transmission de données qui relie des ***bases de données*** dans le domaine de l'information et la documentation scientifique.

Eurovision

Banque internationale d'échange d'actualité et de programmes télévisuels, créée en 1954 par l'Union Européenne de Radiodiffusion. La première émission eut lieu en 1954, à l'occasion du couronnement de la Reine Elisabeth. Le centre technique d'Eurovision se trouve à Bruxelles, la direction des programmes à Genève.

Eutelstat (*European Telecommunications Satellite*)

Organisation européenne comprenant 26 membres exploitant plusieurs satellites de communication, qui acheminent des communications nationales et internationales dans les domaines du téléphone, de la radio et de la télévision.

Événement

Fait ou situation qui se produit dans le réel, et dont les médias rendent compte sous la forme d'une stratégie appelée **médiatisation de l'événement**.

1. La notion d'événement dans la communication
L'événement désigne ce qui se produit dans le réel ; en ce sens, il s'agit d'une circonstance qui, en soi, n'a ni signification, ni valeur particulière ; c'est dans la communication que l'événement, faisant l'objet d'une diffusion, d'une circulation, entre les destinataires de l'information, va avoir une fonction symbolique : va être doté d'un sens. Toutefois, l'événement a deux grandes fonctions dans la communication.
– D'une part, c'est par rapport à lui que le lien social se forme et se soutient dans la reconnaissance d'une histoire et d'une mémoire communes à la société. C'est pourquoi l'histoire sociale est faite, dans la cité, de commémorations, de récits, d'informations, de rappels de toutes sortes, qui forment la consistance de la ***communication médiatée***. Par exemple, le journal télévisé est un commentaire de l'événement qui fait de ce dernier une représentation commune à tous les spectateurs. Mais on peut aussi donner l'exemple d'événements considérés comme fondateurs pour une communauté, et qui font l'objet d'une commémoration institutionnelle, comme la prise de la Bastille ou la Fête de la Fédération.

– D'autre part, l'événement sert de point de repère, par rapport auquel sont établies les orientations idéologiques, culturelles, politiques, des médias. L'événement est, en quelque sorte, un point de fixation qui sert de point critique pour la révélation, pour l'explicitation des opinions du journal. L'événement peut donc, dans la presse, être l'objet d'une double information : d'une part, l'article qui constitue le récit, l'information relative à l'événement lui-même ; d'autre part, l'éditorial qui va expliciter la position du journal à l'occasion de l'événement survenu. C'est ainsi que *Le Monde* du 14 février 1995 traite deux fois de la candidature d'Édouard Balladur à l'élection présidentielle et de sa conception de la politique : une fois en pages 1 et 8 à 12, dans le cadre de l'information générale donnée par le journal, et une fois, en page 19, sous la forme d'un éditorial.

2. L'événement dans l'information

L'événement a donc un statut complexe dans la communication, qui se retrouve dans la place qu'il occupe au sein du processus de l'information. L'information, en effet, se donne l'événement pour référence : elle se rapporte à l'événement, qui constitue sa consistance. L'événement, dans ces conditions, y occupe trois grandes fonctions.

a) L'événement donne un objet à l'information

L'événement fait exister l'information comme forme effective de communication, car il la situe par rapport à un objet en lui donnant un enjeu. À partir du moment où l'information porte sur un événement, elle acquiert une consistance : les destinataires de l'information lui donnent non une signification abstraite, générale, mais une signification et une valeur effectives dans le champ réel des rapports de pouvoir et des rapports de culture.

b) L'événement date l'information

Comme il est inscrit dans l'histoire, l'événement se situe par rapport à une évolution du temps qui le met en mesure de dater l'information, de la situer par rapport à l'évolution et au temps. L'événement permet à l'information d'articuler l'axe de la temporalité et de la chronologie et l'axe du discours et de la communication.

c) L'événement est une médiation de l'information

Il représente un savoir commun à tous les usagers de l'information, par lequel ils disposent de la même information. Rappelons-nous la définition de la **médiation :** ce qui permet l'articulation entre le singulier et le collectif. L'événement est perçu, de façon singulière, par les destinataires de l'information, qui sont, en même temps, les acteurs de l'histoire, mais il donne aussi sa consistance à la conscience collective dont ils sont porteurs en donnant une forme à leurs représentations collectives de l'histoire.

3. L'événement dans les médias

Il existe une grammaire de l'événement dans les médias : un ensemble de règles et de normes selon lesquelles les médias rendent compte de l'événement dans l'information dont ils sont porteurs. Ces normes constituent un système que l'on peut articuler autour de quatre instances majeures.

a) Le temps de l'événement

L'événement, pris dans un discours, s'inscrit dans une double approche du temps : le temps événementiel, qui est le moment où l'événement prend place, qui représente l'ensemble des circonstances historiques de l'événement, et le temps discursif et narratif, qui est le temps du discours de l'information, organisé autour du récit de l'événement (de sa narrativité) et du temps de l'énonciation (des circonstances dans lesquelles le média est écrit, publié et diffusé).

b) L'événement dans l'espace

Mais l'événement est aussi dans un espace ; il y a une géographie de l'événement, que l'information a pour fonction de faire connaître à ses destinataires. La géographie de l'événement est à la fois une géopolitique (répartition dans l'espace des rapports de pouvoir et de dépendance), une géographie narrative (microgéographie de l'événement, des lieux dans lesquels il s'est produit), et une géographie de causalité (répartition dans l'espace des zones et des points dans lesquels l'événement peut avoir des conséquences).

c) Les acteurs de l'événement

Toute une mise en scène de l'événement est organisée, qui rend raison de la répartition des différentes fonctions des acteurs qui font l'événement et de la nature de ces acteurs. L'importance de ce travail de l'information sur les acteurs de l'événement tient au fait que ce sont les acteurs qui peuvent servir de pôles d'identification de la part des destinataires de l'information. Les acteurs de l'événement en deviennent les héros, ou, au contraire, les adversaires, et, de cette manière, la communication de l'information est facilitée par une meilleure implication des destinataires du média. Les acteurs de l'événement représentent, en quelque sorte, son échelle humaine : le risque étant, parfois, dans certains médias, la tendance à la personnalisation excessive de l'information sur l'événement.

d) L'amplification de l'événement

On appelle ici **amplification de l'événement** l'ensemble des conséquences de l'événement, telles qu'elles sont évoquées dans l'information, ainsi que l'ensemble des mises en perspective de l'événement par le discours des médias. On peut citer trois exemples d'amplification. La portée internationale d'un événement comme une élection, ou les conséquences démographiques d'un tremblement de terre, constituent des **amplifications de conséquence**. La signification politique d'un événement, les différentes façons que l'on peut avoir de l'interpréter, constituent des **amplifications sémiotiques**. Enfin, il existe de l'événement des **amplifications rhétoriques** : l'ensemble des ajouts, des embellissements, voire des déformations dont l'événement peut faire l'objet dans le processus de l'information.

4. La consistance médiatée de l'événement

La consistance est le rapport au réel : la façon dont l'événement n'est pas seulement raconté par le média en raison de l'apport d'information spécifique dont il est porteur, mais aussi en raison de l'apport qu'il peut représenter à la compréhension de la situation réelle dans laquelle se trouve le destinataire. La consistance médiatée d'une information sur un accident de chemin de fer, par exemple, est l'évaluation des risques d'accident comparables qui sont encourus par les destinataires de l'information.

Il existe trois types de consistance médiatée de l'événement – trois façons différentes pour l'événement d'être renvoyé à l'expérience particulière du réel du destinataire de l'information.

a) L'analogie de situation

L'événement peut être renvoyé à la situation de communication du média ou de l'énonciation, pour y être mis en œuvre comme explication ou comme élément d'analyse de la situation. L'événement décrit dans l'information est, dans ces conditions, renvoyé au réel de la situation, car il est censé servir d'explication, de clé d'analyse. C'est ainsi qu'une grève peut, en tant qu'événement, être invoquée comme explication au retard de la diffusion d'un média, ou, dans un tout autre ordre d'idées, c'est ainsi que le média peut faire état des conséquences prévisibles d'un événement sur la vie de ses destinataires.

b) L'inscription du savoir sur l'événement dans la culture du destinataire

Il s'agit d'une forme de consistance, car c'est par cette forme d'appropriation de l'événement que le destinataire de l'information rend l'événement réel pour lui et son expérience. Le lecteur d'un journal, quand il intègre à sa culture l'information qui fait état d'un événement, donne à cet événement une dimension effectivement réelle, car le lecteur va, individuellement, confronter cet événement à d'autres souvenirs, à d'autres éléments de savoir présents dans sa culture.

c) L'événement initie une logique d'adhésion ou de rejet

L'événement est l'occasion d'une prise de parti, d'un choix de la part du destinataire de l'information, qui approuve ou rejette l'événement considéré, et qui, de la sorte, donne à son opinion la consistance effective d'un rapport à un événement réel. L'événement nourrit l'opinion de l'usager ou du destinataire de l'information : il lui donne une occasion d'être située par rapport au réel de l'histoire. L'opinion du destinataire de l'information se trouve ainsi soutenue, étayée, par ce rapport au réel.

5. Fonction culturelle de l'événement dans la communication

L'événement a une fonction culturelle dans la ***communication médiatée*** : il ne consiste pas seulement en une information de plus, intégrée au savoir ou à la compétence du destinataire de l'information. Il faut aller plus loin : la compétence communicationnelle de l'usager des médias – leur aptitude à s'inscrire dans une situation ou dans une relation de ***communication médiatée*** – se double de ce que l'on pourrait appeler une compétence politique, ou idéologique : il existe une culture de l'événement, constitutive de la culture médiatée du sujet de la communication. La culture de l'événement est un ensemble de représentations culturelles, produites par les médias sur les événements dont ils portent l'information, et cette culture est, pour le sujet de la communication, une forme de médiation culturelle d'opinion ou de jugement de l'actualité et de l'information qui lui est communiquée par les médias.

La fonction culturelle de l'événement dans la communication n'est pas une fonction univoque. L'intégration de l'événement au parcours de la ***communication médiatée*** se fait en plusieurs instances. La fonction de l'événement dans la communication ne saurait se réduire à une simple image ou à un simple instantané du réel de l'histoire : la fonction de l'événement est triple.

a) Il motive l'accès du sujet de la communication à la culture médiatée

Le sujet de la communication, pour accéder à une culture médiatée, passe par une forme de médiation : par un filtre, qui est l'acquisition, grâce aux médias, d'une connaissance de l'événement. Ce qui me motive à entrer dans la ***communication médiatée***, c'est le désir, suscité par l'événement qui vient de se produire, et qui est de nature à déplacer ou à changer mon rapport au réel et à la vie sociale. Les événements ont une forme d'influence sur la sociabilité : l'événement produit chez le sujet un désir d'information.

b) L'acquisition de l'information sur l'événement fournit à la mémoire du sujet un ensemble de représentations

L'événement est au centre d'un dispositif de production d'information le concernant. C'est ce dispositif d'information qui alimente la mémoire du sujet en données, en images et en représentations de toutes sortes. La fonction de l'événement est de servir de filtre, de médiation, entre les représentations des médias et la mémoire du sujet. En effet, il faut un événement pour orienter l'acquisition par le sujet de la mémoire des médias, car c'est par l'événement que le sujet va former un point d'appui, un point de fixation, de son travail dans la communication : il faut un événement, pour que le sujet de la ***communication médiatée*** arrive à retenir l'information dans sa mémoire, car c'est l'événement qui illustre l'information, qui lui donne une sorte de chair, de vie dans l'histoire du sujet.

c) L'événement actualise la culture médiatée du sujet de la communication

Par l'événement, la culture ***médiatée*** cesse d'être abstraite, pour prendre une dimension actuelle, la dimension d'une culture ancrée dans le réel. Quand j'apprends l'assassinat de Kennedy, quand j'apprends la conclusion d'un traité de paix au Proche Orient, l'information dont est fait ma culture médiatée cesse d'être abstraite : j'y inscris des visages, des lieux, des circonstances, grâce auxquels elle se met à avoir, pour moi, une existence pleine et entière. L'événement est une forme de garantie de conformité à la réalité du discours des médias et de l'information dont ils sont porteurs.

Événements par une seconde (Nombre d'-)

Définition du ***Hertz***.

E.V.N. (*European News Exchange*)

Organisme international chargé de la transmission d'images d'actualité à partir des centres de l'***UER (Union Européenne de Radiodiffusion)*** de Bruxelles et de Genève. Le choix des sujets est effectué par une coordination de l'information, délégué par les pays membres et de nationalité différente tous les dix jours.

Exception culturelle

Voir ***GATT, Politiques culturelles françaises.***

Expert (Système -)

Voir ***Système expert, Intelligence artificielle.***

Exploitation cinématographique en salle

L'exploitation de salles de théâtre cinématographique est l'activité de projection de films destinés au public.

Le lieu d'exploitation prend le plus souvent, depuis le milieu des années 1970, dans les grandes villes et villes moyennes la forme d'un **complexe multisalles** dit encore multi-écrans, regroupant plusieurs salles de taille différente. Par rapport à la salle unique du passé ou des petites agglomérations, le complexe limite les risques d'exploitation – plus l'exploitant offre un nombre important de films, moins le passage du film lui coûte cher –, et les différentes dimensions des salles permettent un meilleur amortissement du film ; on affecte un film à une salle en fonction de sa potentialité commerciale. Ce mode d'exploitation semble relever d'une gestion rationnelle, mais il n'en est pas moins paradoxal :

– il augmente la demande en films alors que le nombre de spectateurs ne cesse de chuter,

– l'exploitation dans une petite salle, équipée donc d'un écran réduit, limite la concurrence avec la télévision.

L'activité d'exploitation cinématographique est fortement réglementée par les pouvoirs publics.

La réglementation est fixée par les lois de 1946 et 1948, et s'applique de façon assez large à « tout lieu équipé pour la projection d'œuvres ou de documents cinématographiques ou audiovisuels quels que soient les procédés de fixation ou de transmission et la nature du support de ces œuvres ou documents ». Elle s'applique en premier lieu à l'autorisation d'exercice de la profession pour tout entrepreneur de spectacles cinématographiques organisant des séances publiques et payantes. L'agencement de la salle doit répondre aux critères imposés de sécurité, de confort, de qualité de l'image et du son et de la disposition de la cabine de projection. Les autorisations sont données par écran ou salle. Ainsi un exploitant doit avoir autant d'autorisations que de salles ou écrans exploités.

Pour l'exploitant, la réglementation se manifeste surtout par le contrôle des recettes. Par le biais de la billetterie, la recette perçue au guichet des salles est répartie entre la production, la distribution, l'exploitation et le fisc. Afin qu'un contrôle très strict soit exercé, chaque exploitant de salle est tenu d'établir un bordereau à la fin de la semaine cinématographique, selon un modèle agrée par le ***CNC***, et portant toutes les informations quantitatives sur l'exploitation, nécessaires à la répartition de la recette à tous les ayants-droit. Le non-envoi du bordereau est considéré comme une infraction et peut entraîner des amendes, interdictions, voire la fermeture de l'entreprise ou même des mesures disciplinaires (retrait, d'autorisation d'exercice, d'agrément ou de classement).

D'un point de vue comptable, le principe de partage des recettes comportait quelques difficultés.· Certaines entreprises, intégrant les trois fonctions de production, distribution et exploitation, étaient néanmoins identifiées, par convention, comme sociétés de production, et les investissements engagés par certains distributeurs par le système des à-valoirs n'apparaissaient pas dans la ventilation des recettes. L'INSEE a ainsi opté pour le tableau suivant depuis une dizaine d'années :

Répartition des recettes (exemple : en 1993).

	Montant en MF	% par rapport à la recette guichet
Taxe spéciale	495	10,95
T.V.A.	236,6	5,23
Exploitation	1981,3	43,84
Production/Distribution	1749,2	38,70
SACEM	57,4	1,27
TOTAL Recette Guichet	4519,4	100

Source CNC.

Exposition

1. Action de mettre en vue, de placer sous le regard du public, de faire connaître, d'expliquer, de communiquer. L'exposition peut être le lieu même où les objets sont exposés. Ces objets peuvent être des œuvres d'art, des produits de l'activité marchande, une théorie scientifique, etc. La forme institutionnelle la plus étendue de cette forme particulière de communication est l'Exposition Universelle qui présente les différents produits et réalisations des différents pays du monde. La ville d'accueil de l'exposition universelle change en principe à chaque manifestation, bien que Paris ait été choisie six fois depuis 1851 (1855, 1867, 1878 et 1889, 1900, 1937). La périodicité de l'exposition est irrégulière.
   Voir ***Muséologie***.
2. Fait de soumettre une pellicule à l'action de la lumière. On parle de sous-exposition (sous-ex.), quand la quantité de lumière est nécessaire à l'impression de la pellicule est insuffisante et de surexposition (sur-ex.), dans le cas contraire.

Extension

Augmentation de la capacité ou des fonctionnalités d'un système. Ainsi pour un ordinateur, une extension-mémoire est une carte de circuits intégrés ajoutée à un ***micro-ordinateur*** pour augmenter ses capacités de ***mémoire vive*** ou mémoire de travail.

Extérieurs

1. Ensemble des journées de tournage passées à l'extérieur.
2. Séquences d'un téléfilm ou d'une émission tournées hors des studios. Nécessitant une préparation plus longue (repérages,...) et une infrastructure plus lourde, et donc plus coûteuse, les séquences en extérieurs sont réduites au minimum dans les séries et les téléfilms à petit budget.

Externalités, Externes (Économies -)

Voir ***Jeux (Théorie des -)***.

Externe (Communication -)

Voir ***Communication externe, Publicité, Relations publiques, Mécénat, Parrainage***.

F

Face (ou *face-work*)

Image de soi exposée à l'autre, dans le but de défendre son propre territoire (face négative) et de proposer de soi une identité valorisante (face positive).

Facette

Voir ***Langage documentaire***.

Façonnage

1. Travail de finition dans l'imprimerie, comportant les opérations suivantes pour un livre ou certains imprimés : le massicotage, le pliage, l'assemblage, l'encartage, le délaissage, l'agrafage, le brochage, la reliure, la dorure et le conditionnement. Synonyme : façonnement.
2. En communication publicitaire par publipostage, travail de finition comportant les opérations suivantes : pliage des documents, mise sous enveloppe, adressage et éventuellement routage.

Fac-similé

1. Reproduction fidèle d'un objet d'art (peinture, dessin...), ou d'un document écrit.
2. Procédé de retransmission de pages d'un journal pour son impression simultanée en plusieurs endroits. Par extension, appareil de transmission de copies – ***télécopie*** ou **fax** (abréviation de fac-similé) – utilisant les lignes du téléphone. Il faut noter que la télécopie peut servir de preuve dans certains cas :
   – En cas de litige entre commerçants la preuve est libre, la télécopie est donc un mode de preuve.
   – En cas de litige entre un particulier et un commerçant ou entre deux particuliers si l'objet de ce litige est supérieur à 5 000 francs, la télécopie n'est qu'une simple présomption, c'est-à-dire que l'on peut amener la preuve contraire.

Factorielle (Analyse -)

Méthode de traitement des données présentées dans un ***tableau de contingence*** (pour cette notion voir ***Statistique***). On distingue l'analyse factorielle en composantes principales (ACP) pour des données quantitatives et l'analyse factorielle de correspondance (AFC) pour des données qualitatives. L'AFC, due au mathématicien français J.P. Benzécri, est spécialement conçue pour l'analyse de tableaux croisés combinant plusieurs modalités (âges, profession, sexe, lieu d'habitation, marque du produit consommé, etc.). Ces tableaux croisés correspondent à un nuage de points multidimensionnel, avec autant de dimensions qu'il y a de critères et de marques.

Ce nuage peut prendre toutes les formes possibles :

– de la sphère (représentation d'une absence de corrélation entre les critères et les marques) ;

– au ballon de rugby, à la pomme de terre, etc.

L'AFC a pour objet de projeter ce nuage sur autant d'axes qu'il y a de dimensions.

Trois constatations :

– la projection visualise plus ou moins fidèlement le nuage. L'indicateur de cette fidélité est calculé en additionnant le taux d'explicativité. La connaissance du taux d'explicativité (pourcentage de la variance expliquée) de chaque axe est essentielle pour lire avec profit un graphe en analyse factorielle de chaque axe. Ce taux est calculé par l'AFC ;

– une seule projection ne peut être vraiment suffisante pour rendre compte de la forme du nuage ;

– l'objet de l'AFC est de visualiser un nuage de points multidimensionnel et non pas d'expliciter chaque point : une faible déformation de l'ensemble du nuage peut provenir d'importantes distorsions de quelques points seulement.

Faisceau hertzien

Système de transmission d'images et de sons par ***ondes hertziennes*** entre deux points fixes. L'émission de ces ondes concentrées se fait en un faisceau étroit qui se propage en ligne droite. Il faut par conséquent prévoir une réémission par des antennes-relais, permettant la transmission sur de plus grandes distances, en surmontant les obstacles naturels (montagnes, immeubles).

Faits divers

Informations portant sur des incidents mettant en cause des personnes privées – soit qu'il s'agisse d'accidents concernant des inconnus, et dont l'intérêt tient aux circonstances particulières dans lesquelles ils ont eu lieu, soit qu'il s'agisse d'incidents concernant des personnages importants, populaires ou connus, et dont l'intérêt tient à l'identité ou à la qualité de la personne concernée.

1. Historique du fait divers

L'histoire du fait divers connaît, dans la presse française et dans la presse occidentale, quatre grandes époques.

a) Les récits et les « canards »

Aux débuts de l'information médiatée (voir ***Communication médiatée***), la presse est encore très proche de la communication orale. L'information consiste, finalement, davantage dans l'authentification par l'écrit de ***rumeurs*** que dans la recherche, comme aujourd'hui, d'une information fondée, crédible et vérifiée sur des faits ou sur des événements d'intérêt supposé général. Dans ces conditions, les ***gazettes*** fourmillent de fait divers racontés sur le mode du récit de voisinage. La *Gazette* de Renaudot, à l'époque de Richelieu, réservait une large part de son information à l'information concernant les mondanités de la Cour, et, par ailleurs, les journaux de cette époque s'intéressaient beaucoup aux histoires qui pouvaient surprendre, et retenir l'attention de leur lectorat.

b) L'époque du roman noir

Au XIXe siècle, en Grande-Bretagne pour commencer, le roman noir, puis le roman policier vont commencer à occuper une place importante dans la littérature, et, par conséquent, dans les formes symboliques dominant l'espace social de la communication. La presse va donc se faire l'écho de ce type d'information, et le fait divers va constituer un thème important de la ***communication médiatée***. Ce seront d'ailleurs souvent les mêmes plumes qui vont rédiger les différents types de textes.

c) Le fait divers et la grande presse

À la fin du XIXe et jusque dans les années 30, la **grande presse industrielle** naissante va développer son réseau d'information (grandes agences) et ses potentialités techniques (introduction de l'image dans la presse), ce qui va accroître son efficacité dans le domaine du fait divers. Parallèlement, les incertitudes politiques et sociales, autour de la première guerre mondiale, puis autour de la grande crise des années trente, poussent à des formes simples et consensuelles d'expression du consensus politique et moral, et, par conséquent, à l'importance du fait divers.

d) L'ère de l'audiovisuel

C'est l'***audiovisuel***, et, en particulier, l'invention du film policier, qui va, dans les années de l'après-guerre, donner au fait divers une forme de nouvelle vigueur. L'image va, en effet, lui conférer un pouvoir de séduction qu'il ne possédait pas dans la logique de l'information écrite, et, par ailleurs, l'intensification des procédés de ***diffusion*** va permettre de toucher un public considérablement plus large que le public de la presse commençante, finalement très élitiste, et, ainsi, un public sensible à la place de l'émotion, du scandale, de la surprise, dans l'information. La ***télévision*** et le développement de la **presse illustrée à scandale** (en France, des journaux comme *Spéciale Dernière, Allô ? Police, Nouvelles du Monde*) feront le reste.

2. Importance du fait divers dans la presse

Le fait divers est présent dans les journaux depuis les origines. Il s'agit d'une rubrique dont l'importance se mesure au fait qu'il n'y a pas un journal qui n'en comporte pas. Cette rubrique est intitulée de façon différente selon les journaux (*Faits divers, Société*, voire *Carnet mondain*). Bien qu'il s'agisse d'informations qui, par définition, concernent des individualités, des particuliers, et non, comme les informations politiques, des personnes publiques disposant d'un mandat et d'une légitimité reconnus, les faits divers occupent une place essentielle dans la presse.

L'importance du fait divers varie, d'abord, selon les types de journaux. Les journaux politiquement engagés, ou les journaux accordant une large place à l'information politique et à l'information culturelle réservent, en général, peu de place en surface au fait divers – ce qui ne veut pas dire qu'il s'agisse d'informations qualitativement négligées, mais ce qui veut dire que l'information des faits divers ne figure, en général, pas en première page, et ne fait pas l'objet d'une couverture exhaustive, mais, au contraire, d'une sélection. Certains journaux, en revanche, accordent une grande place, en surface, au traitement des faits divers : il s'agit, pour les quotidiens, de la presse dite populaire : journaux à grand tirage privilégiant l'information à sensation, et journaux régionaux privilégiant l'**information de proximité**. De tels journaux complètent, en général, l'information sur les faits divers, avec des illustrations abondantes et suggestives.

L'importance du fait divers dans la presse se mesure à trois indices : d'une part le tirage et la diffusion des journaux comportant une importante rubrique de faits divers ; d'autre part le succès qualitatif remporté, dans la presse, par certains faits divers devenant de véritables affaires nationales (cf. il y a quelques années, en Grande-Bretagne, l'attaque du train postal, qui fut à l'origine d'un film : « *The Great Robbery* », ou, plus récemment, en France, ce qu'il est convenu d'appeler « *l'affaire Grégory* », du nom de l'enfant assassiné et jeté dans une rivière) ; enfin, les traces laissées par certains faits divers dans la culture telle qu'elle est aussi structurée, façonnée, par la ***communication médiatée***. Le succès du roman policier ou du film noir, dans la culture artistique ou littéraire, tient, historiquement, au développement de la diffusion de la « grande presse », et à la pénétration populaire du roman policier qui s'en est suivie.

3. Style et rhétorique spécifiques du fait divers

Le fait divers se signale, dans la presse, par un style spécifique et par des formes particulières de ***rhétorique***. La rhétorique du fait divers n'est pas une rhétorique argumentative : elle ne cherche pas à convaincre, ni à fonder les arguments d'un débat. Elle n'a pas non plus pour but de permettre ou de favoriser une décision. La rhétorique du fait divers est surtout une rhétorique de l'affectif, une rhétorique qui s'adresse à l'affectivité et à l'émotivité de ses destinataires.

Deux types de sentiments sont appelés par la rhétorique du fait divers. D'une part, des sentiments de désir, d'identification, d'admiration pour certains des acteurs du fait divers ; d'autre part, des sentiments de rejet, de violence, voire de haine à leur égard. Par la rhétorique qu'il met en œuvre, le fait divers suscite, de la part de ses destinataires, la substitution d'un intérêt personnel pour l'information à un intérêt politique ou institutionnel. Le fait divers représente, dans l'espace du journal, une forme de suspension de la médiation, car les sentiments qu'il éveille sont plutôt des sentiments personnels que des sentiments d'appartenance.

La référence à la norme morale implicitement contenue dans le fait divers est une référence immédiate ; le fait divers ne l'analyse pas, il n'en rend pas compte rationnellement : il se contente de susciter une référence spontanée de la part de son destinataire. Le fait divers réduit la norme à une dimension non institutionnelle, mais immédiate et affective. C'est pourquoi une grande place y est réservée à l'image et à la rhétorique des sentiments.

4. L'image dans le fait divers

L'illustration du fait divers présente trois caractéristiques.

a) L'importance des plans de déformation

L'**image dans le fait divers** est souvent une image déformée, soit qu'il s'agisse de gros plans, soit qu'il s'agisse d'images tronquées, morcelées : cela tient, en fait, à une rhétorique de la distanciation. Il s'agit de donner des hommes une représentation telle qu'elle rende impossible l'identification primaire du lecteur ou du spectateur : le fait divers est censé éloigner autant qu'il ne cherche l'identification de ceux qui le lisent ou y assistent.

b) Les contrastes de couleur

Le fait divers a une tradition de noir et blanc. Cela est dû à des raisons historiques, d'abord : le fait divers naît dans la presse écrite du XIXe siècle, à une époque où il n'existe pas d'impression en couleurs. Mais il y a aussi à cela, sans doute, des raisons esthétiques, qui expliquent l'usage fréquent, encore aujourd'hui, de la photographie en noir et blanc dans la presse écrite de faits divers : l'impression en noir et blanc construit la signification dans une logique de contraste, qui instaure une relation de communication simplifiée et faite d'opposition et, même, de violence.

c) Une image choquante

La logique violente instaurée par la coloration en contraste se retrouve dans le parti pris de faire apparaître des images de nature à choquer leurs destinataires et leurs spectateurs. On rejoint là la préoccupation liée à la déformation et à la recherche d'une image de distanciation. En suscitant une forme de violence, en cherchant à choquer les destinataires du fait divers, son illustration instaure une forme distanciée de communication : il s'agit de neutraliser la dimension identificatoire de la ***communication médiatée***. Le fait divers ne cherche pas à susciter l'identification de ses usagers (lecteurs ou spectateurs) : il cherche davantage à leur faire prendre la distance par rapport au récit et aux scènes qu'il leur propose. En effet, ainsi, le fait divers met sa rhétorique au service de la morale, plutôt qu'à celui du plaisir de la lecture.

5. Sens du fait divers

On comprend mieux ainsi le sens du fait divers dans les médias. Il s'agit, en quelque sorte, d'une forme d'identification négative : d'une identification inversée. Au lieu, comme les autres formes de ***communication médiatée***, d'instaurer une dynamique d'identification et d'appartenance sociale et culturelle commune, le fait divers instaure une forme négative d'identification : une identification par le rejet. C'est dans le rejet des représentations du fait divers que se fonde, dans cette forme de communication, la réponse attendue du destinataire de la communication.

Le fait divers s'interprète, dans ces conditions, selon trois critères complémentaires.

a) La dénonciation des faits répréhensibles dans l'identification négative

Le processus ainsi décrit d'identification négative revient à une dénonciation, dans le fait divers, des faits et des événements considérés comme contraires aux normes morales. C'est ainsi que le fait divers est dominé par deux thématiques : celle du crime et du délit, qui représentent des faits répréhensibles du point de vue de la morale, et celle de l'imprudence ou de l'insécurité, qui représentent des faits répréhensibles du point de vue de l'ordre social.

b) La représentation de l'ordre social et moral

Le fait divers donne une représentation médiatée de l'ordre social et moral. En effet, il rend les normes de la morale et de l'ordre social accessibles au grand public des usagers des médias (lecteurs et spectateurs) grâce à la forme de rhétorique qui consiste à en montrer les cas limites ou les perversions. Ces représentations de l'ordre social et moral qui se situent à ses limites permettent une meilleure didactique de la sociabilité, car elle est articulée à des situations réelles qui la mettent en question. Le fait divers est une forme d'information qui met en œuvre la médiation du récit de l'événement pour mieux mettre en forme une représentation didactique de l'ordre social et moral. C'est la peur, l'horreur ou la sympathie, selon les cas, qui constituent les formes d'émotion par la médiation desquelles les destinataires de la communication s'approprient l'information sur l'ordre social et moral.

c) Le renforcement du lien social par la référence à la morale

Le fait divers s'inscrit dans le projet global de la ***communication médiatée*** : le **renforcement du lien social**, par la mise en œuvre d'une forme particulière de médiation narrative. Le récit du fait divers constitue une médiation du lien social : en faisant apparaître l'importance de la norme sociale aux usagers des médias, par la médiation de l'information sur des déviations ou des exceptions qui s'en écartent, le fait divers renforce le lien social en donnant aux représentations de la sociabilité la consistance d'une information de nature à susciter l'adhésion consensuelle de ses destinataires.

6. Popularité du fait divers

La popularité du fait divers et l'importance qu'il revêt pour les usagers des médias tient à quatre facteurs.

a) Une dimension ludique et spectaculaire de l'information

Il y a une relation très étroite entre le fait divers et le spectacle : l'esthétique du fait divers audiovisuel n'est, par exemple, pas sans rappeler celle du film noir et celle du film policier, dont le développement est parallèle. On assiste au fait divers, dans la presse, comme on assiste à la projection d'un film policier, et, comme il n'y a pas d'engagement de nature politique ou idéologique (tout juste y a-t-il consensus de nature morale), l'information acquiert un caractère ludique de nature à lui gagner les faveurs du public.

b) L'approche consensuelle de la médiation d'appartenance à l'espace social

À partir du moment où le consensus des lecteurs s'obtient sur la base d'un rappel des lois morales de la convention et des interdits les plus élémentaires (l'interdit du meurtre, de l'inceste, etc.), la fonction des médias, qui est d'assurer la pérennité et le renforcement du lien social, se trouve facilitée par des règles aussi générales et aussi fondamentales.

c) Le rôle de l'émotion dans la communication mise en œuvre à partir du fait divers

L'importance de l'***émotion*** dans la communication tient à l'immédiateté de l'intérêt et de l'engagement qu'elle suscite de la part des partenaires de la communication, sollicités davantage dans leur désir et dans leur subjectivité que dans leur citoyenneté et dans leur appartenance politique ou culturelle. La popularité du fait divers tient, dans ces conditions, à ce que les usagers des médias y sont interpellés immédiatement, sans distance, et, ainsi, sans réserve. C'est ainsi, d'ailleurs, que certains faits divers entretiennent, en particulier dans la communication audiovisuelle, une forme de suspens, une forme d'attente renforçant l'émotion suscitée.

d) La forme particulière de relation de miroir à l'œuvre dans le fait divers

L'identification à l'œuvre dans la communication du fait divers n'est pas, comme dans l'ensemble des formes de la ***communication médiatée***, une forme d'***adhésion*** ou une forme d'appropriation de repérages idéologiques ou politiques. Le fait divers n'est pas une forme médiatée de l'adhésion politique ou sociale ou didactique : il s'agit davantage d'une intériorisation des structures morales constitutives du lien social. Le fait divers ne fournit pas à ses lecteurs ou à ses spectateurs d'arguments de choix politique ou social, il ne leur fournit pas des raisons d'adhérer à tel ou tel parti ou à telle ou telle idéologie. Le fait divers n'appartient pas à la dimension collective de l'information, mais à sa dimension individuelle : il s'agit de faits qui arrivent à des personnes singulières et dont le récit peut être amené à toucher, à émouvoir les personnes singulières qui y assistent. Dans ces conditions, la relation de miroir à l'œuvre dans le fait divers neutralise pratiquement la fonction de médiation institutionnelle de la communication : le fait divers individualise l'usage des médias ; il fait de la ***communication médiatée*** une affaire singulière.

Famille

1. Du point de vue démographique, ensemble d'au moins deux personnes constitué par un couple, marié ou non, avec ou sans enfant(s) célibataire(s), soit par un parent sans conjoint avec au moins un enfant célibataire. Au sens large, ensemble des individus apparentés. Notion à ne pas confondre avec celle de ***ménage*** ou foyer qui désigne une unité de consommation.
2. En imprimerie, classement des caractères selon leur style. L'Association Typographique Internationale a retenu en 1962 la liste de neuf familles présentée par Maximilien Vox.

Fanzine

Revue de diffusion restreinte, relevant généralement de la presse parallèle ou presse souterraine, pour des passionnés d'un sujet donné. Le terme est un américanisme formé par contraction de fanatique et de magazine.

Fausse page

Page de gauche, lorsque le livre est ouvert. Elle correspond également à la page verso. Elle s'oppose à la belle page ou page recto qui est la page de droite.

F.C.C. (*Federal Communications Commission*)

Organisme indépendant gouvernemental américain de 8 membres (dont le président), chargé depuis 1934 de la ***régulation*** du secteur audiovisuel.

Sa mission est de veiller à l'équilibre entre l'intérêt public et la liberté des sociétés privées de diffusion, dans le souci d'une politique nationale cohérente.

La F.C.C. se préoccupe de tous les domaines de communication, diffusion hertzienne, par câble, par satellite, télévision à péage ; elle répartit les autorisations d'usage des fréquences, les licences accordées aux stations désirant s'affilier à de grands groupes de communication ; elle veille au respect de certaines règles, comme la limitation de l'expansion des réseaux nationaux de télédiffusion (« ***networks*** »), la non-transférabilité ou revente des licences et autorisations, le respect des zones de diffusion, de certaines règles déontologiques, et aussi des caractéristiques techniques des modes de diffusion.

Mais, à la différence du système français du ***CSA***, la commission fédérale des communications ne peut pas intervenir sur la programmation ou censurer d'une quelconque façon les programmateurs. Elle peut, en revanche, révoquer des attributions de fréquences.

Fédération Française des Travailleurs du Livre (FFTL)

Voir ***Syndicat du livre***.

Feed-back

Action exercée, après une perturbation, sur les valeurs d'entrée d'un système ***cybernétique*** (input) par les valeurs de sortie (output), et qui rétablit les valeurs initiales. Traduction **rétroaction**.

Ce phénomène est tout simplement les réactions suscitées par un message et observées par l'émetteur initial du message en question en vue de l'adapter. Les enquêtes auprès du lectorat ou des auditeurs et téléspectateurs, le courrier des lecteurs, les appels spontanés du public à la radio ou à la télévision constituent différents exemples d'information de rétroaction. Même pour un enseignant, les copies des élèves sont une information de rétroaction permettant de voir si le message (le cours) est passé et compris.

Féminin (Presse magazine -)

Voir ***Presse magazine féminin***.

Fenêtre

Dispositif de certains logiciel qui permet d'afficher à l'écran plusieurs tâches à la fois. Le logiciel *Lisa* de Apple a été le premier logiciel à fenêtre.

Feuilleton

1. Article périodique de critique littéraire.
2. Roman publié par épisode successif dans un journal.
3. Émission dramatique populaire, de radio ou de télévision, dont l'histoire se déroule en plusieurs épisodes. Le feuilleton se distingue de la **série** qui met en scène des personnages fixes confrontés à une nouvelle aventure à chaque nouvelle émission.

FIAPF (Fédération Internationale des Associations de Producteurs de Films)
Organisme dont la tâche principale est d'homologuer certains festivals cinématographiques. La FIAPF assure la régularité de la compétition en vérifiant la composition du jury, le nombre de prix, le mode de sélection des films, les garanties de sécurité pour le transport et le stockage des copies.

Fibre optique
Matériau en fibre de verre, qui sert de support de transmission à des informations véhiculées sous forme de signal lumineux.

La fibre optique comporte un grand nombre d'avantages techniques sur les fils de cuivre utilisés par le ***câble coaxial*** : faible encombrement, grande durabilité, possibilité de transporter plus d'informations (elle permet de doubler la capacité du réseau) ; le signal, inaltérable peut être transmis sur une plus longue distance. La communication est plus facilement interactive avec la fibre optique qu'avec le câble coaxial. La largeur de bande de fréquence qu'elle emploie est adaptée pour le développement des ***autoroutes de l'information*** : transport volumineux d'images, de son et de données.

Dans le ***plan Câble*** de 1982, le gouvernement français prévoyait la construction de tous les réseaux câblés dans ce matériau, mais le coût élevé de celui-ci (environ le double du coaxial) et les difficultés techniques rencontrées, firent renoncer au projet. La vogue pour les autoroutes de l'information a redonné de la vigueur aux investissements dans la fibre optique. Pour une analyse économique et sociologique voir ***Câble, Convergence technologique, Autoroutes de l'information***.

Fichier
Ensemble de données stockées sur un support quelconque (papier, disquette...), se rapportant au même sujet et décomposées en rubrique, sachant que la rubrique correspond à un type d'information.

Fiction
Émission de télévision relatant des faits imaginaires. Appartiennent à cette catégorie, les feuilletons, les séries, les **sitcom (comédies de situation),** les téléfilms, les films de cinéma, les dessins animés.

Fidélisation
Stratégie des médias – en termes de qualité des messages, des programmes, en termes de services après-vente, etc. – adoptée en vue de garder leur public (lecteur, auditeur, téléspectateur).

Les concours dans la presse (par exemple le jeu « avez-vous le coup d'œil ? », dans le *Progrès de Lyon*, dans les années 1960 et 1970) et les bons de réduction pour des spectacles sont deux exemples de procédés de fidélisation fortement utilisés par la presse quotidienne régionale.

À la radio, la fidélisation se fait notamment par des jeux de différents types, mais systématiquement combinés avec l'utilisation du téléphone. Il en est ainsi du jeux qui consiste à trouver le prix d'objet décrit par l'animateur, ou de l'invitation faite aux auditeurs de téléphoner pour donner tel titre de chanson ou le nom de l'interprète de la chanson, les gagnants recevant des disques ou d'autres cadeaux.

Pour la télévision, la fidélisation est surtout cruciale pour conduire la plus grande part du public vers les émissions programmées dans le créneau horaire de grande audience (heures de grande écoute ou *prime time*). La période d'accès à ce créneau (*access prime time*) doit comporter une programmation d'une « émission-locomotive » qui assure une forte audience jusqu'aux émissions considérées comme des pièges à publicité, réunissant le plus grand nombre de téléspectateurs. Il est cependant évident, que le public ne sera pas fidèle si la programmation est fantasque, si les programmes attendus ne sont pas fournis, si les horaires sont modifiés trop souvent, si les rendez-vous sont trop espacés (il est plus facile de fidéliser le public sur une grille hebdomadaire que sur une grille mensuelle).

Film
1. Surface photosensible vierge sur support transparent ou translucide. Par extension, reproduction d'un document sur ce support. Le support peut être une feuille ou une bande pelliculaire perforée pour un déroulement aisé en photographie et en cinématographie. Voir ***Offset, Typon***.
2. Œuvre cinématographique. Voir ***Cinéma***.

Film d'entreprise, Film institutionnel
Moyen de ***communication institutionnelle*** consistant en un documentaire film ou vidéo, décrivant les activités de l'entreprise.

Filtrage, Filtre passe-bande, Filtre passebas
Voir ***Transmission hertzienne***.

Fiscalité
Système de perception des impôts et ensemble des impôts dans un territoire donné (pays, commune...). Les médias ont généralement un traitement fiscal particulier soit pour favoriser leur développement par des exonérations pour certains impôts et taxes, ou par des taux réduits

sur ces prélèvements, soit par des taux supplémentaires pour disposer de recettes permettant une aide aux entreprises en difficulté et aux réalisations ambitieuses du secteur, soit enfin par des taux élevés pour pénaliser les médias à contenu pornographique ou susceptibles de nuire à la jeunesse.

En France, la presse est exonérée de la taxe professionnelle, mais elle est soumise à la TVA depuis le 1/1/1982 (sauf pour les publications des associations). Le taux est réduit sauf pour les publications non inscrites à la Commission Paritaire et pour les publications à caractères pornographiques.

Les messages publicitaires à la télévision sont soumis à une taxe spécifique (loi de finances de 1982).

Les ménages disposant soit comme propriétaire, soit comme locataire, d'appareils de réception des signaux radios ou de télévision sont soumis à une **redevance** annuelle. Certaines personnes sont exonérées, notamment, en raison de la faiblesse de leurs revenus et de leur âge élevé.

L'entrée payante dans une salle de théâtre cinématographique est soumise à une ***taxe spéciale additionnelle (TSA).*** Le prix des places dans les salles d'exploitation de films X comporte un taux de TVA majoré.

Flash

1. Bulletin d'information bref.
2. En vidéo, un flash désigne un court fragment dans un film, provoquant un effet brutal ou expressif.
3. Lampe à grande puissance pour éclairer un décor ou un sujet pour la prise de vue.

Flash-back

Procédé cinématographique de retour dans le passé, par plans successifs, permettant d'évoquer un événement antérieur à l'action et d'expliquer la situation présente. Traduction : **retour en arrière**.

Flexographie

Procédé d'impression typographique à l'aide de clichés souples. Bien que sa mise au point remonte à la fin du XIXe siècle, et que le procédé est moins coûteux que l'***offset,*** c'est seulement à partir du début des années 1980 que l'impression de journaux par flexographie a commencé à se développer.

Flipping

Voir ***Zapping***.

Flot (Média de -)

Média qui propose un programme ou une émission dont la consommation est concomitante avec sa production qui ici est la diffusion. C'est le cas de la ***radiodiffusion*** et de la ***télédiffusion*** : ainsi comme l'écrit Patrice Flichy « une émission de télévision, par définition, se consomme à l'instant de sa diffusion. Quand elle est diffusée une autre fois, son audience baisse très largement. » (*Les industries de l'imaginaire, pour une analyse économique des media*, PUG, INA, 1980). Toutefois, avec le développement des magnétophones et des magnétoscopes qui enregistrent les émissions en vue de les consommer en ***différé***, le notion de **média de flot** tend à devenir de plus en plus un outil d'analyse théorique en économie des industries de la communication, et de moins en moins une réalité, surtout depuis la multiplication des chaînes qui multiplient les rediffusions de programmes de stock, par manque de programmes neufs. Le flux pur se limite alors aux émissions de plateau (*talk show*) et les journaux parlés ou télévisés. Voir ***Modèles économiques de l'industrie de la communication.***

Flux en deux temps (*Two steps flow*)

Théorie sociologique de l'***influence des médias*** développée par Elihu Katz et Paul Lazarsfeld après de nombreuses études empiriques. Selon leurs observations, les messages des médias atteignent d'abord des personnes influentes – les ***leaders d'opinion*** –, c'est le premier temps ou première étape, puis ces derniers transmettent le message à leur entourage, et c'est le deuxième temps ou stades de la communication. Voir ***Communication en deux étapes (Théorie de la -)***.

F.M.

1. Modulation de fréquence, voir ***Modulation***.
2. Fréquence moyenne, voir ***Fréquence***.

Folder

Recueil de messages publicitaires permettant de mesurer l'impact de ceux-ci en notant les réactions d'individus sélectionnés. Utilisé en pré-test.

Folio

Numéro d'une page. Le foliotage est synonyme de **pagination**.

Fonctions de la communication dans le développement des entreprises

Voir ***Publicité***.

Fonctions des médias de masse

À quoi sert la télévision, la radio, le cinéma, le livre, la presse ? À cette question en termes de finalités pour le consommateur, on répond souvent en énonçant les fonctions du média et du métier de journaliste, et les fonctions identifiées sont souvent en nombre variable selon les auteurs.

1. Les finalités : du CID au DIC
Si tout simplement un média a pour fonction de transporter ou de supporter l'information qu'un émetteur destine à un public récepteur et destinataire à la fois, l'analyse par le contenu permet en revanche d'avancer que les médias tentent, à dose variable pour chaque finalité, de contribuer au CID du public : cultiver, informer et distraire (voir la ***Loi de 1974*** qui précise ces trois finalités pour les sociétés nationales de programmes issues du démantèlement de l'ORTF, mais qui diffusent dans le cadre du monopole public). Il est certes plus facile de survivre pour une entreprise privée du secteur en proposant dans l'ordre la distraction et de l'information, laissant la culture aux entreprises publiques du secteur. Mais pour la radio thématique et télévision thématique payante à la consommation ou par abonnement, la culture peut être rentable (voir ***Narrowcasting***), alors qu'elle ne l'est pas pour une télévision hertzienne non cryptée.
2. L'analyse de Jean Stoetzel
Les trois finalités du CID peuvent faire l'objet d'une analyse plus fine, en identifiant pour l'information le travail d'offre de nouvelles brutes, celui de l'analyse dans une fonction éditoriale qui donne un cadre général de référence et donc d'interprétation pour ces nouvelles. À ces fonctions, Jean Stoetzel ajoute une fonction d'appartenance sociale et une fonction psychothérapique : en révélant des problèmes sociaux et politiques dans la presse, on réduit les tensions et les risques d'explosion sociale. Parler d'un problème c'est déjà contribuer à le désamorcer.

Fonds d'aide à l'expansion de la presse française à l'étranger
Un des éléments de l'aide de l'État à la presse, institué en 1957, et destiné à faciliter la distribution à l'étranger des périodiques français.

Fonds de création audiovisuelle
Parmi les mesures d'aide à la création et à la production française, fut mis en place ce mécanisme d'aide financière et qui s'applique à l'écriture, à la promotion de la création, à la production de programmes. Les demandes sont à déposer auprès du ***C.N.C.***

Fonds de Soutien à l'Expression Radiophonique (FSER)
Fonds d'aide aux radios de la **bande FM** (bande de fréquences modulées)
Le fonds de soutien est alimenté par une taxe parafiscale assise sur les ressources provenant de la publicité diffusée par voie de radiodiffusion sonore et de télévision.
Les aides sont attribuées au vue d'un dossier établi conformément aux modalités de présentation et comportant le dernier bilan et le dernier compte de résultat du service considéré.

Fonds de soutien aux industries de programmes
Créé en octobre 1983, il correspond à un système d'aide aux investissements consacrés à la création audiovisuelle, financé par un prélèvement d'une taxe sur les recettes des nouveaux réseaux (Canal Plus, Réseaux câblés), à l'instar de ce qui existe pour l'industrie cinématographique.

Fondu
Procédé par lequel on obtient l'apparition (ouverture en fondu), ou la disparition, progressive de l'image. Fondu enchaîné : effet où une image se substitue progressivement à une autre.

Formule fondamentale de Shannon
Mesure de l'information ou valeur d'un message proposée par Claude Shannon en reprenant la formule de Boltzmann et de Clausius définissant l'***entropie***.
L'entropie en thermodynamique, qui mesure le degré de dégradation de l'énergie dans un système ou le degré de désordre d'un système, correspond, selon Boltzman, au logarithme de l'improbabilité d'un arrangement d'atomes ou de molécules dans un système fermé.

$$H_{bit} = - N \sum_{i=1}^{n} p_i \log_2 p_i$$

Francfort (École de -)
École philosophique allemande qui s'est développée à partir de 1923 avec pour perspective de développer une analyse marxiste indépendante des partis, à la lumière de la théorie critique et de la psychanalyse. Ce Cercle doit sa célébrité à des personnalités emblématiques tels Herbert **Marcuse** (1898-1979), Max **Horkheimer,** Wilhelm **Reich** (1897-1957), Theodor Wiesengrund **Adorno** (1903-1969), et Jurgen **Habermas**. Des années 20 et 30 aux années 80, cette École a connu des évolutions, quant à ses membres et aux problématiques étudiées, inhérentes aux conjonctures politiques, sociales et idéologiques du moment.
On se construit souvent en s'opposant. C'est essentiellement en dénonçant la volonté de domination de la société bourgeoise, autant que l'utilisation de technostructures propre à assurer cette domination de l'homme par l'homme, que les penseurs de Francfort ont délimité un espace théorique et critique, et ont acquis leur notoriété. Leur ambition ultime ne consistait en rien moins qu'à tenter la synthèse

du marxisme et du freudisme, en prenant la mesure de la portée de leur interaction dans le champ politique et social.
Tout commence dans les années 1920 et 1930 à l'Université de Francfort. Max Horkheimer, professeur de philosophie sociale réunit autour de lui quelques intellectuels caractérisés par leur engagement révolutionnaire. Une dynamique de réflexion dialectique se met en place, fédérée par quelques thèmes : critique de l'économie capitaliste, histoire du mouvement ouvrier... Fort du succès croissant de son cénacle, Horkheimer fonde en 1933 l'Institut de Recherche sociale (*Institut für Sozialforschung*).
Ce premier groupe travaille dans une fièvre précisément révolutionnaire à la mise au point d'un outil méthodologique efficace, à même de fonder une critique rigoureuse de la société bourgeoise, dans ses dimensions économique et culturelle.
Cet outil sera la **Théorie critique**. Celle-ci peut se définir comme un modèle théorique d'ensemble, englobant dans son cadre d'analyse tout ce qui est de l'ordre de la société, du langage, de l'art. Cette Théorie critique est d'inspiration à la fois sociologique, psychologique et philosophique. Ces trois disciplines vont être utilisées, à des degrés divers, afin de penser la vie sociale, l'activité politique et de réfléchir au sens profond de l'histoire. Le **marxisme**, utilisé sans complaisance se posa comme une méthodologie à la fois philosophique, critique et pratique des sciences sociales. Cette Théorie critique, constitutive de l'École, s'élève contre une approche du réel jusque là traditionnelle, héritée d'un positivisme conservateur et « bourgeois ». Il réifiait la nature et la société, en les confortant dans leur état, sans les interpeller.
On retiendra de cette première période la tentative de Wilhelm Reich d'étudier avec une approche freudo-marxiste le fonctionnement symbolique du totalitarisme, dans *Psychologie de masse du fascisme*, paru prémonitoirement en 1933. Mais aussi l'ouvrage de Horkheimer publié en 1937 *Théorie traditionnelle et théorie critique*, qui pose les fondements méthodologiques et l'identité épistémologique de l'École.
L'approche de la Première Guerre mondiale et les mesures antisémites en Allemagne vont, dès la fin des années 1930, voir émigrer aux États-Unis la plupart des chercheurs de l'École, d'origine juive. C'est à l'Université de Columbia que ces penseurs vont trouver refuge. Ils y assumèrent bientôt des charges d'enseignement et de recherches qui leur permirent à terme de former des élèves et de créer un courant.
L'immédiat après-guerre marque la deuxième période du mouvement. C'est l'époque du pessimisme radical, via une interrogation douloureuse sur ce qui a pu permettre le fascisme, la nazisme, et l'impensable, Auschwitz. L'École de Francfort va essayer de dresser la généalogie du mal, et de comprendre comment la raison a pu attenter à sa nature, se saborder, et fouler au pied dans un déchaînement irrationnel l'idéal humaniste des Lumières. Souvenirs symptomatiques de ce négativisme assumé, quelques aphorismes célèbres, empreints d'un pessimisme nihiliste : « *Après Auschwitz, écrire un poème est barbare* » (Theodor Adorno), ou encore, d'Horkheimer, « *nous ne savons plus dire où est le juste, seulement où est le mal* ».
Le groupe va aussi à cette époque prendre acte du fait que ce ne soit pas la révolution, mais la guerre qui soit venue à bout du nazisme. Les préoccupations d'alors concernent aussi une critique acerbe de la bureaucratie et de la société de consommation naissante, attentant à l'intégrité de l'individu en l'aliénant inexorablement.
Adorno dirigea pour sa part ses réflexions vers l'art et la musicologie. Sa théorie esthétique appréhende l'art comme polémique et politique. Il est l'un des moyens de s'opposer à la domination. L'œuvre d'art, au contenu social et idéologique fort, ne se soutient d'ailleurs que de l'interprétation qui l'accompagne et lui donne sens. L'intellectuel a donc avec l'artiste un rôle fondamental de conscience face à l'aliénation montante.
L'École, de retour des États-Unis dans son fief en Allemagne dès les années 50, va accentuer sa critique des technostructures bourgeoises, au rang desquelles les médias, par exemple jouent un rôle de premier rôle. L'axiome selon lequel « *Plus de médias = plus d'expression et de démocratie* » ne se vérifie en aucun cas. L'École va alors s'attacher à dresser un réquisitoire contre les grandes technostructures instrumentales et les médias, notamment, envisagés comme « appareils idéologiques d'État ». Le but de leurs messages serait en fait de dire aux masses ce qu'il convient de ne pas penser, ou plutôt, d'occulter ce qui amènerait une remise en cause des institutions. En découle une orientation discursive conformiste, tendant à faire oublier les préoccupations politiques et

révolutionnaires en les voilant, cela au profit de thématiques mercantiles et ludiques dramatisées. La part de censure dans ce discours est à prendre en compte, afin d'en désigner les thématiques et les responsables. *L'Homme unidimensionnel* de Herbert Marcuse, qui développe cette analyse, aura un succès retentissant. Cet ouvrage, paru en 1964 dénonce sans concession une uniformisation sociale rampante, perpétuée par les médias, entre autres.

Depuis les années 70, Jürgen **Habermas** a assuré la postérité et la pérennité de l'École. Élève et longtemps collaborateur d'Adorno, éminence grise de plusieurs mouvements contestataires étudiants, Habermas a développé une réflexion féconde dans deux grandes directions : d'abord, une approche rigoureuse des notions d'***opinion publique*** et d'***espace public***. Le philosophe avait d'ailleurs fait une (seconde) thèse de doctorat en sciences politiques sur le thème de « l'opinion publique comme dimension constitutive des sociétés bourgeoise ». L'ouvrage qui a introduit sa pensée en France et lui a valu la reconnaissance est *l'Espace public*. Cet espace est celui d'une raison publique se posant comme médiatrice entre l'État et la société. Au sein de cet **espace public**, tout un chacun doit s'interroger sur les bases rationnelles permettant la vie en démocratie, une communication publique efficace, ainsi que sur la notion d'intérêt général.

La seconde problématique chère à Habermas réside en une éthique du rapport interpersonnel. Deux ouvrages récents, *Théorie de l'agir communicationnel* de 1981, et *Morale et communication*, de 1984 étaient cette approche éthique. L'auteur, spéculatif à l'envi, y appelle à une reconquête de la raison et du respect dans le rapport interpersonnel. Cela passe par une ouverture à l'autre et par une sincérité, une volonté d'échange, une envie d'acquérir et de partager un savoir, ce en quoi réside la rationalité. Il y prône de même le dialogue comme incomparable outil dialectique, en ce sens que c'est de lui seul que le juste peut découler.

À titre de conclusion, il convient de réénoncer les quelques thèmes chers à l'École de Francfort :

– l'aliénation, et plus précisément l'absorption de la sphère individuelle dans des macro-systèmes économiques, politiques, culturels la phagocytant ;

– une dénonciation en règle, de même, de l'instrumentalisme et du triomphe de la technique, qui dépersonnalise l'individu, et reféodalise la société ;

– l'instauration d'une vigilance exacerbée à l'encontre de tout état social dominant, étant entendu que de cette domination germe souvent le totalitarisme. Une suspicion généralisée, de même, à l'égard des sociétés administrées ;

– la prise en compte de l'effondrement de l'humanisme philosophique des Lumières.

On peut reprocher au Cercle de Francfort une approche parfois manichéenne de la société, et mécaniste de la technique, et de cet instrument-repoussoir, honni à souhait. Un style en règle générale spéculatif dessert aussi parfois l'intelligence immédiate des grands textes francfortois. Mais à ce niveau, la formation des auteurs, autant que l'exigence philosophique, forcément rigoureuse, peuvent justifier une vulgate conceptuelle et absconse.

Les problématiques du Cercle, autant que nombre d'analyses restent encore valides de nos jours, à une époque ou la relève demande encore à être assurée.

Ses thèmes resteront d'actualité, en ce sens qu'ils s'inscrivent dans la tradition historique d'un certain idéalisme social, sans concession, certes, mais que la tonalité souvent acerbe ou pessimiste des analyses n'arrive pas à voiler. Retour à la paternité marxiste de l'École. Pour citer Habermas : « *la société doit être expliquée au nom de ce qu'elle n'est pas encore* ».

Frege Gottlob (1848-1925)

Voir ***Philosophie analytique***.

Fréquence

1. Nombre d'oscillations par seconde d'un signal électromagnétique. La fréquence est exprimée en ***hertz***.
   On parle d'***ondes*** H.F. (Haute Fréquence) ou ondes courtes ; ondes ***V.H.F. (Very High Frequency)*** ou ondes ultra courtes métriques ; ondes ***U.H.F. (Ultra High Frequency)*** ou ondes décimétriques ; ondes **S.H.F.** (*Super High Frequency*) ou ondes centimétriques.
2. En statistique, rapport entre le nombre d'individus ayant un caractère donné et le nombre total d'individus dans l'échantillon. On parle dans ce cas de fréquence relative pour la distinguer de la fréquence absolue qui est alors synonyme de **occurrence** ou nombre absolu des individus qui ont le caractère étudié.

3. Le terme de fréquence peut être utilisé dans les études d'***audience*** dans le sens d'habitudes d'écoute ou de lecture. Il s'agit de la **fréquentation** du media exprimée en nombre de contacts par individu, au cours d'une période définie. On peut définir la fréquentation du media sur toute la cible (ex. la fréquentation du cinéma par les 15/34 ans). Dans ce sens particulier, on calcule la fréquence moyenne qui sert d'indicateur de ***performance d'un plan média***, souvent noté F.M. La **fréquence moyenne** est à rapprocher du nombre moyen de contacts, ainsi que la **répétition moyenne (R)**, l'**occasion de voir (ODV)**. Tous ces termes sont synonymes. Cependant la fréquence moyenne est plus souvent utilisée quand les performances du plan sont données en %. Le terme exact serait la moyenne de chaque fréquence d'exposition aux supports véhiculant le message pour chaque individu-cible.
Exemple : Soit 4 individus-cibles A, B, C et D. Le plan média comporte 3 supports (S1, S2, S3) chacun pris une seule fois. S1 est lu par A et C ; S2 est lu par B, C et D ; S3 est lu par C et D. La fréquence d'exposition aux supports véhiculant le message pour A est de 1 (par S1) ; celle de B est de 1 également (par S2) ; celle de C est 3 (S1, S2 et S3) ; celle de D est de 2 (S2 et S3). Le nombre total des expositions est 7, soit une moyenne de 7/4 = 1,75 par individu. Ce résultat (1,75) constitue la Fréquence moyenne.
La fréquence moyenne est un indicateur très général qui doit être souvent affiné par la distribution de contacts. Elle ne peut non plus suffire à comparer des plans médias entre eux, n'étant qu'une des 4 dimensions de toute performance media (hauteur, surface, volume, poids) la fréquence moyenne étant la hauteur publicitaire. Par contre, elle peut servir de valeur seuil, notamment dans la campagne d'image où la répétition du message est importante ainsi que dans la période d'action saturée. La valeur seuil est bien sûr à définir selon les médias et même selon les produits.

FTP (*File Transfert Protocol*)

Logiciel qui permet le transfert de fichiers entre deux machines connectées au réseau ***Internet***.
Le transfert de fichiers est l'une des applications du réseau Internet les plus utilisées. Avec la possibilité de connexion distante, il a été l'un des deux objectifs assignés à la création de l'ARPANET. Les premières versions de logiciels de transfert de fichiers ont évolué pour aboutir à la norme actuelle connue sous le nom de « protocole de transfert de fichiers », FTP.
À partir d'un ordinateur personnel (PC), d'un Macintosh, d'une station Unix, l'usager accède à un serveur distant sur lequel il est identifié au moyen d'un « nom d'utilisateur » et d'un « mot de passe ». S'il rejoint un des nombreux serveurs « ftp anonyme » de l'Internet, – entendons par « anonyme », ouvert à tout le monde –, l'utilisateur, lorsqu'il est connecté au serveur distant, « entre » comme nom d'utilisateur l'expression : « anonymous » et comme mot de passe son adresse électronique. Il se déplace alors dans une arborescence qui lui présente une collection classée de documents ; les « sous-commandes FTP » lui permettent de lister le nom du répertoire sur lequel il se trouve puis de lister les noms des fichiers de ce répertoire. Il peut aussi changer de répertoire, prendre un fichier sur la machine distante ou mettre un fichier sur la machine distante.
S'ouvrent ainsi gratuitement de véritables bibliothèques de programmes, d'images, de textes que constitue la production toujours plus vaste de communautés toujours plus diversifiées.
L'augmentation de la vitesse et de la capacité de transmission caractérisent l'évolution de FTP.

G

Gabarit

Grille imprimée ou dessinée sur une feuille de papier qui sert de modèle à l'échelle 1/1 pour la page à imprimer d'un journal ou d'un livre. Afin d'éviter des corrections trop nombreuses et des remaniements de pagination, les livres sont généralement saisis sur feuilles gabarit. Pour la presse, le gabarit permet de réaliser la ***maquette*** de mise en page.

Galvanoplastie

1. Ensemble des procédés électrochimiques de dorure, argenture, etc.
2. Procédé de reproduction d'un objet par électrolyse et utilisé en typographie. Les clichés obtenus, appelés galvano, sont de très grande qualité.

Gate keeper

Voir ***Sélectionneur de nouvelles***.

GATT (*General Agreement on Tarif and Trade*)

Les accords du GATT, Accord général sur les tarifs douaniers et le commerce (AGETAC), ont été signés en 1947, entre 23 pays (ils étaient au nombre de 123 en avril 1994 à Marrakech). Si l'accord visait à l'origine uniquement le commerce des marchandises, il s'étend, depuis les négociations de l'Uruguay Round en 1986, à la propriété intellectuelle, aux investissements et aux services.

Tout le problème repose sur la définition d'un bien culturel. Les Américains l'assimilent à une marchandise, et veulent donc l'inclure en tant que tel dans les négociations du GATT, alors que les Européens le considèrent comme une œuvre artistique et intellectuelle, et le protègent donc directement par des subventions ou indirectement par le biais des quotas. Dans un esprit similaire, l'Accord de libre-échange nord-américain (ALENA) conclu initialement entre le Canada et les États-Unis, auxquels s'est joint le Mexique, accorde à l'audiovisuel un régime particulier, autorisant notamment le maintien des aides publiques canadiennes à la production.

En France, l'enjeu est d'autant plus important que ses industries culturelles sont moins laminées que celles de ses voisins européens. Le poids du secteur de l'audiovisuel et du cinéma dans l'Hexagone est ainsi estimé à cinquante milliards de francs pour trois mille entreprises représentant soixante-dix mille emplois. L'Europe a finalement obtenu que les biens culturels, en particuliers les œuvres cinématographiques, phonographiques et audiovisuelles ne soient pas soumises aux règles générales de l'Organisation Mondiale du Commerce (OMC) qui a pris la suite du GATT. C'est le « principe » de l'**exception culturelle**. Voir ***Quota***.

Gaufrette

Voir ***Wafer***.

Gazette

Nom ancien du journal, ayant pour origine la pièce de monnaie vénitienne (Gazzetta) dont la valeur était celle du journal. La première gazette à périodicité régulière serait « *de Nieuwe Tijdinghen* », publiée à Anvers par l'imprimeur Abraham Verhoen. Voir ***Fait divers***, ***Histoire de la communication écrite***.

Gazette de France (La -)

Premier hebdomadaire français fondé par Théophraste Renaudot en 1631, aidé par le Cardinal de Richelieu. Il disparaît en 1915.

Générateur

Producteur.

1. En électricité, appareil qui produit un courant électrique à partir d'une autre source d'énergie (soleil, vent, fuel...).
2. En vidéo, un générateur de caractères est un appareil qui permet de composer le texte du générique ou du sous-titrage. Un générateur d'***effets spéciaux*** est une régie qui permet au réalisateur de télévision d'obtenir des effets spéciaux.
3. En informatique, un générateur de programme est un logiciel qui permet de transformer la présentation des données.

Génération

Copie faite à partir d'un enregistrement vidéo. Ainsi, une copie directe de la matrice originale (dite copie 0 ou *master*) est une copie de première génération ; à partir d'une première copie, on obtient une deuxième génération, dont le signal est de moins bonne qualité. Une copie à partir de la seconde génération est une troisième génération. Mais toutes les copies faites avec l'original sont toutes des copies de première génération.

Générative (Grammaire -)

Grammaire en une suite finie de règles et d'opérations capables d'établir la liste infini des phrases grammaticales d'une langue.

Générique

Bande défilante au début ou à la fin d'un film ou d'une émission, indiquant le titre, le nom du réalisateur, des acteurs, du scénariste, du compositeur musical, du producteur, des assistants et de tous les techniciens qui ont collaboré au film ou à l'émission.

Genève (Conférence de 1977 de -)

Conférence organisée à l'initiative de l'***U.I.T. (Union Internationale des Télécommunications)***, qui définit les caractéristiques des satellites de radiodiffusion directe et leur assigna fréquences et positions sur l'orbite géostationnaire (sauf pour région Amérique qui règle sa propre planification). La conférence a également défini les normes techniques de puissance d'émission et des normes permettant la réception individuelle. Le principe retenu est la possibilité pour le particulier de pouvoir capter les signaux au moyen d'une antenne parabolique n'excédant pas 90 cm de diamètre à la limite de la zone.

Gödel, Kurt (1906-1978)

Logicien et mathématicien américain d'origine autrichienne.

On a longtemps rêvé, à la suite de Leibniz, de ramener tout raisonnement et toute résolution des problèmes à un simple calcul ; penser se réduirait à calculer la vérité ou la fausseté d'un énoncé. De plus, à la fin du XIXe et au début du XXe siècle, les mathématiciens, notamment Hilbert, se posent comme objectif de démontrer la non-contradiction des mathématiques. Or Kurt Gödel démontre, dans un mémoire de 1931 qui porte sur les systèmes formels de l'arithmétique, que tout système complexe contient des énoncés indécidables, c'est-à-dire indémontrables si l'on demeure dans le formalisme du système considéré. Cela met en question la consistance c'est-à-dire la non-contradiction entre les axiomes d'un système donné et les propositions que l'on peut en déduire. De plus, si un système est assez puissant pour formaliser l'arithmétique, il est impossible de démontrer sa non-contradiction, en ne faisant appel qu'à ce système lui-même : il demeure nécessairement en lui un énoncé indécidable. On est alors obligé de recourir à des procédés de démonstration qui lui sont extérieurs.

Ce mémoire de Gödel a eu pour conséquence d'obliger à renoncer à l'idée que l'on puisse construire un jour un système logique capable de démontrer qu'il est à la fois non-contradictoire et décidable (on dit aussi résoluble, ce qui signifie qu'il existe un procédé effectif, c'est-à-dire réalisable en un nombre défini d'étapes, qui permette de déterminer, pour toute formule du système, si elle est ou non démontrable). On peut exprimer plus simplement encore la thèse de Gödel en disant que dans un système donné, on peut toujours trouver un énoncé tel que, ni lui-même, ni sa négation ne puisse être démontré. Il y a des énoncés indécidables et, parmi eux, le principe de non-contradiction.

On peut en conclure que tout formalisme est limité ; il n'est pas possible de parvenir à des systèmes logiques totalement fermés, autosuffisants, autarciques. De plus, tout système formel assez puissant ne peut pas ne pas se heurter à un moment donné, sans pouvoir y répondre, à la question de la non-contradiction et de la décidabilité de certaines de ses propositions. Rien ne nous assure absolument dans les différents domaines des mathématiques que l'on ne rencontrera pas un jour une contradiction. On ne peut donc pas justifier ou démontrer tout ce que l'on peut penser. Certes, on peut construire des systèmes formels de plus en plus puissants, abstraits, généraux, mais, une fois constitué, un système ne peut pas se refermer sur lui-même et être totalement transparent à lui-même. Cela a des conséquences majeures dans le domaine de l'informatique qui pouvait donner l'espoir que la puissance de calcul des ordinateurs permettrait la résolution effective de tous les problèmes possibles ; le mémoire de Gödel montre qu'il n'en est rien car les mathématiques ne sont pas totalement mécanisables.

L'œuvre de Gödel venant, après la crise des géométries non euclidiennes, met un point définitif à la recherche d'une vérité absolue, car il ne peut y avoir de logique totalement rigoureuse, de vérité nécessaire et absolue, purement déductive. Ainsi, contrairement au projet de Hilbert qui voulait « éliminer une fois pour toutes la question des fondements » en mathématiques, celle-ci devient ainsi indépassable.

Graisse

Épaisseur ou force d'un trait pour un caractère d'imprimerie. On distingue le gras, le demi-gras et le maigre.

Grammage

Force ou poids en grammes d'une feuille de papier au mètre carré.

Graphe conceptuel

Graphique qui sert notamment à modéliser la structure des **hypertextes** en listant exhaustivement les **nœuds** et en traçant précisément les **liens** qui les unissent comme le montre ce schéma. Généralement, il témoigne ainsi de la complexité même à construire ce genre de structure. Cet outil est provisoire car il ne dit rien de la nature des éléments diffusés dans le nœud (son, texte, images, vidéo, graphique, séquence animée) ce qui lui interdit d'être utilisé pour rendre justement compte de la structure d'un **hypermédia** ou même simplement d'un **multimédia** constitué sur une assise hypertextuelle. De plus, il ne révèle pas au premier coup d'œil les incohérences qu'il pourrait y avoir lors de certains **parcours**, il permet juste à un œil exercé de déceler les nœuds sans issue qui provoquent un repli de l'hypertexte. Enfin, les graphes conceptuels restent un outil de modélisation trop dépendant des logiciels générateurs d'applications hypertextuelles ou multimédias auxquels ils appartiennent : un exemple parmi d'autres Authorware, Macromind Director...

Si le graphe conceptuel représente alors seulement un outil de transition, il faut se demander comment sera résolu ce problème de la modélisation qui peut devenir un obstacle à la conception des hypertextes et des hypermédias : par quel outil ou avec quel outil représenter un produit hypermédia avant qu'il ne soit réalisé et qu'il ne fonctionne à l'état de maquette ou de prototype, comment présenter un tel produit sans passer par le pilote ? Comment symboliser les contenus et leur mise en forme et leur mise en relation ? Pour évoluer et s'étoffer, ce domaine de l'**interactivité** devra trouver l'équivalent des documents utilisés par d'autres médias ou d'autres technologies : synopsis, scénario, *story board*, script pour le cinéma, algorithme, organigramme, programme pour l'informatique par exemple.

Graphique

1. Comme adjectif, graphique signifie « qui représente par des dessins, des signes écrits ». Voir ***Écriture***.
2. Comme nom, c'est à la fois une technique de représentation et cette représentation des phénomènes, des évolutions par des schémas. Voir ***Diagramme***.

Graphisme

Voir ***Écriture***.

Gratuiciels

Néologisme pour désigner les informations et les logiciels accessibles ou distribués gratuitement par connexion au réseau **Internet**.

En tant qu'outil aisé de communication et de duplication, le réseau Internet facilite le bénévolat. Sur les machines serveurs du réseau des espaces librement offerts à tous, « les zones **ftp** anonymes » proposent l'information des autres sites sous la forme des « miroirs », et encouragent l'utilisation des outils informatiques gratuits ou des produits publics (dits en « shareware »), logiciels distribués gratuitement, avec droit de redistribution gratuite, mais dont le droit d'utilisation est soumis à l'acquittement d'une redevance spécifique et à des conditions d'utilisation bien spécifiées, par exemple l'utilisation à des buts non lucratifs.

« Licence publique », « domaine public », « login anonyme », « partage », sont autant de termes et de concepts démonstratifs des pratiques ; ils témoignent de la jeunesse de l'informatique, discipline dans laquelle l'habitude commerciale est mise à défaut. D'ailleurs, la brevetabilité des logiciels est une procédure récente.

Gratuits

Presse spécialisée dans la publication d'annonces payantes par l'annonceur et dont les numéros sont mis à la disposition du public gratuitement. Phénomène récent en France (1980), la presse gratuite est un support qui représente une part importante des investissements publicitaires, devançant bien sûr le cinéma, mais également la radio.

Grille de programme

La grille de programme est la répartition du programme de télévision pour une saison selon un horaire régulier. Son organisation est verticale, à la journée, et horizontale, à la semaine, au mois, à l'année. Elle est l'outil stratégique d'une entreprise de télévision, car la grille, eu égard au respect du cahier des charges, doit être conçue pour recueillir la plus forte audience et fidéliser la plus forte proportion du public, en évitant de programmer des productions onéreuses aux moments où ce public est rare (après minuit, en journée en période estivale, etc.).

Groupe de presse

Voir ***Concentration économique***.

Groupe multimédias

Voir ***Stratégie multimédias, Concentration économique***.

GRP (*Gross Rating Point*)

Indicateur de performances d'un ***plan média***. GRP est, en traduction littérale, le Point de Pourcentage Cumulé. Le GRP est le nombre de **contacts utiles** à un plan média sur 100 personnes de la cible, soit le pourcentage de contacts utiles sur la cible :

$$GRP = \frac{\text{nombre de contacts utiles} \times 100}{\text{effectif de la cible}}$$

Par conséquent les points GRP sont des pourcentages. Pour comprendre l'utilité de la notion, prenons un exemple.

Soit trois plans médias : le plan A délivre 30 millions de contacts, le plan B en délivre 20 millions et le plan C, 9 millions.

Il semblerait, toute chose étant égale par ailleurs, que le A soit meilleur que B, lui-même plus efficace que C. Mais, supposons que le responsable commercial de l'entreprise ait trois produits Pa, Pb, Pc, chacun ayant respectivement pour cible 12, 8 et 3 millions d'individus. Dans ces conditions, on ne peut pas comparer directement le nombre de contacts puisqu'en fait, il s'agit de « contacts utiles », chacun par rapport à une cible. Il faut par conséquent diviser le nombre de contacts utiles de chaque plan par sa cible respective pour envisager de comparer les plans.

Ainsi pour le plan A :

(30 millions de contacts/12 millions d'individus) = 2,5 contacts utiles par individu cible.

Pour le plan B :

(20 millions de contacts/8 millions d'individus) = 2,5 contacts utiles par individu cible.

Et pour le plan C :

(9 millions de contacts/3 millions d'individus) = 3 contacts utiles par individu cible.

Cependant afin de ne pas se tromper avec les **indicateurs de hauteur** (***Fréquence ou Répétition Moyenne, Nombre moyen de contacts, ODV, ODE, OTS, OTH***) il a été convenu de multiplier les résultats par 100 aboutissant à cette notion ambiguë que sont des pourcentages de contacts.

Reprenons notre exemple : le plan A délivre 2,5 x 100 = 250 GRP, la plan B 250 également et le plan C 300. Ainsi malgré les apparences, le plan C est celui qui est le plus performant en termes de volume.

Le GRP peut aussi se calculer, comme l'indique son nom, en cumulant les pénétrations.

Ex. : la firme achète le plan suivant :

– chaîne M écran de 13 h : 15 % de pénétration sur la cible. En achetant 5 passages, le GRP est de 15 x 5 = 75 % ;

– chaîne M écran de 20 h : 30 % de pénétration de la cible. En achetant 3 passages, le GRP est de 30 x 3 = 90 % ;

– chaîne Z écran de 20 h 30 : 20 % de pénétration de la cible. En achetant 4 passages, le GRP est de 20 x 4 = 80 % ;

– chaîne Y écran de 21 h 30 : 10 % de pénétration de la cible. En achetant 5 passages, le GRP est de 10 x 5 = 50 %.

Soit un total de : 75 + 90 + 80 + 50 = 295 GRP.

Le GRP se calcule par application de la formule suivante :

$GRP = (n_1 \times ps_2) + (n_2 \times ps_2) + (n_3 \times ps_3) + \ldots$

où

ps_1 = pénétration du support 1, et n_1 = nombre d'achats du support 1.

Une autre formule donne également le GRP :

GRP = Couverture x Fréquence.

La ***couverture*** illustre la surface de la cible touchée par le plan (exprimée en pourcentage). La fréquence témoigne de la hauteur sur cette surface. Le GRP, par cette formule, traduit bien sa notion de volume publicitaire.

Exemple : le plan touche 60 % de la cible en moyenne 5 fois. Le GRP est donc de :

60 x 5 = 300

Ce résultat signifie que si 100 % de la cible était touchée, le nombre moyen de contacts serait de 3.

L'attention doit être attirée sur certaines pratiques à éviter :

– On ne peut en aucun cas mélanger des pénétrations de supports appartenant à des médias différents.

– De même, à l'intérieur d'un même média, on ne mélange pas des supports ayant des formats différents.

GSM (*Global System for Mobil*)

Norme pour les ***techniques mobiles de communication*** (***réseau cellulaire***) analogiques adoptée pour l'Europe géographique.

H

Habermas, Jurgen
Voir ***Francfort (École de -), Espace public.***

Habitat
Aire dans laquelle vit une population. Dans les études de marché, l'habitat est un des principaux critères sociodémographiques utilisés en ***média planning*** pour définir une ***cible***. L'habitat est généralement découpé en : communes rurales dont ZPIU, hors ZPIU (Zone de Population Industrielle et Urbaine), agglomérations de moins de 20 000 habitants, agglomérations de 20 000 à 100 000 habitants, agglomérations de plus 100 000 habitants (hors Paris) et agglomération de Paris.

Habitudes de fréquentation média
Notion qui désigne une forme particulière de mesure de l'audience des médias. Cette mesure est établie à partir de sondages (par ***interview***, ***panel*** ou système électronique type audimètre ou Motivac) et permet d'évaluer la régularité individuelle de la fréquentation des médias. En télévision et radio, on parlera d'**habitude d'écoute**, et en presse d'**habitude de lecture**. Cette notion est actuellement moins utilisée en télévision (où la préférence est donnée à une connaissance beaucoup plus fine allant de minute en minute), alors qu'elle est primordiale en presse magazine où elle permet de contrôler, d'une part, la valeur de la ***lecture dernière période*** et, d'autre part, de contribuer à l'estimation des performances d'un ***plan média***.
À titre d'exemple, prenons les habitudes de lecture du magazine français *Télé 7 Jours* (CESP Presse 1988 cumul 3 vagues) :

Déclarent le lire	En milliers
2 à 3 fois par mois	9 689
1 fois par mois	2 357
5 à 6 fois par an	3 029
Moins souvent	2 415
Soit au moins 1 fois par an	20 113

Ce total de 20 113 représente le cumul des différentes habitudes de lecture. Il constitue l'audience générale du magazine, c'est-à-dire l'audience maximum de ce titre sur 1 an.
La répartition des habitudes de lecture permet de retrouver, à peu de chose près, la valeur de la ***lecture dernière période*** avec le raisonnement suivant : le lecture dernière période constitue l'audience d'une semaine moyenne, constituée d'un lectorat diversifié (les réguliers et les irréguliers). Il s'agit donc ici de retrouver de manière probabiliste cette audience moyenne. Pour un n° moyen, on doit retrouver en totalité ceux qui déclarent le lire toutes les semaines : soit 9 689 000 lecteurs.
Pour ceux déclarant le lire 2 à 3 fois par mois, la probabilité (en considérant un mois comme constitué de 4,5 semaines) étant de 2,5/4,5, on obtient :
2 357 000 x (25/45) = 1 309 000 lecteurs de plus.
Pour ceux déclarant le lire 5 à 6 fois par an, la probabilité est de :
5,5/52 soit 3 029 000 x (5,5/52) = 320 000 lecteurs de plus.
Pour ceux déclarant le lire moins souvent, la probabilité est de :
1/52 soit 2 145 000 x (1/52) = 46 000 lecteurs.
Soit un total de 11 364 000.
La valeur de la lecture dernière période est de 11 423 000, soit une différence de 0,3 % montrant une bonne cohérence entre les deux indicateurs. Un calcul similaire permet de retrouver l'audience de 2, 3... x numéros permettant de construire la courbe de charge du titre.

Hall, Edward T.
Voir ***Proxémique, Programmation neurolinguistique, École de Palo Alto.***

Handy Cam
Terme désignant une caméra portable pesant 7 à 8 kg, avec magnétoscope incorporé.

Hardware
En ***informatique***, terme générique désignant le **matériel** (ordinateur, imprimante etc.), par opposition au ***logiciel*** (*software*). Dans le domaine de l'audiovisuel, le terme a un sens plus extensif. Il englobe l'ensemble des activi-

tés techniques, financières, administratives de l'audiovisuel, par opposition aux activités de conception et de diffusion des programmes.

Haute Autorité

Institution de régulation du paysage audiovisuel français, créée par la Loi du 29 juillet 1982 (Loi sur la communication audiovisuelle). Elle a été remplacée en 1986 par la ***CNCL***. Ses membres étaient nommés par le Président de la République, les présidents de l'Assemblée Nationale et du Sénat.

Chargée de concéder des autorisations de programme aux ***R.L.P. (Radios Locales Privées)*** et aux ***télévisions*** privées à venir, elle fut la première institution chargée de garantir l'indépendance de la radiodiffusion face à l'État. Elle établissait les ***cahiers des charges*** que les radios et les télévisions étaient tenues de respecter, mais elle ne disposait d'aucun pouvoir de police. La HA était aussi chargée de veiller au pluralisme et à l'équilibre dans les programmes des stations et des chaînes de service public, ainsi qu'à la défense de la langue française. Elle avait le pouvoir de nomination des présidents des sociétés de programme national. Avec le changement de majorité à l'Assemblée nationale en 1986, l'indépendance de cet organe apparaissait à cette nouvelle majorité comme moins réel que formel. La CNCL qui prendra la suite sera critiquée dans les mêmes termes, et disparaîtra pour laisser la place au ***CSA***.

Haute Définition

Qualité de l'image télévisée proche de la qualité cinématographique. Le principe de la HD consiste en une augmentation du nombre de points (pixels) afin d'obtenir une image plus nette, une utilisation d'un standard particulier de coloration, un agrandissement du format de l'écran (5/3 pour la TVHD japonaise, 16/9 pour le D2 MAC), et l'adjonction du son stéréophonique. Voir ***Définition, Télévision haute définition***.

Haut-parleur

Voir ***Transmission hertzienne***.

Héliogravure (ou impression hélio)

Procédé d'impression utilisant des formes gravées en creux sur feuille de cuivre. Il aurait pour inventeur l'émailleur florentin Tomaso Finiguerra (XVe siècle).

Héraut

Celui qui transmet les messages.

Hertz

Outre le nom du physicien allemand – Heinrich Hertz (1857-1894) – qui découvrit entre autres les **ondes électromagnétiques** qui portent son nom (**ondes hertziennes**), le hertz est une unité de mesure de la fréquence. Le hertz exprime en effet le nombre d'événements qu'il se produit en une seconde.

Ainsi :

1 hertz = 1 événement par seconde.

88 Megahertz = 88 Millions événements par seconde.

Le mot « **événement** » décrit souvent en électronique, une sinusoïde. Par exemple, le réseau E.D.F. délivre à chacun d'entre nous un signal sinusoïdal de 50 hertz, ce qui signifie que nous recevons de leur part un signal composé de 50 sinusoïdes par seconde. Aux États-Unis, au Japon, le courant alternatif du réseau est de 60 hertz. Les appareils conçus pour la fréquence européenne, comme par exemple les téléviseurs aux normes ***PAL*** et ***SÉCAM***, sont inappropriés pour des fréquences plus élevées, et réciproquement. Les États-Unis et le Japon ont ainsi un standard spécifique avec le ***NTSC*** qui avec la plus forte fréquence peut donner des images correctes avec une définition en 525 lignes, alors que les systèmes européens doivent avoir 625 lignes pour une fréquence de 50 H.

Voir ***Transmissions hertzienne***.

Heure de grande écoute (*Prime-Time*)

Moment de la journée où le taux d'audience d'une station de radio ou d'une chaîne TV est élevé. Ce moment dépend du rythme de vie (professionnel et familial) et des habitudes des auditeurs.

En radio, l'heure de grande écoute se situe entre le moment où la majorité des auditeurs se lève et le moment où elle commence à travailler (entre 6 h 30 et 8 h 30), à l'heure où elle déjeune (entre 12 h et 13 h 30) et entre l'heure où elle rentre du travail et celle du dîner (entre 17 h et 19 h).

À la télévision la période de grande écoute se définit par le taux d'audience de 70 % : il correspond à la période de la journée pendant laquelle 70 % des foyers qui ont une télévision ont leur poste allumé. En France, cette définition stricte s'applique à la tranche horaire 19 h 30 à 22 h. L'audience atteint 80 % pour la tranche horaire 20 h-20 h 30. Il s'agit ici de l'audience maximale (*peak-time*).

La stratégie des stations de radio et des chaînes de télévision généralistes de large diffusion est d'obtenir la part de marché la plus élevée possible dans ces tranches de fortes audiences, car cette part de marché détermine le tarif et les recettes publicitaires. Le coût des programmes attractifs conduit à limiter le nombre de stations de radios ou de chaîne de télévision généralistes : un trop grand nombre réduit la part de marché empêchant la couverture des coûts des programmes nécessairement onéreux.

Heure fraîche

Terme de programmation. Heure de programme n'ayant pas été diffusée auparavant sur une chaîne.

Histoire de la communication écrite

Cette petite histoire de la communication écrite n'est pas une histoire exhaustive. C'est davantage un panorama historique de nature à donner des points de repère essentiels. Ce panorama situera l'évolution de la communication écrite, en insistant, en particulier, sur les grandes évolutions caractéristiques de l'information écrite et sur les grands mouvements qui jalonnent l'émergence d'une presse et d'une communication écrites modernes.

1. L'invention de la communication écrite

La communication écrite s'est peut-être inventée sur les parois d'une caverne. En effet, les bisons peints des grottes d'Altamira et des Eyzies sont les traces les plus anciennes d'une communication que l'on dit écrite parce qu'elle consiste dans une succession de traits sur un support. Car, pour faire l'histoire de la communication écrite, il faut sans doute commencer par être sûr de ce que l'on désigne par ce terme. La **communication écrite** désigne l'échange d'informations entre deux partenaires de communication (ou davantage), si les informations sont communiquées à l'un et à l'autre par la médiation matérielle de formes tracées sur un support.

Les peintures des grottes préhistoriques sont probablement des inscriptions codées, destinées à un public assez informé (ou assez initié) pour donner du sens aux formes qu'il voyait tracées sur ces murs. Elles sont probablement, aussi, des inscriptions faites pour l'espace public : on ne trace pas sur des murs des informations ou des messages destinés à être lus confidentiellement par une personne particulière. On a donc tout lieu de supposer que la communication écrite s'est inventée d'abord dans l'espace social, à l'intention d'un public appartenant à une communauté culturelle.

L'invention de la communication écrite, d'ailleurs, est peut-être le signe qu'émerge une dimension sociale de l'***espace public*** : c'est l'existence d'un espace public qui rend nécessaire la médiation écrite dans la communication. En effet, c'est l'émergence d'un espace social qui apporte une nouvelle dimension dans les rapports sociaux, parce que l'émergence de l'espace social instaure des dynamiques de relations et d'échange d'information et de communication entre des personnes qui ne sont rien les unes pour les autres – qui n'ont de relations les unes avec les autres que pour appartenir au même espace social.

L'invention de la communication écrite marque le moment où des informations sortent de l'espace privé, de l'espace des relations particulières ou familiales, pour prendre la dimension de relations que l'on soutient par la matérialisation d'un document écrit. Deux types d'informations sont à distinguer dans cette logique. D'une part, les **informations commémoratives** ; d'autre part, les **informations quotidiennes**.

• Les informations commémoratives sont les informations destinées à structurer de façon identique la mémoire de tous ceux qui appartiennent au même groupe social. Les informations des parois des grottes sont sans doute de cet ordre.

• Les informations quotidiennes relèvent de la continuité et de la régularité des rapports entre les hommes ; elles constituent la matière de la sociabilité : la continuité du lien social. Les informations qui font, ainsi, l'ordinaire de la sociabilité ne sont pas des informations qui se conservent durablement ; elles sont, en quelque sorte, éphémères par définition. Dans ces conditions, il est peu vraisemblable que des informations de cette nature aient pu se conserver aussi longtemps, et on n'a donc pas de traces certaines permettant de dater ou de localiser l'invention de la communication écrite.

On peut, cependant, émettre quelques hypothèses de nature, au moins, à scander cette histoire de l'invention de la communication écrite, à donner des repères permettant de mieux la comprendre, de mieux la situer.

D'une part, il s'agit, vraisemblablement, d'une communication au moins à l'échelle d'un clan ou d'un groupe social de quelque importance, allant, en tous les cas, au-delà de la stricte sphère de la filiation. En effet, l'écriture suppose un éloignement suffisant des partenaires de la communication pour justifier le recours à une information transportable.

D'autre part, l'écriture suppose un code qui représente à la fois la possibilité d'une équivalence entre les signes et leur référence (ce que l'on appelle la possibilité d'un décodage ou d'une interprétation) et l'appartenance de ses usagers à un même groupe social, à une même ethnie ou à une même culture.

Enfin, l'invention de l'écriture s'inscrit sans doute, dans l'histoire à un moment où la cohésion sociale du groupe passe par l'apprentissage de l'écriture et de la lecture. En effet, en même temps que s'invente la communication écrite, s'instaure une forme de stratification sociale, une forme de hiérarchisation, avec l'apparition du groupe de ceux qui savent, par opposition au groupe de ceux qui ne savent pas.

2. L'écriture et la diffusion

L'écriture est un signe qui se transporte. Il s'agit, par conséquent, d'informations censées circuler dans l'espace de la communication. On peut schématiser en trois grandes périodes l'histoire de la diffusion des formes écrites de la communication.

a) La diffusion dans les monuments

Le mot même, « **monument** », est porteur de communication écrite. En effet, il signifie « avertissement ». Le monument est un signal, il porte des informations à destination du public. Le monument (de *monere*, avertir) est destiné à recueillir des informations qui, naturellement, ne peuvent être qu'écrites, puisqu'elles figurent sur le support que l'on nomme *monumentum*. L'espace public naît avec le monument ; on peut le définir, précisément, comme l'espace dans lequel des informations sont communiquées à tous indistinctement, par la médiation du monument même, c'est-à-dire avec l'usage d'un support matériel. La diffusion monumentale est sans doute le premier âge de la diffusion de l'information : celui dans lequel la diffusion même de l'information contribue à construire l'espace habité.

La diffusion monumentale de la communication écrite correspond à l'histoire de la civilisation urbaine. En effet, c'est avec les marchés, les ***agoras***, les places publiques, que se développent les monuments dotés d'une fonction de communication. Il s'agit, alors, de communication publique – de communication institutionnelle ou religieuse, de notifications légales ou de manifestations de mémoire ou de reconnaissance. La naissance des villes et le développement de leur fonction sociale, lié au développement des échanges commerciaux, font de la ville l'espace privilégié de la communication écrite – de l'écriture dans l'espace public.

b) La diffusion par les marchands

Les routes du commerce ont succédé aux monuments comme mode de diffusion de l'information. Les marchands ont instauré une forme de nomadisme social qui leur permettaient d'engager des liens institutionnels entre ethnies ou communautés différentes. La régularité de leurs itinéraires et de leurs passages, la régularité, aussi, du rythme des marchés et des foires auxquels ils se rendaient, permirent à la circulation de l'information par la médiation des marchands de fonder une véritable logique de ***communication médiatée***. La diffusion marchande de l'information domine l'Antiquité – en particulier l'Antiquité méditerranéenne, sillonnée par les bateaux, les marchands et les comptoirs de puissantes métropoles comme Tyr. Elle deviendra de nouveau essentielle au Moyen Âge.

Les marchands diffusent deux types d'information, et construisent deux types de communication écrite : l'information commerciale et stratégique et l'information sociale. Le premier type d'information, qui nous renseignera considérablement sur la nature des échanges en vigueur dans l'Antiquité, est une information fonctionnelle qui constitue une forme de représentation écrite de l'activité commerciale.

c) La diffusion par les messagers

Les **messagers** individualisent la circulation de l'information en rendant nécessaire sa présentation sous forme écrite. Les messagers introduisent une médiation de communication qui s'exerce aussi bien entre deux partenaires singuliers et individualisés de communication qu'entre une institution ou une source d'information et un public destinataire. Le message, enfin, donne une consistance d'information à l'espace social dans lequel il circule. C'est ainsi que les messagers de l'Athènes antique ou de l'Empire romain (ceux que l'on appellera les *missi dominici*) définissent, par leur circulation et par leurs parcours, l'étendue symbolique de l'empire qu'ils contribuent à construire, puis à rendre stable, par leurs messages et par leur simple présence. La diffusion par les messagers est symbolisée par Marathon (490 avant J.-C.), mais elle connaîtra son plein essor au cours de l'Empire romain, et jusqu'à l'histoire contemporaine, car il faudra sans doute attendre l'invention et la généralisation du téléphone pour que soit mis fin à l'usage des messagers.

L'histoire de la diffusion écrite de la communication se clôt sans doute avec le temps des messagers. Après, viendra le temps de la poste, puis celui des télécommunications. Mais, auparavant, il nous faut suivre l'évolution des formes que prend l'émergence de la communication écrite à l'époque moderne.

3. Le livre

Le **livre** est probablement la forme la plus ancienne de communication écrite, et il est bon d'analyser sommairement son évolution. On peut repérer quatre grandes périodes dans l'**histoire du livre**.

a) Le livre et la religion

La première est son invention, autour de la Bible, qui demeure le livre fondamental des trois religions monothéistes. À propos du judaïsme, du christianisme et de l'Islam, on parle de religions du livre, car ces religions se caractérisent par la coïncidence dans le même objet de la lecture, de la loi et du sacré. La communication écrite se fait, dans le Livre, à la fois échange d'informations, fondation d'une culture et d'un ordre par l'instauration d'une loi, et partage d'une sacralité.

Plus tard, l'invention de l'imprimerie à caractères mobiles par Gutenberg, fera de la Bible le livre fondamental du Moyen Âge chrétien. Il s'agit de livres qui sont autant des objets d'art et de culte que des médiations de communication. L'invention de l'imprimerie transforme le statut du livre et celui de la communication écrite en le diffusant à l'échelle du monde, et non plus seulement à l'échelle de réseaux restreints de communication.

b) Le livre et la culture

La deuxième période est celle du livre comme forme de diffusion culturelle. Le livre va fonder plus qu'un rapport à l'information, en servant de base à la fondation d'un humanisme. Ce que l'on appelle l'humanisme n'est rien d'autre que la reconnaissance du livre comme fondement de la culture. Le livre fonde la culture, au temps de la renaissance, car il permet à la fois la continuité d'une tradition, qui permet aux hommes de ce temps de trouver leurs racines dans les cultures de l'Antiquité et la diffusion de cette culture dans le cadre d'un véritable marché du livre et de la culture qui s'instaure à cette époque en Europe.

Par ailleurs, c'est à l'époque de la Renaissance que va se fonder le questionnement critique que représente la Réforme. Le livre constitue l'enjeu majeur de la rupture entre les catholiques et les protestants. Le rapport à la culture constitue le point de rupture, car ce qui est en question, c'est le rapport entre foi et culture. Tandis que les catholiques instaurent une différence entre l'une et l'autre, les protestants entendent assumer à la fois l'héritage de la culture dont ils sont porteurs et celui de la religion dont ils sont les témoins. Accessoirement, c'est la liberté de savoir, d'information et d'interprétation qui donnera au conflit sa dimension politique et institutionnelle.

c) Le livre et le savoir

Plus tard, jusqu'au XXe siècle, le livre est un outil d'informations encyclopédiques, sur tous les domaines, et il contribue, avec les journaux, à former l'***opinion publique***. La communication écrite, à cette époque est jalonnée de dates et de repères : des premiers dictionnaires français (Furetière et le dictionnaire de l'Académie au XVIIe siècle) à l'*Encyclopédie* de Diderot et d'Alembert au XVIIIe, cette époque fait du livre le médiateur essentiel de la totalisation et de la transmission du savoir et de l'information.

Le livre est, en ce temps, l'outil censé permettre de rassembler tout le savoir en une mémoire. Mais, instrument de mémoire, le livre sera aussi un instrument de diffusion. Grâce aux colporteurs, mais aussi grâce à la multiplication des petits ateliers d'imprimerie et grâce au perfectionnement des techniques de l'estampe, le livre devient l'outil du rayonnement du savoir. Faut-il ajouter que, par ce fait même, il porte en lui les germes de la Révolution ?

d) Le livre plaisir

Enfin, aujourd'hui comme par le passé, le livre est un loisir, ce qu'il n'a jamais cessé d'être. On remarque que le livre a toujours eu, en quelque sorte, deux fonctions à la fois, au cours de son histoire – à la fois outil de diffusion et d'appropriation de la culture, et forme symbolique de représentation, chargée de tout un investissement de la part de ses lecteurs, et vouée, à ce titre, à donner du sens à leur vie personnelle. Le livre plaisir, du roman à la poésie en passant par les contes et les mémoires, est le lieu de l'esthétique dans la communication écrite : le lieu dans lequel la communication écrite s'ouvre à une dimension d'art et de création.

Il faut rappeler la permanence de cette dimension personnelle du livre, car c'est sans doute elle qui confère tout sa spécificité à la communication écrite : pas de communication orale en l'absence de l'autre, mais l'écrit, lui, permet de se retrouver dans une forme de solitude, tout en restant ancré dans des réseaux et des relations avec ceux qui partagent la même culture et les mêmes représentations. La communication écrite, et spécialement le livre, rend possible le partage du savoir et de la culture, tout en préservant la liberté et l'autonomie de chacun. C'est sans doute pourquoi la communication écrite demeure un espace de liberté irremplaçable.

4. La production d'un espace social par la communication écrite

La communication écrite s'invente un espace social à partir du moment où s'invente une institutionnalisation de l'espace de la communication écrite : il s'agit d'un processus qui se déroulera en plusieurs étapes, qui correspondent à la fois à des évolutions dans la forme que revêt la diffusion de l'écrit et à l'évolution que connaissent l'espace social et la perception qu'en ont les hommes.

a) Naissance de la poste

C'est l'Empire romain qui inaugure, en Europe, le principe d'un service régulier de transmission des correspondances – d'abord réservé à la correspondance officielle et administrative de l'Empire. Ce service se développera dans l'histoire, durant toute la période de l'Empire, puis donnera lieu, au Moyen Âge, à la naissance d'un véritable service des postes, comparable à celui que nous connaissons aujourd'hui. La poste naîtra en France sous le règne de Louis XI (1464), qui comprend la nécessité d'un tel service dans la gestion d'un État moderne qu'il entend réunir sous la forme d'un véritable royaume. Comme les voies romaines furent le ciment de l'Empire, la poste sera peut-être le ciment du royaume unifié par Louis XI. Les postes seront semblablement instaurées en Angleterre en 1478 et dans l'Empire en 1502.

L'importance de la poste dans le développement de la communication écrite est considérable car il s'agit de l'émergence d'une double conception de la communication, à la fois publique (il s'agit d'une administration) et privée (il s'agit de transporter des correspondances particulières). L'apparition de la poste constitue l'apparition d'une logique de service public dans la communication, et fait de la communication, par conséquent, un des domaines d'exercice du pouvoir de l'État.

b) L'espace de l'écrit comme espace de pouvoir

La communication écrite va d'abord servir à fonder l'espace du pouvoir : c'est par la diffusion de ses messages, de ses ordres, de ses projets, de ses lois aussi, que l'Empire romain va devenir un État, et qu'il va parvenir à maîtriser l'immensité de son espace. Charlemagne, en particulier, est conscient de l'importance de la communication écrite dans l'unification de son territoire et dans l'exercice du pouvoir. Plus tard, si Louis XI mettra tant de soin à fonder et à organiser le service de la poste royale, c'est qu'il s'en sert pour appuyer son pouvoir sur la facilité avec laquelle circule l'information, et, par conséquent, sur la centralisation de la décision et du pouvoir.

Il est clair que la Réforme, qui, en un sens, clôt le Moyen Âge en ouvrant l'époque moderne, se jouera en grande partie sur la communication écrite, puisqu'elle se jouera sur la diffusion de la Bible et des textes sacrés, et qu'elle sera provoquée indirectement par le développement des éditions de la Bible qui en améliore l'accessibilité et la diffusion et qui conditionne l'émergence d'un nouveau rapport à la foi et d'un véritable conflit de pouvoir au sein de la Chrétienté.

c) L'espace de l'écrit comme espace de savoir

Mais, en deux grandes époques, c'est surtout le savoir qui structure l'espace médiéval de la communication écrite. Ces deux époques sont, bien sûr, séparées par l'événement de l'invention de l'imprimerie. S'il faut ici rappeler, une fois de plus, que ce n'est pas l'Europe qui a inventé l'imprimerie que les Chinois maîtrisaient sans doute auparavant depuis longtemps, il n'en demeure pas moins que l'invention de Gutenberg (1434, 1453) va marquer un tournant dans la diffusion du savoir.

Ce sont les moines copistes du Moyen Âge qui, dans leurs abbayes, vont inaugurer la fonction culturelle de la communication écrite, en élaborant les manuscrits dans leurs ateliers, puis en les faisant circuler grâce aux marchands qui les distribuaient, mais aussi grâce aux seigneurs qui les finançaient. Les textes, en général sacrés, ainsi élaborés et répandus dans toute l'Europe, ont formé le soubassement de la culture européenne médiévale.

Mais Gutenberg va donner une autre dimension à cet espace de savoir fondé par les manuscrits des copistes. D'abord par le nombre. Une fois imprimés, les bibles de Gutenberg, puis les autres livres qui feront l'objet d'une impression, vont faire de l'Europe un gigantesque espace de savoir. L'imprimerie va se générer d'abord elle-même : l'essor de l'imprimerie entraîne la multiplication des lieux d'imprimerie. Elle va ensuite générer l'usage du livre, en encourageant la diffusion de la lecture et de son apprentissage, d'abord dans les milieux traditionnellement voués à l'étude et à la diffusion du savoir, puis dans les milieux de notables – pour commencer, dans la magistrature, le notariat et, bien entendu, les universités et la médecine.

d) L'espace de l'écrit comme espace économique

C'est dans sa dimension économique que le développement de la communication écrite en Europe va connaître une ampleur particulière. En effet, les échanges commerciaux et la vie économique vont connaître, avec la communication écrite, des formes et des structures qu'ils n'avaient pas auparavant. Dès le XIVe siècle, par exemple, Venise connaît les *avvisi*, feuilles d'informations rapides, à la fois marchandes et politiques, qui étaient diffusées à l'intention des marchands (pour préparer leur politique commerciale) et à l'intention des hommes politiques (pour mieux exercer leur pouvoir). Les *avvisi*, qui correspondent un peu aux *lettres*, ou aux *lettres confidentielles* de certains quotidiens, sont des feuilles d'informations sur la vie sociale et économique de Venise ou des villes et des États qui en diffusent de semblables. C'est au moment de la Renaissance, puis aux XVIIe et au XVIIIe siècles, que l'écrit va constituer le noyau économique de la culture européenne, d'abord, en permettant et en favorisant la diffusion des savoirs technologiques et des inventions de la Renaissance, puis en favorisant la naissance d'une logique européenne de production pré-industrielle aux XVIIe et XVIIIe siècles, à la fois grâce au développement de l'écrit bancaire et financier et grâce au développement de la presse écrite à partir du XVIIe siècle.

L'apparition du papier-monnaie (et la banqueroute de John Law au début du XVIIIe siècle à Paris) sont des manifestations particulièrement connues de la croissance de la communication écrite à cette époque. Si l'aventure de Law illustre les difficultés que connaîtra l'émergence de ce nouveau système financier, il n'en demeure pas moins que se trouvent ainsi jetées les bases essentielles de notre système financier moderne, fondé sur la communication écrite et sur les réseaux de circulation, de diffusion et d'échange de l'information, à la fois sur le plan économique et sur le plan politique et social. Dès lors que la communication écrite prend une telle place dans la vie économique et financière, elle devient l'un des éléments fondamentaux du développement économique et social des pays modernes. Plus tard, la modernisation du système financier mondial, le développement des Bourses de valeurs et des sociétés par actions donneront à la communication écrite une place prépondérante dans la gestion financière, à la fois par l'importance des contrats écrits et par l'importance de l'information écrite en matière de stratégie économique.

5. La naissance de la presse moderne

a) Les gazettes

La presse moderne naît au XVIIe siècle, avec les « ***gazettes*** ». La Gazette de Renaudot en France (1631), la Gazette de Leyde aux Pays-Bas, sont les deux symboles connus de cette naissance de la presse écrite d'information en Europe. Ces gazettes présentent un certain nombre de caractéristiques qu'il est bon de noter, pour se faire une image assez juste de la presse des premiers temps.

• Les gazettes furent essentiellement **hebdomadaires**. À la fois les contraintes de la distribution et de la fabrication, et la difficulté du recueil des informations expliquent une telle périodicité, qui demeurera la règle jusqu'au XVIIIe siècle.

• Les gazettes comportaient aussi bien des **informations politiques** sur les États et sur les hommes politiques, que des **informations** presque **mondaines** sur la vie de la cour ou sur la vie privée des personnages importants des pays dans lesquels elles étaient éditées ou lues. À ce titre, d'ailleurs, Richelieu avait fait de la « Gazette » un journal pratiquement officieux, et subventionnait sa publication par Renaudot.

• Par ailleurs, compte tenu de ce qu'elles étaient diffusées dans un milieu social assez restreint (il fallait savoir couramment lire, et il fallait être assez informé et assez notable pour tirer profit de leur lecture), les gazettes servaient aussi de journaux de **petites annonces**, presque comparables aux gratuits d'aujourd'hui. D'ailleurs, Renaudot avait fini par ouvrir, à partir de 1632, un *Bureau d'adresses*, qui recevait les petites annonces à publier. Les gazettes, en ce sens, poursuivent la tradition des **almanachs** qui alliaient information et conseils pratiques de vie quotidienne, et qui, par l'intermédiaire des colporteurs, constitueront la médiation entre les campagnes et la modernisation de la vie urbaine.

Les gazettes demeureront la source principale d'information des milieux cultivés et éclairés de la bourgeoisie naissante pendant tout le XVIIe siècle et la plus grande partie du XVIIIe. Il est clair qu'elles auront été le terreau à partir de quoi se prépareront les grands mouvements de libération qui donneront lieu aux révolutions bourgeoises de la fin du XVIIIe siècle et à l'avènement des États modernes. Le rôle des gazettes n'aura pas été que politique : il aura été culturel, car les gazettes auront joué le rôle majeur d'articulation des aspirations politiques et du développement culturel.

b) Les premiers quotidiens

Le premier **quotidien** français est le *Journal de Paris*. Il paraît en 1777, et présente des informations de toute nature, des informations scientifiques (comme l'ascension de la Montgolfière) aux mutations des hauts fonctionnaires en passant par les spectacles et l'information politique moderne. En Angleterre, le *Times* est fondé en 1785, sous le premier titre *Daily Universal Registar*. Ces quotidiens, sans atteindre le volume et l'importance des quotidiens que nous connaissons aujourd'hui, auront eu l'immense mérite d'ouvrir la voie à la presse moderne et de permettre les évolutions futures du XIXe siècle.

Les premiers quotidiens seront publiés sur le principe des gazettes ; ils comporteront des informations de toute nature, des plus futiles aux plus importantes. Il s'agit de journaux qui sont plus proches de ce que l'on pourrait appeler des journaux d'échos que des journaux d'aujourd'hui, avec leurs éditoriaux et leurs analyses. C'est que la communication écrite fait un partage très strict entre le type d'informations que l'on attend d'un journal et le type d'informations que l'on attend d'un livre.

Les quotidiens sont assez largement marqués par une conception de l'écrit qui, d'autant plus qu'il s'agit de quotidiens, donc conçus pour une durée éphémère, réserve à la presse les informations moins importantes ou moins approfondies. Il n'en demeure pas moins que les quotidiens du XVIIIe siècle connaissent une très grande liberté de ton et d'expression, qui est le prélude à l'extraordinaire époque de liberté de la presse et de l'information qui caractérise l'époque révolutionnaire autour de 1789.

Le problème de la ***censure*** ne pouvait pas manquer de se poser, compte tenu du caractère encore autoritaire de la plupart des régimes politiques en Europe (sauf en Hollande), et compte tenu de l'écart entre ce caractère autoritaire des pouvoirs en Europe et la liberté des journaux dans leur expression et leur information.

Beaumarchais évoquera dans le *Mariage de Figaro* la censure qui prévalait à l'époque en France, mais il s'agissait d'un état de fait assez généralisé dans les pays d'Europe. La censure avait alors un but triple. D'une part, il s'agissait d'une censure morale. Le poids des autorités religieuses dans la société politique était encore assez fort pour imposer une morale assez strictement conformiste dans l'information et la communication. D'autre part, il s'agissait d'une censure politique. La tension, il est vrai, commençait à monter, et les gouvernants avaient sans doute des raisons de souhaiter que la presse ait un rôle modérateur et conciliateur de nature à préserver la pérennité de leur pouvoir et des structures institutionnelles. Enfin, il s'agissait d'une forme de ***censure*** sociale. Il s'agissait pour les journaux de préserver un certain ordre établi, d'observer une certaine hiérarchisation sociale. C'est ce dernier point qui explique en partie que les révolutions du XVIIIe siècle aient été majoritairement des révolutions bourgeoises à l'idéologie globalement homogène. La presse, à cet égard, a eu un rôle stabilisateur.

Il faut cependant noter le rôle qu'a pu avoir un Malesherbes, ami de Rousseau, qui exerçait les fonctions d'Intendant de la Librairie, et qui, plus qu'un rôle de censeur, a eu un rôle d'encouragement de l'édition et de la production littéraire dans notre pays – jouant, à cet égard, un rôle comparable à celui que jouent aujourd'hui certains administrateurs, soucieux du développement culturel plus que du conformisme.

En revanche, c'est assurément plus tard, sous l'Empire en France en particulier que la censure prendra toute sa dimension répressive dans la régulation et le contrôle des activités de la presse et de la communication écrite.

6. Les grands journaux

L'apparition de la grande presse au XIXe siècle accompagne une double évolution : celle des États qui deviennent les États modernes ; celle de la communication qui devient une donnée essentielle du développement culturel et économique de ces pays. La naissance des grands journaux inaugure un type de communication écrite qui sera dominant dans le champ de la communication sociale pendant le XIXe et le XXe siècles : l'articulation entre l'information et le loisir.

a) La modernisation de l'information

L'information se modernise, par deux aspects majeurs : d'une part, la naissance des ***agences de presse*** (Havas en France, Reuter en Grande-Bretagne) marque, dès le début du XIXe siècle un tournant dans la collecte et dans le statut de l'information, qui devient, ainsi, un produit de marché ; d'autre part, la modernisation des techniques de l'imprimerie permet d'atteindre, à qualité égale voire supérieure, des tirages

considérables par rapport à ce qu'ils étaient auparavant.
Dans ces conditions, la modernisation des journaux entraîne une évolution considérable des attentes du public en matière de communication écrite. Les lecteurs attendent de leurs journaux des services de plus en plus étendus, qui fondent une forme de polyvalence de la communication écrite. D'une part, ils en attendent une information fiable et rigoureuse (le prestige de la presse écrite naît de cette crédibilité de l'information) ; d'autre part, ils en attendent une qualité d'écriture et de style à laquelle ils sont d'autant plus sensibles que les lecteurs de la presse d'information appartiennent, au moins au début de cette évolution, à des milieux cultivés ; enfin, ils attendent de la presse écrite des informations pratiques et quotidiennes, ainsi que des formes de loisir et de jeux.

b) La presse, moyen de socialisation

La communication écrite devient, ainsi, beaucoup plus que par le passé, un moyen de socialisation. La presse écrite va devenir, aux XIXe et XXe siècles, la médiation permettant à des catégories sociales populaires d'avoir accès à des formes et à des logiques culturelles définissant la culture dominante. C'est en ce sens que les médias écrits assurent une fonction considérable de médiation entre des classes populaires et la culture des élites de la bourgeoisie. La communication écrite, ainsi, devient, désormais, une médiation permettant l'accès à la culture. Elle y perdra, par rapport à la grande époque du XVIIIe siècle, une part de l'engagement politique qui avait fait d'elle un acteur essentiel de la liberté désormais conquise. Elle y gagnera, en revanche, une force et une audience qu'elle n'avait jamais connues jusqu'alors, devenant ainsi un authentique média populaire.

c) La ***liberté de la presse***

Cette puissance sera reconnue à la presse et à la communication écrite de masse, en France, le 29 juillet 1881, quand la grande loi reconnaît la liberté de la presse, de l'édition et de l'affichage. Cette loi constitue un témoignage de la puissance du nouveau média qui a ainsi pu imposer le statut qui est le sien dans l'espace politique. À partir de la ***loi de 1881***, la presse est reconnue comme un acteur à part entière de la vie sociale, et à ce titre, sauf quelques exceptions, la liberté ne lui sera jamais contestée. La presse et la communication écrite seront, ainsi, les grands fondateurs de la IIIe République.

Si la liberté de la presse est acquise, sur le plan politique, en 1881, et si elle ne connaîtra pas de grands bouleversements, plus que la censure politique, qui s'exercera rarement, c'est l'économie qui, de plus en plus, limitera la liberté de la presse. Les contraintes budgétaires, les coûts de plus en plus élevés de conception et de fabrication des journaux, sont à l'origine des nombreuses limitations économiques et financières de l'autonomie et de la liberté des journaux.

d) La publicité

La ***publicité*** fait aussi son apparition à cette époque, car les journaux coûtent de plus ne plus cher, et parce que naît à cette époque la conception moderne du marché. C'est ainsi que, d'abord nommée « réclame », la publicité s'inscrit dans l'espace social, à la fois comme mode de financement de la presse et des médias, et comme représentation symbolique du marché et des échanges commerciaux. C'est, en fin de compte, par la publicité que la presse écrite va se rapprocher de la vie économique du pays, qu'elle apprendra, par ailleurs, à mieux connaître grâce au développement du journalisme économique. Quand Émile de Girardin crée *La Presse*, en 1836, il fonde son succès sur la ***publicité***, qui lui permet de compléter les ressources du journal, et, ainsi, d'en maintenir le prix de vente assez bas. Désormais, la publicité fera partie intégrante de la communication écrite (dans les journaux et dans d'autres supports comme l'***affichage***).

7. Les nouvelles formes de la communication écrite

La communication écrite passe, aujourd'hui, par de nouveaux supports, qu'il nous faut mentionner ici sommairement.

a) La bureautique

L'informatique de bureau (ou ***bureautique***) est l'usage des technologies informatiques dans les tâches et les fonctions anciennement dévolues à l'écriture. Ce chapitre a, ainsi, été rédigé à l'aide d'un micro-ordinateur portable. La bureautique, en utilisant les logiques informatiques au travail de l'écriture, a permis l'ouverture de l'écriture à deux dimensions nouvelles : la mémoire et la continuité entre écriture et édition.

La ***mémoire*** résulte de la capacité, offerte par l'***informatique***, de pouvoir enregistrer et stocker une quantité considérable de données. C'est ce qui permet à un texte de n'être pas seulement écrit, mais aussi travaillé, reformé, restructuré, au fur et à mesure des procédures d'écriture dans lesquelles il est engagé.

La continuité entre l'écriture et l'édition résulte de la possibilité, offerte par la bureautique, d'avoir du texte que l'on est en train d'écrire une approche documentaire ; ce n'est plus seulement un texte que l'on est en train d'écrire, mais un document que l'on est en train de produire, et qui se déroule sous nos yeux, au fur et à mesure du travail d'écriture, sous la forme qu'il aura une fois édité. Dans ces conditions, il est désormais possible de prévoir la forme que revêtira un document à venir, et il est possible de passer directement de la rédaction à la conception du document, ce qui constitue un gain de temps (et, parfois, d'argent) considérable. C'est ce qui explique que soit diffusée aujourd'hui une quantité considérable d'éditions réalisées grâce à des installations de bureautique.

b) La télématique

Forgé à partir de ***téléphone*** et d'***informatique***, le concept de ***télématique*** désigne à la fois un outil de recueil de données et un moyen de transmission de ces données – grâce à un modem, qui permet leur transformation en informations téléphoniques, susceptibles d'être acheminées par le réseau du téléphone. La croissance rapide des services télématiques en France s'explique à la fois par la complémentarité entre les services télématiques et les journaux de presse écrite traditionnelle et par l'interactivité offerte par la télématique, qui permet aux usagers de participer directement à l'élaboration de l'information qu'ils souhaitent communiquer.

c) La télécopie

La ***télécopie*** permet d'acheminer des photocopies par le réseau téléphonique, grâce à un modem (cf. plus haut). Elle modifie considérablement l'approche que l'on peut avoir de la communication écrite en supprimant la contrainte du temps d'acheminement des correspondances, et en intégrant l'écrit à la logique des télécommunications. Voir ***Communications en Occident médiéval (Les -), Presse en France (Histoire économique de la -), Informatique***.

Histoire de l'informatique

Voir ***Informatique***.

Histoire d'entreprise

Ne se contentant pas d'énumérer des faits, l'histoire d'entreprise cherche à faire ressortir les lignes de force et les grandes tendances ponctuant la vie de l'entreprise étudiée. Elle permet ainsi d'identifier et de comprendre certaines de ses spécificités.

L'histoire d'entreprise existe, aux États-Unis, depuis les années vingt, une époque fortement influencée par les travaux du grand économiste du début du siècle, J.A. Schumpeter (1883-1950). En 1927 fut créée à Harvard la première chaire de « Business history », longtemps occupée par A. Chandler, qui est unanimement considéré comme le père et le spécialiste de cette approche.

A. Chandler, avait étudié l'évolution des structures de quatre grandes entreprises industrielles américaines (Dupont, General Motors, Standard Oil, Sears Rœbuck), entre 1900 et 1960, et avait mis en évidence la relation existant entre les stratégies et les structures. Il avait, en effet, noté que l'industrie américaine avait suivi une stratégie d'extension de capacité jusqu'en 1920, engendrant des structures de type fonctionnel et qu'à partir de cette date, l'émergence de besoins nouveaux engendra des stratégies de diversification qui conduisirent à l'adoption de structures divisionnaires (A. Chandler, *Stratégies et structures de l'entreprise* 1972).

L'ensemble de son œuvre tend à montrer que l'Histoire permet de formuler des hypothèses sur le fonctionnement de l'entreprise et de bâtir des théories sur l'organisation à partir de monographies. La « *Business History* », qui désigne l'étude de la pratique des affaires et de la gestion des entreprises à travers le temps, est toujours très active aux États-Unis, où elle a acquis une légitimité réelle en prenant sa place à l'intérieur de l'Histoire économique et sociale. Elle fait l'objet de programmes d'enseignement et de recherche dans plusieurs universités américaines (Harvard, Houston...) et d'une revue scientifique à part entière, la *Business History Review*. La « *Public History* » est un autre mouvement né aux États-Unis quelques années plus tard, qui se différencie de la « *Business History* » par ses origines et ses objectifs.

Conçue pour répondre à une demande et à un besoin des entreprises, la « *Public History* » se veut de l'histoire appliquée, visant à fournir aux entreprises en particulier et aux organisations en général, des études de type historique pouvant servir à des problèmes présents. Ses travaux se veulent plus ponctuels et plus opérationnels.

Elle bénéficie aujourd'hui de deux programmes universitaires (Santa Barbara et Pittsburg), concerne plus de vingt cabinets d'historiens-conseils (les « *Public Historians* ») et plusieurs associations internationales (« confé-

rence d'histoire des affaires », « *National Council of Public History* »...) et fait l'objet d'une revue spécialisée *The Public Historian*.
Cependant, le bilan des travaux historiques sur les entreprises américaines est aujourd'hui nuancé. En effet, si l'histoire d'entreprises a suscité un réel engouement en offrant aux historiens de nouveaux champs d'investigations et des débouchés, elle a parfois été critiquée en raison du manque de compétence de certains d'entre eux en matière de gestion, et d'une production jugée trop souvent anecdotique, pauvre ou superficielle.
En France, les premiers pas de l'histoire d'entreprise remontent aux années cinquante, avec des travaux portant essentiellement sur l'industrie textile et sidérurgique, et sur les services bancaires (le Crédit Lyonnais). Au cours des deux décennies suivantes, les productions se sont lentement intensifiées et diversifiées. Plusieurs raisons ont été à l'origine de ce long et difficile développement, dont la tradition de défiance existant entre les milieux universitaires et les entreprises.
À la fin des années soixante-dix, le groupe St Gobain fait figure de pionnier en décidant d'édifier, à Blois, un centre d'archives du groupe et en autorisant des chercheurs historiens à étudier son passé, notamment à travers les documents conservés depuis sa création sous le règne de Louis XIV. En 1985, est organisé, sous son impulsion, le premier colloque sur l'histoire appliquée aux entreprises, en collaboration avec l'un des premiers cabinets d'histoire-conseils, « *Public Histoire* », créé par F. Torres de retour des États-Unis.
Depuis cette date, les dossiers, rencontres et conférences sur le sujet se multiplient en même temps qu'un nombre croissant d'entreprises ouvrent leurs portes aux historiens tels qu'E.D.F., Rhône Poulenc, Suez et Michelin.
Trois cabinets spécialisés en histoire d'entreprises se sont ouverts en France, Public Histoire, Cliomédia et Qipo. Au CNRS, deux laboratoires se consacrent à l'histoire d'entreprises, l'Institut d'Histoire du Temps Présent et l'Institut d'Histoire Moderne et Contemporaine, et de nombreux chercheurs effectuent actuellement des recherches universitaires sur le sujet. La première revue d'histoire d'entreprises française a vu le jour en octobre 1991, sous la direction de P. Fridenson.
L'Histoire et la Gestion paraissent aujourd'hui réconciliées et l'histoire d'entreprises est en passe de devenir une partie intégrante des sciences humaines et sociales, faisant « preuve d'un réel dynamisme ».
Ainsi, chaque entreprise possède une histoire, qui peut s'appréhender de différentes manières, soit par des historiens universitaires, soit par des membres de ladite entreprise, souvent retraités et passionnés d'histoire, soit par des consultants.
L'histoire peut être inclue dans l'audit de culture d'entreprise à titre d'élément d'information, s'inscrire dans la démarche identitaire, ou faire l'objet d'une approche exclusivement historique, comme la pratiquent certains cabinets conseils présents en France.
L'étude de l'histoire d'une entreprise peut s'intéresser à divers aspects :
– l'évolution des structures selon les fusions, rachats, abandons éventuels, choix de technologies et de produits afin d'expliquer les grandes ruptures de l'entreprise et permettre de construire un tableau de correspondances entre un contexte donné et la réponse de l'entreprise ;
– l'évolution des politiques sociales ;
– les événements marquants ;
– la personnalité des dirigeants...
Si le gestionnaire s'intéresse à des sources d'information multiples, l'historien considère que l'histoire de l'entreprise ne peut s'appuyer que sur des archives authentiques, les plus complètes possibles. Les archives internes des entreprises et celles, privées, de leurs dirigeants sont ainsi jugées plus fiables, plus détaillées et plus exhaustives... quand elles existent.

Voir ***Culture d'entreprise, Identité d'entreprise.***

Histoire des techniques de documentation

La croissance de la demande et de la production d'information scientifique et technique est à l'origine du développement des techniques de documentation. C'est en effet la multiplication exponentielle des documents qui a nécessité l'usage de techniques améliorant l'accès à leur contenu.

1. Qu'est ce que la documentation ?

L'étymologie de « documentation » provient de « document », terme utilisé dès le XIIe siècle, spécialement au sens juridique. Il est issu du latin « *documentum* » de « *docere* » qui signifie enseigner. Son apparition est contemporaine du mot « documentaire » (1877). Toutefois « documentation » n'est employé régulièrement qu'à partir de 1905 à la suite d'un congrès organisé par l'Institut international de bibliographie. Paul Otlet, juriste et sociologue belge, connu pour ses travaux en bibliologie et ses réalisations en faveur d'une coopération intellectuelle internationale publie en 1934 son *Traité de documentation*. Celui-ci marque la séparation de la documentation et de la bibliographie, bibliographie à laquelle elle était associée au début du siècle.

« *Processus de recherche pour répondre à une demande ou à un besoin* » selon la définition donnée par Pierre Albert en 1981, la documentation est un ensemble de techniques mises en œuvre pour collecter, traiter et diffuser des documents. Pour Jean Meyriat (1981) c'est aussi « *un ensemble de documents intentionnellement constitué et la science sur laquelle repose les techniques documentaires.* » Cette science, qui porte aussi parfois le nom de « documentologie », est, précise-t-il « *un ensemble de connaissances qui en justifient la pratique, en expliquent l'état présent et doivent en permettre le développement et l'amélioration* ».

Les documentalistes (dénomination qui apparaît pour la première fois en 1953 dans le dictionnaire Larousse), médiateurs de la recherche documentaire, ne limitent pas leur activité à la description du document, ils analysent les contenus : « *le document prend une place seconde par rapport à l'information fondée sur la diffusion* » (Blanquet, 1993). La notion de « document » est d'ailleurs comprise par ces professionnels de la documentation au sens large du terme : « *objet qui supporte de l'information, qui sert à la communiquer et qui est durable, la communication peut donc être répétée* » (Meyriat, 1981). Tout peut être qualifié de document à condition que l'information supportée soit fixée et réponde à une question. Ainsi les techniques documentaires ne s'appliquent pas qu'à l'écrit mais à toutes sortes d'objets, ou parties d'objets, porteurs d'une information utile. Oubliant l'entité que constituent, par exemple, le livre, la revue, le documentaliste s'intéresse au chapitre, à l'article, à l'image, au schéma. Il travaille avec l'extrait, la contribution. La recherche fondamentale ou appliquée, académique ou industrielle, l'amènent à rassembler, traiter, diffuser des rapports, des dossiers, des brevets d'invention, des normes, des dessins et des modèles, des états d'avancement de travaux, des résultats de fouilles archéologiques et toutes sortes de documents de littérature grise, utiles à des groupes d'utilisateurs pour augmenter leurs connaissances, les aider à agir ou à prendre une décision. Les trois techniques fondamentales que sont la collecte, le traitement et la diffusion des documents représentant ce que l'on nomme la chaîne documentaire, s'en trouvent transformées.

2. Techniques de documentation et technologies
L'histoire des techniques de documentation est liée à l'évolution des technologies. Le transfert de l'information sur des microformes, microfiches ou microfilms, dans les années 30 amorce l'utilisation des technologies en documentation. Les banques de données commercialisées et l'utilisation de l'informatique dans les services de documentation commencent à se développer en France à partir de 1970 à tel point que dès 1972 les logiciels documentaires font l'objet d'un premier recensement. L'impulsion donnée par les pouvoirs publics à partir de 1973 est décisive pour l'harmonisation et l'accroissement, mais pas encore la généralisation, de l'informatisation de la recherche documentaire. Le Bureau national de l'information scientifique et technique (BNIST) rattaché au Ministère de l'industrie et de la recherche s'emploie à créer des banques de données, des thésaurus et le logiciel Mistral. Au début des années 80 l'expansion de l'offre des logiciels documentaires sur micro-ordinateurs et la création du ***kiosque*** télématique et du kiosque multipaliers consacre l'existence d'une véritable **industrie de l'information**. La DBMIST (Direction des bibliothèques des musées et de l'information scientifique et technique) rattachée au Ministère de l'éducation nationale, créée en 1982 met en place un serveur universitaire national pour l'information scientifique et technique (SUNIST) qui facilite la multiplication de banques de données issues pour la plupart de laboratoires de recherche.
À la fin des années 80 le multimédia fait son entrée dans les centres documentaires. La Délégation à l'information scientifique et technique (DIST), qui a remplacé la DBMIST et qui dépend de la Direction générale de la recherche et de la technologie au Ministère de la recherche aide à la création de ***cédérom*** et de ***banques de données*** sur ***Minitel***.
Ainsi l'influence des technologies est marquée, dans un premier temps, par une plus grande technicité des opérations documentaires relevant de la collecte et de l'organisation de données. Très liées à l'informatique celles-ci nécessitent en effet une bonne connaissance des matériels et des logiciels disponibles, des procédures d'interrogation et de conception de banques de données. Dans un deuxième temps une meilleure ergonomie des logiciels dispo-

nibles, la mondialisation de l'accès à l'information par l'***Internet***, et plus généralement l'accès plus facile et plus rapide à de grandes quantités de documents impliquent de développer le traitement de l'information. Il ne se limite plus à la condensation sous la forme de résumé ou de descripteurs. La sélection, l'analyse approfondie, la synthèse deviennent des activités essentielles du documentaliste. La gestion de flux d'information, la recherche en texte intégral, notamment avec l'essor de l'archivage électronique, et une intervention plus forte sur les contenus, succèdent à la gestion de stocks de données bibliographiques. Enfin les investissements que nécessitent les équipements et les usages des technologies avancées, associées à la crise économique, contribuent à l'introduction des techniques de management dans les techniques documentaires.

3. Techniques de documentation et formation

Dès 1945 l'Union française des organismes de documentation (UFOD) lance le premier enseignement des techniques de la documentation. Cette formation est relayée à partir de 1950 par la création de l'Institut national des techniques de documentation (INTD) rattaché au Centre national des arts et métiers. Mais ce n'est qu'en 1967, avec la mise en place des départements Carrières de l'information dans les Instituts universitaires de technologie (IUT) que la formation aux techniques de documentation fait son entrée à l'université. Cette formation, bientôt suivie par la création du Diplôme d'information documentation à l'Institut d'études politiques à Paris en 1969, puis par l'ouverture en 1971 des maîtrises des sciences et techniques trace une voie nouvelle pour les enseignants chercheurs chargés de ces formations. À partir de 1975 la création dans le comité consultatif des universités d'une section pour les Sciences de l'information et de la communication conduit à développer des enseignements professionnels de haut niveau (Diplômes d'études supérieures spécialisées) et à élargir la voie de la recherche par la mise en place d'un Diplôme d'études approfondies et d'études doctorales à composante documentation. En 1984 les premières licences et maîtrises professionnelles dans la spécialité sont créées.

Deux autres faits marquent la promotion des techniques documentaires dans l'Éducation nationale. En 1982, à l'initiative de la DBMIST les Unités régionales de formation et de promotion pour l'information scientifique et technique (URFIST) contribuent à généraliser l'usage des banques de données dans les universités et dans la recherche scientifique en général. L'ouverture, en 1989, de la première session du Certificat d'aptitude au professorat de l'enseignement du second degré (CAPES), crée un corps de professeurs documentalistes et consacre, par l'introduction au collège et au lycée d'une approche des techniques documentaires, l'usage de l'information comme moyen d'autonomie et d'éducation du futur citoyen.

Le début des années 90 est fertile en créations de formations à des niveaux divers : le module de documentation en licence, quelle que soit la spécialité de cette licence, plutôt destiné à ceux qui souhaitent préparer le CAPES de documentation, les maîtrises des sciences de l'information et de la documentation, le mastère de management de l'information stratégique à l'INTD. Parallèlement, à partir de 1991, la formation en IUT s'oriente vers la fonction information et documentation en entreprise.

Ainsi trois cursus universitaires possibles existent : l'un tourné vers l'entreprise – c'est celui conduisant aux DUT, mastère, DESS, et à certaines maîtrises –, l'autre destiné à former des enseignants du second degré, module de documentation, voire maîtrise, et le troisième enfin formant des enseignants chercheurs. Si l'enseignement théorique de la science de l'information et de la documentation est présent, à des degrés divers, dans tous ces cursus, y compris au niveau DUT, c'est l'enseignement de la pratique et de la mise en œuvre des techniques de documentation, à des échelons différents de responsabilité, qui, actuellement professionnalise les formations.

Histoire économique de la presse quotidienne en France

Voir ***Presse française (Histoire économique de la -), Histoire de la communication écrite***.

Historiques des principales découvertes et inventions en sciences et techniques de l'information et de la communication, et des principaux événements sociaux et juridiques dans le domaine de la communication

vers 3500 av. J.-C.	Les Sumériens, en Mésopotamie, inventent l'écriture cunéiforme, sans cependant disposer d'un alphabet.
vers 3000 av. J.-C.	Les Égyptiens utilisent le système de signes pictographiques, ou idéogrammes. Utilisés souvent pour des inscriptions sacrées, ces idéogrammes sont désignés par le terme de hiéroglyphes.

vers 1300 av. J.-C.	– Le premier alphabet complet (connu) apparaît à Ougarit (Ras Shamra) sur la côte syrienne. Il comportait 32 lettres. – Dès 1324 avant J.-C. les Chinois inventent l'imprimerie en utilisant des sceaux portant des lettres idéographiques gravées. Ces lettres, une fois encrées, sont pressées sur du papier.
77	Pline l'Ancien publie à Rome la première encyclopédie sous le titre « *Historia naturalis* ». Elle comportait 2 493 articles.
868	Premier livre imprimé – un ouvrage sacré bouddhiste – connu par les Chinois, en utilisant la technique de la ***xylographie*** : gravure en relief sur une planche de bois, dite planche gravée par la méthode d'épargne.
1040 - 1050	Le Chinois Bi Sheng invente le caractère mobile – en argile cuite –, plus commode et plus économique que la xylographie qui exige de sculpter une planche par page à imprimer.
1438	Johannes Gensfleisch dit Gutenberg (du nom de la maison qu'il habitait à Mayence), sans connaître l'invention de même nature faite en Chine, invente à Strasbourg la typographie : le procédé d'imprimerie en caractères mobiles.
1453	Gutenberg associé à J. Fust imprime à Mayence la Bible dite « à quarante-deux lignes ».
1470	Première presse à imprimer en France.
1516	L'Italien Francesco Griffo imprime en italiques les premiers livres du monde en format de poche. Mais il faudra attendre 1936 pour que la diffusion soit massive
1537	Institution du dépôt légal en France.
1631	Théophraste Renaudot, médecin et journaliste, fonde *La Gazette*.
1642	Blaise Pascal invente la machine à calculer.
1714	Henry Mill invente la machine à écrire. Elle ne sera utilisée qu'à partir de 1874.
1762	Invention du métier à tisser à cartes perforées.
1791	Claude Chappe invente le télégraphe optique qui est un procédé de communication par signaux mécaniques entre des tours distantes chacune de 12 km.
1794	Claude Chappe installe la première ligne aérienne du télégraphe entre Paris et Lille.
1796	Le Tchèque Aloys Senefelder invente l'impression lithographique.
1807	L'Anglais Thomas Young présente un cylindre animé d'un mouvement rotatif et enduit de noir de fumée qui inscrit les vibrations d'un corps sonore.
1816	Le physicien français Nicéphore Niepce invente la photographie.

1832	– L'Américain Samuel Morse invente le télégraphe électrique (le brevet ne sera déposé qu'en 1840, soit trois ans après le brevet de Cook et Wheatstone en 1937 dont le principe est différent). Le code Morse, constitué de traits et de points, utilise la variation du rythme des impulsions du courant électrique pour transmettre un message. – Le physicien américain Joseph Henry découvre l'auto-induction, phénomène fondamental en électromagnétisme. Cette découverte sera exploitée en 1900 par l'Américain d'origine serbe Michael Pupin pour améliorer la transmission téléphonique.
1833	Morse réalise la première liaison télégraphique électrique entre Baltimore et Washington.
1837	– Les Britanniques C. Cook et D. Wheatstone déposent le brevet d'un système à aiguilles permettant de coder, de transmettre et de recevoir des messages. Ce brevet du télégraphe électrique, déposé avant celui de Morse, sera plus efficace avec l'adoption du code Morse. – Les physiciens américains Henry et Page découvrent le principe qui aboutira, via le Français Augustin de Rives et l'Américain G. Bell, au téléphone : une tige métallique est capable de transmettre des sons par aimantation et désaimantation. – En France promulgation de la loi instaurant le monopole d'État sur le réseau de télégraphie optique. Cette loi sera la matrice de celles qui réglementeront les systèmes modernes de communication jusqu'aux années 1980.
1864	Pose du premier câble télégraphique transatlantique.
1869	Charles Cros et L. Ducos du Hauron découvrent séparément le procédé de photographie des couleurs.
1870	Le physicien britannique John Tyndall démontre le principe qui sera à l'origine de la technologie de la ***fibre optique*** dont la première application est due à Narinder S. Kapany en 1955.
1876 .	– L'Américain Graham Bell invente le ***téléphone***. – Première édition de la ***classification décimale de Dewey***.
1877	– Thomas Edison fabrique le premier ***phonographe*** (dispositif d'enregistrement et de reproduction des sons) et la première lampe électrique. – Charles Cros découvre le procédé du phonographe indépendamment d'Edison.
1878	Les Français Trottier et Missier déposent le premier brevet de l'***impression offset***.
1880	G. Bell et S. Tainter proposent un système d'enregistrement optique de la voix, dit le photophone dont le principe sera à l'origine du cinéma parlant cinquante ans plus tard.
1887	Première liaison téléphonique internationale entre Paris et Bruxelles.

1890	Recensement de la population aux ÉtatsUnis en utilisant les cartes perforées lues et traitées par des machines.
1893	Duplication des disques.
1894	– Le physicien italien Guglielmo Marconi réalise la première expérience de ***télégraphie sans fil (T.S.F.),*** c'est-à-dire de ***radiophonie***. – Les frères ***Lumière*** mettent au point leur projecteur cinématographique.
1895	Projection publique du premier film des frères Lumières à Lyon.
1896	Marconi dépose le brevet de la T.S.F.
1900	Le Serbo-Américain Michael Pupin propose d'intercaler une bobine d'auto-induction à intervalles réguliers sur les câbles enterrés pour compenser l'affaiblissement de la transmission. La **pupunisation** s'est ensuite généralisée dans le monde sur tous les réseaux de câbles à grande distance.
1901	Marconi réalise la première transmission sans fil au-dessus de l'Atlantique.
1902	Première interception d'un message radio en Angleterre. La Société Eastern Telegraph Company espionnait les émissions expérimentales de Marconi.
1903	En France, le décret du 7 février 1903 élargit le champ du monopole public, institué par les lois de mai 1837 et décembre 1851, à la télégraphie sans fil.
1904	– Création du poste télégraphique (T.S.F.) de la Tour Eiffel par le capitaine Ferrié avec le concours de l'observatoire de Paris. – Sir John Ambrose Fleming, conseiller de Marconi, dépose le brevet de la lampe à vide (la **diode** ou valve de Fleming, comportant deux électrodes) qui exploite l'**effet Edison** : émission d'électrons par la cathode chauffée par le passage d'un courant électrique. – E. Estaunie introduit le terme ***télécommunications*** dans la langue française.
1906	– Lee De Forest, aux USA, met au point la **triode** ou « Audion » (en ajoutant une troisième électrode à la diode de Fleming) : premier tube électronique, précurseur du transistor et du circuit intégré. Elle sera construite en série à partir de 1915. – Invention du procédé de ***photocopie*** dit photostat.
1907	– Le Français Edouard Belin invente un appareil de phototélégraphie ou de **phototélécopie**, c'est-à-dire de transmission de photographie à distance : le ***bélinographe.*** – Premiers centraux téléphoniques automatiques européens en Allemagne.
1909	C.D. Herrold met au point le premier émetteur de radiodiffusion à San José (Californie).
1911	– Installation du premier émetteur radio au sommet de la Tour Eiffel. – Apparition des premiers postes radiorécepteurs à galène (sulfure de plomb).
1915	Première transmission radiophonique au-dessus de l'Atlantique entre Arlington (Virginie) et la Tour Eiffel.
1918	Premières émissions régulières de radio à Pittsburg en 1918.
1921	Création de Radio-France.
1923	John L. Baird réalise la première expérience de ***télévision*** mécanique.
1925	– Premier journal parlé de Maurice Privat, depuis la Tour Eiffel. – Invention du procédé de la radio en ***Modulation de fréquence***. – Construction du premier électrophone (gramophone dont le son est amplifié électroniquement). – Institution à Genève, à l'initiative de la BBC, de l'Union Internationale de Radiodiffusion. Elle propose un plan de répartition des fréquences (Plan de Genève) afin de réduire les interférences et les brouillages.
1926	– Création d'un service de la radiodiffusion au sein de l'administration des PTT. – Rachat de Radio-Paris par la puissance publique. – L'Américain T.W. Case propose le Fox Movietone, premier système complet associant l'image animé du cinéma avec le son.
1928	– Transmission d'images télévisées en Grande-Bretagne. – John L. Baird réalise la première expérience de ***vidéodisque*** mécanique. – Autorisation provisoire d'exploiter les radios privées en fonctionnement au 31 décembre 1927. – Première liaison radiotéléphonique France-Amérique.
1929	– Création de l'office nationale de la radiodiffusion. – Reconnaissance officielle de l'UIR.
1931	René Barthélémy présente le premier système français de télévision à l'École supérieure d'électricité.
1932	– Premier service ***Télex*** au Royaume-Uni. – Institution, à Madrid, de l'Union Internationale des Télécommunications.
1934	– Zworykin met au point le ***tube cathodique***. – Premier service télex allemand.
1936	– La télévision électronique apparaît dans plusieurs pays. – Première campagne électorale sur le réseau des radios publiques. – Début de l'installation des radios locales par Nice-Côte d'Azur. – Alan Turing publie son article « *On Computable Numbers* ».
1938	– Première utilisation d'enregistrements sur bande magnétique (radio allemande). – Invention de la ***photocopie*** sur papier ordinaire (électrophotographie).
1939	Émissions régulières de télévision aux États-Unis.

1940	– Premier magnétophone mis au point par la firme Téléfunken. – Apparition du Radar en Grande-Bretagne. – Loi instaurant le monopole de l'État sur la radiodiffusion.
1941	K. Zuse construit le premier calculateur à relais avec commande par programme.
1943	Première machine à calculer électronique.
1944	– Aiken présente le Mark I à Harvard, un ordinateur qui fonctionne avec des cartes perforées. – « Libération » des ondes en France.
1945	– Construction de l'ENIAC, ordinateur de 18 000 lampes et pouvant réaliser 5 000 additions par seconde, conçu selon la ***théorie de J. Von Neuman*** (séparation du programme et des données, traitées séquentiellement). – Nationalisation des radios privées et création de la RDF. – Reprise des émissions de Radio-Luxembourg. – Invention du ***transistor*** dans les laboratoires Bell. – Adoption du 819 lignes pour la télévision en France. – Mise au point du disque microsillon 33 tours.
1947	Le physicien anglais Denis Gabor invente le procédé holographique. La première démonstration aux États-Unis ne se fera qu'en 1963.
1949	Mise au point du procédé de tube cathodique couleur (*shadow mask*).
1950	– Premières mémoires à tore de ferrite. – Invention du ***magnétoscope***.
1951	Construction de l'UNIVAC par la Sperry Rand.
1953	– Apparition de la haute fidélité. – Mis au point du procédé américain de télévision en couleur : ***NTSC***. – Première Eurovision pour le couronnement de la reine Elizabeth 2.
1954	– Invention du Maser, préfigurant le laser. – Introduction de la modulation de fréquence à Paris.
1955	– Lancement d'Europe n°1. – Création de la CRPLF (Communauté radiophonique des programmes de langue française).
1956	– Mise au point de l'***Ampex*** VR 1 000 : premier magnétoscope à tête rotative. – Début de la commercialisation des postes de radio à transistors. – Henri de France présente le procédé français de télévision en couleurs : ***SECAM***. – Pose du premier câble téléphonique sous-marin transatlantique TAT1, reliant le Royaume-Uni aux États-Unis.
1957	Lancement, autour de la terre, du premier ***satellite*** artificiel « Spoutnik » par l'URSS.

1958	– Invention du ***Laser***. – Lancement du satellite américain Explorer.
1959	– La RTF devient un établissement public. – Première émission radio en F.M. stéréo à Paris. – Jack Kilby dépose le brevet du circuit intégré.
1960	– Lancement de Echo, premier satellite de télécommunications américain.
1962	– Liaison télévisée par le satellite ***Telstar*** entre l'Europe (Pleumeur-Bodou) et les États-Unis.
1963	– Naissance de l'Organisation Internationale des télécommunications par satellite (Intelsat). – Inauguration de la maison de la radio à Paris. Programmes régionaux et Paris-Inter sont regroupés au sein de France Inter. – Création de France Culture et de France Musique.
1964	– Loi créant l'ORTF, placé sous la tutelle du ministre de l'Information. – Formation par 56 pays de Intelsat : réseau mondial de liaison satellite. – Premiers circuits intégrés pour ordinateurs. – IBM 360 : le premier ***mini-ordinateur***.
1967	– Télévision en couleur en Europe (SECAM en France, PAL en Allemagne). – Magnétoscope grand public lancé par Sony.
1969	– Premier homme sur la lune vu en Mondovision.
1971	– Texas Instrument réalise le premier calculateur sur une puce. – Intel réalise le premier ***microprocesseur***.
1972	– Démarrage de la troisième chaîne en France.
1973	– Truong Trong Thi, au sein de la société française REE, construit le Micral, premier ***micro-ordinateur***, qui deviendra par la suite Bull Micral.
1974	– Lancement commercial du micro-ordinateur Altaïr aux USA. – Partition de l'ORTF en sept sociétés et établissements publics.
1975	– Sony lance son magnétoscope grand public à cassettes ***Betamax***. – JVC lance son magnétoscope grand public à cassettes ***VHS***.
1977	– Steve Jobs et Steve Wozniak lancent Apple II, premier produit de Apple Computers Inc. Apple I était un micro-ordinateur livré en kit. – Tentatives de lancement de « radios libres » en France.

1978	– Publication du rapport de Alain Minc et de Simon Nora consacré à l'informatisation de la société. Les auteurs du rapport inventent le mot ***télématique désignant*** l'utilisation conjointe de l'informatique et des télécommunications. – Ouverture de TRANSPAC, le premier réseau de transmission de données par « ***paquets*** ». – Lancement du vidéodisque à laser Philips. – Philips et Grundig lancent le magnétoscope de format ***V 2 000***.
1981	– Expérimentation à Biarritz de l'utilisation des câbles en fibres optiques comme nouveau support de transmission pour la visiophonie et la télévision par câble. – Ouverture de l'expérience de vidéotex à Vélizy. – Arrêt du brouillage des radios libres en France. – Mise au point des premiers systèmes-experts. – IBM se lance dans la micro-informatique avec le « PC ».
1982	En France : – Installation de la Commission consultative des radios locales privées. – Création de RFO qui reprend les activités de diffusion vers l'outre-mer, assurées précédemment par FR3 et Radio France. – Le gouvernement de Monsieur Mauroy adopte le projet qui sera appelé Plan câble.
1983	– Premiers ***camescopes*** pour le grand public et les professionnels. – Première liste de radios locales autorisées par la Haute Autorité.
1984	– Apple lance le micro-ordinateur Macintosh. – Lancement du Plan Câble en France. – Lancement du satellite français Télécom 1A, par la fusée européenne Ariane, permettant la transmission de communications téléphoniques, télévisuelles, et les liaisons vidéo et inter-ordinateurs. – Lancement de Canal Plus (4e chaîne en France). – Début de la distribution gratuite des terminaux ***Minitel*** aux abonnés du téléphone. – Aux États-Unis, démantèlement de ATT, déréglementation du téléphone. – Le Japon lance son premier satellite de diffusion directe. – Philips et Grundig abandonnent le format V2 000 et adoptent le VHS. – En France adoption de la Loi autorisant la publicité pour les radios locales privées.
1985	– En France, adoption de la Loi anti-concentration dans les médias. – Expérimentation du ***télétex***, nouveau service de communication de l'écrit.
1986	– Europe 1, RTL, RMC entrent sur la bande F.M. à Paris. – Loi « Communication et libertés ».
1987	– Création de France Info. Autorisation de 45 radios privées à Paris. – Ouverture commerciale par France Télécom du ***Réseau Numérique à Intégration de Services (RNIS)*** en Côtes d'Armor. – Ouverture du système de radiomessagerie de France Télécom (Alphapage) à Paris.
1988	– Inauguration officielle à Paris du RNIS, baptisé Numéris. – Mise en service du câble transatlantique en fibres optiques (TAT 8).
1989	– Le Conseil supérieur de l'audiovisuel succède à la CNCL. – Loi instituant notamment les Comités techniques radiophoniques. – Publication par le CSA du « communiqué 34 » qui fixe le paysage radiophonique.
1991	– Depuis le 1er janvier, La Poste et France Télécom sont des exploitants de droit public, dotés d'une personnalité juridique distincte de l'État. – Le CSA demande aux radios privées de souscrire des engagements pour la promotion de la radio française.
1994	La loi du 1er février 1994 apporte des modifications concernant l'organisation du secteur radiophonique privé, notamment l'autorisation initiale (qui ne peut excéder 5 ans) peut être reconduite par le CSA au maximum deux fois.
1996	– Deutche Telecom a opéré sa privatisation partielle avec succès. – Canal plus, TPS (Télévision par Satellite), ABSat ont lancé la commercialisation en France de leur bouquet de chaînes de télévision numériques par satellite.
1997	– France Telecom est devenu une société anonyme, abandonnant son statut d'Établissement public à caractère industriel et commercial.

Hit-parade

Émission radio et/ou de télévision s'adressant aux auditeurs et/ou téléspectateurs, de 15-25 ans généralement, qui propose un classement des disques les mieux vendus dans la semaine ou les mieux appréciés d'après les appels téléphoniques des auditeurs pendant l'émission, ou, pour la télévision à partir d'un ***panel***. Traduction française possible : palmarès de la chanson, mais cette expression a été le titre d'une émission célèbre de Guy Lux sur la première chaîne de l'ORTF dans les années 1960.

Holographie

Représentation d'images dans l'espace. L'image représentée est un hologramme. Le principe de l'holographie consiste en un photographie en trois dimensions. Il a été énoncé par Denis Babor en 1947. La première application pratique de l'holographie utilisant l'invention du laser date de 1963.

Hors champ

Désigne tout ce qui n'est pas dans le champ de la caméra, mais qui intervient dans le déroulement, soit par le son, soit par un indice visuel dans le champ (regard d'un personnage vers un élément hors champ par ex.).

Hors médias (Moyens de Communication -)

Moyens de communication ***au-dessous de la ligne*** composés essentiellement du prospectus, la ***publicité sur le lieu de vente*** – PLV –, opération promotionnelle, ***mécénat, parrainage***.

Hypercard

Logiciel de Bill Atkinson à partir duquel celui-ci a diffusé et vulgarisé l'***hypertexte*** dans l'environnement Apple. Il se situe dans la veine du projet de Ted Nelson « NLS-AUGMENT ». Hypercard est un logiciel générateur de système hypertextuel. Il permet de créer des hypertextes avec des outils simples et un langage de programmation spécifique nommé Hypertalk. Ces capacités restent réduites car il ne définit pas la structure des données, ni leur type. Il ne permet pas de créer un hypertexte complet (**collecticiel**), mais a offert à tous les utilisateurs de Macintosh la possibilité d'en saisir la structure de base en instituant la cassure de la linéarité des produits grâce aux ***boutons***, aux ***liens*** et aux ***nœuds***.

Les premiers avantages de ce ***générateur*** d'application hypertextuelle restent sa simplicité d'utilisation et sa large diffusion son principal équivalent sur standard IBM se nomme Toolbook.

Hypermédia

Les hypermédias n'existent pas encore véritablement. Ils devront réunir les deux types d'***interactivité*** en associant l'infini d'une structure ***hypertexte*** et la variété des données que propose le ***multimédia***. Un hypermédia sera donc un hypertexte doté de séquences vidéo, de photos ou de graphismes, sonorisé, et selon les cas, accessible par un ***réseau télématique***.

Hypertexte

Ce concept est bien antérieur aux outils technologiques qui l'ont matérialisé puisque le premier hypertexte **Memex** a été imaginé avant l'ère de la micro-informatique. Le concept d'hypertexte se conçoit comme une organisation réticulaire des informations ou de la connaissance. Il définit deux outils de base : le **nœud** qui constitue la plus petite unité d'information disponible et le **lien** qui permet de passer d'un nœud à un autre. Ils sont disposés en **étoile** de telle sorte que plusieurs liens partent d'un même nœud.

Cette organisation non linéaire des informations fait du lecteur l'auteur de son cheminement par là même unique et spécifique, elle a été retravaillée et matérialisée dans plusieurs projets. Les plus ambitieux restent sans doute ***XANADU, NLS-AUGMENT, HYPERTIES*** mais le produit qui a véritablement fait connaître l'organisation fondamentale de l'hypertexte reste ***HYPERCARD*** qui est un logiciel de Bill Atkinson. Un hypertexte est donc avant tout un système ouvert d'information caractérisé par son ***interactivité*** de structure qui engendre une libre **navigation** du lecteur dans le produit. C'est le lecteur qui crée le syntagme et donne sens au produit, il devient auteur de son propre **parcours**. Ce système ouvert repose sur une structure réticulaire complexe, non linéaire, il peut s'entendre de deux façons : en écriture ou en lecture.

En effet, certains hypertextes sont commercialisés comme des produits édités, finis et fermés dont l'information est figée, le lecteur dispose alors d'un univers délimité à explorer selon une structure hypertextuelle alors que d'autres produits, plus proches du logiciel, offrent les deux modes de lecture et d'écriture grâce à un générateur de liens, les piles HYPERCARD par exemple.

Tous les hypertextes reposent sur quelques principes fondamentaux sans lesquels ils redeviennent des produits interactifs de base :

1) la multiplicité des liens

Elle fait leur richesse et garantit leur nature d'hypertexte.

2) la vitesse d'exécution de ces liens

Elle favorise les sauts d'un nœud à l'autre sans délai, ce type de **navigation** n'est pertinent que si les connexions se font très rapidement. Ce passage très bref permet de généraliser et d'utiliser dans toute son étendue le principe de non-linéarité du discours qui devient la norme et la règle de lecture d'un hypertexte.

3) le multifenêtrage

Il entraîne la juxtaposition à l'écran de plusieurs nœuds représentés par des documents de taille et de nature parfois diverses. La notion de page ou de page-écran survit très mal dans un tel environnement où chaque page est en fait le résultat des choix de l'utilisateur qui l'a construite lui-même en associant les éléments de son choix en fonction de son propre parcours qu'il fait cœxister un certain temps...

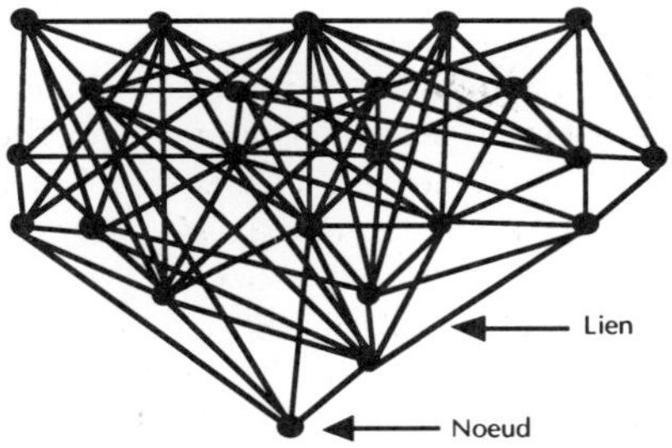

L'hypertexte peut devenir un univers paradoxal pour l'utilisateur qui se voit tout permis en termes de parcours grâce à la multiplicité des liens et qui ne parvient pas au nœud recherché parce qu'il se perd dans la structure réticulaire du document. Les difficultés de repérage au sein même de cette structure sont d'abord un obstacle majeur à la consultation des hypertextes et des produits à forte interactivité. L'utilisateur doit essayer de se faire sa propre représentation mentale globale de l'ensemble de la structure et de son maillage, mais ce n'est pas toujours possible car certains hypertextes sont très importants – les encyclopédies spécialisées principalement – et d'autres varient souvent – les collecticiels par exemple. Alors le repérage et la circulation deviennent trop difficiles, surtout dans le cas de produits de fiction dotés d'un scénario interactif qui n'ont pas forcément de référent dans le réel.

Il faudrait pouvoir tracer la carte de l'ensemble du produit, mais cela est impossible : chacun peut faire ses liens, les liens peuvent être multiples, temporaires.

Hyperties

Structure hypertextuelle développée sous la responsabilité du Professeur Shneiderman à l'université du Maryland.

L'université était dotée de trois stations de grosse capacité en réseau et basait son système de conférences sur des ***hypertextes*** afin de pouvoir appeler des dictionnaires, des lexiques, des schémas ou une aide en ligne par un système de ***boutons*** à partir de la ***base de données*** développée à l'université. Ce produit a été commercialisé sous le nom d'Intermedia, il fonctionne en parallèle avec la ***consultation en ligne*** de base de données puisqu'il permet à l'utilisateur de générer ses propres ***liens*** entre différents documents à l'intérieur d'une même source d'une même base de données.

Cette base de données est traditionnelle sauf qu'elle permet à chacun de faire ses liens comme il l'entend, mais un système de consultation traditionnel préexiste à la mise en place de liens. Mais il est clair que l'utilisateur ne peut pas ajouter de ***nœud*** à la base préexistante contrairement au projet ***NLS-AUGMENT***.

Hyperties associe une recherche documentaire classique à un générateur de liens. Ce produit est disponible sur ***Internet*** « ***World Wide Web*** » à l'adresse suivante : telnet info.cern.ch

I

I.A.

Sigle de ***Intelligence artificielle.***

I.B.A. (*Independant Broadcasting Authority*)

Autorité de régulation spécifique du secteur privé audiovisuel en Grande-Bretagne mise en place en 1954 et remplacée par l'ITC (*Independant Television Commission)* au terme de la réforme entrée en vigueur le 1er janvier 1991.

Icône

Petite image. En ***informatique***, représentation symbolique d'applications.

Iconique (Édition -)

Voir ***Reproduction de l'œuvre d'art.***

Iconographie

1. Étude descriptive de la représentation figurée dans une œuvre particulière, ou des différentes représentations figurées d'un même sujet.
2. Ensemble des illustrations d'une publication particulière.

Iconothèque

Collection d'images classées.

Identité

Du latin classique : *idem*, le même. Le terme identité apparaît, en 1361, dans les œuvres de Nicole d'Oresme. Dans le dictionnaire philosophique, Voltaire (1694-1778), en 1764, indique que ce terme scientifique ne signifie que même chose, et pourrait être rendu en français par *mêmeté* (Littré). Du point de vue juridique, l'identité est l'ensemble des informations ou renseignements de fait ou de droit qui permettent d'individualiser une personne : nom, prénom, date et lieu de naissance, sexe, nationalité, couleur des yeux, taille...

L'identité est à la fois un concept qui s'est développé au sein de certaines disciplines des sciences humaines, en psychologie notamment, et un terme de la langue courante ayant des acceptions diverses selon les écrits et discours où il est employé.

Son passage de l'ontologie à la logique, de la métaphysique à la psychologie, son arrivée récente en sciences sociales et son actuelle apparition dans les préoccupations de l'entreprise, offrent matière à réflexion et expliquent en partie la diversité et l'ambiguïté des concepts qu'il recouvre. Rares, en effet, sont les concepts ayant fait l'objet d'autant d'analyses terminologiques ! La propagation du concept d'identité d'une discipline à l'autre au mépris des cloisonnements convenus, l'importance qui lui est accordée depuis la fin des années soixante-dix semblent pouvoir s'expliquer par les différentes crises qui secouent actuellement notre société.

Mais ce type de transfert s'explique également par le fait que les frontières entre les disciplines sont souvent poreuses et parfois mal définies. Les sciences de l'homme et de la société ne se sont pas définitivement stabilisées. Elles sont perpétuellement en crise, se questionnent, se complètent et s'enrichissent mutuellement grâce notamment aux transferts conceptuels et méthodologiques. Le concept d'identité s'inscrit parfaitement dans cette mouvance tant il correspond aux exigences et interrogations de notre époque, si tourmentée par des conflits de toute nature et à la recherche de ses valeurs. De plus, la définition de l'identité présente des difficultés intrinsèques et conduit à un certain nombre de paradoxes. En sciences sociales et humaines, L'identité a été étudiée dans des disciplines diverses selon deux perspectives distinctes, l'une privilégiant les caractéristiques individuelles avec les modalités de constitution de soi, et l'autre favorisant les caractéristiques collectives.

1. L'identité et la philosophie

La notion d'identité apparaît comme la condition essentielle à toute pensée logique. Elle est formulée à travers le principe d'identité : « une chose est elle-même », « A est A », ou encore « ce qui est, est ». Ce principe, qui gouverne toute la logique classique, traduit ainsi la condition essentielle à toute démonstration : la stabilité des concepts, c'est-à-dire le contenu des mots et leur définition, reste le même au cours de l'opération.

Ainsi, en algèbre, l'identité est une égalité qui reste vraie quelles que soient les valeurs attribuées aux termes qui la constituent. Les identités remarquables en sont un exemple $[(a+b)^2 = a^2 + b^2 + 2ab]$.
Ce principe d'identité est d'ailleurs complété par le principe de non-contradiction : A est différent de non A, une chose ne peut être elle-même et son contraire.
En outre, l'identité est un concept de la philosophie aristotélicienne, qui contribue à forger une définition philosophique de l'être et de l'existence. Dans les *Topiques* (1.7), quand Aristote tente de définir les sens du même, l'identité d'un objet, rencontrée dans les cas où il y a plus d'un nom pour une seule chose, par exemple vêtement et manteau, est opposée à l'identité de l'espèce et du genre, telle qu'elle apparaît quand il y a plusieurs choses ne représentant aucune différence que ce soit selon l'espèce (un homme et un homme) ou selon le genre (un homme et un cheval).
Ainsi, la théorie de l'identité se présente-t-elle comme un ensemble de tentatives en vue d'en déterminer le sens, ou le non sens. À quelle expérience, en effet, se réfère l'idée d'identité, étant entendu qu'à toute idée devrait correspondre une impression empirique ?
Due à la constance et à la cohérence des perceptions, l'illusion de l'identité est engendrée par le temps. Mais l'imagination et l'habitude expliquent aussi notre croyance en une réalité extérieure à nous, en l'ordre causal des phénomènes culturels et en l'identité du moi.
Cette notion d'identité basée sur la stabilité correspond à une conception statique de l'être et de la pensée, qui a été mise en doute par certains philosophes, dont G.W. Hegel (1770-1831) et K. Marx (1818-1883) notamment. Ces derniers considèrent que tout change constamment, que chaque chose non seulement devient autre que ce qu'elle est, mais encore est, par définition, autre que ce qu'elle est : l'identité de chaque chose, de chaque concept est temporaire, relative, tandis que le changement (ou la contradiction) est permanent, absolu.
L'identité conduit le plus souvent à des paradoxes car les critères de l'identité sont souvent impossibles à définir de manière universelle. Que répondre, en effet, à la question suivante concernant le bateau de Thésée ?
Ce bateau étant soumis à une réparation continue, chacune de ses vieilles planches (appelons les TI) était immédiatement remplacée par une autre jusqu'à ce que fussent changées toutes les planches (appelons TII le nouveau bateau). Pour leur part, les vieilles planches, transportées ailleurs au fur et à mesure, ont été plus tard assemblées dans un autre bateau (TIII). Lequel de TII ou de TIII est le même bateau que TI ?
La solution à ce problème dépend de la signification donnée à l'identité. Le choix se fera entre, d'une part, la continuité, l'unité spatiale d'une seule forme et le maintien d'une fonction et, d'autre part, la persistance du substrat, l'identité matérielle des planches. En outre, antiquaires et prêtres pourraient soutenir des positions différentes. Pour un monument en l'honneur de Thésée, les antiquaires choisiraient TIII, alors que les prêtres, soucieux d'inaugurer un culte de Thésée, opteraient pour TII, le bateau qui était le sien au moment de sa mort.

2. L'identité en anthropologie et ethnologie

En anthropologie, l'identité ne constitue pas un concept véritablement spécifique, mais apparaît au détour d'autres problématiques, telles que l'ethnicité, l'appartenance lignagère ou la personne. Elle a toutefois pu être envisagée selon deux topiques, soit relative au problème de l'identité des choses, c'est-à-dire comment les sociétés utilisent la relation logique d'identité (« A est A ») à propos des êtres (personnes et objets) constituant leurs univers, soit liée à l'identité des personnes et des groupes, c'est-à-dire comment un individu ou une collectivité se reconnaissent ou se rassemblent par une marque distincte ou sous une désignation commune.
Aucune des sociétés primitives ne semble tenir pour acquise une identité substantielle. Elles morcellent au contraire l'individualité en plusieurs âmes, multiples éléments dont la synthèse est problématique.
La recherche des singularités partagées s'assimile à celle des traits culturels qui caractérisent la collectivité dans laquelle l'individu est plongé. Les valeurs du cadre national, religieux, politique, ethnique... dans lequel celui-ci évolue conditionnent en effet sa propre identité. La langue elle-même n'est pas un instrument neutre mais devient un élément constitutif de la personnalité en contribuant à la perception du réel. De même, les coutumes ***proxémiques*** qui varient beaucoup d'une culture à l'autre influencent-elles fortement les comportements. Ainsi, chaque civilisation a sa manière de concevoir les déplacements du corps, l'agencement des maisons, les conditions de la conversation, les frontières de l'in-

timité. L'espace interpersonnel est une dimension cachée de la culture.

L'identité, sorte de foyer virtuel auquel il est indispensable de nous référer pour expliquer un certain nombre de choses, est inséparable de l'individuation, différenciation des classes ou d'éléments de classe par rapport aux autres éléments ou classes de même niveau.

3. L'identité en psychologie

L'idée de personne, terme grossièrement défini dont se rapproche l'identité, est loin d'être identique selon les époques, les cultures et les individus.

Élément fondamental du droit romain, dont l'esclave est exclus, la personne recevra du christianisme une base métaphysique, et sera, ultérieurement, morcelée par S. Freud (1856-1939) en un moi, ça et surmoi.

Persona voulait d'abord dire masque de théâtre, mais il en vint vite à signifier également la fausse apparence, le rôle joué par l'acteur, le statut social et le joueur lui-même. C'est à partir de ce dernier sens que se constitua l'idée d'une personne consciente de soi, présente à elle-même et raisonnable.

C'est E. Erikson qui a eu le mérite, vers 1950, d'introduire en sciences humaines une réflexion systématique sur l'identité personnelle et sociale, et a développé le concept de **crise d'identité**. Ce concept a tout d'abord été utilisé pour expliquer les troubles éprouvés par les vétérans de la Seconde Guerre mondiale, avant d'être étendu à la problématique des adolescents et des minorités d'origine étrangère.

L'identité de la personne concerne le sentiment d'identité, c'est-à-dire que l'individu se perçoit le même dans le temps. C'est ce qui le rend semblable à lui-même et différent des autres. Elle s'inspire des apports de la psychanalyse et est assimilée au surmoi, en tant que lieu où sont intériorisées les normes sociales à travers le processus de socialisation de la personnalité. Dans cette perspective apparaissent quatre aspects essentiels : la confiance en soi, le caractère stable des éléments individuels, l'intégration du Moi, l'adhésion aux valeurs d'un groupe et à son identité. Sa fonction est d'insérer la personnalité dans son contexte social.

L'identité apparaît alors comme la résultante des différentes identifications du sujet, mais ne peut être seulement conçue comme la simple addition d'identifications passées. Cette notion d'identification renvoie à celle décrite par S. Freud en tant que processus rendant possible l'expérience d'une pluralité de personnes psychiques. C'est par ce biais que se constituent, à partir d'une communauté affective les liens réciproques entre les individus et la foule, autrui jouant en effet un grand rôle dans la vie d'un individu.

L'importance du regard d'autrui et ses interactions dans la conscience du moi remettent ainsi en question l'identité comme une entité en soi, constituant un tout aux frontières définies. C'est dans l'interaction Moi-Autrui que chacun se définit. Chacun existe d'abord à travers le regard d'autrui qui est profondément intériorisé.

Dans toute son œuvre, E. Erikson oppose l'identité positive à l'identité négative. La première valorise le sujet alors que celui-ci a tendance à rechercher la seconde chez les autres, d'où la recherche inconsciente d'un bouc émissaire, tel le juif qui, d'après J.-P. Sartre (1905-1980), est autant craint qu'admiré. La perte d'identité, appelée diffusion d'identité ou confusion d'identité, traduit l'échec de la socialisation car elle se rencontre quand il y a dysfonctionnement des processus d'intégration.

L'identité est ainsi envisagée à partir de ses troubles, de ses crises, rendant difficile une étude à partir des aspects non pathologiques.

Avec une terminologie différente, la psychologie sociale à orientation cognitiviste a développé des recherches expérimentales sur les liens interpersonnels et la représentation de soi et d'autrui. Celles-ci montrent les multiples influences qui interviennent dans la constitution du soi, sachant que, dans la réalité, rien n'est dissocié.

L'**identité sociale** est la connaissance qu'a un individu de son appartenance à un ou plusieurs groupes sociaux, ou territoire (pays, ville région, rue...) et la signification émotionnelle et évaluative qui en résulte. Elle se crée au contact avec un autre groupe, qui rend l'appartenance à son propre groupe saillante et qui, en raison de son existence même, provoque chez l'individu un processus d'identification. Le sentiment d'appartenance à un groupe conduit à exagérer les différences par rapport à des individus d'autres groupes et à minimiser les différences entre individus d'un même groupe.

Il en résulte un comportement spécifique à l'intérieur du groupe (intragroupe) et entre groupes (intergroupes) si bien que le sentiment d'appartenance à une catégorie sociale est suffisant chez l'individu pour produire un comportement caractéristique de cette catégorie.

L'identité se présente à nouveau comme une notion ambiguë qui, en psychologie, apparaît très liée à la personnalité.

4. L'identité en sociologie

Développée à partir de l'identité sociale, l'identité en sociologie a d'abord considéré l'individu essentiellement comme membre d'un groupe façonné par l'idéologie dominante dans une société donnée.

C'est à partir des recherches portant sur la classe ouvrière ou des groupes minoritaires (éthiques ou sexuels) que des travaux ont montré comment les individus intériorisent une certaine interprétation de la place qu'ils occupent dans les rapports de production et dans les relations de pouvoir. Dans cette perspective, l'identité est une adaptation à la société à travers laquelle l'individu apprend à reconnaître sa place et à comprendre les règles du jeu social.

Le courant dialectique de la sociologie, s'inspirant notamment des concepts développés par Karl Marx, définit l'identité comme une intériorisation des valeurs qui ne sont pas séparables d'une idéologie dominante dans une société. En ce sens, l'identité définit l'**aliénation**. La conscience que l'individu a de la réalité ne correspond pas aux conditions objectives qui la déterminent. Elle est produite par l'apprentissage social.

Mais l'identité en sociologie est une notion peu développée, et rares sont les ouvrages qui lui sont consacrés. Certains auteurs l'ignorent, d'autres la contournent en utilisant des termes voisins, comme identification ou identité collective.

Le concept d'**identité collective** est postérieur à 1968 et résulte de l'interrogation de chercheurs sur les mouvements sociaux et les phénomènes de crise. Depuis 1974, de nombreux ouvrages et articles traitent de l'identité collective, envisagée sous l'angle culturel, social ou ethnique.

La problématique de l'identité collective est apparue quand diverses communautés ont eu le sentiment de l'avoir perdue, ou d'être en train de la perdre, et se sont réclamées de l'identité pour contester un rapport de domination et revendiquer l'autonomie. L'affirmation de l'identité résulte soit de revendications territoriales, soit d'une opposition entre catégories sociales ou culturelles. L'affirmation liée à l'espace recouvre la notion de groupe social territorialisé.

Dans toute société les situations faites aux individus ne sont pas toutes semblables et peuvent être classées en diverses catégories. Les conditions dans lesquelles apparaissent les identités collectives sont ainsi fortement liées à une situation de domination.

L'identité collective, qui fait l'unité d'un groupe et sa différence par rapport aux autres, peut se définir de la manière suivante :

– « elle est subjectivement vécue et perçue par les membres du groupe ;

– elle résulte de la connaissance d'appartenance au groupe ;

– elle se définit d'abord par opposition à l'autre (en général) et comme différent des autres (groupes) ;

– par suite, elle se saisit à travers un système de représentations relativement intuitives (auto-images, hétéro-images) où s'opposent un ensemble de traits négatifs (à éviter) et un ensemble de traits positifs (proposé par le groupe comme modèle idéal), ce dernier constituant une sorte de noyau défensif, souvent générateur d'attitudes ethnocentristes (parfois investies d'affectivité à haute tension : patriotisme, nationalisme, chauvinisme) ;

– ces attitudes et aspects peuvent s'exprimer dans un discours qui implique un système d'idées relativement cohérent ou idéologie » (d'après Georges Michaud : *Identités collectives et relations interculturelles*, Paris : P.U.F., Complexe, 1978).

La réflexion sur l'identité collective s'est essentiellement appuyée sur les modèles concernant le fonctionnement de l'identité individuelle, car il n'y a d'identité collective que produite et activée par des identités individuelles. Mais identité individuelle et identité collective sont deux entités indissociables qui utilisent d'ailleurs une terminologie très proche de celle décrivant l'individu, avec des expressions telles que la mémoire collective, la psychologie collective ou l'âge des foules. En fait, les phénomènes identitaires ne peuvent se comprendre que dans la complémentarité de la psychologie et de la sociologie, avec à la base une analyse approfondie du groupe. C'est pourquoi une nouvelle discipline, la psychologie sociale, s'est récemment développée et propose le concept de ***représentation sociale*** pour appréhender l'identité des groupes sociaux.

En outre, un courant dit interactionniste (voir ***Interaction***) est apparu récemment, qui met l'accent sur les processus, et tend à concevoir les identités comme des stratégies identitaires pour en souligner leur caractère relationnel et dynamique. En effet, les acteurs sociaux (individu ou groupe) disposent d'une certaine marge de manœuvre face aux clivages institutionnels. L'individu peut, dans une certaine mesure, choisir son groupe d'appartenance ou de référence.

5. L'identité en Sciences de l'Information et de la Communication

Dans le champ des Sciences de l'Information et de la Communication, l'identité ne constitue pas un concept spécifique mais apparaît au détour d'autres problématiques.

Quatre domaines de recherches semblent ainsi pouvoir être distingués.

Le premier concerne des travaux portant sur l'identité nationale et la sociologie des médias. Ils cherchent à évaluer l'importance des médias dans la construction des événements publics, dans la constitution d'une mémoire collective, et la formation d'une identité nationale. C'est la télévision qui a fait l'objet des études les plus approfondies dans cette perspective identitaire. Elle présente, en général, des caractéristiques spécifiques à chaque pays, décelables tant dans ses programmes que dans les modalités de son organisation et de son fonctionnement. Des recherches ont ainsi porté sur la presse acadienne, les programmes et l'audience de la télévision chinoise, ou les émissions télévisées dans les pays européens. Les identités nationales apparaissent également dans une étude comparant douze paysages audiovisuels européens, leurs dispositifs juridiques, leurs programmes, la place des télévisions locales et les relations avec le pouvoir politique.

Le deuxième axe de recherches concerne les liens entre **territoire et communication**, et notamment la recomposition des territoires à la suite de l'installation de systèmes d'information et de communication. Celle-ci révèle en général certains déséquilibres locaux, des rapports de force symboliques et des représentations concurrentes sur un territoire donné.

La troisième approche se centre sur la métaphore sociale, dont les relations entre l'image, le territoire et la communication constituent la trame.

La dernière s'intéresse enfin aux processus communicationnels dans les organisations à partir de leur identité (Voir ***Identité d'entreprise***).

Ce bref voyage interdisciplinaire montre à quel point le concept d'identité a pu susciter l'attention des chercheurs, sans toutefois réussir à trouver une définition commune. Mais cette difficulté apparente ne diminue en rien l'intérêt des recherches basées sur ce concept, notamment en psychologie sociale. Voir ***Identité culturelle, Interaction sociale, Représentation sociale***.

Identité culturelle

La notion d'identité culturelle renvoie à un ensemble plus ou moins précis de caractéristiques qui distingue un groupe social d'un autre (une communauté, une classe sociale, une nation, etc.). Les contours de l'identité sont souvent difficiles à préciser mais la réalité de son affirmation constitue un fait sociologique indéniable. Les groupes ethniques, les collectivités régionales, les nations, etc. réclament la reconnaissance de leurs différences en s'appuyant sur une appartenance territoriale, une communauté de langue, une histoire commune, etc. La résurgence des identités collectives constitue sans doute l'un des phénomènes majeurs de la fin du XXe siècle, au même titre que l'internationalisation croissante des échanges.

1. Résurgence d'une ancienne préoccupation

L'***influence des médias de communication*** est au cœur de la problématique actuelle concernant l'identité culturelle. Vieux débat que celui de l'uniformisation, de l'homogénéisation, de la massification qu'auraient entraîné l'avènement et le développement des *médias de masse*. On se souviendra de la **théorie de la société de masse** du début du siècle dont Max Scheler, José Ortéga et Karl Mannheim se sont faits les champions. On se rappellera également les arguments des ténors (Adorno et Horkheimer) de ***l'École de Francfort*** sur la mort de la culture. Leurs thèses ont été abondamment critiquées et nuancées au cours des dernières décennies. À tel point qu'on aurait pu croire la question tranchée, voire définitivement enterrée. Le pouvoir d'influence, de manipulation des médias (v. *propagande*) ne s'est pas avéré aussi important que les alarmistes du début du siècle, dont il est maintenant de bon ton de qualifier le point de vue d'élitiste, ont bien voulu nous le faire croire.

Des événements et des développements récents ont pourtant remis la question à l'ordre du jour. Du côté des optimistes, on clame la fin de la société de masse – dont on avait pourtant contesté l'existence – depuis que les développements technologiques permettent la multiplication des canaux et services de communication et la fragmentation concomitante des marchés et des auditoires. Du côté des pessimistes, on s'inquiète de la progression constante du processus d'**industrialisation de**

la culture, des progrès de la technologie – qui en rationalisent la production, la distribution et la consommation – de même que de l'internationalisation croissante des marchés.

Les transformations géopolitiques en cours ont également réactualisé la dialectique des forces qui poussent à l'intégration internationale et de celles qui réaffirment l'identité nationale. À l'ouest, l'entente de libre échange canado-américaine et l'intégration économique de la Communauté européenne interrogent et remettent en cause les particularités culturelles. À l'est, le démantèlement de l'ex-URSS a ravivé les sentiments d'appartenance culturelle et les désirs d'autonomie nationale. Les mouvements nationalistes occidentaux y trouvent un nouveau stimulant mais également un sujet d'inquiétude.

Bref le vieux débat entre les rationalistes et les romantiques au sujet des vertus de l'universalisme et celles du particularisme refait surface. Les uns craignent le réveil des vieux démons du nationalisme, les autres redoutent l'impérialisme uniformisant des entreprises transnationales. L'émancipation des peuples colonisés s'est souvent faite en brandissant le flambeau de l'identité culturelle. Face à l'action uniformisante de l'impérialisme, les peuples exploités ont opposé la pluralité culturelle de la race humaine. L'***UNESCO*** a sanctionné la valeur de cette notion lors de sa **conférence sur les politiques culturelles** tenue à Mexico en 1982.

2. Comment appréhender l'identité culturelle ?

L'UNESCO en fait le pivot de la vie individuelle comme collective, « le principe vital qui inspire les décisions, les conduites, les actes perçus comme les plus authentiques ». Il est difficile de définir précisément ce qui constitue l'identité culturelle. Mais on peut repérer chez différents auteurs la référence récurrente à un certain nombre de caractéristiques : une langue commune, une conscience historique, un sentiment d'appartenance nationale, un contrat de vouloir vivre collectif. Évoquons-les rapidement.

a) La ***langue,*** matrice de l'identité culturelle

La langue apparaît souvent non comme le seul critère de distinction mais comme la matrice de l'identité culturelle, à l'intérieur de laquelle se résument et s'articulent l'ensemble des autres caractéristiques d'un peuple. Du philosophe français Joseph de Maistre au sociologue québécois Fernand Dumond, la langue est conçue comme la première et la plus haute expression de l'« âme » d'une nation. Mais si importante soit-elle, la communauté linguistique ne suffit pas à circonvenir toute la réalité de la référence à une identité culturelle spécifique. En effet, certains peuples qui parlent une même langue se définissent pourtant comme très différents.

b) Une conscience historique

L'identité culturelle implique nécessairement un certain sens de la tradition, une mémoire historique. Il y a, dans la logique identitaire, une volonté de préserver certaines caractéristiques ancestrales, un désir de perpétuer « le même ».

c) Un sentiment d'appartenance nationale

La plupart du temps, la notion d'identité culturelle renvoie à l'ensemble imprécis et changeant de ce qui caractérise un peuple, et plus fondamentalement à l'image qu'il a de lui-même, au sentiment d'appartenir à une même communauté d'idées, de coutumes, de valeurs, de normes, de comportements.

d) Un contrat constamment renouvelé

D'autres auteurs mettent davantage l'accent sur l'aspect contractuel de l'identité collective, sur le consentement volontaire plutôt que sur l'âme commune. Ce vouloir vivre commun est davantage tourné vers le futur que le passé. Et plutôt que par son origine, l'originalité d'une culture se définit par sa vitalité, par sa capacité d'intégration.

Certains auteurs se plaisent à opposer ces différentes caractéristiques de l'identité collective. Alain Finkielkraut, par exemple, pose en contraste la définition par référence à l'âme collective et la définition par référence au contrat de vouloir-vivre commun. D'autres, tel le sociologue Fernand Dumont, les intègrent dans une vision syncrétique : pour lui, l'identité collective ne saurait se définir sans une conscience historique qui fasse place à un projet d'avenir.

3. Émancipation rationaliste versus émancipation nationaliste

Deux points de vue s'affrontent depuis fort longtemps sur les mérites et les vertus de l'identité culturelle. Les uns y voient un instrument d'émancipation, une valeur à promouvoir au nom de la diversité de l'espèce humaine, un étendard à brandir face à tous les impérialismes. Les autres, s'inspirant de la philosophie du Siècle des Lumières, y voient un obstacle à surmonter, une dépendance dont les peuples doivent se libérer dans leur quête des valeurs universelles.

Si la multiplicité des identités culturelles apparaît comme une richesse du patrimoine universel à préserver, l'égalité et l'échange entre les cultures sont des valeurs tout aussi importantes à promouvoir. L'équilibre entre ces valeurs n'est pas toujours facile à établir et à maintenir. Les dangers de l'intolérance et de la domination, l'histoire nous l'apprend, ne sont que trop réels. Mais l'acceptation des tensions entre l'universalisme et l'identité culturelle, la recherche de leur conciliation sont essentielles à la vitalité de toute culture et à l'intercompréhension des peuples.

Les États ont un rôle important à jouer dans la poursuite de ces objectifs. Une culture ne saurait faire l'objet d'un décret gouvernemental. Une culture s'impose par son pouvoir d'attraction et par son dynamisme même. Une culture particulière n'est ni absolue, ni éternelle. Mais l'État doit veiller à définir des conditions qui favorisent la création et l'expression culturelle de ses commettants, à travers une législation appropriée et des politiques de la culture et des communications adéquates. Les produits culturels ne doivent pas être considérés comme n'importe quel autre produit. Leur nature même, les particularités de leur processus de production, leur rôle dans la définition identitaire, leur influence sur les valeurs et les comportements, invitent l'État à intervenir. À cet égard, une réflexion critique s'impose sur la notion de service public, à une époque où les progrès de la technique, l'accélération de l'industrialisation et de l'internationalisation des marchés, ont remis en cause les modèles formulés au début du siècle.

Identité d'entreprise

L'identité d'une entreprise donnée peut être envisagée sous de multiples aspects. Les uns renvoient à des caractéristiques facilement identifiables ou mesurables (chiffre d'affaires, effectifs, résultats, secteur d'activités...) alors que les autres ne peuvent faire l'objet que de perceptions individuelles subjectives (efficacité organisationnelle, compétences individuelles, traits culturels, ambiance de travail...).

Proposé aux gestionnaires à la fin des années soixante-dix pour expliquer le fonctionnement des organisations (J.P. Larçon et R. Reitter : *Structure de pouvoir et identité d'entreprise*, Paris, Nathan, 1979), le concept d'identité d'entreprise a laissé un temps la place à celui de ***culture d'entreprise*** pour reparaître depuis sur le devant de la scène.

L'identité d'entreprise est aujourd'hui une expression largement utilisée qui fait l'objet d'un foisonnement de publications, entretenant ainsi l'illusion d'un objet parfaitement maîtrisé. Avant d'être associé à l'entreprise, le concept d'identité s'est propagé de la philosophie à la plupart des disciplines des sciences humaines et sociales, au mépris des cloisonnements convenus, sans toutefois parvenir à trouver une définition consensuelle.

Il n'est donc guère surprenant que l'identité d'entreprise recouvre des acceptions diverses, et s'il est admis que cette expression fait référence aux éléments permettant de reconnaître une entité parmi d'autres, la plupart des auteurs ont limité ceux-ci aux seules composantes utiles pour expliquer des singularités constatées.

Elle sera ainsi le signifié de la culture pour certains auteurs, sera transcrite en arbre de compétences par le consultant M. Giget, décomposée en six facettes par J.N. Kapferer dans le prisme d'identité, ou réduite à l'identification visuelle et sonore par certaines agences spécialisées.

Cependant, même en l'absence d'une définition stabilisée, l'identité d'entreprise renvoie à un réel besoin des gestionnaires ou des chercheurs en organisation, à savoir comment appréhender une entreprise donnée, identifier ses caractéristiques organisationnelles et déterminer les éventuelles actions améliorant son fonctionnement.

Elle devrait entre autres permettre de mieux comprendre les processus communicationnels dans l'entreprise.

1. Identité d'entreprise : signifié de la culture

Le concept d'identité d'entreprise a été développé à l'origine pour améliorer la compréhension des mécanismes de pouvoir et la tâche des dirigeants. Si la culture renvoie à un ensemble de postulats et de symboles liés à l'action collective, l'évocation de l'identité implique de remonter au-delà de la culture d'entreprise pour atteindre les acteurs dans leur mécanisme psychique.

Définissant ainsi la culture comme le signifiant de l'identité, Larçon et Reitter engagent leur réflexion par une analyse du symbolique organisationnel, symbolique pouvant être décliné dans les catégories de l'**idéologie**, du mythe et du rite.

Il faut noter l'ambiguïté du concept d'identité résidant dans le partage entre l'identité individuelle et l'identité collective, et l'évocation d'un imaginaire organisationnel.

Ce dernier est constitué de :

– l'image que le personnel a de son entreprise ;

– celle des qualités morales et professionnelles nécessaires à la réussite selon les critères du personnel ;
– enfin, l'image des groupes influents à l'intérieur ou à l'extérieur.

Il s'agit en quelque sorte de la carte de pouvoirs.

Le terme d'imaginaire a été également utilisé par un certain nombre de théoriciens de l'organisation. Qualifié d'imaginaire social, ce terme regroupait les phénomènes de refoulement et de répression dans les organisations. Dans les deux cas, l'imaginaire est conçu dans une perspective psychologique, faisant référence au contenu fantasmatique, mais en lui conférant une dimension collective. La même problématique se retrouve dans d'autres analyses, qui estiment que ce sont les fondements psychanalytiques de l'identité de la firme qui façonnent ses performances ou ses contre performances.

Les auteurs ont ensuite proposé de gérer l'identité, considérée alors comme un levier à la disposition des dirigeants. Cette gestion est conçue comme une progression sur la voie de la communalisation, c'est-à-dire lorsque la survie d'un groupe devient pour ses membres un objectif opposable à leurs yeux aux objectifs individuels que, de leur côté, ils se considèrent comme autorisés à poursuivre.

D'autres auteurs se sont intéressés aux relations entre pouvoir, direction et inconscient, tels A. Zaleznik, qui a montré que l'angoisse exerce souvent inconsciemment une influence décisive sur les conduites des organisations.

Ces questions ont été également étudiées par M. Kets de Vries et D. Miller qui proposent des études de cas permettant de mieux comprendre l'influence de l'inconscient sur divers styles d'organisation, en offrant ainsi une nouvelle théorie de la contingence fondée sur la compréhension des processus inconscients. Certains groupes de recherches se sont constitués sur le sujet, tels le groupe de recherches sur les pratiques de direction et de leadership en gestion, à Montréal, qui travaille sur les relations entre l'inconscient, les fantasmes, les objets intériorisés et les pratiques de direction et de leadership, l'Institute for traditional dynamics à Lucerne et l'International society for the psychanalytic study of organisation à New York.

Dans cette perspective, un groupe, une entreprise, une organisation se constitue, et ne peut se constituer, que grâce à un lien libidinal, incluant les concepts freudiens d'amour-rejet, de narcissisme et d'identification. Ce qui donne des éléments de réponse à la question : comment peut tenir une organisation, comment se crée l'affectif, comment en rendre compte, ou à l'inverse, comment l'organisation crée-t-elle des maladies ou des haines ? Si l'inconscient des salariés ne peut être inféodé aux besoins de l'entreprise, une gestion qui ne tiendrait pas compte de celui-ci prend le risque d'aboutir à des impasses.

Un autre terme, celui d'âme, a été un moment préféré à celui d'identité trop rapidement assimilable à celui de carte d'identité. Mais ce terme n'a guère été repris, et l'auteur lui-même a renoncé à les différencier.

2. Identité d'entreprise et arbre de compétences
   L'auteur de cette approche, M. Giget, propose de définir l'identité à partir de l'arbre de compétences. Dénonçant la confusion existant fréquemment entre la stratégie du dirigeant et celle de l'entreprise, celui-ci souligne les difficultés de définition de l'identité des entreprises en raison du renouvellement des hommes et des idées, de la transformation des produits et des marchés, de l'internationalisation de la concurrence, des ruptures entre logique financière et culture d'entreprise, du rôle social sans cesse élargi des entreprises et de la multiplicité de leurs objectifs.
   L'identité est considérée par l'auteur dans ses deux dimensions, l'une statique relative à la différenciation par rapport aux autres, et l'autre dynamique relative à la continuité de cette spécificité dans le temps. L'identité d'entreprise peut alors s'illustrer à travers l'**arbre des compétences** qui différencie les compétences industrielles, le tronc, des compétences scientifiques et techniques, les racines, et les applications produit/marché, les branches.
   Cet outil conceptuel a été élaboré à partir de l'analyse d'entreprises aérospatiales américaines qui avaient du redéployer leur activité à la fin des années soixante, et a ensuite été appliqué à des entreprises européennes, essentiellement allemandes et suédoises.
   Bien qu'originale, cette approche paraît quelque peu réductrice car elle ne prend pas en compte la dimension collective de l'identité d'entreprise.
   Certains spécialistes de la communication, venant d'horizons différents (enseignants, chercheurs, consultants, publicitaires...) se sont également intéressés à l'identité d'entreprise afin d'évaluer la pertinence des communications publicitaires.

3. Le prisme d'identité

J.N. Kapferer décompose l'identité de l'entreprise en six facettes pouvant être symbolisées par un hexagone. Il comprend un physique, une personnalité, un univers culturel, un climat de relation, un reflet, une mentalisation.

Le physique renvoie à la réalité objective de l'entreprise, sa personnalité est, par exemple, gaie, triste, masculine, féminine, la facette culturelle postule que tout produit est le produit d'une culture, d'un système de valeurs, la facette relation concerne le type de rapport que l'entreprise entretient avec son public, la facette reflet comporte l'idée qu'une entreprise donne de ses clients, de ses acheteurs, la facette mentalisation interne est une facette symétrique de la facette reflet.

Soulignant les sources de confusion dues à la terminologie utilisée en communication, souvent d'origine anglo-saxonne, il différencie l'identité de marque de l'identité d'entreprise, opération rendue parfois difficile par le fait qu'entreprise, produits et marques ont quelquefois le même nom, et que le secteur des services a du mal à raisonner avec un concept de marque.

4. Le système d'identification sonore et visuelle

Quand il est question d'identité d'entreprise, il est très souvent fait référence à son système visuel, et/ou sonore d'identification : nom, symbole, système de couleurs, code graphique...

Une typologie des ***logotypes*** a été réalisée, par R.P. Heude, à partir des éléments constitutifs de l'image : couleur, nom, label, charte visuelle, graphisme. Un consultant américain, V. Napoles, a détaillé le long processus de création ou de modification de l'identité visuelle d'entreprise. F. Huygen, spécialiste de l'histoire du design, a étudié, quant à lui, l'évolution de la Britishness of British design et sa signification pour le reste du monde. Dans le même ordre d'idées, un ouvrage sur les systèmes visuels japonais a été publié il y a quelques années.

Cependant, malgré l'intérêt parfois démesuré qui leur est accordé, le logotype et l'ensemble du système d'identification visuelle et sonore ne représentent le plus souvent qu'une partie marginale de l'identité de l'entreprise.

La déclinaison des divers signes émis par l'entreprise dans une logique de communication globale illustre la nécessité de construire une image cohérente et unifiante. Mais la création et l'entretien de cette image reste trop souvent cosmétique. Utile pour désigner, l'image ainsi conçue se révèle peu porteuse d'amélioration profonde du fonctionnement de l'entreprise. De plus, ces éléments d'identification symboliques sont soumis à interprétation.

5. L'identité d'entreprise appréhendée à partir des représentations sociales

L'identité d'une entreprise donnée peut être également envisagée à partir de perceptions individuelles subjectives, qui sont particulièrement difficiles à appréhender mais n'en conditionnent pas moins le fonctionnement de l'entreprise et son évolution.

Afin de permettre le passage de perceptions individuelles à une représentation collective de l'entreprise, il a été proposé par certains auteurs d'utiliser un concept issu de la psychologie sociale, les ***représentations sociales***.

Images mentales d'un univers social, celles-ci correspondent à la manière dont chaque sujet se représente les événements de la vie courante, les données de son environnement, les informations qui y circulent, ou les personnes de son entourage.

En tant qu'identité collective, l'identité de l'entreprise peut être appréhendée par l'analyse des représentations sociales des membres de son personnel. En effet, au sein de l'entreprise comme au sein de toute collectivité, s'élaborent des représentations sociales, qui peuvent être partagées par l'ensemble des employés ou par des groupes distincts.

Il est alors possible d'obtenir une véritable image interne de l'organisation en interrogeant les salariés sur les principales caractéristiques de leur entreprise, et sur les rapports qu'ils entretiennent avec celle-ci. Cette connaissance permet de mieux appréhender les liens sociaux qui règnent dans l'entreprise, de suivre leur évolution et d'expliquer certains dysfonctionnements de l'organisation. C'est en effet à partir de la représentation qu'ils ont de leur entreprise que les individus agissent, dans et hors de l'organisation. En outre, la confrontation de cette image interne avec celle des partenaires extérieurs de l'entreprise, clients, fournisseurs, actionnaires... révèle souvent des distorsions significatives.

L'identité d'une entreprise peut ainsi s'appréhender par la connaissance des représentations sociales de ses membres en adaptant les techniques et outils développés par les psychologues sociaux.

Bien que très utilisée, l'identité d'entreprise est une expression floue dont la définition dépend des auteurs et de leurs préoccupations. Elle se définit souvent par référence à d'autres concepts, la culture d'entreprise par exemple, ou par analogie avec l'identité personnelle.

Cependant, même s'il s'avère souvent difficilement opérant, l'audit d'identité qui lui est associé répond à une préoccupation majeure, à savoir comment rassembler, structurer, combiner les ressources individuelles des salariés en efforts collectifs durables et porteurs d'effets économiques.

Idéologie

Voir ***Identité d'entreprise, Influence, Représentations sociales***.

Idéologie dominante

Voir ***Influence, Représentations sociales.***

I.F.C.I.C. (Institut pour le Financement du Cinéma et des Industries Culturelles)

Fondé en octobre 1983, l'I.F.C.I.C. répond à un double objectif : faciliter le renforcement des capacités de production et de création dans le secteur cinématographique, aider des P.M.E. industrielles, commerciales et artisanales à assurer un meilleur développement de leur propre capacité de production, dans le secteur des industries culturelles.

Cet organisme associe dans son capital des institutions financières publiques et privées et ses principales actions sont les suivantes :

– garantie de crédits à la production à concurrence de 70 % de leur montant et/ou 90 % pour les films culturels ;

– garantie de prêts participatifs à moyen terme renforçant la structure financière des entreprises ou facilitant la création d'entreprise à concurrence de 75 % de leur montant ;

– garantie des crédits d'équipements ou d'investissements incorporels ;

– garantie de crédits à l'exportation à hauteur de 80 % de leur montant.

Illocutionnaire (Acte -)

Énonciation dans laquelle le locuteur s'assigne un rôle et en même temps assigne un rôle complémentaire à l'auditeur. Voir ***Acte de langage, Austin***.

Image

1. ***Représentation*** d'un sujet (une personne, un groupe de personnes, une chose...) par le dessin, la peinture, la sculpture, la photographie, le film, la vidéo, etc.

   Forme singulière de représentation, l'image permet à l'esprit humain de conserver et de manipuler l'information extraite de son environnement. Elle est une modalité de représentation mentale qui a pour caractéristique de conserver l'information perceptive sous une forme qui possède un degré élevé de similitude structurale avec la perception.

   Cette image peut être visuelle, sonore ou renvoyer à toute autre activité sensorielle.
2. Représentation mentale d'un être ou d'une chose et susceptible de comporter une dimension axiologique, de donner lieu à un jugement de valeur : on dit ainsi telle entreprise a une bonne image dans l'opinion. Dans le langage courant, on utilise généralement l'expression d'**image de marque**, ce qui est un peu gênant lorsqu'on cherche à connaître l'image de marque de la marque.

   Voir ***Reproduction de l'œuvre d'art, Opinion publique***.

Image animée

Voir ***Image fixe, Animation***.

Image cinématographique et image de télévision

L'image cinématographique peut, en simplifiant, être comparée à une succession rapide de photographies dont le défilement crée le mouvement, au rythme de vingt-quatre images seconde.

En ***télévision***, l'image est une reproduction d'un objet, par analyse électronique, numérique, ou par un procédé de synthèse ***informatique***. L'image vidéo de télévision est obtenue par analyse électronique, puis par sa représentation graphique au moyen d'un balayage qui reproduit des tâches en couleur ou en noir et blanc, sur une surface à pointillage (écran cathodique). C'est ce qui fait la différence avec l'image cinématographique, qui est une reproduction de l'objet par impression sur un film photosensible, projetée image par image, sur une surface verticale. La télévision n'utilise donc pas la technique photographique du cinéma. C'est une image « mosaïque », qui propose à chaque seconde trois millions de points au téléspectateur qui, évidemment, ne peut en retenir qu'une faible quantité. Le téléspectateur est bombardé directement de points lumineux qu'il doit reconstituer, à l'inverse de l'image cinématographique qui, projetée, est déjà constituée. Cette dernière, telle que la reçoit l'œil, résulte de la réflexion sur une surface blanche de la lumière qui n'agresse pas, alors que l'image électronique est directement émise de l'objet lui-même, le téléviseur, et apparaît donc beaucoup plus violente.

L'**image numérique** est une analyse de l'image par échantillonnage et ***numérisation***, la transformant en valeurs binaires. Sa reproduction s'effectue au moyen d'un lecteur laser.

L'**image de synthèse** est une image numérique en 2 ou 3 dimensions, créée sur ***ordinateur***. Le concepteur de ces « nouvelles images » travaille sur une console reliée à un ordinateur, un magnétoscope et plusieurs écrans.

Image dans le fait divers
Voir ***Fait divers***.

Image d'archives (ou *Stock shot*)
Image d'actualité, empruntée à des documents d'archives et insérée dans une œuvre de télévision postérieure (reportage, fiction).

Image d'Épinal
Dessin en couleur, de style naïf, dont la production principale avait été la ville d'Épinal dans les Vosges au XIXe siècle. Voir ***Bande dessinée***.

IImage fixe et image animée
La terminologie des sciences de l'information distingue deux sous-ensembles à l'intérieur de l'ensemble des images : celui des images animées et celui des images fixes. Ce qui les différencie est donc le mouvement, qui suppose deux types de perception : l'image animée impose à l'observateur son propre déroulement spatial et temporel réel, tandis que l'image fixe n'impose qu'une limite spatiale, le temps n'intervenant en elle que de manière symbolique ou analogique et selon le temps de l'observateur.
Cette dénomination a d'abord désigné les représentations visuelles à deux dimensions, plastiques, graphiques ou photographiques, qu'elles soient originales ou reproduites. Leur lecture pouvant se faire directement ou bien par l'intermédiaire d'un appareillage technique (projecteur, stéréoscope, lecteur de microfiche...). Il faut inclure maintenant dans la catégorie des images fixes appartenant aux documents audiovisuels les **images numériques** et sur supports magnétiques dont le mode de visualisation passe par un écran. L'impression par imprimante restant dans la catégorie des documents iconiques. Ces images proviennent de plusieurs champs : artistique (arts plastiques, photographie), éditorial (presse, livre, carte postale), publicitaire (affiche, imprimés), scientifique (imagerie scientifique, didactique, graphique, schématique, signalétique) et pour une part, celui des pratiques privées (photographie). On peut schématiquement, à la suite de Abraham Moles, diviser ces productions en images artistiques et images documentaires et/ou fonctionnelles. La ***reproduction des œuvres d'art*** pose le problème spécifique de l'image documentaire d'une image artistique.

Image numérique, image de synthèse
Voir ***Image de cinéma et image de télévision, Image fixe***.

Image test
Image fixe de télévision émise hors programmes pour permettre aux téléspectateurs de procéder à divers réglages de l'image (contraste, lumière, couleur, etc.).

Image virtuelle
Image de synthèse numérique en trois dimensions réussissant à donner l'impression de la réalité. On parle de réalité virtuelle. L'image virtuelle peut être aussi bien une reproduction de la réalité, par le clonage, que le résultat de calculs destinés à donner une forme visible à des conceptions abstraites. Les deux types d'image (image réelle et image de synthèse) peuvent ensuite être combinés en vue notamment de simuler la réalité.
Le film *Tron* de la société Walt Disney est l'un des premiers à utiliser le système des images virtuelles. Celles-ci sont pour une grande part à l'origine du succès du film *Jurassic Park* de Steven Spielberg.
Avec un système de visualisation stéréoscopique, ou par un scanner rétinien à laser à basse intensité, il est possible d'entrer et d'évoluer dans les lieux virtuels produits par l'image virtuelle.

Immanence (Principe d'-)
Principe de la linguistique structurale selon lequel le texte est considéré comme un système clos dans la mise en évidence du **parcours génératif du sens**. L'application de ce principe revient à s'interdire tout recours aux faits extra-linguistiques pour construire le sens d'un signe ou d'un discours.

Impact
L'impact publicitaire est le résultat de l'action combinée du support véhiculant le message, de la valeur créative du message ainsi que de l'environnement publicitaire. Les mesures de l'impact sont diverses.
S'il s'agit d'une campagne publicitaire monomédia ou du test d'une création particulière, l'impact sera mesuré par des scores de mémorisation portant sur une restitution plus ou moins complète du message :
– la reconnaissance du message donne le score brut ;
– la restitution de la marque donne le score prouvé ou score d'attribution.
S'il s'agit d'un bilan de campagne, on parlera plutôt de « *top of mind* », **notoriété spontanée** ou **notoriété assistée**. Parler de couverture, ***fréquence moyenne*** ou ***GRP***, c'est ne parler que de contacts. Telle affiche amènera tant de centaines de milliers de contacts par semaine, telle salle de cinéma tant de milliers de

contacts hebdomadaires seulement. Mais un contact affichage ne pèse pas aussi lourd qu'un contact cinéma. On peut établir le schéma suivant :

Niveau 1 : Contact = Exposition au support.

Niveau 2 : Attention = Exposition au message.

Niveau 3 : Impact = Mémorisation du message.

Implicite

Ensemble des phénomènes par lesquels l'énonciation exprime davantage ou autre chose que le sens immédiat de l'énoncé. Pour la ***pragmatique***, outre les présupposés, l'implicite concerne ce qu'on laisse entendre (involontairement) ce qu'on donne à entendre (qu'on suggère à dessein), ce qu'on fait entendre (qu'on oblige à déduire par une violation apparente des principes de conversation). Les interactionnistes élargissent l'implicite à l'ensemble des signes qu'échangent inconsciemment les interlocuteurs.

Impression hélio

Voir ***Héliogravure***.

Impression offset

Voir ***Offset***.

Imprimatur

Autorisation d'imprimer accordée par les autorités pontificales et religieuses, garante de la tenue morale de l'ouvrage concerné. Ce droit de regard, institué peu après l'apparition de l'imprimerie, c'est-à-dire au XVIe siècle a perduré jusqu'à très récemment. Ce satisfecit s'apparente à une forme de ***censure***, puisque les ouvrages n'en bénéficiant pas sont en fait condamnés, en raison d'un contenu scabreux, ou tout simplement contraire au droit canon. L'Imprimatur s'apparente dans son principe au *nihil obstat* (« rien n'empêche »), autre censure religieuse qui a longtemps concerné toutes les publications qui préoccupaient l'Église, et sur lesquelles elle entendait conserver un droit de regard.

Imprimerie

1. Ensemble des techniques et des métiers qui permettent de produire des tracts, des prospectus, des affiches, des journaux, des livres ou autres ouvrages par pression sur la surface de la matière support (papier, carton, tissu, plastique, métal). Les principaux procédés d'impression sont la ***typographie***, l'***offset*** et l'***héliogravure***.
2. Établissement ou entreprise qui exécute des travaux d'impression pour obtenir des reproductions d'ouvrages imprimés. Du point de vue des responsabilités, on distingue cependant l'imprimerie de presse et l'imprimerie de labeur. L'imprimerie de presse est régie de ce point de vue par la ***loi du 29 juillet 1881*** et peut donc être poursuivie par la procédure en cascade en cas d'infraction du support de presse (article 42), même si l'imprimeur n'est pas l'auteur de l'article de presse à l'origine de l'infraction. Cependant, il ne peut pas être poursuivi pour complicité (article 43), ce qui, de ce fait, lui interdit d'exercer une quelconque ***censure*** sur les textes et les journaux qu'il ne peut refuser d'imprimer.

INA (ou I.N.C.A. : Institut National de la Communication Audiovisuelle)

Établissement public français, fondé le 7 août 1974, ayant pour mission de conserver les archives françaises de la radio et de la télévision et de rendre accessible au plus grand nombre le patrimoine audiovisuel national.

L'INA assure également une mission de formation professionnelle sous forme de stages et une mission de recherches en nouvelles technologies, nouvelles images, nouvelle écriture, nouveaux médias.

À cela s'ajoute une activité éditoriale destinée aux professionnels de la communication avec, en particulier, la publication bimensuelle « Les dossiers de l'audiovisuel ».

Incrustation

Trucage vidéo remplaçant une partie de l'image sur l'écran par une autre image provenant d'une autre source, un autre écran, un magnétoscope, etc.).

Par exemple, les présentateurs du journal télévisé ou de la météo apparaissent souvent devant une image fixe ou mobile. On obtient ce trucage en filmant l'arrière-plan, puis le présentateur devant un fond bleu (ou vert). L'arrière-plan (un paysage, une carte satellite) est incrusté à la place du bleu. Le présentateur ne doit pas porter de vêtements bleus (ou verts si le fond est vert), qui seraient alors remplacés par le paysage.

Incipit

En latin, « ainsi commence ». L'incipit est le début d'un ouvrage, les premières lignes en inaugurant le propos. Les ouvrages médiévaux avaient coutume de commencer par ces mots en latin : « ainsi commence l'histoire... ». Quand l'imprimerie apparut, au XVe siècle, la tradition se perpétua un temps, et l'incipit était alors, et est resté, la désignation du commencement du livre. Par contre, les toutes dernières lignes, en lesquelles on trouvait le nom du copiste ou de l'imprimeur, et la date, s'appellent le **colophon**. Artisanalement, ce colophon avait souvent la forme d'un triangle inversé. Il subsiste de nos jours en « l'achevé d'imprimer ».

Incise

Figure de ***rhétorique*** consistant à insérer un pan de phrase à valeur morale, allusive, à l'intérieur d'un autre phrase, plus longue. Le théâtre, par le biais du jugement, de l'allusion, fait grand usage de l'incise, qui est une manière d'aparté. « Avoir l'art de l'incise » désigne cette pratique consistant à relativiser, minorer, pondérer ses propres propos.

Incommunicable

Tout ce qui, pour des raisons sémantiques ou surtout morales relevant du tabou ou de l'interdit, ne peut être communiqué. Le terme s'emploie souvent dans un contexte théologique. L'incommensurabilité de la transcendance sacrée est incommunicable à la créature pensent les agnostiques. Wittgenstein a, par un énigmatique aphorisme, scellé le principe de l'incommunicabilité placée sous le sceau de l'interdit par sa septième et dernière proposition du *Tractacus* : « Ce dont on ne peut parler, il faut le taire. »

Incunable

Étymologiquement « dans les langes ». Tout ouvrage imprimé avant Pâques 1500, et appartenant de ce fait à la genèse de l'imprimerie. Ce dit par extension, mais improprement, pour définir un ouvrage fort ancien. Il s'agit strictement des ouvrages imprimés entre 1450 environ, date de l'invention de l'art typographique par Johann Genfleisch, dit Gutenberg, et 1500. Les ouvrages postérieurs sont donc considérés comme non plus **vestiges**, mais **modernes**.

Index

Liste ordonnée alphabétiquement des éléments ou données contenus dans un document ou un fichier, qui permet de les localiser. Index de noms de personnes, d'auteurs, de lieux, de concepts etc.

La **publication programmée par ordinateur (PAO)** a permis de réaliser beaucoup plus facilement des index fiables et regroupant un nombre important de données ; par exemple les index d'encyclopédies, de codes, de publications périodiques. Souvent sous le vocable tables des matières, des index sont donnés.

Index (L')

Catalogue officiel des livres interdits aux catholiques. Supprimé depuis 1965. Voir ***Censure***.

Indexation

Voir ***Langage documentaire, Index***.

Indexation (Critères qualitatifs de l'-, selon Lancaster)

F.W. Lancaster (*Indexing and abstracting in Theory and Practice*. London : Library Association, 1991) énumère sept facteurs déterminants pour la qualité de l'indexation. Ce sont :

– le nombre de descripteurs ;
– l'emploi du vocabulaire libre ou/et du vocabulaire contrôlé ;
– la dimension et la spécificité du vocabulaire ;
– les caractéristiques du sujet et sa terminologie ;
– les facteurs liés à l'indexeur ;
– les outils à la disposition de l'indexeur ;
– le volume ou la longueur des documents à indexer.

1. Le nombre de descripteurs et la pondération

Pour F.W. Lancaster, la cohérence de l'indexation peut dépendre du nombre de descripteurs assignés à un document. Les producteurs fixent souvent à leurs analystes une fourchette à respecter dans le nombre de descripteurs à retenir : BIOSIS, par exemple, préconise 10 à 15 descripteurs par publication. De plus, les descripteurs peuvent être affectés de poids qui reflètent leur importance pour un sujet donné ou pour une base donnée ou encore par rapport aux objectifs des utilisateurs. C'est ainsi que BIOSIS, pour continuer sur le même exemple, assigne trois valeurs aux descripteurs, « primaire, secondaire et tertiaire ».

Le niveau « primaire » signifie que la référence est publiée sous ce descripteur ; le niveau « secondaire » indique que la notion est assez bien représentée sans être le sujet principal ; le niveau « tertiaire » indique une faible représentation. À l'interrogation, les documents seront ordonnés selon leur degré de pertinence et selon l'importance relative des concepts à l'intérieur des textes pris en compte (il y aura des descripteurs « majeurs » et des descripteurs « mineurs »). La présence de termes larges et la liaison de termes sémantiquement reliés favorisent également le ***rappel***. La pondération peut porter sur les termes des requêtes des utilisateurs.

R. Fugmann, concepteur d'un système d'indexation pour la documentation en chimie (le système TOSAR), a cependant introduit le concept d'indexation impérative, pour garantir la prévisibilité du descripteur. R. Fugmann, a proposé 5 axiomes pour l'indexation au nombre desquels figure donc le postulat de la prédictibilité ou prévisibilité du descripteur.

L'indexeur se doit de choisir le terme le plus approprié, c'est le concept d'indexation impé-

rative (*mandatory indexing*) ; cela l'autorise, selon les cas, à compléter l'indexation contrôlée par une indexation libre, à condition que le terme choisi librement soit rendu explicite par l'indication de la **facette** ou du point de vue.
Plus le terme approprié est facile à trouver, plus sa prévisibilité est forte. Les autres postulats ou axiomes dans la théorie de l'indexation de R. Fugmann sont les suivants :
– la définition du thème de recherche (*definability*) ; si l'utilisateur veut aboutir, il doit être à même de définir clairement le sujet de sa requête en termes de concepts et de relations entre concepts ;
– l'ordre de succession des termes (*axiom of order*), qui sous-entend que les parties doivent être proches du tout et leur classement prévisible : la précision avec laquelle le terme le plus approprié sera choisi dépend de l'ordre dans lequel les termes sont disponibles ; plus le terme approprié est difficile à trouver plus sa prévisibilité est faible ;
– cet ordre doit être en rapport avec l'importance de la collection, c'est-à-dire fonction de la taille de la collection et de la fréquence d'interrogation (*axiom of sufficient degree of order*) ;
– la fidélité de la représentation (*axiom of fidelity*), qui peut se manifester non seulement dans la taille et la spécificité du langage, mais aussi dans la syntaxe.
Le respect de ces postulats devrait aider à la réalisation de systèmes d'information performants et permettrait de réconcilier des points de vue différents qui jusqu'ici semblaient incompatibles.

2. Indexation libre ou contrôlée
Peut-on se passer de vocabulaire contrôlé, c'est-à-dire de l'aide d'un ***thésaurus*** préétabli ? Le terme de « langage libre » ou de « langage naturel », dans le contexte de la recherche d'information, fait habituellement référence aux mots trouvés dans les textes et ainsi « *free text* » (texte libre) est synonyme de « langage naturel ». On parle aussi de « capacité de recherche plein texte », pour qualifier la capacité de stocker et de rechercher un texte complet sous forme lisible en machine. On utilise aussi le terme de « *free text* » dans le cas de mots ou de phrases extraits par la machine et inclus dans une référence bibliographique représentant le texte.
Les partisans du vocabulaire libre défendent l'**indexation libre** au nom de l'objectivité du contenu de l'information et de la rapidité de l'opération.
Pour certains, le canadien R. Blais par exemple, la seule description objective du contenu d'un document consiste à utiliser les mots qui figurent dans le document lui-même, les auteurs connaissant mieux que les indexeurs le vocabulaire propre à exprimer leurs recherches. L'indexation libre possède malgré tout un certain degré de contrôle : création de listes de mots non significatifs (**antidictionnaire**), lemmatisation ou combinaison des formes du singulier et du pluriel d'un mot, traduction en une seule langue, etc.
Le taux de rappel du langage libre est élevé lorsqu'il est possible d'interroger sur des fragments de mots : que ce soit le début de mots au moyen de la ***troncature*** à droite ou la fin avec la troncature à gauche. La recherche sur un fragment de mot peut aussi utiliser la troncature médiane, qui permet de retrouver les mots dont la partie centrale n'est pas précisée.
Le but du **vocabulaire contrôlé** est de maîtriser la ***synonymie*** et la ***polysémie*** du langage naturel. Ce but est en partie atteint si un même thème est toujours indexé de la même manière dans la même base de données. Mais cela ne veut pas dire que le vocabulaire du langage contrôlé ne puisse pas évoluer avec le temps. BIOSIS, qui indexe les mots des titres des documents, compare constamment le vocabulaire de sa base avec celui qui est employé par les auteurs dans les titres. Selon la fréquence d'emploi des nouveaux termes (si un terme figure plus de 10 fois dans l'année dans les titres de la littérature biologique, il est considéré comme important pour le vocabulaire) on procédera à des mises à jour du thesaurus.

3. Taille et spécificité du vocabulaire
Ce point est lié au précédent. Frederick W. Lancaster s'est intéressé au problème de la spécificité du vocabulaire lors de l'évaluation d'un important système d'information médicale, le système *Medlars* de la National Library of Medicine à Washington, dans laquelle il a défendu le vocabulaire contrôlé comme instrument de recherche et de cohérence de l'indexation.
Le vocabulaire contrôlé doit être spécifique pour que le taux de précision soit élevé ; l'évaluation du système Medlars lui a permis de détecter les erreurs à ne pas commettre à l'indexation.
Les erreurs à éviter lors de l'indexation et au moment de la recherche sont les suivantes :
– erreur d'interprétation du contenu (« *defective search logic* ») ;

– erreur de traduction d'un concept correctement identifié (« *use of inappropriate terms* ») ;
– omission d'un concept important ;
– manque de spécificité du vocabulaire (« *lack of specificity in the terms* ») ;
manque de spécificité de l'indexation ;
Un bon vocabulaire contrôlé devrait contenir un grand nombre de termes d'entrée non retenus renvoyant aux termes préférentiels ce qui devrait permettre de ne retenir qu'un seul terme parmi plusieurs termes jugés équivalents ou exprimant des notions exprimées différemment, et des termes associés ; pour se situer à un bon niveau de spécificité, il devrait comporter des relations hiérarchiques d'ordre générique/spécifique.

4. La cohérence terminologique du sujet étudié
Pour K. Bhattacharyya, la cohérence terminologique est la stabilité de la relation entre un concept et la dénomination correspondante qu'il définit à l'aide de deux critères :
– le degré de contrôle exercé par la communauté scientifique sur l'emploi des termes ou sur les néologismes ;
– le degré de conformité du chercheur individuel à l'égard d'un terme en usage dans la communauté scientifique. Pour mesurer ce deuxième critère, il propose une formule quantitative simple :

$$t = c/s$$

où « t » est la mesure de la cohérence terminologique, « c » le concept qui a la valeur 1 et « s » le nombre de synonymes correspondants.

5. Le rôle des indexeurs et de leurs outils
L'expérience des indexeurs et leur connaissance du sujet influent aussi sur la cohérence des descripteurs. Il est tout aussi important qu'ils partagent les mêmes outils et respectent les mêmes consignes sur la forme des termes conventionnels, choisis comme entrées ou « descripteurs » ou qu'ils aient les mêmes grilles d'analyse. Les tests ont démontré, en effet, que si les indexeurs sont en général d'accord sur le choix des concepts, ils divergent au moment de faire leur traduction en descripteurs. Ce défaut peut être compensé par un nombre plus élevé de descripteurs.

6. La longueur des documents
Certains auteurs ont fait ressortir que la cohérence était plus grande lorsqu'on indexait des documents courts, les résumés et les titres plutôt que les textes eux-mêmes. En effet, les résumés ou les titres contiennent des indications importantes sur les thèmes abordés dans les textes. La base de données BIOSIS, par exemple, concernée par les publications dans le domaine des sciences de la vie, ne traite que les titres des articles. Cela pose évidemment le problème de la pertinence des mots employés dans les titres. D'autres n'envisagent que le cas de l'indexation de textes déjà résumés : cela permet de passer du résumé à sa représentation dans une langue spécifiquement construite pour les besoins de l'analyse de contenu.

Indexation libre

Méthode de **repérage automatique de l'information** qui se fait sans analyse préalable du contenu. Par opposition, les méthodes qualifiées d'indexation contrôlée consistent à repérer le contenu des textes et de le traduire à l'aide d'un langage documentaire qui forme alors un répertoire contrôlé et structuré.
On distinguera :
– la méthode du ***texte intégral* ou *indexation plein texte*** ;
– les ***index permutés*** ;
– les ***index de citations*** ;
– les ***revues des sommaires*** ;
– les ***résumés***.
Ces méthodes visent à mettre en évidence *a posteriori* les principaux sujets des documents en se limitant aux mots clés d'origine, extraits soit des textes, soit de leurs titres, soit des résumés faits par les auteurs eux-mêmes, ou des trois à la fois, donc à utiliser du vocabulaire libre. Elles reposent sur le principe de l'élimination des ***mots vides*** grâce aux dictionnaires des mots vides.
Le problème crucial pour l'indexation automatique de textes longs est de sélectionner parmi ces milliers de mots-clés ceux beaucoup plus rares qui sont susceptibles de décrire rigoureusement le contenu de ces textes.

Indexation plein texte

Dans les **banques de données plein-texte**, les textes sont stockés intégralement en ***mémoire d'ordinateur*** sans indexation : il s'agit nécessairement de textes homogènes, en une seule langue et structurés de manière à permettre un certain nombre de traitements informatiques. Ce système est possible grâce aux grosses capacités des mémoires, et aux ***logiciels*** perfectionnés qui permettent de retrouver rapidement les chaînes de caractères indiquées par l'utilisateur. L'apparition de supports, comme le ***Cédérom***, permettant le stockage et l'exploitation de quantités importantes de textes, favorise le développement de ce type de recherche. Un texte ou une partie de texte est repéré par un ou plusieurs mots. Chacun des mots qui composent le texte indexe le texte en

question qui sert de point d'accès et, en quelque sorte, directement de représentation du contenu.
Le corpus de *Frantext*, par exemple, rassemble 2 700 œuvres de la littérature française et des textes relevant des domaines des arts, des sciences et des techniques, comportant plus de 160 millions de mots. Grâce au logiciel documentaire Stella, l'utilisateur peut effectuer un certain nombre de recherches : étude sur les emplois de mots ou de combinaisons de mots (calcul de fréquences, exemples d'utilisation, sélection en fonction d'un profil donné : un préfixe, un radical, un suffixe donnés) ; recherche sur les formes flexionnelles d'un verbe, modernes et classiques ; sélection d'un sous-ensemble de textes suivant différents critères (titre, auteur, date d'édition, nom de l'éditeur, genre littéraire) ; constitution de listes de références bibliographiques attestant un mot donné ou plusieurs mots donnés, etc.
Généralement, pour ne pas surcharger les index, on élimine les mots vides (ou *stopwords*) qui n'apportent pas d'information significative (les adverbes, les articles, les prépositions), que l'on regroupe dans un « ***antidictionnaire*** » ou « *stop list* ». Les mots seront confrontés à ces antidictionnaires avant d'être sélectionnés comme descripteurs.
On enrichit parfois le texte de notions qui ne sont pas implicites dans les documents : on parle alors de la méthode du « texte intégral enrichi ». L'enrichissement du texte intégral consiste, en effet, à compléter chaque document d'identifications, de références, d'informations ; lorsqu'il s'agit par exemple de textes de lois, le texte intégral peut être accompagné de la référence des textes d'application. Cela permet à l'utilisateur de visualiser le texte intégral d'une loi, d'un règlement mis à jour et de disposer ainsi d'une parfaite fiabilité.
L'information est organisée en fichiers inversés : tous les mots porteurs de sens du texte sont rangés dans l'ordre alphabétique, suivis des numéros identificateurs des documents comportant ces mots ou de leur position. Le repérage est précis sur le numéro du document, le numéro de la phrase, le numéro du mot. Tous les mots peuvent être utilisés au moment de la recherche, de même que certaines procédures : troncature, synonymie, opérateurs de proximité ou d'adjacence, opérateurs de co-occurrence pour rechercher les voisinages les plus fréquents.
Dans ces systèmes, il n'y a pas de perte d'information : les termes sont pris dans les textes des documents eux-mêmes sans subir de contrôle terminologique, bien qu'ils puissent éventuellement être ramenés à une forme de base ; la mise à jour est immédiate, le coût est relativement réduit. Le résultat de la recherche dépend du vocabulaire utilisé dans les textes, qui peut varier d'un auteur à un autre, d'où l'intérêt de chercher les synonymes possibles.
Le taux de bruit (le nombre de documents non pertinents) peut être assez élevé : D.C. Blair signale qu'un système plein texte utilise la moitié des mots du texte pour le représenter ; ce qui signifie qu'un tel système peut utiliser cent fois ou mille fois plus d'information qu'un système conventionnel. Le problème crucial pour l'indexation automatique de textes longs est donc de sélectionner parmi ces milliers de mots-clés ceux beaucoup plus rares qui sont susceptibles de décrire rigoureusement le contenu de ces textes.
Pour améliorer le ***taux de rappel*** (le nombre de documents pertinents), D.C. Blair propose d'utiliser un thésaurus post-indexation afin d'établir automatiquement des liens de synonymie entre les termes utilisés au moment de la question ou de rechercher les liens entre les termes génériques ou spécifiques.

Index de citations

Liste des articles qui, après publication d'un article original, citent ce dernier ou s'y réfèrent.
On introduit les noms des auteurs et les références dans l'***ordinateur*** et on trie pour grouper les documents faisant référence à un même article.
En lisant les index de citations, on doit pouvoir en principe, dire quel est le sujet de l'article, puisque la référence d'une publication ou d'un auteur permet de retrouver les articles qui se préoccupent de la même question (liens de similitude de sujets) et de montrer ce qui est significatif du point de vue des auteurs eux-mêmes.
Les citations sont en dehors des variations de la terminologie, car même si les dénominations changent, les auteurs et leurs articles ne changent pas.
L'index de citations permet de rappeler des références antérieures à la date de l'article citant, puisqu'un auteur signale les publications de ses prédécesseurs et fournit ainsi une rétrospective des travaux. Les citations sont donc des liens qui relient les textes d'appui ou de départ aux textes récents. La recherche se fait par articles cités dans les revues considé-

rées comme les plus prestigieuses à travers le monde, dans toutes les branches de la science. Le « *Social Sciences Citation Index* », par exemple, dépouille intégralement les articles parus dans les 1 400 revues scientifiques, en majorité de langue anglaise, jugées comme les plus importantes par l'éditeur dans le domaine des sciences sociales et au nombre desquelles figurent seulement 23 titres français. Sont également dépouillées, mais de manière sélective, des revues appartenant aux domaines des sciences physiques et naturelles, sur la base d'un algorithme qui examine les mots des titres et des citations et crée une liste d'articles potentiellement pertinents pour le domaine. Cette liste préliminaire est ensuite revue par les analystes de l'Institut. Les citations mettent ainsi en relief l'interdisciplinarité de nombreuses recherches, ou de la « dispersion » d'un sujet.

Les index de citations les plus opérationnels sont « *Science Citation Index* », « *Social Sciences Citation Index* » et « *Art and Humanities Citation Index* », tous les trois publiés par Eugene Garfield de l'Institute for Scientific Information (ISI) de Philadelphie. Ils existent sous forme imprimée, en disque compact et en base de données. Les bases de données associées aux « *Citation Index* » sont la base SCISEARCH, pour le *Science Citation Index* ; la base SOCIAL SCISEARCH pour le *Social Sciences Citation Index*.

L'article citant un article original est identifié dans le « *Source Index* », l'article cité par le « *Citation Index* ». L'***ordinateur*** procède automatiquement à la permutation des mots, des titres, des articles, du *Source Index* et on obtient ainsi l'index permuté des sujets, le « *Permuterm Subject Index* » qui est un index alphabétique sujets, établi à partir de tous les mots significatifs des titres des articles dépouillés : chaque mot (terme primaire) est couplé avec les n-1 autres mots significatifs (termes secondaires) du titre. Chacun des mots significatifs figure donc en tant que terme primaire et en tant que terme secondaire. Le « *Permuterm index* » associé aux index de citations appartient à la famille des index ***KWIC*** : chaque mot clé dans un titre est associé à tour de rôle à chacun des autres mots clés du titre.

La recherche peut porter sur les articles d'un auteur donné, écrits pendant une période donnée ou cités pendant une période donnée, ou sur des articles citant un article d'un auteur donné ; la recherche peut donc démarrer par la référence bibliographique ou par un mot clé ; les mots clés peuvent mener à d'autres mots clés possibles et les titres eux-mêmes peuvent révéler d'autres mots clés utiles pour la recherche ; le *Science Citation Index* permet de faire des recherches depuis 1945.

Des études sur la pertinence des citations ont été faites grâce à des méthodes basées sur les statistiques ou les associations lexicales ; un chercheur choisit des termes pertinents à partir d'index de citations et cette information traitée avec les statistiques lexicales est utilisée pour déterminer la pertinence de la citation.

Les méthodes unidimensionnelles consistent à effectuer le décompte de publications ayant telle ou telle caractéristique ; les méthodes bidimensionnelles ou relationnelles cherchent à découvrir les liens entre deux publications : ce sont d'une part les méthodes des co-citations ou de couplage bibliographique qui rapprochent les publications citant ou citées ; ce sont d'autre part les méthodes des mots associés qui rapprochent les publications par les mots clés qui les répertorient ou les mots clés par les documents qu'ils répertorient. Plus il y a de documents dans la base, plus les liaisons entre mots clés sont nombreuses. Ces études mettent en relief l'interdépendance d'une étude dans un domaine et des documents publiés dans des domaines voisins, donc l'aspect interdisciplinaire de certaines recherches, même si le choix des revues de référence est nettement déterminé par la langue anglaise.

Les index de citations servent à la recherche d'informations bibliographiques et sont également largement utilisés comme indicateurs bibliométriques pour le comptage des publications faites par les chercheurs ; le nombre de citations reçues en moyenne par article publié, l'impact d'un chercheur ou d'une équipe sont autant d'indicateurs qui permettent d'évaluer l'état de santé de la recherche de base ou les directions de recherche. Ils peuvent aussi être utilisés pour l'analyse bibliométrique des périodiques les plus importants pour une discipline donnée.

Les index de citations permettent ainsi de dresser la carte de la recherche à tout moment, d'augmenter la pertinence de la recherche documentaire et d'employer des méthodes statistiques à des fins bibliométriques. La recherche d'information par les index de citations peut être plus performante dans certains cas à la recherche à l'aide d'un langage d'indexation.

Index permutés

Index qui présentent les mots significatifs des titres en permutation circulaire entourés ou accompagnés de l'ensemble de la phrase dans laquelle ils figurent. On distingue les index **KWIC** (*KeyWord in Context*), les index **KWOC** (*KeyWord Out of Context*) et les index **KWIT** (*KeyWord In Title*) et KWOT *(KeyWord Out of Titlet*).

Ce procédé de rotation de mots-clés dans une phrase a été développé en 1959 par Hans Peter Luhn, ingénieur chez IBM aux U.S.A., et est souvent utilisé pour l'établissement d'index de titres de périodiques ou de listes de termes d'indexation (ou descripteurs). Ce système exige un programme de reconnaissance des frontières de mots et des moyens pour différencier automatiquement les mots significatifs des mots non significatifs. Pour enlever toute ambiguïté dans les chaînes de caractères, H.P. Luhn a eu l'idée de placer les termes dans le contexte de leurs titres d'où l'expression « *KeyWord in Context* » ou KWIC.

Dans les index KWIC, les mots significatifs figurent toujours au même endroit dans une colonne centrale, accompagnés d'une grande partie du titre ; les titres apparaissent autant de fois qu'ils comportent de mots significatifs.

Les index KWIT (*Keyword in title*) ou KWOT (*KeyWord Out of Title*) sont utilisés pour l'indexation des titres d'articles de périodiques.

Les index permutés sont produits par ordinateur, sans l'intervention d'analystes, selon les mots du langage naturel utilisés dans les titres, après élimination des ***mots vides***, comme dans la méthode du texte intégral : l'ordinateur reçoit une liste de mots jugés non informatifs *a priori* ou non significatifs pour une recherche d'information (*stop word list*) ; tout mot non inscrit sur la liste sera traité comme **mot-clé**.

Une autre méthode consiste à marquer d'un astérisque ou de tout autre signe conventionnel les mots-clés pendant l'enregistrement des titres dans l'ordinateur, qui traitera comme mot-clé tout mot du titre ainsi marqué.

Dans la méthode KWOC, les mots sur lesquels porte la permutation sont placés en vedette, en tête de tous les titres comportant ces mots ; les titres sont ainsi écrits suivant l'ordre normal de leur présentation et le plus souvent au complet, même si le titre remplit plusieurs lignes, alors que dans la méthode KWIC, les titres peuvent être tronqués en avant ou en arrière des mots significatifs servant au classement alphabétique.

Les avantages de ces systèmes sont la rapidité de signalisation des articles nouveaux, le faible coût de fabrication, une bonne spécificité, car le voisinage de plusieurs termes révèle le contenu d'un document et surtout un vocabulaire qui suit l'évolution de la terminologie, puisque sont retenus les mots clés d'origine, tels qu'ils figurent dans les titres des documents.

L'inconvénient est que les points d'accès sont limités aux mots des titres : la recherche doit donc souvent se faire par tâtonnements et même si elle aboutit au mot recherché, il peut ne pas y avoir correspondance entre le titre et le contenu. Cette méthode convient à la signalisation rapide des titres mais ne peut guère être utilisée pour une recherche d'information approfondie.

Indicatif

Bref signal sonore et/ou visuel, qui permet l'identification d'une société de programmes ou d'une émission régulière.

Indice d'écoute

Ce terme grand public n'est pas utilisé par les professionnels de la ***mesure d'audience*** car il peut désigner aussi bien l'audience d'une émission, d'une tranche horaire et même l'audience cumulée d'une chaîne de télévision.

Indistinction

Absence de distinction discriminante ou repérante parmi les membres d'un groupe social ou d'une communauté, ou d'un pays. L'indistinction est le principe qui régit les relations sociales et qui structure la sociabilité. C'est en vertu de ce principe que les relations sociales sont organisées en fonction des appartenances et non en fonction des filiations. En effet ce sont les filiations et les relations d'ordre naturel qui connaissent des distinctions radicales. Les systèmes sociaux, au contraire, reposant sur l'indistinction entre leurs membres.

La ***communication médiatée***, dans ces conditions, s'organise selon l'indistinction des acteurs de l'espace social : les énonciateurs et les destinataires de discours, de messages, de formes diverses de communication organisent leurs relations non en fonction d'un statut ou d'une identité propre, mais en fonction des situations dans lesquelles ils sont impliqués et en fonction d'objectifs de communication et de sociabilité qu'ils se fixent ou qui leur sont fixés par la société dans laquelle ils se trouvent.

L'indistinction, enfin, garantit la liberté de la ***communication médiatée*** dans l'espace social, en situant la communication dans le champ des appartenances, librement choisies et assumées par ceux qui en sont porteurs.

1. Indistinction et égalité d'accès aux formes de la communication
   C'est l'égalité d'accès à la communication à ses formes, à ses lieux et à ses structures, qui donne à la communication sa dimension politique, en en faisant un enjeu pour un projet politique : l'égalité, en effet, est un projet politique, explicite, revendiqué, manifeste. Dès lors qu'un projet politique se donne une vocation, ou une dimension, de communication, c'est pour revendiquer l'égalité de tous devant la communication, et pour la garantir.
   Le ***secret*** est la première limitation au principe d'indistinction : en effet, à partir du moment où il y a un secret dans un espace de communication, il n'y a plus indistinction, puisque certains acteurs ont accès à une information qui est interdite à d'autres, ce qui crée une distinction entre plusieurs catégories d'acteurs appartenant à l'espace social.
2. Indistinction et liberté de communication
   Si l'indistinction garantit la liberté de communication, c'est qu'elle garantit que l'engagement de tous dans des formes et dans des stratégies de communication ne se fait pas en fonction d'une place ou d'une identité, d'un statut, préétablis, mais se fait en fonction de choix et de significations assumés par celui qui en est porteur. L'indistinction garantit la liberté de communication, car elle garantit que la communication n'est structurée que par le sens que ses partenaires donnent à l'échange auquel ils se livrent.
3. Indistinction, pouvoir et communication
   À partir du moment où l'espace social de la ***communication médiatée*** est structuré en espace politique, il est traversé par des dynamiques et par des logiques de pouvoir, qui substituent des logiques de mandat et de fonction politiques aux logiques indistinctes de la communication médiatée. En effet, dès lors qu'il y a pouvoir, s'instaure une différence fondamentale entre ceux qui l'ont et ceux qui ne l'ont pas – différence qui, justement, fonde le politique et se différencie radicalement de la logique de la distinction et de l'identité.
   Dans le champ de la communication médiatée, le pouvoir confère aux acteurs qui le détiennent un statut particulier en matière de communication : l'indistinction caractérise alors les destinataires de la communication, le public auquel elle s'adresse, et non les *énonciateurs* ou les *destinateurs* de cette communication.
4. Indistinction et politique de la communication
   Comme l'indistinction fonde tout espace politique, elle fonde l'espace politique de la communication : elle fonde l'espace de la communication en tant qu'espace politique, c'est-à-dire en espace institutionnel et en espace de pouvoir. Mais c'est l'indistinction qui garantit que la communication se déroule vraiment dans l'espace politique et non dans l'espace privé, puisque c'est elle qui garantit que ce sont des volontés et des significations générales qui donnent sa consistance à la communication, et non des volontés et des significations particulières (selon l'opposition faite par Rousseau, dans *Le Contrat Social*).

Industrie cinématographique

Si le film de ***cinéma*** est la résultante d'un travail collectif d'artistes et qu'il appartient donc à ce titre au « 7e Art », il est régi par une loi, avant même d'être conçu : celle de l'argent indispensable au financement de toute activité productive et, ici, à la réunion de tous ses talents. C'est en cela que André Malraux pouvait écrire « par ailleurs, le cinéma est une industrie ».

La divulgation de l'œuvre au public est de plus soumise à une phase d'industrialisation très importante faisant intervenir différents acteurs – Producteur, Distributeur, Exploitant, cf. le schéma ci-dessous – et transformant le film « prototype », en bien industriel (copies de l'original), et en service (projection en salle) par le biais de la commercialisation. Le cinéma s'apparente ainsi à une véritable industrie (il ne lui manque que le pouvoir de fabriquer ses créations artistiques en série), dont la logique économique relève du ***modèle éditorial***, bien que ses produits soient de plus en plus des stocks de programmes valorisés par la diffusion télévisée. En effet, le débouché principal, pour un nombre de plus en important de films, n'est plus la salle de cinéma, mais la télévision qui manque crucialement de programme, compte tenu de la multiplication des chaînes et des heures d'émission. Seuls les rares films événements peuvent être rentabilisés en salles très rapidement, en s'appuyant sur une importante action promotionnelle et publicitaire. L'importance de la **publicité** pour le succès commercial d'un film ne trompe pas sur le caractère industriel du produit.

Le secteur cinématographique s'identifie à une filière, composée en amont de la production, de la distribution en phase intermédiaire, et de l'exploitation en aval. La consommation de films peut se faire en salle de théâtre cinématographique ou à domicile soit en visionnant des cassettes vidéo ou des vidéodisques, soit en regardant les programmes payants ou gratuits des chaînes de télévisions.

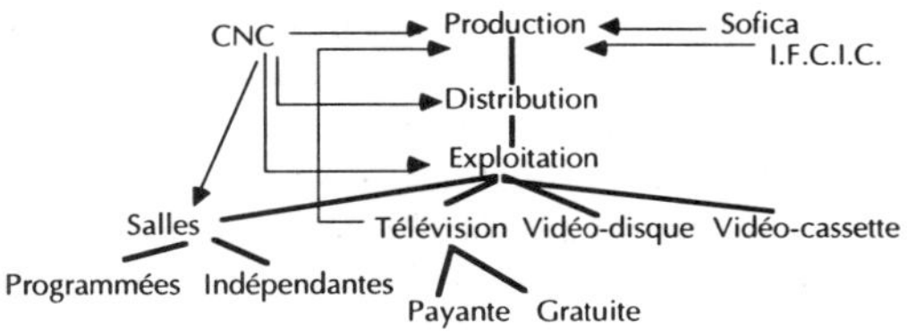

Industrie de l'information

Expression pour laquelle les professionnels de l'information en ligne limitent la définition à « la production des bases et banques de données ou de leurs systèmes, la gestion des services informatisés, la préparation, production, stockage et diffusion des produits d'information électronique, mis ou destinés à être mis dans un avenir proche, à la disposition du public » (*European Information Providers Association*, et *Information Industry Association* qui est américaine).

De manière moins restrictive on ajoute généralement aux entreprises du secteur précédent (production, gestion et diffusion commerciale des bases et banques de données), les entreprises qui produisent et commercialisent l'information cognitive, sociale, culturelle, esthétique, économique, etc. sous toutes ses formes (papier – presse, livre – télévision, radio, disques, cinéma...). De ce point de vue les industries culturelles sont une partie des industries de l'information. En revanche, le transport physique des données relève des industries de la communication.

Influence

Pouvoir exercé indirectement par la médiation de formes et de logiques de communication. Les logiques d'influence ont tendance à développer des formes de pouvoir parallèles aux pouvoirs institutionnels et à développer des formes de domination non régulées par les instances et les organes de contrôle habituels. L'influence est un pouvoir qui s'exerce sur les représentations dont sont porteurs les acteurs de l'espace public. C'est pourquoi on peut parler de l'influence comme d'un pouvoir ***médiaté***.

1. L'influence dans la ***communication médiatée***

La culture issue des médias pose de façon nouvelle le problème de l'influence. En effet, il ne s'agit plus de l'influence telle que peuvent l'exercer des acteurs plus ou moins individualisés du politique dans le simple exercice de leurs fonctions, de leur mandat ou de leur pouvoir. L'influence ne saurait, comme elle a pu l'être aux temps classiques de la politique, se limiter à ce que l'on appelait les **hommes d'influence** *:* elle s'exerce désormais à travers tous les domaines de la vie sociale et par la médiation de tous les acteurs de l'espace public. Si l'on va plus loin, on peut même observer que la tendance des sociétés dites de l'information consiste à multiplier les réseaux, les formes et les structures de l'influence, ce qui tend à réduire la dimension proprement individuelle de la décision, et à nécessiter une reformulation des concepts de responsabilité, de pouvoir et de citoyenneté. Au-delà, c'est, sans doute, la vie politique dans son ensemble qui a à être redéfinie, repensée, reformulée, dans le cadre d'une culture et d'une logique de la médiation.

2. Influence et médiation

Rappelons la définition du concept de **médiation** : forme d'articulation, ou de dialectique, entre le singulier et le collectif. À partir de cette définition, on peut considérer l'influence comme une forme de médiation de décision. En effet, l'influence, dans la culture dominée par la ***communication médiatée***, peut, dans une telle perspective, se définir de la façon suivante : médiation par laquelle un acteur assume une décision qu'il prend en fonction de son appartenance. Il s'agit, en fait, du processus par lequel un acteur individuel va s'approprier, en l'assumant, une décision qui lui vient de ses contacts avec son entourage ou avec les autres acteurs de l'espace public auquel il appartient. L'influence fait donc partie, aujourd'hui, des dynamiques et des logiques par lesquelles se construit et s'étend un espace public de la médiation.

3. L'influence dans l'espace politique

L'**espace politique** se définit comme l'espace social au sein duquel les actes s'accomplissent en fonction de décisions prises par des acteurs sociaux en vertu de représentations, d'idées ou de choix d'appartenance. Dans l'espace politique, qui est, en même temps, un espace de communication, puisqu'il faut bien que soient diffusées les représentations et les idées qui l'organisent, l'influence s'exerce en général essentiellement par la médiation de quatre acteurs.

a) Les acteurs de l'information

Il s'agit des médias et, d'une manière générale, des organes porteurs d'informations dans l'espace social et politique. Sans toutefois constituer un pouvoir institutionnel au même titre que les trois pouvoirs habituellement identifiés – le législatif, l'exécutif et le judiciaire – l'information exerce une forme de pouvoir dans l'espace public, dans la mesure où elle est un repère par rapport auquel les décisions peuvent être prises. Le fait de disposer d'un certain nombre d'informations apportées par les médias constitue, pour les acteurs du politique, un élément de nature à faciliter leur prise de décision.

b) Les acteurs institutionnels

Certains acteurs institutionnels de l'espace politique disposent, du fait de leurs fonctions, de leur statut, de leur notoriété, d'un certain capital d'influence. C'est, d'une manière générale, le cas de ce que l'on nomme les notables, qui représentent un fait ancien dans l'organisation du politique. Ce qui est nouveau, de nos jours, dans le fait de la notabilité, est que l'influence des acteurs institutionnels, au lieu de s'exercer directement sur les décideurs, s'exerce dans la dynamique de la diffusion de l'information et des médias. Les acteurs institutionnels exercent désormais leur influence par la médiation des activités de diffusion et d'information des journaux, des systèmes de représentation, des médias d'une manière générale.

c) Les acteurs économiques

Il ne convient pas, ici, de limiter le concept d'acteur à des personnes nommément individualisables. Des phénomènes sociaux, comme des modes ou des usages, des phénomènes industriels ou technologiques (l'invention de nouveaux outils ou de nouveaux modes de production), peuvent exercer une fonction d'influence dans l'espace politique, en déterminant des modes d'action, des pratiques sociales, des décisions, de nature à orienter ou à déterminer des décisions, qui, ainsi, cessent d'être seulement de la responsabilité des acteurs qui les prennent. C'est en vertu de ce principe que l'on peut être amené à constater et à dénoncer la forme de limitation de liberté que constituent les contraintes économiques, tant sur le plan collectif et politique que sur le plan moral et personnel.

d) Les acteurs de la culture et de l'identité

Les décisions, enfin, peuvent être déterminées, dans l'espace politique, par des faits beaucoup plus diffus et beaucoup plus malaisément identifiables, comme les faits qui renvoient à la culture et à l'identité. Il s'agit d'une autre forme d'acteurs : des acteurs anonymes, plutôt symboliques et organiques que personnels. L'influence des faits culturels et identitaires est portée par la dynamique de la diffusion des pratique et des formes culturelles. Il n'y a jamais d'intervention directe d'un fait culturel dans le processus de décision, car les enjeux d'une décision sont des enjeux réels, alors que les enjeux du culturel et de l'identitaire sont des enjeux symboliques. La culture et l'identité construisent et structurent la dimension symbolique de la personne qui sera un jour l'acteur d'une décision ; c'est à ce titre – mais à ce titre seulement – que les acteurs de la culture et de l'identité peuvent intervenir dans le processus d'une décision.

4. Influence, idéologie et représentations

   Il ne s'agit pas seulement, ici, de culture et de ***représentation***, mais de la culture et de la représentation, en ce qu'elles interviennent dans les processus de décision politique. La décision politique, par rapport à la problématique, plus générale, de la décision, porte sur des enjeux sociaux et sur des choix qui engagent à la fois sur le plan symbolique des représentations et sur le plan réel des situations et des faits sociaux. Les acteurs de la décision politique sont, dans ces conditions, des acteurs qui s'engagent au nom d'une certaine représentation du monde. L'idéologie et les systèmes de représentation au nom desquels sont prises les décisions représentent une forme particulière d'influence que l'on peut appeler **principe de légitimité**. Il s'agit, en effet, moins de déterminer, même indirectement, le processus d'une décision, que d'en orienter les choix et de donner aux acteurs de la décision la légitimité institutionnelle d'une décision reconnue.

5. Influence, domination, hégémonie

   L'influence engage une **domination**, puisqu'elle place en position de dépendance celui qui prend la décision en vertu d'une dynamique d'influence. Il y a dépendance puisque la logique de l'influence constate l'absence d'autonomie de l'acteur par rapport au processus de décision dans lequel il est engagé. Dans ces conditions, les dynamiques d'influence organisent dans l'espace public des stratégies de domination et d'hégémonie dans des conditions qu'il faut analyser.

   On peut, d'abord, définir le concept de domination (en usage dans des concepts comme celui d'**idéologie dominante**) comme la dépendance institutionnelle des acteurs sur lesquels elle s'exerce. Il y a situation de domination quand la citoyenneté dépend d'un acteur et ne peut s'exercer librement. On définira, en revanche, des acteurs dépendant d'autres acteurs. On peut, en revanche, définir de façon plus restreinte l'hégémonie comme la situation dans laquelle un pouvoir est exercé grâce à la diffusion des médias et des formes institutionnelles de la représentation, de la communication et de l'information. La médiation de décision, dans le cas de l'hégémonie, est exercée par les médias et par leur diffusion.

6. Dynamiques d'influence et dynamiques de communication
Comme toutes les médiations, l'influence s'exerce dans les structures et les réseaux des dynamiques de communication. Pour exercer une influence dans l'espace public, il convient donc, pour commencer, d'avoir accès aux médias qui y organisent la communication, et dont la diffusion y forme l'espace de la sociabilité. C'est dire l'importance des médias dans la constitution des pôles d'influence et le rôle des médiateurs (journalistes, commentateurs, etc.) dans la constitution de l'opinion publique.
Les dynamiques d'influence sont les parcours et les logiques selon lesquels les médias exercent un pouvoir d'influence. Les dynamiques d'influence sont des dynamiques de communication qui comprennent les ***destinataires d'influence,*** qui sont les lecteurs des médias (ou leurs usagers d'une manière générale), les ***relais d'influence***, qui sont les acteurs qui interviennent dans le procès de la communication et de la diffusion pour amplifier ou pour renforcer le discours des médias et les *acteurs d'influence*, qui sont les journalistes ou, d'une manière générale, ceux qui interviennent dans le cours des médias. Voir aussi ***Identité culturelle***.

Info

Abréviation d'information, ***apocope*** passée dans le langage courant.

Infographie

Production et traitement électronique d'images numériques visualisables sur ***écran*** d'***ordinateur*** ou de ***télévision*** et permettant d'obtenir en sortie des images sur épreuves ou sur films. L'infographie est surtout utilisée pour faire des diagrammes et des organigrammes. Il convient de noter que le ***télétexte*** du type ***Antiope*** est un service infographique. Voir ***CAO, DAO, PAO (Publication Assistée par Ordinateur)***.

Information

Inscription d'une référence socialement déterminée dans un système formel susceptible de faire l'objet d'une diffusion et d'un échange dans la communication.
En toute rigueur, la notion d'information doit être distinguée de **donnée**, de **savoir** et de **connaissance** :
– Une donnée est un signe ou un ensemble de signes sans attribution de sens. Alvin Toffler indique que « *les données sont des faits non reliés entre eux ; le terme information s'appliquera à des données déjà incorporées à des catégories, des schémas de classification ou autres cadres ; et celui de savoir à une information plus hautement élaborée, sous forme d'affirmation de portée plus générale* ». (*Les nouveaux pouvoirs. Savoir, richesse et pouvoir à la veille du XXI*e *siècle*, Fayard, 1991). A. Toffler n'aborde pas la connaissance qu'il est pourtant nécessaire de distinguer du savoir. Aussi, convient-il de définir la **connaissance** comme une information de portée plus générale encore que le **savoir**. Celui-ci se définit alors comme une connaissance particulière et généralement à finalité pratique acquise par l'étude, l'expérience ou en tout cas par un effort.
Pour comprendre la différence entre connaître et savoir voici une phrase qui donne les usages qui correspondent aux définitions proposées : *je connais Lyon,* puisque j'y vis, et *je sais que c'est la deuxième grande agglomération de France*, parce que je l'ai appris.
– L'information est une donnée pourvue d'un sens qui est reçue dans le processus de communication. Dès lors, comme le fait remarquer Jean Meyriat (*L'espace social de la communication,* CNRS, 1985), il n'y a pas de producteur d'information, il y a des producteurs de connaissances et des transmetteurs d'information. Cette dernière expression peut être remplacée avantageusement par celle de transmetteur de données, puisque c'est le récepteur qui donne un sens aux données.
Une autre idée, d'inspiration économique également, conduit à voir dans l'information un **flux**, c'est-à-dire un processus, là où la connaissance et le savoir sont assimilés à un **stock,** à du capital qui résulte de ce flux d'information.

1. Mesure de l'information
L'information étant fondée sur un rapport entre référence et communication, il est possible de la mesurer, puisque l'on peut apprécier la distance entre les deux plans. La mesure de l'information permet d'apprécier à la fois une quantité d'informations disponibles et la qualité de ces informations dans leur rapport à la référence dont elles sont porteuses. Toutefois, dans son acception shannonienne – c'est-à-

dire limitée à la mesure probabiliste en ignorant la signification du message –, la quantité d'information ou ***entropie*** d'un système est la mesure de l'incertitude ou de la ***complexité*** du système : la fonction H (voir ***Formule fondamentale de Shannon***) mesure l'information qui manque ou le déficit de l'information sur le système (c'est le sens du signe négatif dans la formule de Shannon).

$$\text{Hbit} = - N \sum_{i=1}^{n} pi \log2 pi$$

2. Information et pouvoir

   L'information confère un pouvoir, dans la mesure où sa dimension de rapport au réel et à la référence donne au discours de ceux qui en sont porteurs la force d'une adéquation au réel. En raison même de ses potentialités et donc de ses enjeux en termes de pouvoir sur le réel et de pouvoir sur les hommes, l'information n'est pas toujours gratuite (voir ci-dessous le marché de l'information), de sorte qu'il existe un système d'interdétermination complexe entre la richesse matérielle (avoir), le savoir et le pouvoir :

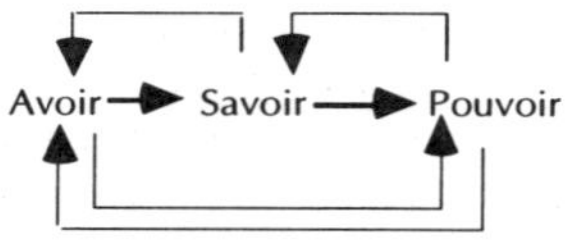

   (voir l'article ***Bureaucratie*** qui aborde le phénomène de **quatrième pouvoir**, le pouvoir de la presse)

3. **Marché de l'information**

   La dimension pratique de l'information l'inscrit dans un marché : il y a des logiques économiques et financières, en même temps que politiques, de la diffusion de l'information qui a un prix et qui a ses acheteurs, ses producteurs et ses vendeurs.

   Le marché de l'information est un marché qui se caractérise par la diffusion et la circulation. Ce n'est pas la rétention de l'information qui donne du pouvoir, c'est sa diffusion et le contrôle de sa diffusion.

   Il y a certes un paradoxe dans la marchandisation de l'information, en ce sens que pour le consommateur l'information est un ***bien indivisible et collectif***. Cela signifie que sa consommation par un individu ne réduit pas la satisfaction d'un autre ou des autres. Ainsi 50 élèves dans une classe entendent le même discours qu'un seul élève, que 12 élèves ou 1 000 élèves encore dans un amphithéâtre, lorsque l'enseignant présente la leçon.

   Il existe un deuxième paradoxe à cette marchandisation : c'est le fait que la vente ne dessaisit pas le vendeur. Ce n'est pas tant l'immatérialité de l'information qui en sera l'explication, que le fait que celui qui sait ne peut pas ne pas savoir ce qu'il sait. Plus simplement, le vendeur ne peut pas ignorer ce qu'il sait dès le paiement du service rendu. En effet si un coiffeur vend par son service (bien immatériel) son temps, ce temps est irrécupérable. En revanche, l'information qui se trouve dans une ***base de données***, sur une bande magnétique, dans un livre, ou dans un cerveau humain ne peut disparaître que par perte de mémoire accidentelle ou par une opération programmée d'autodestruction de la bande magnétique après sa lecture, ce qui n'est pas toujours une mission impossible : le recopiage de logiciels conduit quelquefois à ce type de mésaventure pour protéger les droits des concepteurs.

   Il n'en demeure pas moins que la diffusion de l'information peut être contrôlée. Elle ne sera accessible qu'à ceux qui en acquittent un prix. En principe, ce prix obéit à la logique de la valeur d'usage, puisque le ***coût marginal*** de production de l'information est nul, s'il est admis que l'information est un bien collectif et en négligeant les frais de stockage. Par conséquent le prix maximum dépendra de la peine que l'information permet d'éviter ou du chiffre d'affaires ou du plaisir qu'elle permet d'obtenir. C'est ainsi que généralement le prix de l'***abonnement*** à une agence de presse, pour un titre de presse, dépend de la diffusion du titre. La règle de la valeur d'usage est absolue pour les informations stratégiques dont la durée de vie est brève. Le prix d'une information stratégique relève en effet du même type d'analyse que le prix des œuvres d'art non reproductibles.

   Le troisième paradoxe de la marchandisation de l'information réside dans le fait que les qualités de l'information ne sont que potentielles. L'acheteur ne peut apprécier les qualités de l'information qu'après avoir payé, car il n'a aucune raison de payer ce qu'il sait déjà. Et il risque de payer une information qui n'en est pas une. Un produit de mauvaise qualité ou dont les qualités ne correspondent pas à ce qui est annoncé donne lieu à un remboursement ou un échange, or une telle procédure ne peut pas exister pour l'information. Aussi, le plus souvent, le prix de la consultation des ***bases de données en ligne*** est généralement fonction du type d'élaboration de l'information et du temps d'interrogation ou de consultation.

Enfin, il est difficile d'envisager d'accéder à une information indépendamment de son support. Aussi, dans l'acquisition d'un support, le prix payé devrait couvrir les coûts de production de l'information et les coûts de la diffusion. Le prix risque alors d'atteindre un niveau dissuasif pour le consommateur éventuel. Dans ce cas les différents coûts peuvent être répartis sur plusieurs marchés. C'est notamment le cas, par exemple, pour la presse : le marché des lecteurs et le marché des annonceurs sur lequel le propriétaire du titre vend l'audience de son journal. C'est encore le cas pour la télévision payante qui compense le faible prix de l'abonnement par des recettes publicitaires (voir ***Modèles économiques de l'industrie de la communication***).

Si, malgré ses paradoxes, l'information peut être un produit marchand, l'essentiel des échanges informationnels se fait néanmoins hors rapport marchand. On peut même voir des producteurs d'information payer pour diffuser gratuitement leur information. Il en est ainsi de l'information de propagande, de l'information scientifique communiquée dans un colloque qui ne prend pas en charge les coûts de la communication, des livres à compte d'auteur, etc.

4. Différents types d'information

Une typologie exhaustive de l'information est difficile à envisager, compte tenu de la multiplicité des critères possibles. Néanmoins, à titre d'illustration des principales catégories, on distinguera :

a) Critère de la finalité

• Les informations à finalité économique sont les informations qui permettent de se procurer ou d'améliorer un revenu, de réduire ses dépenses, de se procurer les biens et les services nécessaires à la production ou à la consommation. Les annonces d'offres et demande d'emplois, la publicité, les ***informations scientifiques et techniques*** dites « l'or gris » ou informations professionnelles et plus généralement toutes les informations qui donnent la maîtrise d'un savoir ou d'une technologie sont des informations à finalité économique.

• Les informations à finalité sociale sont les informations offertes ou demandées en vue de faciliter l'intégration sociale des individus. Sont de cette catégorie, dans les médias locaux : les informations de proximité, la rubrique nécrologique, les reportages consacrés aux mariages mondains, etc. Dans la presse d'entreprise, l'annonce du mariage de tel collaborateur, un article consacré à l'accueil des nouveaux embauchés, la remise de la médaille de travail constituent quelques exemples d'information à finalité sociale.

• Les **informations politiques** se définissent par le fait qu'elles donnent un pouvoir à ceux qui les détiennent. En général, les informations politiques sont des **informations stratégiques**, c'est-à-dire des informations qui permettent à celui qui en est porteur de prendre une décision ou d'engager une action.

• Les informations à finalité culturelle sont des informations à dimension esthétique, sans autre finalité que de satisfaire le seul besoin de leur détention. En toute rigueur, la finalité culturelle est une sous catégorie de la finalité sociale.

b) Sans qu'il soit nécessaire de les développer, on citera d'autres critères importants, en plus de la finalité. Ce sont :

– le critère juridique qui permet de distinguer l'information privée (confidentielle) et l'information publique (celle qui est susceptible d'être diffusée par la presse) ;

– le critère du degré de transformation conduit à distinguer l'information brute, l'information élaborée (ou à haute valeur ajoutée) ;

– le critère de la durée de vie qui aboutit à des classes plus ou moins formelles, car l'**obsolescence** n'est pas un phénomène général inhérent à l'information, mais un phénomène qui dépend de l'usage fait de l'information. En effet, une information éphémère c'est-à-dire à obsolescence rapide dans un domaine décisionnel immédiat peut être une information culturelle et donc durable. Ainsi en novembre 1963, l'assassinat du Président américain J. F. Kennedy est une information d'une grande valeur pour la presse dite d'information générale. Elle en a fait ses premières pages les premiers jours qui ont suivi l'événement. Au bout de quelques jours, la presse ne peut pas maintenir ce sujet en première page. Il y a eu obsolescence, du point de vue des besoins des lecteurs de la presse généraliste. Mais l'obsolescence est seulement relative, car l'événement demeure encore une information dans d'autres perspectives, comme par exemple celle de l'enseignement de l'histoire des États-Unis. Il peut continuer à alimenter la production de thèses, de recherche sur les mobiles et les auteurs directs ou indirects de l'assassinat, donner lieu à des films, etc.

Néanmoins, pour la presse et par conséquent pour son contenu, on constate que la durée de vie économique est d'environ 6 heures pour le quotidien (un journal en kiosque à 7 h du matin doit être vendu avant 13 h). Un magazine hebdomadaire d'information générale a une durée de vie de 3 jours environ. Un mensuel a une durée de vie de 15 jours environ. Les éditeurs peuvent cependant allonger artificiellement cette durée de vie. Il peut s'agir, par exemple, pour un mensuel de sortir 15 jours avant le mois indiqué en couverture et pour un journal du soir de porter le jour suivant comme date de parution.

Information commémorative et information quotidienne

Voir ***Histoire de la communication***.

Information complète, information parfaite

Dans la théorie des jeux, l'information est complète lorsque les joueurs connaissent toutes les composantes du jeu : le nombre et l'identité des joueurs, les stratégies de chacun, les gains associés à ces stratégies. Le jeu est à information incomplète dès qu'un seul de ces éléments manque. L'information est parfaite lorsque chaque joueur connaît et se rappelle tous les coups joués par tous. Cependant en théorie économique de la concurrence pure et parfaite, l'information parfaite correspond à la connaissance du prix des marchandises par tous les intervenants potentiels et effectifs sur le marché. L'information est imparfaite lorsque le prix ou les quantités échangées ou susceptibles de l'être ne sont pas connus de tous.

Information d'événements et information d'expérience

La fréquence d'apparition de certains phénomènes est à la source de la quantification ; c'est pourquoi la théorie de l'information s'est créée comme une partie du calcul des probabilités. En 1967, Kampé de Fériet, Bruno Forte, Kolmogoroff et Martin Löf ont mis en évidence le concept d'*information d'événements* puis celui *d'information d'expérience* dans un environnement où le nombre d'objets d'une classe avait priorité incontestée par rapport à la fréquence d'apparition de ces objets (signes ou symboles par exemple). Ainsi, l'information issue d'une expérience est d'autant plus importante que le résultat est plus précis ; elle est insensible à la technique de mise en ordre ; c'est la borne inférieure du nombre minimum de tests nécessaires pour obtenir un diagnostic ou de questions à poser pour résoudre un problème mathématiquement posé.

Information documentaire

Voir ***Information scientifique et technique***.

Information et informatique

Les caractéristiques physiques de la ligne transmettant des messages ou la construction d'un ***ordinateur*** permettant de réaliser calculs et mise en ordre relèvent du traitement du signal et de l'***informatique*** mais non de la théorie de l'information. En revanche, l'élaboration de méthodes et algorithmes de codage ou de classement procède directement de la théorie de l'information. L'information dont il s'agit peut correspondre à la connaissance du résultat d'une expérience ou à l'analyse d'une situation complexe ; l'objet de l'informatique consiste en une modification de la présentation d'un phénomène et traiter une information signifie alors modifier l'apparence d'un phénomène pour en expliciter les relations internes.

Information et rapport Nord/Sud

Voir ***Technologies d'information et de communication et niveau de développement économique***.

Information financière

Information ayant pour objet la publication des données financières qui résultent de l'activité d'une personne morale (entreprise, administration, association) à tout moment de sa vie, naissance, concentration, croissance ou disparition.

L'information financière permet de juger des risques encourus lorsqu'une personne physique ou morale, particulier ou administration a des intérêts concernés par les actes de la personne morale notamment lorsqu'elle apporte ou est susceptible d'entretenir des rapports commerciaux, d'apporter son concours financier à une autre personne morale etc.

C'est une obligation légale et réglementaire pour tous les responsables de sociétés et de la plupart des organismes, associations etc., exerçant une activité économique à but lucratif. Son contenu et sa périodicité diffèrent suivant le statut juridique des agents économiques.

a) Pour l'ensemble des sociétés commerciales et civiles autres que les associations de la loi 1901

Lors de la fondation de la société, le responsable doit déposer une demande d'immatriculation au centre de formalités des entreprises (CFE) dans le ressort duquel se situe le siège de la société.

Cette demande réunit les déclarations nécessaires : Inscription au registre du commerce et des sociétés, service des impôts, URSSAF, ASSEDIC, inspection du travail, INSEE.

Cette formalité permettra la consultation des documents par tout intéressé.

L'information sera publiée dans un journal d'annonces légales, l'enregistrement donne date certaine à l'acte.

Une publicité permanente est nécessaire pendant toute la vie de la société :

Les papiers et documents commerciaux doivent mentionner sa dénomination, son numéro d'immatriculation au Registre du Commerce et des Sociétés, sa forme et son capital social. La mention de l'adresse de son siège social ou de son siège administratif n'est pas obligatoire mais elle constitue une véritable nécessité pratique.

La communication des documents sociaux au siège social est obligatoire pour la plupart des sociétés.

b) Publicités périodiques particulières aux sociétés par actions et aux sociétés à responsabilité limitée :

Il s'agit en premier lieu de la **publicité préalable** ou préparatoire aux assemblées générales ordinaires et extraordinaires. La convocation des actionnaires s'effectue par une publication dans un journal d'annonces légales du département du siège social, au **BALO (Bulletin des Annonces Légales Obligatoires)** pour les sociétés faisant publiquement appel à l'épargne. Des convocations individuelles sont envoyées par lettre ordinaire à tous les actionnaires titulaires de titres nominatifs. Elle doit comporter l'ordre du jour, les projets de résolution proposés, la date, l'heure et le lieu où se tiendra l'assemblée, un formulaire de vote par correspondance ou par procuration.

Toute société est tenue de déposer au greffe du tribunal, pour être annexée au registre du Commerce et des Sociétés :

– les comptes annuels, le rapport de gestion, le rapport des commissaires aux comptes sur les comptes annuels et leurs observations, les comptes consolidés, le rapport sur la gestion du groupe et le rapport du Conseil de Surveillance ;

– la proposition d'affectation du résultat telle qu'elle a été votée par l'assemblée générale.

Ce dépôt donne lieu à publicité au **BODACC (Bulletin Officiel des Annonces Civiles et Commerciales)** et auprès des administrations fiscales.

Certains actes exceptionnels doivent aussi faire l'objet d'une publicité. Ce sont par exemple, le transfert du siège social, la modification du capital social, les opérations de concentration, les modifications statutaires, les difficultés financières graves, la dissolution.

Les sociétés étrangères ouvrant un établissement en France doivent satisfaire à des obligations similaires, avec traduction des documents déposés.

c) Collectivités locales et Établissements publics locaux

Les collectivités publiques ont l'obligation de permettre à n'importe quel citoyen la consultation de tous les éléments contenus dans la comptabilité publique. La transparence financière et la lisibilité des comptes doivent être absolues afin de pouvoir prouver à tout intéressé que la maîtrise du risque financier est assurée.

La comptabilité publique doit suivre les instructions M11 et M12. Une refonte des principes qui doivent être appliqués a été proposée et une nouvelle instruction, dite M14, est en cours de mise en œuvre. Les nouveaux textes tentent d'aligner la comptabilité publique sur le plan comptable général en vigueur dans le secteur privé.

d) Une société cotée en Bourse doit s'acquitter des obligations normales de toutes entreprises, mais elle doit informer la communauté financière de façon plus fréquente :

Elle doit :

– annoncer son chiffre d'affaires trimestriel ;

– décrire la situation semestrielle : tableau d'activité, résultat du semestre et rapport des commissaires aux comptes ;

– publier les avis de réunion et de convocation aux assemblées générales, le projet de résolution et le compte rendu des assemblées générales, le rapport annuel.

Afin de prévenir de possibles opérations d'initiés, elle doit informer la communauté financière de tout événement susceptible d'avoir une incidence sur le cours de Bourse de la société, notamment lors des opérations de fusion ou d'acquisition, de scission ou d'apport partiel d'actifs.

Ces informations doivent répondre à un calendrier précis :

Le 15/02 : Annonce du chiffre d'affaires pour le 4e trimestre de l'année N-1

Le 30/04 : Publications des comptes provisoires de l'année N-1

Le 15/05 : Annonce du chiffre d'affaires pour le 1er trimestre de l'année N

Le 31/05 : Avis de réunion de l'Assemblée Générale

Le 30/06 : Tenue de l'Assemblée Générale

Le 15/08 : – Publication des comptes définitifs de l'année N-1

– Annonce du chiffre d'affaires pour le 2e trimestre de l'année N

Le 31/10 : Publication des comptes semestriels 3e l'année N

Le 15/11 : Annonce du chiffre d'affaires pour le 4e trimestre de l'année N

Les destinataires de cette information sont très nombreux.

Ce sont plus particulièrement (à titre indicatif) :

– les autorités administratives et fiscales, Commission des Opérations de Bourse (COB), La Société des Bourses de France (SBF), et le Conseil des Bourses de Valeurs (CBV) ;

– les actionnaires des sociétés du fait de leur statut de copropriétaire de la société ;

– les autres partenaires boursiers : sociétés de bourse, analystes financiers, investisseurs institutionnels ou individuels, commissaires aux comptes, banques etc.

En cas de non respect de ces obligations, les autorités de contrôle peuvent exercer leurs pouvoirs disciplinaires ou judiciaires notamment en cas de délit d'initié.

Voir ***Tombstone***.

Information professionnelle

Voir ***Information scientifique et technique, Information financière***.

Information Scientifique et Technique (IST)

Né dans les années 70, cet intitulé recouvre l'ensemble des informations dont ont besoin les acteurs économiques pour leurs activités de recherche, d'action ou de décision, par opposition à une information générale ayant pour fonction la culture : c'est ainsi que l'information économique fait partie de l'IST, au même titre que l'information en sciences de l'éducation. Pour redresser ce que le terme pouvait avoir de restrictif, le terme d'IST fut un temps développé en ISTE, mais sans grand succès. Aujourd'hui on utilise volontiers les termes d'**information professionnelle**, d'**information documentaire** ou **spécialisée**.

En France, c'est à partir de 1972, date de création du BNIST (Bureau national d'information scientifique et technique au Ministère de l'industrie), qu'ont fleuri de nombreux organismes publics ayant pour mission de développer l'IST : les ARIST (agences régionales d'IST au sein des chambres de commerce et d'industrie à partir de 1973), la MIDIST (mission interministérielle pour le développement de l'IST qui prit la suite du BNIST à un échelon interministériel en 1979) ; les URFIST (unités régionales de formation à l'IST en milieu universitaire), le SUNIST (serveur universitaire national d'IST spécialisé en banques de données vidéotex), la DBMIST (direction des bibliothèques des musées et de l'IST au Ministère de l'Éducation nationale en 1982). La DIST (Direction de l'Information Scientifique et Technique au Ministère de la recherche prend en 1981 la succession de l'AUDIST). Sans oublier l'***UNESCO*** et son programme **UNISIST** dans le cadre du programme général d'information. Le plus récent étant le centre de documentation du CNRS : l'INIST (institut national de l'information scientifique et technique) établi à Nancy en 1989...

La politique publique de développement de l'IST se matérialisa par une série de mesures visant à constituer un **marché de l'information en ligne**. Les années 70-80 en effet s'inscrivaient dans la préfiguration des réseaux de transmission de données, qui se matérialisa avec l'ouverture de ***TRANSPAC*** en 1979 (réseau national de transmission de données par paquets, géré par la DGT devenue depuis France Télécom) ; grâce à lui, quelle que soit la distance, l'accès aux ***banques de données*** devenait possible sur des bases tarifaires semblables.

Dans ce cadre, les acteurs publics jouèrent sur deux fronts, celui de l'offre, en aidant à constituer de nouvelles banques de données, dans tous les domaines, et celui de l'accès aux ressources d'information, en encourageant la distribution de ces informations par des points d'accès comme des agences spécialisées ou la mise en place d'intermédiaires.

Le vocable IST reste donc associé à cette volonté politique qui a contribué à assurer le démarrage d'un marché de l'information électronique professionnelle et la reconnaissance de ses principaux acteurs : les producteurs d'information, les distributeurs, les intermédiaires. Aujourd'hui, même si l'on ne peut plus véritablement parler de politique, un certain discours s'affiche au travers de rapports (notamment au Commissariat au Plan) sur les questions d'information, l'accent étant porté sur le développement d'un meilleur usage des informations. Il s'agit en effet d'assurer la viabilité du secteur encore souvent qualifié d'IST.

Information spécialisée

Voir ***Information scientifique et technique, Information financière***.

Informatique

1. Définition

Mot proposé en 1962 par Philippe Dreyfus pour caractériser le traitement automatique de l'information. Ce terme a été accepté par l'Académie française en avril 1966, avec la définition suivante : « Science du traitement rationnel, notamment par machines automatiques, de l'information considérée comme le support des connaissances humaines et des communications dans les domaines techniques, économiques et sociaux. » Aujourd'hui, le mot informatique ne désigne pas seulement une discipline scientifique, c'est aussi le terme qui s'applique pour identifier, d'une part, le secteur d'activité économique qui produit et commercialise les ordinateurs, leurs composants électroniques (microprocesseurs...), les moyens périphériques (disques, bandes magnétiques...) et les programmes, et, d'autre part, une technologie même de traitement de l'information et que les spécialistes désignent par l'expression « système informatique ».

Un **système informatique** est un ensemble comprenant du matériel (***ordinateur***, ***écran***, clavier, imprimante, etc.) et des ***logiciels*** (ensembles des programmes nécessaires au fonctionnement des matériels et au traitement des données).

2. Histoire

L'histoire de l'informatique se confond avec l'histoire des calculateurs et des progrès mathématiques qui ont permis le développement du traitement automatique des données. De ce point de vue, les premiers travaux précurseurs de l'informatique et des ordinateurs sont d'une part, l'élaboration du code binaire en 1623 – mais le **calcul binaire** qui est dû à ***George Boole*** ne date que de 1864 – par le philosophe et chancelier d'Angleterre **Francis Bacon** (1561-1626) et, d'autre part, la réalisation la même année, par l'Allemand **Wilhelm Schickard** (1592-1635) professeur à Tübingen, de la *machine faisant les additions et, de manière partiellement automatique, les multiplications*. La deuxième date importante est 1641 qui correspond à l'invention de la machine à calculer du Français **Blaise Pascal** (1623-1662) qui exécute des additions et des soustractions par complément. En 1671 l'Allemand **Wilhelm Leibniz** (1646-1716) invente le cylindre denté qui sera à la base, cent ans plus tard en 1770, de la première machine à calculer exécutant directement les quatre opérations. Entre temps, les **cartes perforées** sont réalisées par divers inventeurs (Basile Bouchon en 1725, Jacques de Falcon en 1728, et **Jacques de Vaucausson** en 1745) pour déboucher, dans l'industrie textile, sur l'invention en France du carton perforé en 1762 pour assurer le contrôle des métiers à tisser, et cumulativement sur le métier à tisser du Lyonnais **Joseph-Marie Jacquard** (1752-1834) en 1804 : le métier jacquard est équipé d'un mécanisme qui permet la sélection des fils de chaîne par un ***programme*** inscrit sur des cartons perforés. En 1837 ***Charles Babbage*** définit les grands principes des calculatrices électroniques, mais sa machine analytique n'a pas pu être construite. En 1855 le Suédois George Scheutz conçoit la première calculatrice programmée, et à partir de 1864 (calcul binaire), les progrès sont de plus en plus nombreux pour la mise au point de diverses machines à calculer. En 1885, Herman Hollerith réalise la première machine à cartes perforées. Les progrès ont ensuite concerné le domaine électronique, avec notamment l'industrialisation des tubes à vide à partir de 1906, le circuit imprimé en 1940, les diodes au germanium en 1942. En 1939 l'Américain **John Atanasoff** (1904-1995) réalise le premier ordinateur de l'histoire qui utilise le système binaire. En 1943 le mathématicien britannique **Alan Mathison Turing** (1912-1954) donne les principes d'une machine à calculer (dite **machine de Turing**) qui simulent les procédures de traitement de l'information à leur niveau le plus analytique. La même année, d'une part, Warren MacCulloch et Walter Pitts mettent en évidence des analogies entre de composants des machines à calculer et les neurones du cerveau humain et, d'autre part, le Britannique Max Newman conçoit le calculateur électronique Colossus I. Quelques mois plus tard, en 1944, le professeur Aiken de l'Université de Harvard et la firme IBM construisent le calculateur automatique Mark 1. Enfin le 15 février 1946 le premier calculateur électronique est inauguré sous le nom de **ENIAC** (*Electronic Numerical Integrator And Computer*) : il est le résultat d'un travail d'équipe sous la direction de Prosper Eckert et John Maucly, à la Moore School de l'Université de Pennsylvanie. L'ENIAC utilise le code binaire inventé par l'Américain d'origine hongroise John Von Neumann qui sera à l'origine de l'**EDVAC** (*Electronic Discrete Variable Computer*) qui est considéré comme le premier calculateur à programme enregistré (voir ***Machine séquentielle de von Neumann***). Les autres dates importantes sont 1948 avec l'invention et la commercialisation du transistor, 1950 avec la conception des mémoires vives à tores de ferrite, 1955 avec les ordinateurs transistorisés qui constituent la deuxième génération (la première étant celle des lampes ou tubes à vide), 1957 avec la présentation du disque magnétique, 1958 avec la première machine conçue sur les principes neuronaux (le perceptron de Frank Rosenblatt), 1958 qui est l'année de la mise au point du **circuit intégré** (ensemble de transistors sur une plaque de silicium) par Jack Kilby, 1964 qui voit l'utilisation des circuits intégrés pour la première fois avec l'ordinateur IBM 360 (ce qui autorise à parler de la troisième génération d'ordinateurs), 1966 pour l'apparition des calculettes de poche, 1968 pour le développement des mémoires à semi-conducteurs, 1971 avec la réalisation du ***microprocesseur*** par la société Intel grâce aux travaux de Ted Hoff, 1973 avec la construction des ***micro-ordinateurs*** Altair par Ed Robert aux États-Unis et le Micral N par la société française R2E. L'invention des microprocesseurs lance la quatrième génération d'ordinateurs. Le microprocesseur permet une miniaturisation à niveau d'intégration élevé (*Large-Scale Integration* – LSI) ou très élevé (*Very-Large-Scale Integration* – VLSI) telle qu'une puce (pastille en silicium) peut contenir 600 000 transistors ou davantage encore. La notion d'ordinateur de cinquième génération a été lancé par les Japonais en envisageant un ordinateur qui abandonne le principe du fonctionnement séquentiel de la machine de Von Neumann pour lui substituer le calcul parallèle (voir : ***Calcul parallèle et vectoriel***).

Voir ***Micro-informatique, Micro-ordinateur, TRANSPAC, INTERNET, TÉLÉTEL, Minitel, Videotex, EAO, Système d'exploitation, Réseaux neuronaux, Connexionnisme.***

Informatique (Protection de l'-)

Le nouveau Code pénal a repris les dispositions instituées par la loi du 5 janvier 1988. Les articles 323-1 à 323-6 répriment les faits suivants :

– accéder ou se maintenir frauduleusement dans un système informatique ainsi que leur tentative ;

– entraver ou tenter d'entraver le fonctionnement d'un système informatique et introduire, supprimer ou modifier frauduleusement des données dans un système informatique.

La responsabilité des personnes morales peut-être engagée.

Informatique et liberté

La connaissance de la vie et de l'activité de chacun est une menace sur la vie privée et la sûreté même de l'individu car il peut il y avoir des erreurs, des changements ou des données insuffisantes. C'est la raison pour laquelle le législateur est intervenu en vue d'assurer la protection des citoyens contre les dérives dommageables de l'informatique. Ainsi, la loi du 6 janvier 1978 « informatique et liberté » réglemente l'informatique et crée un organe de contrôle, la **commission nationale informatique et liberté (CNIL)**.

Cette loi pose 4 grands principes :

– l'informatique est au service des citoyens, elle ne peut porter atteinte à leur identité, droits, libertés et vie privée ;

– aucune décision de justice ne peut avoir pour fondement un traitement informatisé de l'information ;

– à moins d'avoir l'accord de l'intéressé, il est interdit de conserver des informations nominatives faisant état d'opinions politiques, philosophiques, religieuses ou syndicales ;

– tout individu doit avoir accès aux informations le concernant et devra obtenir rectification en cas de mentions non autorisées ou inexactes.

La loi distingue les fichiers publics des fichiers privés. Concernant les fichiers de l'administration, la CNIL donne sur leur création un avis motivé et, si celui-ci est défavorable, le gouvernement devra pour mettre en route son fichier obtenir l'avis conforme du Conseil d'État. La création d'un fichier privé nécessite une simple déclaration préalable à la CNIL.

La CNIL est une autorité administrative indépendante comprenant 17 membres nommés pour 5 ans. Elle a deux missions, une mission d'information se traduisant par la communication une fois par an d'un rapport au gouvernement et au parlement, et une mission de contrôle pour laquelle elle dispose d'un pouvoir d'enquête et de décision.

Voir ***Droit sur l'image et sur la voix et l'atteinte à la représentation de la personne*** (§ 5).

Informercial

Néologisme qui désigne la publicité sous forme de reportage ou d'une longue interview à la télévision. Voir ***Publi-reportage.***

Inforoute

Néologisme proposé pour se substituer à l'expression métaphorique de « ***autoroute de l'information*** ». Voir ***Convergence technologique.***

Initialisation d'une chaîne de télévision

Anglicisme qui désigne le nombre de foyers réussissant à capter une chaîne donnée sur son téléviseur. Le taux d'initialisation est une notion proche de **taux de couverture du territoire**.

In-octavo

Format résultat du pliage d'une feuille d'impression en 8 feuillets (soit 16 pages).

In-plano

Format de base d'une feuille d'impression formant un feuillet de deux pages. ***Livre*** de ce format.

In-quarto

Format résultant du pliage d'une feuille d'impression en 4 feuillets (soit 8 pages).

Insert (ou insertion)

1. À la prise de vue : gros plan donnant une information sur le contenu d'un film, par ex., une date (calendrier), un lieu (pancarte de ville).
2. Au montage : plan inséré dans une séquence déjà montée, ou reportage à inclure dans le « menu » du journal.

Institutionnalisation de l'information et de la communication

Voir ***Destinateur***.

Intellectualisation

Processus visant à rendre abstrait et conceptuel les phénomènes. Kant posait déjà la distinction entre les phénomènes et les noumènes, donc entre le sensible et l'intelligible. Les noumènes étaient pour lui purs produits de la réflexion et de l'esprit. « Intellectualiser une expérience », s'efforcer d'en tirer des enseignements moraux, de la hisser à un niveau purement abstrait.

Intelligence artificielle

L'intelligence artificielle (**IA**) est une discipline de l'informatique dont le but est l'étude et la conception de systèmes dont le comportement se rapproche de ce que nous qualifions d'intelligence chez l'homme. De par l'ambition de cette discipline et le nombre de domaines en lesquels elle s'est, au fil des années, scindée, il s'agit d'une composante majeure de l'informatique. De plus, il s'agit sans aucun doute de celle qui dispose des plus vastes perspectives puisqu'elle se pose en concurrente de l'esprit humain, dont nous sommes bien loin d'avoir percé les insondables secrets.

La naissance de l'intelligence artificielle remonte à 1956, lorsque l'expression fut inventée par **Herbert Simon** lors d'une conférence à Darmouth College (USA) réunissant les rares personnes effectuant alors des recherches sur les machines dont le comportement se rapproche du raisonnement humain. Cependant, il faut sans doute revenir à l'antiquité si l'on souhaite trouver les prémices de l'intérêt pour ce genre de recherche. Le célèbre automate joueur d'échec est la preuve de l'ancienneté des tentatives de rendre une machine « intelligente », ou au moins de lui conférer l'apparence de cette indéfinissable qualité. En ce qui concerne les aspects purement logiques de ces tentatives, citons tout d'abord **Leibniz**, ***Boole***, dont l'algèbre, conçu au milieu du XIXe siècle, est indissociable de l'informatique, **Whitehead**, ***Russel, Hilbert,*** fondateur des métamathématiques en 1905, ***Gödel*** (théorème d'incomplétude en 1930), Tarsky et Church (théorème d'indécidabilité en 1934). La modélisation des machines et la calculabilité sont issues des travaux de Church, inventeur du l-calcul, de ***Turing***, dont la machine universelle date de 1936, et ***Von Neumann***. Chaque domaine de l'Intelligence Artificielle a de plus ses pères fondateurs.

Depuis 1956, on peut grossièrement distinguer trois phases. Les premières recherches portent sur les techniques générales de représentation des problèmes et de raisonnement en vue de fournir une réponse globale au problème de l'Intelligence Artificielle. Les obstacles rencontrés lors de l'application à des problèmes réels mènent à la fin des années 60 à une seconde phase, marquées par les progrès réalisés en représentation et l'utilisation de larges bases de connaissances. Les années 70 verront notamment l'apparition des ***systèmes experts***. Depuis le début des années 80, de nombreuses recherches portent sur les problèmes d'apprentissage automatique, proposant ainsi une alternative au transfert de connaissance de l'expert vers le système automatique. Après être pratiquement tombé à l'abandon, le **connexionnisme** connaît un regain d'intérêt. Le développement de la logique floue, et, plus récemment des algorithmes génétiques, témoignent de la vitalité d'un domaine en pleine évolution.

Intelligence économique ou compétitive

Ensemble des actions coordonnées de recherche, de traitement et de distribution en vue de son exploitation, de l'information utile aux acteurs économiques. Toutes ces actions sont menées légalement avec toutes les garanties de protection nécessaires à la présentation du patrimoine concurrentiel de l'entreprise dans les meilleures conditions de qualité, de délai et de coût.

La finalité de l'activité d'intelligence est d'informer utilement, c'est-à-dire contribuer effectivement à l'amélioration des prises de décisions et à l'élaboration des stratégies des acteurs économiques, quelle que soit leur position.

Ceci conduit les professionnels de l'intelligence à se préoccuper de plus en plus de

concepts encore peu explorés comme la pertinence de l'information, la valeur de l'information, l'attente en matière d'information et, au-delà, à s'intéresser aux processus d'interprétation, de conception et de décision des acteurs.
En intelligence, l'exploitation des données prime sur leur collecte ; tant pis, si l'exhaustivité n'est pas atteinte, pourvu que les données recueillies soient bien utilisées. Si, comme le suggère, par décalque de la loi de Pareto dite des **loi des 20-80**, la **loi de Bradford**, 80 % des données utiles sont issues de 20 % des sources d'information, mieux vaut ne pas trop investir dans le recueil. En revanche, il faut veiller à une utilisation la plus poussée possible et, donc, une forte individualisation du service rendu.
Tout ceci doit inciter le professionnel de l'intelligence à travailler en étroite collaboration avec les décideurs, les ingénieurs, les chercheurs.

1. Origine et antécédents de la notion d'intelligence économique
Le rapport publié en France en juin 1994, intitulé « *Intelligence économique et stratégies des entreprises* » (Sous la direction d'Henri Martre, Paris, la Documentation française), marque la percée de ce concept et surtout d'une certaine philosophie en matière d'information.
Le terme d'intelligence sous-tend plusieurs actions associées : observer un environnement, capter des indices ou signaux, les comprendre (donc d'analyser les éléments recueillis), établir des liens entre ces éléments souvent disparates, pour agir ou réagir efficacement. C'est en fait le fonctionnement naturel du cerveau humain qu'il s'agit d'appliquer de manière systématique et raisonnée, dans un contexte économique donné, pour une infrastructure donnée : repérer et rendre un signal intelligible, donc compréhensible et exploitable, et le lier à une action. Le terme d'intelligence a, en outre, une connotation de renseignement dans le cadre moderne de guerre économique. Rappelons que « l'art de la guerre » du maître chinois Sun Tsu sert encore de référence, avec des principes comme : connaissance de soi-même, de son ennemi, surveillance de ses mouvements, et choix de la stratégie la plus appropriée (qu'elle soit offensive, dissuasive, défensive, etc.). Les Japonais sont considérés comme étant les plus avancés dans cette voie. C'est d'ailleurs pour se prémunir de leurs activités ou les concurrencer que le concept de veille a été développé en France à la fin des années 80.
Les termes couramment employés depuis longtemps aux USA sont ceux de *business intelligence,* de *competitive intelligence.* La connotation de renseignement y est forte, induisant la distinction entre **information ouverte** (disponible) et celle d'**information fermée** (à se procurer par des moyens indirects).
En France, le terme d'intelligence économique est proposé pour remplacer, ou plutôt englober ceux de ***veille technologique, concurrentielle, stratégique ou globale***, qui insistent sur le rôle stratégique de l'information : c'est lorsque manque la bonne information que l'on peut mesurer son importance. Mais l'information en soi ne suffit pas si elle n'est pas analysée ni suivie d'effet.

2. Les fondements théoriques
Plusieurs disciplines se sont intéressées à ces questions. Les travaux de l'Américain **Herbert Simon** qui ont porté sur le comportement des administrateurs (*Administrative behavior,* 1947) ont notamment décrit et modélisé le processus de prise de décision dans le cadre de la stratégie des organisations, en liaison avec les sciences cognitives. Dans les sciences administratives, selon l'expression américaine, ou sciences de gestion, selon l'expression académique en France, les intitulés **SIM** (**Système d'Information pour le Management**) ou **SIS** (**Système d'Information Stratégique**) indiquent soit les lieux d'intelligence où se construit l'action à partir d'une analyse de différentes composantes, soit les outils ou le processus impliqués. Cette idée de construction du sens rappelle l'image du puzzle, qui, par agrégations successives de données hétérogènes, prend forme et se transforme en information signifiante et donc exploitable. Les **SIAD** (**Systèmes Informatisés d'Aide à la Décision**) mis au point par les gestionnaires et les informaticiens proposent des matrices et bases de connaissances afin que le décideur puisse simuler des hypothèses et tester des scénarii avant de prendre ses décisions. Cela lui permet également de savoir quelles sont les informations ou données qui lui font défaut, pour qu'à l'avenir il les collecte et les exploite systématiquement.
Les sciences de l'information n'ont pas abordé la question de cette façon, car elles étudiaient surtout le contenu de l'information, sa description, ses modes de traitement et de gestion ; mais la veille concurrentielle et technologique s'est fortement inspirée de cet ensemble de méthodes, et a contribué à les faire reconnaître au sein de l'entreprise. Ainsi sciences de ges-

tion et de l'information ont-elles de plus en plus partie liée.

3. Des lieux d'intelligence

Dans une entreprise, il y a, schématiquement, 3 niveaux où s'exerce une vigilance et où l'information est requise pour en alimenter le processus :

– le premier est le lieu où se prennent les décisions centrales stratégiques, à moyen et long terme, dans un environnement complexe où viennent peser des tendances économiques ou politiques lourdes. De ce point de vue, une entreprise active ne peut plus ignorer les évolutions géopolitiques qui auront des incidences sur son marché et donc sur sa stratégie. L'intelligence induit un double regard, celui qui embrasse un panorama large et celui qui focalise sur un champ précis, en couplant des données macro et microéconomiques. Accords de coopération entre nations, plans de développement d'un secteur industriel, ententes diverses peuvent parfois venir entraver des projets d'alliances entre deux sociétés ou un positionnement sur un marché, alors que l'évolution d'une technologie ou du marché était pourtant étroitement surveillée.

– le second niveau, opérationnel, est le fait du management intermédiaire. Les départements Recherche-développement (innovation), marketing, production, commercial, et la direction de la gestion des ressources humaines ont besoin d'informations pour faire des choix sur leur fonctionnement et leurs projets d'avenir (voir schéma ci-dessous : l'entreprise et son environnement). C'est ainsi qu'au début des années 90 se sont développés des micro-systèmes d'intelligence : cellules de veille technologique au sein des services recherche, pour capter les informations utiles à l'innovation sur l'environnement scientifique et technologique, notamment en matière de brevets ; cellules de veille concurrentielle au marketing-commercial pour surveiller le marché et les produits. Mais ces micro-systèmes, certes adaptés aux besoins de chaque fonction, manquaient des nécessaires liaisons transversales. C'est le mérite du terme d'intelligence que d'insister sur la nécessité d'interconnecter tous les pôles, car aujourd'hui surveiller une technologie émergente suppose aussi de suivre le marché et les produits voisins. Cette convergence de plusieurs regards est primordiale pour définir les points à surveiller.

L'entreprise et ses quatre marchés fondamentaux.

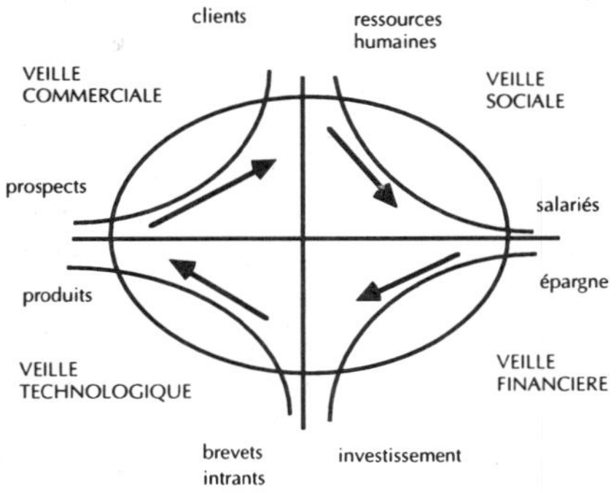

Toute opération de veille est un processus qui consiste, une fois analysé le positionnement de l'entreprise sur ses technologies, ses marchés, ses produits (ce que les spécialistes d'économie industrielle et de stratégie des entreprises appellent les FCS, **facteurs clés de succès**), à définir les priorités (indicateurs de veille), à répartir les tâches de collecte d'information, puis à analyser les éléments recueillis pour en tirer des conclusions ou des décisions. Des termes comme équipes de veille, binômes de veille, lancer une veille, traduisent des opérations cohérentes issues d'une volonté politique. Même si c'est la direction marketing qui provoque une veille, elle a intérêt à y associer la R&D ou la documentation pour s'enrichir d'éléments qui ne sont pas en sa possession mais que d'autres peuvent lui apporter.

– le troisième niveau est plus classique, mieux délimité car plus ancien dans les entreprises : ce sont les ***centres de documentation***, de propriété industrielle, de ***normalisation***, etc. Longtemps consacrés à l'information-connaissance, souvent rattachés aux équipes de recherche, ils voient leur fonction élargie en participant à ces opérations de veille, apportant leur savoir-faire en matière de collecte d'information formalisées.

Ainsi le terme d'intelligence économique prend en compte tous ces types de veille, en insistant sur leur couplage ainsi que sur la nécessité de capter des informations venant de l'extérieur mais surtout celles qui sont produites en interne, dans un double mouvement de capitalisation et d'exploitation.

4. Les apports

L'expression « intelligence économique » cristallise donc un certain nombre de changements en cours dans les organisations et permet d'insister sur plusieurs idées-forces.

• Tout d'abord, celle de l'importance des **flux d'information**, ce qui vient modifier l'approche traditionnelle de l'information qui a longtemps privilégié la **capitalisation des savoirs**. Sans cesse renouvelée, l'***information*** est maintenant définie comme étant un ensemble de données mobiles, hétérogènes, nécessitant la mise en place de filtres adéquats organisés autour de besoins clairement identifiés et formalisés. Ainsi, à une logique orientée vers l'offre succède une logique partant des besoins d'information. Cela a notamment contribué à dresser une typologie des sources d'information, celles qui sont qualifiées de formelles (via des circuits structurés comme les banques de données ou les accès documentaires) et les sources informelles (contacts directs, personnels) ;

• Ensuite, l'intelligence économique insiste sur l'importance des **réseaux humains d'information**, comme les relations avec les clients, les fournisseurs, mais aussi les réseaux de compétences ou d'experts, en interne ou en externe ; la question est alors de structurer ces liens et d'organiser leur exploitation.

• En outre, la place de l'information dans l'organisation commence-t-elle a être analysée sous un angle économique : d'une part avec la notion de valeur ajoutée et ses composantes de rapidité, d'adaptabilité, et de ciblage, et d'autre part avec les réflexions menées autour de l'impact qu'a l'information sur la productivité (et sur les unités permettant de le mesurer). De même le processus d'évaluation du contenu (filtrage, analyse de l'émergent, exploitation) est soumis à des analyses en termes d'**efficacité** (atteindre l'objectif à moindre coût) sinon encore de rentabilité.

Une autre nouveauté concerne l'aspect pluridisciplinaire d'un travail d'équipe sur l'information ; cela renvoie à la notion, beaucoup plus large, de culture d'information qui va elle-même de pair avec l'évolution générale en matière de management des organisations. Considérées de plus en plus fréquemment comme un ensemble de ressources tant matérielles qu'immatérielles, les **entreprises intelligentes** sont celles qui assemblent des données et des moyens pour réagir efficacement à leurs environnements. L'accent est mis sur l'organisation de synergies autour de projets, et l'information est au cœur du système, comme agent de liaison et de structuration. C'est ce qui fonde en partie sa connotation de stratégique.

Il est certain que cet ensemble de ressources informationnelles, tant externes qu'internes, est devenu un secteur à organiser et à gérer. Aux côtés du management des technologies ou des ressources humaines le **management de l'information** gagne aujourd'hui une place. Cela s'inscrit dans le cadre plus vaste des réflexions menées autour des ressources immatérielles (aux côtés de la recherche et de la formation) et de leur économie. Considérées comme jouant un rôle d'impulsion dans les nouvelles formes d'activité et d'organisation des entreprises, elles font l'objet d'une attention soutenue de la part des pouvoirs publics et disciplines scientifiques comme les sciences du management, la sociologie des organisations et les sciences de l'information. Le terme d'intelligence justifie alors tout son sens.

Intelsat

Organisation Internationale de Télécommunications par Satellites, créée à l'initiative des Nations Unies en 1964, et dont le siège est à Washington.

Le premier satellite Intelsat I a été lancé en 1965 et assurait uniquement les communications téléphoniques intercontinentales. Depuis 1969 Intelsat assure les retransmissions télévisées en **Mondovision**, dont elle détient le monopole. Elle offre également aux pays membres la possibilité d'utiliser le satellite pour la télédiffusion nationale. En 1982, l'Europe a créé son propre système de ***télédiffusion par satellite*** nommé « **Eutelsat** », qui concurrence Intelsat dans l'espace européen.

Interactif

Voir ***Interactivité***.

Interaction

Ensemble des dynamiques engagées au cours d'un procès de ***communication intersubjective***, qui entraînent des effets réels réciproques sur les partenaires de la relation d'échange.

1. La notion d'interaction

L'interaction désigne un ensemble d'effets réels exercés mutuellement sur les partenaires d'une relation de communication par la mise en œuvre même de la communication entre eux. L'interaction ne porte pas seulement sur les relations de langage proprement dites : c'est un concept qui concerne les faits de langue, les faits sociaux et les faits d'ordre psychologique. Le concept d'interaction s'inscrit dans l'approche des faits de communication qui se fonde sur l'hypothèse que la communication ne consiste pas seulement en un échange de formes symboliques ou de formes de langage, mais qu'elle constitue, en même temps, une action, réunissant des acteurs, et impliquant à la fois du sens dans le symbolique et des effets dans le réel.

a) L'interaction et les faits de langue

En matière strictement linguistique, les faits d'interaction représentent ce que l'on nomme l'**interaction verbale,** qui consiste dans l'ensemble des formes linguistiques entraînées par l'énonciation des formes linguistiques au cours de la communication. L'interaction verbale représente une situation d'énonciation au cours de laquelle l'usage de formes linguistiques par un énonciateur entraîne l'usage de formes linguistiques déterminées par son interlocuteur en situation. On peut citer deux exemples : le tutoiement, en français, résulte, en général, d'une interaction, puisque l'emploi du pronom *tu* répond en général, de la part de l'énonciateur, à un choix antérieur de l'interlocuteur, qui a dit *tu* et non *vous*.

b) L'interaction et les faits sociaux

Il est difficile, en matière d'analyse de la communication, de distinguer de façon tranchée entre ce qui relève du linguistique et ce qui relève du social. Néanmoins, on peut, à propos de l'interaction, reconnaître une spécificité à la dimension sociale de l'analyse de la communication, en la définissant comme ce qui rend raison des relations institutionnelles, ce qui rend raison de l'identité sociale et culturelle des partenaires de la communication, et ce qui rend raison des relations entre partenaires de la communication fondées non sur l'identification symbolique, mais sur la reconnaissance d'un statut.

Dans le domaine des relations sociales, l'interaction désigne les rapports d'implication ou de cause réciproque que l'on peut relever entre les faits linguistiques et les rapports sociaux et institutionnels entre les partenaires de la communication. Il y a interaction sociale quand les rapports sociaux ou institutionnels entre les partenaires de la communication entraînent des contraintes particulières dans leurs choix d'énonciation linguistique, ou, inversement, quand les formulations linguistiques de certains acteurs de la communication entraînent sur leurs partenaires des effets institutionnels ou sociaux.

c) L'interaction et les faits d'ordre psychologique

Les faits d'interaction psychologique sont sans doute les faits d'interaction à la fois les plus complexes et les plus forts, dans la mesure où la problématique de l'interaction se situe, au point de départ, dans le champ de la communication intersubjective. On peut en relever de deux types : d'une part, l'interaction entre des situations de relation psychologique particulière avec l'autre et l'énonciation de formes linguistiques particulières de communication (timidité et bégaiement, colère et gonflement de la voix, etc.) ; d'autre part, l'interaction entre une certaine approche, une certaine image de l'autre, et le choix d'un mode d'énonciation de la parole qu'on lui destine (le mépris ou la peur de l'autre peuvent entraîner des modes particuliers de lui adresser la parole).

L'importance de l'interaction psychologique dans le champ de la communication tient à ce qu'elle construit, en quelque sorte, la relation entre situation psychologique de communication et mode d'énonciation et de production du sens et du signifiant par les partenaires de la communication.

d) Interaction et interactivité

L'***interactivité*** est une approche de la communication fondée sur la mise en œuvre de médiations technologiques, qui structurent à la fois le procès de communication lui-même (en lui assignant des codes et des structures spécifiques) et la relation entre ses partenaires (en leur assignant des relations institutionnelles et des statuts qui fondent la situation de communication sur des relations de dépendance et de pouvoir).

La différence entre ces deux notions est que le concept d'interaction se fonde, lui, sur la construction d'une médiation négociée entre les partenaires de la communication, et non sur la mise en œuvre d'une médiation technologique.

2. L'approche de la communication fondée sur l'interaction

a) Importance et enjeux de la communication dans la problématique de l'interaction

La problématique de l'interaction s'inscrit dans le champ des sciences de l'information et de la communication. Il ne s'agit pas d'une problématique de l'action, ou des relations d'action entre deux acteurs sociaux ou institutionnels, il s'agit spécifiquement d'une approche de la communication. C'est la communication intersubjective qui est l'objet de la problématique de l'interaction. Les enjeux de cette problématique sont au nombre de trois dans la mise en œuvre de son processus d'analyse.

• D'une part, la communication, dans la problématique de l'interaction, est décrite comme un processus d'influence. Il s'agit d'analyser la façon dont, par la communication, on peut exercer une action de nature à faire évoluer l'autre, dans ses décisions, dans ses comportements, dans ses pratiques. L'interaction est ici conçue moins comme une logique de relation ente deux sujets interdépendants que comme une logique unilatérale d'intervention et de puissance de l'un sur l'autre. L'influence est une problématique essentielle dans la compréhension des faits de communication : elle est ici mise en œuvre dans la relation d'interaction par la médiation d'une parole reconnue comme porteuse d'une autorité. L'interaction d'influence présente cette particularité par rapport au concept d'interaction qu'elle suppose une relation intersubjective non réciproque, mais fondée sur une forme de pouvoir de l'un des sujets sur l'autre.

• D'autre part, la communication a des enjeux dans la situation réelle dans laquelle s'inscrit la communication. Il s'agit de comprendre comment on peut attendre de la communication d'agir sur la situation de communication elle-même. L'enjeu de la communication, dans une approche interactionnelle, est l'évolution de la situation dans laquelle se trouvent les interlocuteurs : il peut s'agir de l'évolution des relations de pouvoir ou des relations de dépendance qui organisent l'intersubjectivité en lui donnant sa consistance ; il peut s'agir aussi d'une interaction entre les échanges de communication et l'investissement de chacun des partenaires de la communication dans laquelle il se trouve.

• Enfin, l'enjeu majeur de la communication, dans la problématique de l'interaction, est l'évolution de la relation intersubjective elle-même. Il s'agit de rendre compte de l'évolution des rapports institutionnels et des relations affectives entre les sujets en présence dans la situation d'interaction. L'interaction est censée porter sur la structure même de la relation entre les partenaires de la communication : les échanges de communication, dans la logique de l'interaction, sont censés influer sur la nature et les dynamiques des relations entre les partenaires de la communication.

b) Statut et conception du sujet et des partenaires de la communication

Comme toute problématique de communication, l'interaction suppose deux sujets. On distinguera deux types d'interaction, selon la situation respective des partenaires de la communication. Il existe une **interaction égalitaire**, dans laquelle les deux partenaires de la communication exercent une action semblable l'un sur l'autre, et se trouvent, l'un et l'autre, dans une situation d'égalité, qui permet une relation bilatérale entre eux. Il existe, par ailleurs, une **interaction inégalitaire**, dans laquelle les deux partenaires de la communication sont l'un par rapport à l'autre dans une relation hiérarchique, ou dans une situation dans laquelle l'un dispose d'une quelconque supériorité sur l'autre. C'est, par exemple, le cas de l'interaction d'***influence***.

Dans ces deux formes d'interaction, le sujet est toujours considéré comme l'***acteur*** essentiel de la communication.

• D'une part, le sujet est considéré comme un ***acteur***. Cela implique que la relation entre les deux partenaires de la communication n'est pas fondée sur l'***identité***, ni, par conséquent, sur l'identification symbolique de l'un à l'autre. En fait, la logique de l'interaction se situe dans une perspective de négociation, dans une perspective active des deux partenaires, qui cherchent, l'un et l'autre, à agir sur la situation dans laquelle ils se trouvent.

• D'autre part, il se situe au cœur de la problématique de la communication instaurée par le concept d'interaction. Si la situation de communication est analysée, c'est pour mieux faire apparaître le type de relations qu'entretiennent les partenaires de la communication, la nature de leur partenariat, les incidences de la communication sur leurs relations et sur l'image qu'ils se font l'un de l'autre.

c) Limites de la communication dans la logique de l'interaction

La problématique de l'interaction ne rend pas compte de l'ensemble de la relation de communication – et, en particulier, elle ne rend compte que de la relation entre les partenaires de l'échange symbolique, sans rendre compte de leur situation spécifique. En particulier, la problématique de l'interaction limite la communication à un ensemble d'effets, dans la perspective de la causalité.

En revanche, elle ne pose pas la question de la représentation de la communication même pour ses participants ou ses partenaires : elle ne pose pas la question du sens que peut revêtir pour eux le processus de la communication.

3. Potentialités et limites de la problématique de l'interaction

a) Potentialités et limites de la problématique de l'interaction

L'importance de la problématique de l'interaction dans l'analyse des faits linguistiques tient au fait que cette problématique a permis d'inscrire la linguistique dans la problématique de la communication : de donner à l'analyse linguistique une dimension communicationnelle. Au lieu de s'en tenir, comme trop souvent la linguistique traditionnelle, à l'analyse des formes linguistiques, l'analyse interactionnelle met la relation de communication au cœur de l'analyse des faits de langue ; elle donne à la langue toute sa dimension de médiation de communication entre des sujets parlants.

b) La conception du langage dans l'analyse interactionnelle

La problématique de l'interaction dans l'analyse des faits de communication suppose une certaine conception du langage, que l'on peut caractériser par trois traits majeurs.

Le langage peut produire des effets : Il s'agit, en fin de compte, d'une conception instrumentale du langage – qui s'inscrit dans une tradition dont l'une des origines est, sans doute, la rhétorique. Dans une telle conception du langage, l'énonciation produit moins du sens qu'elle n'a d'effets sur la réalité de la personne de l'interlocuteur.

Le langage est un processus continu : Dans la mesure où la communication, conçue comme une relation réelle entre deux personnes, est représentée sous la forme d'une succession d'effets et de causes, elle constitue un ensemble homogène d'événements articulés les uns aux autres, dans une continuité temporelle (alors qu'une approche sémiotique de la communication intègre un temps de suspension de la communication, qui est le temps de l'interprétation).

Le langage met en œuvre des relations réelles entre deux personnes. L'énonciation et la logique sémiotique de la communication instaurent et décrivent des relations entre des sujets, porteurs d'identités et de représentations de soi, tandis que la logique de l'interaction, au contraire, est une logique de relations entre personnes qui se situent dans le réel de leur expérience.

Interaction sociale

Influence réciproque que les partenaires exercent sur leurs actions respectives lorsqu'ils sont en présence physique immédiate. L'interaction sociale concerne en particulier l'acte de communication, considéré comme un phénomène global intégrant divers types de relations, verbales ou non verbales (paroles, accent, regard, gestes, apparence, distance interpersonnelle...).

G.H. Mead (1863-1931), un des membres éminents de l'***École de Chicago***, est à l'origine du développement des analyses en termes d'interaction sociale en psychologie. Il fut, en effet, l'un des premiers à souligner que le soi, qui caractérise l'identité de l'individu à ses yeux, est la résultante des interactions collectives et notamment de celles qui s'instaurent à travers le langage et le jeu.

Il a ainsi proposé une théorie de la formation du soi, dans laquelle l'individu prend conscience de lui-même au travers du regard supposé des divers membres de son groupe. Il a montré l'importance du rôle, attitude qu'adopte un individu dans une relation interpersonnelle, qui est à la fois une réponse à l'attitude des autres et un stimulus cherchant à l'influencer. Ce rôle est directement lié à l'estime de soi pouvant être définie comme l'importance que l'individu s'accorde par rapport aux autres et par laquelle il se situe dans la structure sociale.

Les relations interpersonnelles résultent d'un processus d'apprentissage social, chaque individu essayant de s'adapter au comportement de l'autre.

L'appartenance culturelle détermine alors les caractéristiques des relations individuelles, et des comportements relationnels, jugés normaux par certaines personnes, pourront être ressentis comme étrangers, voire offensants dans d'autres lieux ou milieux sociaux. Ainsi la distance séparant deux européens lors d'un entretien n'est pas la même que celle maintenue entre des orientaux dans des circonstances similaires. Ce n'est pas la distance physique qui est déterminante en soi mais les règles qui la régissent, selon la nature de la relation.

E. Goffmann a dressé une typologie des rites qui règlent les relations sociales de la vie quotidienne en identifiant des éléments qui, bien que d'apparence banale, tissent la trame de l'ordre social en raison de leur récurrence normative. Il a également montré comment, dans une relation de communication, chaque interlocuteur tient compte en permanence de l'image qu'il s'est construite de l'autre et de celle qu'il veut donner de lui-même, en tentant avant tout de sauver la face.

Une autre contribution importante est constituée par les travaux de ***G. Bateson*** inspirateur de l'École de Palo Alto qui a abordé la communication d'un point de vue ***systémique***. Ses recherches ont notamment montré que la communication résulte d'un ensemble d'éléments en interaction et que toute modification de l'un d'eux affecte les relations entre les autres éléments.

Par l'expression ***double contrainte*** (*double bind*), il a expliqué le caractère perturbant de messages paradoxaux émis simultanément par un même individu. Ainsi deux messages de natures différentes, l'une verbale, l'autre corporelle, peuvent véhiculer des contenus contradictoires, comme dans le cas d'une mère de famille qui exprime en paroles de la tendresse à son enfant alors que son corps traduit de l'indifférence ou du rejet.

Cette ***approche systémique*** de G. Bateson a été reprise par P. Watzlawick. Depuis plusieurs années, ce dernier travaille sur l'invention de la réalité, ou ***constructivisme***, qui cherche à expliquer comment l'individu se forge sa propre réalité du monde qui l'entoure.

Signalons également l'apport de Jurgen Habermas, représentant de l'***École de Francfort,*** pour qui l'interaction sociale, ou activité communicationnelle, est le fruit d'attentes réciproques conformes aux normes en vigueur. Chaque individu agit en fonction de certaines attentes inconscientes ou tacites, mais socialement admises. Ainsi, les échanges interpersonnels sont régis par des règles de convenance : les inconnus ne s'adressent pas la parole, les subalternes obéissent à leurs supérieurs, les égaux communiquent avec respect et politesse...

Si ces règles sont difficiles à énoncer car elles échappent pour la plupart à notre conscience et à notre volonté, elles fonctionnent efficacement comme en témoignent les « punitions sociales » qui sanctionnent un comportement déviant.

L'interaction, formelle ou informelle, qui suppose au moins deux individus qui interagissent (le comportement de l'un déterminant le comportement de l'autre, et réciproquement) peut s'étendre à un groupe de personnes dans un cadre spatio-temporel bien défini. L'interaction sociale entre l'individu et le groupe concerne la relation soi/autrui dans le contexte organisationnel, qui sera d'autant plus complexe que le groupe sera important. Mais l'interaction peut également faire référence à la relation qu'un groupe entretient avec un autre groupe, délimitant l'appartenance sociale des individus.

Ces interactions conduisent le plus souvent à un sentiment d'attachement entre les membres d'un même groupe, à l'émergence de normes communes et à l'expression d'une certaine forme de solidarité. Elles ont tendance à gommer les différences au sein du groupe et d'accentuer les clivages avec le monde extérieur.

Cependant, l'analyse de ces relations intra et inter-groupes a beaucoup évolué suite aux travaux développés par Michel Crozier et Ehrard Friedberg dans l'**analyse stratégique**. Ceux-ci ont mis en évidence des marges de liberté et d'initiatives avec lesquelles peuvent jouer les acteurs à l'intérieur d'un contexte institutionnel.

En outre, la communication ne saurait être ce qu'un message fait à un individu mais ce qu'un individu fait avec un message. Conçue comme un processus interactif, elle implique qu'un énoncé signifie ce que ses récepteurs croient que l'émetteur a voulu dire dans et par cet énoncé. Ce dernier est un objet construit et négocié de manière plus ou moins coopérative par les différents acteurs de l'échange, la persuasion ne pouvant se concevoir que comme une autopersuasion.

L'interaction met en jeu tout le fonctionnement psychique des acteurs et notamment l'anticipation par le locuteur, qui émet un message, des réactions de l'allocutaire, qui le reçoit, et l'interprétation par ce dernier des actes communicatifs et des intentions expressives du locuteur. Mais dans cette perspective, la parfaite cohérence de la signification donnée aux messages échangés est un leurre.

La communication, conçue à ses origines comme une relation linéaire entre une source et un destinataire, se révèle de plus en plus comme un processus interactif dans lequel les interlocuteurs occupent alternativement l'une ou l'autre position.

L'interaction suggère en effet l'idée d'une action mutuelle entre les éléments d'un système, qui se transmettent des significations par le processus de la communication. Or, celles-ci se modifient progressivement à travers le processus lui-même, et leur aboutissement résulte de la confrontation et de la négociation entre les acteurs. Elles sont d'ordre cognitif, mais aussi social, affectif, émotionnel.

Cette interaction peut conduire à une modification profonde du comportement des acteurs, provoquée soit par eux-mêmes, soit par les autres, consciemment ou non.

Interactivité

Dans le domaine des médias électroniques, l'interactivité est un dispositif structurel, conceptuel et technique qui permet à un utilisateur humain de trier, d'accéder, de lire, voire de manipuler partie ou totalité des informations disponibles par l'intermédiaire d'un ***réseau télématique*** ou stockées sur un support aujourd'hui numérique.

Le champ recouvert par l'interactivité apparaît aujourd'hui si vaste qu'il se décompose en plusieurs domaines qui se recoupent parfois, car l'univers des produits, des logiciels et des applications interactives est à la fois complexe et en constante évolution.

Pour le défricher il faut d'abord écarter la ***réactivité*** de l'interactivité pour distinguer ensuite deux types d'interactivité : **interactivité de structure** et **interactivité de surface**. La première correspond à l'***hypertexte*** et la deuxième aux ***multimédias***. L'évolution singulière de chacune de ces branches devrait les rapprocher et nous amener à leur confluent : les ***hypermédias.***

L'évolution des médias, et en particulier de l'informatique, se caractérise précisément par une capacité interactive de plus en plus développée. C'est d'ailleurs dans l'interactivité que réside le caractère révolutionnaire des nouveaux médias ; l'interactivité leur allouant de plus en plus d'autonomie, et les émancipant de leur simple fonction-outil, jusqu'à les amener à un rôle de partenaire de l'utilisateur humain, avec qui un véritable dialogue est instauré. Le principe d'interactivité était l'une des idées fortes du courant ***cybernétique,*** dont la figure emblématique reste ***Norbert Wiener***.

Interface

Dispositif matériel ou logiciel qui assure la connexion ou l'intermédiation entre deux machines – l'ordinateur et ses nombreux périphériques – qui n'utilisent pas nécessairement le même langage.

Interférence

Bruit résultant du mélange, de la juxtaposition, de la superposition de deux signaux.

Internationalisation des médias ou des réseaux

Voir ***Technologies d'information et de communication et niveau de développement économique***.

Interne (communication -)

Voir ***Communication interne***.

INTERNET (Interconnected Networks)

Alors que l'on parle de plus en plus d'***autoroutes de l'information***, censées véhiculer aisément et rapidement texte, sons et images, Internet, opérationnel depuis plusieurs années, préfigure ce que pourrait être un réseau international de communication. Expérience scientifique grandeur nature pour les uns, « lieu de rencontre le plus branché depuis Woodstock » pour les autres, Internet touche de plus en plus de monde, à tel point qu'une adresse électronique est aujourd'hui de rigueur sur de nombreuses cartes de visite professionnelles.

1. Historique

En 1968, les détails d'un réseau sont présentés à l'agence Américaine ARPA (*Advanced Research Projects Agency*). Les principes opérationnels avaient été introduits un an plus tôt lors d'une conférence de l'ACM (*Association for Computing Machinery*). En 1969, le ministère de la défense Américain met en place ARPANET, destiné à relier les chercheurs et universitaires travaillant sur des projets et applications militaires. Les premiers nœuds du réseau sont mis en place à UCLA (Université de Californie à Los Angeles), Stanford, UCSB et à Université de l'Utah. À cette époque, les technologies de réseaux locaux sont déjà relativement répandues, mais le besoin se fait sentir de relier entre eux des sites distants parfois de plusieurs milliers de kilomètres. Cette préoccupation fait naître peu après un certain nombre de hiérarchies civiles comparables. En 1977, à l'Université du Wisconsin, THEORYNET relie plus de 100 chercheurs par courrier électronique. USENET en 1979 et BITNET en 1981 permettent aux chercheurs et universitaires de disposer d'outils novateurs comme le courrier électronique ou encore de serveurs permettant un accès aisé à l'information.

C'est en 1982 que naît le protocole de transmission TCP/IP, toujours utilisé à l'heure actuelle. Ces initiales signifient « *Transmission Control Protocol* » et « *Internet Protocol* ». On parle alors d'*un internet* comme d'un ensemble de réseaux, en particulier lorsqu'ils communiquent par le biais de ce protocole, et de « l'Internet » comme étant le réseau constitué de tous ces internets. La même année, la mise en place du CSNET (*Computer Science Network*) fédère un grand nombre d'universités écartées d'ARPANET. Une passerelle sera cependant rapidement mise en place entre ces deux structures, à la suite de quoi ARPANET est scindé en un réseau entièrement militaire, et en une structure accessible aux civils.

En 1983, la NSF (National Science Foundation) prend en charge l'administration de l'ossature d'ARPANET. Deux ans plus tard, elle crée le NSFNET, qui deviendra plus tard Internet : 5 centres de calcul interconnectés constituent l'ossature de ce nouveau réseau. La forte demande, en particulier de la part des universités, provoque une explosion du nombre de connectés.

ARPANET cessera d'exister en 1990. Internet compte alors plus de 100 000 sites connectés. Depuis cette date, leur nombre croît exponentiellement, réunissant universités, écoles, centres de recherche, entreprises mais aussi de

nombreux particuliers au sein d'un même réseau de communication.
En 1993, la Maison Blanche met en place un serveur auquel il est possible d'envoyer du courrier électronique au Président américain. La même année, Elisabeth II d'Angleterre envoie son premier e-mail (message électronique). En juillet 1997, le Palais de l'Élysée dispose d'un site internet.

2. Internet et le contrôle de l'information
D'abord limité aux seuls États-Unis, Internet s'est peu à peu agrandi et l'on estime à plus d'une centaine le nombre de pays ayant accès à ce réseau. Les informations véhiculées par ce moyen étant des plus diverses, on imagine sans peine les problèmes de censure ou de contrôle de l'information générés par un réseau non réglementé de cette taille. L'utilisation du ***fax*** comme outil de propagande ou de lutte politique (par exemple en Chine après le « Printemps de Pékin ») laisse présager des possibilités pour l'instant largement sous-exploitées d'Internet. Il a été rapporté qu'au plus fort de la crise de 1991 en U.R.S.S., lors de la tentative de coup d'État, Boris Eltsine aurait communiqué documents et déclarations par ce biais aux médias étrangers.
Les problèmes de ***censure***, certes moins romantiques, se posent avec d'autant plus d'acuité qu'il est extrêmement difficile de limiter l'accès à l'information à l'intérieur d'Internet. Par des moyens plus au moins détournés, il est ainsi possible d'accéder à une quantité d'information virtuellement illimitée : actes de congrès, publications à caractère scientifique, mais aussi traductions de textes littéraires, bibliothèques d'images, de sons, et même animations vidéo (dans une certaine mesure), jusqu'aux groupes de discussions couvrant une multitude de sujets les plus variés. Toute personne possédant les autorisations d'accès nécessaires peut ainsi, à partir d'un ordinateur connecté à un ***modem*** ou même d'un simple ***Minitel***, envoyer un message de n'importe quel pays à un correspondant en Nouvelle-Calédonie puis s'enquérir des conditions météorologiques au dessus de Hillside, New Jersey.
Certains pays dans lesquels la censure exerce une pression importante refusent ou hésitent encore à se rattacher au réseau. Ils tentent la plupart du temps d'instaurer des garde-fous afin de concilier l'ouverture scientifique et technologique offerte par Internet aux impératifs légaux de politique intérieure.

3. Structure
Comme son nom l'indique, Internet est en fait un inter-réseau : une sorte de « réseau de réseaux » permettant à des sites distants d'être connectés à une même structure. Les moyens d'accès sont des plus divers. Sur le réseau d'une université, d'un laboratoire ou d'un centre de recherche, il est possible d'y accéder par l'intermédiaire d'une station de travail, ou bien d'un terminal connecté à une station ou à un calculateur. La vulgarisation des moyens informatiques et les structures intermédiaires comme CompuServe ou Calvacom permettent à un nombre de plus en plus important de particuliers d'obtenir un accès à Internet, par l'intermédiaire d'un micro-ordinateur doté d'un simple modem. La contrainte la plus limitative dans ce cas étant la vitesse de transfert, inversement proportionnelle à la durée de ceux-ci et donc au coût des transmissions.
Un hôte est un ordinateur (par exemple une station de travail) disposant d'une adresse à l'intérieur de l'Internet, c'est-à-dire d'une identification électronique propre. Un site peut être l'une de ces machines, ou plus vraisemblablement un ***serveur*** fédérant plusieurs d'entre elles. Il est alors lui aussi identifié par une adresse qui peut être celle de l'un des hôtes de ce site. Cette organisation est reflétée dans les noms utilisés. Par exemple paris.inria.fr fait référence à la machine nommée « paris », sur le réseau de l'INRIA, à l'intérieur du réseau français – « fr ». Ces noms sont généralement préférés aux adresses brutes, qui sont constituées de groupes de nombres, pour des raisons de simplicité.

4. Croissance et démographie
La croissance exponentielle d'Internet depuis sa naissance traduit bien l'explosion des besoins de communication, en particulier dans les domaines scientifiques.
L'enquête due au cabinet Californien de consultants Network Wizard, publiée début Août 1994, estime le nombre d'hôtes connectés à Internet à 3,2 millions. En octobre 93, ce chiffre n'était que d'environ 2 millions, ce qui donne une idée de la vitesse à laquelle croît le réseau. Pour estimer le nombre de personnes connectées, on considère généralement qu'un hôte représente en moyenne une entrée utilisable par une dizaine de personnes. Ces considérations ont donc amené les experts à envisager 60 à 80 millions d'utilisateurs de par le monde (en 1997), provoquant par la même nombre de spéculations de la part des politiques et commerciaux comme des journalistes

et sociologues. Ces estimations prometteuses ne tiennent de plus pas compte des accès par l'intermédiaire de petits réseaux privés, de modem et/ou de messageries qui ne procurent qu'une adresse électronique et ne permettent d'exploiter qu'une portion congrue des immenses possibilités d'Internet.

Cet optimisme a pourtant été mis à mal par les déclarations, au cours de l'été 94, de John Quarterman, « démographe » réputé d'Internet, auteur de plusieurs ouvrages de référence en la matière. Celui-ci prétend en effet que loin des estimations précédentes, le nombre de personnes ayant un accès effectif aux possibilités du réseau serait de 2 à 3 millions seulement. Ce chiffre peut se justifier si l'on considère que la grande majorité des utilisateurs n'ont accès qu'au courrier électronique ou à une palette de services extrêmement réduite, notamment pour des questions de sécurité. Pour les tenants de l'avenir électronique qui envisageaient déjà une exploitation commerciale d'Internet, ce facteur est d'autant plus préoccupant qu'il risque de prendre des proportions de plus en plus importantes dans le futur. Le public potentiellement joignable par ce biais risque donc fort de ne pas croître au rythme soutenu que la croissance géométrique du nombre d'hôtes laissait présager.

5. La sécurité électronique

La taille présente et surtout potentielle d'Internet, ses possibilités de communications et d'accès aux informations les plus diverses posent d'énormes problèmes de **sécurité**. En effet, la prolifération des **virus** sur les micro-ordinateurs, par le biais de simples disquettes laissent entrevoir ce que pourraient être les ravages d'un tel virus dans un réseau de plusieurs millions de machines connectées entre elles. Il existe un précédent célèbre : l'« Internet worm » (le ver de l'Internet). Le 2 novembre 1988, un étudiant de l'université de Cornell, aux États-Unis, lança (à partir du MIT, pour faciliter les choses...) un programme expérimental auto-replicatif censé se propager de façon autonome à travers le réseau. Celui-ci se répandit et infecta une grande partie des sites connectés en se répliquant à une vitesse beaucoup plus élevée que son auteur ne l'avait prévu. Celui-ci finit par envoyer un message expliquant la procédure à suivre pour désinfecter et vacciner les systèmes touchés, mais les ravages causés ne permettaient plus à son message de parvenir aux sites infectés, parmi lesquels des réseaux militaires et des centres médicaux. Malgré la découverte d'« antidotes » par plusieurs équipes de programmeurs, il fallut plusieurs jours avant que tout ne rentre dans l'ordre. Traqué puis démasqué, l'auteur fut condamné, entre autre, à 3 ans de prison avec sursis et 10 000 $ d'amende. Son appel fut rejeté.

Les informations présentes sur les sites connectés à Internet sont de plus potentiellement susceptibles d'être altérées par un intrus accédant par un moyen détourné. Il est courant que des pirates parviennent, à des milliers de kilomètres de distance, à s'introduire sur un système en y causant des dommages plus ou moins réparables. La traque informatique se double alors éventuellement d'un parcours administratif compliqué par la difficile caractérisation de ce genre de délit et des disparités législatives des différents pays impliqués. La meilleure garantie contre toute agression perpétrée grâce aux capacités de communications d'Internet sont en fait ces capacités elles-mêmes. En effet, dès lors qu'un problème est détecté, la diffusion immédiate à travers le réseau permet une identification rapide, une étude éventuelle par les programmeurs les plus compétents, suivi d'une diffusion à travers tout le réseau d'un vaccin ou d'instructions adaptées. Selon Brendan Kehœ, « la seule façon de cœxister pacifiquement au sein du ***Cyberspace*** est de s'assurer de l'identification rapide d'un éventuel problème ».

Cependant, les préoccupations de sécurité sur les réseaux sensibles (armées, entreprises) ou sur ceux qui recueillent de grande masse d'information (comme les universités) ont amené les administrateurs de ces systèmes à faire deux types de choix :

– Soit rester complètement en dehors du réseau, ce qui comporte aussi des contreparties financières. C'est la solution la plus radicale, mais elle prive les équipes de recherche d'une source d'information précieuse.

– Soit adopter un système de sécurité informatique. Le plus couramment, il s'agit d'installer un ordinateur comme tampon entre le réseau interne et Internet. Celui-ci régule le trafic en diffusant vers l'extérieur les informations issues du système interne, mais empêche tout trafic de l'extérieur vers l'intérieur afin d'éviter toute possibilité d'intrusion. Une enquête réalisée en 1992 montre que 35 % des systèmes étaient ainsi sécurisés. Nul doute que cette proportion ait encore augmentée.

6. Les services usuels

a) Le plus répandu et le plus utilisé est le **courrier électronique**. Tout comme le courrier terrestre, que la communauté connectée surnomme « *snailmail* » (le courrier escargot), le courrier électronique, ou e-mail, permet de prendre contact avec toute personne disposant d'une adresse électronique. Celle-ci se compose d'un nom, qui est l'identification de la personne sur le système, et d'une localisation, qui est l'adresse électronique du système. Par exemple, Roger, étudiant en doctorat à l'université Paris VII, pourra être joint à roger@ccr.jussieu.fr (il s'agit évidemment d'un cas d'école). Le président des États-Unis se trouve lui à president@whitehouse.gov (c'est authentique !). Il est ainsi possible d'envoyer en quelques minutes, voire quelques secondes, un message, un document ou même une image à plusieurs milliers de kilomètres.

b) **FTP** (initiales de « *file transfert protocol* ») est, comme son nom l'indique, un protocole de transfert de fichiers d'un site à un autre. Ce protocole est rendu particulièrement intéressant par la possibilité de se connecter de manière anonyme, c'est-à-dire sans disposer d'un compte. Un site contenant d'importantes quantités de fichiers qu'il est possible de récupérer par FTP est dit un ftp-site, ou site d'***archivage***. La multitude de ces emplacements et des produits que l'on y trouve en font un outil précieux : la plupart des logiciels d'un environnement de travail standard (éditeurs, système de multifenêtrage, compilateurs, simulateurs...) sont disponibles gratuitement par ce moyen.

c) Les **groupes de discussion**, aussi appelé « News » font aussi partie des services de base sur Internet. Ils couvrent pratiquement tous les sujets imaginables, des plus sérieux aux plus fantaisistes. Un tel groupe a été créé lors des tempêtes de 1993 aux États-Unis afin de permettre une information pratiquement en temps réel, y compris de la part de nombreuses personnes qui n'étaient reliées au monde que par leur modem et leur ligne téléphonique.

d) Telnet est le protocole standard permettant de se connecter sur un site distant. Cela permet par exemple de travailler sur une machine à partir d'une autre, pourvu que l'on y possède un compte. De plus, un certain nombre d'autres services sont disponibles par ce moyen, par des connections particulières :

– informations géographiques ou météorologiques ;
– optimisation des itinéraires dans le métro de certaines grandes villes ;
– recherches bibliographiques ;
– recherches d'un utilisateur sur Internet...

e) ***Gopher*** est créé en 1991 par l'Université du Minnesota, et en 1992, le CERN (à Genève), met en place le **World Wide Web** (littéralement : toile d'araignée à l'échelle mondiale), soit en abrégé ***WWW***. Ces services, disponibles sur un nombre croissant de sites, nécessitent pour donner leur pleine mesure, de sérieuses capacités de calcul et de communication. Ils préfigurent cependant mieux que les précédents de ce que pourraient apporter les ***autoroutes de l'information*** de demain. Ils permettent en effet de naviguer aisément à travers les nombreux sites et d'y consulter les informations les plus diverses de façon quasiment transparente pour l'utilisateur (contrairement à ftp et telnet, par exemple). Le WWW, exploité avec une interface hypertexte, permet même de s'affranchir de l'aspect intrinsèquement très hiérarchisé de l'Internet.

Internet (Espace sociologique de communication de l'-)

Internet est né de la collaboration entre la politique publique, les industriels et le monde de la recherche. Les réseaux de la recherche ont été développés pour stimuler l'économie comme la vie scientifique et devenir un appui stratégique. Aux États-Unis le réseau est devenu le point d'ancrage de la politique nationale et internationale.

La définition sociologique de la nature de l'espace de communication que représente l'Internet se pose alors. Dans le domaine de la recherche scientifique, le réseau apporte-t-il l'assurance d'une fonction de médiation entre les pouvoirs politiques et la communauté mondiale ? L'Internet est-il une instance supérieure à celle des États-Nations ? Ou bien, le réseau constitue-t-il plutôt le terrain d'exercice d'un raisonnement public de spécialistes au sein de nouvelles sphères privées ? En outre, bien des moyens de la recherche scientifique semblent s'intégrer dans un réseau donnant l'image d'un espace marchand. La communication virtuelle s'oriente-t-elle alors vers une logique de services ?

À bien des égards, l'Internet donne l'image d'une « métaphore de démocratie ». Les principes qui ont présidé à l'évolution de l'Internet favorisent l'égalité des usagers et la liberté de tous. L'organisation de l'Internet en une Société Savante « représentative » des intérêts des utilisateurs semble susceptible d'asseoir la légitimité du réseau. L'Internet apparaît alors comme l'armature d'une démocratie internationale scientifique.

L'égalité des droits se fonde sur l'universalité des points de l'Internet et sur la fiabilité du réseau. Car, dès l'origine, des recherches portant sur l'ARPANET, le principe de base a été que chaque ordinateur dispose sur le réseau d'un statut égal. Dès lors, c'est la structure du réseau qui garantit la pérennité de la recherche, sinon par le statut et la volonté des usagers, du moins par la conception technique qui met les chercheurs locaux à l'abri des aléas locaux. Le réseau semble constituer une structure sociale non stratifiée si bien que les chercheurs et les institutions de recherche pourraient contribuer, *a priori*, à la croissance de la recherche et à la reconnaissance de leurs travaux. L'égalité des chances de chacun serait à la base du fonctionnement du réseau, et de la construction de la science.

La liberté de chacun se fonde sur la gratuité des outils du réseau et sur celle de nombreuses sources d'information ; en outre, l'usage du réseau facilite l'autonomie de ses usagers. Si l'on considère l'architecture du réseau elle-même, la gratuité des protocoles de communication ainsi que leur indépendance par rapport aux moyens de communication donnent une grande marge d'action pour les fabriquants, au point que le choix des protocoles de communication devient la garantie « naturelle » des protocoles. La plupart des outils de gestion et de recherche d'information disponibles sur l'Internet ont été développés par les usagers et mis gratuitement à la disposition de la communauté qui les fait évoluer ; cette caractéristique est une partie intégrante de la vitalité du réseau. Ces utilitaires, comme les nouveaux services d'information donnent à chacun les moyens de disposer des libertés fondamentales, liberté d'expression, liberté de s'informer, liberté de réunion, et liberté de diffuser les résultats de ses recherches. En témoignent le succès du ***courrier électronique*** et des **conférences électroniques,** le dynamisme des connexions distantes ; autant d'activités qui sont la preuve de l'intensité des relations dont beaucoup dépassent les cadres nationaux. Les « fonctionnalités » « démocratiques » de l'outil de communication que représente l'Internet semblent bien pouvoir être à l'origine d'un espace public de la recherche.

L'Internet est ainsi vécu comme un effort collectif qui légitime l'organisation. Une approche commune de la gestion et de la maintenance de l'Internet est dictée par l'organisation décentralisée de la structure du réseau, en réponse aux besoins locaux. L'IAB (*Internet Architecture Board*) est une association (et non une administration) de volontaires qui assurent l'essentiel du travail. La participation des chercheurs aux groupes de travail est très active, non seulement pour acquérir des connaissances relatives à de nouveaux problèmes de recherche mais aussi pour faire adhérer la communauté à leurs idées et aux solutions nouvelles qu'ils proposent. Les divers comités de l'Internet paraissent alors constituer la garantie de la souveraineté des usagers, dans la mesure où ces structures seraient bien une représentation de l'ensemble des usagers.

Le réseau semble donc porteur des grands principes démocratiques et serait ainsi susceptible d'être à l'émergence d'un espace public de la recherche, ce qui est vérifié sur les trois points suivants :

– Aux débuts du réseau, rien ne semblerait s'opposer à ce que la rationalité seule guide la pratique de la recherche scientifique. Chacun peut accéder librement et gratuitement à l'information, la communication est aisée et dispose d'une infrastructure peu coûteuse. La collaboration inter-communautés nationales s'offre à tous. Pour cela, il faut et il suffit que chaque réseau accepte les standards et que chaque utilisateur se conforme aux règles en cours, telles celles recommandées par les FAQs, (Frequented Asked Questions) : conseils d'utilisation et règles de bonnes conduites énoncées par les maîtres d'œuvres des conférences électroniques !

– Sur le réseau, la liberté d'expression est renforcée par la gratuité apparente d'une quantité considérable d'information dont bénéficie l'usager final. L'énergie que dépense l'usager pour produire de l'information est d'autant moins prise en compte par cet usager qu'elle lui semble une dépense nécessaire au franchissement de l'espace ; la reconnaissance qu'il en attend n'est possible qu'en vertu de l'offre possible sur l'Internet de produits ou d'autres types d'information.

– L'indépendance par rapport à l'espace accentue le sentiment d'appartenir à une Communauté, celle des chercheurs qui ont les mêmes intérêts ; le réseau devient ainsi un nouveau mode de légitimation des produits de la recherche.

Autant d'aspects qui donnent du réseau l'idée d'une structure dans laquelle règne une certaine pratique de transparence de l'information.

Cependant, plusieurs aspects de l'Internet font cet espace de communication un espace privé.

L'Internet est né d'un réseau expérimenté au sein des Universités américaines les plus prestigieuses ; son origine et son extension géographique orientent en fait la nature de l'information accessible, si bien que le réseau technique reproduit les réseaux sociaux préexistants.

Il existe une inégalité territoriale qui privilégie certains points ou certains nœuds du réseau dont le processus est si apparent qu'il ne va pas sans être accompagné de manifestes politiques au sein même de l'État américain.

Le réseau technique repose sur le réseau social préalable que le réseau technique amplifie. L'Internet est l'outil de la coordination, de la « communication opératoire », des échanges d'information. Il permet de garder des contacts avec des interlocuteurs proches ou éloignés, d'élaborer des documents en commun, de travailler sur des machines distantes, de « rapatrier » l'information, mais il n'est pas susceptible d'entraîner l'ensemble de la dynamique de vies scientifiques collectives. Si l'Internet, réalisation technologique inégalée, permet de collaborer au niveau universel, cette interconnexion technique repose sur les réseaux antérieurs, et leur donne l'apparence d'une évidence ; on pourrait dire ainsi qu'elle les « naturalise ».

Au fur et à mesure du développement de l'Internet, cet espace de communication s'intègre dans la scène mondiale, mais avec des filtres non négligeables ayant par exemple pour fonction d'unifier les critères de la recherche. Il faut aussi remarquer que, si le réseau permet grâce à la souplesse de l'outil de « réactualiser » la fonction de diffusion de la production de la recherche, la virtualisation ne s'accompagne pas d'une « Nouvelle Donne » des producteurs de la diffusion. Elle semble plutôt renforcer les tendances précédentes.

Le succès d'Internet pousse à la création de nouveaux services orientés vers une double typologie de l'offre : les services deviennent relais des producteurs commerciaux d'information ou bien assurent la promotion directe de la production scientifique spécialisée.

Le réseau bouleverse l'***économie de l'information*** car il offre une capacité d'accueil illimitée au sein de l'espace-temps. L'interconnexion, en gommant la distance, détermine une mutation de la valeur stratégique des sources locales qui, dans la mesure où ces sources ne sont pas uniques, diminue au fur et à mesure de la sophistication de l'outil de communication ; c'est une des raisons pour lesquelles les ***producteurs d'information*** s'associent aux ***bibliothèques*** dans de grands projets de « **bibliothèques virtuelles** » et leur confèrent un rôle de distribution alors que seule la difficulté de communication justifierait la duplication des collections.

L'« outil-réseau » fait ainsi du chercheur un professionnel de l'information ; le chercheur diffuse lui-même, sans effort, sans coût apparent, le produit de ses travaux, profitant de cette qualité de duplication qui appartient au virtuel, fondement de l'explosion de la communication sur le réseau. Ces actions d'ouverture et d'échanges s'intègrent de plus en plus dans des systèmes structurés par les laboratoires qui voient dans les nouveaux « services » de l'Internet (***Gopher*** ou ***World Wide Web***) les moyens de présenter à la communauté mondiale leurs travaux et leur institution, en associant étroitement l'information à la communication. L'Internet représente donc pour eux l'opportunité non seulement d'offrir de l'information, mais aussi de répondre à une situation où la concurrence les oblige à manifester leur présence pour maintenir leur crédit dans la communauté scientifique.

Devant la masse et la surenchère d'information offerte apparaît alors le besoin pour l'utilisateur de se dégager de l'opacité pour atteindre une documentation dont les qualités premières répondraient à des besoins de rigueur et d'exactitude.

Les nouveaux services sont une réponse aux besoins actuels des réseaux sociaux existants.

Il faut voir dans les nouveaux services du réseau la tentative de maîtriser la complexité d'accès à la masse d'information. Le réseau serait un immense marché ouvert à la flânerie de trois manières différentes :

– à l'aide d'une panoplie d'outils dont les « fonctionnalités » sont analogues sans être équivalentes : modalités différentes de connexion qui aboutissent à la même information par une participation plus ou moins active de l'usager (liste de discussion ou participation active à une conférence électronique) ;

– à l'aide de services qui donnent la possibilité de naviguer grâce aux techniques de l'***hypertexte*** ou de l'***hypermédia*** ;

– à l'aide de la recherche contextuelle telle que l'offre **WAIS :** l'information disponible sur le réseau est à la fois la visualisation de tissus relationnels, circuits d'information, sources d'information.

L'originalité d'Internet apparaît alors dans la faculté d'ajouter et d'associer aux réseaux sociaux préexistants des « **nœuds aléatoires** » :

la déambulation dans Internet permet de faire des rencontres inattendues, à l'instar des conversations imprévisibles et potentiellement fécondes dans les couloirs de quelque colloque, ambiguïté dans la nature des « nœuds » et des « arcs » de ce réseau qui fait émerger l'apparence de la liberté.

L'évolution de l'Internet est le constat du succès et de la nouveauté apparente d'un des systèmes les plus complexes jamais réalisés.

L'Internet est en train de changer de nature ; le succès d'Internet est mesurable et quantifiable. Il y a vingt ans, l'Internet n'était qu'un projet de recherche subventionné par la DARPA. Aujourd'hui, aux États-Unis, son impact permet au Congrès, comme aux sénateurs, de tenir un rôle majeur en faisant avancer le programme du NREN, tout en sollicitant des « sponsors » pour participer activement au financement du réseau. Les principes de gratuité sont abandonnés, il devient admis que tout le monde doit payer.

Simultanément, l'extension du réseau, dont les potentialités permettent de simuler un processus de concentration des usagers, constitue pour les services une attraction croissante : l'Internet devient la localisation convoitée des entreprises privées qui poussent à une « marchandisation » des services d'information.

Le succès de l'Internet intéresse les sciences humaines ; il constitue peut-être un modèle intéressant d'analyse. L'Internet, au départ, est la « toile d'araignée mondiale » (World-Wide-Web) qui semble relever d'une approche structuraliste ; or il semble bien qu'elle ne puisse s'appréhender sans faire appel à une analyse phénoménologique. Si tous les points du réseau sont potentiellement égaux, la circulation des flux d'information donne la preuve que la carte des origines des échanges électroniques, à peu près identique à celle des flux des échanges antérieurs constitue une sorte de matrice des échanges électroniques actuels. Les « fonctionnalités » offertes par les divers outils permettent d'établir des liens non inscrits dans la structure du réseau. L'énormité des données disponibles impose de nouveaux services d'évaluation.

La définition de la structure du réseau et de son fonctionnement constitue un apport au savoir sur la communication : l'évolution de l'Internet est une démonstration du caractère indispensable de la structure dans la compréhension des relations sociales, mais cette structure est en fait une incessante structuration. La situation de concurrence pousse à l'émergence de nouveaux sites et les circuits aléatoires modifient eux aussi la structure du réseau.

La nouveauté apparente du réseau est pourtant un leurre : le réseau tendrait à réduire l'espace de la communication en un simple espace-coût. On doit reconnaître dans ce processus, – commun à de nombreux systèmes qui, de locaux, deviennent régionaux, nationaux, et tendent à s'inscrire dans une perspective globale – ce phénomène généralisé d'évolution qui fait que le réseau d'aujourd'hui rejoint la dimension mondiale des rapports économiques dont la recherche apparaît l'un des instruments.

L'égalité supposée des réseaux n'est qu'une projection. Le processus de connexion prend du temps. En attendant que le monde entier soit connecté, des services, des outils, des produits permettent de lancer de nombreuses actions. D'autre part, il n'est pas de solution de communication insensible aux seuils de croissance. L'évolution des télécommunications est ici parfaitement comparable à l'évolution des moyens de transport en général : la croissance ne se fait pas en continu mais par étapes marquées par des seuils ; chaque fois qu'on franchit un seuil, il faut changer de moyen ; la métaphore de l'« autoroute » est ici tout à fait fondée. Non seulement l'interconnexion nécessite un temps d'extension de la connexion, mais chaque transition, chaque passage à une nouvelle capacité de communication potentielle, se traduisent par la nécessité de franchir un nouveau seuil. Un décalage de primauté demeure sur les points qui participent de la connexion ; l'égalité des points sur le réseau est une course à la priorité.

L'inégalité de fait ne doit pas masquer pourtant le processus par lequel les réseaux permettent à des pays en voie de développement d'avoir accès à des informations que leurs ressources limitées leur interdiraient par d'autres voies. Et, de façon générale l'accroissement de la diffusion de l'information scientifique et technique est un élément de démocratisation qui s'apparente à des phénomènes de démocratisation de la culture dont la massification produit deux instances de différenciation : l'une créée par l'hyperspécialisation d'une élite qui retrouve par ce biais son rôle de leader, l'autre par la mise en vedette d'acteurs dont la notoriété s'affirme. Mais le réseau est le support d'une utopie démocratique ; cette utopie repose sur l'idée d'une égalité technologique dans un réseau dont l'extension est *a priori* illimitée, mais en fait l'Internet reproduit des hiérarchies, et d'une façon générale l'inégalité des territoires. L'espace de communication ouvert par l'Internet reste un espace différencié.

Internet (Organisation de l'-)

L'organisation de l'Internet est celle d'une société savante. Les différentes structures de recherche et de développement de l'Internet se sont mises progressivement en place, au fur et à mesure de l'extension de ce standard de communication à vocation mondiale.

Au premier stade du programme de développement de l'Internet, quelques chercheurs seulement travaillent aux versions tests des protocoles, puis se crée un comité informel pour guider l'évolution technique de la combinaison de protocoles et, l'ICCB (Internet Configuration Control Board) est fondé en 1981. L'ICCB, gagnant de l'importance devient, en 1983 l'IAB (*Internet Architecture Board*) ; les membres de l'IAB sont changés en fonction des désirs de chacun, des besoins en compétence nécessaires à un moment donné, des intérêts des gouvernements, et enfin des commanditaires industriels et universitaires de l'Internet. Tous les membres de l'IAB et des autres comités occupent des postes importants au sein de la communauté Internet.

L'IAB ne gère pas un budget important et ne subventionne pas une grosse part de la recherche et des développements qu'elle encadre. Des volontaires assurent l'essentiel du travail. Les chercheurs participent activement aux forces d'intervention pour acquérir des connaissances relatives à de nouveaux problèmes de recherche et susciter l'adhésion de la communauté à leurs idées et aux solutions nouvelles qu'ils proposent, solutions qui, testées par les forces d'intervention, finissent souvent par faire partie de la technologie du protocole de communication, devenue technologie industrielle dont le marché oriente la propre évolution. L'IAB, restructuré en 1989 est complété par des sous-commissions et des sous groupes :

a) l'IETF (*Internet Engineering Task Force*) rassemble une communauté ouverte de concepteurs de réseaux, d'opérateurs, de vendeurs, et de chercheurs ;

b) deux autres instances de travail sont représentées par l'IRTF (*Internet Research Task Force*) et l'IESG (*Internet Engineering Steering Group*), groupe de direction de l'IETF.

En 1992, l'IAB, l'IETF et l'IRTF sont intégrées à l'ISOC, Internet Society, organisation professionnelle à but non lucratif. L'organisation de l'Internet repose donc aujourd'hui sur quatre groupes, le conseil d'administration de l'ISOC, l'IAB, l'IESG, et l'IETF.

Tout usager de l'Internet peut participer aux meetings de l'IETF, et devenir ainsi membre actif d'un groupe de travail de l'IETF. Il lui suffit pour cela d'assister aux trois réunions annuelles organisées par l'IETF et de s'inscrire via la messagerie électronique à l'une des listes de diffusion de l'IETF ou de ses groupes de travail. La publicité de la documentation sous-tend l'organisation de l'Internet, elle sous-tend le travail d'élaboration échelonné des standards.

Toutes les décisions de l'IAB sont rendues publiques. L'ensemble de l'information stratégique est offerte aux usagers. L'archivage des comptes-rendus des commissions appelés RFCs (*Request For Comments*) a commencé dès 1969 ; ces archives sont le moyen de « documenter » le développement de l'ensemble du protocole de l'ARPANET originel. En effet, une faible proportion seulement des RFCs spécifie des standards. La plupart sont écrits dans le but de stimuler des commentaires comme des discussions. À l'origine les RFCs sont, comme leur nom l'indique, des « appels à commentaires », de simples messages échangés par les architectes de l'ARPANET. Au fil des ans, les RFCs deviennent plus formels. Aujourd'hui, il existe deux sous-séries de RFCs : les FYIs (For Your Information) qui portent sur des sujets généraux et les STDs (standards) qui spécifient les standards de l'Internet. La DCA, Agence de communication de la Défense des États-Unis, finance un centre de gestion des informations relatives au protocole et à l'Internet. Ce groupe est connu sous le nom de « centre d'information réseau » ou NIC, *Network Information Center*.

Internet (Services de recherche d'information de l'-)

La croissance du réseau **Internet** nécessite un nombre toujours plus grand d'applications permettant d'explorer et d'utiliser les ressources offertes ; si bien que des services tels que les serveurs Archie, **WAIS** (*Wide Area Information*), **Gopher** et ***WWW*** (***World Wide Web***) sont des outils de plus en plus répandus et finalisés en faveur de communautés définies. La recherche d'information à travers le réseau est encore balbutiante, par bien des aspects, en comparaison des systèmes de recherche d'information traditionnels. La construction de thesaurus, les recherches booléennes, les contrôles classificatoires ne sont pour le moment que des questions discutées ; les systèmes progressent cependant très vite, notamment dans les domaines des concepts de classification et du catalogage des documents et ressources électroniques. Les techniques de la recherche des données multimédias sont aussi en pleine expansion. Certaines techniques réapparaissent régulièrement ; beaucoup d'applications apparemment différentes accomplissent des tâches identiques.

Trois types de fonctionnalités permettent cependant de classer ces services :

– les outils interactifs de récupération d'information, tels Gopher, World Wide Web ;

– les annuaires ;

– les services d'indexation que sont par exemple Wais et les catalogues de bibliothèque en ligne.

Interphrastique

Étude fondée sur la reconnaissance du fait que le discours est régi par toutes sortes de règles logico-sémantiques qui échappent au cadre formel de la phrase.

Interprèteur

En informatique, programme qui, après avoir interprété les instructions données par clavier avec un langage évolué en **langage machine** (suite de 0 et de 1), exécute les instructions, alors que le ***compilateur*** se limite à l'interprétation.

Intervalle de confiance

Intervalle de valeurs d'une variable aléatoire dans lequel la valeur réelle de cette variable est susceptible de se trouver pour une probabilité donnée dite coefficient de confiance. Pour illustrer le mode d'utilisation, prenons un exemple d'une chaîne de télévision cryptée qui cherche à réduire les délais de recouvrement des abonnements. Après études, il est apparu que les retards de paiement des factures représentent 10 % des foyers abonnés (proportion 0,1). Un an plus tard, le nombre d'abonnés a augmenté, et on veut vérifier si les retards de paiement des factures d'abonnement ont diminué. Pour cela, on prélève un échantillon aléatoire de 900 factures dans une population-mère de 2 millions de factures établies il y a 9 mois au plus et six mois au moins. On va ainsi chercher un intervalle dans lequel la fréquence observée a, par exemple, 95 % de chances de se situer, cet intervalle étant centré sur la proportion 0,1. La taille de l'échantillon permet d'utiliser la loi normale avec une table qui donne un intervalle de confiance de t_1 = -1,96 à t_2 = +1,96 pour une probabilité de 0,95 pour une variable centrée et réduite (t).

$$L(f_n) = \mathcal{N}\left(p ; \sqrt{\frac{p(1-p)}{n}}\right)$$

La valeur moyenne sur laquelle est centrée la variable aléatoire qui suit la loi normale est la proportion 0,1, l'écart-type (σ) de la distribution d'échantillonnage est 0,01

$$\sigma = \sqrt{\frac{p(1-p)}{n}}$$

La formule de la variable centrée-réduite étant $t_1 = -1{,}96 = (f_1 - 0{,}1)/0{,}01$, d'où $f_1 = 0{,}0804$ ou approximativement 8 %.

$t_2 = +1{,}96 = (f_2 - 0{,}1)/0{,}01$, d'où $f_2 = 0{,}1196$ ou approximativement 12 %.

Cela signifie qu'il y a 95 chances sur 100 d'observer sur un échantillon de taille 900 une fréquence de factures non réglées à temps comprise entre 8 % et 12 % si dans la population mère les factures non réglées représentent 10 %. On dit que l'intervalle de confiance est de 0,08 à 0,12 à 95 %. Voir ***Statistique***.

Interview

Voir ***Entretien***.

In-trente-deux

Format résultat du pliage d'une feuille d'impression en 32 feuillets (soit 64 pages).

Inventio

La première des cinq grandes parties du système d'***argumentation rhétorique*** antique, et qui consistait à la recherche des idées et des arguments, donc à leur invention. Suivaient la **dispositio**, agencement des thèmes, l'**elocutio**, manière de dire son texte, puis l'**actio**, ensembles des moyens quasi-théâtraux consistant à le déclamer avec les gestes adéquats, enfin, la **memoria**, technique par laquelle on retenait son texte sans avoir besoin d'aide-mémoire. Maintes grilles de recherches d'idées, dont la Roue de Virgile ou la méthode de Quintilien permettaient de pourvoir à cette recherche d'arguments.

Inventions dans les domaines des communications et des systèmes d'information

Voir ***Historiques (Repères -), Schéma consécutif Invention-Disposition-Enonciation-Action-Mémoire***.

Investissement publicitaire

Expression qui désigne les dépenses de ***publicité*** qui sont alors supposées avoir des effets positifs en termes de rentabilité. Dans la comptabilité de ces investissements, on distingue les dépenses ***au-dessus de la ligne*** qui portent sur les grands ***médias de masse***, et les dépenses ***au-dessous de la ligne*** qui sont les dépenses de ***promotion***.

Voir ***Technologies d'information et de communication et niveau de développement économique, Dépenses publicitaires.***

Investissements publicitaires des entreprises (Les effets des -)

Voir ***Publicité.***

ISBD (*International Standard Bibliographic Description*)

Les ISBD sont l'ensemble de règles de présentation normalisée des données bibliographiques relatives aux publications et dont l'application doit permettre le ***CBU*** (Contrôle bibliographique universel), c'est-à-dire la communication internationale de l'information bibliographique. Ces règles recommandées par l'***IFLA,*** dans le cadre de son programme fondamental UBCIM, avec le soutien de l'***UNESCO,*** datent de 1971 et sont périodiquement révisées. L'ISBD n'est pas une norme, mais c'est à partir de la structure de l'ISBD que chaque pays doit rédiger ses normes de catalogage.

Les principes de base sont :

– l'ordre des éléments nécessaires à la description et à l'identification des différents types de documents dans des zones bien définies ;

– l'utilisation de la ponctuation comme élément introduisant une information, quel que soit le support du document. Le système de ponctuation des ISBD joue le même rôle que les étiquettes et les codes de sous-zone dans les formats de description automatisée.

ISBN (*International Standard Book Number*)

L'ISBN est le numéro international normalisé des livres. Composé de dix caractères, il est attribué à une monographie selon la norme ISO 2108.

Il est formé de quatre parties distinctes séparées par un tiret ou un espace. Ces quatre parties sont : le numéro d'identification du groupe national ou linguistique, le numéro d'identification de l'éditeur, le numéro d'identification du titre dans la production de l'éditeur et un chiffre de contrôle calculé en fonction des neuf autres chiffres de l' ISBN. Livres, brochures, microformes, logiciels et publications en braille, publications électroniques (disquettes, cédérom) peuvent recevoir un numéro ISBN.

Dans chaque pays, les numéros sont attribués par une agence nationale qui peut être rattachée directement à un ministère, à une Bibliothèque nationale ou à une grande maison d'édition. En France, c'est l'**AFNIL** (Agence francophone de numérotation internationale du livre, rattachée au Cercle de la librairie), qui attribue les numéros pour les éditeurs français, belges, suisses et canadiens. Afin que l'attribution des numéros d'identification des groupes puissent s'effectuer de façon continue, une Agence internationale, dont le siège est à Berlin auprès de la Bibliothèque nationale, assume la responsabilité du fonctionnement du système.

L'ISBN est largement utilisé par les éditeurs et les libraires pour la gestion des stocks, des commandes et de la comptabilité. Élément d'identification bibliographique, il est intégré aux catalogues et aux annonces des éditeurs, aux bibliographies nationales et internationales. L'ISBN fait partie intégrante de l'***ISBD*** et a été adopté dans le cadre des travaux de l'**UNISIST** sur le contrôle bibliographique universel. Numéro de norme internationale, relevant d'une nomenclature qui répertorie tout nouvel ouvrage mis sur le marché, l'ISBN, obligatoire, figure avec les coordonnées de l'éditeur dans les pages de garde de tout ouvrage considéré comme un ***livre***. Celui-ci se définit par le ***format*** en termes de pagination, et celle-ci est variable selon les pays : un livre est un ouvrage comportant au minimum 28 pages au Royaume-Uni, 32 en France, 48 en Allemagne, etc.

ISDS (*International Serials Data System*)

L'ISDS est le Système international de données sur les publications en série, établi en 1972 dans le cadre du programme *UNISIST* de l'Unesco qui attribue les numéros ***ISSN***. Il est organisé en réseau et comprend cinquante et un Centres nationaux et deux Centres régionaux coordonnés par le CIEPS (Centre international des publications en série) situé à Paris. Chaque attribution d'un ISSN à une publication en série s'accompagne de l'établissement d'une notice d'identification bibliographique qui sera versée dans le Registre de l'ISDS. C'est donc un système mondial pour l'identification et le traitement des périodiques et autres publications en série.

L'ISDS a la responsabilité des normes ISO 3297 sur la numérotation internationale normalisée des publications en série (*ISSN*), et ISO 4 sur les règles d'abréviation des mots dans les titres des périodiques.

I.S.I.C. (*International Standard Industrial Classification*)

Classification spécialisée dans le domaine industriel qui a été développée par le Bureau des statistiques des Nations unies.

ISO (*International Standard Organization*, Organisation Internationale de Normalisation)
L'ISO, dont le siège est à Genève, a été créée en 1946 en remplacement de l'***ISA***, fondée en 1926 et qui avait interrompu ses activités en 1942. C'est une fédération privée d'organisations nationales officielles ou privées de normalisation de près de 90 pays du monde, telles l'AFNOR, pour la France, le BSI pour la Grande-Bretagne, le DIN pour l'Allemagne, l'ANSI pour les U.S.A. Les membres ne sont donc pas des particuliers mais des organisations qui représentent des pays. L'ISO jouit d'un statut consultatif auprès du Conseil économique et social de l'ONU.

L'activité de l'Organisation vise à obtenir un accord sur les normes internationales en vue de développer les échanges de marchandises, d'améliorer la qualité, d'accroître la productivité et d'abaisser les prix. Ses travaux s'étendent à tous les domaines de la normalisation, à l'exception de la technologie électrique et électronique qui sont du ressort de la CEI. L'ISO coordonne les échanges d'information sur les normes internationales et nationales par le biais du **réseau ISONET**, regroupement des organismes nationaux de normalisation.

Les travaux de l'ISO sont effectués par des comités (TC = comité technique) et des sous-comités techniques établis par le Conseil de l'ISO sur recommandation d'un ou de plusieurs pays membres : tels le comité ISO TC 37. *Terminologie,* le comité ISO TC 46. *Documentation et information* qui comprend les sous-comités SC2, conversion des langues écrites translittérées ; SC3, vocabulaire de la documentation ; SC4, automatisation en documentation ; SC8, statistiques et SC9, présentation, identification et description des documents, le comité ISO TC 97. *Systèmes de traitement de l'information* (devenu le JTC 1, comité conjoint de l'ISO et de la CEI), le comité ISO TC 145. *Symboles graphiques et pictogrammes,* le comité ISO TC 1 176. *Management et assurance de la qualité.* D'autres Comités techniques s'occupent du papier (TC 6), de la photographie (TC 42), de la technologie des arts graphiques (TC 130), des documents et des données dans le domaine de l'administration, du commerce et de l'industrie (TC 154), de la micrographie et des mémoires optiques (TC 171). Les pays membres peuvent obtenir le statut de participants ou d'observateurs dans un TC. Chaque TC a un secrétariat dont les activités sont prises en charge par un pays membre jouissant du statut de participant : le TC 46 est pris en charge par le DIN, à Berlin ; le TC 37 par l'institut de normalisation autrichien, à Vienne ; le JTC 1, par l'ANSI, à New York.

Pour élaborer les normes, l'ISO fait appel à des organismes compétents, tels le Centre international de l'ISDS de Paris pour tout ce qui touche aux publications en série, le Centre international de l'ISBN de Berlin pour les monographies, le *National Bureau of Standards* américain pour les langages de programmation, l'IFLA pour le catalogage, etc.

Les normes internationales franchissent plusieurs étapes : ce sont d'abord des avant-projets (D.P.), qui sont distribués directement aux pays membres par les TC, avec appel de commentaires, ensuite des projets de normes internationales (DIS), distribués par le Secrétariat central, avec appel de vote et enfin les travaux une fois adoptés sont publiés sous forme de normes internationales (IS). Il y a aussi les profils fonctionnels (**ISP**, pour *International Standardized Profile).* Jusqu'en 1970, il fallait un accord unanime pour qu'une norme internationale soit approuvée ; aujourd'hui, les normes sont publiées à la majorité relative des pays membres. Elles sont d'application volontaire et doivent faire l'objet d'une révision tous les 5 ans pour s'assurer qu'elles restent à jour.

Le centre ISODOC a été mis en place en 1975 en vue de faciliter et de favoriser la mise à disposition et la mise en application des normes relatives aux activités d'information et de documentation. Les trois langues officielles de l'ISO sont l'anglais, le français et le russe.

ISSN (*International Standard Serial Number*)
L'ISSN est le numéro international normalisé des publications en série géré par le Centre international de l'***ISDS***, situé à Paris ; selon la norme ISO 3297, il se compose de huit caractères numériques et il est indissociablement lié à un titre-clé, titre de la publication tel que l'ISDS le normalise en le rendant unique. C'est parfois le titre sous lequel la publication se désigne mais l'ISDS peut ajouter des éléments de qualification pour le rendre parfaitement distinct d'autres titres identiques.

L'ISSN est largement utilisé comme seul code d'identification des périodiques par les éditeurs qui l'impriment sur chaque fascicule de leurs périodiques, les courtiers en périodiques pour gérer leurs abonnements, les catalogues collectifs pour leurs opérations d'identification et de localisation. Ce code a aussi été introduit dans des codes plus vastes et plus précis : pour la reconnaissance optique, dans les codes-barres, à la suite d'un accord avec l'***EAN***; pour l'identification des articles, dans le ***BIBLID*** et le ***SISAC***.

I.T.C. (*Independant Television Commission*)
Autorité de régulation spécifique au secteur privé audiovisuel en Grande-Bretagne, mise en place le 1er janvier 1991 en remplacement de l'IBA (*Independant Broadcasting Authority*).

J

Jakobson, Roman (1896-1982)

Roman Jakobson, linguiste russe, peut être considéré comme l'un des fondateurs des sciences de la communication. Quasiment rien de leur foisonnante pluralité ne semble avoir échappé à sa curiosité et à son génie analytique. Ses pertinentes propositions théoriques ont ouvert des perspectives fertiles, certaines ont été prolongées, jusqu'à être érigées en disciplines autonomes. Ses élèves, dont beaucoup devinrent à leur tour des maîtres, ont en effet fait fructifier à sa suite ses fécondes intuitions.

1. L'homme

Né à Moscou en 1896, Jakobson étudia d'abord la philologie, la philosophie et les langues orientales. Dès 1915, il fonde le Cercle linguistique de Moscou, creuset de recherches qui croisa le destin de l'emblématique formalisme russe (l'ouvrage le plus représentatif de ce courant est la *Morphologie du conte*, publié en 1928 par Propp). Ce qui caractérise ses jeunes années, c'est le bouillonnement : Roman Jakobson passe avec le même talent et la même facilité des études linguistiques et littéraires à celles du folklore, du théâtre, du cinéma, de la peinture ou encore de la philosophie à l'anthropologie. À 24 ans, il quitte Moscou pour Prague, il intègre logiquement le Cercle linguistique de Prague. Il déploya en son sein une activité de recherches tout aussi diversifiée. C'est surtout là qu'il va énoncer, avec Troubetzkoy, les règles de la phonologie moderne. Leur apport à cette discipline contribuera à revivifier la morphonologie, la linguistique historique, la géographie linguistique. Nombre des énoncés théoriques des néo-grammairiens et de Saussure ne résistèrent pas au renouvellement apporté par le Cercle de Prague.

Doué de l'intuition empirique et théorique, du binarisme du phonème, Jakobson postule dès cette époque que celui-ci ne peut s'envisager comme unité isolée. Il se conjugue toujours binairement avec un autre son, et de cette interaction phonologique, naissent le son, le sens et le langage.

Enseignant à Prague jusqu'en 1939, Jakobson ouvrit encore ses champs d'intérêt au cinéma, à la sociolinguistique, à la morphologie grammaticale, signant dans tous ces domaines des contributions théoriques remarquées.

L'invasion nazie de 1939 obligea Jakobson à s'exiler. Il se réfugia dans les pays scandinaves, ou il enseigna quelques mois, publiant à Uppsala une monographie consacrée à l'aphasie qui fit date. Étudiant les processus de perte du langage caractéristiques de cette maladie, Jakobson parvint à prouver que la « fonte du langage » et en fait celle des oppositions phonologiques binaires. Il persistait et signait là quant à ses propositions antérieures, en prouvant que l'accession au langage comme sa perte sont dominés par les mêmes processus phonologiques.

Dès 1941, Jakobson émigre aux États-Unis. Il y connaîtra une consécration universitaire et intellectuelle incomparable. De 1946 à 1957, il fut en effet successivement professeur aux universités de Columbia et de Harvard, puis au prestigieux MIT de Boston. La présence de Jakobson outre-Atlantique y régénéra les études linguistiques. Il forma des générations de chercheurs dont certains devinrent des maîtres, comme Chomsky, père de la grammaire générative. Ses enseignements ainsi que ses nombreuses conférences illustrèrent ses talents de vulgarisateur. Pour lui, le structuralisme en tant que méthode se doit d'énoncer des règles simples. La clarté, la concision dans la présentation des concepts ainsi que la légèreté du viatique analytique sont garants de la compréhension autant que de l'opérativité des outils.

L'efficacité et la diffusion des idées dans la communauté scientifique étaient à ce prix pour Jakobson. Il s'attacha à ne jamais verser dans l'ésotérisme théorique spéculatif et jargonnant dans lequel d'autres se complurent à la même époque. D'ailleurs, pour lui, la plupart des concepts et des outils, sous l'effet d'une « réduction méthodologique » pouvait s'articuler en un binarisme de structures, de fonctions ou d'axes (dans la grande syntagmatique poétique par exemple, où l'axe de la sélection se projette sur l'axe de la combinaison ; en découle le couple universel ***métaphore-métonymie***.)

Aux États-Unis, Jakobson resta actif jusqu'aux années 1970, par ses enseignements, autant que par des conférences et publications dans les domaines les plus divers de la vaste sphère des sciences du langage, et de la sémiotique générale. Il s'éteignit en 1982, restant un pionnier brillant et inspiré de « l'aventure sémiologique et linguistique ». Toute sa vie, en effet, il a œuvré à ouvrir et à vivifier les champs d'étude de ces disciplines, leur permettant surtout d'accéder à une pleine maturité scientifique, et à la reconnaissance universitaire.

2. L'œuvre

Linguiste brillant, lui-même polyglotte, Jakobson a consacré son œuvre théorique au langage, en ne négligeant aucune des facettes de ce concept extensif. De sa conception mentale à l'énonciation (il est l'un des pères de la phonologie), des troubles de la parole à la ***rhétorique***, et du formalisme littéraire à une approche formelle fondamentale de la poétique, tout du langage et de ses déclinaisons a été objet d'étude pour l'acuité analytique de Jakobson. L'univers des signes, linguistiques, littéraires, culturels, artistiques, était en fait le champ dans lequel il se plut à exprimer la pleine mesure de son envergure intellectuelle. Il reste aussi l'un des très grands penseurs de la sémiotique moderne, et par extension du courant structuraliste.

Mais par-delà ces contributions extrêmement disparates et diversifiées, quant à leurs sujets, à leurs lieux et dates de publications (de Moscou à New York, de 1915 à la fin des années 1970), les sciences de la communication sont redevables à Jakobson d'un **modèle fondamental de l'échange verbal**. Son schéma exhaustif de la communication, publié en 1963 (édition française) dans les « Essais de linguistique générale » s'est posé pour la communication comme une charnière historique, le soubassement destiné à soutenir épistémologiquement la nouvelle discipline. Ensuite repris et critiqué de manière vivifiante, car forcément énoncé pour être dépassé, ce modèle a cependant tendu lors de sa parution, à faire passer la communication d'une approche quantitative et parcellaire à une autre, qualitative, dynamique et complète. Le schéma jakobsonien entérinait en tout cas la maturité des toutes jeunes sciences de la communication. Là n'est pas son moindre mérite.

a) **Le modèle de la communication de Jakobson**

Par-delà les sciences du langage dans leur ensemble, c'est la communication que Jakobson a marqué de son empreinte théorique ample, en proposant un modèle complet de l'échange verbal, englobant tous les paramètres de la situation.

La proposition théorique de Jakobson présente la situation de communication interpersonnelle canonique, le **dialogue**, en s'efforçant de saisir exhaustivement les paramètres humains, matériels, sémantiques et esthétiques prenant part à l'établissement de l'échange. Il reprenait en le complétant le ***modèle de Shannon et Weaver***, qui date de 1948. On ne peut dénier à ces deux chercheurs leur contribution à l'émergence d'une pensée de la communication. Cependant, leur préoccupation, dans la féconde mouvance de la ***cybernétique***, était d'abord technique. Et pour cause, ces ingénieurs des télécommunications visaient avant tout à améliorer le débit des lignes téléphoniques.

Le **schéma de la communication verbale** avec ses six facteurs est présenté de la manière suivante par Jakobson :

CONTEXTE
DESTINATEUR -------- MESSAGE ----------- DESTINATAIRE
CONTACT
CODE

Le ***destinateur*** est celui qui envoie le message à un destinataire, il est un équivalent de émetteur ou de l'encodeur. Le destinataire est le décodeur, ou récepteur du message. L'encodeur et le décodeur ont un code commun. Le **contexte** est synonyme de **référent**. Le **contact** est le canal physique et la connexion psychologique entre le destinateur et le destinataire.

Ce modèle, qui se veut bilatéral, comprend explicitement la possibilité de ***rétroaction*** (*feed-back*, réponse, ou retour du récepteur sur la source émettrice).

b) Les fonctions du message

Là où la proposition de Jakobson est novatrice, et constitue un apport, c'est qu'il double ce schéma, somme toute mécaniste et seulement descriptif, de six fonctions. Se posant en filigrane de ces six paramètres inaliénables, elle font passer ce schéma du simple repérage à une dimension autre, qualitative et dynamique. Ce modèle complémentaire, qui se superpose parfaitement au premier, est ainsi figuré :

	Fonction référentielle	
Fonction émotive	Fonction poétique	Fonction conative
	Fonction phatique	
	Fonction métalinguistique	

Pour Jakobson, il semble abusif d'affirmer le primat du message, en première et dernière instance, sur les autres parties prenantes de l'échange verbal. La manière dont l'émetteur s'exprime, les mots qu'il choisit, les faits d'énonciation et d'accentuation, les gestes et mimiques accompagnant la production du message, la manière, même, dont le récepteur se sent impliqué, tout cela interfère, et influe directement sur la manière dont le message est compris. Le canal, voire les canaux, de même, ont un rôle de première importance, en ce qu'ils modèlent du message en le faisant transiter.

La **fonction expressive ou émotive**, d'abord, recouvre les voies par lesquelles l'émetteur va, de diverses manières modifier le sens de son message en l'énonçant. La gestuelle n'est jamais neutre. De même, une même phrase, selon les modulations et les accents de la voix peut tour à tour être déclarative, exclamative, dubitative ou interrogative.

La **fonction conative** rassemble les moyens par lesquels le destinataire du message est impliqué dans le contexte. Cela recouvre les ressorts de l'interpellation, de l'interjection, de l'interrogation, de l'invocation. L'impératif est le temps de prédilection de cette fonction.

La **fonction référentielle** est centrée sur les réalités ou les abstractions exprimées par le message, ce à quoi l'énonciation réfère, ce qu'elle évoque directement, en termes de sujets et d'actions. « Le train part », par exemple, renvoie à la fois à l'image mentale, ou à la présence réelle de l'objet-train, et au fait qu'il parte effectivement au moment où on l'énonce. Notons que cette fonction contient l'ambivalence fondamentale du concept de signe, son rapport arbitraire à une réalité qu'il fait exister et ancre dans le langage, simplement en l'énonçant (dichotomie entre *signans* et *signatum*).

La **fonction métalinguistique** fait du code le centre de son énoncé. Elle s'attache à le définir, à en expliciter et à en étayer le sens. Il s'agit du retour circulaire du code sur lui-même, dans le contexte du dialogue : « qu'entendez-vous par ceci ? », « que signifie cela ? ». L'entreprise métadiscursive la plus vaste et systématique reste le dictionnaire, dans lequel chaque mot ne renvoie qu'à lui-même, de manière spéculaire et définitoire.

La **fonction phatique** recouvre les énoncés dont le but est de vérifier l'opérativité du canal, où simplement de maintenir le contact : « allô, m'entendez-vous ? Y a-t-il quelqu'un en ligne ? » On considère aussi comme phatiques toutes les conversations « vides », sur « la pluie et le beau temps », dont la finalité n'est que de maintenir le contact, donc de « parler pour parler ».

La **fonction poétique**, enfin, prend en compte la manière dont le message peut accéder à une dimension sensible et esthétique, par l'agencement harmonieux des sons, des constructions. Ce message ira jusqu'à faire impression, en étant, par-delà la compréhension, véritablement ressenti. Là s'origine bien sûr tout projet poétique. Quant au système rhétorique, il sert tantôt cette dimension poétique (figures de construction, de son, rimes...), tantôt la fonction expressive, tantôt la fonction conative. Influer sur le récepteur jusqu'à modeler son opinion était au demeurant le but originel de la ***rhétorique***, qui fut d'abord judiciaire.

Le modèle de Jakobson pourrait être critiqué pour son caractère unilatéral et mécaniste. Il assume à vrai dire les limites inhérentes à tout schéma théorique, fut-il exhaustif : une inévitable déperdition par rapport à la réalité. Il était énoncé pour être repris, et forcément étayé par des approches plus spécifiques (la ***pragmatique*** des ***actes de langage***, la poétique et la stylistique, la ***sémantique structurale***...). Son principal mérite est d'avoir concouru dans le même temps à un synthèse et à une ouverture théoriques. Sa complétude enserrait pour la première fois des paramètres jusque là épars. Roman Jakobson a pris soin de spécifier que chacun des éléments, humains, sémantiques et matériels de l'échange verbal ont « leur mot à dire » ; ils s'influencent et ils s'enrichissent tout à tour, en ce que chacun apporte à cette interaction dynamique.

Les contributions et développements ultérieurs au modèle de Jakobson s'y sont apposés plus qu'opposés. Les sciences de la communication, quant à elles, lui doivent un schéma, qui dès 1963, a épistémologiquement entériné leurs fondations théoriques, en leur octroyant une assise stable et une reconnaissance, à partir de laquelle pouvait s'épanouir leur intrinsèque pluralité.

Jeux (Théorie des -)

Branche des mathématiques appliquées qui a pour objet la formalisation de situations de conflit et l'analyse des phénomènes de collusion, dans différentes circonstances et pour différents enjeux. Une situation de jeu est une situation d'interdépendance stratégique : le résultat obtenu par un joueur (agent économique, acteur social) dépend à la fois de l'action de ce joueur et du comportement des autres joueurs, sauf cas particulier de pseudo-jeu. Cette dernière situation correspond à un jeu contre la nature : le joueur cherche le meilleur résultat mais en situation d'**incertitude**, c'est-à-dire que les différents états de la nature susceptibles de se produire ne sont pas probabilisables.

Si les premières recherches dans ce domaine remontent à Pascal, Fermat, Bernouilli, on admet généralement que les travaux les plus décisifs sont ceux de Emile Borel en 1923 et surtout du Hongrois naturalisé américain ***John Von Neumann,*** dont les travaux en informatique sont présentés par ailleurs, associé à l'économiste Oscar Morgenstern. Leur ouvrage « *théorie de jeux et comportement économique* », publié en 1944 constitue la base des recherches entreprises par application de la théorie des jeux dans différentes disciplines des sciences sociales.

1. Les différentes règles des jeux stratégiques

Un jeu stratégique comporte au moins deux joueurs qui ont des intérêts antagoniques. Différents jeux, ensuite, peuvent être distingués en fonction de différents critères :

– le choix d'une action est unique ou répétitif ;
– les joueurs jouent simultanément ou successivement ;
– l'antagonisme des joueurs est total ou partiel ;
– l'information est parfaite (absence de hasard) ou imparfaite ;
– l'information est complète (connaissance exhaustive des règles du jeu), ou incomplète ;
– l'information est identique pour tous, ou distribuée c'est-à-dire asymétrique (certains savent plus que d'autres) ;
– la communication entre les joueurs avant le jeu est possible ou ne l'est pas ;
– le dédommagement (paiement latéral ou pots de vin) entre les joueurs est possible ou ne l'est pas.

Dans tous les cas, chaque joueur dispose d'un ensemble de stratégies et connaît l'ensemble des résultats (avec une probabilité qui peut varier de 0 – impossibilité – à 1 – certitude –, sachant que 0,5 est l'incertitude) associés à ces stratégies, résultats évalués sous des formes diverses : chiffre d'affaires, part d'audience, part de marché, nombre de jours de prison, utilité...

2. Les différents jeux et applications

Les jeux à somme nulle, forme particulière de jeux non coopératifs, et les jeux à somme non nulle (qui peuvent être des jeux coopératifs) sont les deux grandes catégories de jeux.

a) Le jeux à somme nulle

La version la plus simple est celle d'un jeu simultané à deux joueurs rationnels et prudents, avec information parfaite et complète. Supposons que ces deux joueurs soient deux firmes A et B de diffusion de programmes de télévision hertzienne financées par la publicité dont le volume, pour une chaîne, dépend de l'audience réalisée. Il est évident que si les téléspectateurs regardent la chaîne A, ils ne peuvent pas regarder en même temps la chaîne B ; lorsque une chaîne A gagne 2 millions de téléspectateurs, parce qu'elle a choisi de programmer du sport lorsque B choisit de programmer un téléfilm, cela signifie que la chaîne B perd autant de téléspectateurs : ce que perd l'une est égal à ce que gagne l'autre, donc la somme des deux est nulle.

Supposons que A soit la firme qui gagne et B le firme qui perd. La matrice des gains associés aux différentes stratégies pour conquérir le public présente donc les différents gains de A qui sont les différentes pertes de B. Dans ces conditions un signe négatif éventuel signifierait une perte pour A et un gain pour B. Le problème est pour A de conquérir le plus vaste public possible le lundi à 20 h 45 et pour B de perdre le moins possible de téléspectateurs au profit de A. La firme A sait que si elle programme du sport elle peut gagner au moins 10 unités (une unité = un million de téléspectateurs). Si elle programme un jeu, au pire elle peut ni perdre ni gagner (résultat nul) ; avec les variétés, elle peut gagner au moins 25, et enfin 5 avec le film. Ces différents minima sont indiqués par un astérisque (*). Le joueur A étant prudent choisira le plus grand des minima, ce comportement prudent correspond au MAXIMIN (maximisation des minima). Ici, la stratégie Maximin correspond à la programmation de variétés (a3) et sa valeur est de 25.

GAINS DU JOUEUR A

PERTES DU JOUEUR B

Stratégies de B \ Stratégies de A		a1 Sport	a2 Jeu	a3 Variétés	a4 Film
Variétés	b1	10 *	50 +	10	5 *
Téléfilm	b2	20	15	25 + *	12
Reportage	b3	100 +	0 *	20	35 +

La firme B sait que si elle programme des variétés elle peut perdre un maximum de 50, avec le téléfilm les pertes maximales sont de 25 et, avec le reportage, elles sont de 35. Ces différents maxima sont indiqués par le symbole (+) porté en haut de la valeur. Le responsable de la programmation de B étant une personne prudente choisira la stratégie qui minimise la perte maximale. Ce comportement prudent, qui est un comportement de MINIMAX (minimiser le maximum), correspond à la stratégie téléfilm (b2) et sa valeur est de 25.
Ce jeu a une solution en ce sens qu'un équilibre existe, sachant que l'équilibre désigne une situation stable : aucun des joueurs n'a intérêt à modifier sa stratégie. Et il y a équilibre lorsque le minimax est égal au maximin. Ici la solution du jeu est le couple (a3, b2). Plus généralement un jeu à somme nulle a une solution lorsque le maximum en colonne est en même temps le minimum en ligne, dans la configuration présentée dans cet exemple : le joueur gagnant a ses stratégies en colonnes, le joueur perdant a les siennes en lignes.
b) Les jeux à somme non nulle
Les jeux à somme non nulle sont ceux dans lesquels les joueurs sont tous gagnants, ou tous perdants ou encore les gains (ou les pertes) des uns sont supérieurs aux pertes (ou gains) des autres.
Ainsi la publicité faite par une entreprise pour son produit nouveau peut bénéficier à une entreprise concurrente dans la mesure où la publicité comporte une dimension générique. Les consommateurs peuvent en effet plus mémoriser la nature du produit nouveau plutôt que la marque de celui-ci. Les firmes peuvent ainsi se syndiquer pour faire de la **publicité collective,** lorsqu'il existe de manière évidente des **économies externes** – bienfaits, bénéfices, moindre dépense dus à l'action de tiers – qui suscitent le comportement de **passager clandestin** (profiter sans payer). Mais cette attitude de syndication, de concertation, coordination, ou encore de coopération implique l'absence de comportements individualistes de nature opportuniste. Le cas du **dilemme du prisonnier** illustre ce type de problème dans lequel la concertation préalable est plus avantageuse à la condition que chacun respecte la **convention.**
Le dilemme du prisonnier consiste en un jeu dans lequel deux suspects sont arrêtés séparément, après l'attaque d'une banque, et sont mis dans des cellules différentes, afin d'éviter toute communication et concertation susceptible de nuire à l'éclatement de la vérité. Les éléments du jeu sont :
– si les deux avouent le délit tout en dénonçant l'autre comme auteur principal, ils auront 5 ans de prison chacun ;
– si l'un avoue et dénonce son complice qui refuse de parler, celui qui avoue sera libéré au bout d'un an pour collaboration avec la police, et l'autre aura 20 ans de prison ;
– si aucun des deux parle, ils seront libérés le lendemain.

Stratégies du suspect 1

Stratégies du suspect 2

2 \ 1	Avoue 1a	N'avoue pas 1b
Avoue 2a	5 ans / 5 ans	20 ans / 1 an
N'avoue pas 2b	1 an / 20 ans	0 / 0

Le principe de prudence dans ce jeu non coopératif conduit chacun à douter de son complice, et chacun dénoncera l'autre en espérant éviter les 20 ans de prison qui sanctionneraient celui qui n'a pas parlé. Par conséquent l'optimum correspondant au couple (2b, 1b) n'est pas la solution du jeu, l'équilibre ici est le couple (2a, 1a), conformément à l'application de la stratégie minimax par chacun des deux joueurs : chacun avoue de peur de faire 20 ans de prison.
Ce phénomène de « **réverbération du doute** » a donné lieu à de nombreuses illustrations dans différents domaines. Mais les travaux récents en **théorie des conventions** semblent indiquer que, dans la réalité, les situations susceptibles d'être interprétées selon le paradigme du dilemme du prisonnier sont moins nombreuses. Même dans le cas de suspects de l'attaque d'une banque, il existe la convention de type « omerta » (dans la maffia, tout le monde sait qu'il ne faut pas parler) : sa violation est plus coûteuse que les années de prison auxquelles on cherche à échapper.

Jingle

Voir ***Sonal***.

Jour moyen

Unité de performance (mesure d'audience) en radio et télévision. Correspond à une moyenne arithmétique pouvant porter sur des bases différentes :
- jour moyen semaine (du lundi au vendredi) ;
- jour moyen 6 jours (semaine + samedi) ;
- jour moyen 7 jours.

Il convient donc, avant comparaison, de bien préciser la base de calcul.

Journal

1. Écrit dans lequel on relate des faits au jour le jour. Certains, tenus par des personnalités reconnues ou relatant des faits importants en forme de témoignage (comme *Le Journal d'Anne Franck*), font l'objet de publication sous forme de livre.
2. Publication, en principe quotidienne, qui donne des informations soit générales avec différentes rubriques (politique, société et faits divers, sport, économie, critique littéraire et vie culturelle, nécrologie, etc.), soit spécialisée. Les journaux de la ***presse quotidienne régionale*** sont des exemples de journaux d'information générale destinés au plus large public possible. Les quotidiens spécialisés sont en revanche plus rares. Néanmoins quelques exemples de titres en France peuvent être cités : *Les Échos* et *La Tribune* qui sont spécialisés en économie et en finances, *Le Quotidien du Médecin* dont la spécialisation est indiquée par son public cible, *l'Équipe* qui est un journal spécialisé dans le sport.

   Le terme journal désigne aussi improprement et par extension les ***magazines*** dont la périodicité est plus longue, et les publications des entreprises destinées à leurs salariés dans le cadre du développement d'une politique de ***communication interne***. D'autres extensions du sens du mot journal existent, comme le **journal parlé ou radiophonique** pour les informations d'actualités générales à la radio, le ***journal télévisé*** pour les informations d'actualité générales télédiffusées, et le **journal lumineux** ou électronique qui correspond à l'affichage électronique d'informations dans les rues et places des villes et villages.
3. En comptabilité, le journal ou livre journal est un registre sur lequel sont portées jour par jour toutes les opérations comptables d'entrées et de sorties dans une entreprise.

   Voir ***Presse, Histoire de la presse, Modèles économiques***.

Journal d'entreprise

Voir ***Travail et communication***.

Journalisme

Métier consistant à rechercher, vérifier puis mettre en forme et présenter, par le texte ou l'image des informations. En France, le journalisme est le seul métier dont la définition est inscrite depuis 1935 dans le Code du travail. Cette profession se caractérise par des spécificités juridiques. Voir ***Journaliste***.

Journaliste

Un journaliste est, selon le Code du travail (loi du 29 mars 1935 et loi de 1982), un salarié « exerçant une profession à titre principal dans une publication périodique, dans une agence de presse, dans une entreprise de radio et de télévision ». Mais il peut également intervenir dans une entreprise audiovisuelle, au titre de collaborateur indépendant.

La fonction du journaliste peut revêtir les formes les plus diverses : présentateur, reporter, envoyé spécial, correspondant permanent, rédacteur, photographe, traducteur. Par ailleurs il peut avoir le statut de personnel permanent ou être simple pigiste. Pour disposer d'une **carte de presse**, il doit vivre principalement de revenus provenant « d'une activité caractérisée par son rapport à l'actualité ». Une commission lui délivre une carte d'identité professionnelle.

Le statut du journaliste relève du droit commun du travail avec quelques dérogations pour préserver le principe fondamental dans le monde de l'information, celui de la liberté intellectuelle. En effet le journaliste bénéficie d'une **clause de conscience** lui permettant de ne pas respecter le préavis et lui permettant de conserver ses indemnités s'il démissionne pour changement d'orientation du journal. Lorsqu'un litige survient, il est d'abord examiné par une commission paritaire, l'appel se faisant devant le conseil de prud'hommes. De même, la **clause de cession** autorise le journaliste à quitter dans les mêmes conditions l'organe pour lequel il travaille si celui-ci change de propriétaire, et que le nouveau patron de presse est connu pour ses orientations politiques.

Le journaliste audiovisuel, assimilé à celui de la presse par le Code du travail, bénéficie des mêmes droits que le journaliste de la « presse écrite ». En revanche, les correspondants étrangers ne sont pas considérés comme journalistes.

Journal radiophonique ou journal parlé

Voir ***Journal***.

Journal télévisé (J.T.)

Programme de télévision traitant l'actualité générale. Lorsqu'il est présenté par un ou une journaliste, un phénomène de vedettariat peut se produire conduisant à la fidélisation du public. De toute façon le J.T. bénéficie d'une grande fidélité de son auditoire et d'un taux d'écoute élevé, malgré l'apparition de chaînes thématiques spécialisées dans l'information (CNN, Euronews, LCI, Sky news, N-TV, etc.).

La réalisation du J.T. se fait lors des deux conférences de rédaction quotidiennes. Elles réunissent le rédacteur en chef, les journalistes, les présentateurs, les réalisateurs et le chef d'édition. Après avoir déterminé les sujets à traiter chaque journaliste prépare son papier (sur la base d'enquêtes ou des dépêches d'agence). Ensuite texte et image sont montés et le présentateur rédige son texte d'ensemble qui sera enregistré sur le ***téléprompteur***. Ainsi, un journal de 30 mn est composé d'environ 20 sujets de 45 secondes à 2 mn chacun. Le J.T. est complété par les magazines d'actualité traitant un ou plusieurs sujets en profondeur.

Jour technique

Expression qui désigne le temps de mobilisation des moyens techniques, nécessaires à l'enregistrement d'une émission ou la prise de vue d'un téléfilm.

Joystick

Périphérique qui sert à guider les déplacements dans un jeu vidéo et qui a la forme d'un manche à balai.

K

Khi 2 (Test de)

Test statistique (qui se dit khi deux ou khi carré et peut s'écrire chi 2 ou χ^2) qui permet de mesurer l'adéquation entre une distribution observée et une distribution théorique, établir la significativité des différences dans les résultats de sondage, ou encore évaluer l'indépendance entre deux variables. Ce test de proximité de deux distributions se calcule pour un seuil α d'acceptation et pour nombre ν (nu) de degrés de liberté.

• En élevant le seuil α on limite le risque de rejeter à tort l'hypothèse selon laquelle la distribution observée est compatible avec la distribution théorique postulée. Mais le risque de second espèce – accepter à tort l'hypothèse Ho (rejeter à tort une hypothèse H1) – s'accroît.

• ν (nu), le nombre de degrés de liberté correspond à un nombre d'informations non redondantes utilisées. Pour le χ^2, $\nu = (n - 1)(m - 1)$ où n = nombre de lignes, m = nombre de colonnes.

On illustrera l'utilisation de ce test, en prenant l'exemple suivant : une enquête a été effectuée dans une entreprise auprès d'échantillon représentatif de 900 salariés pour connaître leurs préférences parmi un ensemble de moyens de communication interne. Ces moyens sont au nombre de trois : (A) le journal interne, (B) la communication télématique, (C) la réunion périodique d'information par service. Le groupe a fait l'objet de segmentation sur la variable classe d'âge. Les distributions des réponses correspondent au tableau ci-dessous :

		Répartition des réponses par classe d'âge			
		Moins de 25 ans = I	25 à 35 ans = II	36 ans et plus = III	Ensemble
Moyens de communication préférés	A Journal interne	27	189	54	270
	B Télématique	33	124	23	180
	C Réunion	103	309	38	450
	Ensemble	163	622	115	900

On veut tester l'hypothèse Ho d'indépendance des deux caractères : la préférence pour un média est indépendante de l'âge. Il faut dans une première étape construire le tableau de la distribution théorique. Dans une deuxième étape on calcule le χ^2cal. que l'on comparera aux valeurs données par la table de la loi de Khi deux. Le χ^2cal. est obtenu en appliquant la formule suivante, sachant que pi est la fréquence relative de la i[e] classe, npi est l'effectif théorique : χ^2cal. =

$$\chi^2 \text{cal.} = \frac{\sum_{i=1}^{r} (ni - npi)^2}{npi}$$

La valeur de la première case (ligne A et colonne I) de la distribution théorique est obtenue par l'opération suivante (npi) : (163 x 270)/900 = 48,9.

Sur ce modèle on calcule les autres valeurs pour obtenir le tableau suivant :

	I	II	III	Ensemble
A	48,9	186,6	34,5	270
B	32,6	124,4	23	180
C	81,5	311	57,5	450
Ensemble	163	622	115	900

Pour le calcul du χ^2cal. on passe par le tableau suivant :

i	ni	npi	$(ni - npi)^2$	$(ni - npi)^2/npi$
1	27	48,9	479,61	9,808
2	189	186,6	5,71	0,031
3	54	34,5	380,25	11, 0217
4	33	32,6	0,16	0,005
5	124	124,4	0,16	0,00128
6	23	23,0	0,00	0,00
7	103	81,5	462,25	5,671
8	309	311,0	4,00	0,01286
9	38	57,5	380,25	6,613
	900	900		33,165

Le khi deux calculé est de 33,165. Le khi deux tabulé (lu sur la table de la loi de khi deux, certaines remplacent la lettre α par celle de p pour probabilité) pour α = 5 % et pour ν = 4 est de 9,49. Donc le χ^2cal. est plus grand que le χ^2 tabulé. Cela signifie que les caractères ne sont pas indépendants. Il faut par conséquent rejeter l'hypothèse Ho. Voir ***Statistique***.

KHz

Kilo ***hertz*** (1 000 hertz)

Kinescope

Procédé utilisé dans les studios de télévision pour enregistrer sur un film de 16 mm, des images vidéo, généralement pour les conserver dans les archives.

Kinésique

Théorie qui étudie l'ensemble des signes comportementaux émis naturellement ou culturellement. La kinésique a appliqué les méthodes de la linguistique structurale au système des gestes, sans les dissocier de l'interaction verbale.

Kinétoscope

Appareil précurseur du cinématographe des frères Lumière, inventé par Edison et Dickson en 1890, qui permettait de projeter des photographies prises à de très courts intervalles afin de donner l'illusion du mouvement.

Kiosque

1. Boutique sur la voie publique pour la vente de journaux, magazines, revues.
2. Marque déposée de France Télécom pour certains services accessibles par son ***vidéotex*** (***Minitel***). Le système kiosque est un mode de facturation : France Télécom facture la redevance d'appel sur Minitel en fonction du palier du service demandé puis reverse une partie de la somme au fournisseur du service. Il existe différents paliers de prix : du plus bas qui correspond au 3615, au plus haut qui propose de l'information professionnelle à haute valeur ajoutée sur le 3628 et le 3629. C'est le fournisseur du service qui choisit son tarif parmi les différents paliers proposés. Voir ***Marché de l'information en ligne, Tarification***.

KIPS (*Knowledge Information Processing System*)

Système de traitement de la connaissance ou du savoir, dans lequel les données brutes sont remplacées par des informations documentées. Voir ***Intelligence artificielle, Systèmes experts***.

Ko

Symbole signifiant Kilo ***octets,*** soit 1 000 octets c'est-à-dire 1 000 mots de huit ***bits***.

KWIC (*KeyWord in Context*)

Voir ***Index permuté***.

KWIT (*KeyWord In Title*)

Voir ***Index permuté***.

KWOC (*KeyWord Out of Context*)

Voir ***Index permuté***.

KWOT (*KeyWord Out ofTitlet*)

Voir ***Index permuté***.

L

Label

Mot d'origine anglaise signifiant étiquette. Un label correspond à une marque d'une organisation professionnelle apposée sur les produits destinés à la vente pour en certifier la qualité, l'origine, la conformité à l'égard de règles ou de norme d'utilisation, les conditions de production, etc. La pratique du label existe également dans la presse. Ainsi la **Fédération Française des Travailleurs du Livre** (voir ***Syndicalisme du livre***) a imposé son label « Fédération des travailleurs du livre – marque syndicale » qui apparaît dans l'***ours*** du journal.

Labeur (Imprimerie de -)

Imprimerie spécialisée dans les travaux autres que les petits travaux simples (type carte de visite) de l'**imprimerie de ville** et ceux importants mais très brefs de l'**imprimerie de la presse**. Ainsi, l'imprimerie de labeur réalise des travaux lourds et qui exigent du temps. Ses produits sont les livres, les magazines, les annuaires, etc.

LAN

Acronyme de l'expression anglaise *Local Area Network* qui désigne un réseau local soit informatique soit plus généralement de télécommunication.

Lancement

Terme utilisé en journalisme radiophonique ou télévisuel, pour désigner la phrase introduisant l'article qui suit, formulée de façon à éveiller l'attention des auditeurs. Le lancement équivaut à l'***accroche*** en presse.

En gestion industrielle et commerciale, le terme lancement s'utilise également pour la mise en place d'un nouveau produit, nouveau service ou nouveau titre de presse sur le marché correspondant. Voir ***Cycle de vie d'un produit***.

Lang (Loi -)

Voir ***Loi Lang***.

Langage

Mot qui vient de langue (latin *lingua*) qui désigne :

1. Une faculté spécifique à l'homme d'exprimer et de communiquer sa pensée au moyen d'un système de signes vocaux, graphiques ou mimogestuels. Ce système structuré de signes constitue le langage : le langage parlé, le langage gestuel, etc.
2. Une manière de parler propre à un groupe social, à un groupe professionnel, à une discipline scientifique. Exemples : le langage médical, le langage des affaires, le langage juridique, le langage administratif, le langage économique, etc.
3. Un code particulier attribué aux choses : le langage des fleurs.
4. Un ensemble des procédés utilisés par un auteur, un artiste dans l'expression de ses sentiments et de sa vision du monde : le langage de la musique, le langage de la peinture, etc.
5. Une expression propre à un sentiment, à une attitude : le langage de la colère, le langage de l'amour, le langage de la raison, etc.

Voir ***Langage documentaire, Langage informatique, Médiation, Mémoire, Saussure, Barthes***.

Langage classificatoire

Voir ***Langage documentaire***.

Langage comme mémoire sociale

Voir ***Mémoire***.

Langage d'indexation

Voir ***Langage documentaire***.

Langage de programmation

Voir ***Algol, Basic, Fortran, Cobol, Pascal, LISP, Logo, PL/1 Langage informatique***.

Langage documentaire

Un langage documentaire est un système de signes destiné à la classification ou à l'***indexation*** du contenu des documents et des questions des utilisateurs d'un fonds documentaire.

1. Finalités des langages documentaires

Outils de recherche d'information, les langages documentaires permettent de recenser les documents par la constitution de fichiers, index, bulletins, catalogues...

La classification, réalisée à partir d'une analyse globale du contenu, est utilisée pour ranger un document dans un nombre limité de rubriques.

Elle peut servir aussi, après le choix d'une rubrique unique, à le localiser dans un espace : salle, rayonnage de bibliothèque. Ces rubriques exprimées par des codes numériques, alphabétiques ou alphanumériques, donnent lieu à des catalogues topographiques, des catalogues, bulletins et index systématiques.

L'indexation, obtenue après une analyse approfondie du contenu d'un document, a pour fonction de répertorier l'ensemble de ses concepts et d'aider à les retrouver qu'elle qu'en soit leur combinaison. Les concepts sont utilisés pour organiser alphabétiquement des fichiers, bulletins et index matières.

Les langages classificatoires (Maniez, 1987) sont plutôt utilisés pour les fonds documentaires encyclopédiques bien que certaines rubriques aient fait l'objet de développements importants pour s'adapter à des fonds documentaires spécialisés. Par exemple il existe une version de la ***Classification Décimale Universelle*** appliquée aux sciences agronomiques. Inversement les langages d'indexation sont destinés à la description du contenu de documents très spécialisés. Lorsqu'ils sont réservés à des fonds encyclopédiques ils sont adaptés à un groupe particulier d'utilisateurs.

2. Évolution des langages classificatoires

Si la première **classification des connaissances** remonte à Aristote, le développement de systèmes d'organisation du savoir est relativement récent.

Aux États-Unis en 1870, la *Classification de Harris* est relayée par la *« classification and subject index for cataloguing and arranging the books and pamphlets of a library »* publiée en 1876 par Melvil Dewey. Cette classification, dite ***Classification de Dewey***, établie sur une division hiérarchique de tous les domaines du savoir, représentée par des indices numériques dits **indices de Dewey**, connaît encore de nos jours un vif succès. Les mises à jour sont assurées par la Lake Placid Club Foundation avec le soutien financier de la *Library of Congress*.

Le transfert de la Bibliothèque du Congrès (Washington) dans de nouveaux locaux amène à reprendre le modèle d'une classification, *l'Expansive Classification,* créée en 1893 par Charles Cutter. Le principe de base n'est pas une organisation systématique de l'ensemble du savoir, comme dans la Dewey, mais la prise en compte du fonds documentaire. Il s'agit donc d'un classement des ouvrages en fonction du contenu.

Cette nouvelle classification se répand rapidement aux États-Unis par la commercialisation de fiches catalographiques d'ouvrages portant à la fois l'indice Dewey et l'indice de la *Library of Congress Classification.* Le développement de certaines rubriques permet le classement de fonds de livres spécialisés. C'est le cas de la classification de la National Library of Medicine *(N L M),* classification utilisée aussi, actuellement dans les bibliothèques universitaires françaises de médecine.

En France la *classification de Brunet* (1804) fondée sur les principes du *Système des libraires de Paris* a été largement utilisée pendant le XIXe siècle pour classer les fonds des bibliothèques publiques ou privées.

Au début du XXe siècle l'émergence des idées mondialistes et la mise en place à Bruxelles de l'Institut International de Bibliographie (I.I.B.) conduisent deux belges, Paul Otlet et Henri La Fontaine, à publier le *Manuel du répertoire bibliographique universel* (1910), première version de la ***Classification Décimale Universelle* (C.D.U.)**. Dérivée de la Classification de Dewey la C.D.U. propose une description plus fine des informations et un enrichissement de la syntaxe par l'introduction de signes de mise en relation des indices. Les révisions et mises à jour reviennent au Comité central de classification de la Fédération Internationale de Documentation (F.I.D.) situé à la Haye. Cette organisation a remplacé l'I.I.B. en 1937.

Ces deux classifications, Dewey et C.D.U., font l'objet de recommandations d'usage par les pouvoirs publics français. La Dewey est plutôt utilisée en lecture publique et comme classification dans certains catalogues, notamment ceux de l'édition. La C.D.U., quant à elle, longtemps destinée aux ***bibliothèques universitaires*** et aux ***centres de documentation et d'information*** des lycées et collèges (**C.D.I.**), est concurrencée par la Dewey suite à l'orientation récente des bibliothèques universitaires vers l'accès direct à une partie de leurs fonds documentaire. Les nombreuses traductions auxquelles ces deux langages ont donné lieu contribuent à leur usage dans le monde entier. Toutefois un certain nombre de reproches d'ordre technique – lenteur des mises à jour, complexité d'utilisation, voire manque de logique – leur sont faits. Mais ce sont les reproches d'ordre idéologique qui portent certains pays à créer leur propre système : part des religions autres que chrétiennes, du libéralisme, du capitalisme...

En Inde, Ramanrita Ranganathan, mathématicien, bibliothécaire à Madras, met au point un autre langage, non plus fondé essentiellement sur la division des connaissances en disciplines mais sur le mode de penser hindou : la *Colon Classification* (1933). Il détermine 5 aspects de base sous lesquels tout sujet peut être examiné : la personnalité, la matière, l'énergie, l'espace et le temps. Ces aspects sont appelés « **facettes** ». La moitié des bibliothèques utilise cette classification et les mises à jour sont effectuées par le Documentation Research and Training Center à Bangalore.

Dans l'ancienne U.R.S.S., la *BBK, classification à l'usage des bibliothèques et des bibliographies,* publiée de 1960 à 1968, est très marquée par l'idéologie marxiste-léniniste. Par ailleurs, l'Agence nationale d'information scientifique et technique (VINITI) participe aux travaux de la F.I.D. et de l'***UNESCO*** qui sont animés d'un souci d'harmonisation des classifications.

La Chine populaire, de son côté, édite en 1975 la *Chinese Documentation Classification.* Elle est divisée en 5 rubriques dont une est exclusivement consacrée au marxisme-léninisme et à la pensée de Mao.

3. Évolution des langages d'indexation

Parallèlement à ces langages classificatoires, dont la représentation par des codes et l'insuffisance des ***index*** ajoutent à la complexité d'appréhension, des travaux ont été menés pour développer des langages créés à partir du vocabulaire du **langage naturel**. L'extension de l'information et la variété des supports désormais disponibles réclament une analyse plus fine en même temps qu'une recherche plus facile. Les langages d'indexation sont nés de ces exigences (Van Slype, 1987).

En 1953, Mortimer Taube a mis au point un système de représentation du contenu des documents fondé sur le mot comme plus petite unité d'information. Il l'appelle « uniterm ». L'usage de ce système est très limité par le risque de fausses combinaisons qu'il engendre à l'interrogation. Par exemple pour retrouver un document sur la recherche en information et communication, les trois **unitermes** isolés par l'analyse de la question : « information », « communication », « recherche » peuvent renvoyer à des documents portant sur la communication de la recherche en information ou sur l'information sur la recherche en communication ou sur la recherche en information et communication.

Calvin Mœrs, à la fin des années cinquante, conçoit un lexique dans lequel l'unité d'information n'est plus le mot mais le « **descripteur** » : concept d'un ou plusieurs termes représentant le contenu d'un document. L'usage de la précoordination dans l'indexation augmente la pertinence des réponses. Toutefois la représentation de l'ensemble du vocabulaire sous forme de listes permutées contribue à augmenter le volume du lexique.

Des normes françaises de constitution de vedettes matières publiées par l'AFNOR en 1957 (NF Z 44-070 dernière édition 1986) permettent d'harmoniser les pratiques de constitution de catalogues alphabétiques matières. Utilisées conjointement avec les classifications Dewey ou C.D.U. elles en reprennent le modèle mais ont l'avantage d'exprimer les contenus en termes clairs. Comme pour les langages classificatoires elles conservent un certain niveau de généralité. La liste établie par la Library of Congress – *Library of Congress Subject Headings* – a été adaptée en français par l'université de Laval (Québec) et choisie par la Bibliothèque Publique d'Information du Centre Georges Pompidou et la Bibliothèque Nationale, comme liste de référence ou liste d'autorité matière. Les modalités d'utilisation sont fixées par la norme NF Z 47-200.

C'est en 1957 que la dénomination « ***thésaurus*** » est utilisée pour la première fois par des professionnels de la documentation bien que ce vocable existe depuis 1852 dans son acception actuelle. Outil linguiste destiné à l'indexation des documents et des questions, il est constitué d'une liste structurée de concepts. Les unités lexicales sont reliées les unes aux autres par des relations sémantiques qui font l'objet de diverses représentations sous forme de listes et de graphiques. Ainsi les arbres hiérarchiques, schémas fléchés, terminogrammes facilitent la perception de l'environnement des termes tout en leur donnant du sens et en enrichissant les possibilités d'interrogation à divers degrés de hiérarchie ou d'affinité (relation d'association).

Bénéficiaire des expériences qui l'ont précédé, le thésaurus peut être organisé en domaines du savoir et/ou en facettes, disposer de lexique permuté, être complété par des codes pour faciliter l'utilisation simultanément en plusieurs langues.

Des règles de construction ont été énoncées au niveau international (norme ISO 3788) puis français (NF Z 47-100, 1973 dernière édition 1986) aussi bien pour les versions monolingues que multilingues (NF Z 47-101, 1981). Les possibilités de gestion informatisée, d'usage pour l'indexation automatique, par autopostage par exemple, l'adaptation aux besoins particuliers des groupes d'usagers ont contribué à la multiplication des thésaurus alors même que l'indexation libre en langage naturel gagne du terrain. La base de données *Thesauri* permet, en partie, de les recenser.

Langage informatique

Ensemble de caractères, de symboles, de règles permettant de les assembler, utilisé pour se servir – communiquer avec – des ordinateurs. On distingue :

– le langage machine, qui est directement exécutable par l'unité centrale d'un ordinateur. Les instructions en langage machine sont constituées d'une suite d'éléments binaires (suite de 0 et de 1) ;

– les langages évolués qui tentent de se rapprocher du langage naturel, mais qui sont davantage des langages proches de la formulation logique ou mathématique des problèmes. Il y a eu un grand nombre de langages évolués et qui ont eux-mêmes évolués, comme le Basic, le Cobol, le Fortran, le Pascal et le Turbo-Pascal, etc. Les langages évolués sont généralement conçus pour des domaines particuliers. Mais le Fortran sert à la programmation scientifique et le Cobol à la programmation de gestion, en revanche le Basic (*Beginner's All purpose Symbolic Instruction Code*) est plus polyvalent, tout en restant un langage de programmation conçu pour l'utilisation interactive de terminaux ou de micro-ordinateurs.

Langue/parole

Distinction fondatrice de la linguistique générale. La langue, système conventionnel abstrait partagé par tous les locuteurs, se distingue de la parole, réalisation pratique d'un individu dans une situation. Cette opposition, qui a permis de représenter la langue comme un ensemble de signes cohérents, est abandonnée par la linguistique de l'énonciation.

Larsen (effet -)

Émission de sifflements aigus qui peut se produire quand un haut-parleur est couplé à un microphone. On observe ce phénomène, par exemple, lorsqu'un auditeur est en liaison téléphonique avec un présentateur dans une émission et que le volume de sa radio est trop élevé. La voix du présentateur sortant du récepteur radio est renvoyée par l'intermédiaire du téléphone dans le studio. Ce son est lui-même renvoyé vers l'auditeur, etc. C'est ce phénomène de boucle et d'amplification à l'infini qui provoque l'***effet Larsen***.

Laser (*Light amplification y stimulated emission of radiation*)

L'***acronyme*** laser désigne l'appareil inventé en 1958 par l'Américain Gordon Gould, puis Charles Townes (prix Nobel en 1964 avec les Russes N. Bassov et A. Prokhov) et perfectionné par T.H. Mainan en 1960 par l'utilisation du rubis, qui peut engendrer un faisceau de rayonnement spatialement et temporellement cohérent. Ou plus simplement, le laser est une source de lumière parallèle cohérente. Une lumière est dite cohérente ou monochromatique si elle est calée sur une longueur d'onde unique, stable et précise. Il en résulte qu'à une distance donnée de l'émetteur, tous les signaux sont en phase. Le laser transporte ainsi une énergie dix mille fois plus grande que celle du faisceau non cohérent des sources lumineuses ordinaires.

Le Laser fonctionne avec des ondes électromagnétiques dont les longueurs se situent dans la partie visible et infrarouge du spectre de la lumière. Il est utilisé dans un grand nombre de domaines. S'agissant des seuls produits des industries de l'information et de la communication, on retiendra principalement : les ***fibres optiques***, le ***vidéodisque***, le ***CD-audio***, les imprimantes laser, les scanners laser, les hologrammes.

Lasswell (Question-programme de -), (Questions de -), (QOQQC de -)

Voir ***Question-programme de Harold Lasswell***.

Lazarsfeld, Paul

Voir ***Sociologie des médias, Communication en deux étapes (Théorie de la -)***.

Leader

Individu qui est au centre d'un réseau de communication en étoile reliant les membres d'un groupe de travail dans les expériences de A. Bavelas et Th. Leavitt dans les années 1950 et G. Miller, et diverses autre études de sociométrie des communications ou échanges d'informations dans des petits groupes.

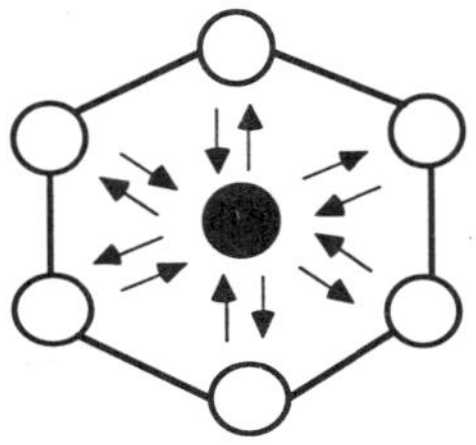

Leader d'opinion

Personne susceptible d'influencer le comportement des autres : journaliste de grande réputation, syndicaliste, homme politique, vedette de cinéma ou de télévision, grand sportif, etc. Voir ***Sociologie de l'information et des médias, Influence, Communication en deux étapes (Théorie de la -)***.

Lecam

Lecteur de carte à mémoire commercialisé par France Télécom. Associé au terminal vidéotex « Minitel », il permet d'utiliser la carte à mémoire sur le réseau Télétel pour des besoins de sécurité dans certaines applications : contrôle d'accès par authentification de la carte présentée, identification du porteur par la saisie du code confidentiel, signature des messages transmis.

Lecteur

1. Personne qui lit un livre, un journal et par extension, pour les études des marchés de la presse en vue des plans médias, se dit de tout individu qui fréquente un titre de presse de façon permanente ou occasionnelle.
2. Dans l'édition, personne qui lit les manuscrits remis en vue de leur publication éventuelle.
3. Enseignant étranger chargé des travaux pratiques de la langue de son pays d'origine.
4. Appareil servant à la reproduction de sons et/ou d'images enregistrés selon divers procédés : magnétophone, magnétoscope, vidéoscope, lecteur de cassettes, lecteur laser pour les disques laser.
5. En informatique, matériel permettant l'introduction des données dans un ordinateur à partir de divers supports mémoires externes (cartes perforées, disquette, bande magnétique, etc.)

Lecteurs dernière période (LDP)

Est considéré comme lecteur d'un titre toute personne ayant déclaré avoir lu ce titre au cours de la dernière période correspondant à la périodicité du titre soit la veille pour un quotidien, soit la semaine précédente pour un hebdomadaire, la quinzaine précédente pour un bimensuel, soit le mois précédent pour un mensuel. La définition française de la lecture dernière période diffère de celle des sociétés d'études étrangères. Pour le CESP peu importe que le numéro soit récent ou non du moment que la lecture a été accomplie dans la dernière période.

Ex. : l'enquête portant sur le mensuel A est réalisée en novembre. L'enquêteur va s'intéresser à la lecture du mensuel en question durant tout le mois d'octobre ou de septembre ou d'août avec pour résultat :

– 100 000 ont lu en octobre le n° d'août ;
– 250 000 ont lu en octobre le n° de septembre ;
– 600 000 ont lu en octobre le n° d'octobre.

La lecture dernière période de A sera donc de 950 000, valeur retenue pour un mois quelconque de l'année en cours. Ce type de calcul tient compte de la spécificité du media magazine qui joue lentement dans le temps.

Un annonceur achetant une page dans le mensuel A en décembre n'aura pour ce mois que 600 000 lecteurs. Le n° de décembre sera lu en janvier par 250 000 personnes et en février par 100 000 autres personnes. En fin de compte, l'annonceur aura bien acheté 950 000 lecteurs mais sur une période plus longue qu'un mois.

Lecteurs d'un n° moyen

Nombre de lecteurs d'un numéro moyen au cours de la semaine (6 jours). Cette mesure permet de saisir la lecture de plusieurs numéros différents le même jour.

Lecteurs réguliers (LR)

Est considéré comme lecteur régulier d'un titre toute personne ayant déclaré lire tous les jours un quotidien, toutes les semaines un hebdomadaire, tous les quinze jours un bimensuel, etc.

Lectorat

Ensemble des lecteurs d'un journal, d'une revue, d'un livre. Pour la presse, la mesure du lectorat correspond à la ***mesure de l'audience*** pour la radio et la télévision. Voir ***Lecteurs dernière période, Lecteurs régulier, Lecteurs d'un numéro moyen***.

Lecture

Voir ***Écriture, Lecteurs dernière période***.

Lecture optique

Lecture qui utilise le procédé optoélectronique (interaction de l'optique et de l'électronique). Synonyme : photolecture.

Légende

Explication jointe à un document brut généralement pictural (photo, dessin, graphique) à une illustration picturale d'un texte.

Lettre

1. Signe graphique utilisé pour l'écriture alphabétique et dont l'ensemble constitue l'alphabet, et caractère d'imprimerie représentant une des lettres de l'alphabet.
2. Ce qui est gravé, ce qui est écrit : on dit ainsi « respecter la lettre » et on oppose « la lettre » à « l'esprit ».
3. Message personnel écrit adressé sous enveloppe à quelqu'un et généralement par voie postale.

Lettre ouverte
Écrit polémique ou revendicatif adressé à quelqu'un et rendu public simultanément.

Lévi-Strauss, Claude
Voir ***Rite***.

Lexicographie, lexicologie
Branches de la linguistique ayant pour objet l'élaboration de dictionnaires (lexicographie) et l'analyse du vocabulaire du point de historique, fonctionnel, etc. (lexicologie).

Lexique
Mot qui vient du grec *lexis* qui veut dire mot. Il désigne :
– le ***répertoire*** d'une langue, c'est-à-dire l'ensemble des mots formant la langue d'une communauté linguistique donnée. Voir ***Code*** ;
– un dictionnaire spécialisé dans une discipline, un dictionnaire bilingue, un glossaire à la fin d'un ouvrage ;
– le vocabulaire d'une personnalité (écrivain, homme politique) employé dans ses discours, dans son œuvre.

Libelle
Étymologiquement petit livre. En fait petit écrit, forme de tract, à caractère satirique et souvent diffamatoire. Un libelliste est, de manière péjorative, un journaliste polémiste.

Libellé
Manière dont est rédigé un acte ou un document.

Liberté de la presse
La liberté de la presse est en France un acquis récent même si la peine de mort a été supprimée en 1728 à l'encontre des imprimeurs et distributeurs d'ouvrages publiés sans autorisation. Et si la Déclaration des droits de l'homme et du citoyen de 1789 a posé le principe dans son article 11 de « la libre communication des pensées et des opinions », il faut attendre la **loi du 29 juillet 1881** sur « la liberté de la presse » pour qu'un régime libéral soit consacré. Ce texte reste le noyau dur du droit de la presse en dépit des nombreuses modifications législatives et réglementaires qui ont suivi.
Du point de vue du régime administratif de la presse plusieurs types d'activité sont à distinguer :

1. La liberté de l'imprimerie, de la librairie et de l'édition
Aucune autorisation préalable n'est requise pour les activités d'imprimerie, librairie et édition. L'imprimeur et l'éditeur doivent simplement remplir la formalité du dépôt légal et chaque écrit publié devra indiquer le nom et le domicile de l'imprimeur.
2. Les entreprises de presse
Avant la parution du premier numéro d'un écrit périodique, il est nécessaire de faire une déclaration au parquet du procureur de la république du lieu d'impression dans laquelle seront indiqués le mode de publication de l'écrit périodique, son titre, le nom et le domicile du directeur de publication et de l'imprimeur.
3. Le régime particulier des publications étrangères
Dans ce domaine c'est le pouvoir discrétionnaire du ministre de l'intérieur qui s'exerce.
Une publication étrangère est un écrit rédigé en langue étrangère ou un écrit rédigé en langue française mais de provenance étrangère (par exemple capitaux et techniques étrangers). Le Ministre de l'intérieur peut en interdire la distribution et la vente suite à un contrôle *a posteriori*, en vertu de son pouvoir discrétionnaire.

Au-delà des aspects administratifs qui viennent d'être présentés, sous le titre de « police générale de la presse » apparaissent six grandes catégories d'intervention ou de droits particuliers :

a) Le droit de rectification de l'administration
Si un acte d'un dépositaire de l'autorité publique, concernant sa fonction, a été inexactement rapporté par un journal ou écrit périodique, le directeur de la publication est tenu d'insérer gratuitement en tête du prochain numéro les rectifications adressées par ce dépositaire. Cette rectification ne peut excéder le double de la longueur du texte incriminé.

b) Le **droit de réponse** des particuliers
En matière de presse écrite l'article 13 de la loi de 1881 permet à « toute personne nommée ou désignée dans le journal ou écrit périodique » de faire une réponse qui doit être publiée à la même place que l'article en cause. Les caractères utilisés doivent être les mêmes, sa longueur ne peut dépasser celle de l'article qui l'a provoqué avec cependant une limitation à 200 lignes. Elle peut être de 50 lignes si l'article était plus court. La réponse ne doit subir aucune modification.
Le délai de publication s'agissant d'un quotidien est de trois jours et s'agissant d'un périodique la réponse doit être publiée dans le numéro suivant le surlendemain de sa réception. La réponse ne doit évidemment pas être diffamatoire ni contraire à l'ordre public, aux lois et aux bonnes mœurs et ne doit pas porter atteinte à l'intérêt d'un tiers désigné. Le sujet

de la réponse doit être le même que celui de l'article.

En matière de communication audiovisuelle, le droit de réponse est prévu par la **loi du 3 juillet 1972**. Pour que ce droit existe il faut qu'il y ait des « imputations susceptibles de porter atteinte à l'honneur ou à la considération ». La réponse doit être envoyée par lettre recommandée avec accusé de réception au directeur de la publication dans les 8 jours de la diffusion de l'émission. Sa durée ne peut dépasser 30 lignes dactylographiées pour une durée de 2 minutes.

c) Les publications prohibées

Ne peut être publié tout ce qui touche à la défense nationale, les actes d'accusation et les actes de procédure criminelle ou correctionnelle avant leur lecture en audience publique.

Ne peuvent non plus faire l'objet d'une publication les comptes rendus des débats judiciaires eux-mêmes qui se trouvent limités ou interdits, par exemple les débats concernant des questions de filiation, divorce, viol en l'absence d'accord écrit de la victime, diffamation relative à la vie privée, les débats des juridictions de mineurs...

De même la publication de photographies, gravures, dessins, portraits ayant pour objet la reproduction de tout ou partie des circonstances d'un meurtre, assassinat, parricide, infanticide, empoisonnement, viol, proxénétisme... (article 38, alinéa 3 de la loi de 1881) est interdite.

d) La diffamation et l'injure publiques

• La loi de 1881 définit aux termes de l'alinéa 1er de l'article 29 la diffamation : « Toute allégation ou imputation d'un fait qui porte atteinte à l'honneur ou à la considération de la personne ou du corps auquel le fait est imputé est une diffamation ». Et « la publication directe ou par voie de reproduction de cette allégation ou de cette imputation est punissable même si elle est faite sous forme dubitative ou si elle vise une personne ou un corps non expressément nommés mais dont l'identification est rendue possible par les termes des discours, cris, menaces, écrits ou imprimés, placards ou affiches incriminés ».

Mais si la vérité des faits diffamatoire est totalement prouvée dans l'ensemble de ses éléments, c'est l'exception de vérité, les poursuites dirigées à l'encontre du prévenu sur le fondement d'une diffamation publique prendront fin, la preuve de la vérité ayant un effet absolutoire.

Cependant, le droit de faire la preuve de le vérité est limité. En effet, on ne peut prouver la vérité des faits suivants :

– les faits concernant la vie privée ... ;
– les faits remontant à plus de 10 ans ;
– les faits constituant des infractions prescrites ou amnistiées ou ayant donné lieu à des condamnations réhabilitées ou révisées.

• L'injure publique est définie par le second alinéa de l'article 29 de la ***loi de 1881***. Il s'agit de « toute expression outrageante, termes de mépris ou invective qui ne referme l'imputation d'aucun fait est une injure ».

Il existe ici encore une excuse absolutoire, l'excuse de provocation c'est-à-dire un fait ou un agissement de la personne injuriée de nature à expliquer l'injure. L'injure et la provocation doivent être liées de manière directe.

• Diffamations et injures spéciales

Ces infractions se définissent comme celles précédemment exposées mais se distinguent par la qualité des victimes de celles ci.

Sont donc prévues spécialement par le législateur les infractions suivantes :

– diffamations et injures envers les cours, les tribunaux, les armées, les corps constitués et les administrations publiques ;
– diffamations et injures envers un membre du ministère, un membre du sénat ou de l'assemblée nationale, un fonctionnaire public, un dépositaire ou agent de l'autorité publique, un citoyen chargé d'un service ou d'un mandat public, un juré, un témoin ;
– diffamations et injures en raison de l'ethnie, de la nation, de la race ou de la religion ;
– diffamations et injures envers la mémoire des morts et ;
– diffamations et injures envers les particuliers personnes physiques ou personnes morales.

e) Les délits de presse spéciaux

On distingue le délit de fausses nouvelles, le délit de provocation aux crimes et aux délits, l'offense.

• Le délit de fausses nouvelles (article 27 de la loi de 1881)

Cette notion recouvre deux délits dont les éléments constitutifs sont analogues : d'une part, le délit de fausses nouvelles « de nature à ébranler la discipline ou le moral des armées ou à entraver l'effort de guerre de la Nation » et, d'autre part, le délit de fausses nouvelles qui a troublé ou pouvant troubler la paix publique.

Le Professeur Chavanne a défini la fausse nouvelle par sa non-conformité avec la vérité. Pour être punissable la fausse nouvelle a dû faire l'objet d'une publicité. La loi est très large, elle sanctionne en effet « la publication, la diffusion ou la reproduction » (quel que soit le moyen utilisé, sont donc visés aussi bien les paroles que les écrits), faites de mauvaise foi.

• Le délit de provocation aux crimes et aux délits comporte la provocation directe, l'apologie de crimes et délits, la provocation à la discrimination

Commettent un délit de provocation ceux qui, par quelque moyen de publicité que ce soit auront directement provoqué l'auteur à commettre une action qualifiée de crime ou délit.

Si la provocation a été suivie d'effets le provocateur est considéré comme le complice de l'auteur du crime ou du délit. Mais si la provocation n'a pas entraîné d'infraction le provocateur n'est punissable que si il a incité à commettre certaines infractions particulières telles que le meurtre, les crimes et délits contre la sûreté de l'état, sévices sur mineur, vol, pillage, incendie, coups et blessures graves, destruction.

Selon Auby et Ducos-Ader il y a **apologie** « lorsqu'une publication présente une infraction grave comme un acte louable, méritoire ou licite ». Il s'agit des crimes contre l'humanité, du meurtre, des crimes ou délits de collaboration avec l'ennemi, du vol, du pillage, de l'incendie et de la destruction d'objets immobiliers ou mobiliers.

S'agissant du délit de provocation à la discrimination, commettent cette infraction ceux qui, quel que soit le moyen de publicité utilisé, auront provoqué à la discrimination, à la haine ou à la violence à l'encontre d'une personne ou d'un groupe de personnes en raison de leur origine ou de leur appartenance ou de leur non appartenance à une ethnie, une nation, une race ou une religion.

• L'offense

Dans le but de protéger les plus grandes fonctions institutionnelles de la République, la loi réprime l'offense au Président de le République et aux chefs d'État et agents diplomatiques étrangers. Le législateur a voulu les protéger de toute offense, mépris ou diffamation pouvant les atteindre dans leur honneur ou dignité.

La publicité de l'offense peut être faite par n'importe quel moyen, y compris ici par de simples gestes ou par cinéma.

f) Le respect de la vie privée

Selon l'article 9 du Code civil « chacun a droit au respect de sa vie privée ». La notion de vie privée s'apprécie selon la jurisprudence en fonction des faits incriminés et de la personnalité de la victime.

Voir ***Histoire de la communication écrite***.

Liberté d'opinion, liberté d'expression, liberté d'échange de l'information

Selon l'article 19 de la déclaration des Droits de l'Homme du 10 décembre 1948 « tout individu a droit à la liberté d'opinion et d'expression, ce qui implique de ne pas être inquiété pour ses opinions et celui de chercher, recevoir et de répandre sans considération de frontière, les informations et les idées par quelque moyen d'expression que se soit ».

La liberté d'échange de l'information est définie par l'article 10 de la Convention européenne des Droits de l'Homme et des libertés fondamentales de 1950 en ces termes : « Toute personne a droit à la liberté d'expression ». Ce droit comprend : « la liberté d'opinion et la liberté de recevoir, ou de communiquer des informations ou des idées sans qu'il puisse y avoir ingérence d'autorités publiques et sans considérations de frontières » (déclaration du 2 avril 1977).

Ces droits de l'homme fondamentaux n'ont pas pourtant mis fin à la censure et à la propagande. Ainsi même les pays de l'Union européenne fixent des limites pour la libre circulation transfrontalière à l'intérieur de l'Union et n'excluent pas la possibilité de réglementations nationales (art. 10-2) afin de préserver équilibre, liberté et sécurité publique.

Libre circulation de l'information

Voir ***Technologies d'information et de communication et niveau de développement économique***.

Lien

Dans un ***hypertexte***, les liens permettent de monter en réseaux les ***nœuds***. Ils symbolisent les relations, les hiérarchies qui sont établies entre les unités d'informations. Autrement dit ils relient entre eux les différents éléments qui composent le produit.

On note quatre types principaux de liens pour hiérarchiser ou libérer le ***parcours*** de l'utilisateur dans un parcours interactif :

1. Les **liens statiques** : ces liens constituent un repère de base pour l'utilisateur puisqu'ils sont permanents et figés. Ils symbolisent souvent une aide ou un parcours conseillé par le concepteur qui fait ainsi un rapprochement marqué de deux nœuds ou d'un ensemble de nœuds. Les ***boutons*** qui assurent les fonctions SOMMAIRE, QUITTER, AIDE, SUITE, RETOUR par exemple reposent sur des liens statiques.

2. Les **liens dynamiques** réclament de l'utilisateur qu'il fournisse une information soit au clavier soit en sélectionnant un item dans un menu, dans une liste selon le principe de la recherche documentaire par mot-clé.
3. Les **liens contextuels** apportent la cohérence aux parcours multiples, car ils modifient l'état du nœud selon la provenance de l'utilisateur. Certains éléments composant le nœud peuvent par exemple disparaître ou être voilés de gris si l'utilisateur les a déjà vus dans son parcours ainsi ce qui a déjà été activé disparaît.
4. Les **liens calculés** font dépendre l'enchaînement prévu d'une condition généralement d'ordre numérique. Le lien calculé le plus utilisé est la temporisation qui autorise le passage au nœud suivant seulement à la fin du délai imposé par le concepteur du produit, ce qui oblige par exemple l'utilisateur à lire un texte avant de continuer son parcours. La condition peut être également l'obtention d'un nombre minimal de points, dans les produits didactiques particulièrement.

Linguistique

Science qui a pour objet l'étude du langage et des langues. Voir ***Saussure, Chomsky, Sémiotique, Logique***.

Linotypie

Technique ancienne de composition à la linotype inventée par l'Américain d'origine allemande O. Mergenthaler en 1886. Une linotype est une machine permettant la composition mécanique de lignes justifiées fondues en un seul bloc en utilisant un clavier. Lorsque l'opérateur frappe les touches du clavier, il libère des matrices conservées dans un magasin, qui forment des lignes en creux et qui vont recevoir du plomb en fusion. Solidifiée, la ligne-bloc, dont l'empreinte est en relief, va rejoindre les précédentes, après calibrage et rabotage, pour former la colonne ou la page. Voir ***Imprimerie***.

LIPS (*Logical Inference Per Second* : Inférence Logique Par Seconde)

Unité de mesure de la rapidité d'un ***système expert*** qui traite des connaissances par inférence et non des données. Voir ***Intelligence artificielle***.

Lisibilité

Qualité de ce qui est lisible, c'est-à-dire aptitude d'un texte à être lu rapidement, compris aisément et, éventuellement, mémorisé dans de bonnes proportions. Elle dépend de la présentation générale et de l'écriture.

1. La présentation

Pour un texte imprimé la présentation relève du traitement typographique comprenant la composition et la mise en page.

Si le traitement typographique ne doit pas conduire à privilégier le traitement de la lettre, puisque l'unité de lecture est le mot ou le groupe de mots, il n'en demeure pas moins qu'il existe une sémiologie typographique en trois règles énoncées par François Richaudeau (*La lisibilité*, Paris, CEPL-Denoël, 1969) de la manière suivante :

« a) les textes composés en bas de casse sont plus lisibles que ceux composés en capitales ;

b) les textes en romain sont plus lisibles que les textes en italique ;

c) le seuil de lisibilité permettant une lecture aisée... se situe aux environ du corps 7 ».

François Richaudeau ajoute que la longueur des lignes (*justification*) n'intervient pas, sauf cas extrêmes de lignes trop courtes ou trop longues, et l'espacement (*interlignage*) des lignes joue assez peu.

La mise en page pour la presse joue un rôle capital compte tenu du mode lecture de ce type de publication dit lecture en mosaïque, c'est-à-dire partielle, sélective et en plusieurs phases par un lecture qui ne dispose que de 20 minutes par jour pour lire un quotidien. Comme le disent les auteurs du *lexique de la presse* (sous la direction de Pierre Albert, Dalloz, 1989) le « journal est fait pour être vu avant d'être lu ». C'est dire l'importance de la hiérarchisation de l'information et de la nécessité d'adapter la présentation de la une aux habitudes de lecture.

Les éléments qui attirent l'attention d'un lecteur sont la titraille, les encadrés, les illustrations, les titres de rubriques, le sommaire, les chapeaux, les intertitres, les attaques d'un article et éventuellement la chute.

2. L'écriture

Dans ce domaine, F. Richaudeau donne également quelques règles sémiologiques, parmi lesquelles on distinguera :

a) les mots les plus fréquents qui sont les plus lisibles, sont les plus courts, les plus anciens, les plus simples sur le plan morphologique et les plus polysémiques.

b) la polysémie n'est pas un inconvénient car la signification d'un mot dépend de son contexte.

c) la répétition peut être utile pour un texte à caractère pédagogique. Une répétition de nature esthétique est utile dans la mesure où elle stimule l'intérêt.

d) les assemblages de mots dans une phrase qui facilitent la mémorisation sont ceux qui comportent le moins de mots possibles, sachant que l'empan (ou capacité) de mémoire immédiate est, en termes de mots, de 10 mots pour un lecteur lent et moyennement cultivé.

LISP (*List Processing*)

Langage de programmation conçu pour le traitement des chaîne de caractères, et qui à ce titre est utilisé en ***intelligence artificielle***.

Lissage

Méthode statistique permettant de diminuer l'influence des facteurs saisonniers.

Litho, lithographie

Litho (pierre en grec) est l'apocope de lithographie qui est un procédé d'impression inventé en 1796 par Senefelder, et dont le principe consiste à reproduire les dessins tracés avec une encre ou un crayon gras sur une pierre de calcaire fin gravée en creux. Le mot lithographie désigne également l'estampe obtenue par ce procédé.

Littérature grise

Voir ***Communication scientifique***.

Livre

Mot d'origine latine (*liber* signifiant écorce d'arbre, comme *biblos* en grec) qui désigne le support matériel de lecture constitué par l'assemblage de feuilles (minimum de 28 pages au Royaume-Uni, 32 en France, 48 en Allemagne) manuscrites, dactylographiées ou imprimées en un volume relié ou broché. Comme l'indique ***Abraham Moles*** (*La communication*, CEPL, 1971), le livre est une mémoire artificielle contenant une information à obsolescence moins rapide que celle d'un journal. Il présente l'avantage de la maniabilité et par conséquent de consultation facile pour ceux qui savent lire. Le livre est également un support d'information d'un prix généralement abordable (lorsqu'il est broché, plutôt que relié) pour le plus grand nombre d'individus car, depuis l'invention de l'imprimerie par Gutenberg ou plutôt son expérience d'impression sur presse à caractères mobiles en 1439, il est prototypique de la logique industrielle de la production de masse pour les masses qui caractérise le ***modèle éditorial***. Le livre est le produit d'une chaîne éditoriale comprenant :

– le ou les auteurs qui réalisent ou proposent un manuscrit ;

– l'**éditeur** qui apprécie le projet d'un point de vue commercial en vue de sa publication éventuelle et, dans cette perspective, apporte de conseils, des suggestions de mise en forme, de rédaction, d'illustration, etc. Ces interventions supposent une organisation mettant en relation l'éditeur, qui assume les risques (sauf pour les publications à compte d'auteur), avec un maquettiste, un relecteur-correcteur. Ces fonctions peuvent être, cependant, assumées par la même personne, ou par des artisans indépendants de l'éditeur ;

– l'imprimeur qui est un preneur d'ordre dont la tâche est de reproduire le livre suivant le cahier des charges définit par l'éditeur ;

– le libraire qui met le livre à la disposition des consommateurs privés (ménages) ou des acheteurs institutionnels (***bibliothèques***, comité d'entreprise, etc.).

Le livre peut faire l'objet de multiples classifications.

La plus courante distingue en fonction du critère du contenu : les livres de littérature générale (romans, théâtre, poésie, histoire, géographie, actualité, essais), les livres de références (dictionnaires, guides, etc.), les livres d'art (Beaux arts et beaux livres), les livres pour la jeunesse (***album***, ***bandes dessinées***, les ouvrages pratiques (avec des titres comme : « comment réussir dans la vie », « comment rédiger un CV », « la cuisine pour maigrir », etc.), les ouvrages scolaires (ils correspondent à un programme officiel), les livres parascolaires (ils apportent des compléments aux élèves), les livres scientifiques et techniques, les livres de sciences humaines (sciences économiques, sciences politiques, sociologie, religion, ésotérisme, etc.), bandes dessinées pour adultes, livres de documentation (annuaires, répertoires, nomenclature), cartes géographiques et atlas.

Le critère du format est également d'usage courant. Les deux principales catégories sont les livres de format standard et les livres de format ***poche***.

Voir ***Histoire de la communication écrite***, ***Loi Lang***, ***Modèles économiques de l'industrie de la communication***, ***Imprimerie***, ***Édition***, ***Papier***, ***Parchemin***, ***Photocopillage***.

Locomotive

Émission populaire destinée à attirer l'***audience*** en début d'heures de grande écoute et à la fidéliser pour la suite du programme.

Logiciel

Terme à l'origine forgé pour donner une traduction à « *software* » qui signifie **programme informatique** et qui, par un usage extensif traduisant la pertinence du mot, désigne tout programme dès qu'il sert à faire fonctionner une machine à communiquer ou à traiter l'information. On parlera ainsi de logiciel informatique, de logiciel vidéo, logiciel audio. Il arrive même que le mot logiciel soit substitué à matière grise. Plus limitativement, c'est-à-dire en ***informatique*** seulement, un logiciel est l'ensemble des programmes, procédés, règles, et éventuellement de la ***documentation***, relatifs au fonctionnement d'un ensemble de traitement de l'information (voir ***Ordinateur***).

Dans le domaine de la **micro-informatique**, il faut distinguer le logiciel de base qui est intégré dans l'unité centrale et le logiciel d'application (logiciel pour une utilisation particulière : traitement de texte, tableur, etc.) qui est sur ***disque dur*** ou sur disquette.

Logique d'Aristote

Sous l'étiquette très générale de logique, Aristote traite de trois domaines qu'il distingue clairement : la syllogistique, la dialectique, la rhétorique.

1. La syllogistique

« Son sujet, c'est la démonstration, et c'est la science démonstrative dont relève [la syllogistique] » (*Premiers Analytiques*).

La **syllogistique** a très tôt été qualifiée de « formelle » car elle s'intéresse à la forme, conçue, par Aristote, comme s'opposant à la substance. Ce qui ne signifie pas que la forme doit être dénuée de toute substance. Au contraire. La logique d'Aristote est formelle dans la mesure où pour la présenter, il utilise des lettres-symboles (A, B, Γ,...). On peut dire, cependant, qu'Aristote a élaboré surtout une logique des contenus, laquelle a ensuite évolué, par abstraction, vers une logique de la forme : la logique mathématique actuelle.

L'objet de base de la syllogistique est la **proposition**, laquelle est de la forme :

S *est* P ou Sujet *est* Prédicat

Les emplois de la copule « est » relèvent de plusieurs catégories (10). Ainsi, le sens de « est » n'est pas le même dans :

Ahmed est un homme (essence)
Ahmed est le père de Yasmine (relation)
Ahmed est dans la maison (situation)
...

Aristote ne cesse de relier syllogistique et langage en introduisant, notamment, des considérations temporelles. « Dans les sciences et les discours, il y a l'antérieur et le postérieur selon l'ordre. [...] Dans les discours, le préambule est antérieur, selon un ordre préétabli, à l'exposition. » (Catégories)

2. La dialectique

Pour Aristote, la **dialectique** doit être une « méthode qui nous mette en mesure d'argumenter sur tout problème proposé, en partant de prémisses probables, et d'éviter, quand nous soutenons un argument (raisonnement), de rien dire qui y soit contraire ». (*Topiques*)

Il s'agit d'une démonstration quand le **raisonnement** (ou **syllogisme**) part de prémisses vraies. Le raisonnement qui conclut de prémisses probables est *dialectique*.

La rigueur déductive est la même et la force de la conclusion est celle des prémisses. Dans le premier cas les prémisses sont vraies comme le sont les axiomes (tels que les entendaient les anciens), dans le second cas les prémisses ne sont que probables, comme le sont les lieux communs.

Relève aussi de la dialectique, le **syllogisme éristique**, i.e. un raisonnement qui « conclut en *apparence*, alors qu'en *réalité* il ne conclut pas ». Le syllogisme éristique serait fautif soit par ses prémisses (probables en apparence) soit par la déduction.

3. La rhétorique

La ***rhétorique*** est « l'analogue de la dialectique ; l'une et l'autre portent sur les questions qui sont à certains égards de la compétence commune à tous les hommes et ne requierent aucune science spéciale » (Rhétorique I).

Mais, contrairement à la dialectique, la rhétorique fait appel aux « enthymèmes, qui sont le corps de la preuve ». Un enthymème est une prémisse tacite ou implicite.

Si par **enthymème** on entend tout ce qui relève du non-dit, du non-explicite, la notion d'argumentation, étroite avec la dialectique, s'élargit considérablement avec la rhétorique.

Le discours ne sert plus seulement à déduire plus ou moins correctement mais aussi à rendre l'auditeur apte à l'enthymème. « Les preuves administrées au moyen du discours sont de trois espèces : les premières consistent dans le caractère de l'orateur ; les secondes dans les dispositions où est mis l'auditeur ; les troisièmes dans le discours même, par ce qu'il montre ou paraît démontrer » (Rhétorique). Ainsi, tous les procédés appartenant au contexte du discours ressortissent aussi de l'argumentation.

Logique booléenne (Interrogation d'une banque de données selon la -)

Méthode de recherche de l'information par mots clés associés aux opérateurs « et, ou, sauf ».

Logo

Langage de programmation conçu par Seymour Papert en 1971 en vue de l'enseignement assisté par ordinateur et à la pédagogie assistée par ordinateur. Son principe repose sur la description des déplacements d'une « tortue » qui se traduisent par des dessins à l'écran.

Logo, logotype

Logo est l'***apocope*** de logotype qui est la marque d'une entreprise avec un graphisme et un dessin spécifique. Lorsque le dessin est un animal (exemples : l'écureuil des Caisses d'épargne, le crocodile de Lacoste, le lion de Peugeot, etc.), certains spécialistes de la communication externe parlent de **zootype**.

Loi Carignon

Voir ***Politique culturelle française, Cumul multimédias***.

Loi de Bradford, loi des 20-80, loi de Pareto

Voir ***Intelligence économique ou compétitive***.

Loi de 1881

Voir ***Liberté de la presse, Histoire de la communication écrite***.

Loi de 1974

Loi française, votée le 7 août 1974 qui, en mettant fin au système de l'Office de radiodiffusion et de télévision française (ORTF), définit les missions que doit remplir le service public de la radiotélévision qui reste un monopole public, et lui impose notamment les trois vocations de programme : information, culture et distraction.

Loi de 1982 sur la communication audiovisuelle

Loi votée le 29 juillet 1982 mettant fin au monopole public sur la radiodiffusion pour la programmation et la production.

Elle légalise l'existence de radios commerciales privées émettant au niveau local. Cependant, elles doivent obtenir une autorisation de l'organe créé à cet effet, la **Haute Autorité**, et respecter son cahier des charges. La Haute Autorité est également chargée d'assurer leur liberté de communication, ainsi que l'indépendance des sociétés de programme du service public face à l'État. La loi prévoit aussi le développement d'un réseau de radios décentralisées, tâche attribuée à Radio-France. En télévision : la loi prévoit la possibilité d'attribuer, par l'intermédiaire de la Haute Autorité des concessions aux télévisions locales par câble et à des chaînes commerciales hertziennes à couverture nationale. En 1986, une nouvelle loi sera votée, qui complète celle-ci.

Loi de 1986 relative à la liberté de communication

Votée le 30 septembre 1986, elle stipule :

– le remplacement de la ***Haute Autorité*** par la ***C.N.C.L.***, instance indépendante qui aura également un pouvoir de police dans la gestion des radios locales privées, ainsi que des pouvoirs de T.D.F., relatifs à la police des fréquences ;

– la réduction au minimum du service public et la privatisation d'une chaîne de télévision de service public TF 1 ;

– l'abandon du monopole de diffusion. La loi prévoit la substitution de T.D.F. par une société qui assurera la transmission et la diffusion des programmes des services autorisés de communication, mais qui sera en concurrence avec des opérateurs privés.

Enfin, la loi prévoit des règles concernant le pluralisme, le rapport cinéma-télévision, les coupures publicitaires, etc. Après deux ans de fonctionnement, la C.N.C.L. a été dissoute par le nouveau gouvernement majoritaire de gauche et remplacé par le ***C.S.A.***

Loi de 1994 (ou Loi Carignon)

Voir ***Politique culturelle française, Cumul multimédias***.

Loi de Zipf

Voir ***Zipf (Lois de)***.

Loi du souvenir

Si ß (**Bêta**) est le taux de mémorisation du message après la première exposition, alors la proportion d'individus qui se souviendront du message parmi ceux qui auront eu n expositions est :

$$S_n = 1 - (1- ß)^n.$$

La valeur du ß dépend d'un grand nombre de paramètres, mais le plus important pour le ***plan média*** est le média. Le taux de mémorisation le plus élevé semble être associé aux messages publicitaires diffusés au cinéma, comme l'indique le tableau ci-dessous (source : Thierry Fabre : *Média-planning*, P.U.F, 1992, p. 75).

Média	ß (bêta)	durée, espace, surface
Cinéma	70 %	30 secondes
Télévision	15 %	20 secondes
Presse magazine	10 %	page quadrichromie
Radio	5 %	30 secondes
Affichage	2 %	4 m x 3 m

L'attention Tn au bout de n expositions est fonction de ß et du nombre d'expositions. Elle correspondrait, d'après les travaux de Armand Morgensztern, à l'allure de la courbe ci-dessous :

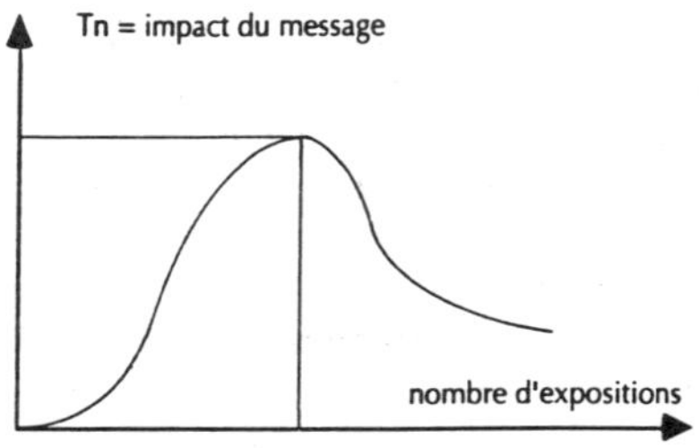

Loi Lang

Loi du 10 août 1981 entrée en vigueur le 1/1/1982, adoptée à la suite du projet présenté par le ministre de la culture Jack Lang, portant sur le prix du livre. Selon cette loi, l'éditeur est tenu de fixer le prix vente public du livre. Il détermine à partir de ce prix la marge commerciale du libraire en calculant des remises qualitatives supérieures aux remises quantitatives. Le libraire ne peut faire une remise supérieure à 5 % du prix public, sauf pour les achats institutionnels (bibliothèques, établissements d'enseignement et de recherche, etc.), et pour les livres édités depuis plus deux ans et en stock depuis plus de six mois.

Loi Sapin

Loi du 29 janvier 1993 relative à la prévention de la corruption et à la transparence de la vie économique et des procédures publiques.

Les dispositions des articles 20 à 29 concernent les « prestations de publicité ». Elles ont pour objet d'assurer la transparence des prestations publicitaires notamment en permettant à l'annonceur de connaître la réalité des coûts.

Le dispositif législatif passe par la suppression de la **commission d'agence** reversée par le « vendeur d'espace publicitaire » (soit le support écrit ou audiovisuel).

La plupart des règles nouvelles font l'objet de sanctions pénales :

Art. 25 : le texte prévoit même la responsabilité pénale des personnes morales conformément aux règles posées par le nouveau Code pénal, lequel n'est pas encore en vigueur. En général, ces règles sont entrées en vigueur le 31 mars 1993, sauf certaines comme, précisément, celle qui prévoit la responsabilité pénale des personnes morales, laquelle ne sera applicable qu'à dater du 1er septembre 1993, date prévue pour l'entrée en vigueur du nouveau Code pénal. Il faut distinguer le statut de l'intermédiaire en publicité qui est l'objet essentiel de la préoccupation du législateur et, de manière plus accessoire, les modifications apportées au statut du vendeur d'espace publicitaire.

En ce qui concerne le statut de l'**intermédiaire en publicité**, il faut d'abord définir l'intermédiaire en publicité avant de présenter les règles applicables à son activité. L'intermédiaire en publicité peut être mandataire ou prestataire. La principale hypothèse retenue par la loi est celle du mandat d'***achat d'espace publicitaire*** ou de prestation ayant pour objet l'édition ou la distribution d'imprimés publicitaires (art. 20). La mission du mandataire doit être :

En ce qui concerne les parties, le mandant est l'annonceur et le mandataire l'intermédiaire. Ce dernier traite avec le « vendeur d'espace publicitaire » (pratiquement le support) qui est tiers au contrat de mandat ; la loi précise expressément qu'une **régie publicitaire** est considérée comme « vendeur d'espace » (art. 26). Il est encore dit que ce mandataire ne saurait avoir le statut d'agent commercial (art. 26).

On peut s'interroger sur le point de savoir s'il s'agit toujours d'un mandat car la loi envisage aussi la possibilité de relations directes entre le vendeur d'espace et l'annonceur, auquel cas le prétendu mandataire serait plutôt un courtier (art. 20, § 3). Les professionnels de la publicité demandent le statut de « commissionnaire-mandataire » qui, selon eux leur donnerait une plus grande indépendance. Rappelons que le commissionnaire agit pour le compte d'autrui mais sans le représenter, à la différence du mandataire.

Accessoirement, l'intermédiaire peut accomplir des prestations hors mandat (art. 20, § 2). Il est alors entrepreneur.

La loi traite également du statut du prestataire de conseil en plan média ou de préconisation de support publicitaire et lui applique des dispositions comparables à celles du mandataire, notamment en ce qui concerne sa rémunération (art. 22).

Bien plus, ce prestataire doit indiquer dans ses conditions générales de vente les liens financiers que lui-même ou son groupe entretient avec les vendeurs d'espace publicitaire (art. 24).

Le mandat doit revêtir une certaine forme. Sur le fond existent des règles strictes applicables aux conditions de rémunération de l'intermédiaire. Le mandat doit être écrit (art. 20). Surtout, il doit contenir certaines mentions obligatoires : description détaillée des prestations accomplies dans le cadre du mandat et montant de leurs rémunérations respectives ; description des autres prestations accomplies hors du cadre et montant global de leur rémunération. Par ailleurs, si le vendeur accorde un rabais ou un avantage tarifaire quelconque, l'intermédiaire ne peut le conserver que si cela est stipulé expressément dans le contrat de mandat. Le formalisme s'étend à la facture délivrée par le vendeur : elle doit mentionner tout rabais ou avantage tarifaire consenti à l'acheteur ; elle doit être communiquée directement à l'annonceur même si celui-ci ne paie pas directement le vendeur. L'idée générale est que l'intermédiaire ne peut recevoir de rémunération que de son mandant (s'il est mandataire) ou de son client (s'il est prestataire).

Ces principes sont prévus par les articles 21 et 22 de la loi qui interdisent notamment la perception d'une rémunération de la part du vendeur d'espace. Concrètement ces textes suppriment la « commission d'agence ». Les rabais ou avantages tarifaires consentis par les vendeurs bénéficieront donc au seul annonceur, à moins qu'il n'ait été expressément précisé dans le mandat que l'intermédiaire pourrait le conserver en tout ou partie.

Les innovations essentielles de ce texte concernent les intermédiaires en publicité. Mais il contient également des dispositions relatives au statut du vendeur publicitaire. Le **vendeur d'espace publicitaire** se voit imposer de nouvelles obligations à l'égard de l'annonceur. Plus subsidiairement, il est soumis à des interdictions dans ses rapports avec l'intermédiaire en publicité.

L'article 23 fait peser sur le vendeur deux obligations : l'une de rendre compte de l'exécution de ses prestations, l'autre de recueillir son accord avant toute modification des conditions de diffusion du message.

Le vendeur doit rendre compte de l'exécution des prestations directement à l'annonceur, et ce, dans le mois qui suit la diffusion du message. En aucun cas donc, il ne peut être rendu compte à un intermédiaire. Au contraire, en cas de modification des conditions de diffusion du message publicitaire, l'intervention éventuelle d'un mandataire est prise en compte. La règle générale est que le vendeur est tenu d'avertir l'annonceur de toute modification des conditions de diffusion du message et de recueillir son accord sur les changements prévus. Le texte ne dit rien sur les conséquences d'un refus de ces modifications par l'annonceur, par conséquent le droit commun doit s'appliquer. Cela signifie non seulement que l'annonceur ne peut être contraint d'accepter ces changements, mais encore qu'ils constituent une inexécution fautive de ses obligations par le vendeur, inexécution qui engage sa responsabilité contractuelle.

Le dernier alinéa de l'art. 23 envisage le cas dans lequel un mandataire intervient. Il est alors prévu que le vendeur s'adresse au mandataire à qui il incombe de recueillir l'accord de son client annonceur. On doit, semble-t-il, en déduire que le mandataire n'a pas le pouvoir d'accepter des modifications pour le compte de son client, sauf peut-être si les parties le prévoient expressément.

Il semble que le mandataire soit également tenu de transmettre au vendeur la réponse de son client et que, tant que le vendeur n'a pas été avisé d'une réponse positive, il ne puisse modifier le contenu du message sans engager sa responsabilité contractuelle.

L'un des points essentiels de la loi est l'interdiction de toute rémunération directe ou indirecte de l'intermédiaire par le vendeur d'espace. La violation de cette interdiction constitue une infraction pénale pour l'intermédiaire (art. 25, 3e, b). Corrélativement, le fait pour le vendeur d'accorder une rémunération ou un avantage quelconque au mandataire ou au prestataire de l'annonceur est également sanctionné pénalement.

Lois Auroux

Voir ***Communication interne et relations industrielles***.

Lumière (Les Frères)

Louis (1864-1948) et Auguste (1862-1954) Lumière sont deux inventeurs lyonnais passés à la postérité pour avoir inventé le cinématographe en 1894-1895. Les Frères Lumière, pères de l'image en mouvement dans sa version la plus achevée, celle qui allait être élevée au rang de 7ᵉ art, sont aussi connus pour être de très prolifiques inventeurs. Et pour cause ; avant de parachever la technique cinématographique, leur usine de Monplaisir à Lyon fut le lieu d'inventions notables dans le domaine de la photographie, entre autres. Leurs innovations quant à l'émulsion de la plaque photographique allait au début des années 1880 donner naissance aux premières photos instantanées. Ils rivalisèrent longtemps, quant au volume de production des plaques photos avec l'anglais Eastman, créateur de Kodak à Rochester, et surtout avec le célèbre Thomas Edison, américain inventeur du télégraphe moderne, du phonographe, de la lampe à incandescence et du kinématographe, « fossile » du cinéma moderne. C'est d'ailleurs pour améliorer ce kinématographe et pour rendre ses projections publiques qu'ils s'intéressèrent en 1894 à l'image en mouvement. Partant du principe physique de la persistance rétinienne, Louis Lumière va adapter le mécanisme de la machine à coudre à un appareil-photo permettant des prises de vue instantanées. Ensuite, cette série d'images fixes, projetée grâce à la réversibilité de la caméra Lumière donnait l'illusion absolue du mouvement. Le cinéma, approché velléitairement par un siècle d'inventions plus ou moins heureuses était né. Les premiers films, par leurs titres, sont passés à la postérité : « *la sortie des usines Lumière* », le document princeps, puis « *l'entrée du train en gare de La Ciotat* », ou « *l'arroseur arrosé* », autant de courts documents noir et blanc appartenant à la mémoire universelle, comme les toutes premières possibilités de l'homme de garder à jamais une trace de mémoire tangible, définitive. « La mort, vraiment, n'était plus absolue à partir de cette invention » comme le dit alors Aragon pour saluer le cinématographe Lumière. Les Frères Lumière déposèrent dès 1895 un brevet qui leur donna aussi l'exclusivité de l'exploitation de leur invention pour un temps. En quelques mois, leurs opérateurs allaient essaimer de par la planète, dispensant l'invention et constituant une fabuleuse cinémathèque. Avec modestie, les Lumière se lassèrent bientôt de ce « jouet » qui avait pourtant assuré leur richesse et leur célébrité. D'autres Français arrivèrent alors pour écrire en lettres d'or l'histoire du cinéma, notamment Georges Méliès, père du 7e art, aux propres dires des Lumière. Ceux-ci s'illustrèrent cependant encore par le perfectionnement de la photographie couleur. En 1898, le physicien Lippmann reçut le prix Nobel pour ses photographies et son étude du spectre solaire. Il attribua une partie de son succès à Auguste et Louis Lumière, grâce à qui ses photographies couleur avaient été rendues possibles. On leur doit enfin la mise au point du cinérama, et de nombre d'inventions plus « scientifiques », mais tout aussi cruciales dans leurs domaines respectifs. Le monde a fêté en 1995 le Centenaire de l'invention du Cinéma à Lyon, par deux frères dont le nom de famille était en quelque sorte un programme définitoire.

Luminance

Partie d'un signal vidéo qui transporte les informations relatives à l'éclairement de chaque point de l'image. Le signal de luminance produit l'image en noir et blanc obtenue par la brillance variable des points qui se succèdent sur une ligne. La couleur est obtenue par le signal de chrominance.

M

MAC (*Multiplexed Analog Components*)

Mode de codage pour le projet non développé de système européen de télévision analogique en couleur permettant d'unifier ou de rendre compatibles les systèmes PAL et SECAM pour la définition en 625 lignes, et qui aurait permis d'évoluer vers la ***télévision haute définition***, grâce à la norme HD Mac, sans changer brutalement le parc des téléviseurs des ménages.

MacBride (Rapport de Sean -)

Rapport sur le **Nouvel Ordre Mondial de l'Information et de la Communication (NOMIC)** réalisé sous la présidence de Sean MacBride (1904-1988), ancien ministre des affaires étrangères de l'Irlande, l'un des fondateurs de l'OCDE (Organisation de Coopération et de Développement Économique), ancien président de Amnesty International (1961-1974) et lauréat du Prix Nobel de la paix (1974).

Voir ***Technologies d'information et de communication et niveau de développement économique***.

Machine de Turing

Voir ***Informatique***.

Machine séquentielle de von Neumann

Modèle de structure de l'ordinateur proposé par le Hongrois, naturalisé américain, John Von Neumann comportant deux sous-systèmes : la mémoire et le processeur. La mémoire stocke les données et les programmes. Le processeur comprend une unité de contrôle (UC) et une unité de traitement (UT). L'unité de contrôle lit les instructions de programme provenant de la mémoire, et pilote l'unité de traitement qui exécute les opérations sur les données stockées en mémoire et dont les résultats sont ensuite envoyés à la mémoire.

McLuhan, Herbert Marshall (1911-1980)

Marshall McLuhan, théoricien canadien des médias, occupe une place à part dans les pensées de la communication. Ce chercheur atypique, intellectuel solitaire très entouré et grand agitateur d'idées ne laisse personne indifférent, et il déchaîne les passions, *pro et contra*. Si bien que son legs théorique, abondamment glosé se partage entre ceux qui souhaitent le « réhabiliter » (« Pour comprendre McLuhan »), et d'autres qui veulent en finir avec cet « hérétique », qu'ils considèrent comme un illuminé, pseudo-prophète, imprécateur réactionnaire et moraliste.

McLuhan est avant tout célèbre, dans l'esprit du grand public, pour quelques idées-forces. Elles ont assuré sa notoriété, habilement mises en forme en des formules bien frappées s'apparentant à des slogans. « Le message, c'est le médium », voire « le message, c'est le massage » (*sic*), « le village global et l'agora planétaire », ainsi que la dichotomie posée entre « médias chauds et médias froids », autant de concepts parfois obscurs que l'on garde de ce chercheur qui a passé une grande partie de sa vie à étudier le rôle psychosociologique autant qu'historique et culturel joué par les technologies médiatiques.

Son style déroute et agace parfois, étonnant syncrétisme mêlant en une écriture intriquée un ton tour à tour familier, péremptoire et sentencieux, et mobilisant des apports de toutes les sciences humaines.

Ce que l'on doit d'abord reconnaître à McLuhan, c'est l'ampleur de sa culture générale. Elle va de l'histoire à la littérature, de l'architecture à la musique et à l'anthropologie, de l'histoire de l'art à celles des civilisations ; sans oublier une pensée profonde de la technique. Mais c'est sur le bon usage de tout cela qu'il conviendra de s'interroger. Car McLuhan avait-il conscience de la dimension subjective, partiale et idéologique de son œuvre ? C'est en tout cas de ses généralisations hâtives dont on lui tient rigueur, et elles semblent porter un discrédit à l'ensemble de son projet.

McLuhan, qui a consacré toute son énergie à l'étude des médias, n'a en tout cas jamais oublié de médiatiser sa pensée, se faisant le zélateur ardent et l'infatigable prosélyte de ses postulats. D'interviews à nombre de revues grand public (et jusqu'au magazine *Play-Boy* !) à des apparitions remarquées dans des films (dont « *Annie Hall* », de Woody Allen), tous les médias lui ont été bons pour assurer la compréhension – ou la postérité ? – de ses analyses.

À ce titre, on peut se demander si cela relève de la volonté probe d'être compris, ou si l'on doit au contraire y déceler un sens subtile et mercantile de l'auto-promotion.

1. L'homme

Marshall McLuhan est né dans la province anglophone d'Alberta (Canada). L'éducation protestante qu'il reçut eut une influence marquante sur sa manière d'interpréter le monde, même si son moralisme austère est tempéré par sa conversion au catholicisme à l'âge de 25 ans. Après avoir commencé des études d'ingénieur, il opte pour les lettres et obtient un doctorat en littérature anglaise. Il mena d'abord une double carrière d'enseignement et de critique. Ces préoccupations culturelles lui permirent de parfaire une culture générale large et dense, et d'affiner son goût pour les analyses de contenu et de systèmes. Son premier ouvrage, « *la Fiancée Mécanique* », est publié en 1951. Cette critique fine et humoristique de l'ère industrielle lui assura un succès d'estime et une certaine reconnaissance. C'est à cette époque qu'il est initié par un collègue historien aux arcanes de fonctionnement des médias. Ceux-ci devinrent alors le centre de ses préoccupations. Il publia en 1962 et 1964 deux ouvrages, « *la Galaxie Gutenberg* », et « *Pour comprendre les médias* », qui accédèrent rapidement au statut de « livres-culte ». Sa gloire assurée, il se consacra ensuite à la vulgarisation et à la promotion de ses analyses, poursuivant cependant jusqu'à sa mort des activités de sémiologue, de critique et de romancier.

2. L'œuvre

La tâche à laquelle McLuhan s'attelle comme à une mission à l'orée des années 60 entend combler une lacune dommageable et un coupable oubli : il souhaite faire enfin prendre conscience à ses contemporains du rôle fondamental, et souvent subliminal, qu'ont joué, et que jouent les médias dans la manière qu'ont les hommes et les cultures d'appréhender le monde.

a) Les notions de médium et de message

Mais d'abord, qu'est-ce que le **média** ou plutôt le **médium** pour McLuhan ? Il en accepte une définition extrêmement large et fluctuante : il s'agit en effet pour lui de tous les vecteurs techniques prolongeant les sens de l'homme. Vue, ouïe, toucher mais aussi fonctions de motricité et d'évaluation se trouvent secondés par les médias, et hypostasiés à ceux-ci. L'auteur postule donc l'existence d'une vaste sphère médiatique, caractérisée par la dimension synesthésique qui lui est inhérente. Ainsi, la télévision, la presse, le cinéma et la radio, mais aussi l'argent, l'automobile et le vêtement sont pour McLuhan des médias, prolongeant les organes et les fonctions du corps, par une sorte de procuration sensorialiste, amputant d'ailleurs souvent l'usager sans que celui-ci s'en rende réellement compte. Les médias seraient à l'homme ce que les antennes sont à l'insecte. Pour McLuhan, les médias, extensions physiques et mentales de l'homme, ont une capacité à transformer la réalité, pour la restituer à travers un prisme qui édulcore ce que devraient être les perceptions et les sensations de « l'homme total ». Voire. Ainsi donc, l'expérience humaine est ***médiatée*** par des canaux, dont la qualité est plus ou moins bonne, selon le nombre des facultés sensorielles mobilisées. Le média a une importance primordiale, puisqu'il façonne la réalité en exerçant une influence sur les sens et certaines fonctions psychologiques. Peut-on pour autant aller jusqu'à dire que « le message, c'est le médium » ? Cet aphorisme, qui résume l'essentiel de la pensée mcluhannienne, est aussi le nœud de toutes les polémiques à son sujet. Le média a un rôle fondamental, en ce qu'il transforme de la nature du message, par ses spécificités techniques. Relativisons cependant cette omnipotence du média. L'auteur, en effet, ne va-t-il pas trop loin, en allant jusqu'à affirmer que « le contenu ou le message d'un médium donné n'a pas beaucoup plus d'importance que les marques imprimées au pochoir sur la caisse d'emballage d'une bombe atomique » ? (« D'œil à oreille », p. 32-33)

Considérons avec un peu d'objectivité que le média se caractérise d'abord par l'usage, politique et social, que l'on en fait. Ainsi, le média radio servit durant la Deuxième guerre mondiale à la fois à endoctriner le peuple allemand, à lancer l'Appel du 18 juin, à annoncer le Débarquement et à assurer la liaison des armées libérant la France. Un même média, des volontés politiques différentes, des messages et des finalités antithétiques, quasi-indépendantes, quoi qu'en dise McLuhan, de la nature du canal, puisque le transcendant.

b) Médias chauds, médias froids

McLuhan prête aux médias une ambivalence thermique, qui les fait se ranger en deux catégories, selon qu'ils sont chauds ou froids.

Les **médias chauds** mobilisent un seul sens ; ils ont une forte définition par rapport à cette faculté sensorielle, et induise donc une réceptivité passive. L'auteur range dans cette catégorie la radio et le cinéma. Par contre, le **média froid** offre une faible définition que le récepteur doit compléter en se livrant à « une surenchère synesthésique ». Le téléphone ou la télévision, en raison de cette faiblesse de définition, obligeraient leurs utilisateurs à pallier leurs carences en ajoutant une part de sens personnel, par une participation active à l'engendrement du message. Là où McLuhan semble aller vite en la besogne, encore une fois, c'est en prêtant aux médias des responsabilités culturelles, historiques, selon que certains ont été délibérément favorisés, ou au contraire abandonnés, dans les processus sociaux. Les médias ne sont pas des hydres perfides dont le but serait de phagocyter l'homme. Quant à cet hypothétique déterminisme historique exercé par eux, même s'il se trouvait avéré, ne devrait-on pas se borner à prendre acte des déséquilibres résultant en fait de prédilections culturelles (l'oral celtique et africain, contre l'écrit romain), plutôt que d'interpréter de manière sentencieuse et morale, comme le fait McLuhan. Affirmer par exemple que l'imprimerie est « une catastrophe culturelle », ayant amputé « l'homme total » de sa complétude synesthésique originelle, cela sonne peu sérieux, et dessert même des analyses qui sans cela resteraient valides.

Au détour de certaines pages, McLuhan perd définitivement une objectivité scientifique qui lui fait par ailleurs souvent défaut, pour emprunter une rhétorique affective qui en fait un prophète messianique, un imprécateur moraliste, exprimant une nostalgie des origines édéniques. Et on a alors du mal à accorder du crédit à l'auteur quand il se targue d'un rousseauisme candide et réactionnaire. Pour lui, « l'homme total » des origines qui vivait dans un bonheur sensoriel extatique, est devenu, par la faute de certains médias et de la procuration mutilante qu'ils instaurent un « individu fragmenté ». « L'homme tribal et communautaire » des origines, heureux dans un état présocial fusionnel, a sombré dans l'individualisme, à cause de chaînages d'évolution médiatiques, qui relient encore une fois l'écriture à l'imprimerie. On excuse davantage les réserves d'un Platon à l'égard de l'alphabet, cadeau empoisonné du dieu ***Teuth*** aux hommes, contre la parole et la mémoire, que celles encore plus offusquées de McLuhan, vingt-trois siècles plus tard. Pour lui, cependant, tout n'est pas perdu, puisque pour pallier cet individualisme et ce nationalisme délétères issus de l'imprimerie, Dieu a envoyé aux hommes l'électricité, l'électronique et la télévision, qui entérineront un nouveau **village planétaire**, ère de bonheur pour l'humanité.

De telles assertions, millénaristes selon certains, ont été sujettes à bien des critiques. L'avenir, que McLuhan voulait prédire sans pour autant l'anticiper, l'a d'ailleurs fait mentir. Car jusqu'à preuve du contraire, les pratiques télévisuelles, pour ne citer qu'elles, vont plus dans le sens d'une individualisation, d'une fragmentation que dans celui du resserrement de la fibre communautaire. L'institution familiale en sait quelque chose. La dimension orwellienne de l'œuvre de McLuhan ne l'a pas servi, d'autant plus que parallèlement, dans son enthousiasme technologique, il a complètement négligé la révolution informatique, pas plus qu'il n'a pressenti la démocratisation des outils et des langages la servant. Et le « village planétaire » qui est en train de se constituer, n'est-il pas entériné et inauguré par l'emblématique ***Internet,*** ce réseau informatique comptant d'ores et déjà plus de quarante millions d'abonnés de par la planète ?

c) Un bilan mitigé, une œuvre controversée

• Le mcluhanisme c'est le « panmédiatisme » : tout est média et les médias sont partout. L'importance que McLuhan octroie aux médias dans l'éducation, par exemple, est largement disproportionné. Télévision, radio, cinéma et presse ne sont pas omniprésents à l'école, bien loin s'en faut, et l'on ne peut d'ailleurs que déplorer cette carence. Un véritable projet de télévision éducative reste encore à énoncer, dans le système éducatif classique. Les enfants subissent souvent les médias, l'affirmation n'est pas nouvelle, car on ne leur donne aucun outil de recul et d'analyse. Or, c'est à l'école que devrait revenir ce rôle.

• McLuhan ne s'est jamais départi d'un ton prophétique. Or, ce visionnaire est parfois frappé d'une inquiétante cécité (à propos de l'informatique, précisément).

• De même, son manichéisme, qui ne le voit raisonner qu'en termes d'oppositions brutales, ainsi que son penchant à délibérément moraliser la réalité sont préjudiciables à la dimension historique réelle de laquelle son œuvre se réclame. Un certain obscurantisme, concernant son propos sur l'imprimerie, rend ses postulats difficilement crédibles.

McLuhan, en définitive, ne mérite pas plus d'être encensé que brûlé. Son œuvre a une spécificité et une originalité indéniables, qu'on ne saurait lui dénier. Est-elle, cependant, encore prise au sérieux ? Le mérite, ou l'erreur de ce grand esprit est d'avoir toujours donné à ses avis personnels, sur l'homme, la technique et la culture, le caractère de vérités premières. Ceci minore la valeur intrinsèque de sa production, la puissance de sa culture, la pertinence avant-gardiste de quelques uns de ses postulats. Son héritage ressemble à un feu d'artifice intellectuel : spectacle plaisant duquel on admire la couleur et la diversité, qui éblouit, sans pour autant produire une lumière stable, fiable et continue, en ne laissant, en définitive, que de l'obscurité. Et intellectuellement, pourtant, l'essentiel n'est-il pas dans la clarté ? Voir ***Mythe de Teuth, Déconstruction, Mémoire, Moles Abraham.***

Mac Paquets

Voir ***Mac, paquets, Télévision haute définition.***

Magazine

Publication collective périodique, à parution généralement hebdomadaire ou mensuelle, largement illustrée et à la qualité formelle particulièrement soignée. Mot d'origine anglaise *magazine*, lui-même issu du terme français magasin venant de l'arabe et désignant le lieu où l'on trouve une grande diversité de produits. Par ailleurs, on oppose l'article magazine, qui comporte une information à longue durée de vie économique, de l'article d'actualité à durée de vie économique limitée (obsolescence rapide) : ainsi, dans un quotidien, un article magazine peut porter sur un reportage à caractère touristique, des fiches de cuisine, etc.

1. Typologie

Deux principales catégories peuvent être distinguées : d'une part, les magazines d'information générale qui couvrent de multiples domaines (*Le Nouvel Observateur, L'Express, Le Point*...) et, d'autre part des magazines spécialisés (magazines d'information illustrés – *Paris-Match* –, magazines destinés au grand public – magazines TV – ou dédiés à des publics plus ciblés (femmes, sportifs, bricoleurs...).

Plus ou moins calqués sur le modèle des *news magazines* nord-américains dont le précurseur est *Time* (1923), les magazines d'information générale ne commentent pas l'actualité immédiate – contrairement aux quotidiens – mais procèdent à des analyses, des synthèses rétrospectives ou prospectives, à partir d'un nombre réduit d'informations estimées significatives de la période écoulée.

2. Analyse économique

Le média magazine a une place privilégiée en France avec 1/3 des investissements publicitaires ***au dessus de la ligne***. Ceci s'explique par la **puissance** du média. On compte 1 354 exemplaires pour 1 000 habitants, soit 2 fois plus que la Grande-Bretagne, et ceci est un record mondial. Seule l'Allemagne Fédérale peut s'enorgueillir d'une richesse de titres équivalente. Du point de vue des études de mesure du lectorat, ce média est appréhendé essentiellement par le ***CESP*** pour 130 titres environ. La SOFRES étudie certains titres non pris en compte par le CESP. Par ailleurs, IPSOS propose une étude sur une cible très prisée par les publicitaires : les professions intermédiaires et supérieures.

Les grandes catégories de ce médium sont : les hebdomadaires TV, la presse féminine, les ***news*** (magazines d'informations générales du type *Time, Le Nouvel Observateur, l'Express, L'Espresso*), les mensuels à centre d'intérêt (distractions, loisirs, culture), la presse jeune...

Les atouts de ce media pour la stratégie sont :

– une structure mosaïque permettant un ciblage très fin sur des critères quantitatifs et qualitatifs ;

– une pérennité du message ;

– une qualité de reproduction souvent très bonne.

Globalement, ce média joue plus sur l'image que sur la notoriété.

Magazine féminin

Voir ***Presse féminine.***

Magazine scientifique

C'est, avec l'émission radiophonique ou télévisuelle, l'exposition, la conférence et le livre, un des principaux outils de la vulgarisation, autrement dit de la communication scientifique en direction des non spécialistes, des « profanes ». Contrairement à la revue scientifique (voir sous ce terme), le magazine scientifique :

– est destiné au grand public (*Science et Vie, Science et Avenir, Historia, Ca m'intéresse*...), quelquefois limité à un segment (les jeunes, par exemple). Il peut aussi s'adresser à un lectorat plus cultivé (*La Recherche, L'Histoire, Pour la Science*...) et, plus rarement, à un public de chercheurs relevant d'autres disciplines (*Sciences Humaines)* ;

– a pour vocation première de transmettre des informations non sur la science en train de se faire, mais sur la science déjà faite. Dans la pratique, trois options différentes se présentent à lui, qui correspondent à autant de définitions de la culture scientifique et technique : rendre compte des dernières découvertes et plus généralement s'attacher prioritairement au contenu de la science et aux positions de ses grands courants, fournir au lecteur le maximum d'éléments de compréhension de la démarche et de l'esprit (prudence, rationalité, doute...) scientifiques, faire d'abord comprendre comment la science fonctionne (la recherche comme pratique sociale organisée).

Il est fondamentalement l'œuvre de professionnels de la communication, en l'occurrence de journalistes, même si certains articles sont signés par d'autres, des professionnels de la conception de produits éducatifs, par exemple, voire par des chercheurs, quelquefois de renom. Le journaliste est ici dans une position de traducteur, de médiateur. Or traduire les discours scientifiques suppose une double compétence : dans les disciplines concernées d'une part, dans les techniques journalistiques, d'autre part ;

Sa forme est, sans ambiguïté, celle du ***magazine*** : narrativité (le discours scientifique devient récit) ; brièveté des articles, lisibilité au niveau de l'écriture, notamment à travers la reformulation des concepts, l'utilisation de métaphores, le recours à l'analogie ; abondance des illustrations (photos, dessins, schémas) ; multiplication des accroches paratextuelles (intertitres, encadrés, résumés, légendes...) ; mise en page aérée et très soignée... Il s'agit de faire comprendre, d'éveiller l'intérêt, de susciter la curiosité, de rendre des connaissances accessibles en étant attractif, en distrayant mais aussi en montrant l'utilité des découvertes et, notamment, leurs multiples retombées au niveau de la vie domestique et du travail. Il faut donc plaire, séduire et convaincre à la fois ;

Il appartient au secteur de la presse et non à celui de l'édition : tirages importants, professionnalisation de la totalité de l'équipe technique et rédactionnelle, diffusion par les marchands de journaux, présence – parfois importante – de la publicité... Les titres sont d'ailleurs souvent la propriété d'un groupe de presse, quelquefois international. Dans ce cas, leur création répond au souci de diversification des produits et des publics.

Le magazine scientifique prétend s'adresser à « l'honnête homme moderne », plus que jamais entouré de produits directement ou indirectement issus des progrès des sciences et des techniques dont il ne comprend pas, spontanément, les tenants et les aboutissants. D'autant que la presse d'information générale écrite, radiodiffusée ou télévisée, est peu tournée vers l'information scientifique, sauf lorsqu'elle a l'odeur du soufre (polémique sur la mémoire de l'eau, cas avérés de fraude scientifique) ou correspond à d'immenses enjeux économiques (découverte du virus du SIDA, conquête de l'espace). Il tire sa légitimité de la nécessité « démocratique » de mettre les résultats de la recherche à la disposition du plus grand nombre car ils sont considérés comme des biens publics, tout en luttant contre ces fléaux du monde moderne que sont les fausses sciences (astrologie, numérologie...) et les superstitions. Bref, il entend participer à l'organisation « *du partage du savoir* » (Philippe Roqueplo, 1974), objectif ultime de la vulgarisation.

En tant qu'outil culturel, le magazine scientifique a fait l'objet d'un certain nombre de critiques qui sont en fait davantage formulées à l'encontre de la vulgarisation en général. Ainsi, par exemple, sa lecture ne serait profitable qu'à une fraction du public, celle qui possède déjà un minimum de capital culturel et qui est en mesure, non seulement de recontextualiser l'information, mais encore de faire apparaître plus ou moins clairement ses aspects implicites. Il contribuerait donc à aggraver les inégalités devant le savoir. Il participerait, en outre, à la perpétuation de quelques mythes et, en particulier, à celui de la toute puissance de la science : le dévoilement du réel n'est possible que par la seule science, la vérité n'est accessible qu'à travers les seules procédures mises jusque là en œuvre par la « science faite »... Enfin, il permettrait aux vulgarisateurs, au même titre que les autres outils, de s'autonomiser par rapport aux scientifiques et, au-delà, d'autonomiser le champ de la communication par rapport à celui de la science, voire à placer la communication au centre des politiques scientifiques. Ces pratiques professionnelles contribueraient à aggraver de multiples dérives maintes fois constatées : spectacularisation, marchandisation...

Quoiqu'il en soit, le magazine scientifique a encore un bel avenir dans la mesure où la science et la technique s'intègrent chaque jour davantage dans les processus de production et envahissent notre quotidien, sans parler de notre imaginaire, individuel ou collectif. D'autant que ses finalités rejoignent, à un certain moment, les objectifs de la formation.

Peut-on, pour autant, parler de rencontre entre deux acteurs majeurs des sociétés modernes, les médias et le système scolaire, et qui plus est, de rencontre utile pour la société ? Mais cela est déjà un autre débat.

Magnétophone

Appareil d'enregistrement et de lecture de sons enregistrés sur une bande magnétique, en bobine ou en cassette. Pour ce faire, il est équipé de têtes d'enregistrement et de lecture. Ce fut en 1935, au salon de Berlin que les firmes allemandes AEG et BASF présentèrent les huit premiers magnétophones à bande magnétique qui furent vendus sur place. Les premières cassettes audio furent présentées par la firme hollandaise Philips en 1963 à l'exposition Radio-TV de Berlin. La miniaturisation conduira à la mise au point de la microcassette en 1976 par la firme japonaise Olympus, puis le lecteur de cassettes portables, le ***baladeur*** sous le nom de marque *Walkman* de la firme Sony, en 1979.

Magnétoscope

Appareil d'enregistrement et de lectures d'images et de sons sur bande magnétique en cassette. Équipé de têtes d'enregistrement et de lecture, il permet d'enregistrer des émissions de télévision et de reproduire tout enregistrement en vidéocassette sur l'écran de télévision. La première démonstration d'un enregistrement vidéo en noir et blanc fut effectuée en 1951 par la firme américaine Mincom, filiale de Scotch/3M. Mais la consommation de bande magnétique rendait le procédé inexploitable. En 1953, la firme californienne ***Ampex*** invente un procédé qui économise la bande : il s'agit d'un système d'enregistrement et de lecture à quatre têtes vidéo montées sur un tambour tournant à grande vitesse. Des améliorations sont apportées pour l'image et l'enregistrement du son pour déboucher sur le magnétoscope Ampex VR 1000 commercialisé en avril 1956. Le magnétoscope permet ainsi de faire la première émission en différé le 30 novembre 1956, sur une station de CBS à Hollywood. La première bande magnétique vidéo est commercialisée par 3M/Scotch le jour même de la présentation de l'Ampex VR 1000. Deux ans plus tard, en 1958, Ampex invente le magnétoscope en couleur. Le Japonais Sony commercialise en 1965 le premier magnétoscope grand public. L'association entre les Japonais Matsushita, JVC et Sony débouchera sur le standard de magnétoscope à cassette « ***U-Matic*** » dont la bande est de 3/4 de pouce. Sa qualité en fait un standard professionnel. Le véritable format vidéo grand public apparaîtra à partir de 1975 avec le ***Betamax***, de 1976 ***VHS*** et plus tard en 1979 le ***V2000***. Le VHS finit par s'imposer sur le marché de grande distribution, au détriment des autres standards qui seront rapidement arrêtés.

Magnétothèque

Service interne à une organisation où sont classées les bandes magnétiques, qui contiennent des enregistrements de tous genres : des illustrations sonores, des programmes préenregistrés pour une diffusion ultérieure, ainsi que les programmes enregistrés d'émissions qui ont déjà été diffusées.

Maïeutique

« Art d'accoucher » en grec. Technique dialectique pratiquée par Socrate, et qui consistait à véritablement accoucher quelqu'un de vérités qu'il ignore lui-même savoir, par un subtil jeu de questions et d'interrogations. « Ma mère accouchait les hommes, moi j'accouche les esprits » avait coutume de dire Socrate, qui s'attacha à contrer les sophistes, en leur démontrant que lui, sachant ne savoir qu'une chose, qu'il ne savait rien, en savait plus qu'aux, qui croyaient tout savoir.

Mailing

Anglicisme dont la traduction recommandée est **publipostage**. Voir ***Publicité directe, Marketing direct***.

Main

1. Le vingtième d'une rame de 500 feuilles, soit 25 feuilles.
2. Le rapport entre l'épaisseur d'une feuille et son grammage.

Majors

Neuf sociétés américaines de production et de distributions de films réunies au sein de la Motion Picture Association of America. Ce sont : Columbia, MCA, MGM, Twentieth Century Fox, Warner, Filmways, Orion Films et Walt Disney Production.

Management

Même si tous les linguistes ne s'accordent pas sur l'origine du terme management, ce dernier s'est progressivement imposé pour exprimer la conduite d'une activité collective. On peut s'aventurer à dire que pour les économistes management vient de ménage, mot qui signifie à la fois demeure (mansio), précaution, économie ou encore épargne. De la sorte management signifierait tenir son ménage, c'est-à-dire sa maison, ce qui en fait un synonyme parfait de ***économie*** : loi de la maison.

La pensée managériale a beaucoup évolué ces vingt dernières années en liaison notamment avec les bouleversements économiques, technologiques et culturels intervenus dans notre société. À côté d'une vision essentiellement centrée sur les composantes économiques où l'homme est parfois vécu comme un mal nécessaire, une conception de l'entreprise dans laquelle celui-ci est devenu une ressource à optimiser s'est progressivement développée. Le remplacement de la Direction du personnel par la Direction des Ressources Humaines, en est une première illustration. Ainsi, tantôt l'entreprise est résumée à sa fonction de production (c'est schématiquement la vision de la théorie d'inspiration néoclassique), tantôt l'entreprise est considérée comme une institution dont le fonctionnement est très dépendant des contrats passés par les individus à l'intérieur de celle-ci.

Il est cependant de plus en plus souvent admis que le facteur humain est un élément déterminant de la performance de l'entreprise, ce qui donne à la gestion des ressources humaines une dimension stratégique, et cela d'autant plus que l'entreprise est un ensemble hétérogène peuplé de personnes et de groupes qui n'ont, *a priori*, aucune raison d'adhérer au projet stratégique des dirigeants.

Cette importance du management explique le foisonnement actuel de publications proposées sur ce thème. Mais ces dernières, censées aider les dirigeants face à des phénomènes sociaux toujours complexes, sont constituées d'apports plus ou moins sérieux, souvent liés à des phénomènes de mode, qui laissent parfois supposer que la réussite dépend de quelques recettes simplistes.

Le *manager*, c'est-à-dire le cadre dirigeant, a pour mission de mettre en œuvre les moyens techniques, financiers et humains disponibles dans une organisation pour atteindre des objectifs fixés. Il assume à cette fin des fonctions de direction, de planification, d'organisation et de contrôle, en se basant sur une représentation de l'entreprise, de son personnel et de son potentiel qui lui est propre. Pour enrichir cette représentation, il peut faire appel à ses collaborateurs, aux membres du personnel ou à ses représentants, à des consultants extérieurs, et utiliser des outils d'évaluation tels que les tableaux de bord, les budgets ou les éléments fournis par la comptabilité analytique et le contrôle de gestion.

Le management consiste alors à optimiser des comportements collectifs, déterminés, entre autres, par les circuits de communication de l'organisation.

Manchette

1. Titre en gros caractères en tête de la première page d'un journal.
2. Petit espace publicitaire encadrant le titre d'un journal en une et en dernière page. Synonyme : **oreille.**
3. Petit encadré donnant les indications légales et obligatoires relatives à publication (direction, éditeur, rédacteur en chef, administration, régie publicitaire). Synonyme : ***ours***.

Manuscrit

Texte original de l'auteur, qu'il soit à la main, comme dans le passé, ou dactylographié ou saisi sur ordinateur et disponible en disquette ou sur papier.

Maquette

Modèle plus ou moins achevé en vue de la conception graphique (crayonné simplement ou dessiné dans sa version définitive sur le gabarit) d'un livre, d'un journal ou de tout autre imprimé. La maquette définitive donne toutes les indications nécessaires : les emplacements des textes, des illustrations, la dimension des emplacements, les titres sont calligraphiés, etc.

Marbre

Table de presse, à l'origine en marbre ou en pierre polie pour obtenir une surface plane, sur laquelle on place la forme imprimante dont on doit tirer l'épreuve.

MARC (*Machine Readable Catalogue* – Catalogue lisible en machine)

Format d'échange de notices bibliographiques. Il a été expérimenté entre 1965 et 1968, sous l'impulsion de la *Library of Congress* de Washington, par des bibliothèques américaines, à partir de notices bibliographiques (c'est-à-dire de notices de description des ouvrages) sur bandes magnétiques. Dans les autres pays, les bibliothèques qui ont utilisé le format *MARC* l'ont adapté aux normes nationales, ce qui a amené l'***IFLA***, en 1976, à créer un format universel : le format **UNIMARC.**

UNIMARC a pour objectif de faciliter l'échange international de données bibliographiques lisibles en machine entre les centres bibliographiques nationaux et peut être utilisé comme modèle pour le développement de nouveaux formats d'échange de notices bibliographiques.

Marchandise culturelle

Voir ***Bien culturel***.

Marché

En théorie économique, lieu de rencontre abstrait entre l'offre et la demande de biens et de services. En économie industrielle et en mercatique, le marché désigne l'ensemble des prospects, ou clients potentiels. Dans ce cas, il est synonyme de débouché.

Le mot semble avoir deux origines :

– une origine francisque – marka – qui veut dire frontière. Sens que l'on retrouve dans le mot marche, province frontalière dirigée par un marquis. Le marché est alors un front où offreurs et demandeurs cherchent à gagner en s'engageant dans une espèce de lutte économique. L'offreur veut tirer le prix le plus élevé, le demandeur cherche à obtenir le prix le plus bas ;

– une origine latine – mercatus – qui désigne le lieu public où l'on vend et achète des marchandises. La racine se retrouve dans Mercure (mercurialis) dieu du Commerce, et dans mercuriale qui désigne le bulletin reproduisant les cours officiels des denrées sur le marché.

Marché (Double -)

Voir ***Bien culturel***.

Marchéage

Branche de la ***mercatique*** correspondant à l'ensemble des actions de coordination et de dosage des différentes stratégies de la politique commerciale : politique de prix, de promotion, de présentation du produit etc. Il se substitue à l'expression anglaise de *Marketing Mix*.

Marché de l'information en ligne (Les acteurs du -)

Les premiers fichiers documentaires (***banques de données bibliographiques***) élaborés et informatisés dans les années 60 au sein de gros Instituts de recherche tels que l'INRA, l'INRIA, le CNRS ou des grandes entreprises publiques telle que EDF, devinrent accessibles lorsque s'ouvrit ***TRANSPAC***, le réseau national de transmission de données par paquets, en 1979. À cette date, l'ensemble des acteurs du marché de l'information en ligne fut mis en place, autour des principales fonctions de production, d'accès et de distribution. Il faut cependant distinguer, aujourd'hui, ce type de marché en ligne avec les systèmes ***ASCII*** et vidéotex comprenant le **producteur**, le **serveur** et le client, d'une part, et le phénomène du réseau qui autorise que les clients puissent devenir des producteurs et des diffuseurs sans passer nécessairement par les règles du marché, hors facturation du temps de connexion au réseau.

1. Les trois acteurs du marché en ligne ASCII

a) Le producteur d'information dans les banques de données en ligne

Le **producteur d'information** est l'organisme qui produit ou met en forme de l'information, quelle soit bibliographique (les références de documents), textuelle (par exemple les dépêches des agences de presse), ou sous forme de données (données chimiques, cours de bourses). À l'origine, cette information avait été produite pour ses besoins internes, à l'aide d'un logiciel maison, et d'outils linguistiques spécifiques (***thesaurus*** ou lexique) pour interroger selon une ***logique booléenne***. L'ouverture du réseau permit d'offrir ces banques à l'extérieur pour les besoins des chercheurs. Mais comme le métier de base du producteur n'était pas d'être éditeur ni distributeur, l'organisme confia la commercialisation de ses fichiers à un serveur, qui constitue le deuxième pôle du marché.

b) Le serveur dans l'information en ligne

Un **serveur** était à l'origine une **société de service et d'ingénierie informatiques (SSII)** dotée d'ordinateurs suffisamment puissants pour accueillir de gros fichiers de données. QUESTEL, soutenu par l'État français pendant plusieurs années, proposait ainsi, dès l'ouverture de ***TRANSPAC*** l'accès à des banques de données de producteurs différents. Un serveur assure donc un travail de ***distribution***. Durant ces années, la tâche la plus lourde ne fut pas tant de trouver des clients que d'assurer des interfaces d'accès et d'interrogation unifiées. En effet, chaque producteur, ayant développé son produit sous un logiciel documentaire spécifique, se trouvait incompatible avec les autres. Or le client, désireux d'interroger sur le même serveur plusieurs de ces banques de données, souhaitait le faire en utilisant les mêmes commandes d'interrogation quelle que soit la banque.

C'est le serveur qui gère les relations contractuelles avec le client : mise à disposition des fichiers, langage d'interrogation, formation et facturation. C'est lui qui facture l'ensemble de la prestation : temps de connexion via le réseau, temps d'utilisation-machine. C'est lui qui reverse des redevances au producteur, selon le contrat signé. Le producteur est responsable de la mise à jour ses données.

c) Le client et les autres intermédiaires du marché de l'information en lignes

Quant au client, qu'il soit utilisateur final ou centre de documentation, il devra parfois souscrire un abonnement auprès de plusieurs serveurs pour couvrir ses champs d'intérêts. Soulignons que les commandes d'interrogation varient, aujourd'hui encore, d'un serveur à l'autre.

C'est pourquoi se sont créés des *brokers*, ou **courtiers en information** : connaissant bien les contenus et les modes d'accès, ils font les interrogations à la demande, mais aussi des dossiers régulièrement mis à jour pour leurs clients. Ils se comportent en prestataires de services spécialisés.

2. Le marché du vidéotex
En France, l'arrivée du ***vidéotex***, malgré la lenteur de la norme ***Télétel*** par rapport à la norme ASCII en vigueur dans les interrogations d'ordinateurs à ordinateurs, va changer ce cadre « traditionnel » des grosses **banques de données scientifiques et techniques** (**Information scientifique et technique : IST**). En effet, dans la configuration ***Télétel***, un producteur ou fournisseur de services, peut être un individu ou une petite structure qui développe un produit d'information. Il le fait sur un ordinateur plus ou moins puissant, qui s'appelle serveur. Il doit être accessible par plusieurs utilisateurs simultanément. Le producteur négocie avec l'opérateur de réseau (France Télécom) pour être raccordé à ***TRANSPAC*** et avoir un code d'accès, moyennant un abonnement mensuel.
Ce qui a modifié la configuration classique client-serveur-banque de données-réseau, c'est, outre les terminaux vidéotex « ***Minitel*** », le système ***Kiosque***, ouvert en 1985. Pour le client, plus besoin d'être abonné ; il recevra la facture sur sa note de téléphone. C'est l'opérateur de réseau qui facture (comme le fait le serveur dans la configuration IST), et reversera un pourcentage au producteur. Sur un service vidéotex, l'accès est arborescent, par choix successifs dans des menus jusqu'à atteindre l'information souhaitée. Le développement de plusieurs niveaux de ***tarification*** (**bas paliers** et **hauts paliers**) a poussé les producteurs à développer des applications aussi rentables financièrement que pouvaient l'être les premières banques de données scientifiques.
Aujourd'hui, un professionnel de l'information a le choix entre deux formules : soit d'interroger par le kiosque par accès guidé lorsqu'il s'agit d'une recherche ponctuelle. Soit de s'abonner au serveur, s'il est habitué à son mode d'interrogation ; il aura ainsi plus rapidement l'information, et bénéficiera de services annexes, comme la commande en ligne, ou l'exécution de profils de recherche sur d'autres banques de données.
En 15 ans, le paysage des banques de données s'est profondément modifié. À côté des gros serveurs offrant des banques de données importantes se sont créés sur le réseau ***Télétel*** plus de dix mille services d'information, qui vont des journaux en texte intégral aux répertoires et annuaires de sociétés. La stratégie des serveurs IST a été de se diversifier en proposant deux modes d'accès à leurs services : par le terminal vidéotex « Minitel » via *Télétel* et le kiosque, et via un abonnement comme par le passé. Certains producteurs, centres documentaires, se sont désengagés de leur serveur et sont devenus serveurs-distributeurs en proposant désormais eux-mêmes l'accès à leurs produits. De nouveaux acteurs sont devenus actifs, comme les éditeurs, mais aussi les sociétés commerciales ou les administrations.

3. Le cédérom, produit hors ligne, comme produit dérivé du marché en ligne
Enfin, l'évolution récente de l'information en ligne montre un fort développement des produits hors-ligne, ayant comme support un ***disque compact*** (***Cédérom***). Un même producteur d'information peut ainsi éditer un cédérom et se rendre accessible par micro-ordinateur ou par terminal vidéotex « Minitel ». L'***édition électronique*** prend une ampleur grandissante. L'offre actuelle permet de répondre à des besoins de plus en plus divers : un disque compact annule les frais de télécommunication et est bien adapté à des interrogations fréquentes en mode local. Un abonnement à des profils permet d'obtenir régulièrement une mise à jour récente des informations, le ***télédéchargement*** incite à se constituer sa propre banque de données. Les solutions sont nombreuses, mais leur hétérogénéité peut parfois rendre le client perplexe.
C'est pourquoi de nombreux clubs ont fleuri, où les utilisateurs peuvent échanger leurs impressions, se former entre eux ou se doter de critères d'évaluation. La presse spécialisée propose aussi ce genre d'informations pour aider à s'y repérer dans une offre devenue florissante.

4. Le cas particulier du réseau Internet
L'arrivée d'***Internet*** vient encore compliquer le secteur, en mondialisant l'accès à des clubs de discussions, et à des fichiers de bibliothèques qui deviennent quelque peu concurrentiels avec l'accès classique aux banques de données scientifiques. Internet est un réseau mondial connectant des réseaux régionaux ou nationaux. Quelle que soit la partie du monde où se connecte l'utilisateur il peut, grâce à un protocole commun, accéder à des services de ***courrier électronique*** (***e-mail***), participer à des groupes de discussion, des forums électroniques, ou interroger des fichiers de bibliothèques ou des banques de données. Il peut les consulter et les rapatrier sur son micro-

ordinateur. L'interactivité et la liberté actuelle d'accès et de participation font d'Internet un lieu fortement observé pour ceux qui développent les ***autoroutes de l'information*** encore appelées ***inforoutes***.

La question se pose alors du rôle d'un service public, gratuit ou peu onéreux, vis-à-vis de services commerciaux et privés ; elle fait partie des réflexions beaucoup plus larges menées autour de l'accès aux informations et du débat sur sa régulation ou sa liberté totale. La phase transitoire qui est celle d'aujourd'hui n'est qu'un palier dans cette structuration mondiale du marché de l'information non encore terminée. C'est bien ce qui est en jeu derrière le terme d'autoroutes de l'information.

Marché des programmes de télévision

Trois grands salons ou marchés sont les principaux rendez-vous entre les offreurs et les demandeurs professionnels de programmes de télévision :

– Monte-Carlo, le Marché International fut adjoint au Festival international de télévision, à partir de 1979, tous les ans, en février ;

– le M.I.P.-TV (Marché International des Programmes de Télévision) qui se tient à Cannes, en avril depuis 1963.

Un salon complémentaire le M.I.P.C.O.M., tenant compte en particulier de la date de sortie des fictions américaines nouvelles en septembre de chaque année, y fut adjoint en 1985 ;

– le M.I.F.E.D. (Marché International du Film et du Documentaire de télévision) qui se tient à Milan, chaque année en octobre.

Marketing

Ensemble des actions coordonnées qui concourent au développement des ventes d'un produit, aussi bien de grande consommation (*marketing* de grande consommation) que destiné à produire d'autres biens (*marketing* industriel). Ce produit peut être aussi bien un bien matériel qu'un service (*marketing* des services avec, par extension – abusive selon certains –, *marketing* politique, *marketing* religieux, *marketing* des actions humanitaires, etc.). Ces actions coordonnées du marketing sont notamment : l'étude du marché pour mieux connaître les besoins et les budgets des prospects, la recherche de nouveaux produits adaptés aux besoins solvables, la publicité, la stimulation de la force de vente (représentants, vendeurs,...), etc. La commission de terminologie propose d'utiliser ***mercatique*** comme traduction de marketing. Pour une analyse technique développée : voir ***Mercatique (Marketing, gestion commerciale)***.

***Marketing* de grande consommation**

Voir ***Mercatique (Marketing, gestion commerciale)***.

Marketing direct

Publicité directe qui correspond à la vente hors-magasins ayant recours quelquefois aux moyens de communication traditionnels, mais le plus souvent à des moyens spécifiques comme la boîte aux lettres avec les **publipostages** (*mailings*), le ***démarchage téléphonique*** (*prospection téléphonique*) et depuis peu le ***télématique*** et la ***télécopie***. Les points de rencontre entre le *marketing direct* et les grands médias sont multiples : presse et VPC (vente par correspondance) avec ***coupon*** à découper, ***affichage*** et n° d'appel téléphonique ou télématique, radio et n° d'appel téléphonique également, télévision et centre serveur télématique (téléachat).

***Marketing* industriel**

Voir ***Mercatique (Marketing, gestion commerciale)***.

Marketing mix

Expression anglaise traduite par ***marchéage***.

***Marketing* téléphoné ou téléphonique**

Traductions proposées : téléprospection (mais cela peut concerner la prospection par télécopie), prospection téléphonique. Voir ***Démarchage téléphoné***.

Markov (Chaîne ou Processus de -)

Théorie permettant de calculer les probabilités d'apparition d'événement aléatoires successifs liés les uns aux autres. On la résume en disant que, si on connaît le présent, le futur est indépendant du passé. Un processus markovien est défini entièrement quand on connaît l'état initial et les probabilités associées aux différentes transitions d'un état i quelconque aux états j pouvant lui succéder. Un état d'une chaîne de Markov est toute valeur possible de la variable considérée.

On peut illustrer le processus markovien par l'exemple classique du mouvement du fou dans un jeu d'échec : X_n désignera la position du fou après n coups. Il y a 64 états possibles dans l'échiquier et un état supplémentaire qui correspond à la mise à mort du fou (le fou est pris et disparaît de l'échiquier). Si i et j sont deux états, $p_{i,\ j}(n)$ désigne la probabilité pour $X_{n+1} = j$ sachant $X_n = i$ (il s'agit ici d'une probabilité de transition, car dans un jeu d'échec la chaîne n'est pas stationnaire).

Marque (Approche juridique de la -)

La marque de commerce ou marque de fabrique est le signe permettant à un commerçant ou à un fabriquant de distinguer ses produits ou services de ceux de la concurrence vis-à-vis de ses clients.

Les marques font parties des droits de clientèle et des droits sur les signes distinctifs, sachant que le **Droit de clientèle** est l'exclusivité dans l'utilisation d'un signe distinctif, et le **Droit sur les signes distinctifs** est la possibilité de faire respecter les droits du commerçant ou du fabricant sur les signes distinctifs de sa maison.

1. Signes pouvant être choisis comme marques

Marque nominale : nom patronymique, nom de lieu, prénom, titre, nom de fantaisie, combinaison de lettre ou de chiffre.

Marque emblématique : fait appel à la vue. Par exemple la forme du produit ou de son conditionnement sauf « les signes constitués exclusivement par la forme inspirée par la nature du produit ou conférant à ce dernier sa valeur substantielle », les combinaisons ou dispositions de couleur ou nuances de couleurs.

Marque sonore : composée par des sons.

Marque olfactive : constituée par une odeur. Cette marque n'est pas autorisée.

Marque complexe : marque à la fois emblématique et nominale.

Certaines marques sont interdites pour des raisons d'ordre public, comme par exemple l'utilisation d'un slogan subversif ou les emblèmes des États.

2. Droit de propriété de la marque

Est propriétaire de la marque celui qui en fait le **premier usage** en présentant sur le marché des produits revêtus de la marque. Mais si l'usage le plus ancien est de faible importance il peut être ignoré d'un tiers qui alors peut utiliser la même marque sans être présumé de mauvaise foi. L'acquisition de la marque par le premier usage manque donc de sécurité juridique. C'est la raison pour laquelle il est recommandé de faire un dépôt de la marque.

Le **dépôt d'une marque** est l'inscription sur un registre public. Les formalités se font soit auprès du greffe du tribunal de commerce ou à défaut auprès du tribunal de grande instance soit, à l'institut national de la propriété industrielle (INPI). Une fois la marque enregistrée, son titulaire a un droit de propriété sur la marque pour les produits ou services qu'il a désigné. La marque est alors protégée pour dix ans, renouvelables, sauf en cas de déchéance par défaut d'exploitation ou si la marque est devenue propre à induire en erreur sur la nature, la provenance ou la qualité du produit ou service.

Cependant le titulaire d'une marque notoire qui néglige de la déposer peut agir en nullité contre le tiers qui l'a déposée à sa place.

3. La défense de la marque

La marque peut être défendue par l'action en contrefaçon. La contrefaçon est toute atteinte au droit des marques c'est-à-dire :

– la reproduction, l'usage ou l'apposition d'une marque reproduite pour des produits ou services identiques à ceux indiqués dans l'enregistrement ;

– la reproduction, l'usage ou l'apposition d'une marque reproduite pour des produits ou services similaires à ceux indiqués dans l'enregistrement si il y a risque de confusion ;

– l'imitation de la marque pour des produits ou services identiques ou similaires à ceux indiqués dans l'enregistrement si il y a risque de confusion.

La responsabilité du contrefacteur peut être civile, l'action se déroule devant le tribunal de grande instance, ou pénale, l'action se déroule devant le tribunal correctionnel.

La marque peut également être défendue par la saisie contrefaçon destinée à apporter la preuve de la contrefaçon ou par la saisie en douane destinée à lutter contre l'importation en France de produits revêtus de marques contrefaites.

4. Le droit international des marques

Le droit international de la marque repose sur deux sources : la Convention de Paris de 1883 et l'arrangement de Madrid.

a) La convention de Paris de 1883

L'article 4 de la Convention prévoit que l'unioniste qui a déposé sa marque dans un pays de l'Union jouit d'un droit de propriété de 6 mois pour opérer le dépôt de cette marque dans un autre pays de l'Union. Ce second dépôt rétroagit à la date du premier dépôt.

La Convention prévoit que si le deuxième pays où la marque est déposée a un droit des marques plus sévère que le premier pays, le deuxième pays doit oublier la sévérité de sa législation et enregistrer la marque « telle quelle ». Par exemple l'Autriche n'admet pas qu'une forme de récipient puisse constituer une marque alors que la France l'admet.

b) L'arrangement de Madrid de 1891 (révisé en 1957, 1967 et 1989)

Celui-ci porte sur l'enregistrement international et la durée de la protection.

• L'enregistrement international comporte trois phases. La première phase consiste à déposer et à enregistrer la marque dans le pays d'origine. Dans la deuxième phase, l'administration du pays d'origine, à la demande du requérant, dépose et enregistre la marque au Bureau international de la propriété industrielle qui est celui de l'**Organisation Mondiale de la Propriété Intellectuelle** (**OMPI**). Le Bureau enregistre la marque, la publie dans son bulletin mensuel « les marques internationales » et transmet le dossier aux administrations de l'Union restreinte. Dans la troisième phase les administrations nationales des pays autres que celui où a été effectué le dépôt initial interviennent c'est-à-dire que les pays traitent la marque de la même façon que si elle avait été directement déposée chez eux, elle peut donc être refusée tout en respectant la Convention de Paris.

• La durée de la protection de la marque est de 20 ans à compter de l'enregistrement international, indéfiniment renouvelable, si durant un délai de 5 ans la marque n'a pas cessé d'être valable dans le pays d'origine.

Marque (Stratégie commerciale par la -)

Voir ***Mercatique (Marketing)***.

MASLOW (Pyramide des besoins de -)

Voir ***Mercatique***.

Mass-media

Anglicisme pour **moyens (de communication) de masse** ou plus simplement **médias de masse**. Expression qui désigne l'ensemble des supports de diffusion de l'information pour toucher le plus grand nombre d'individus. En extension, les médias de masse sont la ***presse***, la ***radio***, la ***télévision***, le ***cinéma***, l'***affichage***. Il est possible d'adjoindre à cette liste le livre. En termes de classement de dépenses publicitaires, les médias de masse recueillent les investissement dits au-dessus de la ligne (***above the line***), pour les distinguer de la promotion qui se fait avec des moyens destinés à des publics plus étroits (publicité sur le lieu de vente, publipostage, etc.) et dont les dépenses correspondent à des investissements au-dessous de la ligne. Voir ***Écran, Médias, Modèles économiques des industries de la communication, Moles, Publicité, Sociologie des médias, Communication en deux étapes (Théorie de la -)***.

Massicot

Machine à couper le papier en feuilles, inventée par le Français Massiquot en 1840.

Mastic

Erreur dans la composition typographique, souvent par mélange de caractères ou interversion de lignes.

Matrice

1. En mathématique et statistique, tableau de n lignes et m colonnes
2. En imprimerie :
   – moule qui permet la reproduction en creux ou en relief ;
   – film ou contretype d'un montage. Synonyme : flan.

Mauvaise page

Page verso, qui est la page paire ou page de gauche, c'est-à-dire celle qui ne se voit pas tout de suite, par opposition à la ***belle page*** qui est la page impaire, page de droite ou page ***recto***, et que voit le lecteur en premier.

M.D.S.

Voir ***Satellite***.

Mécénat

Aide selon diverses formules (financement, logistique, compétences humaines) à une opération culturelle, scientifique ou humanitaire. Le mécénat est une pratique de ***communication institutionnelle*** qui est à l'entreprise ce que le bénévolat est à l'individu, l'anonymat en moins.

Le mécénat permet à une société de donner une bonne image d'elle-même ou d'entretenir une bonne image, tant aux yeux du public que des employés de l'entreprise. Et, évidemment, il permet à celui qui en a fait la demande, de trouver les fonds nécessaires à la réalisation de son œuvre. Mais pour ce dernier, le mécénat n'est pas toujours une ressource stable : les difficultés du mécène conduisent généralement à sacrifier les dépenses qui ne sont pas directement productives.

Média ou médium

Support de diffusion de l'information : peinture sur les rochers des premiers hommes (peintures rupestres), affichage électronique moderne, la radio, la télévision, le téléphone, la presse imprimée, le livre en écriture en relief (braille), l'ordinateur, satellites de télécommunication, le disque et le lecteur de disques, etc. Cette approche en extension montre qu'un média est un moyen de communication que l'on peut définir, d'une part, par son mode d'émission et, d'autre part, par son mode de réception. Le mode d'émission est d'essence technologique, le mode de réception est lié aux sens humains (voir, entendre, sentir, toucher, goûter). Les premiers médias furent les tam-tam et les signaux de fumée. L'invention de l'écriture est un immense progrès pour l'humanité (pour sa critique voir le ***Mythe de Teuth***), mais il faut attendre le XVe siècle, avec l'invention de l'***imprimerie*** par Gutenberg, pour assister à l'éclosion de ces grands **médias de masse** que sont la presse et le livre, ce dernier devenant à la portée de tous, contrairement aux manuscrits précieux réservés à une élite religieuse ou économique.

1. Typologie des médias

Plusieurs typologies des médias peuvent être envisagées, la plus simple et la plus populaire est celle qui a été proposée par le canadien J. Cloutier, qui sera présentée avant de voir la classification économique proposée par B. Miège pour les médias de masse, et la classification des publicitaires.

a) Les trois types de médias selon J. Cloutier

Il distingue, en fonction des utilisateurs et des publics destinataires :

– les **mass-media** ou **médias de masse** proposant des messages pour un public indifférencié et le plus vaste possible en s'inscrivant dans une logique de la ***diffusion*** ;

– les **médias de groupe** qui proposent des messages à un public plus limité comme le journal d'entreprise destiné uniquement aux salariés de cette entreprise ou le rétroprojecteur utilisé en classe, et ;

– les médias personnels ou individuels (**self-media**) du type du lecteur laser ou de l'appareil photographique. Synonyme : ***canal***.

Du point de vue du plan média, il convient de ne pas confondre médias et ***supports*** : un même média, par exemple la ***PQR (presse quotidienne régionale)***, peut avoir plusieurs supports, c'est-à-dire dans cet exemple plusieurs titres.

b) La classification économique des **médias de masse** de Bernard Miège

En termes d'analyse économique, les médias de masse peuvent faire l'objet à leur tour d'une typologie, comme celle proposée par Bernard Miège qui distingue :

– les médias qui obéissent à la logique éditoriale (livres, disques, cassettes vidéo, cédérom, etc. : les recettes proviennent des ventes de ces produits) ;

– les médias de flot (radio, télévision dont les programmes sont financés par les recettes publicitaires provenant de la vente de l'audience) et ;

– les médias dont la logique économique est une combinaison des deux modèles de base (c'est le cas de la presse dont les recettes proviennent en partie de la publicité et de la vente du journal au numéro ou par abonnement).

c) La classification publicitaire des médias

En tant que véhicule de la publicité, les professionnels distinguent deux catégories :

– les médias de masse au nombre de cinq, quelquefois appelés **médias au-dessus de la ligne** (***above the line***). Ce sont la télévision, la presse, la radio, l'affichage, le cinéma ;

– les autres médias au nombre de onze, quelquefois appelés médias en dessous de la ligne. Ce sont la publicité directe (***publipostage***), la promotion des ventes, le marchandisage, la stimulation des équipes de vente, la publicité sur le lieu de vente (PLV), les expositions-foires-salons, le ***mécénat-parrainage***, la **téléprospection** (***marketing téléphonique***), la ***télématique***, les ***relations publiques*** dont les **relations presse**.

2. Éléments de lexicologie

Du point de l'écriture, on peut préférer la forme latine qui donne **médium** au singulier et media au pluriel, la forme populaire qui conduit à écrire média au singulier et médias au pluriel.

• L'adjectif **médiat** signifie avoir rapport à une chose que par une autre, intermédiaire. Substantivement, on obtient, pour intermédiaire, médiateur qui, d'ailleurs, peut être lui-même adjectif. Le médiateur a une fonction de médiation. L'article ***Médiation***, plus loin, montre en quoi le langage est médiation. Instaurer de la médiation se dit **médiatiser**, qui signifie aussi : faire passer ou diffuser par les médias.

• Dans ce dernier cas, qui se réfère au canal de communication (média) et non à l'arbitre ou intermédiaire (médiat), le substantif est **médiatisation**. L'adjectif relatif aux médias est médiatique, qui signifie aussi rendu populaire par les médias.

• L'adjectif « ***médiaté*** » est une construction proposée par B. Lamizet et qui s'applique aux communications de masse qui ont besoin d'un moyen de diffusion pour toucher le plus large public possible. C'est ainsi qu'il définit la ***communication médiatée*** dans le présent ouvrage : « La communication médiatée désigne l'ensemble des faits de communication qui se déroulent entre des acteurs qui ne sont pas des sujets parce qu'ils ne sont pas dotés d'identité propre, mais qui représentent des acteurs sociaux, politiques ou institutionnels ».

MEDIA (Programme européen -)

Programme de la Communauté européenne élaboré en étroite collaboration avec les professionnels du cinéma. Media est l'***acronyme*** de « Mesures pour Encourager le Développement de l'Industrie de Production Audiovisuelle ». Il a été lancé en décembre 1990, avec un budget de 200 millions d'Ecus (1 Ecu = 6,70 francs) pour cinq ans. La première initiative fut EFDO (aide à la distribution des longs métrages européens) en 1988 à Hambourg, qui demeure une des initiatives phares de MEDIA. Ont suivi BABEL (sous-titrage et doublage), Euro AIM (structure de service pour la production), *European Script Fund* (aide à l'écriture et au développement des fictions pour le cinéma et la télévision), AEVE (formation des jeunes producteurs).

Media (selon McLuhan),
Voir ***McLuhan***.

Média autonome
Matériel ou service électronique utilisant, grâce à une prise péritel, l'écran du téléviseur pour visualiser des données et des images. Ces médias autonomes peuvent être notamment : un magnétoscope, un camescope, un lecteur de vidéodisque à laser, un décodeur ou sélecteur pour la TV par câble ou cryptée, un terminal de vidéographie (Antiope) ou CD-I, une console de jeux électroniques, etc.

Média chaud, média froid
Voir ***McLuhan***.

Média d'information
Voir ***Multimédia (Communication -)***.

Média de communication
Un pléonasme qui peut être inévitable, comme on dit un moyen de communication et que celui-ci est l'objet d'une définition. On dira ainsi que le téléphone, le télégraphe, le télétex, la télévision sont des médias de communication qui se servent de lignes électriques, d'ondes hertziennes, de satellites comme médias de diffusion, tout comme la voiture est un moyen de transport qui se sert de la route pour aller d'un point à un autre de l'espace. Voir ***Média, Communication***.

Média de diffusion
Technique permettant la transmission du message. Ce sont principalement les ondes radioélectriques, la presse, l'affichage, le câble (coaxial ou optique) et le satellite. Voir ***Média, Diffusion, Communication***.

Média de distribution
Voir ***Multimédia (Communication -)***.

Média de masse
Voir ***Mass-media, Médias, Publicité, Au-dessus de la ligne, Communication en deux étapes (Théorie de la -), Sociologie des médias***.

Média de représentation
Voir ***Multimédia (Communication -)***.

Média marché
Enquête portant, pour une même population sondée, sur la ***fréquentation des médias*** ainsi que sur la possession/consommation de produits/marques. L'intérêt est double :
– connaissance socio-démographique d'un produit, d'une marque, d'un marché ;
– définition de cibles médias en termes de possession/consommation de produits/marques.

Médiamat
Baromètre quotidien de la télévision réalisé sous l'égide de la société Médiamétrie auprès d'un panel national à l'aide d'un audimètre à boutons-poussoirs. Cette étude permet des mesures d'audiences foyer (taux foyer) et individuelles (sur 14 cibles) avec une précision à la minute.

Médiamétrie
Société de ***mesure de l'audience*** de médias, apparue en 1975, et qui s'est surtout développée avec l'autorisation de diffusion donnée aux chaînes privées de programmes et avec la privatisation de TF1. Les médias pris en compte sont la télévision, la radio, le cinéma, la presse quotidienne régionale, la presse hebdomadaire régionale et la presse gratuite.

Médiaplanneur
Professionnel de la publicité, qui choisit les ***médias*** et les ***supports*** dont il se servira pour faire passer son message publicitaire, en fonction des tarifs, de la cible visée, de l'audience et des caractéristiques de chaque média.

Média planning
Ensemble des techniques et des méthodes de gestion des investissements publicitaires consistant à sélectionner les médias et les supports et à déterminer le calendrier pour faire passer les messages publicitaires, avec pour objectif de toucher la grande proportion du public concerné et cela dans le contexte le plus favorable.
Ce travail de sélection des médias et supports et celui de la définition du calendrier sont déterminés par les objectifs de l'annonceur, le type de produit, le volume du budget que l'annonceur consacre à l'opération de communication.
Le **plan média** est un aspect du média-planning. Il correspond à la combinaison de plusieurs supports visant à atteindre la cible selon des objectifs média retenus. Les principales notions associées à la pratique du média-planning et du plan média sont toutes celles qui ont trait à l'audience et sa mesure ainsi qu'au

budget et dépenses du média-planneur sur les différents supports. Mais la notion la plus fondamentale est celle d'audience utile qui est généralement associée à la définition de la plupart des autres notions importantes du média-planning et donc d'évaluation des médias pour une campagne de communication.

Il en est ainsi du **point de pénétration brute** qui est la traduction de ***Gross Rating Point (GRP)***, qui permet, à son tour, de définir d'autres notions.

1. Point de pénétration brute (GRP)
   L'***audience utile*** d'un support étant le nombre de contacts délivrés sur la cible (on dit aussi **audience sur cible**), le nombre de points de pénétration brute ou GRP est le produit par cent du taux d'audience, c'est-à-dire le produit par 100 du rapport entre l'audience utile et la cible. Un taux d'audience de 10 % correspond donc à 10 GRP.
2. Puissance d'un support
   Un support qui réalise 10 GRP est considéré comme moins puissant qu'un support réalisant 15 GRP. Le GRP est ainsi une mesure de la **puissance** d'un support.
3. Coût au GRP ou par point d'audience et économie d'un écran, d'un support et d'un plan média
   Le coût de l'espace publicitaire rapporté au nombre de points de GRP constitue le **coût par point d'audience (CPP)** ou **coût au GRP**. Il permet d'apprécier l'**économie d'un support, ou d'un écran :** un support (ou un écran) est plus économique qu'un autre lorsque le coût au GRP de ce support (ou écran) est plus faible que celui de l'autre support (ou écran). L'économie d'un support peut également être appréciée par la notion de ***coût au mille*** ou ***coût pour mille (CPM)*** = (prix de l'insertion/audience utile) x 1 000.
   Les deux notions sont reliées selon la formule :
   CPM = CPP x (100 000/taille de la cible).
   Il est possible de calculer l'**économie d'un plan média** en faisant le rapport entre le coût du plan (les investissements pour l'ensemble des supports) et la performance du plan mesurée en GRP.
4. Affinité d'un support et d'un plan média
   Le rapport entre l'audience utile et l'audience totale constitue le **taux d'affinité d'un support**. Et on calcule l'**indice d'affinité** en faisant le rapport entre le taux d'affinité et le poids de la cible dans la population totale :
   Indice d'affinité =
   $$\left(\frac{\text{audience utile}}{\text{audience totale}} \Big/ \frac{\text{taille de la cible}}{\text{population totale}}\right) \times 1000$$
   La notion d'affinité peut également s'appliquer à un plan média. Dans ce cas le **taux d'affinité d'un plan média** est le rapport entre le nombre de contacts délivrés sur une cible (audience utile de tous les supports) et le nombre total de contacts (audience totale de l'ensemble des supports).
   Taux d'affinité du plan média =
   $\Sigma n_i A_i / \Sigma n_i AT_i$ où
   Σ signifie somme, A_i est l'audience utile du support i, n est le nombre de supports et AT_i est l'audience du support i.
5. Duplication, triplication... d'audience
   La **duplication d'audience** est le fait pour une personne (ou un groupe de personnes) d'être touchée par deux supports différents. On parle également de triplication pour trois supports, de quadruplication pour quatre supports, etc. L'indice de duplication entre deux supports A et B est alors :
   Indice de duplication (a/b) =
   $$\frac{A \cap B \text{ (audience commune à A et B)}}{(A \cup B) - (A \cap B)}$$
6. Puissance d'un plan média
   La somme des GRP de tous les supports est un des indicateurs de la puissance d'un plan média, les autres indicateurs dans ce domaine étant la couverture et la répétition. Ils sont reliés de la façon suivante :
   GRP = couverture x répétition x 100.
   a) La **couverture** porte sur les personnes de la cible ayant été exposées au moins une fois, alors que le GRP porte sur des contacts. Une personne peut être associée à plusieurs contacts du fait de la répétition et de la duplication, triplication, etc.
   b) La **répétition** est le nombre moyen de contacts parmi les personnes de la couverture. Deux plans médias ayant le même nombre de GRP peuvent avoir des couvertures différentes et donc des répétitions différentes.

Plan média	GRP	Couverture	Répétition
Plan n° 1	600	30 %	20
Plan n° 2	600	60 %	10
Plan n° 3	600	75 %	8

« Médiaté(e) » (Communication, Culture, Pouvoir -)

Voir ***Communication médiatée, Média, Médiation, McLuhan, Communication (§ 8 b), Acteur, Actualité, Adhésion, Autoroute de***

l'information, Communication destinée, Design, Destinateur, Diffusion, Distribution de l'information, Espace public, Événement, Fait divers, Indistinction, Influence, Norme, Opinion, Publicité, Représentation, Secret, Télétravail.

Médiation

Instance qui assure, dans la communication et la vie sociale, l'articulation entre la dimension individuelle du sujet et de sa singularité et la dimension collective de la sociabilité et du lien social.

Le langage et le symbolique constituent des médiations, car ils assurent, au cours de l'usage qui en est fait par les sujets, l'appropriation singulière des codes collectifs. En parlant, je m'exprime à titre personnel tout en mettant en œuvre un code socialement déterminé, dont les règles et les structures sont collectives. C'est pourquoi l'apprentissage du langage est un phénomène complexe qui met en œuvre des phénomènes psychiques individuels, et, en même temps, des structures sociales ou socialement régulées (rôle de l'école).

Les médias et les autres formes sociales de la communication sont des médiations car ils assurent, dans l'espace public, l'appropriation singulière, par leurs lecteurs ou leurs usagers d'une manière générale, des informations qui constituent la culture collective caractéristique d'une identité, d'un groupe social ou d'un pays à un certain moment de son histoire. J'écoute la radio, ou je lis le journal de façon singulière, personnelle, mais, ce faisant, j'exprime mon appartenance à un ensemble de lecteurs ou d'auditeurs qui, ainsi, manifestent une dimension commune de la vie sociale.

La médiation est, dans la ***communication médiatée*** qu'elle définit, le lien entre l'**énonciateur** et le ***destinateur*** par lequel se fondent et se garantissent la cohérence et la continuité institutionnelles de la communication engagée. Mais c'est également de ce point de vue que l'on peut définir la mode ou la gastronomie, qui représentent, l'une et l'autre, des appropriations singulières de rites, d'habitudes ou de normes collectivement structurés. Ce type d'usages sociaux met en scène, dans l'espace public, des rencontres de personnes entre elles ou des contraintes d'habillement ou d'alimentation dont le respect constitue une marque d'appartenance à une communauté ou à un système social.

La médiation se manifeste par l'émergence d'un langage, d'un système de représentations commun à toute une société, à toute une culture. Mais, dans le même temps, l'émergence de ce système de représentation construit un système social, collectif, de pensée, de relations, de vie : une **sociabilité**.

La sociabilité (qui correspond à une forme d'identification sociale) est l'équivalent, dans la logique de l'appartenance, de l'identification symbolique à l'autre dans la logique de la filiation et de la subjectivité. La sociabilité est l'ensemble des conduites, des ***représentations*** et des pratiques par lesquelles est reconnue chez une personne son appartenance à une société, ou (ce qui revient au même) qui sont communes à tous ceux qui appartiennent à une même société. La mise en œuvre des médiations correspond, en ce sens, à une évolution dans la vie personnelle : elle correspond à l'apparition du social dans la conscience. L'émergence des médiations est un fait fondamental dans la communication, car elle correspond au moment où le sujet se construit une représentation du lien social et de sa propre appartenance. Avec la médiation, j'oublie mon individualité en m'inscrivant dans les structures sociales auxquelles je reconnais mon appartenance.

La mise en œuvre des médiations suppose le refoulement, par les sujets de l'espace social, de ce qui, en eux, est irréductible à la vie sociale : de ce qu'ils portent en eux sans pouvoir le mettre en commun avec les autres. C'est cette part irréductible que l'on nomme le réel – qui est refoulé pour que soient possibles l'émergence d'une logique collective et l'identification de tous à une forme commune d'appartenance sociale. La médiation, dialectique entre le singulier et le collectif, suppose ainsi l'oubli du singulier pour la mise en œuvre d'une forme collective de l'appartenance.

1. Le Langage comme médiation symbolique

Le **langage** est, sans doute, la première médiation. En effet, c'est lui qui, le premier, organise les relations entre les hommes en leur donnant du sens et en leur permettant de représenter symboliquement le réel qu'ils perçoivent. En effet, la représentation symbolique du réel est la condition nécessaire pour que le réel cesse de ne faire l'objet que d'une perception, par définition individuelle et propre à chacun d'entre nous, pour s'inscrire dans un code commun à tous, et, ainsi, faire l'objet d'un partage, d'une mise en commun entre tous ceux qui appartiennent à la même culture. Le langage est une médiation en ce que ceux qui le mettent en œuvre font un usage singulier de la norme collective que représente le langage. Par un langage commun, s'exprime l'appartenance de ceux qui le mettent en œuvre à une culture commune, dont ce langage est une médiation qui permet de nommer et de représenter par des formes communes les objets qui font l'objet de perceptions singulières.

2. La communication comme médiation dans l'espace social
   Les structures de la communication font de l'espace social un espace qui fait l'objet d'une appropriation par tous ceux qui en font partie, grâce à la mise en œuvre des structures et des formes du langage et des différents codes qui organisent la communication et la représentation. L'**espace social** est structuré par les formes et par les règles de l'appartenance telles qu'elles s'expriment dans les formes et les règles de la communication entre les acteurs qui en font partie. Si la communication exerce une fonction de médiation dans l'espace social, c'est qu'elle organise et structure les expressions des appartenances dont les acteurs sociaux se réclament dans l'espace social. Il existe trois types d'organisation de l'espace social par la communication : le repérage, l'esthétique, la diffusion.
   Le repérage est la médiation de la **carte**. Il existe deux dimensions de l'espace : l'interlocutoire et le géométral. Tandis que l'**interlocutoire** désigne l'espace dans lequel a lieu l'expérience réelle de la coprésence de l'autre, le **géométral** désigne l'espace de la représentation : de la carte, de la mesure, l'espace symbolique auquel le sujet donne sens. Le repérage est donc du côté du symbolique et du géométral, puisqu'il s'agit de construire de l'espace une représentation commune à une culture.
   L'esthétique de l'espace est le **paysage**. Le paysage est à la fois ce que l'on représente de l'espace dans les images, les tableaux, les photographies, et la forme de l'espace qui fait l'objet, de la part de ceux qui l'observent, d'un jugement esthétique (*Je me suis promené longuement en admirant le paysage*). Il s'agit d'une médiation esthétique de l'espace d'une part parce que le paysage est culturel, parce qu'il s'inscrit dans une culture de l'espace, d'autre part parce que le paysage rend l'espace descriptible – donc communicable.
   La ***diffusion*** fait de l'espace un **espace de communication**. La médiation de la communication s'inscrit dans l'espace par la diffusion des médias qui, ainsi, s'approprient l'espace dans lequel ils sont diffusés. La communication organise l'espace en un espace social d'information, mais, en même temps, elle en fait un marché. La diffusion construit une médiation dans l'espace en faisant de lui le lieu de l'appropriation singulière des représentations collectives (c'est dans l'espace de la diffusion que les médias, formes collectives de représentation, font l'objet d'une appropriation singulière par leurs lecteurs et leurs usagers).

3. Médiations institutionnelles et stratégies de communication
   Les ***stratégies de communication*** sont les formes de médiation et de communication effectivement mises en œuvre par les sujets de la communication dans leur dimension institutionnelle d'acteurs sociaux appartenant à des logiques institutionnelles. Les stratégies de communication mettent en œuvre, dans l'espace de la communication médiatée, les représentations et les formes symboliques dont sont porteurs les sujets de communication qui, grâce à ces stratégies de communication, exercent les activités et mettent en œuvre les projets dont se soutient leur dimension institutionnelle. C'est par les stratégies de communication dont ils sont les initiateurs que les sujets de la communication occupent pleinement la place institutionnelle qui leur est dévolue dans l'espace public.
   Les stratégies de communication sont des médiations institutionnelles parce qu'elles représentent *l'usage communicationnel des institutions par les acteurs qui en font partie*. Les stratégies de communication sont mises en œuvre par des acteurs institutionnels en vue de faire évoluer l'***espace public*** et institutionnel dans lequel ils se trouvent. C'est ainsi que les publicitaires engagent des stratégies de communication dans l'espace public (affichage, spots télévisés, etc.) en vue de faire évoluer l'espace de diffusion de ces stratégies dans un sens qui leur soit favorable : dans un sens qui corresponde à leur logique d'acteurs. L'***influence*** est la forme la plus caractéristique de l'usage communicationnel des institutions par les acteurs : elle représente la forme de pouvoir qu'ils exercent sur les autres sujets de l'espace social.

Médiologie

Selon la synthèse proposée par Daniel Bougnoux, la médiologie envisagée par Régis Debray comme discipline spécifique est l'étude des rapports entre faits de communication et de pouvoir, ou de l'influence (complexe, non mécanique) d'une innovation médiatique sur un mouvement intellectuel. La médiologie examine l'écologie des idées et la physique de nos pensées. (Daniel Bougnoux : *textes fondamentaux en communication*, Larousse). Cette discipline particulière est l'objet du *Cours de médiologie générale* de Régis Debray. (Nrf Gallimard, Paris, 1993) et d'une revue universitaire. Voir ***Sociologie des médias***.

Méliès Georges (1861-1938)

Prestidigitateur, homme de théâtre, acteur et surtout réalisateur de films cinématographiques. Méliès connaissait un succès certain au théâtre Robert-Houdin de Paris, où il présentait des saynètes truffées d'effets spéciaux, quand il fut invité, en tant que personnalité du spectacle, à la première de présentation du cinématographe des Frères Lumière en 1895. Comprenant immédiatement les potentialités fantastiques de l'invention en termes de spectacle, il n'eut dès lors de cesse de se procurer une caméra Lumière. Ne pouvant contourner l'exclusivité due au brevet Lumière, il travailla un temps avec un ersatz de caméra, le biographe de l'anglais Paul. Se procurant enfin au début du XXe siècle l'objet de sa convoitise, il orienta alors exclusivement son activité et son génie créateur sur la réalisation de films cinématographiques. Son parti-pris délibéré était de ne surtout pas filmer la réalité, mais de mettre en scène un monde fantasmagorique basé sur moults effets spéciaux, présentant sur un rythme effréné des animaux, des diables, des sirènes, et toute une pléthore de personnages chimériques, sortis de son imagination débordante. Georges Méliès était de plus un acteur extraordinaire, capable de jouer tous les rôles, « crevant l'écran » par son charisme, sa polyvalence et un physique sympathique, que l'ironie du sort et de l'époque faisait cependant ressembler à quelqu'un de tristement célèbre, à savoir Landru. Dès 1896, il avait crée à Montreuil la première maison de production au monde, Star Films. On doit à Méliès la plupart des effets spéciaux modernes : fondus, surimpressions, disparitions, caches, sans parler des trucs théâtraux qu'il adapta directement au cinéma, basés sur un jeu de trappes, de filins, de costumes extravagants... Il allait connaître la consécration en 1902, avec son célèbre « *Voyage dans la Lune* », qui entérina aux dires propres des Frères Lumière la naissance du 7e art. C'est d'ailleurs pour distribuer ce film que les Frères Tally ouvrirent à Hollywood, bourgade attenante à Los Angeles, le premier cinéma à quatre murs (c'est-à-dire n'étant ni un théâtre, ni un cirque, ni une baraque foraine). Méliès tenta une carrière américaine avec son frère. Il tourna des westerns aux États-Unis. Il eut dans un premier temps le vent en poupe, et la Star Films connut son heure de gloire dans le milieu tout nouveau de la production et de la réalisation cinématographiques. Des problèmes financiers dus une concurrence féroce, des deux côtés de l'Atlantique, autant qu'à des erreurs de gestion de sa part, l'obligèrent aux alentours des années 1910 à hypothéquer ses biens à Charles Pathé. L'échec commercial de son second chef-d'œuvre « La conquête du Pôle », tourné en 1913 produisit l'inéluctable. Georges Méliès était ruiné, tous ses biens passaient à la puissante maison Pathé. Il revint alors piteusement au théâtre, montant notamment des spectacles pour les blessés de guerre. Après la guerre, il essaya en vain de refaire du cinéma, mais sa chance était passée, et le ressort, en lui, était sans doute cassé. Il se retrouva vendeur de jouets Gare Montparnasse. Venaient l'y saluer des célébrités (dont Walt Disney), qui voyaient en lui le père de l'art cinématographique. Il mourut dans la misère et dans le dénuement à l'orée de la Seconde Guerre Mondiale, à la fois reconnu et oublié de tous. Sur les 500 films qu'il a tournés, une centaine sont parvenus jusqu'à nous, et constituent un témoignage exceptionnel du génie cinématographique de Méliès, père tout à la fois du 7e art, des trucages, du principe de scénario et du genre fantastique.

MEMEX

Premier ***hypertexte***. Il a été conçu par Vannevar Bush qui le présente dans un article « *As we may think* » publié en 1945. Memex permet d'abord une recherche individuelle de documents ou de pages de documents. Ce dispositif constitue un hypertexte grâce à la possibilité que l'on a ensuite de relier ces documents par des ***liens*** qui restent spécifiques au lecteur/utilisateur de Memex. Chaque lecteur devient alors l'auteur de ses propres liens. Les documents d'origine sont stockés dans une mémoire qui est en quelque sorte la bibliothèque privée de chaque utilisateur et chaque utilisateur peut non seulement créer des liens entre les documents stockés, mais aussi créer des documents annexes : commentaires, gloses, paracritiques, annotations...

Memex fonctionnait par série de microfilms, il lui manquait la vitesse d'exécution des liens pour concrétiser l'hypertexte.

Mémoire

Étymologiquement, mémoire signifie en grec avoir dans l'esprit (*mnaomai*). *Mnemeion* désigne soit le souvenir, soit un monument commémoratif et particulièrement un tombeau. Le verbe *apomvemoneuo* signifie rappeler le souvenir, et en deuxième sens raconter. Par ***métonymie*** le mot mémoire peut désigner un texte écrit, pouvant aider à soutenir une argumentation.

1. Les arts comme mémoire : la leçon de la Mythologie

Dans la mythologie grecque Mnémosyme, fille de la terre et du ciel fait partie des Titans du sexe féminin. Elle est la déesse de la mémoire et de ce fait la seule à pouvoir faire échec au Temps car elle connaît les secrets de la beauté et de la connaissance. Lorsque l'interminable guerre contre les Titans eut été gagnée par les Dieux olympiens, ceux-ci demandèrent à Zeus de créer des divinités capables de charmer leurs loisirs tout en célébrant dignement leur victoire. Zeus se rendit alors auprès d'une de ses épouses, la déesse Mnémosyme qui résidait en Piérie (Macédoine). Le dieu partagea avec elle sa couche neuf jours consécutifs. De ces unions naquirent les neuf Muses dont le chœur devait rappeler aux dieux, sous forme artistique le souvenir de leurs exploits. Ainsi c'était aux arts, enfants de la Mémoire que revenait la mission de transmettre des souvenirs, des connaissances et des valeurs. Dans ce monde antique de culture orale, la mémoire était sacrée. La poésie en particulier assumera ce rôle.

2. Poésie et mémoire

C'est dans l'exercice scolaire de la récitation, parfois si mal compris et si mal décrié que nous pouvons comprendre l'une des premières fonctions de la poésie pouvant se définir comme l'art de la mémoire.

En effet lors de la constitution des premières sociétés anthropoïdes, c'est-à-dire lorsque le cerveau animal a évolué de façon à augmenter de plus en plus sa capacité de mémoriser des connaissances et des apprentissages, les informations acquises pendant la vie, n'étant pas transmissibles par la mémoire héréditaire, l'homme fut contraint d'inventer un moyen pour transmettre de génération en génération les informations utiles à la survie du groupe et à sa cohésion. Mais il fallait s'assurer que le message soit transmis intégralement et sans déformation, il fallait aussi faciliter la mémorisation. La communication poétique remplissait pleinement ce rôle. La poésie doit être considérée comme la première tentative de systématiser les règles du langage en vue d'obtenir plus d'efficacité dans la mémorisation et donc dans la restitution. Citons par exemple le recours à l'isométrie, l'écho des sonorités, la reprise de certaines structures.

La poésie peut donc être considérée, à l'origine, comme le langage de la mémoire. La forme poétique protégeait le message contre la destruction, dans un monde où l'écriture n'existait pas. Les hommes sacralisèrent ces poèmes et les transmirent aux générations suivantes. Avant d'être un art la poésie était un outil. Son histoire sera une succession de changements d'usages et de destinations de cet outil.

3. Les caractères de la mémoire

La mémoire qui est à l'origine de la fabrique de la pensée est assurément le dispositif le plus important dans l'évolution des espèces vivantes et pour celles des individus. La mémoire dans un premier temps pourrait être considérée comme un dispositif permettant de stocker des informations et de les restituer. Ces systèmes de mémorisation et de restitution pourront varier dans leur complexité qui atteint un très grand degré dans le cas de l'être humain. Cette incroyable mémoire humaine est sans doute un des secrets de la réussite évolutionnaire de l'homme. Il peut aussi transformer, traiter les souvenirs personnels ou sociaux et s'est doté d'un grand nombre de moyens de les conserver et de les transmettre. De la sorte, il influe directement sur son destin.

La mémoire se trouve aujourd'hui l'objet de nombreuses théories dans différentes disciplines. La mise en évidence des mémoires génétiques où les acides nucléiques et les macromolécules protéiques jouant un rôle déterminant dans l'encodage de l'information révèle que les échanges d'information se situent à tous les niveaux des êtres vivants. Les échanges d'information semblent être un des aspects caractéristiques du vivant. Il ne peut cependant s'effectuer de transmission de message et de réception sans mémoire. Les mémoires sont donc un des moyens de lutter à la fois contre le temps et l'espace. Aujourd'hui, il est évident qu'il existe des mémoires naturelles et des mémoires artificielles.

Edison inventa le phonographe, car il voulait conserver la voix de ceux qui vont mourir. Ce projet rejoint les fonctions des statues de marbre qui voulaient éterniser les héros ou encore les portraits peints qui laissaient une trace. Elles permettent la durée, la disponibilité et la transmission de messages. Le développement des mémoires augmenta la réserve du savoir accumulé, son accès sa diffusion et accéléra les processus d'innovation et de transformation technologique. Mais le plus formidable mouvement d'innovation technologique a surtout porté sur les mémoires artificielles qui alimentent le progrès technique général : l'écriture, l'imprimerie, le disque et le phonogramme, le cinéma, la vidéo, l'informatique avec des capacités de mémoire vive et de mémoire morte de plus en plus élevées, sont quelques jalons de ce mouvement qui donne quelques possibilités à l'homme une certaine maîtrise de son destin.

4. Les théories sur la mémoire

La mémoire est la première faculté intellectuelle que l'homme ait développée et étudiée. Aristote écrivit un traité sur la mémoire et le souvenir. D'après lui « Tout marche grâce aux associations, l'image d'une chose en entraîne une autre, s'il y a un rapport de ressemblance, de contrariété ou de contiguïté ». Dans l'Antiquité tout ce qui touchait l'art de la mémoire était d'une importance capitale car l'oralité était quasiment le seul moyen de transmettre les messages. À tel point que Socrate dans un passage du *Phèdre* de Platon manifeste son opposition à l'usage de l'écriture car elle était susceptible d'entraîner les hommes à négliger leur mémoire (c'est le célèbre ***mythe de Teuth***). Heureusement que son disciple Platon ne partagea pas ce point de vue et nous laissa par écrit les traces de l'enseignement oral de Socrate !

Après des siècles pendant lesquels l'activité de la mémoire fut plus particulièrement mise en relation avec l'activité du langage, les sciences de l'homme font cause commune avec sciences du cerveau ou neurosciences pour mieux comprendre les raisonnements, les représentations et les modes de connaissance des hommes pour éventuellement ouvrir de nouvelles possibilités de progrès dans le domaine de l'intelligence artificielle.

Dès 1949 Donald O. Hebb concluait que le siège de la mémoire était la jonction entre les cellules nerveuses ou synapses. La théorie était révolutionnaire pour l'époque, et aujourd'hui de nombreuses recherches sur les supports neurobiologiques et neurochimiques de la mémoire s'inspirent de cette théorie. En l'état actuel des connaissances les spécialistes reconnaissent bien que certaines régions du système nerveux central sont spécialisées, mais ils insistent sur les propriétés de l'ensemble neuronal car il est évident que le cerveau dispose de capacités pour restructurer ses fonctions dans le cas de pathologies données.

5. Mémorisation et apprentissage

Certaines expériences laissent supposer que des stimulations répétées produiraient des modifications permanentes dans la structure neuronique. Konrad Lorenz dès 1935 met en évidence chez les animaux des comportements irréversibles. Un caneton sortant de l'œuf a le réflexe de suivre la première chose qu'il voit en mouvement même s'il s'agit d'un homme ou d'une boite de conserve traînée par un fil. Ce comportement est une forme d'apprentissage irréversible qui résulte de l'interaction entre une programmation génétique et une expérience qui est mémorisée. Il existe même au niveau des comportements une **mémoire génétique** et des **mémoires transactionnelles** c'est-à-dire acquises par un individu sur la base de ses expériences.

Une fois de plus, la mémoire devient le facteur le plus important dans le domaine de la connaissance et de l'apprentissage. Pour Platon la théorie de la réminiscence expliquait la connaissance, le mot grec *aletheia* qui signifiait la vérité veut dire étymologiquement absence d'oubli. Nous n'insisterons jamais assez sur le fait que le langage humain véhicule des souvenirs collectifs et sociaux et que la perte de sens ou l'apparition de nouveaux sens témoignent des changements dans la société et dans ses représentations mentales et culturelles.

6. Le langage comme mémoire sociale

L'histoire voudrait être une science de la mémoire, mais la mémoire première d'une société c'est son ***langage***. Les mots, leur formation, leur apparition, disparition, leur évolution nous donnent accès à l'inconscient collectif, vaste Atlantide englouti dans l'oubli et qui resurgit parfois comme le hasard de l'archéologie. Les relations que les individus entretiennent avec les mots par la parole ou l'écriture constituent un des éléments essentiels de ce qu'il est convenu d'appeler les formes de culture. L'homme en venant au monde peut apprendre à parler parce qu'il dispose d'un appareil phonatoire et d'une mémoire. Il lui suffira pour apprendre à parler de vivre dans un milieu où l'on parle, ses aptitudes feront le reste. Le langage devient alors un moyen de communication, de s'informer, c'est-à-dire de donner forme au monde et d'échanger du sens avec les autres. Ainsi grâce au langage l'individu peut récupérer des informations transmises par les autres, par les générations antérieures : il ne devra pas tout réinventer. Le langage est bien la mémoire collective d'un passé.

Pour Cicéron l'homme sage est celui qui, fort des enseignements du passé, sait comprendre le présent et prendre des précautions pour l'avenir. Tout pouvoir politique s'appuie donc nécessairement sur une connaissance du passé. Celle-ci constitue par conséquent un important enjeu, car l'histoire peut servir la propagande et il peut y avoir des amnésies collectives destinées à masquer des faits peu glorieux. D'ailleurs, à ses origines, l'histoire était un mythe et qui, de la sorte, pouvait être modifiée selon les époques. La mémoire collective peut donc être déformée pour servir une idéologie.

7. La mémoire et la conscience

La continuité mentale ne peut s'opérer que par la mémoire. Elle est, en effet, ce qui permet de faire le lien entre le passé et le présent condition pour pouvoir se projeter dans l'avenir. Freud le premier supposa l'inconscient. Par sa théorie du refoulement et des souvenirs écrans, il explique que des souvenirs fixes, bien que déformés et incomplets, peuvent influencer notre perception du monde. Voir ***Communication poétique***.

Mémoire informatique

En informatique, une mémoire est un dispositif qui stocke et restitue les données. On distingue les **mémoires internes** à l'ordinateur, sous forme de circuit intégrés et plus particulièrement de ***microprocesseurs***, et les **mémoires externes** ou périphériques dites encore **mémoires de masses**, généralement d'une plus grande capacité que les mémoires internes.

Les **cartes perforées** imaginées par Hollerith en 1885 puis développées par les sociétés RAND et IBM constituent une première forme de mémoire externe, mais elles sont de faible capacité (une carte peut contenir 80 caractères). Elles sont remplacées par des enregistrements sur support magnétique dont les principales formes sont : les cassettes et bandes magnétiques, les disquettes, les disques magnétiques, les mémoires à bulle.

Mémoire morte, mémoire vive

Catégories de mémoire des ***microprocesseurs***. Une mémoire morte (MEM) est une mémoire que l'on peut lire (***Read Only Memory = ROM***) mais sur laquelle on ne peut rien enregistrer : elle est non modifiable, non effaçable. Une mémoire vive (MEV) est une mémoire de travail qui peut enregistrer et s'effacer (***Random Access Memory = RAM***).

Mémorisation

Souvenir laissé par le contact avec un message publicitaire. Le cœfficient de mémorisation (b) est calculé de façon non homogène selon les médias : pour la radio et l'affichage, le b est mesuré par une technique de reconnaissance ; en presse magazine, TV et cinéma, la méthode est plus sévère (score d'impact). On mesure trois types de mémorisation par le biais de la notion de **notoriété** :

– la **notoriété immédiate** (traduction qu'on peut proposer pour l'anglicisme ou le franglais « notoriété *top of mind* »). Par exemple, la notoriété immédiate sera le nom de marque qui est donné par l'interviewé sans définition précise du contexte du produit ;

– la **notoriété spontanée** qui correspond au pourcentage de personnes qui citent une marque sans aide particulière dans l'univers du produit considéré) ;

– la **notoriété assistée** qui est le pourcentage de personnes qui citent une marque après avoir consulté une liste de noms de marques.

La différence entre notoriété immédiate et la notoriété spontanée peut ne pas être convaincante. Le fait est que les professionnels n'ont pas donné de traduction à l'expression « *top of mind* ».

Ménage

Au sens statistique, ensemble des personnes, ayant ou non des liens de parenté, habitant un même logement. Dans le cadre des études de ***mesures d'audience*** des ***médias de masse***, on distingue les ménages ordinaires (en incluant domestiques, apprentis, enfants en nourrice...) des ménages groupés (casernes, internats, prisons communautés religieuses, hospices), ceux-ci étant exclus des échantillons de mesure d'audience. Le terme foyer est équivalent (un logement comporte une cheminée c'est-à-dire un foyer et celui-ci désigne alors par ***métonymie*** un ménage).

Ménagère

Cible recherchée par les annonceurs des produits de grande consommation. Selon le CESP : « Une femme interrogée est considérée comme ménagère si elle est la seule femme vivant au foyer ou si, dans un foyer comprenant plusieurs femmes, elle se définit comme telle ».

On admet que la ménagère est la femme qui se déclare responsable des achats du foyer (on n'accepte qu'une femme ménagère par foyer).

Mercatique (ou *Marketing*)

Le Journal Officiel (janvier 1974) définit la mercatique, traduction de *marketing*, comme « l'ensemble des actions qui ont pour objectif de prévoir ou de constater, et, le cas échéant de stimuler, susciter ou renouveler les besoins du consommateur et de réaliser l'adaptation continue de l'appareil productif et de l'appareil commercial d'une entreprise aux besoins ainsi déterminés ». En tant qu'il désigne une discipline des sciences de gestion, le mot mercatique est d'usage aisé. Mais dès qu'il s'agit de parler des différentes formes de pratiques et de démarches mercatiques, c'est le terme de marketing qui est le plus usité. L'objet de cet article est de présenter la démarche générale du marketing que l'on désignait souvent par le passé par l'expression de **gestion commerciale**.

La démarche mercatique applicable par une entreprise trouve sa source à l'extérieur de l'organisation, car l'identification du client ou du consommateur et une connaissance de ses attentes sont des étapes indispensables de cette démarche. Elle doit permettre de trouver une forme d'équilibre entre la volonté de l'entreprise et les impératifs du marché (besoins, désirs des consommateurs, situation concurrentielle, etc.). On distingue d'ailleurs principalement deux formes de marketing selon les clientèles concernées : le marketing industriel et le marketing grand public. Le **marketing industriel** est appliqué lorsque le client de l'entreprise est une autre entreprise (c'est pourquoi on l'appelle parfois aussi le **marketing inter-organisationnel,** ou « **business to business** ») et concerne l'ensemble des biens et des services acquis par des entreprises en vue de les utiliser dans la création, la production ou la commercialisation d'autres biens ou services. Le **marketing grand public** est appliqué lorsque le client de l'entreprise est un individu ou un ménage (c'est pourquoi on l'appelle parfois aussi le **marketing de la grande consommation**) et concerne l'ensemble des biens et des services destinés à une clientèle finale : les consommateurs.

La démarche mercatique est composée de quatre étapes essentielles, qu'on peut formuler comme suit :

– connaître, comprendre et structurer le marché ;

– élaborer une offre rentable et durable ;

– vérifier et valider l'offre ;

– concevoir et mettre en œuvre une stratégie de commercialisation.

1. Connaître, comprendre et structurer le marché

La première étape consiste à connaître le marché : c'est-à-dire principalement qui sont les concurrents et les clients. La deuxième étape consiste à comprendre les comportements d'achat de ces clients et la troisième à structurer le marché (ce que l'on appelle généralement segmenter le marché).

a) Connaître le marché

La manière la plus efficace de comprendre ce qu'est un marché en marketing consiste à en délimiter les contours. Pour y parvenir, on tente généralement de répondre aux quatre questions suivantes :

– Qu'est ce qu'on crée, fabrique ou commercialise ?

Ce qui vient immédiatement à l'esprit d'un chef d'entreprise pour définir son marché, c'est le produit qu'il fabrique ou le service qu'il commercialise. Par exemple, Renault et Peugeot se situent sur le marché de l'automobile, et proposent aux consommateurs des véhicules à des niveaux de gamme, des motorisations et des finitions différentes. En adoptant de premier contour d'un marché, on peut distinguer les biens durables (principalement les biens d'équipement), les biens non durables (principalement les produits de consommation courante) et les services.

– Qui sont les acheteurs (pris *lato sensu* ici) ?

On repère généralement quatre types d'intervenants dans les processus d'achat : les initiateurs (celles ou ceux qui suscitent l'achat), les influenceurs (celles ou ceux qui interviennent fortement dans la prescription du type d'achat effectué), les acheteurs pris stricto-sensu (celles ou ceux qui paient) et les consommateurs (celles ou ceux qui consomment le bien non durable) ou les utilisateurs (celles ou ceux qui se servent du bien durable).

– Quand achète-t-on ou consomme-t-on le produit ?

À travers cette question, le responsable d'entreprise découvre le marché sous une perspective comportementale. Elle renvoie à la fois à une dimension temporelle de la consommation (le moment de l'achat, le temps de l'utilisation, etc.) et au caractère aléatoire ou saisonnier de l'activité.

– Pourquoi achète-t-on un produit ou un service ?

Cette question renvoie au problème des motivations de l'achat. C'est-à-dire que l'on pense que le client n'achète pas un produit seulement pour lui-même mais qu'il en attend aussi une certaine satisfaction provenant des bénéfices qu'il pourra en tirer. Cette approche, initiée par l'économiste K. Lancaster, considère le produit comme étant un panier d'attributs. Il faut alors arriver à identifier les bénéfices recherchés par le consommateur et les mettre en parallèle avec les caractéristiques ou attributs du produit.

Des contours d'un marché délimités au travers des réponses aux quatre questions précitées, on peut passer à une analyse quantitative de celui-ci. L'un des préalables est alors généralement la délimitation géographique du marché. En effet, un marché peut être très local (une zone de chalandise pour un distributeur), régional, national ou encore international voire mondial. Mener une analyse quantitative d'un marché consiste à recueillir certains chiffres sur le volume des transactions opérées : quantité de produits commercialisée par an, chiffre d'affaires du secteur par an, etc.

Une fois la compréhension générale du marché obtenu, il faut se pencher sur une dimension particulière de celui-ci : le jeu concurrentiel. En effet, une entreprise est rarement seule sur son marché, il faut donc qu'elle fasse une très bonne analyse de la situation concurrentielle. Il y a deux manières de définir la concurrence. La première consiste à se référer à l'objet de la transaction sur un marché et à considérer que sera un concurrent toute entreprise qui fabrique ou commercialise des produits ou des services identiques aux vôtres, c'est ce que l'on appelle les concurrents directs. La deuxième consiste à se référer aux motivations d'achat des consommateurs et à considérer que sera un concurrent toute entreprise qui fabrique ou commercialise des produits ou des services répondant aux mêmes attentes par la clientèle que le vôtre, c'est ce que l'on appelle les concurrents indirects. Fort de ce repérage des concurrents et de leur chiffre d'affaires sur le marché, on pourra alors définir la part de marché de chacun d'eux (en calculant le pourcentage que représente leur chiffre d'affaires par rapport au chiffre d'affaires global du marché) et voir quelle est l'importance de l'entreprise pour laquelle l'analyse est effectuée par rapport au plus grand concurrent du marché.

Après la définition des contours d'un marché et l'identification des concurrents, il faut trouver qui sont les clients de l'entreprise, c'est-à-dire qui achète, consomme, utilise etc.

b) Comprendre les comportements d'achat

Il s'agit d'identifier les besoins des individus et leurs désirs. Les besoins des individus ont été hiérarchisés par Abraham **Maslow** dans une classification en cinq niveaux (physiologiques, sécurité, sociaux, estime, accomplissement) dite pyramide de Maslow. Bien entendu, le marketing n'a pas le pouvoir de créer des besoins, il ne peut que susciter des désirs chez les individus pour des produits ou des services susceptibles de satisfaire des besoins.

La mise en évidence des besoins et des désirs se fait grâce à des recherches que l'on appelle généralement « études de marché » et qui procèdent par recueil de données concernant la cible étudiée (c'est-à-dire l'ensemble particulier d'individus qui présente un intérêt pour l'entreprise). La collecte de données peut se faire soit de façon documentaire, à l'aide de publications préexistantes émanant d'individus ou d'organismes de conseils ou institutionnels (INSEE, OCDE, Chambres de commerce, Syndicats professionnels, etc.), soit à l'aide d'une étude sur le terrain auprès de clients potentiels sélectionnés par avance.

Les méthodes utilisées pour effectuer de telles études peuvent être quantitatives ou qualitatives :

– les méthodes quantitatives (enquêtes, sondages, expérimentations) ont pour but de fournir des données chiffrées concernant les comportements d'achat ou de consommation ;

– les méthodes qualitatives (entretiens individuels, réunions de groupes, observations ethnographiques, enregistrements audio-vidéo, etc.) ont pour finalité la mise en évidence de façon très fine des motivations, des attitudes et des comportements des individus.

Parmi les instruments communément utilisés lors du recueil de données, on peut citer les guides d'entretien (liste non limitative et non hiérarchisée de thèmes à aborder lors d'interviews de type non directif) pour les études qualitatives et les questionnaires pour les études quantitatives.

c) Structurer le marché

Les stratégies de **segmentation** sont au cœur des préoccupations marketing des entreprises. Segmenter un marché consiste à le fragmenter en segments homogènes par rapport à un critère de sélection donné (appelé critère de segmentation). Un **segment** est une partie homogène d'un marché composée de consommateurs ayant des profils très voisins : c'est-à-dire ayant les mêmes attentes, le même pouvoir d'achat, les mêmes critères de sélection, le même âge, le même lieu d'habitation etc. Pour segmenter, on utilise principalement quatre types de critères : sociodémographiques, styles de vie, usages du produit ou avantages recherchés par le consommateur.

2. Élaborer une offre rentable et durable

On peut considérer qu'une offre s'élabore principalement autour de trois dimensions : le produit (ou le service), le prix et la marque, mais il ne faut pas négliger pour autant le caractère global de celle-ci non plus.

a) Le produit

Le produit est le fruit d'un travail conjoint entre le marketing et la production : il représente la matérialisation de l'offre. Il est la rencontre d'une possibilité technique et d'une potentialité économique. On peut généralement distinguer deux types de regards que l'on porte sur le produit : il peut être analysé comme un support physique (poids, taille, volume, composition, etc.) ou comme un vecteur de fonctionnalités (il sert à quelque chose pour les clients qui l'utilisent). Kotler distingue par exemple trois niveaux de produits : le produit central (qui recouvre les caractéristiques intrinsèques du produit), le produit formel (c'est le produit central enrobé de toutes ses caractéristiques) et le produit au sens large (l'offre globale). Il le représente par le schéma suivant :

Les trois niveaux d'un produit.

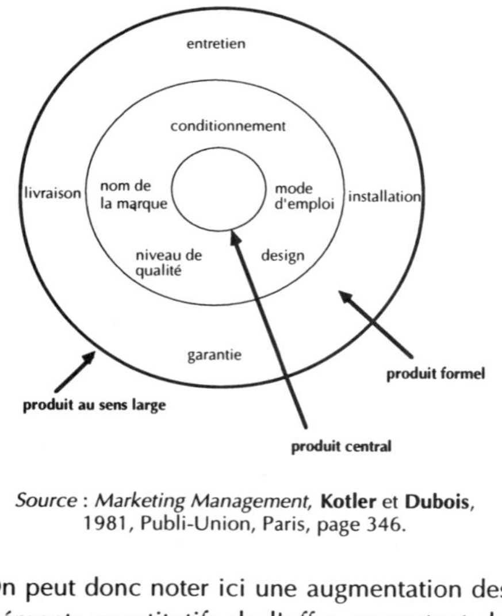

Source : *Marketing Management*, **Kotler** et **Dubois**, 1981, Publi-Union, Paris, page 346.

On peut donc noter ici une augmentation des éléments constitutifs de l'offre en partant du centre vers la périphérie du cercle. Le produit central correspond à ce que les ingénieurs appellent l'objet technique. Il s'agit des caractéristiques intrinsèques constitutives du produit. Le produit formel, c'est ce qui permet au consommateur de dépasser les caractéristiques intrinsèques du produit pour en entrevoir les bénéfices. Le « *produit formel* » est donc la dimension « *énonciative* » dans le sens où il s'agit de faire comprendre au client à quoi peut servir le produit en question, quels sont les avantages, les bénéfices qu'il peut en retirer. Cette interaction produit/consommateur est analysée en marketing. Ainsi, lorsqu'un client achète un produit, il est à la recherche d'un ou plusieurs avantages. Pour les obtenir, l'acheteur doit également prendre en plus du produit, son emballage et sa présentation (*packaging*) voire ses services périphériques et tous les éléments immatériels qui renvoient à la marque et à l'entreprise productrice. Ces autres éléments constitutifs de l'offre peuvent contribuer à renforcer la valeur perçue du produit ou à la diminuer. Mais toutes ces dimensions offrent des opportunités aux entreprises pour se différencier. Le travail sur la constitution de l'offre s'inscrit donc généralement dans une réflexion plus large, celle des stratégies de différenciation. Ceci amène à distinguer deux degrés dans la substituabilité : la substituabilité à l'intérieur d'une fonction et la substituabilité entre les fonctions. La relation entre les caractéristiques intrinsèques d'un produit et ses fonctionnalités n'est pas chose simple. Un même produit peut être capable de remplir alternativement plusieurs fonctions différentes alors qu'à l'inverse, des produits aux caractéristiques intrinsèques très différentes peuvent être concurrents pour une même fonction. C'est par exemple le cas de la montre Rollex et de la voiture BMW car leur fonction de « *faire valoir* » est au moins aussi forte que leur fonction d'indication de l'heure dans le premier cas et de moyen de transport dans le second. Le problème opérationnel qui se trouve posé avec cette approche, c'est que lorsqu'un produit remplit plusieurs fonctions, on peut soit séparer le produit physique en différents produits fonctions ou, au contraire, le garder intact en insistant sur l'ampleur de ses possibilités.

Constituer une offre produit renvoie ainsi à une multitude de questions ayant trait à la politique générale de l'entreprise : type d'emprise souhaitée sur le marché, type de relation que l'on cherche à bâtir avec les clients, manière de construire le rôle du client, etc.

b) Le prix

Une entreprise, dans la formulation de son offre, doit s'attacher à deux sortes de prix : le prix de vente facturé au distributeur et le prix de vente public facturé au consommateur final. En effet, le prix de vente facturé au distributeur détermine le chiffre d'affaires de l'entreprise alors que le prix de vente facturé au consom-

mateur (ou prix public) détermine la marge du distributeur mais surtout contribue au positionnement de la marque et de sa compétitivité par rapport à la concurrence. Ainsi, le prix de vente public doit être compatible avec la qualité du produit et à un niveau acceptable par le marché.
Le prix psychologique est le prix que les consommateurs acceptent de payer pour un produit, dans une fourchette limitée vers le haut par l'effet revenu et vers le bas par le rapport qualité-prix. Il est impératif en marketing de se servir de certains outils économiques comme par exemple l'analyse de **l'élasticité-prix** de la demande.
La politique de prix renvoie aussi au concept de valeur. La valeur est le résultat de la perception de l'offre par l'extérieur et on peut représenter la valeur perçue d'un produit au travers du schéma suivant :

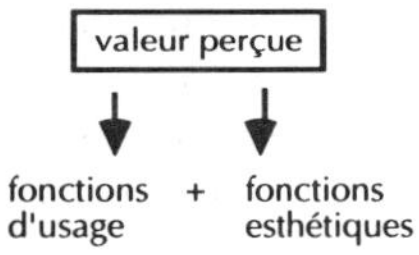

Il y a généralement deux formes de valeur : la **valeur-coût** et la **valeur-utilité** (que l'on repère généralement au travers de la valeur d'acquisition). La première correspond aux dépenses effectuées par l'entreprise pour concevoir et produire son offre, avant même que celle-ci ne soit placée sur le marché, alors que la seconde correspond à la « *désirabilité* » de l'offre par le consommateur s'exprimant par une valeur monétaire qu'il est prêt à mettre pour obtenir le potentiel de satisfaction. Bien entendu, il n'est pas possible de planifier *a priori* quel sera le lien entre valeur-coût et valeur-utilité une fois que le produit sera commercialisé. C'est ainsi que peut être exprimée la part de risque que prend l'entrepreneur qui décide de lancer un nouveau produit car, au moment du lancement, il ne peut que parier sur une utilité. Le coût précède donc la validation de l'utilité. Cependant, on ne peut se contenter d'avoir une vision statique de la valeur.
c) La marque
La ***marque*** est avant tout un moyen d'identification et de communication. C'est elle qui protège l'offre de l'entreprise par son caractère inimitable. Pour le consommateur, la marque va lui permettre de nommer, de trouver, d'acheter et de réacheter un produit. Elle contribue à réduire le risque perçu du client puisqu'elle engage la responsabilité du fabricant. En cela, la marque permet de véhiculer des informations sur l'offre. Toutefois, plus que cela, elle va aussi être un support d'images permettant une représentation mentale.
d) Le concept d'offre globale
L'un des procédés majeurs pour se différencier de la concurrence consiste à élargir les bénéfices délivrés au client en proposant une offre globale. Celle-ci peut être schématisée comme suit :

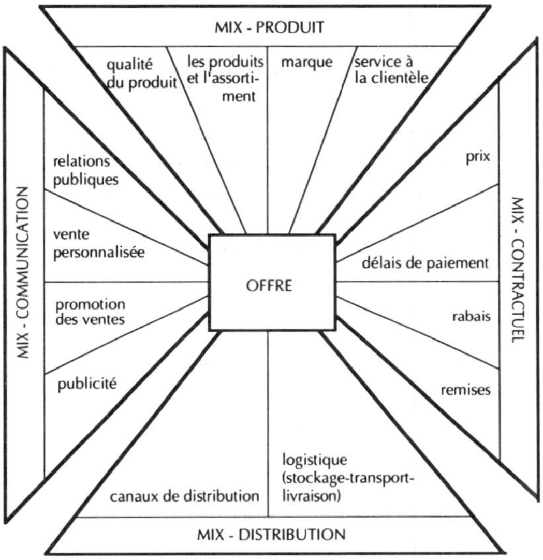

En matière de marketing, la question qui se trouve posée, c'est celle de savoir quel est le poids que l'entreprise accorde à chacune de ces composantes. C'est aussi de savoir de quoi s'occupent les différents acteurs de la création (dont le chef de produits) et quelles sont les dimensions sur lesquelles ils ont une emprise. Cela revient alors à s'interroger sur les activités créatives de l'entreprise, c'est-à-dire de repérer toutes les dimensions où il y a création de quelque chose (de matériel ou d'immatériel) par l'entreprise. En marketing du tertiaire, lorsqu'on parle de constitution de l'offre, on effectue une distinction entre l'offre de service et les liens associés. De même, en marketing des produits, on peut effectuer une distinction entre la création d'éléments matériels (tangibles) et la création d'éléments immatériels (intangibles). Le tableau ci-dessous permet de repérer les différents éléments en question :

Les éléments matériels de l'offre	Les éléments immatériels de l'offre
• Produits : caractéristiques et assortiment	• Prix
• Emballages et packaging	• Service après vente
• Documents publicitaires : catalogues, affiches, films	• Marque
• Éléments graphiques : logo	• Mise à disposition du lieu-livraison
• Documents commerciaux : argumentaires de vente	• Garanties
• Design d'environnement : mobiliers de vente, aménagement de magasins, agencement de vitrines	• Relations interpersonnelles : vente/relations publiques/discours
• Modes d'emploi-étiquettes	• Opérations de promotions des ventes : actions spéciales, sponsoring, mécénat

Les composantes identifiables de l'offre

Si on est caricatural, on peut dire que toutes les composantes matérielles de l'offre nécessitent l'intervention d'un designer alors que les composantes immatérielles sont plus du domaine du marketing. Cependant la constitution de l'offre pose un important problème : jusqu'où va le travail de l'entreprise, quels sont les éléments de l'offre que va créer l'entreprise ? En effet, s'il est clair que toute entreprise doit créer un produit, la question reste posée pour des éléments comme le design d'environnement. C'est ce que nous appelons la problématique de l'étendue de l'offre. L'étendue des éléments constitutifs de l'offre peut être plus ou moins importante. On peut ainsi établir un continuum entre deux pôles opposés du type :

étendue de l'offre courte ⟷ étendue de l'offre longue

Cette dimension renvoie au métier de l'entreprise et à sa volonté, soit de se concentrer sur le produit, soit de s'étendre au moyen d'éléments complémentaires au produit qui permettent de l'accompagner et de le mettre en valeur, par exemple les catalogues, les mobiliers de vente, etc. La question est alors de savoir si l'entreprise est capable de maintenir la même intensité créative sur tous les éléments pris en charge par l'offre car il en résulte un impact plus ou moins fort auprès des acteurs du marché.

3. Vérifier et valider l'offre

Pour vérifier et valider l'offre proposée, l'entreprise va généralement recourir au principe des méthodes expérimentales. Celles-ci se divisent en deux catégories : les tests et les marchés-témoins.

• Les tests, dans le domaine du marketing, consistent à exposer un échantillon d'une clientèle ciblée, dans le cadre d'une enquête, à une action marketing portant sur une variable précise en vue de mesurer les réactions des consommateurs à l'action envisagée. Les principaux tests utilisés en marketing sont : les tests de concepts, de produit, de nom, de packaging, de prix et de publicité.

• Les marchés témoins constituent la forme la plus élaborée des méthodes expérimentales en marketing. Ils consistent soit à lancer réellement un produit dans une zone géographique précise (représentative du marché en général) pendant une période allant de 2 à 6 semaines pour en analyser la validité, ou alors à donner à des consommateurs la possibilité d'acheter le produit au prix prévu, dans des conditions se rapprochant autant que possible d'un achat normal (mais en restant en « laboratoire ») et en leur administrant un questionnaire sur leurs motivations.

4. Concevoir et mettre en œuvre une stratégie de commercialisation

On peut considérer que concevoir et mettre en œuvre une stratégie de commercialisation s'élabore principalement autour de trois dimensions : la distribution, la communication et la force de vente.

a) La distribution

Avant de parvenir au consommateur, un produit transite par un certain nombre d'intermédiaires (du grossiste au détaillant), c'est ce que l'on appelle le canal de ***distribution***. L'ensemble des canaux sélectionnés par une entreprise pour écouler ses produits s'appelle le **circuit de distribution**. Les modes de distribution d'un produit peuvent être très différents : elle peut se faire hors domicile (dans des magasins, sur les marchés, en entreprise, etc.) ou à domicile (en porte à porte, par réunions, par correspondance, ***téléphone*** ou ***Minitel***). Dans les magasins, la vente est soit traditionnelle en présence d'un vendeur, soit en libre service (le client se débrouille seul).

Les distributeurs développent leurs propres stratégies d'offre. Celle-ci repose sur l'étendue de l'assortiment, les prix, la publicité sur le lieu de vente, le ***merchandising*** (ou ***marchéage*** : techniques de présentation de l'offre), le rôle du personnel en contact et l'agencement du support physique (le design d'environnement).

Le choix des canaux de distribution dépend fortement des orientations stratégiques de l'entreprise. On peut toutefois rappeler quelques grands principes comme par exemple l'adéquation entre l'image du canal et le positionnement du produit, la capacité à contrôler le prix de vente auprès du public, le degré de couverture d'un canal par rapport au marché global.

b) La ***communication***

Il s'agit de l'ensemble des techniques déployées par une entreprise pour communiquer avec un acheteur potentiel (qu'il soit distributeur ou client final). En effet, il ne suffit pas d'avoir des savoir-faire encore faut-il le faire savoir ! La ***publicité*** est de loin l'aspect le plus connu de la communication, mais il y a beaucoup d'autres vecteurs de communication comme par exemple : le ***téléphone***, les ***relations publiques,*** le ***mécénat,*** les salons-expositions, les catalogues, etc.

Le terme de communication renvoie au souci des entreprises de considérer l'intégration de tous les messages émis par l'entreprise dans un même système, car il est clair que si ces messages sont de nature divergente, les acheteurs percevront des informations confuses et parfois contradictoires.

Là encore, on peut retenir quelques grands principes :

– communiquer est indispensable pour une entreprise aujourd'hui ;

– tout communique (du papier à lettre à l'affiche publicitaire en passant par le produit, la force de vente et l'architecture) ;

– en matière de communication il faut rester sobre et ne pas vouloir trop en dire ;

– la réputation passe par la répétition ;

– il faut que l'entreprise s'oblige à tenir ses promesses sinon elle doit s'abstenir d'en faire...

Pour mesurer le degré de connaissance d'une entreprise par les consommateurs, on utilise le concept de ***notoriété*** (celle-ci pouvant être assistée ou spontanée).

c) La force de vente

Pour atteindre les objectifs découlant de la stratégie marketing, le rôle de la **force de vente** est déterminant, c'est pourquoi il faut la dynamiser. En effet, la force de vente représente l'entreprise chez ses clients. Elle la rend vivante. Elle est le lien entre les clients et l'entreprise. Les vendeurs ayant cette liaison directe avec les clients, il leur appartient de tout faire pour améliorer la position de l'entreprise sur le marché. De par leur contact direct avec le terrain ils peuvent aussi faire « remonter » dans l'entreprise des informations importantes pour la stratégie de développement ou de survie.

Mercatique et spectacle vivant

Depuis le début de la décennie quatre-vingt, les institutions de spectacle vivant (théâtre, opéra, sport, café-théâtre, concert de musique...) notamment sous l'impulsion des pouvoirs publics tendent à se considérer comme des « entreprises culturelles ». La mercatique (*marketing*) joue un rôle croissant dans leur gestion. Désormais, les créateurs et les diffuseurs conçoivent la programmation et la communication des organismes de spectacle en fonction d'un « public-cible ». Le choix de cette cible correspond à une double nécessité.

Tout d'abord, elle doit permettre de réunir le plus large public. En effet, l'obtention de subventions d'État est liée à la collecte préalable ou concomitante de fonds privés. Or, les recettes de billetterie, les subventions des collectivités locales et les « dons » des mécènes sont, pour une large part, proportionnels à la fréquentation. Également, il convient de maximiser la « qualité » sociale du public et sa solvabilité. En effet, les recettes de billetterie dépendent du prix moyen que les spectateurs peuvent acquitter. De même, les financeurs indirects que sont les collectivités et les mécènes ont plutôt tendance à privilégier les institutions de spectacle qui réunissent un public appartenant aux catégories socioprofessionnelles favorisées.

Aussi, les offreurs « visent » ce qu'ils nomment le « grand public », c'est-à-dire les membres des différentes couches sociales dominantes tout en définissant un « cœur de cible » : les cadres. Les cadres constituent la catégorie socioprofessionnelle qui peut fournir, sans travail de médiation particulier, le plus grand nombre de spectateurs pouvant payer un prix significatif. En effet, dans les représentations des professionnels du spectacle, les public « intellectuels » ou les publics dits « bourgeois » ne forment plus la majorité du public (contrairement au modèle bipolaire de P. Bourdieu). Ce sont les cadres qui fréquentent le plus les salles de spectacle et ils disposent de revenus élevés. Ils représentent aussi une catégorie sociale valorisante pour les financeurs indirects.

La cible et son cœur étant définis, il convient de leur associer le produit le mieux adapté. Il s'agit, d'une part, de « formater » le contenu des spectacles en fonction de la cible et d'autre part de réaliser un travail de promotion adéquat. Les institutions de spectacle sont diversement avancées dans cette voie ; deux groupes peuvent être distingués.

Pour un grand nombre d'offreurs, l'association cible-produit consiste en deux éléments.
Les programmations sont « rationalisées » autour des spectacles du répertoire classique interprétés selon les règles des « facteurs clefs du succès ». Les mises en scène sont relativement conventionnelles, elles doivent comporter d'importants décors, costumes et éclairages, les « stars » sont également une composante essentielle de cet ensemble. Ce type de programmation est supposé être d'un accès aisé. Selon les représentations des professionnels, le capital des cadres n'est pas principalement axé sur la culture littéraire et artistique. Ainsi, la sortie au spectacle ne serait pour eux ni l'occasion d'un étalage de luxe ni le lieu d'une éducation culturelle mais elle correspondrait à un divertissement, à un loisir « consommé » au même titre que le golf ou une sortie au restaurant.
De même, la programmation classique faciliterait, selon les professionnels, le recours aux techniques de communication. Elle permettrait d'éveiller un sentiment de familiarité avec le spectacle promu.
Un pas supplémentaire peut être franchi dans la démarche commerciale grâce à l'introduction du concept de ***marque***. Certaines institutions de spectacle proposent une réelle politique éditoriale de marque. Les spectacles programmés doivent alors présenter des caractéristiques communes et stables. Notamment au niveau de l'auteur, du thème, de la mise en scène, etc. L'organisme tente ainsi de créer un « genre » spécifique et adapté au public visé.
Dans les représentations des professionnels, le but premier d'une telle stratégie est de réduire l'incertitude que peut éprouver le spectateur potentiel face au spectacle « vivant ». En effet, même s'il s'agit d'un spectacle classique et célèbre, le spectateur peut être déçu par la mise en scène ou par le jeu des acteurs. Le coût de la sortie étant significatif, l'incertitude est perçue comme un frein important à la fréquentation notamment pour les publics occasionnels ou non « initiés » comme les cadres. Les prescriptions des critiques ne permettraient de diminuer que très partiellement cette incertitude, alors qu'une programmation de marque appuyée sur une communication de marque apporterait une assurance beaucoup plus forte.
Une « **communication de marque** » doit respecter certains critères. Elle doit être unifiée et « déclinable ». L'ensemble des messages communicationnels doivent être intégrés sur un plan formel comme sur le plan du contenu. Par exemple, la « communication-papier » doit comporter une grande affiche et/ou une plaquette annuelles et un ou plusieurs sous-ensembles d'affiches ou de documents divers tels des dépliants dont la périodicité est plus fréquente. L'ensemble de ces documents doivent être composés des mêmes signes graphiques. Les modes de présentation doivent, également, être les mêmes pour tous les spectacles.
De même, la communication est souvent rationalisée autour de l'iconographie audiovisuelle. Un nombre croissant d'écrits promotionnels comportent des photographies sans rapport direct avec la représentation vivante : les interprètes, le public, ou la salle n'apparaissent pas. Les frontières de la scène et le caractère vivant de la représentation sont niés. Les professionnels du spectacle veulent suggérer que l'art vivant est aussi accessible économiquement et culturellement que la télévision. Selon les conceptions des professionnels, le recours à l'audiovisuel permettrait de faire reposer la consommation de spectacle vivant non plus seulement sur une motivation de distinction sociale au sens de Pierre Bourdieu mais sur une image de modernité et de bien de consommation qui est attachée à l'audiovisuel.

Message

Le contenu dans le processus de communication ou encore ensemble d'informations communiquées d'un partenaire à l'autre de l'échange dans le cadre d'une situation institutionnelle ou interpersonnelle de communication. Le message peut être analysé du point de vue de celui qui l'émet ou du point de vue de celui qui le reçoit, ou encore du point de vue des informations dont il est constitué. Ce que l'émetteur veut dire, ce qu'il peut dire, ce qui est transmis, ce qui est reçu et ce qui est souhaité par le destinataire sont quelquefois autant de message différents qu'il y a de modalités.

1. Émission du message
La différence entre le message et le ***discours*** est que le discours fait l'objet d'une ***énonciation,*** alors que le message fait l'objet d'une émission. Cela implique que le message est produit dans une situation sociale et par des formes institutionnelles d'émission. Il n'y a pas d'émission de message par un sujet individuel hors d'une situation sociale ou institutionnelle.
2. Réception du message
La réception du message constitue, elle aussi, un moment de la vie sociale. La réception d'un message est une adhésion à un système social et institutionnel de vie et de communication :

les informations que l'on va trouver dans le message ne sont accessibles qu'aux acteurs manifestant ainsi leur appartenance sociale. C'est de cette manière que se constitue une possible évaluation, une possible mesure de la qualité de réception d'un message (message bien reçu, message déformé, etc.).

3. Message et information
L'information portée par un message porte à la fois sur la référence de ce message (de quoi parle-t-il ?), sur les structures institutionnelles dont il se soutient (pour quelle institution est-il émis ?) et sur les prérequis de sa réception (que faut-il pour pouvoir le recevoir et lui donner du sens ?).

Message publicitaire

1. Message portant sur un produit, un service ou une société et diffusé par ***annonce***. La notion de message publicitaire s'applique aussi bien à la ***communication publicitaire*** (communication produit) qu'à la ***communication institutionnelle*** (message relatif à l'entreprise, sans porter sur un produit précis).
2. Traduction recommandée pour l'anglicisme « ***spot*** » qui signifie annonce de courte durée diffusée par la télévision.

Messagerie

Entreprise chargée du routage, de l'acheminement et de la distribution d'ouvrages imprimés. En France le système de messagerie pour la presse nationale (presse quotidienne, magazines) a fonctionné dans le cadre d'une coopérative : les NMPP (nouvelles messageries de la presse parisienne).

Messagerie électronique, messagerie télématique

Voir ***Courrier électronique***.

Mesure d'audience

Voir ***Audience***.

Métacommunication

Discours sur la communication, communication sur la communication, c'est-à-dire pratique qui consiste à prendre pour objet le cadre de la communication en vue de le décrire, l'analyser, le modifier. Il s'agit donc de l'élargissement de la notion de métalangage ou métalangue qui désigne le discours sur le langage, dont le dictionnaire et la grammaire sont deux exemples. Dans cet élargissement « méta-communication » désignerait alors un rapport d'évaluation, de réflexion, de conscience, du sujet par rapport à la communication dans laquelle il est impliqué. Il reste à se demander si un tel rapport du sujet à la communication existe. On peut répondre à cette question en deux points.

1. L'évaluation et la maîtrise de la communication
Cette question porte à la fois sur la dimension instrumentale et technique et sur la dimension opératoire et stratégique de la communication. Le sujet est, par rapport à la communication qu'il met en œuvre, en situation d'acteur : la maîtrise de la communication qu'il engage consiste dans une maîtrise stratégique. Il s'agit d'être en mesure d'évaluer et de suivre, au cours de ses différentes étapes, la mise en œuvre effective de produits et de formes de communication, et de mesurer, en particulier, leur conformité à ce qui en est attendu en termes de finalité et de conséquences ou d'effets. Une telle évaluation renvoie à des sujets sociaux ou institutionnels et aux ***stratégies de communication*** qu'ils engagent dans l'espace public.
2. La rationalisation et la compréhension de soi-même et des autres à travers la compréhension des faits de communication
Il s'agit de la dimension réflexive de la communication. En effet, dans la mesure où elle implique la participation de sujets qui se définissent l'un par rapport à l'autre (voir ***Communication intersubjective***), la communication représente un mode prise de conscience et de rationalisation des sujets à leurs propres yeux. Cette question porte sur une forme de retour sur soi de la part du sujet : sur une forme de réflexion sur soi à la lumière d'une meilleure compréhension des faits de communication et des relations entretenues avec les autres dans l'espace de l'intersubjectivité (identité) ou dans l'espace de la sociabilité (appartenance). La communication sert à mieux se comprendre et à mieux se penser soi-même par la médiation du rapport à l'autre.

Métaphore

Figure de ***rhétorique*** qui désigne un objet par un autre objet qui lui ressemble ou qui l'évoque par analogie. Dans la phrase : *C'est un raisonnement en béton*, *en béton* désigne seulement une partie du raisonnement solide comme du béton, résistant aux critiques ou aux contradictions. L'expression *l'aigle de Meaux* (exemple de Fontanier), *l'aigle* désigne un homme perspicace, clairvoyant et intelligent. En l'occurrence, Bossuet.

Métonymie

Figure de **rhétorique** qui désigne un objet par le nom d'un autre qui en dépend, ou dont il dépend. C'est ainsi que, dans la phrase *C'est une bonne lame* (l'exemple est de Fontanier), *une bonne lame* désigne un homme qui tire bien l'épée, car la lame est manie par l'homme. Dans l'expression *la tête de liste, tête* désigne le candidat qui occupe la place de la tête dans la liste des candidats à une élection.

Metz, Christian (1931-1993)

Christian Metz est une personne multiple. Linguiste (hellèniste et germaniste), traducteur, c'était aussi un spécialiste du jazz. Mais il est surtout connu pour avoir ouvert de nouvelles pistes dans la réflexion sémiologique au cinéma. Chercheur et enseignant, il a participé au sein de la sixième section de l'École Pratique des Hautes Études, devenue par la suite l'École des Hautes Études en Sciences Sociales, à la « rénovation » par le structuralisme de la linguistique. Il y a côtoyé ***Barthes***, Genette, Greimas et Todorov. Vers 1975, il incorpore à sa réflexion sur le cinéma et l'analyse des films une dimension psychanalytique. À partir du milieu des années 60 et jusqu'à sa mort, il fut considéré comme un précurseur dans le domaine des théories cinématographiques. Ces ouvrages ont été traduits dans une vingtaine de langues.

Lorsque l'on consulte la bibliographie de Christian Metz, on est frappé par l'originalité de son approche. Celle-ci se caractérise par l'attrait d'un objet : le cinéma, auquel il applique bien avant la lettre une étude de type transdisciplinaire.

En effet, si Christian Metz est un sémioticien, doublé d'un sémiologue, l'« énonciation filmique » est au cœur de sa recherche. « Cette énonciation », écrivait-il à la fin de sa vie, en préfaçant le livre de F. Casetti, « elle a d'abord été étudiée sous son aspect psychanalytique. [...]. L'approche freudienne, en effet, même si elle intéresse le texte du film et ses modes internes de "figuration", a eu comme autre effet – un effet bien compréhensible – de rendre la théorie du film plus sensible qu'avant à la position psychique du spectateur, oscillant entre croyance et incroyance, conscience et oubli d'être au spectacle, pleine vigilance et état de rêverie, une rêverie bien particulière, pilotée par des perceptions réelles.

Mais il a fallu attendre la décennie suivante, les années quatre-vingts, pour que l'énonciation filmique soit abordée sous un angle plus formelle, plus "linguistique" (ou plus pragmatique), reprenant le problème classique des marques d'énonciation, c'est-à-dire des traces perceptibles – visibles ou audibles, dans le cas du cinéma – que l'énonciation dépose en certains points de l'énoncé, lorsque du moins elle en dépose. La narratologie cinématographique s'est développée [...] De l'analyse narrative, on glisse inévitablement à l'étude d'énonciation : [...] » (Préface de Christian Metz, p. 5 à 10 : Casetti Francesco, *D'un regard l'autre Le film et son spectateur*, PUL, Lyon, 1990, 205 p.).

« Montage et discours dans le film », « Ponctuations et démarcations dans le film de diégèse » pour *Essais sur la signification au cinéma*, « Histoire/Discours (Note sur deux voyeurismes) » et « Le film de fiction et son spectateur » pour *Le signifiant imaginaire* sont quelques titres d'articles qui composent ses deux plus célèbres ouvrages. Ils révèlent toutes les postures, que tour à tour Christian Metz endossera et annoncera, dans une approche à la fois synoptique et précurseur de la production et de l'exploitation d'œuvres de cinéma. Sa vision va nourrir largement les théories de la perception en intégrant les deux pôles de l'émission d'un message et de sa réception. « L'apport théorique de la psychologie (étude des perceptions, étude du conscient), avec ses prolongements dans la filmologie classique, doit donc être complété par celui de la métapsychologie qui peut contribuer, comme la linguistique qu'elle n'évince pas, à renouveler l'étude du film. », insiste Christian Metz dans *Le signifiant imaginaire*. (UGE 1977, n^lle^ éd. Christian Bourgeois éditeur, Paris, 1984, p. 173).

À côté de travaux plus académiques, Christian Metz revendique la nécessité d'une critique du cinéma diégétique et de son effet-fiction. De celui-là, il propose une définition qui en fait apparaître toute la complexité : « En face de cet objet culturel qu'est le film de fiction, l'impression de réalité, l'impression de rêve et l'impression de rêverie cessent d'être contradictoires et de s'exclure mutuellement, comme elles le font d'ordinaire, pour entrer dans de nouveaux rapports où leur écart habituel, sans s'annuler exactement, admet une configuration inédite qui laisse place à la fois au chevauchement, au balancement alternatif, au recouvrement partiel, au décalage, à la circulation permanente entre les trois : qui autorise, en somme, une sorte de zone centrale et mouvante d'intersection où toutes trois peuvent se "rencontrer" sur un territoire singulier, un territoire confus qui leur est commun et n'abolit pourtant pas leur distinction. Rencontre qui n'est possible qu'autour d'un pseudo-réel (d'une diégèse) : d'un *lieu* comportant des actions, des objets, des personnes, un temps et un espace (lieu semblable en cela au réel), mais qui s'offre de lui-même comme une vaste

simulation, comme un réel non réel ; d'un "milieu" qui, du réel, aurait toutes les structures mais auquel ferait seulement défaut (et de façon permanente, explicite) cet exposant spécifique qu'est l'être-réel. La fiction du film détient ainsi l'étrange pouvoir de réconcilier pour un moment trois régimes de conscience très différents, car les caractères mêmes qui la définissent ont pour effet de la ficher, de la planter comme un coin au plus étroit et au plus central de leurs interstices : la diégèse a quelque chose du réel puisqu'elle l'imite, quelque chose de la rêverie et du rêve puisqu'ils imitent le réel. » (*id.* p. 174).
De l'imitation du réel au vraisemblable et aux conventions, il n'y a qu'un pas que Christian Metz franchit, en interrogeant les genres et la censure. Un des objectifs de sa recherche est alors de tenir compte simultanément du fond et de la forme de l'œuvre cinématographique, et de démontrer comment ils interagissent. Pour lui, on peut distinguer trois types de censure étagée : « la censure proprement dite mutile la diffusion, la censure économique mutile la production, la censure idéologique mutile l'invention. » (« Le dire et le dit au cinéma : vers le déclin du vraisemblable ? », *Communications* n° 11, *Recherches sémiologiques Le vraisemblable*, Paris, 1968, p. 23). C'est dans les genres, et la question du vraisemblable que se noue la censure idéologique, car là où « les censures institutionnelles visent au cinéma la substance du contenu », « la censure par le vraisemblable vise la forme du contenu, c'est-à-dire la façon dont le film parle de ce dont il parle [...] » (*id.* p. 26). « L'œuvre vraisemblable se veut, et veut qu'on la croit, directement traduisible en termes de réalité. C'est alors que le vraisemblable trouve son emploi : il s'agit de faire vrai... » C'est ici que Christian Metz réintroduit le concept de **convention**, au sens de « banalité » ou « poncif ». Il permet en effet le vraisemblable, car « il n'y a pas de vraisemblable, il n'y a que des conventions vraisemblablisées » (*id.* p. 31). « Il y a donc deux façons, et deux seulement, d'échapper au Vraisemblable », conclut-t-il, « qui est le moment pénible de l'art (faut-il dire son moment "bourgeois" ?). On y échappe par l'avant ou par l'après : les vrais films de genre y échappent, les films vraiment nouveaux y échappent aussi ; l'instant où on y échappe est toujours un instant de vérité : dans le premier cas, vérité d'un code librement assumé (à l'intérieur duquel, par là, il redevient possible de dire bien des choses) ; dans le deuxième cas, avènement au discours d'un possible nouveau, qui investit le point correspondant d'une convention honteuse. » (*id.* p. 32)
C'est toute la quête de Metz, la recherche de la vérité de l'énonciation et de sa réception, « par l'avant ou par l'après », la vérité de ce mystère, de cette magie qu'est le cinéma, et tout particulièrement le cinéma de fiction. N'exclame-t-il pas : « Étudier le cinéma : quel formule bizarre ! Comment le faire sans « casser » son image bienfaisante, tout cet idéalisme du film comme un « art » simple et plein, le septième du nom ? En cassant le jouet, on le perd, c'est la position du discours sémiotique : il se nourrit de cette perte, il met à sa place le progrès espéré d'une connaissance : c'est un inconsolable qui se console, qui se prend par la main pour aller au travail. Les objets perdus sont les seuls que l'on ait peur de perdre, et le sémiologue est celui qui les retrouve par l'autre côté : « Il n'y a de cause que ce qui cloche. » (*Le signifiant imaginaire, op. cit.*).

Micro

1. Préfixe qui signifie petit.
2. Abréviation, selon le conteste, de microphone ou de micro-ordinateur.

Micro-édition

Ensemble des techniques informatiques mises en œuvres pour l'édition de livres à faibles tirages sur microformes, sachant qu'une **microforme** est tout support d'information qui comporte des images aux dimensions fortement réduites.

Micro-informatique

Informatique basée sur des ***micro-ordinateurs*** qui se sont développés grâce à la mise au point, au début des années 1970, de ***microprocesseurs*** et des circuits intégrés.

Micro-onde

Onde électromagnétique d'une longueur comprise entre 1 mètre et 1 millimètre.

Micro-ordinateur

Petit ***ordinateur*** construit autour d'un ***microprocesseur***. Il comporte une unité centrale qui contient le microprocesseur et les mémoires, un écran, un clavier, un lecteur de mémoire externe (cassettes, disquettes), des possibilités de connexion à un imprimante graphique, à un ***modem*** relié au réseau téléphonique et éventuellement au réseau ***Internet,*** des logiciels nécessaires aux usages des ces différents matériels de l'environnement du micro-ordinateur.
Un micro-ordinateur est un ordinateur personnel ou ordinateur individuel, par opposition au mini-ordinateur et au gros ordinateur qui

peuvent être partagés et donc reliés à plusieurs postes individuels ou terminaux.

Microphone

Appareil qui transforme les signaux acoustiques en signaux électriques analogues. Le son fait vibrer une membrane dans le microphone qui crée un courant électrique à la même fréquence que le son original dans un électroaimant. Ce courant est transmis à l'émetteur pour la diffusion. Le microphone est un appareil qui fait partie du groupe des transducteurs électroacoustiques comprenant les appareils tels que les haut-parleurs ou les lecteurs de disques. Ces appareils sont des convertisseurs de signaux acoustiques en signaux électriques et inversement.

1. La nature des microphones

Les microphones se répartissent en quatre principales catégories :

– Microphones à charbon : Ils présentent l'avantage d'être robustes et peu coûteux, mais ils sont sensibles à l'humidité et sont caractérisés par un bruit de fond important. Leur utilisation se fait principalement dans la domaine de la téléphonie.

– Microphones piézo-électriques : ils se distinguent par leur légèreté, leur robustesse, et leur faible sensibilité au vent, mais sont sensibles à l'humidité. On les emploie pour le chant ou les discours en plein air (à membrane), ou pour la diffusion et l'enregistrement de qualité de paroles ou de musiques.

– Microphones électrostatiques : ils sont coûteux et sensibles aux agents atmosphériques mais ne transmettent pas de bruit de fond. Leur excellente fidélité leur permet d'être employés dans les studios d'enregistrement, dans la transmission radiophonique ou encore pour effectuer des mesures physiques.

– Microphones électrodynamiques : leurs principales qualités sont la robustesse, l'immunité au bruit de fond et l'insensibilité au vent. Certains (modèles directionnels) sont insensibles à l'***effet Larsen***. On les utilise en intérieur, dans le domaine du spectacle ou lors de discours.

2. Typologies selon les usages

On distinguera : le micro directionnel, le micro émetteur.

a) le **micro directionnel** est un microphone qui ne capte que les sons émis face à lui. Ce micro peut être unidirectionnel, bidirectionnel ou omnidirectionnel. Les unidirectionnels ne captent les signaux acoustiques qu'en provenance d'une seule source. Il sont utilisés par ex. par les commentateurs de matches sportifs, pour qu'il n'y ait pas d'interférence des reporters entre eux. Les bidirectionnels sont utilisés pour les interviews entre deux personnes, captant les sons en provenance de deux sources. Les omnidirectionnels qui captent tous les sons rendent une atmosphère plus proche de la réalité.

b) Le **micro émetteur** est un microphone avec un petit émetteur incorporé. Les micros émetteurs sont utilisés par les présentateurs qui doivent se déplacer beaucoup pendant leur émission et évitent le risque de trébucher sur un fil. Des micro émetteurs peuvent être tenus à la main ; d'autres sont des micro-cravates, liés par un petit fil au dispositif émetteur attaché au vêtement à un endroit invisible. Les signaux envoyés par le micro émetteur sont captés par la régie et envoyés normalement vers la régie finale. Il peut être un micro H.F. (haute fréquence), c'est-à-dire un microphone sans fil, connecté à un petit émetteur portatif, qui permet à l'utilisateur de se déplacer librement.

Microprocesseur

Agglomérat de matériaux (silicium...) composant un circuit électronique de dimension réduite (circuit intégré) dit « intelligent ». Il s'agit d'un composant électronique principalement constitué de transistors permettant de gérer en quasi-autonomie des circulations d'électrons, par le biais d'exécution d'instructions.

On les trouve dans de multiples applications tels les ordinateurs ou encore les cartes à puce. Ils sont souvent caractérisés par une vitesse d'horloge interne et sont nommés par génération.

La **génération** (286, 386, 486, pentium chez Intel ou 68000, 68010,... , 68040, power P.C. chez Motorola) désigne le degré de miniaturisation des composants. Ces microprocesseurs intègrent alors de plus en plus de fonctionnalités comme la gestion de la mémoire, gestion de la vidéo, etc.

Mini-ordinateur

Ordinateur de taille moyenne, positionné entre le ***micro-ordinateur*** et le gros système. Un mini-ordinateur peut être une unité centrale à laquelle sont raccordées des unités périphériques (plusieurs écrans, claviers...) dans différents bureaux.

Ministère de l'information

Ministère de tutelle de la radio et de la télévision en France entre 1959 et 1969.

Détachée des PTT, à partir de 1939, la Radiodiffusion nationale est placée sous l'autorité du président du Conseil, puis sous celle du ministère de l'Information en 1940. En 1959, la RTF est placée sous l'autorité du ministère de l'Information et la radiotélévision resta sous sa tutelle jusqu'en 1969. Après les événements de 1968 à l'ORTF, pendant lesquels le ministère est accusé d'interventionnisme politique, J. Chaban-Delmas, alors Premier Ministre, le transforma en Secrétariat d'État à l'Information. Il est rétabli par la nouvelle loi de 1972 et disparaît définitivement en 1974.

« Minitel »

Marque déposée de France Télécom pour son système de terminal ***vidéotex***. Le Minitel est un terminal de type clavier-écran. Il y a eu depuis 1981, début de la ***télématique*** par Minitel, plusieurs générations de terminaux. Les derniers permettent la transmission d'images.

Les utilisations du Minitel sont nombreuses :

– consultation de l'annuaire électronique ;

– consultation du ***kiosque*** avec différents paliers de prix pour différents types d'information ou de renseignements ;

– télé-achat.

Son utilisation publicitaire proprement dite est marginale. Le développement de ***Internet*** a limité celui du Minitel qui est une expérience spécifiquement française. Pour autant, ce développement n'est pas négligeable puisqu'il y a eu plus de 6,5 millions de terminaux installés en France en 1997.

Minute (La)

Temps limite qu'un document sonore (interview, reportage, ou papier), ne doit pas dépasser pour conserver l'intérêt du public (les sondages d'audience ont révélé qu'un auditeur écoute en moyenne un sujet d'actualité pendant 1 mn).

La « **minute utile** » désigne le temps d'enregistrement, calculé en minutes, qui est prêt à être diffusé. Ex. : sur une journée de tournage fiction, on peut obtenir entre 4 et 15 minutes utiles.

Mipcom, Mip TV

Ce sont deux marchés qui se tiennent à Cannes et qui ont pour objet les programmes de télévision (Mip TV) et les programmes vidéo en général. Le Mip TV est le Marché International des Programmes de Télévision, apparu en 1963. Il se tient à Cannes au mois d'avril. Le marché américain, le NAPTE – National Association of Television –, a lieu en janvier. C'est à cette occasion que s'effectuent les différentes transactions sur les prix et droits de diffusion. Le Mipcom qui complète le Mip TV est apparu, plus tardivement, en 1985. Il a lieu, chaque année, à Cannes en octobre.

Mips

Sigle utilisé en informatique et signifiant : Million d'instructions par seconde.

Mire

Voir ***Image test***.

Mission TV Câble

Mission instituée en 1983 dans le but de favoriser le démarrage de la télévision par câble : mise à disposition de programmes en incitant les entreprises (publiques ou privées) à investir sur ce nouveau marché ; collaboration avec les villes dans l'étude des finances, des possibilités et des problèmes techniques du câble. En 1986, 60 villes avaient signé une convention avec la mission, leur permettant au terme des différentes études, d'opter ou non pour le câble. La Mission TV Câble a pris fin décembre 1988.

Mitage

Insuffisance de couverture d'un territoire par le réseau hertzien, occasionnant zones d'ombre et régions non desservies pour certains programmes.

Mixage

Opération de mélange et de rassemblement, sur une seule piste, des divers enregistrements sonores (dialogues, musique, bruitage) constituant la ***bande son***, qui sera synchronisée avec la bande image lors du montage.

Mobiles de communication (Les systèmes -)

Voir ***Techniques mobiles de communication (Analyse économique des -)***.

Modèle canonique de la communication, modèle cybernétique

Voir ***Schéma canonique de la communication, Communication, Moles Abraham***.

Modèle de la communication de Jakobson

Voir ***Jakobson***.

Modèles économiques de l'industrie de la communication

Dans la lignée de l'***École de Francfort***, une grille d'analyse économique des différents médias a été établie par les chercheurs du GRESEC (Université de Grenoble) et plus particulièrement par Bernard Miège (*La société conquise par la communication*, PUG, 1989). Trois modèles dominants, relatifs aux procès de production et de travail aboutissant à l'offre de produits culturels marchands, ont ainsi été mis en évidence : **le modèle éditorial, le modèle de la presse et le modèle des industries de flot**. Le tableau ci-dessous en donne, pour chacun considéré comme type pur, les caractères fondamentaux (cf. aussi l'article

Média). On détaillera ici seulement la logique du modèle éditorial pour donner les clefs de lecture du tableau.

Les industries cinématographiques, tout comme celles du livre, du disque et des cassettes vidéo, produisent un ensemble de marchandises dites « culturelles » , et constituent des marchés de masse segmentés selon l'appartenance culturelle du consommateur. La chaîne économique de ces secteurs industriels est décrite comme suit :

– La production est réalisée au coup par coup souvent par de petites sociétés sans capital fixe et des équipes réduites, changeant à chaque nouvelle production.

– Les producteurs sont contraints d'étaler les risques, compensant, grâce à l'existence de catalogues, les échecs par quelques réussites. C'est la « dialectique du tube et du catalogue ».

– Le financement de la production est souvent complexe, et se concrétise par le système des préventes, des participations, ou des coproductions.

– Les concepteurs (auteurs, interprètes, techniciens spécialisés) sont rémunérés par le système des droits d'auteurs et de reproduction, ou par des formules forfaitaires, avec pour conséquence de favoriser une minorité d'artistes participant au « Star system » , et de laisser une majorité, la réserve de talents (vivier), en situation de chômage quasi permanent.

– La vente des marchandises est directe, produit par produit, et est proportionnelle à l'audience touchée.

– Les infrastructures (studios, laboratoires, pressage, impressions) sont communes.

– La distribution se caractérisant par des coûts élevés influence souvent, par son poids économique, la production.

Pour Patrice Flichy, l'histoire d'une industrie culturelle, l'origine d'un nouveau média résulte de la collaboration entre un inventeur et un artiste. Ainsi pour le cinéma, il a fallu l'invention de la technique, l'***image animée***, par Thomas Edison, et le projet de représenter le réel (Frères ***Lumière***) et l'imaginaire (***Méliès***) par projection.

Cette convergence entre l'art et la technique ne prend sa forme définitive qu'au moment de la commercialisation. Ces trois composantes communes à tous les médias, le contenant, le contenu et la mise sur le marché, sont donc étroitement liées et créent une cohésion de l'ensemble de la profession. Ce dispositif explique ainsi le système de rémunération du producteur qui est proportionnelle à l'audience du film et consiste en la remontée des recettes depuis les salles en passant par les distributeurs.

Modèles économiques des médias.

	Édition (livre, disque, cinéma, vidéocassette, cédérom.)
Caractéristiques générales	Ensemble de marchandises culturelles fait d'œuvres ponctuelles. Prototypes reproduits.
Fonction centrale	Éditeur.
Stratégie commerciale et produit vedette	Large catalogue et « Best sellers ».
Statut du personnel de conception	Rémunération selon le système des droits d'auteurs et de reproduction. Existence de viviers.
Vente Recette	Directe, produit par produit, proportionnellement à l'audience touchée. Le marché directe est la source unique de valorisation.
Structure du Marché	De masse segmenté. Dialectique du « tube et du catalogue ».

	Presse (quotidiens, magazines)
Caractéristiques générales	Série de marchandises informationnelles. Prototypes reproduits régulièrement.
Fonction centrale	Rédacteur en chef. Couverture la plus large possible de l'information.
Stratégie commerciale et produit vedette	La plus large couverture de l'information et réaliser des scoops (exclusivités).
Statut du personnel de conception	Salariat et pigistes ou vacataires.
Vente Recette	Semi-directe : vente au numéro et abonnements, et publicité. Le marché directe et le marché publicitaire sont les deux sources de financement.
Structure du Marché	De masse segmenté. Consommation individuelle. Fidélisation et accroche. Dépendance à l'actualité.

	Flot (radio, télévision)
Caractéristiques générales	Flot continu. Prototypes qui ne sont plus reproduits mais diffusés.
Fonction centrale	Programmateur. Grille de programmation.
Stratégie commerciale et produit vedette	Grille de programmation et proposer un programme attractif dans la période de forte audience.
Statut du personnel de conception	Salariat, vacataires, sous-traitance à des sociétés indépendantes.
Vente Recette	Indirecte (parafiscalité, publicité) : importance de l'audience. Pour le secteur privé non crypté la valorisation se fait par la seule vente de l'audience à des annonceurs.
Structure du Marché	De masse indifférencié et indirect. Flux à obsolescence instantanée. Nécessité d'optimiser l'audience.

Les auteurs de cette analyse admettent que cette modélisation est fortement simplificatrice de la réalité. Par exemple, un programmateur de grille télévisée peut contourner la logique de flot, en rediffusant certaines émissions à caractère éphémère. D'un **programme de flux**, on passe à un **programme de stock**, ce qui permet entre autre d'accroître le taux de rentabilité de l'émission donnée. Comme le signale B. Miège, les rapports que les trois modèles entretiennent entre eux sont ainsi évolutifs.

Compte tenu de l'évolution de l'information et de la communication, on pourrait ainsi penser que les trois modèles tendent à s'uniformiser. Le cinéma, la télévision, la presse, les jeux informatisés seraient orchestrés par les grands ***groupes multimédia*** et ceci à l'aide de stratégies globales. Cette tendance expliquerait notamment qu'un film cinématographique soit vendu aux éditeurs de cassettes vidéo, puis aux chaînes de télévision, et que son exploitation en salle soit désormais accompagnée de la sortie de livres ou de disques. Le cinéma serait ainsi une industrie partagée entre le modèle éditorial et le modèle de flot. En alimentant les grilles de programmation des chaînes de télévision, B. Miège fait observer que le film cinématographique est devenu un « programme audiovisuel immédiatement diffusable ». La modélisation présentée comporte cependant une limite plus fondamentale dans la mesure où elle ne prend pas en considération l'industrie de la communication par réseau (***Internet, Minitel***) dont la tarification est déterminée par la nature des produits (système du ***kiosque***) et du temps de branchement.

Modem

Contraction de modulateur-démodulateur. Celui-ci est un dispositif qui permet de transformer les signaux envoyés ou reçus par un ordinateur, un système de télécopie, etc. en signaux susceptibles de circuler dans le système téléphonique ordinaire.

Moderne

Voir ***Incunable***.

Modulateur (Effet - du transistor)

Voir ***Transistor***.

Modulation

Traitement que l'on applique à un ***signal*** électrique pour qu'il puisse être émis et transporté d'un point à un autre.

La modulation peut se faire par la voix humaine, comme c'est le cas dans le téléphone : le courant électrique ainsi modulé est transporté par le câble ou les fils téléphonique du réseau. Pour la radio et la télévision par voie hertzienne, le transport se fait par une **onde porteuse**. Dans ce cas, on distingue deux types principaux de modulation : la modulation d'amplitude et la modulation de fréquence.

La **modulation d'amplitude** est utilisée pour l'émission des gammes de fréquences GO (grandes ondes ou ondes longues ou kilométrique = 150 à 250 Khz = kilo khertz), PO (petites ondes ou ondes moyennes ou hectométriques = 525 à 1 605 Khz) et OC (ondes courtes ou ondes métriques = 5,95 à 26,1 Mhz = méga hertz), alors que la **modulation de fréquence** (F.M.) est utilisée pour la gamme de fréquence : 87,5-100 Mhz. Pour la transmission de signaux numériques, on utilise une troisième forme de modulation dite modulation par impulsion et codage.

a) Modulation d'amplitude (A.M. = amplitude modulation)

Il s'agit de faire transporter un signal que l'on désire émettre par un autre signal de fréquence stable et déterminée que l'on appelle « onde porteuse », afin qu'il puisse voyager sans perturbation parasitaire trop importante. La modulation d'amplitude correspond donc à une modification de la hauteur du signal de la porteuse sans faire varier le signal.

b) Modulation de fréquence (F.M.)

Le principe de la modulation de fréquence procède de la manière inverse de la modulation d'amplitude, en ce sens que l'amplitude demeure fixe, tandis que la fréquence de l'onde porteuse est modifiée en fonction du signal à transmettre.

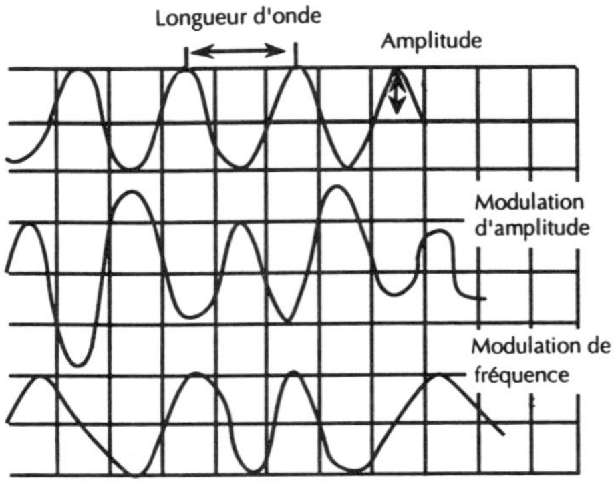

En radio, les stations locales et nationales émettent généralement en modulation de fréquence (F.M.) qui est de meilleure qualité sonore. Les stations qui émettent sur grandes distances (B.B.C. ou R.F.I.) et celles qui n'exigent pas une qualité sonore performante, émettent en modulation d'amplitude (A.M.)

En télévision, la transmission par voie hertzienne s'effectue en A.M. pour l'image et (en France) pour le son. La télévision par satellite se fait par F.M., ce qui assure une meilleure résistance aux bruits.

Il existe enfin une autre forme de modulation dite **modulation par impulsion et codage**. Elle s'applique notamment au compact-disque.

Moles, Abraham, André (1920-1992)

1. L'homme

Malgré les efforts dispersés de quelques émules, l'œuvre d'Abraham Moles est aujourd'hui peu connue des professionnels de la communication et encore moins de ceux qui s'intéressent depuis peu à la communication. La plupart ne savent pas combien primordiale a été son activité, à côté de personnalités comme ***Roland Barthes*** ou **Robert Escarpit**, dans l'introduction des idées communicationnelles en France, et ce pendant trois décennies. Beaucoup seraient étonnés d'apprendre que son influence reste forte dans de nombreux pays, et particulièrement en Espagne, en Italie ou en Amérique latine.

Professeur à l'Université de Strasbourg où il s'était spécialisé dans le domaine trop étroit pour lui de la **psychologie sociale de la communication**, son action a pourtant été régulièrement controversée. Il est vrai qu'il cherchait volontiers la polémique ou la contradiction, et dans ses conférences, il savait tenir en haleine son auditoire par des propos baroques, qui tranchaient avec le sérieux du contenu ou la rigueur des études sur lesquelles il s'appuyait.

À bien des égards, Abraham Moles est inclassable. Sa formation, très originale pour son temps, en faisait à la fois un scientifique et un littéraire, qui plus est nourri de philosophie allemande (théorie de la forme, mais également phénoménologie). En effet, diplômé de l'Institut Polytechnique de Grenoble, il avait non seulement soutenu deux Thèses de Doctorat de sciences (en traitement du signal et en électroacoustique), mais après s'être intéressé à la musique qu'on appelait alors « concrète » en collaboration avec un autre pionnier, **Pierre Schaeffer**, il avait soutenu une nouvelle Thèse de Doctorat, de Lettres celle-là, consacrée aux rapports entre la *Théorie de l'information et la perception esthétique*.

Son parcours professionnel est aussi l'un des plus riches qu'il soit possible de rencontrer : chargé de recherche au C.N.R.S., collaborateur de la Radio-télévision française, fondateur du Centre d'Études méthodologiques (CNOF), cofondateur de la *Revue du Son*, conseiller de Televisa à Mexico, enseignant dans différentes universités (École d'Organisation du Travail et Hochschule für Gestaltung de Hulm en Allemagne, Université de San Diego aux États-Unis, Université de Florence en Italie, Université autonome de Mexico). Il a surtout exercé à l'université de Strasbourg où il a été professeur et directeur-fondateur de 1966 à 1986 de l'Institut de Psychologie sociale des communications.

Auteur d'une vingtaine d'ouvrages, dont près de la moitié avec sa collaboratrice attitrée depuis 1968 : Élisabeth Rohmer, Abraham Moles a été traduit dans une dizaine de langues. Bien que tous ses écrits aient fait appel à la même rigueur scientifique (prolifération de schémas, d'organigrammes, de tableaux), il peut parfois sembler difficile de trouver une cohérence à sa bibliographie. En effet, il fut à la fois théoricien et praticien, fondateur de disciplines, observateur d'objets aussi divers que l'art et l'entreprise. C'est dans cet enchevêtrement entre des théories et un intérêt lié à un environnement proche et urbain que l'on peut mieux percevoir la complexité de la démarche d'Abraham Moles. Il fut l'archétype du chercheur transdisciplinaire. Car s'il fut inspiré à la fois par la ***cybernétique***, par la théorie des graphes, par la théorie des systèmes, par la théorie mathématique de la communication, par le structuralisme, par la phénoménologie, ou bien encore par l'« Environmental Psychology » américaine, il sut dépasser leurs clivages et proposer ses propres approches composites. Elles ont été fondatrices de nouvelles disciplines : la **psychologie de l'espace**, la **micro-**

psychologie et ont proposé de nouvelles théories : la **théorie informationnelle de la perception esthétique**, la **théorie des actes**, la **théorie des objets**, la **théorie structurale de la communication et société**. Bien qu'abordées simultanément dans certains ouvrages, et avec toutes les nuances qui s'imposent vis-à-vis d'une pensée aussi complexe, celles-ci restent les meilleures entrées dans l'analyse de l'œuvre d'Abraham Moles.

2. L'œuvre

a) Cybernétique, théorie informationnelle de la perception esthétique, et théorie de la communication

Théorie de l'information et perception esthétique (Paris, Flammarion, 1958), *Musiques expérimentales* (Zurich, Cercle d'art, 1961), *Créativité et méthodes d'innovation* (Paris, Fayard, 1970), *Art et ordinateur* (Paris, Casterman, 1971), *Sociodynamique de la culture* (Paris, Mouton, 1973) sont les cinq ouvrages qui illustrent sans doute le mieux l'axe culturel et esthétique de la recherche d'Abraham Moles. « L'esthétique informationnelle admet que toute expression artistique est un *phénomène de communication*. Elle considère l'œuvre d'art comme un message prélevé dans un ensemble socio-culturel et transmis par l'intermédiaire d'un *canal* (système de sensations visuelles, auditives, etc.) entre un individu – ou un micro-groupe créateur –, l'artiste *émetteur* et un individu *récepteur*. [...] L'essentiel du processus de communication est le message et cette théorie apporte l'idée que ce message contient une quantité mesurable mathématiquement : l'information. Cette quantité qui caractérise le message – défini comme une séquence de signes élémentaires – est liée à sa longueur, aux dimensions dans l'espace et le temps de son support ou de son canal de transfert (durée de parole, surface d'un disque, d'un tableau, nombre de signes imprimés), mais surtout à l'improbabilité de son occurrence, c'est-à-dire de la combinaison qu'il réalise. (p. 17-18) », écrit-il dans « Art et ordinateur », avant d'aborder la manipulation des données, le statut de l'image de synthèse, l'art permutationnel, ou bien encore la nouvelle graphimatique.

« ***Sociodynamique de la culture*** » est un *essai de pensée « cybernétique »* de l'aveu même de son auteur, pour lequel il s'agit de développer un modèle à caractère mécaniste de la culture (ou des cultures) et de sa perception. En fin de compte, « le cycle de la culture englobe tout l'ensemble de la pyramide sociale présentée [...] comme une pyramide culturelle. Il implique l'existence de fait de deux milieux distincts :

– Le micromilieu créateur d'idées, de formes ou d'œuvres nouvelles se recrutant de plus en plus, dans la société actuelle, dans une sorte de couche sociale qu'il serait légitime d'appeler au sens sociologique du terme : la cité intellectuelle, immergée dans la cité humaine, mais dont les valeurs sont suffisamment différentes pour que non seulement elle ne s'y confonde pas, mais qu'elle manifeste une tendance à la scission, qu'on peut déplorer mais qu'on doit constater.

– Le macromilieu, produit des **moyens de communication de masse**, réunit les consommateurs et les fabricants de messages de masse qui s'écoulent dans toute une série de canaux, réalisant pratiquement une possession totale de l'homme moderne qui ne s'insurge que de manière velléitaire (mouvement surréaliste par exemple), et finalement voit ses actes déterminés par une somme de vecteurs et de réflexes conditionnés soumis à des fluctuations aléatoires qui sont le seul refuge de la liberté.

Le cycle de la culture passe des créateurs au micromilieu, du micromilieu aux mass-média, des mass-média aux masses. Les individus créateurs sont insérés dans ces dernières, qu'ils le veuillent ou non, et sont donc soumis à l'arrosage des faits culturels comme les autres. C'est par ce processus qu'ils expriment le monde dans lequel ils vivent, ou tout du moins qu'ils subliment les facteurs latents de ce monde. » (p. 327). Les mass-média apparaissent comme un mode de régentement de la société, dès lors que « notre culture est fixée de façon quantitative, par le montant de concepts que nous possédons dans notre cerveau, (plutôt) que par le fini de la structure selon laquelle sont organisés les éléments de la connaissance, qu'une culture humaniste permettrait d'obtenir. Ainsi que le remarque ***McLuhan*** : *"The medium is the message"*, le mode de communication est en soi ce qui importe dans le message. » (p. 331-332). Or les ***mass-media*** transforment « l'individu en terrain de combat de slogans divers, grossiers, schématiques, exerçant sur l'esprit une action dispersive et contribuant tous à renforcer l'aspect mosaïque de la culture ».

On a déjà signalé la prégnance de la conception mathématique de la communication dans la pensée d'Abraham Moles (cf. ci-dessous les contributions méthodologiques). On ne sera donc pas étonné, après l'écriture de *Commu-*

nications et langages (Paris, Gauthier-Villars, 1963), et du dictionnaire *La communication* (Paris, CEPL - 1970, Marabout, 1973), de sa participation à la publication en français de la *Théorie mathématique de la communication*, de Claude Shannon (Paris, Retz, 1975). Cependant *Théorie structurale de la Communication et Société* (Paris, Masson, 1986) reste l'ouvrage majeur d'Abraham Moles en la matière. Il analyse par une approche systémique les influences de la communication dans les structures sociales, en passant de la mesure de l'information à la description de trois modèles communicationnels « purs » qui sont en gros : la communication de personne à personne, la communication spécialisée issue de la division sociale du travail, et enfin l'opulence communicationnelle d'une société câblée, maillée et dépersonnalisée.

« Cette (dernière) image reste trop nouvelle pour que notre esprit, et surtout notre sensibilité, la maîtrise complètement, mais elle a d'innombrables implications d'ordre psychologiques ; elle *ignore* totalement la "personne" chez l'individu, sans pourtant nécessairement entraver ou réduire cette personne. Elle est l'image *de base*, sur laquelle peut éventuellement, se construire une "relation humaine" – indifféremment proche ou lointaine, *gratuite* au sens qu'elle ne présente aucune nécessité pour le fonctionnement global du système social, où la relation charismatique représente un *surplus*, de caractère "esthétique" et essentiellement non nécessaire. Deux versions en sont suggérées, selon les degrés de privatisation des auxiliaires télématiques de l'individu ou de dépendance de ces auxiliaires à un réseau unique :

– la *version régalienne* où la "propriété" – le terme de "gestion" serait plus adapté – est retirée des mains de l'individu ;

– la *version conviviale* où, en dehors des réseaux de base qui constituent le système social, l'individu privé dispose d'une autonomie des outils d'ordre télématique qui lui permettent de réaliser son projet de base, soit tout seul, soit dans une association interpersonnelle et indéfiniment diversifiée, association qui n'a plus *rien* à faire avec un quelconque voisinage géographique. » (p. 281). À l'heure d'***Internet*** et des ***autoroutes de l'information***, on peut mesurer ici ce qu'un chercheur comme Abraham Moles a pu apporter à la réflexion sur l'implantation des nouvelles technologies d'information et de communication.

b) La psychologie de l'espace et la notion de labyrinthe

Dans *La psychologie de l'espace* (Paris, Casterman, 1977, p. 9), Abraham Moles rappelle que « l'organisation de notre espace résulte de l'image que nous nous en faisons : la contradiction s'y place au niveau même où nous en établissons l'*appropriation,* tantôt comme un *point d'attache* duquel nous pouvons partir, tantôt comme un *volume* à répartir ». La ***proxémique*** est un aspect essentiel de cette psychologie de l'espace : « l'importance des êtres, des choses et des événements y diminuant nécessairement avec la distance à mesure que décroît leur perception elle-même. » (p. 14). À partir de ces éléments fondateurs, Abraham Moles a réinterrogé entre autres les thèmes de l'« espace et liberté », des « modes d'appropriation de l'espace », de la « cristallisation géopolitique de l'espace », ou même du « labyrinthe comme un des archétypes de l'espace ».

Il faut croire que la notion du Labyrinthe a été féconde pour Abraham Moles, et publiera *Labyrinthes du vécu* (Paris, Klincksiek) en 1982. Pour lui, le labyrinthe est la forme canonique de l'espace contraint, ce qui permet d'éclairer d'une nouvelle réflexion les espaces du sacré, la scène théâtrale, le jardin, le musée ou encore le réseau urbain, et de les « délabyrinther ». En faisant appel à la micropsychologie, l'observateur « peut donc faire l'objet d'une *infralogique,* un logos interne de la pensée, indépendant ou peu dépendant en apparence de la Logique formelle mais qui, en tout cas et surtout, n'est pas l'objet d'un hasard ou d'une fantaisie pure qui serait dépourvue de Lois » (p. 169).

c) La théorie des objets

La « Théorie des objets », objet de l'ouvrage au même titre (Paris, Éditions universitaires, 1972) entretient des relations étroites avec la théorie des actes et des communications. Dans *Les communications dans l'entreprise* (Paris, Entreprise Moderne d'édition, 1966, p. 15-16), Abraham Moles donne une définition très ***systémique*** de l'***entreprise*** : « L'entreprise est un lieu privilégié où les intérêts particuliers se fondent dans un intérêt général. Elle est un *système* social, c'est-à-dire un ensemble de parties distinctes réunies par une fonction commune. En fait, elle est définie par ses fonctions ou ses buts par rapport à un milieu ambiant qui est la société globale : le monde social ou économique, que l'on appelle le *marché.* » Et il ajoute : « On pourrait dire qu'à côté du *monde des actions* et des objets, du monde matériel, physique, il existe un véritable *monde de la communication* en corrélation étroite et nécessaire avec le précédent. On conçoit que l'étude du monde des communications soit parallèle à celle du monde des actions [...]. »

d) La théorie des actes

Dans *Théorie des actes. Vers une écologie des actions* (Paris, Casterman, 1977, p. 11-12), Abraham Moles précise sa pensée : « Les sciences sociales seraient d'abord celles de l'*interaction entre l'homme,* (ou les hommes), *et le monde* dans lequel il est situé, c'est l'analyse de la nature de ces interactions qui nous proposerait une *recodification* de la pensée scientifique. Ainsi serait-on conduit à restructurer l'ensemble des sciences sociales selon trois pôles :

– le pôle de la description de l'environnement, environnement physique, environnement matériel, environnement humain ;

– le pôle de la théorie des communications, c'est-à-dire de l'analyse des processus d'interactions entre les êtres humains d'un point à l'autre, d'un individu à un autre, d'un groupe à un autre, processus qui est plus ou moins indépendant des êtres humains eux-mêmes et qui n'est lié à ceux-ci que pour définir le contenu particulier de chaque communication ;

– enfin le pôle des actions, la façon dont l'être situé dans un environnement, mis en relation directe ou indirecte, instantanée ou retardée, avec d'autres individus ou d'autres points du monde, va agir sur ce monde pour le changer. Toutes les sciences humaines, telles que nous les définissons, se restructureraient alors nécessairement autour de ces trois pôles, dont chacun serait l'objet d'une Grande Théorie au sens de Poincaré : la théorie de l'*Environnement,* la théorie des *Communications,* enfin, la théorie des *Actes.* »

Se référant à la phénoménologie des actes, « une action est », pour lui, « quelque chose de visible, d'objectivable, qui laisse une trace, au moins dans l'image même que nous en inscrivons dans notre mémoire, trace souvent visible à l'observateur (c'est ce que l'on appellera pragmatisme), et c'est dans la nature de cette trace que se différencieront d'abord les actions. » (p. 16)

Consciente d'une typologie des actes et d'une écologie des actions, une science des actes, dans le prolongement de la micropsychologie comporte un aspect praxéologique et fournit un « supplément de rationalité ». Dans le contexte de l'organisation d'une entreprise, par exemple, elle est censée « prendre en compte plus largement les différents facteurs de dissipation des ressources à l'intérieur du champ d'expérience vitale » (p. 257), en dehors de la pure rationalité déductive.

3. Les contributions méthodologiques

Moles s'est attaché à se faire dans les milieux les plus divers, l'introducteur du **modèle cybernétique** (teinté de ***systémique***), et c'est dans ses ouvrages que l'on trouve incontestablement les explications les plus éclairantes sur le « **schéma canonique** » de la communication : « dans toute étude de communication, on cherche d'abord à élucider qui sont émetteurs et récepteurs, quelle est la nature du canal, celle du répertoire de signes. C'est le début d'une analyse structuraliste (pour l'auteur il s'agit d'une conception équivalente de la "conception atomiste" dans les sciences physiques, et qui admet qu'il est toujours possible de décomposer les phénomènes perceptibles en un grand nombre d'éléments simples, énonçables et répertoriables, puis recombinés par l'observateur pour simuler par un modèle le phénomène initial. Note de B.M.). En fait, on décompose souvent une communication globale en une *chaîne de communications* plus simples obéissant à ce schéma canonique, dans lesquelles on n'a affaire qu'à un répertoire simple bien défini... Un des rôles de la cybernétique – ou science des organismes – est d'élucider clairement la structure des réseaux – ou organismes – dans lesquels circulent les messages pour pouvoir appliquer les lois de la théorie métrique de l'information... » (article « La communication et les mass-média », dans le dictionnaire *La communication,* déjà cité, Les Dictionnaires Marabout Université, 1973, p. 138-139).

Cette conception de la communication et la démarche méthodologique qui l'accompagne conduisirent tout naturellement Abraham Moles à jeter les bases d'une science de la communication qu'il désigne parfois comme une *écologie de la communication,* et qui entend étudier les relations existantes entre les différentes activités de communication fonctionnant au sein d'un ensemble social donné (entreprise, ville, territoire, etc.) et les messages qui leur correspondent, de façon à observer le fonctionnement des différents canaux et réseaux, leurs complémentarités et leurs situations de concurrence. En tout cas rares sont les auteurs qui, plus qu'Abraham Moles, ont vu

dans la communication un paradigme subsumant toutes les activités humaines au point de lui appliquer des méthodologies statistiques visant à la quantifier. On comprend aussi mieux pourquoi le professeur de Strasbourg est considéré comme l'un de ceux qui ont le plus contribué à imposer l'idée qu'*une* science de la communication était non seulement envisageable mais surtout qu'elle constituait en quelque sorte une super-science, ou pour le moins une perspective susceptible d'irriguer les différentes disciplines existantes, à la fois « surplombante » car présente dans toute la vie sociale et abordable de façon rigoureuse, notamment par les méthodes de quantification.
Nombre de ceux qui présentement croient encore possible l'élaboration d'une théorie générale de la communication (et de l'information), ne savent généralement pas qu'ils trouveraient chez Moles un plaidoyer argumenté de cette conception (cf. en particulier deux de ses derniers ouvrages, *Théorie structurale de la communication et société*, Masson, Paris, 1986 et *Les sciences de l'imprécis*, en collaboration avec Elisabeth Rohmer, Seuil, Paris, 1990).
Si les entrées retenues ci-dessus permettent de mieux cerner les recherches d'Abraham Moles, il ne faut pas perdre de vue qu'un des objectifs de ce dernier semblait de faire converger ses approches, en particulier celles des théories de l'environnement, des actes et des communications, dans l'étude d'un même objet.
Lorsqu'il étudie la *Psychologie du Kitsch* (Paris, Denoël, 1977, p. 10) n'écrit-il pas : « Nous poserons donc pour cadre de ce livre :
1) *L'intérêt à la vie quotidienne* comme élément statistiquement majeur d'une "proxémique" ou "science du proche" ;
2) *L'importance du cadre matériel* de celle-ci, comme témoin et message de la société à l'individu ;
3) *L'universalité de fait de l'artificiel* par rapport à ce qu'il était convenu autrefois d'appeler "naturel" et qu'il n'est plus guère qu'un terme de référence, ou d'opposition ;
4) *Le besoin d'une étude psychologique* des rapports de l'homme avec son environnement comme déterminant social. » ?
Plus encore, dans *Théorie structurale de la Communication et Société* (Paris, Masson, 1986, p. 16-17), il nous propose sa définition d'une « *Théorie formelle des communications*, c'est-à-dire un cadre conceptuel précis, pour englober les phénomènes que l'ingénieur, le sociologue ou le philosophe rangent sous ce nom, affirmant par là l'idée que ce terme même de *Communication* couvre une science nouvelle de l'interaction des êtres et des choses, plus ou moins indépendante – comme la cybernétique –, de ces êtres et de ces choses, mais qui concourt avec la "Théorie des Actes" et la "Théorie de l'Environnement" à une nouvelle classification des Sciences Humaines. Tout phénomène social nouveau crée une mode. Nous vivons la Mode de la Communication, corrélée à la prodigieuse extension des *systèmes technologiques qui la supportent*. Ce serait pourtant une erreur d'ignorer que l'immense intérêt soulevé par la théorie des communications est lié à l'accroissement quantitatif du rôle que l'acte de communiquer à distance, sous sa forme matérielle, s'est mis à exercer dans l'économie de la société et dans le budget-temps de nos vies quotidiennes. L'invasion des Mass-media, la montée du Courrier et du Téléphone, la réalisation progressive d'actes à distance (télécommande) par l'intermédiaire des systèmes de la poste ou de la téléinformatique, la multiplicité des Copies (conserves communicationnelles), sont devenus des aspects banaux de la société industrielle : il leur faut un cadre de pensée clair. » Clair et le plus tautologique possible.
Pour autant clair ne voulait pas dire suivre aveuglément l'idéologie de la précision. Abraham Moles, dans son dernier ouvrage : *Les sciences de l'imprécis* (Paris, Seuil, 1990, p. 275 et 276), précise : « Les sciences humaines se sont *dès l'origine* trouvées confrontées avec des phénomènes imprécis et des concepts vagues qu'il était nécessaire de traiter comme tels. Elles ont dû, pour cela, développer une épistémologie et une logique du probable et de l'imprécis ("échelles" par exemple), et apprendre à s'en servir avec rigueur, ce qui n'exclut jamais tous les risques que comporte intrinsèquement cette démarche.
Mais, par ce chemin même qu'elles suivaient, elles n'ont jamais jeté aucune exclusivité – formulée ou informulée – sur aucun des phénomènes répétitifs et observables du champ qui leur était proposé. Elles se trouvent donc, sur le plan de la connaissance, mieux armées pour affronter les *phénomènes complexes*, et par là, variables, aléatoires, imprécis dans leurs contours, qui constituent la *trame* de l'univers quotidien avec lequel l'homme doit lutter.
Du point de vue épistémologique, les sciences humaines ou sociales représentant les

"sciences vagues" se trouvent donc de fait sur ce plan *plus avancées* que les sciences dures et sont en position de rendre à LA SCIENCE en général des outils et des modes de raisonnement qui sont nécessaires à celle-ci pour affronter les richesses du monde ».

Abraham Moles reconnaît qu'une véritable méthodologie des sciences de l'imprécis, dont il propose quelques clés, n'a pas encore abouti. Mais, à côté d'une science établie, nouveau totalitarisme de l'esprit susceptible d'engendrer à la fois l'adoration et l'opposition, il souligne que « les sciences du vague amplifient le champ épistémologique : elles proposent une façon *autre* de traiter la connaissance que les sciences de la nature. Contre ces dernières, le philosophe fait remarquer qu'ayant commencé comme un exercice de la raison sur le monde extérieur, les sciences de l'exact ont *choisi* leur domaine (celui de la linéarité par exemple ou celui des fonctions continues) et n'ont que tardivement élargi leur domaine d'application, en même temps qu'elles prenaient comme règle de la pensée agissante ce qui pour elles se présentait comme *le plus commode*. Elles ont laissé à d'autres le soin de traiter "le reste" du champ épistémologique. Les sciences sociales, récemment venues, avaient pour *objet* le flou, le qualitatif, les corrélations faibles, les formes plutôt que les chiffres, elles ont dû dès lors s'affronter à ces caractères de leur "vérité". Elles nous proposent donc un nouveau rationalisme [...] » (p. 286). Et c'était sans doute là tout le projet d'Abraham Moles.

4. Le bilan

Les critiques adressées à la production scientifique d'Abraham Moles ont été nombreuses, et portaient le plus souvent sur des aspects essentiels de son argumentation. On en retiendra ici trois, qui nous paraissent décisives : 1) la réduction du social à la sociabilité interindividuelle ; 2) la non prise en compte du rôle de la langue dans les processus communicationnels ; et finalement 3) la proposition, centrale dans son approche, de penser la communication en dehors des sociétés concrètes dans lesquelles elle se développe, de leurs structures sociales et culturelles, de leurs modalités de fonctionnement et des rapports sociaux qui se nouent entre les hommes.

Est-ce à dire que les ouvrages d'Abraham Moles aient perdu de leur intérêt et surtout de leur influence ? Il est vrai qu'on n'y trouvera pas certaines des préoccupations contemporaines, comme le souci du rôle des usagers/récepteurs, ou les propositions ouvertes par les diverses ***pragmatiques***. Mais à la réflexion certains traits de la pensée de Moles sont encore en phase avec des façons bien actuelles de s'intéresser à la communication. D'abord le ***schéma canonique de la communication*** reste prégnant, et s'impose encore, de facto, comme un élément incontournable de l'étude de la communication ; les réfutations très argumentées et généralement convaincantes qui lui ont été adressées, ont à peine réussi à ébranler ce roc de la pensée communicationnelle. Ensuite, si l'on reprend les trois critiques formulées à l'encontre des théories développées par Moles, on s'aperçoit aisément qu'elles concernent tout autant des auteurs publiant en cette fin de siècle, particulièrement ceux qui s'intéressent à la communication entre les hommes et les machines, ceux qui centrent l'étude de la communication sur la question de la technique (on n'oubliera pas que les thèses de ***Marshall McLuhan*** ont trouvé en Abraham Moles un défenseur fervent), ainsi que les partisans du « **modèle constructiviste** » (voir ***Constructivisme***).

Aussi, même si elle n'a pas envisagé les autoroutes de l'information ou les produits multimédias, l'œuvre de Moles conserve-t-elle une incontestable actualité. Plus précisément, les modes de penser la communication que le professeur de Strasbourg a contribué à forger et a largement diffusé, restent toujours disponibles, même si on a recours à eux sans toujours le savoir.

Mondovision

Diffusion d'un même programme dans un certain nombre de pays au moyen de plusieurs chaînes, grâce à l'utilisation de satellites. Selon les sources la première émission en mondovision eut lieu le 23 juillet 1962 au-dessus de l'Atlantique (Pleumeur Bodou, selon d'autres sources, c'est le 17 septembre 1962 que fut diffusée la 1re mondovision, il s'agissait d'un hommage à Dag Hammarskjöld, secrétaire général de l'ONU, tué au Congo (devenu le Zaïre).

Moniteur

Téléviseur qui n'accepte que des images vidéo, et parfois, son. Il est dépourvu de récepteur et ne peut donc recevoir des émissions de télévision. Le moniteur est utilisé dans les régies, où il permet de visionner les prises de vues des cadreurs. Désigne également le dispositif, sur une caméra, qui permet de visionner des images vidéo, après leur enregistrement, notamment à des fins de contrôle.

Monopole

Structure de marché caractérisée par un seul offreur face à un grand nombre de demandeurs. En principe les monopoles privés sont interdits dans tous les pays, sauf pour les concessions de services publics.

Dans le domaine des médias, le pluralisme des moyens d'information est considéré comme l'un des piliers de la démocratie. De ce fait les regroupements ou concentrations d'entreprises de presse et groupes multimédias sont toujours surveillés attentivement. Mais eu égard aux effets supposés ou réels des médias sur les comportements des citoyens, les pouvoirs publics dans un grand nombre de pays ont souvent pris en charge seulement l'activité de comunication par voie de radio et de télévision. En France la situation de monopole de l'État sur la communication audiovisuelle a été en place depuis 1945. Toutefois, à partir de la fin des années 1970 et début des années 1980, dans tous ces pays, le monopole public de la diffusion des émissions de radio et de télévision vole en éclat avec l'arrivée du câble et des satellites. Il reste tout de même que les ondes hertziennes sont un **bien collectif** qui ne peut être exploité de manière privée que par concession gratuite ou payante des fréquences hertziennes, qui sont un bien extrêmement rare, décidée par la puissance publique.

En France la pratique du monopole public de diffusion a ses racines dans le décret-loi de novembre 1851 proclamant le monopole d'État sur la télégraphie. Ses dispositions sont reprises par la loi de finances du 30 juin 1923 qui établit le monopole des PTT sur la radiodiffusion, en les étendant « à l'émission et la réception des signaux radioélectriques de toute nature ». Seule la réception est libre, à condition de déclarer son poste de réception. Mais le secteur privé a continué d'exister, jusqu'à l'ordonnance du 23 juin 1945 qui établit le monopole d'État sur la radiotélévision. Le secteur privé est supprimé. Les radios privées peuvent émettre hors du territoire français. Mais pour qu'elles puissent bénéficier d'une bonne qualité d'écoute, elles doivent installer leur émetteur à proximité de la frontière : c'est ainsi que se constitueront les **radios périphériques** (RTL, Europe n° 1).

Par le décret du 6 février 1947, le monopole est réaffirmé et introduit dans le code des PTT.

L'ordonnance du 4 février 1959, reprise dans la loi du 27 juin 1964 établit l'étendue du monopole au réseau des installations techniques, à la diffusion et à la programmation, à la perception de la redevance.

Les lois du 3 juillet 1972 et du 7 août 1974, malgré un très lourd conflit au sein de l'ORTF survenu en 1969 et sa dissolution par cette dernière législation, réaffirmeront ce principe.

L'évolution technologique, d'une part, et un large mouvement idéologique dans le monde entier en faveur de la réduction de l'intervention de l'État (nouveaux économistes, monétarisme, déréglementation, dérégulation, thatcherisme, reaganomics sont les principaux mots-clefs d'identification de révolution libérale) à la fin des années 1970, d'autre part, conduisent plusieurs pays à s'engager dans la voie du développement du secteur privé concurrentiel : télévision payante, télévision par câble ou par satellite.

En France, la remise en cause du monopole public de diffusion se fera paradoxalement par les militants du parti socialiste qui vont lancer des radio pirates sur la bande FM : paradoxe dans la mesure où les socialistes sont généralement interventionnistes, mais paradoxe apparent seulement puisqu'ils soutiennent que libérer les ondes c'est réduire l'influence du parti au pouvoir. Avec l'arrivée des socialistes au pouvoir, à partir de 1981, le monopole ne cessera de reculer au profit d'une réglementation du marché et un contrôle du respect des cahiers des charges souscrit par les représentants des entreprises concessionnaires :

– Les chaînes de programmes ont reçu le droit d'acheter des productions dans le secteur privé, mais sont tenues d'acheter un quota de production à la S.F.P., pour permettre la survie de cette entreprise publique.

– En 1984, est créée une chaîne à péage, Canal + : le capital est détenu en partie par l'agence Havas mais l'État est encore partie prenante.

– La loi du 13 décembre 1985 permet la naissance des télévisions hertziennes privées : France 5 (dite la cinquième) et TV6.

– Une nouvelle loi est votée en 1986 : la volonté de libéralisation est renforcée. Le monopole de diffusion et d'exploitation est abrogé ; TDF peut être mis en concurrence par les chaînes du secteur privé et France Télécom perd l'exclusivité du câblage. La S.F.P. doit elle aussi s'adapter à une économie de marché. Une nouvelle instance, la ***C.N.C.L. (Commission Nationale de la Communication et des Libertés)*** est instituée. TF1 est privatisée, la 5e et 6e chaînes changent de propriétaires. L'État laisse fonctionner les lois du marché qui ne sont pas favorable à un grand nombre de chaînes hertziennes généralistes. La sélection par le marché a été fatale à la cinquième. L'État reprend le réseau pour diffuser les programmes d'une chaîne publique éducative (en journée) et d'une chaîne culturelle franco-allemande en soirée (Arte). La fin du monopole n'est donc la fin ni de l'intervention de l'État, ni du développement du secteur public.

Montage

1. Dans le domaine audiovisuel, choix et assemblage des divers plans d'un film, des bandes magnétiques enregistrées pour une émission de télévision ou de radio. Contrairement au film cinématographique traditionnel pour lequel le montage consiste à enlever les images non désirées en coupant manuellement le film et en le collant bout à bout, en vidéo le montage est réalisé par voie électronique : les images à garder sont réenregistrées sur un deuxième magnétoscope. Si l'enregistrement originel comportait une bande son, un montage sonore traité séparément sera nécessaire, afin d'unir la bande image montée aux enregistrements sonores correspondants. Un **montage audiovisuel** et un **montage sonore** simple sont parfaits lorsqu'ils sont exempts de **sauts** (coupure au milieu d'un mot ou un son) et de **blancs** (silence avant le démarrage et l'enregistrement). En radio, un montage sonore est appelé un **bobineau** (ou **bobinot**), quand il s'agit d'un insert dans un journal radio.
2. En imprimerie, assemblage par collage de films portant le texte et les illustrations qui sont copiés ensemble sur la forme d'impression.
3. Du point de vue rédactionnel, le montage est l'écriture d'un article à partir d'informations de diverses origines, dont les dépêches d'agence de presse. Synonyme : **mouture**.

Monument

Voir ***Histoire de la presse écrite***.

Morasse

Dans la presse, dernière épreuve faite sur le ***marbre*** destinée à la dernière vérification et correction, avant le serrage des formes.

Morphème

Terme linguistique qui désigne la plus petite unité de signification grammaticale ou lexicale dans un mot. Exemple : dans « nous chantons » « ons » est un morphème grammatical qui marque la première personne du pluriel d'un verbe conjugué au présent, tandis que « chant » est le morphème lexical dans « chantons ».

Mort kilométrique (Règle du -)

Notion empirique signifiant que l'intérêt suscité par une information donnée est inversement proportionnel à la distance séparant le lieu de diffusion de l'information et le lieu où s'est produit l'événement relaté par l'information. Un événement distant doit être donc très important pour supplanter, les événements locaux, s'ils sont de moindre importance d'un point vue objectif, dans le contenus des ***médias de masse***. Cette notion du mort kilométrique peut être analysée en termes gravitaires, dans la mesure où la distance joue ici un rôle d'obstacle à l'audience, c'est-à-dire obstacle à la rencontre entre un public et un message, comme pour l'attraction entre deux masses dans le modèle gravitaire de Isaac Newton, et sa généralisation pour la communication par ***Zipf***.

Mot

Unité de signification du langage et constituée de une ou plusieurs lettres ou phonèmes correspondants, isolés entre deux blancs typographiques sans interruption. Du point de vue informatique, un mot est un assemblage d'éléments alphanumériques pouvant entrer dans une adresse et qui est traité d'un seul tenant par l'ordinateur.

Mot-clef

1. En ***documentation*** : mot simple ou composé qui, une fois indexé, permet d'identifier un article ou un livre dans un fichier. Le choix d'un mot-clef dans la liste des candidats descripteurs doit reposer sur sa fréquence d'emploi. Une fréquence élevée peut être la conséquence de la polysémie mot, et une fréquence élevée peut à son tour susciter du ***bruit***, c'est-à-dire obtenir de documents non pertinents. Réduire le bruit, c'est aussi courir le risque du silence, c'est-à-dire ne pas obtenir l'article recherché alors même qu'il est présent. Le coût du bruit est dans les recherches stratégiques plus supportable que le coût associé au silence. Voir ***Indexation, Thésaurus***.
2. En sociolinguistique : mots dont l'évolution de l'usage dans le langage courant en fait des indices de l'évolution culturelle. Un mot-clef apparaît à l'occasion d'un commentaire d'un événement important. La fréquence de son usage dans la société se développe d'une manière exponentielle, jusqu'à atteindre un maximum, puis se stabilise et retombe, introduisant ainsi une limite au classement des mots selon la ***loi de Zipf***. Le mot de quarteron lancé par le Général De Gaulle à propos des

quatre généraux putschistes d'Algérie de 1961, ou l'expression de « fracture sociale » lancée par le journal *Libération* et utilisée par M. Chirac pour sa campagne électorale pour les présidentielles de 1995, peuvent illustrer ces exceptions à la loi de Zipf qui établit la corrélation entre la longueur des mots et la fréquence de leur emploi.

Mot plein

Mot qui a une signification en soi et qu'on oppose au ***mot vide*** ou fonctionnel.

Mot vide, mot outil, mot fonctionnel

Un mot est considéré comme « vide » (outil ou fonctionnel) s'il appartient à une liste donnée *a priori*, ou si son comportement statistique à l'intérieur d'un ensemble de documents le rend non pertinent. Ces mots fonctionnel ou instrumentaux non porteurs d'information, contrairement aux mots pleins, mais indispensables du point de vue syntaxiques peuvent être des articles, des prépositions, des conjonctions, etc.

Moteur d'inférence

Voir ***Système expert***.

Moteur de recherche

Logiciel qui permet de retrouver un site ou une page ***Web*** sur l'***Internet,*** lorsque l'adresse n'est pas connue par l'utilisateur, à partir d'un mot ou d'une expression.

Moteur de résolution

Voir ***Système expert***.

Moyens de communication de masse

Voir ***Mass-media, Médias, Publicité, Communication en deux étapes (Théorie de la -), Sociologie des médias***.

MPU (*Microprocessor Unit*)

Sigle de l'expression anglaise qui désigne l'unité centrale d'un microprocesseur.

M.S.DOS (*Microsoft Disk Operating System*)

Système d'exploitation pour micro-ordinateur de 16 bits conçu par la firme Microsoft.

Multicritères (Recherche en -)

Une recherche en multicritères permet à l'utilisateur de formuler une demande précise afin d'accéder à l'information recherchée et seulement à celle-ci. Elle engendre un accès plus ou moins direct selon le nombre de critères qu'elle propose. Cette technique a été très utilisée dans les services ***vidéotex*** qui proposent des systèmes de réservation ou de consultation d'horaires et surtout par l'annuaire électronique. Celui-ci demeure l'archétype d'une recherche multicritères car il réclame d'abord de l'utilisateur qu'il fournisse deux critères obligatoires (le nom et la ville de l'abonné recherché) ; il propose ensuite de réduire le nombre de réponses grâce à des critères facultatifs que l'utilisateur n'est pas obligé de renseigner (le département, le prénom, l'adresse) ; enfin, il garde la possibilité d'élargir la recherche en cas de non-réponse en proposant une recherche en ***arborescence*** à partir des localités ou des rubriques professionnelles.

Les deux dispositifs sont complémentaires et souvent couplés afin d'éviter de laisser l'utilisateur sans réponse car celui-ci ne pourra trouver que ce qu'il cherche, le multicritères l'empêchant de butiner (type de ***navigation***) à cause de la rigidité de son dispositif.

Multimédia

1. Relatif à plusieurs médias.
2. Média intégré interactif. Il peut être en site (multimédia *off line*) ou en ligne (multimédia *on line*).

   Le multimédia en site est un produit éditorial électronique sur supports de type ***cédérom*** ou ***CD-I***, associant texte, son et image qui peut être consulté sur un équipement de lecteur disponible sur le lieu de consultation (domicile, travail). Son contenu est en outre susceptible d'être consulté en interactivité.

   Le multimédia en ligne est ce que l'on désigne communément par ***autoroute de l'information*** ou **inforoute** lorsque celle-ci intègre des services plus larges que les seules transmissions de données informatiques et de communications téléphoniques.

Multimédia (Aspects technologiques du -)

Le multimédia est l'ensemble constitué des logiciels, des applications et des produits qui sont nés de la ***convergence*** de trois univers technologiques : les télécommunications, l'informatique et l'audiovisuel. Ces trois secteurs connaissent des évolutions technologiques relatives à la capacité de transmission, à la numérisation et à la compression principalement, dont le multimédia a su tirer profit. Véritable opportunisme technologique, il propose donc d'accéder à l'information grâce à une interactivité de surface qui s'appuit sur les différents vecteurs de diffusion de l'information utilisés (son, images fixes ou animées, graphisme, animation...). Le plus souvent les ***parcours*** proposés relèvent seulement de l'***arborescence***. L'**architecture** d'un multimédia repose généralement sur une succession de choix multiples qui constituent un nombre de **parcours** clos et connu. Le multimédia s'oppose aujourd'hui à l'**hypertexte** en cela que le sens du produit, la construction du sens dans le produit est préexistant à sa manipulation par l'utilisateur. Mais si le sens d'un produit multimédia est déjà construit avant que l'utilisateur ne le manipule, celui-ci se verra proposer des documents de nature très différentes articulés selon un principe architectural assez commun. L'architecture de base des multimédias propose très souvent des successions verrouillées de pages-écrans dans lesquelles l'aléatoire et l'interactif ne subsistent que pour des éléments secondaires (les animations d'éléments graphiques faisant référence au dessin animé par exemple), des enchaînements libres de modules rigides qui constituent de petites séquences intouchables.

La structure du multimédia : de l'arborescence avant tout

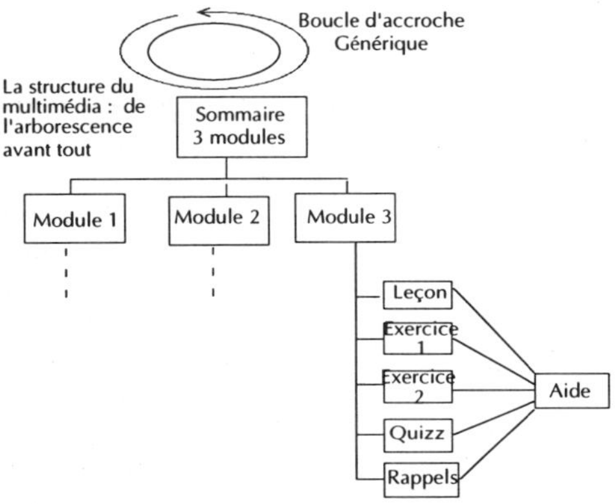

Voici les principaux éléments à disposition de ces produits ou documents.

Parmi les éléments sonores on distingue principalement la voix off, la parole, les bruitages, les sonorisations d'ambiance, la musique ; on retient parmi les éléments visuels, en couleur ou en noir et blanc, les photos, les diapositives (qui demandent des capacités de stockages très conséquentes), les graphismes, les animations (dessins animées), les animations virtuelles (3D), la vidéo et bien sûr le texte. L'information étant transmise selon plusieurs modes on parle aussi de produits multimodaux à cause des différents modes de transmission utilisés par l'utilisateur pour « lire » le produit (mode oral, écrit, visuel, gestuel).

Convergence de trois univers technologiques.

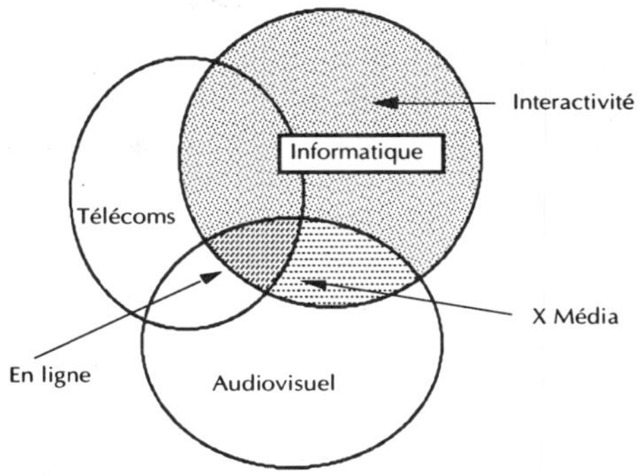

Multimédia (Socio-économie de la communication -)

La communication multimédia met en œuvre de façon complémentaire des médias différents et assigne à chacun d'eux une fonction particulière dans une logique esthétique commune. Les stratégies et les produits de communication multimédias intègrent, en particulier, la communication audiovisuelle et les apports de l'informatique.

1. Stratégies de communication multimédia

Les ***stratégies de communication*** multimédia sont des stratégies dans le cours desquelles sont impliqués plusieurs médias différents, obéissant à des modes différents et complémentaires de signification et de production d'information. Elles se caractérisent par un certain nombre de faits majeurs.

a) Complexité institutionnelle des procédures et des décisions :

Les décisions en matière de communication multimédia impliquent à la fois les acteurs qui conçoivent les formes et les stratégies de communication et ceux qui les mettent effectivement en œuvre dans l'espace social. Les stratégies multimédias impliquent, en règle générale, une continuité du destinateur ou de la structure institutionnelle chargée de la « maîtrise d'ouvrage de communication » (voir ***Destinateur***) et une diversité des concepteurs et des médias chargés de la diffusion. Le multimédia se caractérise, sur le plan de sa conception, par l'articulation de la maîtrise d'œuvre exercée par les différents médias supports et de la fonction de création ou de créativité exercée par les acteurs de la communication dans l'espace de la diffusion.

b) Logique économique et financière particulière
L'économie qui préside aux stratégies de communication multimédia est une économie complexe qui met en jeu deux types d'investissements : des investissements industriels et des investissements de conception. Cette économie est complexe, car les investissements mis en œuvre au cours des stratégies de mise en place des formes multimédia de communication ne génèrent de profits qu'indirectement et à l'intention d'ensembles complexes de bénéficiaires, mais sa complexité tient aussi à la grande dispersion des initiatives et des décisions en matière financière. La complexité de ses structures économiques peut expliquer la difficulté où se trouve la communication multimédias pour atteindre un stade normal de développement industriel.
c) Statut et représentation des destinataires et des usagers de la communication
À partir du moment où les formes et les codes de la communication appartiennent à des formes différentes de médias, les destinataires et les usagers de la communication font l'objet de représentations diverses et complexes au cours des processus de communication mis en œuvre. En effet, la diversité des ***médias de diffusion*** entraîne une parallèle diversité des situations d'usage et de réception de la communication. Les médias de diffusion mettent ainsi en œuvre des représentations de leurs destinataires qui les situent dans trois positions différentes. D'une part, ils sont placés en position d'usagers de services (il s'agit, en particulier, des structures économiques et financières de communication, en particulier mises en œuvre par les banques) ; d'autre part, ils peuvent se trouver en position de lecteurs ou de destinataires de l'information (il s'agit, en particulier, des systèmes multimédias mis en œuvre par les organes de presse et par les ***bases*** et ***banques de données***) ; enfin, il peut s'agir de joueurs, ou d'usagers en situation ludique (en effet, le marché des jeux électroniques instaure une importante activité de production multimédia de jeux interactifs).

2. Fonctions et organisation de la communication multimédia
L'émergence des formes multimédia de communication correspond à une forme de saturation des médias traditionnels et à la recherche d'une extension des potentialités de la ***communication médiatée***. Les fonctions majeures de la communication multimédia sont, ainsi, de permettre une démultiplication des potentialités de communication offertes par les médias, d'élargir les types de services offerts par les médias et d'engager l'usage des médias dans une logique de communication.
a) Une démultiplication des potentialités de communication
À partir du moment où la ***communication médiatée*** s'inscrit dans une complémentarité fonctionnelle entre les **médias d'information** (dispositifs de stockage et de traitement des données), les **médias de représentation** (médias audiovisuels) et les **médias de distribution** (télécommunications), les potentialités offertes en matière de communication sont étendues d'autant, puisqu'il s'agit d'autant de modes d'expression, désormais complémentaires. Par ailleurs, une telle démultiplication s'accompagne d'une diversification des places possibles des usagers de la communication, et, par conséquent, des formes possibles de relation entre les ***destinateurs***, les énonciateurs et les destinataires de la communication.
b) Élargir les types de services offerts par les médias
La communication multimédia est une forme de communication qui s'inscrit dans une logique de services. En effet, la complémentarité entre les médias qui organise la communication multimédia ne se conçoit que dans la mise en œuvre d'un ***organigramme*** : la complémentarité entre les médias de la communication multimédias est une complémentarité organique. Chaque média définit une fonctionnalité particulière au sein de l'ensemble du dispositif de communication. Mais, dans une telle approche, la communication multimédia permet une extension des possibilités des médias en termes de services. En particulier, d'une part, la communication multimédia offre des possibilités formelles et technologiques élargies à l'expression et à la représentation, d'autre part, elle permet d'intégrer les dispositifs de ***diffusion*** et de ***distribution*** aux stratégies de communication et de représentation.

3. Stratégies de lecture et d'usage du destinataire
Le destinataire de la communication multimédia se donne des stratégies d'usage, qui sont principalement structurées autour de l'usage ***informatique*** : c'est à partir de la mise en œuvre de stratégies de pilotage assisté par ordinateur que le destinataire de la communication accède à l'information qui lui est nécessaire pour penser et recevoir l'articulation multimédia.

On peut qualifier la lecture du multimédias par trois caractéristiques majeures : il s'agit d'une opération de traduction, de la mise en œuvre d'une mémoire, et de l'articulation de formes complémentaires de communication.

a) Une opération de traduction

Il s'agit d'une traduction, car les médias associés dans le cadre de la multimédiation s'inscrivent dans des modes distincts d'expression et de représentation. Ils appartiennent à des systèmes différents de langages et de symbolisation, qui mettent en œuvre des logiques différentes de communication et d'information. C'est l'informatique qui rend possible, dans la communication multimédia, la traduction : le passage d'une forme à l'autre d'expression et de médiation. L'**informatisation** constitue une forme de langage-pivot entre les médias articulés dans les programmes multimédias, et rend possible l'utilisation de ce type de programmes dans la communication, d'une part en introduisant la communication multimédia dans une logique de programmation, d'autre part, en organisant un langage commun d'articulation sous forme de système de données.

b) La mise en œuvre d'une mémoire

C'est la ***mémoire*** – elle-même rendue possible par l'informatisation de la communication multimédia – qui rend possible la continuité de la communication mise en œuvre par le multimédia. La multimédiation a une mémoire double. D'une part, il s'agit de la mémoire des données accumulées, au fur et à mesure de la mise en œuvre des divers modes de communication ; d'autre part, il s'agit de la mémoire des interventions successives opérées par les différents acteurs de la communication. Cette mémoire double de la multimédiation permet aux usagers et aux destinataires des programmes multimédias de maîtriser la continuité de la programmation et des stratégies mises en œuvre.

c) L'articulation de formes complémentaires de communication

Les différents médias mis en œuvre dans le cadre des formes multimédias de communication sont complémentaires à la fois sur le plan fonctionnel et sur le plan de la signification. Sur le plan fonctionnel, une programmation de communication multimédia assigne une fonction particulière aux différents médias engagés dans la stratégie : le son garantit la continuité thématique de la signification produite, l'image assure au destinataire une perception immédiate des formes et des représentations, enfin, le recours à la médiation informatique assure le stockage des données, leur traductibilité dans les différents médias engagés dans la communication et le caractère opérationnel du système de communication.

4. Les acteurs de la communication multimédia

Il y a trois types d'acteurs dans la communication multimédia : les acteurs de la conception, les acteurs de la distribution, et les acteurs de la mise en usage.

a) Les acteurs de la conception

La conception des stratégies de communication multimédias implique trois types d'acteurs.

Les acteurs des entreprises ou des institutions qui initient le projet (on les appelle les ***destinateurs***) sont des acteurs qui conçoivent des stratégies d'information, qui ont l'intention de produire et de diffuser un certain nombre d'informations auprès d'un public. Ils disposent, dans le cadre de la multimédiation, d'un accès à plusieurs médias qui seront mis en œuvre de façon complémentaire.

Les acteurs des entreprises de communication sont les acteurs qui vont mettre en œuvre les stratégies multimédias. On peut les appeler les **concepteurs multimédias**. Il s'agit, pour eux, une fois après avoir analysé les nécessités et les contraintes de la communication et la situation institutionnelle dans laquelle ils se trouvent, de produire des propositions d'organisation d'une stratégie multimédia de communication. Les concepteurs représentent l'interface entre les acteurs qui vont mettre en œuvre les stratégies multimédia et les destinateurs de ces stratégies.

Les acteurs de la ***programmation*** vont concevoir les structures et les formes par lesquelles la stratégie multimédia ainsi élaborée va pouvoir être utilisée et interprétée par ses destinataires et par les acteurs qui vont la mettre en œuvre dans une situation effective de communication. Les acteurs de la programmation font de la conception multimédia une activité articulée aux conditions effectives de diffusion et d'usage des stratégies qui font l'objet de leurs activités de conception. Les acteurs de la programmation sont, dans la communication multimédia, les acteurs qui vont lui donner sa consistance effective.

b) Les acteurs de la distribution

Les acteurs de la distribution inscrivent la communication multimédia dans un marché et dans un espace social de diffusion et de distribution. Il s'agit d'acteurs impliqués davantage dans l'espace social de la communication que dans les activités liées à la conception des formes et des produits diffusés. La distribution du multimédia présente un certain nombre de contraintes qui la spécifient par rapport aux formes et aux logiques de distribution des autres formes de ***communication médiatée***. D'une part, cette distribution requiert, de la part du destinataire et de l'usager, la mise en œuvre d'un certain nombre d'installations et de potentialités techniques ; d'autre part, la distribution du multimédia est en soi une activité considérable, donnant lieu à des investissements et constituant une activité économique autonome ; enfin, la distribution du multimédia suppose une sensibilisation importante et difficile des destinataires et des usagers potentiels : les acteurs de la distribution mettent en œuvre des stratégies de communication et de sensibilisation.

c) Les acteurs de la mise en usage

La mise en usage des formes multimédia de communication est une individualisation. Il s'agit, par conséquent, d'acteurs singuliers, qui disposent d'un certain nombre de compétences et de potentialités, et qui vont instrumentaliser la communication multimédia : qui vont en faire une activité. À cet égard, l'évolution des formes et des produits de communication, en particulier dans le domaine du multimédia, va vers la reconnaissance au destinataire et à l'usager de la communication d'un statut de consommateur ou de praticien. Les acteurs de l'usage, dans le champ de la communication multimédia, appartiennent beaucoup plus à une logique économique et instrumentale qu'à une logique symbolique et communicationnelle : la multimédiation s'inscrit, à cet égard, dans la logique spectaculaire de la communication, plutôt que dans sa logique institutionnelle.

5. Esthétique et contraintes de la communication multimédia

La communication multimédia, du fait de sa multiplicité de formes complémentaires de codes et de systèmes de représentation, met en œuvre une esthétique spécifique. En effet, l'esthétique de chacun des médias engagés ne saurait être dominante dans la globalité de la stratégie de communication, mais, au contraire, doit elle-même s'inscrire dans une complémentarité avec la logique esthétique des autres médias.

C'est ce qui fait apparaître un certain nombre de contraintes dans la mise en œuvre des stratégies multimédia de communication. Ces contraintes tiennent à la fois aux modes spécifiques de conception et de production de ces stratégies, aux formes et aux procédures spécifiques de leur diffusion et de leur réception et, enfin, aux conditions spécifiques de leur lisibilité.

a) Modes spécifiques de conception et de production des stratégies de communication multimédia

La communication multimédia cumule les contraintes des stratégies de communication comportant plusieurs supports et plusieurs médias et les contraintes de la production industrielle impliquant plusieurs acteurs dans une organisation complexe d'interventions et de fonctions complémentaires.

En effet, il s'agit, d'abord, de respecter les contraintes de chacun des supports concernés : contraintes de couleur ou de mise en scène liées à la communication visuelle, contraintes de sonorités, d'échos ou de musicalité liées à la communication sonore, contraintes de langages et de logiques liées à l'informatisation et à la numérisation des données et de l'instrumentation.

Mais il s'agit, ensuite, d'intégrer aux dispositifs de programmation les contraintes de l'industrialisation de la communication, qui sont à la fois des contraintes économiques et des contraintes de production.

Les contraintes économiques sont les contraintes des marchés de distribution et des matériels de production : il s'agit à la fois de faire face à des marchés encore réticents devant l'usage du multimédia, et qu'il s'agit, par conséquent, de convaincre des performances et des potentialités de telles programmations, et de faire face à l'augmentation des coûts de production qui ne sont pas encore entrés dans la phase de décrue liée à la banalisation et la normalisation des procédures de production.

Les contraintes de production concernent les acteurs de la production et de la programmation des formes multimédia de communication. La conception de produits et de stratégies de communication multimédia exige une grande ouverture des acteurs de la conception aux logiques différentes de conception tenant aux différents supports et aux différents médias mis en œuvre. Elle exige, enfin, de la part des acteurs de la conception, une très grande connaissance des potentialités et, surtout, des limites, des différents médias impliqués dans la stratégie multimédia. La production multimédia exige, elle, une temporalité et un espace de production spécifiques, de nature à intégrer les différentes phases et les différents acteurs impliqués.

b) Formes et procédures spécifiques de diffusion et de réception

La réception de la communication multimédia suppose, en elle-même, une instrumentation spécifique. Cette instrumentation donne accès à des informations elles-mêmes nécessaires à la réception des programmes de communication : il s'agit d'une instrumentation permettant la lecture des informations numérisées qui forment la continuité formelle de la programmation. Mais la réception de la communication multimédia comporte aussi des instruments de réception spécifiques aux différents médias – instruments de réception qui font partie d'un ensemble de réception. Les destinataires de la communication multimédia sont censés disposer d'un tel matériel de réception. Mais il est clair qu'une telle contrainte de réception suppose une contrainte comparable quant à la diffusion de la programmation multimédia. Du point de vue de la diffusion, la contrainte est double : il s'agit à la fois d'une contrainte de mode de diffusion et d'une contrainte de marché. La contrainte de mode de diffusion est une contrainte technologique : les produits de communication multimédia font appel à la maîtrise de réseaux et de processus de diffusion opératoires pour plusieurs médias. La diffusion multimédia suppose, par conséquent, un équipement spécifique, dont ne disposent pas encore la plupart des médias de diffusion de communication : dans ces conditions, la communication multimédia ne fait pas encore partie des formes et des structures dominantes de la ***communication de masse***. La contrainte de marché est liée aux exigences de la réception. Seuls des destinataires institutionnels ou des entreprises de rediffusion sont, aujourd'hui, concernés par le développement commercial de la communication multimédia.

c) Conditions spécifiques de la lisibilité des stratégies multimédia de communication

Les **stratégies multimédia de communication** ne font pas l'objet d'une lecture linéaire comme les stratégies de communication n'empruntant que le support d'un média. Elles font appel à un mode de lecture de nature à intégrer les exigences et les contraintes de la lisibilité des différents médias qui les constituent, en même temps que les exigences et les contraintes spécifiques de la multimédiation. Il s'agit, par conséquent, d'une lisibilité qui repose sur trois critères complémentaires. Le premier est l'aptitude à une lecture transdisciplinaire ou transmédia des formes et des stratégies de la communication. Cette aptitude consiste à être en mesure de maîtriser une forme de navigation à travers plusieurs médias différents et aux contraintes spécifiques. Le second critère est la maîtrise des objectifs de la stratégie de communication engagée : en effet, c'est par ses objectifs et par les buts qu'elle poursuit que la stratégie multimédia de communication trouve sa cohérence et fonde sa continuité.

La lisibilité des stratégies multimédia de communication se fonde sur la maîtrise de la logique de l'information : il s'agit davantage d'un travail de reconstitution des formes et des logiques de l'information que d'un travail d'interprétation et de repérage des significations. Les destinataires des stratégies multimédias de communication commencent par faire apparaître les structures majeures de l'information produite par les différents médias dans leur complémentarité et dans la logique institutionnelle qu'ils mettent en œuvre dans la situation de communication dans laquelle ils se trouvent.

6. La « multimédiation »

La communication multimédia, en définitive, fait apparaître une nouvelle forme de ***médiation***. La médiation est le lien entre l'énonciateur et le destinateur par lequel se fondent et se garantissent la cohérence et la continuité institutionnelles de la communication engagée. Dans le champ de la communication multimédia, la médiation ainsi instituée est de trois ordres.

a) Elle est technologique

La communication multimédia n'est accessible qu'aux usagers détenteurs d'une certaine compétence technologique. La logique instrumentale du multimédia confère à la médiation une consistance technologique : la dimension particulière du multimédia oblige, par conséquent, les usagers de cette technologie de communication à construire des médiations technologiques entre les différents réseaux de production et de diffusion et entre les différents acteurs de la ***communication médiatée***. La médiation technologique est la médiation de communication qui se construit dans la mise en œuvre des outils, des instruments et des technologies. La multimédiation correspond à un développement particulier du développement technologique.

b) Elle est institutionnelle

La communication multimédia construit une médiation selon laquelle il existe, entre l'énonciateur et le destinateur, une logique institutionnelle : une logique qui renvoie à leur commune appartenance. La communication multimédia construit une forme particulière de l'appartenance, représentée par la mise en œuvre d'une logique complexe de communication passant par plusieurs médias complémentaires. Les différents médias et les différents supports complémentaires intervenant au cours de la communication multimédia sont organisés selon un organigramme qui assigne à chacun une fonction, un statut et une importance spécifiques dans l'ensemble.

c) C'est une médiation d'information

La communication multimédia, enfin, produit de l'information : la complémentarité entre les différents médias est censée produire une information plus efficace, plus exhaustive, et, surtout, plus ouverte à des formes différentes de représentation du réel qui fait l'objet de la communication. L'information multimédia place le destinataire en situation d'usager de l'information : il reconnaît à l'information une efficacité d'intervention dans ses stratégies réelles, et c'est à cette efficacité qu'il mesure l'importance qu'il donne à l'information. L'information multimédia, grâce à la diversité des médias qu'elle implique, place son usager en situation d'efficacité plus grande pour peser ou pour agir sur le réel, dont il détient désormais une représentation censée être plus exhaustive.

7. Usages du multimédia

Il existe quatre grands types d'usages sociaux de la communication multimédia.

a) Usage documentaire

La communication multimédia a, d'abord, un **usage documentaire** (voir ***Documentation, Chaîne documentaire***). Les produits de communication multimédia sont des outils performants dans le domaine documentaire, dans la mesure où ils mettent en synergie les atouts, les qualités, les performances des différents médias dans les formes et les structures dans lesquelles ils sont les plus opératoires et les plus adéquats. Le multimédia permet de démultiplier les possibilités documentaires de la communication en produisant une information particulièrement diversifiée.

b) Usage didactique

Le multimédias ajoute à la **communication didactique** (voir ***EAO Enseignement Assisté par Ordinateur***) la dimension spectaculaire d'une représentation : il s'agit d'un spectacle, et, à ce titre, les destinataires de la communication (les personnes en situation de formation) peuvent être séduites par cette forme de communication qui articule le spectacle au discours didactique. Par ailleurs, l'efficacité didactique du multimédia se double par le fait que la mémorisation est facilitée par la mise en œuvre conjointe de plusieurs médias complémentaires.

c) Usage ludique

Le multimédia est considérablement utilisé par les éditeurs de jeux et de programmes de distraction. La communication multimédia constitue une sorte d'individualisation de spectacles. Les usagers de ce type de produits sont en situation de spectateurs actifs, car ils sont engagés dans des stratégies de jeux et de compétitions, qui se fondent sur les principes de la communication spectaculaire : identification, parfois distanciée, du spectateur aux acteurs engagés dans le spectacle ; domination des stratégies de jeux par la séduction pour les formes et l'esthétique des programmes ; narrativité des programmes, pris dans la logique fictionnelle d'un récit et de personnages.

d) Usage esthétique

Le multimédia, enfin, est un ensemble de formes. Il y a une esthétique de la communication multimédia, comme dans toutes les formes et toutes les logiques de communication, et cette esthétique repose sur trois grands principes : la synergie des médias (l'esthétique des médias est produite par cette synergie même), une ***interactivité*** entre le spectateur et le produit (c'est pourquoi il est préférable de parler d'usager plutôt que de spectateur, puisqu'il peut choisir ses stratégies et ses parcours, et, par là, peser sur le déroulement des produits) ; la reproductibilité des composantes du multimédia (il s'agit, en effet, de formes et de produits diffusés dans la grande communication et non de production individuelle).

Multimédias (Outils d'enseignement -)

Voir ***EAO et Enseignement multimédia***.

Multiplex, Multiplexage

Transmission simultanée de signaux empruntant des canaux différents sur un même support (onde hertzienne, câble, fibre optique). En télévision, le multiplexage permet d'émettre en direct des images transmises de plusieurs endroits différents. En radio, le multiplexage sert également à transmettre les émissions en stéréo. À la réception, les signaux sont démultiplexés, pour séparer les voies phoniques et sont envoyés enfin aux haut-parleurs. Voir ***Transmission par paquets***.

Multistandard

Équipements de télévision (récepteur, magnétoscope) aptes à lire ou à enregistrer des signaux de télévision aux normes ***PAL, NTSC, SECAM*** indifféremment. Voir ***Standard, Norme, Tristandard***.

MUSE (*Multiple Sub-Nyquist Sampling Encoding*)

Norme japonaise pour la diffusion par satellite de HDTV (***télévision haute définition***) mise au point en 1984 par la firme japonaise NHK. Elle est conçue pour les réseaux électriques à 60 Hz de fréquence (Japon, Corée, États-Unis et tous les pays déjà équipés en ***NTSC***). En Europe, où le courant alternatif a une fréquence de 50 Hz, une norme concurrente MAC a été conçue par les britanniques. L'un de ses avantages, en plus de la compatibilité avec les standards existants (***PAL*** et ***SECAM***), était de pouvoir s'adapter facilement aux réseaux américain et japonais, alors que l'adaptation de MUSE en Europe est coûteuse pour une qualité d'image incertaine.

Musée

Voir ***Muséologie, Reproduction de l'œuvre d'art***.

Muséologie

La muséologie regroupe les sciences de l'homme et de la société ayant pour objet l'étude des musées.

Le musée est devenu un espace de médiation culturelle à part entière. Il met en scène l'art, les sciences et les techniques, mais il aide aussi à la pérennisation des ***identités*** communautaires. Il est l'objet d'un discours scientifique construit. La muséologie intéresse au plus haut point les sciences de l'information et de la communication, dans la mesure où elle étudie les rapports qu'entretient le musée avec ses publics.

1. Des musées de savants

C'est trois siècles avant le début de notre ère que le roi Ptolémé Soter créa le muséum d'Alexandrie, considéré comme l'ancêtre des musées. Il réunit un collège de savants, et leur alloue une pension pour qu'ils se consacrent exclusivement au culte des muses, c'est-à-dire à la recherche du vrai. Ils disposaient, pour cela d'un immense jardin botanique, d'un observatoire astronomique et de la fameuse **bibliothèque d'Alexandrie** où le prince rêvait de réunir tous les livres de la terre (cf. Roland Shaer *L'invention des musées,* Gallimard, 1993). Jusqu'alors, la recherche de la vérité se menait en place publique par la discussion philosophique. Le muséum inaugura une nouvelle conception. La science se produisit désormais loin du public, dans un espace clos où sont conservés et concentrés les objets de savoir, qu'il s'agisse de plantes, de livres ou d'étoiles. Et ceci afin les scientifiques puissent les convoquer à leur table de travail et les étudier (cf. Bruno Latour *La science en action* , Seuil).

Les premiers muséums d'histoire naturelle créés en Europe vers la fin du XVIIe siècle l'ont été sur les mêmes principes. Il en fût de même, un siècle plus tard, quand se créèrent les premiers musées d'art, pour conserver les collections royales et les étudier dans la perspective d'une histoire savante de l'art.

De fait, les musées ont été conçus par des savants, pour des savants. S'ils étaient ouverts au public, les visiteurs n'y étaient que tolérés, rien n'ayant été prévu à leur intention. Ils étaient considérés comme des intrus menaçant l'intégrité des collections qui gênaient le travail des scientifiques. Si bien que jusqu'à une période récente, les musées n'étaient fréquentés que par une minorité érudite, suffisamment cultivée pour se délecter des œuvres qui y étaient présentées en l'état, et, dans le meilleur des cas, classées selon une logique scientifique inaccessible aux profanes.

Indéniablement, les musées ont joué un rôle décisif pour l'essor des sciences pendant la période des Lumières et probablement jusqu'à la fin du XIXe. Mais peu à peu les fonctions de conservation entrèrent en conflit avec celles de la recherche, et les réserves se mirent à disputer la place aux laboratoires. Rapidement, il devint évident que le musée, submergé par l'accumulation d'objets toujours plus nombreux ne pourrait plus être qu'exceptionnellement le lieu de la recherche vivante. Alors les scientifiques s'en allèrent établir leurs laboratoires ailleurs abandonnant les musées à leurs missions de préservation des traces du passé. Le couple fut déchiré, la recherche étant partie jouer sur la scène de la modernité et laissant la vieille dame s'étioler dans le silence des grandes salles désertées, des bâtiments pompeux et désuets.

2. Invention du public et renouveau du musée

Depuis le début des années 1980, on observe un renouveau, un essor sans précédent de l'institution muséale. Les villes les plus modernes et les plus dynamiques rêvent toutes d'ouvrir de nouveaux musées. Le Ministère de la Culture annonce la mise en chantier, pour création ou rénovation complète, de 400 musées, tout en s'efforçant d'endiguer la multiplication des initiatives et de réfréner les ardeurs des élus locaux.

Les 726 musées français placés sous son contrôle accueillent 46 millions de visiteurs auxquels il faudrait encore ajouter le public des musées privés et celui des musées scientifiques. Selon les estimations, ceci porterait le nombre de visiteurs à 60 ou 70 millions. Si bien qu'aujourd'hui, un français sur 2 fréquente les musées au moins une fois tous les 3 ans, un sur trois au moins une fois par an. C'est d'ailleurs la seule pratique culturelle en hausse (4 % par an en moyenne), ce qui la place après la ***lecture*** et le ***cinéma*** (en baisse), mais bien avant le ***spectacle vivant*** – théâtre, danse, concerts eux aussi en baisse (Sources : « muséo-stat-synthèse », *Développement culturel* n° 105, Octobre 1994, Publication de Département et de prospective du Ministère de la Culture).

Comment expliquer cet engouement soudain pour la chose muséale ? Il est probable qu'en cette fin de millénaire, l'homme pris de vertige, assailli d'angoisses existentielles, aspire à rassembler les traces de son passé dans des monuments qui marquent le passage, comme l'an mille aurait vu l'Occident se couvrir d'églises. Mais aujourd'hui, les musées sont plus que des reliquaires, des mémoriaux figés, en cela qu'ils vivent comme espaces de communication sans cesse renouvelés. En effet, l'émergence d'une troisième fonction, celle de la communication en direction du grand public, desserrant l'étreinte mortelle de la recherche et de la conservation, a remis en jeu la dynamique de l'institution muséale.

L'ICOM attaché à l'***UNESCO*** pour fédérer l'ensemble des musées du monde, définit cette institution en lui assignant trois fonctions. La conservation, la recherche, et la communication en soulignant que toutes sont en étroite interdépendance.

- Les collections fournissent la matière première à la recherche et servent de support à la communication.
- La recherche travaille sur les collections, elle leur donne du sens et alimente les discours à communiquer à leur sujet.
- La communication permet de vulgariser les recherches et de faire connaître les collections.

3. Le musée, média de masse - Nouvel espace public

Quand on sait que la plupart des musées parisiens ou de Province accueillent chaque année plusieurs dizaines de milliers de visiteurs, que 49 d'entre eux dépassent 100 000 visiteurs, qu'Orsay, le Louvre, Beaubourg et le Château musée de Versailles concentrent à eux seuls 11 millions de visiteurs, que les expositions temporaires de la grande galerie nationale atteignent régulièrement 500 000 visiteurs, on est en droit d'évoquer sinon un ***mass-media*** au moins un ***média de masse***, en tous cas un espace de communication nouveau, conséquent, se découvrant au fur et à mesure de son évolution et amené à se penser comme un média parmi d'autres. Il en récupère d'ailleurs bon nombre de technologies et de savoir-faire opérationnels.

Le musée devient-il pour autant une industrie culturelle, opérationnelle, technicisée au sens où l'entend Adorno (« Industries Culturelles », *Communication* n° 3, Paris, 1963), imposant sous des aspects de diversité, une culture de masse standardisée et uniformisée ? Tout laisse à penser qu'il contribue au contraire à la définition d'un nouvel espace public symbolique hétérogène et démocratique, permettant aux citoyens de se forger sa propre opinion et de se situer par rapport à la société. Ce débat, cependant, reste ouvert.

Remarquons que les musées ne se détournent pas de la science. Ils sont moins des lieux de recherche, même si leurs collections continuent de constituer une mine encore trop peu exploitée par les scientifiques, que des lieux de vulgarisation, de savoirs savants et érudits, qui sont produits ailleurs pour l'essentiel.

Mieux même, ils deviennent le lieu privilégié d'une mise en culture des sciences et des techniques, autrement dit, ils sont autant un moyen d'acculturation du grand public à ces questions, que de mise en question par le grand public de la technoscience, quand par exemple ils abordent la bioéthique, le nucléaire, la pollution, les conditions du travail industriel, ou la disparition de métiers devenus obsolètes.

Notons aussi, que les sujets muséographiés se diversifient. On y présente non seulement les éléments constitutifs de la culture cultivée, mais aussi les cultures populaires, les cultures au travail, les cultures domestiques, celles des minorités ethniques... Le choix des objets conservés dans le musée ne dépend plus seulement de leur intérêt intrinsèque d'œuvre d'art, ni des besoins de la recherche scientifique, mais de ce qu'ils permettent d'objectiver la culture au sens où l'entend Durkheim *(il faut traiter les faits sociaux comme des choses)* c'est-à-dire d'accéder par leur intermédiaire à la civilisation d'une société donnée, à des pratiques sociales dont ils sont le témoignage. La plupart des musées étant organisés sur le principe diachronique, c'est-à-dire chronologique, ils permettent en outre de percevoir le mouvement constitutif de ces cultures, de lire les rapports de la science, de la technique, de l'art à l'histoire des sociétés, et derrière de mettre en question la notion de progrès.

4. Le musée multimédia interactif

L'***exposition*** devient le lieu de rencontre entre le musée et son public. La **muséographie,** c'est-à-dire la mise en scène des objets dans un espace d'exposition, est guidée par le souci de communiquer un message, de tenir un discours plus ou moins formalisé qui doit être perçu par le public et que les **musélias**, c'est-à-dire l'ensemble des éléments muséographiques, vont étayer, baliser, illustrer. La muséographie est une écriture, dit Philippe Mérot (« Musées et technique » *Terrain* n° 16). Elle procède à une mise en ordre spéciale. Elle hiérarchise, élimine, transpose, à l'opposé des conceptions savantes réservées à une minorité érudite. Elle tente, surtout, de produire du sens et de la communiquer au plus grand nombre.

On passe ainsi d'une logique de taxinomie scientifique, où les objets sont isolés comme dans un dictionnaire, classés et ordonnés selon un alphabet qui n'intéresse que les chercheurs et dont la signification échappe au public, à une logique de la langue, où les musélias s'organisent entre eux selon une syntaxe accessible à tous et qui leur donne du sens, jusqu'à construire une histoire que le visiteur découvre au fur et à mesure de sa visite. Les muséographes soignent ainsi leur communication, et jouent avec l'ensemble des artifices offerts par la technologie moderne. Aussi, outre l'exposition d'objets originaux, on peut voir des maquettes, des scénographies, des photos, des dessins, des cartes, du textes, des montages diapositives, du cinéma, de la vidéo, des manipulations ludiques, des jeux d'ordinateurs, du théâtre vivant, des performances d'artistes, des démonstrations de spécialistes, des animations... L'ambiance générale est elle même soignée, éclairée, sonorisée, odorisée pour renforcer la portée du message. Tous les sens sont en éveil pour le percevoir ; on peut regarder, mais aussi toucher, sentir et parfois même déguster. Aussi le musée devient-il un multimédia au sens le plus large du terme. On est dans un monde synesthésique à deux ou trois dimensions, tout à la fois réel et virtuel, bien plus émouvant et performant que les meilleurs jeux électroniques.

Si les concepteurs d'expositions s'efforcent de rendre leur muséographie, la plus significative et la plus lisible possible, les musées ne sont pas pour autant unidimensionnels et absorbant comme peuvent l'être la télévision, ou même le roman. L'intérêt du musée tient justement à ce qu'il permet au visiteur de mettre à distance le discours officiel pour en faire sa propre lecture et d'adopter une position critique à l'égard de ce qui est dit dans l'espace visité. Les études sur le comportement du public montrent bien qu'en fonction de préoccupations personnelles, du temps dont on dispose, de son statut social, de son niveau d'étude, de la dynamique propre aux groupes avec lesquels on partage sa visite (guidée, en famille, en couple, avec un *tour opérator*, ou une classe d'école), chacun va pouvoir feuilleter sa propre visite comme on le ferait d'un magazine, aller à ce qui l'intéresse, zapper sur telle ou telle séquence, filer devant, revenir sur ses pas, s'arrêter plus longuement devant une vitrine, jouer avec une console interactive, s'asseoir devant un tableau pour le contempler à loisir, tourner autour de tel objet, lire ou ne pas lire tel ou tel panneau explicatif... En ce sens le musée est véritablement un ***média interactif***.

Ajoutons, pour terminer, que leur conception architecturale elle-même s'en trouve bouleversée. Tout est pensé pour l'accueil, le confort la circulation du visiteur tandis que des espaces spécialisés (auditorium, salle d'animation et d'exposition temporaire) sont aménagés en fonction des besoins différenciés, de tel ou tel segment du public.

Sociologues, ethnologues, psychologues, didacticiens, spécialistes de la communication ou du ***marketing*** sont convoqués pour mieux connaître ce public, le segmenter, comprendre ses motivations, cerner ses attentes et y apporter des réponses différenciées, aller le chercher, le faire revenir. En effet, la conquête du public devient pour les financiers (élus, ***sponsors, mécènes***), la meilleure justification du coût croissant de telles réalisations.

5. Conclusion : les enjeux de la communication muséale

Sur le terrain, les choses sont, bien sûr, loin d'être aussi évidentes. Les vieux démons élitistes continuent d'habiter le lieu, et le public le plus populaire de ne pas fréquenter les musées. Mais ce monde là change, évolue et ce qui n'était encore que des expériences exceptionnelles, devient exemplaire et tend à se généraliser.

L'enjeu de tout cela, s'il en est un, se situe au plan de l'esthétique et de la citoyenneté. On passe d'un musée donnant à voir les goûts du prince, les choix d'une intelligentsia, la logique savante des chercheurs, à un musée de société « témoignant de la culture dans sa diversité et dans son mouvement », pour reprendre l'expression de Jean Davallon (« Le musée est-il vraiment un média ? » *Publics et musées* n° 3). Le visiteur peut adopter une position en retrait, mettre à distance et soumettre à critique ce qui lui est présenté, où les musélias sont sujets à discussion et à jugement de la part d'amateurs éclairés constituant le public.

Alors les musées contribueront à un espace public et plus démocratique, ouvert, sinon à tous, du moins au plus grand nombre. Non pas pour y être assommé d'en haut par un message unidimensionnel, mais pour se forger sa propre opinion sur ce qui leur est présenté. En filigrane de quoi l'on peut percevoir le mouvement des cultures, des civilisations, et de l'histoire.

Mythe de Teuth (ou Toth)

Apologue présenté par Socrate, dans le *Phèdre* de Platon (§ 274d) pour montrer les dangers à terme de l'écriture, malgré ses avantages immédiats. Voici le discours qu'il tient à Phèdre pour dénoncer le risque d'atrophie de la ***mémoire*** humaine que pourrait susciter la mémoire artificielle que constitue l'écriture.

Teuth (ou Toth) est un dieu-démon égyptien qui « inventa la numération et le calcul, la géométrie et l'astronomie, le trictrac et les dés et enfin l'écriture ». Il vint présenter, pour leur diffusion dans toute l'Égypte, toutes ses inventions au roi Thamous qui pour chacune demandait son objet et jugeait ensuite de l'intérêt de la chose. Arrivé à l'écriture, Teuth déclare que l'enseignement de l'écriture « accroîtra la science et la mémoire des Égyptiens », car l'écrit est « le remède de l'oubli et de l'ignorance ». Le roi répondit : « Ingénieux Teuth, tel est capable de créer les arts, tel autre de juger dans quelle mesure ils porteront tord ou profit à ceux qui doivent les mettre en usage : c'est ainsi que toi, père de l'écriture, tu lui attribues une efficacité contraire à celle dont elle est capable ; car elle produira l'oubli dans les âmes en leur faisant négliger la mémoire : confiants dans l'écriture, c'est du dehors, par des caractères étrangers, et non plus du dedans, du fond d'eux-mêmes qu'ils chercheront à susciter leurs souvenirs ; tu as trouvé le moyen, non pas de retenir, mais de renouveler le souvenir, et ce que tu vas procurer à tes disciples c'est la présomption qu'ils ont la science, non la science elle-même ; car quand ils auront beaucoup lu sans apprendre, ils se croiront très savants, et ils ne seront le plus souvent que des ignorants de commerce incommode, parce qu'ils se croiront savant sans l'être ». La plupart des commentateurs de ce passage font remarquer qu'heureusement que Platon n'a pas été séduit, pour une fois, par le discours de son maître et qu'il a ainsi pu nous faire parvenir ses dialogues, admirables dans le style, et souvent profonds, dans leur intention. Voir ***Déconstruction, Mémoire, McLuhan***.

N

Nagra

Magnétophone portable le plus utilisé pour la prise de son des reportages radiophoniques. Il est apprécié pour sa fiabilité en qualité son, et permet en même temps le montage sonore de la bande d'enregistrement.

Narrowcasting

Néologisme anglais forgé, par opposition à *broadcasting*, pour désigner une télécommunication radiodiffusée ou télévisée destinée à une cible étroite au sein du public large habituel des médias de masse. La traduction française peut être « diffusion thématique » ou, en fonction du contexte : « télévision thématique » et « radio thématique » par opposition aux notions de télévision et de radio généralistes. Certains ont proposé d'autres traductions comme ***télévision fragmentée*** et ***diffusion restreinte***. La diffusion restreinte repose sur un financement à la consommation (*pay per view*, programme à la demande) alors que le diffusion large a pour base les recettes publicitaires et/ou la redevance. Le ***paiement à la consommation*** exige un ***cryptage*** et un ***décodeur*** pour la réception.

Navigation dans un hypertexte

Un ***hypertexte*** peut être consulté de deux façons.

a) Butinage (*Browsing*)

Dans ce cas, l'utilisateur recourt à une démarche associative très forte qui l'amène de ***nœuds*** en nœuds sans qu'il ait de ***parcours*** pré-défini. Ses réactions et ses choix l'amènent plus à parcourir le produit au fil des ***boutons*** qu'à véritablement l'utiliser pour une recherche d'information précise.

b) Naviguer

Ce mode de lecture laisse supposer tout d'abord que le lecteur cherche à atteindre un objectif pré-défini ce qu'il ne pourra faire qu'à l'aide des outils fournis par le concepteur. Il lui permet en effet de se repérer dans la structure de l'hypertexte grâce à des outils de navigation (les différents types de liens) et d'orientation (carte, historique du parcours effectué...). La navigation repose sur les règles établies par le concepteur lorsqu'il a défini les parcours possibles de son produit.

La première difficulté de l'hypertexte vient de sa structure maillée qui n'ayant ni début, ni fin, ni hiérarchie d'information peut devenir un obstacle à la consultation si des repères ne sont pas mis à la disposition du lecteur.

N.B.C. (*National Broadcasting Corporation*)

Le plus ancien « *network* » (réseau de télévision et de radiodiffusion) américain inauguré en 1926. Les premiers programmes de télévision démarrèrent en 1931 de façon expérimentale, sur W2XBS, à New York et furent diffusés régulièrement à partir de 1939. La guerre ralentit son développement et, à partir de 1947, le réseau devint très populaire, concurrencé par C.B.S. et Dumont.

N.B.C. inaugura en 1951 les liaisons transcontinentales en retransmettant le 4 septembre, avec ses concurrentes, la couverture de la signature du traité de paix américano-japonais depuis San-Francisco. Elle fut la première à émettre en couleur.

Négociation

La négociation crée un espace de communication spécifique dans les entreprises et dans les institutions.

Retrouvons l'étymologie de *négoce*, *négocier*, *négociation*. Il s'agit d'une famille d'origine latine, comme beaucoup des mots français du vocabulaire juridique ou institutionnel (la France est un pays de droit latin). Il s'agit de la négation de *otium*, que l'on traduit très souvent, de manière sans doute un peu sommaire, par *loisir*. Le *negotium* serait donc l'antinomie du loisir. Certes, mais il faut aller plus loin. L'*otium* désigne, en fait, dans la culture latine, ce qui relève de l'espace privé, ce qui échappe à la régulation sociale, tandis que le *negotium* relève des instances sociales, institutionnelles, politiques, de régulation et de décision. L'espace de la négociation est donc l'espace du marché, l'espace de l'***agora***, ou du ***forum*** : l'***espace public*** par excellence.

L'espace de la négociation est un espace public qui réunit, dans une forme institutionnelle de la médiation interlocutoire, des acteurs qui se reconnaissent mutuellement à la fois par leur identité (ce qu'on les sait être) et par leur statut (ce qu'ils représentent). Mais la négociation n'est pas seulement une rencontre : il va s'agir, au cours de cette rencontre et des processus de communication qu'elle implique, d'engager une logique d'évolution mutuelle et commune de ces facteurs complémentaires.

L'espace de la négociation se caractérise par trois éléments majeurs : la décision, les pouvoirs, l'action. Par ailleurs, on envisagera ici la question de la maîtrise de la négociation, du point de vue des acteurs qui y sont impliqués. En effet, il importe d'analyser la négociation comme un processus à la fois économique et politique – qui implique la communication à la fois comme système de représentation et comme système institutionnel.

1. Négociation et décision

Les partenaires de la communication sont censés avoir des décisions à prendre : l'identification spéculaire, constitutive de toute communication, se fait par la médiation de la décision attendue. La dimension interlocutoire, qui fonde la communication sur l'identification symbolique et sur la reconnaissance mutuelle, l'un par l'autre, des deux interlocuteurs de l'échange, ne se fait pas par rapport à l'identité que l'on suppose à son partenaire de communication, mais par rapport à la décision que l'on en attend.

En ce sens, la négociation s'inscrit dans une logique d'anticipation. Ainsi, la négociation n'est pas un processus de communication qui repose seulement sur une identification et une reconnaissance *hic et nunc* des partenaires de la communication, elle implique aussi une anticipation de cette reconnaissance et de cette identification. La négociation est un pari sur la communication : le temps de la négociation n'est pas limité au présent de l'échange symbolique ; il inclut une représentation du futur dont sont porteurs les partenaires de la négociation, à la fois en ce qui concerne leur propre futur et le futur qu'ils supposent à l'autre.

2. Négociation et pouvoirs

L'espace de la communication est conçu comme un espace institutionnel, l'existence virtuelle de décisions à prendre fait de l'espace de la communication un espace de pouvoirs. Cette logique de pouvoirs fonde le processus de la négociation dans la communication sur un moment préliminaire : le choix du partenaire avec lequel s'engage la négociation. Ce choix dépend, lui-même, du pouvoir que l'on reconnaît à ceux qui constituent l'espace public. Négocier avec l'autre, c'est, d'abord, à la fois lui reconnaître un pouvoir qu'il est censé détenir, et se faire reconnaître de lui le pouvoir que l'on estime détenir.

Une telle reconnaissance de pouvoirs qui, pour la légitimité de la négociation, ne saurait être que mutuelle, fait de la négociation une forme de lieu d'articulation entre le politique, le symbolique et le marché. La négociation est le processus par lequel l'économique s'inscrit dans des rapports de médiation collective, ce qui équivaut à en faire un espace politique. Et, de fait, la négociation ne saurait s'ouvrir qu'après la vérification et la reconnaissance des pouvoirs et des mandats par lesquels les négociateurs qui en sont porteurs acquièrent le statut d'acteurs politiques.

3. Négociation et action

La négociation est censée avoir un résultat dont on attend qu'il ait des incidences sur les partenaires de la communication et sur l'enjeu qu'ils ont en commun. En ce sens, la négociation instaure une communication qui, comme le ***performatif*** et comme la **communication politique**, articule le réel et le symbolique, c'est-à-dire l'action et la communication.

La négociation, en fait, représente une action double : elle est une action, qui implique des acteurs engagés dans la recherche d'un but ou d'un résultat, et, en même temps, elle rend compte d'une action à venir, puisque les sujets qui y participent sont porteurs de projets, de représentations anticipées, de ce que leurs rapports avec leurs partenaires seront devenus à l'issue de la négociation.

Cette double dimension d'action, dont est porteuse la négociation, lui confère un statut particulier dans le champ de la communication. La négociation est une forme institutionnelle de communication sociale qui fonde la médiation sur la représentation que ses partenaires se font du but qu'ils poursuivent (ce que l'on nomme **l'enjeu de la communication**, qui définit le marché en cours). La consistance de cette forme de communication, ce qu'elle représente effectivement dans le réel, dépend de l'aptitude des négociateurs à se reconnaître, dans le présent, comme des acteurs institutionnels de communication et de sociabilité, et à se projeter dans l'avenir qu'ils supposent à l'évolution du marché.

4. Maîtriser la négociation

La maîtrise de la négociation passe par la maîtrise des conditions institutionnelles dans lesquelles elle s'inscrit. Cela suppose que l'on se représente la négociation non seulement comme un processus de communication articulé à la conclusion d'un accord ou d'une convention opératoire sur le plan économique, mais que l'on se représente l'espace de la négociation comme un espace de pouvoir et, à ce titre, comme un espace politique.

La maîtrise de la négociation suppose que l'on se représente soi-même – et que l'on se représente ses partenaires – à la fois comme des acteurs économiques porteurs de valeurs et d'enjeux et comme des acteurs politiques porteurs de pouvoirs et de représentations politiques. Dans ces conditions, la négociation doit, pour aboutir, représenter effectivement une forme de prolongement institutionnel de la vie des entreprises et des organisations.

À ce titre, il n'y a pas de négociation sans que soient consenties par les partenaires de l'échange des concessions en matière de pouvoir. Ce sont ces concessions et ces reconnaissances réciproques qui représentent l'effet réel de la négociation dans le processus de restructuration institutionnelle qu'elle engage dans l'espace public.

Net

Réseau en anglais (voir ***Network***) et diminutif populaire de ***Internet***.

Network

Terme américain pour désigner les réseaux généralistes de télévision et de radiodiffusion constitués par les trois groupes de communication privés dominants des États-Unis – A.B.C., C.B.S. et N.B.C. Ces trois réseaux proposent une partie ou la totalité de leur programme à des stations locales, dans le cadre d'accords de ***syndication***, ce qui permet d'étendre leur influence en contournant les lois antitrust, tout en permettant à ces stations de petites dimensions de survivre, puisque les coûts des programmes dans la syndication sont très largement inférieurs à ceux d'une production propre et qui risque d'être sans audience.

Neuronaux (Réseaux, Systèmes -), Neurones

Voir ***Réseaux neuronaux, Connexionnisme, Informatique***.

Nielsen/Sofres

Système de ***mesure de l'audience*** proposé par les deux sociétés de sondage du même nom dans le domaine de l'audimétrie. Les sondages sont effectués par audimètre et par interrogation quotidienne d'un panel de 2 000 foyers. Ils permettent d'obtenir l'audience par foyer et l'audience minute par minute, et d'étudier la composition de l'audience des différents programmes. Le CESP assure le contrôle technique des mesures ainsi obtenues.

NLS-AUGMENT

Collecticiel. En 1968, Douglas Engelbart développe un logiciel qui marque une étape importante dans l'histoire des ***hypertextes***. Il reprend les travaux de Nelson sur ***XANADU*** et propose une base hypertextuelle qui permet de travailler à plusieurs. Il travaille donc à la conception d'un hypertexte d'écriture en réseau. C'est en germe, l'idée de collecticiel qui apparaît puisqu'à partir des écrits de chacun des participants à l'hypertexte les autres peuvent faire des commentaires, des ajouts en proposant de nouveaux ***nœuds***, des mises en ***liens***, créer une structure différente à partir de certains éléments communs. Il dote son prototype d'une messagerie électronique qui met en réseau plusieurs auteurs afin d'en faire véritablement un outil de structuration de la pensée et du discours, lesquels outils restent spécifiques à chaque auteur. Il propose donc une structure vide d'hypertexte d'écriture qui réclame d'être incrémentée par ses utilisateurs qui seront aussi ses auteurs et concepteurs. Le contenu ne préexiste pas.

Nœud

Point de jonction, de croisement, d'intersection de deux ou plusieurs branches ou voies de communication. Mais dans un ***hypertexte***, un nœud correspond à une unité d'information du produit. Ainsi donc, un nœud est l'unité de base d'information que définit le concepteur (une page, une fenêtre, un mot...), ces unités sont insécables et peuvent contenir des informations de nature différente (texte, son, images, graphiques...). Les nœuds sont montés en ***réseau*** par des ***liens***. La succession des nœuds forme le ***parcours*** de l'utilisateur au sein de l'hypertexte.

Nombre de contacts (utiles)

Volume publicitaire, exprimé en milliers de contacts délivrés sur la cible, d'un ***plan média***. Le nombre de contacts se calcule ainsi : ***audience utile*** multipliée par le nombre de parutions, ceci pour chaque ***support*** du plan, sachant que l'audience utile s'exprime en lecteurs, auditeurs, téléspectateurs.

Le **nombre moyen de contacts (utiles)** est le nombre de contacts en moyenne distribués par le plan sur chaque individu-cible. Il se calcule en faisant le rapport entre le nombre de contacts et l'audience nette. Le nombre moyen de contacts utiles a plusieurs synonymes en fonction du média : ***fréquence moyenne***, répétition moyenne, ***OTS, OTH, ODV, ODE***.

Nomenclature

Ensemble des termes technique d'un domaine d'activité ou d'une discipline présentés selon un plan méthodique. Ces nomenclatures peuvent être soit spécifiques à chaque nation, soit faire l'objet d'un code international ou encore régional. Il existe ainsi, par exemple, une nomenclature d'activités et de produits dont se servent les comptables nationaux qui correspond au système comptable normalisé des Nations Unies, mais elle fait l'objet d'aménagements par les différents pays.

Dans un souci de rigueur scientifique et pour mieux communiquer entre eux, les auteurs de travaux scientifiques et les documentalistes doivent respecter rigoureusement les usages définis par les codes internationaux.

NOMIC (Nouvel Ordre Mondial de l'Information et de la Communication)

Voir ***Technologies d'information et de communication et niveau de développement économique***.

Non nova, sed nove

Sentence latine qui se traduit par : « non pas des choses nouvelles, mais d'une manière nouvelle ». Elle peut s'appliquer à un grand nombre d'innovations, aux ***remakes*** inavoués au cinéma, aux plagiats, mais le plus souvent, elle désigne un écrivain qui récupère les idées des autres pour les transformer et les adapter à son style et à son univers, acquérant ainsi le statut de nouveauté par la forme.

NOR

Système normalisé de numérotation des textes officiels de portée générale publiés au *« Journal officiel de la République française - Lois et décrets »* et dans les différents bulletins officiels ministériels. Ce code de douze caractères est en vigueur depuis le 1er Janvier 1987 et devrait permettre de suivre la vie d'un texte officiel français à travers ses modifications.

Normalisation documentaire

Voir ***Biblid, ISDS, ISBN, ISSN, CODEN, NOR, CBU, ISBD, CDD (Classification décimale Dewey), CDU (Classification décimale universelle), ISIC (International Standard Industrial Classification), Nomenclature, Thésaurus***.

Normalisation technologique des systèmes de transmission et de traitement des données

Voir ***EDI, OSI, CCF, MARC-UNIMARC, RNIS***.

Normalisation terminologique

La normalisation de la terminologie a pour but de favoriser l'unification du vocabulaire et de faciliter les échanges dans les domaines scientifiques et techniques. C'est un complément nécessaire de la normalisation des objets. Elle s'intéresse avant tout aux rapports qui unissent les notions et leurs dénominations dans le but de faciliter la communication scientifique et technique. Elle s'exerce sur le plan international (par exemple à l'ISO, par le biais du Comité 37 ou par le JTC 1 (Comité technique conjoint de l'ISO et de la CEI) et sur le plan national.

Elle se manifeste par la mise en application de normes terminologiques, ou normes de vocabulaire : on normalise le sens avec la forme du terme, en sélectionnant un terme unique parmi les termes synonymes possibles ou en recommandant un terme nouveau. De nombreux domaines se prêtent à l'harmonisation des terminologies : les unités de mesures (SI), les nomenclatures scientifiques, le vocabulaire juridique, le vocabulaire médical, etc.

Norme (Approche sémiologique de la -)

Une norme est un ensemble de règles propres à un espace de communication, connues et partagées par ceux qui appartiennent à cet espace, et de nature à caractériser les discours et les échanges de communication qui y ont lieu et à servir de critère à une évaluation des pratiques de communication.

Le principe de la norme comme forme de communication est la reconnaissance d'un tiers comme modèle d'identification : au lieu de s'identifier à l'autre, comme dans toute relation de communication, les partenaires de la communication s'identifient symboliquement à un tiers, supposé leur être supérieur, à qui ils reconnaissent le statut de modèle. La norme de la réussite consiste, par exemple, à s'identifier non à un autre sujet, mais au modèle de celui qui a réussi, qui ne représente pas une personne, mais un tiers, commun (ou supposé tel) à tous.

On peut faire apparaître quatre dimensions majeures de la norme dans le champ de l'information et de la communication.

1. Norme et formes sociales de la communication

La ***communication médiatée***, en ce qu'elle se déroule dans l'espace social, est le théâtre de normes qui structurent les formes de la communication sociale.

a) Norme et art

Dans le champ des formes plastiques, la médiation esthétique produit deux normes : le goût et l'idéal de la représentation.

Le goût est une norme de la relation de réception. Il désigne la norme qui produit un critère d'évaluation de la réception : c'est le goût qui transforme en pratiques sociales codées les pratiques dans lesquelles il est opératoire : les repas et la cuisine ont été, dans l'histoire, les premiers moments sociaux à faire l'objet d'une norme, mais la littérature, les spectacles ou les arts sont aussi des occasions de manifestation du goût. Il existe deux formes du goût :

– le goût disjoint de l'implication sociale effective de ceux qui l'éprouvent ;

– le goût qui accompagne une telle implication dans les formes de la communication correspond, lui, à ce que l'on nomme la **modernité**.

L'idéal de la représentation est une norme de signification. L'**art** est une forme de communication dans laquelle le sujet (par exemple celui qui peint ou celui regarde un tableau) s'identifie symboliquement non à l'autre, mais à l'idéal de l'autre. Au lieu que le sujet se situe par rapport à un partenaire de communication qu'il se représente, la médiation esthétique situe la communication par rapport à l'idéal du sujet (le beau étant l'actualisation de cet idéal, sous la forme d'une norme dans les pratiques esthétiques). L'art produit du sens quand le sujet de la communication s'approprie la représentation de cet idéal : comprendre un tableau, lui donner du sens, c'est s'approprier l'idéal de représentation dont le tableau est porteur ; donner du sens à un portrait de Rembrandt, c'est reconnaître comme sien l'idéal de portrait dont il témoigne.

b) Norme et rite

Un ***rite*** est une pratique codée par laquelle nous manifestons notre appartenance à une communauté sociale au sein de laquelle le code qui structure le rite fait loi. Les rites ne produisent pas de sens dans la communication (ils sont, en effet, en quelque sorte, neutralisés, ils ne portent plus de sens), mais ils la régulent, ils l'ordonnent. C'est le rite qui fait de la communication non seulement un échange symbolique ordonné, mais aussi une médiation représentant l'appartenance sociale de ceux qui participent à la communication. Tandis que la norme définit seulement une forme dominante de communication, le rite lui ajoute la dimension supplémentaire d'un sens : exprimer l'appartenance et servir de forme de reconnaissance.

Les rites, enfin, ne constituent pas, à la différence de la norme, une forme nécessaire de communication à mettre en œuvre par un sujet individuel, mais constituent des formes collectives de communication. Il y a, dans tout rite, une double représentation symbolique : non seulement la représentation de l'appartenance des acteurs du rite à leur communauté, mais aussi la représentation du groupe social lui-même, qui se met collectivement en scène lors du déroulement du rite.

La prescription des rites, enfin, n'est pas, comme la prescription des normes, une affaire de pouvoir, mais une affaire d'intégration. Le rite fait de la communication une intégration sociale et institutionnelle de ceux qui y participent ; il s'agit de donner aux acteurs qui font partie de la communauté l'occasion, dans le temps et dans l'espace, de représenter leur appartenance, sous la forme du rite, pour eux-mêmes et pour le public éventuel. Comme l'art, le rituel est une forme de miroir social de la norme mise en scène.

La norme, quand elle prend la forme d'un rituel, consiste donc, en quelque sorte, à placer sur le plan du ***performatif*** (articulation symbolique/réel) les processus et les structures de la communication.

c) Norme et mode

La **mode** est une norme qui porte sur les vêtements, et, de plus en plus, sur les formes de la vie quotidienne en général. La mode unifie les pratiques sociales et, en ce sens, elle constitue une forme de communication, puisqu'elle représente un ensemble de signes extérieurs de l'appartenance sociale. Faite autant pour les autres que pour celui qui la porte, la mode permet de communiquer par les formes et par les objets qui deviennent porteurs d'un sens : l'adhésion à un système de norme et de représentation.

Le fonctionnement de la mode comme norme est un processus triple : regard sur l'autre conçu comme modèle, identification à un tiers modèle, uniformisation.

• Le regard sur l'autre devient un regard sur un modèle à partir du moment où l'autre est, en quelque sorte, dépersonnalisé – à partir du moment où se produit une disjonction entre son existence comme personne et la reconnaissance de son statut de modèle. La mode vestimentaire est imposée ou par un acteur social qui est déjà reconnu comme modèle (cf. la représentation des vedettes dans les publicités ou dans les **magazines de mode**) ou par une personne (le « modèle » au sens propre), dont on n'a pas à connaître l'identité, qui appartient déjà, en quelque sorte, au monde de l'indistinction, et que l'on ne connaît que dans son rôle de modèle.

• L'identification au tiers comme modèle est, proprement, le moment esthétique de la **com-**

munication normative en matière de mode. Trouver un vêtement beau sur un modèle ou sur une personne considérée comme telle, c'est trouver que l'on serait soi-même beau si l'on portait ce vêtement parce que l'on serait conforme à ce modèle. La mode est une médiation esthétique et un média de communication parce qu'elle repose sur ce processus d'appropriation : d'application sur soi, du modèle perçu.

• L'uniformisation, qui est une tendance, une limite, plus qu'un processus réel, est le passage de cet ensemble de processus au plan social. C'est la forme que revêt la diffusion quand il s'agit de communication normative. La diffusion d'une norme ne consiste, en effet, pas seulement, comme dans une diffusion d'information, dans la démultiplication de situations de savoir ; elle consiste dans la diffusion de pratiques, de modes de vie de vêtements quand il s'agit de modes vestimentaires, et la diffusion de ces pratiques revient à une uniformisation, puisqu'il s'agit de rien moins que de rendre semblables des pratiques – donc : des situations d'acteurs. Quand la norme porte sur des pratiques, et pas seulement sur des symboles ou sur des représentations (comme c'est le cas du rite), le processus de normalisation ne comporte pas la distance au symbolique : il s'agit d'une mise en conformité réelle : ce qui est désigné ici par uniformisation.

La norme, quand elle prend la forme de la mode, consiste donc, en quelque sorte, à placer sur le plan du réel les processus et les structures de la communication.

2. Norme et langue

La **langue** est le lieu dans lequel s'instaurent et s'appliquent les normes de la communication verbale. C'est même la norme qui définit le concept même de langue : une langue est un système de communication verbale structuré selon des normes, à la différence de la parole, qui repose sur l'usage qu'en fait l'énonciation. La dimension normative de la langue correspond à quatre fonctions de la langue dans la communication sociale.

D'une part, elle unifie les systèmes de communication verbale dans un territoire. En ce sens, la langue représente une des institutions fondatrices de l'hégémonie politique dans un pays : l'État se manifeste comme acteur hégémonique dans un système politique à partir du moment où la communication verbale, pour être autorisée et légitime, doit s'exprimer dans les structures d'une langue. Il y a donc, dans l'institution d'une langue, à la fois hégémonie institutionnelle et régulation de la communication. La **norme linguistique** est le premier élément de la structuration symbolique du politique.

D'autre part, la langue organise la représentation sociale du réel : elle constitue ainsi une forme de médiation institutionnelle de la communication. Dans la mesure où la langue organise et structure les représentations dont sont porteurs les sujets qui la parlent, elle représente une médiation : une relation entre la dimension singulière et la dimension collective de la culture. La langue est, de la sorte, la *médiation institutionnelle de la culture* : elle donne à la culture la médiation qui rend possible son appropriation par les sujets singuliers dans le cours du procès de la communication.

Par ailleurs, la langue est un instrument de clivage social. Les acteurs sociaux s'identifient par la langue qu'ils parlent : cela signifie d'une part qu'elle les fait reconnaître, d'autre part qu'en parlant leur langue, ils acquièrent un sentiment d'appartenance. En s'exprimant par des systèmes linguistiques spécifiques, les groupes sociaux caractéristiques se séparent, et acquièrent une autonomie institutionnelle, garantie par la langue (cf. les théories sur l'argot).

Enfin, la langue représente un état, un moment, dans l'histoire : elle représente un degré d'évolution d'une communauté ou d'un pays. En ce sens, la norme donne à la langue une date, elle l'inscrit dans une continuité historique, au sein de laquelle elle figure un moment donné. C'est pourquoi il y a une histoire des normes dans la langue, qui représente une forme d'histoire de la langue. C'est la dimension normative de la langue qui, en s'imposant aux sujets parlants dans l'exercice de la communication, les inscrit dans la logique historique d'un devenir. En effet, c'est à partir du moment où les normes de la langue s'inscrivent dans la continuité chronologique d'un devenir que la langue devient un point de repère historique pour les sujets qui, la parlant, en attestent la présence et la continuité. La norme, en ce sens, inscrit la langue dans l'historicité d'un ensemble de faits et de relations de communication. C'est, en ce sens, la norme qui nous rappelle que la communication s'inscrit dans l'histoire.

3. Norme et évaluation de la communication

À partir du moment où s'instaure une norme qui va fonctionner comme point de repère, va se développer, dans le champ de la communication, une logique d'évaluation et d'appréciation de l'usage de la langue par les sujets. Cette évaluation, en effet, porte sur les conditions dans lesquelles a lieu l'appropriation singulière de la langue par les sujets qui vont la parler dans l'espace social. L'évaluation de l'usage de la langue par les sujets instaure une approche non institutionnelle, mais pragmatique de la norme : une approche de la norme non en ce qu'elle structure, organise et régule les structures symboliques de la communication sociale, mais en ce qu'elle organise l'usage de ces structures dans une pratique individuelle de la communication par des sujets dans des situations effectives de communication.

Dans une telle approche de la communication, la fonction de la norme est d'unifier et d'homogénéiser les pratiques individuelles de communication des sujets qui appartiennent au même espace social, de manière à souligner, par l'application de la norme, la commune appartenance de ceux qui suivent la même norme. La norme, dans sa dimension d'évaluation, a une fonction de repère d'identification et d'appartenance pour les sujets de la communication.

L'évaluation donne, ainsi, à la norme une toute autre dimension que celle de la régulation des rapports sociaux dans le champ de la communication : il s'agit de servir de point de repère et de cohérence des pratiques singulières de communication. La norme, en ce sens, unifie les formes de la communication dans l'espace social ; elle vient rappeler aux acteurs de la communication qu'il n'y a pas de culture ni de système social sans une tendance forte à l'identification aux mêmes repères : sans une tendance forte à la reconnaissance de modèles communs de communication et d'échange symbolique.

4. La norme dans la communication intersubjective

La norme, dans ces conditions, n'est pas seulement d'ordre social ; elle est aussi d'ordre intersubjectif – singulier. La norme fait l'objet d'une appropriation par les personnes qui participent à une situation de communication ; c'est cette appropriation de la norme qui rend possible leur constitution en tant que sujets. La norme représente la dimension proprement sociale de l'identité : ce par quoi la ***communication intersubjective*** est possible, les sujets, dès lors, pouvant faire l'objet d'une identification symbolique et engager des relations d'identification symbolique à l'autre.

Il y a de la norme dans la communication intersubjective : elle est une ***médiation***, qui structure la constitution de l'identité des sujets de la communication, en les rendant conscients de leur appartenance sociale. La norme représente, en quelque sorte, la dimension sociale et ***médiatée*** du miroir constitutif de la personnalité. C'est la norme qui va assurer, dans l'expérience personnelle des sujets la continuité entre la dimension sociale et la dimension intersubjective de la communication. C'est ce qui est représenté, dans la communication globale, par la relation entre le **sujet** et le **destinateur**, qui est une relation selon laquelle le sujet singulier de la communication s'approprie la norme sociale au cours de son expérience propre de sujet. Il s'agit d'une forme d'identification (celle même qui est à l'œuvre dans le champ de la communication artistique), mais, faute de rapport à l'identité du destinateur, on peut la désigner par le terme d'**engagement**. L'engagement (l'engagement politique, l'engagement esthétique) représente l'appropriation de la norme par le sujet dans une pratique de communication.

Norme de télévision en noir et blanc

Ensemble des règles applicables pour la télédiffusion des images noir et blanc. Pour la vidéo en couleur et la diffusion des images en on parle de ***standard***.

Normes et Normalisation (Aspects techniques)

Une norme est un « document établi par consensus et approuvé par un organisme reconnu qui fournit pour des usages communs et répétés, des règles, des lignes directrices ou des caractéristiques pour des activités ou leurs résultats » (ISO - CEI). Elle aurait donc un caractère consensuel, résultat d'une démarche collective et librement consentie entre partenaires économiques et sociaux. Une norme internationale pourrait être considérée comme une forme de traité international.

Le champ d'application de la *normalisation* s'étend au départ à toutes les branches de la technologie. Un même objet peut être normalisé sous différents aspects : contrôle de qualité, échantillonnage, méthodes d'essais, méthode d'analyse, symbolisation, vocabulaire (termes et définitions). Certaines normes ne déterminent qu'un seul aspect de la normalisation, d'autres en présentent plusieurs. Ce sont ces aspects qu'il faut déterminer dans l'analyse documentaire de la norme.

Une norme se présente sous forme d'un document écrit approuvé par un organisme

qualifié ; elle est accessible au public ; elle est d'application répétitive ou continue sans qu'elle soit nécessairement obligatoire, ce qui lui permet d'éviter des contraintes vite dépassées par les progrès et l'évolution technique.
Les normes font partie des **documents normatifs** comme les brevets et les spécifications techniques. On y trouve des définitions, des symboles, des schémas, des caractéristiques techniques. Les normes visent à unifier le langage technique et à réduire les coûts, elles sont les instruments utilisés pour concevoir et conduire une stratégie de développement et d'industrialisation de produits et services d'une entreprise, d'une profession ou d'un État.
On distingue généralement quelques grands types de normes : les normes fondamentales qui concernent la terminologie, la métrologie, les conventions, signes et symboles ; les normes de spécification qui fixent les caractéristiques d'un produit et les seuils de performance à atteindre, les normes de méthodes d'essai et d'analyse qui mesurent les caractéristiques des produits ; les normes d'organisation et de service qui s'intéressent à la description des fonctions de l'entreprise et à leurs liaisons.
Dans le domaine des télécommunications, la norme définit les caractéristiques de transmission d'un ***standard*** (***SECAM, PAL***...) : le nombre de lignes et les modulations du son.
Les normes concernant le traitement des informations, la documentation et la bibliothéconomie sont essentiellement des normes fondamentales puisqu'elles traitent de description ou de présentation de documents, de numéros d'identification, de règles de translittération, de codes de noms de pays, des supports de la communication : formats de papier, de microformes, de transmission de données, c'est-à-dire d'opérations intellectuelles et matérielles.

1. Organisations internationales de la normalisation

Les organisations internationales qui contribuent à normaliser les techniques et les procédures documentaires sont légion : elles peuvent avoir plusieurs domaines d'activité ou œuvrer dans des secteurs spécialisés.

• CEI (Commission Électrotechnique Internationale, Genève)

La **CEI**, créée en 1904, joue un rôle important dans le domaine de la terminologie normalisée avec la publication de son *« Vocabulaire électrotechnique international »*. Lorsque l'***ISO*** a été créée en 1947, des accords de complémentarité ont été signés, les travaux de l'ISO excluant tout ce qui touche à l'électricité et à l'électronique. Avec l'ISO, la CEI a créé un Comité technique commun (le JTCI) pour développer des normes dans le domaine des technologies de l'information, c'est-à-dire les télécommunications et l'échange d'informations entre systèmes ; les systèmes bureautiques ; la recherche, le transfert et la gestion d'informations pour l'*OSI*. Les documents produits par la CIE, comme ceux de l'ISO, sont des normes internationales, résultant d'un large consensus sur des documents techniques d'experts.

• UNESCO (Paris)

L'***UNESCO,*** à travers son **PGI** (Programme général pour l'information) et l'**UNISIST** (Programme intergouvernemental pour la coopération dans le domaine de l'information scientifique et technique), établi en 1972 à la suite de recommandations de l'UNESCO et de l'ICSU, collabore avec l'***ISDS*** et ***INFOTERM***.
Les thèmes majeurs du PGI sont : promouvoir la formulation de politiques et de plans en matière d'information ; promouvoir et diffuser des méthodes, des règles et des normes pour le traitement de l'information ; contribuer au développement des infrastructures de l'information. Ses normes sont essentiellement le CCF et le programme RAMP.

• CIA (Conseil International des Archives)

Le **CIA** est engagé auprès de l'Unesco dans le programme **RAMP** *(Records and Archives management programme),* programme de gestion des documents et des archives, qui reflète les grands thèmes du PGI.

• FID (Fédération Internationale d'Information et de Documentation, La Haye)

La **FID** assume la responsabilité de la CDU *(Classification décimale universelle)* dans le cadre d'un Consortium qui comprend les Associations de normalisation espagnole, britannique, néerlandaise, belge et japonaise et de la normalisation de la terminologie.

• IFIP (*International Federation for Information Processing*)

L'**IFIP** est une fédération de sociétés techniques qui a pris une part active à l'ISO dans la mise au point du modèle *OSI* et de la messagerie *X-400*.

• IFLA (Fédération Internationale des Associations de Bibliothécaires et des Bibliothèques, La Haye)

L'**IFLA** est une association d'audience mondiale non gouvernementale qui s'occupe de l'ISBD et du format ***MARC*** dans le cadre de son programme UBCIM (Contrôle bibliographique universel et Marc international). Elle participe aux travaux du TC 46 de l'ISO à titre de membre affilié.

• INFOTERM (Centre International d'Information pour la Terminologie, Vienne, Autriche)

L'**INFOTERM**, fondé en 1971, est un organisme international chargé de coordonner les activités terminologiques dans le monde. Il a reçu le statut d'ONG (Organisation internationale non gouvernementale auprès des Nations-Unies) en 1991.

• OIUNT (Organisation Internationale d'Unification des Néologismes Terminologiques, Varsovie)

L'**OIUNT**, fondée en 1982, a comme INFOTERM, le statut d'ONG (Organisation non gouvernementale auprès des Nations Unies). Elle encourage la création de néologismes spécialisés à partir de morphèmes latins, grecs, ou d'autres langues, pour faciliter la compréhension des textes scientifiques, internationaliser la terminologie scientifique, dans le but d'unifier les concepts et pour le transfert des nouvelles technologies. Elle comprend « la Banque mondiale des termes internationaux » (**BMT**) et le « Fonds mondial pour la transnationalisation de la terminologie spécialisée ».

• BIPM (Bureau International des Poids et Mesures, Paris)

Le **BIPM** a été fondé en 1875 ; c'est un organisme intergouvernemental ayant pour fonction de conserver les étalons internationaux des mesures physiques. Les étalons changent mais pas les unités de mesure : l'étalon de longueur, par exemple, a d'abord été le méridien terrestre, ensuite une règle en platine iridié, puis la longueur d'onde d'une radiation du krypton 86. On a défini le mètre en 1983 comme égal au trajet parcouru par la lumière en un 299 792 458e de seconde pour que sa longueur coïncide avec celle que définissait l'étalon précédent.

Le Système international des unités (ou SI) a été adopté par la 11e Conférence générale des poids et mesures en 1960. Il a succédé au système métrique *(MKS :* mètre, kilo, seconde) et est fondé sur les sept unités de base : *mètre, kilo, seconde, ampère, kelvin, mole et candela.* Les règles d'écriture, les définitions se trouvent dans la norme ISO l000 et dans la norme française NF X 02-006. La norme ISO décrit le SI, recommande les multiples et sous-multiples décimaux des unités à utiliser.

La mise en pratique des définitions des unités de base fait l'objet de recommandations du *Comité international des poids et mesures.* Les sept unités de base sont les seules reconnues légales en France et leur usage est obligatoire pour la mesure des grandeurs dans le domaine de l'économie, de la santé, de la sécurité publique ainsi que dans les opérations à caractère administratif.

• UICPA (Union Internationale de Chimie Pure et Appliquée, Oxford)

L'**UICPA** a été fondée en 1919 pour poursuivre les travaux de l'Association internationale des sciences chimiques, créée en 1911. Elle a pour but de favoriser la coopération entre les chimistes des pays membres et de faire des recommandations dans les secteurs à réglementer et à normaliser. Elle donne son avis au TC 12 de l'ISO qui s'occupe des quantités, des symboles, des facteurs et des tables de conversion.

• GATT/AGETAC *(General Agreement on Tariffs and Trade)*/(Accord Général sur les Tarifs douaniers et le commerce).

L'« Accord général sur les tarifs douaniers et le commerce », ou **GATT**, est entré en vigueur en 1948 et liait au départ vingt trois signataires. Au 1er janvier 1995, à la suite des accords de Marrakech du 15 avril 1994, mettant fin aux Négociations dites de l'Uruguay Round, le GATT s'est transformé en **Organisation Mondiale du Commerce (OMC)**. Il lie cent seize États et est appliqué dans la pratique par cent vingt-cinq pays.

C'est un traité international définissant un ensemble de règles telles que le principe de réciprocité, le traitement de la nation la plus favorisée et le développement national, en vue de favoriser le développement des échanges internationaux. Dans le cadre du GATT, un accord a été conclu en 1980 (« Tokyo round ») qui a pour objet d'éviter que des règlements techniques ou des normes créent des entraves aux échanges.

La plupart de ces organisations internationales coordonnent leurs actions et coopèrent régulièrement. Elles décident d'actions et animent les systèmes internationaux d'information : l'IFLA, la FID et le CIA coopèrent avec le PGI de l'UNESCO et avec le TC 46 de l'ISO ; l'ISO a constitué, avec la CEI, une structure technique conjointe le JTC l (informatique) et publie avec elle depuis 1983, le *Vademecum des normes internationales* (5e éd. en 1991), ouvrage de référence essentiel pour connaître les organismes de réglementation et les normes internationales.

Le BIPM, la CEI, l'OIML et l'ISO ont publié conjointement un vocabulaire international des termes fondamentaux et généraux de métrologie et de mesurage, qui comporte des informations sur la détermination des constantes physiques et des autres propriétés fondamentales des matériaux. Le CCITT et l'ISO coordonnent aussi informellement leurs travaux.

2. Les organisations de normalisation européenne
• le CEN et le CENELEC
Au début des années 1960, les organismes de normalisation européens, tant des pays de la CEE que de ceux de l'AELE, se sont regroupés en vue d'éviter un développement divergent de la normalisation en Europe. C'est ainsi que sont nés le **CEN** (Comité Européen de Normalisation), membre de l'ISO, créé en 1961 et le **CENELEC** (Comité Européen de Normalisation Électrotechnique), membre de la CEI, créé en 1976 sur la base d'une ancienne Association de normalisation, le Cenelcom, créé en 1958.
Ces deux organismes, dont le siège est à Bruxelles, ont des procédures et des règles de fonctionnement communes, ce qui explique que l'association des deux acronymes (CEN/CENELEC) soit fréquente. Les membres de ces organismes sont les Instituts de normalisation (les membres français sont l'AFNOR pour le CEN, l'UTE, pour le CENELEC) qui désignent les représentants nationaux aux travaux de normalisation européenne.
Leurs normes sont reconnues par la CEE, devenue Union européenne. Elles sont publiées à la majorité pondérée des pays et sont reprises dans la collection nationale des pays membres qui doivent éliminer dans leurs normes toutes les dispositions contradictoires à celles de l'Union. Le CEN et le CENELEC transposent au niveau européen les normes internationales de l'ISO et de la CEI : 18 pays participent aux travaux. Plus de 3 500 normes sont inscrites au programme de travail des Comités techniques et de leurs Groupes de travail.
L'important programme de normalisation au CEN provient notamment d'une directive dite « nouvelle approche » établie en 1985 et qui a pour objectifs la simplification et l'accélération du processus législatif communautaire, par voie de normalisation et non plus de réglementation, dans la mise en place du marché unique européen.
Au CEN est rattaché l'**EWOS** *(European Workshop for Open Systems,* Groupement européen sur les systèmes ouverts). Cet atelier créé en 1988 et ouvert aux pays de la CEE et de l'AELE est une association informelle de sept organismes européens constructeurs d'informatique, un lieu de rassemblement et de dialogue.
• CEPT (Conférence Européenne des Postes et Télécommunications)
La **CEPT** créée en 1959, est une organisation d'exploitants qui a pour objectif l'harmonisation européenne de l'interprétation des textes du *CCITT.*
• ETSI/IENT *(European Telecom Standards Institute/*Institut européen des normes de télécommunication, Valbonne).
L'**ETSI** a été fondé en 1988, à la suite des recommandations de la CEE en matière de politique des télécommunications ; c'est un organisme sectoriel responsable de la normalisation européenne dans le domaine des télécommunications dont la création a été reprise à son compte par la CEPT (Conférence européenne des administrations des postes et télécommunications) pour accélérer la production des spécifications techniques. L'ETSI et le CENELEC coopèrent pour des sujets comme la compatibilité électromagnétique, la distribution des signaux de radio et de TV par câble et pour le ***RNIS***.
• ECMA *(European Computer Manufacturers Association)*
L'**ECMA** est un organisme européen de normalisation où les sociétés membres développent des normes industrielles dans le domaine des technologies de l'information, de la sécurité, de l'ergonomie et des supports magnétiques et optiques.
• ECITC (*European Committee for Information Technology Testing and Certification)*
L'**ECITC** a été formé par des organismes comme le CEN, le CENELEC et la CEPT pour la certification européenne en matière de technologie de l'information.
• ITST (*Information Technology Steering Committee*)
Les 3 instances européennes (CEN, CENELEC et ETSI) ont mis en place un mécanisme de coordination dans le domaine des TI (Technologies d'information) : l'**ITST**.

3. La normalisation en France
Le système français de normalisation est organisé par le décret n° 84-74 du 26 janvier 1984, complété par le décret n° 91-283 du 19 mars 1991. Il comprend le Délégué interministériel aux normes, le Comité interministériel à la normalisation, l'AFNOR, sous la tutelle du ministère de l'industrie, des Bureaux de normalisation et des experts qui représentent les

différents groupes d'intérêt concernés par la normalisation.

• Les Pouvoirs Publics

Le ministre chargé de l'industrie assure la cohésion de la politique de normalisation. Dans la pratique, il délègue ses attributions au Délégué interministériel aux normes (ex-Commissaire à la normalisation). Il fixe les directives générales et contrôle les travaux des organismes de normalisation. La coordination des actions des pouvoirs publics est assurée par un Comité interministériel à la normalisation.

• AFNOR (Association Française de Normalisation)

Créée en 1926, l'**AFNOR** est une association régie par la loi de 1901 qui coordonne et diffuse les travaux de normalisation en France. Elle est placée sous le contrôle du ministère chargé de l'industrie et ses ressources proviennent à hauteur d'un tiers environ des subventions de l'État, de près de 10 % des cotisations des adhérents et de 60 % de son activité propre. Avec une production d'environ 1 000 normes par an, dont 60 % sont européennes et internationales, elle répond aux besoins de normalisation dans tous les domaines de l'économie et de la technologie.

C'est par l'AFNOR, en tant que correspondant français de l'ISO, que transite la participation française aux programmes internationaux et c'est en sa qualité de branche française du système européen de normalisation (CEN), dont elle est membre fondateur, que l'AFNOR participe aux programmes européens de normalisation. Pour assurer la cohérence des travaux dans le contexte européen et international, l'AFNOR a regroupé l'ensemble des travaux techniques au sein de dix-neuf Grands Programmes de Normalisation (CPN). Chacun d'eux est piloté par un Comité d'orientation stratégique (COS).

• Les Bureaux de normalisation

Les travaux de normalisation sectorielle sont animés par trente trois Bureaux de normalisation, liés à des organismes professionnels (par exemple l'UTE, Union technique de l'électricité ou le CFONB (Comité français d'organisation et de normalisation bancaire), qui établissent, secteur par secteur, des avant-projets de normes ou par les Comités techniques de l'AFNOR elle-même, en l'absence de groupes sectoriels.

Des milliers d'experts participent également au système de normalisation, et représentent ainsi les intérêts des différents acteurs économiques. Dans le domaine de la documentation, par exemple, il existe des commissions de travail sur la conversion des systèmes d'écriture, sur les vocabulaires de la documentation et des archives, sur l'informatisation, sur le catalogage ou sur la présentation des documents. Les commissions de travail ont généralement les mêmes domaines d'application que les sous-comités qui travaillent au sein de l'ISO : elles effectuent des traductions des documents en anglais, ce qui permet aux pays francophones de participer au vote sur les normes internationales.

L'AFNOR produit deux types de documents normatifs : des normes techniques et des normes de vocabulaire qui se répartissent en normes homologuées (HOM), normes expérimentales (EXP) fascicules de documentation (FD) et documents de référence (RE). Les normes homologuées sont approuvées par les pouvoirs publics et publiées au Journal Officiel, elles doivent servir de référence dans une réglementation et exercer une influence importante dans le secteur des marchés publics. Les normes expérimentales sont publiées par décision du président de l'AFNOR.

Les normes de l'AFNOR sont identifiées par le préfixe *NF* suivies d'un identificateur par domaine d'activité. Les normes ISO, CEN et CEI, reprises en normes françaises, sont référencées NF ISO, NF EN et NF CEI. Dans le secteur public, les contrats doivent se référer aux normes homologuées, alors que dans le secteur privé, les contrats sont libres de s'y référer. Toutefois, il est utile qu'un produit normalisé obtienne la consécration d'une certification de conformité aux normes : c'est ce que fait la marque NF.

Aux termes de la loi du 10 janvier 1978 et du décret du 9 juillet 1980 sur la protection et l'information du consommateur, la marque NF est une marque de certification destinée à attester la conformité des produits aux normes qui leur sont applicables et leur capacité à effectuer les fonctions prévues, notamment dans un domaine aussi complexe que celui des technologies de l'information.

Notoriété

Indicateur, en règle générale, concurrentiel mesurant la présence à l'esprit d'un produit, d'une marque, d'un titre de presse, d'une station radio, d'une chaîne, d'un animateur, d'une émission, d'un personnage, etc.

On distingue la **notoriété spontanée** (réponse à une question ouverte) de la **notoriété assistée** (réponse à une question fermée).

La notoriété est un indicateur important dans le suivi d'une action publicitaire. Si la mesure est pratiquée avant et après campagne elle constitue un indice de la qualité de la campagne. Cependant la notoriété d'une marque peut être très dépendante des actions de la concurrence ainsi que d'autres facteurs extérieurs (saisonnalité, référencement, influence du hors média). La notoriété apparaît ainsi comme un objectif publicitaire de base pour le lancement d'un produit ou une marque. Elle est par contre peu opérante pour un produit ou une marque déjà installés. D'autre part, la notoriété n'est pas un objectif média mais bien un objectif plus général affectant également la création.

Autres traductions d'un objectif de notoriété en langue média :

– couverture maximale sur cible ;

– fréquence moyenne au minimum de x. Voir ***Mémorisation***.

Nouveaux médias

Terme générique apparu au début des années 80, englobant un certain nombre de techniques et de nouvelles technologies de diffusion de messages audiovisuels. il n'existe pas de critère indiscutable pour établir un inventaire exhaustif de ces nouveaux modes de circulation et parler de « média » pour les désigner est assez inapproprié. L'innovation réside surtout dans la modification du rapport entre le diffuseur et l'usager qui a davantage d'autonomie. La plupart de ces nouveaux médias sont en fait des prolongements de médias plus anciens comme la radio, le disque et la télévision. L'interconnexion croissante avec des domaines tels que la télématique ou le téléphone permet d'accréditer l'idée d'une « révolution médiatique » qui verrait aboutir la plupart des messages sur un même terminal. Quoiqu'il en soit, il faut retenir parmi les principaux : les ***réseaux câblés***, les ***satellites***, la télévision codée à péage, les ***magnétoscopes***, les ***vidéocassettes***, les ***vidéodisques*** et leurs lecteurs ***laser*** et le ***Vidéotex***.

Nouvelle(s)

1. Au singulier, première annonce d'un événement. Cet événement même.
2. Au pluriel informations sur la situation, l'état de santé d'une personne que l'on connaît.
3. Au pluriel, informations sur les événements du monde diffusés par les médias de masse.
4. Au singulier, en littérature, genre de roman court à sujet simple et au style sobre.

Nouvelles images

Ou images de synthèse. Reproduction des formes par ordinateur, à l'aide d'un stylet optique et des palettes graphiques. Le stylet optique trace le dessin sur une plaque sensible, reliée à l'ordinateur. Ce dessin est visualisé sur l'écran.

Nouvelles Technologies d'Information et de Communication (N.T.I.C.)

Expression qui a eu un important succès dans les années 1980, qui est encore utilisée quelquefois, pour désigner un ensemble d'innovations diverses dans le domaine de l'audiovisuel et de l'informatique : ***fibre optique, satellites de télédiffusion, vidéodisque, télématique, vidéotex, cédérom***, etc. Voir ***Nouveaux médias***.

Nouvel ordre mondial de l'information et de la communication (Nomic)

Voir ***Technologies d'information et de communication et niveau de développement économique***.

N.T.S.C. (*National Television System Comitee*)

Standard de TV couleur basé sur un balayage de 525 lignes/60 Hz, utilisé pour la transmission d'images télévisées en couleur aux États-Unis, Japon, Corée du Sud et Taïwan. Comparé aux systèmes ***Pal*** et ***Secam***, adoptés en Europe, sa qualité de couleur est nettement inférieure. C'est pourquoi certains plaisantent sur le sigle (« *Never Twice the Same Color* »).

Numérique

Se dit d'un signal sonore ou vidéo représenté sous forme d'éléments binaires (***bits***). En anglais se dit ***digital***. La ***numérisation*** (ou *digitalization* en anglais) de l'information consiste à transformer les valeurs qui décrivent l'intensité des sons et des couleurs, perceptibles en mode analogique, en mesures qui sont codées en suites de 0 et de 1 pour être reconnues, traitées et restituées, au final sous forme analogique – seule forme reconnaissable par les appareils visuels et auditifs humains –, par les machines numériques.

La numérisation de l'information présente des avantages importants. En effet les données numériques sont plus faciles à transformer, à transporter, à diffuser et à éditer. Elles sont disponibles sur tout support : papier, ***cédérom, CD-Audio***, etc. La numérisation permet des traitements plus rapides, ce qui permet des traitements de données plus volumineuses. La numérisation permet surtout dans certains cas de réaliser une compression des données, (la **compression numérique**) élargissant de nouvelles perspectives en termes de volume d'informations transmissible.

Numéris

Nom commercial donné en France, par France-Télécom, au RNIS (Réseau Numérique à Intégration de Service).

Numérisation

Voir ***Numérique***.

Numéro international normalisé des publications en série

Voir ***ISSN***.

Numéro vert

Service ouvert à la mi-1983, le n° vert permet à l'entreprise abonnée d'offrir à ses correspondants la possibilité de l'appeler gratuitement, elle-même prenant en charge le coût de la communication. C'est un service international grâce aux accords bilatéraux passés entre les opérateurs.

Les applications du n° vert se répartissent en 3 catégories : les relations internes à l'entreprise, les relations de l'entreprise avec son réseau de distribution, la promotion ou le *télémarketing*. Le n° vert peut permettre d'acheminer un appel vers un seul ou plusieurs établissements. Tous les renseignements sur les différents abonnements possibles peuvent être obtenus en composant un numéro vert : 08.00.00.00.01

O

Objectif média, objectif publicitaire

Expressions professionnelles qui décomposent les différents aspects de la ***stratégie de communication*** publicitaire :

1. L'objectif publicitaire détermine la nature des moyens de communication à employer pour une campagne publicitaire en vue de créer, de développer et d'entretenir la notoriété ou l'image, cette dernière pouvant être modifiée. L'objectif publicitaire sera également de stimuler les ventes.
2. L'objectif média pose la question de comment le message publicitaire doit être véhiculé et comment il doit rentrer en contact avec la cible, en tenant compte le plus possible de l'ensemble des facteurs en amont (produit notamment). On distingue ainsi les objectifs médias liés :
   – au concept publicitaire (démonstration, argumentation) ;
   – à l'axe de communication (ton ludique, luxe, mode...) ;
   – à la création (visualisation, évocation) ;
   – au produit (degré d'implication) ;
   – aux ventes (régionalisation, saisonnalité) ;
   – à la concurrence (création d'un territoire média) ;
   – à la nature du média (sur quelle fonction média doit-on s'appuyer ?) ;
   – à la cible principale (minimum de déperdition, distribution de contacts régulière ou rapide, coût au contact minimum) ;
   – aux cibles périphériques (distributeurs, partenaires financiers et sociaux, personnels de l'entreprise) ;
   – à l'achat d'espace (opportunité, faible encombrement publicitaire).
   Le but de l'ensemble de ces objectifs est de maximiser l'attention et donc de l'impact publicitaire.

Objets publicitaires

Voir ***Communication par l'objet***.

Obsolescence de l'information

Voir ***Information***.

O.C. (Ondes Courtes)

Voir ***Transmission hertzienne***.

Occasion d'entendre (O.D.E.), occasion de voir (O.D.V.)

Exposition d'un individu à message publicitaire soit sonore ou auditif (radio), soit visuel (affichage, presse, télévision, cinéma). Voir ***Audience (Mesure de l'-), Nombre moyen de contacts***, ***Fréquence ou répétition moyenne***, ***GRP***.

Octet

Mot formé de huit ***bits***. L'octet correspond généralement à une lettre ou à un caractère de l'écriture standard humaine (pour la distinguer de l'écriture informatique en bits). L'octet sert d'étalon pour mesurer la capacité ou la taille des mémoires : une disquette peut avoir une capacité de 1 400 Ko (kilo-octets) soit environ 900 feuillets dactylographiés.

Office

Du latin officium qui veut dire service.

1. Établissement public doté de la personnalité morale et de l'autonomie financière et assurant une mission de service public. Voir ***ORTF***.
2. Envoi périodique et systématique par les éditeurs d'ouvrages nouvellement édités ou réédités aux libraires qui ont opté pour ce service de l'office mais qui gardent la possibilité de renvoyer les invendus.

Offset

Mot d'origine anglaise qui désigne un procédé d'impression par double décalque de la forme d'impression sur le blanchet de caoutchouc (rouleaux entre lesquels circule l'encre), puis de celui-ci sur le papier. Il existe deux procédés d'offset : l'offset mouillé et l'offset à sec. Dans ce dernier système, l'élément imprimant reçoit l'encre sans mouillage.

Une plaque offset est une feuille mince de métal qui porte l'image imprimante qui sera montée sur les cylindres.

Schéma simplifié d'une presse Offset.

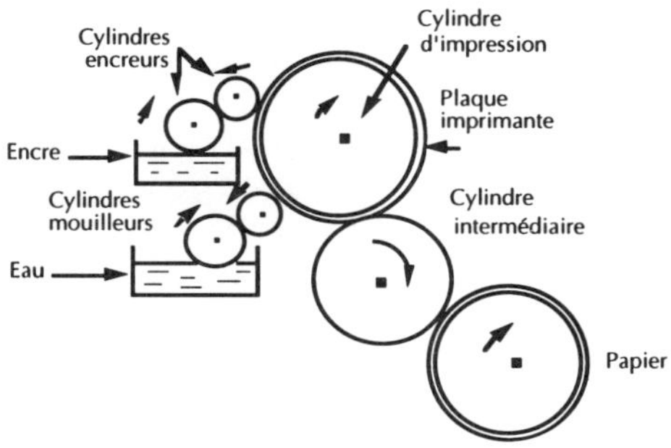

O.I.R.T. (Organisation Internationale de Radio Télévision)

Fondée en 1946 par les pays européens. En 1949, les pays à économie de marché s'en sont séparés et fondèrent le 2/2/1950 leur propre organisation : l '***U.E.R.*** (***Union européenne de radiotélévision)*** dont le siège est à Genève.

L'OIRT dont le siège se trouvait à Prague, représentait la plupart des pays d'Europe de l'Europe Centrale et Orientale et des membres associés du Tiers Monde. Elle avait instauré les réseaux **Intervision** comme pendant du réseau ***Eurovision***.

OJD (Office de Justification de la Diffusion)

Association tripartite créée en 1926 comprenant des représentant de la presse, des annonceurs et des agences de communication et dont l'objet est de contrôler le tirage et la diffusion (globale, payée, non payée) des publications qui acceptent cette évaluation. Cet organisme est le seul label de fiabilité des périodiques payants agréés par la Commission Paritaire. Le contrôle, de nature comptable, est peu onéreux pour le périodique. Voir ***Audience (Mesure de l'-), Diffusion (Organismes de contrôle de la -)***.

Omnibus

Enquête portant sur plusieurs sujets financés par plusieurs investisseurs ou commanditaires. On parle également d'enquête charterisée : l'enquêteur pose ainsi plusieurs questions sur différents produits aux personnes retenues dans un ***panel*** : cette méthode réduit les coûts de l'étude de marché.

OMPI (Organisation Mondiale de la Propriété Intellectuelle)

L'OMPI, créée par la Convention de 1967, a succédé aux Bureaux internationaux réunis pour la protection de la propriété intellectuelle (BIRPI), créés en 1893. L'OMPI est devenue une institution spécialisée des Nations-Unies en décembre 1974.

Sa fonction principale est de promouvoir la protection de la propriété intellectuelle dans le monde entier grâce à la coopération entre les États et d'assurer la coopération administrative entre diverses Unions, fondées chacune sur un traité multilatéral, et s'occupant des aspects juridiques et administratifs de la propriété intellectuelle. Elle met l'accent sur le savoir faire lié à la propriété industrielle et sur l'accès aux renseignements contenus dans les documents de brevet. Elle a la responsabilité de la classification internationale des brevets.

Onde

Dans le domaine radioélectrique : transformation périodique du champ électrique et magnétique, qui se propage d'un émetteur à la vitesse de la lumière (également appelé : onde porteuse ou de transmission). Par la modulation de leur ***amplitude*** (A.M.) ou de leur ***fréquence*** (F.M.), les **ondes électromagnétiques** (également appelées : **ondes radioélectriques** et **ondes hertziennes**), servent à transmettre des sons et des images.

Les ondes se propagent à la vitesse de la lumière, soit environ 300 000 Km/s. Mais dans un câble en cuivre la vitesse est plus faible que dans le vide. Le rapport entre la vitesse et la fréquence (qui s'exprime en ***hertz*** ou en un multiple du hertz) définit la longueur de l'onde. La fréquence étant indépendante du support, la longueur d'onde dépendra donc du support qui détermine la vitesse.

On distingue en fonction de leurs **fréquences** :

– les **grandes ondes** ou **ondes longues** de 0,1 à 0,375 Mhz (méga hertz = millions de hertz). Ce sont des ondes kilométriques (3 km à 0,8 km). Le ***spectre des fréquences*** de radiodiffusion en grandes ondes pour la région 1 (Europe, Sibérie, Afrique) est 148,5 à 283,5 Khz ;

– les petites ondes ou **ondes moyennes**. Ce sont des ondes hectométriques (800 à 100 mètres) de 0,375 à 3 Mhz. Le spectre des fréquences d'ondes moyennes pour la radiodiffusion en région 1 est de 526, 5 à 1 606, 5 Khz ;

– les ondes H.F. (Haute Fréquence) ou **ondes courtes** décamétriques (100 à 10 mètres) de 3 à 30 MHz. Quelques ***bandes de fréquences*** de 200 à 500 Khz sont attribuées pour la radio diffusion en région 1 autour des fréquences (en Mhz) : 6-7-9-11-13-15-17-21 ;

– les ondes ***V.H.F. (Very High Frequency)*** ou ondes ultra courtes métriques (10 à 1m) de 30 à 300 Mhz. Le spectre attribué à la région 1 est de 87,5 à 108 Mhz pour la radiodiffusion en

modulation de fréquence et de 47 à 68 MHz et 174 à 230 Mhz pour la télévision ;
– les ondes ***U.H.F. (Ultra High Frequency)*** ou ondes décimétriques (1 à 0,1m) de 300 à 3 000 Mhz. Le spectre pour la télévision en région 1 est de 470 à 862 MHz ;
– les ondes ***S.H.F.*** (***Super High Frequency***) ou ondes centimétriques (0,1 à 0,01m) de 3 000 à 30 000 Mhz. Le spectre destiné à la télédiffusion directe par satellite est 11,7 à 42,5 GHz (Giga hertz = milliard de hertz) ;
– les ondes millimétriques ne sont pas encore utilisées.

Voir ***Transmission hertzienne.***

OPAC (*On line Public Access Catalog ou Open Public Access Catalog*)

Voir ***Catalogue, Bibliothèque.***

Opération hors antenne

Émission se déroulant en dehors de la station et en public, retransmise sur les ondes. Elle permet à la station de promouvoir son image en allant vers son auditoire et de recueillir la publicité en période creuse (l'été).

Opinion

Ensemble des représentations, des idées, des critères de choix, qui organisent la conscience politique des acteurs qui font partie de l'espace public et qui donnent du sens à leurs pratiques et à leurs choix politiques et sociaux.

1. La production de l'opinion dans la communication de masse

L'opinion résulte d'une médiation, dans la mesure où elle est produite à la fois par les médias, qui lui donnent une dimension collective et par les acteurs eux-mêmes qui l'assument et se l'approprient dans leurs discours et dans leurs pratiques. Les médias produisent de l'opinion en diffusant des images, des discours, des représentations, qui donnent la consistance de l'information aux idées et aux représentations dont sont porteurs leurs lecteurs et leurs usagers. Les médias produisent de l'opinion en diffusant de l'information, et en mettant les citoyens en mesure de se former une opinion propre – de s'approprier les idées qui circulent dans l'espace de diffusion sociale de la communication. La responsabilité des médias, en matière d'opinion publique, est engagée en ce que c'est l'information qu'ils diffusent qui sert de base à l'exercice des droits politiques des citoyens.

2. Les relais de l'opinion

Dans la dynamique de la communication de masse (ou ***communication médiatée***), l'opinion s'appuie sur plusieurs relais qui constituent les agents effectifs de sa diffusion et, par conséquent, de son appropriation par les acteurs individuels du politique. Il existe cinq grands **relais de l'opinion**, qui, à la fois, diffusent au sein de l'espace public les formes légitimes de l'opinion, et par les processus de lecture ou d'usage, assurent l'appropriation de l'opinion par ceux qui en seront porteurs.

a) Les médias

Ils organisent la diffusion de l'opinion selon la diffusion de l'information dont ils sont porteurs ; c'est, en quelque sorte, l'information qui est à la fois la médiation et le support de l'opinion. Les médias construisent l'opinion en diffusant l'information qui façonne les représentations et les idées dont sont porteurs les acteurs de l'espace public. Il s'agit de plus que d'une simple fonction de médiation : il s'agit d'une forme d'apprentissage, d'éducation. Par ailleurs, les médias concourent à la stabilisation et à la régulation de l'opinion : en effet, ils fournissent des représentations, des discours, des idées, qui peuvent servir de modèles, de normes, pour l'élaboration de l'opinion.

b) Les notables et les acteurs institutionnels

Il s'agit des relais actifs de l'opinion : ils l'autorisent et la légitiment en participant à sa diffusion. Cette légitimation fait de l'opinion un élément essentiel de la vie politique : une fois légitimée par les notables qui en sont porteurs, l'opinion devient un point de repère, elle oriente les pratiques politiques des acteurs sociaux. Par ailleurs, les notables donnent une consistance aux idées politiques et aux orientations : les notables et les acteurs institutionnels sont des acteurs qui, en quelque sorte, incarnent les idées politiques et les opinions. Désormais, celles-ci circulent et sont diffusées dans l'espace politique avec la force et l'autorité des acteurs institutionnels dont la médiation fait reconnaître au public une légitimité des idées et des opinions dont ils sont porteurs. Les acteurs institutionnels sont à l'opinion, en quelque sorte, ce que les médias sont aux informations sur les événements.

c) Les experts

Ils sont reconnus dans l'espace public comme porteurs d'un savoir technique, spécialisé, portant sur un objet particulier. C'est au nom de ce savoir que les experts interviennent dans l'espace public et se donnent une autorité grâce à laquelle leur statut change : dans le processus de constitution de l'opinion, les experts deviennent de véritables acteurs politiques. L'un des traits qui caractérisent, aujourd'hui, la vie politique et l'espace public est l'importance que prennent les experts dans la constitution de l'opinion. La complexité des faits de société et l'extrême fragmentation des acteurs qui y interviennent donnent aux experts une place considérable dans l'élaboration de l'opinion, car elles entraînent une fragmentation des savoirs qui accroît la place et l'importance des savoirs spécialisés, et, donc, du rôle des experts dans la constitution de l'opinion dans la communication sociale.

d) Les médias culturels

Ce sont les médias qui interviennent dans la formation de l'opinion en matière de communication. Portant sur les arts, les spectacles, les faits culturels et les autres faits de médiation, les médias culturels concourent à former l'opinion en donnant aux acteurs de l'opinion les idées, les modèles, les représentations à partir desquels ils se formeront leur opinion. Les médias culturels donnent une consistance à l'opinion : ils représentent une formation de l'esprit politique, en donnant les repères culturels à partir desquels nous pouvons nous former une conscience, un mode d'approche et d'analyse de la situation.

e) Les relais individualisés de l'opinion

Les **relais individualisés de l'opinion** (en particulier les enfants dans certaines publicités, ou des autorités morales ou scientifiques pour certaines prescriptions) sont les acteurs individuels qui concourent, par les échanges de communication que nous avons avec eux, à la formation de notre opinion. On peut les appeler, globalement, des **prescripteurs**. Il s'agit d'acteurs qui, en individualisant l'opinion dont ils sont porteurs et qu'ils sont censés représenter, renforcent la ***communication médiatée*** en diffusant l'opinion par les formes et les structures de la communication intersubjective. L'individualisation de l'opinion est un facteur de renforcement, utilisé dans l'affichage (usage du portrait de l'usager satisfait dans l'esthétique de l'affiche), mais qui remonte à une histoire très ancienne, puisque c'est le rôle que joue le héros dans la tradition du récit, ou le rôle que peut jouer la personne impliquée dans un fait divers de presse.

3. Le travail de l'opinion

On appelle **travail de l'opinion** le lent travail par lequel, au fur et à mesure de sa diffusion dans l'espace public par les médias et les autres relais de l'opinion, une représentation, une idée, un ensemble de valeurs, devient une opinion : donne la consistance de l'information, qui devient, ainsi, l'opinion publique. Il y a quelque chose de comparable, dans un tel travail, au processus de diffusion informelle décrit par Beaumarchais et Rossini au sujet de la calomnie dans *Le Barbier de Séville*. Le travail de l'opinion se déroule en trois temps, qui font intervenir des acteurs différents et des fonctions différentes de la communication dans l'espace social.

a) La formulation des représentations par les acteurs de la diffusion

Il s'agit du moment de la diffusion où les acteurs prennent pleinement conscience des idées et des représentations dont leur opinion est faite. Il s'agit d'une forme d'objectivation de l'opinion par ceux qui en sont porteurs. C'est, par exemple, dans les démocraties, le sens du vote ; le vote est la procédure par laquelle les acteurs de l'espace social assument, en le formulant, et, par conséquent, en l'objectivant, le choix qui est le leur, et qui donne sa consistance effective à l'opinion dont ils sont porteurs. On peut donner un autre exemple de ce moment de la formulation : le commentaire de l'information diffusée par les acteurs de l'espace social ; c'est pourquoi l'agora, la place publique, est toujours le lieu de fécondation et de naissance de l'opinion, à travers les échanges qui s'y déroulent.

b) La reconnaissance de légitimité et l'adhésion des autres acteurs de l'espace social

Vient un moment, dans la diffusion, au cours duquel une opinion est considérée comme légitime, est reconnue comme telle par les acteurs de l'espace social, qui, par leur adhésion, lui confèrent la légitimité d'une forme de norme : il s'agit d'une forme d'institutionnalisation de l'opinion. Cette reconnaissance, qui donne naissance à l'opinion légitime, fait de l'opinion un véritable acteur institutionnel. À partir du moment où une opinion existe comme opinion légitime, elle va avoir une action, une évolution, une dynamique, qui vont faire d'elle un véritable acteur autonome, à part entière. D'une part, cette opinion légitime va exercer une sorte de pouvoir – au moins de pouvoir d'influence puisqu'elle va déterminer indirectement les choix et les décisions des acteurs de l'espace public. D'autre part, elle va conditionner la formation d'acteurs eux-mêmes supposés être légitimes dans l'espace public. Non seulement l'opinion est ainsi légitimée parce qu'elle est reconnue par les autres, mais elle est, de plus, à l'origine de la légitimation de certains acteurs.

La reconnaissance de légitimité est désignée par le concept d'adhésion. L'adhésion est un acte. Elle est, en quelque sorte, une opinion devenue un acte et constituant son porteur en acteur de l'espace public. C'est pourquoi on entre dans une logique politique quand s'instaure une logique d'adhésion.

c) La ***médiatisation***, soit le moment où les acteurs individuels de l'espace social se font eux-mêmes les relais des médias

La médiatisation est le moment le plus élaboré, le plus achevé de la constitution de l'opinion en opinion publique : celui où l'opinion devient un thème du discours des médias, celui où l'opinion s'inscrit dans la ***communication médiatée***, après avoir fait l'objet d'une appropriation par ceux qui font partie de l'espace public. La médiatisation désigne le moment où l'opinion portée par les sujets de la communication fait l'objet à la fois d'une individualisation dans les paroles et dans les écrits et d'une diffusion dans l'espace public. C'est au moment de la médiatisation que l'opinion est assumée par les acteurs de la vie publique qui en sont porteurs et qu'elle devient politiquement active.

4. Les types d'analyse de l'opinion publique

L'opinion publique, à partir du moment où elle devient ainsi politiquement active dans l'espace public, fait l'objet d'une analyse destinée à lui donner du sens et à en dégager des principes de rationalité de nature à la rendre prévisible et à permettre aux acteurs de l'espace public d'avoir une influence sur elle. Il existe trois types d'analyse de l'opinion publique : dans une logique sociologique ; dans une logique publicitaire et mercatique ; dans une logique politique.

a) Analyse de type sociologique

Elle a pour but de connaître et de comprendre les mécanismes des usages sociaux de la communication, des médias et des différentes formes sociales de la médiation.

L'analyse sociologique de l'opinion a, en quelque sorte, inventé le principe des sondages. Il s'agit d'une représentation de l'opinion qui prend la forme des réponses d'échantillons de population supposés représentatifs, à certaines questions dont l'ensemble permet de dégager des attitudes, des comportements et des images de l'opinion devant des problèmes de société, des problèmes politiques et des habitudes de vie. Ce type d'analyse donne à l'opinion une véritable consistance sociologique : il s'agit de produire un objet d'investigation et de connaissance des dynamiques profondes et, souvent, non formulées, des comportements et des pratiques sociales. La découverte des modes d'analyse et de rationalisation de l'opinion publique a ouvert la sociologie à l'importance des études du champ de l'information et de la communication, car c'est par la médiation des formes de la communication que l'opinion peut être accessible, comme objet d'étude et d'analyse, à la sociologie.

b) Analyse de type publicitaire et mercatique

Elle a pour but de donner plus d'efficacité aux ***stratégies de communication*** destinées à susciter des comportements d'achat, d'usage ou de consommation de la part de leurs destinataires. Les analyses de ce type inscrivent les études de communication dans la logique de l'entreprise, de la production, de la distribution. L'opinion, dans une telle problématique, est renvoyée au statut d'acteur économique ; l'opinion est une sorte de représentation, identifiable, des consommateurs, des usagers : des destinataires de la communication destinée à encourager la consommation et l'usage des produits.

L'opinion, conçue dans une logique publicitaire et mercatique, est, en général, la représentation d'un partenaire économique d'échange, de production ou de distribution. On peut donc définir l'opinion, dans ce contexte, comme la représentation quantifiée du concept de consommation. L'opinion est identifiée à la représentation de la consommation en termes de communication et de représentation.

c) Analyse de type politique

Il s'agit d'une analyse permettant de mieux identifier les acteurs de l'espace public dans leurs pratiques, leurs choix et leurs décisions politiques. La communication est, dans cette perspective, une médiation permettant d'identifier et d'analyser la pratique de la citoyenneté.

Il est fait deux types de référence à l'opinion dans la problématique du politique. La première est une approche spontanée, peu scientifique, plutôt de nature à faire de l'opinion un témoin venant légitimer un avis ou une décision. C'est le cas de la référence à l'opinion faite par les acteurs politiques (*L'opinion ne comprendrait pas que*). La deuxième référence à l'opinion est celle qui relève de la science ; il s'agit de la mise en œuvre de méthodes d'analyse et d'évaluation de l'opinion dans le cadre d'une rationalité du politique. Cette deuxième forme d'analyse de l'opinion s'inscrit dans la problématique plus large de la transformation du politique en objet scientifique : de l'approche positive du politique.

5. Place de l'opinion dans l'espace public

Il convient de déterminer la place de l'opinion dans l'***espace public***, en tant qu'***acteur***. Cela peut se faire à partir de l'analyse des différentes dynamiques sociales et politiques dans lesquelles s'inscrit l'opinion comme acteur. Il existe, en effet, plusieurs dynamiques de ***communication médiatée*** faisant intervenir l'opinion.

a) L'opinion comme modèle présumé des stratégies publicitaires et mercatiques

Il s'agit d'un usage de l'opinion comme représentation. L'image de l'opinion est censée être l'image du consommateur. C'est, sans doute, la prédominance de la mercatique et de l'approche qu'elle suppose, qui est à l'origine de cette importance des études d'opinion dans le domaine commercial et économique, dans la mesure où la mercatique est une approche de la distribution du point de vue de la représentation que l'on peut se faire de l'usager et de son comportement. La ***mercatique*** est une forme d'individualisation des pratiques de distribution du point de vue de l'usager, conçu comme le destinataire des biens et services distribués, plutôt que du point de vue du producteur ou des biens et services produits.

b) L'opinion comme acteur de communication dans la formation des lieux communs, des préjugés et de la doxa

L'opinion est une forme de relais moderne de ce que les Anciens appelaient la ***doxa***, ou encore de ce que l'on représente sous la forme de proverbes ou des vérités premières ou des idées reçues (Flaubert). L'opinion est, ici, un ensemble d'idées et de jugements considérés comme représentatifs de la part dominante de la population : l'opinion n'est, ici, que la représentation de l'hégémonie et de l'idéologie dont elle se soutient, et qu'elle représente sous la forme d'opinions formulées et exprimées en termes de discours.

c) L'opinion comme représentation inversée des médias et des acteurs de la communication

Les médias présentent une représentation de l'opinion et se légitiment d'elle dans leurs informations et dans les interprétations qu'ils proposent de l'actualité et de l'événement. En ce sens, on peut considérer que l'opinion, telle qu'elle est décrite et analysée dans les médias, est une forme de représentation en miroir des médias dans leur propre discours. C'est pourquoi les ***sondages*** ont une très grande importance dans les analyses des médias. Les sondages, comme représentation de l'opinion, sont une forme d'image en miroir que les médias se donnent d'eux-mêmes, puisque, toujours accompagnés d'analyses et d'interprétations, ils s'inscrivent dans les stratégies de communication mises en œuvre par les médias pour montrer leur conformité de vues avec le public.

d) L'opinion comme destinataire des stratégies institutionnelles de communication

Les stratégies institutionnelles de communication ne s'adressent pas à leurs destinataires individuellement (comme le font les stratégies commerciales et publicitaires), mais en ce qu'ils appartiennent à une collectivité. Les stratégies institutionnelles de communication sont censées susciter des opinions, des décisions, des pratiques, par lesquelles leurs destinataires devront apparaître leur sens de l'appartenance sociale et politique : leur civisme par exemple. C'est pourquoi l'opinion publique, comme représentation indistincte des citoyens et de l'appartenance sociale, représente, pour les stratégies institutionnelles de communication, une forme d'image idéale de l'ensemble de ses destinataires, pris dans leur entité.

Opinion publique

Dans la philosophie des Lumières, l'opinion publique était conçue comme l'expression de l'intérêt général, résultat de discussions où chacun faisait un usage public de sa raison. Aujourd'hui, l'opinion publique se réduit la plupart du temps à l'expression de sa mesure par les sondages sur les sujets les plus divers. Principe et mécanisme fondamental de la vie politique des démocraties occidentales, l'opinion publique ne s'appréhende pourtant que comme un objet ambigu, fiction juridique qui s'exprime dans une fiction statistique, et qui est tout à la fois contrepartie du pouvoir, légitimation de la domination politique, instrument de l'exercice du pouvoir et objet de manipulation.

1. Principe et mécanisme fondamental de la vie démocratique

L'opinion publique est la pierre angulaire du fonctionnement des démocraties libérales. Elle résulte de la reconnaissance de la liberté d'expression et de l'égalité des citoyens devant la loi, principes reconnus par la constitution de tous les pays qui se proclament démocratiques. Les philosophes des Lumières, au XVIIIe siècle, ont voulu libérer les peuples de l'arbitraire royal et religieux en proposant un régime politique fondé sur l'exercice public de la raison. Le gouvernement du peuple, par le peuple et pour le peuple, ne pouvait se baser que sur la libre expression de l'opinion publique. Faisant presque de la Raison le dogme d'une nouvelle religion, ils étaient confiants que l'ensemble des citoyens, placés devant l'ensemble des faits pertinents, aboutiraient nécessairement, en usant de leur raison dans le processus de confrontation de leurs différents points de vue, à une décision consensuelle qui exprimerait le bien commun. Deux exigences fondamentales en découlaient. Premièrement, tous les citoyens devaient avoir le droit de s'exprimer et de voter. Deuxièmement, les enjeux collectifs devaient faire l'objet de débats publics. D'une part, il a fallu plus d'un siècle pour que le droit de vote soit étendu à tous les citoyens ayant atteint l'âge de raison (lequel varie cependant encore d'un pays à l'autre, étant établi entre 18 et 21 ans !) indépendamment de leur instruction, de leur fortune, de leur race ou de leur sexe. Le suffrage universel est une conquête récente. D'autre part, comme nous le verrons plus loin, le débat public prend de plus en plus les formes du marketing social.

2. Fiction juridique et statistique
   L'opinion publique est une fiction juridique parce que les textes qui la proclament présupposent que chaque individu, confronté à différentes alternatives, se prononcera nécessairement en faveur d'une solution qui prône le bien commun. Plusieurs décennies de démocraties libérales nous ont appris qu'un tel point de vue était naïf. Dans les faits, les démocraties libérales donnent plutôt le spectacle d'une multiplicité de groupes qui s'affrontent et cherchent à faire prévaloir leur propre intérêt. Il en résulte souvent une décision qui reflète davantage le poids relatif de chacun de ces groupes que la recherche objective du plus grand intérêt de tous. Dans la pratique, le fonctionnement démocratique offre plus les apparences d'un arbitrage entre des tendances centrifuges que d'une poursuite désintéressée de la vérité ou de la meilleure solution pour tous.
   Le sociologue Pierre Bourdieu a bien montré comment la mesure de l'opinion publique constituait également une fiction statistique. Depuis la Deuxième Guerre Mondiale, les sondages sont devenus l'instrument d'interrogation et d'expression privilégié de l'opinion publique. La rigueur mathématique sur laquelle la méthodologie s'appuie a fait son succès et ne suscite guère de contestation, sauf dans quelques cas douteux relativement isolés. Mais cette rigueur et ce succès occultent les postulats contestables sur lesquels elle repose. On présume tout d'abord, affirme Bourdieu, que toutes les personnes interrogées sont suffisamment informées et comprennent de manière équivalente les questions qui leur sont adressées. On additionne ensuite leurs opinions sans tenir compte de leur solidité et de leurs réactions à d'éventuelles expressions contradictoires. Enfin, on oublie de prendre en considération le pouvoir de celui – sondeur ou commanditaire – qui formule les questions à partir de sa perspective et de ses intérêts spécifiques, et dans ses propres termes. En aplatissant ainsi les différentes opinions individuelles, on rend possible leur décompte et leur addition. Mais on en réduit la richesse et la diversité et on construit une image factice de consensus social. C'est peut-être là l'une des fonctions primordiales des sondages qu'on multiplie sur les sujets les plus divers.
3. Légitimation de la domination politique
   Principe fondamental des régimes démocratiques, l'opinion publique est le recours ultime de légitimation de la domination politique. Sous l'Ancien Régime, l'élection divine et la sanction du pouvoir religieux constituaient les arguments sur lesquels reposaient l'arbitraire royal. Dans les démocraties occidentales, la justification de la légalité du pouvoir se fonde toujours sur l'expression de la volonté majoritaire, si ce n'est consensuelle. Cette dernière se manifeste par le vote, lors des élections. Mais elle intervient de plus en plus, avec la généralisation du recours aux sondages, dans la gestion quotidienne des affaires gouvernementales. Un gouvernement en dissonance continuelle avec l'expression de l'opinion publique sait que ses jours sont comptés.
4. Contrepartie du pouvoir
   Si les sondages sont devenus les instruments indispensables de mesure de l'opinion publique, les médias sont le canal obligé de leur diffusion et le lieu principal où l'on en débat. Le quatrième pouvoir dont on auréole les médias s'en trouve conforté. Les exemples sont nombreux, de la Guerre du Vietnam à celle du Golfe, de cas où la publicité accordée à tel ou tel sondage a fait reculer des gouvernements, de sorte qu'il n'est pas exagéré de parler de l'opinion publique comme une contrepartie réelle et efficace à l'exercice du pouvoir. Les gouvernants ne peuvent ignorer ce que pense la population de leurs projets et de leurs réalisations. Reste à savoir comment se construit cette opinion et ce qu'elle signifie !
5. Instrument de l'exercice du pouvoir
   « Le gouvernement par sondages » ! L'expression a déjà fait l'objet d'un titre de livre. Elle reflète bien l'importance que les sondages ont

acquis dans l'exercice de la « gouvernementalité », pour reprendre une expression de Michel Foucault. Il n'est guère de sujets sur lesquels la population ne soit régulièrement sondée, de ses habitudes sexuelles à ses convictions religieuses. Mais surtout, les responsables politiques ne prennent plus de décisions, importantes ou secondaires, sans effectuer de sondages sur les réaction éventuelles du public. On peut se réjouir de l'importance que prend ainsi l'opinion publique. Mais on peut aussi s'interroger – compte tenu des réserves énoncées par Pierre Bourdieu – sur la signification du débat public qu'impliquait, pour les Philosophes des Lumières, la recherche du bien commun. Les sondages servent-ils réellement à ajuster les politiques et les programmes aux attentes de la population ou sont-ils simplement des outils qui permettent aux responsables politiques de les envelopper d'une manière acceptable à la majorité ? Une telle pratique permet-elle de mettre en œuvre une politique conforme aux intérêts supérieurs de la nation ? Ou ne conduit-elle pas, comme le démontre trop souvent la politique étrangère américaine, à gouverner à courte vue en fonction des humeurs de la majorité ?

6. Objet de manipulation

La méthodologie des sondages est bien rodée et peut s'enorgueillir d'un taux de prédictibilité fort acceptable. Nul ne le conteste. Est-ce pour autant une juste expression de l'opinion publique ? Certes oui, si l'on concède à ceux qui formulent les questions la légitimité de la définition de la situation. L'expression discordante de nombreux groupes de pression permet toutefois d'en douter. L'opinion publique, telle que révélée par les sondages, est une opinion construite, voire manipulée. Sans tomber dans les exagérations de la théorie du modelage des esprits, on doit reconnaître l'existence de certains faits. Les partis politiques, les entreprises et les groupes qui en ont les moyens, effectuent régulièrement des sondages dans le seul but de peaufiner leurs stratégies d'intervention sur la place publique. Les sondages constituent pour eux un ***feed-back,*** c'est-à-dire un instrument qui leur permet de corriger le tir en fonction de leurs objectifs. Ici encore les exemples sont nombreux. La stratégie de couverture de la Guerre du Golfe, par exemple, autorisée par les autorités américaines, avait pour principal but de contrôler les réactions de l'opinion publique américaine. George Bush ne voulait surtout pas d'une répétition du scénario de la Guerre du Vietnam !

Nul responsable politique ne le reconnaîtra ouvertement mais les théories de Gustave Le bon sur la manipulation des foules ont bonne presse dans les milieux où se décident les stratégies politiques : l'opinion publique peut et doit être influencée. Elle ne l'est malheureusement plus par un processus de discussion démocratique mais par une utilisation intempestive des méthodes de la ***mercatique*** et de la ***publicité***.

Ordinateur

Calculatrice électronique, d'où son nom en anglais computer qui signifie calculateur. Fonctionnellement un ordinateur est une machine de traitement automatique de l'information (voir ***Informatique***) qui permet de conserver, d'élaborer et de restituer des données en effectuant sous le contrôle de programmes enregistrés des opérations arithmétiques et logiques.

Un ordinateur est la partie matérielle la plus importante d'un **système informatique**. Il regroupe autour d'une unité centrale, ou unité de logique des unités d'entrée, des informations et des programmes à traiter, des unités de mémoire et des unités de sorties des résultats. L'unité centrale arithmétique et logique, dont le cœur est un ***microprocesseur***, exécute trois types d'opération : des opérations arithmétiques, des comparaisons de valeurs numériques et des transferts d'information d'un endroit à un autre de la machine. Pour les différentes générations d'ordinateurs, voir la partie (2) histoire dans ***Informatique*** et l'article ***Historique des principales découvertes et inventions dans les domaines de l'information et de la communication***.

Ordonnances de 1944

Mesures réglementaires prises tout au long de l'année 1944 qui :

– mettent fin à l'activité des journaux qui ont soutenu le régime nazi ou qui ont été sous tutelle allemande depuis le 30 juin 1940 (zone nord) ou le 26 novembre 1942 (zone sud) ;

– définissent les conditions de parution des nouveaux journaux.

L'ordonnance du 26 août 1944 prévoyait notamment la transparence du capital et des comptes des entreprises de presse. Mais cette ordonnance n'a pas été suivie d'un décret d'application. Elle sera finalement remplacée par la loi d'octobre 1984 qui sera modifiée par de la ***loi de 1986*** qui définit le statut de l'entreprise de presse.

Ordinogramme
Graphique représentant la structure des instructions programmées pour un ***ordinateur***. On dit de plus en plus ***organigramme***.

Oreille
1. Organe de l'ouïe, sens par lequel on perçoit les sons.
2. Par analogie, petit emplacement publicitaire placé de part et d'autre du titre d'un journal. Synonyme : ***manchette***.

Organigramme
Graphique représentant la structure d'une organisation sociale complexe (entreprise, appareil d'État, groupement d'entreprises, etc.) avec ses divers éléments et leurs relations. L'organigramme d'une entreprise ou d'un service décrit généralement les voies formelles des communications interpersonnelles dans l'organisation.

Organisation (Recherche en sciences de l'-)
Voir ***Entreprise***.

Organisation Internationale de Radio Télévision
Voir ***O.I.R.T.***

Organisation Mondiale de la Propriété Intellectuelle
Voir ***O.M.P.I.***

Organisme de Contrôle de la Diffusion
Voir ***OJD, Audience (Mesure de l'-), Diffusion (Organismes de contrôle de la -)***.

Organisme de Justification de la Diffusion (OJD)
Voir ***Audience (Mesure de l'-), Diffusion (Organismes de contrôle de la -), OJD***.

Orpheline
Ligne seule au bas d'une page. Voir ***Veuve***.

O.R.T.F. (Office de la Radio-Télévision Française)
Établissement public à caractère industriel et commercial qui a exercé de 1964 à 1974, sous la tutelle du ministre de l'information, un monopole de service public national sur la radiodiffusion et la télévision.
Ses missions essentielles étaient de « satisfaire le besoin d'information, de culture, d'éducation et de distraction du public ».
La loi de 1974 démantèle l'office devenu trop gigantesque et le remplace par sept sociétés publiques autonomes.

OSI (*Open Systems Interconnection*/ Interconnexion des systèmes ouverts)
L'OSI qualifie une famille de ***normes*** internationales élaborées pour faciliter l'interconnexion des équipements informatiques de constructeurs différents ; elle a pour but de permettre aux différents matériels de communiquer et de coopérer grâce à une architecture en sept couches.
La norme AFNOR Z 70-704 reproduit intégralement la prénorme européenne ENV 41-206 (1991). Les textes des normes OSI sont identiques à l'***ISO*** et au ***CCITT***. Le protocole d'application X.400 du CCITT est un ensemble de caractéristiques techniques permettant l'interconnexion à l'échelle mondiale de systèmes de messagerie électronique CCITT et ISO. La norme SNA (*System Network Architecture*), développée par IBM, le premier constructeur d'équipements informatiques, s'affronte à l'OSI.

Oubli
Voir ***Déconstruction, Mémoire***.

Ours
Encadré obligatoire dans chaque revue ou journal qui indique le nom de l'éditeur, du comité de rédaction, des journalistes et toutes les autres mentions légales telles la nature juridique de l'entreprise, etc.

Ouvriers du Livre CGT
Voir ***Syndicalisme de la presse***.

Oxford (École, Théorie, Courant d'-)
Voir ***Philosophie analytique***.

Oxymore
Figure de rhétorique consistant à rapprocher deux termes par nature antithétiques, afin de créer un effet dû à une opposition stylistique forte. « Le soleil noir de la mélancolie », ou « la clameur du silence » sont des oxymores.

Ozalid
Marque déposée devenue nom commun pour une épreuve en positif tirée sur papier sensibilisé à l'aide de composés diazoïques. L'ozalid est obtenue par une **diazocopie** ou familièrement une diazo. Celle-ci est un procédé de reproduction de documents fondé sur la sensibilité aux rayons ultraviolets d'une émulsion à base de sels diazoïques qui sont des sels du cation $R-N\equiv N$ (diazonium).

P

PABX (***Private Automatic Branch Exchange***)
Voir ***Techniques mobiles de communication (Analyse économique des -).***

« Packaging »

1. Américanisme pour conditionnement au sens d'emballage, une des étapes de la stratégie commerciale et de communication d'une entreprise pour son produit. Voir ***Design, Mercatique.***
2. Américanisme désignant une méthode de vente des programmes de télévision et des films par lots mise au point par les États-Unis. Quelques fictions sont proposées à la vente, par lots : parmi elles une ou deux sont garanties d'un grand succès, et permettent d'écouler de moins bonnes productions. Les chaînes, prises au jeu de la concurrence, pour acquérir de bons titres, achètent l'ensemble à un tarif unique, et programment les plus médiocres émissions à des heures de faible écoute.

PAD
Abréviation de « Prêt à diffuser ». S'applique aux émissions en attente de diffusion ne nécessitant plus aucune modification. Les PAD désignent en particulier les émissions achetées, qui peuvent être diffusées telles quelles.

PAF (Paysage Audiovisuel Français)
Description généralisée d'un système audiovisuel. Entre 1920 et 1945, le PAF est composé d'un secteur public (Radio PTT, Radio Tour Eiffel) et un secteur privé (Radio Cité, Poste Parisien, etc.). De 1945 à 1982, il se caractérise par un secteur public de radio-télédiffusion monopolisé et un secteur mixte comprenant les radios périphériques, contrôlées par l'État. À partir de 1981, le secteur privé entre de nouveau dans le PAF (légalisation des radios locales privées, attribution de la 4e chaîne à une société privée : Canal +), coexistant alors avec le secteur public et mixte, dans un système régulé par la ***Haute Autorité***. Depuis 1986, la politique audiovisuelle tend vers la suppression du secteur mixte afin d'assurer un équilibre entre le secteur public et le secteur privé. L'instance de régulation de la Haute Autorité, jugée favorable aux socialistes, est remplacée par la ***Commission Nationale de la Communication et des Libertés***, qui est remplacée à son tour en 1990 par le ***Conseil Supérieur de l'Audiovisuel***.

Page
Une seule face d'une feuille. La ***belle page*** est la page recto de la feuille, page de droite ou page impaire. La ***mauvaise page*** est la page verso de la feuille, page de gauche ou page paire.
Une page pour une annonce plein papier (PP) est une pleine page dite à fond perdu et dont la totalité de la surface est consacrée à l'annonce.
Une page pour une annonce en format utile (FU) comporte une marge entourant l'annonce qui est centrée.
En tarif publicitaire, la belle page et la PP sont généralement plus onéreuses que, respectivement, la mauvaise page et la FU.

Paiement à la consommation
Traduction de « *pay per view* ». Son ambition est de s'inscrire dans un projet de télévision à la demande. Le principe du paiement à la consommation est apparu aux États-Unis en 1982. Il s'est peu développé, car la télévision à la demande nécessite d'important moyens et plus particulièrement une installation permettant l'***interactivité***. Les réseaux en fibre optique étant encore peu nombreux, les principaux centres démographiques doivent être équipés de cuivre bidirectionnel, offrant ainsi la possibilité à l'abonné d'effectuer sa commande de programme. Le paiement se fait, notamment, en fonction de la consommation, la sélection.

PAL (***Phase Alternating Line***)
Système de transmission d'images en couleurs, mis au point en Allemagne en 1963. Le PAL est adopté dans la plupart des pays d'Europe, à l'exception de la France qui a mis au point son propre système ***Secam***. Le PAL, basé sur un balayage en 625 lignes, est une version améliorée du système américain ***N.T.S.C.*** dont la définition n'est que de 525 lignes.

Palimpseste

Il s'agit à l'origine d'un parchemin sur lequel plusieurs textes on été écrits, en strates superposées. Avant la découverte du papier et de la typographie, les moines copistes, garants de la transmission du savoir, écrivaient sur des peaux de bête appelées ***parchemin*** (de la ville de Pergame semble-t-il, grand centre de production). Cette matière animale étant par nature rare et précieuse, il importait donc de l'économiser autant que possible. Quand donc un texte écrit était devenu inutile, obsolète, on avait pris l'habitude de le gratter afin de l'effacer et de pouvoir réécrire par dessus des choses nouvelles. La recherche bibliologique contemporaine, avec les moyens très sophistiqués dont elle dispose (laser, radiographies...), a pu « exhumer » en quelque sorte des textes couverts, et permettre ainsi l'accès à des documents que l'on croyait perdus à jamais. Par extension un palimpseste est un écrit soit reprenant en grande partie, soit plagiant un texte antérieur, auquel il se superpose en quelque sorte, non plus littéralement, mais métaphoriquement.

Palindrome

Exercice littéraire consistant à trouver ou créer des énoncés qui sont susceptibles d'être lus depuis le début comme en partant de la fin, en gardant exactement le même sens. « Laval », « un roc cornu » sont des petits palindromes, comparés au célèbre « Esope reste ici et se repose ».

PANA (Agence panafricaine d'informations)

Voir ***Technologies d'information et de communication et niveau de développement économique***.

Panégyrique

Exercice rhétorique consistant à louer ostensiblement quelqu'un, à se faire le laudateur zélé de ses mérites, de ses vertus... « Faire le panégyrique de Bonaparte ». Quasi-synonyme de dithyrambe, d'éloge.

Panel

Échantillon stable représentatif de la population qui permet des observations sur les comportements de consommation et l'évolution de l'opinion et des attitudes. La méthode des panels est fortement utilisée pour l'évaluation de l'***audience des médias***.

La mesure de l'audience des médias s'effectue en effet par ***sondage***, faute de pouvoir réaliser un recensement de l'ensemble de la population. Un sondage est une maquette de cette population réalisée selon deux méthodes :

– par interviews et l'interrogation qui peut durer 4 heures est ponctuelle ;

– par panel (avec carnet d'écoute, ***Minitel***, carte à puces, audimètre, bouton-poussoir, motivac) et l'interrogation est répétée dans le temps.

L'intérêt du panel est de mettre en évidence des évolutions et pour cela il faudra travailler sur le panel constant, c'est-à-dire sur l'ensemble des panélistes répondants pour la période mesurée. Cela oblige à retirer les déménagements, les décès, les abandons. La nécessité du panel en ce qui concerne l'étude de l'audience TV est le coût d'installation des appareils de mesure (audimètres). Le problème que pose le panel est sa représentativité. Quand on sait qu'un foyer sur deux seulement accepte de faire partie de la grande famille bouton-poussoir, on peut se demander, malgré toutes les précautions de quotas prises sur l'âge et la ***CSP***, si les panélistes TV constituent une maquette fidèle des Français.

Panneau

Voir ***Affichage***.

Panoramique

Mouvement de la caméra autour de son axe, sans déplacement, dans le sens vertical ou horizontal lors d'une prise de vue.

PAO (Publication Assistée par Ordinateur)

La publication assistée par ordinateur comporte :

– des micro-ordinateurs avec écran et clavier ;

– des scanners pour saisir les documents en vue de les insérer en l'état (en commande image) ou après modification (en commande traitement de texte) dans l'ouvrage en cours de fabrication ;

– des logiciels pour la composition et la mise en pages ;

– des flasheuses nécessaires à la réalisation des bromures et des films.

Voir ***Publication, CAO, Infographie***.

Papier

1. Instrument d'emballage, et surtout support matériel du livre et des organes de presse (revue, journal), inventé par le Chinois T'Sai Lun vers 105 après J.-C. Le papier est une matière faite de substances végétales (chiffon de lin, de chanvre, coton, et plus généralement fibres de cellulose) réduites en une pâte étalée et séchée en couche mince, à partir de laquelle on fait des feuilles de ***format*** et de ***grammage*** (poids au mètre carré) variables, ou des bandes roulées en bobines pour l'impression, qui ont aussi un format et un grammage variables.

Avant cette invention capitale pour l'humanité, la première forme de support d'écriture transportable, autre que des tablettes en pierre, semble être le **papyrus** qui est une feuille fabriquée à partir de la tige de cette plante par les Anciens Égyptiens (3000 av. J.-C.). La deuxième forme historique serait le **parchemin** (mot d'origine grecque signifiant peau de Pergame), inventée en Asie mineure au IIe siècle av. J.-C. Mais la découverte des manuscrits sur cuir dits manuscrits de la Mer Morte, qui datent du premier siècle av. J.-C., permet de croire que l'écriture sur peau d'animal était connue des Égyptiens depuis deux mille ans au moins.

2. Synonyme d'article. Terme surtout utilisé dans le milieu scientifique (on dit publier un papier) et en journalisme radiophonique. Dans ce dernier, un papier est un article écrit et lu à la radio, résumant et expliquant les éléments d'une information.

Papier couché

Papier non apprêté recouvert d'une couche de colle et de plastifiant mélangés à diverses substances comme le sulfate de baryum, le kaolin, etc., pour lui donner un aspect satiné, mat ou brillant. Le papier couché est notamment utilisé à la confection des magazines.

Papier journal

Papier de faible qualité et de faible poids (entre 35 et 65 g/m^2).

Parabole

1. Antenne collective ou personnelle, de forme parabolique (courbe plane dont chaque point est équidistant d'un point fixe appelé foyer et d'une droite fixe appelée directrice) servant à capter les émissions diffusées par satellite. Ces émissions sont ensuite redistribuées sur tous les récepteurs reliés à cette antenne (cas du collectif).
2. Comparaison, métaphore, analogie développée dans un récit conventionnel édifiant dans le domaine religieux ou moral.

Paradigmatique

En linguistique : Étude des rapports (oppositions, substitutions) entre les termes qui peuvent figurer en un même point de la chaîne parlée et qui font l'objet d'un choix exclusif de la part du locuteur.

Ant. Syntagmatique.

Paradigme

1. En Grammaire : Mot-type qui est donné comme modèle ou exemple pour une déclinaison, une conjugaison.
2. En linguistique : Ensemble des termes qui peuvent figurer en un même point de la chaîne parlée, axe des substitutions. Voir Paradigmatique.
3. En sociologie des sciences, terme développé par Thomas Kuhn dans le sens de « Ensemble des problèmes étudiés et des techniques d'analyse de ces problèmes qui définissent un courant de recherche scientifique ou une école de pensée » ou « Ensemble des références communes à un groupe de chercheurs ».

Parallèle, Parallélisme

Le parallélisme, en informatique, désigne la capacité d'un ordinateur à traiter plusieurs tâches en même temps sur de circuits différents. Une transmission est dite parallèle lorsqu'il s'agit d'une transmission d'un même message par des fils différents entre un ordinateur et ses périphériques : chaque ***bit*** du message est transmis alternativement sur une voie puis sur une autre. Voir ***Calcul parallèle et vectoriel***.

Parasite

Perturbation ou ***bruit*** électromagnétique qui trouble la réception d'un signal radiodiffusé, en causant des crépitements et des sifflements.

Parchemin

Avant l'apparition du papier et de l'imprimerie, peau de mouton sur laquelle les moines copistes écrivaient. L'origine du mot semble venir de Pergame, ville italienne qui était un important centre de production. Les parchemins en peau de veau étaient des ***vélins***.

Parcours

Un **hypertexte** ou un produit interactif propose plusieurs cheminements à l'utilisateur qu'il laisse, selon son degré d'**interactivité** et son type d'**architecture** plus ou moins libre d'agir de déterminer. À partir du moment où ces possibilités sont très nombreuses le nombre de chemins possibles ne peut plus être déterminé et chaque lecteur créera son propre syntagme, construira son propre parcours au sein de l'**hypertexte** en sélectionnant certains **nœuds** et en activant certains **liens**. Il s'agit alors d'un produit à parcours multiples, numériquement inquantifiables comme c'est le cas par exemple dans l'encyclopédie hypertextuelle de Larousse ZYZOMIS. Elle définit 75 000 mots qui correspondent tous à des nœuds, chacun d'eux est relié à tous les autres.

Dans les produits qui reposent sur un **scénario interactif**, dans les domaines ludiques ou didactiques, autre exemple, les parcours multiples ne doivent pas entraîner d'incohérence dans le récit en dépit de la multiplicité des étapes proposées, des choix offerts et des errements du joueur.

Les concepteurs se servent alors généralement d'un **graphe conceptuel** afin de préserver cette cohérence des parcours multiples qui accroît la liberté, l'autonomie et le plaisir du lecteur-auteur-joueur.

Paronyme

Mots dont la prononciation est presque la même, mais qui ne signifient pas du tout la même chose. « Paronyme et patronyme sont précisément paronymes, tout comme adorer et abhorrer, qui sont aussi antonymes ».

Parrainage

Moyen par lequel un annonceur va financer une partie ou la totalité d'une action médiatique en échange de l'apparition de son nom et de son ***logotype*** dans le média ou les médias. Traduction de *sponsoring*. Synonyme : **Patronage**. Voir ***Communication commerciale***.

Part d'audience, part de marché

Voir ***Audience***.

Pascal

Langage de programmation particulièrement adapté à l'enseignement de l'informatique et à l'***EAO***.

Passerelle

1. Serveur qui ouvre des possibilités d'interrogation d'un grand nombre de bases de données en utilisant le même logiciel d'interrogation. En Anglais = *Gateway*.
2. Promenade protégée par des balustrades qui entourent et surplombent les plateaux. Elle est utilisée par les électriciens pour placer leurs matériels d'éclairage et par les machinistes, pour aider à l'installation des décors.

Passif (du bilan)

En comptabilité, côté droit du bilan donnant les informations sur les dettes de l'entreprise à l'égard du ou des propriétaires (capital juridique ou social, les bénéfices non distribués, les réserves...), à l'égard de Tiers (emprunt à long terme, dettes à court terme) et de l'État (impôts non encore payés).

Patronage

Voir ***Parrainage***.

Pay per view **(Paiement à la séance de vision ou à la consommation)**

Paiement en fonction d'une consommation réelle d'un programme de télévision. Voir ***Paiement à la consommation***.

P.B.S. (*Public Broadcasting System*)

Réseau (*network*) de télévision publique aux États-Unis, créé en 1969 par la « *Corporation for Public Broadcasting* ». Initialement, la compagnie devait fournir 12 h de programme par jour. Une série de sociétés et fondations étaient à l'origine de ces programmes. En 1979, PBS fut restructuré, devenant diffuseur par satellite. Le réseau eut à souffrir, surtout à partir de 1982, des coupures de budget faites par l'administration Reagan. Depuis lors, le rôle des fondations comme la fondation Ford, qui appuient les efforts culturels et éducatifs de la chaîne, va en augmentant.

PCB

Point de Couverture Brute, traduction française approximative de ***GRP*** (*Gross Rating Point*).

PCS

Profession et Catégorie Sociale. Système de classification socio-économique de la population. La classification par PCS, proposée par l'INSEE (Institut National de la Statistique et des Études Économiques) au début des années 1980, a remplacé en France celle des ***CSP (catégorie socioprofessionnelle)***, bien que le sigle CSP soit encore celui qui est le plus couramment utilisé.

La PCS ou CSP est un des critères de segmentation de cible les plus discriminants dans les études de consommation et plus particulièrement pour les habitudes de lecture.

Péage

Mot dont l'origine latine signifie pied et qui correspond au droit que l'on doit acquitter pour emprunter une voie (route, pont, aujourd'hui une autoroute). Dans le domaine de la télédiffusion, un péage est le droit qu'il vient d'acquitter pour recevoir un programme d'une chaîne de télévision à péage, du type Canal +.

Peirce, Charles Sanders (1839-1914)

Mathématicien, logicien, philologue et philosophe américain et théoricien dans d'autres domaines encore comme la chimie, l'astronomie, etc. Mais au-delà de ces disciplines, peut-on dire que Peirce œuvra lui-même à définir le champ de sa spécialité en posant les bases d'une ***sémiotique***.

Dans la continuité d'Aristote et de Kant, Peirce s'attarda fondamentalement sur les questions relatives aux facultés de discernement et de connaissance de l'homme. Il fonda en ce sens, la « **sémiosis** » qui traduit le processus par lequel l'homme interprète le monde, et par là même, une sémiotique générale qui instaure une théorie de la signification mettant en évidence comment les signes peuvent conduire le sens et par la suite, l'action de l'homme.

1. Le système triadique

La conception peircienne du signe est triadique. Le chiffre trois, référence constante dans toute sa théorie n'est pas un hasard et découle directement d'une réflexion philosophique et logique contribuant à l'élaboration de trois

catégories générales que sont la **priméité**, la **secondéité** et la **tiercéité**, et qui rendent compte de la nature de toute conception ou interprétation du monde.
En effet, si l'on observe les phénomènes de façon ordinale, le premier symbolisant la catégorie de la priméité est UN, ne renvoyant qu'à lui-même, il est de l'ordre de la qualité, du sentiment. Simple ou complexe, il demeure néanmoins insaisissable dans la mesure où dès que l'on entreprend de l'affirmer, il est déjà transcendé, étant donné que l'affirmation implique toujours la négation d'autre chose et que le premier ne peut en rien subir un principe de contradiction puisqu'il est UN.
Le deuxième, représentant de la secondéité instaure une conception de l'être relatif à autre chose. Cette nature relationnelle, dyadique de la secondéité s'explique par la réalisation d'une dissociation qu'opère l'esprit, d'une distinction afin de concevoir entre DEUX. Ainsi, apparaît dans cette catégorie ce qui est de l'ordre du particulier, de l'individuel, du fait de l'existence, du réel.
Enfin, la conception d'un troisième revient à celle d'un quatrième, cinquième, etc. Puisqu'un troisième ouvre sur une conception plurielle c'est-à-dire à la fois cohérente et globale du premier, deuxième et troisième. La tiercéité marque donc l'ordre de la totalité, d'où émerge la règle, la loi, ou encore la nécessité.
Cette brève énonciation logique peut à présent nous permettre de saisir la **sémiotique de Peirce** qui se présente dès lors comme l'étude des signes, entendus de façon globale, c'est-à-dire en considérant ceux-ci du point de vue des trois catégories fondamentales.
C'est ainsi que Peirce définit le signe de façon triadique comme le processus par lequel un **représentamen** renvoie à son objet par l'intermédiaire d'un interprétant.

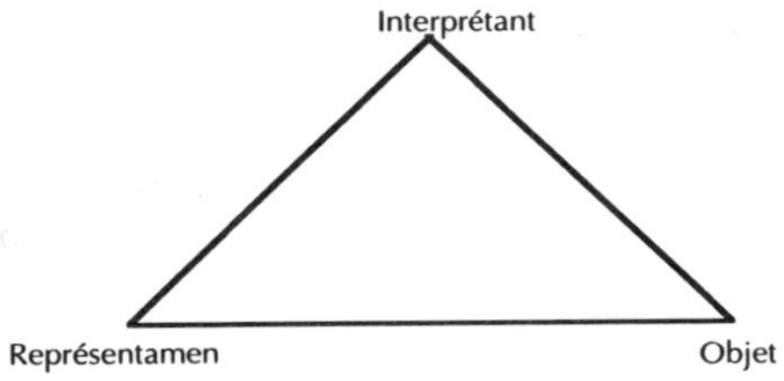

Le représentamen premier est la conception du signe dans la priméité, c'est-à-dire comme une pure possibilité d'une chose qui représente une autre chose. Par exemple, le mot de la langue « une pomme » peut se considérer comme un arbitraire. Aussi dès que l'on entreprend de parler du mot « pomme », dans un métalangage, il nous échappe dans la dimension de ce qu'il est lorsqu'il s'exerce réellement comme représentant. Il en est de même pour le sentiment qu'on exprime et que l'on a l'impression de biaiser ou de jamais vraiment exprimer. De plus, il est à remarquer que si la priméité du signe renvoie à la qualité de celui-ci, la matérialisation de la qualité n'a pourtant rien à voir avec son caractère de signe. Autrement dit, pour un aveugle, la couleur peut être une information pertinente même s'il ne la voit pas. L'important est la possibilité qu'il y ait une couleur et c'est cette possibilité même qui s'exerce.
Le signe conçu dans la secondéité apparaît comme occasionnel et particulier. Il est un objet, un fait de l'existence relié à un certain contexte, à une position dans l'espace et le temps : par exemple, une pomme tombée de l'arbre, un drapeau « bleu, blanc, rouge » sur une place publique précise.
L'objet ne contient pas la signification en lui-même, il est ce dont le signe présuppose la connaissance afin d'apporter une information supplémentaire à son sujet. Et inversement, le signe ne suffit pas à faire connaître l'objet qui apparaît réellement au sein d'une expérience collatérale (d'ailleurs formées par d'autres signes antérieurement acquis). L'aspect de l'objet peut s'entrevoir dans la remarque suivante de Peirce : « Vous pouvez écrire le mot "étoile" mais vous ne créez pas le mot pour autant, pas plus que si vous l'effacez vous ne le détruisez ». L'objet « étoile » demeure ainsi indépendant de sa représentation, dans le sens où il relève d'un autre ordre, celui de l'existence.
Finalement, l'interprétation s'opère dans la tiercéité lieu d'une conception globale qui permet au représentamen de renvoyer à l'objet au moyen de l'interprétant. L'interprétant est lui-même un signe qui renvoie de façon similaire à l'objet, que le premier signe (ou représentamen) en jeu. Cette similarité s'illustre dans l'aspect de celle qui associe la relation d'un premier et d'un deuxième avec celle d'un deuxième et d'un troisième et qui est du caractère de la règle. L'interprétant pose l'ordre de la nécessité, de la loi ou de la convention où se retrouve tant la pomme d'Adam et Ève que le drapeau français.
Ce premier état de la vision triadique du signe s'approfondit dans l'analyse consécutive du représentamen, de l'objet et de l'interprétant,

chacun étant à nouveau perçu et subdivisé de façon triadique.

L'articulation de ces différentes catégories du signe met en évidence la possibilité d'une pluralité d'interprétation de mêmes signes. Par exemple, une empreinte sur le sol pourra en premier se traduire comme la forme d'un pied, en deuxième comme l'indice du passage de quelqu'un, ou en troisième comme l'hypothèse une direction à suivre.

2. La portée de la sémiotique de Peirce

Si les subtilités de la sémiotique de Peirce relèvent d'une complexité certaine, elle possède néanmoins une pertinence actuelle en sciences de l'information et de la communication de par son caractère général et pragmatique.

Tout d'abord le concept de signe s'y trouve généralisé car au-delà de son aspect linguistique, il est perçu plus largement tant du point de vue de la vie émotionnelle que pratique et intellectuelle. Les signes sont reliés entre eux et peuvent constituer des ensembles qui sont à leur tour également considérés comme des signes : un mot, un tableau, un livre, une pensée, une personne, un événement, etc., peuvent ainsi être considérés comme autant de signes à partir du moment où ils sont reliés à un autre signe.

La « sémiosis », ou le processus d'interprétation ainsi posé, apparaît comme une dynamique, à laquelle participe non seulement la pensée mais aussi un certain contexte (relatif à l'objet) et une action de l'homme (relative à un interprétant) qui caractérisent la dimension pragmatique du signe.

Pénétration (Taux ou pourcentage de -)

Rapport entre l'***audience utile*** (population touchée par le support) et la population totale constituant la cible (objectif de l'annonceur).

Un support de publicité (presse, radio, télévision, affichage...) est défini par deux dimensions – son tarif publicitaire et ses performances –, contrepartie pour l'annonceur du prix qu'il paye. Les performances peuvent se définir en diffusion d'exemplaires, en taux foyer (audimat) ou en 1/4 d'heure moyen selon la tranche horaire. Cependant, la complexité des marchés oblige l'annonceur à définir de manière précise la population à qui il veut s'adresser, c'est-à-dire sa cible. Grâce aux sondages, on connaît pour de nombreux supports le profil de son audience. On peut ainsi définir ce que l'on appelle l'audience utile d'un support, utile voulant dire que seule cette audience est pertinente pour l'annonceur, car faisant partie de la cible retenue.

Péplum

Genre cinématographique italien des années 20, qui consistait en de larges fresques historiques, romaines ou bibliques. Cabiria, Samson et Dalila, et plus tard, Ben Hur, furent des parangons du genre.

Perche

Tige à l'extrémité de laquelle est fixé un microphone. La perche permet de munir rapidement d'un microphone, les personnes dans le public désirant intervenir dans l'émission ; elle permet aussi la prise de son durant les tournages, sans que les micros n'apparaissent à l'écran.

Performatif

Voir ***Austin, Action et communication***.

Périphrase

Figure rhétorique consistant à employer une circonlocution verbale, au lieu du mot seul. « Le maître de l'Olympe » au lieu de Jupiter.

Périssologie

Figure rhétorique consistant en un redoublement de mots ayant un sens proche ou voisin, et ce afin d'augmenter l'effet. « En mon âme et conscience », « je dis et je répète » sont des périssologies.

Péritel (prise -)

Par abréviation de « ***Péritélévision*** », prise que l'on trouve sur tous les téléviseurs récents, qui permet les connexions avec les appareils audiovisuels de toutes sortes, notamment les magnétoscopes.

Péritélévision

Ensemble des matériels et services, utilisant l'écran du téléviseur, en vue d'applications autres que la visualisation directe d'une émission de télévision.

Petite annonce

Annonce par laquelle un particulier, une entreprise, offre ou demande un emploi, un logement, etc. Les petites annonces, ou **annonces classées**, peuvent être affichées ou être publiées dans la presse. Elles constituent dans ce cas une recette importante pour la presse quotidienne régionale, pour certains titres de la presse quotidienne nationale, pour la presse magazine et la recette principale de la presse gratuite.

Petit écran

Surnom donné à la télévision, pour la distinguer du cinéma.

Philosophie analytique

L'un des points communs, mais pas le seul, qui justifierait de regrouper sous la même appellation de philosophie analytique des courants de pensée différents, serait une attention commune à la question du langage et à son analyse logique dans la connaissance. On pourrait dire que pour elle, c'est le langage qui est la condition de possibilité d'appréhension et de constitution de toute réalité. Ce faisant, la philosophie analytique déplace les questions traditionnelles de la philosophie car elle ne s'interroge pas tant sur la nature de mon esprit, des choses et de l'être que sur le langage lui-même, les significations de mots et les relations entre le langage et le monde ; pour elle, seuls les rapports au monde au moyen du langage doivent être pris en compte. Les deux questions fondamentales qui la caractérisent sont : « *que voulez-vous dire avec votre énoncé* » et « *comment connaissons-nous* », étant entendu que cette dernière question porte essentiellement sur les concepts et le langage.

Pourquoi qualifie-t-on ce courant d'analytique ? On pourrait, pour répondre à cette question, reprendre la distinction faite par **Emmanuel Kant** et reprise par ***Ludwig Wittgenstein*** (1889-1951) entre les **jugements analytiques** et les **jugements synthétiques**. Les jugements analytiques sont ceux dans lesquels le **prédicat** est déjà contenu dans le sujet comme dans la phrase « tous les corps (*sujet*) sont étendus (*prédicat*) ». À l'opposé, les jugements synthétiques introduisent des éléments qui n'étaient pas contenus dans le sujet ; il faut donc s'en méfier ou les rejeter, même si des penseurs comme **Willard Quine** ou Goodman finiront par remettre en question la validité d'une telle opposition.

Mais ce qui définit le mieux cette philosophie, par-delà la diversité des méthodes, des objets étudiés, de la forme, est la volonté d'effectuer, quel que soit le corpus étudié, une décomposition (analyser signifie séparer, diviser) et une paraphrase de l'énoncé étudié, pour le traduire sous forme synonymique en une expression jugée plus rigoureuse et plus éclairante. Ceci se trouve aussi bien chez **Bertrand Russell** (1872-1970) que chez les penseurs de la dernière génération comme Quine qui utilise toujours le processus de la paraphrase du langage ordinaire en une langue canonique universelle qui est celle de la logique. Il s'agit donc, selon l'expression de **Gilbert Ryle** (1900-1976), d'un travail de révélation au sens chimique du terme, qui dégage l'implicite, l'obscur, le latent dans des énoncés donnés.

Sous ce nom générique de philosophie analytique, on a coutume de placer des recherches diverses qui mettront l'accent, au cours de son histoire, soit sur l'aspect syntaxique soit sur l'aspect pragmatique, soit sur l'aspect sémantique du langage.

1. Théorie des descriptions et atomisme logique

   Ainsi, B. Russell, dans le mouvement de la logique moderne de **Gottlob Frege** (1848-1925), développe sa **théorie des descriptions** qui permet, par l'analyse logique du langage, de réduire les propositions complexes à des propositions atomiques et de lever les ambiguïtés du langage ordinaire : c'est chez lui, le langage de la logique formelle qui constitue le langage des paraphrases. De même, Wittgenstein développe dans son *Tractatus logico-philosophique* (1921) une analyse logique du langage et des conditions de possibilité d'un langage signifiant, laissant la place à l'indicible, notamment dans le domaine de la métaphysique : « *Ce dont on ne peut parler, il faut le taire* ». C'est pourquoi dans sa préface il précise qu'il ne s'agit pas de fixer les limites de la pensée celle qui touchent « *l'expression des pensées* ».

   Il distingue ainsi trois sortes de propositions qui constituent la théorie baptisée « **Atomisme logique** » : celles qui sont dotées d'un sens, celles qui sont vides de sens (*sinnloss)* comme les propositions de logique qui ne nous disent rien sur le monde, et celles qui sont dénuées de sens, les non-sens proprement dits (*Unsinn*). Wittgenstein est, non sans une certaine ambiguïté qui aboutira peu à peu à une séparation, l'un des inspirateurs du ***Cercle de Vienne*** dans la mesure où celui-ci distingue les propositions empiriques, vérifiables qui sont dotées d'un sens, les propositions vides de sens comme les tautologies de la logique et des mathématiques et les propositions dénuées de sens comme celles de la métaphysique. Ainsi chez ***Carnap*** et dans le Manifeste du Cercle de Vienne, cette dernière n'exprime, à la limite, qu'un « *sentiment de la vie* ».

2. L'analyse des usages

   Le deuxième Wittgenstein s'intéresse non plus au langage en lui-même mais à l'usage que l'on peut en faire au cours de ce qu'il nomme des **jeux de langage**. Renonçant à une conception trop logiciste de l'analyse du langage, il ouvre la piste à un autre courant de la philosophie analytique qui s'attache à l'analyse des usages, des pratiques de la langue ordinaire négligée jusqu'alors dans ce mouvement. Cette nouvelle orientation est particulièrement représentée par ce que l'on appelle l'**école d'Oxford** dont font partie, Gilbert Ryle, Peter Frederick Strawson et ***John Langshaw Austin***.

• **Gilbert Ryle**, tout en étant influencé par l'œuvre de Wittgenstein, ne procède pas, pour lever les ambiguïtés de la langue, à une analyse logique du discours mais à une analyse qu'il nomme « conceptuelle » ; les erreurs viennent de la confusion que nous introduisons dans les catégories ou entre catégories. Pour lui, la question essentielle devient : y a-t-il un sens à parler de la longueur d'un bâtiment ou de la longueur d'une institution ou bien l'université fait-elle partie d'une catégorie différente des locaux qui la constitue ? Ceci lui permet, par exemple, dans son livre *The concept of mind*, de remettre en question le dualisme cartésien posant l'existence de deux substances distinctes en l'homme, la substance pensante, l'âme, et la substance étendue, le corps. L'erreur de **Descartes** réside dans un défaut de catégorisation en parlant de l'esprit comme totalement séparé du corps, d'où l'expression, pour qualifier ce processus, de « fantôme dans la machine ».

• Quant à **P.F. Strawson**, il tourne délibérément le dos aux principes et aux analyses de Russell pour aboutir à la mise en place de ce qu'il nomme, d'une façon polémique et en réaction à la philosophie trop analytique, une métaphysique descriptive. *Les Individus* publié en 1959 est son principal ouvrage dans lequel il étudie les rapports de la logique et de la grammaire naturelle.

• Enfin, ***John Austin*** pousse un peu plus la philosophie analytique vers de nouvelles problématiques dans la mesure où il ne s'intéresse plus au langage pris en lui-même mais dans sa capacité de transformation de la réalité : c'est la mise en évidence des énoncés performatifs et de la fonction pragmatique du langage. **John Rogers Searle** prolongera et développera ces analyses de nature pragmatiste du langage dans son livre *Speech Acts*, traduit sous le titre *Les actes de langage*.

3. La philosophie analytique et le relativisme

La troisième génération de la philosophie analytique se caractérise par une prise en compte, notamment par **Clarence Irving Lewis** (1883-1964), Willard Quine, **Saül Kripke**, des nouvelles logiques ou de nouvelles questions négligées jusqu'alors en logique, par une ouverture plus grande aux questions sémantiques (***Carnap***) ainsi qu'aux questions ontologiques et même métaphysiques. Pour ne prendre qu'un exemple, celui de Quine, on voit que ce dernier critique le ***positivisme*** du ***Cercle de Vienne*** et notamment deux de ses propositions fondamentales : sa distinction centrale entre les vérités analytiques et les vérités synthétiques et son critère de vérifiabilité ainsi énoncé : « *le sens d'un énoncé est la méthode de sa vérification* ». Or pour Quine, il n'y a pas d'énoncés même analytiques, comme en logique ou en mathématiques, dont on puisse être assuré de la vérité en toutes circonstances. De même, contrairement au fondement de l'***empirisme***, il n'existe pas de certitude sensible incontestable et immuable indépendante d'une théorie. Il n'y a donc plus, comme dans l'***empirisme logique*** du Cercle de Vienne, de vérités *a priori* comme celles de la logique ou des mathématiques ni de propositions empiriquement assurées. Sa réflexion débouche donc sur des considérations ontologiques, comme on le saisit dans le titre de son article de 1948 intitulé « *Sur ce qu'il y a* » (« *On what there is* »). Mais, à la différence de la philosophie traditionnelle, il ne prétend pas faire une ontologie qui nous livrerait l'être tel qu'il est en soi, mais il aboutit à une ontologie de nature relativiste, révisable en fonction des différentes catégories de discours dont nous disposons.

Cependant, quelles que soient l'évolution et les différences apparues au cours des développements de la philosophie analytique, elle garde toujours sa caractéristique essentielle, à savoir, son attention à l'analyse logique du langage employé : pour ce courant les problèmes ontologiques sont avant tout des problèmes linguistiques.

En conclusion, la philosophie analytique a eu pour intérêt de mettre l'accent sur le langage et les ambiguïtés des langues naturelles qu'elle essaie de faire disparaître : la dimension linguistique l'emporte sur la dimension ontologique qui voudrait nous dire l'être même du réel. Mais, partie d'une conception très logiciste et d'une analyse formelle des énoncés, elle en arrive, comme on le voit dans l'évolution de l'œuvre de Wittgenstein ainsi que dans le courant d'Oxford, à dépasser ses propres limites pour s'ouvrir à des dimensions qu'elle refusait à ses débuts. Aussi, dépassant le rêve d'une résorption de toutes les langues et de toutes les expressions dans la simple langue de la logique, ce courant s'ouvre de plus en plus à des domaines qui portent non seulement sur l'analyse du langage ordinaire mais aussi sur les questions d'esthétique et d'éthique.

Phonème

Élément sonore du langage articulé, considéré du point de vue physiologique (formation par les organes vocaux) et acoustiques (caractères objectifs ou subjectifs à l'audition). La phonétique traditionnelle classe les phonèmes en voyelles, consonnes et semi-voyelles (ou semi-consonnes). En phonologie, ce même élément, considéré comme une unité distinctive de l'expression phonique.

Unité de base sur le plan sonore (consonne, voyelles) qui, combinée à d'autres, forme une unité significative porteuse de sens.

Phonétique

1. En tant qu'adjectif : Qui a rapport aux sons du langage. Aspects phonétiques et graphiques du mot. Évolution phonétique. Alphabet phonétique international. Transcription phonétique. Orthographe phonétique.
2. En tant que substantif : Branche de la linguistique qui étudie les ***phonèmes***. Phonétique générale (acoustique et physiologique) qui étudie le fonctionnement de l'appareil phonatoire de l'homme et analyse ses capacités articulatoires et les particularités des sons émis au moyen d'appareils acoustiques.

Phoning, phone marketing

Traduction proposée : téléprospection ou démarchage téléphonique.

Phonologie

Science qui étudie la fonction des sons dans les langues naturelles et dégage ainsi les phonèmes. La phonologie est une phonétique fonctionnelle.

Phonothèque

Centre de documentation où sont classés tous les documents sonores : disques, bandes magnétiques, à la différence de la discothèque où sont classés uniquement des disques. La phonothèque est un centre ouvert au public pour la consultation et éventuellement l'emprunt de documents. Jusqu'en 1974, la Phonothèque nationale en France était un centre de documentation indépendant. Après son éclatement, les fonds furent attribués à l'I.N.A., tandis que le fichier central fut transféré à Radio-France.

Photocomposeuse, photocomposition

La photocomposeuse est l'ordinateur utilisé par les imprimeurs qui permet la composition des caractères. À l'aide de la photocomposeuse, on tire des films noirs sur lesquels apparaissent les lettres en blanc qui laissent passer la lumière. Les épreuves ainsi réalisées sont montées pour constituer des cahiers complets pour un livre ou pour former les pages d'un journal. La photocomposition est le nom de cette technique. Elle s'est substituée un peu partout à la ***linotypie***, procédé ancien dans lequel la linotype permettait de composer mécaniquement des lignes en plomb, alors que l'ordinateur en photocomposition dispose en mémoire de toutes polices de caractères susceptibles d'être utilisées.

Photocopie, photocopillage

Voir ***Copie***.

Photogramme

Chacune des images d'un film.

Photographie

Technique de reproduction d'une image sur une surface rendue sensible à la lumière par un procédé chimique, et image obtenue par cette technique. La base conceptuelle de la reproduction de l'image est la chambre noire dont le principe semble être connu des Chinois dès le quatrième siècle avant Jésus-Christ, des Arabes et de Léonard de Vinci. Mais ce principe n'est décrit en vue de la reproduction de l'image que plus tard par l'Italien Jean-Baptiste de la Porta (1538-1615), et il faut attendre le Français Nicéphore Niepce (1765-1833) pour avoir la construction du premier appareil de photographie (1816) en même temps qu'il invente la photogravure. Aux images fugaces du début, il apporte en 1827 une solution en inventant un procédé qui fixe les images : c'est le système – sans doute lourd avec se huit heures d'exposition – de la plaque d'étain enduite de bitume de Judée. Son associé, Jacques Lois Mandé Daguerre met au point, en 1835, le ***Daguerréotype*** qui permet de fixer l'image d'un objet sur une plaque métallique en beaucoup moins de temps. En 1839 l'Anglais Henry Fox Talbot, d'un côté, et le Français Hyppolyte Bayard, de l'autre, mettent au point séparément la photographie sur papier. Par la suite les progrès décisifs portent sur la temps d'exposition, sur la simplification afin de populariser la technique et de l'industrialiser. Cette phase a été ouverte en 1871 avec l'invention de la plaque sèche au gélatino-bromure par le médecin anglais Richard L. Maddox, pour prendre son essor avec l'appareil Kodak (1888) mis au point par George Eastman (1854-1932) dont les ventes atteignent 90 000 unités la première année. Viennent ensuite des progrès pour la qualité de l'image, l'invention de la couleur avec différents procédés de méthodes indirectes :

– la méthode additive comme la plaque autochrome des frères ***Lumière*** (1903) ;

– la méthode soustractive, qui ne sera utilisée qu'à partir de 1935 avec le Kodachrome puis l'Agfacolor en 1936, alors qu'elle a inventée simultanément et séparément par deux Français le 7 mai 1869 : Ducos du Hauron et Charles Cros. Voir ***Reproduction de l'œuvre d'art, Image fixe image animée***.

Photogravure

Inventée en 1816 par le Français Nicéphore Niepce (1765-1833) dans ses recherches pour reproduire l'image d'un objet en utilisant le principe de la chambre noire, la photogravure est une technique de la gravure des clichés d'impression par des procédés photographiques et chimiques. Lorsque la photogravure est en noir et blanc, on parle de **similigravure**.

Photothèque

Agence de photo ou centre de documentation où sont réunis, archivés et classés les documents photographiques. Lorsque ces documents sont spécifiquement des diapositives, on parle de diapothèques.

PHR

Voir ***Presse Hebdomadaire régionale***.

Phrastique

Analyse des constituants de la phrase et des schémas de phrase.

Phylactère

1. Banderole portant des inscriptions.
2. Synonyme de bulle ou ballon qui comporte le dialogue dans une ***bande dessinée***.

Pica

Unité de mesure de la hauteur d'un caractère d'imprimerie et qui correspond au 1/6 de pouce (soit 4,21 mm). Voir ***Typomètre***.

Pictogramme

Dessin schématique normalisé destiné à donner des indications de manière simple dans les lieux publics. Ainsi le dessin d'une fourchette et d'un couteau croisés indique la présence ou la direction d'un restaurant, une cigarette barrée indique l'interdiction de fumer, etc.

PIDC (Programme International pour le Développement de la Communication)

Voir ***Technologies d'information et de communication et niveau de développement économique***.

Pièce radiophonique

Œuvre dramatique dite radio-théâtre, qui a connu un important succès dans les débuts de la radio, mais que la télévision a rendu obsolète.

Pige

1. Vacation d'un travail rédactionnel pour un journal exécuté par un **pigiste** qui est un journaliste non salarié. La pige est payée généralement au nombre de feuillets.
2. Un relevé de pige est un travail de recueil des parutions publicitaires et des articles faisant suite à l'envoi de communiqué de presse.

Piggy-back

La traduction contextualisée donnerait : Faire sa communication en profitant de celle de quelqu'un d'autre. Il s'agit concrètement d'un encart ou d'un document promotionnel inséré avec une autre action promotionnelle ou publicitaire.

Pilon (Mettre un livre au -)

Destruction de l'édition (voir ***Censure***) ou des exemplaires invendus.

Pilote

Exemplaire de démonstration d'une émission avant sa mise en production.

Piratage des banques de données

Voir ***Banque de données***.

Pixel

Contraction de deux mots anglais : *picture element*. Le pixel est le plus petit élément de teinte homogène d'une image photographique ou électronique.

PL/1

Langage de programmation (*Programming Language*) mi au point en 1966 en faisant une synthèse entre l'***Algol***, le ***Cobol*** et le ***Fortran***.

Placard (Épreuves en -)

Épreuves pour la correction qui se présentent en un texte au verso seulement, avec de grandes marges, sans pagination mais avec une composition justifiée.

Plan Câble

Plan gouvernemental d'installation du câble en France pour un certain nombre de villes décidé par la Loi Mexandeau du 3 novembre 1982.

Techniquement le plan câble se présente comme un ensemble d'équipements (un média), comprenant notamment une station, appelée également tête de réseau et un réseau de câbles, et permettant d'acheminer vers les foyers qui sont « raccordés » à cet ensemble, des textes, des données, des sons ou des images animées, séparément ou associés, qu'ils soient produits par la station, déjà inscrits sur des audio ou des vidéogrammes, ou bien captés sur les faisceaux hertziens ou grâce à des liaisons avec des satellites.

L'ambition affichée est d'engager le pays dans la voie conduisant à la réalisation de « réseaux nationaux multiservices à large bande, impliquant la distribution en étoile, l'utilisation de

la fibre optique et le traitement de l'information par commutation et numérisation ».
Ce plan devait permettre l'émergence de services interactifs, la relance de l'industrie d'équipement et de l'industrie du programme, mais il était surtout destiné à absorber une partie des activités des PTT, l'équipement téléphonique de la France arrivant à terme. La Direction Générale des Téléphones (DGT) recevait pour mission la définition des normes techniques et le monopole de la maîtrise d'ouvrage, devenant le seul interlocuteur, avec la Mission Câble des villes candidates.
La DGT, devenue entre-temps France Télécom, a perdu son monopole de câblo-opérateur ; on a renoncé au « tout fibre optique » trop coûteux et à la technique mal maîtrisée, pour opter pour les réseaux mixtes et les industriels sont réticents pour s'investir davantage sur un marché incertain. Voir ***Câble***.

Plan MEDIA ou programme MEDIA

Plan des Communautés Européennes (devenues Union Européenne) adopté en 1990 et qui consiste, suivant le développement des lettres de l'***acronyme***, en « Mesures pour Encourager le Développement de l'Industrie de Production Audiovisuelle ». Il s'agit notamment de favoriser la coproduction aussi bien de films cinématographiques que de programmes de télévision européens afin de faire face à la concurrence des programmes japonais et américains qui se sont imposés sur les écrans européens. Le plan MEDIA a, entre autres, abouti à la création d'une coopération de distribution de films à petit budget et pour la production, d'un club d'investissement dépendant de l'I.N.A. Voir ***Média***.

Plan médias

Tableau général qu'établit l'agence de communication pour l'annonceur et qui indique les insertions publicitaires (format, durée, positions, coût, dates) par support (titres) pour la durée de la campagne publicitaire entreprise, pour un produit donné.

Plaquette

Document informatif de faible épaisseur donnant des renseignements sur un produit, un service, une entreprise à l'occasion soit d'un lancement d'un produit nouveau, soit de la célébration d'un anniversaire important pour l'organisation, etc. Une plaquette doit avoir une présentation flatteuse notamment par le grammage et l'utilisation de la quadrichromie. Elle peut, par ces éléments, être un moyen de communication onéreux.

PNL

Voir ***Programmation neurolinguistique***.

Poésie, poétique

Voir ***Communication poétique, Mémoire***.

Politique européenne d'aide à l'audiovisuel

Les politiques de l'Union Européenne en faveur des industries de l'audiovisuel comportent plusieurs mesures. La principale est la **directive « Télévisions sans frontières »** destinée à favoriser la diffusion de programmes européens en instituant des **quotas minimaux pour les œuvres d'origine européenne**. Elle a été complétée par des aides aux industries culturelles dans le cadre d'Eurêka Audiovisuel et du Programme Média.
Eurimages, institué en 1989 par une résolution du Comité des ministres du Conseil de l'Europe, est un fonds européen de soutien à la coproduction et à la diffusion des œuvres des créations cinématographiques et audiovisuelles, regroupant près de vingt États, y compris d'Europe de l'Est. Eurimages voit son action élargie et prolongée par le projet Eurêka-Audiovisuel, ayant pour objectif d'encourager toutes les initiatives techniques allant dans le sens d'un marché audiovisuel européen plus transparent et plus dynamique.
En relation avec le ***Programme Média* 92**, ayant pris naissance dès 1986, l'Office européen de distribution de films (E.F.D.O.) accorde des avances sur recettes à la distribution pour aider certains films à franchir leur frontière nationale, tandis que l'Espace vidéo européen (E.V.E.) encourage ces actions par l'édition et la diffusion vidéo des œuvres ; pour la commercialisation des produits, c'est Euro-AIM qui les assiste, tandis que « *Broadcasting Across the Barriers of European Langages* » (B.A.B.E.L.) accorde des aides au doublage ou au sous-titrage de programmes diffusés par les différents organismes de télévision.
Les principales structures du secteur de la production sont le « club d'investissement Media pour les technologies avancées appliquées à la production audiovisuelle », le « *European S.C.R.I.P.T. fund* » d'aide à l'écriture des scénarios et à la préproduction, et l'Association européenne du film d'animation C.A.R.T.O.O.N.
En 1993, plus de 30 % de l'activité audiovisuelle européenne utilisaient un ou plusieurs mécanismes communautaires. Devant la réussite de ce projet, le budget initial global de deux cents millions d'écus, a été rallongé de cent cinquante millions d'écus, et le programme a été prolongé jusqu'en 1997.

Le Traité de Maastricht apporte des éléments nouveaux à travers son article 128, posant le principe de subsidiarité. La culture bénéficie désormais d'une clause horizontale pour tous les pays membres : « l'espace sans frontières intérieures dans lequel les marchandises et les services circulent librement devrait tenir compte de la spécificité des biens culturels ». Par ailleurs, l'article G du Traité insère dans la liste des aides d'État qui sont compatibles avec le droit communautaire, les aides destinées à promouvoir la culture et la conservation du patrimoine, quand elles n'altèrent pas les conditions des échanges et de la concurrence dans la Communauté dans une mesure contraire à l'intérêt commun. La question des fonds d'aide à la production cinématographique, devrait désormais être abordée dans un cadre plus clément.

Face à une position défavorable par rapport à la concurrence internationale, les organisations européennes ont donc toujours cherché à favoriser la production et la circulation des programmes audiovisuels européens, et à soutenir leur industrie cinématographique. Ces soutiens prennent la forme d'aides automatiques proportionnelles aux recettes d'exploitation, qui s'inscrivent dans une logique économique, ou d'aides sélectives subventionnées plus conformes à des préoccupations culturelles, les deux systèmes pouvant se combiner.

Politiques culturelles françaises

Les politiques culturelles françaises ont, dès le départ, été fondées sur les principes suivants :

– la conservation du patrimoine sous toutes ses formes ;

– son renouvellement par le soutien des artistes créateurs ;

– sa diffusion à un public aussi large que possible qui, idéalement, devrait coïncider avec la nation toute entière.

Après 1981, parallèlement à une reconnaissance du rôle des industries culturelles dans les disciplines traditionnelles, une légitimation a été prononcée au profit de pratiques qui en avaient été jusque là exclues, parce qu'elles relevaient de la culture de masse. Des domaines nouveaux ont été agréés : la publicité, la mode, les arts de la table, les sciences et les techniques...

Après 1986, les priorités sont relatives au patrimoine, aux enseignements artistiques et au rayonnement international. La décentralisation reste un objectif majeur, avec la volonté de réaliser un plus large transfert de responsabilités vers les collectivités territoriales.

Lors des négociations du ***GATT*** (Uruguay Round), la France a obtenu le soutien des autres pays de l'Union européenne pour amener les pays membres du GATT à ne pas considérer la culture comme un marchandise comme les autres et à laquelle la liberté de commerce serait appliquée sans aucune limite. Finalement l'accord signé à Marrakech en avril 1994 n'a pas étendu à l'audiovisuel les règles du libéralisme adoptées pour les autres secteurs. Les pays européens définissent des **quotas d'œuvres européennes** pour la diffusion radiophonique et la télédiffusion. C'est ce qui constitue l'**exception culturelle**.

Par ailleurs, dans le domaine de la radiodiffusion spécifiquement en France, la **loi Carignon** publiée le 2 février 1994 oblige, à partir du 1er janvier 1996, les radios, à l'exception des radios communautaires, de diffuser aux heures d'écoute significatives (entre 6 h 30 et 22 h 30) un minimum de 40 % de chansons d'expression française, dont la moitié de jeunes talents et de production récente. Par jeune talent, la loi entend tout artiste qui n'a pas encore obtenu deux disques d'or (100 000 exemplaires vendus d'un même album). La chanson d'expression française est chantée en français ou en langue régionale comme le corse, le basque, le breton, etc. Une nouvelle production est une production discographique diffusée depuis moins de six mois sur un réseau musical privé ou public, couvrant un bassin d population de plus de six millions d'habitants. Cette loi a pour but d'aider les auteurs, les compositeurs, les interprètes et les éditeurs de chanson française, mais rien n'empêche les auditeurs de changer de stations pour retrouver les chansons et la musique étrangères. Elle sera difficile à appliquer pour des radios dont les programmes sont conçus pour un public jeune dont une grande majorité est peu familiarisée avec la chanson française où manque pour l'instant les jeunes talents en nombre suffisant pour arriver à satisfaire les seuils imposés par la loi.

Positivisme logique ou néo-positivisme

Voir ***Cercle de Vienne***.

PQR (Presse Quotidienne Régionale)

Voir ***Presse Quotidienne Régionale***.

Pragmatique

Forme d'analyse de la communication qui rend raison des faits de communication en termes d'***actes***. Elle repose sur le principe que la communication, comme tout fait réel, peut s'analyser, en dehors de son sens, en termes de causalité et en termes d'effets sur les acteurs de l'espace public ou sur les situations de communication.

Il existe quatre types de pragmatique.

1. La **pragmatique searlienne**
Elle définit la production de langage par l'énonciateur en termes d'action ou de processus réel sur un partenaire de la communication réellement inscrit dans la situation considérée. La pragmatique searlienne, qui prend sa source dans les travaux du philosophe américain **John Rogers Searle** (*Les Actes du langage*, 1969), donne à la production de langage une dimension réelle, en l'inscrivant dans une logique de causalité et dans une logique de résultat.
2. La **pragmatique réciproque communicationnelle**
Le concept d'interaction définit une situation de communication au cours de laquelle c'est le rapport institutionnel entre les partenaires de l'échange symbolique qui définit la dynamique réelle constitutive de l'enjeu réel de la communication. L'interaction fait de la communication un travail réel de la personne par l'autre.
3. La **pragmatique textuelle et énonciative**
Le concept de texte et celui d'énonciation ont été introduits dans le champ de l'analyse linguistique comme une forme d'élargissement de ses orientations vers les problèmes de production des énoncés par les sujets parlants, et vers les problèmes d'interprétation des formes linguistiques au cours des situations de communication. C'est ainsi que s'est élaborée une pragmatique linguistique, qui constitue une approche des faits de langue sous l'angle du comportement du sujet parlant.
4. La **pragmatique politique et institutionnelle**
Elle fonde une problématique stratégique dans le champ des sciences de l'information et de la communication. Elle définit et analyse la manière dont les acteurs de l'espace public définissent des stratégies individuelles pour parvenir aux buts qu'ils se donnent dans leur pratique politique ou institutionnelle.

Ces quatre formes de pragmatique définissent une approche de la communication qui se situe dans un champ voisin de celui de l'expérience et de l'action. Ce champ fait du sujet de la communication un acteur, et, à ce titre, le pense dans des dynamiques sociales et institutionnelles qui se caractérisent, non par une logique de l'identité, mais par des pratiques et par des stratégies.

Presse

Désigne à la fois, dans le domaine de l'information et de la communication, une machine à imprimer par pression du papier sur la forme imprimante, l'ensemble des journaux et les journalistes quel que soit le média (papiers, radio, télévision). Par ce dernier sens extensif, l'expression presse écrite peut ne plus passer pour pléonastique.

La presse en tant qu'ensemble de journaux diffusés auprès du plus large public possible est l'un des cinq grands ***médias de masse***.

L'analyse de la presse peut faire l'objet d'une longue typologie sur la base de critères multiples : périodicité (quotidienne – du soir, du matin –, hebdomadaire – de fin de semaine, de début de semaine –, mensuelle, trimestrielle, semestrielle, annuelle), mode de financement (payant sans publicité, partiellement financé par la publicité, la presse gratuite), espace couvert et espace de chalandise (Presse internationale, Presse quotidienne nationale, Presse quotidienne régionale, presse de ville), format (standard, tabloïd), public (presse féminine, presse des enfants et des adolescents...), sujet (presse sportive, presse d'informations générales, presse économique, presse d'opinion, etc.), mode distribution (kiosque, abonnement par la poste, portage, affichage sur les murs comme les **dazibao** chinois...), etc. Voir ***Imprimerie, Journal, Presse consulaire, Presse d'entreprise, Presse hebdomadaire régionale, Presse française (Histoire économique de la -).***

Presse consulaire

On appelle presse consulaire les publications émanant des Chambres de commerce et d'industrie, des Chambres des métiers et des Chambres d'agriculture. Elle est à la fois une presse professionnelle et une presse institutionnelle.

1. Les caractères de la presse consulaire
Cette presse possède les caractéristiques suivantes :
– ***une cible***. Pour les Chambres, il s'agit de ressortissants. Toutefois, les relais d'opinion, les administrations et les collectivités ne sont jamais négligés ;
– une périodicité. La fréquence de parution est rarement inférieure au mois (parution mensuelle, bimestrielle ou trimestrielle) ;
– une pagination. La tendance générale est à une faible pagination (4 à 10 pages) ;
– un *tirage*. Il varie en fonction du territoire d'implantation de l'organisme consulaire. Les moins de 5 000 exemplaires et les 5 à 10 000

exemplaires sont les deux catégories de tirage les plus fréquentes ;
– un statut juridique. Pour la majorité des supports, le statut juridique est identique à celui qui régit une Chambre. Il s'agit donc d'un service intégré. D'autres statuts existent mais ils sont peu fréquents : association loi 1901, SARL, etc.
Enfin, à l'instar de la presse municipale, la presse consulaire est le plus souvent une presse gratuite.

2. Une **presse professionnelle** ?
Plus de la moitié des supports possèdent un numéro de commission paritaire. Ce numéro est délivré par une commission de spécialistes ; il est soumis à des règles précises qui entraîne des tarifs postaux préférentiels et des allégements fiscaux particuliers. De plus, la presse consulaire dispose d'un numéro ADEP (ADministrative - Établissements Publics de l'État). Le numéro ADEP ne concerne donc que les établissements publics ; il est délivré par la même commission ; il est intrinsèquement lié au numéro de commission paritaire mais requiert deux conditions supplémentaires :
– la publication ne doit pas constituer un simple bulletin de liaison interne à l'établissement éditeur ;
– la publication ne doit pas consacrer plus de 20 % de sa surface à la publicité.
Ainsi, les professionnels reconnaissent-ils la presse consulaire. Toutefois, cette reconnaissance dépend du type de support choisi par la Chambre émettrice. Schématiquement, le support de type « lettre » apparaît galvaudé. Créé à la fin des années 60 pour dispenser de l'information confidentielle aux décideurs, la lettre n'a pas su s'adapter aux nouvelles exigences du lectorat, notamment en ce qui concerne sa maquette (on est habitué au beau) et en ce qui concerne la hiérarchisation de son information (on a de moins en moins de temps, il faut donc que l'essentiel apparaisse immédiatement).
Les supports de la presse consulaire de type « journal » sont des copies de la ***Presse Quotidienne Régionale*** (PQR). Ils n'ont pas d'identité propre et balancent entre « bulletin de liaison interne » et « faux magazines ».
Le type « magazine » apparaît comme la forme la plus aboutie bien qu'elle se cherche encore (instabilité des rubriques par exemple).

3. Une presse institutionnelle
La presse consulaire appartient à la **presse institutionnelle**. Trois modèles y sont représentés : celui de la communication d'entreprise dont le but est la création d'une identité ; celui de la communication politique dont le but est la valorisation d'une action et la personnalisation du pouvoir ; celui de la communication locale dont le but est la production de codes communs, l'intégration d'un individu dans un groupe ou d'une entité dans un système.
Mais la presse consulaire emprunte aussi à la presse d'information, aussi bien pour la forme (le contenant) – maquette, rubriques, visuels, etc. – que pour le contenu – diffusion d'informations générales.

Presse d'entreprise

Voir ***Communication interne, Travail et communication***.

Presse de proximité

Presse dont l'aire de diffusion se confond ou se rapproche fortement avec l'aire d'information. L'exemple-type d'une telle presse est celui de la **presse locale** (**presse paroissiale, presse de ville, *presse quotidienne régionale – PQR –, presse hebdomadaire régionale – PHR***), dont l'aire de diffusion se confond avec l'aire géographique des sujets traités et des personnalités dont il est question dans l'information.

Presse féminine

Voir ***Presse magazine féminin***.

Presse française (Histoire économique de la -)

L'histoire de la presse doit être considérée comme une fraction de l'histoire sociale. Son objet central, les journaux, relève d'une diversité due à des motivations et des modalités très différentes. Ainsi, une presse littéraire, attachée à déployer les talents d'auteurs, a foisonné particulièrement au dix-huitième siècle ; une presse politique, constamment dirigée par des gouvernements, mise au service de partis ou commandée par des groupes d'intérêts, a justifié qu'elle coûte de l'argent plus qu'elle n'en rapporte ; au contraire, une presse lucrative, de plus en plus présente, s'est révélée susceptible de produire de la richesse et d'occasionner l'investissement de groupes économiques.
Les temps forts de l'histoire de journaux porte-voix d'opinions politiques ou de courants de pensée s'étalent sur quatre siècles. En 1631 est créée une gazette dépendant secrètement de l'État et qui profite d'un régime de censure ; en 1789, sont fondés et appliqués les principes d'une liberté démocratique d'expression par la presse ; en 1881, est rétabli dans ce même dessein un strict cadre légal ; en 1945, est profondément corrigé le fonctionnement d'un secteur coupable de dérives. La progression d'une presse fondée comme rapport d'argent est née de facteurs plus diffus. Sous l'Ancien régime,

quelques journaux sont gérés comme des affaires commerciales par des professions d'argent ; sous la Monarchie censitaire, la presse fait son entrée en bourse et se soumet désormais aux traits d'un capitalisme d'épargne ; au vingtième siècle, de plus en plus nombreuses sont les sociétés extérieures au secteur à créer ou racheter des actifs de presse. Siècle après siècle, l'ensemble de ces caractères, propres donc à une presse d'expression ou une presse d'argent, s'affirment.

Le commerce des nouvelles dépasse le stade de la diffusion des correspondances manuscrites avec la progression de l'imprimerie au début du seizième siècle. Jusqu'au milieu du dix-septième siècle, beaucoup d'imprimés circulent qui n'ont pas de véritable périodicité. Ce sont des feuilles volantes, écrits de faible pagination, qui concernent des sujets de tous ordres et que mettent en vente des imprimeurs et des libraires, souvent les moins riches et les moins contrôlés. Appelés **occasionnels**, ils se distinguent du livre lorsqu'ils font en quelques pages le récit d'un fait de l'actualité. Également offerts, et souvent écrits, par les plus précaires de ces artisans et par des colporteurs, les ***canards*** véhiculent sous la même forme une littérature populaire, faite de morale pieuse ou de descriptions fantastiques. L'ensemble de ces productions alimentent un marché fourni, disputé par de nombreuses contrefaçons et au total prospère, mais que l'absence de matière suffisante contraint à des parutions sans suite.

Le souhait grandissant de mettre rapidement sous presse le récit de l'actualité la plus récente se heurte en effet au manque d'informateurs réguliers. Aussi, une véritable périodicité, hebdomadaire, avec *La Gazette* en 1631, apparaît-elle en liaison avec le soutien donné par le Pouvoir à l'entreprise d'un particulier, précédemment organisateur de rencontres et de bulletins d'annonces, **Théophraste Renaudot**. Homme de propagande de Richelieu, il bénéficie aussi de ses réseaux de correspondances. Tout comme deux imprimeurs parisiens, inventeurs eux aussi d'une ***gazette*** la même année, il s'emploie par ailleurs à faire traduire les nouvelles des feuilles publiées à l'étranger. Mais par son alliance avec les responsables de la royauté, dont il publie anonymement les écrits, il parvient à ravir entièrement à la communauté des libraires le monopole légal pour tout instrument d'information politique. *La Gazette*, publiée par Renaudot et ses descendants jusqu'en 1749, sera, à un moment où la monarchie absolue s'installe en France, la traduction d'une doctrine réservant au pouvoir d'État le droit d'informer.

Un régime d'autorisations et de censure ordonne durablement l'existence d'une presse officielle autour de privilèges conférés à quelques titres, dont certains se spécialisent dans la littérature et les sciences, comme le *Journal des savants*. Mais combattant les rigueurs du secret politique, une foule de clandestins de l'information s'établit progressivement. Auteurs de bulletins souvent manuscrits, déclamateurs publics, littérateurs de tous ordres font vivre une presse instable, employant toute une « nation du nouvellisme », rapporteurs dûment rémunérés de toutes sortes de faits et gestes. Une autre contradiction aux secrets du régime provient des terres francophones étrangères au royaume. Là s'établissent de puissantes compagnies d'édition qui trouvent un grand profit dans la publication de journaux importants, écrits par des plumes en lutte contre la royauté et notamment les exilés protestants après la révocation de l'Édit de Nantes (1685). Ensemble, modestes nouvellistes clandestins et riches entreprises de la périphérie du royaume s'emploient à diffuser les idées, qui suivant l'esprit des Lumières, soutiennent comme un droit national la conquête de la liberté de la presse. Devant les pressions intérieures et la concurrence aux frontières, l'administration cède et accorde un nombre grandissant de permissions à des journaux, dont en 1777 le premier quotidien. Le plus souvent, ces entreprises reviennent à un groupe de libraires, tel Panckoucke, qui constitue une bourgeoisie d'édition, influencée par le capitalisme des pays protestants et favorisant un renouveau politique par leurs publications. Les tirages de la deuxième moitié du dix-huitième siècle peuvent parfois dépasser la dizaine de milliers d'exemplaires, contre le millier au siècle précédent. En atteignant les milieux aisés et cultivés, cette presse installe avant l'heure une révolution dans le milieu des lettres.

1789 représente un accomplissement du droit à l'expression. Avant d'être étouffée sous l'empire et les débuts de la Restauration, une législation s'affirme qui supprime l'autorisation et élimine les délits de presse. Très vivante à Paris et dans les provinces, la presse révolutionnaire joue le rôle d'une tribune politique entièrement libre. Le rétablissement de ces libertés est l'enjeu de longues luttes qui s'étalent tout au long du dix-neuvième siècle, triomphant un temps en 1830 et 1848 pour aboutir, durablement, avec la République en 1881.

Entre-temps, le journal est entré dans une ère nouvelle marquée par des transformations financières et technologiques. Sous la Restauration, dans un contexte où les journaux se font le relais de partis, des journalistes apparaissent à la tête de journaux, comme Bertin possédant *Le Journal des débats*, ou s'appuient sur l'investissement de quelques particuliers, comme pour *Le Constitutionnel*. Le nombre et la variété des titres gonflent après 1828, lorsque le droit de fonder un journal est libéré, la censure demeurant néanmoins. Les entreprises de presse apparaissent de plus en plus fréquemment constituées en **commandite**, c'est-à-dire destinées à assembler les capitaux du plus grand nombre à la disposition d'un gérant journaliste. Des appels populaires à la souscription d'actions sont lancés dans les colonnes des journaux qui alimentent ainsi leurs propres fonds, démesurément grossis, pour répondre, dans la plus grande confusion, à une concurrence très vive.

Ainsi, entre 1826 et 1837, sur 1 100 commandites formés en France, 400 concernent des journaux dont les plus importants sont cotés dans une bourse de Paris encore naissante. Les projets abondent dont certains se proposent d'asseoir leur succès par un prix très bas, une forte diffusion et un financement par la publicité. Réussissant dans cette voie, *Le Siècle*, de Dutacq, et *La Presse*, de Girardin, fondés en 1836, installent rapidement un nouveau type de presse qui atteint des tirages inconnus, de plusieurs dizaines de milliers d'exemplaires. Regroupant, grâce à la réclame et au roman-feuilleton, les principes des journaux d'annonces, des canards populaires et de la presse politique, la « presse à bon marché » est, dans les années 1830, à l'origine des journaux détenus par des assemblées d'actionnaires et destinés à procurer un rendement financier.

Les conséquences d'un tel capitalisme de presse sont diverses. Elles sont de stimuler l'usage de **nouvelles technologies**, dont la presse métallique mue par la vapeur, et de recourir au chemin de fer pour élargir le terrain des ventes. Un commerce de la ***publicité*** naît avec le savoir-faire nouveau de rédacteurs de réclames et de régies recherchant les annonceurs. La collecte des nouvelles s'organise avec la formation d'***agences de presse***, dont celle créée par Havas en 1832. Les contenus évoluent, s'éloignant souvent de l'action politique et répandant les manières de vie de la bourgeoisie. La « petite presse » populaire, la librairie de colportage et les cabinets de lecture collectifs disparaissent peu à peu dans la seconde moitié du siècle.

Désormais, après 1830, les conditions de financement de l'entreprise de presse, la progression des capacités de production et l'amélioration des moyens de transport permettent au journal de s'adresser à une masse de lecteurs en forte croissance, recrutée à la ville puis les campagnes à partir de 1880, mieux alphabétisée et soucieuse de participer à l'exercice républicain. La ***loi du 29 juillet 1881*** renforce la place de la presse dans la société en libéralisant l'expression, ne retenant pour limite que celle de la liberté d'autrui. L'information nationale et internationale est mieux rapportée grâce au travail des ***agences de presse***, Havas, Reuter ou Wolff, reliées de par le monde par des câbles télégraphiques. Des reporters partent en chasse d'interviews, à la mode anglo-saxonne. Les procédés d'illustration visuelle, par le dessin, puis par la photographie, mettent en valeur les reportages et les faits-divers sensationnels. Par ailleurs, les ***méthodes de vente*** se diversifient avec l'emploi de nombreux crieurs, d'une publicité souvent tapageuse ou le lancement de concours à primes. Les prix sont considérablement abaissés, du fait de moindres coûts de revient et l'invention de la ***rotative*** dans le dernier tiers du siècle par l'ingénieur Marinoni. *Le Petit Journal*, de l'homme d'affaires Millaud, est le premier représentant, lancé en 1863, de la très peu chère « presse à un sou ».

Entre 1870 et 1914 prend place une **presse quotidienne nationale** solide, dont plusieurs des titres, les quatre grands, *Le Petit Journal, Le Petit Parisien, Le Matin, Le Journal*, avoisinent ou dépassent le million d'exemplaires. Se voulant pour certains journaux d'information « neutres », mais dans la majorité des cas très politisés, les organes de la presse nationale jouent un grand rôle dans le soutien ou l'attaque des cabinets ministériels successifs. En province, un tissu très dense de feuilles régionales ou locales couvre le territoire, souvent dans la dépendance – pour les dépêches nationales et la publicité – de la très influente agence Havas. De façon assez autonome se développe une presse spécialisée, où la présence des éditeurs de librairie est forte, dans les domaines de l'enfance, de la lecture féminine, du sport et des loisirs. Les propriétaires de ces différentes familles de presse sont divers : groupements religieux, surtout catholiques, partis politiques, comme le Parti communiste, investissent dans l'influence de la presse, tout comme des banquiers, très présents dans la presse économique, ou encore des groupes de pression d'intérêts économiques ou partisans. Mais surtout au long de la Troisième République, s'affirme peu à peu la prédominance de puissances industrielles : Hachette, Dalloz, la Société du Petit Parisien de la famille Dupuy, contrôlent des ensembles faits de titres de la presse quotidienne et spécialisée, d'imprimeries et de messageries.

La montée de ces pouvoirs s'exacerbe dans l'entre-deux-guerres. Les monopoles de Havas dans la publicité et l'activité d'agence de presse et de Hachette dans les messageries sont de plus en plus dénoncés. Les scandales financiers nés de la collusion de journaux, de banques et de personnalités politiques éclatent de plus en plus en plus bruyamment. Les lignes politiques de grands titres nationaux collaborent à la progression des idées nationalistes radicales. À la veille de la Seconde Guerre mondiale, l'organisation de la presse est l'objet de volontés profondes de réforme. Soutenu par la Résistance, un programme d'action est accompli à la Libération. L'ancienne propriété de presse est redistribuée, l'Agence France-Presse est désormais une entreprise nationale, l'achat du papier et l'activité des **Nouvelles Messageries de la Presse Parisienne (NMPP)** sont réservés à des coopératives, des ***aides de l'État*** allègent le budget des journaux politiques. L'effet de ces mesures sera d'imprimer un cadre durable, favorable, notamment dans les domaines du journalisme d'agence et de la distribution, à un développement soutenu et équitable du secteur. Mais la ***concentration***, dont la perspective était au départ refusée, des tirages et des titres en un faible nombre de propriétés n'est finalement pas enrayée. Le secteur de la presse, constitué d'une **presse d'information** en lent déclin et d'une **presse spécialisée et professionnelle** en essor, sera l'objet de la montée progressive des intérêts de groupes industriels boursiers, nationaux et internationaux, spécialisés dans cette seule activité ou extérieurs à lui. Les entreprises de presse chercheront à développer leur compétitivité dans la mise en œuvre étendue des nouvelles technologies, l'obtention de budgets publicitaires et l'adoption d'un marketing rédactionnel. Surtout, d'un point de vue externe, elles auront à faire face à la concurrence de nouveaux médias, tentant parfois d'y répondre par la **diversification** de leurs activités dans la radio, la télévision et la télématique.

Presse Hebdomadaire Régionale (PHR)

La presse hebdomadaire régionale constitue un ensemble très hétérogène de journaux de taille souvent modeste. Animant souvent depuis plusieurs décennies une portion infime du territoire national et exerçant parfois une forte influence à l'échelon local, cantonal, départemental, voire régional, ce média du « local » n'en demeure pas moins un inconnu au plan national.

1. Caractères généraux

La presse hebdomadaire régionale d'informations représente plus de deux millions d'exemplaires vendus chaque semaine, qui sont lus régulièrement par huit millions de personnes, soit presque 20 % des français. Elle fait aussi vivre quelques milliers d'individus autour de quelques centaines d'entreprises qui génèrent un chiffre annuel global supérieur à deux milliards de francs.

Ces documents témoignent aussi des efforts entrepris par certains membres de la profession, et notamment les représentants du Syndicat de la Presse Hebdomadaire Régional (S.P.H.R.). Celui-ci entend favoriser la transparence du secteur afin de stimuler la reconnaissance de la PHR au sein du monde des médias et dans la société française, notamment à travers le rôle que peut jouer cette presse au plan régional et local.

Progressivement, de plus en plus d'entreprises de presse régionale rejoignent ses rangs pour s'unir face aux problèmes variés et nombreux que la profession est amenée à rencontrer. Cette démarche n'entrave en rien des regroupements plus ou moins récents destinés à mieux répondre à des problèmes de gestion ou encore à engager des réflexions de plus longue haleine sur l'avenir de tel ou tel métier. De ce fait, l'O.J.D. peut certifier, en 1993, la diffusion de 135 titres de la PHR, soit 1,615 million d'exemplaires par numéro alors qu'elle n'avait jusqu'à présent qu'une soixantaine d'adhérents.

2. Les grands traits de l'évolution de la PHR

Les hebdomadaires régionaux apparaissent comme les plus anciens représentants de la presse écrite en France. *La Gazette*, hebdomadaire créé en 1631 par Théophraste Renaudot, vendue sur la ville et les alentours de Loudun peut être considérée comme leur ancêtre commun même si le début du XIXe

siècle constitue la période la plus féconde de la presse hebdomadaire régionale d'informations. Selon la SOFRES, 12 % des hebdomadaires régionaux d'aujourd'hui ont été créés entre 1806 et 1848. Dès leur origine, des restrictions juridiques cantonnent ces journaux au sein de l'univers des imprimeries de labeur, puis un certain relâchement de la censure procure la possibilité pour les imprimeurs qui le souhaitent de devenir de véritables éditeurs de presse. De plus en plus de journaux vont alors parsemer l'espace français et accompagner ainsi les progrès de l'alphabétisation des Français. Mais c'est surtout avec la loi de juillet 1881 que les journaux se multiplient.
Ces hebdomadaires se ressemblent dans leur manière d'aborder le contenu des informations qu'ils proposent mais ont des colorations politiques et religieuses variées et surtout nettement tranchées d'où leur multitude. Réservant leurs premières pages aux informations politiques, ils traitent dans les pages suivantes des informations régionales et locales et terminent par des annonces légales et commerciales. Ces dernières se développent de plus en plus et apportent de nouvelles ressources à la presse écrite.
Puis face aux développements des quotidiens régionaux et parisiens, les hebdomadaires engagent leur première grande mutation, délaissant progressivement leur approche souvent très politisée de l'information. Leur nombre se réduit aussi. Il passe de 1 300 en 1914 à 800 en 1939. À l'heure actuelle, 15 % des titres ont été créés entre 1881 et 1914, contre 8,5 % entre 1914 et 1943.
Au lendemain de la seconde guerre mondiale, la PHR confirme largement sa nouvelle orientation. Outre le fait que le monde de la presse vit un profond chambardement avec l'interdiction de reparution de tous les titres restés actifs pendant l'occupation allemande qui concerne le tiers des journaux recensés en 1940 et pour la PHR, l'apparition de nouveaux titres, les quotidiens et les médias audiovisuels prennent véritablement le pas sur les hebdomadaires régionaux, contraignant ceux-ci à trouver de nouvelles voies pour marquer leur différence par rapport aux autres médias.
Le contenu des journaux est la principale cible de cette évolution forcée. La presse régionale abandonne son discours militant et porte ses efforts sur le traitement de l'actualité régionale et locale inaugurant ainsi son rôle actuel d'interprète des terroirs et des « pays » du territoire français.
À l'heure actuelle, presque 80 % des éditeurs de PHR qualifient leur production de « presse locale ». Parallèlement, la PHR doit suivre les évolutions technologiques, notamment en introduisant la photographie, la couleur, des paginations plus volumineuses, autant d'améliorations qui séduisent les lecteurs. Hors, il est fréquent de constater que beaucoup d'éditeurs de PHR ont investi plus rapidement que leurs confrères de la Presse Quotidienne Régionale dans les nouvelles techniques de l'offset. En 1966, *L'Éveil*, hebdomadaire de Normandie qui appartient au Groupe Méaulle, le plus important groupe de presse de la PHR, introduit cette technique. Il est suivi en 1969 par *La République de Seine-et-Marne.*
Ces modernisations insufflent d'ailleurs un nouvel élan à la diffusion qui progresse pour certains de 50 à 200 % en 15 ans ! Aujourd'hui, la ***PAO*** (***Publication Assistée par Ordinateur***) engendre à son tour une nouvelle révolution dans les rédactions. Il devient possible d'informatiser la totalité de la fabrication, de la saisie des textes et de l'analyse des images à la sortie de films « pleine page » prêts pour la photogravure. Là encore, l'adoption de ces nouveaux moyens de production est plus rapidement faite dans beaucoup d'entreprises de la PHR.
Enfin la dernière décennie a été marquée par certaines tendances qui n'ont pas épargnée la PHR avec notamment la poursuite de l'abandon des campagnes au profit des villes ou de leurs banlieues qui s'est confirmée et la crise économique qui a grevé une partie des ressources publicitaires.
Durant cette période, le lectorat a aussi stagné ou régressé. De 1982 à 1992, la diffusion payée a reculé de 13 %. Au début des années 1990, il semble au contraire connaître une nouvelle croissance.
La concurrence des autres médias a été particulièrement vive de la part des journaux gratuits qui se sont accaparés le marché des petites annonces. Des entreprises ont tenté elles-mêmes de se diversifier en créant des radios locales. D'autres ont été rachetées par des groupes de presse quotidienne. Parallèlement à la disparition de 31 titres entre 1983 et 1985, le secteur comptabilise de nouveaux venus tels que *la Gazette de Montpellier, la Semaine du Pays Basque* à Bayonne, *la Gazette du Val d'Oise...* Ces titres se lancent d'ailleurs dans des zones plus urbaines, prouvant là aussi l'existence d'entités locales qui, comme leurs confrères plus ruraux, ont

leur propre message à communiquer lors des grands débats d'actualité.

Enfin, sans la présence des hebdomadaires, les quotidiens se retrouveraient seuls à couvrir des pans entiers du territoire, après les mouvements de concentration qui ont profondément marqué ce secteur. Garants d'un certain pluralisme, les hebdomadaires sont cependant très fragiles face aux évolutions rapides de leur environnement sur lequel ils tentent d'agir ou à partir duquel ils essayent de réagir. Ce sont maintenant ces interactions que nous allons tenter de décrire plus précisément.

Presse illustrée à scandale

Voir ***Faits divers***.

Presse magazine féminine

L'association entre presse magazine féminine et midinette écervelée est encore un raccourci aisé, comme si la presse féminine n'était que l'ombre un peu honteuse de la presse. Un regard croisé sur l'histoire et les stratégies en jeu dans ce secteur des industries culturelles permettrait certainement d'amoindrir ce lieu trop commun et de reformuler le débat de société toujours vif d'une place et d'une voix des femmes. La caractéristique principale de la presse féminine est certes d'avoir un lectorat majoritairement féminin mais surtout d'avoir su créer le sentiment de l'existence d'une communauté sexuelle. Dès lors stratégies et sensibilités se trouvent mêlées pour que cette presse s'adapte aux évolutions conjuguées du social, du juridique et de l'économique.

1. Historique de la presse féminine

a) 1750-1870 : de la Dame à la Femme.

L'heureuse formule de Évelyne Sullerot retrace le temps de l'émergence de discours publiés à l'intention des femmes. Les premiers journaux féminins datent de la fin du XVIIe siècle. Dès l'origine, presse de mode féminine et presse féministe cohabitent. La première suit la profonde mutation de la société de l'Ancien Régime, lorsque apparaît le phénomène de mode lié au développement de l'industrie de l'habillement. Elle est d'emblée sous l'emprise commerciale. Il s'agit de feuilles volantes ou de planches d'images créées par des graveurs et souvent reprises par les almanachs de modes. Ainsi les célèbres *Almanach nouveau ou recueil des jolies coiffures à la mode de Paris* du coiffeur parisien Davault, paru de 1778 à 1787 ou encore *Le Cabinet des Modes* créé le 15 Novembre 1785 par F. Buisson mêlent gravures, informations et publicités. Le dernier, successivement *Magasin des modes nouvelles françaises et anglaises* en 1786, puis *Journal de la mode et du goût* de 1790 à 1793 (date de sa disparition) diffusait l'image de la mode parisienne au-delà des frontières et s'adressait aux aristocrates de toute l'Europe.

La presse féministe s'affiche clairement comme une presse écrite par et pour des femmes (*La femme libre* (1832-1834) de M.R. Guindorf et D. Veret, ou encore *La Voix des Femmes* (quotidien créé le 19 mars 1848) d'E. Niboyet, D. Gay et J. Deroin). Toutes sont des saint-simoniennes. À la différence des titres de mode, ils s'adressent à un public féminin plus vaste. Parallèlement se développe une presse catholique, dont les contenus encensent les rôles de mère et d'épouse (*Journal des femmes* 1832-1837, *La mère de famille* créé en 1833). La période qui suit le coup d'État de 1851 limitera l'expansion des publications féministes (malgré la création du *Droit des Femmes* en 1869 par L. Richer et M. Desraime, afin de lutter pour la citoyenneté des françaises, le rétablissement du divorce, le droit à l'éducation...) mais confirmera le succès des journaux attachés de façon plus ou moins implicite à une maison de couture ou à un modiste (*Le miroir des Dames, Le Panorama fashionable, La Capricieuse...*, fondés entre 1836 et 1850).

b) 1870-1945 : la première presse féminine de masse.

Les contenus de la presse féminine empruntent tout à la fois à la presse galante, à la presse satirique ou littéraire et aux canards (avis et faits divers, nouvelles, anecdotes, feuilleton, recettes, ouvrages... et publicité). En cela, ils annonçaient les offres éditoriales actuelles. La fin du XIXe siècle, du fait des progrès techniques réalisés dans les transports, les procédés de composition et de reproduction des journaux, voit apparaître la presse à gros tirages et les entrepreneurs de presse comme E. de Girardin ou J. Dutarq. La Troisième République confère aux femmes de nouveaux droits civils (droit à l'enseignement, réhabilitation du divorce en 1884) et vote la **loi du 29 Juillet 1881** statuant sur de **la liberté de la presse**. Avec l'école laïque, les couches sociales populaires accédant à la lecture en générale, celle de la presse en particulier.

Les magazines féminins adaptent peu à peu leurs contenus à ce lectorat de masse. Deux familles de presse féminine s'établissent : celle détenue par des entreprises commerciales et celle qui pour la première fois est entièrement composée, rédigée, administrée et distribuée par des femmes. Les titres tels que *Le féminisme catholique* fondé en 1897 pour freiner les journaux féministes et *Le petit Écho de la Mode* appartiennent à la première catégorie. Racheté en 1879 par une famille bretonne et catholique (les Huon de Penanster), ce dernier deviendra un hebdomadaire pratique, s'adressant à des milliers de femmes (200 000 exemplaires en 1893) et véhiculera une vision traditionnelle de la femme-mère-épouse. Ces titres ont un ton militant et développent des articles d'information assez polémiques qui analysent la situation sociale, économique et juridique des femmes à travers l'histoire. Mais la fin du siècle voit aussi la création de *La citoyenne* (en 1881 par H. Auclert), le premier organe des suffragettes et *La Fronde* (1897), quotidien dont le directeur est Marguerite Durand. *La Fronde* cessera de paraître en 1905, *Le petit Écho de la Mode* seulement en 1964 et malgré ses 1 522 000 exemplaires tirés.

Dans l'entre-deux guerres, les responsables de la presse féminine prennent conscience du poids des femmes dans les décisions d'achat, conséquence de l'augmentation des femmes actives (8 millions en 1930 contre 7 en 1900). Un secteur des magazines populaires pratiques (*Modes & Travaux* en 1919) se développe en parallèle des titres de luxe (*Le Jardin des Modes* en 1918, *Marie Claire* en 1937). Le premier magazine de la presse du cœur, *Confidences*, s'inspirant de la formule d'un titre américain centrée sur le courrier des lectrices, voit le jour en 1938. Lorsque la seconde guerre mondiale éclate, tous les genres de journaux féminins sont en place : les magazines pratiques, les magazines modernes calqués sur leurs confrères américains et la presse du cœur, proche du livre de colportage et de la littérature populaire qui circulent en France depuis plus d'un siècle.

c) 1945-1980 : presse féminine et féminisme.

Malgré la période de guerre peu propice, les journaux féminins tentaient de s'adapter aux événements. Ils proposaient à leurs lectrices des conseils et des recettes pratiques pour faire face à la pénurie de produits de consommation courante, se protéger contre les bris de vitres dus aux déflagrations des bombes... Leurs contenus, leurs maquettes, leurs illustrations s'appauvrissaient en même temps que leur lectorat.

À la libération, les périodiques féminins échappent aux ordonnances de 1944 chargées de réglementer l'attribution des droits de parution et le fonctionnement économique et juridique de la presse : lois portant sur la transparence, la concentration et les relations avec les acteurs industriels français ou étrangers, (seul *Marie Claire* est interdit en raison de son appartenance au groupe de J. Prouvost et ne reparut qu'en 1954). La période de reconstruction est l'œuvre des maisons d'éditions et des groupes de femmes qui ont joué un rôle dans la résistance. Les lectrices entendent redécouvrir les plaisirs de la consommation, de la séduction et de la frivolité. Les nouveaux titres s'enchaînent : *Marie France* en 1944, *ELLE* en 1945. Leurs contenus véhiculent en France l'*american way of life* et construisent une image de la femme émancipée... Mais les lectrices allient à l'ensemble de leurs envies celles du confort familial. *Femme Pratique* voit le jour en 1958 et se positionne sur le créneau de la vie quotidienne. Ces deux tendances, hédonisme et pragmatisme, n'empêchent pas que paraissent à nouveau des journaux de presse du cœur : *Confidences* en 1946, *Nous Deux* créé en 1947 par Cino Del Duca.

Les difficultés arrivent avec la crise des années 70. Les contenus ne sont plus en adéquation avec les mentalités. Mai 1968 inaugure une période de profondes évolutions économiques, politiques de la société qui concernent en priorité les femmes. Elles luttent pour le droit de disposer librement de leur corps mais aussi pour l'égalité dans le travail, une meilleure répartition des tâches et des responsabilités dans le couple. Malgré de nombreuses tentatives, les magazines féminins ne parviennent pas à accompagner les bouleversements en cours. Concurrencés en partie par les news, leur diffusion ne cesse de baisser de 1965 à 1978.

2. La presse magazine féminine depuis 1980

Pour faire face à l'érosion de leurs ventes, aux modifications des sensibilités et à l'irruption de nouveaux concurrents, les journaux féminins, selon leur positionnement, vont adopter deux stratégies : un rajeunissement de l'offre éditoriale et une segmentation accrue de leur cible. La presse du cœur, elle, décline irrémédiablement.

a) Une adaptation des contenus

Les magazines haut de gamme adaptent leur espace rédactionnel au changement social. *Marie Claire* crée un supplément Femmes consacré à l'actualité féministe. *ELLE* développe son espace publicitaire et insère un cahier, dont les contenus apparentés à ceux des news traitent de l'actualité politique, économique et sociale. Ces tentatives seront abandonnées en 1982. Suite au développement des magazines pratiques à gros tirages et à la satisfaction d'une majorité des revendications militantes, les responsables proclament la réconciliation entre féminisme et féminité. *Madame Figaro* voit le jour en 1980. Constatant le succès de la presse *people* (*Voici, Gala, Paris Match*, etc.), *ELLE* (racheté par Filipacchi) intègre davantage de sujets centrés sur la vie des personnalités. Les huit titres féministes militants, parus entre 1977 et 1978 (*Le torchon brûle, Les Pétroleuses*...) s'arrêtent. Leur thématique est aux mains de la presse commerciale.

La venue sur le marché des « pratiques » (*Prima* en 1982, *Femme Actuelle* en 1984) créés par Prisma Presse, filiale française du groupe allemand Grüner und Jahr bouleverse ce secteur. Alors que les professionnels pensaient le créneau saturé et inadapté aux modes de vie des femmes, les succès fulgurants de ces titres grand public les amènent à modifier les orientations éditoriales de leurs propres journaux (*Modes & Travaux* évoluent vers une offre de généraliste-pratique, le groupe Hachette-Filipacchi lance en 1984 *7 Jours Madame*) et leurs *a priori* sur l'utilisation des études de marketing (trois années d'études avant le lancement de *Prima*).

b) Une segmentation accrue : la seconde génération des féminins

Les événements survenus au cours des années 70 ont révélé une fragmentation du corps social. La communauté féminine, plus qu'une identité sexuelle, se compose de groupes sociaux et économiques hétérogènes. Les responsables de presse, en partie influencés par les annonceurs, décident alors de lancer des titres spécialisés sur des créneaux éditoriaux restreints : sur un domaine ou dans un registre énonciatif. La spécialisation se double d'une segmentation du lectorat. Ces magazines, imités de modèles américains et majoritairement destinés à des catégories socioprofessionnelles aisées, visent un lectorat limité (un cœur de cible). On considère deux types : les titres circonscrits à des styles et des modes de vie et ceux qui se cantonnent à des classes d'âge et à des catégories socioprofessionnelles.

Cosmopolitan (dont la formule est importée en 1973 des États-Unis par le groupe Marie Claire Album) renvoie au premier type. Seul le ton humoristique, « anti-mâle » et corrosif le différencie d'un *Marie Claire* ou d'un *ELLE* avec lesquels il partage pourtant le même lectorat. Les titres spécialisés dans les domaines du corps et de la santé apparaissant à la fin des années 70 ont un positionnement rédactionnel double : ils développent une information médicale, diététique (*Santé Magazine* fondé en 1976, *Prévention Santé*...) ou cultivent le « culte du corps » et l'hédonisme (*Vital* créé en 1980).

Le second type peut être réparti en sous-groupes : la presse adolescente (*20 ans, Jeune et Jolie*), les titres comme *Biba* qui exploitent un « portrait de la femme en superwoman » et les magazines luxueux de mode (*Dépêche Mode, Le Jardin des Modes*).

3. Perspectives actuelles

En nombres d'exemplaires diffusés, la presse magazine féminine vient en seconde position (307 millions en 1994 contre 556 pour la presse de télévision). La diversité des titres, un taux de diffusion élevé attirent les annonceurs. La crise économique tend à réduire les dépenses publicitaires classiques : les annonces. Toutefois, la concurrence accrue entre industriels leur fait mettre en place davantage d'opérations de marketing direct, jugées plus efficaces. Toutes ces tendances amènent les responsables de presse à transformer les modalités de gestion du double marché (issu de la vente des supports aux lectrices et aux annonceurs), afin de préserver voire d'augmenter leurs recettes publicitaires et de juguler la concurrence des autres médias. L'ensemble des évolutions éditoriales, tout en répondant aux nouvelles attentes des lectrices, constituent une première adaptation aux demandes des industriels. Les professionnels de la presse utiliseront d'autres outils pour convaincre les industriels : les études marketing, les actions de partenariat et une internationalisation des titres.

Les études portent sur les pratiques de lecture, les comportements d'achat des lectrices-consommatrices et informent les annonceurs sur les capacités de diffusion, d'audience, d'impacts du support et sur le climat de lecture. Les actions de partenariat (concours, sponsoring d'une rubrique...) s'ouvrent au hors-médias : elles utilisent l'image de marque d'un titre pour promouvoir des produits et inciter la cible à se déplacer sur les lieux de vente. L'internationalisation des formules s'effectue par l'implantation d'une filiale dans un autre pays ou par le recours à un *joint-venture*. L'exportation des concepts éditoriaux à l'étranger permet aux responsables de presse d'offrir aux annonceurs des couplages publicitaires avec les éditions étrangères du titre français. En 1985, *ELLE* s'exporte aux États-Unis et en Grande-Bretagne. *Marie Claire* s'implante en

Espagne en 1987. Aujourd'hui, ces deux titres paraissent sur tous les continents, dont la Chine (*ELLE*, 1988) et Singapour (*Marie Claire*, 1992).

Presse offset

Voir ***Offset***.

Presse quotidienne nationale (PQN)

Voir ***Presse (Histoire économique de la-)***.

Presse quotidienne régionale (PQR)

Presse de proximité et donc d'informations, pour la distinguer de la presse nationale que certains qualifient de presse d'idée, et généralement conçue pour un public populaire. Malgré l'existence d'un marché captif, cette presse a connu depuis un demi siècle, dans une moindre mesure que la presse nationale, un effritement de son lectorat qui est de plus en plus âgé. Des ***concentrations*** ont eu lieu dans ce secteur de la presse, et des titres anciens ont disparu. Dans le même temps, les recettes publicitaires sont plus réduites, malgré l'interdiction pour la grande distribution de faire de la publicité à la télévision, en raison de la concurrence des radios locales privées, des décrochages locaux pour les radios nationales et les chaînes de télévision nationales (FR3, M6), de chaînes locales dans quelques cas, du publipostage de prospectus de la grande distribution locale qui consacre de moins en moins d'investissements à la PQR. Néanmoins, il existe encore des titres dynamiques, et le Journal *Ouest-France* occupe la première place pour les ventes pour l'ensemble des quotidiens français depuis au moins deux décennies.

Presse syndicale

Voir ***Travail et communication***.

Presse typographique à feuilles

Voir ***Rotative***.

Prestel

Système britannique de ***vidéotex***, concurrent de ***Antiope*** en France et de ***Télidon*** au Canada, mais qui a eu moins de succès que ceux-ci.

Prime time

Traduction proposée : ***heure de grande écoute***. La durée étant de 2 heures au minimum, et comme l'écoute suppose une attention, il serait donc préférable de parler de période de forte audience ou d'heures (au pluriel) de forte audience.

Prix du livre (Loi sur le -)

Voir ***Loi Lang***.

Producteur

Agent économique à l'origine de l'offre d'un produit ou d'un service qu'il obtient en combinant des facteurs de production (le travail – les siens et celui d'autres personnes salariés ou non –, le capital qui lui permet de se procurer les instruments de production, les matières consommables et d'assurer les rémunérations en attendant la vente du produit). Toutefois dans le secteur de l'information et de la communication, le terme producteur a des sens particuliers :

a) Pour les **produits informationnels en ligne**, il convient de distinguer, d'une part, le producteur des documents et de l'information et, d'autre part, le serveur qui met le produit sur le marché de l'information, bien qu'en théorie économique le serveur a également une activité de production d'un service de distribution ou de diffusion.

b) Pour le cinéma, le producteur est la personne qui assure le financement du film.

c) Pour la radio et la télévision, le producteur est la personne qui établit le projet d'une émission et cherche les moyens techniques et financiers de sa réalisation.

Producteur associé, Producteur délégué, Producteur exécutif

1. Le producteur associé est un individu qui participe au financement d'un film réalisé en ***coproduction***.
2. Le producteur délégué est la personne qui assume la responsabilité d'une ***coproduction***. Ce terme peut également être utilisé dans les entreprises cinématographiques importantes pour désigner celui qui a effectivement l'une des productions de la société en charge.
3. Le producteur exécutif est celui qui supervise, dans les grandes sociétés, plusieurs productions confiées à des producteurs délégués. Le métier de producteur exécutif, même s'il est présent dans de nombreux pays, est caractéristique du cinéma américain.

Producteur d'information

Voir ***Banque de données, Base de données, Marché de l'information en ligne (Acteurs du -)***.

Producteur de films cinématographiques

Le producteur est, selon l'article 17 de la loi du 11 mars 1957 sur la propriété littéraire et artistique : « la personne physique ou morale qui prend l'initiative et la responsabilité de la réalisation de l'œuvre ».

Un producteur travaille rarement seul ; il est soit actionnaire, soit salarié d'une société de production. Il faut donc bien savoir que le producteur représente la plupart du temps la société de production elle-même. Lorsque c'est le cas, il peut alors désigner celui qui aura

effectivement la charge d'une des productions de la société, le producteur délégué. Dans les très grosses structures il fera également appel à un producteur exécutif.
Afin d'exercer son activité, le producteur a la possibilité d'être assisté d'un directeur de production. Ce dernier se verra ainsi confier la gestion pratique du film : établissement de devis, préparation des contrats, obtention des autorisations administratives, suivi des dépenses... Sa fonction pourra être complétée par celle d'un régisseur général et d'un administrateur général, chargés des problèmes administratifs.
L'activité du producteur consiste avant tout à trouver des structures juridiques dans le but d'établir un montage financier. Le coût de production d'un film est de plus en plus élevé (24 millions de francs en 1991 contre 13 millions de francs en 1986 et 7 millions de francs en 1982), et le producteur, sauf cas rarissime, n'a pas à mener une activité de mécénat. Au contraire son objectif est de récupérer sa mise et le cas échéant l'agrémenter d'un bénéfice. La principale difficulté du métier est d'estimer à la fois la qualité artistique du film à partir du projet initial (au mieux un scénario), et les chances d'audience auprès du public d'un produit audiovisuel qui n'existe pas encore. C'est à ce titre que le producteur va encourir un risque à la fois financier et personnel, culturel, s'il veut obtenir une certaine notoriété, un prestige au sein de la profession.
Produire un film, c'est également choisir avec qui l'on va travailler durant un, voire deux ans. Le producteur doit en effet entretenir des rapports particulièrement privilégiés avec le réalisateur s'il veut que le tournage se déroule dans les meilleures conditions.
Si le coût de production d'un film a été multiplié par trois de 1982 à 1991. C'est, en grande partie, par une volonté de concurrencer la télévision et les films américains à grand spectacle, et de réduire ainsi l'aspect aléatoire du succès du film ; on fait appel à des comédiens renommés exigeant des cachets élevés, on utilise des techniques sophistiquées d'effets spéciaux, on paie un scénario au prix fort pour se distinguer. Le producteur se trouve donc dans l'obligation de rassembler des financements d'origine des plus diverses. Jusqu'à peu de temps, ils provenaient essentiellement des à-valoirs distributeurs, engageant celui-ci sur le montant des recettes au producteur, même si le film à des résultats financiers inférieurs au minimum garanti – tend de plus en plus à disparaître avec la baisse de la fréquentation en salle –, des aides de l'État – Fonds de soutien mis en place par le CNC, ***Centre National de la Cinématographie*** –, quelquefois des mises en participations de la part des intervenants du film, ou d'avances fournisseurs. Ces différentes sources ne suffisant plus, le producteur a été amené à développer toute forme de coproduction : coproduction au sein d'une même nation ou d'un ou plusieurs pays étrangers avec d'autres professionnels du cinéma, mais aussi dans le milieu de l'audiovisuel avec des chaînes de télévisions.
Cette pluralité de financement peut apparaître salutaire pour le cinéma, mais elle tend en contre partie à faire perdre au film son autonomie – être une œuvre en soi – pour se subordonner à une logique commerciale de circulation de marchandises. Le film, ne serait plus conçu en tant que tel, mais en tant que programme destiné à s'amortir non plus en salle, mais à la télévision ou par l'intermédiaire des cassettes vidéo. Le cinéma se calque ainsi sur la culture des médias et ne s'invente pas sa propre temporalité.
Au stade amont de la filière, les producteurs disposent actuellement de diverses stratégies leur permettant de rationaliser les risques qu'ils encourent :
– soit financer un film à petit budget, qui n'entraînera pas énormément d'entrées – seulement 1/5 des films est rentabilisé en salles – mais qui sera amorti au premier passage à la télévision. Ce choix, bien que rassurant, aboutit à une standardisation du produit et accélère la baisse de la fréquentation ;
– soit entreprendre un énorme chantier très onéreux et encourir alors de véritables risques financiers en cas d'échec du film, ou en cas de réussite trouver la gloire (reconnaissance auprès de la profession et auprès du public) et offrir au film une chance d'entrer dans les annales du cinéma. Cette attitude ouvre également la possibilité d'exporter le film dans des pays étrangers, et correspond à la stratégie du « cinéma mondial ».

Production

1. Du point de vue théorique ou conceptuel, la production est une activité économique, qui par la combinaison de facteurs dits de production, obtient des biens de plus grande valeur. La différence entre la valeur finale du produit et les coûts des achats constitue la **valeur ajoutée**. Celle-ci correspond à la somme des salaires distribués pour l'utilisation de la ressource humaine, des intérêts des capitaux

empruntés, des impôts et taxes diverses que les firmes supportent du fait de l'activité et des résultats réalisés, des charges diverses comme le loyer, et enfin des bénéfices.

2. Dans une agence de publicité, la production correspond à la fabrication des messages publicitaires.
3. En cinéma, télévision, radio et spectacle vivant, la production correspond à la phase de recherche des moyens de financement de l'œuvre à exécuter ou à réaliser. Le producteur est celui qui assume le financement, recherche le réalisateur, supervise l'exécution ou le tournage et surveille le devis.

Progiciel

Contraction de produit et logiciel et qui désigne tout ***logiciel*** acheté dans le commerce.

Programmateur

1. Personne chargée d'établir le programme pour les salles de cinéma, la télévision ou la radio. Voir ***Programmation des salles de cinéma***.
2. Dispositif intégré à certains appareils électroménagers qui commande automatiquement certaines opérations. Ainsi le programmateur sur un magnétoscope, après une programmation soit par lecteur optique du code barre de l'émission, soit de manière manuelle, permet l'enregistrement automatique d'une émission ou de plusieurs émissions sur une période qui peut être l'année.

Programmation (Régulation de la -)

Voir ***Distribution***.

Programmation des salles de cinéma

Activité interne à l'exploitation lorsqu'elle consiste à retenir auprès d'un ***distributeur de films*** pour une date prévue une œuvre pour la passer dans la salle. La chute des fréquentations des salles et le faible nombre d'œuvres à fort potentiel commercial ont conduit certains exploitants à déléguer cette fonction de programmation à des groupes ou à des ententes susceptibles, par le marché qu'ils représentent, de négocier en termes plus favorables avec les distributeurs en vue d'obtenir les œuvres les plus convoitées. On distingue en France : des réseaux de programmation nationaux (Gaumont, Pathé, UGC) et des groupements et ententes régionaux et locaux de programmation.

Programmation neurolinguistique (PNL)

Discipline issue de la psychologie comportementaliste, apparue au début des années 70.

Elle appartient de facto aux sciences de la communication. En effet, elle se fonde sur la situation de communication interpersonnelle, sur le rapport fondamental et originel à Autrui, et ce en tant que système théorique, principe d'analyse et méthode d'action. Elle fait de ce rapport interpersonnel, du contexte large du dialogue, le centre de ses études. À ce titre, elle prend en compte l'ensemble des canaux sémantiques de l'individu communiquant. (Verbal, non-verbal, gestuelle, attitudes et comportements conscients et inconscients...).

La PNL a été mise au point à Santa Cruz, en 1972 par deux chercheurs américains, Richard Bandler et John Grinder. Cette discipline empirique et pragmatique peut se définir comme la méthode faisant de l'expérience subjective, à soi-même, aux autres et au monde son objet d'étude. Elle est empirique, car c'est de l'observation que découlent ses énoncés théoriques. En ce sens, elle se place épistémologiquement dans la lointaine descendance des études ethnologiques, anthropologiques et éthologiques des années 30 et 40. Il s'agit cependant bien d'une branche de la psychologie. Par cette double paternité, anthropologique et psychologique, elle est redevable à des personnalités comme ***G. Bateson***, **E. Hall, P. Watzlawick**. Ces chercheurs, entre autres, ont fondé les courants ***proxémique*** et ***systémique,*** dans la mouvance de l'***école de Palo Alto***. Par certains de ses aspects, sa démarche peut même se revendiquer, toutes proportions épistémologiques gardées, de la phénoménologie.

La PNL est pragmatique, car elle entend comprendre pour aider, analyser pour améliorer. Certains de ses postulats n'ont d'ailleurs qu'une valeur essentiellement stratégique. N'oublions pas que la PNL, comme l'***Analyse Transactionnelle*** sa « sœur jumelle » en « néo-psychologie » doit son succès auprès des médias et du grand public autant à son caractère concret qu'à l'appel d'air provoqué par elle, pour elle, par le monde de l'entreprise. La PNL, comme l'A.T., a connu un fort engouement, étant même à un moment considérée comme une panacée à tous les problèmes de management et de *communication interne*. Et il est vrai que ses axiomes et ses préceptes, opérationnels à l'envi, semblent particulièrement adaptés à cette entreprise, et à la philosophie volontariste du management. Enfin, la PNL doit son succès d'estime intellectuel au fait d'avoir su intégrer les éléments pertinents et transposables de certaines sciences humaines. Elle a de même jeté des ponts et ouvert des voies entre nombre de courants spécifiques : neurologie, psychologie, comportementalisme, linguistique (***Chomsky***...), proxémique, éthologie, voire philosophie. À partir de cela, la PNL a su produire un syncrétisme remarquable, ayant de plus assez de cohérence interne et de personnalité pour n'être ancillaire et tutélaire à aucune de ces disciplines en particulier.

1. Le système, les postulats

La PNL se fonde sur un postulat fondamental, qui lui est d'ailleurs antérieur : l'individu communiquant se pose toujours comme totalité signifiante, comme ensemble sémantique véritablement synergique. Ainsi, l'observation attentive d'une corporalité (et c'est là que la PNL est empirique) est toujours la scrutation d'un prisme, du reflet d'une intériorité. On ne peut s'empêcher d'évoquer ici la célèbre formule du philosophe **Berkeley** : « être, c'est être perçu. » (« Esse, esse percepti. »). Pour la PNL, donc, l'homme, par essence communiquant est un « ***système*** » pour lequel chaque perception sensorielle détermine un état intérieur, induisant à son tour un comportement, par réaction. D'où l'interaction synergique suscitée. Surtout, un déterminisme communicationnel se fait jour : des liens de causalité lient des dynamiques sous-jacentes ; des paramètres énonciatifs et sensoriels, ainsi que des comportements corporels expriment des états émotionnels latents. Donc, ces productions extérieures sont symptomatiques, en tant que capillarisations tangibles de processus internes profonds. L'homme se pose bien comme totalité signifiante ; l'itération et l'interaction de lui aux autres l'inscrit dans un processus de communication qui le dépasse, et tout cela se fait en partie à son insu. (Grand principe de « l'Orchestre invisible » emprunté à l'***école de Palo Alto***.) Des paramètres culturels, ainsi que des cribles de représentations particulières interviennent dans la conception qu'a chacun du monde.

L'homme se communique donc, avant même de communiquer consciemment, par des canaux spécifiques. La PNL en retient prioritairement quatre : le visage, et en son sein, les yeux ; le corps, par extension ; enfin, les champs sémantiques employés. Ces vecteurs hétérogènes vont permettre de véritablement lire dans une personne, durant cette confrontation qu'est le dialogue. Cette lecture, ce décryptage de l'individu s'appelle en PNL le « calibrage ». Ce principe (repérage des phénomènes, et mise en rapport avec un état interne) débouchera sur une analyse tacite mais active de l'autre, pouvant aller jusqu'à inscrire la relation dans une perspective stratégique (C'est dans un contexte entrepreneurial que cette dimension prend sa pleine mesure.). La personne apte à pratiquer ce calibrage pourra s'adapter et se réadapter à son auditeur, aller jusqu'à lire en filigrane de ses manifestations verbales et non verbales, y voyant transparaître des dispositions mentales et émotionnelles. De cela, découlent deux autres règles d'importance : les principes de congruence et d'incongruence. Un individu congruent est celui chez qui les différents processus sémantiques (champs lexicaux, trame discursive, gestion de la gestuelle...) vont dans le même sens et créent donc une dynamique homogène et positive. Par contre, l'incongruence se rencontrera chez ceux dont ces différentes productions se caractérisent par des distorsions, des dissonances, des parasites sémantiques. La PNL part du principe – sans doute discutable – que ces manifestations décodables verbales et non-verbales qui traduisent toujours un état intérieur, un sentiment, une activité mentale, sont stables et donc fiables. Deux limites amènent à relativiser cette « affirmation d'infaillibilité » qui sans cela permettrait à l'analyste exercé de lire « à livre découvert » en tout un chacun : d'abord, l'acuité, et l'objectivité réelle de cet analyste. Il doit être suffisamment compétent et objectif pour ne pas lui même projeter ce qu'il voudrait voir en l'autre, inférant des conclusions jusqu'au comble de faire mentir celui qui ne ment pas ! Mais on peut aussi considérer que la PNL a la présomption de souvent présumer l'ignorance sur lui-même, la candeur de celui qui produit à son insu un sens qui le dépasserait, et donc le trahit. Si par contre, cet « analysé » se mettait à simuler, à être machiavélique, il va sans dire que ce serait alors lui qui mènerait l'autre, dans un processus de communication « à double fond ». Un exemple littéraire savoureux est en quelque sorte offert par « le Corbeau et le renard », de La Fontaine. Ainsi, lors d'entretiens d'embauche ou de motivation, des candidats avertis, et roués aux subtilités de la PNL, ne se posent pas en « victimes passives » et transparentes, mais peuvent au contraire pragmatiquement mener l'entrevue.

Autre principe dont la PNL a fait l'un de ses « chevaux de bataille », le postulat théorique des « systèmes de représentation sensorielle ». **John Locke** disait que « rien n'est dans l'entendement qui ne soit d'abord passé dans les sens ». L'homme, dans son processus de développement et d'apprentissage, depuis la petite enfance, va fonctionner sur quatre modes sensoriels qui chacun à sa manière reçoit, traduit puis renvoie des informations émotionnelles, affectives, intellectualisées *a posteriori*. Ces quatre canaux sensoriels d'accès au réel sont : le mode visuel, le mode kinesthésique (sensations, émotions...), le mode auditif et le mode olfactif. À tour de rôle, ces systèmes seront tournés vers l'extérieur : ce sont alors les modes de perception du monde. Mais ils sont de même tournés vers l'intérieur ; il s'agit alors des modes de représentation du monde. Cela va induire une représentation interne largement subjective du monde et d'autrui. En effet, des processus de sélections se font jour, privilégiant des canaux, en minorant d'autres. Sans cela, l'homme serait véritablement submergé, saturé d'informations. Chaque individu fonctionne donc selon un canal dominant. Ces prédilections sensorielles, secondarisées par l'intellect, vont pour la PNL jusqu'à façonner en grande partie l'appréhension et la représentation du monde de chacun. Schopenhauer postulait déjà au début du XIXe siècle que le monde est essentiellement pour l'homme « volonté et représentation ». Plus prosaïquement, cela ne fait que renvoyer au célèbre lieu commun concernant « les goûts et les couleurs » qui changent selon les individus, et ne varient dès lors plus. Et c'est là que selon la PNL, le verbal peut prendre le relais du non-verbal afin de comprendre et d'expliquer l'homme et sa vision du monde : toute personne ayant un canal sensoriel de prédilection sera à même de s'exprimer dans des champs sémantiques allant analogiquement dans le sens de ce canal. L'analyste n'a dès lors « plus qu'à scruter » scrupuleusement les champs lexicaux, les modes d'expression de la personne calibrée pour savoir sur quel registre cette personne fonctionne, pour savoir surtout sur quel registre lui répondre pour le disposer favorablement, « abonder dans son sens ».

Tout cela, à un autre niveau, ne fait que renvoyer au rôle fondamental du langage qui fait le monde en l'énonçant, et découpe dans le magma du réel sa subtilité définitoire. Un exemple anthropologique connu est apporté par les esquimaux disposant de dizaines de mots pour définir les mille nuances de consistance et de couleurs de la neige. Le lapidaire aphorisme de Wittgenstein, « les limites de mon monde sont les limites de mes mots » ne semble pas vouloir exprimer autre chose que cela. Et vont découler de ces systèmes de représentation le fait que chacun va échafauder de manière intérieure et souvent induite intuitivement un ensemble de valeurs, de croyances le servant au mieux, le confortant dans sa « vision du monde ».

Ces croyances s'expriment principalement sur trois axes, qui correspondent à la tendance profonde de la personne dans son rapport au monde : l'identité, la relation et le pouvoir. Dès lors, tout un jeu de conformation, de sélection et de régulation s'instaure, afin de conforter la personne dans son rapport à son for intérieur et son environnement humain, social et culturel. Les mots, mais aussi des instances de conformation et de confortation, véritables universaux de modelage de la réalité se mettent en place, tels des cribles qui filtrent le réel et le moulent afin qu'il soit conforme à ce qu'en attend la personne. Ces grilles de perception et de représentation peuvent être considérées comme des fonds d'interprétation de cette réalité que vit et perçoit en fait le sujet de l'intérieur. Ces « chicanes » se caractérisent autant par les choix, les réflexes de prédilection de l'homme que par les scories refusées. À ce niveau, les processus connus de l'écoute et de la mémoire sélectives, et de la **dissonance cognitive** (opposition inconsciente à un message déstabilisant) sont explicites.

Tout cela, que prend en compte la PNL, se passe aux limites de la conscience, et sur le fond ne fait que poser de nouveau la question de la liberté de la personne, interrogation existentielle presque éternelle de la philosophie occidentale.

2. La PNL comme pragmatique

Mais la PNL sait aussi être éminemment **pragmatique** ; ses déclarations d'intention concernant l'amélioration, l'optimisation de la communication coûte que coûte, et presque philanthropiquement, arrivent difficilement à masquer des finalités stratégiques, et dans des contextes très particuliers, quasi-machiavéliques. Son caractère concret sied au monde de l'entreprise, autant que son sens du but à atteindre et des réalités. L'important travail de formulation positive des objectifs personnels et professionnels, passage obligé de toute initiation à la PNL, est à ce niveau paradigmatique.

Loin des considérations théoriques et formalistes d'autres sciences de la communication, la PNL est soucieuse de proposer des modes d'explication et d'action directement opérationnels. C'est ainsi que quelques principes comme la conduite de la relation, l'ancrage ou le mimétisme comportemental peuvent prêter à confusion, voire être même taxés de volonté de manipulation par ses détracteurs.

Au-delà de la théorie des « atomes crochus » et des affinités relationnelles, le mimétisme comportemental postule que l'on peut induire « un bon contact » en s'adaptant à l'autre, et ce tant proxémiquement (*i.e.* non-verbal) que verbalement. Il a en effet été noté qu'une personne agit spéculairement, à son insu, et calque son comportement sur celui de son interlocuteur, au niveau de la posture et des gestes, du débit de la voix, du choix des mots. Une adaptation en miroir apparaît, qui permet aux interlocuteurs de trouver un modus vivendi et d'établir une relation réelle, symétrique. Prendre conscience de cette symétrie, de ce mimétisme puis s'adapter à l'autre, à ses canaux de prédilection favorise la communication, et l'ouverture véritable d'autrui à notre démarche et nos intentions. Celui des protagonistes qui a conscience de ce mimétisme conduit la relation, « il dirige les opérations ». Tout est dès lors affaire de finalité, et de morale.

Quant à l'ancrage, à l'opérativité théorique et pragmatique réelle, il ne peut empêcher d'évoquer une certaine aptitude au conditionnement. Encore une fois, c'est à la réflexologie, et au béhaviorisme que tout cela renvoie. Quand un stimulus existe chez quelqu'un, quand il est connu et reconnu, il peut être réactivé, de manière quasi-réflexologique, à volonté. L'ancrage va consister en PNL à associer une intervention extérieure (une induction) à un état intérieur. Il s'agit d'un phénomène d'association, d'un lien de causalité : une information, quelle que soit son origine sensorielle, peut déclencher par induction un état intérieur, agréable ou non. Le parfum, comme la musique ou les arômes peuvent à certains égards être considérés comme des ancres positives, disposant favorablement celui qui reçoit ces informations. L'allégorie de la « madeleine de Proust » est de même explicite ici. L'ancre est une porte permanente sur une sensation du passé, sur un passé de sensations. Bien avant que cela ne soit théorisé par la PNL, la rhétorique a pris en compte plus qu'empiriquement cette adaptation délibérée à l'auditoire. Et force est de reconnaître que l'on est bien loin, dans ce processus d'ancrage, d'un quelconque « viol des consciences ». Il semble en effet difficilement possible d'aller à l'encontre des volontés personnelles, de perpétuellement et totalement circonvenir autrui par les seuls calibrage, ancrage et mimétisme. Tout au plus, et tout au mieux, peut-on prédisposer son interlocuteur à recevoir un forme de discours, et peut-on anticiper ses réactions pour s'y adapter.

3. La PNL comme thérapie
   La PNL se pose enfin comme thérapeutique, à un niveau bien moindre, certes, que la psychologie classique, que la psychanalyse ou même que l'***Analyse transactionnelle***. Ce qu'elle entend, et elle ne cache pas ses limites, c'est soigner le « comment », en l'expliquant, en démontant et démontrant des mécanismes. Si elle renvoie à des réalités pathogènes et névrotiques profondes, elle ne les assume en aucun cas. Son rôle se situe davantage au niveau de la prise de conscience, de la mise en évidence puis de l'optimisation des processus existants. À l'honneur de la PNL, d'ailleurs, ce travail s'exerce autant sur les difficultés d'expression et les « tics » obérant la communication que sur les préjugés, les *a priori*, tenants et aboutissants du remords, du ressentiment, de la colère. Cela procède d'une vaste entreprise métadiscursive, œuvrant dans le sens d'une clarification de l'échange communicationnel. La démarche est exhaustive autant que salutaire, puisqu'il convient de travailler autant sur les mots (reformulation...) que sur la manière de s'exprimer et sur les processus, souvent inconscients, de la pensée. Retour indirect à la parenté freudienne : c'est en pleine conscience que l'on triomphe des habitudes sclérosantes, des préjugés anesthésiants, des siens propres et de ceux de l'interlocuteur. À ce titre, il est important que chacun des partenaires de la communication prenne conscience grâce à la PNL de ses canaux de prédilection, de ses champs d'expression autant que de ses incohérences, afin d'y remédier.
4. PNL et Communication
   On peut donc constater que c'est le rapport fondamental à autrui que la PNL a l'ambition d'améliorer. Cette discipline se pose en dernière analyse comme un métalangage définitoire, se plaçant au-dessus des contextes communicationnels, assignant et analysant les rôles, afin de réguler, et le cas échéant de dépassionner l'échange. La métaposition neurolinguistique est une attitude analytique situant le médiateur hors du cadre conflictuel. Là encore, il importera de trouver la bonne distance, entre le parti-pris délibéré et la distanciation réifiante. En filigrane de la « morale PNL », c'est l'empathie que l'on voit poindre. L'**empathie** est cette possibilité de suspendre ses sentiments, ses préjugés au cours du dialogue, pour se transporter en autrui et le comprendre intégralement. L'idéal d'emploi de la

PNL est effectivement la rencontre d'interlocuteurs en connaissant les postulats, et ayant résolu leurs incohérences pour, sans velléité stratégique, aller à deux vers plus de fluidité et de transparence. Dans l'absolu, cela déboucherait sur le partage du sens, la communion de pensées, point d'aporie de toute démarche, de toute morale communicationnelle.

Programme

Mot d'origine grecque signifiant affiche. Il correspond à :

1. Énoncé des thèmes et sujets susceptibles de faire l'objet d'un enseignement et d'un examen dans le cadre scolaire et universitaire ou de la formation permanente.
2. Livret, feuillet donnant les informations relatives à un spectacle (titre, interprétation, metteur en scène, etc.) ou au déroulement du fête.
3. Liste des émissions de radio et télévision pour une période donnée ; donnant les informations sur les horaires, les sujets, avec éventuellement une analyse critique, lorsque ces programmes sont la matière première de la **presse spécialisée**.
4. Synonyme de ***logiciel*** en ***informatique :*** suite d'instructions et de données structurées suivant un langage de programmation en vue d'être traitée par un ordinateur. Un programme d'application est destiné à effectuer un travail dans un domaine particulier comme le traitement de texte, le calcul scientifique, la gestion d'une base de données.
5. Déclaration d'intention en politique,
6. Partie sur une courte période d'un projet, d'un plan à réaliser sur une plus longue période. (Cette idée se retrouve dans la pratique du PPBS : *planning, programming budgeting system*, qui en France correspond à la rationalisation des choix budgétaires). Le programme précise les actions à entreprendre en vue d'atteindre certains objectifs et les moyens alloués pour cela.

Programme International pour le Développement de la Communication (PIDC)

Voir ***Technologies d'information et de communication et niveau de développement économique***.

Programmeur

Informaticien chargé de la mise au point de programmes d'ordinateur.

Prolégomènes

Éléments théoriques d'une science ou d'un système, qui viennent avant les développements, introduisent en quelque sorte aux problématiques, en amenant les postulats, les principes généraux. Synonyme : introduction générale.

Prolog

Mot construit à partir de PROgrammation en LOGique qui désigne un langage de programmation symbolique surtout utilisé en ***intelligence artificielle***. Il a été conçu en 1971 par deux chercheurs marseillais.

PROM

Mémoire morte programmable.

Promotion des ventes

Action commerciale entreprise par le réseau de distribution en vue du développement des ventes. Dans une conception élargie, la promotion intègre la publicité. Mais celle-ci est plutôt considérée comme une communication d'image, alors que la promotion a des effets immédiats sur les ventes. Donc, dans un sens plus étroit, la promotion correspond principalement à quatre grandes techniques : la réduction de prix, les jeux et concours, la vente à prime et les essais et échantillons.

Propagande

Ensemble des ***stratégies d'information et de communication***, principalement politiques et religieuses, dont le but est d'influencer ceux à qui elles s'adressent.

1. Finalités de la propagande

L'enjeu de la propagande sera toujours le Pouvoir : celui que l'on veut conserver, conforter, celui que l'on veut conquérir, voire celui que l'on veut détruire (dans le cas des propagandes révolutionnaires.) Et invariablement, la fin justifiera les moyens, dans cette entreprise ayant le pouvoir pour principe d'action et finalité. Sa conquête et sa maîtrise, en effet, passent par le ralliement des esprits, l'inféodation de l'opinion, invariablement. Napoléon ne s'y était pas trompé, pour qui cette ***opinion publique*** était tout.

Le rapport de forces originel de la propagande est posé : il s'agira pour le propagandiste d'infléchir les esprits, de les amener et les soumettre à un avis auquel rien ne les prédisposait *a priori*. Sophiste cynique, le propagandiste doit être assez fort et fin pour manipuler son auditoire sciemment, en étant le seul lucide quant à cette emprise. Avant, ou après la violence physique, celle de la guerre, c'est une violence psychique qu'exerce la propagande, n'ayant aucun scrupule à violer les foules à ses seules fins de conquête et de domination.

La vertu que l'on pourrait lui trouver serait de voir fonder par son discours une définition de la politique, une clarification de la part des institutions, par une explicitation autoréférentielle de leurs buts, et des moyens d'y parvenir.

Détentrices du pouvoir, les institutions détiennent surtout le pouvoir de dire, d'édicter, autant que de mentir ou de passer sous silence. Le discours des États, quand il n'est pas directement exécutif, ou exceptionnellement rituel ne peut que rarement être exempté d'une visée calculatrice, stratégique.

La propagande n'est pas toujours clandestine et secrète ; ces traits ne lui sont pas consubstantiels. Il lui arrive d'avancer en désignant son masque, adoptant la dialectique du menteur disant « je mens. » Et si le mensonge, encore, est cru, sont-ce ceux à qui il s'adressait qui seront accusés d'avoir été crédules et candides, comme l'agneau de la fable ?

Au plus haut point volontariste (« faire de la propagande ») cette forme de communication fonde son action sur la malléabilité des individus auxquels elle s'adresse : les opinions sont labiles, les avis jamais définitifs. On peut les infléchir, les « retourner », les conformer, pour peu que l'on sache s'adresser démagogiquement aux désirs profonds, aux déterministes inconscients des individus, des foules. Et quand une ***rhétorique*** de la persuasion ne suffit plus, la propagande n'a pas de scrupules à aller plus loin. Par la contrainte, la privation, le conditionnement, on viole et déshumanise les consciences pour la seule gloire d'une idéologie.

Le concept de propagande est entaché d'une présomption de culpabilité, ceci à juste titre, d'ailleurs. Zélatrice des totalitarismes, la propagande a partie liée avec les dictatures. C'est grâce à l'arsenal qu'elle constitue que se confortent les régimes qui oppriment, et ne font pas de la liberté et du respect une fin politique et éthique première.

Pour le seul vingtième siècle, fascisme, nazisme, stalinisme et maoïsme le rappellent à l'envi.

Et si la propagande plaide coupable, c'est aussi à cause de ceux qui ont forgé ses « lettres de noblesse », l'ont érigé en « art », aux risques et périls de l'histoire. Au rang des figures de légende de l'action propagandiste, la mégalomanie séraphique de Louis XIV, le messianisme de Napoléon semblent des images d'Épinal presque innocentes comparées aux paternalismes tour à tour servile de Pétain, sournois et souriant de Staline, dictatorial de Mao, comparés, de même à la grandiloquence gesticulatoire de Mussolini, au charisme incandescent de Hitler. Et la palme du machiavélisme et de l'efficacité revient sans doute à Gœbbels, le ministre de la Propagande de ce dernier. On peut dire que c'est en l'action propagandiste que réside en grande partie le terrible succès de certains d'entre eux. Leur ascension politique lui est en tout cas grandement imputable.

2. Caractéristiques

La propagande, qui utilise les sciences sans en être une (elle ne possède ni constante ni paramètres généralisables) ne peut être élevé au rang d'art que métaphoriquement. Dans son déploiement, trois caractéristiques récurrentes peuvent être relevées, dénominateurs communs à toutes ses actions. Bien qu'intangibles, ces traits sont cependant suffisamment notables pour être étudiés. Il s'agit de :

– son pragmatisme ;
– son opportunisme, sa capacité d'adaptation ;
– son machiavélisme, son cynisme.

Pragmatiques, le discours et l'action propagandistes le sont, car ils visent toujours un but : persuader, convaincre pour vaincre. Par-delà la compréhension, le dialogue, obtenir un effet sur l'auditoire, le mobiliser est toujours la finalité concrète. Comme le disait Gœbbels, « nous ne parlons pas pour dire quelque chose, mais pour obtenir un certain effet. » Une action propagandiste n'est donc jamais isolée, ni aléatoire, elle s'inscrit au contraire dans une stratégie globale. Son seul paramètre heuristique consistera à s'adapter en permanence aux interlocuteurs, à épouser leurs désirs et leurs réactions à ce qui vient d'être dit. La mauvaise foi et le déni délibéré peuvent donc être recommandés au propagandiste.

Elle est ensuite opportuniste et polyvalente, son potentiel de déclinaisons connaissant en effet une extensivité infinie : de l'écrit à l'oral, du graffiti à l'image et au film, du chuchotement aux réunions publiques rassemblant des dizaines de milliers de personnes, de l'art à la science, la propagande s'adapte à tout. Elle épouse les techniques, les discours pour mieux les infléchir dans le sens de son message, afin d'en faire des chambres d'écho, des canaux ancillaires à son action. Son opportunisme réside de même en sa capacité d'adaptation à un contexte donné. Quel que soit le milieu intellectuel et social auquel elle s'adresse, la propagande sait s'adapter aux attentes de son auditoire pour mieux le circonvenir.

Elle est machiavélique, enfin, et ce d'abord philosophiquement. En effet, la propagande a fait sienne les deux déclarations d'intention de l'auteur du Prince : « la fin justifie les moyens », d'abord, « gouverner c'est faire croire », ensuite. Dès lors, son action sera teintée d'un cynisme sans limites. Le mensonge, la ***censure***, la ***rumeur***, la ***désinformation*** comptent parmi ses armes favorites. Gœbbels, encore lui, faisait passer de fausses dépêches aux agences de presse ennemies. Celles-ci les publiaient en toute bonne foi. Il disait alors que ces organes mentaient sur le compte de l'Allemagne, en appelant ensuite au complot et inscrivant ainsi son propre peuple dans la peur, la paranoïa.

Le propagandiste est sans doute le seul à ne pas croire ce qu'il profère. En ce sens, il est un digne héritier des sophistes grecs. Toutefois, l'enjeu est ici bien plus crucial et important que le seul plaisir de la controverse rhétorique. Dans un cadre d'action propagandiste, on se trouve donc aux antipodes du postulat éthique de Kant, pour lequel en toute chose, Autrui et son humanité doivent être considérés comme des fins et jamais comme des moyens. C'est même l'inverse qui s'impose ici.

3. Domaines de la propagande

Ainsi, peut triompher une propagande de paix, officielle et de prestige, organisant des défilés, de grandes réunions publiques... Ce type de propagande cultive une dimension spectaculaire, festive voire rituelle et liturgique qui autorise toutes les régressions fusionnelles, toutes les transes collectives. Les rassemblements nazis de Nuremberg en restent de flagrants exemples.

La propagande peut à l'inverse être révolutionnaire, officieuse et subreptice, œuvrant à renverser un pouvoir pour y substituer un autre, puis asseoir le nouveau, le conforter. Retenons à ce titre la figure de Lénine et sa légendaire « Agitation et Propagande », qu'il a laissée à la postérité sous le nom d'**Agit-Prop**.

La propagande peut de même être clandestine, notamment pour la propagande de guerre. Mais le secret ne lui est pas propre : loin de l'implicite qui lui sied néanmoins, elle peut ouvertement afficher son action et ses buts.

Quant à ses champs de prédilection, il va sans dire que la propagande fait des situations politiques instables son terreau ; et là encore, son opportunisme et son machiavélisme jouent à plein. La propagande révolutionnaire s'adresse aux classes opprimées ou colonisés, la propagande de guerre aux peuples à soulever, à enrégimenter.

Deux milieux ont cependant de tous temps été particulièrement favorables à la pénétration propagandiste : l'armée et la jeunesse, de manière générale ont subi des actions de propagande redondantes et répétées. Les états-majors ont toutes les raisons d'amener les troupes à exécrer ceux que l'on doit tuer, autant qu'à sublimer la cause pour laquelle on doit être prêt à mourir. Les armées ne sont cependant pas détentrices de ce privilège de discours. Certaines propagandes religieuses sont exemplaires dans le domaine du sacrifice humain, arguant de la martyrologie comme seule voie de salut possible.

Mais c'est aussi en la malléabilité de la jeunesse que la propagande trouve un champ fertile où donner sa pleine mesure. Les politiques de bon nombre de régimes ont tendu à contrôler cette jeunesse, à l'inféoder. Citons les campagnes pédagogiques menées sur plusieurs siècles par les Jésuites, ainsi que la décision de Napoléon d'instituer un lycée dans chaque département, où était soigneusement étudié le bréviaire de la bonne parole impériale. Pour notre siècle, et à un niveau d'embrigadement plus important, citons les Ballila fascistes, les Hitlerjugend nazies ou les Komsomols soviétiques. C'est là l'ensemble de la jeunesse qui se trouve enrégimentée, à toutes fins militaires et idéologiques utiles.

4. Le discours de la propagande

Le fond du discours propagandiste se caractérise quant à lui par deux constantes : son aspect retors, et sa démagogie.

Il est retors, car la propagande fait un emploi constant de la ***désinformation***, du mensonge, de la rumeur. Il n'est pas incident que celle-ci se fonde invariablement sur le désir et la peur. Ainsi, Philippe, déjà dans l'Antiquité répandait des rumeurs sur les terribles châtiments, puis les massacres réservés aux populations qu'il trouverait insoumises, lors de ses campagnes de colonisation. Il va sans dire qu'ensuite, ces populations civiles apeurées venaient de leur propre chef se ranger sous sa férule.

Mais démagogique, de même, car l'autre constante du discours propagandiste est son caractère simpliste. Quelques slogans, quelques thèmes reviennent tels des leitmotiv, véritablement martelés, scandés dans une logique redondante qui laisse à évoquer de prime abord la réflexologie de Pavlov. On promet ainsi du pain aux affamés, la liberté aux asservis, l'indépendance aux colonisés. Le propos peut aller jusqu'à perdre toute nuance, édulcorer toute subtilité dialectique, pour résumer son programme en une phrase.

Hitler promettait ainsi l'avènement du Reich éternel, Mussolini en appelait unilatéralement à l'Italie impériale, quant à l'ex-U.R.S.S., on y développa une véritable mystique du Plan, une

hagiographie du stakhanovisme. L'ex-RDA, enfin, instigatrice et gardienne du Mur de Berlin avait fait de la Paix et du Désarmement ses deux chevaux de bataille propagandistes.
Discours simpliste, de même, car les propagandistes désignent toujours un ennemi et un responsable uniques, des solutions définitives. Ils proposent dans un texte pétri d'affectif et d'irrationnel un avenir radieux, dégagé des contraintes raisonnables. Ce discours propagandiste tend surtout, par les mots et le rêve, à faire passer les réalités qu'il promet de l'effectif à l'affectif, de l'assentiment au sentiment. Régressivement, il veut ramener l'homme de la réflexion au réflexe.
Souvent enraciné dans un culte de la personnalité (Napoléon, Mussolini, Hitler, Mao, Staline...) ou sur d'invariables mythes (Victoire, Suprématie, Raison, Progrès...) cette rhétorique propagandiste est mythique et onirique. Ce discours est manichéen et faussement messianique, superposant aux situations présentes, contingentes et contraignantes, un monde plus conforme aux désirs du groupe. C'est sans scrupules qu'il peut jouer sur la terreur, l'exaltation des désirs de domination et de violence. Ceci nous semble expliquer, sans être ostensiblement mécaniste, les extases, les transes collectives des foules « hypnotisées » par Hitler, entre autres.
Loin du pays des rois-philosophes et des philosophes-rois que **Thomas More** appelait de ses vœux dans son « *Utopie* », le propagandiste se pose toujours en Cassandre cynique, en Pythie perfide.
Quant à ses ressorts, la propagande adopte et adapte toutes les potentialités du discours, d'abord, mais aussi de l'art, puisqu'elle place les artistes sous sa tutelle, quand ceux-ci ne se font pas ses serviteurs zélés. Horace et Virgile, déjà, avaient écrit en lettres d'or la légende d'Auguste dans l'Eneide, sous l'égide du ministre Mécène. Dans un registre parallèle, les guerres de Religion en France au XVIe siècle furent les premières guerres médiatiques, faisant du pamphlet, de la caricature et de la satire, des armes d'une efficacité redoutable. Le XVIIe siècle de la grande statuaire monarchique, du portrait magnifiant, via l'essor de la gravure, vit aussi Richelieu mettre, par le système des Académies, intellectuels, artistes et scientifiques dans la prison dorée d'une reconnaissance qui permettait en fait de les contrôler et de les neutraliser.
Notre siècle, encore et enfin, a poussé cette tendance à son paroxysme : Sergeï Eisenstein, après avoir été l'un des instigateurs du Proletkult (mouvement pour la culture prolétarienne) donna aux forces révolutionnaires leur hymne allégorique en images, avec le célèbre « *Cuirassé Potemkine* » (1925) l'un des chefs d'œuvre du 7e art. Hitler, quant à lui, brûla les œuvres littéraires et figuratives jugées décadentes qui n'entraient pas dans les canons esthétiques du culte de l'Arien. C'est le jour même où il demanda à Fritz Lang de donner à l'Allemagne son « Potemkine » que le réalisateur de « *M le Maudit* » s'exila aux États-Unis. S'est développé dans les dictatures européennes des années 40 et 50 ce que l'on a appelé l'art édifiant, ou le Realsozialism. Les statues d'Arno Breker pour l'Allemagne nazie, puis pour le stalinisme et le maoïsme les gigantesques fresques de pierre à la gloire du socialisme en sont des exemples... édifiants. De nos jours, encore, le zèle avec lequel sont dispensés de par les régimes autoritaires les portraits des dictateurs prouvent que les images, dans une stratégie propagandiste, veillent autant qu'elles surveillent, gardent autant qu'elles regardent.

5. Histoire de la propagande

Esquisser à grands traits l'histoire de la propagande devrait revenir à décrire les contextes historiques et politiques qui l'ont autorisée. Ici, il s'agira surtout de mettre en exergue le remarquable opportunisme de la propagande, ne serait-ce que par rapport aux moyens et techniques de communication dont elle a toujours anticipé les potentialités, pour mieux se les approprier, et en faire ses « caisses de résonance ». Sans être réductionniste, retenons trois périodes majeures au développement et à l'activité propagandistes.
Sa naissance, d'abord, en Égypte ; puis son essor en Grèce et à Rome, illustré par quelques figures marquantes : Démosthène, le célèbre rhéteur, auteur de philippiques légendaires, Alexandre et César, surtout, qui avaient un sens prononcé de la mise en scène, du geste (Le nœud gordien, le Rubicon). Ils avaient de même compris l'importance de l'***image***, qu'ils déclinaient de la peinture à la statue et jusqu'à la pièce de monnaie.
De nombreux siècles plus tard, ce sont les guerres de Religion qui impulsèrent à la propagande un nouvel essor. La Réforme, puis la contre-Réforme, servies et même autorisées par l'apparition fondamentale de l'***imprimerie***, un siècle auparavant, firent un usage permanent et très offensif de la propagande pour conquérir ou conserver le pouvoir, spirituel et temporel.

Il convenait alors de compter avec une opinion publique naissante, à séduire ou infléchir par tous les moyens. Ce n'est d'ailleurs qu'en 1622 que le mot Propagande apparut, issu d'un texte de l'Église (« *de Propaganda Fide* », « de la Propagation de la Foi ») qui était une déclaration d'intention destinée à mettre en place une politique pour contrer les progrès du Protestantisme. Richelieu joua aussi un rôle important dans l'amélioration des techniques de propagande. Il lança des campagnes de confortation ou de dénigrement, selon le but visé, faisant de la gravure un vecteur de premier plan. Mais il passa de même maître dans le domaine de la ***censure*** et du **contrôle des médias** naissants. Ainsi, la *Gazette* de Renaudot, apparue en 1632 passa aussitôt sous sa férule. Il fit de l'hebdomadaire de Renaudot l'organe officiel de la Cour, en échange de son allégeance et de sa « bonne volonté ». Louis XIV, à l'héliocentrisme pharaonique, fut de même un remarquable propagandiste, jugulant lui aussi les feuilles d'opinion. Pour le Roi-Soleil, d'ailleurs, les artistes et les intellectuels devaient être des chambres d'écho, des instruments qui résonnaient quand il jugeait bon de les effleurer. Napoléon fut pour sa part un censeur tyrannique, usant le cas échéant de rumeurs, de ***désinformations,*** de mensonges manifestes. Son « Moniteur » fut un temps le seul journal autorisé. Toute opinion émise par les médias et qui allait à l'encontre de celle de l'Empereur voyait celui-ci entrer dans des colères noires.

La modernité de la propagande se trouve inauguré par le XIXe et le XXe siècle, et leurs révolutions, politiques autant que techniques et médiatiques. Et si l'on a autant parlé de propagande au XXe siècle, c'est parce qu'elle y est passé de « l'artisanat à l'industrie », se trouvant mise en synergie par des puissants vecteurs de ***communication de masse***. Là où l'on touchait auparavant quelques milliers de personnes (exception faite pour les tirages de la *presse* au XIXe), on a pu, dès le tournant du siècle, en atteindre des millions. C'est bien à la croisée de la notion de masse, et de ***mass-media,*** que se trouve la propagande moderne. Masses socialistes soviétiques à édifier, masses occidentales capitalistes à conserver dans la certitude de leur suprématie, et de leurs habitudes sur-consommatoires. À ce niveau, osons affirmer que la ***publicité*** est la continuation directe, sur un autre terrain et d'autres objectifs, de la propagande : les moyens sont les mêmes, seuls les buts changent ; il y a seulement translation du politique à l'économique.

La propagande moderne a été autorisée par les progrès, à tous niveaux, de ce siècle. Les progrès scientifiques, d'abord (psychologie, sociologie, méthodologie économique...) lui ont donné une assise indéniable, lui permettant d'identifier avec de plus en plus de précision les motivations, les désirs profonds des populations cibles. Même la philosophie, par-delà Machiavel, a permis à la propagande de se légitimer, de fonder des discours. Souvent, il s'est agi de relectures hâtives, fallacieuses et captieuses. Mais les progrès techniques, surtout, ont servi la propagande. L'arrivée de la ***T.S.F.,*** (Lénine : « la radio est un journal sans papier et sans frontières »), du ***cinéma,*** ou la généralisation de techniques antérieures comme la photographie et le haut-parleur, ont affranchi la propagande de toute contingence matérielle et physique. Cela permet de réaffirmer la remarquable capacité d'adaptation de la propagande à son champ d'action et à ses outils. Du **graffiti** à la rumeur, et du parachutage de *tracts* à la déstabilisation mensongère, tout lui est bon pour infléchir, persuader.

Avant d'aborder la propagande contemporaine, référons pour conclure à l'ouvrage-culte de Serge **Tchakhotine** publié en 1939, et immédiatement censuré en Allemagne et en France. « la propagande politique ou le viol des foules ». Alors que s'ouvraient des hostilités aussi imputables à l'efficacité des propagandes dictatoriales, l'auteur entendait saisir celle-ci comme un processus global, exhaustif que l'on ne pouvait comprendre que par des approches conjointes allant de la neurologie à l'économie et de la biologie à l'histoire des cultures. Cet ouvrage d'un encyclopédisme dense, faisant de la réflexologie pavlovienne sa profession de foi se posait comme constat et prophétie. La suite de l'histoire n'a pas démenti son pessimisme ambiant.

L'immédiat après-guerre, qui aurait dû faire prendre conscience des ravages de la propagande ne l'a faite reculer par aucun protocole d'accord moral, au contraire. La guerre froide, autant que l'arrivée à maturité de la publicité allaient même lui donner de nouvelles occasions de démontrer son efficacité redoutable.

6. La propagande contemporaine et ses prolongements commerciaux et sociaux

De nos jours, la propagande revêt deux aspects : dans les dictatures, elles revendique son appellation, son identité et son action. Dans les démocraties, elle ne se nomme plus officiellement ; cependant, elle est bien présente, sous couvert d'euphémisme et d'ellipse. Ces démocraties fonctionnent en effet sous l'égide du vœu pieu selon lequel une république qui se respecte ne doit pas mêler information démocratique et discours politique. Mais il semblerait surtout que dans le bloc de tradition historique libéral et capitaliste, elle revête les atours d'une guerre psychologique en dentelles dont les dangers, les buts, à tout le moins, sont ailleurs. La ***publicité,*** qu'un ouvrage célèbre du sociologue américain **Vance Packard** a définie après-guerre comme étant une « *persuasion clandestine* », utilise tous les ressorts de la propagande afin d'amener le consommateur, coûte que coûte, à l'achat. Études de motivation, enquêtes, tests projectifs, entretiens ; ces pratiques de la ***mercatique*** permettent dans un idéal de fonctionnement de mettre au jour les désirs qui permettraient à tout un chacun de « ne pas résister » et d'acheter quasi-pulsionnellement, presque contre son gré. Découvrir la publicité si pragmatique fait, de facto, tomber celle-ci dans le domaine de la propagande, et ce sans aucun parti-pris moral. Cette présomption est d'ailleurs corroborée par le schéma publicitaire mécaniste en vogue dans les années 50 : le **modèle AIDA**, attirer l'Attention, susciter l'Intérêt, éveiller le Désir, provoquer l'Achat.

Mais il existe de même, pour ***Jacques Éllul*** (1912-1994), une propagande sociologique de très vaste envergure dans le système occidental. Elle transite pour lui par la ***publicité***, justement mais aussi par les ***médias***. Elle tend à intégrer une population entière à des mœurs homogènes, par une immense entreprise de conformation à un modèle social unique. Les buts de cette propagande sont éminemment idéologiques. D'ailleurs, les théoriciens critiques de l'***École de Francfort*** ont postulé que ce qui caractérise le discours médiatique dans son ensemble est que, précisément, il dit au public ce qu'il ne doit pas penser : la révolution, les remises en cause individuelles et collectives, les changements sociaux. Le discours des médias, donc, atomisé, tour à tour dramatique et ludique, se poserait comme écran de fumée entre les préoccupations politiques véritables et des pseudo-réalités, secondaires et qui plus est mercantiles.

Quant à la **communication politique** moderne (nouvelle dénomination des propagandes libérales, officiellement aseptisées de leur amoralité), il semblerait que malgré la respectabilité à laquelle elle aspire, elle ne se soit pas départi de son cynisme, en dépit des codes déontologiques dont elle se targue démocratiquement. Le martèlement, la redondance parfois indécente de quelques valeurs et idée-force que l'on s'attribue péremptoirement (Progrès, Patrie...) notamment en direction de la frange électorale des indécis appelé le marais, la mode médiatique et démagogique de la « petite phrase », par laquelle on souhaite retrouver une magie du verbe incantatoire et ***performative,*** et, plus inquiétant si cela était avéré, l'emploi récemment suspecté d'**images subliminales** (images perçues d'un objet sans prise de conscience par le sujet), prouvent que le respect de la libre conscience n'est pas encore des démocraties la chose la mieux partagée.

Dans une perspective de propagande beaucoup plus classique, la guerre du Golfe de 1991 et le très médiatique bras de fer Georges Bush - Saddam Hussein, via les rétentions d'information, la surenchère télévisuelle aux chantages, aux rumeurs et aux otages, ainsi que les communiqués lapidaires et spécieux distillés par les états-majors antagonistes prouvent que la propagande a encore de beaux jours devant elle.

La question désabusée et désillusionnée, sans doute, à se poser maintenant est de savoir quels tours la propagande inventera encore, par ses tenants et ses ténors, pour circonvenir en toute impunité ceux qui se pensent candidement des hommes libres.

L'accélération des révolutions géopolitiques, le bouleversement de la répartition du marché et de l'économie classique de l'information (arrivée de chaînes d'information transnationales émettant 24 h sur 24, tribune politique et idéologique, renforcement de grands groupes de communication régis par la seule loi du marché...), la montée en puissance de l'image, fondamentalement manipulable, ainsi que les progrès vertigineux dans les domaines de l'informatique et de l'imagerie de synthèse laissent à penser que si des garde-fous juridiques ne sont pas posés rapidement, nous pouvons aller vers le pire. Il faudra une prise de conscience de la part des hommes qui ont eu la chance d'être nés libres et responsables de leur devenir afin qu'ils se donnent les moyens, dès maintenant de préserver en toute indépendance et en toute rigueur leurs libertés futures, intellectuelles et politiques.

Posons en conclusion le caractère essentiellement anti-humaniste de toute propagande. La *communication* véritable, qui a une morale, origine celle-ci en l'écoute, l'empathie, la prise en compte de l'autre, en tant qu'homme et qu'humanité. C'est le respect qui prévaut. Nous sommes par contre avec la propagande dans une logique de violence, d'abord psychique, et de non-respect. Quels que soient les interlocuteurs auxquels la propagande s'adresse, elle instaure toujours un rapport de forces se situant, dans son principe et ses finalités, à mille lieux du dialogue, de l'écoute. Elle tend à violer les esprits, à les abuser, élevant souvent l'homme contre l'homme, en dépit de pétitions de principe qui peuvent sembler morales. Même quand elle se targue d'une dimension philanthropique, la dialectique de la propagande reste fondamentalement celle du « maître et de l'esclave », allégorie hégélienne bien connue.

La propagande ne connaît pas, ou met délibérément sous l'éteignoir le rapport d'égal à égal. À sa seule fin de conformation, elle joue sur la pression de la conformité, elle manipule la **Doxa,** cette ***opinion publique*** versatile et malléable.

Son antidote résiderait en son cynisme même. Elle peut lasser, provoquer des rejets, la nausée dans des éclairs de lucidité quant à sa démagogie, à ses mensonges. La seule arme saine que l'on puisse lui opposer, surtout : la remise en doute, sinon en cause, de ce qui est dit, l'aiguisement du sens critique et de l'acuité, le dialogue, le questionnement.

Sans vouloir vaticiner, finissons en référant à deux livres, qui eux ont été analysés comme des livres prophétiques : *1984*, de Georges Orwell, et le *meilleur des mondes*, d'Aldous Huxley. Leur point commun est de présenter des sociétés où les hommes sont entièrement asservis aux délires et aux désirs d'un seul, qui a volé leur liberté, leur langage, leur âme.

Dans leur rêve fou de puissance, n'est-ce pas ce à quoi aspirent les dictatures : avoir mis sous leur botte, par le fer et le verbe un homme définitivement soumis, ravalé à ce rang de puceron sans conscience ni dignité, dont un Nietzsche halluciné prophétisait l'avènement ?

Et face à ce triomphe carnavalesque de l'irrationnel et de l'anti-humanisme, il suffirait peut-être qu'un seul se remette à demander « pourquoi ? », « à philosopher au marteau », où tout simplement à faire du doute cartésien, et de son soupçon salvateur, un devoir moral pour qu'un espoir et une humanité subsistent.

Prospect

Client potentiel, ou ***cible.***

Prospectus

Imprimé, de formes diverses (feuillet, dépliant, journal...), diffusé gratuitement à des fins d'information ou de publicité. Voir ***Presse quotidienne régionale, Publicité directe.***

Prototype (Industrie de -)

Voir ***Cinéma, Modèles économiques des médias.***

Proxémique

Discipline issue de l'ethnologie qui a pour objet les espaces et la manière dont ils sont gérés et font sens, au niveau interpersonnel et interculturel. On doit la théorie proxémique à **Edward T. Hall**, chercheur américain appartenant à l'***école de Palo Alto.***

Toute existence humaine a pour champ et horizon un cadre perceptif fait de temps et d'espace. Si le temps est relatif car impalpable, la tangibilité de l'espace rend par contre celui-ci plus présent, plus pressant. L'homme se meut dans un espace, donc, et souvent dans des limites, tant il est vrai que ce cadre existentiel fondamental circonscrit et ceint l'individu. Ce « carcan spatio-temporel » enserre, oppresse ; mythiquement, s'affranchir du temps et de l'espace, c'est accéder à la déité, ou y prétendre (Icare, Faust...).

À des niveaux moins éthérés, la vie humaine n'est que la succession d'espaces de circonscription pour le nourrisson, l'enfant puis l'homme : une vie commence en effet dans un utérus, se poursuit dans des emmaillotements étouffants (grande cause de mortalité infantile pendant des siècles). Cet enfant passera ensuite dans des lits et des parcs à barreaux qui limitent la liberté de mouvement et interdisent plus qu'ils n'autorisent. Puis viendront d'autres espaces interdits, se situant toujours de l'autre côté de murs qui encore, empêchent plus de sortir que d'entrer : la maison, le jardin, l'école, la caserne... L'un des buts de l'éducation familiale et sociale, d'ailleurs, consistera à intérioriser et faire intégrer à chaque individu des limites spatiales, juridiques... Certaines intuitions de Foucault peuvent être retrouvées ici.

L'adulte travaille pour accéder à des espaces privés plus ou moins étendus (selon son niveau social, justement), et que la société reconnaît moralement et respecte, à défaut des autres hommes. Des institutions telles que les assurances donnent à l'espace privé une définition et une assise précises ; celui-ci prolonge alors en quelque sorte l'individu. Pour Rousseau, c'est d'ailleurs à cette appropriation arbitraire d'un espace productif (un arbre) par un seul

homme que l'on doit les maux de la société. Enfin, en miroir inversé à l'utérus et à l'emmaillotement originaires, les derniers espaces contenant et enserrant l'homme ne sont-ils pas un linceul, un cercueil et la terre ?
Si l'on élève cette omniprésence de l'espace sur l'homme à la société, la proposition reste prégnante. À quoi correspond l'histoire des guerres et des batailles sinon à une longue suite d'invasions, d'annexions et d'occupations d'un espace que l'on nimbe de légitimité et que l'on revendique territoire ? Le *Lebensraum* (« espace vital ») hitlérien ne nous démentira pas. Il n'est qu'une théorisation, et justification historique fallacieuse de ce vecteur primordial à toute action militaire : revendiquer, investir et contrôler le territoire d'autrui.
Mais si l'homme, historiquement et culturellement, est dans l'espace, l'espace de même est dans l'homme. En effet, comme le temps avec des vecteurs autres, il se subjectivise, est intériorisé et peut faire sens, de manière consciente ou intuitive. Ainsi, la territorialité, son appréhension et sa distribution peuvent s'ériger en code, en production sémantique culturelle spécifique, allant jusqu'à modeler l'individu et la société.
Ce n'est que marginalement que les penseurs et théoriciens s'étaient intéressés à l'espace et à ses enjeux culturels et sociaux. Et il semble même que seuls les stratèges ou les penseurs politiques (Clausewitz, Machiavel...) avaient fait du territoire une fin en soi théorique et pragmatique. Ce déficit théorique a été comblé au XXe siècle. Dans une perspective autre que politique et stratégique, certes, on doit à un Américain, **Edward T. Hall,** d'avoir fait affleurer une discipline, à partir des années 60, dont l'espace culturel est l'objet d'étude. Ce chercheur qui est l'un des chefs de file de l'***école de Palo Alto*** a consacré sa carrière à l'étude des espaces interpersonnels et interculturels, livrant le résultat de ses investigations dans quelques ouvrages aux titres évocateurs : *la Dimension cachée, le Langage silencieux, Au-delà de la Culture*. Par extension, il a plus récemment ouvert son champ d'observation aux « temps culturels » (*La Danse de la vie*).
Il va sans dire que ce sont les sciences de la communication dans toute leur dimension systémique qui se sont trouvées enrichies de cet apport théorique, qui pose le primat de la culture dans la juste intelligence de la relation interpersonnelle. Et Hall, dans son projet, apporte des problématiques aussi importantes que celles des interfaces verbal/non verbal, intentionnalité/non intentionnalité, et individu/culture. Ce à quoi tendent en fait l'école de Palo Alto et E.T. Hall, c'est à introduire dans les schémas de communication proposés jusque là, souvent mécanistes et bilatéraux, un volume qualitatif et réticulaire. Hall substitue à ces schémas « téléphoniques » la métaphore de l'« Orchestre Invisible » : de l'éducation à la culture, de l'espace aux perceptions, des paramètres dynamiques inconscients agissent en l'individu, jusqu'à le faire communiquer autrement, et autre chose que ce qu'était son intention initiale. La communication, contexte et production, ne connaît donc ni début ni fin. Dans cet Orchestre Invisible, les protagonistes de la communication sont à la fois instruments, partition et musique, joueurs et joués, insérés et enserrés dans un processus qui les dépasse. Tout cela ne fait poser de nouveau l'axiome selon lequel l'homme n'est pas plus réductible au langage que l'extensivité des productions sémantiques ne sont réductibles aux mots.
La proxémique n'est pas « née » seule ; elle peut même se réclamer d'une triple paternité : la psychologie, d'abord, puisqu'elle prend en compte le non-verbal signifiant qui, par-delà la culture, renvoie à des strates inconscientes dont la psychologie, précisément, fait cas. L'ethnologie, ensuite et surtout. La proxémique est empirique et déductive. C'est à « l'immersion ethnographique » de chercheurs tels que ***Gregory Bateson*** et Mead que Hall, lui-même anthropologue, doit la matière et les constats lui ayant permis de bâtir son système. Bien avant les énoncés proxémiques, les anthropologues s'attachaient à dire que dans les villages, l'espace privé se mesure à la longueur de la chaîne des chiens. Enfin, l'éthologie, étude du comportement animal a permis la prise en compte et l'application à l'homme de facteurs spatiaux fondamentaux, ainsi que du moteur de toute action vers et pour l'espace : le stress.
De longue date, les éthologues et zoologues ont constaté que les codes de communication animale sont essentiellement spatiaux. L'utilisation de la territorialité intervient sur des phénomènes aussi fondamentaux que la régulation de la natalité, la préservation de l'espace, de l'espèce. Les impressionnants suicides collectifs animaux ne seraient d'ailleurs qu'une sorte de « malthusianisme instinctif » destiné à sauver une partie du groupe des méfaits de la surpopulation. Et le vecteur de cette récurrente utilisation de l'espace, c'est le stress. Celui-ci fait pression (étymologiquement) afin que cha-

cun trouve une place viable au sein du groupe et du territoire. À la célèbre allégorie des porcs-épics et du juste milieu à trouver dans toute vie sociale, de Schopenhauer, ne correspondrait rien de plus qu'une régulation chimique permettant aux individus de trouver leur « échelle de vie ». De quelques constantes dégagées du comportement animal, telles que les immuables distances de fuite et d'attaque, à leurs applications à l'homme, et à l'énonciation d'une grammaticalisation de l'espace humain, le pas pouvait sembler difficile à franchir. E.T. Hall s'y est pourtant essayé avec réussite et brio. Pour lui, l'individu voit son rapport à l'espace et à autrui façonné par des paramètres culturels, éducatifs et sociaux qui s'originent même plus profondément dans « du génétique et du chimique ». Et pour cause, c'est ce stress omnipotent qui se pose comme vecteur premier et ultime.

Edward Hall part du postulat selon lequel tout appréhension du monde par l'homme s'organise sous l'égide d'un perspectivisme depuis un point « ici-maintenant » dont l'individu est le centre d'ondes. Graduellement, les choses auront d'autant moins d'importance qu'elles sont situées loin de cet individu, qui organise son rapport au monde sur le mode de l'insularité.

En dernière instance, Hall a formalisé et quantifié à l'extrême ces échelles spatiales, et il a dégagé quatre distances, chacune divisée en un mode proche et un mode lointain. Il s'agit des distances auxquelles se tiennent les êtres dans une gamme de situations interpersonnelles allant de l'intimité au protocole, et ce sans choquer socialement ni oppresser physiquement (eu égard au stress régulateur mis à jour). Les propositions de Hall valent pour les Américains du Nord, son « étalon de mesure ». Toutefois, d'un continent, d'une culture à l'autre, ces distances peuvent varier du simple au double. Tout dépend de la richesse du contexte social, de la convivialité et des contacts humains autorisés, eux-mêmes induits par les normes de promiscuité que se donnent chaque culture.

Tout individu se déplace entouré d'une coquille spatiale invisible, sa « bulle phénoménologique ». Elle s'échelonne de 0 à 40 centimètres environ, et constitue la distance intime. On ne l'enfreint pas inconsidérément, et pour cause : seuls la maternité, l'amour, et, dans un registre autre, l'agression, voient cette bulle pénétrée. Vient ensuite la distance personnelle, allant de 40 à 120 centimètres environ. C'est celle des rapports interpersonnels et informels ne fonctionnant cependant pas sur le mode de l'intimité ; c'est donc la distance à laquelle on se tient « naturellement » des autres. La distance sociale, de 1,20 mètre à 2,10 mètres régit les rapports sociaux tels qu'ils se développent en milieu professionnel. Un certain formalisme gestuel se fait jour, des ballets inconscients se jouent, puisque sur ce mode, chacun est déjà pris dans un rôle social. L'individu adapte inconsciemment son comportement et sa gestion de l'espace à ses interlocuteurs. Des « justes milieux gestuels et spatiaux » sont ménagés aux acteurs du contexte de communication.

La distance publique, enfin, sied aux personnalités (on a d'autant plus d'importance sociale que l'on distancie ses interlocuteurs). Cette distance convient de même aux rites et protocoles sociaux (théâtre, jugements, discours, conférences...).

Fort de cet indéniable apport théorique concernant les rapports interpersonnels, E.T. Hall a élevé ses observations au niveau collectif et social, en formulant entre autres les notions d'espaces sociopète et sociofuge.

L'**espace sociopète** est un lieu prédisposant naturellement les acteurs sociaux à la convivialité et à l'échange, de par la promiscuité dans laquelle il les situe. Il est indéniable que pour que ces échanges s'accomplissent, il faut une occasion, qui est souvent l'instauration d'un temps autre : fête, rite, célébration sociale... À l'inverse, l'**espace sociofuge** anesthésie les rapports, il annihile la communication par son contexte stressant et « antirelationnel ». Ainsi en va-t-il de la salle d'attente ou de l'ascenseur, par exemple. Plus d'un auteur comique a campé avec justesse et pertinence le malaise ressenti dans ces lieux. Des espaces à l'origine sociopètes, où la communauté se retrouvait pour communiquer et communier peuvent être détournés de cette destination, et devenir sociofuges. Les places publiques occidentales, souvent transformées en parkings, ou les pelouses urbaines sur lesquelles il est interdit de marcher et *a fortiori* de se rassembler en sont de symptomatiques exemples.

Le fond des pénétrantes analyses d'Edward Hall, toujours étayées de maints exemples dans une tradition très ethnologique, dresse un réquisitoire sévère mais objectif contre les incohérences architecturales, pédagogiques et culturelles engendrées par le monde occidental, et le « modèle américain » en particulier.

Celui-ci trouve difficilement grâce à ses yeux. Hall estime en effet que ce système, servi par une bureaucratie aveugle et souvent ubuesque génère puis gère des « mal-êtres » collectifs de manière endémique. À terme, les individus sont victimes de schizoïdies les murant dans des prisons intérieures ensuite administrées en toute bonne conscience et en toute hypocrisie par ce modèle qui est cause et effet des malaises sociaux.

Hall a enfin étendu ses théorisations spatiales, à un degré moindre, au temps. Il existe pour lui deux principaux modes de rapport au temps : celui des peuples monochrones, et celui des polychrones. Les monochrones ne font jamais qu'une seule chose à la fois, ils compartimentent le temps comme ils fragmentent l'espace, en fonction de l'utilité qu'ils veulent en avoir. Ces peuples (Européens et Américains du Nord...) voient donc les moments se succéder sans jamais s'imbriquer. N'est-il pas d'ailleurs lourd de sens de constater que le parangon des peuples monochrones, les Suisses, ceux pour qui la ponctualité est une question d'honneur social excellent précisément... en horlogerie. À l'opposé, les polychrones peuvent mêler les temps et les activités, au sein d'un malstrom temporel qui déconcerterait et stresserait au plus haut point les monochrones. Les Argentins, et la plupart des Africains sont ainsi polychrones.

En dernière analyse, la proxémique pose son discours comme thérapeutique. Ce qu'elle entend, c'est aider à comprendre et à accepter l'autre, de manière globale et exhaustive.

Ce que l'on trouve en point de fuite du projet de Edward Hall, c'est l'éloge de la différence. Celle-ci fonde les cultures, humainement et socialement. Si l'égalité peut être postulée, elle ne saurait être qu'éthique et juridique. En ce sens, les postulats proxémiques gagneraient à être démocratisés, pour combattre par la théorie et le bon sens deux entreprises contemporaines perfides : le racisme, d'abord, qui se fonde sur le refus des différences culturelles et humaines, quand ils ne les hiérarchise pas ; ensuite, l'uniformisation civilisationnelle portée par le modèle américain, qui fait fi de la diversité et des spécificités culturelles, pour y substituer un paradigme unique, aux finalités économiques et idéologiques clairement identifiées.

Les prises de conscience issues de cette vulgarisation de la proxémique auprès du grand public et des hommes politiques mettraient en exergue le projet hautement humain défendu par Edward Hall. Et sa discipline en sortirait encore grandie ; en filigrane de toute anthropologie, c'est un humanisme que l'on voit poindre. Cet humanisme par et pour lequel « on ne naît pas homme mais on le devient », par la culture de la différence et la différence de la culture.

Proximité

Ensemble d'informations supposées concerner de très près les lecteurs ou les usagers d'un média. On peut relever la notion de proximité dans trois situations : la ***presse de proximité***, l'***information de proximité***, la ***loi de proximité*** ou ***modèle gravitaire de la communication***.

Publication

1. Action de faire paraître un écrit.
2. Produit imprimé (journal, revue, magazine, livre, etc.) obtenu par impression sur une presse traditionnelle ou par ordinateur (***Publication Assistée par Ordinateur – PAO –*** dont les synonymes sont édition électronique et microédition). Voir ***Édition***.
3. Action de rendre public une information. Du point de vue juridique, la publication est la diffusion en général d'actes réglementaires ou législatifs au moyen de modes de communication de masse. Il s'agit pour l'État du Journal Officiel et de bulletins officiels spécialisés des différents ministères (ex. : Bulletin Officiel de l'Éducation Nationale – BOEN). Du point de vue du public visé, une **publication horizontale** est celle qui s'adresse à un même segment de la clientèle ; elle est **publication verticale** lorsqu'elle s'adresse à une même profession.

Publication Assistée par Ordinateur (PAO)

Voir ***PAO***.

Publicité

À la fois caractère de ce qui est public (ex. : ***publicité des actes juridiques***) et activité de communication par laquelle un acteur économique, social ou politique (l'**annonceur**) se fait connaître, fait connaître sa marque, ou fait connaître ses activités et ses produits du grand public par la médiation de discours, d'images, de toutes formes de représentations, le faisant apparaître sous un jour propre à faire adhérer le destinataire – grand public, lecteurs ou usagers, etc.

La publicité est une forme de communication qui a deux fonctions essentielles : d'une part, faire connaître, d'autre part, faire agir.

• Faire connaître, c'est donner une ***diffusion*** dans l'espace public à des informations ou à des faits réels qui, sans cela, ne seraient pas connus du grand public : **Publicité judiciaire**. Ainsi, Le « Journal Officiel » assure la publicité des débats de l'Assemblée nationale (voir ***Publication***).

• Faire agir, c'est engager les destinataires de la communication dans une action, les inscrire dans une logique de faire. Ainsi la publicité commerciale incite les destinataires de la communication à consommer.

Sur la base de sa nature et ses objectifs, on distingue :

– la **publicité commerciale ou industrielle**, pour les produits à faire circuler dans le marché grand public (publicité commerciale grand public) et dans le marché spécialisé des entreprises (publicité spécialisée dite publicité industrielle). Une forme spécifique de la publicité commerciale est la **publicité financière** des sociétés cotées en bourse ;

– la **publicité institutionnelle**, soit qu'elle est faite par des institutions et souvent destinée à obtenir l'adhésion à des associations ou à des grandes causes, soit par les entreprises pour donner une certaine image d'elles-mêmes, sans mettre en valeur un produit particulier ;

– la **publicité politique**, destinée, le plus souvent en période électorale, à influer sur le choix des électeurs. Ces trois formes de publicité se distinguent par leurs enjeux et par les situations de communication, mais elles se distinguent de moins en moins par leurs formes et par leur esthétique.

S'agissant de sa forme et de sa stratégie de communication, on distingue pour la publicité commerciale :

– la **publicité collective** au profit de l'ensemble des acteurs de la même profession et dont les coûts sont partagés par le producteur et le distributeur du produit ;

– la **publicité subliminale** qui cherche à atteindre l'inconscient du lecteur, du spectateur ou de l'auditeur ;

– la **publicité testimoniale** qui repose sur le témoignage de consommateurs ;

– la **publicité rédactionnelle ou *Publi-reportage*** qui adopte le style du texte du journal.

1. L'esthétique de la publicité

Le développement de la publicité, l'accroissement des budgets qui lui sont consacrés, l'extension des espaces qu'elle occupe, ont fait de la publicité une forme de communication autonome, dotée de ses réseaux, de ses modes et de ses structures de production, mais aussi de son esthétique propre, adaptée d'une part à l'évolution des médias et de leurs formes de lisibilité, d'autre part à l'évolution des espaces publics dans lesquels elle est appelée à s'inscrire.

On peut distinguer quatre grands types d'**esthétique publicitaire** : l'esthétique de séduction, l'esthétique de reproduction, l'esthétique d'adhésion et l'esthétique d'objet.

a) L'esthétique de séduction

Il s'agit de la mise en œuvre des formes de la communication dans des stratégies de séduction. On peut définir, en ce sens, la séduction comme une rhétorique reposant sur des stratégies d'image, au lieu de reposer sur des stratégies d'information.

b) L'esthétique de reproduction

L'esthétique de reproduction est l'esthétique publicitaire qui fait appel à des reproductions d'œuvre d'art connues, ou à des reproductions déformées par humour. L'esthétique publicitaire de la reproduction s'inscrit dans une logique de la diffusion des formes artistiques.

c) L'esthétique d'adhésion

L'esthétique d'***adhésion*** est censée susciter l'adhésion du destinataire par le travail des formes, et non par la seule argumentation. L'exemple le plus courant que l'on puisse donner est celui de la calligraphie, ou, d'une manière plus générale, du traitement esthétique des lettres ou des signes d'un discours ou d'un message.

d) L'esthétique d'objet

Au lieu de reposer sur une esthétique à deux dimensions, l'esthétique d'objet repose sur une esthétique portée par un objet à trois dimensions : objets publicitaires, utilisation de constructions ou d'objets usuels dans des stratégies de communication publicitaire.

2. La création publicitaire

Le développement des activités de la publicité fait de la création publicitaire une activité complexe, que l'on peut représenter comme un ensemble de cinq fonctions, généralement assurées par des acteurs spécifiques. Cependant, il arrive que plusieurs de ces fonctions soient assurées par un acteur unique. Le processus de la production de la publicité varie en fonction de l'importance de l'opérateur publicitaire.

a) La fonction descriptive

La publicité met en scène un objet ou un service, à partir d'une description qui fait porter une forme d'emphase sur un certain nombre de propriétés ou de caractéristiques intégrées à la rhétorique publicitaire en tant qu'arguments de promotion.

b) La fonction normative

Pas de publicité qui ne repose sur une ***norme*** qu'elle fait apparaître dans son discours.

c) La fonction d'identification

Pour que la norme publicitaire fonctionne, et pour que la publicité s'inscrive dans une situation de communication effective, il faut qu'entre le lecteur/usager et l'énonciateur du discours publicitaire s'établisse une relation d'identification.

d) La fonction incitative

La norme se manifeste sous la forme d'une incitation à l'action ou au comportement.

e) La fonction poétique

C'est la fonction poétique de la publicité qui l'inscrit dans une logique esthétique et dans une logique de visibilité sociale.

3. Les formes d'argumentation de la publicité

La publicité repose sur une rhétorique et sur une logique d'argumentation, puisqu'il s'agit de convaincre un destinataire et de le faire passer à l'acte (acte d'achat, d'adhésion ou de consommation). La publicité, pour cette raison, met en œuvre un certain nombre de formes d'argumentation.

a) L'argumentation rationnelle

Il s'agit d'une forme d'argumentation qui fait appel au raisonnement et aux capacités de réflexion supposées du consommateur ou de l'usager. L'argumentation rationnelle inscrit la communication publicitaire dans une logique de décision. On peut, en particulier, classer dans cette rubrique toute les publicités comparatives. Ce type d'argumentation se présente sous la forme d'un discours rationnel destiné à informer, à éclairer les destinataires (les consommateurs par exemple) et à les informer en vue de faire un choix ou de prendre une décision. L'identification du destinataire au modèle qui lui est proposé par la communication publicitaire se fait par la médiation du savoir ou de l'information. L'**argumentation publicitaire rationnelle**, qui présente la publicité comme un discours d'aide à la décision et comme un projet de construction rationnelle des formes et des objets de la vie sociale, élabore pour les destinataires des stratégies de pratiques sociales et d'usages quotidiens considérés comme conformes à des normes établies de rationalité, d'efficacité, d'utilité ou de sociabilité.

Exemple : *À lire absolument avant de choisir son BTS* (Publicité pour un numéro de mensuel sur l'orientation professionnelle).

b) L'argumentation subjective

À la différence de l'argumentation rationnelle, l'**argumentation publicitaire subjective** inscrit la publicité dans une logique de séduction et non dans une logique de décision. L'identification du destinataire au modèle qui lui est proposé par la **communication publicitaire** se fait par la médiation de l'admiration ou par celle d'un engagement ou d'une identification de nature affective ou personnelle. La **rhétorique publicitaire** consiste, dans cette forme d'argumentation, à susciter une relation immédiate entre le destinataire et le produit ou la conduite qui fait l'objet de la représentation. C'est sans doute ce type de publicité qui fait le plus souvent et le plus systématiquement appel à l'image, en ce que c'est l'image qui rend possible le plus souvent l'instauration d'une telle relation immédiate, puisque la perception visuelle n'y est pas nécessairement distanciée par la médiation du discours et du savoir. Exemple verbal de ce type d'argumentation : *En 1994, M6 2e chaîne des jeunes adultes*, discours suivi de la photo d'un jeune couple et de l'indication en bas de l'image des données d'un sondage. Dans la page suivante du quotidien support, une autre image, à la même place, représente un homme âgé, et la photographie est accompagnée de l'inscription : *Et moi, je compte pour du beurre ?*, avec l'indication de chiffres d'audience auprès des autres tranches d'âge de téléspectateurs.

c) L'argumentation d'autorité

L'**argumentation d'autorité** (ou **argumentation doxique**) repose sur la loi du grand nombre ou sur la loi du plus fort. À la différence des autres formes d'argumentation publicitaire, l'argumentation d'autorité ne repose pas sur une relation symbolique d'identification entre l'énonciateur ou le destinateur et le destinataire. Au contraire, elle repose sur la reconnaissance à l'énonciateur, par le destinataire, d'une supériorité ou d'une autorité particulière qui légitime son discours et lui donne une forme de pouvoir – soit que ce pouvoir repose sur la dimension politique et institutionnelle d'un pouvoir de représentation, soit qu'il repose sur l'autorité d'un savoir ou d'une compétence reconnue. La rhétorique de l'autorité ne repose pas sur le principe de l'identification ; en effet, il n'y a autorité qu'à partir du moment où l'identification n'est pas possible, puisqu'à la base, il n'y a même pas égalité entre les acteurs. On peut trouver un exemple de l'argumentation d'autorité dans la publicité, d'abord, naturellement, dans la publicité réglementaire (la diffusion visible sous forme d'affiches, d'encarts ou de spots publicitaires de consignes ou de règles à appliquer), mais aussi dans certaines publicités qui utilisent rhétoriquement le pouvoir de l'autorité, même quand il ne s'agit pas d'autorité institutionnelle ou légitime, mais seulement de la force d'une rhétorique. L'un des exemples les plus connus est le slogan *Santé sobriété*, mais, d'une manière plus générale, les prescriptions sanitaires font partie des formes les plus répandues d'argumentation publicitaire d'autorité.

d) L'argumentation pragmatique

On appelle **argumentation publicitaire pragmatique** la forme du discours publicitaire qui articule la communication et la dimension symbolique à la mise en œuvre ou à l'acte dans la dimension réelle qu'il représente en situation. Il s'agit, par conséquent, de formes de discours qui sont à la limite de la communication, puisqu'elles se donnent pour immédiatement articulées à une conduite réelle pratique : la publicité, dans cette forme d'argumentation, se donne pour fonction dans l'espace public de réguler par la médiation de son discours et de ses représentations, les conduites et les pratiques des acteurs qui appartiennent au groupe social ou à la communauté qui reconnaît sa légitimité. À plus longue portée, l'argumentation pragmatique assigne pour rôle à la publicité d'instaurer un système de normes sociales de conduites et de comportements de nature à unifier les usages sociaux en vigueur dans l'espace public. L'argumentation pragmatique ne fonde pas seulement l'appartenance à la communauté ou la norme sociale sur la conformité à un modèle symbolique reconnu comme une forme d'idéal, mais elle la fonde aussi sur des actions, des conduites ou des comportements représentés comme légitimes ou autorisés. Il y a deux grands types d'argumentation pragmatique : celle qui repose sur la mise en scène visuelle, sonore ou audiovisuelle du comportement présenté, et celle qui repose sur sa représentation verbalisée sous la forme d'un discours. L'argumentation pragmatique met en scène des acteurs qu'elle présente comme dépositaires d'une norme sociale ou politique. Ainsi, dans la célèbre publicité de la marque *Damart,* le personnage représenté portant des sous-vêtements de cette marque se contente de dire : « *Froid, moi ? Jamais* », et cela suffit à fonder sa conduite non en discours, mais en acte.

4. Le mécanisme de la communication publicitaire

Identification aux acteurs, double médiation et instauration d'un rapport de plaisir, tels sont les principaux leviers de la communication publicitaire.

a) Identification aux acteurs de conduites réelles, la communication publicitaire, comme toutes les formes de communication, repose sur le principe de l'**identification symbolique** du destinataire à l'énonciateur. Cette identification, l'instauration des acteurs représentés comme modèles, présente, dans le cas de la publicité, la particularité de porter moins sur des discours que sur des conduites ou des comportements. La réponse attendue dans cette forme de communication n'est pas un autre discours, ni la reprise du premier sous la forme d'un commentaire ; la position de l'autre est la mise en œuvre d'une conduite ou d'un comportement. Le partage des places, dans la communication publicitaire, est le suivant : tandis que l'énonciateur se trouve, par définition, en situation de communication (de produire du discours ou des images), le destinataire se trouve, lui, en situation réelle ; c'est sa conduite réelle qui est représentée ou le discours qu'il est censé tenir, en situation réelle. La publicité fonctionne, en quelque sorte, comme médiation entre le réel des autres, représenté symboliquement par leur discours ou par des images, et le réel du destinataire.

b) La double médiation

La médiation publicitaire est à la fois une médiation entre des modèles collectifs et leur application par des destinataires individuels et une médiation entre des représentations symboliques et des conduites réelles. C'est cette dimension de double médiation qui donne à la publicité son importance, qui va au-delà de l'incitation économique. L'importance de la publicité dans la communication sociale est triple.

• Elle donne à la société des formes et des repères d'unification. La publicité joue un rôle considérable en diffusant des modèles supposés communs à tous, et en imposant, ainsi, des conduites et des comportements considérés comme la norme. Il ne faut pas à cet égard, limiter le concept de publicité à la publicité commerciale. La mise en œuvre de stratégies de communication par des pouvoirs ou par des institutions représente un fonctionnement comparable à celui de la publicité. On peut prendre pour exemple l'adoption d'emblèmes nationaux comme des drapeaux ou des devises, ou encore la diffusion de conduites et de rituels qui unifient des peuples par la religion.

• En intervenant dans l'***économie des médias*** qu'elle rémunère, elle inscrit les médias dans une logique de marché au sein de laquelle la régulation de la communication se fait par des mécanismes et des dynamiques économiques et non politiques. Toutefois, il convient d'ajouter que, comme dans la plupart des lieux de l'économie de marché, il existe, dans le marché de l'information et de la ***communication médiatée***, une intervention politique de nature à compléter la régulation du marché (par exemple, la subvention particulière réservée aux journaux à faibles ressources publicitaires).

• Elle assure une articulation entre la dimension d'information des médias et la dimension de modèle du discours et des images qu'elle propose. C'est ainsi que les médias porteurs d'information se trouvent dans le même temps porteurs de norme sociale dans l'espace social. C'est ainsi que des slogans publicitaires se retrouvent, quelque temps après, dans le langage commun, dans toutes sortes de situations, pour illustrer des conduites ou des comportements, ou pour souligner certaines normes ou l'importance de certains usages sociaux : c'est par la publicité que des marques comme *Frigidaire* ou *Bic* sont devenues l'équivalent de noms communs, suite à la diffusion culturelle, par le discours publicitaire, des objets dont ils portent le nom.

c) Le plaisir et le discours publicitaire

À la différence d'autres formes de discours dans la communication, le discours publicitaire instaure un rapport spécifique au plaisir. Le plaisir du discours, qui fonde l'esthétique de la communication, confond dans une même dynamique le plaisir du texte (plaisir de l'énonciation et plaisir de la lecture) et le plaisir de l'objet (plaisir suggéré de l'objet évoqué par la référence dont le texte est porteur). C'est même de cette coïncidence que naît l'instance du plaisir dans la communication. Dans la communication publicitaire, le plaisir du texte et le plaisir de l'objet sont disjoints, et c'est même de cette disjonction que naît le manque dont la publicité se soutient pour imposer son argumentation dans une communication structurée par la dynamique du désir. La communication publicitaire trouve sa consistance spécifique dans cette tension entre plaisir de l'objet (plaisir référentiel) et plaisir du texte (plaisir du signifiant), qui assigne au sujet de la communication une place spécifique et une identité spécifique dans la communication. Les stratégies publicitaires de communication inscrivent dans les situations effectives de communication cet aspect particulier d'un sujet clivé entre deux dimensions du plaisir, ce clivage engageant, finalement, une dynamique de désir qui sous-tend la communication publicitaire.

Publicité (Économie et -)

La publicité est à l'articulation entre la communication et l'***économie***. Il convient donc d'analyser l'**économie de la publicité** comme un ensemble de dynamiques qui, à la fois, inscrivent la publicité dans l'économie en lui donnant pour fonction de contribuer à la diffusion de produits ou d'usages dans l'espace public, et en organisent les structures comme celles de n'importe quel secteur d'activité. Il y a à la fois une publicité de l'économie et une économie de la publicité.

1. La publicité dans l'économie

La publicité joue un rôle de diffuseur : elle inscrit des produits, des marques, des usages, dans le champ de la communication sociale. Elle fait entrer l'économie dans une logique de médiation, en ajoutant aux rapports et aux structures de la production et des échanges un plan symbolique de la production et des échanges. C'est ce dont parle Jean Baudrillard par le concept d'*économie politique du signe* (*Pour une critique de l'économie politique du signe*, 1972). La publicité donne à l'économie une dimension de communication, comme la grande presse écrite quotidienne a pu le faire au XIXe siècle pour la politique. Désormais, la production industrielle, l'agro-alimentaire, les services, intègrent la publicité à leurs budgets et à leurs coûts de production. Il s'agit d'une nouvelle dimension de leur diffusion et de leur commercialisation. Cette évolution des entreprises et des activités économiques vers une plus grande visibilité externe accompagne le développement de la visibilité interne de l'entreprise, qui devient une forme d'espace public.

La visibilité de l'entreprise et de ses activités dans l'économie fait apparaître trois **fonctions de la communication dans le développement des entreprises**, et, de façon plus générale, dans le développement industriel : la fonction de formation, la fonction de diffusion et la fonction de mémoire.

a) La **formation** s'entend de deux manières : d'une part, il s'agit de la formation professionnelle des acteurs de l'économie, et il ne saurait s'agir d'une simple fonction, dans la mesure où il s'agit de former les acteurs de l'économie, en leur donnant la culture dont ils se réclament et les savoirs dont ils se soutiennent ; d'autre part – et c'est ce qui nous importe ici – il s'agit bien d'une fonction dans une organisation : la formation participe à la production en rendant explicites les modèles et les processus de production et elle participe à la diffusion en rendant possible l'appropriation des objets produits par leurs destinataires, c'est-à-dire leurs usagers.

b) La ***diffusion*** est la fonction par laquelle les objets produits sont effectivement présents dans l'espace public et font l'objet d'une appropriation généralisée de la part des acteurs de l'espace public : de tous les usagers ou de tous les consommateurs potentiels. La deuxième fonction de la publicité dans l'économie est ainsi de faire en sorte que les usages potentiels des produits deviennent des usages effectifs. C'est par la médiation de la publicité que les acteurs s'approprient, dans l'espace public, les usages, les formes et les produits qui font l'objet d'une distribution.

c) Enfin, la **fonction de mémoire** inscrit les productions et les entreprises de l'économie et de l'industrie dans la continuité d'une histoire dont les acteurs peuvent être porteurs dans leur culture (et ainsi, ils témoignent de leur appartenance sociale), et, par ailleurs, la mémoire permet de mesurer et d'apprécier l'évolution des formes et des procédures de la production et des échanges : elle rend possible une comparaison entre les différents moments et les différents usages qui font la diversité d'une production.

2. L'économie de la publicité

Mais la publicité, par ailleurs, est un secteur de l'économie, elle est un secteur de production qui relève, à ce titre, comme l'ensemble des secteurs de la communication, d'une économie. On peut schématiser cette économie en quatre domaines complémentaires majeurs.

a) L'amont : les **investissements publicitaires des entreprises**

Ce sont les entreprises qui financent les médias en investissant dans des annonces et des messages publicitaires qui présentent leurs activités et leur assurent la ***notoriété*** qui fait d'elles les acteurs à la fois de la production et de la communication. Le rôle de la publicité est ici considérable, puisqu'il s'agit pour elle d'assurer la présence et la visibilité de l'entreprise dans l'espace de la communication. Les investissements publicitaires des entreprises les inscrivent dans une *économie symbolique* : ils confèrent aux entreprises la dimension d'acteurs de la communication, à la fois par leur présence effective sur les murs, dans les pages des journaux, lors des messages publicitaires à la radio et à la télévision, et par le pouvoir indirect qu'elles détiennent, de fait, sur les médias qu'elles contribuent à développer par leurs achats d'espace.

b) L'économie des entreprises publicitaires

Les entreprises publicitaires sont des activités de service qui se partagent en trois grands types d'entreprises. Les agences intégrées, qui comportent tous les stades de la publicité, de la conception de stratégie à la création du produit et à la négociation avec l'annonceur et avec le support. Les agences de création, beaucoup plus artisanales, qui ne couvrent qu'une partie de l'activité publicitaire. Enfin, les regroupements (centrales d'achat d'espace, regroupement d'agences conseils), qui engagent dans la publicité une logique de concentration. Ces dernières ont récemment fortement perturbé le marché publicitaire : elles ont, en effet, introduit dans ce marché une logique nouvelle, qui se caractérise par la séparation entre les activités de création des documents diffusés et les activités de diffusion auprès des publics.

c) La publicité dans l'économie des espaces publics

La publicité a trois formes de présence dans les espaces publics : l'***affichage***, la distribution d'imprimés (***prospectus***), la diffusion d'***objets publicitaires***. Cette présence assure une visibilité du discours publicitaire dans les lieux de la ***communication médiatée***. Elle assure, par ailleurs, la perception de la publicité par ceux qui parcourent les espaces publics et qui y marquent leur présence. Il faut aller plus loin : la publicité rend lisibles les espaces publics ; en y inscrivant ses discours et ses images, elle fait d'eux les supports d'une forme de sociabilité. La publicité, en quelque sorte, socialise les espaces publics, en faisant d'eux le siège d'une continuité des discours sociaux : elle inscrit les espaces publics dans une forme de géographie sociale lisible.

d) La place de la publicité dans l'économie des médias

La publicité occupe deux grandes places dans l'économie des médias ; d'une part, elle les finance en achetant des espaces dans les supports, et, par conséquent, en investissant dans les médias par cet achat d'espaces ; d'autre part, elle inscrit les médias dans les structures économiques du marché de la production et des échanges, en leur assurant une visibilité et une présence dans cet espace économique. Il faut savoir, cependant, que cette place de la publicité dans l'économie des médias n'est pas sans conséquence dans le fonctionnement même de la production et de la diffusion des informations dont les médias sont porteurs. Voir ***Adhésion, Communication commerciale***.

Publicité comparative

Publicité pour un produit qui se valorise par rapport aux produits concurrents dont les marques sont citées. Pratique ancienne aux États-Unis, autorisée en France depuis 1991 seulement, la publicité comparative reste peu utilisée, car elle comporte des risques nombreux : la mauvaise connaissance des produits des autres (voir ***Publicité mensongère***), ouvre des perspectives de lourdes procédures de contentieux, la citation des marques concurrentes fait connaître celles-ci aux consommateurs...

Publicité des actes juridiques

Pour assurer la sécurité des transactions et l'égalité de tous lors d'une situation donnée on utilise des procédés tel que l'affichage, l'inscription sur des registres ou l'annonce dans des journaux spécialisés ou non. C'est le législateur qui sanctionne la publicité. Les principaux actes qui font l'objet de publicité prévue par la loi sont les jugements, les débats en justice, la conservation des hypothèques.

1. **Publicité des jugements**
   Tout individu peut obtenir du greffe la copie d'un jugement en dehors de certaines exceptions.
2. **Publicité des débats**
   C'est une garantie des droits de la défense qui se traduit par l'accès au public de la salle d'audience sauf lorsqu'il y a un risque de compromettre la sérénité des débats ou lorsque les affaires demandent de la discrétion par exemple si des mineurs sont en cause, en matière de divorce... et de manière générale toutes les affaires portées en chambre du conseil. Le tribunal peut également prononcer pour des raisons d'opportunité le huis clos.
3. **Publicité foncière**
   Il s'agit du dépôt à la conservation des hypothèques des actes portant sur des immeubles afin de porter ces actes à la connaissance du public et donc de les rendre opposables.

Publicité financière

Voir ***Tombstone, Information financière***.

Publicité mensongère

La publicité mensongère est une annonce qui comporte des énonciations ou des illustrations fausses de nature à induire en erreur celui qui la voit ou l'écoute.

Par exemple : est une publicité mensongère l'illustration sur une boisson représentant des fruits frais alors que celle-ci est exclusivement composée de produits chimiques au goût fruité.

L'article 1 de la loi du 1er août 1905 qui réprime la publicité mensongère s'applique aux professionnels et depuis un arrêt de la Cour de Cassation du 24 mars 1987 aux particuliers.

Publimétrie

Technique dont l'ambition est de mesurer les effets de la publicité en termes commerciaux dans le but d'aider à la définition d'une stratégie de communication efficace. Les variables déterminantes du comportement humain sont tellement nombreuses, et les comportements heureusement instables que le projet publimétrique est partiellement chimérique.

Publipostage

Traduction de *mailing* et de *direct mail*. Littéralement, le publipostage correspond à des messages par voie postale. Il constitue le moyen de communication publicitaire le plus important en termes d'investissements dans les pays industriels.

Publi-reportage

Forme de publicité qui adopte le style du texte du journal ou de la revue qui sert de support. Elle est généralement utilisée pour des présentations détaillées soit d'une entreprise soit d'un produit. En télévision, l'équivalent est l'**infomercial**. La loi exige, pour la défense du consommateur, que soit portée sur la page la mention « communiqué » ou celle de « publireportage ».

Puce

1. En typographie, petit signe rond placé en début de paragraphe ou de ligne et qui remplace le tiret et l'astérisque.
2. En électronique, nom donné aux ***microprocesseurs*** (circuits intégrés) en raison de leur petite taille et parce que les fils de cuivre qui les raccordent ressemblent à des pattes de puce.

Pyramide de Maslow

Voir Mercatique.

Q

441 lignes

Standard de télévision adopté en France jusqu'en 1956. Son remplacement par le 819 lignes s'est fait à la faveur de l'incendie qui a détruit, dans la Tour Eiffel, les installations aux normes du 441 lignes.

4 S

Voir ***Veille technologique***.

Quadrichromie

Impression en quatre couleurs à l'aide de quatre encres ***CMYK*** : le bleu cyan, le rouge magenta, le jaune et le noir. C correspond au cyan, M au magenta, Y au jaune (*yellow* en anglais) et K au noir (dernière lettre de *black*, qui signifie noir en anglais).

Le procédé consiste à photographier la photo originale quatre fois de suite avec le même appareil avec à chaque fois un filtre de couleur différente. Des quatre négatifs superposables, on obtient un positif à partir duquel on élabore un jeu négatif tramé ou bien, pour l'***offset***, un jeu positif tramé.

Quatrième de couverture

Dernière page d'une revue ou d'un livre. Pour un livre, la quatrième de couverture peut donner une idée du sujet, préciser le public auquel l'ouvrage est destiné et présente brièvement l'auteur. Pour une revue, la quatrième de couverture exige un traitement particulier en vue d'attirer l'attention des acheteurs potentiels, car c'est la page qui se voit tout de suite après la première de couverture. En termes d'achat d'espace, la quatrième de couverture est systématiquement la plus chère pour un magazine.

Quatrième pouvoir

Voir ***Bureaucratie***.

Question-programme de Harold Lasswell

Adaptation à l'étude des médias et de la communication de la question-programme ou paradigme que Harold Lasswell avait formulé, en 1936, pour résumer la problématique des sciences politiques : « Qui Obtient Quoi, Quand et Comment ? ». Les premières lettres de chaque mot donnent : **QOQQC**.

En 1948, dans l'ouvrage dirigé par Lyman Bryson *The Communication of Ideas*, Lasswell propose l'adaptation de ces questions au domaine de la communication. Le programme de recherche devient : « qui dit quoi, par quel canal, à qui et avec quel effet ? ».

Quota d'œuvres francophones, d'œuvres européennes

Voir ***GATT, Politique culturelle française***.

Quotidien

Journal, c'est-à-dire à parution journalière, quel que soit le moment. Il existe ainsi des quotidiens du matin et des quotidiens du soir. Il peut être d'informations générales, d'opinion, d'informations professionnelles, ou d'informations sportives. Il peut aussi être de diffusion nationale ou seulement locale.

Curieusement la profession distingue la presse quotidienne de la presse périodique, comme si le jour ou la quotidienneté n'est pas une période. Voir ***Presse, Presse Quotidienne Régionale***.

Quotidiens nationaux à faibles ressources publicitaires

Ce sont, en France, des quotidiens éligibles à la subvention ad hoc accordée par l'État lorsque, par ailleurs ils remplissent les conditions prévues par l'article 2 du décret du 12 mai 1986. En effet, ces quotidiens doivent être des « journaux d'information politique et générale de langue française ; imprimés sur papier journal pour 90 % au moins de leur surface ; paraissant au moins cinq fois par semaine ; dont le prix de vente... est compris entre + 30 % et - 10 % du prix de vente pondéré des quotidiens nationaux d'information politique et générale ; dont le tirage moyen n'a pas excédé 250 000 exemplaires et la diffusion 150 000 exemplaires... et dont les recettes de publicité ont représenté moins de 25 % des recettes totales ».

Le montant de l'aide dépend du nombre d'exemplaires vendus, des pourcentages respectifs des recettes de la vente et des recettes de publicité. Mais dans tous les cas, le décret indique que « l'aide au numéro ne peut être supérieure à 6 % du prix moyen pondéré des quotidiens nationaux d'information politique et générale ». Voir ***Aide à la presse***.

R

®

Symbole qui, placé en haut à droite d'une marque, signifie que la marque est déposée (*registered trade mark*) auprès de l'organisme national qui enregistre les droits de propriété industrielle. En France cet organisme est l'Institut national de la propriété industrielle (INPI).

3RD (Réseaux Radio Réservés aux Données)

Voir ***Techniques mobiles de communication (Analyse économique des -)***.

3RP (Réseaux Radio à Ressources Partagées)

Voir ***Techniques mobiles de communication (Analyse économique des -)***.

Racket

Voir ***Analyse transactionnelle***.

Radio (Radiocommunication, Radiodiffusion, Radiophonie)

Le mot radio est l'***apocope*** d'un grand nombre de mots : (a) radiodiffusion, (b) poste récepteur de radiodiffusion, (c) radiotéléphonie, (d) radiophonie, (e) radiotélégraphie...

1. Définitions et aspects technologiques

• La radiodiffusion est de la radiocommunication à usage public (voir ***Diffusion***) de programmes sonores (radiophonie) et ou visuels (télévision).

• La radiocommunication est le procédé technologique correspondant à la télécommunication réalisée à l'aide d'ondes radioélectriques.

• De manière plus spécifique, le système de transmission des sons utilisant les propriétés des ondes radioélectriques constitue la radiophonie.

• La radiotéléphonie est un système de liaison téléphonique entre deux correspondants qui utilisent les ondes électromagnétiques. Le radiotéléphone est plus spécifiquement le téléphone placé dans une automobile et qui utilise le moyen de transmission de la radiodiffusion. Il faut noter qu'originellement la radiophonie était désignée par l'expression de **télégraphie sans fil**, puis de téléphonie sans fil (T.S.F.), ce qui correspondait aux premiers usages de la radio : la transmission des télégrammes internationaux, puis la transmission de messages téléphoniques. L'usage de la radio en tant qu'instrument loisir ne date que 1920, avec l'inauguration à Pittsburgh de KDKA, la première station de radio aux États-Unis. En 1922, WEAF est la première station privée totalement financée par la publicité est lancée à New York.

Le point de départ scientifique de cette technologie est la théorie des ondes radio exposée par l'Anglais **James Clerk Maxwell** en 1864 et démontrée en pratique par l'Allemand ***Heinrich Hertz*** en 1888. En 1890, le Français **Edouard Branly** invente un appareil pour détecter les ondes radio et pour les transformer en un courant électrique utilisable. Et c'est en 1894 que l'Italien **Guglielmo Marconi** réalise la première émission de signaux radio en utilisant l'éclateur de Hertz comme émetteur et du cohéreur de Branly comme récepteur. L'utilisation des ondes courtes, en 1923, pour les émissions de signaux sur de grandes distances, la compréhension de la propagation des ondes radio tout autour de la terre par la découverte de l'ionosphère (zone électrisée de l'atmosphère située entre 130 et 320 km d'altitude) qui réfléchit les ondes radio, la découverte de la modulation de fréquence en 1935, la mise au point de la radio à ***transistors*** en 1954 et les premières émissions en stéréophonie en 1961 constituent les principales étapes du développement la technologie de la radiophonie. À partir des années 1980, la radiophonie intègre progressivement la technologie informatique. Elle utilise la transmission par ***satellite*** pour la diffusion des émissions qui se font de plus en plus en modulation de fréquence (FM) par des entreprises de radiophonie de moins en moins généralistes pour un public de plus en plus ciblé.

Le succès commercial des ***disques compacts audionumériques*** (***CD-audio***) s'est vu confirmer par la commercialisation, dès 1988, du « ***Digital Audio Tape*** » **(DAT)**, le lecteur enregistreur de son numérique sur bandes magnétiques lancé simultanément par Sony et

Grundig. Ces évolutions ont ouvert la voie à la radio tout numérique, d'un bout à l'autre de la chaîne, depuis l'émission jusqu'à la réception. L'informatique avait déjà imprégné la radiodiffusion sonore, dans les années 1980, avec le **RDS** (*Radio Data System* = **Système de Données Radio**). Commencés en 1980 sous l'égide de l'Union Européenne de Radiodiffusion, les travaux devaient permettre la mise en exploitation du système, en Europe, dès 1987. En plus du son, il s'agit de transmettre des données numériques sur les « sous-porteuses » des ondes FM. Ces données autorisent une grande variété d'applications. Au premier rang, parmi celles qui ont été retenues par les responsables européens de la normalisation, initiateurs du RDS : le réglage automatique sur une station, quand on passe, en voiture, de la zone de service d'un émetteur à celui d'un autre émetteur ; l'affichage du nom de la station, celui de la catégorie à laquelle la station appartient, l'adaptation du volume sonore selon qu'il s'agit de paroles ou de musique.
La décennie 1990 sera placée sous le signe du passage du son analogique au son numérique. Le système RDS a numérisé seulement les services qui sont associés à la diffusion du son. La radio tout numérique, baptisée **Digital Audio Broadcasting (DAB)** numérise également le signal sonore lui-même depuis le départ jusqu'à l'arrivée.
Le DAB présente des atouts considérables qui promettent à la radio un nouvel essor. L'auditeur bénéficie d'une qualité du son et d'un confort d'écoute comparables à ceux du disque compact. Outre l'économie considérable de fréquences qui en résulte, un diffuseur radio peut utiliser la même fréquence sur l'ensemble du territoire.

2. Aspects socio-économiques
Instrument de distraction qui permet d'écouter aussi bien de la musique enregistrée, une retransmission d'un spectacle vivant, ou l'horoscope du jour, la radio est aussi le moyen le plus efficient pour transmettre et diffuser le plus rapidement auprès du plus large public des informations : elle est un moyen de communication fortement diffusé, disponible souvent en plusieurs exemplaires au domicile, dans les automobiles, et quelquefois sur le lieu de travail.
Une fois obtenue l'autorisation administrative d'émettre sur une fréquence donnée et dans un espace donné, la constitution d'une station de radio ne présente pas d'importants coûts pour des émetteurs de puissances inférieures à 1 000 watt. Il faut d'ailleurs signaler que les contraintes administratives (imposées par le ***Conseil Supérieur de l'Audiovisuel – CSA –*** en France, le ***Federal Communication Commission – FCC*** – aux États-Unis...) ont été assouplies dans la plupart des pays à partir du début des années 80. Cette faiblesse de **barrières économiques à l'entrée** dans la production, la réalisation et la transmission radiophonique fait qu'il existe dans la plupart des pays d'économie de marché un grand nombre de stations qui se livrent à une âpre concurrence pour obtenir un taux d'écoute susceptible d'intéresser les annonceurs, source unique de revenu pour les radio commerciales privées gratuites.
Cependant, la réglementation du ***CSA*** permet de distinguer différents types de radios. La première grande distinction comporte deux classes : d'une part, les radios publiques, qui sont financées principalement par la redevance et, d'autre part, les radios privées qui se répartissent dans différentes catégories définies ainsi par le CSA :
– Catégorie A : les **radios non commerciales**. Elles se caractérisent par des ressources commerciales provenant de messages diffusés à l'antenne (publicité de marque ou parrainage) inférieure à 20 % de leur chiffre d'affaires, d'une part, et leur éligibilité au fonds de soutien à l'expression radiophonique, d'autre part. Ces radios ont pour vocation d'être des **radios de proximité**, des **radios associatives**, des **radios communautaires**.
– Catégorie B : les radios commerciales locales ou régionales indépendantes. Elles se caractérisent par deux aspects. Le premier caractère définit son espace de chalandise : leur zone de desserte ne couvre pas une population de plus de six millions d'habitants ou ne s'étend pas au-delà du ressort géographique de deux comités techniques radiophoniques. Le second caractère est la présence exclusive ou prépondérante, dans leurs émissions, d'un programme d'intérêt local ou régional.
– Catégorie C : les radios commerciales locales ou régionales affiliées ou franchisées ou abonnées à un fournisseur de programmes s'identifiant comme tel. Elles se caractérisent par des émissions d'intérêt local diffusées à des heures et pendant un temps d'antenne significatif, la présence (à côté de ces émissions) d'un programme fourni par un tiers et non financé par des ressources commerciales locales.

– Catégorie D : les **radios commerciales nationales thématiques.** Elles diffusent un programme thématique sur le territoire national (réseaux musicaux par exemple), un programme ne comprenant pas de décrochage ni pour la diffusion d'émissions locales, ni pour la diffusion de publicité locale, et qui est exclusivement financé par la publicité nationale.

– Catégorie E : les **radios commerciales généralistes.** Elles se caractérisent par des programmes qui font une large part à l'information, aux émissions de service, aux émissions à vocation culturelle et aux jeux ; qui présentent une variété de genres dans leur partie musicale ; et comme la catégorie D qui ne comprennent de décrochage ni pour la diffusion d'émissions locales, ni pour la diffusion de publicité locale et qui sont exclusivement financés par la publicité nationale.

S'agissant des radios (chaînes) publiques, en plus de la subvention, celles-ci peuvent recevoir des revenus de la publicité, mais la publicité de marque y est interdite, de même que les produits faisant l'objet d'une interdiction législative comme le tabac, les boissons alcoolisées de plus de 1,2 degré d'alcool. Seule la publicité collective et d'intérêt général est autorisée. Les chaînes publiques ont une obligation de couverture nationale du territoire : les chaînes de service public devant être, par définition, accessibles à tous. Ainsi les radios de Radio-France couvrent la totalité du territoire en ondes longues et reçoivent en priorité les fréquences FM disponibles dans les zones où elles sont mises en service.

Face à la notoriété des autres grands médias comme la presse, le cinéma et l'affichage, la radio présente globalement une santé surprenante et a su résister à la concurrence de la télévision, bien que ce bilan global masque la diversité des situations dans le secteur. La radio par rapport aux autres supports présente des avantages certains : facilité technique – souplesse d'utilisation, rapidité d'exécution (entre la proposition et la réalisation, 2 jours seulement sont suffisants) –, des tarifs concurrentiels. Média de masse et de trafic, la radio convient bien pour les actions à court terme à retombée immédiate. Elle se prête bien à la possibilité de couplage et au « ***floating time*** » (ou heure non fixée). La radio, dans ce dernier cas, permet de passer le message publicitaire en fonction des écrans disponibles (sans indication préalable de l'heure de l'écran) à un prix inférieur de 30 à 50 % par rapport au tarif des écrans avec indication fixée à l'avance de l'heure de passage. Mais l'absence de visualisation oblige à user de la répétitivité.

Radio cellulaire ou radiotéléphone mobile

Voir ***Techniques mobiles de communication (Analyse économique des -), Radiotéléphone mobile***.

Radio éducative

Voir ***Technologies d'information et de communication et niveau de développement économique***.

Radio Libre

Appellation donnée aux ex-radios pirates après leur légalisation par la Loi de 1982 et jusqu'en 1984. Leur liberté fut cependant restreinte par la loi qui les soumettait au régime de l'autorisation préalable de la Haute Autorité et aux clauses prévues par le cahier des charges. De plus, leur puissance fut réduite à 500 watt, et la loi leur imposa le statut d'association à but non lucratif. L'interdiction de la publicité et le développement rapide d'un réseau de radios décentralisées de Radio-France fut interprété par les radios libres comme des tentatives de l'État de miner leur existence. En 1984, la publicité comme source de financement fut autorisée aux radios libres, appelées depuis Radios Locales Privées.

4 juin 1978 : Création à Lyon de la FNRL (Fédération Nationale des Radios Libres).

Radio Locale Privée, Radio périphérique

Voir ***Radio***.

Radiomessagerie

Voir ***Techniques mobiles de communication (Analyse économique des -)***.

Radiotéléphone mobile ou radio cellulaire

Service de radio communications avec les mobiles par combinaison de la radio et de l'informatique pour téléphoner en se déplaçant sur le territoire. La notion de cellule est ici la zone géographique qui correspond à la portée d'un émetteur-récepteur situé au centre et dont la fonction est d'assurer la communication entre le poste mobile et le réseau téléphonique normal ou un autre mobile. La France est ainsi divisée en une trentaine de cellules d'une trentaine de kilomètres de large. Il existe trois normes dans le monde, une par grand espace continental. En Europe-Afrique, la norme en vigueur est le GSM. En France, les fréquences sont distribuées par trois réseaux cellulaires concurrents. L'adjectif cellulaire est ici synonyme de zone géographique couverte par le système émetteur-récepteur. Voir ***Techniques mobiles de communication*** (***Analyse économique des -***).

RAM

Acronyme pour *Random Access Memory* et qui désigne la ***mémoire*** vive de l'ordinateur, par opposition à ***ROM***. La mémoire vive peut s'enregistrer ou s'effacer. Elle est utilisable lorsque l'ordinateur est allumé : elle constitue la mémoire de travail. Son contenu disparaît en cas de coupure du courant.

Rapport de Sean MacBride, rapport sur le NOMIC

Voir ***Technologies d'information et de communication et niveau de développement économique***.

Rapport signal/bruit

Rapport qui mesure dans une liaison électronique la différence de qualité du son à l'émission et à la réception. Il s'exprime en ***décibels***.

RDS (*Radio Data System*)

Voir ***Radio***.

Réabonnement, réachat (Taux de -)

Un des indices pour mesurer la satisfaction de la clientèle. On parle encore d'**indice de fidélité**.

Réactivité

La réactivité est la première étape de l'***interactivité***, elle se caractérise par une organisation de l'information sous forme de choix libres pour l'utilisateur d'un élément dans un ensemble de possibles connus et numériquement saisis. Ainsi, l'utilisateur n'est pas autorisé à incrémenter la liste des choix possibles, ni à sauter une étape dans ses choix. De chaque nœud ne partent que deux à trois liens prédéterminés. Une architecture de produits en ***arborescence*** constitue un des meilleurs exemples de réactivité. Généralement, la réactivité se schématise par un **graphe conceptuel pyramidal**.

Graphe conceptuel pyramidal.

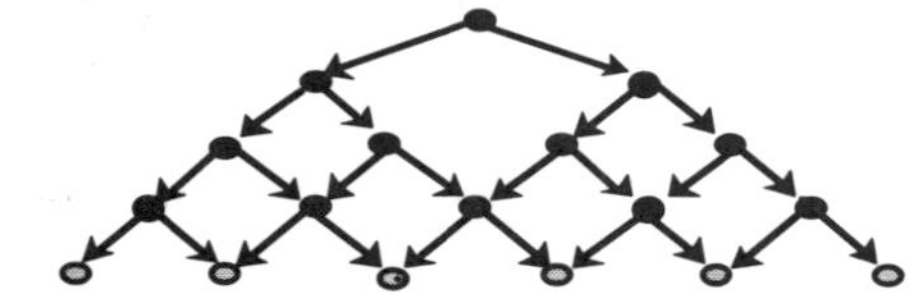

Réalisation

1. En audiovisuel, direction de la préparation et de l'exécution d'un film, d'une émission de radio ou de télévision. Dans le domaine du cinéma, le réalisateur est le metteur en scène.
2. En droit économique, la réalisation est l'opération de vente en vue de se procurer des liquidités.

Récepteur

1. Système recevant un signal, le transforme pour permettre de le restituer. Ainsi, un poste de téléphone, un poste de radio, un poste de télévision sont des exemples d'appareils récepteurs pour des télécommunications.
2. Personne qui reçoit et décode le message communiqué par une autre personne dite émetteur.

   Voir ***Communication, Information***.

Réclame

Ancien nom de la ***publicité***.

Rédacteur, rédacteur en chef

1. Un rédacteur est, dans une agence de communication, une personne chargée de rédiger le texte de l'annonce. Dans la presse, un rédacteur est un journaliste employé salarié ou pigiste, sédentaire ou nomade (reporter, correspondant), attaché à la rédaction, susceptible d'être responsable d'une rubrique.
2. Le rédacteur en chef était le responsable de la rédaction, c'est-à-dire de l'ensemble des journalistes, tout en étant lui-même sous l'autorité du directeur du journal. « Rédacteur en chef » est de plus en plus un titre attribué à des responsables de service dans le même journal.

Rédaction

1. Acte de rédiger.
2. Locaux où travaillent des journalistes.
3. Ensemble des journalistes ou rédacteurs d'un journal, d'une publication ou d'une maison d'édition.

Rédactionnel

Texte d'une publication. La ***publicité rédactionnelle ou publi-rédactionnelle*** est un texte qui donne l'impression d'un article indépendant fait par la rédaction d'un journal. Cependant, un article rédactionnel peut être élaboré en toute indépendance à l'égard de l'annonceur sur la base d'un communiqué de presse ou de toute autre documentation disponible.

Redevance

Terme polysémique qui désigne :

– soit des recettes dérivées de contrat de licence d'exploitation d'une marque, d'un personnage, d'un film, etc. Dans ce cas, redevance est la traduction française pour l'anglais : *royalty*. Voir ***Droits dérivés*** ;

– soit une taxe annuelle sur les téléviseurs définie par la loi de finances du 30 juillet 1949 et perçue par l'État pour financer les organismes et sociétés de radio-télédiffusion qui en reçoivent une part en fonction du volume d'écoute et de la qualité des programmes. La ***publicité*** constitue leur deuxième source de financement.

Redondance

Grandeur opposée à l'information. Elle exprime l'excès relatif des symboles du message, sur le nombre qui eût été strictement nécessaire (codification optimum). Le gaspillage des symboles, augmentant la prévisibilité du message, diminue la densité d'information.

La redondance (R) se calcule à partir de la quantité maximale d'information qu'il est théoriquement possible d'émettre (H_{max}) et la quantité réellement émise (H_e), soit :

$R = (H_{max} - H_e)/H_{max}$, ou d'une autre manière :

$R = 1 - H_e/H_{max}$

La communication qui suppose une réception du message et la modification des comportements est peu compatible avec l'économicité informationnelle de la réduction de la redondance : la publicité et même les consignes pour le travail dans une organisation exigent la répétition du message afin qu'il soit entendu ou vu et compris.

Pour un système, la redondance évolue en sens inverse de la ***complexité***.

Régie

1. Activité de gestion d'un service public soit par une personne désignée et sous l'autorité de la puissance publique (régie directe), soit par une personne morale ou physique qui sans supporter les risques est intéressée aux résultats (régie intéressée). Par extension, une régie est une entreprise ou un établissement géré selon ce principe.
2. Terme qui s'applique aux travaux facturés sur la base du nombre d'heures effectuées et du remboursement du prix des matériaux utilisés. On parle de travaux en régie.
3. Organisation matérielle d'un spectacle et local technique à proximité du studio ou du lieu de tournage destiné à assurer la réalisation technique du programme.

Régie publicitaire

Entreprise spécialisée dans la commercialisation des espaces publicitaires d'un ou de plusieurs supports auprès des différents clients potentiels : centrales d'achat, agences de communication, annonceurs. Lorsque la régie est intégrée à un journal ou à un groupe de publication, on parle de **régie de presse**. Néanmoins, la publication peut ne confier qu'une partie de son espace à la régie du groupe. L'avantage de celle-ci pour les annonceurs est de proposer le **couplage publicitaire** : l'annonce est publiable dans plusieurs titres pour un tarif élevé certes, mais moindre que la somme des tarifs de chacun des titres.

Régisseur général

Personne qui règle les problèmes matériels du tournage d'un film (obtention des lieux de tournage, convocation des participants, hébergement dans le cas de tournage en extérieurs...).

Régulation

1. Intervention externe ou automatisme intégré à un système en vue de lui assurer un bon fonctionnement, un rythme régulier, une structure constante malgré les variations du milieu environnant, ou enfin une évolution vers des valeurs de référence pour ses valeurs réglées. Dans ce dernier la régulation est cybernétique, le processus est un asservissement, et on dit que le système régulé est un système asservi.
   La régulation macroéconomique est synonyme de politique économique. La réglementation peut être l'une des formes de la régulation, mais la ***déréglementation*** (moindre intervention de la puissance publique par des textes contraignant et limitant la liberté des agents économiques individuels) ne signifie pas l'abandon de la régulation. C'est au nom de la régulation que la déréglementation est décidée. Et cette régulation se fera par le marché au lieu des règles artificielles.
2. Courant d'analyse macroéconomique français qui étudie l'évolution des systèmes économiques (ou mode de production) avec leur mode d'adaptation aux différents changements des variables de leur environnement technologique, juridique, financier, social, etc., en identifiant les structures fondamentales.

Régulation de la programmation

Voir ***Distribution***.

Relais de l'opinion

Voir ***Opinion***.

Relation d'agence

Voir ***Agence (Théorie, Relation)***.

Relations publiques

Ensemble des actions de ***communication institutionnelle*** d'une organisation (collectivité, entreprise) visant à faire connaître ses réalisations et à promouvoir une image valorisée auprès de ses différents publics, aussi bien interne (les salariés sont le premier public de l'entreprise et le premier vecteur de l'image de la firme) qu'externe (élus et représentants des administrations et des corps constitués, les représentants des syndicats et des groupes de pression, les actionnaires actuels ou potentiels, le public en général...).

Les **relations presse** sont un vecteur privilégié des relations publiques, dans la mesure où un compte rendu favorable dans la presse est susceptible de toucher d'autres publics de l'organisation et de les sensibiliser pour une action ad hoc à entreprendre à leur égard. Ces relations presse, dans les grandes organisations, sont prises en charge par le **service de presse** de l'organisation animé par un **attaché de presse**.

Voir ***Stratégie de communication***.

Remise

Réduction de prix consentie au client et au distributeur. On distingue dans la presse : la remise de distribution pour le service rendu par le système de distribution (messagerie, marchand de journaux), et la remise abonnement qui est la différence entre le prix de vente au numéro et le prix moyen demandé à l'abonné.

Répertoire

1. Ensemble des termes qui permettent à un individu de communiquer (encoder et décoder des messages) dans une société donnée. Un répertoire est le produit évolutif de l'apprentissage et de l'expérience.
   La ***communication*** est établie, c'est-à-dire l'échange de messages a lieu, lorsque le répertoire de l'émetteur et celui du récepteur ont des éléments communs. Le répertoire peut par extension être considéré comme l'ensemble des connaissances.
2. Ensemble des œuvres qui constituent le fond d'une compagnie de théâtre, de ballet, et ensemble des œuvres interprétées par un artiste dramatique ou lyrique, un chanteur, un instrumentaliste ou un orchestre. En chorégraphie, l'expression « les œuvres du répertoire » désigne spécifiquement les œuvres classiques et romantiques.
3. ***Système d'information*** sous forme de table, de recueil donnant la liste ordonnée des matières, sujets ou produits. En ***informatique***, le répertoire (*directory* en anglais) est la liste des fichiers de la ***base de données***, qui peut être un disque dur, une disquette, un cédérom, etc.

Répertoire analytique, répertoire critique, répertoire signalétique

Voir ***Bibliographie***.

Répertoire bibliographique

Voir ***Bibliographie***.

Reportage

1. Article de journal fondé sur une enquête d'un journaliste dit **reporter**. Le titre « **grand reporter** » s'applique à un reporter chevronné qui couvre d'importants événements ou qui est chargé d'une enquête sur un important sujet.
2. Enquête radiodiffusée, télévisée ou filmée. Activité d'un reporter

Représentation

Ce qui rend perceptible ou intelligible dans l'espace de la communication et de la sociabilité ; ce qui permet d'être conscient d'un fait ou d'une situation. La représentation est d'une autre manière l'activité humaine qui consiste à produire des symboles tenant lieu d'autres entités. L'être humain, producteur de symboles, conçoit des représentations de nature psychologique, qui sont des produits cognitifs reflétant ce qu'il retient de ses interactions avec le monde.

L'une des caractéristiques majeures de la notion de représentation est sa grande variété de définitions. Le Littré n'en dénombre pas moins d'une douzaine développée à travers diverses disciplines : psychologie cognitive, psychosociologie, sociologie…

1. L'approche psychologique
   La principale discipline utilisant ce concept est la **psychologie cognitive** qui s'intéresse aux processus mentaux par lesquels les connaissances sont acquises, organisées et utilisées.
   Une autre définition a été proposée par Jean Piaget, qui précise la différence entre représentation et perception. Il s'agit, soit d'une évocation des objets en leur absence, soit, lorsqu'elle double la perception en leur présence, de compléter les connaissances perceptives en se référant à d'autres objets, non actuellement perçus. Si la représentation prolonge en un sens la perception, elle introduit un élément nouveau qui lui est irréductible : un système de significations comprenant une différenciation entre le signifiant et le signifié.
   Ainsi la représentation individuelle n'est pas la reproduction fidèle de la réalité. Il est en effet admis, dans toutes les disciplines, que la représentation est en fait une reconstruction de ce qui est perçu.
   Et si cette reproduction implique une activité de reproduction, elle est un remodelage, une construction mentale et non le reflet dans l'esprit d'une réalité externe parfaitement achevée.
2. Les logiques de la représentation
   Il y a quatre types de représentations, qui correspondent à quatre logiques distinctes : la logique spectaculaire, la logique institutionnelle, la logique formelle, la logique symbolique. Ces quatre formes de représentation instaurent quatre instances différentes de la

médiation dans l'espace social, qui organisent quatre formes de communication.

Les logiques de la représentation renvoient toutes à l'instauration de l'espace social comme espace de code et de symboles. C'est la représentation qui marque la rupture entre la logique de la sociabilité et la logique naturelle ; qui marque l'émergence d'un ordre de la forme conventionnellement reconnu comme tenant lieu, dans l'espace social, de l'ordre de la réalité.

a) La logique spectaculaire de la représentation et la médiation théâtrale

La représentation théâtrale, qui sert de modèle, dans l'histoire, aux autres types de représentation, donne en spectacle à elle-même : le théâtre donne la malédiction œdipienne à voir à toute la cité, pour qu'elle prenne conscience de la force de cet interdit, qui s'applique à elle-même, comme il s'est appliqué à Oedipe et à sa cité.

La médiation théâtrale instaure la représentation comme un partage de la cité en deux espaces : celui des acteurs, qui représentent des fonctions, des rôles, des personnages, et celui du public, qui se situe, lui, hors représentation – sauf, dans le théâtre antique, à considérer le chœur comme le représentant, dans la théâtre, du peuple et de la cité. L'importance de la représentation théâtrale est à la fois politique et sociale (elle soude le lien social en intégrant tous les spectateurs dans une commune situation, au moins pendant le temps de la représentation) et esthétique et symbolique (elle dédouble le réel par la représentation qu'en donne la mise en scène).

b) La logique politique de la représentation et la médiation institutionnelle

L'invention de la représentation politique est l'invention de la démocratie ; il s'agit du moment, dans l'histoire des institutions, où la volonté générale, distincte des volontés particulières, représentée par des acteurs reconnus comme ses porteurs légitimes, se trouve présente, par médiation interposée, dans la réalité du politique.

La représentation institutionnelle fonde la **communication politique** en instaurant la nécessité d'une désignation des représentants et d'un compte-rendu de leur mandat auprès de ceux qui les ont désignés. La démocratie est le régime politique qui repose sur le principe d'une désignation et d'un compte-rendu de mandat réguliers, obligatoires et publics.

Il existe trois types de représentation politique, qui donnent lieu à trois formes de **communication politique** : la démocratie élective, la représentation nobiliaire (par les nobles ou les notables) et la représentation consulaire (magistrats). La représentation consulaire est, par exemple, la situation de la magistrature en France, où la justice se rend *au nom du peuple français*. Ces trois formes de représentation politique engagent trois logiques de ***communication médiatée*** : la représentation élective engage la communication destinée à inciter les électeurs à choisir des candidats ; la représentation nobiliaire engage la communication destinée à légitimer l'appartenance, par l'histoire, ou par l'épopée ; la représentation consulaire engage la communication destinée à faire connaître les décisions et les lois édictées par les magistrats, ainsi que les décisions de justice. Tout corps d'État, comme la fonction publique en France, la magistrature et l'armée dans tous les pays, constitue une forme consulaire de la représentation politique, puisqu'il s'agit de représenter l'État, sans pour autant relever d'une logique élective.

c) La logique formelle de la représentation et la médiation esthétique

La représentation esthétique est le moment de **l'invention esthétique** dans la représentation. L'invention esthétique est la création d'images, de discours ou de paroles renvoyant le symbolique à l'invention de formes nouvelles censées inscrire la représentation du réel dans une logique du plaisir ou de l'idéal, de ce qu'il est convenu de nommer le beau.

Le problème de la représentation est double, en termes de communication : il s'agit, d'une part, du problème de l'adéquation (ou de la conformité) de la représentation avec le réel, d'autre part du problème de ce que signifie la représentation, du sens que lui attribuent, au cours de la diffusion, ceux qui la regardent et l'interprètent. Le premier problème pose la question de la conformité ou de la validité du système de représentation mis en œuvre, tandis que le deuxième problème pose la question de la valeur et du sens accordés par le public de la diffusion aux formes et aux objets de la représentation.

d) La logique sémiotique de la représentation et la médiation symbolique

Il s'agit de la logique de la représentation qui fonde le symbolique dans sa dimension autonome par rapport au réel. La logique sémiotique de la représentation correspond au moment originaire de la médiation symbolique : au moment où les relations de communication sont organisées et structurées par des formes et des symboles inscrits dans des codes structurés par des conventions.

La représentation donne sa consistance à la médiation symbolique ; pas de médiation symbolique sans représentation, qui assure la transition du réel au symbolique, du perçu au code. Dans ces conditions, toute organisation symbolique – et, en particulier, toute organisation de la communication –, passe par la mise en place d'une instance et d'un processus de représentation.

La représentation engage ainsi la logique sémiotique, c'est-à-dire la construction de la médiation symbolique. Cela suppose acquises deux étapes fondamentales et fondatrices dans la constitution du symbolique : d'une part, la possibilité, pour le sujet, de se mettre à distance, et de mettre à distance les situations dans lesquelles il se trouve, cette mise à distance étant la condition nécessaire d'une autonomie du symbolique et de la représentation par rapport au réel représenté ; d'autre part, la possibilité, pour le sujet et pour l'autre, d'inscrire la représentation dans l'espace et les structures de la communication. C'est, en effet, le rapport à l'autre qui achève le processus de la représentation, en lui assurant un public et un destinataire.

3. Représentation et communication

La communication et la représentation sont indissolublement liées l'une à l'autre. Toute situation d'échange symbolique est une forme de dialectique entre communication et représentation. Cette relation entre communication et représentation est, d'une part, une relation historique, et, d'autre part, une relation logique.

Sur le plan historique, la représentation et la communication se fondent ensemble, car c'est la représentation qui instaure l'espace social au sein duquel se déroulera la communication. En effet, pour qu'il y ait communication, il faut bien que les relations entre les partenaires de la communication soient fixées et régies par les codes et les conventions du symbolique, et non par les relations qui organisent la situation réelle. Mais ce repérage des acteurs de la communication par rapport aux conventions du symbolique suppose lui-même que soient instaurées les règles et les codes de la représentation.

Sur le plan logique, il ne saurait y avoir communication qu'à partir du moment où les relations entre les signes et les formes de la communication et les réalités dont elles se soutiennent sont fixées par des lois qui sont celles de la représentation. C'est la loi de la représentation qui fonde la nécessité de structures logiques pour la communication. C'est dire l'importance d'une théorie de la représentation dans une théorie de la communication.

Représentations sociales

Chaque individu construit, au cours des échanges qu'il entretient avec autrui, des images mentales correspondant à des jugements sur les divers objets de son univers social.

Cette forme de connaissance, appelée représentation sociale, concerne la façon dont chaque sujet social se représente les événements de la vie courante, les données de son environnement, les informations qui y circulent, ou les personnes de son entourage.

La notion de représentation sociale est relativement récente, même si celle de représentation collective avait déjà été proposée par **Émile Durkheim** (1858-1917), à la fin du siècle dernier. Introduit en psychologie sociale par **Serge Moscovici** dans les années soixante, ce concept est à la base de nombreuses recherches portant sur divers groupes sociaux, notamment sur les femmes, la culture chez les ouvriers français, la didactique des sciences, les problèmes pédagogiques et de communication, la santé et la maladie, ou l'espace individuel. Un inventaire réalisé par D. Jodelet sur ses applications montre que ce sont non seulement les psychologues sociaux qui l'utilisent actuellement mais également les anthropologues, les sociologues, les historiens, les didacticiens et les philosophes...

C'est dire que le champ théorique couvert par ce concept ne forme pas un espace clos et monolithique ! Ces ramifications dans d'autres paradigmes peuvent s'expliquer de deux manières : l'analyse du phénomène représentationnel appelle des éclairages théoriques externes, mais aussi inversement, l'étude de certains processus cognitifs ne peut faire l'économie des connaissances sur les représentations sociales.

Notion carrefour, point de convergences entre les sciences psychologique et sociologique, il est difficile de dégager une définition commune à tous les auteurs qui l'utilisent. D'autant plus que des auteurs de disciplines différentes, psychologues, historiens, sociologues traitent parfois des représentations sociales sous une autre terminologie.

1. Des représentations collectives aux représentations sociales

Il arrive qu'un concept soit établi dans une discipline et que sa théorie soit élaborée dans une autre. C'est par exemple le cas du gène, né en science de l'hérédité (génétique) et théorisé en biologie moléculaire.

Il en est de même pour la représentation sociale, apparue d'abord en sociologie, et dont la théorie a été élaborée, beaucoup plus tard, en psychologie sociale, non sans avoir fait un détour par la psychologie de l'enfant.

C'est Émile Durkheim (1858-1917) qui utilisa le premier le terme de « représentations pour les groupes » en les qualifiant de collectives.

Celles-ci désignent le contenu de la conscience collective, c'est-à-dire l'ensemble des images, des modèles, des symboles et des idéaux véhiculés par une société. Elles se différencient des représentations individuelles, et du flot ininterrompu de perceptions et d'images, ayant pour substrat la conscience de l'individu.

Les représentations collectives sont partagées par une société entière : il peut s'agir de mythe, de religion ou encore de savoir scientifique. Elles permettent, en introduisant un système de pensée convergente, de créer des liens entre les membres d'un groupe et de les amener à agir en harmonie.

Elles indiquent et imposent des conduites, définissant ce qui est conforme aux normes et ce qui ne l'est pas, et exercent ainsi une pression permanente sur les individus.

En outre, les représentations collectives se présentent comme des formes de connaissance fondamentalement stables qui ne peuvent être affectées que par des événements de grande ampleur (guerre, révolution...), contrairement aux perceptions et représentations individuelles qui manifestent une certaine dynamique.

Elles se transmettent d'une génération à l'autre par l'éducation familiale et scolaire.

Longtemps délaissée par les sociologues et psychologues sociaux, cette notion réapparaît en 1961 avec l'analyse de la diffusion de la psychanalyse de S. Moscovici. Son but était d'étudier la transformation d'une théorie savante en sens commun, autrement dit d'un système conceptuel en système de représentations.

S. Moscovici montra comment la psychanalyse s'était vulgarisée et transformée en une sorte de modèle populaire d'appréhension et de compréhension des conduites humaines, et comment la représentation sociale correspondante permet à un sujet de donner un sens à ses comportements et à ceux d'autrui.

Il mena pour cela une étude de la représentation sociale de la psychanalyse dans trois sortes de publications françaises du début des années cinquante : la presse militante proche du Parti communiste, la presse émanant de l'église catholique, et les journaux de grande diffusion.

Ces trois secteurs de la presse n'entretenant pas les mêmes rapports de communication avec leurs lecteurs et avec leur environnement social et culturel, les représentations sociales analysées s'avérèrent très différentes, même s'il existait des points de repère communs.

Dans la presse communiste, en pleine guerre froide, la psychanalyse était présentée comme une pseudo-science ou une science bourgeoise, importée en France des États-Unis et destinée à propager une idéologie mystificatrice.

Les écrits catholiques sur la psychanalyse prônaient la modération et la prudence. Ils la mettaient au service de l'éducation, réfutaient la portée explicative généralisée de la libido mais admettaient le rôle positif de l'affectivité et d'une thérapeutique analytique limitée.

Le journal *Le Monde* l'abordait différemment, et selon les auteurs, avec réserve, sérieux ou ironie. Un chroniqueur refusait par exemple d'y recourir alors que, dans le même numéro, un critique cinématographique y faisait appel.

Par la suite, les divergences entre supports se sont peu à peu estompées.

Le passage des représentations collectives aux représentations sociales s'imposait à S. Moscovici afin d'enlever aux représentations ce côté préétabli, statique qu'elles avaient dans la vision classique. En effet, si les notions de communauté utilisées au siècle dernier ne concernent aujourd'hui que quelques rares civilisations, l'organisation sociale actuelle se caractérise par une multitude de catégories sociales restreintes et variées rendant peu plausible l'hypothèse d'une représentation dominante commune à une population entière.

Cependant, certains auteurs ne virent dans ce nouveau concept qu'un habillage moderne de celui de Émile Durkheim, qu'un retour subreptice de l'esprit de groupe ressuscité. Ce que S. Moscovici réfuta fermement. Il fallait tenir compte des nombreuses dynamiques qui animent notre société, et en particulier celles engendrées par les systèmes de communication et les divers médias. Il devenait, en effet, aberrant de considérer le système de pensée d'un groupe comme un espace symbolique, fermé et stable.

Il faudra cependant attendre une dizaine d'années pour que soit reconnue la valeur scientifique du concept ; ce délai pouvant s'expliquer par la difficulté d'innover en une période fortement marquée par l'emprise de la pensée structuraliste, de la linguistique, du marxisme et du béhaviorisme.

Mais après cette période de latence, le concept connut un regain de vitalité, comme en témoigne le grand nombre de publications réalisées dans de nombreux pays et dans des domaines d'application très variés.

2. Les représentations sociales en tant que connaissances pratiques

La représentation sociale désigne aussi une forme de connaissance naïve, naturelle, par opposition à la pensée considérée comme scientifique. Elle consiste donc, moins à construire des explications rigoureuses des faits, qu'à fournir des cadres d'interprétation, à produire du sens, et apparaît comme une connaissance socialement marquée.

D'une part, son contenu dépend étroitement du système de valeurs de l'individu ou du groupe, de ses options idéologiques et de ses normes. Selon les catégories sociales considérées, la psychanalyse a pu ainsi être considérée comme une atteinte aux bonnes mœurs, un produit de la culture américaine, une pratique ésotérique, ou une médecine révolutionnaire.

D'autre part, elles s'étayent sur une énergétique sociale, sur les mille et une interactions qui font la vie sociale, elles sont l'output d'un bavardage incessant, d'un dialogue permanent entre les individus.

Ainsi, la représentation sociale apparaît comme une modalité particulière des connaissances, construite à partir des valeurs, règles, notions qui caractérisent un groupe.

Elle définit ce qui est à percevoir et à retenir, ce qu'il faut faire ou ne pas faire.

Elle est à la fois un contenu cognitif et un processus.

En tant que contenu, elle se réfère à la structure imaginaire des individus et constitue un de ses modes d'expression. La réalité est construite au travers des désirs, des attentes et des sentiments que nous projetons sur elle.

En tant que processus, la représentation conditionne la transformation d'une réalité sociale en un objet mental. Elle ne restitue pas dans leur intégralité les données matérielles, mais les sélectionne et les distord en fonction de la position qu'occupent les individus dans une société sociale donnée et des relations qu'ils ont avec autrui. C'est une élaboration mentale qui se joue en fonction de la situation d'une personne, d'un groupe, d'une institution, d'une catégorie sociale, par rapport à celle d'une autre personne, groupe ou catégorie sociale. Elle est donc un médiateur de la communication sociale, dans la mesure où celle-ci s'appuie sur les objets sociaux ainsi transformés pour les inscrire dans le système social comme des éléments d'échanges.

Produite et engendrée par le groupe, elle se présente comme la reprise et l'intériorisation des modèles culturels et des idéologies dominantes en œuvre dans une société.

Étudier les représentations sociales consiste alors à relier leurs caractéristiques à celles des rapports symboliques à l'intérieur et entre des groupes sociaux.

S. Moscovici a recensé deux processus, définis sous les termes d'objectivation et d'ancrage, qui permettent l'intégration de la nouveauté, fonction de base de la représentation sociale.

L'objectivation ou matérialisation est un processus d'agencement des connaissances concernant l'objet d'une représentation, et peut se définir comme une opération imageante et structurante. Elle permet le passage d'éléments abstraits théoriques à des images concertées : elle rend concret ce qui est abstrait. L'intervention du social se traduit dans l'agencement et la forme des connaissances relatives à l'objet. Par exemple, dans la représentation sociale de la psychanalyse, l'appareil psychique apparaît divisé en deux parties superposées, en dessus le conscient, en dessous l'inconscient, dont les tensions réciproques produisent des complexes. Ce schéma figuratif simple, facile à comprendre est centré sur l'opposition apparent/caché et sur l'existence d'un mécanisme nocif, le refoulement, à l'origine de tous les maux. Il constitue le noyau dur de la représentation. L'objectivation est ainsi une caractéristique inhérente à la vulgarisation scientifique.

L'ancrage, quant à lui, est le processus d'incorporation de nouveaux éléments de savoir dans un réseau de connaissances. L'ancrage nous permet ainsi de confronter cette nouveauté avec ce que nous considérons comme familier. Il fonctionne d'abord comme un système d'interprétation. La psychanalyse peut être par exemple considérée comme un outil de connaissance de soi et des autres, fournissant un système de classification et de typologie des individus. Il constitue ensuite un système de significations. La psychanalyse peut être assimilée à un acte thérapeutique par la parole ou à une liaison sexuelle en raison du rapport existant entre analyste et analysé. Elle devient pour certains l'affaire de catégories sociales particulières : les riches, les artistes, les femmes, les névrosés voire les étrangers. Elle assure enfin une fonction d'intégration, dans la mesure où la nouveauté s'insère dans des systèmes de pensée déjà existants, surtout quand ceux-ci sont confrontés à l'inattendu ou à l'inexplicable. Par exemple, la représentation sociale de l'intelligence sous forme de don surgit quand des parents sont confrontés à des degrés manifestement différents d'intelligence chez leurs propres enfants.

Deux grands axes de recherches sur les représentations sociales se développent actuellement.

Le premier concerne les questions méthodologiques posées par l'analyse des représentations sociales et privilégie l'utilisation d'un outil statistique, appelé l'analyse de similitude.

Le second regroupe des monographies descriptives, dont certaines étudient l'impact des représentations sociales sur les conduites.

Mais deux écoles en psychologie sociale semblent aujourd'hui s'opposer sur ce sujet. Celle d'Aix-en-Provence qui considère que les représentations sociales constituent un élément prépondérant dans le déclenchement de la conduite, alors que celle de Grenoble estime que la conduite précède souvent les représentations, l'individu cherchant à donner un sens à son comportement.

3. Habitus, idéologie et représentations sociales

Si de nombreuses disciplines utilisent le concept de représentations sociales, ainsi que l'a montré le recensement effectué en 1989 par Denise Jodelet, d'autres se sont penchées sur des problématiques similaires en forgeant leurs propres concepts. Mais ces derniers s'avèrent souvent très proches.

Ainsi, l'une des tendances de la sociologie française, animée par Pierre Bourdieu, a construit le concept d'habitus, qui permet de comprendre le pourquoi des pratiques individuelles et collectives des individus.

L'**habitus** est un principe qui structure la perception et l'action des agents sociaux. Ainsi, plus les individus appartiennent à des groupes sociaux semblables, plus leur culture et donc leur habitus sont communs. Le goût est, par exemple, socialement défini par un habitus de classe.

« On pourrait, à propos des classes populaires, parler de franc-manger comme on parle de franc-parler. Le repas est placé sous le signe de l'abondance (qui n'exclut pas les restrictions et les limites) et surtout de la liberté : on fait des plats "élastiques", qui "abondent", comme les soupes ou les sauces, les pâtes ou les pommes de terre (presque toujours associées aux légumes) et qui, servies à la louche ou à la cuillère, évitent d'avoir à trop mesurer et compter – à l'opposé de tout ce qui se découpe, comme les rôtis » (P. Bourdieu, *La distinction*, Paris, Minuit, 1979).

Ainsi le concept d'habitus, bien que ne se référant pas aux représentations sociales, en apparaît très voisin.

L'idéologie peut également être associée aux représentations sociales, cette notion apparaissant dès lors qu'est considérée la société dans son ensemble, ou du moins des groupes d'une certaine ampleur.

Mais, pour les disciples de S. Moscovici, il est évident que les deux concepts ne se recouvrent pas car l'idéologie conditionne le contenu des représentations sociales.

Une idéologie vit par la force du système conceptuel, quasi-logique qui le soutient ; la représentation sociale n'a pas cette structure systématique, elle est comme constituée de blocs conceptuels divers reliés entre eux de différentes manières.

Une idéologie a un appareil qui la défend et en sauvegarde l'orthodoxie, tandis que la représentation sociale en est dépourvue. Pour cela le monde de l'idéologie est un monde plus stable, réifié, tandis que l'univers de la représentation est plus diffus, mobile, toujours en changement.

En identifiant les mécanismes socio-cognitifs qui sont à l'œuvre dans la pensée sociale, l'étude des représentations sociales permet de répondre à toute une série d'interrogations situées au carrefour des sciences humaines et des sciences sociales.

Voir ***Identité, Culture et identité d'entreprise, Interaction sociale***.

Reproduction de l'œuvre d'art

La **photographie** multiplie les modes « d'apparition » de l'œuvre d'art, quantitativement, puisqu'elle permet la diffusion à grande échelle d'illustrations adaptées à toutes sortes de supports, mais aussi parce qu'elle produit, à partir d'une **image primaire**, une image dédoublée ayant ses propres lois et ses propres effets. Les différences plus ou moins essentielles qui s'instaurent dès lors entre l'original et sa reproduction dénaturent-elles le rapport du spectateur avec l'original ? La reproduction appartient-elle à un univers autonome où le simulacre tient lieu de réalité ou bien est-elle l'objet d'une perception critique qui relativise sa fonction de simulation ? Telles sont quelques-unes des questions posées à propos de la reproduction quand elle devient l'image d'une image.

1. L'œuvre et son aura

Prolongeant les propos de Paul Valéry qui augurait en 1934 : « [...] ainsi serons-nous alimentés d'images visuelles et auditives, naissant et s'évanouissant au moindre geste, presque à un signe », Walter Benjamin a théorisé le phénomène de la reproduction en s'appuyant dialectiquement sur l'idée de dégradation ou de perte : « À la plus parfaite reproduction, il manque toujours quelque chose : l'ici et le maintenant de l'œuvre d'art, – l'unicité de sa présence au lieu où elle se trouve ». Idée reprise dans une formulation qui depuis fait référence : « On pourrait résumer tous ces manques en recourant à la notion d'aura et dire : au temps des techniques de reproduction, ce qui est atteint dans l'œuvre d'art, c'est son aura » (*Essais 2. L'œuvre d'art à l'ère de sa reproductibilité technique,* Denoël - Gonthier, 1983).

W. Benjamin rattache la notion « d'aura » à celle de tradition ; en conférant à l'œuvre une actualité possible en toutes circonstances, les techniques de reproduction aboutissent « à un ébranlement de la tradition ». Première conséquence qui, dans son esprit, loin d'être négative, permet au contraire d'envisager autrement la fonction de l'art : « Au lieu de reposer sur le rituel, elle se fonde désormais sur une autre forme de praxis : la politique ». Deuxième conséquence : en détruisant l'aura, les techniques ont permis la « parfaite réalisation de l'art pour l'art » dont le fascisme, dans sa propension à « esthétiser la politique », utilise le pouvoir aliénant. Contre ce dévoiement de l'esthétique, il préconise la politisation de l'art. Il souligne à ce propos que les techniques de reproduction peuvent servir des fins progressistes dans le cinéma mais il s'arrête au constat de la béance qu'elles ont provoquée dans les arts plastiques. Il n'y a chez lui, sur ce dernier point, ni condamnation, ni programme non plus. C'est en termes politiques qu'il propose une mission au cinéma ; c'est en sociologue « désarmé » qu'il analyse l'impasse où se trouve la peinture : « Encore qu'on ne puisse guère [...] tirer aucune conclusion quant au rôle social de la peinture... ».

À la valeur absolue de sa thèse sur la « perte de l'aura », trop soulignée dans les commentaires dont elle fait l'objet, s'opposent les arguments circonstanciels et historiques d'un essai dont le véritable propos était de réfléchir sur les orientations d'un nouvel art de masse : le cinéma. Ainsi, en appeler à cette notion « d'aura » pour disqualifier la valeur des reproductions ne peut se faire qu'avec circonspection car il s'agit moins d'une dénonciation de la technique en elle-même qui est en cause dans la théorie de Benjamin qu'un appel à sa maîtrise par les artistes.

2. Reproduction et transposition

La reproduction a-t-elle un pouvoir si grand qu'elle fausse l'appréhension des œuvres originales ? Cette interrogation, qui n'est pas sans rappeler celle qui concerne les rapports entre cinéma et télévision, demeure toujours ouverte. Il existe d'un côté la réponse affirmative d'une critique (Jacques Guillerme, « Reproduction des œuvres d'art », *Encyclopaedia Universalis,* 1992) qui, sur le mode ontologique, applique maintenant à la photographie des œuvres les arguments qui mettaient en cause autrefois la valeur artistique de la photographie. De l'autre, nous trouvons pour réponse des arguments qui ne font plus mention de la « trahison originelle » de la reproduction mais considèrent ses modes d'existence et ses usages. Une argumentation qui va peu ou prou dans le sens de ce qu'André Malraux défendait dans *Le Musée Imaginaire* : « Répondant à la création, et la suscitant à son tour, la reproduction va pour la première fois dispenser au monde les formes que les artistes de chaque nation ont ressuscitées, admirées, pressenties ou ignorées » (*Le Musée imaginaire*, Gallimard, 1965).

Si l'on estime en effet que la reproduction ne peut avoir pour rôle d'être la copie conforme d'un original mais qu'elle est avant tout une transposition, on peut alors l'aborder d'un autre point de vue et observer qu'en dépit ou à côté de ses imperfections elle a aussi un pouvoir de révélation. Un aspect que André Malraux a souligné, en particulier pour la sculpture. Les modifications plus ou moins accentuées qu'on reconnaît dans la transposition par rapport à l'image originale ; les modifications de volume, de texture, de format qui dépendent – brièvement – de la prise de vue, de la maquette et de la restitution (imprimée, projetée, affichée sur écran... etc.), ne se font pas systématiquement au détriment de l'original. Certains éclairages, certains cadrages, certains agrandissements ou certaines réductions s'imposent parfois comme de véritables « outils » analytiques. Aux effets perdus de la matérialité de l'original, la reproduction substitue des effets d'interprétation qui stimulent la vision : en face de détails révélateurs, de rapprochements inattendus, de juxtapositions éclairantes. Comment ne pas constater par exemple tout le bénéfice que les démarches comparatistes ont pu en retirer.

Il demeure incontestable que la chaîne d'opérations nécessaires à la reproduction, où se mêlent intentions et techniques, conditionne la variabilité des reproductions rapportées à un même original, mais il est tout aussi vrai qu'elle n'est pas forcément au service d'une traduction manquée. Comme l'a observé Guy Scarpetta (« Notes sur la reproduction », *Art Press*, n° 94, 1985) : avec la reproduction « nous perdons presque tout [souligné par l'auteur] de l'effet des tableaux de Pollock, de Rothko ou de Newman [...] ; à l'inverse, il est beaucoup moins gênant d'aborder ainsi les tableaux de Mondrian, ou les *Papiers découpés* de Matisse... ». La reproduction s'adapte plus ou moins à la nature des originaux : ce phénomène, avant même d'invoquer les progrès techniques et les soins artisanaux que des éditeurs ou des imprimeurs peuvent accorder à l'édition de l'image, détermine aussi ce qu'il faudrait appeler un degré « d'évocation » plus ou moins réussi. Parfois, les rapprochements sont favorisés par la proximité des supports : c'est le cas des travaux artistiques qui utilisent le médium photographique, quand ils ne se confondent pas avec lui, ou qui ont eux-mêmes la reproduction pour objet.

S'il l'on veut concevoir la reproduction sous l'angle de ses capacités informatives, elle doit faire l'objet d'une perception critique ; Abraham Moles a ainsi évoqué un troisième âge de l'image qui « serait celui d'une *prise de conscience*, d'une attitude théorique, de la construction d'une doctrine » (*L'image communication fonctionnelle*, Casterman, 1981). Mais avant d'y parvenir, seuls l'expérience et le contexte déterminent peu à peu une échelle d'appréciation des caractères positifs ou négatifs non pas du phénomène de reproduction en soi mais de telle ou telle reproduction particulière. On ne peut statuer sur sa fonction d'illusion si on oublie de la situer dans l'ensemble des pratiques culturelles où elle intervient, et il semble que de ce point de vue, la fréquentation des musées, par exemple, n'apporte pas la preuve que cette illusion suffirait à éloigner le public des œuvres originales. De même on ne peut s'en tenir à cette idée que le public est nécessairement trompé par une image déformée de l'original. La diffusion massive et la variété des supports, analogiques et numériques, a plutôt pour effet de « dévoiler » la technique à travers la gamme de traductions possibles d'une œuvre.

Il n'y a donc pas lieu d'attaquer la reproduction au nom de la « perte de l'aura », dont on a vu par ailleurs qu'elle ne constituait pas en elle-même un critère de condamnation, ni de la défendre en toute circonstance quand on connaît le rôle de « remplissage » et « d'ornement » sommaire qu'on lui fait jouer parfois. C'est en la détachant à son tour de l'aura qu'on tente de lui attribuer qu'on retrouvera en elle son statut de document sur l'art, et qu'on admettra qu'elle puisse présenter, comme les autres documents, des intérêts mesurables. Elle rejoindra donc ce « musée documentaire », où selon André Malraux : « La reproduction ne rivalise pas avec le chef-d'œuvre présent : elle l'évoque ou le suggère. [...] *Elle nous mène à contempler ceux qui nous sont accessibles, non à les oublier* ; et s'ils sont inaccessibles, qu'en connaîtrions-nous sans elle ? » (*op. cit.*). Que connaîtrions-nous en effet de la Grotte Cosquer sans la reproduction ? Loin d'être un épiphénomène aux conséquences nocives pour la connaissance, elle représente un enjeu documentaire parce qu'elle possède, comme l'écrit, ses propres valeurs informatives.

Réseau

Ensemble de liens ou de relations entre des éléments d'une organisation, qu'elle soit sociale, linguistique, technologique ou neurologique.

1. Le réseau social

D'un point de vue social, un réseau est notamment un ensemble de personnes qui sont en relations dans le cadre d'une structure formelle dédiée (club, association, groupe d'entreprises...) ou informelle et qui s'échangent des informations ou agissent en commun dans l'intérêt de certains ou de tous les membres du réseau. Il convient cependant de distinguer les réseaux de communication et les réseaux économiques.

Les réseaux de communication sont l'objet d'étude de la sociométrie avec notamment les travaux de Bavelas, Leavitt, Miller aux États-Unis, de Mucchielli et de Flament en France.

Cinq formes de réseaux ont été mises en évidence :

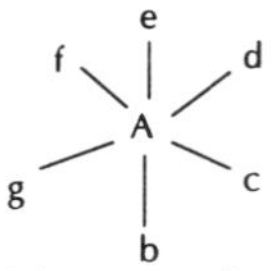

Réseau en étoile (réseau centralisé)

Réseau en Y

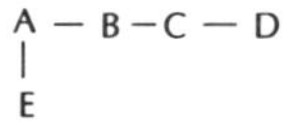

Réseau en chaîne

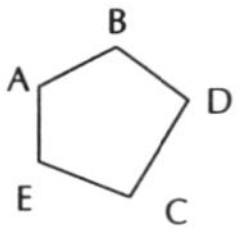

Réseau circulaire

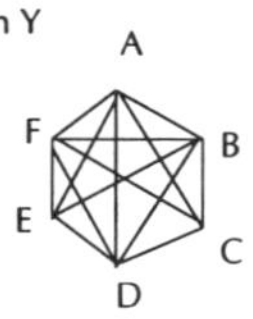

Réseau émaillé (interdépendance)

Dans le domaine économique, les réseaux peuvent être des relations de coopération, des relations de sous-traitance, des quasi-intégrations, des groupements d'intérêt économique pour des opérations ponctuelles ou particulières. Par exemple, les exploitants indépendants de salles de cinéma établissent des réseaux de ***programmation*** sous la forme d'entente locale ou régionale pour avoir la possibilité d'obtenir des films à fort potentiel commercial auprès des distributeurs, au même titre que les **grands réseaux nationaux intégrés** (groupe de production et de distribution de films et d'exploitation de plusieurs salles de cinéma). De même, la plupart des ***radios locales privées (RLP)*** sont organisées en réseau sous la bannière d'un opérateur principal de dimension nationale qui propose un programme via un satellite de diffusion et assure la régie publicitaire pour l'ensemble des membres du réseau.

2. Le réseau d'équipement de communication

D'un point technologique, un réseau est un ensemble d'éléments interconnectés, c'est-à-dire qui permet la ***distribution*** ou le transport d'un message entre l'émetteur et le récepteur, avec possibilité d'échange, transformant le récepteur en émetteur, comme dans les réseaux entre ordinateurs de type ***Internet***. De ce point de vue, les principales configurations des réseaux sont : le réseau en étoile, le réseau en arbre, et le réseau maillé.

Les principaux réseaux matériels sont : le réseau téléphonique, le réseau câblé, le réseau mobile – ou réseau cellulaire, ***radiotéléphone mobile*** – (voir ***Techniques mobiles de communication***), les réseaux hertziens terrestres de ***radiodiffusion*** et de ***télédiffusion*** (voir ***Transmission hertzienne***), les réseaux satellitaires de radiodiffusion, de télédiffusion et de télécommunication (qui sont aussi des réseaux hertziens). Les ***réseaux neuronaux*** sur lesquels travaillent les informaticiens de l'***intelligence artificielle*** sont des formes technologiques particulières, dans la mesure où ils sont internes au système d'information, alors que les autres mettent en relation des hommes via des systèmes qui d'ailleurs peuvent être des ordinateurs.

L'espace couvert par le réseau permet de distinguer le **réseau local** (c'est le cas, par exemple, lorsque plusieurs ordinateurs sont reliés sur le même site), le **réseau national** (c'est le cas des réseaux de programmation nationaux des salles de cinéma ou bien des *networks* américains dans la télévision – ABC, CBS, NBC) et le **réseau international** comme ***Internet.***

3. Les réseaux sémantiques

Du point de vue linguistique, un réseau sémantique est l'ensemble des liens entre des notions qui ont des rapports de sens. Voir ***Thésaurus.***

Réseau (Distribution par -)

Voir ***Distribution, Câblodistribution.***

Réseau câblé

Voir ***Câble.***

Réseau cellulaire

Réseau de communication radio pour téléphone mobile. Dans ce système, qui fonctionne selon une norme spécifique pour chaque grand espace continental (une norme pour l'Amérique, une norme pour l'Europe – ***GSM***) ou pluricontinental (une norme pour l'Asie-Océanie), le territoire à couvrir par la firme concessionnaire du réseau est découpé en une série de zones ou cellules, dotées chacune d'un dispositif d'émission-réception. Un dispositif de localisation des appels et de changement automatique des fréquences, relayé éventuellement par satellite, assure la continuité du service en déplacement du mobile.

Voir ***Techniques mobiles de communication.***

Réseau de programmation

Voir ***Programmation des salles de cinéma.***

Réseau hertzien

Voir ***Transmission hertzienne.***

Réseau large bande

Voir ***RNIS (Réseau numérique à intégration de services), Transmission hertzienne, Autoroute de l'information, Commutation.***

Réseaux neuronaux

La naissance des réseaux de neurones remonte à 1943, avec la parution d'un article de W.S. Mc Culloch et W. Pitts. Issus de la neurobiologie, ils sont devenus par la suite une discipline de l'informatique généralement rattachée à l'***intelligence artificielle***. Après une période de désaffection due à la mise en évidence de certaines limitations, ils ont connu un net regain d'intérêt au début des années 80, sous l'influence de Hopfield, puis Rumelhart et Le Cun. Rares sont aujourd'hui les laboratoires de recherche en informatique qui ne disposent pas d'une équipe travaillant sur les techniques neuronales ou connexionnistes. Les domaines abordés avec succès par cette discipline vont de la reconnaissance de caractères manuscrits à la télédétection, en passant par la prédiction de séries temporelles, le filtrage adaptatif ou encore la commande.

1. Le neurone biologique

Les techniques neuronales sont issues de l'observation des neurones biologiques. Ceux-ci sont des cellules particulières composées des éléments suivants :

– Le corps cellulaire, pourvu d'un noyau, assure les fonctions vitales de la cellule et procède au traitement de l'information.

– Les dendrites sont des prolongements centripètes dont la fonction est de collecter l'information extérieure pour la transmettre au corps cellulaire.

– Les axones sont des prolongements centrifuges qui peuvent atteindre un mètre de long. Leur but est de transmettre l'influx nerveux – « information » – issu du corps cellulaire lorsque l'excitation provenant des dendrites dépasse un certain seuil.

Les premiers modèles ont été « adaline » et « percetron ».

a) L'architecture adaline

Les recherches évoquées plus haut ont motivé le choix d'un modèle informatique similaire au neurone. B. Widrow, en 1960, a ainsi proposé une architecture qu'il a nommée ADALINE, abréviation de *Adaptive Linear Element*, soit en français, élément linéaire adaptatif : en effet la sortie « y » est une combinaison linéaire du vecteur d'entrée « x ».

L'intérêt de l'Adaline réside en fait dans l'algorithme utilisé pour mettre à jour les « poids » wi, utilisant une technique de gradient stochastique.

b) L'architecture perceptron

La première architecture à se rapprocher réellement du fonctionnement du neurone biologique est le perceptron, proposé par Rosenblatt dès 1957. Proche de l'adaline par certains côtés, il ajoute à la combinaison linéaire des entrées un seuillage des sorties par une fonction de type « signe », fournissant ainsi une sortie binaire.

Ce type de réseau très simple effectue une séparation linéaire de l'espace des entrées par un hyperplan. Chaque côté de l'hyperplan correspond à une classe différente.

Le lien avec le neurone biologique est aisé si l'on procède aux considérations suivantes :

– Les poids wi représentent les forces relatives des contributions des différentes dendrites à l'excitation de la cellule.

– Les entrées xi sont les informations extérieures collectées par les dendrites.

– La fonction signe correspond à un seuillage effectué sur la somme des signaux reçus par la cellule.

– La sortie « y » est l'excitation produite par la cellule et transmise par son axone.

Les deux modèles précédents sont cependant limités à la séparation linéaire, et de ce fait incapables de réaliser certaines tâches extrêmement simples.

Le constat de cette impuissance, effectué par Minsky et Papert en 1969, à l'issue d'une étude extensive du Perceptron, donna un coup d'arrêt aux recherches. Seule une poignée de chercheurs (en particulier au Japon) continua à s'intéresser à ce type de techniques.

2. Des réseaux de neurone au connexionnisme

L'inspiration neuro-biologique des techniques présentées ici est évidente. Cependant, il est clair au vu de ce qui précède, et plus encore en considérant les résultats plus récents, que la modélisation informatique a formellement bien peu de lien avec ces origines. À partir de ces considérations, il est ainsi possible de diviser la communauté scientifique travaillant sur les aspects dits neuronaux en deux catégories :

– La première est constituée des chercheurs qui appréhendent ce domaine par l'étude extensive du neurone réel. Cette approche neuro-biologique fait appel à l'étude réelle du cerveau autant qu'à l'informatique.

– La seconde s'intéresse à ces modèles pour leurs capacités de traitement de l'information. L'aspect biologique est alors secondaire, supplanté par les techniques d'optimisation et d'analyse numérique.

De cette seconde catégorie, est issue le ***connexionnisme***, un domaine de l'informatique (et plus précisément de l'***Intelligence Artificielle***) traitant de nombreux modèles différents dans lesquels la notion de connexion est néanmoins prépondérante.

Réseau numérique à intégration de services

Voir ***RNIS***.

Réseau Radio à Ressources Partagées (3RP)
Voir ***Techniques mobiles de communication (Analyse économique des -)***.

Réseau Radio Réservé aux Données (3RD)
Voir ***Techniques mobiles de communication (Analyse économique des -)***.

Réseau télématique
Les réseaux ***télématiques*** sont nés de la ***convergence des technologies de l'informatique et des télécommunications***. Ils sont conçus pour acheminer n'importe quelles données (texte, image, son, vidéo, données brutes) à la seule condition qu'elles soient codées sous forme numérique. Leurs performances varient en fonction de leurs débits. À l'heure actuelle le principal réseau utilisé est le ***RNIS*** bande étroite dont les capacités restent limitées pour la transmission d'images animées.

Les applications ***multimédias*** exigent de très gros débits de transmission car elles réclament du réseau transporteur qu'il véhicule de l'image animée et du son qui constituent toujours des fichiers très lourds à gérer, ce qui explique à l'heure actuelle la déficience qualitative et quantitative des produits multimédias en vidéo surtout et parfois aussi en son.

Il faut par exemple :
100 Kbps (K = mille, bps = bits par seconde) pour transmettre la parole ;
1,5 Mbps (M = million) pour transmettre de la musique en stéréophonie ;
60 Mbps pour transmettre de la vidéo noir et blanc ;
88 Mbps pour transmettre de la vidéo couleur standard ***PAL*** ou ***SECAM***.

Réseau téléphonique
Voir ***Téléphone, Commutation, RNIS***.

Résumé
Faire un résumé consiste à extraire l'information utile contenue dans des documents, à la sélectionner, la mettre en forme de manière à constituer un ensemble cohérent d'informations condensées utilisables par les usagers d'un système documentaire.

Selon la profondeur de l'analyse, on distinguera les résumés indicatifs, les résumés informatifs, les extraits ou *abstracts*, les *digests*, et enfin les résumés critiques.

Particulièrement intéressants pour une analyse automatique du contenu des publications sont les résumés rédigés par les auteurs d'articles scientifiques et techniques et qui accompagnent obligatoirement les articles. La plupart des revues d'analyses extraient leurs mots-clés, mot pour mot, des résumés d'auteurs élaborés dans les documents primaires. Les résumés doivent être publiés dans une langue à large diffusion, par exemple l'anglais, quelle que soit la langue originale de l'article ; de plus en plus fréquemment les auteurs doivent également fournir des termes d'***indexation***.

Retransmission
Voir ***Diffusion***.

Rétroaction (*Feed back*)
Action en retour ou réaction. Dans un modèle économique, la rétroaction signifie que l'effet devient à son tour la cause. Dans le modèle canonique de la communication, modèle de Shannon-Weaver révisé dans sa linéarité par la prise en compte de la rétroaction, le récepteur devient à son tour émetteur. En ***cybernétique*** la rétroaction positive entretient et accélère le processus, tandis que la rétroaction négative l'inhibe. Voir ***Communication***.

Revue
Publication périodique spécialisée.

Revue de presse
Document qui fait la synthèse de la presse sur un sujet donné ou sur différents thèmes pertinents pour les membres d'une organisation (entreprise, administration) en réunissant les différents messages ou articles qui ont été consacrés à ce sujet ou à ce thème.

Revue (ou bibliographies) de sommaires
Bibliographies de sommaires qui reproduisent les sommaires des fascicules de périodiques et de monographies. Elles constituent un outil d'information très appréciable dans le domaine de la recherche scientifique : la circulation de la revue des sommaires évite les déplacements des personnes ou la circulation onéreuse des revues et journaux. Mais avec le développement des réseaux télématiques, la revue papier des sommaires est sérieusement concurrencée par les systèmes électroniques.

Revue scientifique
Sur le plan formel, la revue se définit comme « une publication en série, dotée d'un titre unique, dont les livraisons, généralement composées de plusieurs articles répertoriés dans un sommaire, se succèdent chronologiquement, à intervalles plus ou moins réguliers » (AFNOR). Il ne suffit pas d'ajouter qu'une revue scientifique publie des articles spécialisés destinés à un public ciblé et limité, les chercheurs, pour cerner sa spécificité. Par rapport aux revues « profanes », elle présente trois différences majeures :
– elle publie des travaux qui ont – ou devraient avoir – pour finalité d'exprimer une ambition cognitive (description et interprétation du réel)

en se référant explicitement à un appareil théorique et méthodologique validé. Il s'agit surtout d'articles (de recherche, de synthèse...), mais également de chroniques et d'écrits ayant une vocation informative critique : notes de lecture, comptes-rendus de manifestations scientifiques... ;

– elle est faite par des chercheurs pour des chercheurs ;

– elle est une pièce maîtresse dans le débat scientifique puisqu'elle est le support le plus utilisé dans le monde, toutes disciplines confondues, pour rendre compte des nouvelles avancées de la recherche.

L'article dans un périodique scientifique est considéré comme la publication par excellence car la revue, surtout quand elle est « reconnue », constitue l'outil le mieux adapté aux exigences de la recherche.

1. Un support adapté aux exigences scientifiques

a) Un peu d'histoire

Ce support est né au XVIIIe siècle, au moment où s'anime la vie intellectuelle et scientifique et où il apparaît nécessaire aux savants de développer leurs échanges par des moyens autres que les voyages et la correspondance. Jusqu'alors, ce sont surtout les correspondances privées qui permettaient de diffuser l'information scientifique. C'est, par exemple, à travers le courrier du **Père Marin Mersenne** (1588-1648) adressé à un ***réseau*** très dense de destinataires français et étrangers que furent connus certains travaux majeurs, dont ceux de Galilée, ainsi que des informations « utilitaires » essentielles comme la parution d'ouvrages fondamentaux. De même, Newton exposa sa théorie sur la lumière dans une lettre à la Royal Society avant de publier un article dans *Philosophical Transactions.*

Peu à peu, grâce à l'action des Académies bientôt relayées par d'autres institutions scientifiques, les revues – la première, *Le Journal des Savants* (Paris, 1665), est aujourd'hui encore édité sous la responsabilité de l'Académie des Inscriptions et Belles Lettres – remplissent les fonctions assurées par la correspondance privée, au point de reléguer celle-ci dans un rôle accessoire. Cette évolution est liée à la transformation progressive de la recherche en une activité collective, universelle, au développement rapide, nécessitant la multiplication des échanges ainsi que la mise en place de procédures de contrôle acceptées par la « communauté scientifique ». Le développement des revues connaît d'ailleurs une croissance exponentielle : une dizaine au XVIIe siècle, une centaine au XIXe, un millier au milieu du XIXe et un peu moins de cent mille aujourd'hui, toutes disciplines confondues.

C'est par contre avec un certain retard (fin du XVIIIe avec la parution du précurseur des célèbres *Chemical Abstracts* et surtout début du XXe) que se développent les **systèmes d'information secondaire** dédiés aux périodiques, d'abord sous la forme de documents écrits (catalogues, annuaires bibliographiques, bulletins analytiques...), puis à travers les ***systèmes d'information en ligne*** et les ***cédérom***. La base de données la plus consultée, *Science Citation Index,* est administrée par l'Institute for Scientific Information (ISI). C'est une base pluridisciplinaire qui gère plusieurs milliers de revues (3 300 pour les sciences exactes) sélectionnées en fonction d'une notoriété mesurée par la méthode de l'analyse des citations. En fait, la plupart sont anglo-saxonnes, ce qui s'explique par la nationalité de l'ISI et la domination de l'anglais dans la communication scientifique internationale. Cette base est une référence, et pour les revues qui y sont indexées et pour les chercheurs qui les consultent. Toutefois, quand les recherches deviennent très « pointues », on s'adresse aussi à des bases nationales ou internationales très spécialisées (INSPEC en physique, BIOSIS et MEDLINE en biologie...). Certains construisent leurs propres bases en procédant au ***téléchargement de données*** issues de plusieurs sources.

b) Revues scientifiques et revues profanes

Si ce support est aujourd'hui encore le point de passage obligé de l'activité scientifique, ce n'est pas seulement en raison de ses qualités formelles, par ailleurs bien réelles : souplesse, périodicité et rapidité de publication des résultats garantissant l'antériorité des découvertes (ce n'est pas vrai pour toutes les revues puisque l'attente dure parfois deux ans...). C'est surtout parce qu'il correspond au rôle que l'on attend de l'évaluation, processus indispensable à la validation des résultats. L'évaluation des articles est un élément décisif permettant de distinguer la revue scientifique des autres périodiques dans lesquelles publient aussi les chercheurs : revues d'idées – *Esprit, Projet, Les Temps Modernes, Commentaires, Débats, Autrement...* –, revues techniques, revues de vulgarisation – *La Recherche, Pour la science...* Elle se déroule en deux phases :

– La première, la plus importante, fait intervenir le Comité de lecture. En pratique, la proposition d'articles est soumise par la rédaction à au moins un lecteur – *referee* en anglais – qui établit une fiche de lecture comportant une analyse critique de la forme, du fond et des références utilisées ainsi qu'un avis (refus, acceptation en l'état ou sous réserve de modifications). Sur la base de cette proposition, le Comité de rédaction prend la décision finale. Dans la mesure où le *referee*, chercheur confirmé choisi en raison de ses compétences et de sa notoriété, est le garant de la scientificité, l'avis est suivi dans la quasi totalité des cas.

En fait, cette procédure n'est pas appliquée par toutes les revues avec la même rigueur et ce pour des raisons, bonnes et mauvaises, de nature différente : discipline concernée (la rigueur est plus grande dans les revues de sciences de la nature et de la vie), taille et notoriété de la revue, difficulté pour trouver des lecteurs acceptant de répondre rapidement, alourdissement des délais de publication, surcroît de travail pour les responsables...

Il faut en outre préciser que l'évaluation par les pairs a provoqué un certain nombre de « bavures » : pillage des résultats par le lecteur, retard volontaire de l'avis afin de protéger sa propre recherche ou celle d'un chercheur de son équipe en instance de publication dans une autre revue...

– La deuxième phase intervient à partir de la publication effective. L'entrée dans le « domaine public » étant synonyme d'entrée dans le débat scientifique, l'article est alors soumis à la critique du ***lectorat,*** très largement composé de chercheurs. Leurs remarques prennent rarement la forme d'une lettre destinée à alimenter un courrier des lecteurs d'ailleurs peu abondant. Elles sont formulées dans d'autres articles, éventuellement écrits en réponse. L'importance accordée à un article se mesure non seulement au nombre d'articles ou de notes critiques qu'il suscite, mais aussi au nombre de citations dont il fait l'objet dans les revues, les ouvrages, les colloques (notion d'article de référence). Seuls un petit nombre d'articles sont régulièrement cités par les pairs. Certaines études ont même relevé que 90 % des articles publiés ne font jamais l'objet de la moindre citation. Combien sont réellement lus ?

Ce qui différencie enfin la revue scientifique des revues profanes, c'est l'importance du **paratexte**. Ce terme désigne les éléments « enveloppant » le texte proprement dit ou étant situés à sa périphérie et qui facilitent l'interprétation de l'implicite.

S'agissant de l'article, il se ramène au titre, aux informations relatives à la qualité et au rattachement de l'auteur, à l'adresse de son université et/ou de son laboratoire, aux notes et au résumé. Le titre donne une idée du contenu de l'article et donc de l'orientation de la recherche. La qualité et l'appartenance institutionnelle de l'auteur fournissent des premiers éléments d'information sur l'intérêt du travail mais aussi sur le rattachement disciplinaire. Les notes, situées en bas de page ou rassemblées en fin d'article, sont nombreuses et parsemées de multiples références bibliographiques permettant à l'auteur de mettre sa recherche en perspective avec d'autres travaux. Le nombre des notes et des références ainsi que la qualité de ces dernières sont déjà des critères de scientificité. Le résumé (au moins en deux langues) est l'élément de l'appareil qui s'attache le plus au contenu. Il est souvent suivi de mots-clés facilitant l'indexation dans les documents secondaires. La présence de tous ces éléments permet à l'auteur de gérer au mieux les envois des **tirés à part** à ses collègues, surtout lorsque les références de la revue (nom, année, numéro) figurent dans la marge inférieure ou supérieure de la première page. De toutes façons, elle est recommandée par la plupart des bailleurs de fonds publics, ce qui n'empêche pas certaines revues d'esquiver quelques recommandations, en particulier quand elles se sont créées sur la base d'une critique du système ou ont une diffusion limitée.

Le **paratexte** de la revue proprement dite est également essentiel car toutes les revues n'ont pas la même valeur aux yeux des chercheurs. En les hiérarchisant, ces derniers produisent de la *« distinction »* (au sens de Bourdieu). Et le paratexte est un des éléments-clés sur lesquels se forge cette distinction dans la mesure où, jouant largement sur les représentations du lectorat, il agit comme une caution de scientificité : le titre, sans doute, qui contribue à donner une identité, mais aussi la notoriété du comité de rédaction et du directeur de publication ou du rédacteur en chef, le prestige de l'institution de rattachement, le soutien accordé par un organisme reconnu (le CNRS par exemple).

Il existe donc plusieurs indices permettant au chercheur de distinguer facilement la revue sacrée de la revue profane et de hiérarchiser entre eux les périodiques scientifiques. Il est évident que la communauté scientifique – quelquefois relayée par les ***médias de***

masse –, à travers ses instances et ses supports officiels, mais aussi ses processus informels, travaille les représentations et amplifie l'écart entre les revues. Mais la plupart ont une fonction et, partant, une utilité car si toutes ne sont pas fondatrices (d'un courant, d'une discipline...), structurantes, de référence [...], chacune contribue, à sa manière et avec ses moyens, à animer la vie scientifique, à dynamiser le milieu, à assurer la carrière des chercheurs, à servir de preuve pour la propriété intellectuelle des résultats, à conserver le patrimoine scientifique, à développer la sociabilité... Et ce, au milieu des pires difficultés car toutes ces revues ont un autre point commun, la fragilité.

2. La revue, maillon le plus faible de l'édition scientifique

a) Un bien échappant aux déterminants économiques traditionnels ?

Les approches développées par les sciences économiques et la gestion sont peu aptes à saisir l'objet « revue » dans sa spécificité car celle-ci se situe davantage du côté du symbolique que de l'économique. En effet, nombreuses sont les revues qui échappent, au moins pour partie, aux contraintes économiques et gestionnaires, tandis que les retombées économiques du « système des revues » pèsent d'un poids négligeable dans le secteur de l'édition, et ce quel que soit l'indicateur utilisé (chiffre d'affaires, bénéfices, création d'emplois, recettes fiscales...). En outre, la principale raison d'être d'une revue se situe ailleurs que dans la volonté de produire un bien afin de le vendre sur un marché. Pour ceux qui la conçoivent, qui y écrivent ou qui l'achètent, elle est avant tout un produit scientifique et culturel qui vaut par le rôle qu'il remplit dans la communication scientifique, la carrière des chercheurs et les jeux de pouvoir.

D'ailleurs, les économistes et les spécialistes de la gestion ne s'y trompent pas puisque leurs travaux sur cette question se signalent par la rareté et la confidentialité. De même, les responsables de revues ont la réputation de se situer en marge des préoccupations économiques et gestionnaires. Ils observent d'ailleurs avec la plus grande méfiance les rares incursions des spécialistes dans ce champ car il est fréquent que ces dernières se réalisent à l'occasion d'études commanditées par des bailleurs de fonds publics soucieux de réviser leurs procédures d'aide.

b) Du poids relatif des déterminations économiques

Pourtant, la revue – comme tout bien destiné à être vendu – n'échappe pas totalement aux déterminations économiques. Ses conditions économiques de production et de circulation, ses modalités de gestion ne sont pas sans effet sur son devenir. Elles sont d'ailleurs de plus en plus prises en compte par les organismes subventionneurs et donc, bon gré, mal gré, par les animateurs de revues.

• Les coûts et recettes

Certains ***coûts*** sont rarement comptabilisés lorsque la revue est éditée par une institution universitaire ou périuniversitaire (CNRS, Fondation Nationale des Sciences Politiques...) : frais liés au secrétariat de rédaction, location des locaux, dépenses de personnel... Il s'agit en fait de véritables subventions en nature ou de prestations de travail non rémunérées (bénévolat). Plus que la taille des coûts, qui varie considérablement d'un périodique à l'autre, c'est leur structure qui est remarquable : ils sont essentiellement constitués par les frais de fabrication car les dépenses liées à la promotion sont faibles et les auteurs non payés (ou alors de façon symbolique).

Les recettes, au demeurant modestes, se distribuent en deux grands postes : le produit des ventes (le rapport ventes/tirage moyen des revues de sciences humaines et sociales françaises est voisin de 40 %) essentiellement composé des recettes engendrées par l'***abonnement*** (surtout institutionnel) et les subventions (la moitié des recettes en moyenne), de plus en plus contractualisées, les financeurs ayant défini une politique fondée sur l'utilité, la viabilité et la visibilité des revues.

• Le secteur

Ses caractéristiques essentielles sont l'hétérogénéité et la petite taille des unités de production. À côté d'une poussière de petits éditeurs, le plus souvent liés directement ou indirectement à une université, il existe quelques éditeurs universitaires (Presses Universitaires de Grenoble, de Vincennes, de Nancy...) et périuniversitaires (CNRS, Maison des Sciences de l'Homme...) et un petit nombre d'éditeurs commerciaux, en général ceux qui sont très actifs dans l'**édition scientifique**. Si ces derniers ne peuvent espérer « gagner de l'argent », ils attendent des retombées indirectes sur le secteur « livres » : fidélisation d'auteurs confirmés, prospection de jeunes auteurs, amélioration de l'***image*** de la maison d'édition...

Le marché est, par hypothèse, limité car constitué principalement par le microcosme des chercheurs, lui-même divisé en disciplines et sous-disciplines, mais aussi en courants, écoles, groupes de pression et d'intérêt. En outre, la création constante de nouveaux titres – qui a des effets positifs sur le plan scientifique – enlève des clients aux revues existantes, y compris aux plus prestigieuses.

En fait, le secteur des revues reproduit, en les aggravant, les difficultés de l'édition scientifique : faiblesse des tirages, potentialité de vente réduite, faible concentration, problèmes de distribution et de diffusion, accès limité aux marchés étrangers, fragilité de l'ensemble de la filière...

À la fois ***signe*** et ***marchandise***, ***bien culturel*** incorporant pour sa production une quantité importante de travail intellectuel et nécessitant pour son appropriation un capital social qui implique l'appartenance du lecteur au champ scientifique, la revue scientifique renvoie inévitablement pour sa compréhension au mode de fonctionnement du dit champ et, plus accessoirement, à celui de la chaîne de l'édition scientifique.

Les statistiques sur sa vitalité (il existe environ 800 revues françaises et 1 200 revues francophones de sciences sociales et humaines), ainsi que la place qu'elle occupe toujours dans les pratiques et dans l'imaginaire des chercheurs démontrent, si besoin était, que leur effacement, régulièrement annoncé depuis vingt ans, au profit de l'***édition électronique*** est, au mieux, un argument de vente pour les producteurs de matériels électroniques et les vendeurs de services « nouveaux ». Qui s'en plaindra ?

Rewriting

Réécriture d'un texte pour lui donner le style et la forme qui conviennent à la publication envisagée, compte-tenu du public destinataire. Le rewriter est la personne chargée de cette tâche par l'éditeur.

Comme l'indique Abraham Moles, le rewriting peut poursuivre trois objectifs : faire plus court, faire plus clair (ou plus simple, augmenter l'intelligibilité du texte) et faire plus agréable à lire.

Rhétorique

À la base, la rhétorique constitue un arsenal logique et linguistique de tours, tendant à aider à argumenter (« rhéteur : orateur »). Cette finalité sous-entend la recherche des idées, l'agencement et la mise en forme des arguments, puis la production orale du discours, effective et efficiente.

La rhétorique, codification théorique nécessairement antérieure à la pratique qui la fonde, est donc d'abord une ***pragmatique,*** mesurant son efficacité en termes de buts à atteindre : persuader, donc s'aliéner un auditeur ou un auditoire. L'affrontement des forces brutes s'hypostasie, se symbolise, devenant duel verbal, « débat », « joutes oratoires à fleurets mouchetés ». Mais la finalité est toujours de (con)vaincre. On constate que le champ sémantique reste largement guerrier et belliqueux.

La stratégie rhétorique est toujours doublée d'une méthode dialectique et logique sans faille. Pour les Grecs, la rhétorique est un notable travail politique de règlement des conflits, délégué au discours plutôt qu'à la puissance des armes. Selon Aristote, c'est ce langage qui fonde le Politique, et c'est le verbe, en puissance et en actes, qui est l'arme exclusive de l'homme. Privilège que de bien parler ; les premiers maîtres firent de cette prérogative un art suprême, absolument politique.

La psychologie inhérente à la stratégie rhétorique entend connaître les passions humaines pour mieux les circonvenir.

La rhétorique est aussi un ***métalangage***, par le biais du canonique tableau des figures. Il s'agit d'un formidable langage-objet, étiquetant précautionneusement, repérant et classifiant en quelques catégories tous les écarts de langage, oral et écrit.

Dans l'ombre de la toute-puissante ***métaphore,*** ce sont des dizaines de tours stylistiques qui se font jour, jouant sur les mots, les idées, les sons, les constructions, allant jusqu'à l'exercice de style, le morceau de bravoure oratoire.

La Rhétorique, enfin est une poétique, mettant en exergue l'aspect sensoriel, voire sensuel, tactile et affectif des mots. Il s'agirait de la ***fonction poétique*** évoquée par Roman ***Jakobson***, dont Roland ***Barthes*** prit la pleine mesure dans « le plaisir du texte. » Cette dimension poétique est l'esthétique de la parole dite ou lue.

1. Histoire de la rhétorique

On peut faire apparaître cinq grands moments de l'histoire de la rhétorique dans la culture européenne. La rhétorique judiciaire et politique domine l'Antiquité : il s'agit des grands plaidoyers et des grands discours liés à une démocratie orale. La rhétorique philosophique est la grande tradition de la scolastique du Moyen Âge, qui correspond à une didactique orale de la philosophie. À partir du seizième siècle et de la diffusion de l'écrit par l'imprimerie, la rhétorique se fait aussi écrite, et, en particulier, littéraire (cf. les mouvements de la littérature baroque et de la littérature précieuse). Ce seront ensuite, au dix-huitième siècle et au dix-neuvième siècles, les grands moments de la rhétorique politique liés à l'émergence d'une grande presse politique moderne (cf. le célèbre *J'accuse* de Zola). Enfin, notre époque assiste à la naissance d'une **rhétorique de l'audiovisuel**, caractérisée par l'articulation de la parole et de l'image dans le même mouvement rhétorique. Cette évolution, comme la personnalisation du pouvoir politique, est liée au développement de la télévision, qui entraîne le développement de phénomènes de transformation des acteurs politiques en stars. Elle entraîne aussi ce que G. Debord appelle la « *société du spectacle* », et, avec elle, l'invention d'une nouvelle rhétorique.

Mais l'histoire de la Rhétorique est surtout le récit des coups, en termes de controverses, qu'elle a assénés et reçus, jusqu'à l'estocade que lui donna le Romantisme au XIXe siècle.

La légende veut qu'après de vastes déportations de peuplement, des habitants de la Sicile revenus de Syracuse sur leurs terres, se soient lancés dans des procès pour récupérer leurs biens fonciers. Il fallait être convaincant face aux grands jurys populaires, de là affleura une réflexion sur le langage, et les moyens d'en faire une arme. On passait donc de l'organon (avant la lettre) à l'enchiridon (étymologiquement, de l'outil au poignard).

On envisagea donc le langage comme un arsenal, il fallait apprendre à se servir au mieux de ses armes afin d'infléchir à sa cause les jurés hésitants. Aux alentours de 485 avant J.-C., Corax et Tisias furent les premiers à codifier la technique de l'argumentation jusqu'à se faire rétribuer leurs leçons. L'idée, d'ailleurs partiellement fondée, s'imposa alors que la propriété de la langue assure une prééminence politique.

L'Antiquité gréco-romaine connut une profusion de traités, tendant tous à envisager le discours comme un déploiement, s'appréhendant selon une progression, depuis sa création, la recherche des idées (Inventio) jusque, en aval, à la manière de dire le texte (Enonciatio), de le jouer (Actio), de la mémoriser (Memoria).

Retenons les noms et les apports successifs d'Aristote, de Cicéron, de Quintilien, d'Herennius lequel laissait un traité majeur qui lui est en fait adressé, longtemps attribué à Cicéron, et réédité dans son état de perfection originel jusqu'en... 1932).

Platon, pour sa part, s'était intéressé à la Rhétorique pour la moraliser, prenant le contre-pied éthique des Sophistes, dans sa recherche de la vérité. Ceux-ci, par contre, l'utilisaient en logographes, pour prouver une chose puis son contraire.

Retenons enfin de l'Antiquité l'image de Démosthène, déclamant pour s'en imprégner ses philippiques face à la mer démontée, celle-ci le préparant à la tempête des assemblées...

L'assertivité codifiée platonicienne sera d'ailleurs le fondement de la pratique médiévale de la Disputatio, durant laquelle deux antagonistes commentaient un texte canonique sur la base dialectique syllogistique (utrum... sed contra...).

Durant tout le Moyen Âge, la rhétorique, cette fois théologique et universitaire eut un rôle prépondérant. En tant que propédeutique, elle faisait partie intégrante du Trivium, encadrée dans ce module en sciences humaines par Grammaire et Dialectique (le Trivium précédait le Quadrivium, nos actuelles « sciences exactes », ce Septennium menant à la Théologie.)

La rhétorique connut durant la Renaissance de nouvelles heures de gloire, très pragmatiquement induites par les besoins des éloquences et controverses religieuses (Réforme, Contre-Réforme donnant naissance à la rhétorique jésuite).

Descartes allait donner au XVIIe siècle un rude coup à la rhétorique. Le réquisit même de sa Méthode, fondée sur la recherche de l'évidence contre le vraisemblable, sa croisade en faveur de l'*apodictique* contre l'hypothétique allait ébranler les fondements de la rhétorique, faire du probable une vérité, par le biais de la persuasion. Celle-ci n'en appelait pas seulement à la raison et à la logique, loin s'en faut. C'est ce qu'avait combattu Socrate et Platon en leur temps.

Le dix-huitième siècle vit cependant la parution de traités majeurs, ceux de Du Marsais en 1730, puis de Gibert en 1742. Le tournant pris par celui-ci est toutefois celui de la figure, aux dépens des schèmes d'invention, d'argumentation, de déclamation. La rhétorique effectuait donc un repli sur la littérature, elle réifiait son objet et son sujet, sa finalité de persuasion s'évaporant au profit d'une taxinomie poétique, d'une classification métadiscursive.

Au dix-neuvième siècle, tel un chant du cygne, Pierre Fontanier allait livrer un dernier grand

« *Traité des Figures* », relevé patient et méticuleux de plus de cent figures. Ce dix-neuvième siècle marque toutefois la mort officielle de la rhétorique. Le Romantisme voulut s'émanciper de règles par trop normatives, et exprima sa méfiance et sa défiance à l'encontre de ses préceptes. Il y opposait le primat de l'impulsion créatrice, contre le machiavélisme rhétorique, dogmatique et suspect dans sa volonté de persuasion et de classification. Le ministre Lanson, au tournant du siècle, donna le coup de grâce à la rhétorique, retirant celle-ci des programmes en tant qu'enseignement institutionnalisé. La « classe de rhétorique » (actuelle Première des lycées) garda cependant son nom quelques décennies. Dada puis le Surréalisme allaient piétiner la dépouille rhétorique, dans leur déclarations d'intention délibérées de s'affranchir des impératifs dans la production textuelle.

Après 2 500 ans de pratiques, de théorisations, d'évolutions souvent mutilantes, c'est sur les écueils des grandes révolutions, politiques et culturelles du vingtième siècle que la rhétorique s'est brisée.

La rhétorique est maintenant une pratique qui ne se nomme plus. Si elle a même perdu sa reconnaissance et un espace institutionnel, elle subsiste espièglement, latente à tout texte ayant subi un encodage actif et pragmatique. Le journalisme, les grands discours politiques (où l'on parle encore de magie du verbe) comme la très pragmatique publicité l'utilisent à l'envi, mobilisant empiriquement mais non moins très efficacement ses règles millénaires. Il en va de même de tous les espaces de parole institutionnels : leçons agrégatives, soutenances, plaidoiries...

Mais c'est surtout méthodologiquement que le rhétorique survit et brille de son efficacité. Le tableau des figures, inestimable outil classificatoire, a été refondu dans maintes disciplines, la filiation la plus évidente allant à la stylistique. De même, à des degrés divers, c'est la philologie, la linguistique, la poétique, la psychologie et la grammaire qui se trouvent épistémologiquement redevables envers la rhétorique. Non contente de se borner à n'être qu'un « fossile méthodologique », la rhétorique trouve donc une pérennité active. Sa reconnaissance a été, depuis les années 60, les publications successives et remarquées du groupe MU, de Liège (« Rhétorique générale »), de la revue *Communications* (n° 16, 1970, Recherches Rhétoriques), de Morier, ou encore de Perelman, sur l'argumentation.

Elle s'impose donc à la fois comme un héritage, et comme un patrimoine à la valeur inestimable.

2. Les systèmes rhétoriques

La rhétorique est intrinsèquement un ensemble de systèmes. L'absolu du projet ne tend à rien moins qu'à vouloir énumérer exhaustivement l'ensemble des possibilités de déclinaisons du discours, en tant qu'espace-temps rituel, architecture argumentatoire, métalangage taxinomique et mnémotechnie.

Quant à l'espace et aux circonstances de profération des discours, il fut trois cadres distincts dans lesquels la rhétorique antique déploya d'abord sa trame :

– Le judiciaire, tendant à accuser ou défendre lors de procès. Souvenons-nous que la rhétorique est née de procès d'expropriation ; les clients payaient les rhéteurs pour récupérer leurs biens confisqués.

– Le **délibératif** concernait le discours politique, le débat à propos de la chose publique, ses arcanes de fonctionnement, de délibérations, précisément, et de décision.

– L'**épidéictique**, enfin, aussi appelé démonstratif ou théorique tend à faire du discours laudatif ou du blâme un exercice de style, appelant par là même la communion de pensée, et l'adhésion du groupe à l'orateur. Son ambition était de resserrer les liens de la communauté autour de valeurs partagées.

Au cours de l'histoire de la rhétorique, ces trois axes ne sont pas restés figés, évoluant pour rétrécir ou s'hypertrophier, au gré des contextes politiques et historiques. À terme, émergèrent et s'émancipèrent des rhétoriques théologiques, pédagogiques (les Leçons universitaires), philosophiques, littéraires et plus concrètement professionnelles. Les très modernes argumentaires de vente chers aux jeunes cadres commerciaux doivent beaucoup, sinon tout, à Cicéron et Quintilien !

La rhétorique se caractérise ensuite par trois grands styles de discours proprement dits, en appelant aux notions de niveaux de langage ou de **champs sémantiques**.

D'abord, le style simple, convenant aux textes pastoraux et bucoliques ; ensuite, le style moyen ou médiocre régissant par sa trempe tempérée le romanesque ; enfin, le style noble ou sublime réservé aux tragédies poétiques, aux genres narratifs.

On assistait dès lors, dans les classifications antiques et médiévales à la mise en place de véritables « tiroirs lexicaux », dans lesquels l'orateur plongeait pour s'inspirer au gré du

style décliné. La « roue de Virgile » reste la plus parfaite illustration de ces trois styles, présentant circulairement, avec correspondance ad hoc, le lexique à mobiliser.
En troisième lieu, c'est la production, la progression, l'organisation du discours que la rhétorique régissait. En ce sens, elle peut être considérée comme une grande syntagmatique. Quant à l'agencement du discours, le très classique **schéma consécutif Invention-Disposition-Énonciation-Action-Mémoire** s'est tôt imposé, pour perdurer, malgré les (in)fortunes que sa complétude a subies. Ce modèle entend saisir l'ensemble de la démarche argumentative dans son extensivité militante, depuis sa conception jusqu'au contrôle de sa production.
L'Invention comprend la recherche des idées et des arguments qui vont être utiles au discours pour le rendre beau et efficace. L'utilisation des célèbres « **lieux communs** » (**topos**) est ici primordiale. Il s'agit de véritables grilles inductrices sur lesquelles on promène le sujet pour voir les idées affleurer presque naturellement. Sont envisagés par ces lieux l'étymologie, les caractères propres à l'histoire, au genre, à l'espèce, aux similitudes, aux antagonismes, entre autres, du sujet ou du concept. Fantastique système méthodologique, les lieux communs ne sont rien moins qu'un ensemble homogène et autogène tendant à « produire du discours » via les arguments qui l'alimentent.
La **Disposition** organise rationnellement ces arguments, afin de conférer à cet agencement le maximum d'efficacité persuasive. Le schéma de progression longtemps proposé pour un discours préconisait un crescendo narratif s'ouvrant par une exorde, attirant l'attention de l'auditoire et l'intéressant au sujet. Ensuite, une narration racontant précisément l'histoire, suivie de l'argumentation qui amenait les éléments propres à convaincre et persuader, en appelant conjointement à la raison, aux sentiments, voire aux passions de l'auditoire. La **Digression**, quant à elle, est un morceau narratif récréatif, ouvrant le sujet sur une dimension autre, distrayant son public, après le « gros œuvre argumentatoire ».
L'**épilogue** ou **péroraison** enfin, clôt le morceau oratoire en synthétisant les arguments, et en ouvrant sur une dimension autre du sujet. Ensuite, l'**élocution** détermine le style à adopter et les moyens d'y parvenir, en termes de figures rhétoriques.
L'**Action** est le recours à tous les moyens relevant du jeu d'acteur (en grec hypocrisis !) pour convaincre. De la **chironomie**, science grecque des expressions de mains aux attributs extérieurs tendant à édifier, voix, gestes et corps connaissent une déclinaison de ressorts infinis. Qu'on se souvienne par exemple de grands prêtres orateurs comme Bourdaloue qui brandissaient en chaire des crânes pour amener leurs ouailles à méditer sur la mort !
La **Mémoire** enfin constitue l'ensemble des astuces mnémotechniques par lesquels l'orateur apprend et retient son discours. Souvenons-nous que la rhétorique est à l'origine une pratique orale. Le déclamateur devait savoir son texte, la présence d'aide-mémoire matériels eût été inconcevable. Cette Mémoire englobe au sens large tous les « arts de mémoire », que l'écrit et surtout l'imprimerie ont fossilisés et rendus caducs.

3. Les figures

Codifiées sur la base de la rhétorique grecque, les **figures** sont les formes que revêt le discours quand s'y exerce une rhétorique esthétique. On appelle aussi **tropes** les figures codifiées et identifiables de la rhétorique esthétique.
Dans son classique *Les Figures du Discours*, publié en 1821 et en 1827, Fontanier définit ainsi les tropes : « *Les figures du discours sont les traits, les formes ou les tours plus ou moins remarquables et d'un effet plus ou moins heureux, par lesquels le discours, dans l'expression des idées, des pensées ou des sentiments, s'éloigne plus ou moins de ce qu'en eût été l'expression simple et commune* » (chap. 4, éd. Garnier-Flammarion, p. 64). Cette définition classique articule les deux dimensions de la *rhétorique* et de l'*esthétique* : la dimension esthétique dans la référence à l'écart par rapport à l'usage « simple » du langage et la dimension rhétorique dans la référence à l'effet.
La rhétorique esthétique se caractérise par deux éléments importants. D'une part, comme tout travail esthétique, elle s'inscrit dans une logique de référence à un idéal, et non dans une perspective d'échange ordinaire de communication. C'est ce à quoi se réfère Fontanier quand il situe les tropes dans l'écart par rapport à la norme ou à l'« expression commune ». D'autre part, elle implique la recherche d'un effet : la rhétorique a une dimension essentiellement pragmatique. D'ailleurs, le statut du langage dans la perspective de la rhétorique est le statut d'un instrument : de la médiation d'un faire en vue de l'obtention d'un résultat. Finalement, la rhétorique est un gigantesque ***métalangage***, repérant, étique-

tant, classifiant les effets de style, les tours de langage. C'est une tentative pour systématiser les règles du langages. La volonté affichée par Fontanier (plus de cent figures) dans sa quête de complétude, d'exhaustivité relève autant d'une réification généralisée de la langue en tant qu'objet et sujet de science, que de l'hypothétique instauration d'une vérité taxinomique. C'est sans doute un ordre idéologique qu'il souhaitait introduire, entre préhension anxieuse et compréhension axiologique d'une littérature à l'esthétique moralisée.

Pour Genette, l'histoire de la rhétorique se résume à un rétrécissement généralisé, de la grande syntagmatique originelle à la nomenclature des figures, puis de celle-ci au binôme impérialiste ***métaphore-métonymie***. Roman ***Jakobson*** déjà, ne retenait du principe d'universalisation de la rhétorique que ces deux figures.

On admet cependant classiquement que les figures se subsument en quatre grandes familles qui les fédèrent par un principe logique organisateur :

Les **tropes** ou figures de sens, consistant à employer un terme dans un sens qui ne lui est pas habituel. De là la notion d'écart suscitée. Les rapports peuvent être de causalité, d'inclusion (« tué d'un coup de feu »), de symbolisme (« la croix et le bannière ») ; ceci concerne la métonymie. Pour la métaphore, par contre, c'est la ressemblance qui prime (« C'est un âne ! »).

Retenons enfin l'**hyperbole** (« attends deux secondes ! »), l'**oxymore**, rapprochement de deux termes antithétiques (« la clameur du silence ») et la **litote**, qui minore le propos pour signifier plus (Chimène qui dit à Rodrigue dans le Cid : « Va je ne te hais point » pour signifier « je t'aime »).

Les **figures de construction** jouent elles sur l'ordre phrastique, en éludant, comme l'**ellipse**, en inversant l'ordre des mots, comme l'**hyperbate,** ou en répétant, comme le **chiasme** : « Manger pour vivre et non pas vivre pour manger ».

Les figures de son fondent leurs effets sur l'assonance, l'euphonie. Elles comprennent la célèbre **allitération** (« Pour qui sont ces serpents qui sifflent sur nos têtes »), la rime, l'**antanaclase**, répétition d'un mot dans deux sens différents (« Le cœur a ses raisons que la raison ne connaît pas ») la **paronomase**, prononciation et forme presque similaire : « qui s'assemblent se ressemblent ».

Les **figures de pensée**, enfin, concernent l'intention, en ce qu'elle est dite ou sous-entendue. Elles comprennent l'**ironie** (dire l'inverse de ce que l'on veut dire), l'**allégorie** (un sens propre, un sens figuré), l'**épanorthose** (reconnaissance de rhétorique, aveu métadiscursif : feindre la rétraction pour réexprimer le propos plus vigoureusement), la **prétérition** (passer sous silence en avouant en fait).

Rhétoriques (Types de -)

Il y a quatre types de rhétorique, selon l'effet attendu sur le destinataire : la rhétorique d'argumentation, la rhétorique de séduction, la rhétorique de confrontation et la rhétorique de pouvoir. Ces quatre types de rhétorique définissent en fait les lieux et les situations dans lesquelles est mise en œuvre une communication rhétorique à l'intention d'un destinataire.

1. La rhétorique d'argumentation

La **rhétorique d'argumentation** vise à convaincre. La persuasion rhétorique se déroule en trois moments. Le premier moment est l'énonciation d'une **suite argumentative :** d'un ensemble d'arguments dont la force logique vient de leur enchaînement. La rhétorique vise ici à ordonner la suite argumentative, de manière à la faire apparaître dans le discours. Il y a, dans toute rhétorique d'argumentation, quelque chose de didactique : elle vise à apprendre, pour mieux convaincre. Le deuxième moment est l'**acquisition** de cette suite argumentative par le destinataire, qui est en mesure d'en reconstituer la linéarité. La dimension didactique de l'argumentation a été mise en œuvre auprès du destinataire, et la suite argumentative fait, dès lors, l'objet d'une information. Convaincre, c'est, ainsi, faire de l'argumentation une information maîtrisée par le destinataire : il n'y a pas de rhétorique ni de persuasion sans, à un certain moment, la constitution d'un savoir dont dispose le destinataire de la communication. Le troisième moment, le dernier, est l'***adhésion*** du destinataire à la suite argumentative, qui représente, en fait, le moment décisif de l'argumentation : le moment où elle fait l'objet d'une appropriation par le destinataire qui, en la reprenant à son compte, engage une forme logique d'identification. Il s'agit là d'un peu plus que de l'acquisition d'un savoir : d'un choix du destinataire, assumant dans la communication les arguments de l'énonciateur.

2. La rhétorique de séduction

La **rhétorique de séduction** vise à plaire au destinataire. La séduction n'est pas une information, en ce qu'elle ne fait pas appel à la médiation symbolique. La séduction est une forme de communication immédiate, en ce qu'elle ne vise pas à une adhésion du destinataire distanciée par un savoir ou un apprentissage, mais à une adhésion de l'ordre du désir ou du transfert. Dans les situations de séduction, la médiation est suspendue, dans la mesure où le destinataire n'est pas en mesure de contrôler la relation à l'autre qui lui est imposée par la stratégie de communication de l'énonciateur : la séduction impose un rapport de forces aux termes duquel il se produit une forme de soumission du destinataire à l'énonciateur ou au destinateur qu'il représente dans le procès de la communication. Il y a deux grandes formes de séduction – ou, plutôt, deux grandes situations dans lesquelles s'engage une stratégie de séduction : la séduction politique, qui correspond à un désir de pouvoir, et la séduction amoureuse, qui correspond à un désir sexuel. L'une et l'autre de ces deux formes de séduction donnent lieu à une rhétorique.

3. La rhétorique de confrontation

La **rhétorique de confrontation** engage une lutte (les grecs appelaient *agôn* ce type de confrontation) entre l'énonciateur et le destinataire. Il ne s'agit pas de convaincre ni de séduire, mais d'engager un rapport de forces. La rhétorique de confrontation nous mène aux limites de la rhétorique et de la communication, en ce qu'elle ne repose pas, comme les autres formes de communication, sur une relation d'identification entre les deux partenaires de l'échange, mais, au contraire, sur une logique d'extrême différenciation, les positions des deux partenaires de l'échange n'étant, *a priori*, pas conciliables, et ceux qui en sont porteurs les assumant en toute indépendance. Tandis que la communication suppose l'établissement d'une relation entre ses partenaires, ainsi que d'une représentation de l'un pour l'autre, la confrontation s'inscrit dans une logique dans laquelle les deux partenaires se considèrent l'un l'autre comme des adversaires. La rhétorique d'argumentation ou celle de séduction vise à faire adhérer le destinataire à l'opinion dont on se soutient, mais la rhétorique de confrontation vise à le dominer.

4. La rhétorique de pouvoir

La **rhétorique de pouvoir** vise à la fois à pérenniser le pouvoir, à l'inscrire dans la durée, et à en montrer la force ou la légitimité, en vue de le faire reconnaître par le destinataire. Il s'agit, par conséquent, aussi d'une rhétorique qui ne vise ni à faire adhérer ni à convaincre, mais à dominer. La rhétorique de pouvoir est, d'abord, une rhétorique de l'ostentation, de la démonstration : c'est pourquoi elle montre, elle déploie, avec une certaine emphase, les rites, les formes et les images par lesquels le pouvoir se donne à voir. La rhétorique de pouvoir commence par une représentation des acteurs qui le détiennent ; c'est ainsi que les acteurs en situation de pouvoir organisent la mise en scène de leurs discours et de leurs prestations visuellement autant que verbalement. On peut citer, par exemple, la mise en scène gaullienne des conférences de presse qui, dans sa solennité et dans la rigueur de son cérémonial, était destinée à impressionner autant qu'à convaincre. La rhétorique de pouvoir, dans la mesure où elle fait apparaître la distance entre l'acteur en situation de pouvoir et ceux sur qui s'exerce ce pouvoir, est une représentation.

Risque

Danger éventuel ou inconvénient éventuel prévisible de manière probabilisable seulement. Le risque traduit une situation d'information imparfaite mais qui n'est pas l'incertitude radicale, puisque cette dernière suppose l'incapacité d'affecter des probabilités aux différents états possibles de la nature.

Risque moral

Risque résultant de l'**asymétrie d'information** entre deux parties. La moralité entre en ligne de compte dans la mesure où l'un des intervenants peut masquer volontairement, par opportunisme, une partie de l'information, alors que l'autre lui fait confiance.

Dans l'assurance, par exemple, l'assuré bénéficie de meilleures informations sur sa propre situation que l'assureur : l'assureur prend ainsi un risque moral lorsque l'assuré peut déclarer un vol pour son automobile, sinistre pour lequel il est assuré, lorsque le véhicule a subi un incident non assuré dont la réparation est trop onéreuse pour le propriétaire-assuré.

Dans la ***relation d'agence***, le directeur (l'**agent,** ou mandataire) possède une information plus complète sur les moyens mis en œuvre, sur les résultats et les perspectives de l'entreprise que le propriétaire (le **principal** ou mandant). Il peut par conséquent gérer l'entreprise en vue de certains objectifs qui lui sont propres sous couvert d'objectifs conformes à l'intérêt du ou des propriétaire. Synonymes : **aléa moral, aléa de moralité, hasard moral**.

Rite, ritualité, rituel

Ensemble stabilisé de pratiques normatives et normalisées se caractérisant par une forte valeur symbolique pour ses acteurs et ses spectateurs.

Le déploiement rituel, souvent spectaculaire densifie sémantiquement le corps et sa gestuelle, les mots (formules) prononcés, le décorum dans lequel il prend place.

Fondamentalement, le rite est ***médiation***. Son premier point de paradoxe résiderait dans le fait qu'il entérine l'absence, la **vicariance** en les réduisant de même. Il s'agit en effet d'une entreprise d'intercession entre ses ***actants*** et des altérités. Celles-ci sont multiples : il peut s'agir d'espaces-temps autres, d'un passé originaire et fondateur, d'un moment historique, d'une valeur, d'une foi à célébrer. Et le rite, par sa répétition, donc cette aptitude à produire du symbole, tend à réactiver ces altérités idéales en instituant le temps de son procès une dimension autre : cela pourrait conduire, en première et dernière instance, à rechercher les origines sacrées du rite, mais prenons seulement acte de la très forte interaction culte-rite, ainsi que du fait que toute religion ritualise ses pratiques cultuelles. De même tout rite appelle la foi, à tout le moins la croyance en des altérités abstraites, extra-empiriques que l'on respecte, voire que l'on craint.

Posée cette fondamentale fonction d'intercession permise par le rite, ce sont deux autres points d'importance qu'il faut avancer. D'abord l'universalité du rite. On peut le dire, partout où des hommes ont vécu ou vivent en communauté, ils sacrifient à des pratiques rituelles. Le fait que le rite serve souvent, et principalement les institutions garantes des pouvoirs et des croyances ne minore en rien cette universalité ; cela ne fait même qu'abonder dans le sens de son efficacité symbolique et sociale. Croyances et institutions passent, la pratique rituelle demeure, elle, normative et spectaculaire.

Les grands sociologues, ethnologues et anthropologues du début de ce siècle ont parfaitement mis en évidence cette universalité transhistorique et transculturelle propre au rite, et à l'un de ses corollaires consubstantiels, le **mythe**.

Mauss, Durkheim, Porter, Van Gennep, Malinowski et jusqu'à Freud se sont intéressés au rite, relevant sa présence et sa prégnance partout où leurs études les ont menés. Cette universalité ouvre sur autre chose, à savoir l'opérativité du rite. Cette rémanence est forcément signe d'un caractère ***performatif*** dont le rite serait garant. Il conviendra de prendre la pleine mesure de cette « alchimie rituelle » en aval de l'étude.

1. Classification et fonctions sociales du rite

Il faut d'abord s'efforcer de répertorier les différentes formes de rites. Émile Durkheim distinguait principalement deux axes rituels, positif et négatif. Les rites négatifs tendraient à établir un rapport à un tabou, un interdit fondamental, alors que les rites positifs seraient tournés vers le sacré. La majeure partie des rites sont sociaux et communautaires, les rites individuels procèdent souvent d'appropriations, de prolongements idiosyncratiques des premiers : de la messe à la prière solitaire, du défilé militaire au salut individuel au drapeau... Ces rites collectifs se subsument en trois grandes familles, définies par leur destination, leur finalité.

Définissons d'abord les rites commémoratifs : ils tendent à régénérer la communauté en la rassemblant autour de valeurs partagées, dont sont garants la mémoire, le souvenir. Les cérémonies organisées de nos jours autour des éphémérides républicaines en fournissent un bon exemple (en France : 14 Juillet, 11 Novembre...).

Ensuite, les rites propitiatoires tendent à influer sur la Nature et sur les forces qui y présideraient. Il va sans dire qu'un fond superstitieux teinte ces pratiques rituelles. Les grandes fêtes agrestes de Rome, ou nos actuelles fêtes des Moissons y appartiennent de facto.

Le rite expiatoire, enfin, a pour fonction d'évacuer le mal de l'individu ou de la société. Rattachons-y les processions de Flagellants, qui subsistent de nos jours, tous les rites de mortification, (notamment des sociétés africaines) et les sacrifices historiques, bibliques...

Des pratiques rituelles peuvent dépasser le cadre strict de l'une des catégories, pour extensivement couvrir les trois familles. La messe chrétienne, par exemple, est à la fois commémorative de la Passion, propitiatoire (les prières, cierges tendent à infléchir le bon vouloir divin) et expiatoire, (effacer les péchés par la bénédiction).

Avant même d'analyser les raisons profondes du rite, il convient de mettre au jour les fonctions sociales primordiales que l'on peut lui assigner.

Rappelons en manière de postulat que l'essence de l'opérativité du rite est à chercher dans sa foi, et dans la foi en cette opérativité : il faut « y croire » (pour les rites qui se veulent performatifs), croire en tout cas pour y participer en les valeurs en faveur desquelles le rite intercède. L'évaporation de cette foi ravale d'ailleurs souvent le rite soit au rang de fétichisme superstitieux, soit de simple cérémonie déliée de toute attache et finalité spirituelle.

Ce sont quatre rôles sociaux et communautaires que l'on peut assigner au rite, décelables dans sa pratique et sa pérennité.

D'abord, une puissante fonction d'appartenance. Le rite, en effet, marque toujours l'appartenance. De l'adoubement chevaleresque aux investitures politiques, de la remise d'une distinction à celle d'un diplôme, il tranche toujours un avant d'un après, un dedans d'un dehors. Cette appartenance sera ensuite régulièrement recélébrée. La répétition rituelle régénère, réactive institutionnellement ses acteurs et leur communauté. De même, la participation au rite marque de manière effective l'appartenance à cette communauté. Être évincé par le corps social du déploiement et du déroulement rituel est une exclusion officielle. Cet ostracisme anathémise de facto sa victime, et pour cause : dans leur idéal de fonctionnement, les rites collectifs aspirent à une complétude fusionnelle du corps social rassemblé dans un espace-temps transmutant.

Ensuite, le rite se caractérise par ses fonctions de ***médiation*** et de ***communication***, du groupe à lui-même, dans la conscience et la constance de son intégrité, de son intégralité. Médiation et communication aussi, avec les altérités idéales déjà évoquées. (croyances, valeurs, temps fondateur, espace sacré...)

De même, le rite endosse une puissante fonction de régulation et de conformation Il est essentiellement normatif. Son caractère normatif marque toujours des concessions faites à l'instinct (ne pas manger de tout...), à l'égoïsme. Cette régulation s'exerce sur l'individu et sur le groupe. Le rite assigne, édicte, normalise. Son acceptation, sa pratique sont toujours des processus de renforcement institutionnel Citons *a contrario* le cas des militants séparatistes, ou des pacifistes qui, enrôlés pour le service militaire, refusent symboliquement de participer aux rituels d'appartenance : défilés, saluts au drapeau, chants... Par ce refus de manifestations d'inclusion et d'obéissance, ils descellent de manière symbolique leur appartenance à la communauté.

Enfin, la fonction spectaculaire du rite est importante. Il mobilise le corps, le met en scène en le défonctionnalisant. Son décorum (architecture, costumes...) est extrêmement chargé et densifié symboliquement. L'ensemble de cet investissement spectaculaire aspire à activer dans l'espace-temps du rite un idéal de rythme maîtrisé et d'harmonie. À ce prix est la réussite de l'intercession avec les altérités invoquées. En effet, c'est leur perfection que le rite tend à recréer, à incarner partiellement.

2. Approche étiologique du rite

Cette classification et ces fonctions étudiées, c'est sur les raisons d'être du rite qu'il convient maintenant de s'arrêter.

Pourquoi l'homme éprouve-t-il le besoin de sacrifier à des pratiques contraignantes ? Est-ce à ce prix seulement qu'il parvient à entrer en communication avec des altérités transcendantes ? On peut se demander à ce niveau si la pratique rituelle ne permet pas l'expression cathartique d'un besoin qui passerait du psychisme au social. Le rite serait un pont jeté entre pulsions instinctuelles, peurs archétypiques et intelligence, sociabilité.

Il semble que le rite « travaille essentiellement pour l'ordre. » (G. Balandier). C'est à l'***entropie*** que l'on doit ici référer pour étayer l'assertion. L'entropie est un concept emprunté à la thermodynamique. Elle y définit le degré de désordre potentiel lié à une source produisant de l'énergie. Par extension, l'entropie est donc le désordre chaotique, la dissimilitude, naturelle et sociale, la dynamique impérieuse de la vie. Durkheim a d'ailleurs largement évoqué l'***anomie***, entropie sociale, dans sa thèse de doctorat.

Par rapport à cette entropie délétère car dissolvante, désorganisatrice, le rite ne tendrait à rien moins qu'à introduire de l'ordre. Il s'agit donc d'un principe de structuration et d'harmonisation. En ce sens, la gestuelle idéale de tout rite n'est pas incidente : c'est cette entropie qu'elle tend de la sorte à maîtriser voire évincer. Le rite est un canal contenant par sa médiation symbolique et normative les « turbulences interstitielles ». Cela n'ôte rien à son autre finalité, l'intercession en direction d'altérités conceptuelles qu'il tendrait aussi à « incarner », pour les mobiliser.

Le processus rituel ramène donc la communauté à une stabilité, à un ***équilibre***, par exacerbation organisationnelle (Principe d'***homéostasie***, régulation thermodynamique).

Réaffirmons en ce domaine le rôle fondamental de l'harmonie, de l'exhaustivité et du rythme scandé de tout geste rituel.

Si le rite contraint, c'est donc pour ordonner, redéfinir, enserrer le désordre et l'inverser. Que les charges symboliques qu'il instille soient bénéfiques au corps social, cela va sans dire : il s'agit d'un processus de régénérescence, d'une restructuration indispensable à intervalles (ir)réguliers afin de refondre la communauté au creuset de son histoire, de sa mémoire, de ses idéaux fondateurs.

Les rites, donc, qu'ils soient personnels ou communautaires, religieux ou laïques tendent à introduire un sens, surtout une préhension et une compréhension face aux aléas de la vie et de son arbitraire. Contre l'irruption de devenirs turbulents, le rite pose la structuration comme moyen et comme fin. De même, la forme de transcendance qu'il active de manière rémanente aide l'homme à se dégager des contingences aléatoires et anxiogènes pour se penser et se sentir transporter dans des dimensions dans lesquelles le temps, l'espace et le flux de la vie se trouvent suspendus et soudain rapprochés de manière asymptotique de leur point de perfection (idéal, éternité).

3. Rite et communication

On peut se demander en conclusion en quoi le rite interpelle la communication. Il s'agit d'abord de l'un des points d'acmé de la communication sociale. Et pour cause, la communauté communie, et communique fusionnellement autour de valeurs fondatrices partagées. Rappelons aussi que le rite se pose comme médiation fondamentale, intercédant entre ses acteurs et les altérités idéales qui en fondent la pratique, le sens et la croyance.

Mais le rite peut de même s'appréhender comme **quasi-langage**. **Claude Levi-Strauss** y a d'ailleurs vu un « langage-en-acte ». Il est vrai que la ***grammaire*** rituelle procède d'une véritable **syntagmatique** : les gestes défonctionnalisés sont densifiés à l'extrême, devenant productions sémantiques, signes à part entière. Sans en appeler à une hypothétique double articulation, dont il convient en toute rigueur de laisser le primat au langage, il est vrai que le rite peut être décodé, intrinsèquement et extrinsèquement à plusieurs niveaux. Toutes les sciences humaines, d'ailleurs, peuvent l'interroger dans leurs champs, avec leurs méthodes propres.

Ce que le rite dit, il le dit autant à l'homme que de l'homme. Retour, donc, à cette appétence au rite – de même que Caillois voyait en l'homme une appétence au sacré.

Le rite a partie liée avec mythes et croyances dont la constante semble être la part discursive, imaginaire et symbolique d'éternel et d'idéal qu'ils contiennent. Cela est lourd du sens qu'il porte et des fonctions et finalités qu'on attend de sa pratique. Le rite et sa vigueur sont d'infaillibles indicateurs de la santé sociale, des adhésions communautaires à un passé fondateur, à une mémoire partagée, et à un avenir, vers lesquels intercéder symboliquement, par libre consentement, pour ressourcer, régénérer le corps social.

Les sociétés modernes, caractérisées par des crises d'identité idéologiques (le mot contient idéal...) et la montée de l'individualisme ne voient-elles pas en parallèle le reflux des grands rites ancestraux, commémoratifs, religieux et civils ?

Le recul du rite, en qualité et en quantité est le symptôme contemporain flagrant d'une perte de conscience et de substance sociale et communautaire préoccupante. Ironie du sort, c'est par défaut que le rite prouve donc de nos jours son utilité et son efficacité, en tant que ferment, creuset et vecteur.

RNIS (Réseau Numérique à Intégration de Service)

Système de communication qui permet de faire transiter à très grande vitesse et simultanément des informations de nature diverse (la voix, les données informatiques, le texte et l'image).

Toutefois, l'appellation de réseau numérique à intégration de services (RNIS) recouvre bien souvent deux étapes et deux réalités qui restent très différentes, même si elles interviennent dans la continuité chronologique. Le RNIS est un des ***réseaux télématiques***, mais il ne faut pas confondre :

1. le **RNIS à bande étroite**, nommé *Numéris* par France Télécom et développé en France depuis 1987, qui, dans sa formule de base, propose un débit de 144 Kbits/s ce qui lui interdit de transmettre une image animée à plus de 12 images/secondes.
2. le **RNIS large bande** que l'on désigne le plus souvent, pour le distinguer du précédent, par ses initiales anglaises : IBCN (*Integrated Broadband Communication Network*). Il permettra de transmettre de l'image animée de qualité « télévision » et bien sûr des applications ***multimédias*** sans perte de qualité ou de rapidité de temps de réponse.

Le CCITT est l'acteur principal de la normalisation du RNIS. Il a défini les normes internes au réseau, appelées CCITT n° 7, les aspects usager-réseau et a pris en compte le système de la communication définie en sept couches de l'OSI (norme ISO 7498 ; Recommandation X-200 du CCITT. RNIS en anglais est **ISDN** (*Integrated services digital network*).

Voir ***Autoroute de l'information, Convergence des techniques, Câble, Distribution, Réseaux neuronaux, Réseau télématique.***

Roaming (Accords de -)

Voir ***Techniques mobiles de communication (Analyse économique des -).***

ROM

Acronyme pour *Read Only Memory*, c'est-à-dire mémoire que l'on peut seulement lire. C'est une mémoire morte qui ne s'efface pas et qui ne se modifie pas.

Rotative

Presse dont la forme imprimante est cylindrique et dont le mouvement rotatif continu permet une très grande vitesse d'impression. La presse à rotatives remplace avantageusement la presse à mouvement linéaire et alternatif dite presse à feuilles : au lieu d'utiliser les feuilles séparées, le papier se présente en bobines et il est utilisé en continu.

SCHÉMA SIMPLIFIÉ D'UNE PRESSE TYPOGRAPHIQUE À FEUILLES.

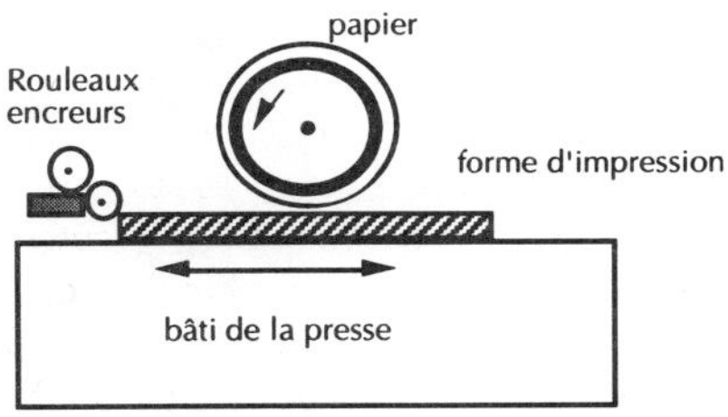

SCHÉMA SIMPLIFIÉ D'UNE PRESSE À ROTATIVES.

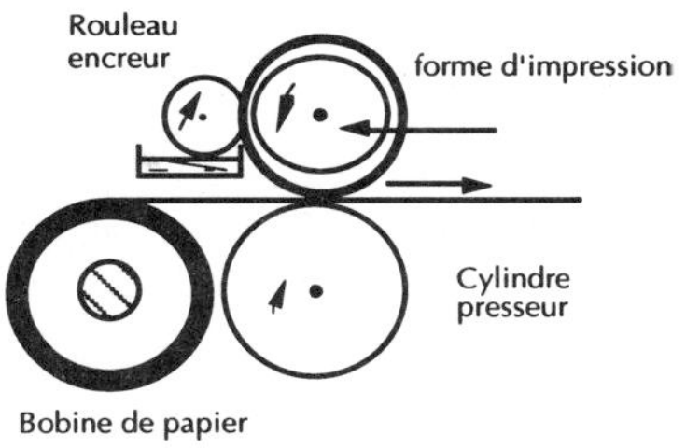

Round up

Dépêche d'une agence de presse proposant une synthèse des différentes dépêches successives relatives à un événement traité à chaud. Traduction : synthèse.

RS 232C

Norme des communications entre l'unité centrale d'un ordinateur et ses périphériques.

Russell, Bertrand (1872-1970)

Voir ***Philosophie analytique.***

RVB (Rouge, vert, bleu)

Ce sont les trois couleurs de base qui permettent d'obtenir toutes les autres en vidéo et en télévision. Le signal RVB est celui qui contient ces trois couleurs.

Ryle, Gilbert (1900-1976)

Voir ***Philosophie analytique.***

S

4 S

Voir ***Veille technologique***.

S.A.C.D.

Société des Auteurs et Compositeurs Dramatiques.

S.A.C.E.M.

Société des Auteurs, Compositeurs, et Éditeurs de Musique.

Satellite

1. Du point de vue de l'économie industrielle ou de la microéconomie, une entreprise satellite est une entreprise dont la stratégie est déterminée par une autre firme considérée comme leader sur le marché. La satellisation d'une firme ou d'un pays est l'expression de la dépendance de cette firme ou de ce pays à l'égard d'une firme dominante ou d'un pays dominant.
2. Du point de vue astronautique, un satellite artificiel est un sytème de communication placé sur orbite autour de la terre ou d'une autre planète par une fusée ou une navette.

   Il existe deux types de satellites. Le satellite de télécommunication qui permet la diffusion d'un signal d'un point à un autre, et le satellite de diffusion directe qui permet de transmettre un message (image-son) à destination d'un récepteur branché sur une antenne parabolique.

   Les satellites de première génération apparaissent à la fin des années cinquante. Ils sont utilisés comme réflecteurs d'ondes, et ne peuvent assurer les liaisons qu'à temps partiel au moment où ils sont en visibilité simultanée avec les stations à relier.

   À partir de 1963, les Américains lancent des satellites synchrones et géostationnaires, les satellites de deuxième génération. Ainsi, le satellite américain Early Bird, assurant la liaison France-États-Unis en 1965, Radouga, lancé par l'Union Soviétique en 1975, ont la particularité de tourner à la même vitesse que la terre et d'être placés à 36 000 kilomètres d'altitude, soit six rayons terrestres, afin de n'être soumis à aucun freinage atmosphérique.

   Les satellites de troisième génération sont des satellites de diffusion et des satellites de distribution. Ils représentent un potentiel nettement supérieur aux fréquences terrestres, mais ils ne possèdent pas tous la même puissance d'émission.

   Les satellites à faible puissance (20 à 50 watts par canal), dits « de télécommunication », fonctionnent dans le cadre de systèmes publics internationaux. Le plus important, ***Intelsat,*** est issu d'une organisation mondiale créée en 1964, dépendante de l'ONU et rassemblant une centaine de pays. L'Europe a fondé en 1975 l'Agence Spatiale Européenne, puis en 1977, ***Eutelsat,*** pour réaliser et exploiter des systèmes européens de satellites. La caractéristique de l'ensemble de ces satellites est d'assurer aussi bien le transport des canaux de télévision que les services de télécommunication (téléphone, télex, transmission de données). En matière de télévision, ces satellites servent aux liaisons intercontinentales (échanges de programmes dans le cadre de l'Eurovision), ou à celles qui approvisionnent les réseaux de distribution au sol (câble).

   Au sein des satellites de télécommunication, on distingue deux catégories :

   – Les **satellites de liaison point à point**, à très faible puissance, qui transmettent les signaux la plupart du temps entre deux stations. Ces signaux, une fois reçus par l'antenne de réception d'un diamètre de 32 mètres sont acheminés par le câble ou les faisceaux hertziens. De tels satellites fonctionnent notamment dans le cadre du système ***Intelsat,*** qui assure la transmission du trafic téléphonique et 80 % des retransmissions internationales de programmes télévisés.

   – Les **satellites de distribution**, plus puissants, desservent en général un nombre élevé de stations. Le diamètre des antennes peut descendre jusqu'à 0,60 mètre. Le satellite Astra exploité par la firme luxembourgeoise CLT, les satellites Telecom 1 et Telecom 2, mis sur orbite respectivement en 1985 et 1992, et représentant le système français de télécommunication par satellite, entrent dans cette catégorie.

Les satellites à puissance forte (230 watts par canal), dits **satellites de diffusion directe** permettent la réception individuelle des programmes grâce à des antennes d'un diamètre de 30 à 120 centimètres, relativement peu coûteuses et d'une technologie simple. C'est notamment le cas des satellites TDF1 et TDF2, lancés respectivement en 1988 et 1990. Le faible nombre de canaux et les progrès technologiques pour la réception des signaux transitant par les satellites à faible puissance mais disposant d'un grand nombre de canaux ont conduit à l'abandon des satellites à forte puissance pour la télévision commerciale.

Saussure, Ferdinand (de -) (1857-1913)

Ferdinand de Saussure, linguiste et sémiologue suisse, a exercé une influence intellectuelle profonde sur le XXe siècle.

Avant tout, Saussure fut un initiateur en linguistique et sémiologie. Sinon fondateur de ces deux disciplines, il est celui qui a apporté un éclairage nouveau, soudain plus rigoureux et plus scientifique, sur les champs du langage et du signe.

Si l'on ne doit pas la linguistique à Saussure, on lui est redevable en tout cas d'une nouvelle approche du langage, essentielle, exhaustive et structurale. C'est en ce sens qu'il a eu le mérite de donner à la linguistique moderne l'**induction structuraliste**, et ce dans ses dimensions méthodologique et épistémologique.

Pour bien appréhender Saussure et son œuvre, il convient d'abord de les replacer au sein d'une époque extraordinaire au plan intellectuel, pour n'en rester qu'au seul domaine des sciences humaines. En effet, on vit apparaître de manière quasi-concomitante au début du XXe siècle la psychanalyse freudienne, la sociologie de Émile Durkheim, la théorie économique de l'équilibre général de Léon Walras à Lausanne perfectionnée par Vilfredo Pareto, la linguistique et la sémiologie saussuriennes. Ces quatre pôles épistémologiques forts se trouvèrent bientôt relayés par le formalisme russe, autre précurseur de l'aventure structuraliste, puis l'anthropologie moderne.

1. Éléments biographiques

Né en 1857 dans une grande famille genevoise de tradition intellectuelle, Ferdinand de Saussure afficha une précocité remarquable. Après des études classiques, il décide de se consacrer à la linguistique, et l'étudia d'abord à l'Université de Genève, puis à Leipzig. À l'âge de 22 ans, il achève un mémoire sur le système primitif des voyelles indo-européennes qui lui valut une certaine notoriété. En 1880, il se rendit à Paris précédé de sa renommée, ou il enseigna un temps la grammaire comparée à l'École des Hautes Études. Sa nationalité suisse l'empêchant de progresser dans la hiérarchie universitaire française, il rentre en Suisse en 1891. Il enseigna alors à Genève la linguistique comparée des langues indo-européennes. Il y tint de 1907 à 1911 une série de conférences qui allaient énoncer les grands principes de la linguistique moderne. L'objet de ces cours est la refonte des études linguistiques, quant à l'objet et à la méthode. Cette refonte s'avérera en fait fondation.

Ferdinand de Saussure meurt en 1913. Il ne laisse guère éditorialement que son mémoire, sa thèse (« Du gérondif absolu en sanskrit ») et un ouvrage étudiant les anagrammes. C'est en 1916, trois ans après sa mort que deux de ses élèves et disciples, Claude Bally et Albert Séchehaye publièrent une synthèse de ses notes de cours, sous le titre éponyme de « Cours de linguistique générale ». Celui-ci connaîtra un succès et une postérité extraordinaires au cours de ce siècle.

2. Les fondements de l'entreprise saussurienne

Saussure travailla sous l'égide d'une ambition ultime : poser les fondements d'une science sociale globale, la ***sémiologie***, dont la linguistique et la sociologie n'auraient été que certaines des branches, des sous-disciplines. C'est d'ailleurs par une phrase célèbre du *Cours* que Saussure fait naître de manière performative la sémiologie et la linguistique modernes : « *on peut envisager une science qui aurait pour objet la vie des signes au sein de la vie sociale, nous l'appelleront sémiologie* ». Saussure souhaitait donc que la sémiologie fédère, par sa méthode, toute démarche interprétative.

L'homme a au monde un rapport par nature sémiotique. Il convient par une analyse rigoureuse de comprendre les règles permettant d'articuler les systèmes symboliques qui constituent le réel. C'est à cette analyse que pourvoit la sémiologie, dans l'absolu. Dans sa déclaration d'intention du *Cours*, celle-ci aurait pour objet l'ensemble des systèmes fondés sur une forme d'arbitraire du signe. Et la prééminence du ***langage***, en dernière analyse, ne tiendrait qu'en ce qu'il permet d'énoncer les autres systèmes sémiotiques. Dans sa version extensive, on doit admettre que le projet pansémiotique saussurien n'a été que partiellement réalisé. L'ambition et l'impulsion de Saussure étaient grandes. Elles aident à com-

prendre le zèle avec lequel ses continuateurs, de par le monde, ont repris son flambeau, en développant la recherche sémiologique dans les directions les plus diverses.
Il importe d'abord pour Saussure de s'éloigner des projets linguistiques antérieurs, considérant la ***langue*** comme une nomenclature, à aborder sous l'angle taxinomique, ou savamment étymologique. C'est à cela « qu'en étaient restés » les **néo-grammairiens**. Pour Saussure, la langue est un tout en soi ; à ce titre, elle est à considérer « en elle-même et pour elle même ». Il s'agit donc d'un système, à envisager sous une triple dimension systématique, structurale et dynamique, induisant une évolution perpétuelle. Cela rend bien hypothétiques les érudites classifications auxquelles confinaient souvent la linguistique les prédécesseurs et les inspirateurs de Saussure. Toute approche linguistique doit se mener de manière synchronique, précisément car la langue change sans cesse.
Ensuite, la langue est un tout. Il convient alors de l'étudier totalement, et non de se limiter à l'une ou l'autre de ses parties. Cela reviendrait à minorer l'une de ses composantes, qu'elle soit phonologique, psychologique, physique, culturelle, et donc à extrapoler les résultats obtenus. Précisons que la langue, dont le primat est humain, est à envisager comme un processus à la fois psychique (les concepts mobilisés par elle), psychologique (les arcanes de la compréhension), et physique (j'entends la langue avant de la comprendre).
Pour Saussure, elle est fondamentalement un instrument de communication, privilège de l'échange humain. On ne trouve jamais chez lui l'idée que la langue doive représenter une structure de la pensée qui préexisterait indépendamment de sa mise en forme linguistique. Pas de corrélation du langage à la pensée, « *la conscience n'est en rien structurée comme le langage* ». Les idées ne sont pas dans le langage en attente d'énonciation. La pensée sans le langage, c'est « une masse informe », rien de plus.

3. Les postulats linguistiques saussuriens

Dans le projet saussurien, au commencement est le **signe**. Celui-ci, tel Janus, a deux faces, alliant toujours un concept et une image acoustique. Le lien les unissant est arbitraire. C'est en ce sens que le signe est social. D'un côté de la frontière, l'on dit « cheval », et de l'autre « Pferd ». Pour communiquer au sein d'un communauté, on emploiera l'un ou l'autre mot, différent de chaque côté de la frontière. Se tromper, ou déroger à ce contrat sémiotique et social, c'est se mettre hors communication.
Pour lui, une **langue** est donc avant tout une ***convention sociale***, régie par des règles connues par ceux la partageant, et auxquelles nul ne peut se soustraire. La langue a une valeur sociale, tout comme la monnaie. Elle est à ce titre facteur d'appartenance. Quand nous entendons une langue que nous ne connaissons pas, nous restons sans compréhension, en dehors du fait social, comme frappé d'anathème, par cette incompréhension. Tout comme nous nous trouvons dans l'impossibilité d'échanger dans un pays dans lequel nous serions privés de la devise locale. Pour filer la métaphore de manière significative, n'emploie-t-on pas communément les verbes « deviser » ou « échanger » pour dire « parler » ?
L'**arbitraire du signe** est l'un des postulats saussuriens les plus forts et les plus récurrents. Cet arbitraire est à entendre comme une convention liant signifiant et signifié, image acoustique et concept, et fondée sur un rapport non analogique, mais obligatoire. Par-delà l'étymologie, l'onomatopée, les filiations généalogiques, il arrive un moment ou pour expliquer l'origine d'un mot, on ne puisse plus dire que « c'est comme cela et pas autrement ». Là s'origine l'arbitraire du signe. C'est ce rapport imposé, à apprendre et savoir, qui autorise le partage du sens à ceux qui comprennent une langue, ce partage étant ensuite à réévaluer à l'aune de la toute-puissante ***connotation*** (l'ensemble des évocations personnelles, morales, culturelles entourant pour chacun un mot ou un concept). Cet arbitraire établit le caractère social des faits linguistiques. C'est à son prix que la communication est possible entre les hommes, car on s'y soumet comme à une loi, sauf à se placer hors communauté, hors compréhension.
Après cet arbitraire, fondant et délimitant en quelque sorte le système saussurien, on trouve une série d'oppositions fécondes, signifiant/signifié, parole/langage, dénotation/connotation. Concernant l'opposition **signifiant/signifié**, le signifiant est la face matérielle, graphique ou sonore du signe. Le signifié au contraire est le concept ou l'idée déclenchée lors de l'énonciation. L'idée-force à retenir est qu'ils sont aussi indissociables que les deux faces d'une feuille de papier. Leur rapport est coalescent, comme le définit Roland ***Barthes***. Plus que juxtaposés, contigus, signifiant et signifié sont fondus l'un dans l'autre. Pour Saussure, donc,

l'étude de l'un ne va pas sans l'étude de l'autre.

La dichotomie **langage/parole** oppose l'individuel au social. Le **langage**, c'est cette faculté de l'homme à utiliser un système symbolique permettant la communication. La **langue**, c'est le code en usage dans une communauté donnée (la langue française, anglaise...). La **parole**, quant à elle, est l'appropriation idiosyncratique, et l'utilisation de la langue par un individu.

Enfin, **la dénotation** est le sens strict et littéral d'un mot, alors que **la connotation** est l'ensemble des références culturelles, morales, psychologiques lui servant d'auréole parasémantique.

4. Le bilan

L'apport de Saussure aux champs de la communication n'est pas le moindre, avant la lettre. Il s'attache à ne pas dissocier la langue en tant que système de sa finalité de communication interpersonnelle.

Saussure a laissé un outil méthodologique considérable, repris et développé par de nombreux disciples, dans des domaines aussi disparates que l'anthropologie, la psychanalyse, la sémiologie, et la linguistique, bien sûr, dans la plupart de ses déclinaisons. À ce titre, Hjelmslev, ***Barthes***, Lacan, ***Chomsky*** et beaucoup d'autres assument de manière tacite ou reconnue, son héritage épistémologique. Une démarche posthume éminemment saussurienne peut être trouvée dans le très célèbre « *Mythologies* » de ***Roland Barthes***, par exemple, dans lequel l'auteur traquait signes, indices et symboles sociaux afin d'en livrer une exégèse pointilleuse et brillante, à la tonalité idéologique au demeurant assumée.

Des oppositions fondées par Saussure telles que ***signifiant/signifié***, ***dénotation/connotation***, ***parole/langage*** feront école après lui, et assureront sa postérité.

Saussure a réifié la langue et son étude. Cette réification portait le ***structuralisme*** dans son ensemble en gestation.

On oublie souvent que Saussure consacra aux anagrammes des études volumineuses et méconnues. Comment envisager cela, sinon comme un paradoxe, et l'affirmation tacite de la part du maître que décoder n'a pas de fin, et que tout signe est le palimpseste espiègle d'autres sens, toujours à débusquer en abîme ?

S.C.A.M.

Société Civile des Auteurs Multimédia.

Scanner

Système de reproduction de textes et d'illustration par balayage (de l'anglais *to scan :* balayer du regard) ligne par ligne ou point par point et inventé en 1948. Le scanner est un dérivé du ***bélinographe***.

SCD (Service Commun de la Documentation)

Voir ***Bibliothèque***.

Scénario

1. Éléments essentiels structurés ou canevas d'une pièce ou d'un roman. Au cinéma et à la télévision le scénario est en revanche un document écrit plus précis qui décrit scène par scène de ce qui sera tourné. Par extension, déroulement prévu d'une action. Synonyme : ***Script***.
2. Dans le cadre du cinéma et de la télévision, un scénario comprend trois étapes :
   – le synopsis, quatre pages au maximum, résumant l'histoire du film ;
   – le traitement, document d'une cinquantaine de pages, développant l'histoire ;
   – la continuité dialoguée, décrivant très précisément les actions, les personnages, les lieux et le temps de l'action. Elle est traditionnellement séparée en deux colonnes, image à gauche, son à droite.

   Pour lutter contre la baisse de la fréquentation cinématographique, les producteurs ou les réalisateurs sont aujourd'hui en quête permanente d'un sujet porteur, susceptible de déboucher sur un succès en salle. Cette forte demande aboutit, d'une part, à une véritable inflation du prix des scénarios (4 millions de dollars pour « *The long Good-Night Kiss* » de Shane Blake, 3 millions de dollars pour « *Basic Instinct* » de Jœ Eszterhas), et, d'autre part, à l'utilisation de plus en plus fréquente, notamment aux États-Unis, du principe du *remake*. Il s'agit de la production et de la réalisation d'une nouvelle version avec une nouvelle équipe qui travaille pour le marché non couvert par la première version (comme ce fut le cas pour le film français « *Trois hommes et un couffin* » adapté pour le public américain) ou de la n^{e} version de la même histoire connue du public, comme c'est le cas avec « *Les trois mousquetaires* » ou avec « *Les misérables* », mais des acteurs du moment à fort potentiel commercial.

Scénario interactif

La première caractéristique d'une écriture interactive est de rompre la linéarité d'écriture ou de lecture. On doit perdre dans ces produits la linéarité du discours, le fil conducteur varie selon le lecteur et à chacune de ses lectures puisque le produit n'est pas monté, le syntagme porteur de sens n'est pas mis en place par le concepteur du produit. Ainsi, le discours se construit au travers d'une structure souple, mobile par le libre agencement d'éléments divers ; d'où la complexité due à l'interactivité de ces produits.

Le scénario interactif repose sur la logique du kit qui réclame que l'on associe librement certains des éléments fournis ce qui entraîne dans les fictions interactives des problèmes de cohérence des **parcours** multiples car d'une part le récit doit garder cette cohérence et d'autre part le montage des divers éléments que le lecteur associera doit rester crédible et pertinent. Les contraintes en terme de montage sont nombreuses et une extrême attention est de rigueur car on ne peut pas proposer, par exemple, une vue de la ville depuis une tour à un joueur qui aura décidé précédemment de la visiter en métro.

Le concepteur doit donc proposer des paradigmes, des stocks d'éléments similaires mais déclinés selon différents états liés aux différentes provenances. Cette notion de provenance est très importante, elle est incarné par les liens contextuels qui savent tenir compte du parcours déjà effectué et proposent alors le ***nœud*** correspondant à la situation.

Penser une telle exhaustivité à la conception reste difficile car il faut tester tous les parcours et parfois réduire les possibilités hypertextuelles pour donner un fil conducteur à l'utilisateur en danger d'égarement (parcours conseillé, préconisation, guide...).

Dans un ***hypertexte*** ou un ***hypermédia***, c'est la lecture qui fait le montage ; cette opération n'est pas maîtrisée par le réalisateur mais par le lecteur ; lui seul est maître du parcours qu'il accomplit. Il choisit l'information et sa forme de diffusion alors qu'avec les médias et supports traditionnels chaque type d'information a une fonction définie par le réalisateur ou le concepteur du produit. Ici, l'espace de montage est l'écran, comme au cinéma certes, mais sans aucune homogénéité à cause du multifenêtrage. Voir ***Interactivité***.

Schéma canonique de la communication

Représentation fondamentale du processus de communication avec rétroaction entre un émetteur et un récepteur via un canal susceptible de subir du bruit. Ce modèle est encore appelé modèle cybernétique de la communication, du fait de l'enrichissement du modèle linéaire de Shannon par la rétroaction. Voir ***Communication, Moles Abraham***.

Schéma consécutif Invention-Disposition-Énonciation-Action-Mémoire

Voir ***Rhétorique***.

Schéma narratif

La sémiotique narrative a montré comment un récit défini par Popp comme « une suite ordonnée d'épisodes formels interdéfinis » repose sur l'exploitation d'un **schéma narratif canonique**. Ce schéma est constitué par quatre « épisodes » : la performance, la compétence qu'elle implique (et qui est décomposable en modalité du devoir-, du pouvoir-, du savoir-, et du pouvoir-faire), le contrat et la sanction qui encadrent les deux premiers « épisodes » en établissant l'univers des valeurs dans lequel ils s'inscrivent. Pour chaque objet d'analyse, c'est dans le déroulement de l'histoire plus que dans son épilogue que réside l'excitation de l'intérêt. Ce sont non des types de figures et de messages qui s'opposeront mais des types de récits.

Le schéma narratif permet d'articuler un univers de discours en considérant qu'il va s'agir de la succession de ces quatre grands épisodes.

contrat	compétence	performance	sanction
Dans le cadre d'un système de valeurs, proposition par le destinateur et acceptation par le sujet d'un programme à exécuter.	Acquisition de l'aptitude à réaliser un programme ou épreuve qualifiante.	Réalisation du programme ou épreuve décisive.	Comparaison du programme réalisé avec le contrat à remplir.
Devoir-faire	pouvoir-faire	faire-être	paraître
Vouloir-faire	savoir-faire		être

Scoop

Exclusivité informationnelle d'un journaliste ou d'un journal. Les termes recommandés en traduction sont exclusivité et primeur.

Scribe

Fonctionnaire chargé de la rédaction des actes administratifs, juridiques ou religieux dans l'Égypte ancienne.

Script

Synonyme de ***scénario*** pour un film.

Scripte

Auxiliaire du réalisateur d'un film ou d'une émission de télévision qui a deux fonctions : elle remplit, d'une part, la tâche de secrétaire de plateau, c'est-à-dire qu'elle rédige les rapports d'images et de montage du film, le journal ou livre de bord et le rapport de production, et elle contribue, d'autre part, à la mémoire du film, puisqu'elle assure la continuité de l'œuvre en raccordant tous les plans du tournage. Synonyme : secrétaire de plateau.

SECAM (Séquence Couleur À Mémoire)

Standard français de télévision en couleur, concurrent du système ***NTSC*** américain et du système ***PAL*** allemand. Il a été mis au point en 1956 par Henri de France. Il a été utilisé en France à partir de 1967. Les ex-pays communistes européens qui l'ont également adopté ont bénéficié de plusieurs modifications.

Secondéité

Voir **PEIRCE**.

Secret

Absence de diffusion d'une information. Le secret désigne l'opération par laquelle la diffusion d'une information est empêchée (*Être lié par le secret professionnel*) ou l'information même dont la diffusion est empêchée (*Je ne te le dirai pas : c'est un secret*). Le concept de secret ne se situe donc pas sur le plan de l'opposition ou de la distance entre symbolique et réel, mais sur le plan de la distance entre sujet et savoir : il y a des sujets supposés savoir (c'est le discours de la science ou le discours de l'analyse) et des sujets supposés ignorer (c'est le secret, et, sur le plan politique et institutionnel, le discours du pouvoir).

Il n'y a, sans doute, pas, à proprement parler, de cause au secret. En revanche, on peut toujours trouver du sens au fait que soit instauré un secret dans une certaine situation de communication. Le sens du secret peut tenir au pouvoir ou au désir : il peut consister (c'est le cas du pouvoir) dans le fait qu'un acteur de l'espace social entend maintenir sur un autre acteur un pouvoir résultant du fait qu'il détient une information que l'autre ne détient pas, ou (c'est le cas du désir), dans le fait qu'une information ne doit pas être diffusée pour conserver toute sa pertinence.

Le secret se distingue de la ***censure*** en ce que cette dernière a un caractère institutionnel, tandis que le secret, qui consiste en une simple rétention de la diffusion d'une information (*On a décidé le secret pour cette information*) ou dans l'information ainsi retenue (*Ne le dis à personne : c'est un secret*), est un processus, ou le résultat de ce processus, et ce dans n'importe quel cadre, institutionnel ou non.

1. Le secret dans la communication intersubjective

   Le secret, dans la ***communication intersubjective***, est un obstacle à la communication. Le secret structure la relation entre les partenaires de la communication intersubjective : le secret entre deux partenaires d'une relation intersubjective fait de cette relation une relation plus affective que symbolique – soit que le secret les unisse (ils l'ont en commun et leur relation s'en trouve renforcée sur le plan réel du désir et de l'affectivité sans être explicitée sur le plan symbolique des discours et de la parole), soit que le secret les sépare (l'un a un secret qu'il ne fait pas partager à l'autre, ce qui, entre eux, crée une distance sur le plan des relations symboliques et, indirectement, une tension sur le plan réel des relations affectives).

   Le secret produit une forme de relation entre deux personnes, qui se retrouvent partager le même savoir et qui s'identifient l'une à l'autre par ce savoir partagé qui, par ailleurs, les différencie et les sépare des autres. C'est cette relation très particulière que l'on nomme la complicité, et qui renforce bien des relations intersubjectives, bien des amitiés, bien des rapprochements.

2. Le secret dans la communication médiatée

   En revanche, dans la ***communication médiatée***, le secret peut ne pas faire obstacle à la communication, car la diffusion médiatée de l'information peut prendre d'autres voies. Le secret ne structure pas la situation institutionnelle instaurée par la communication, il ne fait que la caractériser, il ne fait que lui donner une particularité par rapport à d'autres situations institutionnelles de communication.

   Comme dans toute forme de situation, le secret, en empêchant la diffusion de l'information et l'échange de communication, représente, comme la guerre et la violence, une suspension du symbolique. À ce titre, le secret, dans une situation politique, marque le réel des relations politiques : le pouvoir. Dans la ***communication médiatée***, le secret représente l'émergence du pouvoir ; il représente, dans les choix politiques à opérer, une forme de prééminence à l'exercice du pouvoir – éventuellement au prix de la liberté et de la citoyenneté.

3. Le secret comme garantie de la différence entre singularité et collectivité

   Le secret peut avoir pour but de préserver la différenciation, qui doit rester absolument, à la fois pour des raisons politiques (exigence de liberté) et pour des raisons philosophiques (exigence de rationalité), entre la dimension singulière des pratiques des hommes et leur dimension collective. C'est en vertu de ce principe qu'existent des législations sur la protection de la vie privée des personnes publiques dans la presse et les médias.

C'est un paradoxe du secret : il restreint la liberté, sur le plan politique, mais, dans le même temps, il la garantit, car il protège les sujets individuels de l'irruption du collectif dans leur existence singulière. C'est par le secret et par sa préservation que les sujets individuels protègent la différence entre leur identité subjective propre et leur appartenance sociale.

4. Le secret comme garantie du lien social

En évitant certaines tensions ou certaines difficultés de relations, le secret peut contribuer à renforcer le **lien social**. C'est, par ailleurs, cette dimension de garantie du lien social qui peut expliquer que le secret demeure un auxiliaire éventuel à la disposition des pouvoirs politiques. Le secret est, pour les politiques, à la fois une garantie pour l'exercice du pouvoir et la garantie du lien social pour ceux qui appartiennent à l'espace politique.

Par ailleurs, le secret fige les situations sociales et les situations institutionnelles : l'existence d'un secret au sein d'un groupe social ou d'une communauté fige les relations qui soustendent l'existence de ce groupe social ou de cette communauté. En effet, à partir du moment où il existe un secret, une division s'opère entre ceux qui le détiennent et les autres, cette division instaurant, de fait, une dynamique de pouvoir qui fige la communication, en mettant fin au principe d'***indistinction***.

Enfin, le secret produit un point commun entre les acteurs qui le partagent. En ce sens, le secret renforce un lien de sociabilité par la communication, en donnant de ce fait à la sociabilité une consistance symbolique – reposant sur un fait de communication. Dans ces conditions, le secret a une importance considérable dans la constitution des dynamiques sociales et institutionnelles de communication : la possession d'un secret peut constituer une base fondamentale de lien ou de contrat social.

5. Le secret, obstacle ou aide à la communication ?

C'est, sans doute, dans ces termes qu'il convient de poser le problème du secret : la question est de savoir quel est l'apport du secret à l'instauration d'une relation ou d'une situation de communication ou, au contraire, en quoi il lui fait obstacle.

L'ambivalence du secret lui-même fait hésiter sur ce point. On peut évaluer de la façon suivante l'incidence du secret sur la communication.

Le secret est un obstacle à la communication, en ce qu'il produit une zone opaque, un ensemble d'objets censés échapper à la communication, à la diffusion, à l'échange symbolique. Le secret ne facilite pas la communication car il définit un ensemble d'objets d'information qui échappent à la communication. Par ailleurs, dans la mesure où le secret met en cause le principe d'***indistinction***, il met en cause la structure même de la ***communication médiatée*** dans le champ social.

En revanche, le secret facilite la communication, d'une part car il évite d'avoir à formuler des éléments d'information et d'avoir à les diffuser, d'autre part, car il détermine les relations entre les acteurs de la sociabilité, et, par conséquent, de la communication. Dès lors qu'il y a secret, les acteurs de la communication se situent les uns par rapport aux autres en fonction de ce secret, et non en fonction de représentations ou d'opinions qui les engageraient les uns par rapport aux autres.

6. Secret et pouvoir

Le secret confère un **pouvoir** à ceux qui le détiennent, de même que la possession d'une information supplémentaire confère toujours un pouvoir par rapport à ceux qui n'en disposent pas. C'est même cette dimension de pouvoir qui donne au secret sa dimension institutionnelle, et, au-delà, c'est sans doute elle qui, encore, donne à une situation de communication son caractère institutionnel et politique : il y a politique dans la communication à partir du moment où la communication se pense en termes de pouvoir.

C'est le secret qui, en caractérisant les acteurs de l'***espace public*** les uns par rapport aux autres en fonction de leur possession du secret, construit l'espace de la ***communication médiatée*** comme un espace structuré : comme un espace politique organisé.

Voir ***Intelligence économique, Espionnage***.

Secret (Atteinte au -)

Délit qui porte sur le secret professionnel et le secret de correspondance.

1. L'atteinte au secret professionnel (article 226-13 du nouveau code pénal)

L'article 226-3 pose une définition générale de cette atteinte : se rend coupable d'un délit la personne qui révèle une information à caractère secret lorsqu'elle en est dépositaire soit par état ou par profession, soit en raison d'une fonction ou d'une mission temporaire. Cet article précise les hypothèses dans lesquelles le secret professionnel peut-être levé.

2. L'atteinte au secret des correspondances (article 226-15 du nouveau code pénal)
   Sont ici réprimés les détournements de correspondances écrites ou émises par la voie des télécommunications.
   Voir ***Droit de la personne et des biens, Intelligence économique, Espionnage***.

Secrétariat de rédaction

Service intermédiaire entre la rédaction et la composition du journal ou de la revue qui a pour tâches la préparation et la correction de la copie, la mise en page, et éventuellement le choix des illustrations et le tirage.

Secret défense

Une information a le caractère de secret de la défense nationale si elle a fait l'objet de mesures de protection spécifiques par l'autorité administrative. Sont également protégés les secrets par extension, c'est-à-dire les informations non secrètes mais pouvant conduire à la découverte d'un secret de la défense nationale.

Il y a trois niveaux de protection de ces informations secrètes : très secret défense, secret défense et confidentiel défense.

Le nouveau Code pénal réprime les atteintes au secret de la défense nationale, qu'elles soient commises par une personne dépositaire du secret ou non. Voir ***Espionnage***.

Secret électronique

Voir ***Internet***.

Sélectionneur de nouvelles

Traduction proposée pour *gate keeper*, expression forgée par Kurt Lewin et introduite par David Mannig White en sciences de l'information et de la communication. L'idée associée à cette notion conduit à souligner le rôle fondamental de ceux qui trient l'information, sélectionnent les dépêches des agences dans l'élaboration du contenu du journal, même si l'emploi est classé professionnellement à un niveau inférieur par rapport, par exemple, à l'emploi de rédacteur.

S.E.L.F. (Société d'Étude de la Langue Française)

Créée en 1960 par un groupe de chercheurs notamment J. Dubois, J.-C. Chevalier, R. Barthes, A.J. Greimas, Gougenheim, Wagner.

Semi-conducteurs

Voir ***Transistor***.

Sémiologie ou Sémiotique

Discipline qui étudie les systèmes de signes au-delà du seul langage, que ces signes soient purement codés ou qu'ils donnent lieu à interprétation active et quels que soient les canaux (linguistiques, comportementaux, graphiques, spatiaux, etc.) par lesquels les signes sont manifestés.

1. Les fondements théoriques
   La sémiologie ou sémiotique (du grec shmeion, « signe ») tend aujourd'hui à se construire comme une science des significations. La sémiologie est la méthodologie des sciences qui traitent des systèmes signifiants, donc des « sciences humaines », puisqu'elle considère les pratiques socio-historiques qui font l'objet de ces sciences (le mythe, la religion, la littérature, etc.) comme des systèmes de signes.
   La question du signe semble apparaître en occident avec les stoïciens (IIIe siècle avant J.-C.). Elle leur est nécessaire pour fonder la théorie logique du syllogisme, articulée comme une série de signes sans signification propre, comme un système déductif opérant avec des termes (éléments initiaux) d'après des règles strictes. Or, pour que cette logique puisse fonctionner, elle doit pouvoir montrer la validité de ses termes. C'est ici que la théorie du signe intervient : les termes sont vrais parce qu'ils sont des signes, c'est-à-dire des relations nécessaires entre le mot et la chose qu'il désigne, par la médiation du lekton, catégorie incorporelle située du côté du langage. Le signe est donc une induction, il relie le discours à son dehors, les mots aux choses.
   La théorie médiévale de la signification révèle, déploie et accentue la théologie immanente à la conception stoïcienne du sens : celui-ci est une transcendance (divine ou subjective), une constante normative qui sous-tend toute manifestation verbale. À la fin du Moyen Âge, la semiosis est conçue comme la grille formelle du raisonnement d'un sujet qui affirme et juge.
   La sémiologie, dans l'acception moderne du terme, est née chez F. de ***Saussure*** qui écrivait en 1915 : « on peut concevoir une science qui étudie la vie des signes au sein de la vie sociale... ; nous la nommerons sémiologie ». ***R. Barthes***, en 1964 précise l'objet de cette science qu'il nomme sémiotique : « tout système de signes, quelle qu'en soit la substance, quelles qu'en soient les limites : les images, les gestes, les sons mélodiques, les objets et les complexes de ces substances que l'on retrouve dans des rites, des protocoles ou des spectacles constituent, sinon des « langages » du moins des systèmes de signification ».
   L'objectif de la sémiotique est l'élaboration d'une théorie de la signification (et non de la seule communication intentionnelle) qui puisse rendre compte de tous les langages et non des seules langues naturelles.

La sémiotique a été définie et délimitée par les apports des travaux des linguistes qui insistaient sur le ***langage*** comme « le système de communication ». C'est la mise en évidence scientifique des caractères définitoires des langues qui permit de vérifier si ces mêmes caractères définitoires étaient valables ou non quant à la définition des systèmes de signes.

Les méthodes linguistiques s'avérèrent inadaptées à l'objet sémiotique lui-même en raison de sa complexité et de leur incapacité à rendre compte du continu de signification des messages : le rôle de l'analyse sémiotique est de construire la figure dynamique rendant compte de la production de l'idée et non de procéder à un découpage en signes, inopérant à ce sujet.

Avec le développement des moyens de communication non linguistiques, la sémiotique en tant que réflexion sur les systèmes de signes ou de significations, s'est affranchie de la réflexion linguistique et a crée ses propres outils.

2. Les concepts de base

La continuité de la sémiotique depuis les travaux de base de son fondateur, F. de Saussure, résulte du respect et de l'approfondissement de deux positions théoriques essentielles :

– qu'il n'y a de signification que par la production ou la saisie d'écarts différentiels : un langage est d'abord un système de relations ;

– que les langages sont constitués par la relation de deux plans : celui de l'expression, le **signifiant**, et celui du contenu, le **signifié**.

S'il n'y a de sens que dans la différence, le terme n'a pas de rôle dans la production du sens, si ce n'est par rapport à un autre terme. En sémiotique, ce sont les relations qui sont premières, qui préexistent aux termes. La sémiotique se distingue ainsi de la logique.

Si les langages sont constitués par la seule relation du signifiant et du signifié, la « réalité », ce à quoi renvoient les langages, n'entrent pas dans la définition de la sémiotique. La sémiotique, comme discipline gagne en autonomie : elle peut étudier les faits de langage sans dépendre d'une autre science de la réalité comme la sociologie. Elle ne croit pas en des langages, le langage visuel par exemple, plus « fidèles » à la « réalité » que d'autres : un dessin même figuratif, est aussi arbitraire qu'un mot et elle se donne la faculté d'analyser les croyances, sentiments et attitudes que chaque société adopte concernant les langages.

La sémiotique refuse de lier le problème de la signification, du sens articulé, à une « intention » explicite de transmettre un message. L'univers de la signification ne peut se réduire aux phénomènes de communication. La sémiotique est plus proche de l'anthropologie que de la théorie de l'information. Son domaine d'investigation est le langage (tous les langages) et les pratiques signifiantes, qui sont essentiellement des pratiques sociales. Elle traite des rapports de l'homme au monde et de l'homme à l'homme en termes de ***structures***.

Selon le **modèle de la linguistique structurale**, la production de la signification est conçue de façon binaire comme une relation entre un plan matériel, « le signifiant » et un plan conceptuel, le « signifié » (F. de Saussure) ou, plus précisément, entre une « forme de l'expression » et une « forme du contenu » (L. Hjelmslev). Chacun des deux plans, celui d'expression (ou signifiant) et celui du contenu (ou signifié), comprend une substance et une forme. En sémiotique, la forme n'est pas opposée au contenu qui, seul, serait signifiant. La forme est l'organisation invariante et purement relationnelle d'un plan, qui articule la matière sensible ou la matière conceptuelle en produisant ainsi de la signification. C'est la forme qui est signifiante. La matière est le support à un moment donné, de la forme.

3. Les outils de l'analyse sémiotique et leurs applications

La sémiotique a conçu ses outils, c'est-à-dire des modèles conceptuels qui s'appliquent à tous les objets culturels construits à travers lesquels les hommes parviennent à communiquer entre eux. La sémiotique s'attache à rendre compte du rapport entre les langages et la « réalité » à partir des langages en développant toute une problématique de l'énonciation, c'est-à-dire de la production et de la saisie du discours.

a) L'énonciation

Tout énoncé implique une ***énonciation***. Le contenu relève de l'***énoncé*** tandis que les façons de délivrer ce contenu relève de l'énonciation. Pour reprendre un exemple présenté par Eliseo Veron, si nous comparons les deux phrases « Pierre est malade » et « je crois que Pierre est malade », on peut considérer que l'énoncé est identique (l'état de la maladie de Pierre) mais qu'elles diffèrent sur le plan de l'énonciation. Dans la première, on affirme que Pierre est malade de manière « objective » ; dans la seconde, on qualifie ce qui est dit comme une croyance. Ce qui varie ce n'est pas le dit, mais les relations à ce qui est dit c'est-à-dire les modalités du dire. À travers l'énonciation, un discours construit une certaine image de celui qui parle (l'**énonciateur**), une image de celui à qui l'on parle (le **destinataire**) et par conséquent aussi, un lien entre les deux positions.

Ce concept sémiotique d'énonciation a été privilégié par E. Veron lorsqu'il a effectué l'analyse de la clientèle d'un média : le support de presse et ses lecteurs ne doivent plus être conçus comme deux réalités séparées, il faut au contraire en comprendre l'interaction, c'est-à-dire la lecture, même si cette pratique sociale n'est généralement pas visible. La relation entre un support de presse et son lectorat repose sur le **contrat de lecture**.

Au moment même où l'énonciateur (le journal, le magazine...) s'adresse à son destinataire par un titre, une photo, un commentaire, il s'attribue une place dans le message, tout comme il en désigne une pour le destinataire. La description de deux supports de presse extrêmement proches du point de vue de leurs rubriques et de leurs contenus montre que même s'ils se ressemblent beaucoup à ce premier niveau, ils peuvent être extrêmement différents sur le plan du contrat de lecture, c'est-à-dire sur la manière dont va se construire le lien entre le support et son lectorat.

Le concept d'énonciation pour l'étude d'un support est utilisé essentiellement pour formuler des hypothèses quant au type de relations qu'un support est susceptible d'établir avec son lectorat. Une phase terrain auprès de lecteurs et non lecteurs vérifiera le fonctionnement du contrat proposé par chacun des supports étudiés, ses points forts et ses points faibles...

b) La narrativité

L'**analyse structurale du discours** s'efforce de prendre en charge la complexité du discours. Son objectif est de distinguer et de hiérarchiser les différents niveaux où peuvent se situer les invariants d'une communication ou d'une pratique sociale. Elle dispose d'outils dont le ***carré sémiotique*** et le ***schéma narratif***.

4. Enjeux de l'analyse sémiotique

La sémiotique, « la science de la vie des signes au sein de la vie sociale » est, d'abord, une relation concrète au sens. À partir des discours, des textes, des images ou des films pris dans leur globalité, elle s'attache à rendre compte du parcours que suit la production du sens, depuis les structures fondamentales qui déterminent ses conditions d'existence jusqu'aux formes complexes de sa manifestation. Elle permet aussi de s'interroger sur les rapports entre la langue et les autres systèmes de signes, sur les principes de segmentation d'un texte ou d'une image, ou encore sur la distinction entre communication et signification.

L'expérience de la recherche en sémiotique montre la dimension sociale de la sémiotique qui ne se limite pas à une pure fonction didactique, et révèle des domaines exclus des sciences classiques qui sont pourtant chargés de sens et qui, en même temps, en produisent. La sémiotique peut aussi produire du sens. Puisqu'elle s'attache à construire un modèle génératif de la signification, elle peut, à partir de ses premiers acquis, offrir une certaine compétence à tous ceux qui veulent communiquer, émettre, et ou recevoir ou qui veulent organiser des relations sociales.

Sémiotique et mercatique

La sémiotique, discipline linguistique, est peu ou prou utilisée par les gestionnaires pour analyser et appréhender certaines situations de gestion, des objets de communication, des propos tenus par des consommateurs potentiels ou des non-consommateurs, etc. La sémiotique est un outil qui présente son intérêt à chacune des trois étapes du processus de prise de décision en mercatique :

– comprendre et structurer un marché ;
– formuler une offre ;
– mettre en place une offre.

1. Comment comprendre et structurer un marché avec la sémiotique ?

La sémiotique peut servir à structurer un marché en fournissant une typologie des attitudes, voire des comportements à l'égard d'une catégorie de produits. Généralement ce type de travail passe par une **analyse sémiotique des discours** recueillis soit au travers de réunions de groupes, d'entretiens semi-directifs ou libres. Dans cette phase particulière du processus, une analyse sémiotique passe généralement par trois étapes successives :

– l'observation ou la retranscription de propos tenus par des consommateurs ;
– la description, où le sémioticien procède à une sélection puis à une conceptualisation des données recueillies précédemment ;
– la généralisation, où le sémioticien cherche à détecter quelles significations seront à coup sûr perçues par d'autres que lui.

C'est ce type d'approche qu'a, par exemple, privilégié Eliseo Veron (« L'analyse du "contrat de lecture" : une nouvelle méthode pour les études de positionnement des supports presse », *Les cahiers de l'IREP, Les médias,* 1985, pages 203-229) lorsqu'il a effectué une analyse d'une clientèle d'un média à travers le concept de **contrat de lecture**. En effet, au

début des années quatre vingt, au sein des groupes de presse français, de nouvelles situations de gestion apparaissent. Elles sont autant de défis lancés aux décideurs que ceux-ci ne savent pas toujours analyser. Prenons quelques exemples :
– deux supports de presse s'adressent à la même de cible, ont les mêmes rubriques, traitent des thèmes, à peu près de la même façon. L'un progresse, l'autre stagne ou décline. Pourquoi ?
– parmi les individus ayant le même profil socio-démographique, exprimant les mêmes motivations, attentes ou centres d'intérêt, les uns lisent le support A, les autres le support B. Pourquoi ?
– dans les domaines nouveaux (jeux électroniques, vidéo, microinformatique, etc.), on assiste à une prolifération de magazines traitant les mêmes thèmes, essayant tous de constituer et de fidéliser leur lectorat : parmi cette pléthore de nouveaux magazines, seuls survivront deux ou trois. Comment savoir par avance lesquels, et pourquoi ?
– le positionnement de supports appartenant à un même univers de concurrence se fait dans un espace de plus en plus étroit ; dans cet espace de concurrence étroite, comment un support peut-il trouver des arguments de valorisation nouveaux, capables de mettre en évidence une singularité auprès des annonceurs ?
Les bases de données que les entreprises ont constituées de par le passé, leur permettent de savoir *qui lit quel type* de journal ou de magazine. Les informations ainsi stockées portent essentiellement sur une description des lecteurs en termes de catégories socioprofessionnelles, de styles de vie, de motivations, d'attentes, de besoins, d'intérêts, de préjugés, d'idéologies, de pratiques culturelles, etc. Et si l'organisation est perfectionniste, elle aura aussi réalisé un classement des textes lus, qui sont alors regroupés en genres et auxquels peut appliquer une ***analyse de contenu*** ou encore une analyse sémiologique pour les caractériser. Les décideurs disposent alors d'un carte (*mapping*) de la lecture en France. Ainsi, les managers des groupes de presse français ont su se doter de systèmes d'informations pertinents, lesquels ne leur permettent toutefois pas de répondre à certaines questions nouvelles issues des situations de gestion telles que celles évoquées plus haut. Ils doivent se rendre à l'évidence que, pour traiter certains problèmes, la mise en relation d'un classement des supports avec une caractérisation de leurs lectorats, que ce soit en termes sociodémographiques ou en termes de styles de vie, ne suffit plus. Pour résoudre cet type de problème, Eliseo Veron (1985) leur propose une perspective nouvelle : le support de presse et ses lecteurs ne doivent plus être conçus comme deux réalités séparées, il faut au contraire en comprendre l'interaction, c'est-à-dire la lecture, même si cette pratique sociale n'est généralement pas visible. Ainsi, la relation entre un support de presse et son lectorat repose sur un **contrat de lecture**. C'est-à-dire qu'entre le discours du support d'une part, et ses lecteurs d'autre part, va se nouer, comme dans tout contrat, un lien, qui en l'occurrence s'appelle la **lecture**. Prenons l'exemple du support de presse. En effet, rien qu'en s'intéressant aux titres de magazines de presse féminine, on peut s'apercevoir de la diversité des messages, comme l'indiquent les exemples ci-dessous :
Exemples de titres de magazines de la ***presse féminine*** :
« La crise de foie n'existe pas »
« Enfants : faut-il la nourrice ou la crèche ? »
« Pourquoi est-il si difficile de maigrir ? »
« Idées de 5 décorateurs pour les salles de bains »
« Pour rêver et dormir : les chambres »
« Nos adresses pour le linge de maison »
« Mode : le noir vous va si bien »
« Nous mincirons ensemble »
« Je l'aime, mais je le trompe. (Comment perdre cette sale habitude) »
« Partez seule : vous aimerez ça »
Ainsi, le succès d'un support de presse peut se mesurer selon sa capacité à proposer un contrat qui s'articule correctement aux motivations, aux attentes et aux centres d'intérêt, aux contenus de l'imaginaire de la cible visée, mais aussi à faire évoluer son contrat de lecture de façon à suivre l'évolution socioculturelle du lectorat tout en préservant ce lien, ou encore à modifier de façon cohérente son contrat de lecture si la situation concurrentielle l'exige. La question qui se pose alors, est celle de savoir comment, par quels mécanismes, à quel niveau de fonctionnement du discours d'un support de presse, se construit le contrat de lecture. Pour y répondre, un concept sémiotique semble particulièrement adapté, il s'agit de celui de l'***énonciation***. En effet à travers l'énonciation, on apprend qu'un discours construit une certaine image de celui qui parle (l'énonciateur), une certaine image de celui à qui l'on parle (le destinataire) et, par conséquent aussi, un lien entre ces deux positions. Il

en résulte qu'en effectuant une description de deux supports de presse extrêmement proches du point de vue de leurs rubriques et des contenus qui y apparaissent, on peut s'apercevoir que même s'ils se ressemblent beaucoup à ce premier niveau, ils peuvent être extrêmement différents sur le plan du contrat de lecture, c'est-à-dire sur la manière dont va se construire le lien entre le support et son lectorat. Essayons maintenant de l'illustrer en prenant quelques titres extraits de la liste de titres de magazines de la presse féminine présentée plus haut.

« La crise de foie n'existe pas », dans ce premier exemple c'est un énonciateur objectif et impersonnel qui cherche à parler vrai. Mais l'énonciateur ne cherche pas particulièrement à s'attribuer une place dans le message, tout comme il n'implique pas le destinataire.

« Nos adresses pour le linge de maison », indique que les deux parties en présence sont inégales, l'une conseille, informe, propose alors que l'autre, le destinataire réceptif, ne sait pas et profite du conseil, en ne s'impliquant pas nécessairement.

Dans le titre « Partez seule, vous aimerez çà », s'il y a toujours le conseil de la part de l'énonciateur, le destinataire est cette fois-ci impliqué car on lui attribue un rôle explicite, on sait ce qui est bon pour lui et on le lui indique.

Par contre, dans le titre « Nous mincirons ensemble », si l'énonciateur s'efface, c'est en fait pour laisser la place à un tiers. En effet, le « nous » se rapporte à la lectrice et à son mari ou son ami. L'énonciateur les fait parler entre eux, l'intimité se construit dans un premier temps sans l'intervention de l'énonciateur qui ne s'exprimera qu'à l'intérieur du magazine.

Ainsi, en analysant non seulement le thème du message, mais aussi la mise en scène, on peut s'apercevoir que l'énonciateur (ici le support de presse), au moment même où il s'adresse à son destinataire (par exemple avec un titre), s'attribue une place dans le message, tout comme il en désigne une pour le destinataire.

L'objectif opérationnel de la méthode d'**analyse sémiotique** est de dégager la spécificité d'un support et de son positionnement, ainsi que les dimensions constituant la manière particulière qu'il a de construire sa relation avec ses lecteurs. Pour étudier un contrat de lecture, il faut s'intéresser à tous les aspects de la construction d'un support presse : contenu, rapports textes/images, mode de classement des rédactionnels, modalités de construction des images, types de parcours proposés aux lecteurs, etc. La méthode préconisée par Veron peut s'appliquer pour les titres des magazines, mais peut bien entendu aussi prendre en charge des corpus plus complexes tels que des articles entiers, etc. Mais il n'est qu'une étape dans un dispositif plus large. Car si, dans un premier temps, l'on se sert du concept d'énonciation pour effectuer une étude sur un support, c'est essentiellement pour formuler des hypothèses quant au type de relation qu'un support est susceptible d'établir avec son lectorat, mais dans un deuxième temps, on effectuera une phase « terrain ». Celle-ci peut s'effectuer soit au moyen de réunions de groupes avec des techniques projectives, soit grâce à des interviews individuels semi-directifs. Dans un cas comme dans l'autre, le terrain concernera les lecteurs et les non-lecteurs des supports étudiés. L'objectif assigné à une telle démarche est de vérifier le fonctionnement du contrat proposé par chacun des supports étudiés, ses points forts et faibles, etc. L'analyse des points faibles du support de référence (par rapport aux points forts des concurrents) permet de définir des principes stratégiques de repositionnement tels que par exemple des changements rédactionnels. L'analyse des points forts permet de dégager des critères pour la construction d'argumentaires à l'intention des annonceurs.

La spécificité d'une telle démarche réside dans le fait qu'une typologie des consommateurs ainsi obtenue n'est pas un classement effectué en termes de critères généraux applicables à n'importe quelle pratique de consommation, mais une typologie spécifiquement conçue à l'égard des phénomènes de lecture et de non lecture dans le secteur de la presse étudiée. Il y a ici une forte complémentarité entre la démarche sémiotique et celle du terrain. En effet, une analyse sémiologique sans terrain, si elle permet de connaître en détail les propriétés du discours du support tel qu'il « s'offre » au lecteur, n'est pas suffisante. C'est le terrain qui va permettre de préciser de quelle façon le contrat de lecture s'articule aux intérêts, attentes, imaginaire de ses lecteurs. Ceci montre bien que la sémiotique, si elle permet de concevoir des hypothèses précises et robustes avant d'aller sur le terrain, elle ne peut se substituer à une investigation terrain : l'un permet de valoriser l'autre, car comme le précise Veron, un terrain sans analyse sémiologique préalable du contrat de lecture est un terrain « aveugle », puisque on étudie les attitudes et les réactions des lecteurs et des non-lecteurs vis-à-vis d'objets dont on ne connaît pas les propriétés qui font de ces objets, précisément des objets de lecture.

2. Comment formuler une offre avec la sémiotique ?
   La contribution de la sémiotique ne se limite pas à la phase de compréhension et de structuration d'un marché. En effet, elle peut intervenir plus en aval du processus de prise de décision marketing. Si l'on prend par exemple les travaux de Jean-Marie Floch, on s'aperçoit qu'il utilise une approche sémiotique pour aider au positionnement de marques de mobilier d'entreprise (« Une typologie sémiotique des mobiliers de haute direction », Rapport IPSOS Sémiotique, 1989) et qu'ainsi la sémiotique a également un rôle à jouer dans la phase de formulation de l'offre. Concrètement, elle peut y contribuer en fournissant par exemple à un chef de produit un **carré sémiotique**, qui va constituer une grille de lecture et d'analyse de son marché. Ce carré pouvant être enrichi en positionnant par exemple toutes les marques présentes sur le marché. On fournit ainsi au chef de produit une information sur l'univers concurrentiel, voire un regard nouveau sur celui-ci. Et dans ce cas, ce type de représentation peut servir d'outil heuristique pour aider le chef de produit à occuper une position encore inexploitée du carré ou pour donner plus de sens au positionnement de la marque pour laquelle il travaille en lui donnant des indications supplémentaires sur des manières de se différencier.
   Afin de montrer le caractère opérationnel de la sémiotique dans la phase de formulation de l'offre, nous allons prendre l'exemple des travaux de Semprini sur l'identité de la marque. En effet, s'il est devenu relativement facile, depuis les travaux de Jean-Noël Kapferer (*Les marques, capital des entreprises,* éd. Organisation, 1991) de citer en vrac l'ensemble des éléments qui composent l'identité d'une marque, ce qui constitue aujourd'hui un véritable enjeu pour la gestion d'une marque, c'est de comprendre d'une part l'importance relative de chaque élément, et d'autre part la nature des relations que les différents éléments entretiennent entre eux. Une proposition de hiérarchisation et de mise en relation, grâce à la théorie sémiotique, a été formulée par Andréa Semprini (*Le marketing de la marque*, Paris éditions Liaisons, 1992). Il tire les conséquences de la nature spécifique de la marque, qui selon lui réside dans sa capacité à attribuer de la signification et à construire des mondes par le discours. Or l'objet d'étude de la sémiotique est bien le mécanisme de génération et de transmission de la signification. Ainsi la sémiotique greimassienne postule que le sens se produit par génération et par narration. En d'autres termes, le sens se produit par enrichissement progressif à partir d'un noyau élémentaire, où seules les valeurs constitutives de la société existent. Ces valeurs n'acquièrent de réalité qu'en remontant vers la surface discursive, où elles sont mises en scène par des structures narratives et enrichies ultérieurement par les figures et les objets du monde tels que nous les reconnaissons autour de nous. Cette montée du plus simple au plus complexe est le voyage que le sens parcourt et au terme duquel il se trouvera transformé en une signification donnée. Ce **parcours génératif du sens** prévoit trois étapes ou niveaux, qualifiés successivement d'axiologique, de narratif et de discursif.
   Pour illustrer notre propos, nous nous servirons de l'exemple de la marque Levi's (les jeans) en Europe. En effet, si vous êtes le lecteur des annonces Levi's, vous pouvez vous apercevoir que les campagnes de communication de cette marque mettent généralement en scène des gens jeunes, avec des corps sensuels et beaux. Ils portent Levi's pour séduire et pour attirer les regards sur eux. Ils semblent toujours aimer la vie et en profiter un maximum. Mais cela, c'est le niveau superficiel de la marque. Avec l'approche proposée, on s'intéressera d'abord au niveau profond (le niveau axiologique) de la marque pour ensuite aboutir à son niveau de surface.
   Le **niveau axiologique** est le niveau le plus profond de l'identité de la marque. Pour Levi's ce sont les valeurs d'anticonformisme, de liberté et de virilité adulte. La marque va trouver la source de son identité dans ces valeurs profondes qui lui permettent d'assurer sa continuité dans le temps auprès des publics ciblés. Ce niveau axiologique, composé d'un nombre limité de valeurs fondamentales qui structurent et orientent la marque, attribue un sens, un projet et une durée à Levi's. Source de son identité, c'est le niveau qui assure la continuité et la permanence de la marque dans le temps et son capital de légitimité et de mémoire auprès des publics concernés.
   Le deuxième niveau, le **niveau narratif**, permet à la marque de mettre en scène les valeurs du niveau axiologique en conférant un caractère « racontable ». De sorte que l'on peut considé-

rer que le passage de l'axiologique au narratif est une procédure d'explicitation de la marque car elle permet de passer de l'implicite des valeurs à l'explicite de la forme racontable. Ceci est généralement possible au travers de deux opérations complémentaires : d'une part organiser les valeurs (définies au niveau axiologique) entre elles, d'autre part les dynamiser au travers de relations d'opposition, de quête, de dépossession, de complicité, d'affrontement, etc. Dans l'univers Levi's, c'est le comportement du héros, chaque fois différent, qui sous-tend les valeurs d'anticonformisme et de liberté individuelle. Ce niveau repose chez Levi's sur une narration réaliste, une structure polémique, l'affrontement et l'exclusion. De sorte que les ***spots*** publicitaires pourront varier puisque le héros Levi's a plusieurs façons de raconter son anticonformisme et son libre arbitre. C'est grâce à ce niveau narratif que l'on peut préciser le type de rôle narratif que la marque s'octroie elle-même : cherche-t-elle à se déployer au travers d'un message d'encouragement, de soutien ou encore de récompense ?

Le **niveau discursif**, dit encore **niveau de surface** est le troisième et dernier niveau. Il est celui qui enrichit le narratif par les figures du monde telles que des acteurs, des personnages, des objets, etc. C'est ce niveau qui autorise le plus de variantes. Si le héros Levi's reste encore une figure abstraite au niveau narratif, au niveau discursif il trouvera un visage, un physique, une profession, un contexte d'action, une moto à conduire et tous les éléments de contextualisation qui permettront de l'identifier et de le différencier. Pour indiquer combien ce niveau permet les variantes, il suffit d'analyser les spots publicitaires européens de Levi's. On s'apercevra alors que l'acteur (niveau discursif) qui incarne le héros (niveau narratif) et qui exprime l'anticonformisme et la liberté individuelle (niveau axiologique) n'est jamais le même d'une campagne à l'autre. Dans cette logique, les éléments discursifs, même s'ils sont importants pour obtenir l'implication des publics ciblés au travers des campagnes de communication, ne sont toutefois pas l'essentiel de l'identité de la marque Levi's. Toutefois ce niveau discursif est celui qui sera le plus sensible à l'environnement socioculturel, aux modes de vie et aux attitudes des consommateurs.

D'un point de vue opérationnel, il en résulte que les thèmes et les figures du monde naturel, articulés au niveau discursif, sont soumis à une usure beaucoup plus rapide dans le temps. La conséquence de ce point de vue, conduit à préférer des analyses de l'identité d'une marque qui ne se contentent pas de prendre en charge des thèmes et des codes, car s'ils peuvent avoir une grande importance dans la mémorisation et la reconnaissance d'une marque, ils n'en sont pas pour autant le système de valeur. Ils relèvent d'un niveau de surface et n'ont de pertinence que dans la mesure où ils assurent la mise en contexte et l'ancrage des structures narratives et axiologiques sous-jacentes. L'aboutissement d'une étude d'identité n'est alors plus simplement l'analyse des thèmes et des codes (le même acteur, la même couleur...) d'une campagne de communication, qui devient une étape qu'il faut pousser plus loin, en structurant les niveaux de la génération de sens et en précisant le rôle joué par chacun de ceux-ci. De cette manière on peut faire le tri entre ce qui contribue à la stabilité et à la permanence d'une identité et ce qui est un signe superficiel, contingent et qui prend son ancrage dans un univers socioculturel donné. De même, toute opération qui touche au niveau axiologique est très délicate pour une entreprise, car ce faisant on intervient au cœur même du rayonnement de sens à partir duquel tout est produit.

Ce modèle à vocation descriptive permet d'aller plus loin que la plupart des approches classiques dans l'analyse de l'**identité d'une marque**. Il facilite la lecture de tout dirigeant cherchant à effectuer le tri entre ce qui est permanent et ce qui est éphémère dans l'identité de sa marque. D'autant qu'à travers cette approche on s'aperçoit que l'important n'est pas toujours là où on pouvait le penser *a priori*. Il aide le dirigeant à gérer sa marque surtout si celui-ci tient compte du fait qu'il est plus facile et moins risqué de changer des éléments du haut du schéma (niveau de surface) plutôt que du bas (niveau axiologique). Voilà décrit, en quelques lignes, l'utilité de la sémiotique en marketing dans la phase de formulation de l'offre.

3. Comment mettre en place une offre grâce à la sémiotique ?

Pour montrer l'intérêt d'une démarche sémiotique dans la phase de mise en place d'une offre, nous illustrerons notre propos grâce à un travail que Floche a réalisé en 1989 pour contribuer à la création d'un hypermarché. En effet, une approche sémiotique peut permettre d'aller de la phase d'analyse de la clientèle et

de ses attentes jusqu'à la mise en place de l'espace commercial.
La création d'un nouveau point de vente suppose que deux évaluations soient préalablement effectuées. La première concerne les flux quantitatifs de clients potentiellement concernés par une telle implantation. La seconde, qui nous concerne ici, est plus qualitative : comment organiser l'espace commercial en accord avec les attentes des clients ? (implantation des rayons, circulation des acheteurs, signalétique, lumière, etc.). Comment guider les responsables chargés de l'agencement concret d'un espace commercial sinon en se portant à l'écoute des clients potentiels. Le recueil d'un certain nombre d'opinions au cours de réunions de groupe (*focus-group*) est une méthode traditionnelle pour repérer les souhaits et les insatisfactions des consommateurs. Mais cette étape est insuffisante si l'on se contente de délivrer une série de remarques plus ou moins bien organisées. Une telle liste est inutilisable aussi bien pour le décideur que pour le responsable d'études qui voudrait procéder à une quantification de ses opinions.
La création d'un nouvel hypermarché à Lyon a donné lieu à une contribution originale de la sémiotique. Le travail du sémioticien a consisté à reconnaître, derrière la diversité des expériences rapportées au cours des réunions de groupe (*focus-group*), un nombre finalement restreint de comportements, de critiques ou de souhaits. Certes, chaque consommateur manifeste des attentes spécifiques mais si l'on aborde ces souhaits comme autant de programmes d'action, il est possible de les définir les uns par rapport aux autres à partir des quelques grandes valeurs qui les composent.

Serveur

Ordinateur central (***centre serveur***) utilisé pour la recherche d'informations en ligne dans une ***banque de données*** ou dans une ***base de données*** informatique, ou pour toute autre opération ***télématique***, comme par exemple l'inscription des étudiants à l'université par ***vidéotex*** (Minitel en France), ou la réservation d'un billet de chemin de fer. Par extension, désigne aussi l'entreprise qui est chargée de la gestion du ***système d'information*** en ligne : elle s'approvisionne auprès des producteurs d'information, améliore les méthodes d'interrogation, établit éventuellement des passerelles avec d'autres bases de données, et facture le service aux utilisateurs, soit directement, soit par l'intermédiaire du transporteur, qui peut alors être la compagnie de téléphone. La puissance d'un centre serveur s'apprécie par le nombre d'entrées simultanées, c'est-à-dire le nombre de correspondants qui peuvent se connecter en même temps.

Voir ***Marché de l'information en ligne (Acteurs du -)***.

Service

1. Prestation dans laquelle l'acte de production par le prestataire (offreur du service) et l'acte de consommation par le prestateur sont concomitants. Les économistes français Églier et Langeard proposent de parler de **servuction** afin d'identifier, parmi la multiplicité des sens du mot service, le processus correspondant à cette concomitance des deux actes de production et de consommation. À partir de cette définition de la servuction, on peut alors entreprendre une analyse économique rigoureuse. Le service, comme résultat de la servuction est une satisfaction qui ne se stocke pas. Il résulte, que l'information qui est un bien immatériel exige une analyse spécifique, dans la mesure où elle est stockable sur livre, sur film, sur disque, sur affiche, sur bande magnétique, dans la mémoire humaine, etc.
2. Organisme ou unité qui fait partie d'un système économique chargé d'une fonction précise : service du personnel, service technique, service entretien, service des chèques sans provisions, etc. **Le service de presse** a cependant plusieurs sens : unité administrative dans l'entreprise chargée des ***relations publiques*** avec la presse, unité technique dans une maison d'édition qui envoie les ouvrages aux critiques pour obtenir des comptes-rendus dans les médias et, enfin, ouvrage reçu dans cette perspective.
3. Usage que l'on peut faire d'un bien. Voir ***Service universel***.

Service Commun de la Documentation (SCD)

Voir ***Bibliothèque***.

Service de presse

Voir ***Service***.

Service universel

Accès pour tous à un service de communication (route, téléphone, audiovisuel, etc.) à un tarif qui puisse rendre cet accès effectif pour le plus grand nombre de consommateurs usagers, plutôt que clients. Dans le domaine spécifique des télécommunications, champ principal d'application et champ d'origine de l'expression, un service universel est un réseau assurant une couverture géographique générale et qui est mis à la disposition de tout usager ou prestataire de services dans un délai raisonnable et à des prix abordables.

Pour certains commentateurs l'expression de service universel n'est qu'une innovation sémantique pour désigner un service public minimum dans le cadre d'une économie de marché (cf. M. Debène et O. Raymundie : « Sur le service universel/renouveau du service public ou nouvelle mystification » *L'actualité juridique - Droit administratif*, mars 1996). « Les problèmes du service universel se posent avec acuité », écrit Jean-Baptiste Foucauld, ancien commissaire général du Plan, dans le rapport du Sénateur Franck Sérusclat sur les nouvelles techniques d'information et de communication publié en mars 1995, « lorsqu'on met fin aux ***monopoles***, car les forces du marché contraignent à rapprocher les tarifs des coûts ». Quel est le service minimum que le téléspectateur peut attendre des chaînes de télévision hertzienne non cryptées, peut-il obtenir des émissions culturelles aux heures de grande écoute ? En fait, on voit bien que la notion de service universel conduit à se poser les mêmes questions que celles que suscitent le service public, quel que soit d'ailleurs le domaine du type : faut-il fermer tel bureau de poste dans un petit village ou telle maternité de ville moyenne au risque de précipiter l'exode rural, le déséquilibre territorial, ou les maintenir en pénalisant les agents et espaces dynamiques au risque de voir ceux-ci disparaître ?

Ainsi, il reste à identifier ce qui doit être universel qui puisse à la fois contribuer à réduire les inégalités entre les citoyens (quel doit être le coût de l'abonnement au téléphone à partir duquel un service est onéreux pour une personne dont le revenu est le RMI – revenu minimum d'insertion ?) et qui reste relativement limité pour inciter des investisseurs privés à s'engager dans le secteur.

Servuction

Voir ***Service***.

Shannon & Weaver (Modèle de communication ou théorie de l'information de -)

Claude E. Shannon et Warren Weaver ont présenté ce qui est considéré comme la première définition opérationnelle de la théorie de l'information dans leur ouvrage devenu classique, intitulé *Théorie mathématique de la communication*, paru en 1949 et traduit en français en 1975. La première version, sous forme d'un article du *Bell System Technical Journal*, date cependant de 1947, et elle est due à Claude Shannon.

Les auteurs y exposent le **modèle canonique de la communication** qui comporte 5 éléments : un ***destinateur*** c'est-à-dire une source d'information productrice d'un message, un codeur qui transforme le message en un signal, un canal de transmission du message, un décodeur qui déchiffre le message et enfin un destinataire.

Modèle linéaire originel de la communication (sans rétroaction).

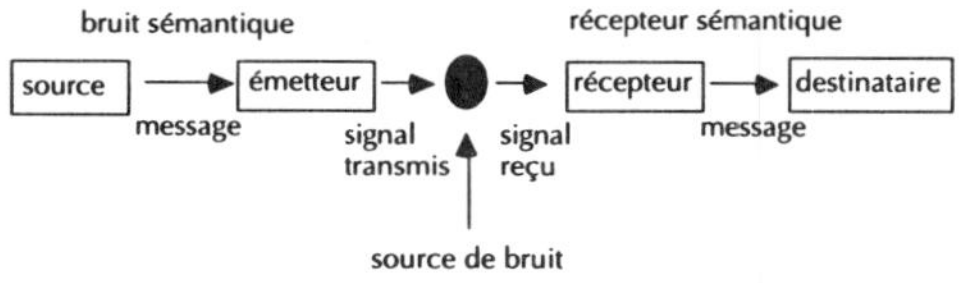

La transmission du message par l'émetteur, également appelé transmetteur ne reproduit pas parfaitement les messages stockés par la source de l'information. Cette absence relative de fidélité est la conséquences de ***bruits***. On distingue des bruits physiques à l'encodage et au décodage (le signal transmis est différent du signal reçu), le bruit sémantique qui se situe entre la source et l'émetteur et le récepteur sémantique qui correspond aux perturbations liées aux capacités du récepteur.

Au modèle de la communication, les auteurs associent une théorie de l'information. L'information y est définie en termes de probabilité : plus un événement est probable, moins il est informatif ; plus il est inattendu, plus il est informatif. Cette perspective offre une possibilité de mesurer l'information (voir ***Formule fondamentale de Shannon***, ***Entropie***).

L'information doit être transmise à l'aide d'un **canal de communication**. Le canal peut être directement physiologique ou indirectement physiologique par le passage par un canal technique. Le canal physiologique peut être tactile, auditif, olfactif, visuel. Le canal technique peut être sonore (téléphone), visuel (image, tableau), audiovisuel.

La forme codée des messages (les signaux) peut être perturbée par du ***bruit*** (tout phénomène parasitaire qui modifie le signal). La communication devient le processus par lequel un message est transmis d'un émetteur vers un récepteur :

– l'émetteur produit des connaissances, prend l'initiative de la communication,

– le codeur traduit le message mental en signes conventionnels : le code est l'élément clé de la communication qui est émise sur le canal. C'est lui qui permet l'expression et le transport des signaux. Le décodeur reconstruit le message à partir du même code, le récepteur peut devenir émetteur à son tour : c'est le phénomène de la **rétroaction** (***feed back***) ou **rétro-information**. Ce principe de circularité est reconnu et développé initialement par un autre auteur classique : ***Norbert Wiener***.

Ce modèle télégraphique et mathématique de la communication est aujourd'hui contesté, même s'il a été repris pour évaluer par exemple la redondance des langues. Pour les humanistes, le récepteur joue un rôle essentiel pour qu'il y ait information : un message émis qui ne trouve pas de récepteur l'ayant décodé n'est pas une information, il reste une suite de signes. Mais quelles que soient les critiques dont il est l'objet, il demeure un modèle classique, c'est-à-dire celui qu'il faut connaître, qu'il faut donc enseigner en premier lieu pour éventuellement s'en servir, l'enrichir ou le contester.

S.H.F. (*Super High frequency*)

Ondes centimétriques. Voir ***Fréquence, Onde***.

SIAD (Systèmes informatisés d'aide à la décision)

Voir ***Intelligence économique ou compétitive***.

Signal

1. Dans le domaine de la communication et du langage, le concept de signal prend un sens précis en s'opposant au **signe** et au **symbole** dans la mesure où le signal ne s'adresse qu'aux sens alors que les signes et les symboles s'adressent à la pensée. C'est pourquoi le linguiste Benveniste en donne la définition suivante : « Un signal est un fait physique relié à un autre fait physique par un rapport naturel ou conventionnel ». Il en est ainsi du rapport feu - fumée mais aussi du rapport feu rouge - arrêt. Dans le premier cas, il s'agit d'un signal naturel que l'on trouve à l'œuvre dans la plupart des ***communications animales*** comme la danse des abeilles alors que, dans le second cas, le rapport est conventionnel (mais les animaux peuvent, pour la plupart, apprendre un certain nombre de signaux). Étant un fait physique (perception du feu rouge qui doit déclencher une autre action physique, le freinage), il est essentiellement limité au domaine de l'activité qu'il sert à régler. Il est un moyen d'avertissement ou de transmission provoquant une réaction pratique : la perception d'une alarme doit déclencher une action immédiate qui, pour être efficace, ne peut pas passer par la médiation des signes et de la réflexion. C'est pourquoi Pavlov peut écrire à juste titre que « le signal est un réflexe ».

   Aussi, le signal n'exprime pas mais il déclenche une réaction, un comportement, de façon aussi automatique que possible en suspendant tout dialogue comme dans le cas du signal de départ. C'est pourquoi il est facile de faire traiter par des machines tous les comportements qui ne relèvent que du signal ; inversement, réduire un travail humain, comme on l'a fait dans le taylorisme, à être un enchaînement de purs signaux est source d'aliénation dans la mesure où l'homme ne peut pas exercer sa capacité de réflexion qui se manifeste vraiment dans la maîtrise de signes ou de symboles. On peut donc considérer comme paradoxale l'expression devenue courante dans le domaine de la ***communication politique***, qui invite les pouvoirs à adresser des « signaux forts » auprès de l'opinion publique. S'il est vrai que le signal incite à l'action, celle-ci, pour le citoyen, doit venir de signes ou, mieux, de symboles mobilisateurs.

   Aujourd'hui et notamment dans les **sciences cognitives**, la notion de signal prend une extension plus large, synonyme d'information, dans la mesure où l'on peut dire que toutes les sciences qui en font partie, informatique, neurosciences, psychologie etc., ont pour objectif la saisie, le traitement et la compréhension du signal à quelque niveau que ce soit en partant du degré le plus bas (celui des neurosciences) jusqu'au plus haut qui se manifeste dans le raisonnement et la pensée (psychologie et même philosophie).
2. En télécommunication, le signal se définit à l'aide de trois paramètres : l'***amplitude***, la ***fréquence*** et la **phase**. L'information est transmise en faisant varier l'un ou l'autre de ces paramètres. Ainsi parle-t-on de ***modulation d'amplitude***, de ***modulation de fréquence*** et de modulation de phase. La première est très sensible au ***bruit***, contrairement aux modulations de fréquence et de phase.

Signe

Voir ***Sémiotique, Saussure, Peirce, signification***.

Signification

Dans une problématique de la communication, la signification désigne le rapport établi entre le signifiant et la référence par l'interprétation du sujet. C'est la signification qui impose l'usage d'un code dans la communication, pour que les relations entre signifiants et référence soient régularisées par une convention.

Il existe trois problématiques de la signification dans les sciences de l'information et de la communication.

Dans la problématique triadique de C.S. ***Peirce***, la signification est une relation entre trois facteurs : le signe (ou *repraesentamen*), l'interprétant (le code, qui permet la mise en œuvre de l'interprétation) et l'objet.

En revanche, dans la problématique de ***Saussure***, l'hypothèse de l'**arbitraire du signe** renvoie aux sujets de la communication (et à l'exercice de leur liberté) la détermination du rapport du signe à la référence.

Enfin, il existe une problématique de la signification qui l'extrait du champ de la communication, en en faisant un concept strictement linguistique : il s'agit de toute la tradition des dictionnaires de langue et du champ des sciences du langage.

1. Le signifiant dans la communication

Le signifiant joue, dans la communication, le rôle du matériel, de la forme que prend effectivement l'échange entre les deux partenaires. Il s'agit des éléments qui donnent sa consistance à l'activité énonciative des partenaires de l'échange : discours, image, représentations de toutes formes. Le propre du signifiant, qui le distingue des productions qui résultent de nos autres pratiques sociales, est de pouvoir se répéter à l'identique, et, par ailleurs, de se situer dans le champ du symbolique et non dans le champ du réel : d'être soumis aux lois et aux structures de la communication, au lieu de dépendre des structures du réel (en particulier du principe de causalité). Le signifiant est une médiation entre les partenaires de la communication : il est à la fois ce qui leur est propre (chacun est responsable de son énonciation et des signifiants qu'il met en œuvre) et ce qui est leur est commun (pour se comprendre, donc pour établir une relation de communication, on met en œuvre les mêmes signifiants que les voisins, de façon qu'ils puissent les reconnaître).

2. La signification et le travail du signifiant dans la communication

Le travail du signifiant est double dans le processus de la communication : d'une part, il s'agit d'instaurer dans l'espace social les formes de la communication qui en assurent la continuité quelles que soient les circonstances ; d'autre part, il s'agit de donner à la communication la matérialité effective qui l'objective pour les acteurs de l'espace social : qui la leur rend perceptible.

C'est la signification qui, en fin de compte, garantit l'appropriation effective de la relation d'échange par ses acteurs : la signification est une sorte de validation de la relation de communication. Elle fait passer la communication de la dimension d'un projet ou d'une stratégie à la dimension d'un échange effectif.

Silence (Approche phénoménologique du -)

N'est-il pas paradoxal ou même provoquant de faire une place à la notion de silence dans un ouvrage consacré à la communication ? Le silence n'est-il pas l'absence ou la négation de tout rapport à l'autre ? N'est-il pas l'antonyme de la communication ? De plus, celui qui parle du silence n'entre-t-il pas dans une tentative présomptueuse et contradictoire qui annule ou rend absurde sa première parole même ? Briser cette antinomie ne peut se faire, semble-t-il, que de deux façons : soit tenter de ramener par la violence du concept et du sens le silence à la parole qui l'annule, soit montrer que silence et parole ne sont pas deux essences irréductiblement contradictoires mais qu'ils sont unis d'une façon indissociable, le premier étant la condition de possibilité du second. Dans ce dernier cas, il faudrait dire qu'il n'y a pas de parole sans silence logé en son être même. Quoi qu'il en soit de ces deux positions possibles, il est certain, et on peut le voir au très petit nombre d'ouvrages ou de dictionnaires traitant du silence, que l'Occident préfère le discours et même le bruit plutôt que de faire une place au silence perçu comme le négatif de la parole. Car, pour notre culture, au commencement était le Logos, la parole qui est à la fois raison et fondement ; une parole qui se veut toute présente à elle-même, pleine d'elle-même, de telle sorte que le silence n'y a pas de place si ce n'est comme manque, comme échec, comme négatif, comme absence de sens. C'est pourquoi on sent bien qu'à travers la notion ou, mieux, l'expérience du silence, l'homme occidental affronte ce qu'il considère comme son Autre, comme l'Autre de « toute » culture. Il faudra donc s'interroger sur ce que le silence manifeste pour lui de si dangereux ou de si énigmatique qu'il éprouve tant de difficultés et de mal à l'affronter aussi bien existentiellement que conceptuellement ? Faut-il voir en lui une menace pour l'homme, le contraire de la culture, ou, à l'inverse, sa condition de possibilité d'existant ou d'être pensant, s'il est vrai, comme le dit Platon, que la pensée est un « dialogue silencieux de l'âme avec elle-même » ?

1. Une pluralité d'expériences pour une unité ? Un silence ou des silences ?

Le concept de silence renvoie à une diversité d'expériences dont il est difficile de trouver l'unité. En effet qu'y a-t-il de commun entre la non parole du jeune enfant (appelé précisément *infans*, du latin *fari*, parler, c'est-à-dire celui qui ne dispose pas de la parole), le mutisme de l'autiste, du schizophrène, du vieillard ou du simple déprimé, le silence philosophique de Nietzsche durant les dix dernières années de sa vie, le silence de Moïse ou des mystiques en présence de la divinité (« Jérémie, après avoir entendu Dieu, ne sait que lui répondre : a, a, a, (Jér. I, 6) »), la perte de parole du poète devant l'exigence de ce qu'il veut exprimer (Dans son récit intitulé « Une lettre. Lettre à Lord Chandos », *Poésie*, Gallimard, p. 37 à 52) Hoffmansthal (1874-1929) raconte l'expérience d'un jeune poète qui devient incapable d'écrire en découvrant que les mots se séparent des choses et ne peuvent les rejoindre), le silence d'un peuple par dégoût de la parole, par incapacité d'assumer son passé ou par soumission à un pouvoir tyrannique, le silence de nature mystique de ***Wittgenstein*** écrivant à la fin du *Tractatus*, « ce dont on ne peut parler, il faut le taire » ? L'énumération hétéroclite de ces situations diverses et opposées n'en laisse pas moins apparaître un paradoxe au coeur du silence : il peut renvoyer tout aussi bien à une situation de déchéance de l'homme en deçà de son humanité dans l'animalité et la nature (Saint Thomas d'Aquin, le silencieux, était surnommé de façon ironique mais significative par ses condisciples « le bœuf de Sicile »), qu'à une situation d'exaltation de l'homme au-delà de cette humanité. Ne pourrait-on pas en conclure que le pur silence est une expérience, à la limite, inhumaine ou surhumaine et qui, *a contrario*, révèle que l'homme est un être de parole et non pas de silence ? Ne faut-il pas penser que la condition de l'homme le place dans un rapport dialectique tel, que le silence seul ou la parole seule ne puissent exister ou être dotés d'un sens ? Le silence serait ainsi logé au cœur de la parole comme sa condition de possibilité mais, inversement, la parole ne mettrait pas fin au silence dans la mesure où elle le laisserait subsister en lui. Il ne faut donc pas concevoir le silence et la parole en opposition mais il faut les saisir dans une genèse simultanée car leur naissance est concomitante à partir d'un chaos primordial.

2. Analyse du silence

a) Le silence comme absence de sons

Le silence peut être compris dans son sens premier et radical comme l'absence de parole, d'émission de sons ou de signes. Il se manifeste comme l'absence de toute manifestation, de toute indication qui passe essentiellement (mais pas uniquement) par l'articulation vocale. Les causes de cet état de non-communication, de non-articulation de signes quelconques peuvent être multiples : sentiment d'angoisse qui fluidifie l'ensemble des structures de la personne de telle sorte que même le langage devient impossible ; sentiment d'impuissance radicale devant une situation ou une existence qui transcendent les capacités d'un sujet, d'un groupe, ou même d'une société ; prise de conscience d'une ignorance fondamentale qui frappe toute expression de vacuité ; à l'inverse et paradoxalement, vision ou intuition d'une vérité qui excède toute possibilité d'articulation de la part de celui qui la contemple.

Cependant, dans cette première conception du silence défini comme absence de sons physiques, on oppose comme deux moments ou deux essences séparées, le silence et la parole. La musique constituerait alors le meilleur modèle de compréhension d'une telle hétérogénéité dans la mesure où elle est précédée et suivie du silence. Celui-ci viendrait, en quelque sorte, border de l'extérieur la musique sans jamais la toucher, la pénétrer, la contaminer. Mais on se rend compte rapidement qu'une telle vision est trop simpliste et passe à côté de l'essence de toute musique. Certes, Jean-Paul Sartre parlant de la musique, montre, qu'en un sens, dans la musique tonale un accord final « adhère à ce plénum d'être qu'est la mélodie envisagée » sans quoi cette dernière serait inachevée, mais, en un autre sens, il regarde vers le silence, vers le néant « puisque le silence qui suivra est déjà présent dans l'accord de résolution comme sa signification ». Il ne suffit donc pas de dire que l'œuvre musicale prend naissance entre les deux silences, celui de son commencement et celui de sa fin. Le silence n'est pas seulement ce qui vient après la mélodie, comme son but, son telos et sa fin, mais comme ce qui est logé en son cœur même ; il habite et anime la musique dont il est la tension même. Telle est la conception valable pour toute œuvre musicale dans laquelle le silence est une véritable puissance génératrice et qui se trouve particulièrement mise en évidence dans l'œuvre du compositeur Webern, que Boulez a défini comme étant un « contrepoint du son et du silence ».

Si nous appliquons cela à la parole elle-même, nous ne devons pas dire que silence et parole s'excluent mutuellement mais que le silence est, en réalité, la condition de possibilité de toute parole authentique. Il est ce qui lui donne sa respiration, son existence, à la façon des taches blanches dans les tableaux de Cézanne qui permettent une respiration des formes picturales et du tableau lui-même. Ainsi, au lieu d'opposer de façon radicale silence et parole, il semble plus juste d'affirmer que l'un est la condition d'existence de l'autre car le silence ne se pose qu'en contrepoint d'une parole possible et la parole n'a d'existence que si, en elle, il y a un silence, un creux qui lui permet d'apparaître. On n'en saisit que mieux la déchéance de toute parole dans un grand nombre de médias qui ne laissent aucune place à un soupçon de silence qu'il faut remplir aussitôt et qui nomment, respiration (sic), le passage de publicités.

b) Le silence comme absence de sens

Cette dernière remarque nous permet de comprendre l'insuffisance de cette définition du silence comme simple absence de sons ou de signes, car il peut y avoir deux sens du mot silence au cœur de la parole, qui lui donnent une valeur positive ou une valeur négative. Il peut être une absence physique d'émission de sons permettant une respiration donc une articulation du discours mais il peut aussi être une absence de sens dans ce qui est prononcé comme on peut le constater chez une personne qui parle mais ne dit rien, n'exprime rien (ce qui ne signifie pas ne rien dire). C'est ce que l'on nomme « la langue de bois », signifiant par là que l'on est en présence de mots qui ne disent rien car ils sont aussi rigides et muets qu'un élément naturel considéré en lui-même. Ainsi les personnages de Beckett ou de Ionesco prononcent bien des mots mais pour mieux montrer leur vacuité, leur insignifiance, le silence du sens qui les a quittés. De même, le langage utilisé comme simple moyen technique de communication, comme on le voit dans les médias, tend à être profondément vidé de toute signification et de toute expression. Il devient ici équivalent au silence comme absence de sons ou, si l'on veut garder la référence à un signal émis, à un simple son ou, mieux, à un simple bruit, au sens où les physiciens parlent de bruit qui vient parasiter et parfois détruire l'information elle-même. Et en prolongeant cette comparaison de l'information et du bruit dans un message donné, il faudrait dire qu'il y a des degrés variables et gradués dans ce silence. Ainsi durant ses dernières années de vie, Nietzsche est capable de discuter avec son entourage et ses amis ; en ce sens il n'est pas absolument silencieux. Mais on peut dire qu'au regard de sa création philosophique, le silence l'a emporté : au sens fort, il ne dit plus rien, sa parole n'existe plus. On pourrait dire la même chose concernant Rimbaud et sa cessation de production de toute parole esthétique.

Ce silence n'est pas nécessairement lié à autrui mais peut se rapporter au monde lui-même. Ainsi, dans une conception grecque du cosmos ou dans la conception chrétienne de la nature, la nature parle, s'exprime, a un sens (cf. sur ce point le chapitre 2 de Michel Foucault dans *Les mots et les choses*). Mais lorsque la révolution galiléenne brise l'unité du cosmos, réduit la nature à des figures géométriques sans profondeur, et pose l'existence d'un univers infini sans centre qui lui donnait auparavant son sol et sa raison, on comprend que les contemporains soient pris par une angoisse devant le silence nouveau d'une nature qui s'éloigne de leur être vécu. C'est ce que Pascal exprime de façon fondamentale dans ses *Pensées* en écrivant : « le silence éternel de ces espaces infinis m'effraie » (201). Il ne veut point ici parler d'un silence physique de ces espaces (aujourd'hui, les cosmologistes savent les entendre et les écouter, comme on peut le voir dans l'article bruit) mais, pour l'homme fini, d'une absence de sens par impossibilité d'appréhender et de comprendre le caractère infini de l'espace galiléen sans haut, sans bas, sans centre et, du coup, sans raison.

On peut donc conclure que l'essence du silence ne réside pas, comme on pourrait le penser, dans la seule absence de sons ou de signes mais dans l'absence de sens, de signification, de raison, dans ce qui peut être dit : d'ailleurs Aristote qualifie du même mot d'alogos (a privatif et logos, discours, parole, langage), les animaux qui ne disposent pas du langage et ceux qui parlent pour ne rien dire, qui ne signifient rien, c'est-à-dire pour lui, les sophistes (tous ceux qui tentent de cacher par des effets rhétoriques l'absence de pensée). Cela, comme le note Barbara Cassin dans *L'effet sophistique* (Gallimard, 1995) tend à les reléguer au statut de « plantes qui parlent » – « aux confins, non seulement de la philosophie, mais de l'humanité ». Ceci nous permet, *a contrario*, de dire, comme l'affirme Descartes, que l'essence de l'homme réside dans le langage, dans la parole, qui est synonyme de raison. Celui-ci se demande (lettre du 23/11/1646 au marquis de Newcastle et Discours de la méthode) ce qui, de l'extérieur, permet de distinguer un homme d'une machine ou d'un simple animal. La simple émission de paroles ou de signaux n'est pas, selon lui, suffisante car les animaux (et aujourd'hui des machines) peuvent utiliser les signes des langues humaines. Le critère essentiel de différenciation est l'utilisation de signes et non de signaux adaptés à la situation donc ayant un sens et non commandés par un conditionnement des besoins ou du corps. Ainsi le vrai silence réside dans l'absence de sens, soit dans ce que l'on dit soit dans ce que l'on voit. Mais peut-on en rester à une telle définition purement négative ? N'y aurait-il pas des silences qui, soit préparent le sens à venir (silence du recueillement, de la concentration), soit surviennent par la saisie d'un trop plein de sens qui abolit en quelque sorte tout moyen d'expression et de communication ?

3. Significations du silence

Si l'essence de l'homme est la raison qui se manifeste dans la parole, le silence, dans sa radicalité même, est ce qui lui pose problème dans la mesure où il semble être la négation de tout sens, de toute raison, de son essence. C'est pourquoi, l'homme s'efforce de donner un sens à ce qui semble ne pas en avoir. Le silence est insupportable pour un être qui cherche toujours à donner du sens, à interpréter, à expliquer. C'est sur ce principe que se construit d'ailleurs la psychanalyse qui ne peut se résigner au mutisme du malade mental et qui essaie soit de faire parler, soit de donner un sens, aux différents symptômes que le sujet présente (on notera au passage que c'est, paradoxalement, par le silence-écoute du psychanalyste que le sujet peut faire advenir à sa conscience ce qui restait sans voix et sans signification en lui). On comprend aussi pourquoi le mutisme de Nietzsche est à ce point inacceptable pour ses amis qu'ils sont souvent tentés de l'interpréter, non pas en termes de silence radical, de folie, mais de simulation, de masque (son ami Gast a « l'impression effroyable que celui-ci simulait la folie, et qu'il se trouvait très heureux d'avoir abouti là où il en était »). Derrière le silence apparent, il subsisterait en lui une parole qui ne voudrait plus se dire, un sens qui ne voudrait plus s'extérioriser. Derrière le non-sens du silence, l'homme cherche un sens car il ne peut se résigner à percevoir du bruit.

Cependant, il existe une pluralité de sens possibles du silence et non pas une signification unique. On peut ne rien dire parce que l'on n'a rien à dire mais on peut ne rien dire parce que l'on a trop de choses à dire ou parce que ce que l'on veut dire excède les moyens dont on dispose pour le dire. Tel est le cas de l'émotion esthétique qui se montre aussi bien pendant qu'après la contemplation de l'œuvre : en ce sens, ce ne sont pas les applaudissements qui sont le meilleur accompagnement d'un concert réussi mais le silence du recueillement. Il y a un paradoxe étrange dans le fait d'applaudir donc, de faire du bruit, pour saluer une œuvre qui n'était qu'expression et signification. Parallèlement, à ce silence qui accompagne la contemplation esthétique et qui rend toute parole inadéquate, répond le silence auquel se heurte tout créateur au cours de son travail. Ainsi, le poète Francis Ponge (1899-1988) qui veut se « transférer aux choses, qui vous comblent d'impressions nouvelles, vous proposent un million de qualités inédites » (*Poèmes*, p. 174-175), se confronte au risque de perdre la parole même ; le monde muet rend muet l'artiste dans un premier temps. L'homme, en allant aux choses, se dessaisit de lui-même, de ses habitudes, de ses idées, de son langage même : « l'espoir est donc dans une poésie par laquelle le monde envahisse à ce point l'homme qu'il en perde à peu près la parole, puis réinvente un jargon. Les poètes [...] sont les ambassadeurs du monde muet. Comme tels, ils balbutient, ils murmurent, ils s'enfoncent dans la nuit du logos, – jusqu'à ce qu'enfin ils se retrouvent au niveau des racines, où se confondent les choses et les formulations » (*Le grand recueil,* T.2 Méthodes, p. 198). Le retour aux choses est bien cette descente périlleuse dans laquelle l'homme perd les certitudes de ce qui ne fait qu'un, à savoir, son être, son monde, sa parole.

Mais alors, se demandera-t-on, quelle différence y a-t-il entre le projet du poète Ponge qui est d'aller aux choses en perdant la parole et la situation du psychotique qui, lui aussi, a perdu, dans l'angoisse, toute unité de son corps, de son être, de sa parole et qui est réduit au silence total ? Quelle différence entre ces deux sentir, entre ces deux silences ? Chez le psychotique le monde a totalement envahi l'être humain de telle sorte qu'il ne sait plus ce qui est sien et ce qui est étranger ; il ne connaît plus les limites de son corps, de son espace propre et de l'espace étranger ; il a perdu tout sens de l'espace et du temps ; le langage est désormais dissocié, à l'image de son corps : la perte de la raison et celle de la parole sont équivalentes et simultanées car elles représentent la perte de toute possibilité d'articulation. Alors que l'artiste, tout en renouvelant son expérience du monde, du langage, par son nouveau rapport au monde, garde la communication avec lui. Au fond, chez le psychotique, toute structure a disparu alors que chez le poète, de nouvelles structures se mettent en place, difficilement, à partir de cette étrange expérience du retour aux choses. Le projet de Ponge n'est pas de se perdre dans le monde mais, comme beaucoup d'artistes d'assister à sa genèse, à sa formation, de créer de façon démiurgique le monde, leur monde. Le silence du créateur n'est que momentané, provisoire ; il est la condition d'apparition d'une œuvre vraiment nouvelle alors que le silence du psychotique renvoie à la perte totale de tout sens. Cependant, il peut arriver que le non-sens du monde appelle au silence de l'art lui-même. Certains, à la suite d'Adorno (« Écrire, écrit-il dans *Critique de la culture et de la société*, un poème après Auschwitz est barbare, et ce fait affecte même la connaissance qui explique pourquoi il est devenu impossible d'écrire aujourd'hui des poèmes »), ont pu ainsi déclarer que l'art, et notamment la poésie, n'était plus possible après Auschwitz dans la mesure où, comme l'écrit le philosophe contemporain Emmanuel Lévinas, « le sens d'Auschwitz, c'est de ne pas avoir de sens ». Cette rencontre du mal absolu ne rend-elle pas toute parole impossible ? Ne sommes-nous pas ici dans une expérience indicible, innommable, qui impose le silence. Ne faut-il pas parler comme Elie Wiesel d'un moment de silence ou comme le théologien Martin Buber, d'éclipse divine.

À cette désertion du sens qui entraîne un silence, peut s'opposer un silence qui vient d'une surabondance de sens qui rend toute parole dérisoire ou inadéquate. Telle est la situation que l'on trouve dans certaines expériences mystiques ou certaines conceptions métaphysiques ou théologiques lorsque le sujet parvient au contact même de l'Être : on remarquera que chez Platon, le philosophe qui parvient, par une montée dialectique, jusqu'à l'Idée de Bien, ne peut que la contempler silencieusement sans pouvoir la dire (rappelons qu'intuition vient du latin intueri qui signifie, voir). Ce silence par abondance de sens se retrouve chez Pseudo-Denis l'Aéropagite qui part des désignations habituelles de Dieu (il est bon, roi etc.) pour montrer leur insuffisance. Il essaie par la négation de tout ce qui limite la plénitude de Dieu de parvenir à une véritable définition de celui-ci : au lieu d'échouer à tenter de dire ce que Dieu est, il est, selon lui, préférable d'essayer de l'exprimer négativement en énonçant ce qu'il n'est pas. À l'opposé de la théologie positive dite cataphatique qui prétend dire positivement ce qu'est Dieu, on appelle cette méthode apophatisme, d'un mot grec, apophasis qui signifie négation. Mais elle ne parvient pas à trouver des déterminations stables et est entraînée dans une suite indéfinie de négations pour parler de Dieu qui ne peut aboutir qu'au silence : « ... à mesure que nous nous approcherons du sommet, le volume de nos paroles se rétrécira ; au dernier terme de l'ascension, nous serons totalement muets et pleinement unis à l'Ineffable. » (*Théologie mystique*, III, p. 182). On voit donc qu'au terme de ce travail de négation, de purification des qualités de Dieu, on assiste à une disparition du langage car Dieu est « aussi bien omninommable qu'innommable » comme l'écrira Albert le Grand dans sa *Somme théologique*. La transcendance de la divinité est telle, qu'elle condamne au silence celui qui veut la dire car elle n'est pas pensable. Le trop de sens de cette transcendance aboutit à une auto-abolition du langage. N'est-ce pas ainsi qu'il faut interpréter le renoncement total à l'écriture par Thomas d'Aquin à la fin de sa vie, après avoir écrit une centaine d'ouvrages ? À son ami Réginald qui lui demandait de rompre ce silence, il répond : « je ne puis plus écrire. J'ai vu des choses auprès desquelles mes écrits ne sont que de la paille ». La saisie de l'Être en tant qu'Être rend toute parole inadéquate à l'exprimer ; il est ineffable. Plus généralement, l'expérience mystique est celle d'une union silencieuse avec la divinité.

Mais alors, ne tombons-nous pas, sans le vouloir, dans une attitude sceptique qui, faute d'avoir confiance dans le langage, en vient au silence. En effet, pour le sceptique, il n'y a pas de vérité et on ne peut se prononcer sur rien ; même le langage porte des significations que je ne peux pas maîtriser dans la mesure où il n'est pas possible de définir, dans une régression à l'infini, les mots qui m'ont servi à définir les premiers mots. La philosophie nous fait alors atteindre le désespoir devant l'impuissance même à penser. Il ne nous reste plus que le silence, ce que les sceptiques nomment aphasia c'est-à-dire non-assertion, et l'absence de pensée car, pour le dire comme Georges Bataille dans un autre contexte « le mot silence est encore un bruit » (in *L'expérience intérieure*). Seul le geste, montrer du doigt, peut signifier encore quelque chose. C'est également au silence qu'est réduit Cratyle qui constate qu'il ne peut pas y avoir de science du simple sentir qui échappe à toute prise.

Quelle différence y a-t-il entre le « je ne puis plus écrire » de Thomas d'Aquin et le « N'en parlons plus... ne parlons plus » qui constitue la dernière phrase du livre de Beckett *Fin de partie* ? On pourrait répondre que, pour ce dernier, le silence est la conséquence logique de la prise de conscience du non-sens de tout, de la prise de conscience du nihilisme, alors que pour Thomas d'Aquin, le silence de la fin de sa vie est la conséquence d'une expérience de nature mystique qui lui donne le sens, l'Être qui abolit et rejette toute parole comme profondément inadéquate. L'aphasie finale de ces deux êtres correspond à deux expériences dont le sens diffère radicalement. Pour ce dernier, mais cela est vrai pour tous les mystiques, Dieu se manifeste dans et par le silence alors que pour Beckett le silence est vide, manifestation du néant de l'être.

4. Consubstantialité du silence et de la parole

On voit donc le paradoxe qui habite la question du silence : il y a un silence qui vient d'un trop de sens et un silence qui vient de la perte de sens. Entre les deux, il y a la vie et la banalité de ses demi-silences, de ses demi-paroles, de ses sens approximatifs. Cependant si l'on en reste à ces deux extrêmes, nous aboutissons à une même situation absurde. En effet, un afflux de sens, un trop plein de sens, comme la saisie de la divinité ou, d'une façon plus générale, de l'absolu, dans son être même lors de l'expérience mystique, aboutit à un silence, à une incapacité de dire ce qui est vécu et pensé, à l'absence de communication et d'expression possibles : il n'y a plus de raison d'être dans ce qui ne peut se dire, s'énoncer. Mais le silence de la folie aboutit à une même absence de fondement, de principe, de raison. Il faut donc affirmer une présence du silence dans toute parole. Un silence pur ou une parole pure aboutissent au non-sens car le sens ne peut surgir, pour un être humain, que dans la parole imprégnée de silence. La double expérience du mystique qui se trouve en présence de l'absolu et celle du psychotique qui se trouve en face des choses sans pouvoir les rejoindre et les unifier, nous amène à penser que le silence n'est rien d'autre que le non-être qui, seul, permet à l'homme de dire et d'articuler le monde et la vie.

Silence d'une base de données

Absence de références ou de documents signalée à la suite d'une interrogation. Ce silence peut résulter d'un mode d'interrogation inadapté.

SIM (Système d'Information pour le Management),

Voir ***Intelligence économique ou compétitive***.

Sitcom

Abréviation américaine pour traduire « comédie de situation ». Ce sont des séries à épisodes, à faible coût, sans que ces épisodes soient dépendants les uns des autres. Un sitcom est généralement programmé dans la période précédant celle de la plus forte audience.

Slogan

Voir ***Accroche, Propagande***.

S.N.P.A.C.

Syndicat National des Publicitaires en Annonces Classées.

Soap-opera

Expression américaine désignant une série TV à épisodes indépendants dont le financement repose sur le parrainage de grands producteurs de lessive comme Procter & Gamble ou Unilever. Ce parrainage de ce type de feuilleton fonctionne sur le principe soit du ***bartering***, soit de l'***underwriting***.

Sociabilité

Appropriation par le sujet des traits constitutifs de l'***identité sociale*** d'appartenance.

1. Sociabilité et communication

Avant d'entrer dans le détail des éléments qui constituent la sociabilité, il est bon de préciser les rapports entre communication et sociabilité. Ils sont de trois ordres : d'une part, la communication donne à la sociabilité la matérialité d'un ensemble de discours, d'images et de représentations ; d'autre part, la sociabilité représente un mode d'appropriation des structures sociales de la communication par les acteurs qui font partie de la communauté ; enfin, c'est la sociabilité qui donne sa consistance à la conscience sociale de son appartenance qu'a le sujet, grâce à sa participation aux activités et aux réseaux de la communication.

Le premier type de rapport qui existe entre communication et sociabilité est un rapport d'actualisation, de réalisation : sans la communication, nous ne pourrions pas percevoir la sociabilité dans toute sa réalité ; nous n'aurions qu'une vue abstraite de la sociabilité, soit : du processus par lequel nous formons notre conscience sociale d'appartenance à une communauté. C'est l'ensemble des activités sociales de la communication et de la représentation qui donne sa visibilité à la sociabilité.

Le second type de lien entre la communication et la sociabilité est un lien d'individualisation et d'appropriation. La communication, par les pratiques d'expression, d'information et d'interprétation qu'elle représente, constitue, pour les acteurs qui s'y livrent, une façon de s'approprier individuellement, au cours de leurs pratiques individuelles de communication, les procédures et les structures de la sociabilité, soit : de la dimension sociale de leur identification, de leur acquisition d'identité.

Enfin, dans la mesure où il participe activement à la communication sociale, le sujet est en mesure de percevoir toute la portée, toute la consistance, toute la réalité effective, de l'appartenance sociale dont la sociabilité est, elle-même, une représentation : la communication fait de la sociabilité une donnée réelle et non un formalisme vide de référence et de consistance.

2. Les processus de la sociabilité

La sociabilité comporte quatre processus complémentaires constitutifs du processus global.

• Le premier est le processus de reconnaissance, qui consiste, pour le sujet, à assumer, en son propre nom, la légitimité de la ***norme***, et, ce faisant, à revendiquer son appartenance sociale.

• Le deuxième est l'***opinion***, en ce qu'elle est structurée et au moins en partie, formée par les médias et les autres formes de l'idéologie et de la communication sociale.

• Le troisième est le processus de ***médiation*** proprement dit, ou encore d'engagement : il s'agit du processus selon lequel les sujets individualisent la médiation dans leur pratique propre de communication.

• Enfin, le spectacle et la médiation spectaculaire représentent une forme esthétique de sociabilité : une inscription de la sociabilité dans la logique de l'esthétique, c'est-à-dire dans la logique de l'art et de la représentation.

a) La reconnaissance

La reconnaissance consiste à identifier socialement un acteur en présence de qui l'on se trouve dans l'***espace public*** en lui attribuant une fonction, un statut, un rôle. C'est une étape essentielle de la communication dans l'espace public, car il s'agit de l'étape qui donne pleinement existence à l'autre ; il s'agit de l'étape au cours de laquelle les acteurs de la communication sociale commencent à exister les uns pour les autres. Par la reconnaissance, l'espace public se met à exister comme **espace de communication.**

Il existe trois types de reconnaissance : la reconnaissance fonctionnelle, la reconnaissance contractuelle, la reconnaissance institutionnelle.

• La reconnaissance fonctionnelle consiste à reconnaître à l'autre une fonction ou un métier : il s'agit de la reconnaissance qui définit, dans l'espace public, le rôle dévolu à chacun, soit par son métier, soit par la fonction qu'il remplit dans la société. En termes de communication, la reconnaissance fonctionnelle définit ce que l'on appelle la crédibilité d'une personne dans l'exercice de ses fonctions sociales.

• La reconnaissance contractuelle consiste à reconnaître l'autre dans le cadre d'un échange symbolique. Il ne s'agit plus de crédibilité, mais de confiance. La confiance est un élément majeur dans la communication intersubjective, puisqu'elle fonde le statut social que l'on reconnaît à la personne à qui l'on parle. Elle ne se situe pas sur le plan de la relation intersubjective, mais sur le plan des relations sociales engagées par les deux personnes concernées.

• La reconnaissance institutionnelle consiste à reconnaître l'autre en tant qu'institution, ou en tant qu'appartenant à une institution. Il s'agit donc toujours d'une forme sociale de perception et de communication avec l'autre, mais qui, cette fois, s'inscrit dans une logique d'institution et de loi : cela implique non un contrat (qui se négocie et se conclut entre deux partenaires de communication), mais la reconnaissance par les deux partenaires de la validité et de la légitimité d'un contrat commun.

b) L'opinion

L'***opinion*** est une façon de comprendre et de penser le réel de l'espace public : le réel des événements, des situations, des faits, qui nous entourent. L'opinion est une façon qu'ont les sujets de la communication sociale de se représenter le réel qui fonde leur histoire et auquel ils appartiennent.

On peut décomposer l'opinion en deux instances.

• La première est l'instance symbolique de l'opinion. Il s'agit de ce que les Grecs appelaient la ***doxa*** qui est l'ensemble des représentations sociales considérées comme conformes à la norme publique. L'opinion représente, dans cette acception, un ensemble d'idées, de représentations, voire d'images, qui, ensemble, constituent une forme de culture, une forme de savoir, dont ceux qui en sont porteurs se soutiennent dans leurs pratiques sociales et politiques et dans leurs choix institutionnels. Il s'agit de l'opinion comme système de représentation.

• La deuxième est son instance ***pragmatique***. Il s'agit des pratiques et des conduites politiques reconnues comme légitimes parce qu'elles découlent de la ***doxa***. La dimension pragmatique de l'opinion définit, dans l'espace public, des acteurs, et non pas seulement des sujets porteurs d'idées et de croyances. Elle rend explicables, rationnels ou légitimes les actes et les choix des acteurs de l'espace social. En ce sens, l'opinion est, dans le champ de la communication sociale, ce qui fait le lien entre les conduites réelles des acteurs sociaux et les représentations symboliques dont ils sont porteurs.

c) L'engagement

L'engagement consiste à se reconnaître à soi-même une certaine ***identité*** en tant qu'acteur dans l'espace public. L'engagement consiste à faire apparaître ses choix sociaux, idéologiques, politiques, sous la forme d'actions ou d'interventions dans l'espace public de la communication. C'est par l'engagement qu'un acteur acquiert une véritable identité dans l'espace public. C'est par la médiation d'un engagement (social, politique, religieux, culturel, etc.) que les acteurs de l'espace public prennent conscience de leur identité sociale et sont en mesure de l'inscrire dans une pratique globale de communication sociale et d'information. L'engagement fait des sujets individuels de la communication et de l'échange symbolique des sujets porteurs de choix sociaux et politiques exprimables et diffusables dans les médias et dans l'espace public. Toute la différence entre un acteur engagé et un acteur qui ne l'est pas réside dans le fait que la communication mise en œuvre par des acteurs engagés repose sur des stratégies très fortes et explicites, la communication mise en œuvre par des acteurs non engagés est plus conventionnelle.

d) Spectacle et sociabilité, la communication spectaculaire

Le théâtre organise la dimension esthétique de la sociabilité. Ce qui se joue, pendant le temps de la représentation, et qui donne toute son importance au fait théâtral, et, d'une manière plus générale, au **spectacle** comme forme sociale de communication, c'est la découverte de nouveaux modèles et de nouveaux types de personnages et de caractères auxquels s'identifier. Le spectacle produit une certaine forme d'expression de l'appartenance sociale : il montre des acteurs et des personnages exprimer leur appartenance sociale dans le cadre d'un récit ou dans le cadre d'une représentation mettant en scène la communauté elle-même. La représentation d'un spectacle donne à voir aux spectateurs, comme exacerbés, soulignés, les relations, les rôles, les fonctions, qui organisent la communauté à laquelle ils appartiennent, et qui lui donnent son identité. C'est dire l'importance du spectacle dans la conscience sociale d'appartenance qui fonde et organise la citoyenneté, et, par conséquent, c'est ce qui explique l'importance que pouvait avoir le théâtre dans la cité antique.

Ce que les Grecs appelaient ***catharsis,*** c'est, précisément, le processus, d'ordre à la fois psychologique et social – dans l'Antiquité, ces deux dimensions étaient très liées – par lequel le public, s'identifiant symboliquement au personnage qu'il voyait sur la scène, adhérait à ses réactions à son discours, à son comportement, au point de manifester par cette adhésion, une forme d'oubli de soi dans la conformité à la norme. Au-delà de la situation particulière de l'Antiquité, le spectacle comporte toujours cette dimension par laquelle le spectateur se retrouve, à la fois comme identité et comme partie d'un ensemble : sa communauté et sa culture d'appartenance.

Dans le cas du ***cinéma,*** la situation est un peu différente. L'identification du spectateur se fait par la médiation de l'image, et non en présence des acteurs. Elle n'implique pas, par conséquent, un processus comme celui de la *catharsis*, mais, au contraire un engagement beaucoup plus distancié de la part du public, qui peut apparaître, pour cette raison même, parfois plus consommateur, voire plus passif que ne l'est le public du théâtre. C'est aussi ce qui explique que la communication au sein du public, au cinéma, soit elle-même plus distanciée qu'au théâtre.

Société de Services et d'Ingénierie Informatiques (SSII)

Voir ***Marché de l'information en ligne***.

Sociologie de l'information, sociologie des médias

Branche de la sociologie qui étudie les médias dans la société (cf. le titre significatif du manuel de Francis Balle : *Médias et société,* Domat-Montchrestien).

Le programme de recherche en sociologie des médias a évolué au cours de sa brève histoire, bien qu'il y ait des spécificités nationales.

Ainsi, aux États-Unis dans une première phase, la sociologie des médias était fortement orientée par la ***question programme de Harold Lasswell,*** c'est-à-dire que son objet était d'étudier « **qui dit quoi, par quel canal, à qui, avec quel effet ?** ». La prise en compte de la ***rétroaction*** dans les modèles plus sophistiqués – que ceux du schéma linéaire émetteur-récepteur de ce type ou du type Shannon-Weaver – ne font que développer ce programme pour l'analyse des effets des médias sur les comportements des individus dans la sociétés. On parlera d'ailleurs de la **sociologie des effets**, dont l'étude la plus représentative dans ce domaine est la célèbre « *The People's Choice* » de **Paul Lazarsfeld, Bernard Berelson** et **Hazel Gaudet** en 1944 qui étudie les facteurs du choix des électeurs pour les élections présidentielles aux États-Unis en 1940. L'un des résultats marquant de cette sociologie des effets est la théorie de **Elihu Katz** et **Paul Lazarsfeld** dite du flux en deux étapes ou en deux temps (« ***two steps flow*** ») qu'ils présentent dans *Personal Influence*, ouvrage publié en 1955 par The Free Press : avant de toucher la grande masse, les messages diffusés dans les mass-médias touchent les ***leaders d'opinion*** ; l'influence des médias est indirecte et médiate.

Dans une deuxième phase, le quantitativisme des enquêtes par administration des questionnaires de la sociologie des effets et du programme lasswellien est critiqué, même par Lazarsfeld, en raison de son faible apport en connaissances théoriques nouvelles. Un certain nombre d'études élargissent la problématique pour prendre en compte les institutions, les statuts sociaux des acteurs, le contexte de la communication. C'est à ce mouvement qu'appartiennent la théorie du ***Gate Keeper*** élaborée par White en 1949 et reprise en 1966 par Paul Snider, le « modèle général de communication » de Georges Gebner conçu en 1958 et qui distingue les différents rôle du communicateur et les diverses sources d'***influence*** ou de pouvoir à l'intérieur et à l'extérieur des médias.

Le véritable dépassement de cette sociologie linéaire lasswellienne ne peut cependant s'effectuer que par la reconnaissance du rôle essentiel du récepteur. En d'autres termes, il faudrait admettre que l'émetteur n'est pas le seul agent actif de la communication, ce qui suppose l'abandon de la linéarité et de l'hypothèse implicite de la passivité du récepteur. Le couple **Riley** (John et Matilda) propose en 1959 de tenir compte de la bipolarisation de la communication, en accordant autant d'importance au contexte de l'émission que de la réception. **Wilburg Schramm** invite, en 1961, au dépassement des études des effets de la télévision sur les enfants pour leur substituer des études sur ce que font les enfants de la télévision.

En Allemagne, avec l'***École de Francfort*** qui s'inscrit pourtant dans une approche critique, la sociologie des médias reste une sociologie des effets dans le cadre du système de l'économie de marché.

Pour avoir une idée de l'évolution thématique et des perspectives de recherche, l'objet de la sociologie des médias peut être précisé en extension par la présentation du plan général de ce livre déjà cité de F. Balle, maintenant classique en sciences de l'information et de la communication (la première édition en 1974 avait pour titre *Institutions et publics des moyens d'information*), ou par celui plus récent de Bernard Miège : *La société conquise par la communication*, PUG (1re édition 1989). Il est cependant important de préciser que ces deux manuels refusent le découpage monodisciplinaire qu'implique leur classement restrictif dans la sociologie de l'information, la sociologie des médias ou encore la sociologie de la communication.

Dans la deuxième édition de *Médias et sociétés,* Francis Balle présente l'histoire des études sur les médias, discute la pertinence d'une science de la communication, analyse les institutions des médias (analyse technique, juridique et économique des différents médias, et positionnement problématique du point de vue de la liberté de l'information et de la concurrence des fournisseurs d'information) et termine sur l'analyse des publics des médias (les utilisations des médias, les cadres psychologiques de l'action des médias, les cadres sociaux de l'action des médias avec en particulier la présentation des études sur l'influence).

Bernard Miège dans un autre de ses ouvrages (*La pensée communicationnelle*, PUG, 1995) identifie de nouvelles problématiques : la sociologie des interactions sociales, les sociologies de la technique et de la médiation, les études portant sur la réception des messages ainsi que sur la formation des usages sociaux des médias et des nouvelles technologies de l'information et de la communication (p. 81).

Signalons que le néo-mcluhanisme implicite de la ***médiologie***, présentée par Régis Debray comme une nouvelle discipline, ignore ostensiblement les travaux de sociologie de l'information et des médias, alors qu'elle en est, de fait, un avatar ou plus positivement une branche qui cherche à s'autonomiser.

« Socio-styles »

Marque déposée par le bureau d'études ***CCA (Centre des Communications Avancées)*** pour les études de styles de vie, présentées sous forme cartographique qui rappelle les graphes que permet d'élaborer l'***analyse de correspondances*** et l'***analyse factorielle*** en composantes principales. Les analyses « socio-styles » ont un grand succès auprès des médias.

SOFICA

Sociétés de financement des industries cinématographiques et audiovisuelles. Créées en novembre 1985, elles autorisent les particuliers à déduire dans la limite de 25 % de leur revenus imposables, la totalité des sommes investies dans la production audiovisuelle, et les entreprises à amortir dès la première année 50 % de leur investissement, sous conditions de conserver leurs parts pendant cinq ans.

Les Soficas les plus importantes s'inscrivent de plus en plus dans la logique des groupes, c'est-à-dire qu'elles sont souvent détenues par un établissement financier, une société d'assurance et un grand groupe de l'industrie cinématographique.

Solécisme

Faute de syntaxe ou de conjugaison, due à une méconnaissance des règles grammaticales. Ex. : « celui que je pense », au lieu « de celui auquel je pense ». De Soles, ville grecque dont les habitants étaient réputés pour s'exprimer de manière particulièrement incorrecte.

Son

Sensation auditive. Le son se propage sous forme d'***ondes*** mécaniques acoustiques. Il se caractérise par sa hauteur qui est liée à sa fréquence, par son intensité qui est liée à l'amplitude de la vibration, et par son timbre qui est fonction des intensités relatives des différents sons harmoniques qui le composent.

Sondage

Procédure d'enquête sur certaines caractéristiques d'une population basée sur l'observation d'un échantillon limité (fraction) de cette population. Il existe deux grandes catégories de sondage : les sondages au hasard dits sondages scientifiques, et les sondages empiriques dits par choix raisonné.

Les sondages au hasard sont les plus sûrs, mais les plus difficiles à réaliser. Ils peuvent être simplifiés en procédant à des sélections d'échantillons par découpage en degrés de la population : un premier critère permet de faire un échantillon au hasard, sur cet échantillon on applique un deuxième critère qui permet d'obtenir un échantillon de deuxième degré sur lequel on applique éventuellement un autre critère pour obtenir une échantillon de troisième degré, et ainsi de suite jusqu'à l'obtention de l'échantillon pertinent. Cette méthode correspond au **sondage à plusieurs degrés**. Il existe des variantes comme le sondage à plusieurs phases, le **sondage stratifié** : le prélèvement au hasard est effectué dans des groupes ou strates (par exemple des catégories d'habitats : rural/urbain, grande ville/ville moyenne/petite ville, etc.) dans lesquels la dispersion du caractère à étudier est moins grande que dans la population totale. Lorsque les unités qui composent la population sont nombreuses et dispersées, la simplification consiste à recourir au **sondage en grappes** : au lieu d'extraire des unités individuelles, le statisticien travaille sur des grappes, c'est-à-dire des groupes constitués par plusieurs unités, ce qui permet de faire des économies de déplacement.

Le sondage empirique est le plus utilisé en raison de sa simplicité et de son économicité. Il peut être établi sur la base de la pure intuition, mais aussi la facilité d'accès à un terrain d'observation. Il peut accéder à la représentativité lorsqu'il a pour base un échantillon construit selon la méthode des ***quotas***. Voir ***Échantillon, Enquête, Audience, Statistique, Opinion, Opinion publique***.

Sonothèque

Collection de documents sonores.

Sophisme

Raisonnement vicié, incomplet, caractérisé par une suite logique qui se veut complète, mais n'est pas crédible. Le sophisme est une perversion du déroulement dialectique (pour la logique antique) ou syllogistique (pour le Moyen Âge). Le plus célèbre pourfendeur de sophistes est bien sûr Socrate, qui s'attacha toute sa vie à réduire par ses interrogations leurs certitudes infatuées à néant. Pour l'apprenti philosophe ou logicien, le sophisme est le premier écueil à éviter, sauf à construire des postulats n'en étant pas. À la base, cependant, le sophisme se fonde sur une consécution qui semble logique, naturelle : « tous les hommes sont mortels, or Socrate est un homme, donc Socrate est mortel ». La méthode peut toucher ses limites, que le bon sens devrait aider à repérer, sous l'aiguillon de l'absurde : « ce qui est rare est cher, or, un cheval borgne est rare, donc, un cheval borgne est cher », ou encore, « ce que je n'ai pas perdu, je l'ai encore, or, je n'ai pas perdu de cornes, donc, j'ai des cornes ». On le voit, le raisonnement dit logique touche ses limites. Le garde-fou devrait être le bon sens, la lucidité. Rien de moins facile toutefois, si la déclaration d'intention est pieuse et candide. Bertrand Russel lui-même, le brillant logicien prix Nobel de littérature, a consacré des travaux aux raisonnements absurdes, non logiques, viciant le raisonnement sous des apparences de justesse. Hommage asymptotique, peut-être au sage Socrate, qui prouvait que la seule certitude, c'était de savoir que l'on ne savait rien.

Souris

Élément périphérique de l'ordinateur qui se présente sous la forme d'un petit boîtier avec un ou plusieurs boutons et relié par un fil fin au clavier, susceptible d'évoquer la forme de l'animal auquel il emprunte son nom. Le déplacement de la souris en appuyant sur le bouton permet de faire déplacer un curseur situé sur l'écran pour signaler l'endroit où l'on veut intervenir, de choisir et d'ouvrir des applications, de dessiner éventuellement, de faire des calculs sur une calculette en tant qu'application interne sans passer par le clavier, etc.

Spectacle

Voir ***Représentation, Sociabilité, Mercatique et Spectacle vivant.***

Spectacle vivant (Mercatique et -, Communication du -)

Voir ***Mercatique.***

Sponsor

Agent économique qui finance partiellement ou totalement la préparation d'une épreuve sportive, une compétition sportive, un individu ou une équipe sportive dans un but de ***communication institutionnelle*** ou publicitaire. La traduction préconisée est **commanditaire**. L'action du *sponsor* est le *sponsoring* ou sponsorat. La traduction préconisée est ***parrainage***. Cette dernière traduction pour *sponsoring* a un succès plus évident que celle de commanditaire pour *sponsor*. La longueur du mot, son usage particulier dans le cadre du droit commercial des sociétés en commandite, l'ancienneté de *sponsor* utilisé longtemps sans équivalent français peuvent expliquer cette faible diffusion de commanditaire.

Spot

Anglicisme qui signifie tache.

1. Comme adjectif dans marché spot, synonyme de instantané ou libre. Un prix spot est un prix instantané qui peut changer d'un instant à l'autre. Par exemple, le marché spot du pétrole est l'ensemble des ventes qui ne font pas l'objet de contrats à moyen terme entre producteurs et compagnies.
2. Petit projecteur orientable.
3. Tache lumineuse formée par le pinceau d'électrons sur le tube cathodique.
4. Message publicitaire de courte durée (30 secondes ou moins) à la télévision.

Standard

1. Qui est conforme à une norme de fabrication, à un modèle, à un type. Voir Standard de télévision en couleur.
2. Qui est commun, courant. Le modèle ou produit standard est le modèle ou produit courant, sans originalité.
3. Appareil qui permet la desserte d'un grand nombre de poste de téléphones reliés à un faible nombre de lignes extérieures. Le Standard avec SDA (Sélection directe à l'arrivée) permet de diriger directement les communications, autrefois « accueillies » par un standard, vers leur destinataire. Elles reviennent dans les 20 à 40 secondes au standard s'il ne répond pas. L'appel est alors pris en charge par la standardiste qui cherche une autre solution. Si le poste SDA demandé est occupé, l'appel revient également au standard. Quant aux communications des correspondants n'ayant aucune référence dans l'entreprise, elles arrivent directement sur le standard.

Standard de télévision en couleur

Ensemble des règles appliquées en vidéo et en télévision pour diffuser la couleur des images. Lorsqu'il s'agit des seules émissions de télévision d'images en noir et blanc, on parle de **norme**.

Il existe trois grands standards de télévision et de vidéo : le ***NTSC*** américain à 525 lignes utilisé dans les pays ayant un courant alternatif à 60 kHz (Amérique du Nord, Amérique centrale, Japon...), le ***PAL*** allemand (Amérique du Sud, Europe sauf la France...) et le ***SECAM*** français (France, Afrique de l'Ouest, Europe de l'Est...) qui sont des standards à 625 lignes pour un courant à 50 kHz. Ces différents standards ne sont pas compatibles. Le satellite TDF1 utilise un standard unique, le ***Mac***, compatible avec les standard des téléviseurs disponibles. Voir ***D2 Mac Paquets, MUSE.***

Star-système

Expression anglo-saxonne pour désigner le système économique de production dans le spectacle qui centré sur le prestige des vedettes. Une traduction possible est le système du vedettariat.

Le star-système proprement dit, débute avec le cinéma, lors de son passage de l'artisanat à l'exploitation industrielle autour de 1910, aux États-Unis. C'est Zukor qui, le premier, relia la production industrielle et la promotion par les « Famous players », les stars. Les acteurs deviennent alors de véritables vedettes. En Italie, second grand foyer, le modèle antérieur de l'opéra prédispose au lancement des grandes « divines », femmes fatales.

La période du cinéma muet constitue l'apogée du star-système : trois grands types féminins (la divine, la figure virginale et pure, la vamp) à quoi répondent trois grands types masculins (le ténébreux, le séducteur, le chevalier).

L'époque glorieuse du cinéma parlant révélera des vedettes à mi-chemin entre ciel et terre, entre rêve et réel, et les années cinquante verront l'ultime flambée des stars au sens superlatif du terme en offrant des héros destinés aux jeunes d'après-guerre.

À partir des années soixante, et jusqu'à aujourd'hui, les stars feront partie de la société civile avec leur métier d'artiste. La star a ainsi fait place à la vedette professionnalisée.

Station

Poste émetteur de radio ou de télévision, et établissement équipé en moyens de transmission des signaux de radio et de télévision. On parle dans ce cas de station de radio et de station de télévision, la fonction émettrice est implicite. Une station émettrice peut être un relais récepteur de signaux en vue de leur réémission vers le public, dans ce cas on parle explicitement de station de réception, si la station est un établissement, et station-relais ou réémetteur, si la station n'est qu'un ensemble technique.

Statistique

Branche des mathématiques appliquées et dont l'objet est l'étude systématique des propriétés numériques des ensembles réunissant un grand nombre d'unités. Elle se présente comme un ensemble de méthodes qui, à partir du recueil – par ***enquête*** ou en dépouillant une documentation particulière – puis de l'analyse de données réelles, permettent la modélisation et la prévision. Les statistiques constituent ces données présentées dans des tableaux numériques ou par le biais du traitement graphique de ceux-ci, qui constitue un traitement des données sous une forme lisible pour un non spécialiste.

1. Les étapes du traitement statistique

En tant que discipline, la statistique comporte trois étapes qui sont aussi des perpectives particulières de la discipline : la statistique descriptive, la statistique analytique et la statistique prévisionnelle.

Dans une première phase, la statistique descriptive ordonne les données statistiques dans des tableaux. Dans une deuxième phase, le travail de statistique descriptive peut consister en un traitement graphique des données élémentaires. Dans une troisième phase, le travail consiste à rechercher les valeurs caractéristiques pour résumer les données. Ces valeurs relèvent soit des caractéristiques de position ou de tendance centrale (moyenne, mode, médiane, quartile, décile...), soit des caractéristiques de dispersion (variance, écart-type, écart absolu, intervalle interquartile...), soit enfin des caractéristiques de la confrontation de plusieurs variables (coefficient de corrélation, régression multiple, analyse factorielle des correspondances, analyse factorielle en composantes principales...).

Les tableaux de la première phase sont généralement à une seule entrée. Avec le développement du traitement informatique des données, on dit que ces tableaux résultent d'un tri à plat, par opposition aux tris croisés qui correspondent à des tableaux à double ou à triple entrées, obtenu après le tri à plat. Un **tableau de contingence** est un tableau de distribution utilisé pour décrire une population analysée à travers plusieurs caractères.

Un tableau à double entrée est déjà un traitement des données qui consiste à mettre en relation deux variables. En cela il s'inscrit dans la première étape de la phase analytique. La deuxième étape de cette phase est de chercher un modèle susceptible de rendre compte de la relation. Une fois ce modèle établi, le statisticien fait des prévisions conditionnelles.

Exemple d'un tableau à double entrée qui est un tableau de contingence : le tableau ci-dessous présente les réponses (oui ou non) que donnent les exploitants indépendants de salles de cinéma à la question « estimez-vous que le cinéma soit une profession d'avenir ? » analysés en fonction du nombre de salariés à plein temps dans l'entreprise d'exploitation du théâtre cinématographique.

Exemple de tableau de contingence :

« Le cinéma profession d'avenir ? » en fonction des « Effectifs salariés à plein temps » des entreprises d'exploitation de salles de cinéma.

Effectifs salariés chez les répondants : exploitants indépendants de salles	OUI c'est une profession d'avenir	NON ce n'est pas une profession d'avenir	TOTAL
Aucun salarié	91	173	264
de 1 à 10 salariés	177	180	357
11 salariés et plus	26	15	41
TOTAL	294	368	662

Source : A. Silem, « Les exploitants indépendants de cinéma », CNC, 1991.

2. Les notions élémentaires de la statistique descriptive
La statistique descriptive porte sur des individus qui font partie d'une population ou univers ou, encore, ensemble statistique. L'individu, ou unité statistique ou encore élément, est l'objet de l'observation. Sa nature est des plus diverses : il peut correspondre aussi bien à une pièce fabriquée dans un atelier et qu'on soumet à un test de qualité, qu'à une personne qui répond à un questionnaire relatif à la notoriété d'une marque.
Les éléments observés, qui sont en nombre n, peuvent être caractérisés soit par leurs aspects qualitatifs soit par leurs aspects quantitatifs. Les caractères (ou variables statistiques) qualitatifs sont susceptibles de présenter plusieurs **modalités** (ou états) exclusives. Ainsi, l'indication du sexe dans un questionnaire est une **variable qualitative** à deux modalités exclusives (féminin, masculin). La marque d'une lessive, la catégorie socioprofessionnelle (qui peut avoir moins, autant ou plus de modalités que celles de la liste détaillée proposée par l'INSEE), le lieu de domicile, etc. sont quelques exemples de variables qualitatives.
Les **variables quantitatives** sont des caractères qui font explicitement l'objet de mesure : l'âge, le poids, la taille d'une personne ; le revenu mensuel d'un ménage, les dépenses journalières des étudiants, le nombre de salariés d'une entreprise, le nombre de personnes dans un ménage ou dans un foyer, etc. La variable quantitative peut être continue, c'est-à-dire prendre n'importe quelle valeur réelle entre deux bornes données, ou discrète si seules certaines valeurs entières sont possibles. Ainsi, l'âge peut être une **variable continue,** tandis que le nombre de salariés dans une entreprise est une **variable discrète**. Lorsqu'il existe un grand nombre de valeurs, la variable discrète peut être traitée comme une variable continue.
Le tableau ci-dessous est une distribution d'une variable quantitative x : les dépenses mensuelles. L'indice i identifie la classe de la variable x, « n_i » est la fréquence absolue de la variable pour la valeur (i). La fréquence relative (f_i) est le rapport entre la fréquence absolue (n_i) et le total des individus (Σ n_i). Le tableau peut être synthétisé par ses caractéristiques de position et de dispersion.
a) Les caractéristiques de tendance centrale
– le **mode** (Mo) est la valeur de caractère pour laquelle les effectifs observés sont les plus élevés. Ici c'est la dépense de 110 qui correspond à 85 ménages ;
– la **moyenne** ($\bar{x}$ qui se lit x barre) est le quotient de la somme des n valeurs observés pour x, par l'effectif n :

$$\bar{x} = \frac{1}{n}\sum_{i=1}^{n} n_i x_i \quad \text{soit } 52\,650/500 = 105{,}3\ ;$$

– la **médiane** (Me) est la valeur de la variable telle que l'on ait 50 % de la population de part et d'autre de cette valeur. On l'obtient notamment en établissant la colonne des effectifs cumulés, puis on recherche la classe ou la valeur pour laquelle les effectifs cumulés représentent la moitié de l'effectif total. Ici 50 % de l'effectif correspondent à 250 et à la valeur de la variable comprise entre 90 et 110. La valeur exacte est calculable par interpolation linéaire. Pour 90 l'effectif cumulé est 230. Pour 110, l'effectif cumulé est de 315. L'écart entre 110 et 90 est de 20. Par conséquent l'interpolation donne :

Me = 90 + 20 [(250 - 230)/(315 - 230)] = 94,7

i	dépenses mensuelles (x_i)	nb de ménages dans l'échantillon n_i	effectifs cumulés	$n_i \cdot x_i$	$(n_i \cdot x_i)x_i$
1	10	25	25	250	2 500
2	30	25	50	750	22 500
3	50	45	95	2 250	112 500
4	70	60	155	4 200	294 000
5	90	75	230	6 750	607 500
6	110	85	315	9 350	1 028 500
7	130	75	390	9 750	1 267 500
8	150	50	440	7 500	1 125 000
9	180	45	485	8 100	1 458 000
10	250	15	500	3 750	937 500
Σ		500		52 650	6 855 500
Σ/n				105,3	13 711

b) Les caractéristiques de dispersion

Les caractéristiques de position ne donnent qu'une information partielle et agrégée. Ainsi, la moyenne est une indication relativement pauvre dans la mesure où elle ne donne aucune idée sur les écarts et la dispersion des données. Par exemple la moyenne est identique (500) pour les deux distributions suivantes : 999 et 1, d'une part, et 499 et 501, d'autre part. En supposant que les données concernent le montant des revenus, il est évident que les ventes ne seront pas de même niveau selon que l'on aura la première ou la deuxième distribution. Par conséquent il est indispensable de disposer d'indicateurs de dispersion.

Le plus simple est l'**écart absolu** ou **étendue** (range en anglais) : c'est la différence entre la plus forte valeur et la plus faible valeur de la distribution (998 pour la première distribution ci-dessus et 2 pour la deuxième). Dans le tableau des dépenses mensuelles des ménages l'écart absolu est de 240.

L'intervalle interquartile contient 50 % des observations comprises entre le premier quartile (25 %) et le troisième quartile. Plus généralement l'**intervalle interquartile** est l'intervalle qui sépare les deux quartiles (quartile, quintile, décile, centile...) extrêmes.

La **variance** et l'**écart-type**, qui en est la racine carrée, sont déjà des notions plus complexes, car la dispersion se réfère à la moyenne. La somme des écarts par rapport à la moyenne est logiquement nulle. Pour éviter un tel résultat, on élève au carré chaque écart de la valeur par rapport à la moyenne. La moyenne des carrés des écarts par rapport à la moyenne est désignée par le nom de variance. Elle est notée σ^2 (sigma carré).

$$VAR(X) = \sigma^2 = (1/n)\Sigma\, n_i\, (x_i - \overline{X})^2$$

Mais pour comparer le résultat de la dispersion avec les paramètres de tendance centrale, il faut calculer l'écart-type (σ) en faisant la racine carrée de la variance. Il est possible ensuite de calculer le coefficient de variation qui permet de voir ce que représente l'écart-type par rapport à la moyenne = il correspond d'ailleurs au rapport entre l'écart-type et la moyenne. Par exemple, un coefficient de variation de 0,21 signifie que l'écart-type représente 21 % de la moyenne.

Dans le tableau des dépenses mensuelles des ménages, la variance est de 2 622,91, l'écart-type est 51,21.

Lorsqu'il s'agit d'une distribution dans un **tableau de contingence** dit encore **tableau de corrélation,** comportant deux variables – X et Y – (ou plus de deux variables), on peut calculer pour chacune des variables les valeurs de tendance centrale, les paramètres de dispersion tels qu'ils viennent d'être présentés et plus spécifiquement la covariance (X, Y), le coefficient de régression, le coefficient de corrélation.

– La **covariance** entre X et Y est égale à la moyenne des produits des écarts à la moyenne de X et Y :

$$COV(X,Y) = \frac{1}{n}\sum_{i=1}^{p}\sum_{j=1}^{q} n(x-\overline{x})(y-\overline{y})$$

– Le **coefficient de régression** (a) de Y par rapport à X est le rapport entre la covariance entre X et Y et la variance de X :

$$a = COV\ (X, Y)/VAR\ X$$

– Le **coefficient de corrélation** ρ est la racine carrée du produit des coefficients de régression de Y en X et de X en Y. Son carré est le coefficient de détermination (ρ^2).

$$\rho^2 = [\ COV\ (X, Y)]^2/VAR(X)\ .\ VAR(Y)$$

Le coefficient de corrélation varie de - 1 à + 1. Une valeur de 0 indique une indépendance linéaire totale entre les deux variables X et Y. En revanche, la dépendance est forte au voisinage de - 1 et de + 1. La présomption de dépendance peut être affirmée à partir de 0,7, c'est-à-dire à partir du seuil pour lequel le coefficient de détermination est égal ou supérieur à 0,50, c'est-à-dire encore lorsque le modèle retenu permet d'expliquer au moins 50 % de la variance.

3. Les distributions théoriques (ou lois statistiques) et induction statistique

Les distributions empiriques peuvent être décrites en référence à des modèles ou lois statistiques. Mais l'intérêt de ces modèles est surtout de permettre des prévisions. Les principaux modèles statistiques sont : la loi binomiale, la loi de Poisson, la loi normale (ou loi Laplace-Gauss), la loi de Student, la loi du Khi 2 (χ^2) et la loi de Fisher. Les lois statistiques permettent notamment d'établir la probabilité qu'une variable donnée ait une certaine valeur (voir ***Intervalle de confiance***).

Par exemple, si la variable quantitative X = « nombre d'entrées hebdomadaires dans les salles de cinéma en région parisienne pour les films art et essai lors de leur première semaine » suit une loi normale avec une moyenne de 5 232 et un écart-type de 1972, on peut chercher à connaître la probabilité qu'un film d'art et essai puisse faire des entrées supérieures à 6 000. La solution est donnée par une table de la loi normale pour la valeur de la variable centrée réduite t :

$t = (X - \bar{X})/\sigma$ soit = (6 000 - 5 232)/1972 = 0,39

Donc la probabilité P (X > 6 000) = P (t > 0,39). La lecture de la table donne 0,3483. Évidemment la probabilité que le nombre d'entrées soit inférieur à 6 000 est le complément de la P (X > 6 000) soit 1 - 0,3483 = 0,6517. Il est également possible de déterminer la probabilité que le nombre soit compris entre deux valeurs.

Lorsque l'écart-type est inconnu, on se sert de la **loi de Student**. Celle-ci est caractérisée par la moyenne, l'écart-type et le nombre de **degrés de liberté** qui désigne le nombre d'informations non redondantes utilisées. Au-delà de 30 degrés de liberté la loi de Student est approximée par la loi normale.

La **loi du *Khi deux***, qui est aussi tabulée, permet de tester la compatibilité entre une distribution empirique et une distribution théorique. Elle permet aussi de tester l'hypothèse d'indépendance (ou de dépendance) de deux caractères. Il s'agit dans ce cas de comparer le χ^2 calculé au χ^2 tabulé pour un risque de première espèce (seuil de probabilité α) et un nombre de degrés de libertés donnés, sachant que le **risque de première espèce** est la probabilité associée au rejet à tort de l'hypothèse selon laquelle les deux variables sont indépendantes. Il existe une erreur de seconde espèce, à laquelle est associée une probabilité ou **risque de deuxième espèce**, qui correspond à l'acceptation à tort de l'hypothèse de l'indépendance.

Les problèmes de l'induction statistique donnent lieu à l'exploitation de ces différentes lois statiques. Ces problèmes sont de deux types :

– les problèmes de **distribution d'échantillonnage** qui consistent à induire des renseignements sur les valeurs de certains paramètres (moyenne, variance...) d'un ***échantillon*** à partir de leur valeur dans la population-mère ;

– les problèmes d'**estimation** qui consistent au contraire à induire des renseignements sur la valeur de certains paramètres (moyenne, variance...) dans la population-mère à partir de leur valeur dans un échantillon de cette population.

En supposant corrigées les erreurs d'observation et résolus les problèmes de saisie de l'information dans une enquête par sondage, la méthode de définition de l'échantillon est déterminante de la qualité des renseignements que peut donner l'exploitation de l'échantillon. On distingue de ce point de vue deux grandes catégories d'échantillonnage : les échantillons aléatoires ou scientifiques ou encore probabilistes (tirages avec tables de nombres au hasard, tirages systématiques, tirages en grappes...) et les échantillons empiriques ou par choix raisonné (enquête par la méthode des quotas, méthode des itinéraires...). Voir ***Sondage***.

Stéréogramme, stéréoscopie

Un stéréogramme est un ensemble de deux clichés d'un même sujet destinés à donner l'impression d'une image en relief par l'utilisation du stéréoscope. La **stéréoscopie** est le procédé qui donne l'impression du relief : celle-ci est obtenue lorsque les deux images du sujet sont prises avec un écartement comparable à celui des yeux.

Stéréotype

1. Cliché typographique, ou simplement cliché, obtenu par coulage de plomb dans un flanc ou une empreinte.
2. ***Opinion*** attendue, lieu commun, banalité. Synonyme de **cliché** au sens figuré. Voir ***Représentations sociales***.

Story-board

Illustration du découpage d'un scénario : chaque plan de chaque scène est dessiné avec indication du dialogue sous chaque image. Traduction préconisée : **scénarimage**.

Stratégie de communication

Modalité, propre à un acteur social particulier, de la régulation symbolique de l'espace public. Une stratégie de communication est un ensemble programmé et structuré d'interventions symboliques (discours, images, manifestations diverses) destiné à permettre au destinataire de prendre une décision, et, ultérieurement, de mettre en œuvre cette décision par une action effective dans le réel. Tandis que la parole se déroule dans l'espace intersubjectif de la communication, les stratégies de communication se mettent en œuvre dans un espace institutionnellement structuré : il s'agit de formes ***médiatées*** et politiques de communication.

Les stratégies de communication sont des ensembles d'opérations qui font appel à quatre types d'acteurs, successivement ou en partenariat. D'une part, à l'intérieur de l'entreprise ou de l'institution qui les met en œuvre, il s'agit du responsable de la communication ou de la direction – d'un acteur, en tous les cas, pourvu d'un pouvoir de décision en matière de communication. Intervient, ensuite, une fonction de conseil, qui, à la suite d'une analyse approfondie de la situation et du destinateur, préconise des formes et des processus de communication. Le processus de conception proprement dit a lieu ensuite ; il s'agit du processus, engagé et suivi par des spécialistes de la communication, au cours duquel les stratégies sont conçues, les moyens techniques arrêtés, les modalités de la mise en œuvre de la communication décidées. Enfin, a lieu la phase de réalisation de la stratégie de communication : elle est confiée à des professionnels de la réalisation, dotés de moyens techniques et se caractérisant par des compétences artistiques ou formelles.

Le problème majeur des stratégies de communication est celui de leur évaluation. En effet, à la fois pour des raisons de gestion et pour des raisons tenant à la communication elle-même, il importe de pouvoir apprécier une stratégie de communication, de pouvoir en apprécier les conséquences et les effets, de pouvoir apprécier dans quelles conditions ont été remplis les buts fixés à cette stratégie. La méthodologie de l'évaluation des stratégies de communication trouvera ses outils dans quatre types de domaines : la mesure sociologique fine auprès des publics concernés, pour apprécier les modifications éventuelles de leurs représentations ; la ***sémiotique*** du texte et de l'image, pour rendre raison des formes et des codes dans lesquels est mise en œuvre la stratégie envisagée ; l'analyse institutionnelle qui permet de prendre la mesure des incidences d'une stratégie de communication sur la structure institutionnelle au sein de laquelle elle est conçue et mise en œuvre (en particulier du point de vue des effets de retour) ; l'analyse en termes de gestion, qui permet de faire apparaître la réalité du budget de la communication, et qui, d'autre part, permet de faire apparaître l'organisation du travail et des acteurs requise par la mise en œuvre des stratégies de communication considérées.

Voir ***Communication stratégique***.

Stratégie média

Phase cruciale de choix du média en vue d'atteindre au mieux la cible visée dans une ***campagne de publicité***. La stratégie média consiste à mettre en évidence pour chaque média ses points forts et ses points faibles appréciés au regard de la cible visée, et de faire le bilan pour permettre de faire le bon choix.

La ***presse***, comme la plupart des grands médias, a des caractéristiques qui dépendent de la catégorie considérée. Par exemple la presse quotidienne nationale, la presse quotidienne régionale, les magazines et les autres catégories de presse n'ont pas les mêmes caractéristiques : la ***PQR*** n'est pas sélective du point de vue de la ***CSP***, son nombre de lecteurs par numéro est peu différent du nombre d'acheteurs, mais elle connaît une plus grande fidélité des lecteurs que la presse nationale et les magazines qui ont, notamment pour ces derniers, un plus grand nombre de lecteurs que d'acheteurs et ils présentent l'avantage non négligeable de permettre de faire de la publicité en quadrichromie avec une excellente reproduction des images.

La ***télévision*** fait de la publicité depuis ses débuts aux États-Unis et seulement depuis octobre 1968 en France. Par sa large ***diffusion***, elle est un média de choix, surtout aux heures de grande écoute (*prime time*) pour des campagnes de publicité en faveur des produits de grande consommation. Cependant, il existe différentes catégories de télévision, par conséquent un problème de choix du support existe comme pour la presse. Il existe en effet des télévisions thématiques et des télévisions généralistes, des télévisions nationales ou même transnationales et des télévisions locales ou de ville. Les prix pour un passage ne sont évidemment pas les mêmes selon le support retenu.

La ***radio***, grâce au développement des stations sur la bande FM, offre un grand nombre d'avantages pour différents types d'action de communication, mais le message reste abstrait. Par conséquent la radio est à envisager pour relayer une action sur un autre média donnant une image du produit.

L'***affichage*** permet en fonction de sa densité et de ses lieux d'envisager des actions ciblées efficaces. Le problème essentiel pour ce média est de donner l'information sans ambiguïté en un minimum de signes avec un code adapté à la ***cible*** sans heurter les autres chalands.

Le ***cinéma***, en raison de la fermeture progressive des salles dans les petites villes et les villes moyennes, et la concentration des écrans en ville dans les complexes multisalles, voit sa part dans les investissements publicitaires diminuer. Il reste un moyen intéressant pour la publicité en faveurs des produits et services destinés à la jeunesses et aux intellectuels qui constituent la clientèle principale des salles de cinéma. Mais comme l'indique Jean-Pierre Carrier, par la forte spécialisation de son audience, le cinéma est un média de complément (*Initiation aux médias,* Privat, 1989).

Stratégie multimédia

Comportement de ***concentration économique*** par diversification des activités de l'entreprise présente déjà dans une ou plusieurs branches du secteur de la communication et qui consiste à intégrer d'autres branches du secteur.

L'objectif d'un **groupe multimédia** est la recherche d'**effets de synergie** pour les résultats (2 + 2 ≡ 5), des économies pour les coûts de production. La stratégie multimédia permet, en effet d'envisager, par exemple, une seule régie de publicité qui est alors commune aux différents média ; de même, elle permet encore d'utiliser les compétences des rédacteurs et/ou journalistes dans les différents supports. Elle se prête à une meilleure couverture des événements, des espaces (et donc des cibles publicitaires) par la diversité des médias.

Sans atteindre les particularités sectorielles du **conglomérat** qui réunit des activités qui n'ont pas de points communs en vue de diversifier les risques lorsque l'entrepreneur est dans une incertitude radicale sur la rentabilité potentielle des différentes activités, on peut cependant admettre que chaque média a ses spécificités qui peuvent quelquefois conduire des groupes multimédias à envisager de se recentrer sur un métier de base qu'ils maîtrisent mieux.

Strawson, Peter Frederick (1919 -)

Voir ***Philosophie analytique***.

Stroke

Voir ***Analyse transactionnelle***.

Structuralisme

Mouvement intellectuel qui a fortement marqué la méthodologie en sciences sociales et humaines dans les années 1950-1960, avec notamment les travaux de Claude Lévi-Strauss en anthropologie (*Structures élémentaires de la parenté*, 1949), de Michel Foucauld en philosophie (notamment sa critique des sciences humaines développée dans *Les mots et les choses*, 1966) André Marchal en économie politique (*Systèmes et structures*, 1957), Jean Piaget en psychologie et en épistémologie génétique (*Structuralisme,* 1967), etc. Le point de départ du structuralisme est conventionnellement situé à la publication du travail du linguiste suisse ***Ferdinand de Saussure*** – *Cours de linguistique générale,* 1916 –, mais lui-même signale qu'il s'est inspiré de la démarche modélisatrice de l'économiste français Léon Walras professeur à Lausanne dans le dernier tiers du XIXe siècle.

Le mouvement structuraliste, démarche fondamentalement statique, privilégie pourtant la relation à l'événement ou au fait : l'explication, la recherche de liens de causalité importe plus que la description d'un élément hors de son contexte et donc de sa signification. Il en résulte une démarche modélisatrice et holiste. En effet, le structuralisme privilégie la totalité (système) à l'individu, et le tout ou système se définit par les relations entre ses éléments, sachant que l'élément n'a de sens qu'en fonction des relations qu'il entretient avec les autres (**Holisme** : chaque élément est tributaire du système tout entier dans lequel il apparaît). Ainsi défini, le structuralisme n'est rien d'autre que l'autre nom de l'approche systémique. Et ce n'est pas à un hasard si le livre de André Marchal a pour titre précisément : *Système et structures.* (P.U.F, 1965)

Toutefois en linguistique, le structuralisme désigne spécifiquement la démarche qui consiste à envisager la langue comme une structure, c'est-à-dire comme un ensemble (système) d'éléments entretenant des relations formelles. La **linguistique structurale**, l'autre nom du structuralisme en linguistique, consiste à organiser les faits en un système qui peut se décrire explicitement de façon cohérente, interne et autonome sans se référer à autre chose qu'à lui-même. Par exemple, un texte doit pouvoir être décrit sans référence sociale ou historique ou autre que celles qu'il met lui-même en évidence et sans recours aux intentions supposées de son auteur.

Support

1. Moyen technique de transmission ou de reproduction des messages. La transmission peut être effectuée par câble, antenne, satellite. Les moyens de reproduction peuvent être des disques, des disquettes, des films, une bande magnétique (pour enregistrer des images et/ou son = bande vidéo, bande audio), des photos, des enseignes, etc. Le support d'un disque peut être de la cire, du vinyle ; le support d'un film ou pellicule peut être un polyester recouvert d'une couche photosensensible ; etc.
2. En publicité est support tout vecteur de publicité. Chaque titre de journal est un support, chaque station de radio également, de même que chaque chaîne de télévision. L'ensemble des supports de même nature constitue un ***média***.

Syllepse

Figure de ***rhétorique*** qui emploie un mot à la fois dans son sens esthétique et dans son sens commun : dans *Rome n'est plus dans Rome*, *Rome* désigne à la fois la communauté des romains, et une représentation de la ville.

Syllogisme

Instrument logique, se caractérisant par une stricte consécution de l'argument, du contre-argument, cela débouchant sur une synthèse qui résout l'interrogation de départ. Le syllogisme appartenait à l'un des exercices de base de l'enseignement médiéval, la *disputatio*. Les cours universitaires étaient divisés en une *lectio*, lecture collective de textes faisant autorité, puis en une *diputatio*, joute dialectique à propos de ce passage, et qui opposait deux bretteurs verbaux, chargés chacun de défendre une thèse opposée afférente aux problématiques du texte. Les outils logiques dont disposaient les antagonistes pour déployer leur raisonnement étaient des articulations logiques : *utrum... sed contra...* Il y a dans le syllogisme un recours incessant à des textes canoniques faisant autorité dans le champ dialectique et culturel concerné. Le syllogisme, contrairement au sophisme, qui en est une édulcoration dégénérescente, présente un enchaînement d'arguments justes et acceptables *a priori*. Thomas d'Aquin, dans sa *Somme Théologique*, a porté le syllogisme à son point d'apothéose. Des historiens se sont d'ailleurs attachés à trouver des parallèles entre le syllogisme et l'architecture gothique. Les deux en effet, archétypiques d'une époque et d'une civilisation, présentent le même souci de l'ascension, de la répartition de forces opposées entre lesquelles on trouve l'équilibre, et souvent une préoccupation théologique qui sous-tend même l'ensemble de la construction, qu'elle soit de pensée ou de pierre. « Celui qui dit que la vérité n'existe pas dit que Dieu n'existe pas. Or, St Jean dit « Je suis la voie, la vie, la vérité. » Si la vérité n'existe pas, la non-existence de la vérité est chose vraie. Et si cela est chose vraie, la vérité existe. Et si la vérité existe, Dieu existe. » Thomas d'Aquin. *Somme Théologique*. 1274.

Voir ***Logique d'Aristote***.

Syllogisme éristique

Voir ***Logique d'Aristote***.

Syndicalisme du livre (Histoire du -)

L'histoire du syndicalisme dans les métiers du livre et de l'édition est à la fois classique et atypique. En effet, les étapes de son évolution sont semblables à celles de l'ensemble du syndicalisme français, mais certaines caractéristiques comme le réformisme, en font un mouvement tout à fait particulier.

Sous l'Ancien Régime, il existe des confréries regroupant ceux qui travaillent dans les métiers de l'imprimerie. Il s'agit d'une corporation savante dont les travaux nécessitent un long apprentissage. Au début du dix-neuvième siècle, mutuelles et coopératives naissent à l'initiative des typographes dans différentes villes de France ; ce sont des associations de secours mutuel, qui regroupent souvent à la fois maîtres et ouvriers.

Certains de ces ouvriers sont en contact ou influencés par les socialistes utopiques : saint-simoniens, adeptes de Buchez ou de Leroux. L'idée des coopératives de production lancée par Pierre Leroux, lui-même typographe, permet d'opérer le passage de la solidarité (Caisse de secours) à la revendication (Caisse de résistance). Les ouvriers typographes et lithographes s'organisent assez tôt (I^res^ mutuelles à Paris en 1801 et en 1838), pour obtenir la fixation d'un tarif par le biais de négociations entre patrons et ouvriers. Ce tarif, ou salaire, est fixé par les deux parties pour durer ; il est révisable tous les cinq ans. Il le sera notamment en 1850 sous la Seconde République qui soulève tant d'espoirs chez les ouvriers du livre, comme chez de nombreux autres.

Il faut néanmoins attendre l'Empire libéral et la loi de 1864 autorisant la grève, pour voir naître les premières chambres syndicales dans la profession : 1867 pour les typos parisiens et 1874 pour les lithographes. Ces ouvriers passent alors très vite au stade du syndicalisme de masse, car les gens du livre y adhèrent fort nombreux. Ainsi, comme dans beaucoup de métiers, le syndicalisme du livre éclôt à la fin du Second Empire. La chute brutale de ce régime, la proclamation de la Commune, à Paris et dans certaines villes de province, la répression qui s'en suit, mettent le mouvement ouvrier en sommeil pour quelques années. Ce n'est donc qu'en 1881 que la Fédération Typographique Française et des Industries Similaires se structure véritablement, à la suite de l'échec de l'importante grève de 1878, réclamant un meilleur tarif. En 1886, l'organisation adopte son nom définitif : **Fédération Française des Travailleurs du Livre (FFTL)**. Les premières années sont marquées par l'influence de Jean Allemane, compositeur de presse et socialiste, pour lequel syndicat et politique sont étroitement liés. Mais de 1884 à 1920, l'homme fort de la fédération, c'est Auguste Keufer, un typographe alsacien aux idées positivistes. Son empreinte sur le monde du livre sera déterminante. Il bureaucratise le fonctionnement de l'organisation, réduit le nombre de congrès nationaux à un tous les cinq ans et met en place un syndicalisme de services, très différent des idées et coutumes du syndicalisme révolutionnaire qui règne en France à cette époque. Pour Auguste Keufer les débats théoriques sur la suppression du capitalisme sont inutiles, ce qui compte c'est ce que peut obtenir une organisation centralisée. Les ouvriers qui adhèrent à la Fédération Française des Travailleurs du Livre versent de fortes cotisations. En retour ils bénéficient d'avantages peu connus ailleurs dans le mouvement, sauf en Angleterre et en Allemagne. L'organisation est en mesure de soutenir les ouvriers durant des grèves très longues, celles-ci n'intervenant que lorsque les autres moyens d'action ont été inefficaces. À partir de 1900, la fédération met en place l'indemnisation de ses adhérents en cas de chômage ou de maladie. Enfin il existe le **viaticum,** qui permet aux ouvriers de se déplacer l'esprit libre, d'un emploi à un autre, tout en tant assuré du minimum vital entre deux salaires.

La Fédération du Livre est donc bien organisée lorsque naît en 1895, au Congrès de Limoges, la C.G.T. (Confédération Générale du Travail). La F.F.T.L. y adhère immédiatement, mais elle conserve au sein de la Confédération, sa personnalité et son autonomie. Les rapports sont conflictuels entre les « réformistes » du Livre et les dirigeants anarcho-syndicalistes de la C.G.T. Néanmoins, les ouvriers du Livre restent fidèles à la Confédération. Lors du congrès d'Amiens, en 1906, les militants de la F.F.T.L. votent la fameuse charte fixant, pour longtemps, les rapports entre syndicats et partis politiques, au détriment de ces derniers. L'indépendance syndicale devient alors la base de la doctrine syndicale française.

De 1895 à 1914, la F.F.T.L. prospère, les adhérents affluent, passant de 5 000 au départ à plus de 14 000 à la veille de la guerre. Tout au long de cette période les parisiens sont les plus nombreux ; typos et lithos sont les plus actifs, mais ils ne sont pas les seuls dans la fédération, d'autres syndicats professionnels très divers s'y retrouvent : photograveurs, cartonniers, par exemple.

Fédération réformiste, le livre se prononce pour l'Union Sacrée et la Défense Nationale, durant la Première Guerre. À la fin du conflit, la Fédération est favorable à une poursuite de la politique d'union nationale. Cette attitude explique les réticences des ouvriers du livre à participer aux grèves des années 1917 et 1918, ainsi que l'importance du rôle modérateur joué après-guerre par les anciens combattants, au sein de la fédération. Cette modération, ce réformisme corporatiste, ancré dans le socialisme positiviste d'Auguste Keufer, qui quitte l'organisation en 1920 après 36 ans à sa tête, se traduit par une volonté toujours réaffirmée de trouver des solutions aux problèmes de la « profession », par l'intermédiaire de discussions entre patrons et ouvriers. Claude Liochon, secrétaire général de 1920 à 1941, maintiendra l'apolitisme, tout en poursuivant l'action revendicative. En juin 1919, une convention nationale est signée ; la semaine de 48 heures est accordée aux ouvriers du livre. Cet accord constitue un bon exemple de la manière dont cette corporation obtient des avantages : sans grève et sans agitation violente.

Les retombées de la Révolution russe sont minimes. La scission C.G.T.-C.G.T.U. a assez peu de répercussions parmi les ouvriers du livre. Alors que le mouvement syndical dans son ensemble souffre de ses divisions, la F.F.T.L. se développe ; les adeptes de la C.G.T.U. regroupés dans la Fédération Unitaire du Livre et du Papier, sont peu nombreux et instables, entre 1921 et 1935. Quant aux confédérés, ils poursuivent leur action comme par le passé, et ceci jusqu'à la crise des années trente. Le syndicalisme dans le livre, comme ailleurs, marque alors le pas. La montée du fascisme en Europe joue en faveur de la dynamique unitaire. Les deux branches de la F.F.T.L. (unitaires et confédérés) se réunifient le 1er janvier 1936.

La période de Front Populaire constitue pour les ouvriers du livre, comme pour l'ensemble de la classe ouvrière, une période de recrutement exceptionnelle ; les nouveaux adhérents arrivent en masse. La fédération a près de 60 000 cotisants au début de 1938. La plupart d'entre eux proviennent des métiers peu qualifiés, qui existent désormais dans cette branche. Cette évolution est annonciatrice des problèmes qui se poseront avec plus d'acuité, après la seconde guerre mondiale. L'accroissement des effectifs donne à la fédération un poids considérable ; il lui permet de négocier des conventions collectives importantes. En septembre 1936 pour les ouvriers **imprimeurs** (dit **du labeur**), les rapports de travail sont enfin réglementés, dans un secteur traditionnellement peu contrôlé par les syndicats. En août 1937, la convention collective pour les ouvriers de la presse est adoptée ; elle fixe des conditions très avantageuses : six heures par jour et des salaires élevés. La presse devient alors un lieu de travail privilégié.

Durant la deuxième guerre, la F.F.T.L. poursuit son activité quasi normalement, avec pour objectif la préservation des acquis de la profession. À la Libération, elle épure ses rangs et reprend, au sein de la C.G.T., la place qui était la sienne avant le conflit : position réformiste et défense du métier. En revanche, la fédération a gagné en responsabilité, elle a obtenu officiellement le monopole de la gestion de la main-d'œuvre, c'est-à-dire de l'embauche. Mais ce qui compte pour tous, c'est la solidarité du groupe ; celle-ci est mise à l'épreuve en 1947, lors de la scission avec la C.G.T.-Force Ouvrière. Les ouvriers syndiqués du livre sont consultés par référendum, fin 1947, sur cette question ; en dépit de leur modération légendaire, ils optent majoritairement pour le maintien à la C.G.T.

Depuis, la Fédération du Livre est restée à la C.G.T. avec ses particularismes. Elle représente au sein de la Confédération, une forme de syndicalisme ouverte sur la discussion et prônant le contrôle social. Les transformations des métiers du livre dans les années 60-70, l'inutilité du savoir-faire traditionnel des ouvriers du livre face aux techniques de plus en plus performantes ont, peu à peu, provoqué un écroulement de l'ensemble de la profession. De surcroît, ceci s'est produit dans le contexte de la crise générale du syndicalisme. La F.F.T.L. a subi le contrecoup de ces événements. Elle existe toujours, mais elle est très affaiblie. Car si les effectifs de la branche augmentent (120 000 personnes environ en 1995), ceux de la fédération diminuent (10 à 12 000 membres, presque tous issus des milieux de la presse et des trois syndicats les plus puissants : Syndicat Général du Livre, Chambre Syndicale des Typographes Parisiens et Syndicat des Correcteurs). La Fédération se trouve donc désormais au même niveau de syndicalisation que le reste du mouvement syndical français.

À l'heure actuelle la fédération se contente de gérer les plans sociaux au mieux des intérêts de ses mandants, en veillant à ce qu'ils partent dans les meilleures conditions possibles. Elle y parvient avec un succès certain. Elle demeure quasi hégémonique dans la branche, car aucune autre centrale n'a réussi, de manière significative, à s'y implanter. Le livre, c'est (ou c'était) la C.G.T.

Voir ***Imprimerie***.

Syndication

Originellement, regroupement de banques pour réaliser une opération financière trop lourde ou trop risquée pour une seule. La notion a été étendue à d'autres domaines : aux États-Unis elle désigne le système de diffusion d'un programme de télévision ou de radio réalisé par une importante chaîne nationale et diffusé aux heures de faible écoute en totalité ou en partie par des stations ou des chaînes locales affiliées.

Synecdoque

Figure de ***rhétorique*** qui désigne un objet par le nom d'un autre qui lui est culturellement toujours lié. C'est ainsi que, dans la phrase *Paris a officiellement protesté auprès du gouvernement de ce pays*, *Paris* est une synecdoque qui désigne la France par sa capitale. C'est ainsi, également, que dans la phrase de Rousseau, *L'homme est né libre, et partout il est dans les fers*, *L'homme* est une synecdoque représentant l'ensemble de l'humanité.

Synthèse vocale, synthèse de la parole

Restitution par informatique de la voix humaine.

Système

Mot d'origine grecque qui signifie ensemble.

En tant que notion ou concept, les définitions de système sont multiples.

Pour la théorie des systèmes, inspirée de la ***cybernétique***, et pour les économistes structuralistes comme André Marchal, un système est un ensemble cohérent, finalisé et donc régulé d'éléments interdépendants, relativement stables. L'analyse de système en économie et en cybernétique, malgré son nom, s'oppose à l'approche analytique dite cartésienne en ce sens qu'elle rejette la simplification et l'isolement des éléments à des fins d'analyse, pour lui substituer une approche globale des relations. Les éléments qui composent le système devraient même être saisis comme des systèmes d'un niveau inférieur (plutôt que sous-systèmes). Chaque élément est une structure ou un système de niveau inférieur qui n'a de sens qu'en fonction des relations entretenues avec les autres éléments du système général. La théorie des systèmes insiste donc sur l'intégration de chaque système dans des entités plus vastes et sur les échanges entre systèmes. Elle insiste également sur les dynamiques de régulation.

Le système de la linguistique structurale définit la valeur des signes par les séries de leurs oppositions, dans un ensemble pleinement cohérent à un moment donné (synchronie). Un système linguistique est un ensemble de termes définis par les relations qu'ils entretiennent entre eux.

Le concept de système est ancien et s'applique à des réalités et des domaines totalement différents : Système économique, système politique, système mécanique, ***système d'information***... En fait, un système représente un ensemble de composants qui concourent directement ou indirectement à la satisfaction d'objectifs. Voir ***Structuralisme, Systémique***.

Système d'exploitation (*Operating System*)

Langage de base de l'ordinateur qui détermine les possibilités de celui-ci. Plus précisément son rôle est de gérer les messages d'entrée-sortie ; il s'occupe de l'ouverture, de la fermeture, de la copie, de la lecture des fichiers, du fonctionnement des disquettes, du lancement de l'impression et de la partition des mémoires et des différents périphériques. Il se présente sous la forme d'un ensemble de programmes. Les plus diffusés pour le micro-ordinateur sont CP/M, MS-DOS, MacOS pour le Macintosh, Windows ; pour les mini-ordinateurs : Unix.

Système d'information

Un **système** d'information est défini par l'ensemble des moyens matériels et humains nécessaires à la définition, au traitement, au stockage et au transfert de l'ensemble des informations caractérisant une activité, un flux financier, ou un flux matériel : en somme c'est un système imagé de l'activité, des moyens mis en œuvre (humain ou matériel), des méthodes de travail et des règles de fonctionnement d'une organisation donnée.

Une organisation telle une entreprise peut être définie comme un système global composé essentiellement par trois niveaux :

Niveau direction, orientation que l'on qualifie de système de pilotage,

Niveau production de biens et de services que l'on qualifie de système opérant,

Niveau informationnel qui assure le lien et la représentation de toute l'activité des deux premiers niveaux.

Indépendamment des outils de traitement, un système d'information gère des informations de nature différentes :

– informations du niveau opérant (**informations opérationnelles**) ;

– informations du niveau pilotage (***informations décisionnelles et stratégiques***).

Un système d'information est censé représenter le plus fidèlement possible une réalité. Depuis bien longtemps, l'amélioration des moyens de stockage, d'exploitation et de communication des informations conditionnent l'efficacité des systèmes d'information. C'est essentiellement pour cette raison que l'introduction de l'informatique comme moyen de traitement des systèmes d'information est devenue une nécessité. Un tel système d'information est appelé **système d'information automatisé ou informatisé**.

De part leur nature, les informations opérationnelles interviennent dans des procédures formalisées et structurées, tandis que les ***informations décisionnelles et stratégiques*** sont elles-mêmes peu ou pas du tout formalisées et les procédures où elles interviennent sont très peu structurées. C'est pour cela que l'***informatique*** a été introduite dans un premier temps dans la partie des systèmes d'information touchant au niveau opérant : informatisation/automatisation du niveau opérant. Depuis la fin des années soixante dix, l'informatisation même partielle du niveau pilotage (aide au pilotage) est d'actualité. En fait, l'apparition de techniques, de modèles et de méthodes de représentation des connaissances a orienté beaucoup de travaux de recherche sur l'informatisation des traitements peu ou pas du tout structurés. Plusieurs axes de recherche ont été développés autour de l'informatisation des processus d'élaboration, de transfert de connaissances et des techniques d'apprentissage. Parmi les domaines ou les axes qui ont bénéficié de l'apport de ces techniques, signalons essentiellement les ***systèmes experts ou systèmes à base de connaissances*** **et les systèmes interactifs d'aide à la décision (SIAD)**.

Un **SIAD** peut être défini comme un système d'information semi-informatisé ou semi-automatique permettant une aide pour la prise de décision et où le contrôle est partiellement ou complètement assuré par l'opérateur (décideur) : c'est un système qui s'interprète comme une aide à la recherche de solutions assistée par ordinateur.

L'un des éléments fondamentaux qui caractérisent les systèmes d'information informatisés est l'évolution de leur **flexibilité**. En effet, depuis les années soixante, l'informatique n'a cessé d'améliorer la capacité d'adaptation des systèmes d'information informatisés, capacité liée à la souplesse d'exploitation des outils informatiques. Sans pour autant s'attarder, on citera l'évolution des interfaces facilitant l'environnement informatique telle que *windows* (interface proposée par la firme américaine Microsoft), les **logiciels d'Interface Homme/Machine en langage naturel (IHM)**, les nouvelles technologies (matériel et logiciel), le ***multimédia*** et les nouveaux moyens de communication informatisés.

Voir ***Intelligence économique ou compétitive, Ordinateur, Informatique.***

Système d'information pour le management (SIM), Système d'information stratégique (SIS)

Voir ***Intelligence économique ou compétitive.***

Système expert

1. Origines

Les systèmes experts s'inspirent de, mais ne se limitent pas à, l'étude des règles de production. Celles-ci sont une représentation des connaissances de la forme :

SI <prémisses> ALORS <conclusions> (coefficient)

La signification d'une telle règle est relativement intuitive : lorsque toutes les prémisses, c'est-à-dire les conditions, de la règle sont satisfaites, on peut en tirer les conclusions indiquées, avec éventuellement une confiance représentée par la coefficient. Celui-ci est compris entre 1 (règle certaine) et 0 (règle complètement incertaine). On peut dire par exemple qu'une règle affectée d'un coefficient 0,5 serait vraie « une fois sur deux », et serait deux fois plus sûre qu'une règle affectée du coefficient 0,25.

Ainsi que nous l'avons indiqué plus haut, et comme nous le verrons par la suite, les systèmes experts, ou systèmes à base de connaissance, ne sont en aucun cas limités aux règles de production. L'intérêt qu'ils ont suscité provient du fait qu'ils ont permis d'obtenir des résultats intéressants dans des domaines peu informatisés comme le diagnostic ou la prise de décision. Il sont ainsi devenus le domaine phare de l'intelligence artificielle. Cet aspect emblématique ne doit pas faire perdre de vue le fait qu'il ne s'agit que de l'un de ses nombreux domaines.

2. Historique

L'apparition des systèmes experts remonte à la fin des années soixante. Ils sont issus de recherches effectuées sur les techniques de résolution de problème et de l'étude des mécanismes d'expertise humaine.

Le projet fondateur en la matière est DENDRAL, commencé en 1965 en collaboration avec l'université Américaine de Stanford. Son but était d'aider le chimiste à trouver la structure d'un composé organique à partir de mesures issues d'un spectrogramme de masse et de la formule chimique brute.

Le résultat de la première tentative fut un énorme programme écrit en ***FORTRAN***, extrêmement difficile à maintenir. En effet, les connaissances manipulées y étaient intégrées au mécanisme de raisonnement au sein de cet imposant programme. De cette analyse découle l'idée, *a priori* naturelle, mais pas nécessairement facile à mettre en œuvre, de séparer d'une part les connaissances, et d'autre part les mécanismes relevant du raisonnement.

Au cours des années soixante-dix, l'essor des systèmes experts est illustré par l'apparition de nombreux systèmes fondés sur ces principes. Citons, pour des raisons historiques, les quelques systèmes suivants :

- MYCIN, datant de 1976, effectue du diagnostic médical en prenant en compte, pour la première fois, des données incertaines ;
- PROSPECTOR, en 1979, concerne la géologie ;
- MOLGEN permet d'aider à la planification d'expériences en génétique moléculaire.

Le succès de ces systèmes, et l'engouement qui s'ensuivit, proviennent du fait qu'ils parvenaient à travailler aussi bien que les experts. Comme nous le verrons plus tard, il faut sans doute voir là aussi la principale critique formulée à leur égard.

3. Les langages utilisés

LISP, souvent considéré comme LE langage de l'***intelligence artificielle***, a bien sûr été utilisé dans le cadre des développements de systèmes experts. Ainsi, des parties de DENDRAL ont été utilisées en utilisant ce langage. La première version de MYCIN était écrite en ce langage.

PROLOG, autre langage de l'***IA***, présente sans aucun doute des liens avec les systèmes à base de connaissance. En effet, ce langage est fondé sur un puissant **moteur de résolution** issu de la logique du 1er ordre qui permet d'implanter de façon pratiquement naturelle un **moteur d'inférence**.

De nombreux langages dédiés, à usage plus ou moins confidentiel (quoi qu'en disent leurs auteurs !) ont aussi été développés par certaines équipes de recherches, parfois dans le seul but d'implanter un système expert. Ils présentent généralement des caractéristiques communes, comme le traitement de données symbolique et la facilité de manipulation (ajout, suppression...) des connaissances.

Il ne faut cependant pas minimiser l'importance des langages procéduraux classiques, Fortran, C ou Pascal, par exemple, dans ce domaine. En effet, si ils n'ont certainement pas été conçus pour cet usage, ils n'en offrent pas moins une puissance et une standardisation sans commune mesure avec les précédents. De plus, leurs implantations modernes, à l'aide d'orientation objet par exemple, permettent de réaliser aisément la manipulation des connaissances.

4. Qu'est-ce qu'un système expert ?
   Nous ne nous hasarderons pas ici à proposer une définition supplémentaire aux systèmes experts. Mentionnons simplement, à titre de généralité, qu'un système expert est un système de production capable d'atteindre les performances d'un expert humain pour une tâche donnée.
   Les composantes d'un tel système sont généralement les suivantes :
   – une ou plusieurs **bases de connaissance**, contenant l'expertise dont on dispose sur le système. Il s'agit par exemple de règles empiriques ou de connaissances avérées sur le domaine. Cette partie s'apparente à la mémoire du système ;
   – une **base de faits**. Elle contient les données constatées dont l'on dispose sur un problème donné que l'on cherche à résoudre (en restant toutefois dans le domaine de compétence du système !). En poursuivant notre métaphore, on peut comparer cela à une situation à laquelle on est confronté ;
   – un **moteur d'inférence**. Il s'agit d'un algorithme d'exploitation des connaissances permettant, à partir des éléments précédents, d'inférer, c'est-à-dire de déduire, de nouvelles connaissances. Cette partie serait donc le raisonnement, le cerveau (sinon le cœur) du système.
   Cette segmentation des différentes parties du système présente un avantage important : elle permet de séparer la partie connaissance du raisonnement proprement dit. En découle une facilité accrue de maintenance des connaissances, propice à l'évolution du système. Il est aussi plus aisé de décrire les connaissances. Enfin, il est possible de d'expliquer le raisonnement en le suivant au sein du moteur d'inférence.
5. Mécanismes de raisonnement
   a) Le chaînage avant
   Le raisonnement par chaînage avant est aussi dit « guidé par les faits ». En effet, il consiste à sélectionner les règles applicables en fonction de leur première partie (les prémisses). La première phase du raisonnement consiste donc à extraire de la base l'ensemble des règles dont les prémisses se trouvent dans la base de faits. Ce sont les règles applicables en l'état actuel des connaissances. Le choix de la règle à appliquer parmi celles qui ont été sélectionnées constitue la phase de filtrage. C'est cette phase qui constitue la partie la plus ardue. Elle peut faire intervenir des connaissances d'un niveau supérieur appelées métaconnaissances qui permettent d'orienter de façon judicieuses le choix de la règle à appliquer. On pourra typiquement essayer de toujours choisir le règle la plus contrainte.
   La règle choisie est alors appliquée, et les faits indiqués en conclusion de la règle viendront enrichir la base de faits.
   Exemple : Considérons que l'on parte de la situation suivante :

Base de règle	Base de faits
1. A, B -> C	{D, B}
2. D -> A, E	
3. E -> B	

   On appliquera tout d'abord la règle 2 (seule règle applicable) qui enrichira la base de faits en {D, B, A, E}. On peut alors appliquer indifféremment l'ensemble des règles. Si l'on décide de ne pas appliquer deux fois la même règle, il reste à décider de l'application de 1. ou 3. Faisons alors intervenir une métaconnaissance nous poussant à choisir la règle comportant le plus de prémisses : on sélectionne alors 1., de déduire la base de faits {D, A, E, B, C}.
   Ceci ne constitue cependant qu'un exemple extrêmement simpliste et caricatural du fonctionnement du chaînage arrière qui ne peut rendre compte de la difficulté de la phase de filtrage. En effet, lorsque la base de connaissance est de taille importante, le nombre de règles sélectionnées peut être important, et le choix de la « bonne » règle devient crucial.
   b) Le chaînage arrière
   Ce type de raisonnement est aussi qualifié de « guidé par les buts ». Étant donné un but, on va en effet tenter de valider celui-ci en déclenchant les règles non plus en fonction de leurs prémisses, mais de leurs conclusions. On va donc non pas procéder à un raisonnement exhaustif, comme dans le cas précédent, mais plutôt tenter de valider un objectif. Les faits constituant le but sont introduits dans une « pile de buts ». À chaque étape, le fait situé sur le dessus de la pile est comparé à la base de faits : si il en fait partie, il est simplement extrait de la pile et l'on passe au suivant.
   Lorsque le but n'est pas un fait déjà connu, il faut faire intervenir une phase de raisonnement par chaînage arrière. La sélection des règles à appliquer se fait alors en fonction des conclusions : on va rechercher l'ensemble des règles qui contiennent dans leur conclusion le fait situé au dessus de la pile de buts. Il s'agit donc

de trouver les règles qui permettent d'aboutir à ce but.

Comme précédemment, cette recherche est éventuellement suivie d'une étape de filtrage qui permet de sélectionner une seule règle. Celle-ci est alors appliquée à l'envers : le fait qui a guidé notre recherche est extrait de la pile et les faits situés en prémisse de la règle sélectionnée sont empilés.

Lorsque l'on est confronté à un but ne permettant d'appliquer aucune règle, il est possible de poser une question à l'utilisateur afin de valider ou d'invalider ce but et d'enrichir la base de faits.

Il y a succès du raisonnement lorsque l'on aboutit à une pile vide.

Exemple : Considérons que l'on parte de la situation suivante :

Base de règle	Base de faits	Pile de buts
1. A, B -> C	{D, B}	(C)
2. D -> A, E		
3. E -> B		

La seule règle contenant C en conclusion est 1, dont l'application donne la pile de but (A B). Il n'y a à nouveau qu'une seule règle permettant d'obtenir A, et son application nous donne la pile (D B). D étant dans la base de faits, il est dépilé, ainsi que B. La pile étant vide, le raisonnement nous a effectivement permis de valider le but.

c) Le chaînage mixte

Le chaînage mixte consiste en fait en une utilisation conjointe des deux types de raisonnements précédents. Ce type de raisonnement est guidé à la fois par les faits et par les buts. Il est proche du comportement du médecin lors d'un diagnostic. Il va poser un certain nombre de questions générales, qui permettent de déduire un certain nombre de faits (chaînage avant), et de former un premier diagnostic. Le médecin va ensuite tenter de valider ce diagnostic en posant éventuellement un autre ensemble de questions, plus précises.

Système informatique

Voir ***Ordinateur, Informatique***.

Systèmes informatisés d'aide à la décision (SIAD)

Voir ***Intelligence économique ou compétitive, Système d'information***.

Systèmes neuronaux

Voir ***Réseaux neuronaux, Connexionnisme, Informatique***.

Systémique (ou analyse systémique)

Approche globale, développée originellement dans le domaine économique en liaison avec la prise en compte de la complexité ou interdépendance des phénomènes économiques, tendant à appréhender ses objets d'étude sous l'angle du ***système***. Elle part en effet du principe que les sujets d'étude, quelle que soit leur nature, se trouvent toujours insérés dans un système, qui est une conformation complexe, auquel ils participent par action et interactions. La systémique est tout à la fois nébuleuse intellectuelle, méthode de travail, théorie et philosophie économique et entrepreneuriale.

Avant d'être une science ou une discipline, la systémique, mot récent qui date du début des années 1970 pour son sens de technique des systèmes complexes, procède d'une nouvelle approche du réel, dite globale. D'aucuns parlent aussi d'**approche holistique** (du grec *holos*, tout). Cette approche concerne tout à la fois l'homme, les machines, la nature, la société.

La systémique se fonde sur un principe, selon lequel le réel se caractérise par une gigantesque interpénétration de systèmes, humains, sociaux, économiques, écologiques en interaction constante. Tout est vivant pour la systémique, vivant au sens d'actif et d'évolutif. Chaque processus, vital d'ailleurs, peut être réduit à l'axiome suivant : « vie = échange d'énergie + échange d'information ». Ce nouvel outil méthodologique qu'est la systémique a donc pour ambition de permettre aux chercheurs l'utilisant de percevoir ce qui apparemment est imperceptible, et de dénouer ce qui d'abord était inextricable. Imperceptible, souvent, car infiniment grand et lent. Il s'agit d'une « description de la complexité organisée » (J. de Rosnay, *Le Macroscope)* p. 85) étant entendu que cette description débouche sur des propositions concrètes en vue d'étayer la prise de décision, et de rendre l'action plus efficace.

Les domaines se prêtant à l'analyse systémique sont étendus, et c'est en ce sens qu'elle procède d'une ouverture épistémologique, et c'est dans cette variété que l'on trouve aussi le succès de ce nouveau courant méthodologique. Elle intéresse en effet tout à la fois l'économie, la sociologie et la démographie, la biologie, l'écologie, l'informatique et les théories ayant trait à la stratégie. Cette liste non exhaustive permet de comprendre que la systémique concerne aussi, au plus haut point, les sciences de l'information et de la communication, par les perspectives d'analyse et de développement qu'elle laisse entrevoir dans ces domaines. Par la place de choix, aussi, qu'elle laisse aux notions-clés d'interaction et d'échange. Par l'intérêt, enfin, qu'elle porte aux outils de communication, au premier rang desquels l'ordinateur, dans les interfaces que ces outils entretiennent avec l'homme et la société.

1. Historique de la pensée systémique

Précisons d'abord que la systémique n'est pas née de ce siècle, si on en accepte l'acception large de science des interactions. Épicure (341-270 av. J.-C.) et sa théorie des atomes, déjà, mit cette approche en gestation, soutenant que l'Univers entretenait un ballet continuel d'atomes, le *clinamen*, interagissant afin de concourir à la concrétude et à la pérennité des mondes. Il semble que ce soit à Blaise Pascal (1623-1662) que l'on doive une formalisation avant la lettre de la pensée systémique, par une phrase sonnant comme une intuition définitoire : « *toutes choses sont causées et causantes, aidées et aidantes, médiates et immédiates, et que toutes (s'entretiennent) par un lien naturel et insensible qui lie les plus éloignées et les plus différentes* ».

La systémique va cependant attendre les alentours de la Seconde Guerre mondiale pour éclore et trouver une identité scientifique en soi. C'est dans les années 40, en effet, qu'elle naît, de la rencontre féconde de plusieurs chercheurs de disciplines différentes, telles que la biologie, la théorie de l'information et des systèmes, la neurologie et la toute récente ***cybernétique*** de ***Wiener***. Ces scientifiques, malgré l'apparent éloignement de leurs objets d'étude et de leurs méthodes vont parvenir à relever des similitudes dans ce qu'ils étudient et dans la manière de conduire leurs recherches. En naîtra rapidement un vocabulaire commun et des métaphores servant de passerelles entre leurs préoccupations. Ce qui sensibilise d'abord ces chercheurs, pour la plupart localisés au prestigieux Massachusset Institute of Technology de Boston, le MIT, c'est la corrélation existant entre l'organisme et la machine, et leurs interactions, rendues soudain possibles par les progrès des technologies, notamment dans le domaine de la défense aérienne. Petit à petit, on s'aperçut que des ouvertures méthodologiques pouvaient être faites avec l'économie, l'entreprise et la société. Ces rapprochements de sciences jusque là cloisonnées semblaient s'avérer nécessaires. Surtout à une époque où l'avancée respective de chacune, comme l'explosion de nouvelles disciplines, allaient rendre obligatoire une collaboration des chercheurs, sauf à cloisonner et dogmatiser chacune.

La systémique eut la chance de se trouver au départ servie par des personnalités fortes, telles que Norbert Wiener ou Ludwig von Bertalanffy, père de la Théorie générale des systèmes, dont l'ambition était de rendre un modèle mathématique formel de tout système.

L'arrivée de l'outil informatique, lui-même parangon de réalisation systémique fut de plus vécue comme une aubaine dans ces premières années, dans la mesure ou cet outil put être tout à la fois un modèle d'expérimentation et d'action. La création de modèles, puis la mise en place de simulation, tint une grande place dans la démarche systémique. C'est précisément à l'outil informatique que la systémique est redevable de nombre de possibilités. Après avoir modélisé le système à étudier, l'ordinateur rend possible toutes les possibilités de variations, d'extrapolations, d'évolutions. La simulation se trouve utilisée tant concernant la stratégie militaire que l'augmentation de l'inflation monétaire, l'accroissement d'une population ou de la pollution dans un écosystème donné. Le programme de simulation rend possible l'étude du comportement dans le temps d'un système complexe, et d'un nœud d'interactions. On imagine les services que peuvent rendre de telles simulations dans le domaine de la stratégie militaire, de l'économie, de l'administration, de la biologie. Tout au plus peut-on déplorer que ces simulations ne prennent pas en compte la dimension humaine, impalpable, des phénomènes étudiés (peur, désir...), quand ceux-ci entrent en ligne de compte.

2. Le système comme moyen et fin méthodologique

La systémique n'est pas redevable de son objet d'étude au seul système, ce qui, sans ancrage, serait restrictif, vaste et vague à la fois. Cependant, celui-ci tient une grande place dans une discipline qu'il caractérise en lui donnant déjà son nom.

Il convient toujours pour les chercheurs utilisant l'approche systémique d'identifier d'abord le système à étudier. L'identifier, cela signifie délimiter ce qui sans cette démarche resterait peut-être un ensemble de déterminismes aléatoires, disparates et hétérogènes. Il faut donc circonscrire le système, en repérer les flux le caractérisant, les points nodaux le structurant et faisant transiter information et énergie, les dynamiques lui impulsant son rythme d'évolution. Cette démarche peut sembler évidente sur certains sujets d'étude dits simples ; elle le sera moins à l'échelle d'une communauté humaine, d'une organisation économique, d'un processus démographique. La rigueur s'impose alors. Le tour de force méthodologique consiste à tirer d'ensembles apparemment inorganisés et de nature différente la structure latente. Ceci revient à trouver un ordre, une structure et une homogénéité à un ensemble de prime abord inorganisé. La démarche métasystémique consistera ensuite à essayer, en toute rigueur, de trouver des similitudes entre des systèmes d'apparence différents, de manière à pouvoir fédérer ceux-ci sous une analyse commune et en des propositions d'action. Il faut pour cela, et c'est ce à quoi s'attela d'abord von Bertalanffy, formaliser quelques modèles de systèmes, afin de les rendre à terme compréhensibles et opérationnels. On peut d'ailleurs considérer que la systémique a aussi une vertu **néguentropique**, en ce sens qu'elle introduit de l'ordre là où semblait régner un désordre aléatoire.

Le système en tant qu'ensemble fini se caractérise toujours par trois états, qui sont **la totalité**, la double possibilité de **transformation** et d'**autorégulation**.

Un principe fondamental fondant l'approche du système va être celui d'un équilibre, à trouver, rétablir, maintenir. Cet équilibre, qui permet au système d'assurer sa pérennité se maintient grâce à **l'homéostasie**. Ce principe d'autorégulation est interne au système. Le meilleur exemple est le thermostat, garant d'une température stable. Un ensemble de boucles, positives ou négatives, dûment repérées et étudiées, vont procéder à cette autorégulation ou à l'évolution contrôlée du système. Ces boucles, dans la mesure ou elles agissent sur le système en temps réel, sont dites « **boucles de rétroaction** ». Équilibre et stabilité ne signifient pas que le système soit statique. S'il l'était, il se destinerait à se figer jusqu'à disparaître. C'est donc même le mouvement qui dans une certaine mesure doit être maintenu. Une stabilité trop grande irait jusqu'à figer puis faire disparaître le système. Celui-ci subit en effet les effets de l'***entropie***, étant entendu que l'équilibre parfait et éternel, de l'ordre du mouvement perpétuel d'Aristote, semble bien hypothétique dans un système réel, et doive même être considéré comme une aporie. C'est la métaphore du mouvement brownien qui prévaut dans la réalité. Le système évolue en permanence, soit en maintenant une forme de stabilité (système de chauffage, milieu naturel, équilibre de la flamme de la bougie...) soit en choisissant une croissance maîtrisée (courbe démographique, rendements économiques...)

3. Approche critique de la systémique

La systémique a eu la chance de bénéficier de vulgarisateurs de talent, notamment en France, au premier rang desquels on peut ranger Joël de Rosnay et son célèbre « *Macroscope* », mais aussi dans une certaine mesure Edgar Morin (« *La complexité* ») et ***Abraham Moles***.

Son point commun avec d'autres sciences de la communication réside en ce qu'elle s'inscrit dans la catégorie des métaphores de l'orchestre ou de l'horloge, et non dans celle, dépassée, du télégraphe. Elle s'était d'ailleurs en partie fondée sur cette opposition. Ceci, cependant, ne la protège pas de la critique selon laquelle cette discipline est parfois quantitative à l'excès.

Ce qui est certain, c'est que la multiplication des savoirs, un rapport au réel de plus en plus placé sous le sceau de la collaboration avec de nouveaux outils-partenaires technologiques feront la part belle à une approche globale et systémique. Il semble qu'elle soit promise à un avenir assuré. Ne serait-ce que parce que les grands réseaux numériques et communicationnels se mettant actuellement en place à l'échelle de la planète lui seront redevables d'une description dynamique et pragmatique de leur fonctionnement interactif. Instaurer d'ailleurs une réflexion sur cette société dite « de communication » dans laquelle nous entrons de plain-pied amène inévitablement à mobiliser les conceptions systémiques, et ce afin de penser nos devenirs réticulaires. La montée en puissance de la complexité, sociale, économique, écologique, la rendront aussi de plus en plus utile et opérationnelle.

Certains principes éducatifs hérités du passé, qui cloisonnent les disciplines et atomisent les savoirs sont sans doute à revoir. Les remplacera à terme une pensée globale, interactive, dynamique. Là se trouve peut-être, pour les années à venir le plus grand succès de cette révolution systémique que certains annoncent déjà imminente : se substituer à la double hégémonie scolastique et dialectique, fragmentée, scalaire et scolaire, pour les remplacer, bientôt, par une pédagogie permanente à la fois intuitive, globale, concrète et dynamique ; en un mot, par la pensée systémique.

T

3RD (Réseaux Radio Réservés aux Données)
Voir ***Techniques mobiles de communication (Analyse économique des -)***.

3RP (Réseaux Radio à Ressources Partagées)
Voir ***Techniques mobiles de communication (Analyse économique des -)***.

Table
1. Ensemble de données numériques présentées pour en faciliter la consultation, comme par exemple la table de multiplication.
2. Inventaire sous forme d'une liste organisée reflétant la structure fondamentale des éléments d'un ensemble, comme c'est par exemple le cas avec la **table des matières**. Voir ***Répertoire***.

Table ronde
1. Dans le domaine politique et syndical, réunion ou conférence entre des partenaires sociaux, placés sur un pied d'égalité.
2. Dans le domaine scientifique, réunion ou conférence à effectif plus réduit de chercheurs qu'un colloque, un congrès et un symposium.

Tablette
Petite planche ou petite surface en argile ou en cire portant une image ou une inscription manuelle.

Tableur
Logiciel qui permet de construire des tableaux numériques et traiter les données chiffrées grâce à des fonctions mathématiques, statistiques et graphiques intégrées. L'un des logiciels le plus répandu dans ce domaine est Excell de Microsoft.

Tabloïd ou Tabloïde
Américanisme désignant les quotidiens de ***demi-format***. (30 cm x 43 cm), généralement destinés à un public populaire.
En Angleterre, les quotidiens de la presse populaire de format tabloïd sont souvent spécialisés dans les scandales, et quelquefois dans les faits divers sensationnels par leur caractère scabreux et licencieux. De ce fait, l'expression « les tabloïds » désigne une presse particulière, qui se distingue de la presse de qualité qui a conservé le grand format, alors que par ailleurs la rentabilité de cette presse populaire en format tabloïd est moins incertaine que les journaux plus académiques ou institutionnels.

Tabulateur
Dispositif d'une machine à écrire ou à calculer qui permet d'aligner les signes et les lettres afin d'obtenir des tableaux ou des colonnes.

Tabulatrice
Imprimante utilisant les cartes perforées.

Talk-show
Émission en plateau au cours de laquelle l'animateur fait parler ses invités, sorte de conversation à bâtons rompus ou sur un thème. Traduction proposée mais peu employée : **conversade**.

Tapuscrit
Texte dactylographié.

Tarif
1. Système d'information indiquant le prix des marchandises, le prix des services, le montant des droits de douane et des différents types d'impôts spécifiques, etc.
2. Synonyme de prix d'un service. On parle, par exemple, du tarif des consultations médicales, le tarif d'un abonnement à un quotidien.
   La notion de tarif a une connotation de **prix administré** : le tarif ne serait pas le résultat des lois du marché, mais celui d'une décision unilatérale prise par les pouvoirs publics, une organisation professionnelle ou par tout offreur qui dispose d'un pouvoir de monopole.

Tarification de l'abonnement à une agence de presse
Voir ***Distribution de l'information, Agence de presse***.

Tarification de la distribution d'information et de communication
Voir ***Distribution de l'information, Agence de presse***.

Taux de bruit ou taux d'imprécision
Voir ***Efficacité de l'interrogation des systèmes documentaires***.

Taux de chute
Voir ***Efficacité de l'interrogation des systèmes documentaires***.

Taux de circulation

Instrument de mesure de la ***diffusion*** de la presse qui se calcule en faisant le rapport entre le nombre de lecteurs d'un exemplaire d'un journal ou d'une revue et le nombre d'acheteurs de la publication en question. Le taux de circulation d'un quotidien est plus faible que celui d'un magazine : l'obsolescence différente de l'information, la qualité du papier, la présence dans les salles d'attente de certaines profession, sont quelques uns des éléments susceptibles d'expliquer cette différence.

Taux de couverture

Pourcentage de la population touchée par un média dans un espace donné, ou pourcentage de l'espace où il est possible d'être touché par un média de diffusion.

Taux de déperdition

Voir ***Affinité***.

Taux de diffusion

Rapport, exprimé en pour mille habitants, entre le nombre d'exemplaires vendus d'une publication, d'une catégorie de publication, ou de toute catégorie de biens économiques (téléphones, téléviseurs, magnétoscopes...) dans une zone donnée et la population de cette zone.

Taux de duplication

Rapport en pourcentage entre le nombre de personnes touchées par un support et fréquentent un autre support. Voir ***Fréquence*** (***Fréquentation)***.

Taux de pénétration

Voir ***Pénétration (Taux ou pourcentage de -)***.

Taux de rappel

Voir ***Efficacité de l'interrogation des systèmes documentaires***.

Taux de silence

Voir ***Efficacité de l'interrogation des systèmes documentaires***.

Techniques mobiles de communication (Analyse économique des -)

Systèmes de télécommunication comprenant la radio téléphonie cellulaire analogique ou numérique, les terminaux téléphoniques sans fil, les systèmes satellitaires géostationnaires de radiocommunication, les systèmes mobiles de transmission de données, les réseaux radio professionnels pour des groupes fermés d'utilisateurs.

L'offre en systèmes mobiles de communication est ainsi diversifiée, mais surtout elle est peu transparente aux utilisateurs potentiels (télécommunication ou informatique, normes, réseaux, analogique ou numérique, fonctionnalités multiples...). Le développement des services, révélateur du fait que nous n'avons pas à faire à un produit fini, accroît encore, s'il le faut, ces incertitudes.

Ce secteur des télécommunications, en pleine expansion, est porteur de modifications dans le champs des acteurs industriels des télécommunications. Il est sans doute significatif de transformations sociales et sociétales, accompagnant l'évolution profonde et déjà ancienne de la perception de l'espace et du temps.

1. L'offre de produits et de services

Cette offre porte sur les systèmes de téléphonie et les systèmes de messagerie.

a) les systèmes de téléphonie concernent la radio téléphonie cellulaire et la téléphonie à terminal sans fil

• Il existe aujourd'hui cinq services de téléphonie mobile dite encore radiotéléphonie cellulaire qui peut être analogique ou numérique : deux services cellulaires analogiques : Radiocom 2000 de France Télécom (fin 1985) et celui de la SFR (1987) et trois services cellulaires numériques : le réseau Itinéris GSM de France télécom (mi-1992), le réseau GSM de SFR (mi-1992) et le réseau DCS 1800/ PCN de Bouygues Télécom (oct. 1994). Les opérateurs de ces réseaux fournissent d'autres services complémentaires tels le répondeur vocal, le renvoi d'appel ou encore la limitation d'appel en réception ou en émission. Les sociétés de commercialisation de ces services (les SCS) proposent des services d'assistance gratuits.

• La téléphonie « sans fil » de 2e génération désigne la technique des terminaux sans fil numériques, à la norme CT2-CAI ou à la norme DECT que l'on peut retrouver dans trois environnements d'utilisation : sur la voie publique, système de téléphonie sans fil qui permet de passer et de recevoir des appels à condition de se trouver à proximité d'une borne d'appel (moins de 250 mètres), au domicile, à condition qu'y soit installé une borne domestique et dans l'entreprise, lorsque celle-ci s'est équipé d'un autocommutateur sans fil, appelé aussi PABX sans fil (PABX pour : *Private Automatic Branch Exchange*). Ces services sont offerts sur le réseau Bi-Bop de France Télécom, disponible dans quelques grandes villes françaises, et le réseau DECT de la Générale des Eaux en expérimentation sur la ville de Saint Maur.

b) La **radiomessagerie** est un système permettant à un abonné de recevoir sur un récepteur de poche un message par voie radioélectrique. Le message peut être un ou plusieurs signaux sonores ou lumineux (bip), de type numérique ou alphanumérique. Des sociétés de services proposent des services à valeur ajoutée comme l'archivage écrit et daté des messages reçus ou transmis, l'envoi automatique de messages vers le récepteur et des services d'assistance.

c) Les **systèmes mobiles de transmission de données**, les **3RD (Réseaux Radio Réservés aux Données)** essentiellement entre des terminaux portables (par exemple, des micro ordinateurs portables ou entre micro ordinateurs portables et fixes) et qui s'adressent donc à tous les professionnels itinérants ayant besoin de communiquer avec l'informatique de leur entreprise.

d) Les réseaux radio professionnels pour des groupes fermés d'utilisateurs dont les **3RP numériques (Réseaux Radio à Ressources Partagées)**, plus économiques succèdent à d'autres systèmes plus anciens. Ces services permettent la transmission de la voix et de données entre mobiles ou entre un mobile et un terminal fixe.

e) Les systèmes satellitaires géostationnaires de radiocommunication

Ils sont conçus pour des utilisateurs se déplaçant sur de longues distances. Ils autorisent les radiocommunications, la radiomessagerie bilatérale, la radiolocalisation de flotte terrestre, aérienne ou maritime.

2. Les acteurs du marché français

a) Les fournisseurs de matériel (les détaillants)

Au côté des distributeurs habituels des terminaux de télécommunication on trouve la grande distribution. Chaque distributeur répercute de diverses manières les promotions et offres des opérateurs et a toute latitude en ce qui concerne les prix.

b) Les sociétés de commercialisation de service, les SCS

Pour stimuler la force de vente, le système réglementaire français a favorisé la création des SCS, sur le modèle des « *services providers* » anglais. En France, 11 SCS gèrent les abonnements, établissent les factures et proposent des services à valeur ajoutée. Certaines d'entre elles sont uniquement associées à un réseau. Elles sont directement en concurrence avec les canaux de vente directe des exploitants de réseaux. Des filiales d'opérateurs, des groupes de télécommunication, la grande distribution ou encore des équipementiers automobiles ont investi ce créneau.

c) Les opérateurs de réseaux mobiles

Ce sont les exploitants d'une infrastructure transmettant et fournissant des services de radiocommunication. Ils peuvent avoir des relations commerciales particulières dont les **accords de Roaming**, sachant que le Roaming désigne l'ensemble des accords et procédures d'ordre administratif, technique et tarifaire, nécessaire entre les différents opérateurs mobiles sur le plan national et international pour assurer la fourniture des services (le GSM par exemple). La majorité des appels sur les réseaux mobiles viennent du réseau fixe ou sont dirigés vers celui-ci. Cette dépendance des réseaux mobiles à l'égard de l'infrastructure du réseau public fixe se traduit en terme commerciaux par des redevances payées par les opérateurs de réseaux mobiles qui représentent 30 à 50 % de leurs revenus.

d) Les industriels de l'équipement

Plus en amont, il faut aussi signaler les constructeurs de terminaux et d'équipements divers, les fournisseurs d'infrastructures (antennes ou cellules) dont les investissements dans la recherche et développement ont considérablement augmentés.

Les liaisons commerciales qui unissent ces différents acteurs, même dans le cas où une seule organisation concentre une ou plusieurs de ces activités, sont complexes. Elles posent de manière cruciale le problème de la compétence des distributeurs quand l'utilisateur doit choisir à la fois un terminal, un système, un réseau, un opérateur, des services, une SCS...

3. Les marchés

Ils sont segmentés selon les différents systèmes offerts et révèlent des choix stratégiques divergents, soit nettement définis entre marché grand public et marché professionnel, soit mixte.

En Europe le marché de la téléphonie mobile est le plus dynamique du secteur des télécommunications. De mars 1994 à mars 1995, le nombre d'abonnés est passé de 9 à 15 millions. En 2010 ce nombre devrait avoisiner les 80 millions. Cependant, malgré ces prévisions optimistes, le taux de pénétration de la téléphonie cellulaire est très variable suivant les pays.

La radiomessagerie a une plus faible pénétration. Les estimations prévoient une extension de ce marché lié à la baisse des prix et à la multiplication des services.

Si la bataille économique que se livrent les opérateurs, les constructeurs, les distributeurs, entraîne des baisses importantes de tarifs, le foisonnement d'offres promotionnelles, les résultats semblent se situer en deçà des espérances.

4. Les politiques réglementaires

a) Les politiques réglementaires en Europe

En 1990 et 1991, les directives adoptant le principe de la concurrence dans les marchés des télécommunications avaient exclu du champ d'application les services de radiotéléphonie mobile. Mais les politiques nationales révèlent un élargissement de cette tendance à la libéralisation au secteur des mobiles alors même que le marché des mobiles se heurte à deux obstacles majeurs : le spectre hertzien ressource limitée et l'évolution rapide des technologies.

Les différents systèmes de communications mobiles ont donné lieu à des politiques réglementaires segmentées selon le système technique, considéré comme un marché distinct. La concurrence s'applique au marché des terminaux corrélativement à la mise en place de procédure d'agrément visant à préserver la mission d'intérêt général et à l'octroi des licences. Les procédures, les conditions (durée et cahiers des charges) d'octroi des licences varient suivant les politiques nationales, la nature des services. Cette grande disparité, source de distorsions de la concurrence et des marchés ne doit pas masquer le rôle de la commission de l'Union Européenne. Celle-ci intervient dans la régulation de ce secteur par la mise en place d'une dimension pan-européenne, en matière de norme avec l'***ETSI (European Telecommunication standard Institute)***, de coordination et d'allocation de fréquences avec la CEPT (Conférence Européenne des Postes et Télécommunications). La Commission européenne a présenté, en juin 1995, une proposition de directive visant à libéraliser les infrastructures et les services de téléphone mobile en Europe au 1er janvier 1996. C'est une démarche déjà entamée par la DGPT, Direction Générale des Postes et Télécommunications, qui en mai 1995 a autorisé la SNCF à disposer de son propre réseau d'infrastructure pour l'ouvrir aux opérateurs de réseaux mobiles (SFR et Bouygues) et qui a laissé entendre que d'autres autorisations suivraient.

b) La politique réglementaire en France

La DGPT décerne depuis 1990 les autorisations d'établissement et d'exploitation des réseaux radio électriques selon un régime d'autorisation concernant l'attribution de fréquences et la constitution d'un cahier des charges.

Les services radio électriques font aussi l'objet de procédures d'autorisation pour les opérateurs autres que France Télécom. De plus toute nouvelle autorisation de réseaux ouverts au public est soumise au paiement de redevances d'usages du **spectre radio électrique**, auxquelles n'étaient soumises jusqu'alors que les réseaux privés de télécommunication (aux États-Unis, certaines licences d'exploitation de service sont vendues aux enchères).

La libéralisation du marché des mobiles reste tributaire d'une part de l'accroissement des ressources du spectre mis à disposition des services mobiles – or une grande partie du spectre appartient au Ministère de la Défense et la cession de part du spectre radio électrique fait l'objet de négociation – et d'autre part, des coûts d'accès aux réseaux filaires, des coûts des infrastructures des réseaux qui dépendent en grande partie de France Télécom.

5. Les enjeux sociaux et organisationnels de la mobilité

a) La localisation des activités

L'idée selon laquelle notre société connaît une évolution profonde des fonctions de l'espace-temps dans l'organisation des activités humaines ne doit pas être surestimée.

Le développement des technologies mobiles de communication accompagnerait ces transformations et entraînerait une localisation plus diffuse des activités humaines. Celles-ci évolueraient vers une localisation des activités fondamentalement ubiquitaires. S'il faut reconnaître que les conditions de la distribution des activités se transforment, rien n'autorise à transférer automatiquement les capacités techniques de l'offre de mobilité à la réalité sociale et organisationnelle des activités humaines.

b) La gestion du temps et de l'espace

Les techniques mobiles de communications de par le principe de branchement permanent sont des outils de rationalisation des formes d'organisation du travail en particulier pour les professionnels en déplacement (commerciaux, médecins, transporteurs...). Elles permettent une gestion des rendez-vous et des plans en temps réel. Elles favorisent la porosité entre sphère privée (le domicile) et sphère publique (le travail) ainsi qu'une flexibilité croissante des horaires de travail.

Aujourd'hui, un seul individu peut cumuler plusieurs abonnements correspondants aux différents services filaires ou mobiles et donc plusieurs numéros. Le concept de communication personnelle repose sur l'idée de maîtriser l'espace et le temps par la capacité de communiquer en tout lieu et à tout moment. Ce concept sous-tend la possibilité future d'affecter à chacun un numéro personnel unique, le réseau se chargeant d'acheminer les communications vers les terminaux signalés par l'utilisateur.

Besoin des utilisateurs ou rêve d'ingénieur, les obstacles techniques, économiques et sociaux sont légions. Pour beaucoup d'usagers, il semble que mieux communiquer c'est, avant tout, garder la maîtrise de ses communications.

Technologies d'information et de communication et niveau de développement économique

Les technologies de l'information et de la communication sont des « ensembles techniques... relatifs à l'audiovisuel, aux télécommunications à l'informatique et leurs imbrications », mais le présent article porte aussi sur l'*efficacité externe – économique et sociale – de ces ensembles et sur leur répartition géopolitique*, conformément à l'approche de Yvonne Mignot-Lefebvre (« Une nouvelle donne internationale », revue *Tiers-Monde*, n° 138, p. 246).

Les mutations récentes dans le domaine de la communication ont enlevé de leur acuité aux problématiques liées au **Nouvel Ordre Mondial de l'Information et de la Communication** (**NOMIC**) traitant du rééquilibrage des flux d'information entre Nord et Sud. Dans les années 1970 et jusqu'au milieu des années 1980, les orientations de l'UNESCO avaient été fortement influencées par le mouvement des pays non alignés. Ceux-ci critiquaient la disparité des capacités de communication entre le monde développé et le monde en développement, et jugeaient contestable l'image des réalités du Tiers-Monde donnée par les médias occidentaux, principalement les grandes ***agences de presse*** mondiale. La domination exercée par les pays industrialisés, loin de disparaître, s'est au contraire nettement renforcée. Mais les discussions autour du NOMIC n'ont pas résisté au départ de la Grande-Bretagne et des États-Unis, opposés aux analyses présentées à la suite de la parution du **rapport de Sean MacBride** consacré à ce NOMIC. La perte de crédibilité de l'organisation et la disparition des moyens financiers engendrés par cette situation ont déplacé le champ d'analyse vers la notion de liberté d'expression et, depuis 1986, la réflexion sur la réorganisation des flux d'information est dévolue au ***GATT***, organisme par nature plus technique. Insérée dans le cadre plus large des services, la communication y inclut aussi bien les produits des industries culturelles que les télécommunications, l'industrie du tourisme que les techniques de gestion.

Ce déplacement vers la « libre circulation de l'information » revêt une importance considérable, car il montre à quel point la communication est partie intégrante du mouvement de globalisation qui a entraîné une restructuration totale de l'économie mondiale pendant les années 80. Au-delà d'une simple liaison établie entre **libre circulation de l'information** et **internationalisation des médias ou des réseaux**, le développement des communications et la banalisation de l'usage des techniques d'information et de communication se sont avérés des dimensions primordiales de la mondialisation des échanges. La libre circulation de l'information devient alors l'un des principes fondamentaux d'organisation du monde.

Dans cette perspective, les conditions d'appropriation des nouvelles techniques d'information et de communication par les pays du Sud changent considérablement. Avec l'abandon des revendications sur le rééquilibrage des flux d'information, les politiques définies, les attentes et les enjeux se sont profondément modifiés. Les techniques d'information et de communication sont moins conçues comme un outil de développement que comme un facteur de production venant à maximiser le taux de croissance. À travers ces mutations se profile une situation duale affectant une communication globalisée plus largement une évolution de l'économie mondiale dont seuls quelques pays du Sud pourront tirer profit.

1. Le débat sur la libre circulation de l'information

a) Les technologies de l'information et de la communication et dépendance

L'abondance des recherches liées au déséquilibre des flux d'information et à la difficulté d'appropriation ou de mise en œuvre des technologies de communication par le Tiers Monde permet de n'en dégager que les points essentiels. Quinze ans après la publication du rapport MacBride, la domination du Nord s'accentue toujours. « Plus le niveau techniques (des médias) est élevé, plus la disparité est grande. Elle est plus grande pour la télévision que pour la radio, plus grande pour l'informatique que pour la télévision. [...] Chaque nouveau pas de la technique accentue l'avantage d'un petit nombre de pays » (Rapport MacBride « *Voix multiples un seul monde* », UNESCO/La documentation française/Nouvelles Éditions Africaines, Paris, 1980, p. 156 et suivantes). Ainsi, la proportion des récepteurs de radio est 6 fois supérieure dans les pays industrialisés que dans le reste du monde, et les émetteurs sont concentrés à 75 % dans les pays riches. Pour la télévision, le taux d'équipement y est 8 fois plus élevé, et le Sud ne représente que 5 % des émetteurs. La prise en compte de la puissance technique de ceux-ci, du nombre d'heures d'émissions proposées et de l'origine des programmes (importation/production locale) ne fait que renforcer ces considérations (*Annuaires statistiques* de l'UNESCO et *Rapport sur la communication dans le monde*). La presse se heurte à des contraintes techniques, politiques ou économiques tout aussi importantes : lorsque l'application des plans d'ajustement structural ne laisse pas les pays du Sud exsangues et autorise d'autres importations que celles considérées comme vitales, les structures héritées du passé freinent souvent, par simple pesanteur ou opposition larvée, les activités d'une presse libre. Les anciens systèmes monopolistes d'importation du papier, d'impression et de distribution des journaux, qui ne peuvent être rapidement remplacés, se montrent beaucoup plus efficaces pour les moyens d'information gouvernementaux, que pour ceux de l'opposition. De même, les annonceurs sont parfois avertis que les publicités insérées dans des organes d'information qui déplaisent au pouvoir freineront le dénouement des démarches administratives susceptibles d'être entreprises. Par ailleurs, la faiblesse du marché publicitaire interne, la conception du pouvoir d'achat, le taux élevé d'analphabétisme, l'inexistence de réseaux de distribution dans les campagnes et la fragilité des système bancaires renforcent les effets au coût des matières premières et de la fabrication. Le plus souvent, ces médias s'adressent principalement aux minorités privilégiées vivant dans les grandes métropoles, ce qui renforce les inégalités. La comparaison avec les contenus diffusés par l'étranger se traduit par une dépendance très forte à l'égard des normes de production internationales. En même temps, elle induit de la part du public une suspicion ou un phénomène de rejet de la production locale, réalisée avec des moyens limités.

Privés d'infrastructure de collecte des informations, les médias du Sud sont encore plus fortement tributaires des cinq ***agences de presse internationales*** détenant un pouvoir considérable sur la diffusion des nouvelles dans le monde : « Associated Press » et « United Press International » aux États-Unis, « l'agence France Presse », « Reuter » en Angleterre et « Tass » en ex-Union Soviétique. S'ajoute à ceci la domination exercée par les **agences d'information audiovisuelle** : CNN, Tranworld International, BBC, Visnews, CBS et ABC...

L'accès aux réseaux d'échange d'information fait également apparaître la suprématie des pays industrialisés. Même si le principe de tarification – redevance annuelle, indépendante de la durée et de la fréquence des interrogations – semble *a priori* favorable aux pays du Sud, les statistiques relatives à la fois à la consultation et à l'origine des banques de données montrent l'ampleur des disparités. Ainsi, sur près de 7 000 bases de données existantes, 41 seulement proviennent des pays en développement (Y. Mignot-Lefebvre, art. cité p. 264).

L'analyse de l'utilisation du ***téléphone*** montre que la circulation de l'information obéit encore dans certaines zones à la logique colonialiste : elle suit les affinités linguistiques qui vont de pair avec l'influence des anciennes puissances. Ainsi, en Côte d'Ivoire, au Bénin, au Togo et au Niger, un appel international sur deux est dirigé vers la France, dans les pays africains anglophones, un tiers des appels concerne la Grande-Bretagne. Or, la politique de tarification des pays développés revient à spolier les pays du Sud d'une partie conséquente de leurs revenus : la baisse des tarifs internationaux ne peut être suivie par ces derniers puisque le coût de l'installation et de maintenance du réseau doit nécessairement être réparti sur un nombre d'abonnés beaucoup plus réduit. Les pays riches incitent donc les abonnés des pays en développement à se faire appeler de l'étranger plutôt qu'à téléphoner eux-mêmes.

Dans l'**industrie informatique**, les délocalisations dans les pays du Sud sont impulsées par le centre, et le processus de dérive sectorielle vers la périphérie, précédemment illustré par la fabrication de clones en Asie du sud-est, reste maîtrisé par les pays industrialisés. Le mouvement de concentration qui s'est opéré dans la dernière décennie entraîne un regroupement des constructeurs de micro-ordinateurs autour des deux pôles IBM/Apple/Motorola et Microsoft/Compaq/Intel. Les ***microprocesseurs***, composants stratégiques dans la fabrication des micro-ordinateurs, continuent d'être mis au point et réalisés par les deux firmes américaines Intel et Motorola qui exportent dans le monde entier, y compris au Japon. La domination des pays industrialisés concerne également les ***logiciels***. Les logiciels liés à l'intelligence artificielle (synthèse vocale, ***systèmes experts***) et les microprocesseurs spécialisés sont réalisés par des entreprises innovantes de la triade installées dans des sites privilégiés. Les pays du Sud susceptibles de développer ces activités se limitent à certaines « économies émergentes » (Inde, Mexique, Brésil) et, dans une moindre mesure, à l'Indonésie et aux Philippines. Ils vérifient les principes de la division internationale du travail fondée sur les avantages comparatifs : conception au Nord/ applications au Sud - 67 % des logiciels proviennent des États-Unis, le reste est essentiellement fourni par la Grande-Bretagne, l'Allemagne, la France, l'Italie et le Japon. Les firmes importantes des pays industrialisés qui souhaitent sous-traiter ces activités cherchent avant tout une baisse de leurs coûts de main d'œuvre, et la délocalisation porte principalement sur des travaux comme la saisie ou la programmation de systèmes simples. Ainsi, un ingénieur coûte trois fois moins cher au Mexique qu'aux États-Unis et la main d'œuvre qualifiée y est six fois moins onéreuse. Lorsque les tâches deviennent plus complexes, les experts de très haut niveau quittent les pays en développement et viennent travailler dans les pays industrialisés. De ce fait, les retombées les plus positives pour les pays en développement comme les transferts de technologie restent très limités.

b) L'impossibilité d'une coopération Sud/Sud

Face à cette domination, les écarts considérables entre pays en développement, aussi bien dans le domaine des médias audiovisuels que dans ceux de la presse écrite ou des nouvelles technologies de l'information, leur interdit toute coopération. L'analphabétisme, le manque d'infrastructures (électricité...) ou la domination exercée par le pouvoir politique creusent le fossé qui sépare l'Afrique subsaharienne de l'Amérique Latine et de l'Asie. Par ailleurs, la multiplicité des langues utilisées par le Sud rend difficile toute action commune entre pays en développement. C'est ce qui explique l'absence des structures d'échange de programmes entre pays latino-américains, africains ou asiatiques. À l'intérieur d'une région, une telle situation provient essentiellement de la prépondérance des flux de programmes résultant de l'héritage colonial, particulièrement en ce qui concerne les télécommunications. S'y ajoute parfois la volonté politique de certains gouvernements d'empêcher la diffusion d'informations en provenance de pays voisins engagés dans une voie différente. Des raisons de cet ordre expliquent sans doute les difficultés rencontrées par l'**agence panafricaine d'informations (PANA)**. Fondée par l'OUA en 1979 dans le but de favoriser la diffusion d'informations en Afrique par des africains, la PANA s'est trouvée confrontée à une crise financière entraînant la cessation de ses activités. Un plan de l'UNESCO défini en vue de son redressement avait pour objectif fondamental la privatisation de l'agence et devait permettre de la rendre compétitive en lui donnant un caractère commercial. Le coût élevé de la restructuration (10 millions de dollars) et la location d'un canal de diffusion par satellite estimé à 1,5 million de dollars laissent supposer la pratique ultérieure de tarifs souvent trop onéreux pour des télévisions africaines aux moyens très limités.

c) La faillite du NOMIC

De cette domination exercée par le Nord résultent les positions affichées par les pays en développement dans le débat autour du NOMIC. Le développement d'une coopération Sud/Sud paraissant irréalisable et les moyens financiers de ces pays s'avérant tout à fait insuffisants, les espoirs placés dans l'UNESCO semblaient déterminants, ce qui explique en grande partie l'âpreté des discussions. L'affrontement tournait essentiellement autour de la libre circulation de l'information. À l'image de l'ensemble des pays ayant participé aux débats, les pays industrialisés reconnaissaient le déséquilibre de l'information et de la communication entre le Nord et le Sud (plus de 100 pays qui représentent 80 % de l'humanité ne possèdent que 10 % des médias, le plus souvent traditionnels, et entièrement dépendants du système transnational). Mais la manière de le supprimer et de renforcer la capacité de communication des pays moins avancés passait, selon eux, par la libre circulation de l'information. Dans les pays de l'Est comme dans la plupart des pays en développement, les médias pouvaient être appréhendés comme des instruments au service de l'État à des fins de ***propagande***. La libre circulation de l'information devait alors assurer le développement de sources indépendantes, l'abandon des monopoles et donc l'accroissement des capacités de diffusion des informations : « libre ne saurait rester plus longtemps synonyme d'inégal. Si une circulation équilibrée peut-être revendiquée au nom de la justice, elle ne saurait en aucun cas se ramener à un échange d'informations officielles entre organismes d'État ». L'interventionnisme devait se limiter à des actions ponctuelles à caractère technique : la formation de cadres techniques et de journalistes et la réponse apportée aux problèmes matériels doivent permettre de surmonter les blocages rencontrés. Ainsi, « c'est le développement des conditions techniques qui doit favoriser la circulation de l'information » (commission française pour l'UNESCO, août 1976).

Le NOMIC n'a pas résisté au départ de la Grande-Bretagne et des États-Unis. Dès 1989, la nouvelle stratégie de communication définie par l'Unesco stipule la libre circulation de l'information, une diffusion plus large et mieux équilibrée de celle-ci sans aucune entrave à la liberté d'expression, et le renforcement des capacités de communication des pays en développement. Les diverses conférences internationales qui vont suivre (Est-Ouest à Paris en 1990, ou concernant l'Afrique à Windhoek (Namibie) en 1991, l'Asie à Alma-Ata (Kazakhstan) en 1992 et l'Amérique Latine à Santiago (Chili) en 1994) vont chacune entériner ces orientations.

2. Globalisation et mutations des rapports nord/sud

a) Techniques de l'information et de la communication et développement

Les succès mitigés enregistrés par le **Programme International pour le développement de la communication (PIDC)** montrent que, contrairement aux attentes, le transfert des technologies de l'information ne constitue pas un stimulant majeur du développement. Si le rôle clef joué par la communication et l'information est incontesté, leur développement dans les pays qui ont le plus besoin ne figure pas dans les priorités de l'aide au développement. Ainsi, les ressources sont limitées et les besoins immenses. Seulement 500 projets ont reçu l'assistance financière du Programme depuis sa création en 1980, pour un montant d'environ 50 millions de dollars, dont 30 % en Afrique, 25 % en Asie, 22 % en Amérique Latine et aux Caraïbes, 6 % à des projets interrégionaux, et seulement 0,1 % en Europe de l'Est. Le PIDC n'arrive à répondre qu'à 20 % des demandes d'assistance qui lui ont été adressées, selon un document interne de l'UNESCO (« La nouvelle stratégie de la communication de l'Unesco », Paris, 1993).

Pourtant une relation directe entre technologie et développement semblait être une hypothèse bien établie dans le cadre d'une approche évolutionniste. Selon la théorie évolutionniste, les pays en développement devaient suivre la voie des pays développés en connaissant les mêmes étapes. Dans ce parcours, l'accession aux nouvelles technologies de l'information devait permettre d'avancer plus rapidement et, à terme, de rattraper les pays riches. Ces arguments ont été utilisés dans le discours des organismes internationaux et des firmes cherchant à vendre des équipements de télécommunication, des ordinateurs, des services de données et des satellites aux pays du Sud. Mais les bienfaits liés à l'utilisation de ces nouvelles technologies dépend de leur degré de disponibilité et de la diffusion des connaissances nécessaires pour les mettre en œuvre.

Ce sont ces problèmes qui expliquent l'échec global (Inde exceptée), des stratégies basées sur la **liaison entre éducation et techniques d'information et de communication** depuis une trentaine d'années. Les expériences de **télévision éducative** firent l'objet d'un engouement extraordinaire tant de la part des responsables des actions de coopération que des bénéficiaires. À l'heure actuelle, les possibilités de ce média concernant le développement de projets éducatifs se heurtent particulièrement en Afrique, à la nécessité d'une importante infrastructure hertzienne ou par satellite qui interdisent dorénavant les échéances de la dette, et, plus généralement, au développement de programmes commerciaux plus attractifs. Les différents projets définis récemment dans ce domaine qui obéissent à la même logique se heurtent aux mêmes limites : il s'agit de développer l'industrialisation de la formation et de l'éducation par l'introduction des nouvelles technologies (vidéo, informatique).

De même, les voies mobilisant des ressources endogènes qui paraissaient susceptibles de permettre l'éducation des masses rurales tant en Afrique qu'en Amérique Latine semblent à l'heure actuelle beaucoup moins prometteuses. Il en est ainsi des tentatives de développement de radios rurales. En Afrique francophone, ces radios « rurales » se limitaient le plus souvent à des unités décentralisées de stations régionales ou nationales programmant, depuis les chefs-lieux de région, des émissions faites à la ville, par des journalistes citadins. Ne disposant pas de capacités autonomes de production et de diffusion, elles se trouvaient donc dans l'impossibilité de rechercher une identité distincte. Même si des émissions spécifiques destinées au monde paysan étaient diffusées depuis la capitale, les diverses structures ne se sont que rarement préoccupées de confier la programmation voire la réalisation de certaines émissions, au monde rural. Souvent considérées comme une simple structure de « faire valoir » des gouvernements à l'usage des campagnes, ces radios rurales n'ont pu bénéficier des moyens significatifs de collecte, de traitement et de diffusion spécifiques. Généralement créées dans le cadre de programmes de développement financés au titre de la coopération, elles ont subi de plein fouet le recul de l'aide publique, d'autant plus qu'elles n'attiraient aucun ***investissement publicitaire*** significatif du fait de l'étroitesse des marchés ruraux. Le manque de moyens financiers s'est répercuté sur la qualité des programmes et de leur suivi (vulgarisation, animation, conseils pratiques). Une fois passée la phase pilote du projet, ces radios dynamiques se sont rapidement étiolées dès que les bailleurs de fonds se sont faits rares et réticents. Elles ont donc tout naturellement subi les mêmes échecs que ceux enregistrés par le développement rural en Afrique francophone.

En Amérique Latine, le modèle de **radio éducative** que constituait depuis 40 années Radio Sutatenza a disparu au seuil des années 1990. Destinée à répondre à la demande sociale de communication des paysans colombiens en apportant des solutions concrètes et opérationnelles à leurs problèmes de santé, de développement rural, d'éducation et de formation technique, elle assurait son financement de manière autonome à hauteur de 60 %, et s'appuyait sur la participation de mille personnes rémunérées assistées de près de dix mille bénévoles. Mais la concurrence des quelques trois cents radios commerciales pendant la décennie 80 a précipité son absorption par Caracol, le plus puissant groupe radiophonique de Colombie.

Ainsi, l'éducation et la réponse à une demande sociale de communication ont cessé d'être des formes définies comme prioritaires : les nouvelles technologies sont maintenant considérées comme un **facteur de production** pour le développement de l'économie comme des industries culturelles.

b) Techniques de l'information et de la communication et globalisation

Le processus de **globalisation**, appuyé par les trois logiques de déréglementation, de désintermédiation et de décloisonnement des marchés, pousse à l'**internationalisation des échanges et des réseaux de communication**. Les orientations libre-échangistes des programmes d'ajustement structurel impulsés par la Banque Mondiale et le Fonds Monétaire International supposent une intensification des exportations des pays du Sud, et donc un système de télécommunications performant. L'état déplorable des liaisons téléphoniques, qui résulte essentiellement de la vétusté des installations, paraît alors un frein majeur au développement. Ainsi s'explique l'importance du programme d'équipement chinois (près de 200 000 lignes installées par an) faisant appel aux technologies japonaises et américaines les plus modernes. Ce choix de la ***fibre optique*** et de la ***technologie cellulaire*** ouvre la porte à l'introduction des téléphones numériques, des ***fax***, et permet la mise en place de services à forte valeur ajoutée (messageries électroniques). Mais une telle attirance pour la modernité, stratégie de développement *a priori* judicieuse justifiée par la tentation de combler rapidement l'écart avec les pays riches et renforcée par le mythe du village planétaire, entraîne nombre d'effets pervers. Si les particularités du « socialisme de marché » permettent encore au monopole des télécommunications chinois d'orchestrer une mutation centralisée de ce secteur, dans la quasi totalité des pays du Sud, les problèmes liés au financement de ces évolutions technologiques et les privatisations mises en place à la suite des directives données par les organismes internationaux supposent une ***déréglementation des services publics***. Ce recul de l'État accroît les inégalités du fait de la nécessité d'amortir le coût des infrastructures et de satisfaire prioritairement les clients les plus solvables. Même si les nouvelles applications (***téléphone mobile***, accès aux banques de données télématique) autorisent à l'heure actuelle la communication à l'aide d'équipements décentralisés et légers grâce aux liaison satellites, les usages semblent se limiter aux minorités privilégiées des zones urbaines à cause du coût prohibitif de l'accès aux infrastructures. L'abandon des politiques d'équipement en communication – à l'exception des économies émergentes – se traduit par la disparition de la mission de développement auparavant assignée à ce secteur. En particulier, les télécommunications rurales, précédemment considérées comme un facteur primordial de développement, sont maintenant délibérément laissées de côté.

Ainsi, les déséquilibres qui se manifestent dans tous les domaines (économique, financier, culturel, communicationnel) entre les pays industrialisés et les pays du Sud sont tels que le « développement », exprimé de manière réductrice à travers l'augmentation du PNB (produit national brut) ou du PNB par habitant, n'a pas eu, au niveau socio-économique, les effets attendus. En même temps que le progrès technique, lorsque celui-ci est apparu, se sont manifestés un renforcement des inégalités sociales, une multiplication des personnes touchées par la misère, une exacerbation de la violence allant jusqu'à des massacres interethniques et une extension considérable des problèmes de santé. D'un côté, l'idée de progrès s'est brisée au profit de celle de la naissance économique, de l'autre on a vu apparaître l'idée de démocratie, liée à celle d'individualisme. Les évolutions, favorisées par le développement de la libre circulation de l'information, ont entraîné un renforcement du dualisme de l'économie mondiale : « le couple développement/technologies d'information [...] semble être disjoint, tant la définition de ces technologies s'opère selon des voies qui débordent le cadre national et le partenaire privilégié qu'était l'État – l'on se retrouve désormais le plus souvent dans une économie d'enclaves, voire de comptoirs, où les opérateurs sont reliés plus facilement aux pays commanditaires du Nord qu'à l'arrière-pays » (Y. Mignot-Lefebvre, art. cité). Les interrogations suscitées par la nature de ce développement se multiplient, mais peut-on renoncer aux mythes du progrès technique et du développement capitaliste ? Car comme le fait remarquer Régis Debray : « De même que le mépris de l'argent est le privilège des riches, le scepticisme à l'égard du progrès est l'apanage de ceux qui en ont historiquement bénéficié. La rédemption politique par le progrès est une idée fausse dont les pauvres et les opprimés ont vraiment besoin pour affronter la modernité et son terrible spectacle d'injustices sans tomber dans le désespoir ou la délinquance » (« Un mythe occidental », *Le Courrier de l'UNESCO,* décembre 1993).

Télé-achat

Présentation de produits à la télévision pour être vendus : le présentateur détaille le produit, donne les indications de prix, teste éventuellement le produit devant les téléspectateurs et/ou programme un document de témoignages favorables, et donne le numéro de téléphone pour commander le produit.

Le télé-achat fait l'objet d'une réglementation précisée au *Journal Officiel* du 11 novembre 1992 (décision n° 92-972 du 20 octobre 1992) en ces termes :

Art. 1er. « Pour les services de télévision diffusés par voie hertzienne terrienne ou par satellite, les émissions de télé-achat sont d'une durée minimum de dix minutes et ne peuvent pas dépasser au total cent vingt minutes par semaine. »

« Elles ne peuvent être diffusées qu'entre zéro et onze heures, ainsi qu'entre quatorze et seize heures, à l'exclusion des mercredis et samedi après-midi et du dimanche toute la journée, et dans la limite d'une heure par jour. »

Art. 2. « Les émissions de télé-achat doivent être clairement annoncées comme telles. Pour les services de télévision, elles doivent obligatoirement être programmées dans des écrans qui leur sont réservés, sans pouvoir être interrompues, notamment par des écrans publicitaires ; elles doivent être présentées de manière à éviter toute confusion avec d'autres émissions et ne peuvent faire l'objet d'émissions préparatoires. »

Télébase

Une variante des ***Zones de Télécommunications Avancées***. Une zone entièrement prééquipée en matière de communication permet aux entreprises qui s'installent sur le site d'avoir un accès « clé en main » aux services les plus modernes en matière de communication. Quelle que soit la taille des entreprises elles bénéficient de services partagés : accès au ***RNIS***, ***visioconférence***, terminaux bureautiques (***télécopie***...)

Télécarte

Carte magnétique créditée utilisable pour l'usage d'un publiphone. Elle est apparue au début des années 80, mais c'est seulement en 1985 que France Télécom lance la télécarte pour lutter contre le pillage des cabines de téléphone public.

La télécarte intéresse maintenant le marché publicitaire. Il existe deux modes de commercialisation :

– la télécarte promotionnelle : une entreprise achète une série limitée de cartes (entre 1 000 et 50 000) qu'elle offrira à ses employés, clients ou fournisseurs. Dans ce cas l'entreprise acquitte l'espace publicitaire et les unités téléphoniques ;

– la télécarte à grand tirage (à partir de 10 000 ex). L'annonceur ne paie que l'espace publicitaire. Le prix d'une carte est une fonction croissante du nombre d'exemplaires retenus, l'opérateur (par exemple France Télécom) se charge de diffuser les cartes dans ses différents points de vente : bureaux de tabac, bureaux de poste, agences France Télécom (possibilité de diffusion ciblée pour campagne régionale).

Téléchargement

Chargement à distance d'un système d'exploitation d'un ordinateur, à partir d'un terminal ou d'un autre ordinateur. De la même manière, on peut opérer un **télédéchargement**, c'est-à-dire recueillir sur l'ordinateur local les informations consultées sur l'ordinateur servant de base de données primaire.

Télécinéma

Appareil servant à transmettre par télévision un film cinématographique.

Télécommunication

Communication à distance. La ***loi de 1986*** définit la télécommunication comme un mode de transmission. Il est précisé que la télécommunication est « toute transmission, émission ou réception de signes, de signaux, d'écrits, d'images, de sons ou de renseignements de toute nature, par fil, optique, radioélectricité ou autre système électromagnétique ».

Ainsi les ***communications interpersonnelles*** par téléphone, les téléconférences, les visioconférences, les programmes de télévision par voie hertzienne ou par câble, la télécopie d'une lettre, les émissions de radio sont toutes des télécommunications.

Téléconférence

Communication à distance entre des groupes en nombre limité de personnes par voie informatique ou téléphonique. Audioconférence et réunion par téléphone sont toutes deux des téléconférence. Par ***Usenet***, par ***Internet***, par ***Minitel*** éventuellement on établit des **téléconférences textuelles**. Voir ***Conférence électronique***.

Télécopie

Procédé de télécommunication, associant la téléphonie et la reprographie qui permet de transmettre un document graphique (dessin, écriture) en ***fac-similé***. Dans le langage courant on confond le résultat (documents reçus) et le procédé, aussi, peut-on considérer comme synonymes : télécopie, fac-similé et sa contraction en Fax. La télécopie peut servir de preuve entre commerçant et de présomption de preuve entre particuliers.

Télédiffusion

Procédé de télécommunication qui consiste en une diffusion par télévision. Lorsque celle-ci se fait par voie hertzienne, les images transformées par la caméra vidéo en oscillations électriques sont envoyées à l'émetteur de télévision qui transpose le signal sur une onde porteuse et l'émet ensuite sous la forme d'un signal électromagnétique. L'antenne réceptrice transforme ce signal électromagnétique en oscillations électriques que le récepteur de télévision amplifie pour l'envoyer sur le tube cathodique en vue de reproduire les images de départ sur l'écran.

Télédistribution

Synonyme de ***câblodistribution***. Voir ***Câble***.

Télé-enseignement

Enseignement à distance par le moyen de la correspondance (on parle dans ce cas d'enseignement par correspondance), de la radio, de la télévision, du vidéotex, et par un ordinateur connecté sur réseau comportant des serveurs d'enseignement. Le télé-enseignement est donc beaucoup plus large que la **télévision éducative,** qui peut d'ailleurs ne pas relever du télé-enseignement, dans la mesure où par exemple une émission sur l'hygiène à la maison, ou un reportage sur la vie des animaux ou sur la connaissance des planètes constituent des programme éducatifs sans être soumis à une épreuve de vérification des connaissances acquises par ce moyen. Voir ***Technologies d'information et de communication et niveau de développement économique***.

Téléfilm

Film réalisé pour la télévision

Télégramme, télégraphe, télégraphie

Un télégramme est un message écrit communiqué à l'aide d'un télégraphe, qui est un dispositif permettant de communiquer à distance et rapidement. La télégraphie est le système de télécommunication par voie de signaux codés. La transmission peut se faire par des relais de sémaphores (Télégraphe de Chappe de 1793) placé en hauteur et éloignés de moins de dix kilomètres les uns des autres pour permettre de les apercevoir avec une longue-vue, par câble (télégraphe électrique de Morse de 1837) suivant l'alphabet Morse en se servant d'un manipulateur qui permet d'envoyer un signal sous forme de point (signal bref) ou de trait (signal long) à un récepteur pour être décodé par un opérateur. Le premier télégraphe est conçu par Chappe.

La ***télégraphie sans fil*** (***T.S.F.***) désigne la transmission de messages par ***ondes hertziennes***. La première liaison sans fil est réalisée en 1895 par le physicien italien Guglielmo Marconi. Synonyme : radiotélégraphie. Voir ***Radio***.

Télé-impression, télé-imprimeur

La télé-impression est l'impression à distance. Elle peut relever aussi bien de la télégraphie que de la télématique.

En revanche le télé-imprimeur ne s'applique qu'à la télégraphie. Il s'agit de l'appareil qui permet l'impression de messages télégraphiques. Par exemple un message envoyé par télex est dactylographié à la réception par un télé-imprimeur. Celui-ci est synonyme de téléscripteur et de télétype (ce dernier est en fait un nom de marque).

Télé-informatique

Voir ***Télématique***.

Télématique

Ensemble de services de nature ou d'origine informatique pouvant être fournis à travers un réseau de télécommunications. Ces services peuvent être par exemple : l'interrogation à distance d'une base de données informatisée, la réservation à distance par vidéotex d'une place de théâtre ou d'un billet de transport ferroviaire, l'impression à distance (***télé-impression***) de messages transmis de façon numérique par ordinateur relié au réseau téléphonique par un ***modem***.

L'AFTEL (Association Française de la Télématique) définit la télématique de la manière suivante : « tout système automatisé de traitement de l'information à la demande, sous forme écrite, sonore ou visuelle, destinée à assurer une communication privée ou publique, accessible en local ou à distance ». Ces services permettent généralement d'effectuer des transactions (bancaires, commerciales...), d'interroger des bases de données ou consulter des fichiers, communiquer (messageries interactives ou non).

Ce n'est cependant pas la seule acception de ce mot emblématique des ***Nouvelles Technologies d'Information et de Communication (N.T.I.C.)***.

La paternité du mot « télématique » issu de la contraction de télécommunication et informatique revient à Simon Nora et Alain Minc qui le mentionnèrent dans leur rapport au Président de la République *L'informatisation de la société* (Paris : La Documentation Française, 1978). Ils définissent la télématique comme l'imbrication croissante des ordinateurs et des télécommunications mais aussi comme le résultat du mariage entre les ordinateurs et les réseaux de transmission ; ce serait donc à la fois un processus et un dispositif technique. Selon cette acception, dès lors qu'un ordinateur est connecté à l'un (ou plus) de ses congénères, on peut parler de télématique.

Ce terme désigne parfois une procédure : l'automatisation de la communication (au sens de transmission de l'information) ; la télématique serait alors une technique et/ou des services permettant à des usagers d'obtenir des informations écrites, parlées ou visuelles de façon automatisée. Elle peut aussi être utilisée comme synonyme de **télé-informatique**, notamment pour les ingénieurs. Elle est dans ce cas constituée d'éléments composants (matériels tels que ordinateurs, interfaces, terminaux, périphériques..., moyens de communication entre ces matériels c'est-à-dire les réseaux, les fichiers de données, les logiciels de traitement et de transmission) et d'éléments agissants (les utilisateurs).

Dans les faits, la télématique a longtemps été identifiée au **vidéotex** (système permettant l'affichage d'informations alphanumériques ou graphiques sur l'écran d'un terminal de grande diffusion appelé Minitel en France). En 1994, France Télécom, principal acteur du *Plan Télématique Français*, désigne toujours par ce terme l'**audiotex** (dénommé Audiotel), pour des services vocaux, et le vidéotex interactif (dénommé Télétel), pour les services de l'écrit mais d'autres réseaux, comme Compuserve aux États-Unis notamment, ont acquis une certaine notoriété. C'est la raison pour laquelle on utilise de plus en plus le terme télématique comme raccourci commode pour désigner les réseaux de télécommunications de plus en plus sophistiqués.

L'un des plus connus au plan international est sans conteste ***INTERNET***, précurseur de ce que l'on nomme aujourd'hui les ***autoroutes électroniques*** ou ***inforoutes***. C'est un réseau de réseaux non commercial, qui permet d'accéder à des serveurs nationaux ou internationaux, petits ou grands, publics ou privés.

Il existe d'autres réseaux internationaux, de moindre ampleur pour l'instant, parmi lesquels le réseau RENATER fondé en 1992 par des organismes publics et des établissements de l'enseignement supérieur, qui permet l'interconnexion de réseaux européens. Il est surtout utilisé par les chercheurs et les scientifiques, ainsi que par quelques entreprises privées. Son trafic est lui aussi en progression constante.

a) Le vidéotex en France

Le cas français est tout à fait spécifique en matière de télématique. C'est en effet le seul pays à avoir enregistré un tel succès lors de la mise en œuvre de son plan télématique. Aujourd'hui encore la France est le pays le plus équipé en la matière.

Le plan télématique fut lancé à la fin des années 1970 pour répondre à deux objectifs :

– assurer un développement du trafic téléphonique après la modernisation coûteuse du réseau ;
– l'informatisation de la société : à la suite du rapport du même nom réalisé par S. Nora et A. Minc, une volonté politique et sociale assez unanimement partagée, s'est affirmée pour acculturer l'ensemble des citoyens à l'informatique.
Cette détermination forte a conduit à une mise en œuvre très volontariste conduite par un acteur quasi unique : la DGT (future France Télécom). À la fois promoteur et concepteur d'ensemble du nouveau média, producteur de contenu mais aussi énonçant les règles relatives au contenu, l'entreprise publique a assuré une grande cohérence à l'ensemble du système, tout en laissant du jeu aux différents intervenants. Elle est devenue par là un véritable acteur de la communication. Des premières expérimentations menées à Vélizy ou en Ile et Vilaine (au début des années 1980) à nos jours, les services ont beaucoup évolué. Une grande latitude a été laissée aux fournisseurs de services tant sur le plan juridique (régime de la simple déclaration d'un service) que sur le plan technique (facilité de raccordement à TRANSPAC quelle que soit l'installation informatique).
• La distribution gratuite et massive des terminaux au titre de l'Annuaire Électronique (en remplacement de l'annuaire papier) a permis de contourner le problème d'équipement qui se pose la plupart du temps lorsqu'on propose sur le marché un nouvel outil sans contenu encore défini.
• À partir de 1984, un mode de tarification original – appelé ***kiosque*** – est mis en place. Il s'inspire du principe du kiosque à journaux et introduit une grande souplesse à la fois pour le consommateur qui peut accéder au service lorsqu'il le souhaite sans avoir besoin d'être abonné tout en préservant son anonymat et pour le fournisseur de service puisque c'est France Télécom qui se charge du recouvrement de la facture et assure ensuite la redistribution aux prestataires. Dès l'ouverture du kiosque grand public (3615), le trafic a augmenté de façon très rapide. On est passé de 198 000 heures de connexion en novembre-décembre 1984 à 2,2 millions d'heures pour les mêmes mois de 1985 et 5,6 millions d'heures pour les mêmes mois de 1987.
b) Le vidéotex dans le monde
L'environnement américain se caractérise par une grande dispersion des exploitants de télécommunications et par une nette séparation entre les échelons nationaux et locaux. Les réseaux, les systèmes de tarification sont divers.
En Europe, la plupart des grands réseaux européens ont été créés dans les années 1980 avec des résultats assez inégaux. Dans les pays scandinaves, l'Allemagne, la Suisse, l'Irlande, l'Espagne, l'Italie... le vidéotex n'est utilisé que dans quelques secteurs d'activité et essentiellement dans l'environnement professionnel. Le nombre de terminaux est au maximum de 1 pour 50 lignes téléphoniques. Les marchés grand public sont très peu exploités et un marché potentiel demeure. Dans les autres pays (Portugal, Luxembourg, Autriche, Belgique, Danemark, Grande-Bretagne, Grèce...), le réseau est embryonnaire et le taux de pénétration ne dépasse pas un terminal pour 500 lignes téléphoniques, alors que dans le cas de la Grande-Bretagne par exemple l'ouverture du système est ancienne (1980).

Télématique professionnelle

Selon le point de vue duquel on se situe, la télématique professionnelle désigne tantôt les utilisateurs qui interrogent des services télématiques dans le cadre de leur activité professionnelle (usagers professionnels), tantôt le secteur économique constitué par les entreprises ayant pour activité principale la fourniture d'informations télématiques (professionnels de la télématique).

Les ***nouvelles technologies de l'information et de la communication (N.T.I.C).*** rendent de plus en plus perméable la sphère privée et la sphère publique, puisque grâce aux réseaux de télécommunications on peut travailler depuis son domicile ou avoir des activités d'ordre privé sur son lieu de travail. Dans le cas de la ***micro-informatique*** Josiane Jouet (1987) notamment, a montré comment les usagers domestiques de la microinformatique se servent de l'outil essentiellement pour des usages liés à leur activité professionnelle. Le ***Minitel*** a particulièrement mis en lumière cette interpénétration et France Télécom a longtemps joué sur le flou induit par la terminologie professionnel/grand public.
Contrairement aux autres pays européens qui ont privilégié d'emblée les applications professionnelles, la France a choisi de faire du Minitel un outil d'information grand public lors de son lancement au début des années 1980. Les services de communication ludiques ou interactifs (rapidement dénommés « messageries roses ») connurent un succès retentissant

tandis que les services d'informations se faisaient plus discrets, décevant les attentes des promoteurs. Pour assurer la pérennité du système (l'utilisation massive des messageries conviviales et des jeux étaient le fait d'une minorité et le Minitel souffrait d'une image largement dévalorisée à cause d'eux), France Télécom va s'adresser plus directement aux professionnels en instaurant un accès spécifique (***kiosque*** dit « professionnel » en 1987 correspondant aux numéros d'appel 3616 et 3617 et plus tard les 3628 et 3629). C'est à partir de cette période que le thème de la télématique professionnelle va s'amplifier jusqu'à prendre le pas sur la télématique grand public.

Pourtant, en examinant plus attentivement la frontière entre grand public et professionnel, on ne peut qu'être frappé par le flou des critères de distinction :

– La localisation de l'utilisateur n'est pas déterminante puisque il est possible de consulter des applications professionnelles depuis son domicile et inversement les services dits grand public sont interrogeables (et interrogés) depuis le lieu de travail. On observe tout de même une plus grande tendance à consulter les services pour des motifs personnels que l'inverse (22 % contre 8 % dans une étude réalisée en 1992).

– La nature des services est difficile à repérer. La distinction entre « **kiosque professionnel** » et « **kiosque grand public** » n'opère pas une distinction dans la nature des informations – certains services sont en effet accessibles à partir des deux types de kiosques –, ou dans la nature des utilisateurs-professionnels ou grand public y ont accès. De plus, les applications peuvent être « mixtes » dans le sens où elles offrent souvent à la fois des informations pratiques et des fonctionnalités ludiques (par exemple les services d'information d'une marque utilisent également les jeux primés, sans qu'ils soient pour autant répertoriés comme tel).

– La télématique professionnelle en tant que secteur d'activité : les fournisseurs de service vidéotex ont collecté 3 milliards de francs en 1993. Pour beaucoup, l'édition de services ne constitue pas leur activité principale. La plupart, en effet, des grandes entreprises ou des médias ont un service télématique (c'est d'ailleurs la définition retenue par France Télécom pour qualifier la télématique professionnelle du côté de l'offre de services). Les centres serveurs sont également très divers : ils peuvent être de taille plus ou moins importante : on parle de mégaserveurs et de microserveurs ; ils peuvent être des entreprises en tant que telles ou constituer un département ou une filiale d'une importante société ; certains délivrent des informations via un écran et d'autres par téléphone (***vidéotex*** et ***audiotex***), ils s'adressent tantôt au grand public, tantôt aux professionnels et parfois aux deux.

Toutes ces précautions étant prises, voici quelques indications quantitatives, anciennes puisqu'elles correspondent au bilan 1993, délivrées par France Télécom concernant la télématique professionnelle :

– 32 % des personnes ont accès à un Minitel sur leur lieu de travail (le plus souvent dans des entreprises de plus de 100 salariés). On peut noter une évolution constante ces dernières années : la part des ouvriers utilisant le Minitel a considérablement augmenté (de 6,1 % en 1991 à 28,2 % en 1993) ; 16 % des personnes déclarent l'utiliser plus d'une fois par jour mais 15 % ne s'en servent jamais ; 59 % ne subissent aucune restriction quant aux appels effectués sur leur lieu de travail.

– 28 % y ont accès depuis leur domicile ou leur travail.

Les services professionnels représentent 18 % du volume des consultations, ils ont enregistré une progression de 30 % entre 1992 et 1993. Ils sont constitués par des applications internes aux entreprises, des banques de données professionnelles, des messageries... Selon France Télécom l'utilisation professionnelle du Minitel représenterait 50 % du trafic.

C'est parce que le Minitel est diffusé dans les entreprises comme chez les particuliers que la télématique est devenue aussi hybride entre le professionnel et le domestique, ce qui peut d'ailleurs expliquer son succès. Mais il n'y a pas pour autant une indifférenciation totale des deux domaines. En effet, si les accès sont théoriquement possibles quels que soient les lieux, la gestion technique des réseaux permet de restreindre les appels, et notamment ceux qui ont un motif privé sur le lieu de travail. D'autres services, notamment ceux disponibles sur Télétel Vitesse Rapide, ne sont pour l'instant accessibles que par les professionnels.

Il convient de noter que l'équipement en micro-informatique, après avoir concerné essentiellement les professionnels prend de l'ampleur auprès du grand public et qu'il paraît artificiel de maintenir une distinction trop rigide entre grand public et professionnel. Si les usages ne sont pas identiques, on assiste à un développement concomitant des deux qui impulse une dynamique d'ensemble au dispositif technique.

Télépaiement

Paiement à distance sous forme électronique en utilisant soit une carte de paiement soit en indiquant le numéro de cette carte sur un clavier numérique.

Téléphone

Système de télécommunication en vue de transmettre la parole. Le premier téléphone ayant fonctionné est celui de l'Américain Alexandre Graham Bell (1847-1922), mais à la même date, en 1876, Elisha Gray présenta un prototype convaincant. Le premier central téléphonique est mis en place en 1878.

La liaison téléphonique peut se faire par un câble ou par relais hertziens (ondes ultracourtes), comme c'est le cas pour la téléphonie mobile.

La téléphonie a fait l'objet d'un grand nombre d'innovations (du central manuel de 1878 au téléphone à affichage du numéro appeleur en 1984, en passant par le central automatique et donc discret, la visiophonie en 1929 à titre expérimentale, la commutation électronique temporelle qui utilise le système de modulation par impulsion codée en 1970, et le téléphone cellulaire ou téléphone mobile), le système n'est plus limité à la seule transmission à distance de la parole. Il se combine avec l'audiovisuel et l'informatique pour devenir ***multimédia*** et s'ouvrir vers les ***autoroutes de l'information***.

Dans sa version traditionnelle, il n'est pas seulement un moyen de communication interpersonnelle à usage privé, il est aussi un outil de communication professionnelle pour la publicité directe et la téléprospection (***marketing direct***, selon la terminologie anglaise) ou pour tenir des réunions par téléphone qui économisent du temps et des déplacements, comme cela a été proposé et argumenté en France dès 1984.

Téléport

Organisme de production et de distribution de l'information regroupant dans la même structure des services de gestion et de traitement de l'information destinée aux entreprises. Les téléports sont chargés, en particulier, de recueillir, de traiter et de diffuser l'information en provenance des satellites, des faisceaux hertziens et des câbles en fibre optique. La différence avec la télébase réside dans le fait qu'il est constitué d'éléments dispersés, il peut desservir à distance un certain nombre d'entreprises qui se trouvent hors du site central.

1. Organisation et gestion des téléports

   Le principe de l'organisation des téléports est, fondamentalement, celui de l'économie mixte, comme c'est, en règle générale, le cas de l'organisation des transports et de la circulation dans l'espace public, qui relève d'une économie de services, plus que d'une économie de production. L'économie des téléports est une économie qui produit de la valeur ajoutée en facilitant la diffusion et le traitement des informations.

   Il existe deux types de téléports : d'une part, les téléports spécialisés dans la gestion de tel ou tel type d'information ou dans telle ou telle forme de support ou de diffusion ; d'autre part, les téléports polyvalents, en mesure d'assurer tout type de fonction de diffusion et de gestion de l'information.

2. Implantation des téléports et aménagement du territoire

   L'implantation des téléports pose à la fois un problème de développement local et un problème d'aménagement du territoire. En effet, il s'agit d'envisager l'insertion des téléports dans l'activité économique locale et leur implication, les incidences de leur présence dans le développement du territoire dans lequel ils se trouvent.

   En particulier, la présence d'un téléport a une double incidence en matière d'aménagement du territoire. D'une part, une incidence foncière ; d'autre part, une incidence sur l'orientation de l'activité économique dans le secteur concerné. Sur le plan foncier, la considérable valeur ajoutée que représente l'installation d'un téléport entraîne un renchérissement sensible du prix de l'espace occupé, et, à terme, une sélection du type d'activités s'implantant, compte tenu du prix du mètre carré. Sur le plan de l'activité économique, les téléports concernent des activités requérant une technologie de pointe et comportant une importante utilisation de médias et de services d'information.

3. Téléports et développement urbain

   Il y a deux manières de concevoir le développement urbain, qui vont comporter des implications différentes de la présence des téléports dans l'urbanisme et l'aménagement du territoire. D'une part, le développement de l'activité économique, d'autre part, le développement des relations sociales et de la vie institutionnelle. Sur le plan du développement de l'activité économique, les téléports facilitent l'installation des entreprises et des activités de haute technologie et ils exercent une forme d'attraction économique. Sur le plan du développement des relations sociales et de la vie institutionnelle, les téléports n'ont une incidence qu'indirecte, par la création et le maintien des emplois liés aux entreprises et par la nécessité que s'installent des activités de formation liées à l'activité des téléports eux-mêmes.

Enfin, les téléports engagent une nouvelle géographie urbaine. À la logique strictement politique et économique de la géographie des « métropoles d'équilibre », se substitue une logique communicationnelle, les téléports constituant en quelque sorte les métropoles de l'information, et constituant entre eux un réseau de nature à organiser le développement des villes sur le plan de l'information. Les téléports représentent, en quelque sorte, une nouvelle génération de villes : celle de l'information. En ce sens, il s'agit de l'achèvement d'une évolution engagée avec la modernisation du réseau interurbain de télécommunications et l'instauration du ***R.N.I.S. (Réseau Numérique à Intégration de Services)***, et poursuivie avec le câblage des villes.

4. Entreprises, téléports et développement économique

L'amélioration de la ***diffusion de l'information*** grâce au développement des ***autoroutes de l'information*** permet d'envisager l'émergence de pôles économiques comparables aux technopoles, de nature à faciliter des ***concentrations d'entreprises*** et d'activités renforçant le tissu économique et l'intégration de l'activité économique au développement urbain.

La place des téléports dans le développement économique est triple.

• D'une part, les téléports représentent une avancée significative dans le domaine de l'ergonomie. Reposant sur les technologies de traitement de l'information, les téléports mettent à la disposition de tous leurs usagers les instruments de travail qui permettent la meilleure intégration des services d'information et des activités de production et d'échange.

• D'autre part, les téléports intègrent l'accès à l'information et organisation du travail, ce qui définit une certaine rationalité de l'organisation du travail. Les différentes fonctions de l'organisation du travail sont systématiquement articulées à un mode de production et de traitement de l'information, et, par conséquent, les acteurs de l'entreprise ont une meilleure vue d'ensemble de leur activité et des différents acteurs qui la mettent en œuvre.

• Enfin, les téléports constituent un type nouveau d'organisation de l'entreprise. Les téléports définissent les acteurs et les fonctions de l'organisation de l'entreprise plutôt en fonction de leur rapport à l'information (quelles informations ils produisent, et de quelle information ils se servent) qu'en fonction du type d'activité qu'ils mettent en œuvre. Les téléports reposent sur une forme d'*organigramme informationnel*, qui structure l'entreprise autour des flux d'information dont elle est le siège, plutôt qu'autour des axes et des relations de pouvoir et de responsabilité qui lui donnent sa dimension institutionnelle.

5. Téléports, télétravail et organisation des entreprises

L'organisation du travail à partir des téléports et grâce à eux repose sur la généralisation du recours au ***télétravail***. Les téléports sont organisés comme des entreprises de services intégrant le traitement de l'information à l'organisation du travail. On peut repérer quatre grandes fonctions dans les téléports.

• Le recueil et la conservation de l'information

Le recueil et la conservation de l'information par les installations de réception permettent l'établissement des données à partir desquelles sera organisé le travail de chaque acteur et de chaque fonction du téléport. Le téléport a, en ce sens, à la fois une fonction de réception et une fonction de mémoire de l'information. D'une part, il est un terminal des installations de réception des informations qui parviennent grâce à différents supports complémentaires. Les téléports s'inscrivent, à cet égard, dans une logique d'organisation du transport de l'information. D'autre part, il assure la conservation et l'archivage de l'information : il est la mémoire de l'information dans le lieu dans lequel il est implanté, et, en ce sens, il contribue à faire de ce lieu un lieu de communication.

• La distribution de l'information aux usagers

Elle suppose toute une administration de l'information dans le téléport, elle-même intégrée à l'organisation des entreprises qui sont en relation avec lui ou qui l'intègre parmi leurs outils de travail et de production. C'est dans cette fonction de distribution de l'information aux usagers du téléport, que les technologies de communication impliquées par le traitement de l'information sont le mieux articulées à la logique du télétravail, car l'organisation du télétravail intègre au cœur même du processus de travail et de production les fonctions de production et de traitement de l'information qui sont impliquées par l'organisation des téléports dans une forme d'entreprise d'un nouveau type.

• La régulation des échanges d'information

Il est nécessaire de prévoir une instance de régulation de la circulation et des échanges d'information entre les différents organes du téléport. C'est le rôle de cette administration de la distribution de l'information. Les téléports, en organisant des sortes de « métropoles informationnelles », établissent deux structures : d'une part, le réseau de diffusion de l'information à destination des entreprises et des acteurs usagers du téléport ; d'autre part, une régie de l'information qui, à la fois, évalue les coûts de diffusion et de traitement de l'information, et, par conséquent, la contribution des usagers au fonctionnement du téléport, et assure la gestion de l'information : le bon fonctionnement des opérations de diffusion et de traitement de l'information.

• Le traitement et la diffusion de l'information vers l'extérieur du téléport

Ils se font à l'initiative des usagers du téléport. Le téléport est un outil de gestion de l'information ; il n'est pas un outil de communication, au sens où il aurait à gérer les échanges d'information de ses partenaires. Il appartient aux usagers de conserver la maîtrise des stratégies d'information et de communication qu'ils destinent à l'extérieur. Le téléport assure une médiation technologique, et, en aucun cas, une médiation institutionnelle de ce type d'information.

Téléprojecteur

Appareil de projection d'images vidéo sur un grand écran. Synonyme **vidéoprojecteur**.

Téléprompteur

Appareil déroulant un texte au fur et à mesure de sa lecture à l'écran par un journaliste-présentateur ou un animateur d'une émission de télévision afin de donner l'impression au téléspectateur que le journaliste ou l'animateur regarde constamment l'objectif de la caméra comme s'il s'adressait à chaque téléspectateur. Le téléprompteur, pour obtenir cet effet est placé à côté de la caméra, le texte lu et l'objectif de la caméra doivent constituer un angle de 45°.

Téléreportage, téléreporter

Un téléreportage est un ***reportage*** de télévision, réalisé par un téléreporter c'est-à-dire un reporter de télévision.

Téléréunion

Service accessible à partir d'un téléphone ou d'un vidéotex. Il ne nécessite aucune réservation. Les participants conviennent à l'avance d'un n° de téléréunion. Il leur suffit de composer le n° d'appel public du service, celui de leur abonnement et celui de la téléréunion pour communiquer à plusieurs. Chaque participant acquitte le prix de sa communication téléphonique et celui du service, environ 80 F de l'heure. Dès la fin de 1989, un service de visioconférence, utilisant le RNIS doit être présenté aux professionnels : le recours à un serveur permettra de connecter plusieurs terminaux.

Téléscripteur

Synonyme de ***téléimprimeur***, Voir ***Téléimpression***.

Téléservices

Ensemble de services réalisables à distance grâce au développement des réseaux de télécommunication et en particulier de la télédiffusion et surtout de la ***télématique***. Cet ensemble comprend notamment : la télémédecine, le télé-enseignement, la téléinformatique, la télégestion d'équipement, l'infogérance (*facilities management*), vidéo à la demande, télévision à péage. Le rapport de M. Thierry Breton – *Les téléservices en France. Quels marchés pour les autoroutes de l'information ?*, Documentation Française, 1994 – donne le tableau suivant décrivant les perspectives de développement des téléservices en France.

Perspectives de chiffres d'affaires des téléservices en France (millions de F).

	Hypothèse	haute	Hypothèse	basse
familles de services	1993	2005	1993	2005
téléservices fonctionnels	2 000	13 514	2 000	6 522
télémédecine	40	7 908	40	3 424
téléserv. d'information et de médiation	6 870	60 355	6 870	20 715
télé-enseignement	398	6 079	398	2 418
télé-informatique	5 650	50 639	5 650	17 391
télégestion d'équipement	1 300	3 274	1 300	2 081
téléservices aux particuliers	16 488	53 123	16 488	33 612
TOTAL	32 746	194 893	32 746	86 163

Téléspectateur

Personne qui regarde la télévision. Voir ***Audience***.

Télétel

Télétel est une marque de France Télécom qui désigne le réseau ***vidéotex*** interactif français.

Pour accéder à un service sur Télétel il faut :

– un terminal (***Minitel*** ou micro-ordinateur muni d'un émulateur) qui envoie et reçoit les informations ;

– des ***réseaux*** qui transportent les informations (le réseau téléphonique commuté qui met en relation le terminal et le Point d'Accès Vidéotex (PAVI) et le réseau ***TRANSPAC*** qui relie ce dernier au serveur) ;

– un ***serveur*** (un ou plusieurs ordinateurs reliés entre eux et différents matériels spécifiques d'un environnement de télécommunications) qui analyse la demande et y répond grâce à son stock d'informations.

Les intervenants de la filière vidéotex sont : le fournisseur de service ou éditeur qui met à la disposition du public les informations, le créateur et le concepteur imaginent et créent le service, le centre serveur le gère au niveau informatique, l'opérateur de réseau (France Télécom) fournit le réseau. Toutes ces fonctions peuvent être assurées par une même personne, physique ou morale.

En 1993, les 6,5 millions de Minitel (plus 500 000 micro-ordinateur munis d'une carte modem permettant l'émulation Minitel) ont suscité 1,1 milliard d'appels sur Télétel, ce qui représente plus de 89 millions d'heures de connexion. La durée moyenne des communications n'a cessé de baisser (4,92 mn en 1993) en raison de la plus grande dextérité des utilisateurs alors que le nombre de connexions augmente. C'est l'annuaire électronique (le 3611) qui totalise le plus fort taux de consultation (95 % des utilisateurs s'en servent) et le plus gros volume horaire (il représente 33 % du total). En termes de taux de consultation et de notoriété viennent ensuite les services bancaires, la VPC (vente par correspondance), les transports, la météo et les spectacles/loisirs. Il est à noter que les messageries/rencontres continuent d'avoir une grande notoriété (69 % grâce aux publicités tapageuses et aux débats qu'elles ont suscité alors qu'elles sont très peu consultées (4 %).

Le nombre de services offerts est également en progression (environ 20 000 en 1996). Selon la classification opérée par le GESTE (groupement des éditeurs de services télématiques) ils se répartissent de la façon suivante :

– convivialité 28 % ;
– services clients 21 % ;
– vie pratique 18 % ;
– services professionnels 16 % ;
– vie privée 7 % ;
– information 5 % ;
– jeux 4 %.

Les numéros d'appel se sont diversifiés avec plusieurs **paliers tarifaires** (système dit du ***Kiosque***) :

– 3613 et 3621 : le 3613 permet d'accéder à des services utilisés par les entreprises (applications internes) et souvent accessibles sur abonnement et par code confidentiel. Le 3621 donne accès à des services de ***téléinformatique*** à la norme ***ASCII***.

– 3614 : pour interroger des services professionnels et grand public (banques, vente par correspondance...). Les serveurs et les utilisateurs paient.

– 3615, 3616, 3617, 3628 et 3629 : kiosques télématiques. Le premier concerne les services grand public, les suivants sont dits services professionnels ou d'informations spécialisées, les deux derniers numéros ont un tarif plus élevé et sont consacrés aux informations professionnelles ou bases de données spécialisées. Le coût est entièrement supporté par l'utilisateur. France Télécom en reverse une partie aux serveurs, déduction faite du prix du transport.

– 3605 + 4 chiffres : numéro vert Télétel. L'accès est gratuit pour l'utilisateur.

– 3609 + 4 chiffres : numéro d'accès au service Alphapage.

– 3618 : pour communiquer de Minitel à Minitel. Il est particulièrement utilisé par les sourds et malentendants.

– 3619 : pour accéder depuis la France à des réseaux vidéotex étrangers, via la passerelle Minitelnet.

– 3623 + 4 chiffres : pour accéder à Télétel Vitesse Rapide.

– 3656 : service de télégramme par Minitel.

– 3612 : accès à la messagerie gérée par France Télécom (Minicom) où chaque abonné peut ouvrir une boîte à lettres.

– 3611 : l'Annuaire Électronique.

Après une période d'expansion très forte durant les années 1980, Télétel entre dans une phase de maturation où l'équipement en Minitel stagne (la distribution gratuite a été plus ou moins stoppée), les fournisseurs de services ne peuvent plus tabler sur des profits aussi importants et immédiats que dans la phase de démarrage et la montée en puissance d'autres techniques de communication (micro-informatique notamment) accentue les faiblesses techniques du Minitel. Certains n'hésitent pas à parler d'une phase de déclin. C'est

la raison pour laquelle France Télécom fait évoluer le secteur dans plusieurs domaines :
– Élargissement de la gamme des Minitel : ils sont de plus en plus sophistiqués. France Télécom commercialisera fin 1994 un Minitel intégrant un lecteur de carte à puce et un téléphone à écran télématique.
– Généralisation du paiement de factures à partir d'un Minitel pour tous les clients de France Télécom et plus tard d'autres grandes entreprises.
– Amélioration des performances du réseau : France Télécom commercialise depuis 1994 Télétel Vitesse Rapide à 9 600 bps, soit huit fois la vitesse originelle, ce qui permet notamment de transmettre des images sur des Minitel photographiques.
– Expérimentation fin 1994 Télétel à Accès Numéris (réseau numérique à intégration de services) pour la clientèle professionnelle en vue de la consultation d'images photographiques de haute résolution et la consultation d'images ou de documents de type télécopie.
– Développement du trafic international. Jusqu'à ces dernières années, les résultats n'ont pas été très probants à l'exportation. C'est avec l'Italie que les échanges sont les plus notables, ce pays ayant adopté la norme Télétel et s'inspirant largement de l'expérience française.
– Lancement du Kiosque Micro par France Télécom en 1995. Il s'agit d'ouvrir une ligne de services télématiques accessibles en direct via un micro-ordinateur, ce qui permettra en quelque sorte d'assurer un « après Minitel ». Cette évolution menée sous l'impulsion des organisations professionnelles répond à la croissance du parc de micro-ordinateurs connectés, et à la concurrence d'autres réseaux plus rapides, moins onéreux et offrant une gamme de services multimédia.

Télétex ou Télétexte

Procédé non interactif de télécommunication sous forme de transmission de messages écrits par des signaux de télévision, ou par des lignes téléphoniques, à des récepteurs de télévision.

Le principe, découvert par trois Français en 1963 et qui débouchera sur le système **ANTIOPE** (Acquisition Numérique et télévisualisation d'Images Organisées en Pages d'Écriture) en 1976, consiste à utiliser les intervalles verticaux situés entre les trames vidéo. Vidéotron au Canada à la même date met également au point un système télétexte sous le nom de **Télidon**. Un peu plus tard, le Royaume uni teste un système concurrent, **Prestel**. Ces deux concurrents de ANTIOPE sont plus coûteux et plus lents, mais aucune marque n'a pas pu imposer son ***standard*** au niveau international, pour en faire une ***norme***.

Le télétexte est un moyen de communication faiblement développé, bien qu'il y ait un grand nombre de services ou magazines accessibles par télétexte, des cours boursiers, à la météorologie, jusqu'aux annonces d'offre d'emploi, de voitures d'occasion à vendre, et les dépêches des agences de presse. Il rend cependant service aux malentendants qui peuvent suivre par écrit les dialogues des films et téléfilms à la télévision, à condition évidente que le programme ait été traité pour cela et que le téléspectateur soit en possession d'un décodeur. Synonyme : **Vidéographie diffusée**.

Télétraitement

Mode d'utilisation d'un ordinateur éloigné qui traite des données qui lui sont transmises par voie téléphonique ou télégraphique, par voie hertzienne, etc.

Télétransmission

Action de transmettre à distance un message. Voir ***Télécommunication***.

Télétravail

Organisation du travail et de la production reposant sur l'usage de technologies d'information et de communication, qui permet de remplir ses fonctions à distance et qui remplace la présence effective sur le lieu de travail par l'usage d'un matériel de réception et de distribution de l'information.

1. Télétravail et médiation

Le télétravail constitue une rupture par rapport aux représentations dominantes des relations de travail, dans la mesure où l'éloignement physique des acteurs rend impossible l'instauration de lieux de médiation fondés sur la coprésence. La médiation institutionnelle qui régule et structure les relations de travail est une médiation d'information et de communication qui inscrit le travail dans le champ de la ***communication médiatée***.

C'est dans cet esprit qu'il convient de penser les organigrammes fonctionnels des structures de télétravail : il s'agit moins, comme dans les organigrammes traditionnels, de relations de pouvoir, d'autorité ou de responsabilité, que de relations de circulation d'échange ou de transfert d'information entre des acteurs eux-mêmes définis davantage en termes de communication et de médiation qu'en termes d'actance réelle.

2. L'apprentissage et la formation : la médiation didactique dans le télétravail
Le télétravail bouleverse profondément les conditions dans lesquelles s'exercent les activités de formation, initiale et continue, au sein des entreprises et au sein des structures de formation.
Les outils interactifs de formation, qui font largement appel aux techniques audiovisuelles et informatiques, permettent aux entreprises et aux structures de formation de concevoir et de mener de véritables stratégies de formation au télétravail, à la fois dans le sens de la reconversion à ce nouveau type d'activité professionnelle et dans le sens de l'approfondissement de la qualité en matière de télétravail.
À partir des stratégies ainsi conçues, sont élaborées des stratégies et des méthodologies d'évaluation, permettant aux salariés et aux responsables des entreprises d'apprécier l'évolution des acteurs de l'entreprise au fur et à mesure de l'instauration des structures du télétravail. Il s'agira de stratégies permettant un véritable suivi institutionnel, professionnel et social de l'évolution des métiers, des qualifications et des pratiques professionnelles, dans le but de structurer un management du télétravail dans les entreprises et les organisations.
L'un des risques du télétravail, à travers la parcellisation des lieux de travail et l'éclatement des activités de production, est, en effet, une forme de déresponsabilisation des acteurs de la production du fait de leur absence de vue globale du processus de production auquel ils participent.
L'autonomie liée au télétravail, mais aussi la dispersion géographique qu'il impose, ne se maîtrisent pas facilement. C'est tout un apprentissage de l'autonomie qu'il importera d'engager dans les entreprises et les organisations, sur la base d'outils qui sont aussi bien des outils d'apprentissage et de formation que des outils de régulation et de management.
3. Le réseau comme médiation du lieu de travail : le concept d'*espace médiaté*
Il convient d'inventer, à propos du télétravail, toute une géographie communicationnelle des lieux de travail et de production s'inscrivant dans une logique d'information sur l'espace plutôt que dans une logique d'occupation matérielle de l'espace : ce sont les flux d'information (par exemple les flux téléphoniques) qui structurent et quadrillent l'usage de l'espace médiaté, plutôt que les flux physiques de circulation des personnes, des outils et des marchandises.
Le concept d'**espace médiaté** rend possible l'élaboration d'une triple stratégie de reconquête des territoires.
Le premier volet est celui de l'aménagement communicationnel du territoire, et l'émergence d'une dimension communicationnelle de la valeur de l'espace. Dans ce volet la valeur foncière se trouve augmentée d'une forme de « valeur ajoutée », compte tenu des aménagements éventuels en matière de réseaux et de télécommunications.
Le deuxième volet est celui de l'élaboration de politiques d'aménagement définissant les priorités d'activités et d'orientations économiques de l'espace en fonction de la valeur communicationnelle qu'elles induisent plutôt qu'en fonction d'activités économiques occupant immédiatement l'espace considéré. On assiste là à une forme de degré supplémentaire de complexité de la logique économique.
Le troisième volet est l'élaboration d'une stratégie de suivi de la politique d'aménagement du territoire ainsi conçue, de nature à intégrer l'observation et l'évaluation continues et progressives de l'aménagement à une dynamique globale d'information et de communication.
4. L'aménagement des lieux du réseau comme appropriation médiatée de l'espace de travail : une nouvelle ergonomie ?
Le télétravail transforme les territoires symboliques et politiques en territoires économiques, par l'émergence d'une logique économique et productrice de l'appropriation de l'espace. La médiation technologique (et, spécialement, la médiation interactive) investit l'espace par des logiques d'usage structurées autour de trois axes forts : le télétravail constitue une forme de délocalisation ; à la logique d'occupation de l'espace se substitue, dans la problématique du télétravail, une logique de communication de l'information dans l'espace ; à la valeur foncière ou à la valeur symbolique de l'espace occupé par l'activité économique se substitue une logique communicationnelle de la valeur, fondée sur la valeur de l'information.
5. Télétravail et structures hiérarchiques
Le modèle traditionnel des relations hiérarchiques au sein de l'entreprise évolue nécessairement en fonction du télétravail.
• Définition de nouvelles formes de pouvoir et de nouvelles modalités d'exercice du pouvoir et de l'autorité en fonction de l'importance accrue des relations de communication dans l'entreprise, et compte tenu de ce que le télétravail met parfois en présence plusieurs employeurs complémentaires au sein d'un

même processus de production. L'autorité dans l'entreprise ne consiste plus seulement dans la maîtrise, la coordination et la planification des pratiques professionnelles des acteurs de l'entreprise : elle se fonde désormais sur la maîtrise des réseaux et des parcours de diffusion de l'information et d'échange de communication. Le cadre, dans les structures de télétravail, est davantage un acteur de communication qu'un agent d'autorité.

• Prise en compte de l'importance de la gestion de l'information dans la définition des relations hiérarchiques et des structures d'autorité et de pouvoir. Le télétravail suppose une très haute qualité de transmission et de formulation de l'information dans les structures et les réseaux dans lesquels il s'exerce. Dans ces conditions, les cadres, dans les entreprises, sont d'abord appelés à des missions de formulation et de production de l'information – avant même de l'être à des fonctions d'encadrement proprement dit : le télétravail impose à l'encadrement des salariés des formes rigoureuses de production de l'information.

6. Télétravail et évolution du travail
Le télétravail amène à reformuler le concept même de travail et l'investissement du travailleur au sein du procès de production. C'est tout le rapport du salarié à son propre travail qu'il convient de définir de nouveau sur la base de quatre données nouvelles.

• D'une part, perdant l'ancrage de son travail dans un espace professionnel, puisque le télétravail peut se faire à domicile, ou dans tout lieu doté des équipements nécessaires en matière de communication et de télécommunications, le salarié perd l'identité professionnelle même de sa fonction, de son métier ou de son mode d'intervention dans le procès de production. Le télétravail, en quelque sorte, « désinstitutionnalise » l'intervention professionnelle des salariés dans le procès de production, en neutralisant la visibilité sociale et institutionnelle de leur pratique professionnelle.

• D'autre part, l'instauration du télétravail transforme radicalement et profondément le procès de production, en faisant de lui un procès de ***communication médiatée***, plutôt qu'un procès traditionnel de production et de transformation. Une telle évolution fait des salariés des acteurs de communication plus que des acteurs de production, avec toutes les responsabilités nouvelles et différentes qu'implique une telle évolution, et avec toute la transformation des qualifications requises que peut impliquer une telle évolution des tâches à accomplir.

• Par ailleurs, le télétravail définit un nouveau statut des salariés, au sein de leur entreprise et au sein de l'appareil de production en général. En effet, le télétravail conduisant à accroître la dimension communicationnelle de toute activité salariée, il implique une forme de « tertiairisation » généralisée des activités de production, qui entraîne un nouveau rapport du salarié à la représentation qu'il se fait de son travail et la modification profonde des statuts des salariés – soit dans le sens d'un accroissement de la considération, de la qualification, de la rémunération et de la responsabilité des salariés, soit, au contraire, dans le sens d'une précarisation accrue de leur statut, liée à la délocalisation et au morcellement institutionnels de l'espace de production, et à l'émergence des nouveaux réseaux de dépendance institués par les formes du télétravail.

• Enfin, en modifiant profondément sa place et la nature de son investissement dans le procès de production, le télétravail est de nature à modifier l'image de soi, l'identité même, dont est porteur le salarié. Dans ces conditions, la dimension de socialisation du travail, mais aussi la conscience, pour le salarié, de son propre statut social, ont à être reformulées, et même son identité réappropriée, à la faveur d'un travail en profondeur.

Télétype
Marque d'un ***téléimprimeur***, devenue synonyme de celui-ci.

Télé-vidéothèque
Projet de télévision à la demande qui envisage de stocker les programmes sur des serveurs consultables à distance par les ménages, les entreprises. Un tel service qui, il n'y a pas longtemps, a relevé de l'utopie est aujourd'hui en partie réaliste dans la perspective d'applications ***multimédias***. Mais celle-ci suppose, d'une part, la généralisation de l'infrastructure de la fibre optique et, d'autre part, des programmes qui doivent tous être numérisés pour être stockés sur les serveurs.

Télévirtualité
« Résultat de l'hybridation des télécommunications et des images de synthèse » (Ph. Quéau, *Monde diplomatique*, août 1993).

Téléviseur
Appareil récepteur des signaux de **télévision**, comportant notamment soit un tube cathodique soit des cristaux liquides, et un écran.

Le téléviseur a fait l'objet de nombreuses innovations en vue soit de le miniaturiser pour le rendre portable, soit de le rendre plat pour l'accrocher au mur comme un tableau ou une glace. Le premier téléviseur de poche en noir et blanc de 5 cm de diagonale est mis au point par la firme japonaise Sony en 1984. Le premier téléviseur à écran plat, utilisant la technologie des cristaux liquides est conçu en 1985 par la firme japonaise Matsushita. Celle-ci propose la même année le premier téléviseur en relief sans port de lunettes spéciales : les images sont enregistrées à l'aide de plusieurs caméras et synchronisées par un ordinateur.

On constatera que la plupart des innovations dans le domaine de la télévision sont l'œuvre de firmes japonaises, qui sont d'ailleurs à l'origine de l'invention de la télévision électronique. En effet, ce serait **Kenjiro Takayanagi** qui aurait produit la première image vidéo en 1926 en se servant, pour la caméra, d'un disque de Nipkow (disque, inventé en 1884 par l'Allemand Paul Nipkow, percé de trous qui, en tournant devant l'objet à analyser, détaille celui-ci ligne par ligne) et, pour le récepteur, du tube de Braun modifié (tube à vide inventé par l'Allemand Braun en 1897). L'image ne comportait que 40 lignes et 14 trames par seconde. Les premiers perfectionnement vont porter sur l'électronisation de la caméra, car le disque de Nipkow est un procédé mécanique. L'électronisation complète est réalisée en 1936 par Takayanagi, après sa rencontre aux États-Unis avec l'Américain d'origine russe **Vladimir Zworykin** inventeur de l'**iconoscope** qui est une caméra électronique (brevet en 1923, mise au point en 1933) et du **cinescope** (1929) qui est un tube de réception. Cette rencontre a permis d'aboutir au premier système de télévision perfectionné grand public avec une ***définition*** en ***441 lignes*** en 1936. Néanmoins avant ce perfectionnement, il y a eu dans différents pays des expérimentations, des démonstrations publiques de la télévision. Ainsi, la première démonstration publique en France a eu lieu en 1931 par René Barthélémy. En 1932, au Royaume-Uni, la BBC entreprend la diffusion régulière d'émissions pour le grand public.

Télévision

Activité du secteur audiovisuel – à côté du cinéma, de la vidéo et du diaporama sonorisé – qui met à la disposition du public téléspectateur soit par voie hertzienne directe ou indirecte par satellite, soit par ***câble*** (coaxial en cuivre ou en fibre optique), des images animées et sonorisées, organisées sous forme d'une grille de programmes (films, fictions, variétés, sport, information, débats, reportages, jeux, etc.).

1. Typologie du média télévision

À partir de la définition précédente, il est déjà possible d'élaborer une brève typologie de la télévision sur la base de la technologie de transmission (télévision hertzienne par relais terrestres, télévision par satellite – qui est aussi une télévision hertzienne –, télévision par câble). Il est ensuite possible de compléter la typologie par d'autres classifications ayant d'autres critères :

– Le critère juridique permet de distinguer les télévisions du secteur public et les télévisions du secteur privé et les télévisions du secteur associatif. L'analyse du contenu des programmes, tout au moins en France, montre que ce critère ne recouvre pas nécessairement et totalement la distinction « **télévision commerciale** » et « **télévision de service public** ». En principe une télévision commerciale obéit à une logique de demande : la firme de diffusion propose des programmes qui correspondent à la demande du public pour faire de l'audience en vue d'augmenter les recettes publicitaires ou pour avoir le plus grand nombre possible d'abonnés et de renouvellements des abonnements. En revanche, la télévision de service public répond principalement à une logique de l'offre : cultiver et informer sont des objectifs qui passent avant la distraction réalisée par un programme dont le niveau serait aligné sur le niveau culturel accessible au plus grand nombre (voir ***École de Francfort***).

– le critère de la finalité conduit aux deux catégories des télévisions commerciales et des télévisions d'intérêt général.

– Le critère de l'espace de diffusion aboutit à diverses catégories d'appellation variable : télévision de ville, télévision locale, télévision de proximité, télévision nationale, télévision transfrontalière, télévision transnationale.

– Le critère de la grille de programme se traduit par les classes télévision généraliste et télévision thématique. Cette dernière est quelquefois désignée par les expressions de « ***télévision fragmentée*** », « système de télévision en *narrowcasting* », par opposition à la **télévision généraliste** qui est alors une **télévision de masse** ou *Broadcasting*.

– Le critère du mode d'accès au programme débouche sur la **télévision à péage** et la télévision gratuite (la taxe pour la possession d'un poste de télévision n'étant supposé comme

l'acquittement d'un prix). Chacune des catégories peut comporter des sous-catégories.
– Le paiement peut ainsi se faire à la consommation (*pay per view*), ou de manière forfaitaire (abonnement). Le paiement est une forme de **télévision à accès conditionnel**, c'est-à-dire de **télévision cryptée**, qui peut être soit commerciale (ex. Canal +), soit institutionnelle (ex. : communication dans un créneau horaire bien précis par certaines entreprises à destination de leur personnel, ou pour des colloques réservés à des professionnels : il est possible d'utiliser soit le temps libéré par une chaîne qui n'émet pas dans ce créneau, soit faire de la télévision en circuit fermé sur un canal spécifique non attribué pour des chaînes en clair). La télévision à péage peut être enfin une **télévision à la demande** : le programme consommé est préalablement demandé par le téléspectateur.
– La gratuité peut résulter soit d'un financement public par un impôt général ou par un impôt spécifique (la redevance de télévision), soit d'un financement intégral par la publicité, soit par une combinaison d'un financement public et d'un financement par la publicité (comme c'est le cas en France pour les chaînes publiques France 2 et France 3).

2. La technologie de la télévision
La transmission relève en principe de la ***télédiffusion***. L'image optique est convertie à l'émission en signaux électriques proportionnellement à la brillance de chacun des points qui forment cette image. L'émission doit tenir compte de la position du point dans l'image, c'est le phénomène de la synchronisation. Les points sont rangés en lignes successives. Plus le nombre de points et de lignes est élevé, plus l'image et fine et détaillée. Au-delà de 1 000 lignes, on parle de ***haute définition***. À la réception l'opération inverse de conversion du signal vidéo est réalisée pour restituer l'image sur un écran.
L'origine technologique de la télévision peut être située dans une suite allant du **pendule à image** – reproduction d'image fixe à distance par le moyen de l'électricité – de l'Anglais Alexander Bain (brevet du 27 novembre 1843) jusqu'à la télévision intégralement électronique du Japonais Kenjiro Takayanagi en 1936, en passant par le **pantélégraphe** de l'abbé Giovanni Caselli qui perfectionne le pendule par la synchronisation (1862), la télévision mécanique de l'Écossais John Baird qui décrit en 1923 un système qui utilise le disque à trous de Paul Nipkow inventé en 1884 pour un système de télévision (l'expérience de 1925 a donné une image noir et blanc en 8 lignes ; en 1928 il réalise la première télévision en couleur). Le système de John Baird donne lieu à la première télévision grand public avec les émissions régulières de la BBC à partir de 1932. La première transmission de **télévision câblée** est réalisée par la firme Bell Telephone Company aux États-Unis en 1927, en utilisant le disque de Nipkow à l'émission et à la réception. Deux après, les Américains Affel et Espenched inventent le câble coaxial, dont le développement se fera surtout à partir des années 1960 en Amérique du nord, et dans les années 1980 en Europe en concurrence avec la fibre optique inventée en 1955.
Le schéma ci-dessous décrit le système général de réalisation d'émissions et de diffusion. La télévision électronique moderne repose, d'une part, sur le principe de la caméra vidéo inventé par l'Américain d'origine russe Vladimir Kosma Zworykin et, d'autre part, sur les divers perfectionnements apportés par le Japonais Kenjiro Takayanagi. L'article ***téléviseur*** présente les principales innovations qui concernent la réception.

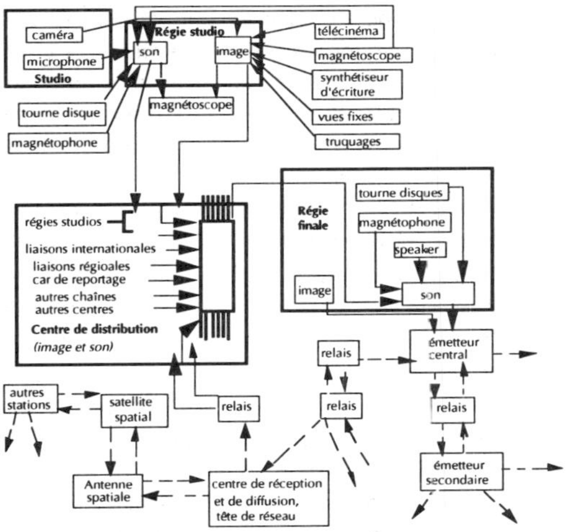

Télévision câblée
Voir ***Câble***.

Télévision éducative
Voir ***Télé-enseignement, Technologies d'information et de communication et niveau de développement économique***.

Télévision en circuit fermé
Désigne soit le système de vidéo-surveillance, soit la télévision commerciale de consommation collective à accès conditionnel pour la retransmission vidéo dans les salles spécialement aménagées de certains matchs – combats

de boxe par exemple – ou autres manifestations payantes comme un opéra.

Télévision haute définition

Système de télévision dont la qualité de l'image serait aussi proche que possible d'une diapositive ou d'une image d'un film de cinéma. La TVHD est susceptible d'accueillir et de diffuser toute image tournée sur des supports de plus de 1 000 lignes, que ce soit de la vidéo HD, ou des films super 16 mm et 35 mm.

Les premières recherches d'une TVHD commencent au Japon en 1969. Ces recherches aboutissent au système **HDTV** (*High Definition* TV) du consortium japonais établi entre Sony et NHK. Ce système, présenté en 1983, comporte 1 125 lignes et un son stéréophonique. L'image diffusée est de format 5/3 au lieu du format actuel de 4/3 ou du 16/9 du ***D2 Mac Pacquets*** diffusé par satellite (180 000 pixels contre 120 000 pour le ***SECAM***). Ce dernier, conçu sous la norme ***MAC*** élaborée par les Britanniques en 1980, est le concurrent analogique européen pour la télévision directe par satellite en 1 250 lignes du système japonais qui, lui, est conçu sous la norme ***MUSE*** permettant la diffusion de HDTV par satellite. Le D2 Mac présente l'avantage d'être compatible avec les standards utilisés (***PAL, SECAM***) ; par conséquent il ne frappe pas d'obsolescence le parc de téléviseurs des particuliers existant. En outre il devait se transformer à terme en HD Mac numérique. En revanche le système japonais n'est compatible ni avec les téléviseurs disponibles, ni avec les standards Mac retenus par les pays européens. Il est conçu pour un courant alternatif à 60 Hz (***hertz***), alors qu'en Europe il est de 50 Hz (aux États-Unis le réseau est de 60 Hz). La conversion est possible, mais elle coûteuse, avec un résultat peu satisfaisant.

La non compatibilité de HDTV avec les standards PAL et SECAM a donc été l'élément qui a permis de soutenir le projet européen de norme Mac, concurrente de la norme japonaise. Mais la lenteur du passage du D2 Mac vers le HD Mac, le coût très élevé des téléviseurs 16/9 (au minimum le triple d'un téléviseur ordinaire) ont conduit la CEE (Communauté Économique Européenne) à renoncer au Mac dès 1993 ; en 1994 les diffuseurs de programmes de télévision européens ont opté pour le numérique que le satellite ASTRA est en mesure de diffuser. Mais il faudra attendre 2005 pour avoir la TVHD.

Télévision locale

Voir ***Câble***.

Télévision sans frontières (Directive européenne de la -)

Directive adoptée par la Commission des Communautés Européennes (avant de devenir l'Union européenne) en octobre 1989, et entrée en application en octobre 1991.

Elle porte principalement sur la proportion d'œuvres européennes diffusées, leurs délais de diffusion télévisuelle, les règles de diffusion de la publicité et la protection des enfants mineurs ; elle incite ainsi les diffuseurs à réserver la moitié de leur temps d'antenne à des œuvres européennes. Les chaînes françaises ont l'obligation de diffuser 60 % d'œuvres européennes dont 40 % d'œuvres francophones. La plupart des chaînes de télévision au sein de l'Union Européenne respectent le règlement. Près de 67 % des cent cinq chaînes de l'Europe des 12 (hors les trois nouveaux pays membres en 1995) ont rempli les quotas exigés. C'est notamment le cas des télévisions du Portugal, de l'Irlande, du Danemark et des Pays-Bas. Néanmoins, seulement dix-neuf des quarante-deux chaînes existant au Royaume-Uni se sont conformées à la réglementation. Les contrevenants britanniques sont principalement des chaînes de télévision par satellite nouvellement créées.

Télex

Contraction de l'expression américaine : *telegraph exchange.* Système qui permet d'envoyer des messages écrits par la voie de la ligne de téléphone. Il a été inventé au sein des laboratoire Bell, aux États-Unis en 1931. Le télex, avec à la réception un ***télé-imprimeur***, a eu ses heures de gloires. Aujourd'hui, il est de moins en moins utilisé en raison de la concurrence de la télécopie (Fax) et des réseaux télématiques d'usage plus commodes.

Télidon

Système ***télétexte*** de la firme canadienne Vidéotron, concurrent de ***ANTIOPE*** et de ***Prestel***.

Telnet

Par « telnet » un utilisateur peut se connecter à une autre machine connectée du réseau **Internet** pour établir une session interactive et augmenter ainsi considérablement les pouvoirs de calcul et les possibilités de recherche ; l'usager peut interroger les catalogues d'une bibliothèque, auquel il accède en tant qu'invité.

Donner des accès sur des machines distantes a été un des premiers services implémentés sur le réseau, service accru depuis quelques années par les possibilités de visualisation distante.

Telstar

Premier satellite civil de télécommunication lancé le 10 juillet par la NASA.

Terminal

Élément de la péri-informatique qui désigne un appareil d'accès à l'ordinateur situé à distance. Le terminal peut être aussi bien un clavier avec écran, qu'une imprimante. On distingue le terminal léger qui ne peut pas traiter les informations, le terminal lourd qui dispose d'une certaine autonomie de traitement, et le terminal intelligent qui peut être un micro-ordinateur disposant de mémoires et de programmes pour assurer des traitements autonomes tout en étant connecté à un réseau.

Terminal vidéotex

Expression générique pour ce qui est connu en France par la marque ***Minitel***. Voir ***Vidéotex, Télématique***.

Test de Cranfield

Voir ***Efficacité de l'interrogation des systèmes documentaires***.

Tête d'écran

Annonce publicitaire en début d'écran publicitaire. Emplacement généralement plus onéreux que dans un tunnel, en raison de sa plus grande visibilité par un public dont l'attention n'est pas encore retombée.

Tête de réseau, tête de ligne

Station centrale dans un réseau de ***câblodistribution*** et lieu de réception des émissions hertziennes transitant par satellites en vue de leur transfert sur le câble pour être acheminées vers les abonnés.

Tête magnétique

Dispositif qui transforme à l'enregistrement, sur une bande magnétique ou disque magnétique, un signal électrique en signal magnétique, et qui fait l'opération inverse à la lecture.

Têtière

Dans la presse quotidienne, synonyme de ***tribune***.

Teuth ou Toth (Mythe de -)

Voir ***Mythe de Teuth, Déconstruction, McLuhan, Mémoire***.

Texte d'une annonce, texte d'une publicité

Argumentaire de vente qui se dit également corps de l'annonce par traduction de l'expression américaine *body copy*.

Thématique (Chaîne, Télévision -)

Voir ***Narrowcasting, Télévision***.

Théorie de la communication

Voir ***Communication, Information***.

Théorie des descriptions

Voir ***Philosophie analytique***.

Thésaurus

Instrument de contrôle de la terminologie utilisé dans un système d'information, dans les centres de documentation ou les bibliothèques. Il joue un rôle important dans l'exploitation d'un système de stockage et de recherche d'information, surtout dans un système informatisé où il peut servir de fichier de référence. C'est un répertoire de mots dont l'environnement sémantique est précisé par des relations (hiérarchiques, associatives ou d'équivalence) : on dit aussi que c'est un **langage contrôlé**. Les relations hiérarchiques sont exprimables par des arborescences des schémas fléchés ou des terminogrammes.

Il existe des normes pour les thésaurus monolingues et multilingues. Les thésaurus font l'objet des normes internationales : ISO 2788 *(Principes directeurs pour l'établissement et le développement de thésaurus monolingues)* publiée une première fois en 1974, puis une deuxième fois en 1986, et ISO 5964 *(Guidelines for the establishment and development of multilingual thesauri)* publiée en 1985, dont les équivalents français sont les normes AFNOR NF Z 47-10l *(Principes directeurs pour l'établissement des thesaurus multilingues)*, Z 47-/02 et Z 47-103 (*Thesaurus monolingues et multilingues*).

Voir ***Langage documentaire***.

Tierce

En imprimerie, dernière ***épreuve*** de contrôle avant le tirage définitif.

Tiercéité

Voir ***PEIRCE***.

Tirage

1. En photographie, reproduction positive sur papier, sur film transparent d'un négatif d'une prise de vue.
2. Nombre d'exemplaires d'un même document. Dans la presse vendue au numéro, le tirage est supérieur à la diffusion. Lorsque celle-ci se fait uniquement par abonnement, il est théoriquement possible d'adapter le tirage à la diffusion effective. L'audience est en revanche supérieure à la diffusion et éventuellement au tirage, en raison du phénomène de la ***duplication***.

Titraille

Terme utilisé par les professionnels de la presse pour désigner les éléments qui contribuent à la ***lisibilité*** formée par les titres, les sous-titres et intertitres dans un article.

Tombstone
Américanisme qui désigne une annonce de **publicité financière**, dont la présentation ressemble à une pierre tombale : indications limitées au strict nécessaire. Voir ***Information financière***.

Ton continu ou direct
Non tramé. S'applique au dessin au trait. Voir ***Trame***.

Top of mind
En études de ***notoriété***, marque la plus fréquemment citée spontanément.

Toth (ou Teuth)
Voir ***Mythe de Teuth, Déconstruction, McLuhan, Mémoire***.

Tout-en-un
En publicité directe, dépliant envoyé sans enveloppe et emballage extérieur.

Tract
Mot d'origine anglaise appliqué à une petite feuille ou à une brochure gratuite de ***propagande*** politique, religieuse, syndicale, etc.

Trafic
Ensemble des personnes se rendant à un point de vue.

Traitement de texte
Logiciel de base en bureautique qui permet de réaliser toutes les transformations techniques d'un texte en peu de temps par sa manipulation à l'écran avant de l'imprimer sur une imprimante et/ou de le stocker sur un disque dur ou sur une disquette : ajouter un mot ou tout un paragraphe, changer l'ordre des paragraphes, supprimer un mot ou un paragraphe, changer de police de caractères, changer la taille des caractères, souligner les mots, mettre en gras, justifier à droite, justifier à gauche, centrer, faire un index alphabétique automatique, utiliser des notes de bas de page, faire une table des matières automatique, faire un tableau, etc.

Trame
1. En ***photogravure*** (impression en relief), fin quadrillage sur verre, interposé entre l'original et la couche sensible. Par extension, le résultat de cette opération qui se traduit par un ensemble de points plus ou moins gros – on parle de la finesse ou linéature de la trame qui est le nombre de points par pouce – et plus ou moins colorés reproduisant une image, un dessin ou une illustration. La linéature est à adapter à la qualité du papier, tout en sachant que la qualité de la reproduction des images et des photos est liée à la finesse : une trame de 60 à 90 peut suffire pour la presse quotidienne qui fait peu de reproduction d'œuvres d'art ou de publicité en quadrichromie. Il faut en revanche, pour les magazines, de 120 (pour les pages intérieures noires de magazines d'information générale) à 160 (pour les pages intérieures quadri des magazines de loisirs et d'évasion) ; une trame de 200 est nécessaire pour les livres d'art.
2. Ensemble des lignes d'une image télévisée décrites au cours d'un balayage vertical unique.

Tranchefile
Petit bourrelet entouré de fils qui garnit et consolide le dos d'un livre et maintien les cahiers assemblés.

Transactionnelle (Analyse -)
Voir ***Analyse transactionnelle***.

Transcodage
Traduction dans un code différent, lorsque les systèmes d'enregistrement des données ne sont pas compatibles. En vidéo, le transcodage des cassettes NTSC en SECAM se fait par des professionnels, car le transcodeur est un appareil onéreux.

Transistor
Acronyme d'origine anglaise construit à partir de *transfert resistor* ou résistance de transfert. Physiquement le transistor est un semi-conducteur dont les fonctions sont d'amplifier, de moduler et de détecter des signaux ou courants électriques, et produire des oscillations électriques. Dans le langage courant le transistor désigne aussi le récepteur radiophonique portatif équipé de transistors.
Le transistor est apparu en 1948. Mis au point par les Américains J. Bardeen, W. Shockley et W.H. Brattain, il a considérablement bouleversé le monde de la transmission et surtout le monde de l'électronique d'aujourd'hui. On peut considérer qu'il possède trois modes de fonctionnement :
– l'amplification : il peut amplifier entre 50 et 500 fois un courant électrique ;
– la **modulation :** à l'aide d'un courant électrique, on peut moduler un deuxième courant ou signal ;
– l'interrupteur : suivant l'intensité du courant qui le commande, il peut fonctionner en marche-arrêt. C'est ce fonctionnement binaire qui est utilisé dans les ordinateurs.
Cette invention se base sur des matériaux que l'on appelle des « **semi-conducteurs** ». Ces derniers sont à mi-chemin entre les métaux et les isolants. Les deux les plus utilisés sont le Silicium et le Germanium. On les appelle ainsi car leur **conductivité**, c'est-à-dire leur capacité à transporter un courant électrique, augmente

sous l'effet de la chaleur, de radiations, d'un champ électrique ou d'impuretés placées en leur sein, on parle alors de semi-conducteurs « dopés ». Il existe deux types de dopage :

a) Dopage N : On remplace un atome du semi-conducteur ayant n électrons par un atome ayant n+1 électrons. Le semi-conducteur a donc n+1-n=1 électron de plus.

b) Dopage P : On remplace un atome du semi-conducteur ayant n+1 électrons par un atome ayant n électrons. Le semi-conducteur a donc n-(n+1)=-1 électron, i.e. un électron de moins, donc un « Trou ».

Ces semi-conducteurs dopés sont dits « semi-conducteurs extrinsèques ».

Si l'on « colle » deux semi-conducteurs extrinsèques de nature différentes (N et P), on obtient alors une « jonction P-N », c'est-à-dire une diode.

Si maintenant, l'on prend deux diodes et qu'à nouveau on les colle, on obtient alors un transistor bipolaire, soit PNP ou NPN. Il faut noter qu'il existe d'autres types de transistors, mais le transistor bipolaire est le plus courant.

• Principe de conduction des semi-conducteurs

La conduction d'un semi-conducteur est fonction de plusieurs paramètres que l'on peut réunir sous le terme générique d'énergie. Le schéma ci-dessous représente la structure d'un semi-conducteur intrinsèque (non dopé) en termes d'énergies.

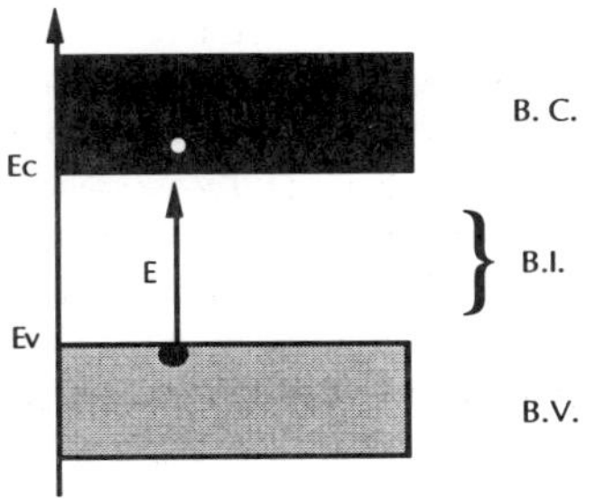

On observe sur ce schéma que le semi-conducteur comporte trois zones :

– la bande de valence (B.V.) dans laquelle les électrons se trouvent au repos, le semi-conducteur est alors isolant ;

– la bande de conduction (B.C.) dans laquelle se trouvent les trous, est l'endroit où doivent aller les électrons pour que le semi-conducteur soit conducteur ;

– et la bande interdite (B.I.) qui est l'endroit où les électrons ne peuvent rester. S'ils vont dans cette zone sans atteindre la B.C. ils retombent dans la B.V.

Par conséquent, si l'on désire qu'il y ait conduction, il faut fournir aux électrons une énergie E = EC - Ev afin qu'ils puissent aller dans la B.C. et jouer leur rôle de « bouche-trou ».

Si maintenant, on introduit des impuretés dans le matériau cela aura pour effet de diminuer la largeur de la B.I., et donc il faudra fournir moins d'énergie aux électrons pour que le semi-conducteur conduise. Voyons les deux cas :

a) impuretés de type N : on introduit des impuretés dont les électrons ont une énergie EN supérieure à celle des électrons du matériau. EN > EV.

Les électrons d'énergie EN, vont aller en priorité dans la B.C. et vont laisser des trous qui seront bouchés par les électrons d'énergie EV qui pourront alors passer à leur tour dans la B.C.

b) impuretés de type P : on introduit des impuretés dont les trous ont une énergie EP inférieure à celle des trous du matériau EP < EC. Les électrons vont alors gagner en priorité les trous situés à l'énergie EP, puis dans un deuxième temps passer dans la B.C.

• Principe de fonctionnement d'une jonction P-N

Il a été vu que le fait d'introduire des impuretés dans un matériau semi-conducteur diminuait la quantité d'énergie à fournir au matériau pour qu'il devienne conducteur et que dans un semi-conducteur de type P les trous étaient majoritaires alors que dans un type N ce sont les électrons. Examinons ce qui se passe en jouxtant deux types différents.

a) On injecte de l'énergie du côté P. Cette énergie est envoyée sous forme de courant électrique. Donc des électrons vont arriver du côté N (les électrons circulent dans le sens inverse du courant). Ce surplus d'énergie revient en valeur absolue à abaisser le niveau d'énergie des trous du côté P. Les électrons situés dans la partie N vont alors pouvoir se diffuser dans la partie P (combler les trous). De ce fait des trous se créent dans la partie N. Ils seront comblés par ceux fournis par le courant électrique. Ce courant électrique s'alimentant directement dans la partie P. On dit alors que la jonction est polarisée en direct ou encore que la diode est passante.

b) On injecte de l'énergie du côté N. Ce cas revient à abaisser le niveau d'énergie des électrons du côté N. Ceux-ci sont attirés dans la bande de valence. La conduction n'est donc pas possible et l'on dit que la jonction est

polarisée en inverse ou que la diode est bloquée.
Fonctionnement du transistor
Le transistor est en fait composé de deux jonctions P-N « têtes bêches ». Il est alors séparé en trois parties soit N-P-N, soit P-N-P. Elles sont appelées « Base », « Émetteur » et « Collecteur » (E, B, C). En effet l'émetteur émet des électrons, le collecteur en collecte et la base régule leur flux. Il est alors clair que le transistor est une juxtaposition de deux jonctions : jonction émetteur-base et jonction base-collecteur.
Nous allons reprendre le même raisonnement que précédemment pour expliciter l'effet transistor.
La jonction émetteur-base étant polarisée en direct, les électrons de la base vont aller combler les trous de l'émetteur, mais par contre la jonction base-collecteur étant polarisée en inverse, les électrons auront de grandes difficultés à aller dans le collecteur. Cette jonction jouera le rôle de régulateur de flux d'électrons, car si peu d'électrons partent de la base vers le collecteur, il y aura peu de trous donc peu de place pour les électrons qui arrivent dans la base. Par suite, la base consommera peu de courant. Les électrons extraits de l'émetteur vont aller alimenter le collecteur et la base. La base absorbant peu d'électrons, la quasi-totalité des électrons sortant de l'émetteur ira dans le collecteur.
L'énergie disponible alors sur le collecteur étant beaucoup plus grande que celle appliquée sur la base, montre bien que l'on a créé un **amplificateur d'énergie**.
L'effet **modulateur** du transistor s'obtient en agissant sur le flux d'électrons entrant dans la base.
Le mode **interrupteur** s'appuie sur l'existence d'une tension de seuil prise aux bornes de chaque jonction (minimum d'énergie à fournir pour que les jonctions soient conductrices) et sur la faible consommation en courant de la base qui implique que le courant de l'émetteur est sensiblement le même que celui du collecteur.

Transmission hertzienne

La transmission hertzienne est l'utilisation des propriétés de l'espace hertzien (espace électromagnétique) comportant un champ électrique et un champ magnétique pour transmettre des signaux électriques transportés par une onde électromagnétique à la vitesse de 300 000 km/s. Le faisceau hertzien est le système de transmission entre deux points fixes par ondes radio à fréquences très élevées et concentrées en un faisceau étroit.
La transmission hertzienne peut se faire pour le son, l'image et les données informatiques. Elle comporte les éléments suivants :

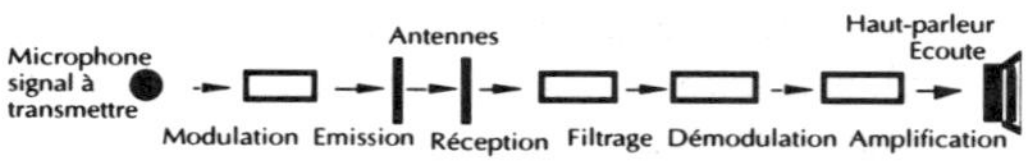

(1) le signal à transmettre qui est recueilli par un convertisseur ou système qui transforme le signal acoustique (voir **Microphone**) ou l'image en signaux électriques
(2) la **modulation** qui traite le signal électrique pour son émission et son transport
(3) le **filtrage** qui est réalisé par un dispositif électronique placé à l'intérieur du récepteur. Il permet de sélectionner la fréquence désirée et élimine (presque) tout le **bruit** parasite s'étant introduit au cours du « voyage ». On distingue deux types de filtre :
a) **Filtre passe-bande**
Ce filtre va permettre à l'utilisateur de sélectionner la porteuse qu'il désire recevoir. Si la porteuse a une fréquence propre F, le filtre aura l'allure suivante.
Ainsi, il multiplie par zéro toutes les autres porteuses pour ne garder que celle ayant la fréquence F. Bien sûr, il est nécessaire que les émissions soient suffisamment espacées les unes des autres pour qu'elles ne se perturbent pas mutuellement.
b) **Filtre passe-bas**
Malgré le filtre précèdent, du bruit parasite reste toujours superposé au signal. Pour atténuer au maximum ce bruit, on applique alors au signal un filtre passe-bas supprimant toutes les hautes fréquences. En effet, le bruit d'origines diverses (autres émissions radios, appareillage électroménager, etc.) se caractérise par un domaine de fréquences élevées. Le filtre passe-bas prend alors l'allure représentée dans le graphe de droite ci-dessous. Un filtre passe-bas est caractérisé par sa bande-passante.

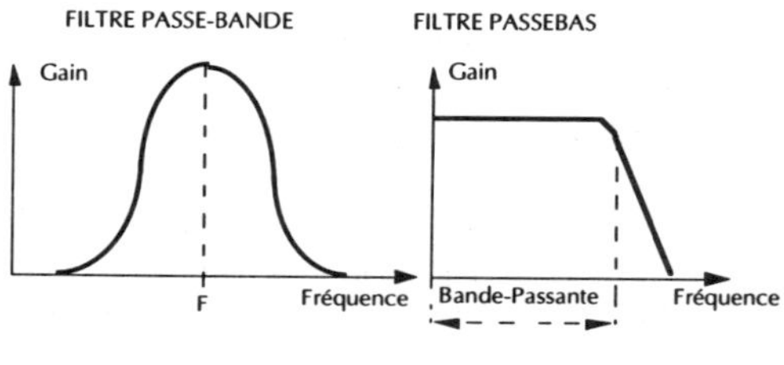

(4) la **démodulation** est l'étape qui consiste à ramener le signal modulé à sa forme originelle.

Cela correspond à effectuer l'opération inverse de la ***modulation***. Un oscillateur local (intégré au récepteur), produit un signal permettant de supprimer l'effet de la porteuse. Cependant, le signal récupéré est un signal très peu puissant, c'est-à-dire que si l'on désirait l'écouter tel quel, nous ne pourrions rien entendre. Il faut alors encore appliquer à ce signal une dernière transformation.

(5) l'**amplification** : une fois le signal émis et réceptionné, il va être amplifié pour enfin être conduit à des transducteurs électroacoustiques ou plus simplement, par exemple, des haut-parleurs. L'amplification correspond à une multiplication par une constante de toutes les fréquences présentes sur le signal ; elle est réalisée par un dispositif électronique dont le principal acteur est le ***Transistor,*** petit (voire très petit) assemblage de matériaux qui a révolutionné le monde de l'électronique moderne.

(6) le **haut-parleur** qui convertit des signaux électriques en signaux acoustiques. Sa structure a été schématisé ci-après.

Le haut-parleur

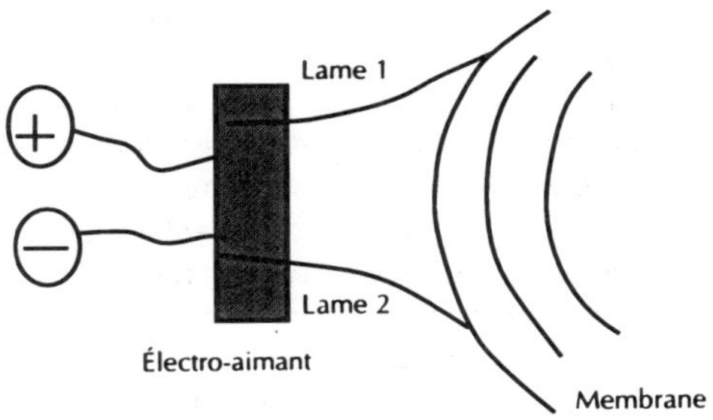

Si le signal a une variation d'amplitude dU (i.e. variation en valeur relative), l'électro-aimant va faire varier l'écartement entre les deux lames proportionnellement à la variation d'amplitude appliquée. Ces deux lames étant directement reliées à la membrane, cette dernière va se déformer créant ainsi une différence de pression du milieu dans lequel elle se trouve (l'air ; le plus souvent). Cette différence de pression agit alors sur nos tympans et c'est ce que nous appelons du son.

Transmission par paquets

Système de transmission de données informatiques par des réseaux de commutation qui envoie au destinataire, au moment où la ligne de communication est libre, les séquences de données provenant d'une installation d'abonnés (terminal ou ordinateur) découpées en court-tronçon appelés paquets. Cette façon de procéder permet de multiplier le nombre d'utilisateurs de la même ligne, c'est-à-dire de réaliser le **multiplexage**. En France, le système de transmission par paquet est dénommé commercialement ***TRANSPAC***.

TRANSPAC

Marque commerciale de France Télécom et qui correspond au réseau de service public de transmission de données fonctionnant en commutation par paquets. Il permet des vitesses de 50 bits/seconde à 96 kb/seconde. Les utilisateurs peuvent accéder directement à TRANSPAC ou le faire par les réseaux téléphoniques ou télex.

L'échange d'information sur ce réseau donne lieu à une tarification indépendante de la distance entre les deux correspondants, de la vitesse d'accès des abonnés. Cette tarification est cependant proportionnelle au volume des données transmises dans les deux sens.

Travail et Communication

Comme toute activité collective/humaine, le travail ne saurait avoir de réalité sans que les individus impliqués ne communiquent entre eux. Les pratiques qui en découlent sont diverses. Elles peuvent concerner les relations entre les employeurs/dirigeants d'entreprise et les salariés mais aussi celles des salariés entre eux. Il y a donc deux formes de communication liée au travail. L'une relève de pratiques agissant sur le travail reposant sur des supports classiques : presse d'entreprise ou syndicale, vidéogrammes, objets uniformes symbolisant la vie sociale commune de l'entreprise (pulls ou tee-shirts, cafétéria ou parking identiques) ou badges syndicaux, par exemple. L'autre s'institue et agit dans le travail par des dispositifs comme les cercles de qualité, ou bien par un ensemble de pratiques non formalisées qui associent les salariés dans l'exercice de leur travail.

1. Communiquer sur le travail

Pour comprendre la multiplicité des supports, il faut avoir à l'esprit que la communication dans l'entreprise ne doit pas être réduite aux initiatives émanant de la seule direction. L'activité des organisations syndicales, ou d'associations professionnelles, mutualistes, ou même de loisirs, fait également partie de cet ensemble d'actions idéologiques. Autrement dit, pour comprendre le contenu, ou bien l'efficacité éventuelle des différents supports, il faut prendre en considération toutes les idées circulant dans l'entreprise. Ces idées se combattent ou se complètent, s'excluent ou s'impliquent réciproquement, mais d'une façon ou d'une autre, elles sont corrélées, positivement ou négativement. On s'attachera ici à décrire quelques supports-clé, retenus en raison de leur durabilité historique. C'est le cas tout particulièrement de la presse, d'entreprise ou syndicale, dont la constance est un phénomène tout-à-fait remarquable.

Par **presse d'entreprise**, on entend généralement celle qui est publiée à l'initiative de la direction. Ce n'est pas une nouveauté des dernières années. Dès les années 1920, des entreprises, et non des moindres comme l'entreprise familiale des automobiles Peugeot, ou les compagnies de chemin de fer (avant qu'elles ne soient nationalisées dans le cadre de la SNCF), diffusent à leurs salariés respectifs des journaux, où l'on trouve des rubriques faisant appel aux lecteurs pour améliorer la qualité du service ! Après la Seconde Guerre mondiale, dans les années 1950 et 1960, de très nombreuses entreprises industrielles créent un « journal d'usine » et/ou un **journal d'entreprise**. On y trouve des rubriques sur la vie de l'entreprise, que ce soit sur les aménagements techniques ou les résultats financiers, ou encore sur les événements sociaux entendus au sens de familiaux (naissances, mariages, etc.), professionnels (départs en retraite, remise de médailles du travail...).

La fréquence de publication varie évidemment selon les entreprises, mais elle est souvent trimestrielle. Les moyens d'édition ne sont pas décentralisés, et la technique de fabrication est proche de celle de la presse classique, la publication d'un numéro est donc une opération relativement lourde. Beaucoup de ces journaux vont disparaître durant les années 1970, lorsque les entreprises vont repenser leur stratégie en intégrant un facteur crise. Les journaux, dont l'efficacité est difficile à évaluer sont considérés par nombre de dirigeants comme un luxe inutile en situation de vaches maigres et de budgets resserrés.

Il est vrai que ces journaux ont été conçus comme des outils de ***propagande***, destinés à faire pièce aux tracts et bulletins syndicaux. C'est le patronat lui-même, et non des salariés volontaires, qui leur donne un ton et un contenu desquels tout discussion est absente. L'entreprise est sacralisée, et le travail également. Cela étant, les journaux modernes ne font pas toujours différemment mais avec un autre vocabulaire et une activité syndicale réduite. Il y a toutefois quelques exemples de publications assurés avec l'aide de salariés.

Les journaux actuels bénéficient d'une technique de fabrication plus performante et plus souple avec la micro-édition informatisée. Cette dernière permet à de petites unités de publier des lettres et des bulletins à périodicité élevée, qui peut être hebdomadaire pour des feuilles dont l'intitulé est fréquemment *Flash Hebdo*. La décentralisation de la presse d'entreprise peut aboutir à multiplier les supports sans que l'on puisse voir dans cette profusion de bulletins une politique coordonnée : il s'agit plutôt d'initiatives qui se superposent les unes sur les autres. Dans des entreprises dotées de grosses administrations, il se peut que des salariés reçoivent jusqu'à sept bulletins ou journaux provenant des différentes structures avant que la direction centrale ne réagisse pour réduire ce nombre.

Ces journaux s'ajoutent à d'autres supports tels que les films ou, plus récemment, les vidéogrammes, voire les ouvrages rapportant en termes très sélectifs l'histoire de l'entreprise. Dans ces productions, la vie sociale de l'entreprise est très aseptisée. Quand elles rapportent le passé, le travail manuel est glorifié, indépendamment des conflits qui marquent généralement la vie des grands centres industriels. Quand elles s'attachent au présent, les salariés y sont montrés en blouse blanche afin que soit promue une image valorisée et valorisante du travail. Il y a donc une certaine continuité dans le temps, une constance dans le tracé d'une image euphorisante de l'entreprise et du travail.

Ceci ne signifie pas que ces outils de communication (ou de propagande) soient dénués d'efficacité, mais cette dernière est très difficile à déterminer. L'intuition, quand ce n'est pas l'affirmation, supplée à l'absence d'études sérieuses (les enquêtes auprès des lecteurs ne sont guère fiables). Les réactions syndicales, le courrier des lecteurs, les discussions dans les couloirs ou à la cafétéria, sont autant d'indices permettant aux responsables d'entreprise d'avoir une idée sur la réception des supports journaux ou vidéogrammes.

Le problème n'est guère différent en ce qui concerne la **presse syndicale** (les productions filmiques étant rares). Le tract et le journal sont des vecteurs-clé de l'action syndicale. Les premiers ont (eu) une périodicité très élevée qui peut être hebdomadaire dans les grandes unités, ou journalière en cas de conflit ouvert. Ils attirent l'attention sur un fait précis, reproduisant une position nationale ou locale. Dans tous les cas, ils répondent à l'actualité, ils présentent des revendications, des comptes rendus de réunions du comité d'entreprise par exemple.

Le bulletin syndical local, distribué à tous les salariés et non aux seuls syndiqués, a un rythme de parution moins rapide. Son contenu s'en ressent puisqu'il s'agit plutôt d'exprimer des positions de fond, des réflexions. La faiblesse actuelle des syndicats a souvent fait disparaître ce dernier support de diffusion, mais dans les années 1960 ou 1970, de grosses sections syndicales publiaient souvent des bulletins tous les deux mois sous la forme de feuilles agrafées. Comme les journaux d'entreprise, les journaux syndicaux ont tiré parti des instruments informatiques de micro-édition, mais sans avoir des moyens équivalents à ceux des directions. Pas plus que celle de leurs homologues, il n'est aisé de mesurer l'audience des publications syndicales. Là encore, c'est l'intuition, la prise en compte des réactions vécues sur le terrain qui servira d'instrument de mesure.

Les syndicats disposent d'autres vecteurs, moins formalisés de diffusion de leurs idées. Longtemps, ils ont été les seuls à être présents sur le terrain. La nouveauté des années 1980 et 1990 réside dans le fait que, désormais, la direction leur dispute cette relation privilégiée aux salariés.

2. Communiquer dans le travail

Imaginer que les entreprises aient pu être des espaces sans communication, comme semblent le suggérer ceux qui font de la communication une caractéristique récente, est à l'évidence une affirmation sans fondement. Il y a bien eu des changements profonds depuis l'offensive communicationnelle des années 1980, mais par déplacement des pratiques et non par irruption de la communication dans un milieu qui en aurait été privé jusqu'alors.

Fondamentalement, la politique de communication menée par les directions d'entreprise part d'un constat effectué au cours des années 1970 selon lequel, sur le plan idéologique, seules les organisations syndicales sont en contact réel, quotidien avec les salariés. Déjà, l'introduction, ou plutôt la tentative d'introduire, à la fin des années 1960 la doctrine des relations humaines à travers la formation de l'encadrement intermédiaire participait de cette conclusion. L'absence de tout autre réforme débouche sur l'insuccès de cet essai. Avec les restructurations industrielles des années 1970 se renouvellent les conditions qui, dès lors, permettent de modifier les rapports hiérarchiques et les relations de travail. Quelles qu'en soient les formes, les transformations sont impulsées par une volonté de rendre plus directs les rapports des salariés à leur travail et aux divers niveaux de l'organisation.

Deux éléments structurent les rapports que les directions tentent de modifier. En premier lieu, il s'agit de remédier à la prégnance des intermédiaires syndicaux dans les relations sociales. Cette situation est un héritage de l'histoire durant laquelle les directions patronales ont délaissé le terrain idéologique. Il y a bien sûr quelques exceptions, comme certaines entreprises automobiles, là où des syndicats-maison, contrôlés par les directions pratiquent une sorte de paternalisme à l'ancienne. Mais globalement, les directions d'entreprise ne s'adressent guère à leurs salariés, tout au moins en dehors d'événements très forts : une fête ou une grève qui se prolonge. En période « normale », ce sont les délégués syndicaux qui constituent les interlocuteurs des salariés pour porter une demande à la direction. La nouvelle politique passe par le développement de la presse et d'autres supports, évoqués plus haut, ainsi que par un rôle différent de l'encadrement. Les cadres intermédiaires (formant la maîtrise) vont, dès les années 1970, se mettre à l'écoute des salariés pour porter leurs demandes vers le sommet de la hiérarchie et devenir des relais parallèles aux syndicats.

En second lieu, les entreprises vont tenter de défaire les liens horizontaux construits dans l'exercice du travail. Moins tayloriennes qu'il n'est généralement dit, les relations de travail accordent une place importante aux ouvriers qualifiés dans de nombreuses branches industrielles. Dans les grandes usines, plus particulièrement dans celles où la production ne repose pas sur la chaîne, les ouvriers ont des marges de manœuvre non négligeables par rapport au travail prescrit. Ils profitent parfois de la complicité, passive, des agents de maîtrise – eux-mêmes anciens ouvriers – et, éventuellement, d'une politique de laissez-faire des ingénieurs tant que les objectifs de production sont respectés. De ce fait, les pratiques ouvrières supposent une entente sur le mode de fonctionnement des ateliers ou service. Les vestiaires, le chantier sont les lieux propices de l'échange, de la discussion, du resserrement des liens. Pendant longtemps, il s'établit un jeu entre la volonté patronale de réformer les rapports de travail, de l'extérieur, grâce à des outils de production plus automatisés ou grâce à un nouveau type d'encadrement contestant la prééminence syndicale dans l'espace matérialisé du travail.

Le lancement des cercles de qualité, le renouvellement des critères et méthodes de recrutement, surtout pour l'encadrement intermédiaire s'inscrivent dans cette dynamique. L'introduction d'outils sophistiqués comme les robots ou les systèmes-experts, quant à elle, touche le cœur du processus de travail. Il ne s'agit pas nécessairement d'une conception qui s'opposerait au taylorisme ; au contraire, tout comme celles que préconisaient Taylor, les mesures modernes tentent d'intensifier le travail en évitant une trop forte malléabilité des actes de travail. Pour construire les systèmes, il est nécessaire de tirer parti des qualifications des salariés sans leur laisser par la suite le contrôle des outils ainsi élaborés. En même temps qu'un appel à l'autonomie active des opérateurs, plus impliqués dans la gestion du « juste-à-temps » (afin de réduire le stock de pièces détachées) par exemple, cette politique circonscrit donc strictement les limites au sein desquelles cette autonomie peut intervenir.

Les nouvelles technologies de communication utilisées dans le travail n'élargissent pas le champ de la communication, elles le formalisent différemment en le restructurant. La circulation des données numérisées suppose un alourdissement des tâches de préparation de l'information et l'investissement dans des équipements coûteux. Les entreprises donneuses d'ordre en imposent le principe à leurs sous-traitants dont la fragilité s'en trouve accrue.

En outre, la reconstitution de marges d'incertitude pour la direction est inéluctable. La technicisation – notamment l'informatisation – des moyens de production les rend vulnérables aux pannes dont les conséquences peuvent affecter l'ensemble du système de machines. Le fonctionnement à flux tendus rend le déroulement des opérations de production également très sensible aux tensions sociales. Un blocage de quelques secteurs est susceptible de conduire à un ralentissement de tout le dispositif que ces secteurs commandent.

Il semble qu'une sorte de spirale marque l'évolution des relations de travail. Les directions d'entreprise cherchent à mieux contrôler les pratiques de salariés en les encadrant/organisant. Elles tentent de s'en abstraire par le recours à des outils de plus en plus automatisés/numérisés. Mais ces nouvelles méthodes ne résolvent les problèmes rencontrés qu'en les déplaçant. Des points faibles apparaissent à différents segments du processus de travail, et l'efficacité des nouvelles machines impliquent de très lourds investissements dont la rentabilité n'est pas toujours assurée. Il s'avère que la sophistication des moyens de travail détermine des formes de communication particulières, très stéréotypées plus qu'elle ne laisse d'autonomie aux salariés. L'informatique permet par ailleurs un contrôle plus étroit du travail effectué puisque toute opération, ou non opération, est enregistrée, ou non enregistrée.

On voit donc que la modernisation de la communication, idéologique ou productive, n'évite pas la réapparition de difficultés, dont certaines s'avèrent être la rémanence de tendances très anciennes.

Tribun

Orateur populaire qui s'exprime sur une sorte d'estrade, dite ***tribune***.

Tribune

1. Lieu légèrement élevé d'où s'expriment les orateurs.
2. Espace de la première page d'un journal quotidien placé sous la manchette et réservé à l'annonce des événements importants. Synonyme : têtière.
3. Une **tribune libre** est une rubrique d'un journal, une émission de radio, ou émission de télévision où s'exprime une personnalité extérieure au média pour donner son opinion sans engager le média.

Tri-standard

Susceptible de recevoir (pour un téléviseur) ou d'enregistrer (pour un magnétoscope) les images en couleur codées en ***NTSC, PAL*** et ***SECAM***.

TSA

Taxe spéciale additionnelle. La TSA correspond à un prélèvement sur les recettes d'***exploitation des salles de cinéma***, quelle que soit le pays d'origine du film programmé dans une salle en France. Elle représente environ 11 % du prix du billet. L'objet de cette taxe est de participer au financement de la production cinématographique française. Certains font observer que la plus forte résistance du cinéma français face à la production américaine repose sur le mécanisme de la TSA dont les recettes proviennent en grande partie des entrées suscitées par ces mêmes films américains qui mettent en difficultés les productions des autres pays du monde.

T.S.F. (Télégraphie sans fil)

Voir ***Télégraphie, Radio***.

Tube cathodique
Tube électronique qui équipe les téléviseurs (autres que les télévisions à écran plat), qui sert à produire l'image à partir d'un signal vidéo faisant ainsi fonction d'***écran*** de visualisation du téléviseur ou du moniteur.

Tuner
Anglicisme qui désigne l'appareil qui sert, en s'accordant à la longueur d'onde de l'émetteur, à transformer le ***ondes*** radio ou télévision provenant d'une antenne en signaux électroniques qui seront traités pour donner des images et/ou du son.

Tunnel
Ensemble d'annonces ou spots publicitaires qui se suivent, aussi bien dans la presse qu'à la radio et à la télévision. Un spot au milieu du tunnel a généralement moins d'impact qu'au début ou à la fin.

Turing Alan, (Machine de -)
Voir ***Informatique***.

TVHD
Voir ***Télévision à Haute Définition***.

Two steps flow
Théorie sociologique de l'efficacité de la communication due principalement à E. Katz et P. Lazarsfeld. Voir ***Communication en deux étapes (Théorie de la -), Sociologie de l'information***.

Typographie
1. Composition et mise en page d'un texte selon un type de caractères.
2. Premier procédé d'impression en relief, utilisant d'abord des caractères en bois, puis en plomb. Si l'invention de l'imprimerie par typographie est attribuée à Gutenberg, il faut reconnaître qu'on utilisait bien avant la **xylographie** qui est un relief pour impression obtenu par la gravure sur bois.

Typologie
Méthode d'élaboration des types par simplification de la réalité et par classification sur la base de plusieurs critères de discrimination quantitatifs et/ou qualitatifs.
Par exemple une typologie des entreprises permet de classer les entreprises en fonction du critère juridique (qualitatif), du critère taille par l'effectif salarié (quantitatif), par le secteur d'activité (qualitatif). De même en mercatique et étude de marché, les prospects sont distingués en fonction de critères quantitatifs (revenu, âge...) et qualitatifs (mobile et motivation d'achat, comportement vis-à-vis de la publicité...). Pour la typologie des médias, voir ***Média, Radio, Télévision***.

Typomètre
Instrument de mesure du corps des caractères d'imprimerie. Il comporte d'un côté une graduation en millimètres et de l'autre une graduation typographique en quart de cicéro, autrement dit une graduation de trois points typographiques en trois points typographiques, sachant que le point typographique ou point Didot mesure en France 0, 3759 mm. Aux États-Unis, le point typographique mesure 0,351 mm. En France 12 points forment une mesure dite un « **douze** ». Aux États-Unis, 12 points font un « **pica** ».

Typon
Marque déposée de films suisses qui servent à graver les plaques ***offset*** qui seront placées sur les cylindres à raison d'une film ou typon par couleur.

U

UAL (Unité Arithmétique et Logique)
Partie de l'unité centrale d'un ordinateur chargée d'effectuer les opérations mathématiques – addition, soustraction, multiplication, division – et logiques – « et », « ou », inclusion, exclusion, etc.

UAP (*Universal Availability to Publications*)
Voir ***Bibliographie***.

Ubiquité
Faculté supranaturelle donnant la possibilité de se trouver physiquement dans plusieurs lieux en même temps. Jésus et les grands prophètes sont réputés pour le don d'ubiquité qui les caractérisait. L'un des mythes de la société de communication est justement que tous les outils (caméra, ordinateurs, terminaux télématiques, satellites...) peuvent offrir à l'individu une ubiquité partielle, comme l'exemplifie bien le principe de la visioconférence. Un seul professeur peut animer une formation ou donner une conférence, alors que ses interlocuteurs sont disséminés, parfois à plusieurs milliers de kilomètres de lui et des autres participants. L'absence est palliée par la procuration de la retransmission vidéo en direct. Une interaction est même autorisée par des systèmes d'interrogation-réponse à distance.

UDA (Union des Annonceurs)
Association française des annonceurs publicitaires qui intervient en tant que représentant des annonceurs auprès des pouvoirs publics, les associations professionnelles des agences de communication et les associations de défense des consommateurs.

UER (Union Européenne de Radiodiffusion)
Organisme international créé en 1950 qui regroupe les radiodiffuseurs européens à vocation nationale et qui assure la collaboration de ces organismes en matières de radio et de télévision. L'UER est le fondateur de l'Eurovision. Elle organise la circulation des ***EVN, European Video News,*** images filmées par les différentes télévisions membres et mises à la disposition des autres membres.

UHF (Ultra Haute Fréquence)
Bande de fréquences élevées qui est comprise entre 300 et 3 000 MHz (mégahertz). Cette gamme de ***fréquences*** est utilisée en télévision pour les émissions en diffusion hertzienne terrestre. En France, Canal + émet cependant en ***VHF***.

UIT (Union Internationale des Télécommunications)
Organisation internationale fondée à Paris en 1865 sous la dénomination d'« Union télégraphique internationale » qui porte depuis 1932, date à laquelle elle a été officiellement constituée, le nom actuel d'« Union internationale des télécommunications » et est devenue une institution spécialisée de l'ONU en 1947. Les États membres sont répartis en deux catégories : les membres ordinaires et les membres associés. Le texte de base régissant ses activités est la dernière Convention Internationale des Télécommunications, signée à Nairobi en 1982.

L'UIT s'emploie à encourager les pays à collaborer dans l'emploi de tous les modes de télécommunications, ainsi qu'à promouvoir le développement de la technologie et à harmoniser les politiques nationales dans ce domaine. La politique générale de l'Organisation est arrêtée par la Conférence des plénipotentiaires qui s'occupe notamment de réviser la Convention internationale des Télécommunications.

Les organes permanents de l'UIT sont le Conseil international d'enregistrement des fréquences (IFRB), le Comité consultatif international télégraphique et téléphonique (**CCITT**) et le Comité consultatif international de la radiodiffusion (**CCIR**).

Le CCIR donne son avis sur les normes internationales concernant les radiocommunications ; le CCIR donne son avis concernant la conception et l'exploitation des services publics de télégraphe et de téléphone, les réseaux de transmission des données et les protocoles applicables à ces réseaux. L'Assemblée plénière qui se réunit tous les quatre ans, a émis jusqu'en 1991 une série de recommandations regroupées quadriennalement dans un livre repéré par la couleur de sa couverture, ainsi « le Livre rouge » (1984), et le dernier en date

le « Livre bleu ». Depuis 1991, les recommandations des commissions d'études sont publiées en fascicules séparés.
Le CCITT est chargé de spécifier les règles d'exploitation des services télégraphiques internationaux et de définir les spécifications techniques des terminaux et des réseaux. Le CCITT est l'acteur principal de la normalisation du ***RNIS (« Réseau Numérique à Intégration de Services »)*** et est impliqué dans le développement de l'***OSI*** avec sa Recommandation X-200.

U-Matic
Format de vidéo en trois quarts de pouce, utilisé généralement par des professionnels.

Underwriting
Forme particulière de ***parrainage*** appliquée aux émissions de télévision : l'émission est supportée par un annonceur qui obtient le passage d'une publicité au début et à la fin du programme. Le sens premier de ce mot anglais, autre qu'assurance maritime, est l'écriture de son nom en bas d'une feuille. Ici la feuille est remplacée par le programme de la télévision, et la signature apparaît au début et à la fin. Voir « ***Soap opera*** », « ***Bartering*** ».

Une
Première page d'un quotidien. L'expression « faire la une » s'applique à un événement très important. La une est ce qui se voit immédiatement chez le marchand de journaux, c'est par conséquent ce qui peut faire vendre des numéros supplémentaires, d'où le soin nécessaire à apporter à sa conception.
Pour un livre, une revue, on parle de la première de couverture.

UNESCO (*United Nations Educational Scientific and Cultural Organization*)
Organisation des Nations Unies pour l'éducation, la science et la culture. L'UNESCO est une institution spécialisée de l'Organisation des Nations Unies fondée en 1946 et dont le siège est à Paris. Elle a notamment pour but de contribuer au maintien de la paix et de la sécurité dans le monde, en œuvrant dans les domaines de la diffusion de la science et de l'éducation, en développant la coopération des nations dans ces domaines, en valorisant le patrimoine culturel de l'humanité et en favorisant les communications entre les peuples, avec le souci du respect des droits de l'homme et des libertés fondamentales. Pour certains, comme les autorités américaines au début des 1980, l'UNESCO est surtout le forum où s'exprime de manière incessante les revendications des pays du tiers monde. Le **rapport MacBride sur Nouvel Ordre Mondial de l'Information et la Communication (NOMIC)** est exemplaire de ce type de revendications qui conduiront les États-Unis, suivis du Royaume-Uni à se retirer pendant plusieurs années de l'Unesco. Il est certain que celle-ci aide surtout les pays les plus démunis en utilisant les contributions versées par les pays les plus riches. Cette aide concerne notamment le développement des médias dans les pays du tiers monde. L'Unesco dispose de différents programmes de soutiens d'actions dans les différents domaines de la communication dans le tiers monde, comme le PIDC (Programme international pour le développement de la communication), et dans le domaine de l'***information scientifique et technique (IST),*** comme par exemple l'**UNISIST**. Voir ***Technologies d'information et de communication et niveau de développement économique***.

UNIMARC
Voir ***MARC (Machine Readable Catalogue : Catalogue lisible en machine)***.

Unique selling proposition
Recommandation de bon sens de l'agence de publicité américaine Ted Bates, faite en 1940, élevée au rang de théorie en publicité : elle indique, en effet, qu'un message de publicité ne doit comporter qu'une seule promesse ou proposition au consommateur. Cette proposition doit porter sur le point fort et distinctif du produit à l'égard des concurrents. Avec le vocabulaire de l'économie industrielle, on dira que la publicité doit mettre en évidence l'avantage concurrentiel du produit ou du service.

UNISIST
Programme de l'***Unesco*** pour le développement de l'***information scientifique et technique***.

Unité centrale (*Central Processing Unit : CPU*)
Partie essentielle de l'ordinateur. Elle contient le microprocesseur, les mémoires. Elle est chargée de recevoir les instructions et exécute les programmes. Tous les périphériques y sont donc connectés : écran, clavier, imprimante, disque dur, disquette, etc.

Universel (Service -)
Voir ***Service universel***.

Usenet (Users Network)
Voir ***Conférence électronique***.

Usure d'une marque
Synonyme d'obsolescence.

V

V 2000

Format de magnétoscope à cassettes grand public de 1/2 pouce mis au point en 1979 par les firmes européennes Grundig et Philips en vue de concurrencer le standard ***VHS*** de JVC et le Betamax de Sony. Son arrivée tardive sur le marché a été la cause principale de son échec, et de son retrait assez rapide, malgré son économicité : la cassette V 2000, comme une cassette audio, est réversible ce qui permet d'avoir jusqu'à huit heures d'enregistrement.

Variétés

Spectacle, émission de télévision présentant diverses attractions (chansons à la mode, danses, numéro de cirque, etc.).

VCR (*Video Cassette Recorder*)

Sigle et son développement en anglais pour : ***magnétoscope*** à cassettes.

Vectorielle (Architecture -)

Voir ***Calcul vectoriel***.

Veille stratégique, veille technologique

Activité d'observation et d'analyse de l'évolution scientifique, technique, technologique, commerciale, concurrentielle, sociale et des impacts économiques actuels ou potentiels correspondants, pour dégager les menaces ou les opportunités de développement d'une société, soucieuse d'agir en tenant compte de son environnement. De cette définition se dégage les notions de surveillance, recueil de l'information et décision stratégique. Ces trois activités sont au cœur de la problématique de la veille stratégique, dont la dimension technologique a souvent été privilégiée.

C'est initialement au Japon que les activités de type veille technologique se sont développées pour répondre aux besoins industriels en matière de compétitivité. La réussite économique du Japon jugée « éclatante » a été attribuée à sa capacité pour opérer une surveillance systématique de tous les secteurs d'activité et à rassembler et exploiter rationnellement des masses importantes d'informations publiées dans le monde. Dans un contexte économique où la compétition entre les entreprises est accrue, l'accès à des savoirs et des savoir-faire nouveaux représente un enjeu primordial. La maîtrise des informations apparaît comme une composante essentielle de la réussite, la nécessité pour l'entreprise de réunir des informations se fait donc sentir plus précisément. La veille technologique développée au Japon, basée sur la recherche d'une information stratégique pour l'entreprise a été un modèle pour le système français. Des déclarations, de personnalités dirigeantes, telles que « l'information est la clé de l'élaboration des stratégies » se font de plus en plus nombreuses. Le terme de veille technologique a été officiellement introduit en France en 1988, date à laquelle le ministre de la recherche et de l'enseignement supérieur a créé un comité d'Orientation Stratégique de l'Information Scientifique et Technique et de la Veille Technologique.

Il est patent que les stratégies d'entreprise, pour une meilleure compétitivité, sont nécessairement liées aux innovations qui, introduites dans le circuit économiques, représentent un progrès. Or l'innovation implique une grande vigilance et une surveillance permanente. La nécessité absolue d'innover, c'est-à-dire de ne pas vivre sur les acquits, a induit de la même façon, une prise de conscience croissante de l'importance de maîtriser les informations industrielles.

C'est dans ce contexte, où les performances compétitives sont étroitement associées à la surveillance de l'information environnant le monde industriel, que l'activité de Veille Technologique s'est développée. Pour les économistes, l'information est désormais le troisième facteur de production après la main d'œuvre et le capital, expliquant plus de la moitié du taux de croissance annuel des nations industrialisées sur une longue période. Cependant, si l'information est reconnue indispensable à l'entreprise pour assurer sa production et préparer son évolution, c'est d'une information stratégique, source de renseignement et de connaissance, dont il s'agit. Or les flux d'information diffusés par les multiples vecteurs de communication conduisent généralement à une « surinformation » qui, à l'inverse, n'engendrent généralement pas une meilleure connaissance de l'environnement industriel. Cette « sur-information » a tendance à noyer l'information recherchée (ou **information critique**, nécessaire, indispensable). Les décideurs ont besoin, dans les entreprises, d'une information ciblée pour étayer leurs stratégies et élaborer des plans d'action.

Les informations utiles à l'entreprise sont de natures très variées, elles ne se résument pas aux seules connaissances techniques ou technologiques. La maîtrise d'informations d'ordre économique, financier, commercial, scientifique, technique, sociologique, politique, juridique, ou encore concernant les clients, les sous-traitants, les fournisseurs... font partie de la compétition industrielle actuelle. À ce titre, la veille technologique est un système de surveillance de l'environnement global de l'entreprise. Cela se traduit par le fait que, bien que ce soit le terme de veille technologique qui ait été officiellement choisi, et qui est le plus couramment utilisé, les appellations **veille industrielle, veille globale, veille environnementale, veille stratégique, veille informative, veille concurrentielle, veille commerciale, veille d'acquisition, veille sociale** ou **veille des Ressources Humaines,** et enfin **veille financière** sont parfois introduites.

Le cadre est posé : une compétition industrielle efficace est synonyme de la maîtrise d'une information critique et stratégique. La Veille Technologique est le système susceptible de fournir cette information spécifique aux entreprises. Dès la fin des années 80, une « **Structure de Surveillance Sectorielle Systématique** » (**4 S**) intégrant les données essentielles de la problématique et conduisant à la mise en place d'une exploitation des informations industrielles a été conçue. F. Jakobiak, auteur du système 4 S en a donné la définition suivante : 4 S est le « moyen de réalisation d'une surveillance stricte des informations émanant de secteurs variés d'activités économiques et industrielles, c'est-à-dire de l'information industrielle ». Six opérations majeures, regroupées en trois réseaux d'acteurs, constituent le système 4 S.

- Les trois premières opérations sont confiées à un réseau de guetteurs ou d'observateurs, le plus souvent spécialistes de l'information documentaire dont les objectifs sont la recherche, la collecte et la diffusion de l'information brute. À ce premier stade les informations sont en partie sélectionnées.
- Les deux opérations suivantes concernent les experts du domaine dont le travail est de traiter l'information puis de l'analyser et la valider, c'est-à-dire de traduire le corpus d'informations initiales en une information synthétique et condensée, nommée information critique.
- La sixième et dernière opération appartient aux décideurs qui utilisent l'information critique pour établir des stratégies d'entreprise ou des politiques de propriété industrielle.

La veille technologique consiste donc en une chaîne de réseaux d'acteurs dont le but est de transformer des masses importantes d'information, cruciale au développement et à la compétitivité de l'entreprise, en une information synthétique et ciblée, qui sera la base de l'élaboration de nouvelles stratégies d'action et d'innovation.

La recherche d'information qui incombe au premier réseau, celui des observateurs est ciblée sur des sources d'information variées : les ***banques de données***, les revues (journaux, publications, périodiques divers), les revues secondaires et/ou les revues sommaires, les revues de veille technologique, les livres, les thèses. Depuis ces dernières années l'utilisation de banques de données spécialisées, en particulier les banques de données brevets, constitue l'outil le plus important de recherche documentaire. Une partie importante de l'information est puisée par ce biais. Il s'agit cependant principalement d'information scientifique et technique, d'une part, parce que ce sont les informations scientifiques et techniques qui font le plus souvent l'objet de banques de données et, d'autre part, cela se justifie par la position centrale de l'information brevet dans l'exploitation systématique de l'information industrielle. Une dernière remarque s'impose. Les actions de collecte que nous venons de présenter font référence à la collecte et au traitement de l'**information formelle**, c'est-à-dire de l'**information codifiée**, bien définie, constituée en majeure partie d'informations publiées. Or dans la démarche de veille technologique, l'information informelle joue aussi un rôle très important. Ce type d'information n'est pas négligée et fait partie intégrante du processus. On nomme **information informelle** l'information contenue dans les prospectus de foire et d'exposition, l'information recueillie au cours de visites techniques ou commerciales.

Le traitement des informations attribuées au deuxième réseau, celui des experts, mérite une attention particulière. Les banques de données sont actuellement en fort développement et regroupent des quantités importantes de références bibliographiques, scientifiques et/ou techniques. Pour gérer et analyser de telles quantités d'information un outil informatique de traitement statistique, la ***bibliométrie***, est de plus en plus systématiquement utilisé. La méthodologie de la bibliométrie est basée sur le traitement de référence de document. Il est important de préciser que cet outil permet un traitement de l'information documentaire totalement automatisé. Ce travail ne peut être assuré que par des spécialistes de la bibliométrie, maîtrisant à la fois, recherche documentaire et informatique. Il constitue un maillon crucial de la chaîne d'activité de la Veille Technologique.

Enfin, le troisième réseau, celui des décideurs a pour tâche d'assurer une exploitation de l'information pour la politique de Recherche et Développement des industries ou le transfert de technologies. Voir ***Intelligence économique, Secret***.

Vélin

Originellement, peau de veau ou de mouton traitée pour servir de support à l'écriture, de la peinture. Aujourd'hui le papier vélin est un papier de luxe qui reproduit la blancheur et l'uni du vélin sans la marque de filigrane ou vergeure qui caractérise le ***vergé***.

Ventre

Milieu de la ***une***, dans la presse quotidienne.

Verbatim

Reprise intégrale des propos recueillis lors d'un ***entretien*** ou d'un ***interview***.

Verba volent, scripta manent

Sentence latine qui se traduit par : les paroles s'envolent, les écrits restent.

Vergé

Papier qui présente des vergeures, c'est-à-dire des traces de fils qui ressemblent à un filigrane. Voir ***Vélin***.

Verso

Revers d'un feuillet (en latin « folio verso » signifie sur le feuillet tourné) et, logiquement, page de gauche pour un livre ou un journal. Elle a donc toujours un numéro pair. Le verso est opposé au recto qui a toujours dans une revue ou un livre un numéro de page impair.

La page verso a généralement un tarif publicitaire moins élevé que la page recto, qui est supposée être vue en premier lorsque le lecteur tourne les pages d'un journal ou d'une revue.

Vestiges

Voir ***Incunable***.

Veuve

Dernière ligne d'un paragraphe qui se trouve seule en haut d'une page. Voir ***Orpheline***.

VHF (*Very High Frequency*)

Bande de fréquence élevée (entre 30 et 300 MHz) sur laquelle sont transmises la radio en modulation de fréquence (bande FM) et les émissions de télévision de Canal plus en France.

VHS (Video Home System)

Format de magnétoscope à cassette grand public inventé par la firme japonaise JVC en 1974, présenté au public en octobre 1975 et commercialisé en 1976. Il fonctionne avec une bande magnétique de 1/2 pouce. Bien qu'il ait été lancé un an après le ***Betamax*** de la firme japonaise Sony, le format VHS s'est imposé sur le marché, malgré la concurrence d'un nouveau standard de qualité, le ***V 2000***, lancé en 1979 par les firmes européennes Grundig et Philips, standard qui sera vite abandonné.

« Viande froide »

Expression professionnelle pour désigner les biographies constituées à l'avance, mise au « frigo », c'est-à-dire en stock pour un usage en temps opportun.

Vidéaste

Réalisateur de films en vidéo.

Vidéo

Mot invariable, qui en latin signifie je vois, et qui désigne toute technique concernant la formation, l'enregistrement, le traitement ou la transmission de signaux de type télévision. Originellement, vidéo et télévision étaient synonymes, puis la vidéo désigne plus spécifiquement les documents visuels préenregistrés sur une bande magnétique, dite bande vidéo, les enregistrements domestiques ou personnels (non diffusés à distance) par camescope, ainsi que les émissions de télévisions enregistrées sur magnétoscope. C'est à la fin des années soixante-dix que la vidéo à usage domestique a fait son entrée en France. La première société d'édition vidéo est crée en mars 1979 sous le nom de « Régie Cassette », mettant à la disposition du public quelques centaines de vidéocassettes. Un journal, « Télé Cinéma Vidéo » consacré à la vidéo est également édité, suivi de peu par « Vidéo 7 ». Ce nouveau marché, qui au départ, semblait bien aléatoire, commence à susciter le plus grand intérêt de la part des professionnels : une masse d'éditeurs indépendants prennent d'assaut le marché, et surtout les majors américaines créent leurs propres sociétés d'édition vidéo.

Des mesures gouvernementales viendront néanmoins porter un premier coup au développement de la vidéo, avec la décision, dès septembre 1982, d'instaurer une taxe de 600 francs sur les magnétoscopes, et, en mai 1983, d'appliquer un taux de TVA majoré (à l'époque, il était de 33,33 %) sur le matériel vidéo, y compris les vidéocassettes préenregistrées, au lieu du taux normal (de 18,60 % à l'époque, alors qu'actuellement il est de 20,6 %). La location de cassettes sera également soumise au taux majoré de TVA en 1983.

Il faut attendre septembre 1985, et la naissance de la C.S.E.A., syndicat autonome vis-à-vis du cinéma et du disque, pour que la profession se réorganise. La taxe sur les magnétoscopes est alors abandonnée. L'A.L.P.A., Association de lutte contre la Piraterie Audiovisuelle est créée pour coordonner la chasse aux contrefaçons. Peu à peu, le détaillant vidéo trouve son identité vis-à-vis du consommateur en lui offrant l'essentiel en matière d'images et de rêve, la liberté des choix.

Actuellement, le marché de la vidéo évolue vers une vente directe des produits au public, à des prix de consommation courante, par le biais des grandes surfaces. À la fin des années quatre-vingt, la vente de cassettes vidéo représente les deux tiers du chiffre d'affaires des éditeurs, dynamisant incidemment la location qui se stabilise. Le marché de la vidéo engendre du même coup une nouvelle activité : l'impression de l'image ne pouvant se faire qu'à l'unité, de véritables usines équipées de 3 000 à 5 000 magnétoscopes ont pour activité principale la fabrication et la duplication de cassettes.

En 1996, le chiffre d'affaires du marché français de la vidéo dépasse les 3 milliards de francs (la vente l'emportant largement sur la location), et le taux d'équipement des ménages en magnétoscopes est supérieur à 60 % avec quasiment 16 millions d'appareils.

Le marché de la vidéo se décompose en deux grands domaines : la location et la vente. Sur le marché de la location, un éditeur vend des cassettes à un vidéoclub qui les loue à ses adhérents, et sur marché de la vente, l'éditeur met les cassettes à la disposition d'un magasin (vidéoclub, hypermarché, magasin de disques ou librairie) qui les vendra aux consommateurs désireux de conserver les cassettes à son domicile. La France est un cas atypique car quasiment 90 % du chiffre d'affaires des éditeurs vidéo provient de la vente.

Au niveau mondial, le parc des magnétoscopes est estimé à 220 millions, dont 70 millions pour le marché américain grand consommateur de vidéo (deux fois plus que les Européens) et 66 millions pour l'Europe de l'ouest.

Il n'existe pas un marché européen de la vidéo, mais une mosaïque de marchés qui sont liés aux habitudes socioculturelles et économiques des pays.

Vidéocassette

Bande magnétique sur laquelle on peut enregistrer le son et l'image. On dit également une cassette vidéo.

Vidéo CD

Appellation initialement proposée pour les disques numériques de vidéo dont les capacités sont huit fois celles d'un ***cédérom***. L'appellation qui semble s'imposer est le sigle ***DVD (Digital Video Disc)***. Les autres appellations concurrentes sont : MPEG, Vidéo plein écran, *Full Motion*. Il ne faut pas confondre le DVD avec le ***CD-V***.

Vidéoclip

Anglicisme correspondant à une représentation enregistrée pour télévision d'un programme musical populaire (variété, rock...) accompagné d'un support visuel

Vidéoclub

Boutique qui loue ou vend des vidéocassettes

Vidéocommunication

Terme générique pour toute communication par le moyen de la télévision. Voir ***Visioconférence***.

Vidéoconférence

Synonyme de ***visioconférence***.

Vidéo 2000

Voir ***V 2000***.

Vidéodisque

Disque sur lequel sont enregistrés le son et l'image fixe ou animée, ou plus généralement les programmes audiovisuels restituables sur un écran de télévision en utilisant un vidéolecteur. Il est un concurrent de la bande magnétique avec pour avantage principal l'accès instantané à la séquence, sans qu'il soit nécessaire de faire défiler la bande.

Vidéogramme

Support d'enregistrement et de reproduction de programmes audiovisuels, et ce programme lui-même. Le vidéogramme est donc le document tourné et enregistré sur cassette vidéo, par opposition au film sur pellicule.

Vidéographie

1. Procédé de télécommunication par écrans cathodiques reliés pour une ***communication de diffusion*** – il s'agit alors du ***télétexte*** (c'est par exemple le système Antiope en France) ou **vidéographie diffusée** – ou pour une ***communication interactive*** – et dans ce cas il s'agit du ***vidéotex*** (c'est par exemple le service ***Téletel*** avec ses terminaux ***Minitel*** en France), ou **vidéographie interactive**.
2. Édition de programmes vidéo.

Vidéotex

Service vidéographique interactif qui permet aux usagers des terminaux comportant un écran cathodique et un clavier alphanumérique de communiquer avec des bases de données ou de recourir à des prestations de services en passant par des réseaux ***télématiques,*** qui peuvent être tout simplement le réseau téléphonique. En France, le ***Minitel*** (marque déposée de France-Télécom) permet de consulter les services de ***Télétel*** (nom déposé pour le service de vidéotex de France-Télécom. Télétel ne doit pas être confondu avec le télétexte qui désigne le procédé de distribution dit ***vidéographie*** de diffusion, par opposition au procédé interactif) grâce au réseau du téléphone et à ***TRANSPAC***, le réseau français de commutation des données par paquet.

Télétel fut le premier exemple massif et populaire de services interactifs proposés aux abonnés au téléphone. Ces services vidéotex fonctionnent généralement avec une architecture en ***arborescence*** souvent couplée à une recherche en ***multicritères***. Leurs degrés d'**interactivité** restent tout de même réduits à cause de la lenteur de l'affichage, de la rigidité des **parcours** suggérés et de la faible qualité graphique de la norme utilisée. La norme Télétel développée par France-Télécom pour le vidéotex se traduit notamment par l'affichage à l'écran de 24 lignes de 40 caractères alors que la norme ***ASCII,*** utilisée par les serveurs en information scientifique et technique (serveurs IST), se traduit par un affichage de 40 lignes de 80 caractères et par une vitesse plus grande.

Vidéothèque

Lieu de conservation et de consultation de documents enregistrés sur cassettes vidéo.

Vidéotransmission

Transmission de programmes de télévision sur grand écran, dans des salles équipées. La vidéotransmission est particulièrement utilisée pour des programmes sportifs, des concerts qui font l'événement. Voir ***Télévision en circuit fermé***.

Vie privée (Protection de la -, Atteinte à la -)

Voir ***Droit de la personne et des biens***.

Vignette

Motif décoratif de petite taille, petite illustration d'un texte dans un livre, une revue ou un journal.

Visioconférence

Téléconférence utilisant la technique de la télévision. Permet d'effectuer des liaisons « images et son » entre plusieurs studios éloignés. Son avantage est d'éviter des déplacements longs et donc onéreux pour des réunions qui souvent durent moins de temps que le déplacement en aller-retour. Synonyme : **vidéoconférence**.

France Télécom propose un réseau de studios publics accessibles sur réservation. Pour une salle privée France Télécom fournit l'accès vidéo et sonore ainsi que le raccordement au réseau numérique.

Visiopass

Nom commercial du décodeur désembrouilleur qui permet de suivre les programmes de télévision sur le réseau crypté analogique en France.

Visiophone

Téléphone à image : les correspondants peuvent se voir sur un écran. Son développement avec une qualité d'image animée correcte exige le support de la fibre optique.

Visuel

En publicité, illustration ou prise de vue qui constitue l'un des cinq éléments d'une annonce, les autres éléments étant : le slogan, le texte, le logotype et la signature (ou *base line*).

Vitrauphanie

Publicité par affichage d'un autocollant transparent sur une vitrine du magazine.

Voie de retour

1. En télévision hertzienne, canal de transmission des informations en provenance de la régie vers l'animateur, l'opérateur ou le cadreur.
2. Pour le câble, voie qui assure l'interactivité en transmettant les informations en provenance du récepteur, soit par doublement du câble coaxial en cuivre, soit par la voie unique de la fibre optique.

Voix off

Commentaires d'images enregistrés en studio en l'absence de commentaires ou de son intégrés lors du tournage. La commission de terminologie prescrit la traduction de **voix hors champ**. Cette expression a cependant un autre sens qui est la voix d'un personnage (acteur dans un film, spectateur participant à une émission de télévision) en dehors du cadre.

Volatile (Mémoire -)

Mémoire qui disparaît en éteignant l'ordinateur.

Volume d'écoute

Audience de la radio ou de la télévision mesurée en heures par le produit entre le nombre d'auditeurs ou de téléspectateurs et la durée moyenne de l'audience pour une période donnée.

VTR (*Video Tape Recorder*)

Sigle anglais qui désigne le magnétoscope à bandes. Le magnétoscope à cassettes est le ***VCR***.

Vulgarisation

Voir ***Communication scientifique***.

W

W3

Voir **WWW (*World-Wide Web* :Toile d'araignée mondiale)**.

Wafer

Mot anglais signifiant **gaufrette** et qui désigne dans l'industrie des composants électroniques une rondelle découpée dans une barre de silicium, d'une dizaine de centimètres de longueur et de quelques millimètres d'épaisseur, sur laquelle sont gravés les circuits intégrés. Le *wafer* est ensuite découpé en carrés d'un centimètre de côté (donnant l'apparence d'une gaufrette) qui deviendront de microprocesseurs ou mémoires.

WAIS (*Wide Area Information System*)

Un des ***serveurs*** de recherche d'information de l'***Internet***. Il est constitué par un ensemble de logiciels qui permettent sur les serveurs de créer des bases de données indexées, et pour les clients d'y accéder. Il réunit trois programmes :

– le programme d'indexation qui permet d'indexer en texte intégral un ensemble de fichiers ;

– le programme serveur qui répond aux interrogations demandées par les différents clients ;

– le programme client qui envoie les interrogations à un ou plusieurs programmes serveurs.

Le client et le serveur communiquent selon le protocole Z39.50.

WAIS présente ce caractère exceptionnel sur l'Internet de provenir d'un projet réunissant trois entreprises commerciales : Apple, vendeur d'ordinateurs personnels, Thinking Machine, constructeur d'ordinateurs munis d'un grand nombre de processeurs et donc aptes à la recherche rapide des données, Dow Jones, courtier en information. L'idée charpente du projet étant que dans le monde de l'information pléthorique, un ordinateur peut conserver et sélectionner la bonne information ; en quelque sorte faire le travail d'un ***bibliothécaire*** spécialisé.

La base documentaire est constituée d'un ensemble de documents qui peuvent être de types différents, archives de nouvelles, paragraphes, images, sons..., sous divers formats. Chaque mot d'un document est indexé sur la « machine serveur », les questions posées sur la station de l'utilisateur consistent en un ensemble de mots, le serveur répond par un ensemble de documents classés selon un « score » correspondant au maximum d'occurrences des mots de la question. Pour permettre l'interrogation d'une base bibliographique sous « Wais », il faut produire et indexer un fichier séquentiel dans lequel chaque notice est séparée par une ligne blanche ; chaque notice correspond à un document « Wais ».

WAIS offre la possibilité de rechercher selon la pertinence remarquée sur un autre document déjà sélectionné. WAIS recherche alors, à partir des descripteurs du document sélectionné en les pondérant en fonction de leur emplacement dans la structure du document. Cette fonction devient, dans le cas de la recherche sur texte intégral un filtre efficace, car il se fonde sur le langage de la « communauté scientifique ».

La consultation de répertoires spécialisés permet de retrouver les bases WAIS « déclarées » sur ***Internet***.

Le CNIDR (*Clearinghouse for Networked Information Discovery and Retrieval*) distribue gratuitement WAIS au public, la « Freewais version », tandis qu'une autre version plus évoluée n'est pas dans le domaine public ; elle permet notamment de spécifier sur quel type d'information, à l'intérieur d'un document, – c'est-à-dire sur quel « champ » –, l'usager désire que sa question soit posée.

Walkman

Marque déposée du ***baladeur*** inventé par la firme japonaise Sony en 1979. Ce baladeur, imaginé par Akio Morita (président de Sony), est un lecteur de cassettes portable, stéréophonique, muni d'un casque léger pour une écoute individuelle en se déplaçant. Il a été perfectionné par l'intégration de la radio. Des versions de lecteurs individuels de disques compacts sont apparues par la suite.

WAN

Acronyme de l'expression anglaise *Wide Area Network* qui désigne un réseau, informatique ou de télécommunication, étendu ou à grandes distances. Les distances sont supérieures à 20 km entre les sites ou les bâtiments. Pour une distance inférieure, on parle de réseaux locaux ou ***LAN*** (*Local Area Network*).

Web (World Wide -)

Voir **WWW (*World-Wide Web* : Toile d'araignée mondiale).**

Wiener, Norbert (1894 - 1964)

Norbert Wiener est l'un de ces grands scientifiques américains du milieu du XXe siècle, avec en particulier John Von Neumann et Claude Shannon, qui vont avoir une influence très marquée sur l'histoire et le développement de la science de l'information et de la communication, même s'il préfère utiliser le terme **cybernétique** pour désigner cette nouvelle discipline.

1. Wiener et la cybernétique

Philosophe d'origine (il étudie plus particulièrement la logique et a des professeurs tels que Russel, Whitehead, Husserl), sans s'être longtemps demandé s'il ne deviendrait pas biologiste, N. Wiener va devenir professeur de mathématiques, discipline qu'il enseignera jusqu'à sa mort en 1964 au M.I.T. Massachusetts Institute of Technology de Boston, jeune institut qui va devenir le fleuron et un des symbole de la science américaine. Wiener au cours de sa carrière va travailler bien entendu sur des problèmes mathématiques, notamment lors de la première guerre mondiale ou, bien qu'il soit volontaire mais réformé pour des problèmes de myopie, il rejoint une équipe de recherche sur les études balistiques, secteur alors en pleine mutation : il travaille ainsi sur les résolutions d'équations différentielles point par point. Wiener étudie le tir aérien et ses possibilités d'automatisation.

Au printemps 1919 Wiener va trouver un poste au MIT qui cherche des mathématiciens pour former les élèves ingénieurs et se consacrer aux mathématiques pures et appliquées.

Il va très vite s'intéresser à la mécanique statistique et aux mouvements browniens, aux probabilités et à l'intégrale de Fourier et de là partiront ses recherches sur la théorie de la communication qui serviront de base à la cybernétique, car la cybernétique est essentiellement une approche statistique de la théorie de la communication.

En 1920 il se voit confier des problèmes mathématiques dans les problèmes de communication et il y applique l'analyse harmonique, théorie générale des phénomènes vibratoires développée par Fourier. Après de nombreux voyages en Europe, et des avancées en mathématiques, Wiener va rencontrer en 1932 le neurophysiologiste Arturo Rosenblueth, rencontre capitale, avec qui il va partager la conviction que si le découpage des sciences peut être utile à des fins administratives, celui-ci ne doit pas limiter le regard du chercheur, à une époque ou l'on met l'accent sur la spécialisation plutôt que sur la nécessité de l'interdisciplinarité. Ainsi Wiener s'attache-t-il à appliquer la théorie mathématique à certains problèmes physiques et médicaux. Il s'intéresse également à la théorie cinétique des gaz et à l'ergodicité (du grec *ergo* travail et *odos* chemin) introduit dans le langage scientifique par Boltzmann.

Été 1940, la seconde guerre mondiale survient et Wiener cherche comment se rendre utile et une tâche va l'appeler : la conception de dispositifs automatiques de pointage pour les batteries antiaériennes sur laquelle il va travailler avec un jeune ingénieur d'IBM, Bigelow. La difficulté de pointage en DCA vient évidement de ce que le mouvement de la cible est à la fois rapide et imprévisible, aléatoire. Le problème pratique de la prédiction devient alors sur le plan mathématique un problème d'extrapolation. Il faut donc trouver une méthode de simulation de trajectoire. À cette époque le pointage est encore manuel et Wiener et Bigelow vont faire une remarque importante :

Dans le cas du pointeur, l'opérateur tend à réduire par son action les effets d'erreurs commises l'instant d'avant. La précision de sortie (output) du pointage s'effectue par un mécanisme de correction (processus stochastique) en fonction de l'instant d'avant. À cette action en retour Wiener et Bigelow vont donner le nom de **rétroaction négative** (*negative feed-back*) que l'on peut traduire par action de nourrir en retour, et qui va connaître le succès que l'on sait.

Un signal est donné aux actions de commande de telle manière que ces organes agissent dans le sens d'une réduction de l'écart enregistré l'instant d'avant, mais très rapidement Wiener et Bigelow vont s'apercevoir que si on rend le mécanisme trop léger et trop peu dépendant d'une certaine inertie dû au poids du mécanisme, on voit le mécanisme entier entrer spontanément dans une série d'oscillations qui en rendent l'utilisation impossible. Il s'agit là en quelque sorte d'un cas pathologique de mécanisme à rétroaction, et ce cas retient l'intérêt de Wiener et Bigelow. Si on constate dans un autre domaine de tels comportements, en physiologie animale par exemple, on pourra en inférer que l'organisme ou le système qui en est le siège à une structure analogue à celle des systèmes rétroactifs mécaniques. Wiener pose alors la question à Rosenblueth, s'il y a, à sa connaissance, des troubles nerveux similaires en physiologie humaine. Arturo Rosenblueth répond que de tels tremblements existent : ce sont des tremblements intentionnels provenant très souvent d'une liaison du cervelet dans lequel le malade ne présente aucun tremblement, alors même que l'effort de prendre un verre d'eau fait osciller le bras au point de répandre l'eau par terre. L'hypothèse de Wiener et Bigelow selon laquelle la structure des mécanismes rétroactifs existe chez l'homme reçoit ainsi une première confirmation. Les travaux publiés à la suite par Wiener sur les séries temporelles, l'interpolation et l'extrapolation vont alors servir de base à de nombreux travaux, tant dans les domaines des armes antiaériennes que dans celui plus vaste de la construction des mécanismes automatiques (on va créer le terme de servomécanisme) et des techniques de communication. Le point de vue statistique et probabiliste y joue un rôle primordial, ce qui était à l'époque peu répandu et devait conduire à la notion d'erreur globale minimale. Cette attitude probabiliste laisse très rapidement l'espoir pour Wiener d'aborder plus efficacement d'autres domaines, tels ceux de la météorologie, de l'économétrie, de la sociologie dynamique, de la biométrie et de la neurophysiologie, cette dernière étant considérée par Wiener comme une météorologie cérébrale. C'est l'aube de la cybernétique, d'autant plus que Shannon, ancien élève de Wiener, va au même moment publier sa fameuse théorie de la communication, laquelle sera appelée à l'usage théorie de l'information ; il y manque effectivement cette notion de rétroaction pour que l'on puisse effectivement parler de communication. L'emploi de ces nouveaux outils jette sur le domaine des techniques de communication une lumière nouvelle et améliore considérablement la technique et l'économie des installations tout en réduisant le bruit.

D'autre part, à partir de Wiener et ***Shannon*** (on pourrait citer également **Von Neumann** et sa ***théorie des jeux***) on peut dire que l'on va passer d'une problématique où l'essentiel est la notion d'énergie et de puissance à une technologie pour laquelle l'essentiel est la communication et la conservation de l'information.

Dès 1943 l'essentiel de la théorie de la communication et de la régulation dans les machines et les êtres vivants est exposé par Rosenblueth, Wiener et Bigelow dans un article publié par la revue « *philosophy of sciences* » sous le générique « comportement, but et téléologie ».

Le cercle des chercheurs va peu à peu s'agrandir et les recherches dans tout les domaines se développer. Un autre point de physiologie retient l'attention de Wiener : c'est la notion d'homéostasie que développe un biologiste, Walter Cannon, qui, se référant à Claude Bernard, soutient que chaque être vivant doit son existence à des processus d'équilibre dynamique dit homéostatiques (température interne, pression artérielle, teneur en sang). Dès que ces grandeurs s'emballent, l'homéostasie déclenche une correction en sens inverse. L'homéostasie est donc un cas particulier de rétroaction ; toute l'équipe s'aperçoit donc que les frontières entre les sciences tombent peu à peu et se rapproche ainsi de la vision d'une science universelle.

C'est en 1947 que Wiener va publier un livre qui va le faire connaître du grand public, *Cybernetics*, mot qu'il forge à cette occasion, mais qui avait déjà été employé à son insu par Ampère en un sens sociologique et qui existait dans le vocabulaire théologique catholique, mot désignant la science de l'administration. En grec le mot même est employé par Platon dans le sens d'art de la timonerie, art de gouverner et a encore le sens de gouvernail, de « pilote ». Finalement tous ces sens propres ou figurés vont être rassemblés et vérifiés avec bonheur dans le mot cybernétique, choisi pour désigner la science de la régulation et de la communication chez l'animal, la machine et au sein des institutions humaines.

Dans cette science carrefour dont Wiener jette les bases, une idée essentielle se dégage : il ne saurait être question d'organisation dans un monde ou tout serait nécessaire et rien ne serait contingent. Wiener, se référant à Gibbs considère le monde non comme un phénomène isolé mais comme un phénomène pris parmi un ensemble de possibles présentant une certaine distribution de probabilités, c'est-à-dire un monde où il existe une interdépendance entre toutes choses, mais où cette interdépendance est plus ou moins complète, si bien que la détermination d'un élément laisse aux autres une certaine liberté régie par les seules lois de la statistique.

Le rôle de l'homme sur terre est d'utiliser cette liberté pour créer une enclave d'ordre au sein du flot qui entraîne l'ensemble de la nature dans le sens d'un désordre croissant.

L'ouvrage alliant la limpidité à la richesse connaît un succès rapide et trouve sa place parmi les grands textes.

En 1949 il publie un autre ouvrage « de l'utilisation humaine de l'homme » *Human use of human being* traduit en français sous le titre *Cybernétique et société* dans lequel il prolonge la réflexion entreprise dans cybernétique aux aspects sociaux et où il s'élève notamment violemment contre le taylorisme et les réductionnismes idéologiques.

Puis il publie ses mémoires en 2 tomes : *Ex prodigy* en 1951 et *I'm a mathematician* en 1954 tout en continuant à animer des sessions et colloques à travers le monde ou la nouvelle science se développe rapidement.

Enfin en 1964 il publie *God and Golem, inc.* qui est son ouvrage le plus philosophique et où il pose la question du rapport entre la créature et son créateur. Dans son analyse du rapport entre l'homme et la machine, il attire l'attention sur le danger que les créatures ne se soulèvent contre leur créateur. *God and Golem* est le dernier livre de Norbert Wiener, l'année même ou il rend son dernier soupir, à l'âge de soixante-huit ans.

2. Wiener et l'idéologie de la communication

Nous pouvons nous référer, en ce qui concerne l'apport de Wiener, au livre de Philippe Breton et Serge Proulx, *L'explosion de la communication* (éd. La découverte, 1992), dont le sous-titre « la naissance d'une idéologie », indique bien que les auteurs considèrent la communication comme une idéologie récente qui aurait pris naissance dans les années quarante-cinquante sur les ruines de la guerre et des idées totalitaires. En effet, bien que les auteurs rappellent que la communication et les techniques de communication existent depuis la plus haute antiquité, avec des règles et des lois savamment élaborées, telle l'écriture ou la rhétorique, et dont nous vient d'ailleurs le concept d'information des latins, le concept de société de communication apparaît logiquement après l'idéologie des sociétés de masse où l'on cherche à produire selon l'expression de Jean Baudrillard des consommateurs, sous l'influence de la publicité puis de la communication.

Mais la publicité ne constitue pas à proprement parler une idéologie et le « capitalisme social », évoqué dans l'ouvrage de Breton et Proulx ne peut expliquer complètement le paradigme idéologique que constitue la communication. Il faut donc s'en référer, selon les auteurs, principalement au courant cybernétique, lequel tente de cristalliser, après la barbarie totalitaire, une idéologie universelle basée sur la pluridisciplinarité. C'est cette pluridisciplinarité qui va servir de ciment et de fondation a ce nouveau concept qu'est la communication, et sur lequel va se fonder un nouveau paradigme qui s'oppose au secret, à la désinformation, au désordre et au hasard, à l'entropie. Il faut, dit-il, dégager les voies de communication, et poser la communication comme une alternative à la barbarie. Nous sommes dans les années quarante-cinq et la société a besoin d'une nouvelle vision d'elle-même, d'une nouvelle organisation... la communication devient « la solution, car seuls l'ordre, l'organisation conçus comme échanges d'informations permettent de faire reculer l'entropie », c'est-à-dire assurer le ciment social, sans lequel, selon les termes mêmes de la thermodynamique, tout système fermé évolue vers le désordre maximal.

La communication, pour reprendre l'idée de Wiener, c'est le ciment social qui permet la cohérence de tout groupe humain, qui autorise la reconnaissance absolue de l'individualité et des différences comme source de richesse et de diversité, la liberté et la spécificité, le changement et l'évolution. Aussi n'est-il guère étonnant que la communication ait débouché sur ce que Proulx et Breton appelle une nouvelle idéologie et que Wiener ait sérieusement attaqué les idées de la pratique rationaliste de l'organisation de la société :

« Des ambitieux de pouvoir autoritaire préfèrent une organisation dans laquelle tout ordre vient d'en haut et où aucun ordre n'y revient. Les êtres humains sous leur férule sont réduits au niveau d'exécutants, soumis à un organisme nerveux qui prétend être supérieur. Je voudrais consacrer ce livre (*Cybernétique et société*) à une protestation de l'utilisation inhumaine des êtres vivants, car j'estime que toute utilisation qui demande et qui attribue à l'homme moins que ne l'exige son rang véritable en tant qu'homme représente une dégradation et un gaspillage.

On dégrade l'homme en l'enchaînant à une rame pour l'utiliser comme source d'énergie, mais on le dégrade autant en lui attribuant une tâche qui ne consiste qu'en des répétitions et qui exige à peine le millionième de sa capacité intellectuelle.

Il est plus simple évidemment d'organiser une usine ou une galère qui utilise les individualités humaines selon une fraction infime de leur valeur, que d'édifier un monde dans lequel ces valeurs puissent atteindre à leur total épanouissement.

Ceux qui souffrent d'un complexe de puissance, trouvent dans la mécanisation de l'homme un moyen simple pour réaliser leurs ambitions. J'affirme que ce chemin facile vers le pouvoir représente non seulement le refus de tout ce qu'il considère comme ayant une valeur morale dans la race humaine, mais qu'il exclut nos chances actuellement minimes de survivre en tant qu'homme pendant une période considérable ».

Wittgenstein, Ludwig (1889-1951)

Faut-il qualifier Wittgenstein « de penseur du siècle », comme le titre l'un de ses meilleurs exégètes, Jacques Bouveresse ? Même si une telle expression aurait été qualifiée par cet auteur de « vide de sens », il n'en reste pas moins que son œuvre est au cœur des grandes problématiques de la pensée contemporaine : question du langage, de son rapport au réel, conception de la signification, de la logique, de la raison, du réel, de la vie, de la pratique et du statut de la philosophie conçue non plus comme une doctrine mais comme une activité. Parti d'une conception proche des courants de la ***philosophie analytique*** qui fait confiance à l'analyse logique du langage, Wittgenstein en arrive à analyser des formes de langage plus concrètes ainsi qu'à développer plus explicitement des interrogations portant notamment sur l'***esthétique*** et l'éthique.

1. L'analyse logique du langage : le moment du *Tractatus*

On distingue généralement deux périodes dans l'œuvre de Wittgenstein, même si l'on a pu dire que la deuxième période prolonge et tente de résoudre des difficultés déjà aperçues au commencement de l'œuvre. La première, marquée par la publication du *Tractatus logico-philosophicus* et qui reste fondamentalement influencée par les considérations logiques, porte essentiellement sur le ***langage***, sur son rapport à la réalité, plus précisément, sur une théorie de la signification, sur une conception du langage comme image ou réplique de la réalité. La ***langue*** serait un miroir, une peinture de la réalité, de telle sorte que l'agencement des mots ou proposition-tableau serait à l'image de l'agencement des choses. Il faut concevoir la langue à la façon d'une carte ou d'une partition qui ont la même « forme logique » que ce à quoi elles renvoient (cette idée du langage comme peinture serait venue à l'esprit de Wittgenstein en voyant, sous forme de schéma illustré, un accident d'automobile : le schéma est comparable à une proposition, et la proposition est semblable à un tableau). Ainsi, pour qu'un énoncé soit doué d'un sens, il faut qu'il soit à l'image de la réalité, des états de choses : la signification est ici fondée sur une analogie entre les propositions et les images. Mais sont « vides de sens » les énoncés comme les ***tautologies*** de la logique et des mathématiques qui, par leur universalité, ne peuvent pas être l'image de quoi que ce soit de réel. Enfin les énoncés qui n'ont pas de sens sont ceux qui voudraient constituer une image de ce qui ne peut pas être représenté par celle-ci. Aussi, la première réflexion de Wittgenstein sur le langage met en place, à la façon des règles d'un jeu quelconque, les conditions qui rendent possibles les énoncés dotés d'un sens et ceux qui n'en sont pas. De plus, Wittgenstein peut distinguer clairement, d'une part, ce qui peut être dit par des énoncés et, d'autre part, ce qui ne peut qu'être montré. Dans une préface à cet ouvrage, il en vient ainsi à affirmer qu'il a réussi à résoudre d'une façon définitive les questions de la philosophie grâce à la clarification apportée par l'analyse logique du langage. Est-ce la seule signification du silence que s'impose alors Wittgenstein pendant plusieurs années dans le domaine de la philosophie ?

2. Les jeux de langage : le deuxième moment

Dans la deuxième partie de son œuvre, le malentendu entre Wittgenstein et le ***Cercle de Vienne*** ou, plus généralement, le ***positivisme*** dominant, apparaît plus nettement dans la mesure où l'analyse logique du langage n'aboutit pas comme chez ce dernier à une disqualification de la métaphysique mais, bien plutôt, à montrer l'importance de l'indicible et de l'impensable. « *Il y a assurément de l'inexprimable. Celui-ci se montre, il est l'élément mystique » (6. 522),* écrivait-il déjà dans le *Tractatus logico-philosophicus.* Ne pas pouvoir dire l'inexprimable ne revient donc pas, comme certains l'ont compris, à nier l'existence même de cet inexprimable. De plus, il y a une dimension éthique qui reste ouverte dès le *Tractatus* comme on peut le voir dans la phrase suivante qui résume, aux yeux mêmes de Wittgenstein, l'essentiel de son livre : « *tout* *ce qui peut être dit peut être dit clairement ; et ce dont on ne peut parler on doit le taire »*. Or beaucoup de ses lecteurs, notamment ceux du Cercle de Vienne, essentiellement intéressés par la philosophie des sciences, ne veulent retenir que la première partie de cette phrase, en éliminant l'ouverture de Wittgenstein sur l'indicible qui leur paraît constituer une dimension trop mystique, trop métaphysique. Mais s'il est vrai que le Tractatus est bien un ouvrage de logique dans lequel l'analyse logique de la langue scientifique est centrale, la dimension métaphysique est tout à fait présente.

Ainsi, dans le deuxième moment de son œuvre notamment dans les *Investigations philosophiques,* Wittgenstein met beaucoup plus l'accent sur l'usage de la langue dans sa liaison avec la vie de l'homme, aux mots comme outils ; il compare d'ailleurs le langage à une boite à outils (cette attention et cette analyse de la langue telle qu'elle est effectivement pratiquée influencera l'un des courants de la philosophie analytique connu sous le nom de l'***école d'Oxford*** dont font partie, ***Ryle***, ***Strawson*** et ***Austin***). Les deux questions majeures deviennent désormais les suivantes : comment ceux qui parlent arrivent-ils à doter les mots qu'ils emploient d'une signification ? Comment parviennent-ils à communiquer et à comprendre ce que les autres expriment ? Il s'agit toujours de procéder à une analyse du langage non plus pour mettre en évidence des propositions élémentaires, atomiques, se rapportant à une langue unique, mais pour décrire des situations simples qui paraissent dans le langage et la vie habituels, comme « solliciter », « prier », « remercier » « demander », « jurer » etc. car ce qui fait la vie du signe, c'est son usage. Wittgenstein aboutit ici à une nouvelle conception de la ***signification***. Car, pour lui, le langage ne peut signifier qu'en fonction d'un contexte qu'il nomme « forme de vie » c'est-à-dire d'un ensemble d'habitudes, d'actions, de pratiques d'une communauté linguistique donnée. Il faut comprendre la pratique du langage comme une ensemble de jeux (Sprachspiel) c'est-à-dire comme un ensemble d'interactions qui sont changeantes et multiples selon les situations. « Un jeu de langage : Apporter des pierres à bâtir, rendre compte du nombre de pierres disponibles » (*De la certitude*, n° 564). Car, pour faire une telle action élémentaire, il faut associer des énoncés et des situations qui conviennent et qui soient adaptés entre eux. Ces **jeux de langage** sont donc variables, changeants selon les situations et, en quelque sorte infinis. Ainsi le seul mot « chat » peut signifier aussi bien que l'on appelle un chat, que l'on signale la présence d'un chat ou que l'on renvoie à l'idée de chat etc. Il n'y a donc pas une seule façon de signifier mais, au contraire, une très grande diversité des modes de signification, car on ne signifie pas de la même façon selon que l'on se rapporte aux phénomènes physiques, aux sensations, aux émotions comme la douleur, la joie.

Mais alors, cette multiplicité d'outils, d'usages, de types de langage, débouche sur une conception conventionnaliste dans la mesure où, comme pour les différents jeux, on pose d'une façon arbitraire certaines règles qui n'ont pas de sens dans d'autres : « Le jeu de langage est pour ainsi dire quelque chose d'imprévisible. Il n'est pas fondé. Ni raisonnable (Ni non plus non raisonnable). Il est là – comme notre vie » (*De la certitude*, Idées, p. 131). Wittgenstein esquisse la mise en place d'une grammaire qui rendrait compte de la production de ces différents jeux de langage, ce qui laisse la place à deux interprétations possibles de son projet : soit la mise en place d'une grammaire transcendantale à la façon de ***Chomsky*** mettant à jour les conditions formelles universelles auxquelles toutes les grammaires existantes doivent satisfaire, soit une conception relativiste de ces jeux de langage, la deuxième voie semblant la plus proche de la pensée réelle de Wittgenstein.

3. Parti d'une réflexion sur ce qui peut être exprimé par le langage, Wittgenstein a été, peu à peu, amené à s'intéresser aux langues naturelles et non plus seulement aux langues logiques formelles. Il en arrive à considérer la langue non plus comme une réalité en soi, dotée d'une essence, mais comme le produit de pratiques indissociables des « formes de vie » multiples et changeantes. Celles-ci, en dernier lieu et à l'image de la vie, ne peuvent être fondées, justifiées.

WWW (*World-Wide Web* : Toile d'araignée mondiale)

World Wide Web est un logiciel ***hypertexte*** dont les liens entre les différents documents se trouvent sur le réseau ***Internet***.

WWW est développé par les physiciens du CERN (Centre Européen de la Recherche Nucléaire, Genève). Il propose des moyens de communication avec toute l'information disponible sur le réseau par un système hypertexte. Il présente les mêmes fonctionnalités que

Gopher, mais allie l'utilisation de l'***hypermedia*** : le document hypertexte se présente alors avec des mots « marqués » qui jouent le rôle de liens vers d'autres parties du document, ou bien vers d'autres documents répartis sur l'Internet ; ces documents sont immédiatement appelés et affichés si l'usager le souhaite.

On observe sur les serveurs WWW la même tendance que sur les serveurs Gopher, une structuration par un lien fédérateur qui peut être une zone géographique, une discipline, ou une organisation... Le système WWW fonctionne sur le modèle « client/serveur, modèle d'interaction entre programmes communicants : une partie du logiciel s'exécute sur la machine de l'utilisateur et une autre partie sur la machine serveur. L'interface Mosaic est une des interfaces clients ; elle est mise librement à la disposition de la Communauté Internet par le NCSA (National Center for Supercomputing Applications).

X Y Z

XANADU

Un des premiers et des plus ambitieux ***hypertextes*** conçu par Ted Nelson.

Pour faire suite à ***Memex,*** Ted Nelson rêvait de modéliser toutes les connaissances humaines dans une sorte d'encyclopédie universelle globale qui permettrait d'apprendre et de lire grâce à une puissance de stockage informatique et une intelligence d'accès de structure hypertextuelle. Il a inventé le terme d'hypertexte.

Ted Nelson a développé deux outils reliés à l'hypertexte : les menus déroulants (le texte coulant) et les **liens** texte/graphique ou images reprenant ainsi le principe des planches d'illustration des dictionnaires traditionnels.

Xanadu serait donc une bibliothèque mondiale de la littérature (au sens large) que chacun pourrait consulter grâce à un terminal devenu une « borne d'accès à toute la science humaine ».

Le rêve est devenu réalité puisque Xanadu est entré en fonction sous système Unix, il n'est encore composé que des bases de données en ligne, tous les domaines ne sont pas traités ; il fonctionne aussi sur station Sun.

Xanadu reste cependant un hypertexte de lecture puisque son lecteur ne peut avoir d'action sur l'**architecture du produit**, ni sur les informations stockées.

Xérographie

Étymologiquement écriture à sec : procédé de reproduction de documents par électrophotographie (nom scientifique) ou simplement procédé de photocopie (dans le langage courant), sachant que la xérographie est devenue une marque déposée par la firme Rank Xeros. Si le procédé est inventé le 22 octobre 1938 par l'Américain Chester Carlson, il faudra attendre 1959 pour avoir la commercialisation de la première photocopieuse la « Xeros 914 ».

Xographie

Procédé de photo qui donne l'impression du relief, ayant pour base le principe de Yves (1903). La xographie a été utilisée pour la première fois en 1964 par la revue américaine *Look.*

Xylographie

Gravure sur bois. Le terme est utilisé pour désigner les planches de bois gravées en Europe pour l'impression d'images religieuses (avec ou sans texte), avant l'apparition de la typographie.

« Zapper », *Zapping*

Anglicismes récemment passés dans le vocabulaire français, malgré les équivalents **pitonner** et **pitonnage** proposés par la commission interministérielle de terminologie. Le *zapping* consiste pour le téléspectateur à passer d'une chaîne à l'autre, au moyen d'une télécommande. Aux États-Unis cette pratique est désignée par le mot « ***flipping*** », alors que le *zapping* est une façon d'éviter la publicité en baissant ou en coupant le son. Les Américains ont un autre mot, le « ***zipping*** », qui est la stratégie de contournement de la publicité au moment du visionnage d'émissions enregistrées par le magnétoscope.

Zincographie

Procédé d'impression utilisant une plaque de zinc grainée à l'aide de poudre de ponce.

Zincogravure

Gravure sur zinc. Procédé découvert par F. Gillot en 1850, d'où son autre nom : le gillotage.

Zipf (Lois de -)

Le statisticien américain de la linguistique Georges Kingsley Zipf (1902-1950) a établi plusieurs lois de la communication et de la linguistique sur des bases empiriques, synthétisées par le titre de son principal ouvrage : *Comportement humain et le principe du moindre effort.* (1949).

1. La première loi est une extension de la loi de Newton ou modèle de gravitation aux processus de communication, en généralisant la loi de Reilly mesurant l'attraction des activités de service d'une ville : les échanges entre les personnes sont d'autant plus importants en volume que ces personnes ont un nombre

élevé d'occasion de se rencontrer (ou, plus simplement, moins on se voit moins on a de chose à se dire) ; de même, le nombre de liaisons téléphoniques entre deux espaces ou zones est directement proportionnel au produit des masses en nombre d'individus de chaque espace et inversement proportionnel à la distance – ou du coût de la communication – entre les deux espaces, sachant que chaque mode de communication possède une élasticité spécifique. Si N_i est le nombre d'habitants de la Zone i, N_j est le nombre d'habitants de la Zone j, d_{ij} la distance ou le coût généralisé entre les deux zones, α l'élasticité spécifique du moyen a, alors le nombre de communications avec le moyen a entre i et j est :

$$T_{ij}^{a} = \alpha \text{ Log } \frac{N_i - N_j}{d_{ij}}$$

2. La deuxième loi indique que la longueur d'un mot est liée à la fréquence de son emploi. Ainsi un mot originellement long sera abrégé par les usages fréquents : un micro est de nos jours un micro-ordinateur, alors que pour le passé peu lointain, c'était uniquement le microphone.
3. La troisième loi indique que la fréquence d'utilisation d'un mot et le rang de cette fréquence du mot dans un texte sont distribués de telle sorte que leur produit est une constante. Voir ***Courbe d'Estoupe-Zipf***.

Zipping

Voir ***Zapping***.

Zone de couverture

Limite géographique elliptique dans laquelle un satellite est susceptible d'envoyer ses signaux.

Zone d'ombre

Zone géographique dans laquelle les ***ondes hertziennes*** ne peuvent être captées. La zone d'ombre est fréquemment provoquée par la présence d'une masse trop importante : immeuble, montagne, faisant obstacle à la propagation normale des ondes électromagnétiques. Le ***câble*** dans des zone à forte concentration démographique et la télédiffusion par satellite dans d'autres cas apportent une solution à ce problème, à un coût souvent moins élevé que la multiplication des relais terrestres.

Zones de Télécommunications Avancées (ZTA)

Terme utilisé par France Télécom pour parler des ***télébases***, ***téléports***, et tout ce qui recouvre une zone destinée aux entreprises et pré-équipée en matière de ***télécommunication***.

Zoom

Partie de la caméra. C'est un objectif à distance focale variable qui permet de réaliser un cadrage progressif, puisqu'il réunit toutes les distances allant du grand angle au téléobjectif.

Zootype

Voir ***Logo, logotype***.

Z.T.A.

Voir ***Zones de Télécommunications Avancées***.

Cet ouvrage a été achevé d'imprimer en novembre 1997
dans les ateliers de Normandie Roto Impression s.a.
61250 Lonrai
N° d'imprimeur : 972465
Dépôt légal : novembre 1997

Imprimé en France